ताओ उपनिषद

भाग तीन

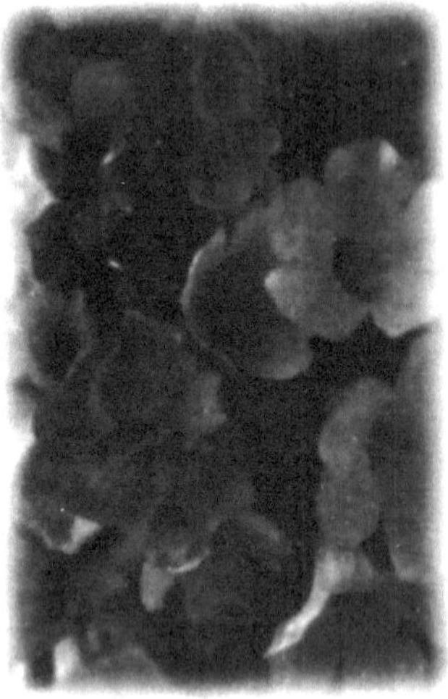

ओशो द्वारा लाओत्से के
'ताओ तेह किंग' पर दिए गए
127 प्रवचनों में से
21 (चवालीस से चौंसठ)
अमृत प्रवचनों का अपूर्व संकलन।

राजसंस्करण : 2019

प्रकाशक — डायमंड पॉकेट बुक्स (प्रा.) लि., X-30, ओखला इंडस्ट्रियल एरिया,
फेज-II, नई दिल्ली-110020
फोन – 011-41611861, 40712100
फैक्स – 011-41611866
ई-मेल — sales@dpb.in
वेबसाइट — www.dpb.in

ISBN : 978-81-288-2069-4

कठोपनिषद

भाग तीन

ओशो

भूमिका

लाओत्से का जन्म आज से पच्चीस सौ वर्ष पूर्व हुआ, लेकिन वे एक ऐसे विलक्षण प्रज्ञापुरुष हैं कि आज उन्हें पढ़कर ऐसा लगता है कि कभी भविष्य में उन्हें समझा जा सकेगा। इन पच्चीस सौ वर्षों में उनकी अंतर्दृष्टि उपलब्ध थी, फिर भी उसे आज तक समझा नहीं गया, उसका उपयोग करना तो बाद की बात है। हां, आज बहुत छोटे स्तर पर विश्व में उनके सूत्रों की चर्चा होती है, लेकिन वह कभी मेन स्ट्रीम नहीं बन पाती, वह मुख्य धारा से बहुत दूर है।

आने वाले भविष्य में लाओत्से बहुत जगमगाएंगे। इसके दो कारण हैं। एक कारण यह है, जो कि प्रमुख कारण है, कि आने वाले भविष्य में ओशो को सर्वाधिक पढ़ा-सुना जाएगा—भारत ही नहीं, समूचे विश्व में। निश्चित ही लाओत्से भी सदियों के कुहरे से बाहर आएंगे, क्योंकि ओशो के साहित्य में ताओ का स्थान बहुत अद्वितीय है।

दूसरा कारण है स्वयं लाओत्से का नैसर्गिक जीवन-दर्शन। आज वैज्ञानिक प्रगति के प्रवाह में जीवन बहुत प्लास्टिक और जटिल हो गया है—आधुनिक मनुष्य प्रकृति से इतना दूर चला गया है कि उसे शुद्ध प्राणवायु मिलनी मुश्किल हो गयी है, और अगर उपलब्ध है भी तो उसे सांस तक लेने का समय नहीं है। मनुष्य अपने मस्तिष्क में इतना अटका है कि अपनी जड़ों से कटता जा रहा है। यह स्थिति निश्चित ही जीवन के अनुकूल नहीं है और न रसपूर्ण है। आदमी का सारा कार्य टेक्नालाजी कर रही है और आदमी बुरी तरह उस पर आश्रित हो गया है। प्रकृति के प्रतिकूल जीते-जीते आदमी के जीवन में ऐसी अति विकसित बीमारियां आ गयी हैं जिनका कभी पहले नाम भी नहीं सुना गया था। इन बीमारियों की वजह है आदमी का असंतुलित जीवन, उसका स्वयं में स्थित न होना।

लाओत्से का जीवन-दर्शन मनुष्य को पुनः स्वस्थ करता है, पुनः उसको प्रकृति से जोड़ता है। जैसे पानी से बाहर आकर मछली पानी के महत्व को समझती है, ऐसे ही आज का मनुष्य, जो प्रकृति से कट गया है, उसके महत्व को आनेवाले समय में निश्चित ही तीव्रता से महसूस करेगा, वह पुनः प्रकृति की रसधारा से जुड़ेगा, अन्यथा आत्मविनाश सुनिश्चित है।

लाओत्से के जीवन-दर्शन में प्रकृति ही परमात्मा है। इस संबंध में ओशो कहते हैं :

'प्रकृति शब्द बहुत कीमती है। प्रकृति का मतलब होता है : बनने के भी पूर्व जो था। दैट व्हिच वाज़ बिफोर क्रिएशन। प्र और कृति, यानी निर्माण के पहले जो था, सब होने के पहले जो था, सब बना उसके पहले जो था। सबके होने के मूल में जो आधार है, वह प्रकृति है। रूप जब मिट जाते हैं, तब जिसमें गिरते हैं और रूप जब उठते हैं, तब जिसमें उठते हैं, वह है प्रकृति। प्रकृति का अर्थ है वह तत्व जो रूप लेने के पहले था।

'लाओत्से कहता है : वही मां है, वही मूल स्रोत है; मैं उसी से जीता हूं। मेरा अपना कोई लक्ष्य नहीं है। उस प्रकृति का कोई लक्ष्य मुझसे हो तो पूरा हो जाए, न हो तो कोई एतराज नहीं है।'

लाओत्से की अंतर्दृष्टि के अनुसार प्राकृतिक होना यानी अपनी जड़ों से संयुक्त होना है। ओशो इस अंतर्दृष्टि को समझाते हुए कहते हैं कि 'लाओत्से कहता है : खोपड़ी की फिक्र छोड़ो, नाभि की फिक्र करो। नाभि मजबूत हो, जड़ें गहरी हों प्रकृति में, तो तुम कहीं पहुंचे या न पहुंचे, इससे फर्क नहीं पड़ता। पहुंचे तो, न पहुंचे तो, हर हालत में आनंद है। और अगर तुम मस्तिष्क से जीए, पहुंचे तो, न पहुंचे तो, हर हालत में दुख है। इसलिए वह कहता है, एक अकेला मैं भिन्न हूं अन्यों से, क्योंकि देता हूं मूल्य उस पोषण को जो मिलता है सीधा माता प्रकृति से।'

ताओ उपनिषद अपने ही निकट होने का, अपनी ही प्रकृति में लौटने का, स्वस्थ होने का, सहज होने का निमंत्रण है। और प्रज्ञापुरुष ओशो के शब्दों में यह निमंत्रण और भी मधुर और रसपूर्ण हो गया है। ताओ के मधुर फलों का रसास्वादन करें और स्वस्थ हों।

स्वामी चैतन्य कीर्ति
संपादक : ओशो टाइम्स इंटरनेशनल

अनुक्रम

चवालीसवां प्रवचन

धामिक व्यक्ति अजनबी व्यक्ति हैं

Chapter 20 : Part 1

THE WORLD AND I

Banish learning, and vexations end.
Between 'Ah!' and 'Ough!'
How much difference is there?
Between 'good' and 'evil'
How much difference is there?
That which men fear
Is indeed to be feared;
But, alas, distant yet is the dawn (of awakening)!
The people of the world are merry-making
As if partaking of the sacrificial feasts,
As if mounting the terrace in spring;
I alone am mild, like one unemployed,
Like a new-born babe that cannot yet smile,
Unattached, like one without a home.

अध्याय 20 : खंड 1

संसार और मैं

पांडित्य को छोड़ो तो मुसीबतें समाप्त हो जाती हैं।
हां और न के बीच अंतर क्या है?
शुभ और अशुभ के बीच भी फासला क्या है?
लोग जिससे डरते हैं, उससे डरना ही चाहिए;
लेकिन अफसोस कि जागरण की सुबह अभी भी कितनी दूर है!
दुनिया के लोग मजे कर रहे हैं,
मानो वे यज्ञ के भोज में शरीक हों,
मानो वे वसंत ऋतु में खुली छत पर खड़े हों;
मैं अकेला ही शांत और सौम्य हूं, जैसे कि मुझे कोई काम ही न हो,
मैं उस नवजात शिशु जैसा हूं, जो अभी मुस्कुरा भी नहीं सकता;
या वह बनजारा हूं, जिसका कोई घर न हो।

गुरजिएफ ने मनुष्य को दो विभागों में बांटा है। एक, जिसे वह कहता है व्यक्तित्व, पर्सनैलिटी; और दूसरा, जिसे वह कहता है आत्मा, एसेंस। व्यक्तित्व वह हिस्सा है, जो हम सीखते हैं। और आत्मा वह हिस्सा है, जो अनसीखा हमारे साथ है। एक तो हमारे जीवन का वह पहलू है, जो हमने दूसरों से सीखा है। और एक हमारे जीवन की वह गहराई है, जो हम लेकर पैदा हुए हैं। एक तो मैं हूं, अंतरतम में छिपा हुआ। और एक मेरी बाहरी परिधि है, मेरे वस्त्र हैं, जो मैंने दूसरों से उधार लिए हैं। व्यक्तित्व उधार घटना है, बारोड; आत्मा अपनी है।

लाओत्से का यह सूत्र आत्मा और व्यक्तित्व के संबंध में है।

लाओत्से कहता है, पांडित्य छोड़ो तो मुसीबतें समाप्त हो जाती हैं। बैनिश लर्निंग, वह जो सीखा है, उसे छोड़ो; वह जो अनसीखा है, उसे पा लो।

बड़ी कठिनाई होगी लेकिन। क्योंकि हम अगर अपने संबंध में विचार करने जाएं तो पाएंगे कि सभी कुछ सीखा हुआ है। आप जो भी अपने संबंध में जानते हैं, वह सभी कुछ सीखा हुआ है। किसी ने आपको बताया है, वही आपका ज्ञान है। और जो दूसरे ने बताया है, जो दूसरे ने सिखाया है, वह आपका स्वभाव नहीं हो सकता।

स्वयं को जानने के लिए किसी दूसरे की किसी भी शिक्षा की जरूरत नहीं है। हां, स्वयं को ढांकना हो, छिपाना हो, तो दूसरे की शिक्षा जरूरी और अनिवार्य है। स्वयं का होना तो एक आंतरिक, आत्मिक नग्नता है, दिगंबरत्व है। वस्त्र तो उसे छिपाने के काम आते हैं। हमारी सारी जानकारी ज्ञान को छिपाने के काम आती है। लेकिन जो जानकारी को ही ज्ञान मान लेते हैं, वे फिर सदा के लिए ज्ञान से वंचित हो जाते हैं।

एक बच्चा पैदा होता है; जो भी एसेंस है, जो सार है, जो आत्मा है, लेकर पैदा होता है; लेकिन एक कोरी किताब की तरह। फिर हम उस पर लिखना शुरू करते हैं—शिक्षा, समाज, संस्कृति, सभ्यता। फिर हम उस पर लिखना शुरू करते हैं। थोड़े ही दिनों में कोरी किताब अक्षरों से भर जाएगी। स्याही के काले धब्बे पूरी किताब को घेर लेंगे। और क्या कभी आपने खयाल किया है कि जब आप किताब पढ़ते हैं, तो आपको सिर्फ स्याही के काले अक्षर ही दिखाई पड़ते हैं, पीछे का वह जो सफेद कागज है, कोरा, वह दिखाई नहीं पड़ता?

एक प्रसिद्ध मनोवैज्ञानिक इस पर काम कर रहा था, डाक्टर पर्ल्स इस संबंध में काम कर रहा था। उसने अपने विद्यार्थियों की कक्षा के सामने एक दिन आकर ब्लैक बोर्ड पर एक बड़ा सफेद कागज टांगा, ब्लैक बोर्ड के बराबर। फिर उस बड़े सफेद कागज पर एक छोटा सा स्याही का काला गोल बनाया, एक बिंदु बनाया, अति छोटा। गौर से देखें तो ही दिखाई पड़े। और फिर उसने अपने विद्यार्थियों से पूछा कि तुम्हें क्या दिखाई पड़ता है?

तो उन्होंने कहा, एक काला गोल बिंदु दिखाई पड़ता है। उस पूरी कक्षा में एक भी विद्यार्थी ने न कहा कि बोर्ड पर टंगा हुआ सफेद कागज का टुकड़ा भी दिखाई पड़ता है।

बहुत बड़ा था सफेद कागज का टुकड़ा, पर वह किसी को दिखाई नहीं पड़ रहा है। दिखाई पड़ रहा है एक काला बिंदु। उसका कारण है। कोरापन हमें दिखाई ही नहीं पड़ता; कोई दाग हो तो दिखाई पड़ता है। जितना स्वच्छ और कोरापन हो, उतना ही अदृश्य हो जाता है। शायद परमात्मा इसीलिए दिखाई हमें नहीं पड़ता। वह जगत का कोरापन है, इनोसेंस है। वह जगत की निर्दोषिता है। लेकिन दाग हमें दिखाई पड़ते हैं। दाग देखने में हमारी कुशलता का कोई अंत नहीं है।

एक बच्चा तो कोरा पैदा होता है। फिर हम उस पर लिखना शुरू करते हैं। जरूरी है कि हम उस पर कुछ लिखें। जीवन के संघर्ष के लिए उपयोगी है। शायद कोरे कागज की तरह तो वह जी भी न पाएगा। कोरे कागज की तरह शायद वह एक क्षण भी इस जीवन के संघर्ष में सफल न हो पाएगा। लिखना जरूरी है। कहें कि एक जरूरी बुराई है, नेसेसरी ईविल है। फिर हम लिखते जाएंगे। उसका नाम देंगे, उसका रूप देंगे।

आप कहेंगे कि नाम तो ठीक है, रूप तो हर आदमी लेकर पैदा होता है।

वह भी खयाल गलत है। नाम भी हम देते हैं, रूप भी हम देते हैं। क्यों? क्योंकि जो शक्ल एक मुल्क में सुंदर समझी जाती है, दूसरे मुल्क में असुंदर समझी जाती है। एक ढंग का चेहरा चीन में सुंदर समझा जाता है, ठीक वैसे ही ढंग का चेहरा भारत में सुंदर नहीं समझा जाएगा। चपटी नाक चीन में असुंदर नहीं है, सारी दुनिया में असुंदर हो जाएगी। बड़े और लटके हुए ओंठ नीग्रो के लिए असुंदर नहीं हैं, सारी दुनिया में असुंदर हो जाएंगे। नीग्रो लड़कियां अपने ओंठ को बड़ा करने का सब कुछ उपाय करेंगी। पत्थर बांध कर लटकाएंगी, ताकि ओंठ चौड़ा हो जाए, बड़ा हो जाए। हमारे मुल्क में या जहां भी आर्यों का प्रभाव है, पश्चिम में, पतला ओंठ।

कहना मुश्किल है कि कौन सुंदर है। दोनों के पक्ष और विपक्ष में बातें कही जा सकती हैं। क्योंकि नीग्रो कहते हैं कि ओंठ जितना चौड़ा हो, चुंबन उतना ही विस्तीर्ण हो जाता है। हो ही जाएगा। लेकिन पतले ओंठ को मानने वाले लोग कहते हैं कि ओंठ जितना चौड़ा हो, चुंबन तो विस्तीर्ण हो जाता है, लेकिन फीका हो जाता है। क्योंकि जब भी कोई चीज बहुत जगह फैल जाती है, तो उसका प्रभाव फीका हो जाता है, इंटेंसिटी कम हो जाती है। लेकिन क्या सुंदर है, पतला ओंठ या मोटा ओंठ? समाज सिखाएगा कि क्या सुंदर है।

रूप भी हम देते हैं। नाम भी हम देते हैं, रूप भी हम देते हैं, विचार भी हम देते हैं। फिर व्यक्तित्व की पर्त बननी शुरू हो जाती है। आखिर में जब आप अपने को पाते हैं, तो आपको खयाल भी नहीं होता कि एक कोरापन लेकर आप पैदा हुए थे, जो पीछे छिप गया है—बहुत सी पर्तों में। वस्त्र इतने हो गए हैं कि आपको अब अपने को खोजना कठिन है। और आप भी इन वस्त्रों के जोड़ को ही अपनी आत्मा समझ कर जी लेते हैं। यही अधार्मिक आदमी का लक्षण है। जो वस्त्रों को ही समझ लेता है कि मैं हूं, वही आदमी अधार्मिक है। जो वस्त्रों के भीतर उसको खोजता है, जो समस्त सिखावन के पहले मौजूद था, और जो समस्त वस्त्रों को छीन लिया जाए तो भी मौजूद रहेगा, उस स्वभाव को, वही व्यक्ति धार्मिक है।

लाओत्से कहता है, छोड़ो सिखावन। जो-जो सीखा है, छोड़ दो, तो तुम स्वयं को जान सकोगे।

लेकिन हम बड़े उलटे लोग हैं। हम तो स्वयं को भी जानना हो तो उसे भी दूसरों से सीखने जाते हैं। स्वयं को खोना हो, तो दूसरे से सीखना अनिवार्य है। स्वयं को जानना हो, तो दूसरों की समस्त शिक्षाओं को छोड़ देना जरूरी है। जगत में कुछ भी जानना हो अपने को छोड़ कर तो शिक्षा जरूरी है। और जगत में स्वयं को जानना हो तो समस्त शिक्षा का त्याग जरूरी है। क्योंकि जगत में कुछ और जानना हो तो बाहर जाना पड़ता है और स्वयं को जानना हो तो भीतर आना पड़ता है। यात्राएं उलटी हैं।

तो धर्म एक तरह की अनलर्निंग है; शिक्षा नहीं, एक तरह का शिक्षा-विसर्जन, एक तरह का शिक्षा का

परित्याग। जो भी सीखा है, सभी छोड़ देना है। इसमें धर्म भी आ जाता है; जो धर्म सीखा है, वह भी आ जाता है। जो शास्त्र सीखे हैं, वे भी आ जाते हैं। जो सिद्धांत सीखे हैं, वे भी आ जाते हैं। जो भी सीखा है, सभी कुछ आ जाता है। इसलिए धर्म परम त्याग है। धन को छोड़ना बहुत आसान है; जो सीखा है, उसे छोड़ना बहुत कठिन है। क्योंकि धन हमारे ऊपर के वस्त्रों जैसा है; जो हमने सीखा है वह हमारी चमड़ी बन गया है। उसे छोड़ना इतना आसान नहीं है। क्योंकि हम अपने सीखे हुए के जोड़ ही हैं।

एक आदमी से पूछें कि तुम कौन हो, वह कहता है, मैं डाक्टर हूं। एक आदमी से पूछो वह कौन है, वह कहता है, मैं शिक्षक हूं। एक आदमी को पूछो वह कौन है, वह कहता है, अ हूं, ब हूं, स हूं। गौर से देखो तो वे सब यह बता रहे हैं कि उन्होंने क्या-क्या सीखा है। एक आदमी ने डाक्टरी सीखी है, इसलिए वह डाक्टर है। एक आदमी ने वकालत सीखी है तो वह वकील है। और एक आदमी ने चोरी सीखी है तो वह चोर है। और हमारे मुल्क में कुछ लोग साधुता सीख लेते हैं, वे साधु हैं।

लेकिन यह सब सिखावन है। यह सीखा हुआ है। सीखे हुए का धर्म से कोई संबंध नहीं है। अनसीखे की खोज! जिसे न कभी हमने सीखा है और न सीख सकते हैं, जो हम हैं ही, जिसमें सिखावन से कुछ जोड़ा नहीं जा सकता, कुछ घटाया नहीं जा सकता, जो हमारी मौजूदगी में ही छिपा है, उसकी खोज।

और लाओत्से कहता है, छोड़ो पांडित्य, मुसीबतें समाप्त हो जाती हैं। क्योंकि सभी मुसीबतें पांडित्य की मुसीबतें हैं। व्यक्ति की, समाज की सारी मुसीबतें जानकारी की मुसीबतें हैं, पांडित्य की मुसीबतें हैं। जो हम जानते हैं, वही हमारी मुसीबत बन जाता है।

इसे थोड़ा समझना पड़े। जो हम जानते हैं, वह हमारी मुसीबत कैसे बन जाता होगा? क्योंकि जो हम जानते हैं, उसके कुछ अनिवार्य परिणाम होंगे, पहला। जानने के कारण हम कभी भी सहज न हो पाएंगे; हर क्षण असहज होंगे। स्पांटेनियस होना असंभव हो जाएगा।

एक आदमी आपके पड़ोस में बैठा हुआ है। आप शांति से बैठे हुए हैं। आप उससे पूछते हैं, आप कौन हैं? वह कहता है, मैं मुसलमान हूं, या ईसाई हूं, या हिंदू हूं। तत्क्षण आप असहज हो जाएंगे। आदमी तिरोहित हो गया। मुसलमान बैठा है पड़ोस में; और मुसलमान के संबंध में आपने कुछ सीख रखा है। अब ये दो आदमी पड़ोसी नहीं हैं। अब इनके बीच में सिखावन आ गई। अगर आप हिंदू हैं, तो उसने भी हिंदू के संबंध में कुछ सीख रखा है। अब ये दोनों आदमी हजार मील की दूरी पर हो गए। अब इनके बीच फासला बड़ा हो गया। अब इन दोनों के हाथ कितने ही फैलें तो भी मिल नहीं सकते। अभी दो क्षण पहले ये पड़ोसी थे; इनके बीच कोई फासला न था। अब इन दोनों की शिक्षाएं बीच में आ गईं। अब ज्ञान का पहाड़ बीच में आ गया। जो आदमी क्षण भर पहले सिर्फ आदमी था, अब आदमी नहीं है, मुसलमान है। जो क्षण भर पहले आदमी था, अब आदमी नहीं है, हिंदू है।

और मजे की बात यह है कि दो हिंदू एक से नहीं होते और दो मुसलमान एक से नहीं होते। मुसलमान अ और मुसलमान ब के बीच उतना ही फासला होता है, जितना हिंदू और मुसलमान के बीच होता है। दो मुसलमान एक से नहीं होते, दो हिंदू एक से नहीं होते। लेकिन आपके दिमाग में एक धारणा है कि मुसलमान कैसा होता है; वही धारणा आप इस पड़ोसी पर भी लगा देंगे। वह धारणा झूठी है, इस आदमी से उसका कोई संबंध नहीं है। उस धारणा को जिन्होंने बनाया होगा, उनसे भी इसका कोई संबंध नहीं है। यह आदमी बिलकुल निर्दोष और निरीह है।

लेकिन अब आपके मन में न मालूम कितनी धारणाओं का जाल खड़ा हो गया। और इस आदमी को अब आप एक खाने में रख देंगे, एक कैटेगरी में रख देंगे कि मुसलमान है। हम भलीभांति जानते हैं कि मुसलमान कैसे होते हैं। आपकी पूरी की पूरी चेतना सिकुड़ जाएगी। अब जो भी व्यवहार आप करेंगे, वह व्यवहार इस आदमी से

नहीं होगा, वह आपकी धारणा के मुसलमान से होगा। आप असहज हो गए। सहजता समाप्त हो गई। सहजता का अर्थ तो था कि इस आदमी से संबंध होता। अब आप इससे बात भी नहीं करेंगे। बात भी करेंगे तो आपके मुसलमान से बात होगी, जो आपकी धारणा है।

हमारी जानकारी सब जगह हमें असहज बना देती है। सहज का अर्थ होता है : क्षण में जो सत्य है, वहां उसके साथ व्यवहार। लेकिन जानकारी व्याख्या बन जाती है; फिर हमारा व्याख्या के साथ व्यवहार होता है।

हम शब्दों में जीते हैं।

मैं एक घर में मेहमान होता था। पड़ोस में एक चर्च था। चर्च बहुत सुंदर था। तो जब भी मैं वहां मेहमान होता था, सुबह उठ कर चर्च में चला जाता। सन्नाटा होता, रविवार को छोड़ कर वहां कोई आता भी नहीं था। मित्र को पता चला, जिनके घर मैं ठहरता था, वे भागे हुए मेरे पीछे आए एक दिन और कहा कि आप, आपको मुझे कहना था, मंदिर ले चलता। चर्च में जाने की क्या जरूरत थी? और मंदिर फिर ज्यादा दूर भी नहीं है। मैं उनसे कुछ बोला नहीं।

दस वर्ष बाद उसी घर में फिर मेहमान था। वह चर्च बिक गया और जिन मित्र के घर मैं ठहरता था, उनके संप्रदाय ने ही उस चर्च की जायदाद खरीद ली थी। मकान वही था, दरख्त वही थे, पक्षी वही थे, सन्नाटा वही था; सिर्फ तख्ती बदल गई थी। अब वह चर्च नहीं था। सुबह ही उठ कर उन्होंने मुझसे कहा—वे तो भूल भी चुके थे कि दस साल पहले उसी मकान से मुझे बाहर निकाल लाए थे—उन्होंने मुझसे कहा, आपको बड़ी खुशी होगी, पड़ोस की जमीन हमने खरीद ली है और अब वहां सिर्फ मूर्ति की स्थापना होने की देर है। मंदिर बन गया है, आप अंदर आइए।

सब वही है; सिर्फ तख्ती बदल गई है। तब वह चर्च था, तब मेरा जाना उन्हें गुनाह मालूम पड़ा था। अब वह मंदिर है, अब मैं न जाऊं तो उन्हें गुनाह मालूम पड़ेगा।

हमारा व्यवहार यथार्थ से नहीं है; शब्दों से है, जानकारियों से है। एक क्षण में, शब्द बदल जाए, हमारा व्यवहार बदल जाता है। लेबल कोई बदल दे, भीतर जो वस्तु थी, वही है। बस ऊपर की तख्ती कोई बदल दे, सब बदल जाता है। इससे जटिलता खड़ी होगी। और हमारा जीवन इस जटिलता का ही परिणाम है। और यह जटिलता न केवल ऐसे ऊपरी जगत में दिखाई पड़ेगी, यह जटिलता भीतर भी प्रवेश कर जाएगी—भीतर भी! फिर हम व्यक्तियों को, उनकी अनुभूतियों को, उनके प्राणों को नहीं देख पाते।

एक आदमी आपसे कह रहा है कि मुझे आपसे बहुत प्रेम है। आप फिर उसकी आंखों में नहीं देख पाते, न फिर उसके चेहरे में झांक पाते, न उसकी आत्मा में उतर पाते। बस, ये शब्द ही आपके हाथ में पड़ते हैं कि मुझे बहुत प्रेम है। इन शब्दों के आधार पर ही फिर आप सब कुछ निर्णय करते हैं। वे निर्णय फिर आपको दुख में ले जाते हैं। एक आदमी आप पर नाराज हो रहा है, बुरा-भला कह रहा है। शब्द ही आप पकड़ लेते हैं; उस आदमी की आंखों में नहीं झांकते। कभी ऐसा भी होता है कि नाराजगी प्रेम होती है। और कभी ऐसा भी होता है कि प्रेम सिर्फ एक धोखा होता है। लेकिन शब्द, जानकारी बड़ी महत्वपूर्ण हो जाती है। फिर हम शब्दों के आसपास ही अपने जीवन का सारा भवन निर्मित करते हैं। वह भवन ताश के पत्तों का भवन है। उसमें रोज दरार पड़ेगी, रोज दुर्घटना होगी, रोज मकान गिरेगा। जरा सा हवा का झोंका आएगा और सब गिर जाएगा। और तब हम यथार्थ को दोष देंगे और हम कहेंगे कि यथार्थ बड़ा कठोर है और जीवन बड़ा दुख है। न तो जीवन दुख है और न यथार्थ बड़ा कठोर है। आप यथार्थ को जानते ही नहीं। आप शब्दों के घरों में रहते हैं। आपने यथार्थ को कभी झांका ही नहीं। जो था, वह आपने देखा नहीं। आप अपनी व्याख्या में ही चल रहे हैं।

इन व्याख्याओं के इर्द-गिर्द फंसे हुए आदमी को लाओत्से कहता है जानकारी में, पांडित्य में उलझा हुआ आदमी। इसे छोड़ो तो विपत्तियां मिट जाती हैं, मुसीबतें समाप्त हो जाती हैं।

क्या होगा छोड़ने से? यथार्थ का साक्षात्कार। और यह बड़े मजे की बात है कि सत्य को जान लेना कभी भी दुखदायी नहीं है। चाहे कितना ही दुखदायी प्रतीत होता हो, सत्य को जानना कभी भी दुखदायी नहीं है। और असत्य चाहे कितना ही प्रीतिकर प्रतीत होता हो, असत्य कभी भी प्रीतिकर नहीं है। सत्य कितना ही चौंका दे, धक्का दे, फिर भी उसके अंतिम परिणाम निरंतर गहरे आनंद में ले जाते हैं। और असत्य कितना ही फुसलाए, समझाए, झुठलाए; असत्य कितनी ही थपकियां दे; और असत्य कितनी ही तंद्रा, नींद में डुबाने की कोशिश करे और कितना ही सुविधापूर्ण मालूम पड़े; प्रतिपल उसकी हर सुविधा अनंत-अनंत असुविधाओं को जन्म देती है।

लेकिन हम तत्काल सुविधा के इच्छुक हैं। लंबी हमारी दृष्टि नहीं। दूर तक देखने की हमारी सामर्थ्य नहीं। बहुत पास देखते हैं हम। और उस पास देखने की वजह से हमें यथार्थ दिखाई ही नहीं पड़ता। हमारे पास तो हमारे ही शब्दों का जाल है। हम उसी में जीते हैं। मुसीबतें सघन होती चली जाती हैं।

जैसे हम सब ने मान रखा है, हमें सब को समझाया गया है, सिखाया गया है कि प्रेम में कोई कलह नहीं है। एक सिखावन है कि प्रेम में कोई कलह नहीं है, सच्चे प्रेम में कोई कलह नहीं है, कोई द्वंद्व नहीं है, कोई संघर्ष नहीं है। इस अपेक्षा को लेकर जो लोग भी प्रेम के जगत में उतरेंगे, वे बहुत दुख में पड़ जाएंगे। क्योंकि यथार्थ कुछ और है। अगर यथार्थ को हम समझें तो प्रेम एक कलह है, एक कांफ्लिक्ट है। प्रेम एक संघर्ष है। सत्य तो यही है कि प्रेमी लड़ते रहेंगे। और जब दो प्रेमियों में लड़ाई बंद हो जाए तो समझ लेना प्रेम भी समाप्त हो गया। लड़ाई प्रीतिकर हो सकती है, वह दूसरी बात है। लेकिन प्रेम एक कलह है। और हमारी धारणाओं में प्रेम एक स्वर्ग है, जहां कोई कलह नहीं है।

इस जगत में सभी चीजें परिवर्तनशील हैं। हमारे मन में बहुत सी धारणाएं स्थायी हैं, शाश्वत हैं। कहते हैं, प्रेम शाश्वत है। इस जगत में कुछ भी शाश्वत नहीं है। हम ही शाश्वत नहीं हैं, हमारा प्रेम कैसे शाश्वत हो सकेगा? हम मरणधर्मा हैं। हमसे जो भी पैदा होगा, वह मरणधर्मा होगा। सत्य यही है कि इस जगत में सभी चीजें परिवर्तनशील हैं। आकांक्षा है हमारी कि कम से कम कुछ गहरी चीजें तो न बदलें, कम से कम प्रेम तो न बदले। उस आकांक्षा के कारण वह जो परिवर्तनशील प्रेम का आनंद हो सकता था, वह भी जहर हो जाता है। उससे प्रेम स्थायी नहीं हो सकता, सिर्फ वे जो क्षण-स्थायी प्रेम में जो फूल खिल सकते थे, वे भी खिलने असंभव हो जाते हैं। ऐसे ही जैसे कोई घर में बगिया लगाए और फिर आशा करे कि जो फूल खिलें वे शाश्वत हों, वे कभी मुरझाएं न। फूल तो सुबह खिलेंगे, सांझ मुरझा जाएंगे। यही नियति है। लेकिन जो आदमी इस अपेक्षा से भरा हो कि फूल कभी मुरझाएं नहीं, तो वह जो सुबह फूल खिला था, उसका आनंद भी नहीं भोग पाएगा। क्योंकि फूल के खिलते ही मुरझाने का भय विष घोलने लगेगा, जहर डालने लगेगा।

फूल खिलते ही मुरझाना शुरू भी हो जाता है। क्योंकि खिलना और मुरझाना दो प्रक्रियाएं नहीं, एक ही प्रक्रिया का अंग हैं। मुरझाना खिलने की ही अंतिम अवस्था है। मुरझाना पूरा खिल जाना ही है। फल पकेगा तो गिर जाएगा। कोई भी चीज पूरी होगी तो मृत्यु घटित हो जाएगी। पूर्णता और मृत्यु जगत में एक ही अर्थ रखते हैं।

लेकिन जो आदमी सोच रहा है कि शाश्वत फूल खिल जाएं उसकी बगिया में, वह मुश्किल में पड़ेगा। तब एक ही उपाय है कि वह कागज के फूल बना ले, प्लास्टिक के फूल बना ले। वे स्थायी होंगे। वे भी शाश्वत तो नहीं हो सकते, लेकिन स्थायी होंगे। लेकिन वे कभी खिलेंगे भी नहीं। क्योंकि जो मुरझाने से डर गया, जो मुरझाने से बचना चाहता है, तो फिर खिलने को भी छोड़ देना पड़ेगा। वे कभी खिलेंगे भी नहीं, मुरझाएंगे भी नहीं। लेकिन तब उनमें फूल जैसा कुछ भी नहीं बचा। फूल का अर्थ ही खिलना और मुरझाना है।

ऐसी हमारी जो चित्त की धारणाएं हैं, वे धारणाएं हमें वास्तविक जीवन के साथ संबंधित नहीं होने देतीं। हम अपनी ही धारणाओं को लेकर जीते हैं। यथार्थ कैसा भी हो, यथार्थ के ऊपर हम अपने ही परदे डालते हैं, अपने ही

शब्द ओढ़ाते हैं, अपने ही रूप देते हैं। और यथार्थ न हमारे रूपों को मानता है, न हमारे शब्दों को, न हमारे सिद्धांतों को। और तब हर घड़ी यथार्थ में और हमारे ज्ञान में संघर्ष खड़ा होता है। वही संघर्ष हमारी मुसीबत है। हर घड़ी हममें और यथार्थ में तालमेल छूट जाता है। वह तालमेल का छूट जाना ही हमारी आंतरिक अशांति है। प्रतिपल आपकी अपेक्षा है, एक्सपेक्टेशन है, वह पूरा नहीं होता। अपेक्षा छूट जाती है, टूट जाती है। दुख और पीड़ा और कांटे छिद जाते हैं भीतर। वे कांटे आपकी ही अपेक्षा से जन्मते हैं। अपेक्षा हमारी जानकारी से पैदा होती है। हम पहले से ही जाने बैठे हुए हैं।

लाओत्से कहता है, तुम ऐसे जीयो, जैसे तुम कुछ जानते नहीं हो। तुम यथार्थ के पास इस भांति पहुंचो कि तुम्हारे पास कोई पूर्व-निष्कर्ष नहीं हैं, कोई कनक्लूजंस, कोई निष्पत्तियां नहीं हैं। न तुम्हारे पास निष्पत्तियां हैं, न तुम्हारे पास अपेक्षाएं हैं। फूल के पास पहुंचो और जानो कि फूल कैसा है। मत तय करके चलो कि शाश्वत रहे, कभी बदले नहीं, कुम्हलाए नहीं। ये धारणाएं छोड़ कर पहुंचो। फूल जैसा है, उसको वैसा ही जान कर जी लो। तब फूल एक आनंद है। तब उसका जन्म भी एक आनंद है और उसकी मृत्यु भी एक आनंद है। तब उसका खिलना भी एक गीत है और तब उसका बंद हो जाना भी एक गीत है। और तब दोनों में कोई विरोध नहीं; एक ही प्रक्रिया के अंग हैं।

जीवन में दुख नहीं है; दुख पैदा होता है अपेक्षाओं से। और अपेक्षाएं शिक्षाओं का परिणाम हैं। हम सब एक क्षण को भी बिना अपेक्षाओं के नहीं जीते; उठते हैं, बैठते हैं, चलते हैं, अपेक्षाओं का एक जगत हमारे चारों तरफ चलता है। लाओत्से कहता है, यही हैं तुम्हारी मुसीबतों के आधार।

'हां और न के बीच अंतर क्या है?'

अगर अपेक्षाएं न हों तो हां और न के बीच कोई अंतर नहीं है। अगर अपेक्षाएं हों तो हां और न के बीच से ज्यादा बड़ा अंतर और कहां होगा? मैं आपसे कुछ मांगता हूं; आप कहते हैं हां, या कहते हैं न। अगर मेरी मांग अपेक्षा से भरी है तो हां और न में बड़ा अंतर होगा। हां मेरा सुख बनेगी, न मेरा दुख हो जाएगा। लेकिन अगर मेरी कोई अपेक्षा नहीं है, अगर मैं पहले से कुछ तय करके नहीं चला हूं कि क्या होगा निष्कर्ष, क्या होगा परिणाम, अगर परिणाम के संबंध में मैंने कुछ धारणा नहीं बनाई है तो आप हां कहें, आप न कहें, इन दोनों में कोई अंतर नहीं है। हां और न के बीच जो अंतर है, वह दो शब्दों के बीच अंतर नहीं है, वह दो अपेक्षाओं के बीच अंतर है। भाषाकोश में तो हां और न में अंतर होगा, विपरीत हैं दोनों; लेकिन जीवन की गहराई में, जहां व्यक्ति अपेक्षाशून्य चलता है, हां और न में कोई अंतर नहीं है।

एक फकीर एक गांव से गुजर रहा है। उसने एक दरवाजे पर दस्तक दी। आधी रात हो गई है। और वह भटक गया है। और जिस गांव पहुंचना था, वहां न पहुंच कर दूसरे गांव पहुंच गया है। द्वार खुला। घर के लोगों ने कहा, क्या चाहते हैं? उस फकीर ने कहा कि अगर रात भर विश्राम का मौका मिल जाए! मैं भटक गया हूं; और जहां पहुंचना था, नहीं पहुंच पाया हूं। घर के लोगों ने पूछा कि धर्म कौन सा है तुम्हारा?

क्योंकि हम मनुष्यों को तो नहीं ठहराते, धर्मों को ठहराते हैं।

उस फकीर ने अपना धर्म बताया। द्वार बंद हो गए। घर के लोगों ने कहा, क्षमा करें, हम इस धर्म के मानने वाले नहीं; न केवल न मानने वाले हैं, बल्कि हम इसके विरोधी हैं। और इस गांव में आपको कहीं भी जगह न मिलेगी। यह गांव एक ही धर्म मानने वाले लोगों का है। आप व्यर्थ परेशान न हों। उस फकीर ने धन्यवाद दिया और चलने लगा। उस मकान के मालिक ने पूछा, लेकिन धन्यवाद कैसा? हम ठहराने से इनकार कर दिए हैं, धन्यवाद कैसा? उस फकीर ने कहा, तुमने कुछ तो किया। तुम क्या करोगे, इस संबंध में हमारी कोई धारणा न थी। द्वार खुलेगा, हां और न कुछ भी होगा। तुमने स्पष्ट न कहा, इतना भी आधी रात कष्ट उठाया, उसके लिए धन्यवाद!

वह फकीर जाकर गांव के बाहर सो गया। पूर्णिमा की रात थी। और जिस वृक्ष के नीचे सोया था, उस वृक्ष के फूल पूर्णिमा की रात में आवाज करके खुलते हैं। जब भी फूल की आवाज होती है, वह आंख खोल कर ऊपर देखता है—चांद भाग रहा है, फूल खिल रहे हैं, सुगंध बरस रही है।

सुबह फिर उस फकीर ने वापस आकर उस आदमी के द्वार पर दस्तक दी। उस आदमी ने दरवाजा खोला। फकीर ने झुक कर तीन बार पुनः-पुनः कहा, धन्यवाद! धन्यवाद! धन्यवाद! उस आदमी ने कहा, अब धन्यवाद की क्या जरूरत? तुम आदमी पागल मालूम पड़ते हो। रात मैंने मना किया था, तब तुमने धन्यवाद दिया। अब?

उस फकीर ने कहा, अगर तुम रात मुझे मना न करते तो जिस पूर्णिमा की रात का मैंने आनंद लिया है, वह असंभव हो जाता। तुमने अगर हां भर दी होती तो मैं तुम्हारे छप्पर के नीचे सोता। मैं एक वृक्ष के नीचे सोया। और मेरे जीवन में इतने सौंदर्य का क्षण मैंने कभी नहीं जाना। एक बात तुमसे कहने आया हूं, बुरा न मानना; तुम्हारे धर्म का फकीर भी आए, उसे भी मत ठहरने देना।

अगर आपको इस घर से इनकार करके लौटा दिया गया होता तो पूर्णिमा की रात पहली तो बात तत्काल अमावस की रात हो जाती। या नहीं हो जाती? पूर्णिमा की रात तो बच ही नहीं सकती थी, तत्काल अमावस हो जाती। फूल खिल ही नहीं सकते थे। उनकी इतनी धीमी आवाज, आपके भीतर जो तुमुलनाद चलता, सुनाई भी नहीं पड़ती। आपके भीतर जो कोलाहल होता, जो हाहाकार मचता, उसके सामने कोमल फूलों के खिलने की आवाज कहां सुनाई पड़ सकती थी? आप अमावस की रात में सोते। सोते भी कैसे! चिंतित और बेचैन और परेशान होते। हां और न में बड़ा अंतर होता। इस आदमी को हां और न में कोई अंतर न था।

हां और न का अंतर, सुख और दुख का अंतर धारणा का अंतर है, अपेक्षा का अंतर है; यथार्थ का अंतर नहीं है। लेकिन हम सभी कुछ यथार्थ पर थोप देते हैं। हम कहते हैं, उसने ऐसा कहा, इसलिए मैं दुखी हूं; उसने ऐसा व्यवहार किया, इसलिए मैं सुखी हूं। नहीं, कोई संबंध किसी दूसरे से नहीं है सुख और दुख का। उसने कुछ भी किया हो, आप सुखी हो सकते हैं; उसने कुछ भी किया हो, आप दुखी हो सकते हैं! उसका करना असली बात नहीं है। उसने जो किया, उसकी व्याख्या आपने क्या की, उस पर ही सब कुछ निर्भर है। आपकी अपनी व्याख्या ही आपका स्वर्ग और आपका नरक है।

सुना है मैंने, दो मित्र गुरु की तलाश में थे। वे दोनों एक सूफी फकीर के द्वार पर पहुंचे। दोनों ने निवेदन किया, सत्य की उन्हें खोज है, तलाश है प्रभु की; रास्ता कोई बताएं। वह फकीर चुप बैठा रहा, जैसे उसने सुना ही न हो। एक मित्र ने सोचा, इस आदमी से क्या मिलेगा? या तो बहरा मालूम पड़ता है और या फिर बहुत अहंकारी है। हम इतने सत्य के खोजी, इतने दूर से चल कर आए हैं और यह आदमी ध्यान भी नहीं दे रहा है, जैसे हम कोई कीड़े-मकोड़े हों। दूसरे ने सोचा, शायद मेरे प्रश्न में कोई भूल हो गई है। शायद यह पूछने का ढंग अनुचित है। शायद सत्य की जिज्ञासा इस भांति नहीं की जाती। शायद इतनी जल्दबाजी, इतना अधैर्य दुर्गुण है। दोनों विदा हो गए।

जिसने सोचा था कि यह आदमी अहंकारी है, वह वर्षों बाद भी वैसे का वैसा था। लेकिन जिसने सोचा था कि शायद मेरी जिज्ञासा में, मेरे पूछने के ढंग में, मेरे अधैर्य में ही कोई भूल है, वह अपने को बदलने में लग गया। वर्षों बाद पहला आदमी अपने नरक में ही पड़ा था; और गर्त में हो गया था। दूसरा पूरा शांत हो गया। दूसरा धन्यवाद देने गया गुरु को। और पहला आदमी उस आदमी के खिलाफ वर्षों से गालियां बोल रहा था कि वह आदमी हमारे ऊपर ध्यान भी नहीं दिया; अहंकारी है; अपने को न मालूम क्या समझता है। दूसरा आदमी धन्यवाद देने गया कि आपकी कृपा है, आप उस दिन नहीं बोले; मैं निश्चित समझ गया कि मेरी कोई योग्यता और पात्रता नहीं है। मैं अपने को पात्र बनाने की कोशिश में ही सत्य के दर्शन को उपलब्ध हो गया हूं। मैं धन्यवाद देने आया हूं।

उस गुरु ने कहा, सत्य को पाने का और कोई उपाय नहीं है। पात्र बन जाना काफी है।

हम पर निर्भर है। गुरु तो चुप रहा था। एक ने समझा न, एक ने समझा हां। फासला बड़ा भी हो सकता है। फासला शून्य भी हो सकता है।

लाओत्से कहता है, सब फासले ज्ञान के, पांडित्य के फासले हैं। हां और न के बीच अंतर क्या है?

हां और न लाओत्से के लिए बहुत सी बातों के प्रतीक हैं। हां है जीवन का प्रतीक; न है मृत्यु का प्रतीक। हां है सुख का प्रतीक; न है दुख का प्रतीक। हां है सफलता का प्रतीक; न है असफलता का प्रतीक। हां है पाजिटिव, विधायक का प्रतीक; और न है निगेटिव, नकारात्मक का प्रतीक।

लाओत्से यह कह रहा है कि विधेय में और नकार में अंतर ही क्या है? जन्म और मृत्यु में अंतर ही क्या है?

अंतर बहुत है। जीवन को हम चाहते हैं, मृत्यु को हम नहीं चाहते; फिर अंतर बहुत है। चाह के कारण अंतर है। जीवन और मृत्यु में कोई अंतर नहीं है। जिसकी कोई चाह नहीं, उसे जीवन और मृत्यु में फिर क्या अंतर है? जिस द्वार से हम बाहर निकलते हैं, उसी से हम भीतर आते हैं। जिन सीढ़ियों से हम ऊपर चढ़ते हैं, उन्हीं से हम नीचे उतरते हैं। जब आप ऊपर चढ़ रहे होते हैं तब, और जब आप नीचे उतर रहे होते हैं तब, सीढ़ियों में कोई अंतर होता है? जब आप बाहर जाते हैं तब, और जब आप भीतर आते हैं तब, द्वार में कोई अंतर होता है? वही द्वार है, वे ही सीढ़ियां हैं। वही जन्म है; वही मृत्यु है।

लेकिन हमारी अपेक्षाएं बड़ा अंतर कर देती हैं। हमारी जानकारी बड़ा अंतर कर देती है। हम सबको सिखाया गया है, मृत्यु कुछ बुरी है। यह हमारी सिखावन है। क्योंकि मृत्यु को हम जानते तो नहीं हैं। मृत्यु बुरी है, यह हमें सिखाया गया है। और जीवन शुभ है, यह हमें सिखाया गया है। और जीवन है अहोभाव, धन्यता, और मृत्यु है दुर्भाग्य, यह हमें सिखाया गया है। मृत्यु को हम जानते नहीं, यह तो पक्का ही है। जीवन को भी हम नहीं जानते हैं। वह उतना पक्का नहीं मालूम पड़ता; क्योंकि हमें लगता है कि हम जीवित हैं तो जीवन को तो जानते ही होंगे।

जरूरी नहीं है कि जो जीवित है, वह जीवन को जान ही ले। क्योंकि जो जीवन को जान लेगा, वह मृत्यु को भी जान लेगा। यह एक ही द्वार है; बाहर और भीतर आने का फर्क है। जो जीवन को जान लेगा, वह मृत्यु को भी जान लेगा। क्योंकि मृत्यु कोई जीवन के विपरीत घटना नहीं है। जैसे बायां और दायां पैर हैं, और चलना हो तो दोनों का उपयोग करना होता है; ऐसे ही जो अस्तित्व है, वह जीवन और मृत्यु उसके दोनों पैर हैं। और अस्तित्व हो ही नहीं सकता; उन दोनों पैरों के कारण ही अस्तित्व की सारी गति है। एक को भी जो जान लेगा, वह दूसरे को जान ही लेगा। क्योंकि दूसरा विपरीत नहीं है, पृथक भी नहीं है। एक ही प्रक्रिया के दो अंग हैं। लेकिन हमें सिखाया गया है।

गुरजिएफ ने लिखा है। गुरजिएफ की आदत थी लोगों को छेड़ने की। इससे न मालूम कितने लोग उससे नाराज थे। एक भोज में गुरजिएफ सम्मिलित था और एक बड़ा बिशप, एक बड़ा धर्मगुरु भी निमंत्रित था। गुरजिएफ के पड़ोस में ही धर्मगुरु को बिठाया गया था। दोनों महत्वपूर्ण व्यक्ति थे।

गुरजिएफ ने बिशप को पूछा, धर्मगुरु को पूछा कि क्या आपका खयाल है आत्मा के संबंध में? आत्मा अमर है? धर्मगुरु ने कहा, निश्चित ही, इसमें भी कोई संदेह है? आत्मा शाश्वत है, अमर है। उसका कोई अंत नहीं। उसकी कोई मृत्यु नहीं। गुरजिएफ ने तब पूछा, और आप कब तक मरेंगे, इसके संबंध में क्या खयाल है? और मरने के बाद आप कहां पहुंचेंगे, इस संबंध में क्या खयाल है?

तत्काल बिशप का चेहरा बिगड़ गया। यह भी कोई बात है? भद्र आदमी ऐसी बातें पूछते हैं? अभद्रता हो गई। कब मरिएगा? मरने के बाद कहां जाइएगा? बिशप ने तेजी से कहा कि कहां जाऊंगा, परमात्मा के राज्य में प्रवेश करूंगा! लेकिन भद्र आदमी ऐसी बातें पूछते नहीं हैं।

गुरजिएफ ने कहा कि अगर आत्मा अमर है तो मृत्यु के संबंध में पूछने में अभद्रता कैसी? और अगर मर कर प्रभु के राज्य में ही प्रवेश करना है तो आपके चेहरे पर मेरे प्रश्न से आ गई यह कालिमा कैसी? आनंद से भर जाना चाहिए कि जल्दी मरेंगे और प्रभु के राज्य में प्रवेश करेंगे।

नहीं, लेकिन दोनों में फर्क है। वह जानकारी है, वह जो बात थी आत्मा के अमर होने की, वह जानकारी है। वह शाब्दिक है, शास्त्रीय है। भय तो भीतर खड़ा है, मर न जाएं। शायद उसी भय के कारण उस जानकारी को भी पकड़ लिया है कि आत्मा अमर है। आत्मा को अमर मानने वाले लोग अक्सर मृत्यु से भयभीत लोग होते हैं। मानने वाले लोग! जानने वालों की बात करनी उचित नहीं है। मानने वाले लोग अक्सर जो मानते हैं, उससे विपरीत उनकी मनोदशा होती है। भय है मृत्यु का, तो आत्मा अमर है, इस सिद्धांत को पकड़ लेने से राहत मिलती है, कंसोलेशन मिलता है। और हमारा धर्म कंसोलेशन, सांत्वना से ज्यादा नहीं है। इसलिए धर्म हमारी ऊपरी पर्त है। वह भी हमारी सुरक्षा का उपाय है। जानते तो हैं कि मरना पड़ेगा। इसको भुलाना चाहते हैं, इस कड़वे सत्य को झुठलाना चाहते हैं। तो बड़े-बड़े अक्षरों में लिख कर रखा हुआ है: आत्मा अमर है। लेकिन कोई आपसे मृत्यु की पूछे, आपकी मृत्यु की पूछे, तो धक्का लगता है। क्यों? क्योंकि आत्मा अमर है, वह ऊपर चिपकाई हुई बात है। भीतर तो भय मौत का खड़ा है।

कब्रिस्तान हम गांव के बाहर बनाते हैं; मरघट गांव के बाहर बनाते हैं। कोई मर जाए तो माताएं अपने बच्चों को भीतर बुला लेती हैं—भीतर आ जाओ, कोई अरथी गुजरती है। जैसे मृत्यु को हम चाहते हैं कि किसी तरह भूल जाएं, वह दिखाई न पड़े। घर में कोई मर जाए तो घड़ी भर भी उसको रखना मुश्किल हो जाता है। शायद कल उस आदमी से हमने कहा हो कि तुम्हारे बिना हम मर जाएंगे, एक क्षण जी न सकेंगे। अब वह मर गए। अब क्षण भर भी उनको घर में रखना मुश्किल है। क्या है तकलीफ? थोड़ी देर रुकने दें। ऐसे इतने वर्ष तक वह व्यक्ति इस घर में था, दस-पांच दिन और रुके तो हर्ज क्या है?

दस-पांच दिन में आप पागल हो जाएंगे, अगर उसकी लाश रखी रहे तो। क्यों? क्योंकि उसकी लाश हर घड़ी आपको मौत की याद दिलाएगी। हर घड़ी उसका मरा होना आपके अपने मरने की सूचना बन जाएगा। एक घर में एक आदमी की मुर्दा लाश को रख लें, उस घर में फिर कोई आदमी जिंदा नहीं रह सकेगा।

इसलिए जल्दी हम निपटाते हैं। और घर के लोगों को तकलीफ न हो, इसलिए पास-पड़ोस के लोग इकट्ठे होकर जल्दी निपटाते हैं। क्योंकि ये पड़ोस के लोगों के घर में जब तकलीफ आती है तो दूसरे निपटाते हैं। यह सब एक पारस्परिक समझौता है: आदमी मरे, तो उसे जल्दी हटाओ; जिंदा लोगों के बीच से हटाओ। क्योंकि मौत को हम कहीं दूर अंत्यज की तरह व्यवहार करते हैं। वह गांव के बाहर रहे; गांव के भीतर, भरे बाजार में उसका कोई पता न चले। हमें एहसास न हो कि मौत जैसी कोई चीज भी है। मजबूरी है कि आदमी मरते हैं; तो हम उन्हें जल्दी से डिसपोज करते हैं, उनको हम निपटाते हैं। क्यों?

तो हमारे लिए जीवन और मृत्यु एक अर्थ नहीं रख सकते। और हमारे लिए हां और न भी एक अर्थ नहीं रख सकते। और सुख और दुख को हम कैसे मानें कि एक ही हैं।

लेकिन कभी आपने खयाल किया कि अगर आप नाम न दें तो कई बार आप बड़ी मुश्किल में पड़ेंगे बताने में कि यह सुख है या दुख है। नामकरण से बड़ी आसानी हो जाती है। नाम दे देते हैं यह सुख है, तो तत्काल मन मान लेता है कि सुख है। नाम दे देते हैं दुख है, तो मान लेते हैं कि दुख है। कभी आपने खयाल न किया हो, लेकिन करना चाहिए निरीक्षण कि अगर हम नाम न दें तो कौन सी चीज सुख होगी और कौन सी चीज दुख होगी? और अगर हम नाम देने की जल्दी न करें, सिर्फ अनुभूति पर जीएं, तो एक बड़ी अदभुत बात मालूम होगी कि जिसको हम सुख कहते हैं वह किसी भी क्षण दुख हो जाता है और जिसको हम दुख कहते हैं वह किसी भी क्षण सुख हो जाता है।

आपको मैं प्रेम करता हूं। राह पर आप मिले और मैंने आपको गले से लगा लिया। नाम न दें इसे सुख का या दुख का अभी, कोई नाम न दें। सिर्फ सीधा यह तथ्य कि मैं आपको गले से दबा रहा हूं; मेरी हड्डियां, मेरी चमड़ी आपको स्पर्श कर रही हैं; आपकी हड्डियां और चमड़ी मुझे स्पर्श कर रही हैं। इसको कोई नाम न दें कि यह आलिंगन है, सुख है, दुख है, कोई नाम न दें। सिर्फ यह तथ्य, यह फैक्ट कि क्या घटित हो रहा है। तब आपको बड़ा मुश्किल होगा कहना कि इसे सुख कहें कि दुख कहें।

और अगर आप इसे सुख कहें, कहना चाहें कि नहीं, सुख है, और मैं आपको अपनी छाती से लगाए खड़ा ही रहूं; कितनी देर यह सुख रहेगा? एक क्षण, दो क्षण, पांच क्षण, फिर आसपास भीड़ इकट्ठी होने लगेगी और लोग झांकने लगेंगे कि क्या हो गया? और फिर आप बेचैन होने लगेंगे, और फिर आपके माथे पर पसीना आने लगेगा, और आप छूटना चाहेंगे, बचना चाहेंगे। वह जो सुख था, वह कब दुख बन गया, कभी आपने भीतर परीक्षण किया? किस घड़ी आकर सुख दुख बनना शुरू हो गया? और अगर मैं न ही छोड़ूं?

सुना है मैंने कि नादिरशाह ने ऐसा मजाक एक बार किया था। नादिर का प्रेम था एक युवती से; लेकिन युवती उस पर कोई ध्यान नहीं देती थी। नादिर ने सब उपाय किए थे। चाहता तो वह उठवा कर हरम में डलवा देता। लेकिन पुरुष को सुख मिलता है जीतने में; जबर्दस्ती करने में सारा सुख खो जाता है। चाहता था कि वह स्त्री अपने से आए।

एक दिन अचानक उसे पता चला कि उस स्त्री का, नादिर का जो सिपाही है, उसका द्वारपाल जो है, उससे प्रेम है। नादिर रात पहुंचा और जब उसने अपनी आंख से उन दोनों को आलिंगन में देख लिया तो उसने उनको वहीं बंधवाया, महल बुलवाया। दोनों को नग्न किया, आलिंगन में बांध कर सामने एक खंभे से बंधवा दिया। दोनों आलिंगन में बंधे हैं खंभे से।

बड़ा गहरा मजाक हुआ। और बड़ी कठिन सजा हो गई। ये दोनों प्रेमी एक-दूसरे के पास होने को तड़पते थे। चोरी से कभी मिल पाते थे; क्योंकि नादिर का डर भी था; खतरा भी था। सब खतरे उठा कर मिलते थे क्षण भर को तो स्वर्ग मालूम होता था। अब दोनों नग्न एक-दूसरे की बाहों में खंभे से बंधे खड़े थे।

घड़ी, दो घड़ी के बाद ही एक-दूसरे के शरीर से बदबू आने लगी; एक-दूसरे की तरफ देखने का मन न रहा। जब कहीं बंधा ही हो कोई आदमी किसी के साथ तो फिर देखने को मन नहीं रह जाता। विवाह में यही परिणाम होता है। दो आदमी बंधे हैं एक-दूसरे से। थोड़े दिन में घबड़ाहट हो जाती है शुरू। विवाह बड़ी मजाक है, नादिर जैसी मजाक है। कहते हैं कि पंद्रह घंटे बाद...। पेशाब भी बह गया, मल-मूत्र हो गया, बदबू फैल गई। बहुत भयंकर मजाक हो गई। सब सौंदर्य खो गया। सब स्वर्ग नष्ट हो गया; नरक हो गया। पंद्रह घंटे बाद नादिर ने दोनों को छुड़वा दिया। कहानी कहती है कि वे दोनों फिर कभी एक-दूसरे को नहीं देखे। जो वहां से भागे, उस खंभे से, फिर कभी जीवन में दुबारा नहीं मिले।

क्या हुआ? जिसे सुख जाना था, वह दुख में परिणत हो गया। किसी भी सुख को जरा ज्यादा खींच दो, दुख हो जाएगा; जरा सा ज्यादा खींच दो। लेकिन जो दुख हो सकता है, उसका अर्थ हुआ कि वह दुख रहा ही होगा। नहीं तो हो कैसे जाएगा? क्वांटिटी के बढ़ने से क्वालिटी अगर बदलती हो, परिमाण के बढ़ने से, घटने से अगर गुण बदलता हो तो उसका अर्थ है कि गुण छिपा हुआ रहा ही होगा। आपको प्रतीत नहीं हो रहा था, क्योंकि मात्रा कम थी। मात्रा सघन हो गई, आपको प्रतीत होने लगा। किसी भी दुख की मात्रा को भी बदल दो तो सुख हो जाता है। सुख की मात्रा को भी बदल दो तो दुख हो जाता है। दुख का भी अभ्यास कर लो तो सुख हो जाता है। दुख सुख हो जाते हैं; सुख दुख हो जाते हैं। फासले शायद शब्दों के हैं; यथार्थ का फासला नहीं है।

लाओत्से कहता है, हां और न में कोई फर्क नहीं है।

अगर तुम अपने ज्ञान को एक तरफ रख दो और फिर तुम जीवन के तथ्य में प्रवेश करो तो तुम पाओगे कि हां नहीं हो जाता है और नहीं हां हो जाता है। जिंदगी बड़ी बदलाहट है। यहां जिसे हम कहते हैं विधायक, वह कभी भी बदल जाता है, नकारात्मक हो जाता है। जिसे हम सुबह कहते हैं, वही सांझ हो जाती है। जिसे हम सुख कहते हैं, वही दुख हो जाता है।

इसका अर्थ यह हुआ कि सुख और दुख यथार्थ से बाहर खींच लिए गए शब्द हैं। यथार्थ दोनों के बीच एक है। हमारा सारा ज्ञान नाम देने का ज्ञान है, चीजों को नाम देने का ज्ञान है। जब हम चीजों को नाम दे देते हैं तो हम समझते हैं ज्ञान हो गया। हम बता देते हैं कि यह दुख है, यह सुख है। हम समझते हैं कि हम सब समझ गए।

नाम के नीचे जो यथार्थ है, उसकी प्रतीति! लेकिन उसकी प्रतीति उन्हें ही हो सकती है जो सब सिखावन को छोड़ने को तैयार हों।

लाओत्से कहता है, 'शुभ और अशुभ के बीच भी फासला क्या है?'

हां और न तो ठीक है, लाओत्से कहता है, शुभ और अशुभ, जिसे हम कहते हैं पुण्य और पाप, उसके बीच भी फासला क्या है? क्या है पुण्य, क्या है पाप? कठिन है यह बात थोड़ी। और घबड़ाहट होती है। क्योंकि लाओत्से का चिंतन अति-नैतिक चिंतन है। और गहन जैसे ही चिंतन होगा, अति-नैतिक हो जाएगा।

हम कहते हैं, यह कृत्य शुभ है और यह कृत्य अशुभ है, और ऐसा करना पुण्य है और वैसा करना पाप है। और निश्चित ही हम बांट कर जीते हैं। सुविधा हो जाती है जीने में, अन्यथा बड़ी कठिनाई हो जाए। अन्यथा बड़ी कठिनाई हो जाए। तो हम बांट कर चलते हैं कि दान पुण्य है, चोरी पाप है। दया शुभ है, क्रूरता-कठोरता अशुभ है। सच बोलना शुभ है, झूठ बोलना अशुभ है। जिंदगी में हम ऐसा बांट कर चलते हैं। जरूरी है, उपयोगी है।

लेकिन लाओत्से गहरे सवाल उठाता है। वह यह कहता है, फर्क क्या है? वह कहता है, कौन सी चीज है जिसको तुम कह सकते हो कि सदा शुभ है? और कौन सी चीज है जिसे तुम कह सकते हो कि सदा अशुभ है? अशुभ शुभ होते देखे जाते हैं; शुभ अशुभ हो जाते हैं। ठीक वैसे ही, जैसे सुख दुख बदल जाते हैं।

समझें, आप अपने पड़ोसी की सहायता करते चले जाते हैं। दया करते हैं, पैसे से सहायता पहुंचाते हैं, सब तरह से सेवा करते हैं। लेकिन आपने कभी खयाल किया? शायद कभी खयाल में भी आया हो तो भी पूरी बात नहीं निरीक्षण हो पाती है। मेरे पास बहुत लोग आते हैं, वे कहते हैं, हमने फलां आदमी के साथ इतना अच्छा किया और वह हमारे साथ बुरा कर रहा है। आम अनुभव है यह कि नेकी का फल बदी से मिलता है। लेकिन तब हम यह समझते हैं कि वह आदमी ही बुरा है। मैंने भला किया, वह बुरा कर रहा है; क्योंकि वह आदमी बुरा है।

लेकिन यह सत्य नहीं है। असल में, जिसके साथ भी आप भला करते हैं, आपका भला करना भी इतना बोझिल हो जाता है, भारी हो जाता है दूसरे पर कि उसे बदला चुकाना जरूरी हो जाता है। जब एक आदमी किसी के साथ भला करता है तो वह उसके अहंकार को चोट पहुंचाता है और खुद के अहंकार को ऊपर करता है। मैं भला कर रहा हूं! दूसरा दीन हो जाता है; मैं श्रेष्ठ हो जाता हूं। तो दूसरा मुझे ऊपर से धन्यवाद देता है कि आपकी बड़ी कृपा है कि आपने इतना मेरे लिए किया; लेकिन भीतर से मेरा अहंकार भी उसको कांटे की तरह चुभता है। वह भी चाहता है कि कभी ऐसा मौका मिले कि हम भी तुम्हारे साथ भला कर सकें; कभी ऐसा मौका मिले कि तुम नीचे और हम ऊपर; कभी हम श्रेष्ठता से छाती फुला कर खड़े हों और तुम हाथ जोड़ कर कहो कि बड़ी कृपा है!

अगर आप उसको ऐसा मौका मिलने ही न दें, आप भला किए ही चले जाएं, उसको भला करने का मौका ही न दें, तो वह आदमी आपसे बुरा भी कर सकता है। क्योंकि आपका भला उस पर इतना बोझिल हो जाए। अब दो ही उपाय हैं उसके पास। या तो वह कुछ भला आपके साथ करे और आपको नीचे बिठा दे; और या फिर अगर आप

कोई मौका ही न दें...क्योंकि भला करना महंगा काम है, सभी के लिए सुविधापूर्ण नहीं है; बुरा करना सस्ता काम है, सभी कर सकते हैं।

तो अगर मैं एक आदमी को पैसे की सहायता पहुंचाए चला जा रहा हूं तो जरूरी नहीं है कि कभी ऐसी हालत हो जाए कि मुझे पैसा उससे मांगना पड़े। जरूरी नहीं है। क्योंकि जिनके पास है उनके पास और इकट्ठा होता चला जाता है और जिनके पास नहीं है उनसे और छिनता चला जाता है। वह आदमी भी चाहता है कि कभी मुझे दान करे। वह मौका न मिले तो फिर क्या करे वह आदमी? बुरा कोई भी कर सकता है; बुरा सस्ता काम है। वह कुछ मेरे लिए बुरा करे और मुझे नीचा दिखाए, मेरे संबंध में कुछ अफवाहें उड़ाए, मेरे संबंध में कुछ निंदा चलाए, कोई उपाय करे—कोई उपाय करे कि मैं नीचे हो जाऊं! जिस दिन उपाय करके वह मुझे नीचा दिखा देगा, बैलेंस हो जाएगा। हमारा निबटारा हो जाएगा; लेन-देन बराबर हो जाएगा।

नीत्शे ने बहुत ही कठोर व्यंग्य किया है जीसस पर। क्योंकि जीसस ने कहा है कि तुम्हारे गाल पर जो एक चांटा मारे, तुम दूसरा गाल उसके सामने कर देना। हम कहेंगे कि इससे ज्यादा श्रेष्ठ सिद्धांत और क्या होगा! नीत्शे ने कहा है, ऐसा अपमान भूल कर मत करना किसी का कि कोई आदमी तुम्हारे गाल पर एक चांटा मारे तो तुम दूसरा उसके सामने मत कर देना। नहीं तो तुम तो ईश्वर हो जाओगे और वह कीड़ा हो जाएगा। और यह क्षम्य नहीं है। अच्छा हो कि तुम भी एक करारा चांटा उसको मार देना, तुम कम से कम दोनों आदमी तो रहोगे। दूसरे को भी आदमी होने की इज्जत देना।

जीसस की ऐसी आलोचना किसी दूसरे व्यक्ति ने नहीं की है। लेकिन कोई दूसरा कर भी नहीं सकता। नीत्शे की हैसियत का आदमी चाहिए। वह ठीक जीसस की हैसियत का आदमी है। लेकिन इसका मतलब क्या हुआ? इसका मतलब हुआ कि शुभ भी अशुभ हो सकता है। आपने मेरे गाल पर चांटा मारा और मैंने दूसरा आपके सामने कर दिया; बड़ा शुभ कार्य कर रहा हूं मैं। लेकिन यह अशुभ हो सकता है, यह अपमानजनक हो सकता है। शायद यही सम्मानपूर्ण होता कि मैं एक चांटा आपको मारता और हम बराबर हो गए होते। उसमें आपकी इज्जत थी।

क्या है शुभ? क्या है अशुभ?

जीसस ने कहा है, कनफ्यूशियस ने भी कहा है, महाभारत में भी वही सूत्र है, सारी दुनिया के धर्मों ने उसको आधार माना है कि तुम दूसरे के साथ वही करना जो तुम चाहो कि दूसरा तुम्हारे साथ करे। यह शुभ की परिभाषा है। लेकिन नीत्शे ने कहा है कि यह जरूरी नहीं है; स्वाद अलग-अलग भी होते हैं। जरूरी नहीं है, रुचियां भिन्न होती हैं। जरूरी नहीं है कि तुम जो चाहते हो दूसरा तुम्हारे साथ करे, वही तुम उसके साथ करो। क्योंकि उसकी रुचि भिन्न हो सकती है, वह चाहता ही न हो कि कोई उसके साथ ऐसा करे। यह जरा कठिन है; थोड़ा जटिल है।

बर्नार्ड शॉ ने उसको ठीक मजाक पर, सरल ढंग पर रखा है। उसने कहा है कि मैं चाहता हूं कि आप मेरा चुंबन करें, इसलिए मैं आपका चुंबन करूं? तो आपको सिद्धांत समझ में आ जाएगा। जीसस कहते हैं, तुम वही करना दूसरे के साथ, जैसा तुम चाहते हो कि दूसरा तुम्हारे साथ करे। बर्नार्ड शॉ कहता है कि मैं चाहता हूं कि आप मेरा चुंबन करें तो मैं आपका चुंबन करूं? जरूरी नहीं है चुंबन लौटे। फिर क्या होगा?

शुभ और अशुभ इतना आसान नहीं कि बांट कर रखे जा सकें। सब श्रेणियां, जो आदमी ने बनाई हैं, बचकानी हैं। कामचलाऊ हैं, लेकिन बचकानी हैं। गहन चिंतन तो कहता है कि शुभ और अशुभ एक ही बात हैं। और इसलिए जो जानता है—दूसरों से सीख कर नहीं, जो अपने भीतर से जानता है—उसके लिए कोई चीज शुभ और अशुभ नहीं होती। सहज जीता है; उससे जो हो जाता है, वही शुभ है।

इस फर्क को आप समझ लें। एक तो व्यक्ति है, जो दूसरों से सीखता है: क्या शुभ है, क्या अशुभ है। नियम

तय हो जाते हैं कि यह करो, यह मत करो। कमांडमेंट्स हैं, आदेश हैं। धर्मग्रंथ कहते हैं कि यह करना ठीक है, यह करना ठीक नहीं है। आपने याद कर लिया, उसके अनुसार आपने अपना जीवन बना लिया। आप शुभ करते चले जाते हैं; अशुभ से आप बचते चले जाते हैं। लेकिन जरूरी नहीं कि आपका जीवन शुभ हो। क्यों? क्योंकि जीवन एक तरल प्रवाह है। उसमें कुछ भी नहीं कहा जा सकता।

अब नीत्शे की बात आपने सुनी। अगर जीसस की ही बात अकेली सुनी हो तो लगेगा कि इससे ज्यादा सही और क्या हो सकता है! लेकिन नीत्शे जो कह रहा है, वह भी सही है। वह भी दूसरा पहलू है।

इसलिए अक्सर ऐसा होता है कि नैतिक पुरुष, जिनको हम नैतिक पुरुष कहते हैं, दूसरों के प्रति बहुत अपमानजनक हो जाते हैं। और इसलिए नैतिक व्यक्ति के पास रहने में एक तरह का बोझ मालूम पड़ता है, हलकापन मालूम नहीं पड़ता। क्योंकि नैतिक व्यक्ति की मौजूदगी ही आपको अशुभ करार दे देती है। नैतिक व्यक्ति की आंख आपको हर क्षण निंदित करती रहती है कि आप गलत कर रहे हैं। वह ठीक कर रहा है, आप गलत कर रहे हैं। छोटी-छोटी बात में भी उसका निर्णय है कि क्या ठीक है और क्या गलत है। इसलिए नैतिक व्यक्ति एक तरह का स्ट्रेन खड़ा करता है। इसलिए नैतिक व्यक्ति का साथ-संग कोई पसंद नहीं करता। नैतिक व्यक्ति के साथ होना कठिन मामला है; क्योंकि प्रतिपल छोटी और बड़ी बात पर, हर चीज पर ठीक और गलत होने का लेबल लगा है।

धार्मिक व्यक्ति बहुत और तरह का व्यक्ति है। धार्मिक व्यक्ति के पास होना एक आनंद होगा। क्योंकि धार्मिक व्यक्ति के पास कुछ तय नहीं है कि ठीक और गलत क्या है। धार्मिक व्यक्ति के पास तो एक सहजता है जीवन की। किसी क्षण में कुछ बात ठीक हो सकती है; दूसरी परिस्थिति में वही बात गलत हो सकती है।

जीसस को अगर नीत्शे चांटा मारे और जीसस उत्तर न दें तो अशुभ होगा। क्योंकि नीत्शे निश्चित मानेगा कि यह अपमान किया गया, मुझे इस योग्य भी नहीं समझा गया कि मेरा चांटा वापस किया जाए। और इसके लिए नीत्शे जीसस को कभी माफ नहीं कर सकेगा। यह हद हो गई! यह अपने आपको महामानव दिखाने की चेष्टा—हद हो गई! नीत्शे धन्यवाद भी दे सकता है चांटा खाकर। और तब कह सकता है कि ठीक, आदमी से आदमी की तरह व्यवहार हुआ।

पौरुष हार गया है सिकंदर से। सिकंदर के सामने खड़ा है, जंजीरों में बंधा है। सिकंदर उससे पूछता है अपने सिंहासन पर बैठ कर कि मैं कैसा व्यवहार करूं? तो पौरुष ने कहा कि जैसा एक सम्राट दूसरे सम्राट के साथ करता है। और तब सिकंदर को बड़ी कठिनाई खड़ी हो गई। पौरुष को छोड़ना ही पड़ा, जंजीर तत्काल तुड़वा ही देनी पड़ी। क्योंकि पौरुष ने कहा कि जैसा एक सम्राट दूसरे के साथ करता है, वैसा व्यवहार करो; एक आदमी कैसा दूसरे आदमी के साथ व्यवहार करता है, वैसा व्यवहार करो।

वैसी अवस्था में तो अपने आपको ऊपर रखने की चेष्टा भी अशुभ हो जाएगी। न, तुमसे चांटा मारा ही न जा सके; तुम्हें पता ही न चले और तुम्हारा गाल दूसरा सामने आ जाए; यह तुम्हारी चेष्टा न हो, यह तुम्हारा विचार न हो, यह तुम्हारा सिद्धांत न हो, ऐसा तुमने चेष्टा करके किया न हो, बस ऐसा ही तुमसे हो जाए, तो यह धार्मिक व्यवहार होगा। ऐसा तुमने चेष्टा करके किया हो तो यह नैतिक व्यवहार होगा। और नैतिक व्यवहार में शुभ और अशुभ का फासला होता है। धार्मिक व्यवहार में शुभ और अशुभ का कोई फासला नहीं होता।

धार्मिक व्यक्ति जीता है सहजता से। जो उसे स्वाभाविक है, वैसा प्रवाहित होता है। नैतिक व्यक्ति प्रतिपल तय करता है: क्या करना और क्या नहीं करना। ध्यान रहे, जिसको तय करना पड़ता है कि क्या करना और क्या नहीं करना, उसके पास अभी आत्मा नहीं है। उसके पास अभी शिक्षाओं का समूह है, नैतिक दृष्टि है; लेकिन धार्मिक अनुभव नहीं है।

लाओत्से कहता है, 'शुभ और अशुभ के बीच फासला क्या है?'

तुम्हारा ज्ञान ही बस फासला है।

'लोग जिससे डरते हैं, उससे डरना ही चाहिए। लेकिन अफसोस कि जागरण की सुबह अभी भी बहुत दूर है। कितनी दूर है!'

लाओत्से यह नहीं कह रहा है कि आपको जो मौज आए, करने लगें। कहता है, लोग जिससे डरते हैं, उससे डरना ही चाहिए; क्योंकि लोगों के बीच रहना है। लोग जिसे बुरा मानते हैं, उसे बुरा मानना ही चाहिए। लोग जिसे भला कहते हैं, उसे भला कहना ही चाहिए। मगर यह अभिनय से ज्यादा न हो, यह आत्मा न बने। लोग जिससे डरते हैं, उससे डरना ही चाहिए। ठीक है बिलकुल। लेकिन उसी को जीवन का परम सत्य मत जान लेना। क्योंकि लोग जिससे डरते हैं, उससे डरो; जो लोग कहते हैं ठीक है, उसे करो; जो लोग कहते हैं कि ठीक नहीं है, उसे मत करो; अगर तुम इसमें पूरे भी उतर गए, परिपूर्ण भी हो गए, तो भी लाओत्से कहता है, लेकिन अफसोस कि जागरण की सुबह अभी भी कितनी दूर है! तुमने अगर लोगों की नीति के पूरे मापदंड भी पूरे कर दिए; तुमने चोरी न की, हिंसा न की, व्यभिचार न किया; तुमने दया की, दान किया, अहिंसा की; लोगों के समस्त नैतिक मापदंड पूरे कर दिए, तो भी लाओत्से कहता है, अफसोस कि जागरण की सुबह अभी भी कितनी दूर है! तुम अगर पूरे नैतिक भी हो गए तो भी अभी धर्म की पहली किरण नहीं फूटी है।

इसका यह मतलब नहीं कि लाओत्से कहता है कि नीति को छोड़ देना। वह यही कहता है कि नीति को अंतिम मत समझ लेना। वह यह नहीं कहता कि नीति व्यर्थ है। वह यह कहता है कि नीति अपर्याप्त है। वह यह नहीं कहता कि नीति को छोड़ कर अनैतिक हो जाना। वह कहता है कि नैतिक रहना, लेकिन जानना उसे केवल जीवन की सुविधा, कनवीनिएंस; उसको सत्य मत समझ लेना। और उसको ही पर्याप्त मत समझ लेना कि बात पूरी हो गई। चूंकि मैं चोरी नहीं करता, चूंकि मैं झूठ नहीं बोलता, चूंकि मैं किसी को अपमानित नहीं करता, चूंकि किसी से कलह नहीं करता, इसलिए ठीक है, बात समाप्त हो गई, पहुंच गया मैं परम सत्य को, ऐसा मत समझ लेना।

नीति सामाजिक व्यवस्था है—सिर्फ व्यवस्था। धर्म जागतिक सत्य की खोज है। तो नीति समाज-समाज में अलग-अलग होगी। जो यहां नैतिक है, वह दो गांव छोड़ने के बाद नैतिक न हो। सारी दुनिया में हजार तरह की नीतियां हैं। एक कबीले में जो बात बिलकुल नैतिक है, दूसरे कबीले में बिलकुल अनैतिक हो जाती है। एक बात जिसे हम सोच भी नहीं सकते कि कोई करेगा, कहीं दूसरी जगह नैतिक मानी जाती है; करना कर्तव्य समझा जाता है।

एक कबीला है अफ्रीका में। अगर पिता मर जाए तो बड़े बेटे को मां के साथ शादी करना नैतिक है। और अगर बेटा इनकार करे तो अनैतिक है। उनकी भी दलील है। सभी नीतियों की दलीलें होती हैं। वे कहते हैं कि अब मां बूढ़ी हो रही है तो अगर बेटा अपनी जवानी उसके लिए कुर्बान नहीं कर सकता तो कौन करेगा? यह कर्तव्य है। और अगर हम ठीक से सोचें तो बेटा एक जवान लड़की के साथ शादी करना छोड़ कर अपनी मां से शादी करने को तैयार होता है तो त्याग तो निश्चित है। अगर हम उसी कबीले में पैदा होते और हमें कुछ और बाहर की दुनिया का पता न होता तो यही कर्तव्य था। और जो बेटा यह नहीं करेगा, उसको पूरा गांव, पूरा कबीला निंदा करेगा कि यह लड़का अपनी मां का भी समय पर न हो सका।

हमें बहुत बेहूदी लगेगी बात, सोचने के बाहर लगेगी, एकदम अनैतिक लगेगी। इससे ज्यादा अनैतिक और क्या होगा कि बेटा मां से शादी करे? हमारी अपनी नीति है, उनकी अपनी नीति है। नीतियां हजार हैं। धर्म से उसका कोई संबंध नहीं है। अपनी सुविधा है, अपनी व्यवस्था है। नैतिकता अगर कोई पूरी भी निभा ले तो भी उस सत्य की तरफ यात्रा शुरू नहीं होती, जिसकी तलाश है। हां, समाज के साथ एक एडजस्टमेंट, समाज के साथ एक समायोजन

हो जाता है। अनैतिक आदमी को समाज के साथ तकलीफ होती है, बेचैनी होती है; क्योंकि पूरा समाज उसके खिलाफ पड़ता है। वह क्या कर रहा है, ठीक है या गलत है, इसका बहुत मूल्य नहीं है। लेकिन असमायोजन होता है, मैल-एडजस्टमेंट हो जाता है; असुविधा होती है, कष्ट होता है। समाज उसको दंड भी देगा; क्योंकि जो आदमी समाज की व्यवस्था के प्रतिकूल चलेगा, वह आदमी खतरनाक है समाज के लिए। अगर ऐसे लोगों को चलने दिया जाए तो समाज की सारी व्यवस्था जीर्ण-शीर्ण हो जाएगी। तो उसे दंड देना जरूरी है। जो समाज की मान कर चलेगा, समाज उसको आदर देगा; स्वभावतः उसको पुरस्कार देगा। लेकिन इससे धर्म का कोई संबंध नहीं है।

लाओत्से कहता है, 'लोग जिससे डरते हैं, उससे डरना ही चाहिए।'

नैतिक होना ठीक है।

'लेकिन अफसोस कि जागरण की सुबह अभी भी कितनी दूर है!'

और अगर तुम पूरे नैतिक भी हो गए तो भी जागरण की सुबह बहुत दूर है।

जागरण की सुबह किसे मिलती है?

लाओत्से दूसरे हिस्से में कहता है, 'दुनिया के लोग मजे कर रहे हैं, मानो वे यज्ञ के भोज में शरीक हों। मानो वे वसंत ऋतु में खुली छत पर खड़े हों। मैं अकेला ही शांत और सौम्य हूं, जैसे मुझे कोई काम ही न हो। मैं उस नवजात शिशु जैसा हूं जो अभी मुस्कुरा भी नहीं सकता। या वह बंजारा हूं, जिसका कोई घर न हो।'

धार्मिक आदमी को ऐसा प्रतीत होगा। दुनिया के लोग मजे कर रहे हैं, यह व्यंग्य है गहरा। और लाओत्से तीखे व्यंग्य कर सकता है। वह कह रहा है, दुनिया के लोग मजे कर रहे हैं; दुनिया के लोग जिसे मजा समझते हैं, वह कर रहे हैं। एक अकेला मैं ही अभागा हूं कि मजे के बाहर पड़ गया हूं। वे सब ऐसे प्रतीत होते हैं जैसे किसी उत्सव के भोज में सम्मिलित हुए हैं। प्रतिपल भोज चल रहा है, उत्सव चल रहा है। ऐसा लगता है कि वसंत की ऋतु है और वे सब खुली छत पर आनंदित हैं, उन पर वसंत बरस रहा है। मैं अकेला ही शांत और सौम्य हूं, जैसे मुझे कोई काम ही न हो। इस बड़े व्यापार में, इस बड़े उत्सव में, इस बड़े जगत में, जहां सब तरफ मौज और मजा चल रहा है, एक मैं बेकाम मालूम पड़ता हूं।

अंग्रेजी के शब्द बहुत कीमती हैं: आई अलोन एम माइल्ड लाइक वन अनएंप्लायड, लाइक ए न्यू बॉर्न बेब दैट कैन नॉट यट स्माइल, अनअटैच्ड लाइक वन विदाउट ए होम। मैं अकेला ही शांत और सौम्य हूं। न तो इस मजे में मुझे कुछ मजा मालूम होता है, न इस उत्सव में मुझे कोई उत्सव दिखाई पड़ता है। और अगर यही लोगों का एकमात्र व्यवसाय है तो मैं अनएंप्लायड हूं। अगर यह मजा करना, यह मौज, यह उत्सव ही अगर एकमात्र धंधा है तो मैं बिलकुल बिना धंधे के हूं। मेरे पास कोई धंधा नहीं है।

जिसे लोग मजा कह रहे हैं, मौज कह रहे हैं, वह लाओत्से को उनकी समस्त पीड़ाओं का, उनके दुखों का आधार है। लाओत्से देखेगा तो आपके सब सुख और आपके सब दुख उसे जुड़े हुए दिखाई पड़ते हैं। आपको दिखाई नहीं पड़ते हैं। आप समझते हैं, सुख अलग बात है, दुख अलग बात है। आप समझते हैं, सुख इकट्ठा कर लो और दुख को फेंक दो काट कर। लाओत्से जब देखता है तो वह देखता है, तुम जब सुख को इकट्ठा करते हो, तब तुम्हें पता नहीं कि तुम अपने दुख इकट्ठे कर रहे हो। और जब तुम मजा कर रहे हो, तभी तुम्हारी उदासी सघन होती जा रही है। और यह भी संभव है कि तुम मजा सिर्फ इसीलिए कर रहे हो, ताकि तुम अपनी उदासी को भूल सको।

और अक्सर ऐसा है। जो लोग हंसते हुए दिखाई पड़ते हैं, वे वे ही लोग हैं, जिनके भीतर सिवाय रुदन के और कुछ भी नहीं है, आंसुओं के सिवाय कुछ भी नहीं है। मगर वे हंसते हैं खिलखिला कर। हंसते हैं खिलखिला कर, किसी और को धोखा देने के लिए नहीं; अपनी ही खिलखिलाहट की आवाज अपने को ही धोखा दे देती है।

कभी आपने देखा है, गली में, अकेले में, अंधेरे में जाते हों तो आदमी खुद ही सीटी बजाने लगता है। अपनी ही सीटी की आवाज अंधेरे में सुनाई पड़ती है, लगता है अकेले नहीं हैं। गाना गाने लगता है। अपनी ही आवाज सुनाई पड़ती है, हिम्मत आ जाती है; लगता है अकेले नहीं हैं।

आदमी धोखा देने में बहुत कुशल है। जब आप हंसते हैं, जरूरी नहीं कि किसी और को धोखा दे रहे हों। और को भी दे रहे हों, दूसरी बात है; लेकिन अपने को भी दे रहे हो सकते हैं। हंसते हैं, हंसी की आवाज सुनाई पड़ती है; लगता है बड़े खुश हैं। लोगों के भीतर झांकें—और दुख के ढेर हैं। और उन दुखों के ढेर पर भी बैठ कर लोग हंसते रहते हैं। यह चमत्कार है। इसलिए आदमी अकेला होने में डरता है। क्योंकि अकेले में हंसिएगा भी कैसे? दुख दिखाई पड़ने शुरू हो जाते हैं। दूसरा हो तो आदमी भुला लेता है; दूसरे के साथ बातचीत में डुबा लेता है अपने को। हंस लेता है। अकेला होता है तो दुख दिखाई पड़ने लगते हैं। सब भीतर की पीड़ाएं उभर कर सामने आ जाती हैं। सब आंसू साफ हो जाते हैं। इसलिए कोई आदमी अकेला नहीं रहना चाहता। अकेले में कोई आदमी अपने साथ रहने को राजी नहीं दिखाई पड़ता है। क्यों? क्योंकि अपने को कैसे हंसिए? कितनी देर हंसिए? जो भीतर है, वह दिखाई पड़ेगा। दूसरे में उलझ जाते हैं, व्यस्त हो जाते हैं, तो खुद को भूलने में आसानी हो जाती है।

हम सब एक-दूसरे को भुलाने के लिए सहयोगी हैं; एक-दूसरे को पारस्परिक सहयोग देते रहते हैं। हम आपका दुख भुलाते हैं, आप हमारा दुख भुलाते हैं। मित्रों का यही लक्षण है। कहते हैं न, मित्र वही जो दुख में काम आए। पता नहीं, और तरह काम आते हैं मित्र कि नहीं, लेकिन एक-दूसरे का दुख भुलाने में काम जरूर आते हैं।

लाओत्से कहता है, दुनिया के लोग मजा कर रहे हैं, मानो किसी यज्ञ के भोज में शरीक हुए हों, या समझो कि वसंत उनके ऊपर ही बरस रहा हो। एक अकेला मैं चुपचाप खड़ा हूं। एक अकेला मैं ही सौम्य मालूम पड़ता हूं। न कोई मजा मुझे दिखाई पड़ता है, न कोई उत्सव मेरी समझ में आता है। एक अकेला मैं ही दूर पड़ गया हूं, भीड़ के बाहर पड़ गया हूं, अजनबी हूं। लगता है जैसे बेकार हूं।

और ऐसा लाओत्से को ही लगता हो, ऐसा नहीं। दूसरे लोग भी ऐसे लोगों से आकर कहते हैं कि क्या जीवन बेकार गंवा रहे हैं! अगर आप चुपचाप बैठे हैं तो लोग पूछते हैं कि क्यों समय गंवा रहे हैं! अगर आप शांत हैं तो लोग समझते हैं दुखी हैं। अगर आप सौम्य हैं तो लोग समझते हैं कि क्या हुआ? कोई कड़वा अनुभव? कोई फ्रस्ट्रेशन? कोई विषाद? अगर आप ध्यान के लिए बैठे हैं तो लोग समझते हैं कि शायद जीवन में सफलता हाथ नहीं लगी, अब ध्यान करने लगे हैं। अगर आप संन्यस्त हो रहे हैं तो लोग समझते हैं कि बेचारा, संसार में कुछ न मिल सका तो अब संन्यास की तरफ जा रहा है।

तो लाओत्से को खुद ही लगा हो, ऐसा नहीं। हजारों लोगों ने लाओत्से से कहा होगा कि क्या निठल्ले, व्यर्थ। कुछ करो! तो लाओत्से ठीक कह रहा है, अनुभव की बात कह रहा है कि एक अकेला मैं ही बेकाम मालूम पड़ता हूं। सारा जगत काम में संलग्न है। सारे लोग कहीं पहुंच रहे हैं, कोई परपज, कोई लक्ष्य उनके सामने है। एक मैं ही बेकार हूं। कहीं मुझे पहुंचना नहीं, कोई मेरी जल्दी नहीं, कोई लक्ष्य नहीं जिसे पूरा करना हो। मेरी हालत ऐसी है, उस नवजात शिशु जैसी, जो अभी मुस्कुरा भी नहीं सकता।

यह बड़ी समझने की बात है। बच्चा तभी मुस्कुराना सीखता है—मनसविद इस पर काफी काम करते हैं—जब बच्चा मां को धोखा देना शुरू करता है। उसी दिन से बच्चे में पोलिटीशियन पैदा हो गया, जब बच्चा मुस्कुराता है। बच्चे के पास कुछ देने को नहीं है। कुछ देने को नहीं है; सब कुछ उसे लेना ही लेना है। मां का दूध भी लेना है, मां का प्रेम भी लेना है, मां की गर्मी भी लेनी है। सब कुछ लेना ही लेना है। उसके पास देने को कुछ भी नहीं है। उसके पास कोई सिक्का नहीं है जो वह मां को दे सके।

थोड़े ही दिन में बच्चा खोज लेता है कि उसके चेहरे का खिंच जाना, मुस्कुरा जाना मां के लिए आह्लाद से भर देता है। एक चीज उसके पास मिल गई; वह दे सकता है। अब वह मां को दे सकता है। अब लेन-देन शुरू हुआ। अब वह मां को देख कर मुस्कुरा देगा, और मां आनंदित है। पोलिटीशियन पैदा हुआ; बच्चे ने राजनीति शुरू की। बच्चे को मुस्कुराने का अभी और कोई अर्थ नहीं है, सिर्फ मां को परसुएड करता है। समझ गया है कि जब मुस्कुराता है तो मां प्रसन्न होती है, मां प्रसन्न होती है तो देती है। इसलिए बच्चा जब नाराज हो, तो मां लाख उपाय करे, मुस्कुराएगा नहीं। अपनी मुस्कान को रोकेगा, बदला लेगा। अगर वह नाराज है तो मुस्कुराएगा नहीं। उसकी मुस्कान का मतलब है, वह राजी है, प्रसन्न है, वह मां के प्रति खुश है।

लाओत्से कहता है, मेरी हालत वैसी है, उस नवजात शिशु जैसी, जो अभी मुस्कुरा भी नहीं सकता, जिसे जीवन की राजनीति का कोई भी अनुभव नहीं है, जो अभी पहला सिक्का भी जगत-व्यवहार का नहीं सीखा है।

मुस्कुराना बच्चे का पहला सांसारिक कदम है। वहां से उसने कदम रखना शुरू कर दिया। अब वह और बातें सीखेगा। लेकिन उसने एक बात सीख ली। उसने एक बात सीख ली कि वह दूसरे को सुख दे सकता है। और दूसरे का सुख रोक भी सकता है। अगर वह न मुस्कुराए तो मां को दुखी भी कर सकता है। और अगर मुस्कुराए तो सुखी भी कर सकता है। दूसरे व्यक्ति को संचालित करने की क्षमता उसे आ गई। अब वह बहुत कुछ सीखेगा जिंदगी में।

और सारी जिंदगी हम यही सीखते हैं कि दूसरे को कैसे संचालित करें। और जो आदमी जितने ज्यादा लोगों को संचालित कर सकता है, उतना बड़ा आदमी हो जाता है। अगर आप करोड़ों लोगों को संचालित करते हैं तो आप महानेता हैं। इसलिए मैंने कहा, बच्चे ने राजनीति का पहला पाठ—दूसरे को कैसे संचालित करना, कैसे प्रभावित करना। बच्चा जानता है, घर में अगर मेहमान भी आए हुए हों तो वह घर भर को खुश कर सकता है जरा सा मुस्कुरा कर। वह दुखी कर सकता है। उस पर बहुत कुछ निर्भर है। वह भी कुंछ कर सकता है।

लाओत्से कहता है, मेरी दशा वैसी है, उस बच्चे जैसी, जो अभी मुस्कुरा भी नहीं सकता। मुझे इस जगत का कोई सिक्का, इस जगत को प्रभावित करने की कोई वृत्ति, इस जगत को संचालित करने की कोई शक्ति—नहीं, यह सब मेरे पास नहीं है। मैं बिलकुल बाहर पड़ गया हूं। मैं बिलकुल अजनबी हूं।

'या एक ऐसा बंजारा हूं, जिसका कोई घर न हो।'

चलता हूं, उठता हूं, बैठता हूं; लेकिन न तो कहीं पहुंचना है, न कोई मंजिल है, न कोई घर है। बेघर हूं। ठीक संन्यास का यही अर्थ है: बेघर! जिसका कोई घर नहीं है।

इसका यह मतलब नहीं है कि जो घर छोड़ कर भाग गया। जिसका घर हो, वह छोड़ कर भाग भी सकता है। जिसका घर न हो, वह छोड़ कर भी कहां भाग जाएगा? बेघर एक आंतरिक दशा है, होमलेसनेस एक आंतरिक दशा है। लेकिन हम हर दशा को धोखा करने के लिए इंतजाम कर लेते हैं। एक घर है, उसे मैं मानता हूं मेरा घर है; वह मान्यता ही गलत है। फिर मैं दूसरी मान्यता खड़ी करता हूं कि अब मैं इस घर का त्याग करता हूं। फिर मैं जाकर प्रचार करता हूं कि मैंने घर का त्याग कर दिया। वह घर, पहली बात, कभी मेरा था ही नहीं।

लाओत्से कहता है, मैं एक बंजारा हूं, जिसका कोई घर नहीं है। यह थोड़ा समझने जैसा है। क्योंकि लाओत्से संन्यासी भी नहीं है। लाओत्से ने कभी कोई संन्यास नहीं लिया। लाओत्से ने कभी कोई संन्यास की घोषणा नहीं की। लाओत्से ने कभी कुछ त्यागा नहीं, छोड़ा नहीं। क्योंकि लाओत्से कहता है, मेरा कुछ हो तो मैं छोड़ भी सकूं, मेरा कुछ हो तो मैं त्याग भी सकूं; मैं तो वैसा हूं, घुमक्कड़, आवारा, खानाबदोश, जिसका न कोई घर है, न कोई ठिकाना है।

इसको अगर हम भीतरी अर्थों में समझें तो इसका अर्थ हुआ कि ऐसा व्यक्ति कहीं पहुंचने के लिए उत्सुक नहीं है; कहीं जाने की कोई त्वरा, कोई आकांक्षा, कोई अभीप्सा, कोई इच्छा नहीं है। कहीं कोई मंजिल नहीं है, जहां

पहुंचना है। जहां बैठा है, वहीं उसकी मंजिल है। जहां खड़ा है, वहीं उसका मुकाम है। हट गया तो हटना ही उसकी मंजिल हो गई। ऐसा व्यक्ति प्रतिपल सिद्धावस्था में है। ऐसे व्यक्ति को साधक होने का सवाल ही नहीं है।

तो लाओत्से कहता है कि इस मौज से भरे हुए संसार में...। और यह व्यंग्य है; क्योंकि इस पूरे मौज से भरे संसार में, तथाकथित मौज से भरे संसार में, लाओत्से जैसा एकाध आदमी ही मौज को उपलब्ध होता है; बाकी लोग सिर्फ धोखे में होते हैं। और कहता है कि ऐसे जैसे किसी भोज में शरीक हुए हों। लेकिन सच तो यह है कि इस जगत में हमारे सब भोज सिर्फ वंचनाएं हैं। लाओत्से जैसे लोग ही इस जीवन के भोज में शरीक होते हैं। और कहता है, जैसे उनके ऊपर वसंत बरस रहा हो, ऐसा लगता है। सचाई बिलकुल उलटी है। सिर्फ लाओत्से जैसे लोग वसंत में जीते हैं। हम सिर्फ खयाल में होते हैं, सपने में होते हैं। जीते हैं पतझड़ में, सपनों में होते हैं वसंत के। जीते हैं दुख में, मौज का आवरण होता है। लगता है कि बड़ा आनंद ले रहे हैं; और सिर्फ दुख इकट्ठा करते हैं। लगता है कि बड़े व्यस्त हैं काम में, लेकिन सचाई यह है कि हमारी सारी व्यस्तता अपने से भागने का एक उपाय, यह एस्केप है।

मनसविद कहते हैं कि अगर आपसे काम छीन लिया जाए तो आप बड़ी मुश्किल में पड़ेंगे। हालांकि आप रोज रोते हैं कि इस काम से छुटकारा हो जाए तो थोड़ी शांति की सांस लें। रोज! लेकिन आपका रोना भी आपका रस है। सांझ आप लौटते हैं दफ्तर से और कहते हैं कि कब होगा छुटकारा! अगर आदमी के पास पेट न होता तो आनंद ही आनंद होता। यह नौकरी, यह धंधा, यह सुबह से सांझ तक का रोना। लेकिन जब आप यह अपनी कथा सुना रहे होते हैं, तब आपको भी पता नहीं कि आप कितनी प्रसन्नता से सुना रहे हैं! आप कितने प्रसन्न हैं, आपको कितना रस आ रहा है।

अगर कल ऐसा हो जाए कि ठीक, आप शांति से घर बैठिए, खाइए, पीजिए, मौज करिए, काम आपसे छीन लेते हैं, तो मनसविद कहते हैं कि इस जमीन पर दस-पांच आदमी खोजने मुश्किल हो जाएंगे जो बिना काम के आनंदित रह सकें। पागल हो जाएंगे आप और एकदम घबड़ा जाएंगे कि अब क्या करें। और फिर अपने ऊपर ही गिर जाएंगे, क्योंकि अब अपने साथ ही रहना पड़ेगा। काम एक छुटकारा है आपको। एक काम से दूसरे में लग जाते हैं, उससे अपने को देखने-परखने का मौका नहीं आता। न इसकी ही चिंता करने की सुविधा समय मिलता है कि हम क्या कर रहे हैं इस जीवन का? अपने साथ क्या कर रहे हैं? क्या हो रहा है? कहां जा रहे हैं? इस सब का मौका नहीं मिलता। व्यस्त—एक दौड़ से दूसरी दौड़, दूसरी से तीसरी।

अमरीका में लोग कहते हैं कि शनिवार-रविवार लोग छुट्टी मनाते हैं। लेकिन छुट्टी मनाना उनका इतना बड़ा काम है, जितना कि पूरे सप्ताह भी काम नहीं होता। तब वे दूर समुद्रतटों पर या पहाड़ों पर हजारों-सैकड़ों मील की यात्रा करके भागे हुए पहुंचते हैं—सैकड़ों कारों के बीच फंसे हुए। जिनसे वे भाग कर जा रहे हैं, वे सब उनके साथ भागे जा रहे हैं। पूरी बस्ती बीच पर पहुंच गई। सब उपद्रव वहां खड़ा हो गया। घंटे, दो-चार घंटे वहां इस भीड़-भाड़ में घूम-फिर करके फिर वे भाग रहे हैं घर की तरफ। छुट्टी के दिन भी आदमी छुट्टी नहीं मना सकता। बड़ा कठिन है, छुट्टी मनाना बड़ा कठिन है। बड़ा कठिन काम है। तो छुट्टी के दिन भी आप तरकीबें खोज लेते हैं—छुट्टी को मारने की, काटने की। तरकीबें हैं; काम कोई खोज लेंगे, उसमें उलझ जाएंगे।

अमरीका में वे कहते हैं कि दो दिन लोग छुट्टी मनाते हैं; फिर छुट्टी से इतने थक जाते हैं कि दो दिन आराम करते हैं। फिर दो दिन नई छुट्टी कहां मनानी, इसका चिंतन-विचार करते हैं। फिर दो दिन छुट्टी मनाते हैं। और ऐसा उनका सिलसिला चलता रहता है।

फुर्सत आपको हो, आज अमरीका में सर्वाधिक फुर्सत है, लेकिन सबसे कम समय लोगों के पास है। उलटा मालूम पड़ता है। पहली दफे मनुष्य-जाति उस जगह आई है कि अब फुर्सत हो सकती है। सप्ताह में दो दिन की

छुट्टी, पांच-छह घंटे का दिन—वह भी आफिशियल रिकार्ड पर; पांच घंटे कौन काम करता है! घंटे, दो घंटे का काम दिन में; सुविधा, समय। और फिर भी अमरीका में सबसे कम समय आदमी के पास है। एक क्षण खड़े होकर देखने का समय नहीं कि वह कहीं खड़े होकर एक क्षण देख ले। भागा हुआ है।

मनसविद कहते हैं कि आदमी रिटायर होता है, काम से विश्राम को जाता है, तो उसकी उम्र घट जाती है। अगर वह काम में रहता तो दस साल ज्यादा जिंदा रहता। अब वह दस साल कम जिंदा रहेगा। क्या हो गया? जिंदगी भर आदमी सोचता है कि वह दिन कब आए जब सब काम से निवृत्त हो जाएं, शांति से घर बैठें। और जब वह शांति से अपनी आरामकुर्सी में बैठता है, तब उसे पता चलता है कि अब क्या करें! क्योंकि अब न दफ्तर है, न दुकान है, न दफ्तर के कर्मचारी हैं, न नीचे-ऊपर के अफसर हैं, न अब कोई नमस्कार करता सड़क पर, न अब कोई चिंता करता। लोग ऐसे भूल जाते हैं, जो निवृत्त हुआ, निवृत्त हुआ। अब उसका किससे लेना-देना है? बच्चे तब तक बड़े हो गए होते हैं, वे अपने संसार में उलझ गए होते हैं—उसी नासमझी में, जिसमें बाप निवृत्त होकर घर बैठे हैं, वे लग गए होते हैं। उनको समय नहीं है, सुविधा नहीं है। अब यह बाप निवृत्त होकर बैठे है; अब यह क्या करें?

तो अमरीका में उन्होंने वृद्ध लोगों के लिए बड़े-बड़े आश्रम स्थापित किए हैं। और बड़े मजे की घटनाएं वहां घट रही हैं। वहां बूढ़े और बूढ़ियां पुनः प्रेम में पड़ जाते हैं। वृद्ध-आश्रम! क्या करेंगे वहां?

मगर एक लिहाज से अच्छा है। हमारे मुल्क में भी वृद्ध-आश्रम खड़े हैं, एक-दो को मैं जानता हूं वृद्ध-आश्रम को। तो हमारे यहां तो वृद्ध स्त्री-पुरुष को भी पास रखना असंभव है। तो यहां एक मुल्क के वृद्ध-आश्रम को मैं जानता हूं। एक मेरे मित्र ने काफी रुपए खर्च करके एक वृद्ध-आश्रम खड़ा किया हुआ है। वे मुझसे कहते हैं कि इसका मुझसे किसी तरह छुटकारा हो जाए इस आश्रम का; क्योंकि कोई सत्तर-पचहत्तर वृद्ध हैं और वे सब इतना उपद्रव मचाते हैं। सोच ही सकते हैं, सत्तर-पचहत्तर वृद्ध! एक ही घर में वृद्ध हो तो आपको पता है कि क्या कर सकता है! उसका भी कोई कसूर नहीं है। काम की आदत है जिंदगी भर की, और अब बेकाम है। तो वह काम तैयार करता है। वह जाल रचता है, षड्यंत्र खड़े करता है बैठे-बैठे। वह हर चीज में निंदा निकालता है, हर चीज में सुझाव देता है, हर चीज में सलाह देता है। वह घर भर के दिमाग को चलाने की कोशिश करता है।

सत्तर-पचहत्तर वृद्ध एक जगह इकट्ठे कर लिए हैं। वे बताते हैं कि हम इतनी मुसीबत में पड़ गए हैं जिसका कोई हिसाब ही नहीं है। फिर बच्चों को डांटा भी जा सकता है, वृद्धों को डांटा भी नहीं जा सकता। वे सब अनुभवी हैं, ज्ञानी हैं, वे कोई मानने वाले नहीं हैं। अमरीका में फिर भी बेहतर है, वे वृद्ध और वृद्धाओं को साथ रख देते हैं तो उपद्रव थोड़े कम हो जाते हैं। वह फिर से जाल शुरू हो जाता है।

आदमी काम के बिना रह नहीं सकता। मरते दम तक काम चाहिए। क्यों? काम हमारे लिए एक पलायन है, अपने से बचने का ढंग है। काम एक नशा है, एक शराब है, जिसको पीकर हम अपने को भूले रहते हैं। नशा छीन लो, मुश्किल में पड़ जाते हैं।

तो लाओत्से कहता है, सब व्यस्त हैं, सारा संसार काम में लगा है; एक मैं ही अकेला बेकाम, अनएंप्लायड, मेरे पास कोई काम नहीं है, कोई धंधा नहीं है। एक नवजात शिशु जैसा, जो अभी मुस्कुरा भी नहीं सकता; एक बंजारा, जिसका कोई घर न हो।

धार्मिक व्यक्ति ऐसा ही अजनबी व्यक्ति है—आउटसाइडर है।

आज इतना ही। फिर कल हम बात करेंगे। रुकें पांच मिनट; कीर्तन करें; उसके बाद जाएं।

पैंतालीसवां प्रवचन

संत की वक्रोक्तियां: संत की विलक्षणताएं

Chapter 20 : Part 2

THE WORLD AND I

The people of the world have enough and to spare,
But I am like one left out,
My heart must be that of a fool,
Being muddled, nebulous!
The vulgar are knowing, luminous;
I alone am dull, confused.
The vulgar are clever, self-assured;
I alone, depressed.
Patient as the sea, adrift, seemingly aimless.
The people of the world all have a purpose;
I alone appear stubborn and uncouth.
I alone differ from the other people,
And value drawing sustenance from the Mother.

अध्याय 20 : खंड 2

संसार और मैं

दुनियावी लोग काफी संपन्न हैं, इतने कि दूसरों को भी दे सकें,
परंतु एक अकेला मैं मानो इस परिधि के बाहर हूं,
मानो मेरा हृदय किसी मूर्ख के हृदय जैसा हो,
व्यवस्था-शून्य और कोहरे से भरा हुआ!
जो गंवार हैं, वे विज्ञ और तेजोमय दिखते हैं;
मैं ही केवल मंद और भ्रांत हूं।
जो गंवार हैं, वे चालाक और आश्वस्त हैं;
अकेला मैं उदास, अवनमित।
समुद्र की तरह धीर, इधर-उधर बहता हुआ—मानो लक्ष्यहीन!
सप्रयोजन हैं दुनिया के सब लोग; अकेला मैं दिखता हूं हठीला और अभद्र!
और अकेला मैं ही हूं भिन्न—अन्यों से,
क्योंकि देता हूं मूल्य उस पोषण को जो मिलता है सीधा ही माता प्रकृति से।

अरस्तू ने कहा है: संसार में केवल दो वस्तुएं अनंत हैं—एक आकाश और दूसरी मनुष्य की मूर्खता। ओनली टू थिंग्स आर इनफाइनाइट इन दि वर्ल्ड—वन, स्पेस; एंड सेकेंड, ह्यूमन स्टुपिडिटी।

आइंस्टीन ने अरस्तू को आधा गलत सिद्ध कर दिया है। आइंस्टीन ने सिद्ध किया है कि आकाश असीमित नहीं है। अनंत भी नहीं है; सांत है, फाइनाइट है और सीमित है। अगर आइंस्टीन सही है—और सही मालूम होता है—तो फिर एक ही वस्तु अनंत रह जाती है जगत में: ह्यूमन स्टुपिडिटी, यानी मनुष्य की मूर्खता।

और आकाश अनंत नहीं है, यह सिद्ध करना एक आइंस्टीन के लिए भी आसान हुआ। हजार आइंस्टीन भी दूसरी बात सिद्ध न कर सकेंगे कि मनुष्य की मूर्खता अनंत नहीं है। मनुष्य का जो मूढ़ भाव है, वह अनंत भी है, असीम भी है और इतना व्यापक है और इतना सार्वजनीन, यूनिवर्सल है कि उसे पहचानना भी कठिन है।

मेक्सिको में एक छोटी सी पहाड़ी पर एक बहुत अदभुत कबीले का वास है। छोटी सी जाति है। ज्यादा उसकी संख्या नहीं है, कोई तीन सौ, साढ़े तीन सौ के बीच है। ज्यादा संख्या उसकी हो भी नहीं सकती। पहाड़ निर्जन है। यह तीन सौ, साढ़े तीन सौ लोगों की जाति आदिवासियों की, पांच-सात छोटे-छोटे गांवों में आस-पास बसी है। विशिष्टता है इस जाति की कि साढ़े तीन सौ लोग सभी अंधे हैं। बच्चे पैदा तो होते हैं आंख वाले; लेकिन एक मक्खी है उस पहाड़ पर, जैसे मच्छर से मलेरिया होता है, ऐसे ही उस मक्खी के काटने से आंखें चली जाती हैं। अब तक उसका कोई इलाज भी नहीं खोजा जा सका है। तो बच्चे आंख वाले पैदा होते हैं; लेकिन महीने, दो महीने के भीतर अंधे हो जाते हैं। तीन सौ, साढ़े तीन सौ लोग अंधे हैं।

इन अंधे लोगों का जब पहली दफे पता चला सभ्य आदमियों को और आंख वाले आदमी पहले इन अंधों के पास पहुंचे, तो अंधों ने मानने से इनकार कर दिया कि कोई भी हो सकता है जिसके पास आंख हो। न केवल मानने से इनकार किया, बल्कि आंख वाले आदमियों के प्रति अच्छा भाव भी नहीं लिया। सच तो यह है कि उन्होंने समझा कि तुम किसी और ही जाति के प्राणी हो, मनुष्य नहीं। क्योंकि मनुष्य तो अंधे ही होते हैं।

ईसाइयों के एक संप्रदाय ने अपने एक मिशनरी को अंधों के बीच ईसाइयत का प्रचार करने के लिए भेजा। लेकिन अंधे आंख वाले से सुनने और समझने को राजी न हुए। आखिर में किसी ने सुझाया और बात काम कर गई। फिर उन्होंने एक अंधे मिशनरी को भेजा। अंधे मिशनरी को सुनने को जरूर अंधे राजी हुए। अंधे और अंधों के बीच एक तादात्म्य, एक समरसता पैदा हुई। लेकिन आंख वाला आदमी पसंद नहीं किया जा सका—स्वभावतः।

लाओत्से जैसे लोग हम अंधों के बीच आंख वाले लोग हैं—आध्यात्मिक अर्थों में। शायद हम भी जब पैदा होते हैं, तो आंख वाले ही पैदा होते हैं। लेकिन सभ्यता, शिक्षा, संस्कृति के जीवाणु, इसके पहले कि हमें होश आए,

हमें अंधा कर जाते हैं। फिर हमारा, अंधों का, बड़ा समाज है। संख्या बड़ी बात नहीं है। तीन, साढ़े तीन सौ की संख्या है उनकी; हमारी संख्या कोई साढ़े तीन सौ करोड़ की है। सारी पृथ्वी हम अंधों से भरी हुई है। उसमें जब भी लाओत्से जैसा आंख वाला आदमी पैदा होगा तो हम पसंद नहीं करते। दुखद है उसका होना, उसकी मौजूदगी हमें पीड़ा देती है। क्योंकि उसके कारण हमें पता चलना शुरू होता है कि हम अंधे हैं। और यह पता चलना अच्छा नहीं मालूम होता; वह हमारे अंधेपन के लिए—घाव के लिए—चोट बन जाता है।

लाओत्से के ये सूत्र बहुत व्यंग्य से भरे हैं और बहुत महत्वपूर्ण हैं। यह एक ऐसे आदमी का वक्तव्य है, जो हमारे बीच अजनबी है; जो पाता है कि हम जो भाषा बोलते हैं, वह नहीं बोल सकता। और जो पाता है कि हम जिस ढंग से जीते हैं, उस ढंग से वह नहीं जी सकता। और वह यह भी देखता है कि हमारे जीने का ढंग, जीने का कम, मरने का ज्यादा है। और हम जो भाषा बोलते हैं, उसमें बोलते कम हैं, छिपाते ज्यादा हैं। हम रुग्ण और बीमार हैं, स्वस्थ नहीं हैं। लेकिन फिर भी हमारी बड़ी संख्या है और हमारा बड़ा बल है। उस बल के कारण ही यह सूत्र लिखा गया है।

लाओत्से कहता है, 'दुनियावी लोग काफी संपन्न हैं।'

हम विपन्न लोगों को कहता है संपन्न। जिनके पास कुछ भी नहीं है, उनको लाओत्से कहता है, ये दुनिया के लोग बड़े संपन्न हैं।

'दि पीपुल ऑफ दि वर्ल्ड हैव इनफ एंड टु स्पेयर।'

न केवल उनके पास काफी है, बल्कि वे दूसरों को भी देने के लिए तत्पर हैं। अपने लिए तो काफी है ही, दूसरों को भी बांटने के लायक हमारे पास है। और हम हैं बिलकुल दीन-दरिद्र, दूसरों को देने की तो बात ही अलग, हमारे पास कुछ है ही नहीं।

लेकिन यह खयाल में आना बड़ा मुश्किल है। हम थोड़ा समझें, एक-दो दिशाओं से पहचानें।

हम सब प्रेम देते हैं, बिना इसकी फिक्र किए कि हमारे पास प्रेम है? मां प्रेम देती है; बाप प्रेम देता है; पति, पत्नी, भाई, मित्र प्रेम दे रहे हैं। सारी दुनिया में सभी लोग प्रेम दे रहे हैं। और दुनिया में प्रेम की कहीं एक बूंद दिखाई नहीं पड़ती। सारे लोग प्रेम बरसा रहे हैं; लेकिन किस मरुस्थल में खो जाता है प्रेम? सागर बह जाने चाहिए प्रेम के, इतना प्रेम बह रहा है। एक-एक आदमी हजार-हजार दरवाजों से प्रेम बरसा रहा है। किसी के लिए वह मां है, किसी के लिए पत्नी है, किसी के लिए पिता है, भाई है, मित्र है। कितना-कितना हम प्रेम बहा रहे हैं चारों तरफ! हमारा जगत तो प्रेम का सागर हो जाना चाहिए। लेकिन जगत दिखता है घृणा का सागर। प्रेम उसमें कहीं दिखाई नही पड़ता। इतना प्रेम दिया और लिया जा रहा हो, वहां प्रेम की कहीं एक बूंद नहीं दिखाई पड़ती। जरूर कुछ भूल हो रही है। जो हमारे पास नहीं है, वह हम दे रहे हैं। इसलिए हम देने का मजा भी ले लेते हैं और किसी के पास पहुंचता भी नहीं।

मुल्ला नसरुद्दीन अपने गांव के एक अमीर आदमी के पास गया। सुबह-सुबह ही उसने द्वार खटखटाया। अमीर मुल्ला को देख कर ही समझ गया कि वह कुछ दान मांगने आया होगा—मस्जिद के लिए, मदरसे के लिए। मुल्ला ने कहा, भयभीत न हों, न तो मदरसे के लिए आया हूं, न मस्जिद के लिए। काम ही दूसरा आ गया। अमीर आश्वस्त हुआ। उसने कहा, क्या काम आया है? मुल्ला ने कहा कि थोड़े पैसे की जरूरत है, एक हाथी खरीद रहा हूं। अमीर ने कहा, पागल हो गए हो! हाथी खरीदने के लिए पैसा नहीं है तो हाथी को रखने के लिए कहां से इंतजाम जुटाओगे? मुल्ला ने कहा, माफ करिए, मैं आपसे पैसा मांगने आया हूं, सलाह मांगने नहीं। आई हैव कम टु आस्क फॉर मनी, नाट एडवाइस। और मुल्ला ने कहा, ठीक से आप समझ लें, आपसे वही मांगा जा सकता है, जो आपके पास है। जो आपके पास है ही नहीं, वह आपसे मांगा नहीं जा सकता। जो नहीं है, कृपा करके किसी को देने की कोशिश न करें।

लेकिन हम सभी लोग सलाह दे रहे हैं। और सलाह किसके पास है? सलाह देने का कौन हकदार है? शायद जो हकदार है, वह चुप रह जाता है; और जो हकदार नहीं है, वह सलाह दे देता है। दुनिया में जितनी सलाह दी जाती है, उतनी और कोई चीज नहीं दी जाती। लेकिन किसके पास है? कौन जानता है कि क्या सही है? लेकिन देने से ऐसा भ्रम पैदा होता है कि जो हम दे रहे हैं, वह हमारे पास होगा भी।

हम हैं विपन्न। न हमारे पास प्रेम है, न हमारे पास समझ है। और जिसे हम संपत्ति कहते हैं, वह संपत्ति का धोखा है, संपत्ति नहीं। तो चाहे हम तिजोरियां भर लेते हों और चाहे हम गहनों से अपने घर भर लेते हों, वह संपत्ति नहीं है। धोखा जरूर है। धोखा इसलिए है कि उससे हमें खयाल पैदा होता है कि संपदा हमारे पास है। कितना सोना है किसके पास, कितने रुपए हैं किसके पास, बैंक में कितना जमा है, उससे हम सोचते हैं हम संपत्ति वाले हो गए हैं।

आदमी ने, अंधे आदमी ने, झूठी संपत्ति पैदा कर रखी है—स्वयं को धोखा देने के लिए। क्योंकि अगर यही संपत्ति होती तो महावीर इसे छोड़ कर भागें नहीं। अगर यही संपत्ति हो तो बुद्ध पागल हैं, हम बुद्धिमान हैं। बुद्ध इसे छोड़ कर न जाएं। अगर यही संपत्ति हो तो लाओत्से को यह व्यंग्य न करना पड़े। हमारे पास संपत्ति जैसी कुछ भी व्यवस्था नहीं है। विपत्ति हमारे पास बहुत है। और जिसे हम संपत्ति कहते हैं, वह भी हमारी विपत्ति ही बन जाती है; और कुछ भी नहीं। बड़ा मजा है, जिनके पास संपत्ति नहीं है, वे विपत्ति में हैं; और जिनके पास संपत्ति है, वे दुगुनी विपत्ति में हैं। संपत्ति को बचाने का भी काम उन्हीं के ऊपर पड़ जाता है; वे पहरेदार बन जाते हैं। वे जिंदगी भर उन चीजों पर पहरा देते हैं, जो उनकी नहीं थीं; उन चीजों के खोने पर दुखी होते हैं, जो उनकी नहीं थीं। और एक दिन मर जाते हैं और वे चीजें किसी और की हो जाती हैं। और कोई उन पर पहरा देने लगता है।

लाओत्से कहता है, 'दुनियावी लोग काफी संपन्न हैं।'

हर आदमी यहां, मालूम होता है, मालिक है। और हर आदमी, मालूम होता है, किसी बड़े साम्राज्य का मालिक है। और ऐसा ही नहीं कि मालकियत है, मालकियत इतनी बड़ी है कि हर आदमी दूसरे को भी दे रहा है, दान भी कर रहा है, बांट भी रहा है।

'एक अकेला मैं मानो इस परिधि के बाहर हूं।'

एक अकेला मैं ही विपन्न मालूम पड़ता हूं, जिसके पास कुछ भी नहीं है। सभी के पास बहुत कुछ है।

बुद्ध पहली बार जब काशी आए ज्ञान के बाद, तो काशी के पहले ही गांव के बाहर ही सांझ हो गई और वे एक वृक्ष के नीचे विश्राम करने को रुक गए। सूरज डूबता था। और तभी काशी के नरेश ने अपने सारथी को कहा कि मैं बहुत उद्विग्न हूं, मुझे गांव के बाहर ले चलो। स्वर्ण-रथ, डूबते हुए सूर्य की किरणों में चमकता हुआ, बुद्ध के पास आकर अचानक रुक गया। सम्राट ने अपने सारथी को कहा, रथ को रोक! यह कौन भिखमंगा सम्राट सा, कौन भिखमंगा सम्राट सा इस वृक्ष के नीचे बैठा है? रोक!

सम्राट बुद्ध के पास आया। और उस सम्राट ने कहा, तुम्हारे पास कुछ भी दिखाई नहीं पड़ता; लेकिन तुम्हारे पास जरूर कुछ होगा; तुम्हारी आंखें कहती हैं। यह डूबता हुआ सूर्य भी तुम्हारे सामने तेजपूर्ण नहीं मालूम हो रहा है। क्या है तुम्हारे पास? कौन सी संपदा है? कौन सा छिपा हुआ खजाना है? मेरे पास सब है जो गिना जा सके, देखा जा सके, पहचाना जा सके, और मैं आत्महत्या के विचार करता हूं।

सम्राट है जिसके पास सब है; और भिखारी है जिसके पास कुछ भी नहीं है। और फिर भी सम्राट भिखारी के सामने हाथ जोड़ कर खड़ा है कि तुम्हारे पास क्या है, उसकी मुझे खबर दो।

बुद्ध ने कहा है कि तुम्हारे पास जो है, कभी मेरे पास भी था। लेकिन तब मैं भी ऐसा ही विपन्न था। और जो आज मेरे पास है, तुम्हारे पास भी छिपा है। लेकिन जब तक तुम्हारी झूठी संपत्ति तुम्हें झूठी न दिखाई पड़े, तब तक

सच्ची संपत्ति की खोज नहीं शुरू होती। जब तक तुम माने ही जाओगे कि तुम सम्राट हो, तब तक तुम उसे न खोज पाओगे, जिसे मैंने खोज लिया है। क्योंकि जो झूठे साम्राज्य को सच्चा मान कर जी रहा हो, वह सच्चे साम्राज्य से वंचित रह जाता है।

स्वभावतः, सीधा गणित है यह। अगर मैं झूठी चीज से मन को बहला रहा हूं, और बहला लिया है मैंने अपने मन को, तो फिर मैं सच्चे की तलाश बंद कर दूंगा।

तो बुद्ध ने कहा, इस भीतरी साम्राज्य की खोज के दो चरण हैं। पहला तो यह कि तुम जिसे साम्राज्य समझे हो उसे साम्राज्य न समझो; और दूसरा कि अब तक तुमने बाहर खोजा है, अब तुम भीतर खोजो। जो तुम्हारे पास है, मेरे भी पास था। और जो आज मेरे पास है, वह अभी भी तुम्हारे पास मौजूद है। सिर्फ तुम्हें उसका पता नहीं है।

लाओत्से कहता है, 'दुनिया के लोग काफी संपन्न हैं, इतने कि दूसरों को भी दे सकें। एक अकेला मैं मानो इस परिधि के बाहर हूं। मानो मेरा हृदय किसी मूर्ख के हृदय जैसा हो, व्यवस्था-शून्य और कोहरे से भरा हुआ।'

यहां सभी बुद्धिमान हैं। यहां सभी बुद्धिमान हैं, यहां ऐसा आदमी खोजना मुश्किल है, जो बुद्धिमान न हो। या कि कभी आपको कोई आदमी मिला, जो बुद्धिमान न हो? खोजें, ऐसा आदमी मिल न सकेगा। ऐसा आदमी मिलना मुश्किल है, जो अपने को समझता हो कि मैं बुद्धिमान नहीं हूं; यद्यपि यह बुद्धिमत्ता का पहला लक्षण है। यहां सभी अपने को बुद्धिमान मान कर जीते हैं; इसलिए वास्तविक बुद्धि से वंचित रह जाते हैं। झूठी संपत्ति को समझते हैं संपदा, झूठी बुद्धि को समझते हैं बुद्धिमानी; तो फिर जो वास्तविक है, उससे वंचित रह जाते हैं। उस तरफ पैर ही नहीं उठते, उस मंदिर की तरफ जाना ही नहीं होता, उस राह पर चलना ही नहीं होता। वह खोज का द्वार बंद ही हो जाता है।

हम सब बुद्धिमान हैं। और कोई हमसे पूछे कि हमने क्या बुद्धिमानी की है जिसकी वजह से हम बुद्धिमान हैं? लौटें, अपनी जिंदगी को खोजें, क्या बुद्धिमानी की है जिसकी वजह से हम बुद्धिमान हैं? तो मूढ़ताओं का अंबार मिलेगा, ढेर मिलेगा। लेकिन अहंकार को चोट लगती है यह जान कर कि मैं नासमझ हूं। तो हम अपनी नासमझियों पर भी सोने के पलस्तर चढ़ा लेते हैं। हम अपनी नासमझियों पर भी सुंदर वस्त्र ढांक लेते हैं। हम अपनी व्यर्थताओं पर, अपनी विक्षिप्तताओं पर भी रंग-रोगन कर लेते हैं; रंग-रोगन करके हम व्यवस्था जमाए चलते हैं।

जीसस ने कहा है कि तुम्हारे शुभ्र वस्त्रों में मुझे सिर्फ सफेद पुती हुई कब्र के सिवाय कुछ भी दिखाई नहीं पड़ता है।

कब्र को कितना ही सफेद पोत दो, इससे क्या फर्क पड़ता है! हम भी अपने को पोते हुए हैं। कभी आपने सोचा कि क्या है बुद्धिमानी जिसके कारण आप कहें कि मैं बुद्धिमान हूं? जो भी किया है, उससे दुख पाया है। जो भी किया है, उससे दुख पाया है। पाप किया तो दुख पाया, पुण्य किया तो दुख पाया। किसी के साथ बुरा किया तो पछताए; किसी के साथ भला किया तो पछताए। मित्रता बांधी तो दुख पाया; शत्रुता बनाई तो दुख पाया। दरिद्र थे, नहीं था पास एक पैसा, तो पीड़ा थी। अमीर हो गए, पैसे का ढेर लग गया, तो और पीड़ा बढ़ गई। बुद्धिमानी, कौन सी बुद्धिमानी की है?

अगर हम जिंदगी को खोजें तो बुद्धिमानी का अर्थ होना चाहिए कि निष्कर्ष आनंद हो तो ही बुद्धिमानी है। बुद्धिमानी की और क्या कसौटी होगी? क्या होगी मापदंड की व्यवस्था? एक ही व्यवस्था है कि बुद्धिमान आदमी निरंतर आनंद को उपलब्ध होगा; कि प्रतिपल उसका आनंद बढ़ता चला जाएगा; कि उसके जीवन की सुगंध, उसके जीवन की सुवास, उसके जीवन की शांति बढ़ती चली जाएगी। प्रतिपल वह और भी प्रकाशोज्ज्वल होता चला जाएगा। प्रतिपल अमृत निकट और मृत्यु दूर होती चली जाएगी।

लेकिन हम, जो अपने को बुद्धिमान मान कर चलते हैं, कौन सी सुवास पा लिए हैं? कौन सा आनंद, कौन सा संगीत, कौन सी किरण हमें मिली है, जिसको हम अपनी परम मुक्ति और अपने परम अमृतमय जीवन का मार्ग बना सकें? कुछ भी हाथ में नहीं है। सच तो यह है कि हमारी पूरी जिंदगी एक खोने की लंबी यात्रा है, जिसमें हम खोते हैं, पाते कुछ भी नहीं। प्रतिपल खोते हैं और खो-खो कर प्रतिपल अपने को और बुद्धिमान माने चले जाते हैं।

अगर यह खोना ही बुद्धिमानी है, तब तो लाओत्से का व्यंग्य गलत है। लेकिन लाओत्से का व्यंग्य गलत नहीं है। क्योंकि हम अपने भीतर झांकें तो हम सिवाय खाली, रिक्त, राख से भरे हुए अपने को पाएंगे। सारी अभिलाषाएं, सारे सपने धीरे-धीरे राख हो जाते हैं भीतर। सारे इंद्रधनुष वासनाओं के, सब टूट कर कीचड़ बन जाते हैं। आखिर में हमारे हाथ इंद्रधनुष नहीं होते, कीचड़ होती है।

लाओत्से कहता है, 'मानो मेरा हृदय किसी मूर्ख के हृदय जैसा हो।'

जब देखता है अपने चारों तरफ सब बुद्धिमानों को, तो सोचता है कि अब एक ही उपाय है, अगर मैं भी बुद्धिमान हूं तो इन्हीं जैसा हूं। अगर ये बुद्धिमान हैं तो फिर मैं मूर्ख ही हूं; यही उचित है। दो ही उपाय हैं। अगर लाओत्से बुद्धिमान है तो हम बुद्धिमान नहीं हो सकते। अगर हम बुद्धिमान हैं तो लाओत्से बुद्धिमान नहीं हो सकता। इसमें कोई समझौता नहीं है। स्वभावतः, अगर मत से तय करना हो तो लाओत्से मूर्ख है, हम बुद्धिमान हैं। इसीलिए व्यंग्य कर रहा है। इसलिए उसके व्यंग्य में वजन है।

वह यह कह रहा है कि अगर मैं अकेला यह भी कहूं कि तुम सब नासमझ हो, उसका कोई अर्थ न होगा। मैं अकेला तुमसे कहूं कि तुम सब अंधे हो तो मेरी आंखों पर संदेह करोगे। यह भी कर सकते हो कि मेरी आंखें फोड़ दो। उचित यही है कि मैं कहूं कि मैं अंधा हूं तुम सब आंखों वालों के बीच। तुम्हारे पास आंखें अदभुत हैं, तुम्हें पास का ही नहीं, दूर का भी दिखाई पड़ता है; जमीन के ऊपर का ही नहीं, जमीन के नीचे का भी दिखाई पड़ता है। तुम्हारे पास आंखें ऐसी हैं कि तुम्हें जगत का सारा सत्य दिखाई पड़ता है। एक तुम्हारे बीच मैं ही ऐसा हूं, जो अंधा हो।

लाओत्से को हमने इसीलिए सूली पर नहीं चढ़ाया। हम बड़े प्रसन्न हुए होंगे कि आदमी बिलकुल ठीक ही कह रहा है। जीसस को हमने सूली पर चढ़ाया। जीसस ने व्यंग्य नहीं किया, सीधी-सीधी बात कह दी। सुकरात को हमने जहर दिया। उसने भी व्यंग्य नहीं किया, सीधी-सीधी बात कह दी। सुकरात ने कोशिश की बताने की कि तुम मूर्ख हो। हमें क्रोध आ गया। अदालतें हमारी हैं, कानून हमारा है। सुकरात को जहर देने में क्या अड़चन है हमें! जीसस ने भी हमें सीधी बात कही। पर जीसस और सुकरात थोड़े भोले मालूम पड़ते हैं। लाओत्से जैसे एक बहुत प्राचीन सभ्यता का नवनीत है। हजारों-हजारों वर्षों का अनुभव है जैसे लाओत्से के पीछे। वह उलटा कहता है। कोई लाओत्से पर पत्थर भी नहीं फेंका।

बर्ट्रेंड रसेल ने अपने संस्मरणों में लिखा है कि मैंने एक बार मजाक में एक लेख लिखा राष्ट्रीयता के खिलाफ, नेशनलिज्म के खिलाफ, राष्ट्रवाद के खिलाफ एक लेख लिखा। और उस लेख में व्यंग्य में ऐसा कहा कि मेरे इस लेख को पढ़ने वाला जो पाठक है, उसको छोड़ कर समस्त राष्ट्र मूढ़ हैं। बर्ट्रेंड रसेल ने लिखा है कि अनेक लोगों के अनेक मुल्कों से मेरे पास पत्र आए कि आप एक ठीक पहचानने वाले आदमी मिले। पोलैंड से एक आदमी ने लिखा कि आप बिलकुल ठीक कहते हैं, पोलैंड को छोड़ कर सारे जगत के लोग मूढ़ तो हैं ही।

व्यंग्य को समझने की बुद्धि भी तो बहुत मुश्किल है।

लाओत्से अगर आपसे आकर कहे कि आप सब बुद्धिमानों के बीच मैं ही एक मूढ़ हृदय जैसा। तो हम कहेंगे, हम पहले ही जानते थे। अन्यथा घर बसाते, विवाह करते, दुकान चलाते, कुछ काम की बात करते। अगर बुद्धि होती तुम्हारे पास तो आज जगत में कहीं होते, किसी पद पर होते। सफल होते, कोई स्वर्णपदक होते, कोई

राष्ट्रपतियों से दी गई उपाधियां होतीं। कहीं भी तो नहीं हो। वह हम पहले ही जानते थे, सिर्फ शिष्टतावश हमने नहीं कहा था। और लाओत्से हमसे कहेगा कि संसार के लोग इतने संपन्न हैं, सबके पास इतना है कि वे न केवल अपने लिए काफी उनके पास है, दूसरों को भी बांट देते हैं; तो हम कहेंगे, ठीक ही कहते हो।

हम सभी को यह खयाल है, हम सभी बांट रहे हैं। हम सभी को यह खयाल है कि हम सभी न मालूम कितनी संपदाएं बांट रहे हैं—प्रेम की, आनंद की, सुख की, मित्रता की, करुणा की। हम कितनी संपदाएं बांट रहे हैं! हम कहेंगे, ठीक ही कहते हो।

लेकिन लाओत्से गहन व्यंग्य कर रहा है। वह कह रहा है कि तुम सब बुद्धिमान हो, इसलिए उचित होगा यही कि मैं कहूं कि मैं तुम्हारे बीच एक मूर्ख हूं। तुम सबके जीवन में बड़ी व्यवस्था है; मैं व्यवस्था-शून्य। तुम्हारा इंच-इंच नपा-तुला है, तुम गणित से चलते हो, तुम्हारे जीवन में एक ढांचा है, योजना है। मैं एक अनायोजित, अनप्लांड, व्यवस्था-शून्य! तुम्हारे पास तर्क है, तुम्हारे पास सोचने का ढंग है, तुम दूर की खोज लाते हो। भविष्य में भी तुम झांक लेते हो। तुम एक-एक कदम नाप कर रखते हो। और तुम्हारी कोई मंजिल है, जहां तुम पहुंच रहे हो। एक मैं हूं कोहरे से भरा हुआ। मेरी बुद्धि में कोई योजना नहीं, कोई गणित नहीं, कोई तर्क नहीं। सब धुंधला-धुंधला है। तुम बिलकुल साफ हो।

हम सभी को यह खयाल है कि हम बिलकुल साफ हैं। और लाओत्से हमें कोहरे से भरा हुआ लगेगा भी। क्या बातें कर रहा है—हां और न में कोई अंतर नहीं? कि पाप और पुण्य सब समान हैं? कि शुभ और अशुभ में भेद क्या है? कोहरे से भरी बातें हैं, मूढ़ ही ऐसी बातें कर सकते हैं! समझदार ऐसी बातें करेंगे कि हां और न में अंतर क्या है, तो फिर समझदारी और नासमझदारी में भी अंतर क्या रह जाएगा?

समझदार साफ-साफ जानते हैं कि हां और न में अंतर है। समझदार तो यहां तक जानते हैं कि एक हां और दूसरे हां में भी अंतर है; एक न और दूसरे न में भी अंतर है। न भी हजार तरह की होती हैं; हां भी हजार तरह की होती हैं। समझदार तो अंतर पर ही जीता है। ठीक से हम समझें तो हमारी सारी समझदारी इस पर निर्भर करती है कि हम कितने अंतर, कितने भेद निर्मित कर पाते हैं। जो आदमी जितने भेद देख पाता है, उतना बुद्धिमान है। जो कहता है अभेद, कोई भेद नहीं है, वह तो अराजक है, उसके पास बुद्धि नहीं है। उसकी बुद्धि कोहरे की भांति है।

लेकिन लाओत्से खुद ही कहता है। और इसलिए हम चूक भी सकते हैं कि उसका प्रयोजन क्या है। वह यह कह रहा है, जो इस जगत में समझदार हैं और व्यवस्था से जीते हैं, वे केवल मरते हैं—जी नहीं सकते। क्योंकि जीवन का सारा रहस्य, जीवन का सारा काव्य कोहरे में है। सुबह जब कोहरा छाया होता है और एक वृक्ष और दूसरे वृक्ष में फर्क करना मुश्किल हो जाता है, दो इंच फासले पर कुछ दिखाई नहीं पड़ता, सारी प्रकृति जैसे किसी एक ही सागर में कोहरे के डूब जाती है—लाओत्से कहता है कि ऐसे धुंध में जो जीते हैं!

लाओत्से के लिए धुंध और कोहरा रहस्य के प्रतीक हैं। पश्चिम में शब्द है मिस्टिक। मिस्टिक का मतलब यह होता है कि जो कोहरे में जीता है, धुंध में जीता है, रहस्य में जीता है। लेकिन आधुनिक पाश्चात्य जगत में किसी को मिस्टिक कहना गाली देने के बराबर है। और जब लोग किसी की बात को गलत कहना चाहते हैं, तब वे कहते हैं कि तुम मिस्टीफाई कर रहे हो, तुम चीजों को धुंधला कर रहे हो। लाओत्से को पढ़ कर तो बड़ी कठिनाई होती है। लेगे ने, जिसने लाओत्से का अनुवाद किया है, उसने जगह-जगह अपने अनुवाद में लिखा है कि इस वाक्य का अनुवाद नहीं किया जा सकता, यह मेरी समझ में ही नहीं आता। क्योंकि समझ तो फासलों पर जीती है। यह तो सब फासले गिरा दना है, यह तो सब सीमाएं तोड़ कर गड्ड-मड्ड कर देना है। यह तो सब जो भेद थे, सीमांत थे, उनको तोड़ देने का उपाय है। तो फिर अराजकता हो जाएगी।

लाओत्से लेकिन खुद ही कहता है, 'मानो मेरा हृदय किसी मूर्ख के हृदय जैसा हो, व्यवस्था-शून्य और कोहरे से भरा हुआ! जो गंवार हैं, वे विज्ञ और तेजोमय दिखते हैं; मैं ही केवल मंद और भ्रांत हूं।'

जो गंवार हैं, वे विज्ञ और तेजोमय दिखते हैं! गंवार होना और तेजोमय होना बहुत आसान है। गंवार होना और विज्ञ होना बहुत आसान है। विज्ञ होना और विज्ञ होने के खयाल से भरना बहुत मुश्किल है। असल में, मैं बुद्धिमान हूं, यह गंवारी का ही लक्षण है। बुद्धिमान को यह भाव पैदा भी नहीं हो सकता। बुद्धिमान की तो जितनी बुद्धिमत्ता बढ़ती है, उतना उसे लगता है कि कितना कम मैं जानता हूं।

न्यूटन ने कहा है कि जैसे सागर के किनारे कुछ सीप बीन ली हों, कुछ रेत पर मुट्ठी बांध ली हो, ऐसा मेरा ज्ञान है। सागर के किनारे अनंत-अनंत बालू-कणों के बीच थोड़ी सी रेत पर मुट्ठी बांध ली है; थोड़े जैसे बच्चों ने सीपें, सागर के शंख बीन लिए हों, ऐसे ही कुछ शंख बीन लिए हैं—ऐसा मेरा ज्ञान है। जो मैं जानता हूं, वे मेरी मुट्ठी के रेत-कण हैं। और जो मैं नहीं जानता हूं, वे इस सागर के रेत-कण हैं।

लेकिन न्यूटन कह सकता है। न्यूटन गंवार नहीं है। न्यूटन जैसे-जैसे जानने लगा, वैसे-वैसे अज्ञान प्रगाढ़ और स्पष्ट होने लगा। लेकिन किसी गंवार को पूछें, वह इतना भी मानने को राजी न होगा कि मेरी मुट्ठी में जितने कण हैं, उतना भी मेरा अज्ञान है। जितने सागर में कण हैं, वह तो मेरा ज्ञान है ही; लेकिन जितने मेरी मुट्ठी में हैं, इतना भी मेरा अज्ञान है, यह भी मानने को राजी न होगा।

इसलिए मूढ़ बड़े सुनिश्चित होते हैं। और इन सुनिश्चित मूढ़ों के कारण जगत में इतना उपद्रव है जिसका हिसाब लगाना कठिन है। क्योंकि वे बिलकुल निश्चित हैं। जगत में दो ही कठिनाइयां हैं: मूढ़ों का निश्चित होना, ज्ञानियों का अनिश्चित होना। इसलिए मूढ़ कार्य करने में बड़े कुशल होते हैं। ज्ञानी निष्क्रिय होते मालूम पड़ते हैं। ज्ञानी इतना अनिश्चित होता है, कोहराछन्न होता है, रहस्य में डूबा होता है, इतने काव्य से घिरा होता है कि गणित की भाषा में सोच नहीं सकता। मूढ़ आंख बंद करके वहां प्रवेश कर जाते हैं, जहां देवता भी प्रवेश करने में डरें। मूढ़ काफी सक्रिय होते हैं। उनकी सक्रियता उपद्रव लाती है।

सोचें थोड़ा। लाओत्से को एक तरफ रखें, एक तरफ हिटलर को रखें। हिटलर की सक्रियता का बेचारा लाओत्से क्या मुकाबला करेगा! लेकिन उस दिन होगा सौभाग्य जगत का, जिस दिन हिटलर जैसे मूढ़ निष्क्रिय हो सकें और लाओत्से जैसे बुद्धिमान सक्रिय हो सकें।

लाओत्से कहता है, 'जो गंवार हैं, वे विज्ञ और तेजोमय दिखते हैं।'

उन्हें कुछ पता नहीं है। इसलिए जो भी थोड़ा-बहुत उन्हें पता है, उस पर वे मजबूती से खड़े होते हैं। उनका थोड़ा सा ज्ञान भी उन्हें महासूर्य जैसा मालूम पड़ता है। ज्ञानी को उसका महाज्ञान भी एक मिट्टी के दीए जैसा लगता है—टिमटिमाता।

'मैं ही केवल मंद और भ्रांत हूं।'

और इन सुनिश्चित लोगों के बीच, मतांध लोगों के बीच, जहां सभी आश्वस्त हैं, निश्चित हैं, पूर्ण हैं, वहां एक मैं ही मंद और भ्रांत मालूम पड़ता हूं।

महावीर किसी गांव में आते हैं। उस गांव का जो बड़ा पंडित है, वह महावीर से मिलने जाता है। वह महावीर से पूछता है: ईश्वर है? वह महावीर से पूछता है: आत्मा है? महावीर को बोलने का अवसर भी नहीं है; वह प्रश्न पूछे चला जाता है। जैसे ईश्वर के संबंध में प्रश्न पूछना कुछ ऐसा हो कि दो और दो कितने होते हैं? कि आत्मा के संबंध में प्रश्न पूछना कुछ ऐसा हो कि जैसे कोई भूगोल का सवाल हो कि टिम्बकटू कहां है? स्वर्ग है, मोक्ष है, वह पूछता चला जाता है। महावीर को तो बोलने का भी मौका उसने नहीं दिया है। जब वह सब सवाल पूछ चुकता

है—एक सांस में उसने सब पूछ लिया है, जो मनुष्य की चेतना ने अपने पूरे इतिहास में पूछा है; करोड़ों-करोड़ों वर्षों में मनुष्य की चेतना ने जो सवाल पूछे हैं और जिनके उत्तर नहीं पाए, वह आदमी एक क्षण में पूछ लेता है—महावीर उससे कहते हैं कि तुम्हारे पास इतने बड़े सवाल हैं और इतना कम समय मालूम पड़ता है कि उत्तर देना मुश्किल है। तुम्हारे पास सवाल बड़े हैं और समय कम मालूम पड़ता है; क्योंकि तुम एक सवाल पूछ कर रुकते भी नहीं हो। और एक सवाल ही काफी है कि अनंत जीवन लग जाएं उसकी खोज में।

उस आदमी ने कहा कि मैं जरा जल्दी में हूं और फिर ऐसा कोई जरूरी भी नहीं है। आपको कुछ खयाल हो तो कह सकते हैं संक्षिप्त में। और न हो खयाल तो कोई हर्जा नहीं है। मैं यहां से गुजरता था, सोचा आप आए हैं, मिलता चलूं। महावीर ने चलते-चलते उस आदमी से कहा, और जहां तक मैं समझता हूं, आपको इनके उत्तर भी मालूम होंगे। उस आदमी ने कहा, निश्चित ही। किसको मालूम नहीं है कि ईश्वर है? मैं आस्तिक हूं, ईश्वर है।

यह जो मूढ़ता है, उस मूढ़ता की तरफ इशारा कर रहा है लाओत्से कि तुम सभी बहुत आश्वस्त हो। पूछो किसी से—ईश्वर है? वह जवाब दे देता है, झिझकता भी नहीं। हां कह देता है, न कह देता है। उसे खयाल नहीं है, वह क्या बोल रहा है, किस संबंध में बोल रहा है। ऐसा आदमी खोजना मुश्किल है, जिससे पूछें ईश्वर के बाबत और वह चुप रह जाए। वह कुछ कहेगा। हिंदू होगा तो हिंदू के ईश्वर की बात कहेगा, मुसलमान होगा तो मुसलमान के ईश्वर की बात कहेगा, कम्युनिस्ट होगा तो ईश्वर के न होने की बात कहेगा, लेकिन कहेगा। सभी आश्वस्त हैं, सभी को पता है। इसीलिए तो इतना विवाद है।

थोड़ा सोचें। जगत में जो इतना विवाद है, वह हमारी मूढ़ता के आश्वस्त होने के कारण है। सभी इतने आश्वस्त हैं कि वे ठीक हैं, सारी दुनिया गलत है। दूसरे को गलत सिद्ध करने में वे इतने उत्सुक हैं कि वे यह भूल ही जाते हैं कि जिस चीज को वे ठीक कह रहे हैं, उसका उन्हें भी पता है या नहीं। इसकी फुर्सत भी नहीं मिलती। दूसरे को गलत करने में इतना श्रम लगता है कि खुद के सही होने का पता लगाने का भी न तो अवसर है, न सुविधा है। और झंझट का काम भी है वह। दूसरे को गलत करना हमेशा आसान है।

लाओत्से कहता है, यहां सभी को सब कुछ पता है, एक मैं ही मंद और भ्रांत मालूम पड़ता हूं।

जो बिलकुल ही भ्रांत नहीं है, वह हमारे बीच भ्रांत मालूम पड़ता है। जो बिलकुल ही मंद नहीं है, वह हमारी झूठी प्रतिभाओं के बीच बिलकुल ही मंद मालूम पड़ता है। यह करीब-करीब ऐसा ही है, जैसे कागज के फूलों के बीच असली फूल को कोई रख दे। निश्चित ही, कागज के फूलों के रंग ज्यादा चटकीले हो सकते हैं, ज्यादा तेजोमय हो सकते हैं। मौत का उन्हें डर नहीं है; ज्यादा आश्वस्त हो सकते हैं। असली फूल तो डगमगाता होगा। एक-एक पल मौत करीब आती होगी। और जो रंग है, वह भी प्रतिक्षण तिरोहित हो रहा है, प्राण-ऊर्जा क्षीण हो रही है। असली फूल कागज के फूलों के बीच बहुत दीन और दरिद्र मालूम होगा। और थोड़ी ही देर में उसे पता चल जाएगा कि मैं ही एक कमजोर हूं, बाकी सब शक्तिशाली हैं। और हो सकता है मरते वक्त वह फूल कह कर जाए कि एक मैं ही कमजोर था, एक मैं ही था नकली असली फूलों के बीच। असली बचे, नकली खतम हुआ। और कागज के फूल भी इस पर भरोसा करेंगे; क्योंकि यह प्रत्यक्ष है बात कि जो असली थे वे बच गए और जो नकली था वह समाप्त हो गया। जिंदगी बहुत उलटी है। और भीड़ के कारण बड़े भ्रम पैदा होते हैं।

'जो गंवार हैं, वे चालाक और आश्वस्त हैं; अकेला मैं उदास, अवनमित, समुद्र की तरह धीर, इधर-उधर बहता हुआ—मानो लक्ष्यहीन!'

कभी आपने खयाल किया, नदियों के पास लक्ष्य है, सागर के पास कोई लक्ष्य नहीं है। छोटे से नाले के पास भी लक्ष्य है, कहीं पहुंचना है। सागर के पास कोई लक्ष्य नहीं है। क्षुद्र सा नाला भी परपजफुल है, प्रयोजन है। इतना

बड़ा सागर परपजलेस है—निष्प्रयोजन। पूछो इस सागर से, कहां पहुंचना है तुझे? कहीं पहुंचना नहीं है। तब क्षुद्र नाला भी कह सकता है, क्या व्यर्थ पड़े हो निष्क्रिय? हमारी तरफ देखो! भागते हैं, दौड़ते हैं, व्यवस्था से चलते हैं। पहुंचना है कहीं, कोई मंजिल है, कोई भविष्य है। सागर का है केवल वर्तमान; नाले का भविष्य भी है।

लाओत्से कहता है, जो गंवार हैं, वे चालाक और आश्वस्त हैं। बड़े गणित में कुशल हैं, बड़ा हिसाब रखते हैं। एक-एक इंच, एक-एक पाई की व्यवस्था है और आश्वस्त हैं कि पहुंच कर रहेंगे, बिना इसकी फिक्र किए कि पहुंचने को कहीं कोई जगह है, कोई मंजिल है! उसकी बिना फिक्र किए आश्वस्त हैं कि पहुंच कर रहेंगे। उनका आश्वासन ही उनके लिए पर्याप्त भरोसा है कि मंजिल होगी। हमारे मन में लक्ष्य है तो लक्ष्य जरूर होगा। क्योंकि हम ही तो निर्धारक हैं जगत के, नियंता हम ही हैं।

और लाओत्से कहता है, 'अकेला मैं उदास।'

क्योंकि लक्ष्य न हो...हममें जो तेजी आती है, वह लक्ष्य से आती है। ध्यान रखना, ये सारे शब्द व्यंग्य के हैं। लाओत्से कहता है ऐसा समझें कि हम सबको बुखार चढ़ा हो और एक आदमी गैर-बुखार का हो तो बिलकुल ठंडा मालूम पड़े—कोल्ड। हम कहें कि क्या तुम्हारी जिंदगी है! जरा गर्मी भी नहीं है। थोड़ा गरमाओ, थोड़ी तेजी लाओ, कुछ जीवन का लक्षण दो! थर्मामीटर लगाते हैं, कोई खबर ही नहीं देता कि तुम में कोई गर्मी है।

तो लाओत्से कहता है, और सब भरे हैं बड़ी तेजी से, त्वरा से, ज्वर से; कहीं पहुंचना है, कुछ पाना है, कुछ होना है। एक मैं ही उदास, अवनमित, डिप्रेस्ड—इन सब के मुकाबले, फीवरिश, जो ज्वर से भरे दौड़ रहे हैं।

कभी सन्निपात में किसी को देखा? जैसी तेजी सन्निपात में आती है, वैसी कभी नहीं आती। चार आदमी पकड़ें तो भी आदमी को पकड़ना मुश्किल है। खाट पर सोया हुआ आदमी भी कहता है कि मेरी खाट आकाश में उड़ रही है। सन्निपात में जो गति आ जाती है, वह गति जो ज्वर की तेजी आ जाती है, वैसी तेजी में हम सब हैं।

एक राजनीतिज्ञ को देखें, एक आध्यात्मिक ज्वर चढ़ा हुआ है। उस ज्वर में वह ऐसे काम कर लेता है, जैसा कि सामान्य स्वस्थ आदमी कभी नहीं कर सकता। एक राजनीतिज्ञ को देखें, जब वह किसी देश की रक्षा के लिए लगा हुआ है, किसी देश के निर्माण के लिए या किसी देश के ध्वंस के लिए लगा हुआ है, तब उसकी ज्वर की अवस्था देखें। अगर हमारे पास कभी आध्यात्मिक ज्वर नापने का कोई उपाय हो तो राजनीति एक आध्यात्मिक ज्वर सिद्ध होगी। लेकिन देखें राजनीतिज्ञ को, उसके पैरों की गति को, सुबह से शाम तक उसकी व्यस्तता को! सारे जगत का भार उसके ऊपर है। वह नहीं है तो सारा जगत नहीं है। वह है तो सब कुछ है।

यह जो ज्वर है, लाओत्से कहता है, इन ज्वरग्रस्त लोगों को देख कर यही कहने को रह जाता है कि एक मैं ही उदास, ठंडा, निष्क्रिय हूं। सभी कहीं पहुंच रहे हैं, एक मैं ही सागर की तरह लक्ष्यहीन अपनी जगह ही पड़ा हूं।

'सप्रयोजन हैं दुनिया के सब लोग; अकेला मैं दिखता हूं हठीला और अभद्र।'

जब सारे ही लोग दौड़ रहे हों, तो आपका आहिस्ता चलना हठीला दिखाई पड़ेगा। और जब सारे लोग ही पागल हो रहे हों, तब आपका शांत और सौम्य बना रहना अभद्र मालूम पड़ेगा। जब हिंदू-मुस्लिम दंगे में उतर रहे हों तब आप दूर खड़े देखते रहें, तो लगेगा कि आप आदमी हैं! जब हिंदुस्तान और पाकिस्तान लड़ते हों, हिंदुस्तान और चीन लड़ते हों, या बंगला देश और पाकिस्तान लड़ता हो, या वियतनाम में युद्ध चलता हो, तब आप दूर खड़े चुपचाप देखते रहें, कोई पक्ष में न हों, बंटे हुए न हों, ज्वर के भीतर न हों, तो लोग कहेंगे: क्या हुआ आपको? जीवित हैं या मर गए?

कभी आपने खयाल किया, जब युद्ध चलता है तब लोग ज्यादा जीवित हो जाते हैं। जो आदमी सुबह आठ बजे भी बिस्तर से उठने में मुश्किल पाता था, वह पांच बजे उठ कर रेडियो खोल कर सुनने लगता है—क्या खबर

है? जान में जान आ जाती है। खून तेजी से चलने लगता है। सुबह से आदमी अखबार लेकर बैठ जाता है। लोगों के चेहरों पर रौनक देखें! जब युद्ध चलता है, तब लोगों के चेहरों पर रौनक देखें! जब युद्ध चला जाता है, लोग फिर मंदे हो जाते हैं; फिर धीमे हो जाते हैं; फिर राह देखते हैं कि कुछ हो जाए। कहीं कुछ नहीं हो रहा है, अखबार में कोई खबर नहीं है।

सुना है मैंने, मुल्ला नसरुद्दीन अपने जीवन के अंत में गांव का काजी, गांव का न्यायाधीश बना दिया गया था। पहले ही दिन जब वह बैठा अदालत में, सुबह से दोपहर होने लगी, कोई मुकदमा न आया। फिर सांझ भी होने लगी, कोई मुकदमा न आया। क्लर्क उदास, बेचैन। पहरेदार बेचैन। सिपाही बाहर-भीतर आते हैं, कोई नहीं आया। वकील बेचैन। आखिर क्लर्क ने कहा कि क्या हो गया, आज ही आप बने हैं न्यायाधीश और कोई आया नहीं।

नसरुद्दीन ने कहा, घबड़ाओ मत, आई हैव स्टिल फेथ इन ह्यूमन नेचर। आदमी की प्रकृति पर मुझे अब भी भरोसा है; कोई न कोई आएगा। कोई न कोई आएगा; घबड़ाओ मत। कोई न कोई अपराध होकर रहेगा। आदमी पर मुझे अब भी भरोसा है।

और जब सांझ होते-होते एक मुकदमा आ गया मार-पीट का, सारी अदालत में रौनक आ गई। लोग अपनी-अपनी जगह बैठ गए। लोगों ने अपने रजिस्टर खोल लिए। वकील खड़े हो गए, सिपाही में जान आ गई। मजिस्ट्रेट में जान आ गई।

अदालत मर जाती है, जिस दिन मुकदमा नहीं आता। डाक्टर की नब्ज ढीली पड़ जाती है, जिस दिन कोई बीमार नहीं होता—स्वभावतः! हमारे जीवन का जो ढंग है, वह ज्वरग्रस्त है। युद्ध होता है तो सबकी रीढ़ तन जाती है।

हिटलर ने अपनी आत्मकथा में, मेन केम्फ में लिखा है कि किसी भी राष्ट्र को बड़ा होना हो तो युद्ध के बिना कभी कोई बड़ा नहीं होता। और जो राष्ट्र बिना युद्ध के बहुत दिन जी जाते हैं, उनकी रीढ़ टूट जाती है।

हो सकता है, यही कारण भारत की रीढ़ के टूट जाने का हो। क्योंकि महाभारत के बाद युद्ध वगैरह से हमने कोई संबंध नहीं रखा। हिटलर ने लिखा है कि अगर कोई युद्ध न भी हो रहा हो तो भी मुल्क में जान बनाए रखने के लिए युद्ध की अफवाह बनाए रखनी चाहिए कि अब युद्ध हो रहा है, अब युद्ध हो रहा है। सस्पेंशन! तो लोगों का खून तेजी से दौड़ता है, आत्मा जोर से धड़कती है, लोग प्राणवान रहते हैं।

निश्चित ही, ऐसे प्राणवान लोगों के बीच अगर लाओत्से को लगता हो—एक मैं ही हठीला और अभद्र! जहां सभी बीमारी से भरे हैं और ज्वर में भागे जा रहे हैं और सन्निपात में बक रहे हैं, चिल्ला रहे हैं, वहां मेरी आवाज बड़ी धीमी मालूम पड़ती है। निश्चित ही उन सबको लगता है कि तुम हठीले हो; आओ हमारे साथ! दौड़ो हमारे साथ! अभद्र हो तुम, जो सभी कर रहे हैं, वह तुम नहीं कर रहे हो।

सभ्य का मतलब ही क्या होता है? असभ्य का मतलब ही क्या होता है?

सभ्य शब्द का तो यही मतलब होता है। सभ्य शब्द बनता है सभा से। जो सभा के साथ हो, वह सभ्य। जो सबके साथ हो, वह सभ्य। जो सबके साथ न हो, वह असभ्य। सभ्य का मतलब होता है, सभा में बैठने की योग्यता जिसमें हो। भीड़ के साथ खड़े होने की जिसमें योग्यता हो, वह सभ्य। भद्र कौन है? जो हमारे मापदंड के अनुकूल है। अभद्र वही है, जो हमारे मापदंड के अनुकूल नहीं है।

तो लाओत्से कहता है, एक मैं ही दिखता हूं हठीला और अभद्र। लोगों की मानता नहीं। लोग नाराज हैं। भीड़ के साथ चलता नहीं। भीड़ समझती है, मैं विक्षिप्त हूं।

'और अकेला मैं ही हूं भिन्न अन्यों से; क्योंकि देता हूं मूल्य उस पोषण को, जो मिलता है सीधा ही माता प्रकृति से।'

ये चारों तरफ जो लोग हैं, इनका सारा पोषण, इनके जीवन की सारी ऊर्जा और गर्मी, इनका प्राण सहज स्वभाव और प्रकृति से उपलब्ध नहीं होता। इनका प्राण भविष्य की किन्हीं आशाओं, आकांक्षाओं से उपलब्ध होता है। किन्हीं सिद्धांतों, शब्दों, लक्ष्यों से उपलब्ध होता है। सहज प्रकृति और स्वभाव से नहीं। मैं तो उतना ही जीता हूं, जितना सहज; जितना प्रकृति जिलाती है, उतना जीता हूं। जितना प्रकृति दौड़ाती है, उतनी ही मेरी गति है। प्रकृति रोकती है तो मैं रुक जाता हूं। प्रकृति चलाती है तो मैं चलता हूं। अपनी मेरी कोई दौड़ नहीं है। अपनी मेरी कोई गति नहीं है। मस्तिष्क और बुद्धि से मेरा कोई परिचालन नहीं है।

इस अंतिम वाक्य को हम ठीक से समझ लें। एक तो ढंग है सहज जीवन का। लाओत्से ने कहा है, मैं एक सूखे पत्ते की भांति हूं। हवा पूरब ले जाती है तो पूरब चला जाता हूं; हवा पश्चिम ले जाती है तो पश्चिम चला जाता हूं। हवा जमीन पर गिरा देती है तो मैं विश्राम कर लेता हूं; हवा आकाश में उठा देती है तो मैं बादलों के साथ होड़ कर लेता हूं। लेकिन मेरी अपनी कोई दिशा नहीं है। कहीं जाने की मेरी कोई योजना नहीं है। क्योंकि योजना जैसे ही बनी, वैसे ही संघर्ष शुरू हो जाता है। मैं पूरब जाना चाहता हूं और हवाएं पश्चिम जा रही हैं। और हवाएं मेरी मानने वाली नहीं हैं। मैं कौन हूं? और हवाओं को मुझ से क्या प्रयोजन है?

लाओत्से कहता है, हवाएं जिस तरफ बहती हैं, वही मेरी दिशा है। और अगर हवाएं बीच में अपनी दिशा बदल लेती हैं तो मेरी दिशा भी बदल जाती है। कहता यह है कि मेरी अपनी कोई दिशा नहीं है, जो मैंने बुद्धि से तय की हो। मेरा कोई लक्ष्य नहीं है। प्रकृति का ही अगर कोई लक्ष्य मुझमें हो तो प्रकृति जाने। अगर प्रकृति ही मेरे द्वारा कुछ करवाना चाहती हो तो करवा ले। अगर प्रकृति को मुझसे कुछ न करवाना हो, मेरी कोई योग्यता-पात्रता न हो, तो मैं अकारण अपनी पात्रता सिद्ध करने की व्यर्थता में न पडूंगा। लाओत्से के लिए प्रकृति का वही अर्थ है, जो परमात्मा का है। लेकिन लाओत्से परमात्मा शब्द का उपयोग करना पसंद नहीं करता। कारण है। लाओत्से प्रकृति शब्द उपयोग करना पसंद करता है बजाय परमात्मा के। क्योंकि परमात्मा को हमने एक सिद्धांत बना लिया है। और परमात्मा को हमने आगे रख लिया है। और जब भी हम परमात्मा की बात करते हैं तो परमात्मा से हमारा कम प्रयोजन होता है, हमारे परमात्मा से ज्यादा प्रयोजन होता है। परमात्मा पर दावेदारी भी है। और परमात्मा में हमने वे सब चीजें डाल दी हैं, जो हम चाहते हैं कि हों। हमने परमात्मा से नहीं पूछा है कि तेरी क्या मर्जी है; हमने अपनी मर्जी उस पर रख दी है और कहा है कि यह मर्जी अगर हो तो तू हमारा परमात्मा है।

बाइबिल कहती है कि ईश्वर ने आदमी को अपनी अनुकृति में बनाया—गॉड क्रिएटेड मैन इन हिज ओन इमेज, ईश्वर ने खुद अपनी ही शक्ल में आदमी को बनाया। लेकिन नीत्शे कहता है, इस वाक्य से ज्यादा गलत दूसरा वाक्य खोजना कठिन है। क्योंकि सच्चाई उलटी है। सचाई यह है कि आदमियों ने ईश्वर को अपनी शक्ल में बनाया है। इसीलिए तो इतने ईश्वर हैं; क्योंकि इतने आदमी हैं। काला आदमी ईश्वर को गोरी शक्ल का नहीं बना सकता। गोरा आदमी ईश्वर को काली शक्ल का नहीं बना सकता। और अफ्रीकी का ईश्वर अफ्रीकी की ही अनुकृति होता है। और हिंदू का ईश्वर हिंदू की अनुकृति होता है। हमारे ईश्वर हमारे गढ़े हुए होते हैं। ईश्वर ने हमें गढ़ा या नहीं, वह दूसरी बात है। लेकिन हम ईश्वर को रोज गढ़ते हैं।

और इसलिए हर दो-चार सौ साल में ईश्वर की शक्ल बदल जाती है। क्योंकि दो-चार सौ साल में गढ़ने वाले बदल जाते हैं। उनके ढंग बदल जाते हैं, सोचने की व्यवस्था बदल जाती है। तो फिर नए ईश्वर बनाने पड़ते हैं। आदमी के पास ईश्वर निर्मित करने के बड़े कारखाने हैं। वहां वह उन्हें निर्मित करता रहता है। फैशन बदलती है, ईश्वर को बदलना पड़ता है। फैशन के हिसाब से ईश्वर की भी फैशन होती है। और पुराने ईश्वर कभी-कभी आउट ऑफ डेट पड़ जाते हैं, उनको फेंक देना पड़ता है, नए ईश्वर गढ़ लेने पड़ते हैं। हमसे उनका तालमेल रहना चाहिए।

अगर आप पांच हजार साल का इतिहास उठा कर देखें तो आपको पता चलेगा कि कितने ईश्वर डिसकार्डेड, कितने ईश्वर को हम फेंक चुके हैं उठा कर बाहर। आज हमको खयाल भी नहीं आएगा कि ये हमारे फेंके हुए ईश्वर हैं! हमने दूसरे गढ़ लिए। वक्त बदलता है, हमें बदलाहट करनी पड़ती है। अगर हम पांच हजार साल पुराने ईश्वर को देखें तो हमको दिक्कत मालूम पड़ेगी कि इसको ईश्वर मानें? हमारी धारणाएं बदल गईं। इसलिए बड़ी अड़चन आती है। हम पुराने ग्रंथों की पूजा करते जाते हैं; लेकिन उनको खोल कर कभी देखते नहीं कि उसमें ईश्वर की शक्ल क्या है। अगर हम पुरानी यहूदी शक्ल को देखें ईश्वर की, तो ईश्वर बड़ा खूंखार मालूम पड़ता है, तानाशाह मालूम पड़ता है। वह कहता है, जो मेरा नाम न लेगा उसको नरकों में सड़ाऊंगा, गलाऊंगा, काटूंगा; आग में डालूंगा; जो मेरे खिलाफ है, उसके बचने का कोई उपाय नहीं है; जो मेरे पक्ष में है, उसी को मैं बचाऊंगा।

अगर आज हमारा ईश्वर ऐसी भाषा बोले तो हमें लगेगा कि यह तो बहुत तानाशाही हो गई। लोकतंत्र की भाषा बोलो—डेमोक्रेटिक! यह तो डिक्टेटोरियल मामला हो गया। ऐसे ईश्वर को आज हम बर्दाश्त न करेंगे। क्योंकि ऐसा ईश्वर तो हमें हिटलर और मुसोलिनी और तोजो की शक्ल का मालूम पड़ेगा। और यह भी कोई ईश्वर हुआ, जो इस तरह की बातें बोलता है! डिसकार्डेड है। यहूदी भी किताब की पूजा कर लेते हैं, लेकिन इस ईश्वर की चर्चा नहीं करते। बिलकुल इसकी चर्चा नहीं करते।

जीसस ने पूरी धारणा बदल दी। जीसस ने कहा कि ईश्वर है प्रेम—गॉड इज़ लव। अब ईश्वर जो जीसस का है, उसका, जीसस के पिता का जो ईश्वर था, उससे कोई तालमेल नहीं है।

अगर पीछे हम लौटें, अगर हम वेद के वचन पढ़ें, अगर हम प्रार्थनाएं पढ़ें, तो हमें बड़ी हैरानी होगी कि ये कैसी प्रार्थनाएं हैं? एक किसान प्रार्थना कर रहा है कि हे ईश्वर, मेरे खेत में वर्षा कर देना, लेकिन मेरे दुश्मन के खेत में वर्षा मत करना। आज हमें लगेगा, यह भी प्रार्थना है? कभी थी। और जब थी, तब किसी को शक नहीं आया था। आज शक आएगा। क्योंकि बुद्ध ने और महावीर ने धारणा बदल दी। उन्होंने कहा, प्रार्थना में अगर वैमनस्य आ गया तो प्रार्थना तो खराब हो गई।

बुद्ध ने कहा है कि ध्यान तुम करना, और ध्यान के बाद प्रार्थना करना कि मेरे ध्यान से जो शांति मुझे मिली, वह सब में बिखर जाए। मुझे चाहे न मिले, लेकिन सब को मिल जाए।

अब बुद्ध बीच में आ गए तो यह वेद की जो प्रार्थना है, मुश्किल में पड़ गई। इसको डिसकार्ड करना पड़ा। वेद की हम पूजा करते चले जाएंगे। लेकिन आज वेद को मानने वाले को भी बड़ी तकलीफ होगी। फिर एक ही रास्ता है कि वह इसके अर्थ बदले। वह बताए कि इसमें यह अर्थ ही नहीं है। अरविंद ने पूरी चेष्टा यही की कि इसमें यह अर्थ ही नहीं है। लेकिन वह चेष्टा ईमानदार नहीं है। क्योंकि एकाध सूत्र ऐसा होता तो हम समझते। वेद में नब्बे प्रतिशत सूत्र ऐसे हैं। और अरविंद जैसी प्रतिभा का आदमी भी कितनी ही तोड़-मरोड़ करे, इसको झुठलाया नहीं जा सकता। लेकिन अरविंद की तकलीफ भी है। तकलीफ यह है कि वे वेद को अप-टू-डेट कर रहे हैं। वह जो वेद पांच हजार साल पीछे पड़ गया, उनका श्रम यह है कि वह उसे आज के योग्य बना दें; वह वेद को नई शक्ल दे दें, ताकि हमारे लिए ग्राह्य हो जाए।

हमको अपने ईश्वर की शक्ल में रोज छेनी का उपयोग करना पड़ता है। रोज उसको बदलना पड़ता है। ईश्वर हमारा बनाया हुआ है।

इसलिए लाओत्से ईश्वर शब्द का प्रयोग नहीं करता। लाओत्से कहता है प्रकृति। प्रकृति शब्द बहुत कीमती है। प्रकृति का मतलब होता है: बनने के भी जो पूर्व था। प्रकृति का अर्थ होता है: दैट व्हिच वाज बिफोर क्रिएशन। प्र और कृति, निर्माण के पहले जो था, सब होने के पहले जो था, सब बना, उसके पहले जो था। सबके होने के मूल में

जो छिपा है, सबका जो आधार है। रूप जब मिट जाते हैं, तो जिसमें गिरते हैं; और रूप जब उठते हैं, तो जिससे उठते हैं। प्रकृति का अर्थ है : वह तत्व जो रूप लेने के पहले था।

लाओत्से कहता है, वही मां है, वही मूल स्रोत है; मैं उसी से जीता हूं। मेरा अपना कोई लक्ष्य नहीं है। उस प्रकृति का कोई लक्ष्य मुझसे हो, पूरा हो जाए। न हो, कोई एतराज नहीं है। अगर वह प्रकृति मुझे चाहती है कि मैं बेकार ही रहूं और खो जाऊं तो यही मर्जी पूरी हो। अगर कोई काम उसे लेना हो, काम ले ले। लेकिन मेरी अपनी तरफ से निर्धारित कोई नियति, कोई डेस्टिनी नहीं है।

यही समझने जैसा है। लाओत्से कहता है, छोड़ता हूं अपने को मैं उसी पर, जिससे मैं पैदा हुआ और जिसमें मैं कल खो जाऊंगा। मैं बीच में बाधा क्यों दूं? मैं क्यों कहूं कि मुझे मोक्ष चाहिए? जब मुझे अपने होने का पता नहीं, जब मैं अपने को पैदा नहीं कर सकता, तो मैं अपने को मोक्ष कैसे पहुंचा सकूंगा?

लाओत्से कहेगा कि जितने लोग अपनी चेष्टा से कुछ पाने में लगे हैं, वे ऐसे लोग हैं, जैसे कोई आदमी अपने जूते के बंद पकड़ कर खुद को उठाने की कोशिश में लगा हो। कोशिश कितनी ही करो, परिणाम कुछ न होगा। थोड़ा-बहुत उछलकूद भी कर सकता है आदमी। उछलेगा, कूदेगा, तो लगेगा कि उठता भी हूं बीच-बीच में। फिर जमीन पर पड़ जाएगा। मुझसे जो विराट और बड़ा मुझे घेरे हुए है, अगर उसका ही कोई लक्ष्य है तो ठीक। मेरा कोई लक्ष्य नहीं है। मैं कौन हूं जो बीच में आऊं? न मुझसे मेरे जन्म के समय प्रकृति ने पूछा कि बनाते हैं तुम्हें; क्या इरादा है? न मेरी मौत के वक्त कोई मुझसे पूछेगा कि मिटाते हैं तुम्हें; क्या इरादा है? न प्रकृति मुझसे पूछती है कि तुम्हारे भीतर रखते हैं यह हृदय, किसलिए धड़के तुम तय करना। नहीं, कोई प्रकृति कहती नहीं। प्रकृति बना देती है, मिटा देती है। बीच में जो हम विचार करना शुरू करते हैं, उससे हम अपने लक्ष्य निर्धारित कर लेते हैं।

लाओत्से कहता है, अपने लक्ष्य निर्धारित करके हम उन नालों की तरह हो जाते हैं, जो चलते बहुत हैं, लेकिन पहुंचते उसी सागर में हैं जो कहीं नहीं जाता। नाले चलते बहुत हैं। और चलते वक्त नाला सागर से कह भी सकता है : क्या पड़े हो, चलो! हम छोटे-छोटे इतना चल रहे हैं, तुम इतने बड़े हो, चलो! लेकिन ये नाले चल-चल कर पहुंचते कहां हैं? गिरते कहां हैं? खोते कहां हैं? उस सागर में खो जाते हैं, जिससे इन्होंने कहा था : क्या बेकार पड़े हो!

लाओत्से हम बुद्धिमानों को कहेगा कि तुम व्यर्थ ही दौड़ रहे हो; क्योंकि तुम वहीं पहुंच जाओगे, जहां मैं पड़ा ही हुआ हूं। इसका मतलब समझ लें। तुम वहीं पहुंचोगे, जहां मैं पहुंचा ही हुआ हूं। तुम चल-चल कर पहुंचोगे; बहुत चलोगे, बहुत परेशान, चिंता लोगे, रातें खराब करोगे, निद्रा खो जाएगी, हजार बीमारियां पाल लोगे। सोचें नाले की तकलीफ, सागर तक लंबी यात्रा है! कितने समझौते करने पड़ते हैं, किस नदी में गिरना पड़ता है, किस तरह खुद को बचाना पड़ता है! और बचा कर भी होता क्या है? मजा यह है कि सागर तक अंतिम जो घटना घटने वाली है, वही घटती है—बचाए नाला तो, न बचाए तो। नाला बचाता है कि कहीं रेगिस्तान में न खो जाऊं। रेगिस्तान में भी कोई नाला खो जाएगा तो जाएगा कहां? सूरज की किरणों से चढ़ेगा और सागर में पहुंच जाएगा। नदी में चला जाऊं, बड़ी नदी का सहारा ले लूं। कहीं छोटी नदी के सहारे से, हो सकता है, न पहुंच पाऊं; तो बड़ी नदी का सहारा ले लूं, बड़ा सहारा ले लूं। छोटी नदियां भी वहीं पहुंच जाती हैं, बड़ी नदियां भी वहीं पहुंच जाती हैं। और मजा यह है कि सबकी अंतिम परिणति उस सागर में हो जाती है, जो कहीं जाता ही नहीं।

लाओत्से कहता है, 'अकेला मैं उदास, अवनमित, समुद्र की तरह धीर, इधर-उधर बहता हुआ—मानो लक्ष्यहीन!'

ऐसा दिखता है कि लहरें यहां आ रही हैं, वहां जा रही हैं—लक्ष्यहीन। कभी आपने खयाल किया कि सागर में जब आपको लहरें आती-जाती मालूम पड़ती हैं, तो आप एक बड़े भ्रम में होते हैं। सागर के किनारे तट पर खड़े

होकर आप देखें तो लगता है, दूर से फेनोज्ज्वल, फेन के शिखर से लदी भागती चली आ रही है लहर। आती है, चली आती है, तट से टकराती है, बिखर जाती है। लेकिन वैज्ञानिक कहते हैं कि लहरें अपनी जगह नहीं छोड़तीं। सागर में जो लहर आपको दिखती है आती हुई, वह सिर्फ आंखों का भ्रम है, इल्यूजन है। एक लहर उठती है, नीचे गड्ढा हो जाता है; एक लहर गिरती है, पास का पानी ऊपर उठ जाता है। वह जो पास का पानी ऊपर उठ जाता है और पहला पानी नीचे गिर जाता है, आपको लगता है पहली लहर आगे आ गई। कोई लहर आगे नहीं आती।

इसीलिए तो स्टेज पर नाटक में आसानी से लहरों का भ्रम पैदा किया जा सकता है; कोई अड़चन नहीं है। आप जो बिजली के बल्बों को देखते हैं शादी-विवाह के मंडप पर लगे हुए, लगते हैं भागे चले जा रहे हैं। वह कोई भाग नहीं रहा है। बल्ब अपनी जगह जलता है, बुझ जाता है। एक बल्ब बुझा, दूसरा जल जाता है; वहम पैदा होता है कि बिजली यात्रा कर गई।

सागर की लहरों में भी वैसा ही वहम है। एक लहर उठती है, नीचे गड्ढा हो जाता है। वह गिरती है, पास का पानी ऊपर उठ जाता है। आपको लगता है लहर यात्रा कर गई। कोई लहर यात्रा नहीं करती; सब अपनी जगह उठती-गिरती रहती हैं। सागर में यात्रा है ही नहीं। सागर थिर है। इसलिए सागर को हमने कहा है धीर। उसमें अधैर्य है ही नहीं। अधैर्य का मतलब क्या होता है? अधैर्य का मतलब होता है कि कहीं पहुंचना है। जब तक नहीं पहुंचे हैं, तब तक धैर्य कैसे हो? सिर्फ धैर्य में तो वही हो सकता है, जिसे कहीं पहुंचना नहीं है। पहुंचने वाले को तो अधैर्य में जीना ही पड़ेगा। और जितनी जल्दी होगी पहुंचने की, उतना अधैर्य होगा।

पश्चिम में देखते हैं, अधैर्य ज्यादा है पूर्व की बजाय। और कारण? कारण सिर्फ एक छोटा सा है; या बड़ा भी कह सकते हैं। कारण सिर्फ इतना है कि पश्चिम में ईसाइयत, यहूदी और इसलाम, तीनों धर्मों ने एक ही जन्म को स्वीकार किया है। एक ही जिंदगी है, समय बहुत कम है, पहुंचना जल्दी है। भारत में, पूरब में, अधैर्य नहीं है। उसका कारण? उस कारण यह नहीं है कि आप बहुत धीर हैं। आपके पास टाइम एक्सटेंशन ज्यादा है, जन्मों-जन्मों का। इसमें नहीं तो अगले में पहुंच जाएंगे, अगले में नहीं तो और अगले में पहुंच जाएंगे। ऐसी जल्दी क्या है? चूंकि हमने धारणा बनाई है पुनर्जन्मों की, अनंत जन्मों की शृंखला की, हमारे पास समय बहुत है। इसलिए हमें घड़ी की बहुत चिंता नहीं है। समय इतना ज्यादा है कि नाप-नाप कर भी क्या करना है? सागर को कोई नापता है? सागर को क्या नापिएगा? हमारे पास इतना समय है कि क्या नापना है?

इसलिए हम धीरज में हैं। दौड़ भी रहे हैं, तो बड़े आहिस्ता से, सुस्ताते भी हैं। और कोई जल्दी नहीं है। पश्चिम में बहुत जल्दी पैदा हो गई; क्योंकि ईसाइयत ने एक ही जन्म को स्वीकार किया। यह मौत जो होने वाली है, यह आखिरी है। इसके बाद फिर समय नहीं है। स्वभावतः समय कम पड़ गया, घबड़ाहट बढ़ गई। और पहुंचना है। और चूक गए तो सदा के लिए चूक गए। हमारे मुल्क में चूकने में कोई डर नहीं है। चूकने का मतलब सदा के लिए चूकना नहीं होता। सिर्फ इस बार चूक गए, अगली बार देखेंगे। और परमात्मा अनंत धैर्यशाली है हमारा। वह प्रतीक्षा करेगा, कोई ऐसी जल्दी कहीं भी नहीं है। इसलिए टाइम-कांशसनेस, जो काल-चेतना है, वह पूर्व में पैदा नहीं हो सकी। टाइम-कांशसनेस पश्चिम में पैदा हुई। और टाइम-कांशसनेस पैदा करने में जीसस का हाथ है। क्योंकि एक ही जिंदगी है तो घबड़ाहट हो गई है।

सागर को हम कहते हैं धीर। उसे कहीं पहुंचना ही नहीं है। नदी तो अधीर होगी ही। इसलिए नदी शोरगुल करेगी, भागेगी, तड़पेगी। उसमें बेचैनी दिखाई भी पड़ेगी। सागर बेचैन नहीं है।

लाओत्से कहता है, इन सब भागते हुए लोगों के बीच, जो गंवार हैं, वे विज्ञ और तेजोमय; मैं ही मंद और भ्रांत! जो गंवार हैं, वे चालाक और आश्वस्त; मैं ही उदास, अवनमित, समुद्र की तरह धीर, इधर-उधर बहता

हुआ—मानो लक्ष्यहीन। सप्रयोजन हैं दुनिया के सब लोग, अकेला मैं दिखता हठीला और अभद्र। और अकेला मैं ही हूं भिन्न अन्यों से; क्योंकि देता हूं मूल्य उस पोषण को, जो मिलता है सीधा माता प्रकृति से। वह जो गहनतम स्रोत है जीवन का, उसको ही जीता हूं। और इसलिए भिन्न हूं।

इसको हम एक तरह से और देखें।

जो व्यक्ति लक्ष्य को लेकर जीएगा, भविष्य उसके लिए मूल्यवान है—आगे, कल। जो व्यक्ति आधार को, स्रोत को लेकर जीएगा, उसके लिए भविष्य का कोई मूल्य नहीं है। उसके लिए जड़ें मूल्यवान हैं, स्रोत मूल्यवान है। हम ऐसा समझें कि हम ऐसे लोग हैं या हम ऐसे वृक्ष हैं जो इस आशा में जीते हैं कि फूल लगें। इस आशा में हम जड़ों की सारी चिंता ही छोड़ देते हैं। हम यह भूल ही जाते हैं कि हम सिर्फ जड़ों का फैलाव हैं। हम यह भूल ही जाते हैं कि हम जड़ें ही हैं, जो पृथ्वी के बाहर आ गई हैं। हम यह भूल ही जाते हैं कि हम जड़ें ही हैं, जिन्होंने आकाश को छूने की आकांक्षा की है। हम यह भूल ही जाते हैं कि अगर जड़ों के भीतर ही छिपा है कोई फूल तो निकल आएगा; अगर नहीं छिपा है तो निकालने का कोई उपाय नहीं है। हम ऐसे वृक्ष हैं, जो जड़ों को भूल गए हैं। अब हम सोचते हैं, फूल कैसे हो जाएं?

अगर कोई वृक्ष फूल की चिंता में पड़ जाए कि फूल कैसे हो जाए, तो एक बात पक्की है कि फूल उस वृक्ष में कभी नहीं होंगे। चिंता ही सारे रस को सोख जाएगी, जिससे फूल बनते हैं।

चीनी कहानी है, और लाओत्से के वक्त की ही, कि एक सेंटीपीड, एक शतपदी जानवर, सौ पैर वाला जानवर एक जंगल से गुजर रहा है। एक खरगोश बड़ी चिंता में पड़ गया—सौ पैर! कौन सा पहले रखता होगा, कौन सा बाद में? कैसे हिसाब रखता होगा कि कौन सा उठ गया, कौन सा उठाना है, कौन सा आधा है बीच में, कौन सा जमीन को छू रहा है? सौ पैर! खरगोश पास गया और उसने कहा, चाचा, बड़ी चिंता होती है आपको देख कर। कैसे रखते हैं हिसाब? क्या है गणित? पहले कौन सा पैर उठाते हैं? फिर कौन सा? फिर कौन सा? सौ का हिसाब, सौ की संख्या याद रखनी पड़ती होगी। शतपदी ने कहा, अजीब सवाल पूछा। मैंने कभी खयाल नहीं किया। चलता तो रहा हूं, मैंने कभी खयाल नहीं किया। अब मैं खयाल करके तुझे बताऊं।

शतपदी थोड़ी देर खड़ा रहा। उसके पैर कंपे और वह वहीं गिर गया। खरगोश ने पूछा, क्या हुआ? उस शतपदी ने कहा कि नासमझ, अब यह सवाल किसी और शतपदी से मत पूछना। हम चलना जानते थे, यह हमने कभी सोचा न था कि कौन सा पैर पहले, कौन सा बाद में। सौ का मामला है, सब गड़बड़ हो गया। अब कोई पैर ही नहीं उठता, या कई पैर साथ उठ गए, आपस में उलझ गए। जान पर मुसीबत आ गई है। तूने जो यह सवाल उठाया, यह बहुत कठिन है। और भगवान करे कि मैं जल्दी ही तेरे सवाल को भूल जाऊं। अन्यथा चलना मुश्किल हो जाएगा। चिंता आ जाएगी चलने की जगह।

कोई वृक्ष अगर सोचने लगे कि फूल को कैसे बनाऊं, कैसे कली बने, कितनी पंखुड़ियां रखूं, कैसा रंग हो, कैसी गंध भरूं—उस वृक्ष में फिर फूल नहीं लगेंगे। वृक्ष को फूल की क्या चिंता होनी है? फूल तो छिपे हैं जड़ों में, जड़ें सम्हाल लेंगी। वृक्ष को बढ़ते जाना है, जड़ों पर सब छोड़ देना है भार, कर देना है समर्पित स्रोत पर। स्रोत में ही सब छिपा है, भविष्य भी छिपा है, कल भी छिपा है। जो होगा, वह भी छिपा है।

लाओत्से कहता है, जड़ों पर सब छोड़ दिया है मैंने। और चारों तरफ जो लोग हैं, वे सब अपना-अपना भार उठाए चल रहे हैं। वे कहते हैं, हमारी मंजिल! हमारा लक्ष्य! हमें कुछ होना है! हमें कुछ करके दिखाना है! संसार में आए हैं, तो बिना किए नहीं जाएंगे!

मां-बाप समझाते हैं बच्चों को : संसार में आए हो, कुछ करके दिखाओ!

कितने लोग संसार में आए, कितना करके दिखा गए, क्या फल है? और न जिन्होंने करके दिखाया, कौन सी असुविधा हो गई है? करके भी क्या दिखाइएगा? लेकिन चिंता पैदा हो जाती है। चिंता सारे के सारे मस्तिष्क को ग्रसित कर लेती है। फिर एक-एक कदम हिलाना मुश्किल हो जाता है। शतपदी की हालत हो जाती है।

आज आदमी करीब-करीब चीनी कहानी के शतपदी की हालत में है। उसे कुछ नहीं सूझता कि क्या करे, क्या न करे? कैसे करे? सब अस्तव्यस्त हो गया है। हो जाएगा। क्योंकि जड़ों से हमने सब छीन लिया है। और उनमें ही सब छिपा है। सब मस्तिष्क में रख लिया है।

और लाओत्से के अनुयायी कहते हैं, खोपड़ी से सोचने से बचना! लाओत्से से अगर आप जाकर पूछते कि तुम्हारा मस्तिष्क कहां है? तो वह अपने पेट पर हाथ रखता; वह कहता, यहां पेट में है। बेली इज़ माई माइंड। वह कहता कि कहां खोपड़ी में, इतनी दूर स्रोत से कहां जाना? बहुत दूर निकल गए ये। क्योंकि मां से बच्चा जुड़ा होता है नाभि से। वह पहले अस्तित्व की शुरुआत है। नाभि स्रोत है। और नाभि के निकट अस्तित्व है। खोपड़ी, तो बहुत दूर निकल गए, शाखाओं में चले गए, जड़ों से बहुत दूर चले गए।

आदमी की जड़, आपको पता है, नाभि है। वहीं से, मां से जड़ जुड़ी होती है। उसकी मां की जड़ नाभि से जुड़ी थी। इस सारे संसार में मनुष्यों की जड़ें खोजें तो नाभि में वे फैली हुई मिलेंगी। यों तो प्रत्यक्ष, ऊपर से भी नाभि से जुड़ी होती हैं, लाओत्से कहता है, अप्रत्यक्ष भीतर की जड़ें नाभि से ही फैली होती हैं।

इसलिए लाओत्से कहता है, खोपड़ी की फिक्र छोड़ो, नाभि की फिक्र करो। नाभि मजबूत हो, जड़ें गहरी हों प्रकृति में, तो तुम कहीं पहुंचे या न पहुंचे, इससे फर्क नहीं पड़ता। पहुंचे तो, न पहुंचे तो, हर हालत में आनंद है। और अगर तुम मस्तिष्क से जीए, पहुंचे तो, न पहुंचे तो, हर हालत में दुख है।

इसलिए वह कहता है, 'एक अकेला मैं भिन्न हूं अन्यों से; क्योंकि देता हूं मूल्य उस पोषण को, जो मिलता है सीधा माता प्रकृति से।'

आज इतना ही। फिर हम कल बात करेंगे। बैठें पांच मिनट, कीर्तन करें।

छियालीसवां प्रवचन

क्षुद्र आचरण नीति है, परम आचरण धर्म

Chapter 21

MANIFESTATIONS OF TAO

The marks of great Character follow alone from the Tao.
The thing that is called Tao is elusive, evasive.
Elusive, evasive, yet latent in it are forms.
Elusive, evasive, yet latent in it are objects.
Dark and dim, yet latent in it is the life-force.
The life-force being very true,
Latent in it are evidences.
From the days of old till now
Its Named (manifested forms) have never ceased,
By which we may view the Father of All Things.
How do I know the shape of Father of All Things?
Through These!

अध्याय 21

ताओ का प्राकट्य

परम आचार के जो सूत्र हैं, वे केवल ताओ से ही उदभूत होते हैं।
और जिस तत्व को हम कहते हैं ताओ, वह है पकड़ के बाहर और दुर्ग्राह्य।
दुर्ग्राह्य और पकड़ के बाहर, तथापि उसमें ही सब रूप छिपे हैं।
दुर्ग्राह्य और पकड़ के बाहर, तथापि उसमें ही समस्त विषय निहित हैं।
अंधेरा और धुंधला, फिर भी छिपी है जीवन-ऊर्जा उसी में।
जीवन-ऊर्जा है बहुत सत्य, इसके प्रमाण भी उसमें ही प्रच्छन्न हैं।
प्राचीन काल से आज तक
इसकी नाम-रूपात्मक अभिव्यक्तियों का अंत नहीं आया,
और हम उसमें देख सकते हैं सभी वस्तुओं के जनक को।
लेकिन सभी वस्तुओं के जनक के आकार को मैं कैसे जानता हूं?
इन्हीं के द्वारा, इन्हीं अभिव्यक्तियों के द्वारा।

बर्नार्ड शॉ ने कहीं व्यंग्य में कहा है कि जब तक सारी दुनिया ईमानदार न हो जाए, तब तक मैं अपने बच्चों को कैसे कह सकता हूं कि ईमानदारी ही परम उपयोगी और लाभपूर्ण है। आनेस्टी इज़ दि बेस्ट पालिसी—यह मैं अपने बच्चों को तब तक कैसे कह सकता हूं, जब तक सारी दुनिया ईमानदार न हो जाए। सारी दुनिया ईमानदार हो तो ही ईमानदारी उपयोगी हो सकती है।

बर्नार्ड शॉ जिस नैतिकता की, जिस आचरण की बात कर रहा है, लाओत्से उसे क्षुद्र नीति और क्षुद्र आचरण कहेगा। क्षुद्र आचरण सदा इस बात की फिक्र करता है कि आचरण भी उपयोगी और लाभप्रद होना चाहिए। क्षुद्र आचरण एक सौदेबाजी है, एक बार्गेनिंग है। उसका प्रतिफल क्या मिलेगा, इस पर ही सब कुछ निर्भर है। अगर ईमानदार और सचाई और नेकी से जीने का परिणाम स्वर्ग होता हो तो मैं आचरण कर सकता हूं उनके अनुकूल। पुण्य अगर प्रतिष्ठा देता हो और सदाचरण से अगर रिस्पेक्टबिलिटी, आदर मिलता हो तो मेरे लिए सार्थक मालूम हो सकता है। यह क्षुद्र आचरण की व्यवस्था है। क्षुद्र आचरण में और अनाचरण में बहुत फर्क नहीं है।

इसे हम ठीक से समझ लें। क्षुद्र आचरण में और अनाचरण में बहुत फर्क नहीं है। क्षुद्र नैतिकता में और अनैतिकता में बहुत अंतर नहीं है। अगर ईमानदारी मैं इसीलिए उपयोगी पाता हूं कि उससे मुझे लाभ होता है, तो किसी भी क्षण मैं बेईमानी को भी उपयोगी पा सकता हूं क्योंकि उससे लाभ होता है। अगर दृष्टि लाभ पर है तो ईमानदारी और बेईमानी लक्ष्य नहीं हैं, साधन हैं। जब लाभ ईमानदारी से मिलता हो तो मैं ईमानदार हो जाऊंगा। और जब लाभ बेईमानी से मिलता हो तो मैं बेईमान हो जाऊंगा। अगर लाभ ही लक्ष्य है तो बेईमानी को ईमानदारी और ईमानदारी को बेईमानी बनने में बहुत अड़चन नहीं होगी।

इसलिए हम सब की नैतिकता की कीमत होती है। अगर मैं आपसे पूछूं कि क्या आप चोरी कर सकते हैं? तो इस प्रश्न का कोई अर्थ नहीं है। यह प्रश्न नानसेंस है, अर्थहीन है। मुझे पूछना चाहिए, आप दस रुपए की चोरी कर सकते हैं? शायद आप कहें—नहीं। मुझे पूछना चाहिए, आप दस हजार की चोरी कर सकते हैं? शायद आपकी नहीं डगमगा जाए। मुझे पूछना चाहिए, आप दस लाख की चोरी कर सकते हैं? शायद आपके भीतर से हां उठने लगे।

एक आदमी कहता है कि मैं रिश्वत नहीं लेता हूं। पूछना चाहिए, कितने तक? क्योंकि रिश्वत लेने-देने का कोई अर्थ नहीं होता। सब की सीमाएं हैं। और सब अपनी सीमाओं पर बिक सकते हैं। क्योंकि हमारी नैतिकता कोई परम मूल्य नहीं है, अल्टीमेट वैल्यू नहीं है। हमारी नैतिकता भी साधन है कुछ पाने के लिए। जब वह नैतिकता से मिलता है, तब हम नैतिक होते हैं। जब वह अनैतिकता से मिलता है, तब हम अनैतिक होते हैं।

क्षुद्र नैतिकता का अर्थ है : नैतिकता भी साधन है किसी लाभ के लिए। और तब नीति और अनीति में बहुत

फर्क नहीं होता। तब नैतिक और अनैतिक आदमी में जो अंतर होते हैं, वे डिग्रीज के, मात्राओं के होते हैं, गुण के नहीं होते। तब आप किसी भी अनैतिक आदमी को नैतिक बना सकते हैं और किसी भी नैतिक आदमी को अनैतिक बना सकते हैं। इन दोनों के बीच में कोई गुणात्मक, क्वालिटेटिव भेद नहीं है। इन दोनों के बीच मात्रा के भेद हैं। अगर आप मात्रा की व्यवस्था बदल दें तो उनकी नीति अनीति हो जाएगी, अनीति नीति हो जाएगी।

लाओत्से का यह सूत्र शुरू होता है, 'दि मार्क्स ऑफ ग्रेट कैरेक्टर फालो एलोन फ्रॉम दि ताओ—परम आचार के जो सूत्र हैं, वे केवल ताओ से ही उदभूत होते हैं।'

क्षुद्र आचार का अर्थ है : आचरण अपने आप में मूल्यवान नहीं है, उससे कुछ मिलता है, वह मूल्यवान है। परम आचरण का अर्थ है : आचरण अपने में ही मूल्यवान है। आचरण स्वयं ही लक्ष्य है, एंड इन इटसेल्फ, वह किसी चीज का साधन नहीं है। आपसे अगर हम पूछें कि आप सत्य क्यों बोलते हैं? अगर आप कहें कि सत्य बोलने से पुण्य होता है, अगर आप कहें कि पुण्य से स्वर्ग मिलता है, अगर आप कहें कि सत्य बोलने से प्रतिष्ठा मिलती है, यश मिलता है—अगर सत्य बोलने का आप कोई भी कारण बताएं—तो आपका सत्य क्षुद्र आचरण होगा। अगर आप कहें कि सत्य बोलना अपने आप में ही पर्याप्त है, किसी और कारण से नहीं, कोई और कारण नहीं है जिससे हम सत्य बोलते हैं, सत्य बोलना अपने में ही आनंद है—तो फिर अगर सत्य बोलने के कारण नरक भी जाना पड़े तो भी हम सत्य बोलेंगे। और फिर सत्य बोलना चाहे पाप भी हो जाए तो भी हम सत्य बोलेंगे। और चाहे सत्य बोलने के कारण सूली मिले तो भी हम सत्य बोलेंगे।

लेकिन तब हमारे क्षुद्र आचरण की बड़ी कठिनाई हो जाएगी। हम सत्य बोलते हैं स्वर्ग जाने के लिए। और इसीलिए चूंकि स्वर्ग संदिग्ध हो गया, सत्य बोलने वाले जगत में कम हो गए। स्वर्ग अब संदिग्ध है। आज से हजार साल पहले संदिग्ध नहीं था। आज जो दुनिया में इतनी अनीति दिखाई पड़ती है और आज से हजार या दो हजार साल पहले जो नीति दिखाई पड़ती थी, उसका यह कारण नहीं है कि लोग ज्यादा अनैतिक हो गए हैं, उसका यह भी कारण नहीं है कि पहले के लोग ज्यादा नैतिक थे, उसका कुल कारण इतना है कि पहले की नीति जिन आधारों पर खड़ी थी, वे संदिग्ध हो गए हैं। जो लाभ हो सकता था दो हजार साल पहले, निश्चित मालूम पड़ता था, आज वह निश्चित नहीं रहा है। और जब लाभ के लिए ही कोई नैतिक होता है और लाभ ही अनिश्चित हो जाए, तो फिर नैतिक होना पागलपन होगा।

दो हजार साल पहले स्वर्ग इतना ही निश्चित था, जितनी यह पृथ्वी है। शायद इससे भी ज्यादा निश्चित था। पृथ्वी तो थी माया, असत्य, स्वप्न; स्वर्ग था सत्य, नरक था सत्य। पृथ्वी के जीवन से भी ज्यादा वास्तविकताएं थीं उनमें। झूठ बोलने का अर्थ नरक था। उसके दुष्परिणाम थे, भयंकर दुष्परिणाम थे। सत्य बोलने का अर्थ स्वर्ग था। उसके बड़े पुरस्कार थे, बड़े लाभ थे। अप्सराएं थीं, स्वर्ग के सुख थे, कल्पवृक्ष थे। वह सब सुनिश्चित था। उस समय जो होशियार आदमी था, कनिंग जिसको ताओ कहेगा, चालाक, वह सत्य बोलता, झूठ नहीं बोलता। क्योंकि जब सत्य से स्वर्ग मिलता हो और झूठ से नरक मिलता हो और नरक और स्वर्ग वास्तविकताएं हों, तो जो चालाक है, वह सत्य ही बोलेगा। यह बड़ी कठिन बात मालूम पड़ेगी। आज से दो हजार साल पहले जो आदमी चालाक था, वह सत्य बोलता था, ईमानदार था। आज जो आदमी चालाक है, वह बेईमान है और झूठ बोलता है। पर वे दोनों ही चालाक हैं। आज वह आदमी झूठ बोल रहा है। क्योंकि वह पाता है कि स्वर्ग और नरक तो हो गए माया, इल्यूजरी; वह जो हाथ में रुपया है नगद, वह ज्यादा वास्तविक है। यह वही आदमी है। इसके हाथ में स्वर्ग के सिक्के वास्तविक थे, अब वे वास्तविक नहीं हैं। उनके लिए इसने नैतिकता को वरण किया था। वे ही खो गए तो नैतिकता भी खो गई। कल का जो नैतिक आदमी था, वही आज अनैतिक है।

यह जरा कठिन मालूम पड़ेगा समझने में। सारी की सारी संभावनाएं बदल गईं। आदमी अनैतिक नहीं हो गया; जो आदमी अनैतिक था, वह अनैतिक ही है। क्षुद्र नैतिक था वह कल तक। क्षुद्रता की नीति टिक नहीं सकती, वह बह गई। उसका सारा ढांचा गिर गया। जिस आधार पर खड़ी थी, वह बिखर गया। नीचे की जमीन खिसक गई। अब वही क्षुद्र नैतिक जो आदमी था, आज भरपूर अनैतिक है। उसके भीतर कोई फर्क नहीं पड़ा। कल नीति से लाभ मिलता था; आज अनीति से लाभ मिलता है। कल सच बोलने से स्वर्ग मिलता था; आज बिना झूठ बोले स्वर्ग के मिलने का कोई उपाय नहीं दिखाई पड़ता है। कल ईमानदार होने से प्रतिष्ठा मिलती थी; आज जो ईमानदार है, वह अप्रतिष्ठित है; जो बेईमान है, वह प्रतिष्ठित है। कल धोखा देना अपमानजनक था, ग्लानि पैदा होती थी; आज जो धोखा देने में जितना कुशल है, उतना ही सम्मानपूर्ण पद पर है। तो जो कल ईमानदारी से मिलता था, आज बेईमानी से मिलता हो, लाभ जिनकी दृष्टि में है, वे नीति से अनीति पर सरक जाएंगे।

लाओत्से इस नीति को क्षुद्र आचरण कहता है। हम दो शब्द जानते हैं: आचरण, अनाचरण; नीति, अनीति। लाओत्से एक नया शब्द प्रवेश करवाता है। वह कहता है, आचरण जिसे तुम कहते हो, अनाचरण तुम जिसे कहते हो, उनमें कोई गुणात्मक भेद नहीं है। वह एक दो नए शब्द निर्मित करता है। वह कहता है, परम आचरण और क्षुद्र आचरण। अनाचरण की तो लाओत्से बात ही नहीं करता; क्योंकि क्षुद्र आचरण अनाचरण का ही एक रूप है। आचरण के दो विभाग करता है: परम आचरण और क्षुद्र आचरण। क्षुद्र आचरण को आचरण कहना नाम मात्र के लिए है। जहां नैतिकता स्वयं ही लक्ष्य है, जहां सत्य अपने में ही आनंद है, और ईमानदारी स्वयं ही मूल्यवान है। उससे कुछ मिलेगा, नहीं मिलेगा, खो जाएगा, ये बातें इररेलेवेंट हैं, असंगत हैं।

मैं सैकड़ों लोगों को जानता हूं। न मालूम कितनी बार कितने लोगों ने मुझे आकर कहा है कि हम नीति से जीवन चला रहे हैं, लेकिन फल क्या है? और जो अनीति से चला रहे हैं, वे सब कुछ पा रहे हैं, सब कुछ उनका है।

यह व्यक्ति क्षुद्र आचरण वाला व्यक्ति होगा। नहीं तो यह सवाल ही नहीं उठना चाहिए कि हम नैतिक जीवन चला रहे हैं तो हमें मिल क्या रहा है! इस आदमी के मन में भी पाना तो वही है जो अनैतिक आचरण से मिल रहा है, लेकिन यह नैतिक आचरण से पाने की कोशिश में पड़ा है। यह सिर्फ समय के बाहर है। इसको पता नहीं है कि वक्त बदल गया। जो पहले नीति से मिलता था, अब अनीति से मिल रहा है। इसको जरा वक्त लगेगा, इसकी बुद्धि थोड़ी कमजोर है। यह नैतिक नहीं है, सिर्फ पिछड़ा हुआ है, बैकवर्ड है। सारी दुनिया समझ गई कि अब स्वर्ग ईमानदारी से नहीं मिलता; इसको अभी इसकी खबर नहीं मिली है। यह सोचता है...।

इसके सोचने का ढंग, इसकी भाषा, इसके मापदंड वही हैं, जो अनैतिक आदमी के हैं। अनैतिक आदमी ने बड़ा मकान बना लिया, यह भी बड़ा मकान बनाना चाहता है नीति के द्वारा। इसलिए पीड़ित हो रहा है कि मैं झोपड़े में पड़ा हूं और बेईमान बड़े मकान बना रहा है। और मैं गांव में पड़ा हूं और बेईमान राजधानी में निवास कर रहा है। इसको जो पीड़ा हो रही है, वह पीड़ा इसके क्षुद्र आचरण का सबूत है। वह यह कह रही है कि चाहते तो हम भी यही थे; लेकिन इतना हममें साहस नहीं कि हम बेईमानी कर सकें, इतना हममें साहस नहीं कि हम झूठ बोल सकें, तो हम पुरानी नीति से चिपके हुए हैं। लेकिन अनैतिक को जो मिल रहा है, वह हमें भी मिलना चाहिए। तो ऐसा नैतिक आदमी निरंतर भगवान को दोष देता रहता है। वह कहता है, कैसी है तेरी दुनिया, कोई न्याय दिखाई नहीं पड़ता! इससे भगवान का कोई संबंध नहीं है; न्याय का कोई संबंध नहीं है। क्षुद्र आचरण है।

परम आचरण का अर्थ है कि लाओत्से भूखा भी मर रहा हो और बेईमान सारी दुनिया को भी जीत ले तो भी लाओत्से के मन में यह सवाल न उठेगा, यह तुलना न उठेगी कि तेरे पास सारी दुनिया और मेरे पास कुछ भी नहीं। नहीं, लाओत्से तो फिर भी कहेगा कि तू दया का पात्र है; मेरे पास सब कुछ है और तेरे पास कुछ भी नहीं।

लाओत्से के मन में, वे जो अनैतिक रूप से सफल हो रहे हैं, दया के पात्र होंगे, तुलना के पात्र नहीं। ईर्ष्या लाओत्से के मन में पैदा नहीं होगी।

सिकंदर भारत आता है, डायोजनीज से मिलता है। वह नंगा पड़ा है। सिकंदर डायोजनीज को कहता है कि मैं तुम्हारे लिए कुछ करना चाहता हूं। डायोजनीज खिलखिला कर हंसता है और वह कहता है, तुम अपने लिए ही कुछ कर लो तो काफी है। और तुम मेरे लिए क्या करोगे; क्योंकि मेरी कोई जरूरत न रही। मेरी कोई जरूरत न रही; तुम मेरे लिए क्या करोगे!

उस दिन सिकंदर को लगा पहली दफा कि वह अपने से बड़े सम्राट से मिल रहा है। सिकंदर सम्राटों से मिलने का आदी था। यह नंगा फकीर था डायोजनीज, रेत पर नंगा पड़ा था। पहली दफा सिकंदर को लगा कि वह एकदम फीका हो गया किसी आदमी के सामने, जिससे उसने कहा था कि मैं तुम्हारे लिए क्या करूं, बोलो! और वह सब कुछ कर सकता था—हमारी भाषा में। डायोजनीज कहता कि एक महल, तो एक महल बन जाता। डायोजनीज जो भी कहता, वह हो जाता। सब कुछ सिकंदर कर सकता था। ऐसी कोई इच्छा डायोजनीज जाहिर नहीं कर सकता था, जो सिकंदर न कर पाता। लेकिन डायोजनीज का यह कहना उसे बड़ी मुश्किल में डाल गया कि तुम मेरे लिए क्या कर सकोगे, अपने लिए ही कर लो तो बहुत है। और फिर मेरी कोई जरूरत भी नहीं है; इसलिए कोई करने का सवाल नहीं है।

सिकंदर थोड़ी देर चुपचाप खड़ा रहा। और सिकंदर ने कहा, अगर मुझे दुबारा जन्म लेने का अवसर मिले तो परमात्मा से कहूंगा, पहली च्वाइस, पहला चुनाव मेरा है कि मुझे डायोजनीज बना। डायोजनीज ने कहा कि और अगर मुझे मौका मिले तो मैं कहूंगा, मुझे कुछ भी बना देना, सिकंदर मत बनाना।

यह आदमी परम आचरण का आदमी है। सिकंदर से तुलना का तो सवाल ही नहीं उठता; दया का सवाल है। लाओत्से के इस भेद को ठीक से समझ लें तो यह सूत्र समझना आसान होगा।

क्षुद्र आचरण का अर्थ है, किसी प्रयोजन से किया गया आचरण। परम आचरण का अर्थ है, निष्प्रयोजन आचरण। यह निष्प्रयोजन आचरण ताओ से उत्पन्न होता है, स्वभाव के अनुभव से उपलब्ध होता है।

यह दूसरी बात खयाल में लेनी पड़ेगी। जो क्षुद्र आचरण है, वह सामाजिक मान्यताओं से उत्पन्न होता है। सिखावन से, शिक्षा से, संस्कार से उपलब्ध होता है। आप जो भी आचरण कर रहे हैं, वह आपको संस्कार से उपलब्ध हुआ है। जो अनाचरण भी आप कर रहे हैं, वह भी संस्कार से उपलब्ध हुआ है। सीखा है आपने। और हमारी अड़चन यही है कि हमें दोहरे तरह के मापदंड सीखने पड़ते हैं। डबल बाइंड हमारी पूरी शिक्षा है।

बाप बेटे से कह रहा है—सच बोलना! और बेटा हजार बार जानता है कि बाप झूठ बोलता है। यही बाप, थोड़ी देर बाद घर के द्वार पर कोई दस्तक देता है, तो बेटे से कहता है—जाकर कह दो कि पिता घर पर नहीं हैं। इस बेटे की समझ के बाहर है कि यह क्या हो रहा है। लेकिन धीरे-धीरे उसकी समझ में आ जाएगा कि जिंदगी में दोहरे चेहरे जरूरी हैं। एक चेहरा, जो सिर्फ चर्चा के लिए है, विचार के लिए है, आदर्शों के लिए है, डींग हांकने के लिए है; आदर्शों का है, सुंदर है, कल्पना का है, सपने का है; उसे पूरा नहीं करना होता। और एक चेहरा है, जिसे पूरा करना होता है। वही वास्तविक है। यह जो आदर्श का चेहरा है, यह वास्तविक को छिपाने का मुखौटा है। क्योंकि वास्तविक कुरूप है, उसको सुंदर से ढांक लेना और अपने मन में माने चले जाना कि मैं सुंदर हूं। लेकिन सुंदर के साथ जीना मुश्किल है। जीने के लिए कुरूप चेहरा चाहिए।

इसलिए हर आदमी बहुत तरह के चेहरों का इंतजाम करके रखता है। और चौबीस घंटे हम अपने चेहरे बदलते रहते हैं। जब जैसी जरूरत होती है, वैसा चेहरा लगा लेते हैं। यही कुशल और सफल आदमी का लक्षण है।

यह जो दोहरी स्थिति है, आचरण-अनाचरण दोनों को एक साथ सीख लेने की, इससे प्रत्येक व्यक्ति विभाजित हो जाता है, स्प्लिट हो जाता है, टुकड़ों में बंट जाता है। उसे दोहरे तलों पर जीना पड़ता है एक साथ। दो नावों में सवार होना पड़ता है एक साथ। दो दरवाजों से निकलना पड़ता है एक साथ। पूरी जिंदगी जो तनाव से भर जाती है, उसका कुल कारण यही है कि हम एक साथ दो नावों पर सवार हैं; तनाव तो होगा ही। और नावें भी ऐसी कि एक पूरब जाती है, एक पश्चिम जाती है।

तब तो बर्नार्ड शॉ ठीक कहता है कि मैं अपने बच्चों को तभी कहूंगा कि ईमानदारी उपयोगी है, जब सारी दुनिया ईमानदार हो जाए; उसके पहले नहीं। मेरे खयाल से वह ईमानदार है। बच्चे को यही सिखाना उचित है कि डिसआनेस्टी इज़ दि बेस्ट पालिसी। एक ईमानदार बाप यही सिखाएगा। लेकिन बेईमान बाप सिखाएगा कि आनेस्टी इज़ दि बेस्ट पालिसी। और अपने आचरण से यह भी सिखाएगा कि तू भी अपने बच्चों को यह वचन सिखा देना, लेकिन व्यवहार कभी मत सिखाना।

मुल्ला नसरुद्दीन मर रहा है तो उसने अपने बेटे को कहा कि तुझे आखिरी शिक्षा दे देता हूं। व्यवसाय अब तू सम्हालेगा मेरा, दो सूत्र याद रखना। एक, कि वचन का सदा पालन करना। उसके बेटे ने पूछा, और दूसरा? नसरुद्दीन ने कहा, वचन किसी को कभी देना नहीं। इन दो सूत्रों का अगर तूने खयाल रखा तो सफलता तेरी है।

ये दो सूत्र हमारे समस्त आचरण सूत्रों के साथ जुड़े हुए हैं। करना कुछ, कहना कुछ; होना कुछ, दिखलाना कुछ। जो वास्तविक हो, उसे प्रकट मत होने देना, उसे छिपाए रखना अंधेरे में; और जो वास्तविक न हो, उसे प्रकट करना। इसलिए जब दो आदमी मिलते हैं तो दो आदमी नहीं मिलते, कम से कम छह आदमी मिलते हैं। क्योंकि हर आदमी कम से कम, मिनिमम, तीन चेहरे तो रखता ही है। एक जैसा वह है, जिसका उसे भी अब पता नहीं; क्योंकि इतना लंबा समय हो गया उसका उपयोग किए कि उससे पहचान टूट गई है। एक वह, जैसा वह समझता है कि मैं हूं; जैसा कि वह नहीं है। और तीसरा वह चेहरा, जैसा वह दिखाना चाहता है हमेशा कि मैं हूं। जब दो आदमी मिलते हैं एक कमरे में तो छह आदमी मिलते हैं। अक्सर चर्चा चेहरों के बीच चलती है, आदमी तो चुप ही खड़े रहते हैं। असली आदमियों का मिलना ही नहीं हो पाता।

यह जो नैतिक व्यवस्था हम सीखते हैं खंडित व्यक्तित्व की, यह समाज से मिलती है, दूसरों से मिलती है। उधार है। लाओत्से कहता है, जो परम आचरण के सूत्र हैं, वे केवल ताओ से निष्पन्न होते हैं। ताओ का अर्थ है लाओत्से का स्वभाव से, समाज से नहीं; बाहर से नहीं, भीतर से; दूसरों से नहीं, स्वयं से।

बुद्ध भी सच बोलते हैं। महावीर भी सच बोलते हैं। हम भी सच बोलते हैं। लेकिन हमारे सच और बुद्ध के सच में भेद है। हमारा सच सीखा हुआ सच है। बुद्ध का सच सीखा हुआ सच नहीं है। हम जब सच बोलते हैं तो हमारे भीतर झूठ मौजूद होता है। इसको ठीक से समझ लें। जब हम सच बोलते हैं, हमारे भीतर झूठ मौजूद होता है। हम तौल लेते हैं—कि क्या बोलें? कौन सा फायदे का होगा? कौन सा हितकर होगा? अभी क्या उचित है? हम सदा चुन कर बोलते हैं। विकल्प हमारे सामने होता है। बुद्ध जब सच बोलते हैं, तो विकल्प सामने नहीं होता। चुन कर भी नहीं बोलते। झूठ मौजूद नहीं होता। जो भीतर होता है, वह बाहर निकल आता है। इसलिए हमारा सत्य भी झूठ से मिश्रित होता है। होगा ही। और हम सत्य भी इस ढंग से बोलते हैं कि उससे हम झूठ का ही काम ले लें। और हम सच इस ढंग से भी बोलते हैं कि हम उससे भी हिंसा का काम ले लें। हम सच इस ढंग से बोलते हैं कि हम उससे भी किसी की छाती में छुरा भोंक दें। कई बार तो ऐसा लगता है कि हमारे सच बोलने से बेहतर होता कि हम झूठ ही बोलते। क्योंकि हमारे झूठ में कभी-कभी मलहम भी होती है; हमारे सच में छुरा ही होता है। नजर हमारी सच बोलने की कम होती है, चोट करने की ज्यादा होती है। चूंकि सच खूब चोट करता है, इसलिए हम सच बोलते हैं।

बर्नार्ड शॉ ने लिखा है एक पत्र में कि अगर लोगों को चोट पहुंचानी हो तो सच बोलने से ज्यादा कारगर दूसरा कोई उपाय नहीं है। किसी की अगर बिलकुल जड़ें ही काट देनी हों तो सच बोलने से ज्यादा और सुविधापूर्ण कोई शस्त्र नहीं है।

हम सच का भी उपयोग झूठ की तरह करते हैं। झूठ का मतलब? हम उससे भी हिंसा ही करते हैं, उससे भी हम दूसरे को नुकसान और अपने को लाभ पहुंचाते हैं। वह हमारे लिए व्यवसाय का हिस्सा है। बुद्ध सच बोलते हैं तो कोई चुनाव नहीं है। जो भीतर है, वह बाहर आ जाता है। कोई विकल्प नहीं है।

परम आचरण के सूत्रों का अर्थ है: ऐसा हो जाए भीतर का हृदय कि उससे जो निकले, वह सच हो; उससे जो निकले, वह ईमानदारी हो; उससे जो निकले, वह प्रेम हो; उससे जो निकले, वह करुणा हो। करुणा निकालनी न पड़े, प्रेम निकालना न पड़े, सत्य को खींचना न पड़े। खींचा हुआ सत्य सत्य नहीं रह जाता। और चेष्टा से किया गया प्रेम नाम को ही प्रेम होता है, प्रेम नहीं रह जाता।

इसको थोड़ा प्रयोग करके देखें तो खयाल में आएगा। सत्य के संबंध में तो मुश्किल है; क्योंकि हमारी आदत सघन हो गई है। प्रेम में प्रयोग करके देखें; कोशिश करके कभी किसी को प्रेम करके देखें। चेष्टा करें प्रेम करने की। और तब आप पाएंगे कि आपकी चेष्टा आपके सारे प्रेम को झुठला रही है। जितनी आप चेष्टा करेंगे, जितना होगा एफर्ट, उतना ही झूठा हो जाएगा प्रेम। यह भी हो सकता है कि दूसरे को आप धोखा दे दें; लेकिन अपने को धोखा न दे पाएंगे। यह भी हो सकता है कि दूसरा मान ले कि प्रेम किया गया; लेकिन आप जानेंगे कि अभिनय से ज्यादा नहीं हुआ। हां, निरंतर चेष्टा से अभिनय में कुशलता आ जाएगी। फिर शायद आप भी भूल जाएं कि जो आप कर रहे हैं, वह अभिनय है, प्रेम नहीं। प्रेम को प्रयास से लाने का कोई उपाय जगत में नहीं है।

कुछ चीजें हैं, जो प्रयास से नहीं आतीं, सहज आती हैं। जैसे रात नींद न आती हो तो कोशिश करके ले आएं। तब आपको पता चलेगा कि जितनी आप कोशिश करेंगे, नींद उतनी मुश्किल हो जाएगी। असल में अनिद्रा की बीमारी कम लोगों को होती है; प्रयास की बीमारी ज्यादा लोगों को होती है। वस्तुतः अनिद्रा से कम लोग परेशान हैं; निद्रा को प्रयास से लाने से बहुत लोग परेशान हैं। नींद का मतलब ही है कि कोई प्रयास न होगा, तब नींद आएगी। अगर आपने प्रयास किया तो आ गई होगी नींद तो भी टूट जाएगी। प्रयास तो नींद को तोड़ेगा।

लोग तरकीबें बताते हैं कि हजार तक गिनती गिन डालो रात में तो नींद आ जाएगी। हजार तक गिनती जो गिनेगा, नींद आनी तो मुश्किल है, थोड़ी-बहुत आ रही होगी, वह भी टूट जाएगी। क्योंकि हजार तक गिनती गिनने के लिए जो तनाव रखना पड़ेगा, वह नींद को तोड़ देगा। नींद प्रयास से नहीं आ सकती। जब आप सब प्रयास छोड़ देते हैं, तब नींद आती है। हां, कभी-कभी ऐसा हो सकता है कि हजार की गिनती करते-करते आप इतने ऊब जाएं, इतने परेशान हो जाएं कि फिर प्रयास छोड़ कर पड़ रहें कि आए न आए—और आ जाए। वह अलग बात है। लेकिन वह हजार की गिनती से नहीं आ रही है। थकान से आ सकती है। थक गए हों, प्रयास छूट गया हो, तो नींद आ जाए। नींद स्वाभाविक है; आप जब थक गए हैं, अपने आप आ जाती है।

ठीक नींद जैसे बहुत से तत्व हैं जीवन में। और लाओत्से मानता है कि जीवन का जो परम आचरण है, वह नींद जैसा है; प्रयास जैसा नहीं है। स्वभाव से निष्पन्न होता है। तो आदमी क्या करे?

हमारी चेष्टा यह होती है कि झूठ न बोलें, कोशिश से झूठ को रोक दें, कोशिश से सच बोलें। बेईमानी का मन हो रहा हो तो भी दबा दें और ईमानदारी का व्यवहार करें, यह हमारी शिक्षा है। इससे क्षुद्र आचरण पैदा होता है। और क्षुद्र मनुष्य पैदा होते हैं। उनका आचरण हो या अनाचरण, क्षुद्रता बराबर होती है। हमारे साधु और हमारे अपराधियों में क्षुद्रता में कोई भेद नहीं होता।

कठोर लगेगी यह बात, लेकिन हमारे साधु और हमारे अपराधी में क्षुद्रता समान होती है। साधु ईमानदारी से वही पाने की कोशिश कर रहा है, जो अपराधी ने बेईमानी से पाने की कोशिश की थी। लेकिन क्षुद्रता बराबर होगी। लेकिन साधु की क्षुद्रता को हम न पहचान पाएंगे। अपराधी की क्षुद्रता हमें दिखाई पड़ जाती है। लेकिन क्षुद्रता बड़ी गहरी बात है। आप क्या करते हैं, इससे संबंध नहीं है उसका। आप क्या हैं, इससे संबंध है उसका। आप क्या करते हैं, इससे कोई संबंध नहीं है क्षुद्रता का। क्षुद्रता का संबंध, आप क्या हैं, इससे है। आप अपराधी भी हो सकते हैं, साधु भी हो सकते हैं; यह आपके करने का जगत है। लेकिन इनके भीतर क्या छिपा है? आपका बीइंग क्या है? आपकी आत्मा क्या है?

सामान्य नीति का सूत्र साफ है कि जो गलत है, उसे छोड़ो प्रयास से ही; और जो सही है, उसे पकड़ो प्रयास से ही। लाओत्से क्या कहेगा? लाओत्से कहता है, कर्म के जगत में कोई परिवर्तन कारगर नहीं है। सवाल यह नहीं है कि तुम क्या करते हो, सवाल यह है कि तुम क्या हो। इस बात की फिक्र छोड़ो कि बुरा तुमसे न हो और भला तुमसे हो; तुम इस बात की फिक्र करो, तुम इस चिंतना में पड़ो, तुम इस साधना में उतरो कि तुम क्या हो। इसे पहले, इसे पहले आ जाने दो।

जीसस से कोई पूछता है कि मैं क्या करूं? कैसे मैं जीवन के परम आनंद को उपलब्ध करूं? कैसे आएगा सत्य? कैसे आएगा धर्म? क्या है उपाय? और जीसस का वचन बहुत प्रसिद्ध है। जीसस ने कहा, तुम इन सब की फिक्र न करो, सीक यी फर्स्ट दि किंगडम ऑफ गॉड एंड आल एल्स शैल फालो। पहले तुम प्रभु का राज्य खोज लो और फिर सब अपने से चला आएगा, फिर सब पीछे-पीछे चला आएगा, छाया की भांति चला आएगा।

जीसस के लिए प्रभु के राज्य का वही अर्थ है, जो लाओत्से के लिए ताओ का है।

बुद्ध के पास मौलुंकपुत्त गया, एक युवक। और उसने पूछा कि मैं भी भला होना चाहता हूं, मैं भी अच्छा करना चाहता हूं, क्या करूं? तो बुद्ध ने कहा, करने की तुम चिंता मत करो, पहले तुम यही खोज लो कि मौलुंकपुत्त, तुम्हारे भीतर कौन छिपा है? जिस दिन तुम उसे जान लोगे, तुम से बुरा होना बंद हो जाएगा। तुमसे बुरा होता है, यह सिर्फ लक्षण है, सिंपटम है, बीमारी नहीं है।

इसको हम ठीक से समझ लें। आप से बेईमानी होती है, चोरी होती है, हिंसा होती है, कठोरता होती है। यह बीमारी नहीं है, यह सिर्फ लक्षण है। यह इस बात की खबर है कि अभी तक आपका अपने से संबंध नहीं हो पाया।

एक आदमी को बुखार चढ़ गया। बुखार कोई बीमारी नहीं है। शरीर उत्तप्त हो गया। उत्तप्त हो जाना कोई बीमारी नहीं है; केवल लक्षण है। शरीर में कुछ हो रहा है, कोई गहन बीमारी, शरीर के भीतर कोई संघर्ष, कोई उत्पात खड़ा हो गया है। उस उत्पात के कारण सारा शरीर उत्तप्त हो गया है।

यह जो उत्तप्त हो जाना है, यह केवल बीमारी की खबर है। इसलिए आप भूल कर ऐसा मत करना कि किसी का शरीर गर्म है तो ठंडा पानी डाल कर उसका शरीर ठंडा कर दें, तो ठीक हो जाए। बीमारी तो शायद ही मिटे, बीमार मिट भी सकता है। क्योंकि आप लक्षण को, सिंपटम को बीमारी समझ रहे हैं। और यह अच्छी बात है कि शरीर पर बुखार आता है। यह स्वस्थ शरीर का लक्षण है।

जब मैं कहता हूं कि यह स्वस्थ शरीर का लक्षण है तो मेरा मतलब समझ लें। भीतर कुछ उपद्रव हो रहा है, स्वस्थ शरीर तत्काल उसकी खबर देगा। बीमार शरीर देर से खबर देगा। क्योंकि खबर देने के लिए स्वस्थ होना जरूरी है। शरीर में जरा सी गड़बड़ होगी तो जितना स्वस्थ शरीर होगा, उतने तत्काल लक्षण प्रकट हो जाएंगे। जितना अस्वस्थ शरीर होगा, उतना संचार में बाधा पड़ेगी। जितना स्वस्थ शरीर होगा, उतना पारदर्शी होगा। कुछ भी, जरा सी गड़बड़ भीतर होगी, शरीर का रोआं-रोआं उसकी खबर देने लगेगा। यह खबर देना बहुत आवश्यक है। यह

बीमारी के खिलाफ है खबर। जब आपका शरीर गर्म होता है, फीवरिश हो जाता है, तो बुखार बीमारी नहीं है, बुखार केवल आपके शरीर के द्वारा दी गई सूचना है कि भीतर बीमारी है। जो बुखार को मिटाने में लग जाए, वह पागल है। बीमारी को मिटा देना चाहिए, बुखार अपने से तिरोहित हो जाएगा।

लेकिन मनुष्य के गहन अंतस-जगत में हम यही कर रहे हैं। एक आदमी बेईमान है तो हम उसकी बेईमानी मिटाने में लग जाते हैं। एक आदमी चोर है तो हम उसकी चोरी मिटाने में लग जाते हैं। एक आदमी झूठ बोलता है तो हम उसका झूठ बोलना मिटाने में लग जाते हैं। बिना इसकी फिक्र किए कि एक आदमी झूठ बोलता है, चोरी करता है, बेईमान है, क्यों?

लाओत्से कहता है, बुद्ध कहते हैं, वही व्यक्ति अनैतिक होता है, जिसका अपने से कोई संबंध नहीं। इसे हम उनकी भाषा में कहें तो अनैतिक वही व्यक्ति होता है, जो धार्मिक नहीं है। धार्मिक का मतलब हुआ, जिसका अपने से संबंध है। इसलिए अनैतिकता केवल हमारे अधार्मिक होने की सूचना है, लक्षण है। उन लक्षणों को बदलने से कुछ भी न होगा। क्योंकि जब कोई लक्षण बदलने में लगता है तो बड़ी जटिलताएं पैदा होती हैं। अगर एक बीमारी का लक्षण प्रकट हुआ, आपने उसको दबा दिया, तो दूसरी बीमारी की शक्ल में प्रकट होना शुरू होगा। वहां से दबाएंगे, तीसरी तरफ से शुरू होगा। और ध्यान रखें, हर बार दबाई हुई बीमारी गहन हो जाएगी और शरीर के और ज्यादा तंतुओं में फैल जाएगी। धीरे-धीरे यह हो सकता है कि एक बीमारी हजार बीमारियां बन जाए।

बीमारी जब खबर देती है, तो कारण की तलाश होनी चाहिए। एक आदमी बेईमान है। साफ बात है कि इस आदमी को ईमानदार होने का कोई अनुभव नहीं है, कोई आनंद नहीं है। इसीलिए ईमानदारी को बेच पाता है, दो पैसे में बेच देता है।

कहते हैं, जीसस को जुदास ने तीस रुपयों में बेच दिया। जुदास जीसस का शिष्य है और तीस रुपयों में उसने यहूदियों के हाथ बेच दिया, जहां उनको सूली लग गई।

एक बात पक्की है कि जुदास जीसस का मूल्य नहीं समझ पाया; या तीस रुपए की ही कीमत समझ पाया होगा। जीसस क्या हैं, जुदास को इसकी कोई खबर नहीं हो पाई। तभी उसने तीस रुपए में बेच दिया।

लेकिन जीसस के मर जाने के बाद उसको पहली दफा खबर मिली। वह भी उस भीड़ में छिपा हुआ खड़ा था, जहां जीसस को सूली हुई। सूली पर चढ़े हुए जीसस को जब जुदास ने देखा, तब उसे पहली दफा दिखाई पड़ा यह आदमी कौन है। और जब जीसस ने कहा कि हे परमात्मा, इन सब लोगों को क्षमा कर देना, क्योंकि ये नहीं जानते कि क्या कर रहे हैं, तब जुदास के भीतर कोई क्रांति घटित हो गई। उसके पैर के नीचे की जमीन खिसक गई होगी। जिस आदमी को उसने तीस रुपए में बेच दिया, सूली पर लटका हुआ, मृत्यु के कगार पर खड़ा, हाथ में खीले ठुंके, मरता हुआ वह आदमी, जो उसे मार रहे हैं, पत्थर फेंक रहे हैं, गालियां बक रहे हैं, उन लोगों के लिए परमात्मा से प्रार्थना करता है: हे प्रभु, इन्हें क्षमा कर देना; क्योंकि ये नहीं जानते कि ये क्या कर रहे हैं; इसलिए ये कसूरवार नहीं हैं। कसूर तो उसका होता है, जो जानता हो और करता हो। इन्हें तो कुछ पता ही नहीं है कि ये क्या कर रहे हैं; इनको क्षमा कर देना।

जुदास की पूरी कहानी लोगों को पता नहीं है; क्योंकि जीसस की मृत्यु इतनी बड़ी घटना हो गई कि फिर और सब बातें फीकी पड़ गईं। जीसस के मरने के दूसरे दिन जुदास ने आत्महत्या कर ली। यह दूसरी बात खयाल में नहीं है। इसकी ज्यादा चर्चा भी नहीं होती। इतनी बड़ी घटना थी जीसस की सूली कि फिर सब फीका पड़ गया। लेकिन जुदास ने आत्महत्या कर ली पश्चात्ताप में। यह आदमी, जिसने तीस रुपए में बेचा था, इतनी पीड़ा से भर गया! इसे पता चला पहली दफे कि इसने हीरा बेच दिया है तीस रुपए में—जिसका कोई मूल्य नहीं था, जो अमूल्य था। सारे

जगत की संपत्ति भी एक तरफ रखते तराजू पर, तो भी वह तराजू का पलड़ा इसको ऊंचा नहीं उठा पाता, फिर भी यह वजनी होता। यह मैंने क्या कर दिया? और इस आदमी ने मरते वक्त भी यही कहा कि माफ कर देना इन सब को!

हम भी जब बेईमानी करते हैं—और दो पैसे के लिए बेईमानी करते हैं—तो हमें पता नहीं कि हम दो पैसे में भीतर की आत्मा को बेच रहे हैं। यह कोई जीसस को बेचने से कम मामला नहीं है। तब आप जुदास हैं और जीसस को बेच रहे हैं। तब आपको पता चलेगा कि जुदास ने भी भूल नहीं की, तीस रुपए काफी होते हैं—चांदी के थे; और असली चांदी थी। तीस रुपए आपको भी मिलें असली चांदी के, आप भी बेचने को तैयार हैं।

यह कोई जीसस का बिकना एक दिन घट गई घटना नहीं है; हर आदमी की जिंदगी में यह रोज घटती है। यह कोई ऐतिहासिक घटना नहीं है कि घट गई और समाप्त हो गई। हम रोज ही जीसस को बेचते हैं। वह जो हमारे भीतर निर्दोष आत्मा है, उसे हम कौड़ियों में रोज बेच देते हैं। लेकिन बेचते हैं तो उसका मतलब इतना ही है कि हमें पता ही नहीं है कि भीतर क्या है। उसका पता हो तो यह बेचना असंभव हो जाए।

इसलिए लाओत्से कहेगा कि जीवन के जो परम आचरण के सूत्र हैं, वे ताओ से ही उदभूत होते हैं। जब तक कोई स्वयं को न जान ले, निजता को न जान ले, स्वभाव को न जान ले, तब तक उसकी नैतिकता का कोई भी—कोई भी—मूल्य नहीं है।

'परम आचार के जो सूत्र हैं, वे केवल ताओ से ही उदभूत होते हैं। और जिस तत्व को हम कहते हैं ताओ, वह है पकड़ के बाहर और दुर्ग्राह्य।'

और जिसे हम कहते हैं स्वभाव, अड़चन है बहुत उसे पाने में, कठिनाई है बहुत। पहली तो कठिनाई यह है कि हम उसे पकड़ नहीं पाते। कुछ चीजें हैं—जैसा मैंने कहा, कुछ चीजें हैं, जो प्रयास से नहीं आतीं—कुछ चीजें हैं, जो पकड़ से छूट जाती हैं। कुछ चीजें हैं, जो पकड़ से हाथ में आती हैं; कुछ हैं, जो पकड़ से छूट जाती हैं।

यह मेरी मुट्ठी खुली है। तो इस मेरी खुली मुट्ठी में हवा भरी है। और इस मुट्ठी को मैं बंद करता हूं, हवा बाहर हो जाती है। मुट्ठी खुली होती है तो भरी होती है और बंद होती है तो खाली हो जाती है। बड़ी उलटी बात है। कोशिश तो मैं करता हूं कि मुट्ठी को बांध लूं तो हवा मेरे हाथ में बंद हो जाए; लेकिन जितने जोर से मैं बांधता हूं, उतनी ही हवा मेरे हाथ के बाहर हो जाती है। हवा दुर्ग्राह्य है, पकड़ के बाहर है। लेकिन इसका यह मतलब नहीं कि हवा है नहीं। हवा यहां और अभी है। जिसको हवा को पकड़ने का पागलपन आ गया, उसके लिए कठिन हो जाएगा। और जिसने यह राज समझ लिया कि मुट्ठी खुली हो तो हवा हाथ में होती है, जिसको यह समझ में आ गया कि पकड़ छोड़ दो तो पकड़ में आ जाती है, फिर उसके लिए दुर्ग्राह्य नहीं है।

लाओत्से कहता है, ताओ है दुर्ग्राह्य, पकड़ के बाहर। इसका यह मतलब नहीं समझना कि पकड़ नहीं सकेंगे हम उसे। उसके पकड़ने का सूत्र है यह। अगर उसे पकड़ना चाहते हैं तो पकड़ना मत, पकड़ने की कोशिश मत करना। और वह तुम्हारी पकड़ में होगा। और तुमने पकड़ने की कोशिश की, तुम उसके पीछे भागे, वह तुम्हारे हाथ के बाहर हो जाएगा। इसका मतलब यह हुआ कि नॉन-क्लिंगिंग, पकड़ना नहीं, यही उसका सूत्र है।

हम सभी चीजों को पकड़ते हैं। संसार में बिना पकड़े कोई उपाय भी नहीं है। संसार में जो भी पाना हो, पकड़ना पड़ेगा। धन पाना हो, धन पकड़ना पड़ेगा। यश पाना हो, यश पकड़ना पड़ेगा। और जोर से पकड़ना पड़ेगा। अगर आप एक कुर्सी पर बैठे हैं तो इतने जोर से पकड़ना पड़ेगा जिसका हिसाब नहीं। क्योंकि कई लोग आपकी टांग नीचे से खींच रहे होंगे; क्योंकि उन्हें भी कुर्सी पर होना है।

इसलिए कुर्सी पर जो होता है, उसका ज्यादा से ज्यादा समय कुर्सी पकड़ने में व्यतीत होता है। वह पकड़े रहे। और यह इकहरा काम नहीं है, यह दोहरा काम है—कि अगर अपनी कुर्सी पकड़े रखना है तो ऊपर वाली कुर्सी के पैर

को आपको खींचते रहना चाहिए। नीचे जो आपका पैर खींच रहे हैं उनसे बचाव करना चाहिए और ऊपर जो आपसे बचने की कोशिश कर रहे हैं उनका पैर जोर से पकड़े रहना चाहिए; तब आप अपनी कुर्सी पर रह सकते हैं। यह बड़ा डायनामिक प्रोसेस है। यह कोई थिर घटना नहीं है; यह एक प्रक्रिया है, जो चौबीस घंटे जारी रहती है, सोते-जागते।

अगर आप मिनिस्टर हैं तो डिप्टी मिनिस्टर आपके पैर से झूमे रहेंगे; और आप चीफ मिनिस्टर का पैर पकड़े रहेंगे। इस खींचमखांच में आप अपनी कुर्सी भी बचा सकते हैं, और अगर बहुत शोरगुल और बहुत उपद्रव मचाएं तो आगे की कुर्सी पर भी जा सकते हैं। और अगर जरा सुस्ती हो जाए और हाथ छूट जाए तो चारों खाने चित्त नीचे भी पड़ सकते हैं।

अगर जगत में हम देखें तो हम सब पकड़े हुए हैं। और ऐसा नहीं कि यह पकड़ सूक्ष्म है।

हम यहां इतने लोग बैठे हुए हैं। किसी को यह खयाल नहीं हो सकता कि सब के हाथ एक-दूसरे की जेब में हैं। लेकिन हैं। अगर हम सारी दुनिया की भीतरी व्यवस्था पर नजर डालें, भीतरी इकोनामिक्स पर नजर डालें, तो हर आदमी का हाथ दूसरे की जेब में मिलेगा। मिलेगा ही। और जो बहुत कुशल हैं, वे एक हाथ की जगह हजार हाथ कर लेते हैं, हजार हाथ हजार जेबों में डाल देते हैं। जिसके जितने ज्यादा हाथ हैं, जितनी जेबों में डाल सकता है, जितनी जेबों को पकड़ सकता है, उतना धन उसके पास होगा।

चेस्टरटन एक दिन बगीचे में घूमता था, एक नाटककार। मित्र एक साथ था। चेस्टरटन की सदा आदत थी—अपने खीसों में हाथ डाल कर घूमना। मित्र ने पूछा कि क्या कभी ऐसा भी हो सकता है कि एक आदमी जिंदगी भर अपने खीसों में हाथ डाले बिता दे। चेस्टरटन ने कहा, हो सकता है। हाथ अपने होने चाहिए, जेब दूसरों की। अपनी ही जेब में हाथ डाले जिंदगी बितानी बहुत मुश्किल है।

हम सब के हाथ दूसरों की जेब में फैले होते हैं। आर्थिक संरचना यही है। इसमें जो ढीला करेगा, छोड़ेगा; उसके हाथ से सब छूट जाएगा। स्वभावतः, जिंदगी में सब चीजें पकड़ने से मिलती हैं। तो हम सबको खयाल होता है कि परमात्मा भी पकड़ने से मिलेगा, आत्मा भी पकड़ने से मिलेगी, ताओ भी पकड़ने से मिलेगा। वहीं तर्क की भूल हो जाती है। बाहर जो भी पाना हो, पकड़ने से मिलेगा। क्योंकि बाहर जो भी है, उसमें कुछ भी आपका नहीं है। जो दूसरे का है, उसकी छीना-झपटी करनी ही पड़ेगी। पकड़ कर रखना पड़ेगा। और तब भी ध्यान रखना, कितना ही पकड़ो, आज नहीं कल छूट जाएगा। मिलेगा पकड़ने से, क्योंकि आपका नहीं है; फिर भी छूट जाएगा। कम से कम मौत तो आपकी मुट्ठी को खोल ही देगी। बाहर पकड़ने से ही मिलेगा।

भीतर सूत्र उलटा हो जाता है। वहां तो जो है, वह हमारा है ही। उसे हम न भी पकड़ें तो भी हमारा है। उसे हम न भी पकड़ें तो भी छूटेगा नहीं। स्वभाव का अर्थ होता है, जिसका हमसे अलग होने का कोई उपाय नहीं है। स्वभाव का अर्थ होता है मौत भी जिसे हमसे अलग न कर सकेगी। जिसका हमसे अलग होने का उपाय नहीं है, जो हम हैं। तो उसे पकड़ने के पागलपन में नहीं पड़ना। उसे पकड़ने की जरूरत ही नहीं है। अगर यह पकड़ने की आदत को लेकर कोई भीतर चला जाए और आत्मा को पकड़ने लग जाए, तो कठिनाई में पड़ता है।

अंग्रेज विचारक ह्यूम ने कहा है कि सुन-सुन कर, पढ़-पढ़ कर बहुत लोगों की बातें कि आत्मा को जानो, नो दायसेल्फ, एक दिन मुझे भी हुआ कि मैं भी देखूं यह आत्मा क्या है। गया भीतर, बड़ी पकड़ने की कोशिश की, बड़ा दौड़ा, सब उपाय किए, सब तरह के व्यायाम लगाए भीतर, लेकिन आत्मा बिलकुल पकड़ में नहीं आई। पकड़ में दूसरी चीजें आईं; कहीं कोई विचार पकड़ में आया; कहीं कोई भाव पकड़ में आया; कहीं कोई वासना पकड़ में आई; कहीं कोई इच्छा पकड़ में आई। आत्मा बिलकुल पकड़ में नहीं आई। स्वभावतः, ह्यूम विचारक था, तर्कवादी था, उसने अपनी डायरी में लिखा: जो चीज पकड़ में नहीं आती, वह नहीं है। होने का सबूत है पकड़ में आना।

लाओत्से को अगर ह्यूम मिलता तो लाओत्से कहता, तुम उसे पकड़ने गए थे, और तुम ही हो वही! तुम पकड़ते कैसे? तुम जो भी पकड़ोगे, वह कुछ और होगा, आत्मा नहीं होगी। पकड़ने वाला ही आत्मा है; पकड़ी जाने वाली चीज नहीं।

मैं अपने इस हाथ से सब कुछ पकड़ सकता हूं, सिर्फ इस हाथ को छोड़ कर। इस हाथ को मैं इसी हाथ से नहीं पकड़ सकता हूं, और सब कुछ पकड़ सकता हूं। मेरी आंख से मैं सब देख सकता हूं, सिर्फ इसी आंख को नहीं देख सकता हूं। आत्मा सब कुछ पकड़ सकती है, सिर्फ स्वयं को नहीं पकड़ सकती।

इसलिए लाओत्से कहता है, पकड़ के बाहर, दुर्ग्राह्य है।

लेकिन इसका यह मतलब नहीं है कि हम हताश हो जाएं। यह सिर्फ समझ लेने की बात है कि पकड़ने की गलत आदत भीतर नहीं ले जानी है; नहीं तो ह्यूम जैसा होगा। भीतर छोड़ने की आदत काम आती है। इसलिए महावीर, बुद्ध, मोहम्मद त्याग पर इतना जोर देते हैं। ध्यान रखना लेकिन, उनके त्याग का वह मतलब नहीं है, जो आपका है। त्याग का मतलब छोड़ने पर इतना जोर देते हैं। इस सूत्र से समझिए तो खयाल में आ जाएगा। पकड़ने से आत्मा पकड़ में नहीं आती; त्यागने से पकड़ में आती है। लेकिन पकड़ की आदत है हमारी। इस आदत को अगर हम भीतर भी ले गए तो मुसीबत में पड़ेंगे। यह आदत भीतर मत ले जाना। इसलिए महावीर ने कहा कि त्याग पहला सूत्र है—अगर तुम्हें उसे जानना है, जो भीतर है।

लेकिन त्याग से हम क्या मतलब समझते हैं? हमारा मतलब यह होता है कि एक आदमी ने कुछ रुपए का त्याग कर दिया। पूछो उस आदमी से, किसलिए किया त्याग? तो वह कहता है कि संसार में आए हैं तो कुछ तो उपाय कर लें आगे के लिए। तो वह कहता है, जिंदगी ऐसे ही चली जा रही है; आज नहीं कल मरना होगा, मरने के बाद के लिए भी कुछ इंतजाम जरूरी है। वह आदमी जो कुछ भी कहेगा, उसमें आपको दिखाई पड़ जाएगा कि उसने रुपए छोड़े नहीं हैं, इनवेस्ट किए हैं। इनवेस्टमेंट त्याग नहीं है। वह तो नियोजन करना है संपत्ति को, और ज्यादा बड़ा करने के लिए। उस पर ब्याज भी मिलेगा, लाभ भी मिलेगा। और लंबा मामला है; प्लानिंग उसकी बड़ी है। सरकारें तो पांच-पांच साल की योजनाएं बनाती हैं; लोग जन्मों-जन्मों की प्लानिंग करते हैं। स्वर्ग तक फैलाते हैं, मोक्ष तक फैलाते हैं अपनी योजना को। यहां जमीन पर बैठे-बैठे मोक्ष में भी धंधा करते हैं। इसे हम अगर त्याग कहते हों तो गलती है। इससे त्याग का कोई संबंध नहीं है।

त्याग का मतलब है छोड़ने की वृत्ति, छोड़ने की समझ। और जब कोई किसी लिए छोड़ता है, छोड़ता ही नहीं है। त्याग किसी लिए, त्याग ही नहीं है। त्याग का मतलब है सिर्फ छोड़ने की कला। निष्प्रयोजन है। पकड़ कर देख लिया, बहुत कुछ पकड़ में नहीं आता। छोड़ कर देखते हैं कि छोड़ने से क्या आता है। दौड़ कर देख लिया बहुत, अब रुक कर देखते हैं कि रुक कर क्या आता है। बांध कर देख लिया बहुत, अब छोड़ कर देखते हैं कि क्या आता है। त्याग पकड़ने की आदत का एंटीडोट है। वह जो पकड़ने की आदत है, उसको विसर्जित करने की विधि है। त्याग का कोई परिणाम नहीं है; त्याग का कोई लाभ नहीं है। त्याग तो केवल पकड़ने की जो गलत आदत है, उसका विसर्जन है। लेकिन त्याग का अनुभव होते ही, वह जो पकड़ में नहीं आता, तत्काल पकड़ में आ जाता है। वह जो मुट्ठी बंद थी, पता नहीं चलता था, खुलते ही सारा आकाश मुट्ठी में आ जाता है।

तो लाओत्से कहता है, 'जिस तत्व को कहते हैं हम ताओ, वह है पकड़ के बाहर और दुर्ग्राह्य। दुर्ग्राह्य और पकड़ के बाहर, यद्यपि उसमें ही छिपे हैं सब रूप।'

दूर है बहुत, लेकिन पास भी बहुत है। पकड़ में नहीं आता, फिर भी सभी रूप उसमें ही छिपे हैं। जो भी दिखाई पड़ रहा है, उसका ही रूपांतरण है। जो भी आकृतियां हैं, उसका ही खेल हैं।

'दुर्ग्राह्य और पकड़ के बाहर, तथापि उसमें ही समस्त विषय निहित हैं। अंधेरा और धुंधला, फिर भी छिपी है जीवन-ऊर्जा उसी में।'

अंधेरा और धुंधला! जिनको बाहर देखने की गहन आदत पड़ गई है, भीतर जाकर उन्हें पहले अंधेरा ही दिखाई पड़ेगा। इस प्रतीक के कई अर्थ हैं, वे खयाल में ले लेने चाहिए।

एक, अगर आप अपने घर के बाहर दोपहरी में बहुत देर रह गए हैं, तो घर में प्रवेश करते ही आपको अंधेरा मिलेगा। अंधेरा वहां है नहीं। आपकी आंखें नियोजित होने में, एडजस्ट होने में थोड़ा समय लेंगी। और अगर आपकी आंखों का फोकस बिलकुल ही ठहर गया है बाहर के लिए ही तो फिर घर में अंधेरा ही रहेगा। आंख तो पूरे वक्त अपना फोकस बदल रही है। आंख तो एक चलित व्यवस्था है। पूरे समय प्रकाश ज्यादा है तो आंख छोटी हो जाती है; प्रकाश कम है तो आंख बड़ी हो जाती है। आंख पूरे समय समायोजन कर रही है जगत के साथ। अगर आप सूरज की तरफ बहुत देर देखते रहें तो आंख इतनी छोटी हो जाती है कि जब आप भीतर आएंगे कमरे के तो बिलकुल अंधेरा मालूम पड़ेगा। सूरज की तरफ अगर कोई बहुत ज्यादा देखता रहे तो अंधा भी हो सकता है। अंधे का अर्थ कि उसकी आंख का फोकस अगर जड़ हो जाए...। क्योंकि तंतु बहुत कोमल हैं, सूरज बहुत कठोर है। अगर उन पर बहुत देर अभ्यास किया जाए सूरज को देखने का, तो तंतु सिकुड़ भी सकते हैं, जल भी जा सकते हैं। फिर घर के भीतर अंधेरा ही रहेगा।

अंधेरा, अगर हम ठीक से समझें तो आंख की गत्यात्मकता पर निर्भर है। जिसको हम अंधेरा कहते हैं, उसमें भी कुछ पशु हैं, पक्षी हैं, जो बराबर देखते हैं। उनकी आंख हमसे ज्यादा गत्यात्मक है। उनकी आंख हमसे ज्यादा सरलता से तरल है। वे अंधेरे में भी देख पाते हैं। अंधेरा आंख पर निर्भर करता है। एक बात ठीक से समझ लें, अंधेरा और प्रकाश आंख पर निर्भर करते हैं।

लाओत्से कहता है, अंधेरा और धुंधला! क्योंकि जो जन्मों-जन्मों तक बाहर भटके हैं और जिनकी आंख का फोकस ठहर गया है बाहर के लिए, जिन्होंने भीतर कभी झांक कर नहीं देखा, जब पहली बार झांक कर देखेंगे तो घुप्प अंधेरा पाएंगे।

इसलिए जो लोग भी गहरे ध्यान में जाते हैं, वे लोग एक न एक दिन घबड़ा कर बाहर लौट आते हैं। इतना घनघोर अंधेरा मिलता है कि भय हो जाता है। और किताबों में लिखी हुई है दूसरी ही बात। किताबों में लिखा है कि महान प्रकाश वहां होगा। यह पढ़ा हुआ है कि महान प्रकाश वहां होगा। और जब भीतर जाते हैं, पाते हैं अंधेरा। तो लगता है, भटक जाएंगे; निकलो बाहर। घबड़ाहट होती है। और बाहर का अंधेरा इतना अंधेरा नहीं मालूम होता, जितना भीतर का अंधेरा अंधेरा मालूम होगा। अपरिचित लोक है बिलकुल, आंख की बिलकुल क्षमता वहां देखने की रही नहीं है। फिर बाहर तो अंधेरा कितना ही हो, पता है हमें कि कोई न कोई और बहुत लोग मौजूद हैं। भीतर के अंधेरे में तो आप बिलकुल अकेले रह जाते हैं। वहां कोई भी मौजूद नहीं है। अकेलेपन का डर भी पकड़ता है। अंधेरा भी घबड़ाता है। घबड़ाहट में बाहर आ जाता है आदमी।

लाओत्से कहता है, भीतर है अंधेरा, धुंधला। यह जो, यह जो अंधेरा है, यह विरोध नहीं है उन सूत्रों का, जिन्होंने कहा है कि भीतर परम प्रकाश है। भीतर तो परम प्रकाश है। लेकिन उस परम प्रकाश को देखने की आंख धीरे-धीरे, धीरे-धीरे विकसित होती है; भीतर जाकर धीरे-धीरे विकसित होती है। थके-मांदे, दोपहरी में बाहर से लौटे हैं, बैठ जाते हैं दो क्षण घर में आकर; धीरे-धीरे, धीरे-धीरे अंधेरा कम हो जाता है, घर प्रकाशित मालूम होने लगता है।

कभी रात के अंधेरे में उठ आएं और शांति से अंधेरे को देखते रहें तो एक चमत्कार दिखाई पड़ेगा। जैसे-जैसे शांति से अंधेरे को देखेंगे, अंधेरा कम होने लगेगा। अगर देखते ही रहें अंधेरे में तो आपके पास चोर की आंखें

उपलब्ध हो जाएंगी। चोर धीरे-धीरे अंधेरे में देखते-देखते हमसे ज्यादा अंधेरे में देखने लगता है। आंख का अभ्यास हो जाता है। तो आपके घर में आपको दिखाई नहीं पड़ता, लेकिन उसे दिखाई पड़ता है।

सुना है मैंने कि मुल्ला नसरुद्दीन के घर में एक रात चोर घुस गए। उसकी पत्नी ने उसे जगाया और कहा, नसरुद्दीन, उठो, चोर मालूम होते हैं। नसरुद्दीन ने कहा, शांत भी रहो, हमें तो जिंदगी भर इस घर में खोजते हो गया, कुछ मिला नहीं; शायद उन्हें मिल जाए। सुना है, चोरों की आंखें अंधेरे में देख लेती हैं। शांत रहो, कहीं भाग न जाएं। और फिर यह भी हो सकता है, उन्हें कुछ न मिले; घबड़ाहट में उनके पास कुछ हो, छोड़ जाएं। शांत रहो।

ऐसी एक घटना और नसरुद्दीन के जीवन में है। एक रात अकेला ही था घर में, पत्नी भी नहीं थी, और चोर घुस गए। पत्नी थी तो उसके सामने बहादुरी बताने में आसानी थी। पत्नी बड़ी कारगर है पतियों की बहादुरी बताने के लिए। संसार में कहीं तो नहीं दिखा पाते, घर आकर पत्नी के सामने बहादुर हो जाते हैं। हालांकि मजा यह है कि चाहे कितने ही बड़े बहादुर हों, पति को पत्नी कभी बहादुर मानती नहीं। चाहे सिकंदर ही हों आप, पत्नी के सामने कुछ आपकी कीमत नहीं। लेकिन फिर यह एक समझौता है। पिटे-कुटे जिंदगी से लौटते हैं, पत्नी पर थोड़ी अकड़ बता लेते हैं; एक दुनिया निर्मित हो जाती है कि हम भी कुछ हैं।

उस दिन पत्नी भी घर में नहीं थी। मुल्ला बहुत घबड़ा गया; डर के मारे एक अलमारी में घुस गया। पीठ दरवाजे की तरफ करके छिप कर खड़ा हो गया। चोर सब जगह खोजते-खोजते आखिर अलमारी पर भी पहुंचे। अलमारी खोली, मुल्ला की पीठ दिखी। तो चोरों ने कहा, नसरुद्दीन, यह क्या कर रहे हो? नसरुद्दीन ने कहा, शर्म के कारण यहां छिपा हूं, घर में कुछ भी नहीं है। बड़ी शर्म आती है। आए हो न मालूम कितनी दूर से, घर में कुछ भी नहीं है। कुछ मिल जाए तो मुझे खबर करते जाना। खोजते हमें भी बहुत समय हो गया।

चोर को दिख सकता है अंधेरे में। हमसे तो ज्यादा दिखता है। अभ्यास से सरलता से दिखने लगता है।

भीतर का अंधेरा भी पहले आपको आंख को निर्मित करने की चुनौती है। अगर आप बाहर भाग आते हैं तो चूक जाते हैं। ईसाई साधकों ने तो उसे डार्क नाइट ऑफ दि सोल कहा है; अंधेरी रात आत्मा की। और उसको पार करने की पूरी व्यवस्था और साधनाएं बनाई हैं कि उसे कैसे पार करें। प्रकाश तो मिलेगा, लेकिन अंधेरी रात को पार करने के बाद। सुबह होती भी नहीं है रात को बिना पार किए। कहीं सूरज निकला है बिना रात को पार किए? तो भीतर भी प्रकाश का अनुभव आता है, लेकिन रात को पार करने के बाद। एक अर्थ।

दूसरा अर्थ, जो ताओ का अपना निज है, लाओत्से का अपना निज है। लाओत्से प्रकाश से अंधेरे को ज्यादा मूल्य देता है। लाओत्से कहता है, प्रकाश तो एक उत्तेजना है, अंधेरा परम शांति है। प्रकाश की तो सीमा है, अंधेरा असीम है। कभी खयाल किया? प्रकाश की तो सीमा है, अंधेरा असीम है। और प्रकाश में तो उत्तेजना है। इसीलिए तो प्रकाश हो तो रात में आप सो नहीं पाते। जितना गहन हो अंधेरा, उतना विश्राम कर पाते हैं। प्रकाश आंखों पर चोट करता रहता है। प्रकाश में थोड़ी हिंसा है, अंधेरा परम अहिंसक है।

लाओत्से कहता है कि प्रकाश तो पैदा करना पड़ता है, फिर भी बुझ-बुझ जाता है; अंधेरा शाश्वत है। उसे पैदा नहीं करना पड़ता; वह है। प्रकाश तो जलाओ—चाहे दीए का प्रकाश हो और चाहे महा सूर्यों का। सूर्य भी चुक जाते हैं, उनका ईंधन भी चुक जाता है।

वैज्ञानिक कहते हैं, हमारा यह सूर्य चार हजार साल से ज्यादा अब नहीं चलेगा। इसका ईंधन चुक रहा है। यह रोज अपनी अग्नि को फेंक रहा है। चार हजार साल में इसकी अग्नि चुक जाएगी; यह ठंडा पड़ जाएगा। अरबों-अरबों वर्ष जल चुका है। लेकिन इससे क्या फर्क पड़ता है? समय की अनंत धारा में एक दीया रात भर जलता है, एक सूरज अरबों वर्ष जलता है; लेकिन बुझ जाते हैं। प्रकाश बुझता है; अंधेरा कभी बुझता नहीं।

इसलिए लाओत्से तो कहता है कि जो परम प्रकृति है, वह प्रकाश जैसी कम और अंधेरे जैसी ज्यादा है। इस अर्थों में—शाश्वत है, अनंत है, अमृत है, निराकार और अद्वैत है। प्रकाश में भेद पैदा हो जाता है।

यहां हम इतने लोग बैठे हैं। प्रकाश है तो हम सब अलग-अलग दिखाई पड़ते हैं। अभी अंधकार हो जाए, सब भेद खो जाएंगे। सब भेद प्रकाश में दिखाई पड़ रहे हैं। अंधेरे में तो सब अभेद हो जाता है।

तो लाओत्से अंधेरे का और भी अर्थ लेता है साथ में; वह भी हमें खयाल ले लेना चाहिए। वह कहता है, यह जो ताओ है, यह अंधेरा और धुंधला है। यहां चीजें साफ नहीं हैं। यहां सीमाएं बंटी हुई नहीं हैं। एक-दूसरे में प्रवेश कर जाती हैं। सीमाएं थिर, ठोस नहीं हैं, तरल हैं, वायवीय हैं, तरंगित हैं। कोई सीमा बंधी हुई नहीं है। एक रूप दूसरे रूप में रूपांतरित होता रहता है। यह एक अद्वैत सागर है।

'फिर भी छिपी है जीवन-ऊर्जा उसी में।'

इस परम शांत, मौन अंधकार में ही जीवन की समस्त ऊर्जा छिपी है। जीवन की सारी शक्ति, लाइफ इनर्जी, जिसे बर्गसन ने एलान वाइटल कहा है, वह इसी अंधकार की गहन पर्त में छिपी है।

इसे हम जरा दो-तीन तरफ से समझ लें। क्योंकि लाओत्से के सारे प्रतीक अत्यंत गहन हैं। कभी आपने खयाल किया कि जीवन का जब भी जन्म होता है, तो अंधकार में होता है! चाहे एक बीज फूटता हो जमीन के गर्भ में, और चाहे एक बच्चा निर्मित होता हो मां के गर्भ में, प्रकाश में जन्म नहीं होता; सब जन्म अंधकार में होता है। एक बीज को अगर जन्माना है—छिपा दें अंधेरे में; फूटेगा। एक बच्चे को जन्माना है—वह भी बीज का छिपाना है—छिपाएं मां के अंधकार में, मां के गर्भ में, वहां प्रकाश की किरण भी नहीं पहुंचती। वहां वह बड़ा होगा, निर्मित होगा, विकसित होगा। प्रकाश में तो वह तभी आएगा, जब जो भी आधारभूत है, वह निर्मित हो चुका।

जड़ें अंधेरे में छिपी रहती हैं। निकाल लें प्रकाश में, वृक्ष मुरझा जाएगा, मर जाएगा। जड़ों का तो काम है कि वे अंधेरे में ही छिपी रहें। क्योंकि जीवन की जो गहन ऊर्जा है, वह परम अंधकार में छिपी है।

परम अंधकार का अर्थ है परम रहस्य, एब्सोल्यूट मिस्ट्री। अंधकार बहुत रहस्यपूर्ण है। प्रकाश में तो सब रहस्य खो जाता है। जिस चीज पर प्रकाश पड़ जाता है, उसी का रहस्य खो जाता है। पूरब के लोग बहुत होशियार थे, इसलिए उन्होंने जीवन की जो-जो रसपूर्ण बातें थीं, उन पर पर्दा डाल रखा था। स्त्री सुंदर थी—उतनी सुंदर नहीं, उतनी सुंदर होती ही नहीं, जितनी सुंदर थी—पर्दे के कारण। बेपर्दा होकर पश्चिम की स्त्री कुरूप हो गई। हालांकि मजे की बात यह है कि पश्चिम में आज सुंदरतम स्त्रियां हैं, जैसी पृथ्वी पर कभी भी नहीं थीं। लेकिन फिर भी कुछ बात खो गई। रहस्य खो गया। वह जो पर्दा था, वह जो घूंघट था, वह जो कुछ छिपाता था; वह छिपा हुआ रहस्यपूर्ण हो जाता था। सब उघड़ जाए, रस खो जाता है।

विज्ञान रस का बड़ा दुश्मन है—उघाड़ने में लगा रहता है। धर्म रस का बड़ा प्रेमी है—ढांकने में लगा रहता है। इसलिए लाओत्से के अंधेरे का यह अर्थ ठीक से समझ लें।

जीवन की जो गहनतम ऊर्जा है, वह अंधकार में छिपी है। और वहीं से आती है प्रकाश में; लेकिन जड़ें अंधकार में ही बनी रहती हैं। हम बाहर के जगत में फैलते जाते हैं, हमारी शाखाएं फैलती जाती हैं, पत्ते-फूल; लेकिन हमारी जड़ें अंधकार में बनी रहती हैं।

अंधकार लाओत्से के लिए वैसा प्रतीक नहीं है, जैसा हम सोचते हैं। आमतौर से हमारे मन में अंधेरा मौत का प्रतीक है, प्रकाश जीवन का। इसलिए जब कोई मर जाता है तो हम दुख में काले कपड़े पहन लेते हैं। लाओत्से से पूछें तो वह कहेगा, क्या पागलपन कर रहे हो! अंधेरा तो जीवन की ऊर्जा को छिपाए है; तुम काले कपड़े को, अंधेरे को मृत्यु के साथ जोड़ रहे हो?

हमारे मन में प्रकाश का बड़ा मूल्य है। इसलिए नहीं कि हमें पता है कि प्रकाश का कोई मूल्य है। प्रकाश का हमारे लिए मूल्य है कई कारणों से। वे कारण भी खयाल में लें तो अंधेरे का भी मूल्य समझ में आ जाए।

एक, प्रकाश में हमें कम भय लगता है। हम भयभीत लोग हैं, डरे हुए लोग हैं। प्रकाश में कम भय लगता है। चीजें साफ-साफ मालूम होती हैं—कौन कहां है, कौन क्या कर रहा है, कौन पास आ रहा है, हाथ में छुरा लिए है कि नहीं लिए है, मित्र है कि दुश्मन है, चेहरा, आंख, ढंग, सब साफ होता है। हम सुरक्षित मालूम होते हैं। प्रकाश में हम सुरक्षित मालूम होते हैं। अंधेरे में असुरक्षित हो जाते हैं; इनसिक्योरिटी हो जाती है। अंधेरे में लगता है कि पता नहीं अब क्या हो रहा है। कुछ भी पता नहीं। अंधेरे में तो वही शांति से सो सकता है, जिसे असुरक्षा का भय न रहा। जिसे सुरक्षा का मोह है, भय है, वह अंधेरे में सो भी नहीं पाएगा।

हिटलर अपने कमरे में अपनी प्रेयसी को भी नहीं सोने देता था। क्योंकि भरोसा किसी का भी नहीं किया जा सकता। भय किसी का भी भरोसा नहीं कर सकता। और इसीलिए उसने अपनी प्रेयसी से मरने तक विवाह भी नहीं किया। क्योंकि विवाह करने के बाद वह मांग करेगी कि कम से कम इस कमरे में सोने तो दो। हिटलर ने विवाह किया—बड़ी मजेदार घटना है—मरने के आधा घंटा पहले। जब बर्लिन पर गिरने लगे बम, और जहां हिटलर छिपा था जब उसके द्वार पर युद्ध होने लगा, तब हिटलर ने अपने साथियों को कहा कि तत्काल कहीं से भी—आधी रात थी—कहीं से भी एक पुरोहित को पकड़ लाओ; कोई भी हो, चलेगा, मुझे विवाह करना है इसी वक्त। क्योंकि अब जीने का कोई उपाय नहीं है। अब मैं मरने के करीब हूं। घड़ी, आधा घड़ी में मुझे आत्महत्या करनी होगी। एक सोते हुए पादरी को जबर्दस्ती उठा कर ले आया गया। विवाह संपन्न हो गया। और हिटलर ने पहली दफा अपने सोने के कमरे में अपनी प्रेयसी को प्रवेश दिया—हत्या के लिए। और दोनों आत्महत्या करके मर गए।

भय कारण है, हमें प्रकाश अच्छा मालूम पड़ता है। अंधेरा घबड़ाहट देता है। पता नहीं, अंधेरे में कौन छिपा है? क्या हो रहा है? रात हमें डर देती है; दिन हमें अभय कर देता है। इस कारण हम प्रकाश को आदर दिए चले जाते हैं।

लाओत्से कहता है, लेकिन जीवन की जो गहनतम जड़ें हैं, वे अंधकार में हैं। और जब तक तुम अंधेरे में जाने के लिए तैयार नहीं हो, तब तक तुम अपने से मिल भी न सकोगे। और जब तक तुम अंधेरे में जाने का साहस नहीं जुटाते, तब तक तुम्हारी स्वयं से कोई मुलाकात न होगी। अंधेरे में कूदने की हिम्मत ही धार्मिक व्यक्ति का पहला कदम है। अंधेरे में कूदने की हिम्मत! अज्ञात, अनजान, अपरिचित में उतरने की हिम्मत!

'जीवन-ऊर्जा है बहुत सत्य, इसके प्रमाण भी उसमें ही प्रच्छन्न हैं।'

लेकिन मुझसे मत पूछो, लाओत्से कहता है, कि क्या है प्रमाण तुम्हारी इस जीवन ऊर्जा का, इस ताओ का, इस रहस्य का, जिसकी तुम बातें करते हो और जिसके लिए तुम प्रलोभित कर लेते हो और मन होने लगता है कि उतर जाएं हम भी इस अंधेरे में। क्या है प्रमाण? लाओत्से कहता है, उसका प्रमाण भी उसमें ही प्रच्छन्न है। तुम जाओ तो ही जान सकोगे। तुम जानने के पहले जानना चाहो, जाने के पहले जानना चाहो, तो कोई उपाय नहीं है।

लाओत्से जैसी हिम्मत की बात बहुत कम धार्मिक लोगों ने कही है। अगर आप साधारण साधु-संत के पास जाएं, उससे पूछें कि क्या है प्रमाण ईश्वर का? तो वह दस प्रमाण देना शुरू कर देगा। हालांकि सब प्रमाण व्यर्थ हैं, कोई प्रमाण उसका है नहीं। और जरा सी बुद्धि हो तो इन साधु-संतों के प्रमाणों का खंडन करने में जरा भी अड़चन नहीं है। अब तक धार्मिक एक भी प्रमाण नहीं दे सके हैं, जिसको नास्तिकों ने ठीक से खंडित न कर दिया हो। एक भी ऐसा प्रमाण नहीं है, जिसे नास्तिक ठीक से खंडित नहीं कर देता है। और अगर ठीक बात जाननी हो तो नास्तिक ही विजेता मालूम पड़ेंगे। अगर प्रमाणों से ही ठीक बात जाननी हो! क्योंकि सारे आस्तिकों के तर्क बचकाने हैं, उनके तर्क, उनके प्रमाण, सब बचकाने हैं। नास्तिक उन्हें ऐसे हाथ के इशारे से गिरा देता है।

लेकिन वास्तविक आस्तिक ने कभी प्रमाण दिए ही नहीं हैं। क्योंकि वह कहता है, प्रमाण अनुभव के अतिरिक्त और कोई नहीं है। जानो—वही प्रमाण है। उसके पहले कोई उपाय नहीं है। उसके पहले तो प्रमाण को वही मान लेता है, जो मानना ही चाहता है। वह बात अलग है। जो नहीं मानना चाहता है, वह फौरन इनकार कर देता है।

जब भी आप किसी आदमी को राजी कर लेते हैं, कनवर्ट कर लेते हैं, तो आप यह मत समझाना कि आप जीत गए। वह कनवर्ट होना चाहता था। अन्यथा इस दुनिया में कनवर्ट करने का कोई उपाय नहीं है। वह होना ही चाहता था। आप सिर्फ बहाने हैं। वह तैयार ही था। आपने उसकी ही बात बाहर से कह दी है।

लाओत्से कहता है, उसका और कोई प्रमाण नहीं है। सत्य है बहुत, लेकिन उसके प्रमाण उसमें ही प्रच्छन्न हैं—लेटेंट इन इटसेल्फ। उसी में चले जाओ तो तुम्हें प्रमाण मिल जाएंगे। मैं तुम्हें चलने का मार्ग बता सकता हूं, प्रमाण नहीं दूंगा। अंधा आदमी पूछे, क्या प्रमाण है प्रकाश का? तो लाओत्से कहेगा, तुम्हारी आंख का इलाज बता सकता हूं; प्रमाण क्या दूंगा! आंख ठीक हो जाए, तुम देख लेना! सत्य है बहुत प्रकाश, आंख चाहिए। और आंख न हो तो कोई प्रमाण आंख नहीं बन सकता। और आंख हो तो कोई कितना ही प्रमाणों का खंडन करे, खंडन खंडन नहीं है। हंस सकता है आदमी।

रामकृष्ण के पास लोग जाते थे, तर्क करते थे; और रामकृष्ण हंसते रहते थे। एक दफा केशवचंद्र गए। केशवत्तंद्र शायद भारत में पिछले सौ वर्षों में, डेढ सौ वर्षों में जो बड़े से बड़ा तार्किक पैदा हुआ हो तो केशवचंद्र थे। वैसी लॉजीशियन, वैसी तर्क की प्रतिभा बहुत मुश्किल होती है। केशवचंद्र रामकृष्ण को पराजित करने ही गए थे। और रामकृष्ण तो गंवार थे। रामकृष्ण तो दूसरी कक्षा भी पास नहीं थे। जानने के नाम पर कुछ भी नहीं जानते थे। होने की बात अलग है। थे बहुत कुछ; जानते बहुत कुछ नहीं थे। केशवचंद्र बहुत जानते थे। होने के नाम पर तो दीन थे। लेकिन प्रकांड थी प्रतिभा उनकी, तर्क की दृष्टि से।

बड़ी भीड़ इकट्ठी हो गई थी उस दिन। सब लोग सोचते थे, बेचारा रामकृष्ण बुरी तरह पिटेगा! पिटने की नौबत ही थी; कोई उपाय ही न था। रामकृष्ण की हैसियत ही क्या थी? केशवचंद्र के साथ तर्क करना—वह पूरे मनुष्य-जाति के इतिहास में दस-पांच आदमियों के हिम्मत की बात थी। रामकृष्ण का तो कोई सवाल ही न था। वे तो कहीं गिनती में आते नहीं थे। कई लोग तो इसीलिए नहीं आए थे कलकत्ते से कि क्या फायदा! परिणाम पहले से ही जाहिर है, कि रामकृष्ण पिटेंगे। उसमें कुछ है नहीं मामला, जाने की भी जरूरत नहीं है दक्षिणेश्वर तक।

लेकिन उस दिन वहां उलटी हालत हो गई। केशवचंद्र बुरी तरह पिट गए। लेकिन ऐसी घटना कम घटती है। केशवचंद्र ईश्वर के खिलाफ वक्तव्य देने लगे, तर्क देने लगे। और हर तर्क पर रामकृष्ण उठते और नाचने लगते और कहते, क्या सुंदर दलील दी! केशवचंद्र सोच कर आए थे कि रामकृष्ण कहेगा गलत, तो विवाद शुरू होगा। रामकृष्ण ने कहा ही नहीं गलत, तो विवाद का तो कोई उपाय न रहा। और थोड़ी देर में केशवचंद्र को बेचैनी अनुभव होने लगी और भीड़ भी थोड़ी बेचैन होने लगी कि यह क्या हो रहा है! जिस बात के लिए आए थे, वह कुछ होता दिखाई नहीं पड़ता है। केशवचंद्र फीके पड़ते तो रामकृष्ण उनको जोश चढ़ाते कि बहुत सुंदर, क्यों थकते हैं, कहें, बड़ी गजब की बात कह रहे हैं; जंचती है, बिलकुल ठीक मालूम पड़ती है।

सारे तर्क चुक गए, जल्दी चुक गए। क्योंकि विवाद चलता तो चुकना बहुत मुश्किल था। तो केशवचंद्र ने कहा कि यह सब ठीक है? तो फिर आप मानते हैं कि ईश्वर नहीं है? रामकृष्ण ने कहा कि तुम्हें न देखा होता तो मान भी लेता। तुम्हारी जैसी प्रतिभा जब पैदा होती है तो बिना ईश्वर के कैसे होगी? तुम्हें देख कर तो प्रमाण मिल गया कि ईश्वर है। अपने पास तो छोटी बुद्धि है। रामकृष्ण ने कहा, अपने पास तो बुद्धि बहुत बड़ी नहीं है, उससे ही सोचते थे कि ईश्वर है। तुम्हें देख कर तो पक्का हो गया।

यह जो आदमी है, ऐसे आदमी प्रमाण नहीं देते। केशवचंद्र उस दिन तो चले गए भीड़-भाड़ में, लेकिन रात वापस आ गए। और रामकृष्ण से कहा कि तुम जिस भांति हो गए हो ऐसा होने का मेरे लिए भी कोई उपाय है?

रामकृष्ण ने विवाद किया होता तो केशवचंद्र दुबारा वापस आने वाले नहीं थे। लेकिन क्या खींच लाया होगा रात अंधेरे में? इस आदमी का होना, इस आदमी का बीइंग, इसका अस्तित्व, इसका यह आनंद! यह कुछ जानता है, जो प्रमाणों से टूट नहीं सकता। यह कुछ जानता है, सारी दुनिया कहे गलत तो गलत नहीं हो सकता। इसने कुछ देखा है, इसने कुछ जीया है, इसने कुछ पा लिया है।

लाओत्से कहता है, 'उसके प्रमाण उसमें ही प्रच्छन्न हैं। प्राचीन काल से आज तक इसकी नाम-रूपात्मक अभिव्यक्तियों का अंत नहीं आया।'

वह जो प्रकृति है, वह जो ताओ है, वह जो स्वभाव है, वह जो सागर है अस्तित्व का, वह अनंत-अनंत रूपों में अनंत काल से प्रकट होता रहा है। उसकी अभिव्यक्तियों का कोई अंत नहीं है। सतत है धारा उसकी।

'और हम उसमें देख सकते हैं सभी वस्तुओं के जनक को।'

सभी उसमें से पैदा होती हैं, उसी स्वभाव में से, और सभी उसमें लीन हो जाती हैं।

'लेकिन सभी वस्तुओं के जनक के आकार को मैं कैसे जानता हूं?'

लेकिन कैसे बताऊं उसका आकार? कैसे कहूं, क्या है उपाय? तुम अगर मुझसे पूछो कि कैसे जानते हो उसके आकार को तो भी बड़ी कठिनाई है।

लाओत्से कहता है, 'इन्हीं के द्वारा, इन्हीं अनंत-अनंत अभिव्यक्तियों के द्वारा उसे जानता हूं।'

यह जो दिखाई पड़ता है, इनके द्वारा ही उसे पहचानता हूं, जो इनके पीछे छिपा है और दिखाई नहीं पड़ता है।

एक कवि को आप कैसे पहचानते हैं? उसके काव्य के द्वारा। और एक चित्रकार को कैसे पहचानते हैं? उसके चित्र के द्वारा। और अगर चित्रकार खो भी जाए, अंधेरे में छिप जाए और चित्र भर मौजूद हो, तो भी हम जानते हैं। जो दिखाई पड़ रहा है, उससे हम उसे जानते हैं जो दिखाई नहीं पड़ रहा है। लेकिन ये सारे आकार उसके हैं, फिर भी उसका कोई आकार नहीं है।

यह आखिरी बात खयाल में ले लें।

जो सब आकारों में प्रकट होता है, उसका अपना आकार नहीं हो सकता। जिसका अपना आकार होता है, वह सब आकारों में प्रकट नहीं हो सकता। सब आकारों में तो वही प्रकट हो सकता है जो निराकार हो, जिसका अपना कोई निश्चित आकार न हो। जो सिर्फ एक संभावना हो, एक पोटेंशियलिटी हो; अनंत की संभावना हो।

लाओत्से कहता है, लेकिन इसके लिए मैं कोई प्रमाण न दूंगा। अगर प्रमाण देखना है तो चारों तरफ प्रमाण मौजूद है। अगर उसके हस्ताक्षर देखने हैं तो चारों तरफ खुदे हैं। तुम भी उसके ही हस्ताक्षर हो। वृक्ष भी, पत्थर भी, तारे भी, फूल भी, पक्षी भी, सभी उसके हस्ताक्षर हैं। अनंत-अनंत रूपों में वह मौजूद है। लेकिन तुम उसे देख तभी पाओगे, जब तुम कम से कम अपने आकार के भीतर उसका अनुभव कर लो। तब वह तुम्हें सब आकारों में दिखाई पड़ने लगेगा। और इसका कोई प्रमाण, बुद्धिगत प्रमाण नहीं दिया जा सकता। अनुभवगत प्रमाण हो सकता है।

और जिस दिन कोई व्यक्ति अपने भीतर, अपने आकार के भीतर डूबकर उस निराकार को जान लेता है, उस दिन उसके जीवन में जो क्रांति घटित होती है, उस क्रांति का नाम परम आचरण है। जिस दिन कोई व्यक्ति अपने भीतर छिपे हुए उस सत्य को अनुभव कर लेता है, पहचान लेता है, कहें हम परमात्मा, आत्मा, जो नाम देना हो—लाओत्से नाम भी नहीं देता, वह कहता है ताओ, ताओ का अर्थ होता है ऋत, नियम, दि लॉ, वह कहता है कि वह जो नियम है जीवन का आत्यंतिक, वही—उसे जिस दिन कोई जान लेता है, उसके बाद उसका आचरण

सदाचरण है। उस दिन के बाद उसके आचरण में चेष्टा नहीं है। उस दिन के बाद वह जो भी कर रहा है, वह सोचा-विचारा, आयोजित, पूर्व-निर्धारित नहीं है। उस दिन के बाद जो भी उससे हो रहा है, वही धर्म है।

हम सोचते हैं, धार्मिक आचरण से धार्मिक आदमी पैदा होता है। लाओत्से कहता है, उलटी है बात; धार्मिक आदमी से धार्मिक आचरण पैदा होता है। हम सोचते हैं, आचरण बदलेंगे तो धार्मिक हो जाएंगे। लाओत्से कहता है, धार्मिक हो जाओ तो आचरण बदल जाएगा। और यह सूत्र सिर्फ भाषा का भेद नहीं है; पूरे जीवन की आमूल दृष्टि अलग हो जाती है। आचरण से जो शुरू करता है, वह परिधि से शुरू करता है, ऊपर-ऊपर भटकता है। जो अंतस से शुरू करता है, वह केंद्र से शुरू करता है।

और ध्यान रखें, केंद्र बदल जाए तो परिधि बदल जाती है; लेकिन परिधि की बदलाहट से केंद्र नहीं बदलता। अगर केंद्र बदल जाए तो परिधि अनिवार्यरूपेण बदल जाती है। क्योंकि परिधि केंद्र का फैलाव है। लेकिन परिधि को बदल दें आप, बिलकुल भी बदल दें, तो भी केंद्र नहीं बदलता। क्योंकि परिधि निष्प्राण है; केंद्र प्राण है। केंद्र आधार है; परिधि तो केवल बाहरी व्यवस्था है। एक वृक्ष के पत्तों को हम काट दें; वृक्ष नहीं बदलता। बल्कि एक पत्ते की जगह चार पत्ते निकल आते हैं। हम जो करते हैं आचरण में, वह यही पत्ते काटते रहते हैं। और पत्ते काटने का मतलब आचरण को होता है कलम; कलम कर रहे हैं आप। बेईमानी काटें; दोहरी बेईमानियों के दो पत्ते पैदा हो जाते हैं। चोरी काटें; चोरी नए रास्ते से शुरू हो जाती है। झूठ काटें; पच्चीस नए झूठ जन्म ले लेते हैं।

लाओत्से कहता है, जड़ काटें। फिर पत्ते नहीं काटने पड़ते। फिर कोई फिक्र नहीं है; पत्तों की बात ही छोड़ दो। वे अपने से गिर जाते हैं, और दुबारा नहीं आते। केंद्र को बदलना जड़ को बदलना है।

तो अब मैं दोहरा दूं : क्षुद्र है आचरण वह, जो व्यवहार के परिवर्तन से पैदा होता है। परम है आचरण वह, जो अंतस की क्रांति से जन्मता है। क्षुद्र आचरण उपादेयता पर निर्भर होता है, परम आचरण आनंद पर। परम आचरण सहज है, क्षुद्र आचरण खींचा हुआ, सोचा हुआ, प्रयोजन, प्रयास, यत्न, व्यायाम है। क्षुद्र आचरण और अनाचरण में कोई बुनियादी अंतर नहीं है। परम आचरण दूसरे ही लोक की बात है। जैसे जमीन पर चलते-चलते कोई आकाश में उड़ने लगे, इतना अंतर है। पंख लग जाएं और यात्रा की सारी भूमि बदल जाए!

आज इतना ही। पांच मिनट रुकें; कीर्तन करें; फिर जाएं।

सैंतालीसवां प्रवचन

ताओ है झुकने, खाली होने व मिटने की कला

Chapter 22 : Part 1

FUTILITY OF CONTENTION

To yield is to be preserved whole.
To be bent is to become straight.
To be hollow is to be filled.
To be tattered is to be renewed.
To be in want is to possess.
To have plenty is to be confused.
Therefore the Sage embraces the One,
And becomes the model of the world.

अध्याय 22 : खंड 1

संघर्ष की व्यर्थता

झुकना है सुरक्षा।
और झुकना ही है सीधा होने का मार्ग।
खाली होना है भरे जाना।
और टूटना, टुकड़े-टुकड़े हो जाना ही है पुनरुज्जीवन।
अभाव है संपदा।
संपत्ति है विपत्ति और विभ्रम।
इसलिए संत उस एक का ही आलिंगन करते हैं,
और बन जाते हैं संसार का आदर्श।

एक अनूठी घटना दिखाई पड़ती है संसार में। सभी सफल होना चाहते हैं; और सभी असफल हो जाते हैं। नहीं है कोई जो सुख न चाहता हो; और ऐसा भी कोई नहीं है जो चाह-चाह कर भी सिवाय दुख के कुछ और पाता हो। जीना चाहते हैं सभी; और सभी मर जाते हैं। जरूर कहीं कोई जीवन का गहरा नियम अपरिचित रह जाता है; उसका यह दुष्परिणाम है।

एक व्यक्ति असफल होता हो तो जिम्मेवारी उसकी हो सकती है। लेकिन जब जगत में सभी सफलता चाहने वाले असफल हो जाते हों तो जिम्मेवारी व्यक्तियों की नहीं रह जाती। कहीं जीवन का कोई बुनियादी नियम ही चूक रहा है। एक व्यक्ति सुख चाहता हो और दुख में पड़ जाता हो, समझ ले सकते हैं कि उसकी भूल होगी। लेकिन जहां सभी सुख चाहने वाले दुख में पड़ जाते हों, वहां व्यक्तियों पर जिम्मा नहीं थोपा जा सकता। जीवन के नियम को ही समझने में सभी की समान भूल हो रही है। लाओत्से का यह सूत्र इस बुनियादी भूल से संबंधित है।

लाओत्से कहता है, जो जीतने की कोशिश करेगा, वह हारेगा।

हम इसलिए नहीं हारते हैं कि कमजोर हैं; हम इसलिए हारते हैं कि हम जीतने की कोशिश करते हैं। इसे थोड़ा हम समझ लें। क्योंकि मनुष्य-जाति का जो बुनियादी भ्रांत तर्क है, वह इस पर ही निर्भर है। हारता हूं मैं तो सोचता हूं, कमजोर था। तो शक्ति और बढ़ा लूं तो जीत जाऊंगा। तो शक्ति को हम बढ़ाने में लगे रहते हैं। लेकिन कितनी ही शक्ति आ जाए आदमी के हाथ, अंततः हार ही हाथ लगती है; जीत उपलब्ध नहीं हो पाती। सिकंदर हारा हुआ मरता है, नेपोलियन हारा हुआ मरता है; सभी हारे हुए मरते हैं। कमजोर तो हारते ही हैं, शक्तिशाली भी हारे हुए मरते हैं। तो तर्क, कि शक्ति ज्यादा होगी तो हम जीत जाएंगे, गलत है।

लाओत्से कहता है, जीतना चाहोगे तो हारोगे। हार का कारण जीतने की इच्छा में छिपा है, शक्ति की कमी में नहीं। असल में, जो जीतना चाहता है, उसके मन को हम समझें। जो जीतना चाहता है, पहली तो बात एक उसने स्वीकार कर ली कि हारने की भी संभावना है। जो जीतना चाहता है, उसने यह भी स्वीकार कर लिया कि जीतना बहुत मुश्किल है। जो जीतना चाहता है, उसने यह भी स्वीकार कर लिया कि मेरी जीत दूसरों पर निर्भर करेगी। क्योंकि जीत अपने पर निर्भर नहीं करती; कोई हारेगा तो मैं जीतूंगा। तो जीत में दूसरे की गुलामी छिपी है। सब जीतने वाले हारने वालों के अनुगृहीत होना चाहिए; क्योंकि उनके बिना वे न जीत सकेंगे। और जो जीत दूसरे पर निर्भर है, उसे हम जीत कह सकते हैं? अगर मेरी जीत भी आप पर निर्भर है तो आप मेरी जीत के भी मालिक हो गए। आपकी मुट्ठी में बंद है फिर मेरी चाबी। आप हारेंगे तो मैं जीतूंगा। और यह जगत है विराट और बड़ा। और कितनी ही बड़ी शक्ति हो हमारे पास, सदा क्षुद्र है—इस जगत की शक्तियों को देख कर। और कितने ही हम हाथ-पैर तड़पाएं, हम इस जगत की शक्ति से ज्यादा न हो सकेंगे। हम इसके हिस्से हैं, छोटे से हिस्से हैं। हम हारेंगे ही।

और जैसे ही किसी व्यक्ति ने जीतना चाहने की वासना पैदा की, एक बात उसने और स्वीकार कर ली कि अभी वह हारा हुआ है। मनसविद कहते हैं कि जो हीन-ग्रंथि से पीड़ित होते हैं, इनफीरियारिटी कांप्लेक्स से पीड़ित होते हैं, वे ही केवल जीत में उत्सुक होते हैं, महत्वाकांक्षी हो जाते हैं। महत्वाकांक्षा हीन व्यक्ति का लक्षण है। जैसे दवाई की तरफ बीमार आदमी जाता है, ऐसे ही महत्वाकांक्षा की तरफ हीन आदमी जाता है।

इसलिए एक अजीब घटना घटती है। एडलर ने पश्चिम में, इस सदी में, इस संबंध में गहरे से गहरा काम किया है। एडलर का कहना है कि जो लोग भी जीवन में किसी बड़ी कमी से पीड़ित होते हैं, वे लोग उस कमी की परिपूर्ति के लिए कोई कांप्लीमेंटरी रास्ता खोज लेते हैं। जैसे लेनिन कुर्सी पर बैठता था तो उसके पैर जमीन को नहीं छूते थे। पैर बहुत छोटे थे, ऊपर का हिस्सा बड़ा था। और एडलर का कहना है कि यह घटना ही लेनिन को बड़े से बड़े पद की तलाश में ले गई। बड़ी से बड़ी कुर्सी पर बैठ कर उसने दिखा दिया कि पैर चाहे जमीन न छूते हों, लेकिन ऐसी कोई कुर्सी नहीं है जिस पर मैं न बैठ सकूं। कठिनाई उसकी यह थी कि वह किसी भी कुर्सी पर नहीं बैठ सकता था। किसी छोटी सी कुर्सी पर भी बैठता सामान्य किसी के घर में तो उसे बेचैनी शुरू हो जाती। उसके पैर छोटे थे और लटक जाते थे। एडलर कहता है कि लेनिन के लिए यही कमी उसकी महत्वाकांक्षा बन गई। उसने कहा, कोई फिक्र नहीं, तुम्हारी कुर्सियां बड़ी हैं और मेरे पैर छोटे पड़ते हैं; लेकिन मैं तुम्हें बता दूंगा, जगत को, कि ऐसी कोई भी कुर्सी नहीं है जिस पर मैं न बैठ सकूं। किसी भी कुर्सी पर वह ठीक से बैठ नहीं सकता था, यही अभाव दौड़ बन गई।

एडलर ने, दुनिया के जिनको हम बड़े-बड़े लोग कहते हैं, उनका गहरा अध्ययन किया है। और हर बड़े आदमी में, जिसको हम बड़ा आदमी कहते हैं, उसने वह कमी खोज निकाली है जो उसकी महत्वाकांक्षा का कारण है।

यह स्वाभाविक है। इसलिए अक्सर ऐसा हो जाता है कि अंधा आदमी अपने कानों की शक्ति को बढ़ा लेता है। बढ़ा ही लेगा। आंख का काम भी उसे कान से ही लेना है। इसलिए अंधों के पास कान अच्छे हो जाते हैं। और अगर अंधे संगीतज्ञ होते हैं तो कोई और कारण नहीं है; कान अच्छे हो जाते हैं।

यह कभी आपने खयाल किया कि कुरूप व्यक्ति अपनी कुरूपता को छिपाने के लिए न मालूम कितनी सुंदर चीजों का निर्माण कर लेता है। अगर आप दुनिया के चित्रकारों को देखें, जिन्होंने सुंदरतम रचनाएं रची हैं, तो आप हैरान हो जाएंगे, उनके खुद के चेहरे सुंदर नहीं हैं।

ऐसा हुआ, एक गांव में मैं घर में मेहमान था किसी के और अखिल भारतीय कवयित्री सम्मेलन वहां हो रहा था। तो जिन मित्र के घर मैं ठहरा था, उन्होंने कहा, आप भी चलेंगे? भारत भर से कोई बीस महिला कवि इकट्ठी हुई हैं। मैंने कहा, मैं तो नहीं जाऊंगा, एक बात आप खयाल करके लौटना—बीस महिलाएं जो वहां हैं, उनमें कोई एकाध सुंदर है या नहीं? वे थोड़े हैरान हुए कि मैं उनसे ऐसा पूछूंगा। लेकिन लौट कर वे और हैरान हुए। उन्होंने कहा, आश्चर्य, आपने पूछा तब मैं थोड़ा हैरान हुआ था; वहां जाकर मैं और हैरान हुआ, वे बीस ही महिलाएं कुरूप थीं।

महिला जब सुंदर होती है तो कविता वगैरह करने में नहीं पड़ती। इसलिए दुनिया में सुंदर महिलाओं ने कुछ नहीं किया है। कंपेनसेशन नहीं है। सौंदर्य काफी है; किसी और चीज से पूरा करने का विचार नहीं उठता।

एडलर का कहना है कि इस दुनिया में जो ठीक-ठीक स्वस्थ व्यक्ति हैं, वे किसी महत्वाकांक्षा के पद पर नहीं पहुंच सकते। सिर्फ रुग्ण, बीमार, पंगु व्यक्ति ही महत्वाकांक्षा के पदों पर पहुंच सकते हैं।

इसमें सचाई है। इसमें दूर तक सचाई है। जो कम है हमारे भीतर, उसे हम पूरा करना चाहते हैं, ओवर कंपेनसेट करना चाहते हैं; ताकि सारी कमी ढंक जाए, परिपूर्ति हो जाए। जब कोई व्यक्ति जीतने की आकांक्षा से भरता है तो उसका मतलब है कि वह जानता है गहरे में कि मैं हारा हुआ आदमी हूं। यह उलटा दिखाई पड़ेगा। लेकिन एडलर ने तो अभी खोजा, लाओत्से इसे ढाई हजार साल पहले अपने सूत्र में लिखा है।

लाओत्से कहता है, अगर जीतना चाहते हो तो जीतने की कोशिश मत करना। वह हार की शुरुआत है। अगर जीतना चाहते हो तो जीतने की वासना ही तुम्हारी सबसे बड़ी शत्रु है। वही सिद्ध कर रही है कि तुम जीतने योग्य भी नहीं हो। वही सिद्ध कर रही है कि तुम गहरी हीनता के गड्ढे से भरे हो। वही सिद्ध कर रही है कि तुम रुग्ण हो, पंगु हो; कहीं कोई पक्षाघात है तुम्हारी आत्मा में।

यह किसी और आयाम से भी हम समझें तो खयाल में आ जाए।

अभी कुछ वैज्ञानिक प्रस्तावित कर रहे हैं कि डार्विन का खयाल था कि आदमी इसीलिए विकसित हो सका दूसरे पशुओं से, क्योंकि वह ज्यादा बुद्धिमान है, ज्यादा रैशनल है; इसलिए जो संघर्ष है प्रकृति का, उसमें आदमी जीत गया और पशु हार गए। अब तक यह बात ठीक मालूम पड़ती रही है। लेकिन अब नवीनतम शोधें इस पर संदेह पैदा करती हैं। और वे कहती हैं कि आदमी का यह जो विकसित, तथाकथित विकसित, सो-काल्ड विकसित रूप दिखाई पड़ता है, यह आदमी के ज्यादा शक्तिशाली, ज्यादा बुद्धिमान, ज्यादा श्रेष्ठ होने के कारण नहीं है। बल्कि इसका बुनियादी कारण है कि इस पृथ्वी पर आदमी का बच्चा सब से असहाय पैदा होता है, सब से हेल्पलेस। अगर आदमी के बच्चे को मां और बाप पालें और पोसें नहीं और समाज चिंता न करे तो आदमियत बच ही नहीं सकती। सभी जानवरों के बच्चे आदमी के बच्चे से ज्यादा शक्तिशाली पैदा होते हैं।

वैज्ञानिक कहते हैं कि आदमी का बच्चा अगर जानवर की तरह शक्तिशाली पैदा करना हो तो कम से कम मां के गर्भ में उसे इक्कीस महीने रहना चाहिए। लेकिन तब वह पैदा नहीं हो सकेगा, मां मर जाएगी। क्योंकि वह इतना बड़ा हो जाएगा कि उसके जन्म का उपाय नहीं है। इसलिए अगर ठीक से समझें तो सारे पशुओं को देखते हुए मनुष्य के सब जन्म गर्भपात हैं, एबार्शन हैं। क्योंकि बच्चा अधूरा पैदा होता है, एबार्शन का मतलब यह है। नौ महीने में बच्चा अधूरा पैदा होता है। अभी बहुत सी चीजें, जो उसमें होनी चाहिए, नहीं हैं। अभी वे विकसित होंगी।

और फिर भी अगर हम गौर से देखें तो घोड़े का बच्चा है—पैदा हुआ, और चलने लगा, दौड़ने लगा। आदमी के बच्चे को चलने में अभी वर्षों लगेंगे। पशुओं के बच्चे हैं, उठे और अपने जीवन की तलाश में चल पड़े, आजीविका खोजने लगे। आदमी के बच्चे को आजीविका खोजने में पच्चीस वर्ष लगेंगे।

आदमी का बच्चा जगत में सबसे ज्यादा कमजोर प्राणी है। और चूंकि आदमी कमजोर है, इसलिए उसने ओवर-कंपेनसेट कर डाला, उसने सब जानवरों को पिछड़ा दिया। उसने सब चीजों की परिपूर्ति कर ली। आदमी के नाखून जानवरों के नाखून से तौलें तो पता चलेगा। अगर आप जानवर से सीधा लड़ें तो आदमी से ज्यादा कमजोर जानवर जमीन पर खोजना मुश्किल है। उसके दांत, उसके नाखून आपको क्षण भर में चीर-फाड़ कर रख देंगे। वैज्ञानिक कहते हैं कि नाखून की पूर्ति आदमी ने इतनी दूर तक की—छुरी, तलवार, एटमबम तक चली गई। वह नाखून की पूर्ति है। वह बढ़ाए चला गया अपने नाखूनों को। वह अपने दांतों को बढ़ाए चला गया। कभी आपने देखा है, जब एक टैंक युद्ध की तरफ जाता है तो आपने टैंक के दांत देखे हैं? वे आदमी के दांत हैं, जो जानवरों से कमजोर हैं। ओवर-कंपेनसेशन हो गया। हमने और बड़े दांत मशीन में पैदा करके जानवरों को मिट्टी में मिला दिया।

नवीनतम शोधें यह कहती हैं कि आदमी का जिसको हम विकास कहते हैं, वह शायद उसकी हीनता, कमजोरी, असहाय अवस्था का परिणाम है।

जो हो, एक बात तय है कि ऊपर उठने की आकांक्षा नीचे गिरे होने का सबूत है। जो नीचे गिरा हुआ है ही नहीं, वह ऊपर उठना न चाहेगा। जो अपने में आश्वस्त है, वह किसी दूसरे को आश्वासन दिलाने न जाएगा। जिसका अपने पर भरोसा है, वह अपने भरोसे को पाने के लिए दूसरे को हराने के उपद्रव में न पड़ेगा। हम संघर्ष करते हैं कुछ सिद्ध करने को; लड़ते हैं कुछ सिद्ध करने को कि मैं कुछ हूं। यह इस बात की सूचना है कि मुझे

भलीभांति पता है कि मैं कुछ भी नहीं हूं। वह जो नोबडीनेस का, ना-कुछ होने का भाव है, वही हमारी तड़पन बन जाता है कि हम सिद्ध करें जगत में कि मैं कुछ हूं।

लेकिन कितना ही हम सिद्ध करें, वह जो ना-कुछ होने का भीतर छिपा हुआ बोध है, वह दब जाएगा, नष्ट नहीं हो सकता। और कितना ही हम जीतते चले जाएं, भय बना ही रहेगा कि कोई और शक्तिशाली होगा जो मुझे पराजित कर सकता है। और मुझे अपनी शक्ति बढ़ाते ही रहनी होगी। और किसी भी स्थिति में यह स्थिति नहीं बन सकती कि मेरा मूल जो भय था, भीतर की हीनता थी, वह मिट जाए। एक चक्कर है, एक दुश्चक्र, एक वीसियस सर्किल है। वह दुश्चक्र ऐसा है कि जो मूल चीज है, उसको तो हम स्वीकार कर लेते हैं; फिर उसके विपरीत कुछ करने में लग जाते हैं।

मेरे पैर में एक घाव है। उसको तो मैं नहीं मिटाता; आपकी आंखों में घाव न दिखाई पड़े, इसलिए मलहम-पट्टी कर लेता हूं। वह मलहम-पट्टी, आपकी आंखों में घाव न दिखाई पड़े, इसलिए है। उस मलहम-पट्टी में वह औषधि नहीं है, जो मेरे घाव को ठीक करे। वह मलहम-पट्टी मैं अपने घाव पर नहीं, आपकी आंखों पर कर रहा हूं। आपको मैं धोखा दे दूंगा; मेरा घाव बढ़ता चला जाएगा। आज नहीं कल, घाव की मवाद पट्टी को फोड़ कर बाहर आ जाएगी। तब और मोटा पलस्तर मुझे करना होगा। धीरे-धीरे मैं पलस्तरों में घिर जाऊंगा और भीतर सब घाव ही घाव हो जाएगा; क्योंकि मेरी पूरी चेष्टा यह है कि किसी को मेरा घाव पता न चले।

लाओत्से जैसे लोग आपके घाव को आमूल रूपांतरित करना चाहते हैं। वे कहते हैं कि हीनता मिटनी चाहिए; विजय को पाने की कोई जरूरत नहीं है। मैं कुछ हूं, इसका पता चलना चाहिए; इसे दूसरों के सामने सिद्ध करने की कोई भी जरूरत नहीं है। और कितना ही सिद्ध करो, अगर भीतर मुझे पता नहीं है कि मैं हूं, कुछ हूं, तो मैं कितना ही दूसरों को समझा लूं, आखिर में मैं पाऊंगा कि मैं वहीं का वहीं खड़ा हूं। दूसरे भला राजी हो जाएं, लेकिन मेरे भीतर का कंपन तो कायम रहेगा। जो आदमी सड़क पर खड़ा था कल, आज राष्ट्रपति हो गया हो; तो भी उसके भीतर की घबड़ाहट और हीनता वही की वही रहेगी। आज वह कम प्रकट करेगा, क्योंकि उसके पास शक्ति का आयोजन है चारों तरफ। इसलिए आज वह आपके सामने प्रकट नहीं करेगा, आपके सामने उसकी कमजोरी छिपी रहेगी। लेकिन खुद के सामने तो जाहिर रहेगी।

इसलिए एक बड़ी अजीब घटना घटती है। जब आदमी बहुत धन इकट्ठा कर लेता है, तब उसे पहली दफे पता चलता है कि मैं कितना दरिद्र हूं। और जब आदमी के चारों तरफ फौज-फांटा खड़ा हो जाता है और भारी शक्ति इकट्ठी हो जाती है, तब उसे पता चलता है कि मैं कितना कमजोर हूं। यह और तीव्रता से पता चलता है; क्योंकि कंट्रास्ट मिल जाता है। जैसे किसी ने काली दीवार पर सफेद खड़िए से लकीर खींच दी हो। और भी ज्यादा प्रगाढ़ होकर दिखाई पड़ती है कमजोरी।

लेकिन हमारा तर्क यह है कि हम और लोगों को हराएं, और लोगों को मिटाएं, और लोगों को समाप्त कर दें, तो मैं शक्तिशाली और विजेता हो जाऊंगा। मनुष्य के मन की यह बुनियादी भूल है। इस भूल के खिलाफ यह सूत्र है।

'झुकना है सुरक्षा। टु यील्ड इज़ टु बी प्रिजर्व्ड होल।'

झुकना है सुरक्षा। अगर बचना है तो झुक जाओ।

कभी देखा है, जोर की आंधी आती है—और लाओत्से को मानने वाले चित्रकारों ने इस घटना के बहुत-बहुत चित्र बनाए हैं—जोर की आंधी आती है, बड़ा वृक्ष अकड़ कर खड़ा रह जाता है। न केवल अकड़ कर, बल्कि आंधी से लड़ता है। छोटे-छोटे पौधे, घास के तिनके झुक जाते हैं। क्षण भर बाद आंधी जा चुकी होगी, बहुत से बड़े वृक्ष गिर चुके होंगे, जड़ें उखड़ गई होंगी, छोटे घास के तिनके वापस अपनी जगह खड़े हो गए होंगे।

लाओत्से कहता है, पूछो राज जीवन का छोटे घास के तिनकों से, जिनको बड़ी से बड़ी आंधी उखाड़ नहीं पाती। क्या है उनका राज? पूरे के पूरे सुरक्षित रह जाते हैं। इतने कमजोर कि जरा सा झोंका हवा का उन्हें तोड़ दे; लेकिन भयंकर झंझावात चलता है और उनकी जड़ें भी नहीं हिलतीं। और जरा सी उनकी जड़ें हैं! और बड़े-बड़े वृक्ष, जिनकी गहरी जड़े हैं जमीन में, वे भूमिसात हो जाते हैं। पूछो, उन बड़े वृक्षों की भूल क्या थी? उन बड़े वृक्षों ने लड़ना चाहा; उन बड़े वृक्षों ने जीतना चाहा; उन बड़े वृक्षों ने झंझावात से युद्ध मोल लिया। उन बड़े वृक्षों ने कहा, हम कुछ हैं। वे छोटे घास के तिनके चुपचाप झुक गए।

'टु यील्ड इज़ टु बी प्रिजर्व्ड होल।'

झुक गए। उन्होंने कोई झगड़ा ही न लिया। उन्होंने झंझावात को दुश्मन ही न माना। उन्होंने झंझावात को प्रेम से अंगीकार कर लिया। उन्होंने खेल समझा, युद्ध न समझा। उन्होंने कहा, ठीक है, बह जाओ। उन्होंने रास्ता दे दिया।

अगर ठीक से समझें तो बड़े वृक्ष जरूर अपने भीतर हीनता से भरे रहे होंगे। वे रास्ता न दे सके। उन्हें लगा कि यह इज्जत का सवाल है। उनकी इज्जत बड़ी कमजोर रही होगी। उन्हें लगा होगा कि यह झंझावात हमें उखाड़ने आया है। कौन झंझावात किसे उखाड़ने आता है? झंझावात अपनी गति से बहता है। आंधी को कोई प्रयोजन है बड़े से या छोटे से? आंधी अपनी गति से बहती है, अपने ताओ में, अपने स्वभाव में बहती है। किसी को तोड़ने, उखाड़ने, मिटाने का कोई सवाल नहीं है। लेकिन बड़े वृक्ष भीतर हीन रहे होंगे, डरे रहे होंगे। इज्जत का सवाल होगा, रिस्पेक्टबिलिटी का सवाल होगा। लोग क्या कहेंगे? चारों तरफ लोग क्या हंसी उड़ाएंगे? उन्होंने इसे चुनौती समझा। झंझावात का जो स्वभाव था, इसे अकारण बड़े वृक्षों ने चुनौती समझा, चैलेंज समझा।

झंझावात को किसी के लिए कोई चुनौती नहीं थी। वृक्ष न होते तो भी झंझावात ऐसे ही बहता। यह वृक्ष न होगा, तब भी आंधियां बहेंगी। यह वृक्ष नहीं था, तब भी आंधियां बहती थीं। आंधियों को वृक्षों से क्या लेना-देना? लेकिन वृक्ष का अपना अहंकार आड़ में आ गया। और वृक्ष ने सोचा कि मुझे, जो मैं इतना बड़ा हूं, चुनौती है; लड़ूंगा, जीत कर बताऊंगा। आंधी टूट कर रहेगी।

कभी कोई आंधी नहीं टूटती, वृक्ष ही टूटता है। फिर बड़ा वृक्ष टकराता है। टकराता है, तो जड़ें हिल जाती हैं। ध्यान रखना, टकराने से हिल जाती हैं, आंधी से नहीं। वह जो रेसिस्टेंस है वृक्ष का, वह जो प्रतिरोध है, वही अपनी जड़ों पर आत्महत्या हो जाती है। वृक्ष गिरता है आंधी के कारण नहीं। क्योंकि छोटे-छोटे पौधे नहीं गिरते तो वृक्ष को गिरने का क्या कारण था? वृक्ष गिरता है प्रतिरोध के कारण, विरोध के कारण, संघर्ष के कारण, लड़ने की वृत्ति के कारण। विजय की आकांक्षा से गिरता है। उखड़ जाती हैं जड़ें, वृक्ष भूमिसात हो जाता है।

और जो लड़ कर गिरता है, वह उठने की क्षमता खो देता है। जो लड़ कर गिरता है, वह उठने की क्षमता खो देता है; क्योंकि जड़ें ही टूट जाती हैं जो फिर उठा सकती थीं। छोटे पौधे झुक जाते हैं। आंधी गुजर जाती है, बड़ी-बड़ी आंधियां गुजर जाती हैं। और छोटे पौधे फिर खड़े हैं, मुस्कुरा रहे हैं—वैसे के वैसे जीवित, शायद और भी जीवित। यह आंधी का जो संस्पर्श है उन्हें, और जीवन दे गया। यह जो आंधी उनके ऊपर से बह गई, उनकी धूल-धवांस भी हटा गई। यह जो आंधी उनके पास से गुजर गई, इसमें वे स्नान कर लिए। सद्यःस्नात, वे पुनः खड़े हो गए हैं। यह आंधी उनके लिए शत्रु न रही, मित्र हो गई। यह आंधी उन्हें जीवन की एक पुलक दे गई, एक जीवन का अनुभव दे गई। यह आंधी उनके ऊपर से गुजरी मित्र की तरह। जैसे कोई रात चादर ओढ़ कर सो जाए, ऐसे वे आंधी को ओढ़ कर सो गए। चुनौती नहीं थी आंधी उनके लिए; संघर्ष नहीं था।

आंधी जा चुकी है, वे छोटे पौधे वापस अपनी जगह खड़े हैं—और भी ज्यादा प्रसन्न, और भी ज्यादा अनुभव से भरे। और उनकी जड़ें और भी मजबूत हो गई हैं। क्योंकि हर अनुभव जड़ों को मजबूत कर जाता है। वे और

आश्वस्त हो गए हैं, अपने होने से और आनंदित हो गए हैं। और इस जगत के साथ उन्होंने एक गहरी मैत्री भी साध ली। आंधी भी उनका कुछ बिगाड़ती नहीं; आंधी भी उन्हें बना जाती है, सहला जाती है।

लाओत्से कहता है, 'झुकना है सूत्र सुरक्षा का, टु यील्ड इज़ टु बी प्रिजर्व्ड होल।'

इसे हम और पहलुओं से भी देखें। देखा है, रोज छोटे बच्चे गिर जाते हैं; चोट नहीं खाते हमारे जैसी। हम भी कभी छोटे बच्चों की तरह थे और गिरते थे और चोट नहीं खाते थे। एक बड़े आदमी को एक बच्चे की तरह चौबीस घंटे गिरा कर देखें, तब आपको पता चलेगा। सब हड्डी-पसली टूट जाएगी, जगह-जगह फ्रैक्चर हो जाएंगे। होना तो उलटा चाहिए था। बच्चे की हड्डी तो है कमजोर, कोमल; आपकी हड्डी तो ज्यादा मजबूत, ज्यादा शक्तिशाली है। बच्चा गिरता है, उठता है, खेलने लगता है। आप गिरते हैं, सीधा एंबुलेंस में सवार होते हैं। क्या, फर्क क्या है? अगर शक्ति ही विजय है और शक्ति ही सुरक्षा है तो बच्चे की हड्डियां टूटनी चाहिए, आपकी नहीं।

छोड़ें बच्चे को। कभी देखा है शराबी को रास्ते पर गिर जाते? आप जरा गिर कर देखें। जो शराब नहीं पीते हैं, साधु हैं भले, जरा गिर कर देखें शराबी की तरह रास्ते पर। तब आपको पता चलेगा कि शराबी भी क्या चमत्कार कर रहा है। रोज गिरता है, रोज सुबह घर पहुंच जाता है। न हड्डी टूटती है, न कुछ होता है। इस शराबी में क्या राज है? वह बच्चे वाला ही राज है। यह लाओत्से का ही सूत्र है। असल में बच्चे को पता नहीं है कि वह गिर रहा है। वह झुक जाता है। वह गिरने में राजी हो जाता है; रेसिस्ट नहीं करता। शराबी का भी राज वही है। जब वह गिरता है तो वह बेहोश है, उसे होश ही नहीं है कि वह गिर रहा है। वह मजे से गिर जाता है।

गिरते वक्त आपको होश होता है कि मैं गिरा। आप विरोध करते हैं कि गिरूं न। वह जो जमीन की गुरुत्वाकर्षण की शक्ति है, ग्रेविटेशन है, वह खींचती है नीचे आंधी की तरह। और आप उठते हैं ऊपर कि नहीं गिरूंगा। इस कशमकश में हड्डियां टूट जाती हैं। रेसिस्टेंस है। वही रेसिस्टेंस, वही प्रतिरोध, जो बड़ा वृक्ष आंधी को देता है, आप भी समझदार होकर पृथ्वी के गुरुत्वाकर्षण को देते हैं।

लाओत्से कहता है, गिर जाओ। जब गिर ही रहे हो, यील्ड; तब लड़ो मत, तब गिर ही जाओ। अपनी तरफ से गिर जाओ। साथ दो। और हड्डियां नहीं टूटेंगी।

वह बच्चा अनजाने, उसे कुछ पता नहीं क्या हो रहा है, झुक जाता है। बच्चा छोटे पौधे की तरह व्यवहार करता है। शराबी भी छोटे पौधे की तरह व्यवहार करता है। होश नहीं है इसलिए। यही शराबी होश में दोपहर में गिरेगा, तब चोट खाएगा। और यही रात पीकर नाली में पड़ा रहेगा, सड़क पर गिर जाएगा, और चोट नहीं खाएगा।

कई बार ऐसा होता है कि गाड़ी उलट जाती है, कार उलट जाती है, छोटे बच्चे बच जाते हैं। लोग समझते हैं, भगवान बड़ा दयालु है। अगर भगवान दयालु है तो बड़ों को बचाना चाहिए, इन पर ज्यादा मेहनत हो चुकी है, ज्यादा खर्चा हो चुका है। यह धंधा दया का नहीं है। एक बच्चे पर जिस पर अभी पचास साल खर्च होंगे, तब इस लायक हो पाएगा, या नालायक हो पाएगा। जिस पर पचास साल खर्च हो चुके हैं, पहले इसे बचाना चाहिए। इसमें काफी इनवेस्टमेंट है। लेकिन यह मर जाता है। छोटे बच्चे बच जाते हैं। नहीं, भगवान का कुछ इसमें हाथ नहीं है। छोटे बच्चे बच जाते हैं, क्योंकि यील्ड कर जाते हैं; जो भी हो रहा है, उसमें साथी हो जाते हैं; उसके विरोध में खड़े नहीं होते। उसको शत्रुता से नहीं लेते। उसको मित्रता से ले लेते हैं। ले लेते हैं, होश ही नहीं है इसलिए।

संत इसी को होश से करता है। जो बच्चे अनजाने में करते हैं, जो शराबी बेहोशी में करता है, संत इसी को होश में करता है।

चीन और जापान, दोनों मुल्कों में लाओत्से के आधार पर युद्ध की कई कला और कई कौशल विकसित हुए हैं—जुजुत्सु, जूडो। उनका सारा सीक्रेट, सारा राज यही सूत्र है—यील्ड। जब दुश्मन चोट करे, प्रतिरोध मत करो,

झुक जाओ। कभी इसका प्रयोग करके देखें। कोई आपको जोर से घूंसा मारे, तब आप घूंसे के खिलाफ बचाव मत करें; घूंसे को आत्मसात करने के लिए तैयार हो जाएं, पी जाएं। और आप पाएंगे, जिसने घूंसा मारा, उसकी हड्डी टूट गई। जिसने घूंसा मारा, उसकी हड्डी टूट गई।

जुजुत्सु की कला कहती है कि अगर तुम प्रतिरोध न करो तो तुम सदा जीते हुए हो। इसलिए अगर जुजुत्सु जानने वाले आदमी से आप पहलवानी करें तो आप हार जाएंगे। हारेंगे ही नहीं, हाथ-पैर तोड़ लेंगे। क्योंकि आप चोट करेंगे और वह सिर्फ चोट को पीएगा। उसकी शक्ति तो जरा भी नष्ट नहीं होगी; आप पांच-सात चोटें करके हीन हो जाएंगे। आपकी शक्ति नष्ट हो रही है। बल्कि जुजुत्सु की गहरी कला यह है कि जब कोई आपको घूंसा मारता है, अगर आप शांति से स्वीकार कर लें तो उसके घूंसे की सारी ऊर्जा आपको उपलब्ध हो जाती है। आप लड़ें न, तो उसके घूंसे में जितनी शक्ति व्यय हुई उतनी शक्ति आपके शरीर में रूपांतरित हो जाती है। आप उसे पी गए। दस-पांच घूंसे उसे मार लेने दें, वह अपने आप थक जाएगा, अपने आप गिर जाएगा।

और यह जो मैं कह रहा हूं, जुजुत्सु कोई अध्यात्म नहीं है। यह तो सीधी-सीधी कला है लड़ने की। और जुजुत्सु की खूबी है कि छोटा बच्चा भी बड़े पहलवान से लड़ सकता है। क्योंकि शक्ति का कोई सवाल नहीं है; यील्ड करने का सवाल है, झुकने का सवाल है, आत्मसात करने का। दो शब्द समझ लें : प्रतिरोध और अप्रतिरोध, रेसिस्टेंस और नॉन-रेसिस्टेंस। अगर आप प्रतिरोध करते हैं तो आप हार जाएंगे। अगर आप अप्रतिरोध में जीते हैं तो आप नहीं हार सकते। आंधियां निकल जाएंगी, आप वापस खड़े हो जाएंगे।

'झुकना है सुरक्षा।'

लाओत्से कहता है, मुझे कभी कोई हरा न सका, क्योंकि मैं हारा ही हुआ हूं। कैसा मजेदार हो मामला, आप लाओत्से से लड़ने चले जाएं, वह तत्काल चारों खाने चित्त लेट जाएगा। कहेगा, ऊपर बैठ जाएं। जीत गए, गांव में डंका पीट दें। आप बड़े मूढ़ मालूम पड़ेंगे। आप वैसे ही मालूम पड़ेंगे जैसे कभी छोटा बच्चा अपने बाप से कुश्ती लड़ता है और बाप नीचे लेट जाता है और छोटा बच्चा ऊपर छाती पर चढ़ जाता है। और छोटा बच्चा चिल्लाता है खुशी में कि जीत गए। और बाप जानता है कि कौन जीत रहा है, कि कौन जिता रहा है।

लाओत्से कहता है, मैं कभी हराया न जा सका, क्योंकि हम हारे ही हुए हैं। तुम आओ, हम तैयार हैं। लाओत्से कहता है, मेरा कभी अपमान नहीं हुआ; क्योंकि मैंने कभी उस जगह कदम भी न रखा, जहां सम्मान की अपेक्षा थी। मुझे कभी किसी सभा से बाहर नहीं निकाला गया; क्योंकि मैं बैठता ही वहां हूं, जहां से और बाहर निकालने का उपाय नहीं है।

एक सभा में लाओत्से गया है। तो जहां लोगों ने जूते उतार दिए हैं, वह वहीं बाहर बैठ गया है। बहुत लोग कहते हैं कि अंदर चलें, मंच पर चलें, भीतर बैठें। लाओत्से कहता है कि नहीं, वहां से मैंने कई को निकाले जाते देखा है। हम यहीं बैठे हैं; तुम हमारा कुछ भी न कर सकोगे।

घटना मुझे याद आती है; मुल्ला नसरुद्दीन एक सभा में गया। सदा उसकी आदत थी नंबर एक होने की। जरा देर से पहुंचा था, जैसा कि बड़े आदमियों को पहुंचना चाहिए। बड़े आदमी जान कर देर से पहुंचते हैं। क्योंकि छोटे आदमियों को अगर राह न दिखलाई जाए थोड़ी-बहुत तो बड़ा आदमी बड़ा ही क्या! थोड़ी देर से पहुंचा था। लेकिन उस दिन कुछ गड़बड़ हो गई। गांव के बाहर से एक विद्वान आ गया था; वह सभा पर बैठा हुआ था; व्याख्यान चल रहा था। मुल्ला नसरुद्दीन जब पहुंचा तो श्रोता मग्न थे, सुन रहे थे। वह पीछे बैठ गया। और तो कोई उपाय न था। बैठ कर उसने अपनी कहानियां लोगों से कहनी शुरू कर दीं। थोड़ी ही देर में, उसकी कहानियां ऐसी थीं कि लोग मुड़ते गए। आखिर सभापति को चिल्ला कर कहना पड़ा कि नसरुद्दीन, यह शोभा नहीं देता। तुम्हें खयाल होना

चाहिए कि इस सभा का सभापति मैं हूं। नसरुद्दीन ने कहा, यह खयाल आपका भ्रम है। मेरी तो सदा की मान्यता यह है कि जहां मैं बैठता हूं, वही जगह अध्यक्ष की जगह है। जहां मैं बैठता हूं, वही जगह अध्यक्ष की जगह है। जो समझदार हैं, वे मुझे पहले ही अध्यक्ष की जगह बैठा देते हैं। जो नासमझदार हैं, उनकी सभा गड़बड़ होती है। इस गांव में मैं ही अध्यक्ष हूं।

हमारा तर्क भी यही है, जो नसरुद्दीन का तर्क है। लाओत्से से हम राजी न होंगे। हमारा मन कहेगा, यह भी कोई बात हुई कि जहां लोगों ने जूते उतार दिए हैं, वहां बैठ गया। होना तो ऐसा चाहिए कि जहां बैठे, वहीं अध्यक्ष का पद आ जाए। हमारा भी मन यही कहेगा। आदमी की नासमझी का वही तर्क है।

लाओत्से के चिंतन का जो मौलिक आधार है, वह यही है कि तुम जीतने जाने की वासना से मत भरना; आखिर में हारे हुए लौटोगे। तुम अपेक्षा ही मत करना प्रशंसा की; अन्यथा तुम निंदा पाओगे। ऐसा नहीं है कि तुम अपेक्षा न करोगे तो लोग निंदा करेंगे ही नहीं। लेकिन तब उनकी निंदा तुम्हें छुएगी नहीं। तुम अपेक्षा नहीं करोगे तो भी लोग निंदा कर सकते हैं। लेकिन तब तुम्हें उनकी निंदा छुएगी नहीं।

छूती क्यों है निंदा? कहां छूती है? प्रशंसा की जहां आकांक्षा होती है, वहीं निंदा छूती है, वहीं घाव है। इच्छा होती है कि नमस्कार करो, और आप एक पत्थर फेंक कर मार गए। सोचा था फूल लाएंगे, और वह पत्थर ले आए। वह जो घाव है, पत्थर से नहीं लगता, ध्यान रखना; वह जो फूल की आकांक्षा थी, उसकी वजह से ही जो कोमलता भीतर पैदा हो गई, उस पर ही घाव बनता है पत्थर का। आकांक्षा न थी फूल की तो कोई पत्थर भी मार जाए तो सिर्फ दया आएगी कि बेचारा क्यों मेहनत कर रहा है! व्यर्थ इसका उपाय है, नाहक की इसकी चेष्टा है।

बुद्ध पर कोई थूक गया है। तो उन्होंने पोंछ लिया अपनी चादर से और उस आदमी से कहा, कुछ और कहना है कि बात पूरी हो गई? आनंद बहुत आगबबूला हो गया, पास में ही बैठा था। उसने कहा, यह सीमा के बाहर है बात। हद हो गई, यह आदमी थूकता है। हमें आज्ञा दें, इस आदमी को बदला चुकाया जाना जरूरी है।

बुद्ध ने कहा, आनंद, तुम समझते नहीं। जब आदमी कुछ कहना चाहता है तो कई बार भाषा बड़ी कमजोर पड़ती है। यह आदमी इतने क्रोध में है कि शब्द और गालियां बेकार हैं; यह थूक कर कह रहा है। यह कुछ करके कह रहा है। जब कोई बहुत प्रेम में होता है, गले लगा लेता है। अब यह भी कहना बेकार है कि मैं बहुत प्रेम में हूं। जब आदमी के शब्द कमजोर पड़ जाते हैं तो कृत्य उसे जाहिर करता है। आनंद, तू नाहक नाराज हो रहा है। इस बेचारे को देख, इसका क्रोध बिलकुल उबल रहा है।

उबल तो क्रोध आनंद का भी रहा था। बुद्ध ने आनंद से कहा, लेकिन यह आदमी माफ किया जा सकता है, क्योंकि इसे जीवन के रहस्यों का कुछ भी पता नहीं है। तुझे माफ करना मुझे भी मुश्किल पड़ेगा। और फिर मजे की बात आनंद, कि गलती इसने की है—अगर गलती भी की है—लेकिन तू अपने को दंड क्यों दे रहा है? इसका कोई संबंध ही नहीं है। यह आदमी मेरे ऊपर थूका है। गलती भी अगर इसने की है, तो इसने की है। तू आगबबूला होकर अपने को क्यों जला रहा है?

बुद्ध ने कहा है, दूसरों की गलतियों के लिए लोग अपने को काफी दंड देते हैं। दूसरों की गलतियों के लिए।

लेकिन हमारे खयाल में नहीं बैठता। मुल्ला नसरुद्दीन के पास कोई पूछने आया है। गांव में अकेला लिखा-पढ़ा आदमी है, जैसे कि लिखे-पढ़े होते हैं। खुद भी लिखता है तो पीछे खुद भी ठीक से पढ़ नहीं पाता। मगर गांव में अकेला ही है। और अकेला होने से कोई प्रतिस्पर्धा, प्रतियोगिता भी नहीं है। एक आदमी ने आकर पूछा है कि मुझे कोई आदेश दें, कोई धर्म की आज्ञा दें, कोई नियम मुझे बताएं, जिस पर चल कर मैं भी सार्थक हो सकूं। नसरुद्दीन ने बहुत सोचा और फिर जो कहा, वह पिटा-पिटाया एक सिद्धांत था, जो कि विचारक अक्सर सोच-सोच

कर कहते रहते हैं। वही, जो हजार दफे कहा गया है। नसरुद्दीन ने बहुत सोच कर उसको कहा कि एक सूत्र पर जीवन को चलाओ : डोंट गेट एंग्री, कभी क्रोधित मत होओ।

या तो वह आदमी मूढ़ था, या बहरा था, या उसकी समझ में नहीं पड़ा, या उसने सुना, नहीं सुना। उसने फिर कहा कि वह तो ठीक है; कोई ऐसी चीज बताएं कि जीवन बदल जाए। मुल्ला ने जोर से कहा कि बता दिया एक दफा, ठीक से याद कर लो, डोंट गेट एंग्री, क्रोधित मत होओ।

लेकिन वह आदमी मूढ़ था, कि बहरा था, कि क्या था, कि वह नहीं समझा और उसने कहा कि अब आ ही गया हूं इतनी दूर तो कोई एक ऐसा गोल्डन रूल, कोई ऐसा स्वर्ण-सूत्र कि जिंदगी बदल जाए। मुल्ला ने डंडा उठा कर उसके सिर पर दे दिया और कहा कि हजार दफे कह चुका, डोंट गेट एंग्री।

शायद मुल्ला को खयाल भी नहीं आया होगा कि क्या हुआ जा रहा है। हमारे खुद के सिद्धांत भी हमारे काम तो नहीं पड़ते। हमारी सलाह हमारे ही काम नहीं पड़ती। सलाह देना बहुत बुद्धिमानी की बात नहीं है। कोई भी दे देता है। अपनी सलाह को भी पूरा करना अति कठिन है।

बुद्ध ने आनंद से कहा कि तू इतने दिन से मेरे साथ है, तू अब तक इतनी सी छोटी बात नहीं समझ पाया! आनंद तो आग से भर गया है। उसने बुद्ध से कहा, अभी आप क्या कहते हैं, मुझे कुछ सुनाई नहीं पड़ता। जब तक यह आदमी यहां बैठा हुआ है, जिसने आपके ऊपर थूका है, तब तक मैं होश-हवास में नहीं हूं। बुद्ध ने कहा, आनंद, वह भी होश-हवास में नहीं है। नहीं तो थूकता क्यों? तू भी होश-हवास में नहीं है; क्योंकि मैं तुझे कहता हूं, तू कहता है मुझे कुछ समझ में सुनाई नहीं पड़ता। तुम दो पागलों के बीच मेरी क्या गति है, इस पर भी तो सोचो।

जीवन कुछ गहन सूत्रों पर खड़ा है। उनका खयाल न हो तो कितना ही हम उनको सिद्धांतों की तरह मान लें, हम उनके विपरीत व्यवहार किए चले जाते हैं। लाओत्से का यह सूत्र तो परम सूत्र है, सुरक्षा का अर्थ है झुक जाना। लेकिन यह अति कठिन है। यह बहुत कठिन है। यह क्रोध न करना ही बहुत कठिन पड़ता है, जो कि बहुत साधारण सा सूत्र है। झुक जाना सुरक्षा है, यह तो बहुत उलटा मालूम पड़ता है, पैराडाक्सिकल मालूम पड़ता है। जीतना है तो हार जाओ; सम्मान पाना है तो सम्मान चाहो ही मत। यह तो बहुत उलटा है।

लेकिन जितने गहरे हम जीवन में जाएंगे, उतने उलटे सूत्र हमको मिलेंगे। उसका कारण यह नहीं है कि वे उलटे हैं। उसका कारण है कि हम सिर के बल खड़े हैं; हमें उलटे दिखाई पड़ते हैं। हम सिर के बल खड़े हैं। हमारे पूरे जीवन की चिंतना उलटी है। दुख भी पाते हैं उसके कारण, फिर भी हमें खयाल नहीं आता कि हम सिर के बल खड़े हैं। और नहीं आने का कारण है कि आस-पास हमारे जो लोग हैं, वे भी सिर के बल खड़े हैं। ऐसा समझें कि किसी गांव में आप पहुंच जाएं महायोगियों के, जहां सभी शीर्षासन कर रहे हों। तो अगर आप में थोड़ी भी बुद्धि हो तो आपको भी उलटा खड़ा हो जाना चाहिए। अन्यथा आप उलटे आदमी मालूम पड़ेंगे।

जीसस के पास कोई आया है और उसने जीसस से कहा कि आपकी बातें उलटी मालूम पड़ती हैं। जीसस ने कहा, मालूम पड़ेंगी ही; क्योंकि तुम सिर के बल खड़े हो।

लेकिन तुम्हें याद भी नहीं आएगा; क्योंकि तुम्हारे चारों तरफ भी लोग वैसे ही खड़े हैं। पुरानी पीढ़ी मरते-मरते नई पीढ़ी को सिर के बल खड़ा होना सिखा जाती है। संक्रामक है बीमारी, एक-दूसरे को पकड़ती चली जाती है। फिर इन उलटे खड़े लोगों में अगर सफल होना हो तो उलटा खड़ा होना जरूरी है।

इसलिए लाओत्से का सूत्र उलटा दिखाई पड़ता है। अन्यथा सीधा है। अगर प्रशंसा चाही तो निंदा मिलेगी। नहीं चाही प्रशंसा तो भी मिल सकती है; लेकिन छुएगी नहीं। पर क्यों? प्रशंसा चाही तो निंदा क्यों मिलेगी? क्या कारण है? क्या हर्ज है प्रशंसा चाहने में? निंदा क्यों मिलेगी?

उसके कारण हैं; क्योंकि आपके आस-पास जो लोग हैं, उनका भी तर्क यही है। इसे हम थोड़ा समझ लें। मैं भी प्रशंसा चाहता हूं; आप भी प्रशंसा चाहते हैं; आपका पड़ोसी भी प्रशंसा चाहता है; सारा संसार प्रशंसा चाहता है। जहां सभी लोग प्रशंसा चाहते हैं, वहां जो आदमी भी प्रशंसा चाहने की चेष्टा में आगे बढ़ेगा, वे सारे लोग उसकी निंदा शुरू कर देंगे। क्योंकि खुद को जो ऊपर ले जाना चाहते हैं, वे दूसरे को नीचे रखें, यह अनिवार्य है, आवश्यक है। अगर ऐसे हर किसी को मैं ऊपर जाने दूं तो मेरी अपनी संभावनाएं खो रहा हूं।

और इस जगत में ऊपर कम स्थान होते जाते हैं। जितने ऊपर जाइए, उतना स्थान कम। पहाड़ की चोटी है, पिरामिड की तरह है यह जगत। यहां जितने ऊपर जाइए, उतने स्थान कम होते चले जाते हैं। और जितने ऊपर जाइए, उतने दुश्मन बढ़ते चले जाते हैं। जो आदमी बिलकुल शिखर पर पहुंचता है, सारा संसार उसका दुश्मन हो जाएगा। और सारा संसार चाहेगा कि तुम जमीन पर आओ। और सारा संसार साथी हो जाएगा आपको जमीन पर उतारने में। उन सबके आपस की कलह हैं, वह अलग बात है। लेकिन मैक्यावेली ने लिखा है कि अपने शत्रु का शत्रु अपना मित्र है। ठीक है। जिस आदमी को नीचे गिराना है, सब गिराने वाले इकट्ठे हो जाएंगे। हालांकि बात अलग है, कल यह जब गिर जाएगा, तो ये आपस में फिर लड़ेंगे। क्योंकि फिर सवाल उठेगा कि कौन ऊपर उठे।

देखा, पिछले महायुद्ध में क्या हुआ? जो सदा के दुश्मन थे, वे मित्र हो गए। कोई सोच सकता था कि स्टैलिन और चर्चिल और रूजवेल्ट साथ खड़े हो सकते हैं! कल्पना के बाहर था। लेकिन हिटलर जरा सीमा के बाहर चला जा रहा था। वह बिलकुल शिखर पर ही होने की कोशिश कर रहा था। तब तो रूजवेल्ट, चर्चिल और स्टैलिन को साथ खड़े होने में कोई कठिनाई न आई। एकदम मित्र बन गए। लेकिन यह बात जाहिर थी कि हिटलर के मरते ही यह मित्रता तत्क्षण टूट जाएगी। यह मित्रता ज्यादा देर नहीं टिक सकती। यह मित्रता तो सिर्फ हिटलर की वजह से थी। हिटलर के मरते ही खतम हो गई। दूसरे महायुद्ध में जो मित्र थे, युद्ध के हटते ही शत्रु हो गए। रूस और अमरीका फिर शत्रुता में खड़े हो गए।

चीन कम्युनिस्ट है; कोई सोच नहीं सकता कि अमरीका से कैसे मित्रता बन सकती है। लेकिन बिलकुल सहज है, नियम से है; बनेगी। बननी ही चाहिए। क्योंकि अपने शत्रु का शत्रु। चीन और रूस के बीच जरा सी भी कलह अगर खड़ी होती है तो अमरीका और चीन के बीच मैत्री बन जाएगी।

तो इस जगत में जो आदमी प्रशंसा की आकांक्षा करता है, सभी प्रशंसा चाहने वाले उसके शत्रु हो जाएंगे। वे सब उसको नीचे खींचने की कोशिश करेंगे। वे निंदा करेंगे।

और ध्यान रहे, किसी की प्रशंसा करनी बहुत मुश्किल काम है और निंदा करनी बहुत आसान काम है। क्योंकि जब भी आप किसी की प्रशंसा करो, लोग पूछेंगे, प्रमाण क्या है? लेकिन आप किसी की निंदा करो, कोई प्रमाण नहीं पूछेगा कि प्रमाण क्या है। क्यों? क्योंकि हम चाहते ही हैं कि निंदा सही हो।

अपनी प्रशंसा का हम प्रमाण नहीं मांगते; दूसरे की निंदा का हम प्रमाण नहीं मांगते। अपनी निंदा का हम प्रमाण मांगते हैं; दूसरे की प्रशंसा का प्रमाण मांगते हैं। प्रमाण क्या है? गवाह कौन है?

अगर कोई आपसे आकर कहता है कि फलां आदमी बहुत ईमानदार है, तो आप कहते हैं, प्रमाण क्या है? अभी बेईमानी का मौका न मिला होगा। या तुम्हारे पास सबूत क्या है? और अगर यह आदमी सबूत भी ले आए तो हम सोचेंगे कि यह आदमी खुद भी लाने वाला ईमानदार है या नहीं? या जरूर कोई साजिश होगी, कोई षड्यंत्र होगा, कोई हाथ होगा। नहीं तो कोई किसी की प्रशंसा क्यों करेगा?

कोई आपसे आकर कहे कि फलां आदमी बेईमान है, चोर है। आप कहते हैं, मैं पहले ही जानता था, यह होगा ही। इसके लिए कोई प्रमाण की आवश्यकता नहीं है।

तो जो व्यक्ति प्रशंसा चाहेगा, वह सारे जगत से निंदा को आमंत्रित कर लेगा। अपनी ही तरफ से निमंत्रण बुला रहा है। फिर जितना वह सिद्ध करने की कोशिश करेगा, उतने ही दूसरे लोग भी कोशिश करेंगे कि तुम गलत हो। इस सूत्र का शीर्षक है: फ्यूटिलिटी ऑफ कनटेंशन, दावे की व्यर्थता। जब आप दावा करोगे तो सारी दुनिया दावा करेगी कि गलत हो। और बड़ा कठिन है दावे को बचा लेना। कोई उपाय नहीं है। वे सिद्ध कर ही देंगे कि आप गलत हो। और एक और बड़े मजे की बात है कि एक बार दावा गलत हो जाए, सही या गलत, फिर उसे कभी भी झुठलाया नहीं जा सकता।

हमारे हृदय में इच्छा यह है कि मेरे सिवाय कोई भी ठीक नहीं है, यह हम जानते हैं। अरब में वे कहते हैं, ईश्वर हर आदमी को बना कर एक मजाक कर देता है, उसके कान में कह देता है—तुमसे बेहतर आदमी मैंने बनाया ही नहीं। सभी से कह देता है, यही खराबी है। और प्राइवेट में कह देता है, इसलिए कोई दूसरे को पता नहीं है कि दूसरे को भी यही कहा हुआ है। वे सभी यह खयाल लेकर जिंदगी भर चलते हैं कि मुझसे बेहतर आदमी जगत में दूसरा नहीं है। और सभी यह खयाल लेकर चलते हैं।

तो लाओत्से का सूत्र हमारे खयाल में आ सकता है, 'झुकना है सुरक्षा। झुकना ही है सीधा होने का मार्ग।'

अगर किसी व्यक्ति को सीधा, सादा, सरल, ऋजु व्यक्तित्व चाहिए हो तो उसे झुकने की कला सीख लेनी चाहिए। हम सब अकड़ने की कला सीखते हैं। हम कहते हैं कि अगर हमें सीधा रहना है, रीढ़ के बल खड़े रहना है, तो झुकना मत, चाहे टूट जाना। सब शिक्षाएं समझाती हैं कि झुकना मत, चाहे टूट जाना। हम बड़ा आदमी उसको कहते हैं कि वह झुका नहीं, भला टूट गया। अहंकार का सूत्र यही है, झुकना मत, टूट जाना।

लेकिन जीवन का यह सूत्र नहीं है। ध्यान है आपको, बच्चों के सब अंग कोमल होते हैं, झुकने वाले होते हैं। बूढ़े के सब अंग सख्त हो जाते हैं, झुकते नहीं हैं। वैज्ञानिक कहते हैं कि बूढ़े के मरने का जो बुनियादी कारण है, वह उम्र नहीं है, अंगों का सख्त हो जाना है। अगर बूढ़े के अंग भी इतने ही कोमल बनाए रखे जा सकें, जैसे बच्चे के, तो मृत्यु का कोई बायोलाजिकल कारण नहीं है।

यह जान कर आपको हैरानी होगी कि अभी तक वैज्ञानिक यह नहीं समझ पाए कि आदमी क्यों मरता है। क्योंकि जहां तक शरीर का संबंध है, ऐसा कोई कारण नहीं दिखाई पड़ता कि आदमी बहुत-बहुत समय तक क्यों न जी सके। सिर्फ एक बात दिखाई पड़ती है कि धीरे-धीरे अंग सख्त होते चले जाते हैं। वह जो नमनीयता है, फ्लेक्सिबिलिटी है, वह खो जाती है। वह नमनीयता का खो जाना ही मृत्यु का कारण बनता है। जितना सख्त हो जाता है सब भीतर, उतनी ही मौत करीब आ जाती है। जितना भीतर सब होता है नमनीय, तरल, उतनी मृत्यु दूर है।

यह जो शरीर के संबंध में सही है, मनुष्य की अंतरात्मा के संबंध में और भी ज्यादा सही है। जो झुकने के लिए जितना राजी है, उतने अमृत को उपलब्ध हो जाता है। और जो झुकने से बिलकुल इनकार कर देता है, वह तत्क्षण मृत्यु को उपलब्ध हो जाता है। यह दूसरी बात है कि हम मरे हुए भी जी सकते हैं; और आत्मा मरी-मरी रहे, शरीर ढो सकता है। अकड़ मौत है आध्यात्मिक अर्थों में। नमनीयता जीवन है।

लाओत्से कहता है, 'और झुकना है सीधा होने का मार्ग। टु बी बेंट इज़ टु बिकम स्ट्रेट।'

उलटी बातें हैं न। झुकोगे तो लोग कहेंगे, ऐसे बार-बार झुकोगे, आदत हो जाएगी झुकने की, फिर सीधे कैसे हो सकोगे? इसलिए सीधे रहो, झुको मत। लेकिन खयाल है आपको, इसको कोशिश करके देखें, झुकें मत, सीधे रहें। एक चौबीस घंटे बिलकुल न झुकाएं शरीर को, सीधा रखें; और तब आपको पता लगेगा कि बस, अब मौत आती है। नहीं, झुकने से कोई झुकता नहीं है; हर बार झुक कर सीधे होने की ताकत पुनरुज्जीवित होती है।

इसको समझ लें। दिन भर आप जागते हैं। वह तो अच्छा है कि कोई समझाने आपको नहीं आता कि सोएं

मत, नहीं तो सुबह जागेंगे कैसे? अगर सो ही गए! और कुछ हैं ऐसे लोग जो सोने से डरते हैं कि सुबह जागेंगे कैसे? मनोवैज्ञानिकों के पास बहुत से लोग पहुंच जाते हैं, जिनको यह भय रहता है। और बीमारी सख्त होती है कभी तब तो अनेक लोग डरते हैं सोने से। क्योंकि लगता है पता नहीं, फिर उठ पाए, न उठ पाए। कम से कम जागते-जागते तो मरें। कहीं सोते में ही मर गए तो पता भी नहीं चलेगा कि मर गए। जिंदा रहने का तो कभी पता चला ही नहीं; यह मरने का भी पता नहीं चलेगा। दोनों ही बातें चूक गईं।

लेकिन कोई आपसे कहता नहीं कि सोओ मत, नहीं तो जागोगे कैसे। हालांकि सोना उलटी प्रक्रिया है; सोना बिलकुल उलटा है जागने से। लेकिन कभी खयाल किया कि जो आदमी जितना गहरा सोता है, उतना गहरा जागता है, उतना चैतन्य जागता है। रात जितनी गहरी होती है नींद, सुबह उतना गहरा होता है जागरण।

आपको एक बीमारी का तो पता होगा, अनिद्रा का, कि रात अनेक लोग हैं जो सो नहीं पाते। लेकिन उनको भी यह खयाल नहीं है कि जब रात वे सो नहीं पाते तो दिन वे जाग भी नहीं पाते हैं। वह दूसरी बात उनके खयाल में नहीं है। अनिद्रा की जिसको बीमारी है, उसको अजागरण की बीमारी भी होगी। वह खयाल में नहीं आती उसे। क्योंकि नींद की गहराई पर जागने की गहराई निर्भर है। जितनी गहरी होगी नींद, जितनी तल-स्पर्शी होगी, उतना ही सुबह गहरा जागरण होगा। अगर रात नींद उथली, सुबह जागरण उथला। अगर रात नींद बिलकुल नहीं, तो सुबह सिर्फ आपकी आंखें खुल गई हैं, आप जागे नहीं हैं।

रात आदमी आंखें बंद कर लेता है; आंखें बंद कर लेने से कोई सोने का संबंध है? हम सब सोचते हैं कि आंख बंद कर ली तो सो गए। नहीं, नींद आती है तो आंख बंद होती है। आंख बंद करने से दुनिया में कोई नहीं सो सकता। आंखें बंद किए पड़े रहिए रात भर। नींद नहीं आती तो आंख बंद करने का नाम नींद नहीं है। तो ठीक दूसरी बात भी खयाल रख लें, सुबह आंख खोल ली, उसका नाम जागरण नहीं है। क्योंकि जागरण का अनुपात निर्भर करता है नींद की गहराई पर।

इसे और तरह से देखें। एक आदमी दिन भर मेहनत करता है। जितनी उसकी मेहनत होती है, उतना गहरा उसका विश्राम हो जाता है। कई लोग सोचते हैं कि दिन भर विश्राम करते रहें तो विश्राम का अच्छा अभ्यास रहेगा, तो रात काफी गहरा विश्राम हो जाएगा। वे गए, उनको विश्राम कभी नहीं होगा। बल्कि उनको रात बिस्तर पर व्यायाम करना पड़ेगा। क्योंकि जितना व्यायाम करने से बच गए हैं, वह कौन करेगा? और सुबह वे थके हुए उठेंगे; क्योंकि रात भर जब व्यायाम करेंगे, तो सुबह थके हुए उठेंगे ही। उनकी जिंदगी में दुष्टचक्र पैदा हो गया।

वे सोचते हैं कि विश्राम ज्यादा करेंगे तो ज्यादा विश्राम उपलब्ध हो जाएगा। जिंदगी उलटे, विपरीत के सूत्र से चलती है; वह जो अपोजिट पोलर है, जो ध्रुवीयता है विरोध की, उससे चलती है। अगर गहरा विश्राम चाहिए, गहरा श्रम चाहिए। गहरे श्रम में उतर जाएं, विश्राम अपने आप आ जाएगा। गहरी नींद में चले जाएं, जागरण अपने आप आ जाएगा। ठीक से जाग लें, नींद अपने आप आ जाएगी। अगर आपको रात नींद न आती हो तो मैं नहीं कहूंगा कि नींद लाने का उपाय करें। मैं आपसे कहूंगा दौड़ें और मकान के सौ-पचास चक्कर लगा आएं। नींद न आने का मतलब इतना है कि आपने कोई श्रम नहीं किया, आप जागे नहीं। दौड़ें, एक सौ चक्कर मकान के लगा आएं। फिर आपको नींद लाना न पड़ेगी, आ जाएगी।

लाओत्से कहता है, 'और झुकना ही है सीधा होने का मार्ग।'

इस भ्रांति में मत पड़ना कि अकड़ कर खड़े रहें तो सीधे हो जाएंगे। अकड़ जाएंगे, लकवा लग जाएगा, पैरालिसिस हो जाएगी। पैरालिसिस का नाम सीधा होना नहीं है। जो झुकने में जितना कुशल है, उसके खड़े होने में उतनी जीवंतता होती है, स्वास्थ्य होता है। जीवन के समस्त तलों पर झुकना सीखना तो आप खड़े हो जाएंगे।

लेकिन हम हर जगह हर आदमी अकड़ा हुआ है और अपने को बचा रहा है कि कहीं झुकना न पड़े, कहीं झुकना न पड़े। सभी इस कोशिश में लगे हैं, सभी अकड़ गए हैं, फ्रोजन हो गए हैं। अब उनमें खून नहीं बहता। सब अकड़े खड़े हुए हैं। इसलिए एक-दूसरे से मिल भी नहीं सकते, मैत्री भी संभव नहीं है। प्रेम असंभव हो गया है। निकट आना मुश्किल है। यह जो हमारे अकड़े होने की दुर्दशा है आज, उसका कारण वह सूत्र हमारे खयाल में बैठा हुआ है : झुकना ही मत, टूट जाना। मिट जाना, लेकिन झुकना मत।

लेकिन ध्यान रहे, हमारा मिटना भी मुर्दा होगा और हमारा टूटना भी सिर्फ विध्वंस होगा।

इस सूत्र में आगे लाओत्से कहता है, 'खाली होना है भरे जाना। टु बी हालो इज़ टु बी फिल्ड।'

वर्षा होती है। पहाड़ों पर भी होती है, खड्डों में भी होती है। पहाड़ खाली के खाली रह जाते हैं, खड्डे झील बन जाते हैं। खड्डे भर जाते हैं, खाली थे इसलिए। और पहाड़ खाली रह जाते हैं; क्योंकि पहले से ही भरे हुए थे। पहाड़ पर भी उतनी ही वर्षा होती है। कोई गड्ढों पर वर्षा विशेष कृपा नहीं करती। सच तो यह है कि गड्ढे पहाड़ पर गिरे पानी को भी खींच लेते हैं, अपने में भर लेते हैं। क्या है उनकी ताकत? खाली होना उनकी ताकत है।

लाओत्से कहता है, जो जितने खाली हैं, इस जगत में जो परमात्मा का प्रसाद है, उतना ही ज्यादा उनमें भर जाएगा। जो अहंकारी हैं, अकड़े खड़े हैं पहाड़ों की तरह, वे खड़े रह जाएंगे। जो खाली हैं, वे भर जाएंगे।

इसका मतलब यह हुआ कि हमें खाली करने की कला आनी चाहिए। भरने की हम फिक्र न करें। हम सब भरने की फिक्र करते हैं। खाली करना, हमें डर लगता है। भरे चले जाते हैं; कूड़ा, कबाड़, कचरा, सब भरे चले जाते हैं। इकट्ठा करे चले जाते हैं, जो मिल जाए। बर्नार्ड शॉ ने कहीं कहा है कि कई चीजें मैं फेंक सकता हूं अपने घर की; लेकिन इसीलिए नहीं फेंकता कि कहीं दूसरे न उठा लें। वह भी फिक्र है। ऐसे बेकार हो गई हैं, कोई मतलब नहीं है; लेकिन दूसरे इकट्ठा कर लें तो उनका ढेर बड़ा हो जाए। तो इकट्ठा करता चला जाता है आदमी।

कभी आपने सोचा है, आप क्या-क्या इकट्ठा करते रहते हैं? क्यों करते रहते हैं? कुछ लोगों को और कुछ नहीं तो वे डाक टिकट इकट्ठी कर रहे हैं, पोस्टल स्टैम्प इकट्ठे कर रहे हैं। पूछें उनको, क्या हो गया है?

लेकिन कोई फर्क नहीं है। एक आदमी रुपए इकट्ठा कर रहा है; उसको हम पागल नहीं कहेंगे। एक आदमी डाक टिकट इकट्ठी कर रहा है; एक आदमी कुछ और इकट्ठा कर रहा है। इकट्ठा करना विचारणीय है; क्या इकट्ठा कर रहे हैं, यह बड़ा सवाल नहीं है। इकट्ठा करना! हम अपने को भर रहे हैं। खाली न रह जाएं; कहीं ऐसा न हो कि मौत आए और पाए कि बिलकुल खाली हैं, कोई फर्नीचर ही नहीं पास में। तो हम सब कूड़ा-कबाड़ इकट्ठा करके मौत के वक्त कहेंगे कि देखो, इतना सब सामान इकट्ठा कर लिया।

लेकिन आप खाली ही रह जाएंगे। यह सब सामान आपको खाली रखने का कारण बनेगा। जिस आदमी को भरना है, उसे अपने को खाली करना आना चाहिए। खाली करने का मतलब यह है कि आदमी के भीतर स्पेस चाहिए, जगह चाहिए। जो भी विराट उतर सकता है, उसको जगह चाहिए। हमारे भीतर अगर परमात्मा आना भी चाहे तो जगह कहां है? है कोई जगह थोड़ी-बहुत जहां उससे कहें कि कृपा करके आप यहां बैठ जाइए? खुद के बैठने की जगह नहीं है, खुद अपने बाहर खड़े हैं, कि भीतर तो कोई जगह है नहीं। अपने बाहर-बाहर घूमते हैं, कि भीतर तो कोई जगह है नहीं। परमात्मा मिल भी जाए और कहे कि आते हैं आपके घर में, तो वहां स्थान कहां है?

जीवन का जो भी परम रहस्य है, वह खुद को खाली करने की कला में निहित है।

इसे हम ऐसा समझें। अगर आप पूछें शरीर-शास्त्री से...और अगर आप लाओत्से से पूछें, तो शरीर-शास्त्री की जो अब की समझ है, वह वही कहती है जो लाओत्से कहता है। आपने कभी खयाल किया है कि आप श्वास जब लेते हैं तो आप लेती श्वास पर जोर देते हैं कि जाती श्वास पर?

लाओत्से कहता है, खाली करने वाली श्वास पर जोर देना। लेने की फिक्र ही मत करना, वह अपने से आ जाएगी। उसकी आपको क्या चिंता करनी है? आप सिर्फ श्वास को उलीच कर बाहर कर देना। आप श्वास लेना मत अपनी तरफ से। वह काम परमात्मा कर लेगा, वह प्रकृति कर लेगी। आप सिर्फ खाली कर दो।

जीवन में जो परम रहस्य है स्वास्थ्य का, वह इतने से फर्क से भी हल हो जाता है। अगर कोई व्यक्ति सिर्फ श्वास को खाली करे और लेने का काम न करे, आने दे अपने से, तो उसे अपूर्व स्वास्थ्य उपलब्ध हो जाएगा। आप सीढ़ियां चढ़ते हैं; थक जाते हैं। अब की दफे ऐसा करना कि सीढ़ियां चढ़ते वक्त सिर्फ श्वास छोड़ना, लेना मत। और आप नहीं थकेंगे। सीढ़ियां चढ़ते वक्त सिर्फ श्वास छोड़ना, खाली कर देना बाहर; और लेते वक्त आप फिक्र मत करना, शरीर को लेने देना। और आप पाएंगे, आप कितनी ही सीढ़ियां चढ़ सकते हैं, और नहीं थकेंगे। क्या हो गया? जब आप श्वास लेते हैं तो भीतर की जो गंदी श्वास है वह तो भीतर ही भरी रह जाती है, आप ऊपर से श्वास ले लेते हैं। वह ऊपर से ही वापस चली जाती है। भीतर की गंदी तो भीतर भरी ही रहती है। वह भीतर की गंदी श्वास, वह कार्बन डायआक्साइड ही आपकी हजार बीमारी, कमजोरी और सब चीजों का कारण है।

लेकिन हमारा जोर लेने पर क्यों है? वह हमारी वृत्ति के कारण है। हम हर चीज को लेना चाहते हैं, छोड़ना किसी चीज को भी नहीं चाहते। एक आध्यात्मिक कांस्टीपेशन है। कोई चीज छोड़ना नहीं चाहते, मल-मूत्र भी छोड़ना नहीं चाहते; उसको भी सम्हाल कर रखे हुए हैं।

एक वैज्ञानिक विचारक है पश्चिम में, मेथियास अलेक्जेंडर। उसने सारी जिंदगी लोगों की कब्जियत पर काम किया है। और वह कहता है कि कब्जियत मानसिक कंजूसी का परिणाम है; शारीरिक उसका कारण नहीं है। जो लोग कुछ भी नहीं छोड़ना चाहते, आखिर में वे मल भी नहीं छोड़ना चाहते हैं।

फ्रायड ने तो बहुत अजीब प्रतीक खोजा है; एकदम से कठिन मालूम पड़ता है। वह कहता है, सोने को पकड़ना और मल को पकड़ना एक ही प्रक्रिया के हिस्से हैं। और पीला रंग सोने का और मल का पीला रंग, वह कहता है, महत्वपूर्ण है। फ्रायड ने तो बहुत मेहनत की है बच्चों पर। क्योंकि बच्चे...। मां और बाप सब छुड़वाने की कोशिश करते हैं बच्चे से कि जा, शरीर को साफ कर, मल को बाहर निकाल! लेकिन बच्चे को एक बात समझ में आ जाती है कि एक चीज ऐसी है जिसमें वह मां-बाप का भी विद्रोह शुरू से ही कर सकता है। तो वह नहीं जाता। वह कहता है कि नहीं, कोई खयाल ही नहीं है। वह रोकता है, वह मां-बाप को बताता है कि तुम क्या समझते हो, एक चीज तो कम से कम मेरे पास भी है जो मैं ही कर सकता हूं और तुम करवा नहीं सकते!

फ्रायड कहता है, ट्रॉमैटिक हो जाती है यह घटना। बच्चे की पहली ताकत उसके पास यही है। और तो कोई ताकत भी नहीं है गरीब पर। और मां-बाप पर सब कुछ है; वे हर कुछ कर सकते हैं। बच्चे के पास एक ताकत है; मां-बाप को प्रसन्न कर सकता है। अगर वह चला जाए पाखाना, मां-बाप को प्रसन्न कर देता है। न जाए, घर भर में चिंता खड़ी कर देता है। वह दो दिन सम्हाल ले, संयमी हो जाए, सब को बेचैन कर डाला उसने। उसके हाथ में एक ताकत आ गई। यह बच्चा सीख रहा है चीजों का रोकना। फिर जिंदगी भर इसका संबंध गहरा होता चला जाएगा; हर चीज को रोकने की वृत्ति होती चली जाएगी।

कंजूस आदमी अक्सर कब्जियत से भरे होंगे। जो आदमी सहज चीजें दे सकता है, बांट सकता है, वह कब्जियत का शिकार नहीं होगा। जुड़े हैं हमारे जीवन में एक आरगैनिक यूनिटी है; सब चीजें जुड़ी हैं, अलग अलग नहीं हैं। छोटी सी चीज भी जुड़ी है, बहुत छोटी सी चीज भी जुड़ी है।

आप खाना खा रहे हैं। लोग भरते चले जाते हैं। मनोवैज्ञानिक कहते हैं कि चबाते क्यों नहीं लोग? भरते क्यों चले जाते हैं? चबाएंगे तो देरी लगेगी। भरने की इतनी जल्दी है, भर लेना है। अगर आप ठीक से चबाएं तो आपको

कम से कम एक कौर बयालीस बार चबाना ही पड़ेगा। तभी वह ठीक से चबा। लेकिन बयालीस बार एक कौर? सोच कर ऐसा लगेगा कि जिंदगी फिर चबाने में ही चली जाएगी। भर दो। आपको पता ही नहीं है कि पेट के पास फिर कोई दांत नहीं हैं। और पेट सिर्फ एक तरह की चमड़ी है। और पेट के पास उसे पचाने का कोई उपाय नहीं है। ऊपर से भरते चले जाओ, नीचे से निकलने मत दो। और ये दोनों एक साथ होंगी घटनाएं तो आदमी की जिंदगी एक कचरे का ढेर हो जाती है।

यह मैं इसलिए कह रहा हूं कि सब चीजें जुड़ी हैं। जो आदमी ठीक से नहीं चबाएगा, वह हिंसक हो जाएगा। उसका व्यवहार हिंसक हो जाएगा। क्योंकि जो आदमी ठीक से चबा लेगा, उसकी हिंसा की बड़ी मात्रा चबाने में निकल जाती है। ठीक से चबाने वाले लोग मिलनसार होंगे। ठीक से नहीं चबाने वाले लोग मिलनसार नहीं होंगे। जो ठीक से चबा लेगा, उसका क्रोध कम हो जाएगा। क्योंकि दांत हमारे हिंसा के साधन हैं। जो ठीक से नहीं चबाएगा, वह कहीं और क्रोध निकालेगा, वह किसी और को चबाने के लिए तैयार रहेगा।

और भरने की जल्दी है कि भरते चले जाओ। यह आपको हैरानी होगी जान कर कि यूनान में, जब सभ्य था यूनान, अपनी ऊंचाई पर पहुंचा, तो लोग खाने की टेबल पर साथ में एक पक्षी का पंख भी रखते थे। जैसे दांत साफ करने के लिए हम कुछ लकड़ियां रखते हैं, ऐसे वे हर एक टेबल पर खाने वाले के साथ एक पक्षी का पंख रखते थे। वह था—गटको, फिर पंख को करके वोमिट कर दो, फिर और खा लो। नीरो सम्राट दिन में आठ-दस दफे खाना खाता था। दो डाक्टर रख छोड़े थे। वह खाना खाएगा, डाक्टर उसको उलटी करवा देंगे; वह फिर अपनी टेबल पर आकर खाना खाने बैठ जाएगा। भरते जाओ। क्या कारण है ऐसा हमें भरने का? यह क्या पागलपन है?

मैं घरों में जाता हूं, कभी अमीरों के घर में पहुंच जाता हूं तो वहां समझ में नहीं पड़ता कि वे रहते कहां होंगे! सब भरा हुआ है। सब भरा हुआ है। निकलने का भी रास्ता नहीं है। कैसे निकल कर बाहर आते हैं, कैसे भीतर जाते हैं, कुछ पता नहीं। मगर यह घर का ही सबूत नहीं है, यह भीतर मन का भी सबूत है। क्योंकि हमारे घर हमारे मन हैं। और हमारा मन हमारा घर है, उसका ही फैलाव है।

लाओत्से कहता है, 'खाली होना है भरे जाना।'

तुम अपने को भीतर से खाली करने की सोचो; भरने का काम प्रकृति पर छोड़ दो। वह सदा भर देती है। तुम सिर्फ गड्ढे बनाओ, तुम सिर्फ खाली करो, तुम सिर्फ खाली करो।

'और टूटना, टुकड़े-टुकड़े हो जाना है पुनरुज्जीवन।'

और घबड़ाओ मत कि टूट जाऊंगा। और घबड़ाओ मत कि मिट जाऊंगा। और घबड़ाओ मत कि मर जाऊंगा। क्योंकि मरना नए जीवन की शुरुआत है। जन्म शुरुआत है मृत्यु की और मृत्यु पुनः शुरुआत है जन्म की। टूटने से मत घबड़ाओ। टूटने को तैयार रहो। क्योंकि तुम टूट सकोगे तो नए हो जाओगे। नए होने का ढंग एक ही है कि हम बिखरना भी जानें, टूटना भी जानें, समाप्त होना भी जानें।

हम पकड़ कर रखना चाहते हैं अपने को, कि कुछ मिटे न, कुछ टूट न जाए। हम जीवन की प्रक्रिया के विपरीत चल रहे हैं। यह जीवन की पूरी प्रक्रिया एक वर्तुल है। एक नदी सागर में गिरती है। सागर में धूप और सूरज की किरणें भाप बनाती हैं। वह भाप फिर आकर पहाड़ पर वर्षा कर जाती है। फिर गंगोत्री में भर जाता है पानी। फिर गंगा बहने लगती है। फिर गंगा जाकर सागर में गिर जाती है। एक वर्तुल है। गंगा अगर सागर में गिरते वक्त कहे कि अगर मैं सागर में गिरूं और बिखरूं तो नष्ट हो जाऊंगी, गंगा अपने को रोक ले, न जाए सागर में गिरने। उस दिन गंगा मर जाएगी। क्योंकि पुनरुज्जीवन का उपाय नहीं रह जाएगा। गंगा को सागर में खोना ही चाहिए। वही उसके नए होने का उपाय है। फिर ताजी हो जाएगी।

और ध्यान रखें, इतनी यात्रा में गंगा गंदी हो जाती है—स्वभावतः। सागर उसे फिर नया और ताजा कर देता है। बिखर जाती है, सब रूप खो जाता है। फिर निमज्जित हो जाती है मूल में। फिर धूप, फिर बादल बनते हैं। इन बादलों में गंदगी नहीं चढ़ सकती। बादल शुद्धतम होकर आकाश में आ जाते हैं। फिर हिमालय पर बरस जाते हैं। फिर गंगोत्री नई और ताजी है। फिर यात्रा शुरू हो जाती है।

लाओत्से कहता है, जीवन एक वर्तुल यात्रा है। टूटना पुनः होने का उपाय है; मिटना नए जीवन की शुरुआत है; मृत्यु नया गर्भाधान है। इसलिए घबड़ाओ मत कि टूट जाएंगे; टुकड़े-टुकड़े हो जाएंगे; अगर झुकेंगे, मिट जाएंगे; अगर खाली रहेंगे, क्या भरोसा, भरे गए, न भरे गए; किस पर विश्वास करें? अपनी रक्षा अपने ही हाथ करनी है! ऐसा बचाने की कोशिश जिसने की, वह सड़ जाएगा। उसकी गति अवरुद्ध हो जाएगी। गति का सूत्र है: मिटने की सदा तैयारी। जीवन का महासूत्र है: प्रतिपल मरने की तैयारी, प्रतिपल मरते जाना, प्रतिपल मरते जाना।

बायजीद रात जब विदा होता अपने शिष्यों से तो रोज नमस्कार करता और कहता, शायद सुबह मिलना हो, न हो मिलना, आखिरी प्रणाम! यह रोज आखिरी नमस्कार! सुबह उठ कर कहता कि फिर एक मौका मिला नमस्कार का। शिष्यों ने कई बार बायजीद को कहा कि आप यह क्या करते हैं रोज रात को? बायजीद कहता कि रोज रात मृत्यु में जाने की तैयारी होनी चाहिए। और तभी तो मैं सुबह इतना ताजा उठता हूं; क्योंकि तुम सिर्फ सोते हो, मैं मर भी जाता हूं। इतना गहरा उतर जाता हूं, सब छोड़ देता हूं जीवन को।

इसलिए बायजीद की ताजगी पाना बहुत मुश्किल है। सुबह बायजीद जब उठता तो वैसे ही जैसे नया बच्चा जन्मा हो। उसकी आंखों में वही निर्दोष भाव होता। क्योंकि सांझ जो मर सकता है, सुबह वह फिर से पुनरुज्जीवित हो जाता है। हम तो रात नींद में भी अपने को पकड़े रहते हैं कि कहीं खिसक न जाएं, सम्हाले रखते हैं कि कहीं कोई गड़बड़ न हो जाए। तो सुबह हम वैसे ही उठते हैं, जैसे हम रात भर सोते हैं।

'अभाव है संपदा। संपत्ति है विपत्ति और विभ्रम।'

अभाव है संपदा, न होना संपत्ति है। होना विपत्ति है। लाओत्से कहता है, जितना ज्यादा तुम्हारे पास होगा, उतनी तुम अड़चन और मुसीबत में रहोगे। क्योंकि भोग तो तुम उसे पाओगे ही नहीं, सिर्फ पहरा दे पाओगे। और जितना ज्यादा होता जाएगा, उतनी तुम्हारी चिंता का विस्तार होता चला जाएगा। जिसके पास कुछ भी नहीं है, वह प्रतिपल भारहीन, निर्भार होकर जी पाता है।

पांपेई का नगर जला, सारा गांव भागा। जो-जो बन सका जिससे ले जाते। ज्वालामुखी फूट पड़ा आधी रात। कोई अपनी तिजोरी ले जा रहा है। कोई अपने कागजात ले जा रहा है। कोई अपने बच्चे को, कोई अपनी पत्नी को। जिसको जो, जिस पर सुविधा थी, वह लेकर भागा। और सभी दुखी हैं। सभी दुखी हैं, क्योंकि सभी का बहुत कुछ छूट गया है। आग इतनी अचानक थी और क्षण भर रुकना मुश्किल था कि जो हाथ में लगा, वह लेकर भागा। सभी रो रहे हैं। सिर्फ एक आदमी पांपेई के नगर में नहीं रो रहा है, अरिस्टीपस नाम का एक आदमी नहीं रो रहा है। तीन बजा है रात का; अपनी छड़ी लिए उसी भीड़ में—पूरे नगर के लाखों लोग अपना सामान लेकर भाग रहे हैं—वह अपनी छड़ी लिए जा रहा है।

अनेक लोग उससे कहते हैं, अरिस्टीपस, कुछ बचा नहीं पाए? अरिस्टीपस कहता है, कुछ था ही नहीं। हम इकट्ठा करने की झंझट में ही नहीं पड़े, बचाने की भी कोई झंझट नहीं रही। सारे लोग भाग रहे हैं और अरिस्टीपस टहल रहा है। लोग उससे पूछते हैं कि तू भाग नहीं रहा? अरिस्टीपस कहता है कि इतने वक्त हम रोज ही सुबह घूमने जाते हैं। वह अपनी छड़ी लिए घूमने जा रहा है। चिंतित नहीं हो? पीछे तुम्हारा मकान? अरिस्टीपस कहता है, अपने सिवाय अपने पास और कुछ भी नहीं है।

अपने सिवाय अपने पास और कुछ भी नहीं है, यह अर्थ है अभाव का। अपने सिवाय अपने पास और कुछ भी नहीं है। और इसलिए मौत भी अरिस्टीपस से कुछ छीन न पाएगी। इसका यह मतलब नहीं है कि आपके पास कुछ भी न हो। इसका यह मतलब भी नहीं है कि अरिस्टीपस के पास भी कुछ न था। कम से कम छड़ी तो थी ही। इसका मतलब कुल इतना है कि वह जो परिग्रह का भाव है कि मेरे पास यह है, यह है, यह है, वही दुख का कारण बनेगा। क्या है, क्या नहीं, यह महत्वपूर्ण नहीं है। भीतर संपत्ति को पकड़ने की जो वृत्ति है, कि मेरे पास है, मेरा है, वही दुख का कारण बनेगा। और वही चिंताओं का जन्म है।

'अभाव है संपदा।'

कुछ भी नहीं है; तो उसी के साथ सारी चिंताएं भी विलीन हो गईं। यह एक आंतरिक दशा है।

एक छोटी सी कहानी, जो मुझे बहुत प्रीतिकर रही है। एक सम्राट एक साधु के प्रेम में पड़ गया। साधु था भी अदभुत। मोह बढ़ता गया सम्राट का। आखिर सम्राट ने एक दिन कहा कि इस वृक्ष के नीचे न पड़े रहें, मेरे महल में चलें। साधु उठ कर तत्क्षण खड़ा हो गया। उसने कहा, चलो।

सम्राट बड़ा चिंतित हुआ। सोचा था, साधु कहेगा, कहां संसार में उलझाते हो! महल? हम महल नहीं जा सकते; हम सब त्याग कर दिए हैं। सम्राट भी प्रसन्न होता अगर साधु ऐसा कहता। और सम्राट और जोर से आग्रह करता कि नहीं महाराज, चलना ही पड़ेगा। पैर पकड़ता, हाथ-पैर जोड़ता और सोचता, महा तपस्वी है।

साधु खड़ा ही हो गया। भिक्षा का पात्र उठा लिया, जो थोड़े-बहुत पोटली में बंधे हुए कपड़े-लत्ते थे दो-चार, वे कंधे पर टांग लिए और कहा, कहां है रास्ता?

सम्राट के बिलकुल प्राण निकल गए। उसने कहा, कहां नासमझ, किस साधारण आदमी के पीछे मैंने इतने दिन गंवाए! यह तो तैयार ही बैठे थे। प्रतीक्षा ही थी। सिर्फ हमारी राह ही देख रहे थे। हम भी बुद्धू निकले।

लेकिन अब कह ही चुके थे, फंस ही गए थे, तो रास्ता भी बताना पड़ा, लेकिन बड़े बेमन से। महल पहुंचते-पहुंचते साधु तो विदा ही हो चुका था। साधु तो बचा ही नहीं—उसी क्षण, जब साधु खड़ा हो गया चलने के लिए। अब तो एक जबर्दस्ती का मेहमान था, बिना बुलाया मेहमान। लेकिन अब कह दिया था सम्राट को तो उसे ठहराना था। उसे ठहरा दिया। परीक्षा की दृष्टि से ही श्रेष्ठतम जो भवन था, उसमें ही ठहराया। अच्छे से अच्छे जो भोजन थे, वही व्यवस्था की। अच्छे से अच्छे कपड़े! और साधु गजब का था—साधु था ही नहीं सम्राट की नजरों में—जो भी कहता, करने को राजी हो जाता। कहा, ये कपड़े छोड़ दो, वह उतार कर तत्काल खड़ा हो गया। कीमती वेशभूषा पहना दी, पहन लिया। बड़े शानदार बिस्तरों पर सोने को कहा, मजे से सो गया। सुंदरतम स्त्रियां सेवा में लगाईं, पैर फैला दिए। सम्राट ने कहा कि बड़ी मुश्किल में पड़ गया। एक दफा तो यह न कहे!

पंद्रह दिन में ही सम्राट ऊब गया और घबड़ा गया। एक दिन सुबह आकर उसने कहा, महाराज, बहुत हो गया। मुझमें और आप में कोई फर्क ही नहीं है। साधु ने कहा, फर्क? जानना कठिन है। लेकिन अगर जानना चाहते हो तो मेरे पीछे आओ। साधु ने कपड़े सम्राट के वापस उतार कर रख दिए, अपने कपड़े पहन लिए, अपना डंडा उठा लिया, अपनी झोली, अपना भिक्षा-पात्र, बाहर निकल आया महल के। सम्राट पीछे-पीछे चला। नदी आ गई। सम्राट ने कहा, अब बता दें। उस फकीर ने कहा, जरा नदी के उस पार। नदी के पार भी निकल गया। सम्राट बोला, अब बता दें वह भेद। उसने कहा, थोड़ा और आगे। राज्य की सीमा आ गई। सम्राट ने कहा, अब? उस फकीर ने कहा, अब मैं पीछे नहीं जाना चाहता; अब तुम भी मेरे साथ ही चलो। सम्राट ने कहा, यह कैसे हो सकता है? मेरा महल है पीछे; मेरा राज्य है। उस फकीर ने कहा, अगर तुम्हें समझ में आ सके फर्क तो समझ लेना। मेरा कोई महल पीछे नहीं है, मेरा कोई राज्य पीछे नहीं है। मैं तुम्हारे महल में था, लेकिन तुम्हारा महल मुझमें नहीं है।

सम्राट पैर पकड़ लिया और कहा कि महाराज, बड़ी भूल हो गई। साधु ने कहा, लौट चल सकता हूं, कोई हर्जा मुझे नहीं है। लेकिन तुम फिर मुसीबत में पड़ जाओगे। अब तुम लौट ही जाओ, मुझे कोई अड़चन नहीं है, वापस...। जैसे ही उस साधु ने कहा वापस, सम्राट का पसीना छूट गया। साधु ने कहा, फिर तुम पूछोगे कि महाराज, फर्क क्या है? मुझे तुम जाने ही दो, ताकि तुम्हें फर्क याद रहे। अन्यथा और कोई कारण मेरे जाने का नहीं है। वापस चल सकता हूं।

क्या है आपके पास, यह सवाल नहीं है; कितना आपके भीतर चला गया है, यही सवाल है। भीतर न गया हो तो आप खाली हैं। अभाव है। उस अभाव में ही विश्रांति है, आनंद है, मुक्ति है।

'इसलिए संत उस एक का ही आलिंगन करते हैं; और बन जाते हैं संसार का आदर्श।'

इस एक नियम का, एक ताओ का, इस खाली होने के सूत्र का, इस झुक जाने की कला का, इस मिट जाने की तैयारी का, इस एक नियम का पालन करते हैं; और बन जाते हैं संसार का आदर्श।

बनना नहीं चाहते संसार का आदर्श, नहीं तो कभी नहीं बन पाएंगे। जो बनना चाहते हैं, वे कभी नहीं बन पाते। जो इन कलाओं को जानता है जीवन की, वह अनजाने संसार का आदर्श बन जाता है।

आज इतना ही। कीर्तन करें, फिर जाएं।

अड़तालीसवां प्रवचन

समर्पण है सार ताओ का

Chapter 22 : Part 2

FUTILITY OF CONTENTION

He does not reveal himself.
And is therefore luminous.
He does not justify himself,
And is therefore far-famed.
He does not boast of himself,
And therefore people give him credit.
He does not pride himself,
And is therefore the chief among men.
It is because he does not contend
That no one in the world can contend against him.
Is it not indeed true, as the ancients say,
'To yield is to be preserved whole?'
Thus he is preserved and the world does him homage.

अध्याय 22 : खंड 2

संघर्ष की व्यर्थता

वे अपने को प्रकट नहीं करते,
और इसलिए ही वे दीप्त बने रहते हैं।
वे अपना औचित्य सिद्ध नहीं करते,
इसलिए दूर-दिगंत उनकी ख्याति जाती है।
वे अपनी श्रेष्ठता का दावा नहीं करते,
इसलिए लोग उन्हें श्रेय देते हैं।
वे अभिमानी नहीं हैं,
और इसीलिए लोगों के बीच अग्रणी बने रहते हैं।
चूंकि वे किसी वाद की प्रस्तावना नहीं करते,
इसलिए दुनिया में कोई भी उनसे विवाद नहीं कर सकता है।
और क्या यह सही नहीं है, जैसा कि कहा है प्राचीनों ने :
'समर्पण में ही है संपूर्ण की सुरक्षा।'
और इस तरह संत सुरक्षित रहते हैं और संसार उनको सम्मान देता है।

मनुष्य की तीव्र आकांक्षा है कि दूसरे उसे जानें और दूसरे उसे पहचानें। इस आकांक्षा का मौलिक कारण क्या है?

मौलिक कारण है कि मनुष्य स्वयं को नहीं जानता और स्वयं को नहीं पहचानता। यह एक गहरी कमी है। और इस कमी को वह दूसरों से सम्मान पाकर, नाम पाकर, श्रेय पाकर भर लेना चाहता है। जो हमारे पास नहीं है, वह हम दूसरों से उधार मांग लेना चाहते हैं।

लेकिन कितने ही लोग जान लें और कितने ही लोग पहचान लें, जो अपने को ही नहीं पहचानता है, उसका जो गड्ढा है, जो कमी है, वह दूसरों के पहचान लेने से भर नहीं सकता। और जब मैं अपने को ही नहीं जानता तो मैं लोगों को भी क्या पहचनवा सकूंगा कि मैं कौन हूं। एक झूठ होगा। लेकिन अगर बहुत लोग उस झूठ को दोहराने लगें तो मुझे भी भरोसा आ जाएगा। हमारे सच और झूठ में बहुत फर्क नहीं होता। हमारे सच और झूठ में इतना ही फर्क होता है : कि जिस झूठ पर हम भरोसा करते हैं, वह हमारा सच हो जाता है।

एडोल्फ हिटलर ने अपनी आत्मकथा में लिखा है—और हिटलर ने बड़ी महत्वपूर्ण बातें लिखी हैं, वह आदमी महत्वपूर्ण था—उसने लिखा है कि सत्य और असत्य में मैंने कोई ज्यादा फर्क नहीं पाया। असत्य को बार-बार दोहराते रहो, धीरे-धीरे सत्य हो जाता है। और यह वह अनुभव से कहा है। उसने खुद बहुत असत्य दोहराए और वे सत्य हो गए। और वे इतने सत्य हो गए कि दूसरों ने उन्हें सत्य माना सो माना ही, हिटलर भी उन पर भरोसा करने लगा।

अगर आप एक झूठ लोगों से कहते रहें तो थोड़े दिन में आप भी भूल जाएंगे कि वह झूठ है। पुनरुक्ति विस्मरण बन जाती है। पुनरुक्ति, बार-बार दोहराने से, सत्य की जन्मदात्री हो जाती है—उस सत्य की जो हमारा सत्य है। इसलिए हमारे सत्य में और झूठ में इतना ही फर्क होता है : झूठ कम दोहराया गया है और सत्य ज्यादा दोहराया गया झूठ है।

इसीलिए पुराने झूठ बहुत सत्य मालूम पड़ते हैं; क्योंकि हजारों साल से आदमी उन्हें दोहरा रहा है। नया सत्य भी झूठ मालूम पड़ता है; क्योंकि वह दोहराया नहीं गया, अभी नया है। तो हम पुराने झूठ को भी मान लें; नए सत्य को मानने की तैयारी नहीं होती। क्योंकि हमारे लिए सत्य का एक ही अर्थ होता है : कितना दोहराया गया है।

इसलिए हम पूछते हैं कि कोई शास्त्र कितना पुराना है। जितना पुराना, उतना सत्य। इसलिए सभी धर्मों के लोग अपने शास्त्र को बहुत पुराना सिद्ध करने की कोशिश करते हैं। अगर कोई सिद्ध करे कि उतना पुराना नहीं है तो उन्हें बड़ी पीड़ा होती है। वे चाहते हैं कि उनका धर्मग्रंथ सबसे ज्यादा पुराना हो तो सबसे ज्यादा सत्य हो जाएगा। क्योंकि हमारे मन में सत्य का यही अर्थ है : कितनी बार दोहराया गया। पुराना होगा तो ही ज्यादा दोहराया गया होगा।

लेकिन असत्य को कोई हजारों साल तक दोहराए तो भी सत्य नहीं होता। और सत्य को शायद किसी ने एक बार भी न कहा हो तो भी सत्य ही होता है। सत्य और असत्य में बुनियादी अंतर है, गुणात्मक अंतर है; कोई परिमाण के अंतर नहीं हैं।

लेकिन जैसा आदमी है, उसके सभी सत्य दोहराए गए झूठ हैं। आप अपने संबंध में ही कुछ बातें दोहराते रहते हैं। लोग भी उनको दोहराने लगते हैं। भरोसा आ जाता है कि मैं यह हूं। यह भरोसा जिंदगी को व्यर्थ कर देता है।

लाओत्से इस सूत्र में कहता है, 'वे अपने को प्रकट नहीं करते, और इसलिए वे दीप्त बने रहते हैं।'

संत की परिभाषा है इस सूत्र में। लाओत्से जिसे संत कहेगा, उसकी। हम जिन्हें संत कहते हैं, उनकी नहीं। क्योंकि हमारा संत भी दोहराया हुआ झूठ होता है। इसलिए हिंदू के संत को मुसलमान संत न मानेंगे। और मुसलमान के संत को हिंदू संत न मानेंगे। और जैन के संत को हिंदू संत नहीं मानेंगे। क्योंकि हमारे संत का भी अर्थ, हमने किस झूठ को दोहराया है बहुत बार, उस पर निर्भर है। और लाओत्से, संतत्व की जो शुद्धता है, जो शुद्धतम संतत्व है, जो संतत्व का सत्य है—हिंदू, मुसलमान, ईसाई का नहीं—उसके संबंध में बात कर रहा है।

वह कहता है, 'वे अपने को प्रकट नहीं करते।'

प्रकट करने की जो आकांक्षा है—दूसरा मुझे जाने—यह अज्ञान से ही उपजती है। दूसरा मुझे पहचाने कि मैं कौन हूं, यह, मेरे भीतर कोई घाव है, उसे छिपा लेने का उपाय है। और दूसरा जो स्वयं को नहीं जानता, वह मेरे संबंध में कुछ जान कर मेरे अज्ञान को मिटाने का कारण कैसे हो सकता है? संत अपने को प्रकट नहीं करते, इसका यह अर्थ नहीं है कि वे प्रकट नहीं हो जाते हैं। लेकिन वह प्रकट हो जाना उनकी चेष्टा नहीं है, आकांक्षा नहीं है।

सूफी फकीरों के संबंध में थोड़ी बात यहां समझ लेनी उपयोगी होगी। सूफी फकीर संसार छोड़ कर भी नहीं जाते हैं—सिर्फ एक कारण से। इसलिए नहीं कि संसार छोड़ना व्यर्थ है। संसार छोड़ कर भी पाया जा सकता है। शायद ज्यादा सरलता से भी पाया जा सकता है। लेकिन सूफी संत कहते हैं कि संसार छोड़ कर जाओ तो लोगों को पता चल जाता है। और लोगों को पता चल जाए, ऐसा कुछ भी करना भीतर छिपी किसी गहरी वासना का परिणाम है। तो इतना भी क्या बताना कि हम छोड़ कर जा रहे हैं।

तो सूफी संत, हो सकता है, चमार हो गांव में, जूते बनाता हो; वह जूते ही बनाता रहेगा। उसका पड़ोसी भी, हो सकता है कि न जानता हो कि पड़ोस में कोई ज्ञान को उपलब्ध हो गया है। लेकिन दूर-दूर से जानने वाले उसके पास आते रहेंगे। उनको भी वह जिज्ञासु की तरह स्वीकार नहीं करेगा। उनको भी वह जूता बनाने की कला सिखाने के लिए ही स्वीकार करेगा। प्रकट बाजार की दुनिया में वह जूता बनाने वाले का शिष्य होगा; रात के अंधेरे में, एकांत में, वह साधक होगा। और कई बार ऐसा होगा कि एक फकीर दूसरे फकीर के पास किसी को भेज देगा। वह दो-चार वर्ष तक उससे जूते बनवाता रहेगा, कपड़ा बुनवाता रहेगा। दो-चार वर्ष तक उससे पूछेगा ही नहीं कि तुम आए किस लिए थे। दो-चार वर्ष चुपचाप वह आदमी जूता बनाता है, चटाई बुनता है, कपड़ा सीता है; जो उसका गुरु कह देता है, वह दिन भर करता रहता है। दो-चार साल बाद वह संत उसे भीतरी जगत में प्रवेश करवाता है।

क्यों? इतनी चार साल तक प्रतीक्षा क्या थी? सूफी कहते हैं कि जो जल्दी यह भी प्रकट करता हो कि मैं साधना करने आया हूं, उसकी प्रकट करने की वासना प्रबल है। और ऐसा आदमी सत्य को नहीं खोज पाएगा। ऐसा आदमी, मैं सत्य खोज रहा हूं, इसके प्रचार में ज्यादा उत्सुक होगा, सत्य को खोजने में कम। ऐसा आदमी, मैं साधु हूं, ऐसा दूसरे लोग जान लें, इसमें ज्यादा उत्सुक होगा, बजाय इसके कि साधु हो जाए।

सूफी फकीर हसन अपने शिष्यों से पूछता था, तुम संन्यासी होने आए हो या संन्यासी बनने? तुम धार्मिक होना चाहते हो या धार्मिक बनना? और वह कहता, दूसरा काम सरल है। अगर धार्मिक बनना है, साधु बनना है,

महात्मा बनना है, बहुत सरल काम है। और उसके लिए मेरे पास आने की भी जरूरत नहीं है, थोड़े से प्रचार और विज्ञापन की कला आनी चाहिए। धार्मिक होना है तो लंबी यात्रा है। और उसका पहला सूत्र है कि प्रकट करने की भूल मत करना। क्यों? यह प्रकट करने के लिए इतनी बड़ी भूल समझने का कारण क्या है?

आदमी के हाथ में एक कदम उठाना है, फिर दूसरा कदम अनिवार्य हो जाता है, फिर तीसरा कदम अनिवार्य हो जाता है।

जिब्रान ने लिखा है कि एक फकीर गांव-गांव घूमता था और कहता था, जिसे प्रभु के पास चलना हो, मेरे पीछे आ जाए। कई लोगों ने कहा, बड़ी आकांक्षा होती है तुम्हारे पीछे आने की, लेकिन अभी बहुत काम संसार में बाकी हैं। किसी की लड़की बड़ी है और विवाह करना है। और किसी के बच्चे अभी छोटे हैं, मासूम हैं, थोड़े बड़े हो जाएं, सम्हल जाएं। और किसी ने अभी-अभी दुकान जमाई है। और किसी ने अभी-अभी खेत में दाने डाले हैं; फसल कट जाए। ऐसे हजार काम थे। वह फकीर गांव-गांव चिल्लाता है कि जिसको ईश्वर के पास चलना हो, मेरे पास आ जाए; मैं ईश्वर का रास्ता जानता हूं। गांव में लोग उसकी बड़ी प्रशंसा करते थे।

एक गांव में बड़ी मुसीबत खड़ी हो गई। एक आदमी उसके पीछे चलने को राजी हो गया। फकीर मुसीबत में पड़ा। क्योंकि वह आदमी दो-चार दिन में उसको पूछता कि कितनी देर और है? कहां है रास्ता? उस फकीर ने उसको कठिन से कठिन काम बताए। लेकिन वह भी आदमी जिद्दी था। वह सब काम पूरा करके खड़ा हो जाए और बोले, कोई और रास्ता, विधि, मार्ग?

छह साल हो गए। फकीर सूख कर हड्डी-हड्डी हो गया—इस आदमी की वजह से। क्योंकि वह चौबीस घंटे तनाव हो गया; रात सोने न दे, दिन जागने न दे। और उसकी मौजूदगी भी भारी होने लगी। आखिर एक दिन फकीर उसके पैरों में पड़ गया और कहा, मुझे माफ कर दे, तेरी वजह से मैं भी रास्ता भूल गया। और मुझसे गलती हो गई, अब मैं किसी को न कहूंगा।

यह जो आदमी है जो कह रहा था कि मैं रास्ता जानता हूं, इसे कोई रास्ता पता नहीं है। लेकिन मैं रास्ता जानता हूं, ऐसा भी लोग मानें इसमें भी बड़ा सुख है। और न कभी कोई पीछा करने आता है, इसलिए न कभी कोई परीक्षा होती है। जिन्हें आप संत कहते हैं, उनमें से सौ में से निन्यानबे एकदम पानी में डूब जाएं, अगर आप उनके पीछे चलने को राजी हो जाएं। आप कभी पीछे चलते नहीं, वे नेता बने रहते हैं। क्योंकि बिना अनुयायी के नेता बना रहना बड़ी सरल बात है। और धीरे-धीरे उन्हें भी भरोसा आ जाता है कि वे जानते हैं। जब आपकी आंखों में चमक आती है और आपको लगता है कि हां, यह आदमी जानता है; तो उस आदमी को भी तृप्ति होती है।

हम एक-दूसरे का उपयोग दर्पण की भांति करते हैं; अपनी शक्ल दूसरे में देख लेते हैं।

यह जो प्रकट करने की वृत्ति है, वह जिस अहंकार से जन्मती है, वह अहंकार बाधा है। संत अगर प्रकट हो जाएं, दूसरी बात है। कोई उन्हें खोज ले, जान ले, पहचान ले, दूसरी बात है। लेकिन वह जो गहन वासना है कि दूसरा मुझे जाने, वह संतत्व का हिस्सा नहीं है। दूसरा मुझे जाने, यह सांसारिक मन की वृत्ति है। मैं स्वयं को जानूं, यह धार्मिक मन की वृत्ति है। कोई मुझे न जाने, अकेला मैं ही अपने को जान लूं, यह धार्मिक खोज है। मैं अपने को जानूं, न जानूं, सारा संसार मुझे जान ले; ऐसा न हो कि एकाध आदमी ऐसा भी रह जाए जो मुझे जाने बिना रह जाए, यह सांसारिक मन की वृत्ति है।

एक दिन सांझ मुल्ला नसरुद्दीन के काफी हाउस में बड़ी भीड़ है—गांव के काफी हाउस में। एक योद्धा आया है। वह नंगी तलवार हाथ में निकाल कर अपने युद्ध की बातें कर रहा है। और वह कहता है कि हम युद्ध से सीधे लौट रहे हैं। और लोग बड़े सकते में आ गए हैं; उसकी बहादुरी ऐसी है। और वह कहता है कि मैंने भाजी-मूली की

तरह लोगों को काटा। नसरुद्दीन के बर्दाश्त के बाहर हो गया। नसरुद्दीन ने खड़े होकर कहा कि हमें भी जवानी की याद आती है; एक दफा ऐसा हमने भी भाजी-मूली की तरह लोग काट दिए थे। दस-पंद्रह आदमियों के पैर तो एक झपट्टे में काट दिए थे। उस योद्धा ने कहा, पैर? कभी सुना नहीं। अगर आप सिर काटते तो ज्यादा बेहतर होता। नसरुद्दीन ने कहा, सिर तो कोई पहले ही काट कर ले जा चुका था।

मगर बड़ा कठिन हो गया उसको रुकना। नसरुद्दीन, हमारे भीतर वह जो बचकाना अहंकार छिपा है, उसका ही प्रतीक है। अगर कोई ईश्वर को जानने की बात कर रहा है तो फिर आप से नहीं रहा जाता। आप भी कुछ कहेंगे। ऐसा आदमी खोजना मुश्किल है, जो बिना जाने न बोलता हो। हम सब बिना जाने बोलते रहते हैं। हम बिना जाने बताते रहते हैं। हम बिना जाने सलाह देते रहते हैं।

इमर्सन ने लिखा है अपनी डायरी में कि अगर दुनिया में लोग बिना जाने सलाह देना बंद कर दें तो पृथ्वी किसी भी दिन स्वर्ग हो सकती है।

लेकिन जिन्हें कुछ भी पता नहीं है, उनके भी मन में यह तो मजा आता ही है कि कोई जाने कि हमें पता है। यह मजा इतना महंगा है! और इसके पीछे कुछ लोग तो अपने जीवन को भी ढाल लेते हैं; बड़ा कष्ट भी उठाते हैं। ऐसा भी नहीं है कि ऐसे लोग दूसरों को धोखा दे रहे हों; ऐसे लोग अपनी आंख में अपने को धोखा देने के लिए बड़े कष्ट भी उठाते हैं। अब एक आदमी है कि एक ही बार भोजन करता है, नग्न रहता है, घास पर सोता है, मकान में नहीं ठहरता। कम कष्ट नहीं उठा रहा है, कष्ट पूरा उठा रहा है। लेकिन सिर्फ एक भरोसा दूसरे लोगों को दिलाने के लिए अगर कष्ट उठाया जा रहा है कि मैं साधु हूं तो सारा कष्ट व्यर्थ जा रहा है।

बुद्ध ने कहा है कि नासमझ तप भी करते हैं तो भी नरक ही जाते हैं। नासमझ तप भी करते हैं तो भी नरक की ही यात्रा करते हैं।

उनकी नासमझी का आधार क्या है? हमारे सारे अज्ञान का आधार क्या है?

दूसरे आदमी को दर्पण की तरह व्यवहार करना सारे अज्ञान का आधार है। दूसरे की फिक्र छोड़ दें और सीधी अपनी फिक्र करें। मैं क्या हूं, इसे मैं पहले जान लूं। और मजा यह है कि जो यह जान लेता है कि मैं क्या हूं, कौन हूं, उसकी बिलकुल आकांक्षा नहीं रह जाती कि कोई मुझे जाने। यह बात ही समाप्त हो जाती है। स्वयं को जानते ही दूसरे को प्रभावित करने की वृत्ति विलीन हो जाती है।

और लाओत्से कहता है, ऐसे ही वे लोग हैं, वे अपने को प्रकट नहीं करते और इसीलिए ही वे दीप्त बने रहते हैं। जो अपने को प्रकट करते हैं, वे क्षीण और दीन हो जाते हैं।

प्रकट करने में भी शक्ति, ऊर्जा खोती है। जो अपने को छिपा कर रखता है, जैसे अंगारा छिपा हो, जैसे सूरज छिपा हो, प्रकट न हो, उसकी सारी ऊर्जा बची रहती है। प्रकट करने में भी शक्ति का व्यय है। और शक्ति का व्यय ही दीप्ति का खो जाना है। अगर कोई व्यक्ति अपने को प्रकट करने की वासना से छुटकारा दिला ले तो उसके भीतर जैसे सूरज आ जाए, सारी ऊर्जा भीतर इकट्ठी होने लगे। वह जो दूसरे को हम प्रभावित करने जाते हैं तो हम व्यय होते हैं, चुकते हैं। दूसरे को प्रभावित करने की चेष्टा में जरूरी नहीं है कि दूसरा प्रभावित होगा। इतना पक्का है कि हम क्षीण होंगे, हम दीन होंगे, हम चुकेंगे, हमारी जीवन-ऊर्जा कम होगी।

दूसरा प्रभावित होगा कि नहीं, यह बहुत मुश्किल है। क्योंकि दूसरा भी हमारे पास हमें प्रभावित करने आता है। वह कोई प्रभावित होने नहीं आता। आप ध्यान रखना कि कई बार जब कोई आदमी आप से प्रभावित भी होता है तो थोड़ा सोच-समझ लेना, हो सकता है यह आपको प्रभावित करने का उसका ढंग हो। आदमी की चालाकियों का अंत नहीं है। अगर किसी को प्रभावित करना हो तो पहला रास्ता है उससे प्रभावित होने का ढोंग करना। क्योंकि यह

उसकी खुशामद बन जाती है। जब आप ऐसे लगते हैं कि दूसरे से बिलकुल प्रभावित हो गए, पानी-पानी उसके चरणों में हो गए, तब आपको पता नहीं है कि उस आदमी को भी आपने पानी-पानी कर लिया। अब जरा ही धक्के की जरूरत है कि आपके पैरों में गिरा।

खुशामद हमें इतना क्यों छूती है? उसका कारण यह है कि खुशामदी बताता है कि मैं कितना प्रभावित हूं, आपसे कितना प्रभावित हूं। हम जानते हैं कई दफा कि खुशामद बिलकुल झूठी है; फिर भी कोई आदमी हमें खुशामद करने के योग्य मान रहा है, यह भी दिल को बहुत बहलाता है। खुशामद उतना नहीं छूती, जितनी यह बात छूती है कि किसी ने हमें इस योग्य माना है कि खुशामद करे। यह भी क्या कम है? और इस जगत में जहां हर आदमी अपने अहंकार से जीता है, वहां दूसरे के अहंकार को जरा सा भी फुसलाना बड़ी चमत्कारिक घटना मालूम पड़ती है। लेकिन खुशामदी आपको प्रभावित करने के लिए प्रभावित हो रहा है। आप दूसरे को प्रभावित कर पाएंगे, इसकी संभावना कम है। हां, एक बात पक्की है कि आप अपनी ऊर्जा व्यय कर रहे हैं, आप अपने को खो रहे हैं।

झेन फकीर हुआ रिंझाई। जब भी कोई उसके पास आता तो वह कहता, दो बातें पहले तय हो जाएं। एक कि तेरा इरादा अपने को प्रकट करने का तो नहीं है? मेरा शिष्य बनने आया है, तब उसका कुल कारण इतना ही तो नहीं है कि गांव में जाकर तू कह सके कि रिंझाई का शिष्य हूं?

रिंझाई महान संत है। शिष्य अपने गुरु के बाबत सदा प्रचार करते हैं। लेकिन यह गुरु का प्रचार नहीं होता; क्योंकि गुरु जैसे-जैसे बड़ा होने लगता है, वैसे-वैसे शिष्य भी बड़ा होने लगता है। बड़े गुरु का बड़ा शिष्य होता है। अगर किसी के गुरु को आप कुछ गलत कह दें तो शिष्य को जो चोट लगती है वह इसलिए नहीं कि गुरु को गलत कह दिया; गुरु के गलत होते ही शिष्य की गति बिगड़ जाती है। शिष्य की क्या स्थिति रह जाती है! अगर गुरु गलत है तो शिष्य? शिष्य भी गलत हो गया। गुरु बड़ा है तो शिष्य भी बड़ा है।

ठीक से हम गौर करके देखें कि अगर कोई आपके मुल्क को गाली देता है तो आपको तकलीफ इसलिए नहीं होती कि मुल्क को गाली दे रहा है। किसको मतलब है मुल्क से? कोई आपके धर्म को गाली देता है तो आपको क्या मतलब है? कोई राम को, कृष्ण को, महावीर को गाली देता है, आपको क्या प्रयोजन है?

नहीं, लेकिन उनको गाली देने का मतलब गाली आपको लग जाती है। हिंदू मानना चाहता है कि हिंदू जो है श्रेष्ठतम धर्म है; क्योंकि मैं हिंदू हूं। मुसलमान मानना चाहता है, इसलाम श्रेष्ठतम धर्म है; क्योंकि मैं मुसलमान हूं। इसलाम श्रेष्ठ है तो ही मुसलमान श्रेष्ठ हो सकता है। हिंदू धर्म श्रेष्ठ है तो हिंदू श्रेष्ठ हो सकता है। और अगर भारत ऐसी भूमि है कि देवता भी वहां पैदा होने को तरसते हैं तो फिर आपने पैदा होकर भारत पर जो कृपा की है उसका कोई अंत नहीं है। जब देवता तरसते हैं और आपको पैदा होने का मौका मिला तो देवता दो इंच नीचे छूट गए। मन को यह बात जो खुशी देती है, यह खुशी कोई मुल्क की जमीन से कुछ लेना-देना नहीं है।

अहंकार सब तरफ से अपने को भरता है। और अहंकार का सूत्र है : अपने को प्रकट करना। क्योंकि अहंकार अगर अप्रकट रहे तो मर जाता है। यह खयाल रखें। अहंकार प्रकट होने में जीता है। कितने दूसरे लोग मुझे मान लें, उसमें ही उसके प्राण हैं। अहंकार के प्राण दूसरे लोगों के प्रभावित होने में हैं। अगर मुझे कोई भी नहीं जानता तो अहंकार कहां टिकेगा? आप अकेले हैं जमीन पर तो आपके अहंकार को खड़े होने की कोई जगह नहीं रह जाएगी। अहंकार होता भीतर है, बनता दूसरों के कंधों पर है। दूसरों के कंधे न मिलें तो अहंकार के खड़े होने का कोई उपाय नहीं रह जाता।

यह जो अहंकार है, संतत्व के लिए पहली बाधा है। आत्मा को जिसे जानना हो, उसे अहंकार से छुटकारा चाहिए। अहंकार से छुटकारा, अर्थात दूसरे को प्रभावित करने की वासना से छुटकारा। और ध्यान रहे, दूसरे को

प्रभावित करना हिंसा है। दूसरा प्रभावित हो जाए, यह दूसरी बात है। दूसरे को प्रभावित करना हिंसा है। दूसरे को ढालने की कोशिश, बनाने की कोशिश, आदर्श बनाने की कोशिश, अच्छा बनाने की कोशिश भी हिंसा है।

असल में, दूसरा जैसा है, हम उसे वैसा स्वीकार करने को राजी नहीं हैं। हम जैसा चाहते हैं, दूसरे को वैसा बनाने की हमारी उत्सुकता है। बाप बेटों को बना रहे हैं, मित्र मित्रों को बना रहे हैं, गुरु शिष्यों को बना रहे हैं। सब एक-दूसरे को बनाने में लगे हैं। कोई किसी से राजी नहीं हैं। आप जैसे हैं, वैसा स्वीकार करने को कोई राजी नहीं है। न आपकी पत्नी, न आपके पिता, न आपके पति, न आपके बेटे, न आपके बाप, कोई राजी नहीं है जैसे आप हैं। आप जैसे हैं, वह गलत होना है। हरेक उत्सुक है आपको बनाने के लिए, जैसा वह चाहता है, आप होने चाहिए। काटेगा आपको। एक कान गड़बड़ है, अलग करो; एक आंख खराब है, निकाल दो; हाथ तोड़ दो; पैर ठीक कर दो; सब ठीक कर दो।

सुना है मैंने कि मुल्ला नसरुद्दीन की खिड़की पर एक दिन एक पक्षी आकर बैठ गया। अजनबी पक्षी था, जो मुल्ला ने कभी देखा नहीं था। लंबी उसकी चोंच थी, सिर पर कलगी थी रंगीन, बड़े उसके पंख थे। मुल्ला ने उसे पकड़ा और कहा, मालूम होता है, बेचारे की किसी ने कोई फिक्र नहीं की। कैंची लाकर उसके पंख काट कर छोटे किए; कलगी रास्ते पर लाया; चोंच भी काट दी। और फिर कहा कि अब ठीक कबूतर जैसे लगते हो। मालूम होता है, किसी ने तुम्हारी चिंता नहीं की। अब मजे से उड़ सकते हो।

लेकिन अब उड़ने का कोई उपाय न रहा। वह पक्षी कबूतर था ही नहीं। मगर मुल्ला कबूतर से ही परिचित थे; उनकी कल्पना कबूतर से आगे नहीं जा सकती थी।

हर बच्चा जो आपके घर में पैदा होता है, अजनबी है। वैसा बच्चा दुनिया में कभी पैदा ही नहीं हुआ। जिन बच्चों से आप परिचित हैं, उनसे इसका कोई संबंध नहीं है। यह पक्षी और है। लेकिन आप इसके पंख वगैरह काट कर, चोंच वगैरह ठीक करके कहोगे कि बेटा, अब तुम जगत में जाने योग्य हुए।

तो यहां हर आदमी कटा हुआ जी रहा है; क्योंकि सब लोग चारों तरफ से उसे प्रभावित करने, बनाने, निर्मित करने में इतने उत्सुक हैं जिसका कोई हिसाब नहीं। जब बाप अपने बेटे में अपनी तस्वीर देख लेता है, तब प्रसन्न हो जाता है। क्यों? इससे बाप को लगता है कि मैं ठीक आदमी था; देखो, बेटा भी ठीक मेरे जैसा। अगर मुझे मौका मिले और हजारों लोग मेरे जैसे हो जाएं तो मुझे बड़ी प्रसन्नता होगी, क्योंकि मेरे अहंकार का भारी फैलाव हुआ। जब हजारों लोग मेरे जैसा होने के लिए तैयार होते हैं, उसका मतलब यह हुआ कि मैं ठीक आदमी हूं, और हजारों लोग मेरा अनुकरण करते हैं। दूसरे को प्रभावित करने के पीछे अहंकार की यही आकांक्षा है: तुम मेरे जैसे हो जाओ।

लाओत्से कहता है, 'वे अपने को प्रकट नहीं करते, और इसलिए दीप्त बने रहते हैं।'

उनकी ऊर्जा, उनकी अग्नि समाप्त नहीं होती; वे सदा चमकते रहते हैं। लेकिन उनकी चमक किसी की आंखों को लुभाने के लिए नहीं है। उनकी चमक अपनी आंतरिक चमक है। वह ज्योति किसी को भरमाने के लिए नहीं जली है। वह ज्योति अपनी ही ऊर्जा है।

'वे अपना औचित्य सिद्ध नहीं करते। ही डज नाट जस्टीफाई हिमसेल्फ, एंड इज़ देयरफोर फार-फेम्ड। और इसलिए दूर-दिगंत तक उनकी ख्याति जाती है।'

संत कभी अपने को जस्टीफाई नहीं करते, वे अपना औचित्य सिद्ध नहीं करते।

जीसस को सूली दी जा रही है। और पाइलट जीसस से पूछता है कि मैं तुम्हें अभी भी क्षमा कर सकता हूं, तुम सिद्ध कर दो कि तुम ईश्वर के पुत्र हो। और जीसस चुप रह जाते हैं। पाइलट कहता है कि तुम्हें एक मौका है, तुम इतना ही कह दो कि मैं निरीह हूं, मेरा कोई कसूर नहीं है; तुम इतनी ही अपील कर दो रोमन सम्राट के नाम कि मैं

बेकसूर हूं। लेकिन जीसस चुप रह जाते हैं। सूली पर जाना उचित मालूम पड़ता है, बजाय औचित्य सिद्ध करने के कि मैं जस्टीफाइड हूं। क्या कारण होगा? उचित यही हुआ होता, हम भी कहेंगे, किसी वकील से सलाह ले लेनी थी। ऐसी क्या सूली पर जाने की जल्दी थी? सिद्ध करना था कि मैं जो कहता हूं, ठीक कहता हूं। मेरे अर्थ और हैं।

ईसाइयत दो हजार साल से सिद्ध कर रही है कि जीसस के अर्थ और थे। गलत समझे लोग। लेकिन जीसस ने खुद क्यों न सिद्ध कर दिया? ज्यादा आसान होता। जीसस के लिए गवाही दी जा रही है दो हजार साल से कि जीसस का मतलब और था, और जिन्होंने सूली दी वे उस मतलब को नहीं समझ पाए। जीसस ने कहा था, किंगडम ऑफ गॉड; तो वह ईश्वर के राज्य की बात थी, इस जगत के राज्य की बात नहीं थी। इस जगत में जो राजा हैं, वे घबड़ा गए। वे समझे कि यह जीसस जो है, इस जगत का सिंहासन पाने की कोशिश कर रहा है। मगर जीसस खुद ही कह सकते थे। इतनी सीधी सी बात थी। एक वक्तव्य देते और कहते कि मेरा मतलब यह है, मेरा मतलब ऐसा नहीं है। जीसस क्यों चुप रह गए? यह औचित्य सिद्ध क्यों न किया?

असल में, औचित्य सिद्ध करने की जो चेष्टा है, वह दूसरे को मालिक मान लेना है। किसके सामने औचित्य? संत उत्तरदायी नहीं है किसी के प्रति। आप जाकर पूछें लाओत्से से कि सिद्ध करो कि तुम साधु हो! लाओत्से कहेगा कि तुम्हें असाधु मानना हो, असाधु मान लो; साधु मानना हो, साधु मान लो; यह तुम्हारा धंधा है; हमसे कुछ लेना-देना नहीं है। आप यह भी कह सकते हैं कि हम मान कर चले जाएंगे कि तुम असाधु हो। तो लाओत्से कहेगा, मौज है तुम्हारी; लेकिन तुम्हारे सामने मैं सिद्ध करने जाऊं कि मैं साधु हूं तो इसका मतलब यह हुआ कि मेरी साधुता के लिए तुम्हारी प्रामाणिकता की कोई जरूरत है, तुम्हारे प्रमाण की, तुम्हारे सील की, तुम्हारे हस्ताक्षर की कोई जरूरत है।

ऐसा मजेदार हुआ कि मैं एक नौकरी की तलाश में था। उस राज्य के शिक्षा मंत्री से मिला। तो उन्होंने कहा, नौकरी तो हम आपको अभी दे दें; किसी भी युनिवर्सिटी या कालेज में आप चले जाएं; लेकिन आपके चरित्र का प्रमाणपत्र, कैरेक्टर सर्टिफिकेट चाहिए। तो आप वाइस चांसलर का, जिस युनिवर्सिटी में आप पढ़े हों; किसी प्रिंसिपल का, जिस कालेज में आप पढ़े हों; उनका कैरेक्टर सर्टिफिकेट ले आएं।

तो मैंने उनको कहा कि अभी तक मुझे ऐसा आदमी नहीं मिला, जिसके कैरेक्टर का मैं सर्टिफिकेट दे सकूं—न कोई प्रिंसिपल, न कोई वाइस चांसलर। तो जिसके कैरेक्टर का सर्टिफिकेट मैं नहीं लिख सकता, उससे मैं कैरेक्टर का सर्टिफिकेट लिखवा कर लाऊं तो बड़ी अजीब सी बात होगी। तो अगर बिना कैरेक्टर सर्टिफिकेट के नौकरी मिलती हो तो दे दें। अन्यथा बिना नौकरी के रह जाना ठीक है, बजाय इसके कि चरित्रहीनों से चरित्र का और प्रमाण लाया जाए। आखिर चरित्र का प्रमाण कौन दे सकता है? और कैसे दे सकता है? और फिर मैं चरित्रवान हूं या नहीं, इसकी जिम्मेवारी मेरे और परमात्मा के बीच है। और मैंने उनको कहा कि नौकरी में आप जो मुझे तनख्वाह देंगे, वह पढ़ाने की देंगे। मेरे चरित्र की देंगे? कोई मेरे चरित्र की कीमत आप चुकाने वाले हों तो चरित्र की चिंता की जाए।

लेकिन हमारा जो जिसे हम जगत कहते हैं, हमारा जो जीवन है, वहां सब औचित्य पर निर्भर है, वहां सब सिद्ध करना होता है। वहां सब सिद्ध करना होता है, और सिद्ध करने की तरकीबें बड़ी मजेदार हैं।

क्वेकर ईसाई अदालत में कसम नहीं खाते। अदालत में कसम खानी चाहिए कि मैं कसम खाता हूं कि सत्य बोलूंगा। क्वेकर ईसाई कहते हैं कि अगर मैं झूठ ही बोलने वाला हूं तो यह कसम भी झूठ खा सकता हूं।

यह बड़ी अजीब पागलपन की बात है! एक आदमी से, जो झूठ बोलने वाला है, निष्णात झूठ बोलने वाला है, अदालत में हम कसम खिलवाते हैं कि तुम कसम खाओ कि सच बोलेंगे। वह कसम खाता है कि हम कसम खाते हैं, सच बोलेंगे। बड़े आश्चर्य की बात है कि क्या कसम खाने से किसी आदमी का झूठ बोलना मिट जाता है!

और जो आदमी कसम खाने से झूठ बोलना छोड़ देता हो, उसने बहुत पहले कभी ही झूठ बोलना छोड़ दिया होता। मगर बचकाना काम अदालतें भी किए चली जाती हैं। एक कहीं से शुरुआत होनी चाहिए; कहीं से हम मान कर चलें कि तुम सच बोल रहे हो। कसम कैसे तय कर सकती है कि कौन आदमी सच बोल रहा है?

मजा यह है, लेकिन जो झूठ बोलता है, वह जोर से कसम खाएगा; सच बोलने वाला शायद थोड़ा झिझके भी कि कसम खानी कि नहीं खानी। सच बोलने वाला ही झिझकेगा कि कसम खानी कि नहीं खानी; झूठ बोलने वाला बेझिझक खाएगा। क्योंकि जिसे झूठ ही बोलना है, कसम क्या अड़चन पैदा करेगी? सच बोलने वाले को कसम अड़चन पैदा कर सकती है। वह सोच सकता है कि कसम खाने का मतलब सच बोलना है। लेकिन झूठ बोलने वाला तेजी से खाएगा।

बर्ट्रेंड रसेल ने लिखा है कि इस जगत में जो लोग अपना औचित्य जितनी तेजी से सिद्ध करने में लगे रहते हैं, वे प्रमाण देते हैं कि वे आदमी उचित नहीं हैं। उनकी सिद्ध करने की चेष्टा ही कहती है कि उनको खुद भी शक है, खुद भी भीतर संदेह है। उस संदेह को झुठलाने के लिए वे सब तरह के उपाय करते हैं।

इसलिए एक बड़े मजे की बात है कि इस जगत में जो श्रेष्ठतम जन हुए हैं, उन्होंने जो भी कहा है, उसके लिए कोई प्रमाण नहीं दिए हैं। वे सीधे वक्तव्य हैं, स्टेटमेंट्स हैं, उनका कोई प्रमाण नहीं है। बुद्ध कहते हैं कि मुझे ऐसा-ऐसा हुआ। अगर कोई पूछता है, प्रमाण? तो वे कहते हैं, तुम भी ऐसा-ऐसा करो और तुम्हें हो जाएगा। तुम्हारा करना ही तुम्हारे लिए प्रमाण बनेगा। और मैं अगर चार गवाह खड़े करूं, कि देखो, ये भी कहते हैं कि मुझे हुआ तो एक इनफिनिट रिग्रेस शुरू होती है, एक अंतहीन सिलसिला शुरू होता है। क्योंकि मजा यह है कि मैं एक गवाह खड़ा करता हूं और आश्चर्य तो यह है कि हम यह भी नहीं पूछते कि यह जो गवाह बोल रहा है, इसके गवाह कहां हैं जो कहें कि यह ठीक बोल रहा है। यह गवाहों का सिलसिला कहां अंत होगा?

ऋषियों ने एक बात कही है, उन्होंने कहा है कि सत्य जो है, वह सेल्फ एवीडेंट है, स्वतः प्रमाण है। झूठ सेल्फ एवीडेंट नहीं है, झूठ स्वतः प्रमाण नहीं है। इसलिए झूठ हमेशा गवाह साथ लेकर आता है। सत्य खुद ही अपना गवाह है, और कोई गवाही नहीं है। झूठ पहले से ही इंतजाम करके चलता है, पच्चीस गवाह लेकर आता है।

मुल्ला नसरुद्दीन पर मुकदमा चला। उसने किसी की हत्या कर दी है। और अदालत में दस गवाहों ने बयान दिया कि हमारे सामने यह हत्या हुई है। मुल्ला नसरुद्दीन ने कहा, इसमें क्या रखा है! मैं सौ गवाह खड़े कर सकता हूं जो कहने को राजी हैं कि उनके सामने हत्या नहीं हुई। दस से क्या होता है? सौ गवाह खड़े कर सकता हूं! जब यह हत्या हुई, जिस आदमी की हत्या हुई, नसरुद्दीन कहता है, मैंने नहीं की, किसी और ने की होगी; मैं मौजूद जरूर था। तो अदालत में वकील उससे पूछता है कि तुम कितने दूर खड़े थे इस आदमी से जब यह आदमी मरा? तो उसने कहा कि मैं तेरह फीट सात इंच दूर खड़ा था। मजिस्ट्रेट भी चौंका। उसने कहा, हैरानी की बात है, तुम पहले ही आदमी हो! तेरह फीट सात इंच, यह तुम्हें कैसे पता चला? नसरुद्दीन ने कहा, मैंने पहले ही सब सोच लिया था, कोई न कोई मूर्ख अदालत में जरूर पूछेगा। मैं सब नाप-जोख करके ही काम किया हूं।

वह जो आदमी गलत है, वह गलती करने के पहले गवाह खोज लेता है। जो आदमी सही है, उसे तो बाद में ही पता चलता है कि सही के लिए भी गवाह देने होते हैं।

लाओत्से कहता है, संत अपना औचित्य सिद्ध नहीं करते। वे क्या हैं, इसके लिए उनके पास कोई गवाही नहीं। उनका क्या अनुभव है, इसके लिए उनके पास कोई प्रमाण नहीं। प्रमाण देने की कोई इच्छा भी नहीं। कोई जस्टीफिकेशन नहीं है। संत बिलकुल अनजस्टीफाइड खड़े होते हैं, बिना किसी औचित्य की चिंता के खड़े होते हैं। जिनको दिखाई पड़ सकता हो, वे सीधा देख लें; और जिनको दिखाई न पड़ सकता हो, वे न देखें, अंधे बने रहें।

लेकिन संत के मन में अगर यह आकांक्षा हो कि मैं सच्चा हूं, अहिंसक हूं, व्रती हूं, त्यागी हूं, या और कुछ हूं, इसको प्रमाणित करूं...।

एक गांव में मैं गया था। एक साधु वहां ठहरे थे। कोई उन्हें मुझसे मिलाने लिवा लाया था। जो मिलाने लाए थे, उनके शिष्य थे। उन्होंने कहा कि ये बड़े त्यागी हैं, महा तपस्वी हैं। इन्होंने अब तक इतने-इतने हजार उपवास किए हैं। मैंने उन साधु से पूछा कि ये कहते हैं कि इतने हजार उपवास किए हैं! तो उन्होंने कहा, हां। और अब तो संख्या और भी बढ़ गई। ये तो पुरानी, पुरानी संख्या बता रहे हैं। मैंने उनसे पूछा, आपने हिसाब रखा है? उन्होंने कहा कि मैं बिलकुल डायरी रखता हूं।

यह डायरी किसको बताई जाने वाली है? ये परमात्मा के पास डायरी ले जाएंगे? यह डायरी किसको बताई जाने वाली है? न, यह लोगों को बताई जाती है कि कितने उपवास किए हैं। और जो बताने को उत्सुक है, वह दो के चार उपवास भी डायरी में लिख सकता है। जो बताने को उत्सुक है, उसका कोई भरोसा नहीं। क्योंकि उपवास असली चीज नहीं है, संख्या असली चीज है। उपवास का मूल्य ही इतना है कि कितनी संख्या बढ़ती जाती है।

यह जो औचित्य है त्याग का, यह बताता है कि आदमी अभी भी बाजार में है। उसकी भाषा, सोचने के ढंग अभी दुनियादारी के हैं। अभी उसे संन्यास की कोई किरण भी नहीं मिली। अभी उसे त्याग का कोई आनंद नहीं मिला। अभी उसे त्याग से आनंद मिलता है, त्याग का आनंद नहीं मिला। इस फर्क को ठीक से समझ लें। उसे त्याग से आनंद मिलता है। क्योंकि त्याग को लोग सम्मान देते हैं, आदर देते हैं, पैर छूते हैं, जयजयकार करते हैं, रथ-यात्रा निकालते हैं, बैंड-बाजे बजाते हैं। त्याग के द्वारा, त्याग से। त्याग अभी साधन है। लेकिन आनंद अभी सम्मान का है। अभी उसे त्याग का आनंद नहीं मिला।

जिस दिन उसे त्याग का आनंद मिल जाएगा, उस दिन वह समझेगा कि सम्मान का त्याग बड़े से बड़ा त्याग है। तो उसने जो भी अभी छोड़ा, खाना वगैरह, कपड़े-लत्ते, मकान वगैरह, वह ना-कुछ हैं। जब इनको छोड़ने से इतना आनंद मिलता है, तो जिस दिन कोई सारे अहंकार को ही छोड़ देता है, सम्मान के भाव को ही छोड़ देता है, तब उसे परम आनंद मिलता है। लेकिन उसका उसे अभी कोई पता नहीं है। जो आज बैंड-बाजा बजाते हैं उसके चारों तरफ, कल अगर बैंड-बाजा बजाना बंद कर दें तो उसके उपवास भी बंद हो जाएंगे। कारण ही खो जाता है।

रामकृष्ण के पास एक आदमी आता था। वह हर वर्ष, जब नवदुर्गा होती, तो बड़ा उत्सव मनाता और बड़े बकरे कटते। फिर अचानक उत्सव बंद हो गए, और बकरे कटने बंद हो गए। रामकृष्ण ने उससे पूछा कि बहुत दिन से देखते हैं कि वर्ष, दो वर्ष बीत गए, उत्सव का क्या हुआ? धर्म का क्या? पूजा का क्या? अब बकरे वगैरह नहीं कटते? उस आदमी ने कहा, दांत ही न रहे, दांत ही गिर गए। रामकृष्ण सोचते थे कि उत्सव हो रहा है धर्म का। वे बड़े चौंके। रामकृष्ण ने कहा, दांत से इसका क्या लेना-देना? उस आदमी ने कहा, दांत ही न रहे तो उत्सव कैसा? बकरे कैसे कटने? खाने-पीने का आनंद ही चला गया।

धर्म तो एक बहाना था, एक आड़ थी। तो अगर मूल कारण गिर जाए...साधु को जिस दिन आप सम्मान न दें, उस दिन आपको पता चलेगा, कितने साधु आपके पास हैं। जब तक साधु को सम्मान मिलता है, तब तक तय करना मुश्किल है। क्योंकि सौ में से निन्यानबे लोग तो सम्मान के कारण ही साधु होंगे।

और एक बड़े मजे की बात है कि साधु होने के लिए बहुत बुद्धिमत्ता की जरूरत नहीं है; किसी गुण की जरूरत नहीं है; किसी टैलेंट की, किसी जीनियस की, किसी मेधा की कोई जरूरत नहीं है। इस दुनिया में सब तरफ सम्मान महंगा है, साधु होकर बहुत सस्ता है। आप अपने साधुओं को जरा गौर करके देखें, इनको किस दिशा में आप लगा देंगे तो ये कारगर हो सकते हैं?

एक साधु छोड़ना चाहते थे साधु-वेश। उन्होंने मुझे पत्र लिखा। तो मैंने कहा, छोड़ दो, इसमें पूछना क्या है? यह भी पूछ कर छोड़ोगे? पूछ कर पहले फंसे कि लिया, अब भी पूछ कर छोड़ोगे? छोड़ दो छोड़ना है तो। इसमें क्या बुराई है? उन्होंने मुझे पत्र लिखा कि आप समझे नहीं। मैट्रिक फेल हूं। और अभी—अभी वाइस चांसलर भी मेरे पैर छूते हैं आकर। कल मुझे क्लर्क की भी नौकरी नहीं मिल सकती है। इसलिए पूछता हूं कि छोडूं कि न छोडूं? तो मैंने कहा कि तुम गलत सवाल पूछे। तुम्हें यह पूछना ही नहीं था कि साधुता छोड़ दूं। साधुता है ही नहीं। तुम एक व्यवसाय में हो। और अच्छा व्यवसाय है, तुम जारी रखो। क्योंकि इससे साधुता का कोई संबंध नहीं है। तुम्हें ठीक धंधा मिल गया है, उसे तुम जारी रखो। लेकिन धंधे को साधुता मत कहो।

साधु होना सबसे सस्ती, बिना किसी योग्यता के घटने वाली घटना है। तो आसान है। सौ में निन्यानबे साधु इसीलिए साधु हैं कि साधुता से कुछ और मिलता है, जो उन्हें अन्यथा नहीं मिल सकेगा। लेकिन सम्मान की आधारशिलाएं हट जाएं, आपके साधु एकदम तिरोहित हो जाएंगे। तब शायद वही साधु रह जाएगा बाकी, जिसके लिए सम्मान से कोई प्रयोजन न था। जो प्रकट ही न होना चाहता था, या प्रकट भी हो गया था तो उसकी कोई वासना न थी, दुर्घटना थी।

अपना औचित्य! अपना औचित्य हम तभी सिद्ध करते हैं, जब हमें लगता है कि जिनके सामने हम सिद्ध कर रहे हैं, वे हमारे न्यायाधीश हैं।

नीत्शे से किसी ने कहा कि तुम जीसस के इतने खिलाफ लिखे हो—और नीत्शे न केवल लिखता था जीसस के विरोध में, दस्तखत भी करता था तो लिखता था एंटी-क्राइस्ट फ्रेडरिक नीत्शे, जीसस-विरोधी—तो तुम इस सबके लिए प्रमाण दो। तो नीत्शे ने कहा कि जिस अदालत में जीसस की प्रामाणिकता जांची जाएगी, उसी अदालत में हम भी प्रमाण दे देंगे। अगर कहीं कोई परमात्मा है जो सिद्ध करेगा कि जीसस ईश्वर के पुत्र हैं तो उसी के सामने हम भी सिद्ध कर देंगे। लेकिन तुम्हारे सामने नहीं; क्योंकि तुम न्यायाधीश नहीं हो। तुम कौन हो? तुमसे क्या लेना-देना है?

और नीत्शे तो कोई संत नहीं है। लेकिन संतत्व के बड़े करीब है। नीत्शे ने जो किताबें लिखी हैं, वे सुसंबद्ध नहीं हैं, सिस्टमैटिक नहीं हैं, फ्रैगमेंट्स हैं, टुकड़े हैं। उनके बीच कोई सिलसिला नहीं है। कई बार लोगों ने उसे कहा कि तुम कुछ सिलसिला बनाओ। उसने कहा कि तुम कौन हो? विचार मेरे हैं, जिम्मेवार मैं हूं। जिनके पास आंखें हैं, वे सिलसिला देख लेंगे। और जिनके पास आंखें नहीं हैं, उनको सिलसिला बताने की जरूरत भी क्या है?

नीत्शे ने कहा है कि लोगों ने एक-एक किताब लिखी है जितने विचार से, उतने विचार से मैंने एक-एक वाक्य लिखा है। लेकिन वह बीज है। पर कोई न्यायाधीश नहीं है; उत्तरदायित्व नहीं है किसी के प्रति।

असल में, संत का वक्तव्य यह है कि मैं जैसा हूं, वह मेरे और परमात्मा के बीच की बात है; किसी और से उसका कोई लेना-देना नहीं है।

लेकिन हम मान नहीं सकते बीच में बिना कूदे। हम एक-दूसरे की खिड़कियों से झांकने के ऐसे आदी हो गए हैं—पीपिंग टाम्स! किसी का चाबी का छेद है, उसी में से झांक रहे हैं। हम सब को दूसरों में झांकने की ऐसी वृत्ति हो गई है! और दूसरे भी इतने कमजोर हैं कि वे अपना औचित्य सिद्ध करने लगते हैं कि मैं ठीक हूं; ऐसा कर रहा था उसका कारण यह था; ऐसा कहा, उसका कारण यह था। दूसरे भी कारण बताते हैं, दूसरे भी कमजोर हैं।

लेकिन संत कमजोर नहीं है। वह अपने में पूरी तरह निर्भर है। अपने में पूरा का पूरा ठहरा हुआ है। कोई प्रमाण की जरूरत नहीं है। किसी को कुछ समझाने की, कोई औचित्य की, कोई तर्क की, कोई गवाही की जरूरत नहीं है।

और लाओत्से कहता है, 'इसीलिए उनकी ख्याति दूर-दिगंत तक जाती है।'

जो अपना औचित्य सिद्ध करते रहते हैं, वे दो-चार को भी समझाने में सफल हो जाएं तो कठिन है। जो अपना औचित्य सिद्ध ही नहीं करते, उनकी सुगंध दूर-दिगंत तक चली जाती है। क्योंकि उनका खंडन नहीं किया जा सकता। यह बड़े मजे की बात है। जिसने कभी सिद्ध ही नहीं किया कि मैं चरित्रवान हूं, उसको आप चरित्रहीन सिद्ध नहीं कर सकते। जिसने सिद्ध करने की कोशिश की कि मैं चरित्रवान हूं, उसको चरित्रहीन सिद्ध किया जा सकता है। सच तो यह है कि उसने खुद ही खबर दे दी है कि वह चरित्रहीन है—चरित्रवान सिद्ध करने की चेष्टा से। जब कोई आदमी कहता है कि मैं चोर नहीं हूं, जब कोई आदमी कहता है कि मैं बेईमान नहीं हूं, जब कोई आदमी दिन भर यही कहे चला जाता है कि मैं झूठ नहीं बोलता हूं, तब कोई भी संदिग्ध हो जाएगा कि बात क्या है? इतनी चेतना क्या है? इतना होश क्या है? बार-बार दोहराने की इतनी जरूरत क्या है? नहीं हो तो ठीक है।

लेकिन जो आदमी भीतर गिल्ट, अपराध अनुभव करता है, वह हर बार कोशिश करता रहता है। उसकी हर तरह की चेष्टा सिद्ध करती रहती है कि उसके भीतर कोई अपराध छिपा है। फ्रायड कहता था कि कुछ लोग दिन भर बैठे-बैठे हाथ ही मलते रहते हैं। फ्रायड कहता था, ये हाथ मलने वाले वे लोग हैं, जिन्होंने कोई पाप किया है। ये हाथ धो रहे हैं। इनका जो हाथ मलना है, यह अकारण नहीं है।

कुछ लोगों को हाथ धोने का मैनिया होता है। वे दिन में दस-पचास दफे हाथ धोएंगे। इनके भीतर कोई अपराध घना है और जिसका प्रतीक यह इनका हाथ धोना है। कोई अपराध है जिससे इनको लगता है कि हाथ मेरे रंगे हैं, उसे ये साफ कर रहे हैं। कुछ लोग हैं, खासकर महिलाएं, घर की सफाई में पागल हो जाती हैं। सफाई भी पागलपन हो जाता है। एक कचरे का टुकड़ा नहीं टिकने देंगी। आदमी को अंदर किसी का आना, मेहमान का, उन्हें भय का कारण हो जाता है कि पता नहीं, कचरा आ जाए, कुछ गंदगी आ जाए, कुछ हो जाए।

सफाई अच्छी बात है। लेकिन हर चीज पागलपन की सीमा तक खींची जा सकती है। फ्रायड कहता है कि इन महिलाओं के मन में कहीं कोई डर्ट, कहीं कोई गंदगी जमी है; उसका यह बाहर फैला हुआ रूप है कि बाहर कहीं कोई गंदगी न जम जाए। बाहर की गंदगी उनको भीतर की गंदगी की याद दिलाती है। इसलिए इतना पागलपन हैं।

एक मित्र मेरे साथ थे। वे किसी के घर चाय नहीं पीते, किसी के घर पानी नहीं पीते, किसी का दिया पान नहीं खाते। वे कहते यही हैं कि नहीं, मैं कहीं कोई बाहर की चीज नहीं लेता।

बहुत बार यह सब देख कर मुझे लगा कि यह कुछ मैनिया, कुछ पागलपन की बात है। खोज-बीन की, उनसे चर्चा की, समझने की कोशिश की। उन्होंने कभी किसी आदमी को जहर खिलाने की कोशिश की थी। और उसके बाद वे किसी के घर कुछ नहीं खा सकते। वह जो भीतर छिपा है, वह अभी भी कंपित हो रहा है। और अब किसी से भी कुछ लेना उनके अपने ही अपराध का पुनर्स्मरण है।

आदमी बहुत जटिल है। आप क्या करते हैं, क्यों करते हैं, आपको भी पता न हो। आदमी का मन बहुत गहरा उलझाव है। और आदमी हजार काम करता है, जिसका उसे पता नहीं कि क्यों कर रहा है। लेकिन उसके कारण भीतर छिपे हैं। ये जो व्यक्ति निरंतर औचित्य सिद्ध करते रहते हैं कि मैं ठीक आदमी हूं, इनके भीतर गलत होने की धारणा पक्की है। इनको खुद ही भरोसा नहीं है कि ये ठीक आदमी हैं। जब कोई आदमी आपसे आकर कह देता है, आप ठीक आदमी नहीं हैं; तो अगर आप नाराज होते हैं तो उसका मतलब यह है कि उसने कोई घाव छू दिया। नहीं तो नाराज होने का कोई कारण नहीं है। या तो वह आदमी सही है तो धन्यवाद दे देना चाहिए; या वह आदमी गलत है तो हंस देना चाहिए। बात खतम हो गई। नाराज होने की क्या बात है?

गुरजिएफ के पास लोग जाते थे और वे कहते थे कि आज एक फलां आदमी मिला था, वह बहुत अभद्र बातें आपके संबंध में कह रहा था, गालियां दे रहा था, बहुत गंदी बातें कह रहा था। गुरजिएफ कहता, यह कुछ भी नहीं

है। और भी लोग हैं, तुम फलां आदमी से जाकर मिलो, वह इससे भी ज्यादा गंदी बात मेरे बाबत कहता है। और अगर तुम्हारी तृप्ति उससे भी न हो तो मैं तुम्हें और भी आदमी बताऊंगा जो और भी...यह कुछ भी नहीं है। जब पहली दफा ऑसपेंस्की गुरजिएफ को मिला तो वह बहुत चकित हुआ इस तरह की बात देख कर। जब भी कोई आकर उसकी निंदा की बात करता तो वह कहता, यह कुछ भी नहीं है।

जिस आदमी के भीतर कोई घाव नहीं है, आप उसकी कितनी ही बुराई करके उसको चोट नहीं पहुंचा सकते। चोट आपकी बुराई से नहीं पहुंचती, भीतर के घाव से पहुंचती है। कोई आदमी आपसे आकर कह देता है कि फलां आदमी कहता था आप चरित्रहीन हैं। आपको जो चोट पहुंचती है, वह उस आदमी से नहीं पहुंचती। जानते तो आप भी हैं कि चरित्रहीन हैं, अब फजीहत हुई, अब फजीहत हुई, औरों को भी पता चलने लगा। तो अब औचित्य सिद्ध करने में लगते हैं कि नहीं हैं, कौन कहता है? मैं चरित्रवान हूं। सिवाय चरित्रहीनों के चरित्रों की औचित्य सिद्ध करने की चेष्टा किसी ने कभी नहीं की है।

संत अपना औचित्य सिद्ध नहीं करते; लेकिन उनकी ख्याति दूर-दिगंत तक पहुंच जाती है। यह पहुंच जाना सहज घटना है। यह अनायोजित, अचेष्टित है। न इसकी कोई कामना है, न इसकी कोई आकांक्षा है। अन-अभीप्सित है। लेकिन यह घटती है। और जब घटती है, तो इस सुगंध को रोकना बहुत मुश्किल है। क्योंकि इसको कभी गलत सिद्ध नहीं किया जा सकता। जो सही सिद्ध करने की चेष्टा में नहीं है, उसे हम गलत सिद्ध नहीं कर सकते।

'वे अपनी श्रेष्ठता का दावा नहीं करते, इसलिए लोग उन्हें श्रेय देते हैं।'

उनका एक ही श्रेय है कि वे श्रेष्ठता का दावा नहीं करते। श्रेष्ठता का दावा सिर्फ हीनजन ही करते हैं; श्रेष्ठजन नहीं करते। जो श्रेष्ठ है ही, वह दावा क्यों करेगा? जो श्रेष्ठ नहीं है, उसी के भीतर दावा पैदा होता है।

'वे अभिमानी नहीं हैं, और इसलिए लोगों के बीच अग्रणी बने रहते हैं।'

आगे बने रहते हैं; क्योंकि आगे बने होने की उनकी कोई आकांक्षा नहीं है। पीछे खड़े होने की उनकी पूरी तैयारी है। पीछे ही वे खड़े होते हैं।

इसको हम थोड़ा समझ लें। दो तरह से लोग आगे खड़े होते हैं इस जगत में। एक तो वे जो क्यू में धक्कमधेल करके आगे पहुंचते हैं। राजनीतिज्ञ हैं, काफी धक्कमधक्का करके वे आगे पहुंचते हैं। आगे पहुंचने में बड़ी उनकी फजीहत होती है; लेकिन वे सब झेल लेते हैं। आगे पहुंचने का लोभ इतना है कि कितनी भी फजीहत झेली जा सकती है। और एक दफे आदमी आगे पहुंच जाए तो लोग भूल जाते हैं कि इनकी बड़ी फजीहत हुई थी। इसलिए बीच के धक्कमधक्का खा लेने में कोई हर्ज नहीं है। एक दफा आगे पहुंच गए तो सब इतिहास बदल जाता है। सफल आदमी की सब असफलताएं भूल जाती हैं। आगे पहुंच गए आदमी की बात ही भूल ही जाती है कि कभी वह पीछे क्यू में खड़ा था।

और बड़ा मजा यह है कि जिस तरह धक्कमधक्का देकर वह आगे आया है, वह लोगों को समझाने लगता है: क्यू में लाइन लगा कर खड़े रहो, धक्कमधुक्की करनी ठीक नहीं है। इंदिरा गांधी को पूछें, निजलिंगप्पा जो उनको समझाते थे, वह अब दूसरों को समझाना शुरू कर दी है। यह बड़ी आश्चर्य की बात है। लेकिन आदमी का मन ऐसा है। और सब आदमियों का मन ऐसा है।

आप ट्रेन के डिब्बे में बैठे हैं। चिल्लाते हैं दरवाजे से, किसी को घुसने नहीं देते हैं कि बिलकुल भरा है, एक इंच जगह नहीं है, आगे जाओ! और आप भूल गए कि अगले स्टेशन पर आप बाहर खड़े थे और तब जो दलीलें आप दे रहे थे, वही दलीलें बाहर खड़ा आदमी दे रहा है—कि बिलकुल मत घबड़ाइए, मैं पांव पर ही खड़ा रहूंगा, पैर के लायक जगह मिल जाएगी, आप चिंता मत करिए, तकलीफ मैं झेल लूंगा। आप कहते हैं, है ही नहीं जगह।

यही बातें किसी ने डिब्बे के भीतर आपसे कही थीं। लेकिन डिब्बे के भीतर आदमी प्रवेश करते ही आत्मा बदल जाती है। डिब्बे के बाहर दूसरी आत्मा होती है; डिब्बे के भीतर दूसरी आत्मा होती है। आपको पता ही नहीं चलता कि आत्मा इतनी जल्दी कैसे बदलती है। और ऐसा नहीं कि अभी जो आदमी गिड़गिड़ा रहा है, वह नहीं बदलेगा। डिब्बे के भीतर आने दो, अगले स्टेशन पर उसकी बातें सुनो कि वह लोगों से बाहर क्या कह रहा है। तब आपको पता चलेगा कि आदमी जो कहता है, वह परिस्थिति पर निर्भर होने वाली बातें हैं।

जिसको नेता बनना है, उसे सब तरह के उपद्रव करने होते हैं। लेकिन जो नेता बन गया और नेता जिसे बना रहना है, उसे बाकी को समझाना पड़ता है कि उपद्रव मत करना। सच तो यह है कि जो उपद्रव करके आगे आता है, वह उपद्रव के बहुत खिलाफ होता है; क्योंकि उसे पक्का पता है कि आगे आने का रास्ता क्या है, जो आगे पहले से हैं उनको गिराने का रास्ता क्या है।

मैक्यावेली ने लिखा है कि जिस सीढ़ी से चढ़ो, चढ़ते ही पहले उसे नष्ट कर देना। और मैक्यावेली मनुष्य के मन में झांकने वाले गजब के लोगों में से एक है। थोड़े ही लोग इतना गहरे देखते हैं आदमी के अस्तित्व में। मैक्यावेली कहता है, पहला काम चढ़ जाने पर सीढ़ी के करना सीढ़ी तोड़ देने का। क्योंकि ध्यान रखना, सीढ़ी निष्पक्ष है; जैसा तुम्हें चढ़ा दिया, किसी दूसरे को भी चढ़ा सकती है। मैक्यावेली कहता है कि नेता को और अनुयायी के बीच बहुत फासला रखना चाहिए। क्योंकि पास के लोग खतरनाक होते हैं।

इसलिए कोई भी नेता बुद्धिमान लोगों को अपने आस-पास पसंद नहीं करता, बुद्धुओं को पसंद करता है। उनमें फासला इतना होता है कि अगर उनको सीढ़ी भी लगा दो तो उनकी समझ में न आएगा कि इस पर चढ़ना है। ऐसे आदमी ठीक रहते हैं। इसलिए हर नेता के पास बुद्धुओं की जमात होगी। उन्हीं पर वह जीता है।

एक तो रास्ता है क्यू में इस तरह उपद्रव करके आगे खड़े हो जाने का। नेता इस भांति खड़े होते हैं। यह पोलिटिकल रास्ता है, राजनीतिक का रास्ता है।

संत भी कभी-कभी आगे पाए जाते हैं। लेकिन उनके खड़े होने का ढंग दूसरा है। वे क्यू में पीछे खड़े हो जाते हैं। जहां भी धक्कमधुक्की है, वे पीछे खड़े हो जाते हैं। लेकिन उनके पीछे खड़े होने की यह जो शांत स्थिति है, क्योंकि जिसे आगे नहीं जाना है, उसको अशांत होने का कोई कारण नहीं है। जिसे आगे नहीं जाना है, उसको चिंतित होने की कोई वजह नहीं है। जिसे आगे नहीं जाना है, उसकी न कोई प्रतिस्पर्धा है, न कोई प्रतियोगिता है, न कोई ईर्ष्या है, न कोई संघर्ष है। जिसे आगे नहीं जाना है, उसका कोई दुश्मन नहीं है। कोई प्रयोजन नहीं दुश्मन का। जिसका कोई दुश्मन नहीं, जिसकी कोई अशांति नहीं, चिंता नहीं, पीड़ा नहीं, दुख नहीं, उसमें जो दीप्ति आनी शुरू हो जाती है, उस दीप्ति के कारण कुछ लोग उसके पीछे क्यू लगाने लगते हैं। यह दूसरी प्रक्रिया है। ये लोग पीछे खड़े होते जाते हैं। और इनको इतना चुप खड़ा होना होता है कि उसको पता न चल जाए कि पीछे और लोग खड़े हो गए हैं। नहीं तो वह उनके पीछे जाकर खड़ा हो जाएगा।

गुरजिएफ कहता था कि संतों के पीछे चलना हो तो पता मत चलने देना, तुम्हारे पैर की आवाज मत होने देना। क्योंकि संत पीछे खड़े होने के बड़े प्रेमी हैं। वे तुम्हें आगे कर लेंगे। उनके पीछे ऐसे चलना कि जैसे तुम हो ही नहीं।

कभी-कभी ऐसा होता है कि इन संतों के पीछे भी लाखों लोग इकट्ठे हो जाते हैं। लेकिन यह आगे होने की प्रक्रिया गुणात्मक रूप से भिन्न है। इस आगे होने में किसी को पीछे नहीं किया गया है। इसमें लोग पीछे हो गए हैं। राजनीति में अनुयायी बनाने पड़ते हैं; धर्म में अनुयायी बन जाते हैं। राजनीति में लोगों को पीछे रखना पड़ता है; धर्म में पीछे लोग खड़े हो जाते हैं। यह एक सहज घटना है। और इस सुगंध को दूर-दिगंत तक हवाएं अपने आप ले जाती हैं। इसलिए जो अभिमानी नहीं हैं, वे लोगों के बीच अग्रणी बने रहते हैं।

'चूंकि वे किसी वाद की प्रस्तावना नहीं करते, इसलिए दुनिया में कोई उनसे विवाद नहीं कर सकता है।'

वाद की प्रस्तावना विवाद के लिए निमंत्रण है। अगर मैं कहता हूं, यही सत्य है! तो मैं किसी न किसी आदमी के भीतर आकांक्षा पैदा कर दूंगा, जो कहे कि यह सत्य नहीं है। जगत एक संतुलन है। जब कोई दावा करता है तो प्रतिदावा तत्काल खड़ा हो जाता है।

अगर कोई महावीर के पास जाए तो उनकी कोई प्रस्तावना नहीं है। महावीर से कोई विवाद करने में सफल नहीं हो पाया; क्योंकि उन्होंने जो कहा, वह वाद नहीं है। कोई आदमी आकर कहता है, ईश्वर है। तो महावीर कहते हैं, ठीक है, यह भी ठीक है। और घड़ी भर बाद कोई आदमी आकर कहता है कि ईश्वर नहीं है। तो महावीर कहते, यह भी ठीक है। महावीर कहते कि ऐसा कोई असत्य नहीं है, जिसमें सत्य का अंश न हो। और ऐसा कोई सत्य नहीं है जो मनुष्य उच्चारित करे जिसमें असत्य सम्मिलित न हो जाए। तो इसलिए महावीर कहते हैं कि मैं क्यों चिंता करूं, कोई चीज पूर्ण नहीं है इस जगत में, तो कोई कोई भी बात आकर कहे, उसमें एक अंश तो सत्य होगा ही। वह कैसा ही वाद हो, उसमें एक अंश तो सत्य होगा ही। और पूर्ण कोई चीज सत्य नहीं है; क्योंकि मनुष्य की भाषा में पूर्ण को प्रकट नहीं किया जा सकता।

तो महावीर का कोई वाद नहीं है। लेकिन अनुयायी तो वाद बनाते हैं। बिना वाद के अनुयायी को बड़ी कठिनाई होगी। अगर आप महावीर के अनुयायी, जैन को कहें कि ठीक है, कोई वाद नहीं है तो चलो मस्जिद! तो फिर क्यों मंदिर जा रहे हो? तो क्यों रखे बैठे हो ये महावीर के वचन? रखो कुरान! तो क्यों करते हो नमस्कार महावीर को? चलो आज नमस्कार हो जाए राम को। तो वह कहेगा, नहीं। उसका वाद है। ये इतिहास में घटने वाली दुर्घटनाएं हैं। महावीर का कोई वाद नहीं है; लेकिन अनुयायी तो बिना वाद के नहीं रह सकता। उसको तो फासला बनाना पड़ेगा कि मैं दूसरों से अलग हूं, मेरा गिरोह अलग है। सीमा बनानी पड़ेगी। सीमा बनाने में विवाद शुरू हो जाएगा।

महावीर का कोई वाद नहीं है। लेकिन मजे की बात है कि जैन दार्शनिकों और पंडितों ने जितना विवाद भारत में किया है, उतना और किसी ने नहीं किया। पक्के विवादी हैं। और एक-एक चीज की बाल की खाल निकालने में कुशल हैं। और जैन तर्क विकसित तर्क है। सच तो यह है कि जैन अनुयायियों को खूब तर्क को विकसित करना पड़ा; क्योंकि महावीर ने तर्क को बिलकुल छुआ नहीं। उनको मुसीबत में छोड़ गए। तो उसकी काफी सुरक्षा उन्हें करनी पड़ी, उन्हें काफी ईजाद करनी पड़ी। और महावीर का जो वाद ही नहीं था, उसको भी जैनों ने स्यातवाद नाम दे दिया।

अब यह बड़ा उलटा नाम है। स्यात शब्द बहुत अदभुत है। वह सिर्फ पासिबिलिटी का, संभावना का सूचक है। कोई आदमी पूछता है, ईश्वर है? महावीर कहते हैं, स्यात, स्यात है। स्यात का मतलब यह है कि न तो मैं पूर्ण रूप से कहता कि नहीं है और न पूर्ण रूप से कहता कि है। स्यात का अर्थ यह है कि मैं मध्य में खड़ा हूं।

स्यात के लिए अंग्रेजी में कोई शब्द नहीं है। अभी एक अमरीकन विचारक है डिबोनो; उसने एक शब्द निकाला है, वह काम का है। वह शब्द है पो। वह नया गढ़ंत शब्द है। भाषा में कोई शब्द है नहीं। दो शब्द हैं अंग्रेजी में: यस, नो; हां, नहीं। डिबोनो ठीक महावीर की पकड़ का आदमी मालूम होता है। वह कहता है, ये दोनों शब्द खतरनाक हैं; क्योंकि इनसे पूरा हो जाता है मामला—हां या नहीं। और जिंदगी ऐसी नहीं है। जिंदगी ऐसी नहीं है। तो वह कहता है, यस और नो के बीच में एक मिडिल टर्म—पो, पी ओ। वह कहता है, पो का मतलब शायद।

आप पूछते हैं कि आपको मुझसे प्रेम है या नहीं? तो हां या न? डिबोनो कहता है, पो, स्यात। क्योंकि हजार चीजों पर निर्भर करता है, इतने जल्दी हां और न में जवाब देना खतरनाक है। हां का मतलब यह हुआ कि अब यह प्रेम जो है, एब्सोल्यूट हो गया। अगर मैं कहूं हां और घड़ी भर बाद आप पर नाराज हो जाऊं तो आप कहेंगे, कहां गया प्रेम? कहां गया वह प्रेम? हां भी गलत होगा, नहीं भी गलत होगा। जीवन में सभी चीजें रिलेटिव हैं, एब्सोल्यूट नहीं

हैं; सब सापेक्ष है, कोई पूर्ण नहीं है। जो अभी प्रेम है, क्षण भर बाद प्रेम नहीं रह जाएगा। जहां अभी प्रेम की कोई खबर भी नहीं, क्षण भर बाद प्रेम का पौधा उग आएगा। कुछ नहीं कहा जा सकता। तो डिबोनो कहता है—पो, स्यात।

महावीर स्यात का प्रयोग किए हैं। लेकिन उनके अनुयायियों ने उसको भी वाद बना दिया—स्यातवाद। वह वाद नहीं है। स्यात का मतलब ही यह है कि कोई वाद जगत में नहीं है। तुम जितने भी वाद प्रस्तावित करते हो...। वाद का मतलब यह होता है कि कोई दावा, कि ऐसा है। ऐसा ही है, तब वाद खड़ा होता है। महावीर कहते हैं, ऐसा ही है, मत कहो; इतना ही कहो, ऐसा भी है। बस, इतना कहो। ही पर जोर मत दो, भी पर जोर दो; तो कोई कलह नहीं है, कोई विवाद नहीं है। विवाद खड़ा होता है वाद के आग्रह से। अनाग्रह, कोई दावा नहीं।

'चूंकि वे किसी वाद की प्रस्तावना नहीं करते, इसलिए दुनिया में कोई भी उनसे विवाद नहीं कर सकता है। और क्या यह सही नहीं है, जैसा कि कहा है प्राचीनों नेः समर्पण में ही है संपूर्ण की सुरक्षा। और इस तरह संत सुरक्षित रहते हैं और संसार उनको सम्मान देता है।'

समर्पण में ही है संपूर्ण की सुरक्षा, यही सूत्र का प्रारंभ था। इस सारे सूत्र में अलग-अलग पहलुओं से—लड़ना नहीं, छोड़ देना, संघर्ष मत करना, झुक जाना, विवाद मत करना, दावा मत करना, कोई प्रस्तावना ही मत करना, अपनी तरफ से कोई औचित्य सिद्ध मत करना, अपनी तरफ से झुक जाना, कड़े मत होना, अकड़ कर मत खड़े होना—इसी पहलू, इसी सत्य को अलग-अलग पहलुओं से लाओत्से ने कहा है। सार है समर्पण, सरेंडर।

इस आखिरी बात को हम ठीक से समझ लें। वह इसका सार है।

संघर्ष एक शब्द है, एक शब्द है समर्पण। संघर्ष में दूसरे से लड़ना है, जीतना है, जीतने की आकांक्षा है; हार परिणाम है। समर्पण में दूसरा दूसरा नहीं है, दूसरे से कोई विरोध नहीं है, दूसरे से कोई शत्रुता नहीं है। समर्पण में दूसरा स्वीकार है, अविरोध से स्वीकार है; जैसे आए आंधी और छोटा घास का तिनका झुक जाए, समर्पित हो जाए। आंधी से शत्रुता नहीं बांधता, मित्रता मानता है। सोचता है, आंधी खेल रही है साथ मेरे। आंधी को गुजर जाने देता है, राह दे देता है। यह जो छोटे तिनके का समर्पण है आंधी के लिए, यही उसके प्राणों की सुरक्षा है। आंधी बीत जाएगी, तिनका खड़ा हो जाएगा। बड़े वृक्ष गिर जाएंगे, तिनका बच जाएगा।

समर्पण भी, इस पूरे जगत को अगर हम एक आंधी समझें, इस पूरे अस्तित्व को एक झंझावात समझें, तो समर्पण इस झंझावात में सुरक्षा का उपाय है। यहां झुक जाना है।

झुक जाना शब्द अच्छा नहीं लगता हमारे मन में; क्योंकि हमारी भाषा न झुकने की है। लेकिन लाओत्से को समझेंगे तो झुक जाना शब्द बड़ा अदभुत है। और बहुत कम लोग इस महानता को उपलब्ध होते हैं कि झुक जाएं।

झुक जाना है इस झंझावात में जो जगत का है। क्योंकि हम इसके अंग हैं, इससे पृथक नहीं हैं। इससे लड़ाई बेमानी है, पागलपन है। जैसे मैं अपने ही दोनों हाथों को लड़ाऊं, ऐसा पागलपन है। जैसे मेरी आंख मेरे शरीर से लड़ने लगे, मेरे पैर मेरे पेट से लड़ने लगें, ऐसा पागलपन है। लड़ाई शब्द खतरनाक है।

अस्तित्व के रहस्य में जिसे प्रवेश करना है, वह अपने को ऐसा छोड़ दे, जैसे बूंद सागर में छोड़ देती है, एक हो जाती है। जैसे सूखा पत्ता हवा में छोड़ देता है, हवा के साथ एक हो जाता है। इस पूरे अस्तित्व की झंझा में मैं एक अंश मात्र हूं, पृथक नहीं, अलग नहीं। मेरा कोई अलग अस्तित्व नहीं है, एक अस्तित्व का ही एक कण हूं। तो लड़ाई बेमानी है, महंगी है; नाहक कष्ट, नाहक दुख है। पश्चिम में आज इतनी चिंता का जो कारण है, वह इस बात से पैदा हुआ है कि व्यक्ति अस्तित्व से अलग है। जो लोग भी अपने को अस्तित्व से अलग मानेंगे, वे चिंता में पड़ जाएंगे। क्योंकि तब सारा जगत शत्रु है और मुझे अपनी रक्षा करनी है। यह रक्षा हो नहीं सकती; और तब मैं टूटूंगा, मिटूंगा, परेशान होऊंगा। अगर यह सारा अस्तित्व मैं ही हूं और इसके साथ एक हूं तो मेरी मृत्यु भी मेरी मृत्यु नहीं है।

उमर खय्याम ने कहा है कि क्या हुआ अगर मैं मर भी गया! तो मेरी जो मिट्टी मिट्टी में मिल जाएगी, कोई पौधा उसमें से उगेगा, कोई फूल खिलेगा, तो मैं उस फूल में खिलूंगा। मेरे प्राण विसर्जित हो जाएंगे हवाओं में, किसी के फेफड़े में प्रवेश करेंगे, कोई हृदय धड़केगा, तो मैं उस हृदय में धड़कूंगा।

मैं मिट नहीं सकता हूं; क्योंकि मैं नहीं हूं। मैं मिट सकता हूं; अगर मैं हूं। अगर मैं नहीं ही हूं, यह अस्तित्व ही है, तो मेरे मिटने का कोई उपाय न रहा। आज जो मेरे हाथ में बहता हुआ खून है, वह किसी पक्षी में किसी दिन आकाश में उड़ा होगा। आज मेरी हड्डी में जो मिट्टी है, वह मिट्टी कभी किसी वृक्ष में फूल बनी होगी; फिर कभी फूल बनेगी। आज जिस शब्द से मैं बोल रहा हूं, वह शब्द कभी किसी वृक्ष में हवा की टक्कर से पैदा हुआ होगा; फिर कभी वृक्षों के बीच बहेगा। मेरा होना अगर अस्तित्व से अलग है तो मेरा मिटना निश्चित है। लेकिन अगर मैं अस्तित्व से एक हूं तो कभी फूल में, कभी पक्षी में, कभी आकाश में, कभी मिट्टी में, अनंत-अनंत रूपों में बना ही रहूंगा। मेरे मिटने का फिर कोई उपाय नहीं है।

इसलिए लाओत्से कहता है, समर्पण में है सुरक्षा। जिसने अपने को खो दिया अस्तित्व में पूरा, उसकी फिर कोई असुरक्षा नहीं है। उसकी इनसिक्योरिटी का फिर कोई सवाल नहीं है। बचाया अपने को कि असुरक्षा निश्चित है। फिर मुसीबत खड़ी है।

और हम सब अपने को बचाने में लगे हैं। बचाना ही हमारा दुख है। और बचा भी नहीं पाते हैं। बचा भी नहीं पाएंगे। मिटेंगे तो ही, खोएंगे तो ही। और ऐसा भी नहीं है कि जो बचाने में लगा है, वह अलग ढंग से खोता है; और जो समर्पण करता है, वह अलग ढंग से खोता है। सिर्फ दृष्टि बदल जाती है। खोना तो दोनों को ही पड़ता है। खोना दोनों को ही पड़ता है; दृष्टि बदल जाती है। आप मरते हैं, क्योंकि आप सोचते थे आप हैं। लाओत्से सिर्फ विसर्जित होता है विराट में। वह दृष्टि बदल जाती है। लाओत्से की मृत्यु भी एक शांत मृत्यु है। कोई पीड़ा नहीं है। क्योंकि लाओत्से और बड़ा होने जा रहा है, जैसे कारागृह से छूट रहा हो। कारागृह की दीवारें गिर जाएंगी, कारागृह के भीतर छिपा हुआ आकाश विराट आकाश में मिल जाएगा। यह तो मुक्ति का क्षण है। हमारे लिए जो मृत्यु का क्षण है, वह लाओत्से के लिए मुक्ति का क्षण है। हमारे लिए जो बड़ी उदास, दुख-भरी घटना है, वह बुद्ध और महावीर के लिए निर्वाण है—विराट के साथ एक होने जा रही है चेतना।

मंसूर ने सूली पर लटके हुए कहा है कि तुम इतना ही मत देखना कि मुझे सूली दी जा रही है; जरा आंखें खोलो! एक लाख लोग इकट्ठे थे, वे पत्थर मार रहे थे, गालियां दे रहे थे। उसकी हत्या के लिए आए हुए थे। मंसूर ने कहा, मैं तो मर रहा हूं; इतना ही मत देखना कि मैं मर रहा हूं; जरा आंखें खोलो, शोरगुल बंद करो। इस तरफ मैं मर रहा हूं, उस तरफ मैं परमात्मा से मिल रहा हूं; उसको भी तुम देख लेना। इधर मैं विदा हो रहा हूं, उधर मेरा स्वागत हो रहा है। इधर से मैं हट रहा हूं, उधर मेरा प्रवेश हो रहा है। तुमसे मैं दूर जा रहा हूं, और उसके मैं पास जा रहा हूं; उसको भी देख लेना।

लेकिन जब एक आदमी मरता है, तो हमें सिर्फ उसकी विदाई दिखाई पड़ती है। वह कहीं जा रहा है, यह बिलकुल नहीं दिखाई पड़ता। हम अंधे हैं। लेकिन इस जगत में कोई चीज खोती नहीं। एक मिट्टी का कण भी नहीं खोता है। विज्ञान कहता है, डिस्ट्रक्शन इज़ इंपासिबल; असंभव है नष्ट करना किसी वस्तु को। एक रेत के कण को भी हम नष्ट नहीं कर सकते। रहेगा; किसी भी रूप में रहे, रहेगा। अस्तित्व बना ही रहेगा। अस्तित्व उतना ही रहेगा, उसकी मात्रा जरा भी कम नहीं हो सकती। तो जहां रेत का कण न मिटता हो, वहां आपको मिटने की इतनी क्या फिक्र है? जहां कुछ भी मिटना संभव नहीं है, वहां आदमी को लगता है—मैं मर जाऊंगा, मिट जाऊंगा। यह लगना किसी भ्रांति पर खड़ा है। वह भ्रांति है अपने को अलग मान लेना। मैं अलग हूं तो घबड़ाहट शुरू हो जाती है कि मैं मिटूंगा।

रामकृष्ण मर रहे हैं। उनको कैंसर हो गया है। वे भोजन भी नहीं ले पाते हैं। गले में कुछ डालते हैं, बाहर गिर जाता है। विवेकानंद रामकृष्ण से जाकर कहते हैं कि आप एक बार क्यों नहीं कह देते मां को? काली को क्यों नहीं प्रार्थना कर लेते? एक दफा आप कह देंगे, बात घट जाएगी।

विवेकानंद की बात मान कर रामकृष्ण ने आंख बंद की, फिर खिलखिला कर हंसने लगे और उन्होंने कहा, मैंने कहा तो काली बोली: अपने गले से बहुत दिन भोजन किया, अब दूसरों के गलों से करो। तो विवेकानंद, आज तुम जब भोजन करो, तब तुम्हारे गले से मैं भोजन कर लूंगा। और यह उचित ही है, रामकृष्ण ने कहा, क्योंकि इस गले से कब तक बंधा रहूंगा? वक्त करीब आता है, जब दूसरे गलों में मुझे फैल जाना होगा।

लेकिन अगर यही गला मेरा गला है तो फांसी लगेगी। लेकिन अगर सारे गले मेरे हैं तो लगती रहे फांसी, कितने ही फंदे बनाए जाएं, कोई न कोई गला बचता रहेगा। कितनी ही सांस घुटे, कोई न कोई सांस चलती रहेगी। और कितने ही फूल कुम्हलाएं, कहीं और फूल खिल जाएंगे। इस जगत में कुछ नष्ट नहीं होता है। सिर्फ आदमी के अहंकार की भ्रांति कि उसे लगता है मैं अलग हूं। इसलिए भय पैदा होता है कि नष्ट हो जाऊंगा।

समर्पण अहंकार की भ्रांति का विसर्जन है—मैं अलग नहीं हूं। फिर इस जगत में कोई संघर्ष नहीं है।

आज इतना ही। पांच मिनट रुकें, कीर्तन करें।

उनचासवां प्रवचन

ताओ है परम स्वतंत्रता

Chapter 23

IDENTIFICATION WITH TAO

Nature says few words.
Hence it is that a squall lasts not a whole morning;
A rainstorm continues not a whole day.
Where do they come from? From Nature.
Even Nature does not last long (in its utterances),
How much less should human beings?
Therefore it is that:
He who follows the Tao is identified with the Tao.
He who follows Character (Teh) is identified with Character.
He who abandons (Tao) is identified with abandonment (of Tao).
He who is identified with Tao--Tao is also glad to welcome him.
He who is identified with Character--Character is also glad to welcome him.
He who is identified with abandonment--abandonment is also glad to welcome him.
He who has not enough faith, will not be able to command faith from others.

अध्याय 23

ताओ से एकात्मता

निसर्ग है स्वल्पभाषी।
यही कारण है कि तूफान सुबह भर भी नहीं चल पाता,
और आंधी-पानी पूरे दिन जारी नहीं रहता है।
वे कहां से आते हैं? निसर्ग से।
जब निसर्ग का स्वर भी दीर्घजीवी नहीं, तो मनुष्य के स्वर का क्या पूछना?
इसलिए ऐसा कहा जाता है:
ताओ का जो करता है अनुगमन, वह ताओ के साथ एकात्म हो जाता है।
आचार सूत्रों पर चलता है जो, वह उनके साथ एकात्म हो जाता है।
और जो ताओ का परित्याग करता है, वह ताओ के अभाव से एकात्म होता है।
जो ताओ से एकात्म है, ताओ भी उसका स्वागत करने में प्रसन्न है।
जो नीति से एकात्म है, नीति भी उसका स्वागत करने में प्रसन्न है।
और जो ताओ के परित्याग से एक होता है,
ताओ का अभाव भी उसका स्वागत करने में प्रसन्न होता है।
जो स्वयं में श्रद्धावान नहीं है, उसे दूसरों की श्रद्धा भी नहीं मिल सकेगी।

विटगिंस्टीन ने कहा है, जो कहा जा सकता है, वह थोड़े में ही कहा जा सकता है; जो नहीं कहा जा सकता, उसे विस्तार में भी कहने का कोई उपाय नहीं है।

लेकिन संत और भी गहरी बात कहते रहे हैं। वे कहते रहे हैं, जो कहा जा सकता है, वह मौन में भी कहा जा सकता है, और जो नहीं कहा जा सकता, उसे कितने ही विस्तार में कहा जाए तो भी अनकहा रह जाता है। जो कहा जा सकता है, वह बिन कहे भी कहा जा सकता है। जो नहीं कहा जा सकता, कितना ही हम कहें, वह अछूता, अस्पर्शित रह जाता है।

लाओत्से बहुत स्वल्पभाषी है। सच तो यह है कि वह थोड़ा सा जो उसने कहा है, वह भी बड़ी मजबूरी में। अधिकतर लाओत्से चुप रहा है। या कहें कि उसने अपनी चुप्पी से ही अधिकतर कहा है। कहा तो बहुत है, कहा तो बहुत गहरा है। लेकिन जीवन भर अपने शिष्यों के पास वह अधिकतर मौन था। शिष्य उसके साथ बैठते, उठते, चलते, यात्रा करते, सोते, खाते-पीते; बोलना अधिक व्यवसाय न था। उस मौन में, लाओत्से के उठने में, बैठने में, उसकी आंखों में, उसके हाथ के इशारों में, उसकी भाव-भंगिमा में, उसकी मुद्राओं में, उसकी क्रियाओं-प्रतिक्रियाओं में, जो सूचन मिल जाता, वही उसका संदेश था।

लाओत्से ने जीवन भर कुछ नहीं कहा है। जीवन के अंत में यह ताओ तेह किंग किताब, अति छोटी से छोटी किताब है, यह उसने कही है। लाओत्से से कभी कोई पूछता कि कुछ कहो! तो लाओत्से कहता, जो समझ सकते हैं, वे बिना कहे भी समझ लेंगे; और जो नहीं समझ सकते हैं, उनके साथ कह कर भी समझाने का कोई उपाय नहीं है। अगर दृष्टि हो और गहराई हो, भाव हो, प्रेम हो, तो मौन भी समझा जा सकता है। दृष्टि न हो, गहराई न हो, भाव न हो, प्रेम न हो, तो शब्द भी बहरे कानों पर पड़ते हैं और बिखर जाते हैं। सुन कर भी सुना हो, यह जरूरी नहीं; देख कर भी देखा हो, यह अनिवार्य नहीं।

हम देख कर भी अनदेखा छोड़ सकते हैं। हम सुन कर भी अनसुनी हालत में रह सकते हैं। क्योंकि सुनना अगर सिर्फ कान का ही काम होता तो बड़ा आसान हो जाता। कान के साथ भीतर प्राणों का तादात्म्य भी चाहिए। अन्यथा कान सुन लेंगे यंत्रवत और प्राणों का कोई तालमेल भीतर न हो तो बात कहीं भी उतरेगी नहीं। आंख अगर देख लेती तो काफी था। हम परमात्मा को कभी का देख लेते, अगर आंख अकेली देखने में समर्थ होती। आंख के साथ प्राणों का तालमेल चाहिए। जब आंखों के पीछे से प्राण झांकते हैं, तब कहीं भी देखें तो परमात्मा दिखाई पड़ जाएगा। और जब आंखों के पीछे से प्राण नहीं झांकते, आंखों से ही बाहर की वस्तुएं भीतर झांकती हैं, तो सभी जगह पदार्थ का अनुभव होता है। पदार्थ का अनुभव यह खबर देता है कि हमने अभी प्राणों से देखना नहीं सीखा; अभी सिर्फ आंखें देख रही हैं।

अगर कान ही सुनते हों तो शब्द सुनाई पड़ते हैं; अगर प्राण कानों के भीतर से सुनने लगें तो सत्य सुनाई पड़ना शुरू हो जाता है। और जिसके प्राण कानों से झांक रहे हों, उसे वृक्षों की हवा में हिलती पत्तियों के स्वर में भी सत्य का अनुभव होगा। और जिसके प्राण कानों से न झांक रहे हों, बुद्ध कहते हों उसके सामने खड़े होकर कुछ, कि कृष्ण कहते हों, कि लाओत्से कहता हो, शब्द सुनाई पड़ेंगे और ऐसे ही बिखर जाएंगे जैसे हवा में पत्तियां हिली हों और बिखर गई हों। कहीं भीतर कुछ स्पंदित नहीं होगा। कहीं भीतर गहरे में कोई हलचल न मचेगी। कहीं भीतर केंद्र तक कोई किरण प्रवेश न करेगी। एक गहरा सहयोग चाहिए प्राणों का इंद्रियों के साथ।

संतों ने मौन से बहुत कुछ कहा है। लेकिन सभी से मौन से नहीं कहा जा सकता; उनसे ही कहा जा सकता है जो अपनी समस्त इंद्रियों के पीछे अपने प्राणों को एकजुट करने को तैयार हों। शिष्य का इतना ही अर्थ है। शिष्य का इतना ही अर्थ है कि जो अपनी इंद्रियों के पीछे अपने प्राणों को जोड़ कर सीखने को तैयार है। डिसिप्लिन का इतना ही अर्थ है। आप अनुशासित हैं, इसका इतना ही अर्थ है कि आपकी इंद्रिय और आपके प्राण टूटे हुए अलग-अलग नहीं हैं; संयुक्त हैं, जुड़े हैं। और जब आंख देखती है, तो आंख ही नहीं देखती, आत्मा देखती है। आंख द्वार बन जाती है। और जब कान सुनते हैं, तो कान ही नहीं सुनते, आत्मा सुनती है। कान द्वार बन जाते हैं। तब आप अपनी इंद्रियों के द्वारा बाहर आते हैं। साधारणतः आपकी इंद्रियों के द्वारा जगत भीतर आता है। जब जगत भीतर आता है, तो कोई गहरी अनुगूंज नहीं होती। और जब आप फैलते हैं बाहर, तो गहनतम अनुगूंज होती है। शिष्य का अर्थ है, जो तैयार है इस भीतरी अल्केमी के लिए, इस भीतरी रसायन के लिए कि प्राणों को साथ जोड़ देगा।

हुआ एक सदगुरु था। एक व्यक्ति उसके पास आया और उसने हुआ से कहा कि मैं सत्य सीखने आया हूं। तो हुआ ने कहा, रुको और सीखो।

बहुत दिन बीते। शिष्य ने कहा, अब तक आपने सिखाया नहीं। हुआ ने कहा कि अगर मेरे होने से ही तुम्हें शिक्षा नहीं मिल सकती तो मेरे कहने से नहीं मिल सकेगी। कहना बहुत कमजोर है; होना बहुत शक्तिशाली है। अगर मेरा समग्र अस्तित्व और मेरी मौजूदगी तुम्हें कुछ नहीं सिखा सकती तो मेरे शब्द, मेरे होंठों का कंपन, मेरी आवाज तुम्हें क्या सिखा सकेगी? बहुत फीकी है आवाज; मेरा होना तो बहुत विराट स्वर है। सीखो।

फिर और कुछ महीने बीते। शिष्य ने कहा कि मैं कब तक ऐसे रुका रहूं? आप कुछ सिखाते नहीं हैं। हुआ ने कहा, जो सीखने को तैयार है, उसे सिखाने की जरूरत नहीं पड़ती। और जो सीखने को तैयार नहीं है, उसे अब तक जगत में कोई सदगुरु सिखा भी नहीं सका है। यह काम मेरा नहीं है। यह काम तुम्हारा है कि तुम सीखो।

वर्ष बीता। शिष्य ने कहा, अब क्या मैं चला जाऊं? मैं थक भी गया, ऊब भी गया। न आप बोलते, न आप कुछ कहते।

हुआ ने कहा, तुम्हारी मर्जी! लेकिन अगर मेरे होने का आघात भी तुम्हारे ऊपर नहीं पड़ता है तो मेरी शिक्षाएं व्यर्थ ही होंगी। फिर तुम यह मत कहना किसी से जाकर कि मैंने सिखाया नहीं। सुबह जब तुमने मुझे नमस्कार किया है, तब क्या मैंने तुम्हें नमस्कार का उत्तर नहीं दिया? और सुबह जब तुम मेरे लिए चाय लेकर आए हो, तो क्या मैंने चाय तुमसे स्वीकार नहीं की? काश, तुम देखते जब मैंने तुम्हारे नमस्कार का उत्तर दिया है! तब तुम मुझे देखते! जब मैंने तुम्हारी चाय स्वीकार की है, तब तुम मुझे देखते! और जब तुमने मेरे चरणों पर सिर रखा है और मैंने तुम्हारे सिर पर हाथ रखा है, काश, तब तुम अनुभव करते! तो मैं तुम्हें प्रतिपल सिखा रहा हूं।

लेकिन इस तरह की शिक्षा तो केवल शिष्यों को दी जा सकती है। लाओत्से ने मरने के पूर्व यह किताब लिखने की रजामंदी जाहिर की, उसका कुल कारण इतना है कि जो शिष्य नहीं हैं, जिनसे लाओत्से सीधा अब नहीं मिल सकेगा, जिनको लाओत्से के पास होने का अब कोई उपाय नहीं रहेगा, जिनको लाओत्से के अस्तित्व का

संस्पर्श अब मिलना असंभव है, उनके लिए शब्द छोड़े जा रहे हैं। शायद कोई उनमें से इन शब्दों के सूत्र को पकड़ कर भी लाओत्से के अस्तित्व तक प्रवेश कर जाए। कोई करना चाहे तो कर सकता है।

लाओत्से इस सूत्र में कहता है, 'निसर्ग है स्वल्पभाषी।'

नहीं, ज्यादा नहीं बोलती प्रकृति; लेकिन पर्याप्त बोलती है। ज्यादा नहीं बोलती, अल्प बोलती है; लेकिन सब बोल देती है, जो बोलने योग्य है। एक फूल खिलता है सुबह, सांझ गिर जाता है। जो कहना था, वह कह दिया गया; जो सुवास छोड़नी थी, वह छोड़ दी। सूरज निकलता है, महासूर्य सुबह, और सांझ अस्त हो जाता है। जो खबर देनी थी, वह दे दी गई। प्रकृति बहुत सूक्ष्म इशारे करती है, बहुत स्वल्प।

लाओत्से कहता है, 'यही कारण है कि तूफान सुबह भर भी नहीं चल पाता।'

उठता है तूफान, लेकिन पूरी सुबह भी नहीं चल पाता।

'आंधी-पानी पूरे दिन जारी नहीं रहता है।'

कहां से आते हैं ये और कहां चले जाते हैं? क्या हैं ये, किस बात के प्रतीक हैं? कौन सा संदेश हैं? आते हैं निसर्ग से, विलीन हो जाते हैं निसर्ग में। निसर्ग की भाषा हैं ये। अगर कोई इनमें झांकना सीख जाए तो निसर्ग भी प्रतिपल अनंत-अनंत संदेश भेज रहा है। लेकिन बड़े स्वल्प हैं संदेश। क्षण भर भी चूके तो चूक जाएंगे। वही निसर्ग के संदेश ग्रहण कर सकता है, जो प्रतिपल सजग है। कोई निसर्ग, स्कूल के शिक्षक की भांति, सिर पर डंडा लेकर चौबीस घंटे सिखाता नहीं रहेगा। और अच्छा ही है कि निसर्ग लंबी शिक्षाएं नहीं देता। क्योंकि लंबी शिखाएं अक्सर लोगों को बधिर बना देती हैं। लंबी शिक्षाएं अक्सर लोगों को उबा देती हैं। लंबी शिक्षाओं से लोग सीखते कम हैं, सुनने के आदी हो जाते हैं, शब्दों से परिचित हो जाते हैं। आदी हो जाते हैं, फिर कोई चोट नहीं होती।

सत्य का प्रथम संस्पर्श अगर प्रवेश न कर पाए तो उसकी पुनरुक्ति प्रवेश नहीं करती है। सत्य का पहला संस्पर्श ही अगर प्रवेश कर जाए तो ही आसान है बात। अगर हम सत्य को सुनने के भी आदी हो जाएं तो जितना हम सुनते हैं, उतना ही हमारे आस-पास दीवार मजबूत हो जाती है, द्वार बंद हो जाते हैं।

इसलिए अक्सर यह होता है कि जिन मुल्कों में धर्म की बहुत चर्चा होती है, वहां लोग अधार्मिक हो जाते हैं। हमारा ही मुल्क है। जितनी धर्म की चर्चा हमने की है, उतनी पृथ्वी पर कभी किसी ने नहीं की। और शायद कभी कोई अब करेगा भी नहीं। इस भूल को दोहराना उचित भी नहीं है। जितने तीर्थंकरों, जितने अवतारों को हमने इस पृथ्वी के खंड पर मौका दिया है, उतना पृथ्वी के किसी दूसरे खंड पर मौका नहीं मिला। लेकिन परिणाम बहुत विपरीत है। परिणाम यह है कि हम महावीर और बुद्ध और कृष्ण के भी आदी हो गए हैं। अगर कृष्ण भी अचानक खड़े हो जाएं तो हमारे भीतर कोई तूफान और आंधी नहीं उठेगी। हम कहेंगे, जानते हैं, पहचानते हैं, परिचित हैं। परिचय अंधा कर देता है। निकटता बहरा बना देती है। महावीर भी अचानक खड़े हो जाएं तो हमारे भीतर कोई हलचल और कोई आंदोलन नहीं हो जाएगा। हम कहेंगे, ठीक है, पहले भी होते रहे हैं। महावीर जैसी महा घटना भी हमारे बीच एक साधारण घटना होगी। हम आदी हो गए हैं।

सूर्य भी रोज सुबह निकलता है तो हमें कोई, हमें कोई पता नहीं चलता। आदी हो गए हैं। हम सारी चीजें, जो पुनरुक्त होती रहती हैं हमारे चारों ओर, उनसे आदी हो जाते हैं। थोड़ा सोचें, आदम ने जिस दिन पहली बार सूरज को निकलते देखा होगा, उसका आनंद, उसकी पुलक, उसका आह्लाद! आदम ने जिस दिन पहली बार रात में आकाश के तारे देखे होंगे, उसका नृत्य! वह नाच उठा होगा। उस रात सोना मुश्किल हुआ होगा। तारे अब भी वही हैं और हमारे भीतर का आदम, आदमी भी वही है। लेकिन हम आदी हो गए हैं। सब ठहर गया है। हमें सब पता है कि ठीक है, रात तारे होते हैं। जरूरी नहीं है कि हमने जाना हो। हो सकता है हमने सुना हो, या हमने फिल्म के पर्दे पर देखा हो।

निसर्ग स्वल्प संदेश देता है—प्रत्यक्ष भी नहीं, परोक्ष, छिपे हुए। इशारा करता है, बोलता भी नहीं। धीमी सी पुलक, धीमी सी सिहरन पैदा करता है। अगर हम संवेदनशील हों तो ही समझ पाएंगे। कोई वीणा पर हथौड़ी नहीं पटक देता है; धीमे से इशारा करता है और तार झनझना जाते हैं। लेकिन लुहार जो दिन भर हथौड़ा पटकता रहता है, उसको अगर ऐसे तार झनझनाएं तो वह कहे कि कैसी आवाज आ रही है, सुनाई भी नहीं पड़ती है। कान आदी हो गए हैं। संवेदना खो गई है। स्पर्श की क्षमता क्षीण हो गई है। स्वाद मंदा पड़ गया है। सब कुछ जड़ हो गया है। तो हमें कुछ भी पता नहीं चलता। हवा हमारे पास से गुजर जाती है—पूरे परमात्मा को बहाती हुई, हमारे रोएं में खबर भी नहीं उठती।

आपको पता है कि आप श्वास से ही श्वास नहीं लेते, रोएं-रोएं से श्वास लेते हैं? लेकिन आपको पता चलता है? वैज्ञानिक कहते हैं कि अगर आपकी नाक खुली रहने दी जाए और सारे रोएं बंद कर दिए जाएं, आप तीन घंटे में मर जाएंगे, श्वास आप कितनी ही लेते रहें। अगर सब रोएं बंद कर दिए जाएं, सिर्फ नाक खुली और मुंह खुला छोड़ दिया जाए कि मजे से श्वास लो, आप तीन घंटे से ज्यादा जिंदा नहीं रह सकेंगे। क्योंकि एक-एक रोआं श्वास ले रहा है। पूरे शरीर में करोड़ों रोएं श्वास ले रहे हैं। लेकिन आपको पता है? सिर्फ छोटे बच्चों को अनुभव होता है, या लाओत्से जैसे बूढ़ों को अनुभव होता है।

लाओत्से ने कहा है, कहां से लेता हूं मैं श्वास? सब तरफ से, सब दिशाओं से, रोएं-रोएं से।

हमें तो इसकी पुनर्खोज करनी पड़े। ताओ परंपरा में यह एक गहन प्रयोग है—संवेदनशीलता को जगाने का। कभी इस पर प्रयोग करें। कभी दिन में पंद्रह मिनट लेट जाएं और अनुभव करें कि श्वास से ही नहीं, शरीर के रोएं-रोएं से श्वास ले रहे हैं। इसकी पुनर्खोज करनी पड़े। जरूर कुछ दिन प्रयोग करने पर अनुभव होना शुरू हो जाएगा कि श्वास रोएं-रोएं से आ रही है। पूरा शरीर तब जीवंत मालूम होगा। अभी पूरा शरीर जीवंत नहीं मालूम होता। सिर के आस-पास थोड़ी सी जीवंतता है; बाकी पूरा शरीर जड़ हो गया है।

पूरे शरीर में आप नहीं हैं, खोपड़ी के पास थोड़ी सी जगह में सीमित हो गए हैं। बाकी सब शरीर तो आप ढोते हैं, उसमें जीते नहीं। जिस दिन श्वास-श्वास का अनुभव होगा रोएं-रोएं से, उस दिन पता चलेगा, पूरा शरीर जीवित है। और उस दिन आपकी आत्मा खोपड़ी में मालूम नहीं पड़ेगी, तत्काल नाभि पर सरक जाएगी। उस दिन आपको ऐसा नहीं लगेगा कि मेरा केंद्र सिर के भीतर है, केंद्र नाभि के पास है। क्योंकि जब सब तरफ से श्वास आती है, सब तरफ से श्वास का वर्तुल बनता है और सब तरफ की श्वास आती है, तब आपको पता चलेगा, मैं नाभि से जी रहा हूं। तब नाभि केंद्र बन जाएगी। नाभि ही केंद्र है। लेकिन जो पूरे शरीर से श्वास के अनुभव को उपलब्ध होता है, वही नाभि केंद्र है, इसके अनुभव को उपलब्ध होता है।

जिस दिन आप पूरे शरीर से श्वास लेने में सक्षम हो जाएंगे, उस दिन जब हवा का झोंका आपके पास से निकलेगा, तो सिर्फ हवा का झोंका नहीं होगा, परमात्मा का झोंका भी होगा। और जब आपकी आंख के सामने एक फूल खिलेगा और हंसेगा, तो सिर्फ फूल नहीं खिलेगा, फूल से सारी प्रकृति खिलेगी और हंसेगी। और तब वह जो स्वल्पभाषी प्रकृति है, निसर्ग है, उसकी भाषा, उसकी कोड लैंग्वेज आपको समझ में आनी शुरू होगी।

हम आदमी की भाषा समझते हैं; वह भी ठीक से नहीं समझते हैं। मतलब सदा हमारे होते हैं। प्रकृति की भाषा तो वही समझ सकता है, जो सीखे; या आदमी की भाषा जो सीख ली है, उसे भूले। दोनों का एक ही मतलब है। अनलर्न करे, आदमी की भाषा भूले; ताकि निसर्ग की भाषा सीख सके।

निसर्ग की भाषा तो प्रतीक भाषा है। और प्रतीक परोक्ष हैं; सीधे, स्पष्ट नहीं हैं; सिर पर चोट की तरह नहीं पड़ते हैं। बहुत हलकी संवेदना, हलका संस्पर्श करते हैं और विदा हो जाते हैं। द्वार पर इतनी हलकी दस्तक कि

केवल वे ही सुन पाएंगे जिनका पूरा रोआं-रोआं सुनता है; नहीं तो नहीं सुन पाएंगे। परमात्मा के पैरों की जो ध्वनि है, वह केवल वे ही सुन पाएंगे, जो इतने मौन हैं, इतने शांत हैं कि अगर अदृश्य का पैर भी जमीन पर पड़े तो उसकी ध्वनि उन्हें सुनाई पड़ सकेगी। हमें तो तुमुल नाद हो, तब थोड़ा-बहुत सुनाई पड़ता है।

आदमी की भाषा भी हम ठीक से नहीं समझते, हमारे अपने-अपने अर्थ होते हैं। मैं जो बोलता हूं वही आप समझते हैं, इस भूल में कभी भी मत पड़ जाना। सुनाई तो वही पड़ता है जो मैं बोलता हूं; लेकिन समझ में वही पड़ता है जो आप समझ सकते हैं। समझ में वही नहीं पड़ सकता है जो मैं समझाना चाहता हूं। अर्थ हैं भीतर हमारे। और हमारे अपने प्रयोजन हैं। यहां इतने लोग हैं तो इतने ही अर्थ हो जाते हैं। और फिर अपना-अपना स्वार्थ है, अपना-अपना लाभ है, अपनी-अपनी उपयोगिता है।

मुल्ला नसरुद्दीन एक नदी के किनारे बैठा था। और दस अंधे आए, वे नदी पार करना चाहते थे। मुल्ला ने उनके साथ सौदा किया और कहा, एक-एक पैसा एक-एक आदमी को नदी के पार करने का मैं लूंगा। ज्यादा नहीं मांगता हूं। अंधे राजी हो गए; कोई महंगी बात न थी।

मुल्ला ने एक-एक अंधे को नदी के पार किया। नौ अंधों को पार कर चुका, थक भी गया, जब दसवें को पार कर रहा था तो दसवां हाथ से छूट गया। डुबकी खाया, तेज थी धार नदी की, अंधा बह गया। नौ अंधों में हलचल मची। शक हुआ, आवाज आई डुबकी खाने की, किसी के गिरने की। उन्होंने पूछा, क्या हुआ नसरुद्दीन? नसरुद्दीन ने कहा, कुछ भी नहीं हुआ; तुम्हारे लाभ में है, एक पैसा कम देना पड़ेगा।

नसरुद्दीन के लिए तो प्रयोजन दस पैसे से है। उसने कहा, कुछ भी नहीं हुआ; तुम्हारे लाभ में है, एक पैसा कम देना पड़ेगा। नौ को ही पार करवा पाए। वह जो एक आदमी का मर जाना है, खो जाना है, वह नसरुद्दीन के प्रयोजन में नहीं है। एक पैसा प्रयोजन में है।

डाक्टर अक्सर एक-दूसरे से कहते सुने जाते हैं कि मरीज तो मर गया, पर आपरेशन बड़ा सफल हुआ। आपरेशन की सफलता अलग ही बात है; उसका मरीज के जिंदा रहने या मर जाने से कोई सवाल नहीं है। है भी। डाक्टर के लिए मरीज गौण है। आपरेशन, एक कुशलता, बात ही अलग है।

अंग्रेज सर्जन था कैनेथ वाकर। बड़ा सर्जन था, लंदन के बड़े से बड़े सर्जन में से था। फिर पीछे वह गुरजिएफ का अनुयायी हो गया और सब छोड़ कर साधना में लग गया। उसने अपने संस्मरणों में कहीं कहा है कि पहली दफे एक ऐसा मरीज आया, जिसके बाबत सर्जरी को कुछ भी पता नहीं था। मैं ही पहला आदमी था उसका आपरेशन करने वाला। मरीज तो मर गया, लेकिन आपरेशन बिलकुल सफल था। और जो शब्द मेरे मुंह से निकले थे पहली दफा, जब मैं उसके पेट को चीर-फाड़ करके और बीमारी की ग्रंथि को बाहर निकाल लिया था, तो वह जो बीमारी की ग्रंथि थी, उसको देख कर जो मेरे मुंह से शब्द निकले थे पहले, वह थे—ब्यूटीफुल, सुंदर! मैं ही पहला आदमी था उस ग्रंथि को देखने वाला मनुष्य-जाति के इतिहास में। और वह अनुभव अनूठा था।

वह जो मरीज मरा पड़ा है टेबल पर, वह ठीक वैसे ही है, जैसे मुल्ला नसरुद्दीन का अंधा डूब गया। एक पैसा कम देना पड़ेगा!

हमारे प्रयोजन ही हमारे अर्थ बन जाते हैं। अगर आंधी जोर से चल रही है तो आप आंधी को नहीं देखते; आप अगर एक दीया जला कर बैठे हैं तो आपको यही फिक्र हो जाती है कि यह दीया बुझ न जाए। अगर आकाश में बादल घिरे हैं और अपने कपड़े आप बाहर सूखने टांग आए हैं; तो बादल नहीं दिखाई पड़ते, रस्सी पर टंगे हुए कपड़े दिखाई पड़ते हैं कि कहीं वे भीग न जाएं। घर चले आ रहे हैं, वर्षा की बूंदें गिरने लगी हैं; तो आपको वर्षा की बूंदें नहीं दिखाई पड़तीं, कपड़े की सब क्रीज बिगड़ी जा रही है, वही दिखाई पड़ती है। एक पैसा कम देना पड़ेगा!

हमारे प्रयोजन ही हमारे अनुभव बनते हैं। इतनी महान घटना घट रही है कि वर्षा, सारा आकाश आप पर बूंदें बरसा रहा है, उससे कोई लेना-देना नहीं है, वह कहीं पता ही नहीं चलता, आदमी भागने लगता है कि कपड़े न भीग जाएं। कपड़े भीग भी जाएंगे तो कितना महंगा है यह कृत्य। हम देखते हैं वही, जो हमारे क्षुद्र स्वार्थों से बंधा है। इसलिए प्रकृति का जो विराट निहित अर्थ है, जो रहस्य है, जो संकेत है, जो संदर्भ है, वह सब खो जाता है। हम सब अपने आस-पास एक दुनिया बना कर जीते हैं—अपने संदर्भ की। उसमें सभी कुछ हमारे हिसाब से होता है।

खलिल जिब्रान ने एक कहानी लिखी है कि एक रात एक होटल में बहुत से लोग आए, बहुत उन्होंने खाया-पीया, बहुत आनंदित हुए। रात आधी रात हो गई। जब वे विदा होने लगे तो होटल के मालिक ने अपनी पत्नी से कहा कि ऐसे मेहमान रोज आएं तो हमारे भाग्य खुल जाएं। जिसने पैसे चुकाए थे, उसने कहा कि दुआ करो परमात्मा से, हमारा धंधा ठीक से चले; तो हम रोज आएं। उसने कहा, हम दुआ करेंगे। लेकिन अचानक उसे खयाल आया, पूछा, लेकिन तुम्हारा धंधा क्या है? उसने कहा, हम मरघट पर लकड़ी बेचने का काम करते हैं। दुआ करो, हमारा धंधा ठीक चले; तो हम रोज आएं।

धंधा ठीक तभी चल सकता है, जब बस्ती में रोज लोग मरें। वह लकड़ी बेचने का काम है मरघट पर। लेकिन सभी धंधे ऐसे हैं। कोई मरघट पर लकड़ी बेचने वाला धंधा ही ऐसा है, ऐसा मत सोचना। सभी धंधे ऐसे हैं।

लेकिन अपना-अपना धंधा है, अपना-अपना निहित स्वार्थ है। उसी के भीतर हम जीते हैं। इसलिए वह जो प्रकृति की स्वल्प भाषा है, अति मृदु, मौन, जरा सा छूती है और गुजर जाती है, उससे हम वंचित रह जाते हैं। उस संवेदनशीलता के लिए हमारा जो निहित स्वार्थ का घेरा है, वह टूट जाए और हम विराट अनंत का जो प्रयोजन है उसके साथ तादात्म्य हों, तो ही हम समझ पाएंगे।

लाओत्से कहता है, 'जब निसर्ग का स्वर भी दीर्घजीवी नहीं, तो मनुष्य के स्वर का क्या पूछना?'

वह कहता है, जब निसर्ग भी बोलता है और इतना अल्प, इतनी परम ऊर्जा और इतनी स्वल्प भाषा, तो मनुष्य के संदेश का क्या?

इसलिए लाओत्से ने जो सूत्र लिखे हैं, वे अति संक्षिप्त हैं। संक्षिप्ततम हैं। और इसी कारण लाओत्से की किताब समझी नहीं जा सकी। लाओत्से की किताब अभी भी अनसमझी पड़ी है। लोग उसे पढ़ भी लेते हैं, तो घंटे भर में पढ़ सकते हैं, आधा घंटे में पढ़ सकते हैं। छोटी सी तो किताब है। ऐसा जितनी देर में अखबार पढ़ते हैं सुबह का, उतनी देर में पढ़ कर फेंक दे सकते हैं।

क्यों स्वल्प है? इतना छोटा-छोटा क्यों? इतने अनखुले और रहस्यपूर्ण वचन क्यों?

तो लाओत्से कहता है, इसलिए संक्षिप्त में जो मुझे कहना है, वह इतना है।

'इसलिए ऐसा कहा जा सकता है...।'

इन तीन वचनों में लाओत्से की पूरी किताब का सार है।

'ताओ का जो करता है अनुगमन, वह ताओ के साथ एकात्म हो जाता है। आचार-सूत्रों पर चलता है जो, वह आचार-सूत्रों के साथ एकात्म हो जाता है। और जो करता है परित्याग ताओ का, वह ताओ के अभाव से एकात्म हो जाता है। जो ताओ से एकात्म है, ताओ भी उसका स्वागत करने में प्रसन्न है। जो नीति से है एकात्म, नीति उसका स्वागत करने में आह्लादित है। और जो ताओ के परित्याग से एक होता है, ताओ का अभाव भी उसका स्वागत करता है।'

यह बड़ी अनूठी बात है। और एकदम से खयाल में न आए, ऐसी बात है। इसके बड़े अंतर्निहित अर्थ हैं। दो-तीन आयाम से हम समझने की कोशिश करें।

पहलाः लाओत्से कहता है, तुम जिसका करोगे अनुगमन, वैसे ही हो जाओगे। तुम चलोगे जिसके पीछे, उसकी ही छाया बन जाओगे। तुम भाव से जिसके साथ जोड़ लोगे अपने को, वही हो जाओगे। अगर तुमने पदार्थ के साथ जोड़ लिया अपने को भाव से तो तुम पदार्थ हो जाओगे। हम सब पदार्थ हो गए हैं। क्योंकि पदार्थ के अतिरिक्त हम और किसी का अनुगमन नहीं करते। कोई मकान का अनुगमन करता है, कोई कार का, कोई धन का, कोई पद का। पदार्थ का हम अनुगमन करते हैं; हम सब अनुयायी हैं पदार्थ के।

दिखाई नहीं पड़ता ऐसा। कोई दिखाई पड़ता है महावीर का अनुयायी है, कोई बुद्ध का, कोई कृष्ण का। लेकिन यह सब ऊपरी बकवास है। भीतर आदमी को हम खोजने जाएं तो सब पदार्थ के अनुगामी हैं। वह जो महावीर का अनुगामी है, वह भी रुपए के पीछे जा रहा है। वह जो बुद्ध का है, वह भी रुपए के पीछे जा रहा है। और वह जो जीसस का है, वह भी रुपए के पीछे जा रहा है।

चीन का सम्राट था एक। खड़ा है अपने महल पर। और उसके साथ खड़ा है च्वांगत्से, लाओत्से का शिष्य। और च्वांगत्से से सम्राट पूछता है, इतने जहाज आ रहे हैं पानी में, कोई पूरब से, कोई पश्चिम से, कोई पूरब जा रहा है, कोई पश्चिम, कोई दक्षिण, कोई उत्तर; कितनी दिशाओं से और कितने जहाज आ-जा रहे हैं! च्वांगत्से कहता है, महाराज, देखने के भ्रम में मत पड़ें। ये सब जहाज एक ही दिशा से आते हैं और एक ही दिशा को जाते हैं। सम्राट ने कहा, क्या कहते हो? च्वांगत्से ने कहा, रुपए के लिए आते और रुपए के लिए जाते। बाकी सब दिशाएं भ्रांत हैं, बाकी सब दिशाएं ऊपरी हैं। उनका कोई बहुत मूल्य नहीं है। जो जा रहा है वह भी, जो आ रहा है वह भी।

अगर हम लोगों के धर्मों के नीचे देखें तो धन का धर्म मिलेगा। सब भेद हिंदू और मुसलमान और ईसाई के टूट जाते हैं वहां। बाकी सब भेद ऊपरी हैं। और जब तक यह भीतरी धर्म नहीं बदलता, तब तक जीवन नहीं बदलता। कोई ईसाई हो जाए, हिंदू हो जाए, मुसलमान हो जाए, इससे कोई फर्क नहीं पड़ता। वह जो भीतरी धर्म है, वह जो एक दिशा में संसार चलता है, पदार्थ की दिशा में।

लाओत्से कहता है, जिसका करोगे अनुगमन, वैसे ही हो आओगे। तीन सूत्र उसने दिए हैं।

ताओ का जो अनुगमन करेगा—मूल ऊर्जा का, प्रकृति का, निसर्ग का, स्वभाव का—वह श्रेष्ठतम अनुगमन है। और वह श्रेष्ठतम व्यक्ति की संभावना है। जो अपने स्वभाव के साथ चलेगा; चाहे कुछ भी अड़चन झेलनी पड़े, चाहे कुछ भी परिणाम हो, चाहे कोई भी फल आए, जो अपने स्वभाव के अनुकूल चलेगा।

जिसे कृष्ण ने कहा है स्वधर्म, वही है ताओ। जिसे कृष्ण ने कहा है कि परधर्मो भयावहः, स्वधर्मे निधनं श्रेयः। अपने स्वभाव में मर जाना श्रेयस्कर है बजाय दूसरे के स्वभाव में जीकर जीना; उससे अपने में मर जाना। लेकिन अक्सर लोग समझते हैं कि शायद यह कहा है कि हिंदू धर्म में पैदा हुए तो हिंदू धर्म में ही मर जाना श्रेयस्कर है, कि मुसलमान धर्म में पैदा हुए तो मुसलमान धर्म में मर जाना श्रेयस्कर है। नहीं, स्व और पर का इनसे कोई संबंध नहीं है। स्वधर्म का अर्थ है ताओ, स्वधर्म का अर्थ है मेरा निज स्वभाव; उसके लिए चाहे कुछ भी हो, चाहे मरना पड़े, तो उसका ही अनुगमन करूं। क्योंकि वही मुझे अमृत की तरफ ले जाएगा।

'जो करता है अनुगमन ताओ का, वह ताओ के साथ एकात्म हो जाता है।'

जो अपनी निज प्रकृति का अनुगमन करता है, वह इस महाप्रकृति के साथ एक हो जाता है। प्रकृति का अनुगमन प्रकृति के साथ तादात्म्य करवा देता है। यह श्रेष्ठतम अनुगमन है—अपना ही अनुगमन अपने ही पीछे चलना, अपने ही स्वभाव की लकीर को पकड़ कर सब दांव पर लगा देना।

दूसरा उससे नीचे का सूत्र है, 'आचार-सूत्रों पर जो चलता है, वह उनके साथ एकात्म हो ज़ाता है।'

महावीर चलते हैं स्वधर्म पर, कृष्ण चलते हैं स्वधर्म पर, बुद्ध, लाओत्से चलते हैं स्वधर्म पर। लेकिन बुद्ध

का अनुयायी बुद्ध के वचन पर चलता है। वह आचार-सूत्र का अनुगमन है। बुद्ध चलते हैं स्वभाव पर—अपना ही स्वभाव। बुद्ध को जो मान कर चलता है, उसके लिए दो संभावनाएं हैं। अगर वह सच में बुद्ध को मान कर चले तो उसे भी अपने स्वभाव पर चलना चाहिए। अगर वह न समझ पाए और बुद्ध से मोहित हो जाए और बुद्ध की बात उसे अच्छी लगे, लेकिन इस रहस्य को न समझ पाए कि जैसा बुद्ध चलते हैं अपने स्वभाव पर, ऐसे ही मैं भी चलूं अपने स्वभाव पर, यही असली रहस्य है समझने का, तो फिर बुद्ध जैसा चलते हैं, वैसा मैं चलूं, यह दूसरा परिणाम होगा। यह विकृति है। तो बुद्ध जैसा उठते हैं, वैसा मैं उठूं; बुद्ध जैसा बैठते हैं, वैसा मैं बैठूं; बुद्ध जो खाते हैं, वह मैं खाऊं; बुद्ध जो पीते हैं, वह मैं पीऊं; बुद्ध जैसा करते हैं, जो करते हैं।

कोई अनुगमन करेगा, तो लाओत्से कहता है, आचार-सूत्रों का अनुगमन करने वाला आचार-सूत्रों के साथ एक हो जाएगा।

लेकिन ऐसा व्यक्ति एक छाया मात्र होगा। ऐसे व्यक्ति के पास आत्मा नहीं होगी, सिर्फ छाया होगी। आत्मा तो उसके पास होगी, जो स्वयं का अनुगमन करेगा। और बड़े शिक्षक जो हैं, उनकी सारी चेष्टा यह है कि तुम अपना अनुगमन करो। लेकिन उनकी यह बात हमें इतनी प्रीतिकर लगती है और हम ऐसे सम्मोहित हो जाते हैं कि हम कहते हैं कि ठीक है, जंचती है बात आपकी, हम आपका अनुगमन करेंगे। यहां बड़ा ही बारीक फासला है, और उस बारीक फासले में सारा उपद्रव हो जाता है।

बुद्ध आनंद को कहते हैं, तू मुझे छोड़ दे, मैं ही तेरे लिए बाधा हूं। बुद्ध मर रहे हैं। आनंद छाती पीट कर रोने लगता है। बुद्ध कहते हैं कि आनंद, तू क्यों रोता है? आनंद कहता है, आपके रहते भी मैं ज्ञान को उपलब्ध न हो सका तो अब आपके जाने पर कैसे उपलब्ध हो सकूंगा? बुद्ध कहते हैं, मुझसे पहले, जब मैं नहीं था, तब भी लोग ज्ञान को उपलब्ध हुए; मैं खुद ही अज्ञानी था, मैं भी बिना किसी बुद्ध के ज्ञान को उपलब्ध हुआ। मैं नहीं रहूंगा, तो आनंद, तू सोचता है जगत में फिर कोई ज्ञान को उपलब्ध न होगा? सच तो यह है आनंद, कि तू आनंद मना; क्योंकि अब मैं न रहूंगा तो शायद तू अपना अनुसरण कर सके। मेरे रहते तू अपना अनुसरण नहीं कर पाएगा।

मरते क्षण के आखिरी शब्द जो हैं बुद्ध के, वे पहले सूत्र के शब्द हैं: अप्प दीपो भव! अपने लिए स्वयं दीपक बन जाओ। दूसरे को दीया मत मानो; दीया तुम्हारे भीतर है। तुम अपने ही दीपक बन जाओ।

लेकिन बुद्ध की यह बात इतनी प्रीतिकर लगती है कि हम बुद्ध को दीया बनाने की गलती कर सकते हैं। और उस गलती में हम छाया रह जाएंगे। फिर हम अनुगमन करते रहेंगे। लेकिन हमारा जो एकात्म है वह महाप्रकृति से नहीं होगा; उस महाप्रकृति को जिन्होंने अनुभव किया है, उनके आचरण से होगा। उसमें हम छायावत हो जाएंगे।

इसलिए वास्तविक अनुयायी वही करता है, जो उसके गुरु ने अपने साथ किया। झूठा अनुयायी वही करता है, जो अनुयायी को दिखाई पड़ता है कि गुरु करता है।

इन दोनों में फर्क है। इन दोनों में बुनियादी फर्क है। गुरु ने क्या किया, वही करता है वास्तविक अनुयायी। गुरु क्या करता दिखाई पड़ता है अनुयायी को, झूठा अनुयायी वही करने लगता है। तब नकल ऊपरी हो जाती है। और तब अनुयायी एक कार्बन कापी हो जाता है। फिर मूल प्रति को खोजना असंभव है। क्योंकि जिसने कार्बन कापी को समझ लिया कि यह मूल हो गया, तो लाओत्से कहता है, खतरा यह है प्रकृति का, जीवन के परम नियम का खतरा यह है कि तुम आचार-सूत्रों के साथ एक हो जाओगे और तुम्हें पता ही नहीं चलेगा कि तुमने छाया के साथ अपने को एक मान लिया है। यह एकात्म इतना हो जाएगा कि तुम समझोगे, मैं छाया ही हूं।

बुद्ध के बहुत बड़े अनुयायी बोधिधर्म ने कहा है...। कोई शिष्य पूछता है कि बुद्ध का नाम सुबह लेना चाहिए या नहीं? बोधिधर्म ने कहा है, जब भी बुद्ध का नाम लो, तो कुल्ला करके मुंह भी साफ कर लेना।

क्यों? उस आदमी ने कहा, क्या कहते हैं आप? बुद्ध का पवित्र नाम! और उसको लेने पर कुल्ला करके मुंह साफ करना पड़े?

बोधिधर्म ने कहा, होगा नाम पवित्र, लेकिन तुम मुंह साफ कर लेना! और रास्ते में तुम्हें कभी अगर बुद्ध मिल ही जाएं तो उस रास्ते से ऐसे भागना कि लौट कर मत देखना!

वह अनुयायी तो बहुत घबड़ा गया। बोधिधर्म ने कहा, घबड़ाओ मत, यह तो कुछ भी नहीं है। अब मैं तुम्हें असली बात बताए देता हूं। जब बुद्ध के साथ मेरा भीतरी सत्संग चलता था, तब आखिर में वह हालत आई कि मुझे बुद्ध को एक तलवार से काट कर टुकड़े-टुकड़े करना पड़ा। तभी मैं अपने को उपलब्ध हो सका।

और बोधिधर्म के पीछे बुद्ध की प्रतिमा रखी है। और आज सुबह भी बोधिधर्म ने बुद्ध के चरणों में नमस्कार किया है। और आज सांझ फिर वह दीया जलाएगा।

उस अनुयायी ने कहा, और यह क्या हो रहा है? फूल सुबह तुमने जो चढ़ाए थे, अभी कुम्हलाए भी नहीं हैं। और जानता हूं, रोज मैं देखता हूं, कि सांझ तुम दीया भी जलाओगे। बोधिधर्म ने कहा, इसीलिए कि बुद्ध ने खुद ही समझाया था कि तुम मुझे भी जब छोड़ दोगे, तभी तुम अपने को पा सकोगे। वे मेरे गुरु हैं।

यह जरा जटिल हो गई बात। गुरु को मान कर चलने का अर्थ ही यही है कि एक दिन गुरु व्यर्थ हो जाए। लेकिन इसका यह मतलब नहीं है कि अनुग्रह छूट जाता है। बोधिधर्म जीवन भर अनुग्रह से भरा है। बुद्ध को मरे तो कई सौ साल हो गए, और बोधिधर्म अब भी दीया जला रहा है, और अब भी फूल चढ़ा रहा है। और यह भी कहने की हिम्मत रखता है कि मिलें बुद्ध रास्ते में तो टुकड़े-टुकड़े कर देना। यह परम अनुयायी है। यह आचार-सूत्रों का अनुसरण नहीं कर रहा है; नहीं तो प्राण कंप जाएंगे यह कहने में, हिम्मत नहीं जुटेगी। यह बुद्ध का ठीक-ठीक जो भाव है अप्प दीपो भव का, वही कर रहा है। और इसलिए अनुगृहीत भी है।

लेकिन यह अनुग्रह हमारा अनुग्रह नहीं है। हमारा अनुग्रह याचना से भरा अनुग्रह है। हम डरेंगे यह कहने में कि बुद्ध का नाम लो तो मुंह कुल्ला कर लेना; लगेगा कि बुद्ध कहीं नाराज न हो जाएं।

जो नाराज हो जाते हैं, वे बुद्ध नहीं हैं। और जो डरता है इतना कि कहीं नाराज न हो जाएं, उसके संबंध अभी प्रेम के नहीं हैं। उसके संबंध अभी लेन-देन के हैं; अभी भय के हैं। और जो घबड़ाता है इतना कि बुद्ध के साथ लड़ न सके, अभी बुद्ध के बहुत पास नहीं आया है। यह बुद्ध की परंपरा में, सिर्फ बुद्ध की परंपरा में यह संभव हो सका कि बुद्ध को रोज चरणों में सिर रखने वाला भी बुद्ध को कह सकता है कि हटा दो, तोड़ दो यह मूर्ति! यह बड़ी आत्मीयता का परिणाम है। यह पहले सूत्र की आत्मीयता का परिणाम है।

अधिकतर धर्म के अनुयायी दूसरे सूत्र के आस-पास चलते हैं। आचरण का जिसने अनुगमन किया, वह आचरण के साथ एकात्म हो जाएगा। यही खतरा है। फिर उसे पता भी नहीं चलेगा, उसको लगेगा यह मैं ही कर रहा हूं। आचरण इतना सघन हो जाएगा कि उसे लगेगा यह मैं ही कर रहा हूं। आप बुद्ध के जैसा चलना सीख लें, अभ्यास घना हो जाए, अंतिम परिणाम यह होगा कि आपको लगेगा मैं ही चल रहा हूं। और आप नहीं चल रहे हैं। यह सिर्फ अभिनय है। आप बुद्ध की तरह मूर्तिवत बन कर बैठ जाएं...।

तनका के पास लोग आते और वे कहते, हमें ध्यान करना है, और हमें बुद्ध जैसा हो जाना है। तो तनका कहता, भाग जाओ यहां से! क्योंकि मेरे मंदिर में एक हजार बुद्ध, पत्थर के, पहले से ही बैठे हुए हैं। वह एक हजार बुद्धों वाले मंदिर का पुजारी था। चीन में एक मंदिर है एक हजार बुद्ध की मूर्तियों वाला, वह उसका पुजारी था। वह कहता, भाग जाओ! यहां और ज्यादा भीड़ मत करो, एक हजार वैसे ही पालथी मारे बैठे हुए हैं। और तुम पालथी मार कर बैठ जाओगे तो यहां जगह कहां है?

आप बिलकुल पालथी मार कर, आंख बंद करके, बुद्ध बन कर बैठ सकते हैं। कई साधु-संन्यासी फोटो उतरवाते वक्त बैठ जाते हैं—बिलकुल बुद्ध बन कर, बुद्धवत। लेकिन बुद्धवत होना बुद्ध होना नहीं है; वह सिर्फ आवरण है, झूठा है। भीतर तूफान उबल रहा है, आंधियां चल रही हैं; भीतर सब उपद्रव मौजूद हैं। आचरण के सूत्र का खतरा यही है कि कोई ठीक से पालन करे तो भूल ही जाएगा कि जो मेरे हाथ में है, वह नकली प्रति है; वह वास्तविक नहीं है, वह केवल छाया है, प्रतिबिंब है।

'और जो ताओ का परित्याग करता है...।'

मजे की बात तीसरी, आखिरी, कि जो स्वधर्म को बिलकुल ही छोड़ देता है, न स्वधर्म की दृष्टि से, न आचार की दृष्टि से, सब दृष्टियों से छोड़ देता है।

'जो ताओ का परित्याग करता है, वह भी परित्याग के साथ एकात्म हो जाता है।'

लाओत्से का यह सूत्र बहुत गहरा है। वह कहता है, यह प्रकृति इतनी उदार है कि अगर तुम इसके विपरीत भी चले जाते हो तो भी तुम्हें बाधा नहीं देती है। अगर तुम परमात्मा की तरफ पीठ भी कर लेते हो तो परमात्मा उसमें भी तुम्हारी सहायता करता है।

साधारण धार्मिक आदमी को लगेगा, यह तो बात ठीक नहीं है। परमात्मा को रोकना चाहिए कि तुम क्यों गलत जा रहे हो? बाप, अगर बेटा गलत जाने लगे, रोकता है। अगर परमात्मा के मन में दया है तो उसे कहना चाहिए कि पीठ मत करो मेरी तरफ, लौटो! किसी का आचरण खोने लगे तो आचरण पर लाना चाहिए।

लाओत्से की दृष्टि, स्वभाव और परमात्मा की तरफ, हम से बहुत गहन है। हमारी तो उपयोगिता की दृष्टि है। लाओत्से कहता है, ताओ है परम स्वतंत्रता। इसलिए अगर तुम उसके विपरीत भी जाओ तो तुम उसी के साथ एकात्म हो जाओगे।

तो जो आदमी कहता है ईश्वर नहीं है, ईश्वर उसे भी बाधा नहीं देगा। वह आदमी नास्तिकता से एकात्म हो जाएगा। बड़ी खतरनाक बात है। बड़ी महान, बड़ी खतरनाक, बड़े दायित्व की! क्योंकि इतनी परम स्वतंत्रता का हम दुरुपयोग कर रहे हैं। जो आदमी कहता है, मैं ईश्वर को नहीं मानता और जब तक ईश्वर मुझे मिल न जाए, तब तक मैं मानूंगा नहीं, वह आदमी जन्मों-जन्मों तक भी ईश्वर से न मिल पाएगा। क्योंकि ईश्वर से मिलने का जो द्वार था, उसकी तरफ वह पीठ करके पहले से खड़ा हो गया। और ईश्वर इतनी भी बाधा नहीं देता कि जबरदस्ती करे और सामने आकर खड़ा हो जाए। अस्तित्व इतना उदार है, इतना परम उदार है कि तुम जो भी होना चाहो, हो सकते हो। तुम अस्तित्व के विपरीत जाना चाहो, विपरीत जा सकते हो। तो भी कोई बाधा नहीं होगी।

अगर बुराई की स्वतंत्रता न हो तो भलाई फिर एक मजबूरी हो जाएगी। और अगर नरक जाने की स्वतंत्रता न हो तो स्वर्ग जाना एक जबरदस्ती हो जाएगी। और नरक के द्वार पर अगर बहुत मुश्किल पड़ती हो, भीतर न घुसने दिया जाता हो, तो स्वर्ग के द्वार पर प्रवेश करने में मन बड़ी ग्लानि अनुभव करेगा। क्योंकि जबरदस्ती मिला हुआ स्वर्ग भी नरक जैसा हो जाता है। और अपनी मौज से जो नरक को चुनता है, तो वह नरक भी स्वर्ग हो जाता है। असल में स्वतंत्रता ही स्वर्ग है।

तो लाओत्से कहता है कि जो ताओ का परित्याग करता है, वह ताओ के अभाव से एकात्म हो जाता है। इससे भी बड़ी मजे की बात आगे है।

कहता है, 'जो ताओ से एकात्म है, ताओ उसका स्वागत करने में प्रसन्न है। जो नीति से एकात्म है, नीति उसका स्वागत करने में प्रसन्न है। जो ताओ के परित्याग से एक हो गया, ताओ का अभाव भी उसका स्वागत करने में प्रसन्न है।'

यह बहुत अदभुत बात है। लाओत्से यह कह रहा है कि इस जगत में तुम कुछ भी करो, यह जगत हर हालत में तुमसे प्रसन्न है। हर हालत में, अनकंडीशनल, कोई शर्त नहीं है कि तुम ऐसा करो तो अस्तित्व प्रसन्न होगा, और तुम ऐसा नहीं करोगे तो अस्तित्व नाराज हो जाएगा। अस्तित्व हर हालत में प्रसन्न है। तुम जो करो, अस्तित्व तुम्हें उसी तरफ बहाने के लिए सारी शक्ति देने को तैयार है। तुम अस्तित्व के ही विपरीत चलो तो भी अस्तित्व तुम्हें अपनी ऊर्जा देने को तैयार है—प्रसन्नता से। कहीं कोई खिन्नता नहीं है।

इस लिहाज से लाओत्से अनेक धर्मगुरुओं से बहुत गहरे उठ जाता है, बहुत ऊपर उठ जाता है। क्योंकि अगर हम और धर्म की बातों को समझें तो ऐसा लगता है कि ईश्वर की शर्तें हैं। ऐसा लगता है कि तुम अगर अच्छा कर्म करोगे तो ईश्वर प्रसन्न होगा, बुरा कर्म करोगे तो ईश्वर अप्रसन्न होगा। लेकिन लाओत्से कहेगा, बेहूदी बात है। ईश्वर भी अप्रसन्न हो सके तो तुम में और ईश्वर में कोई भेद न रहा। और अगर ईश्वर भी शर्त रखता हो, कि यह शर्त तुम पूरी करोगे तो मैं राजी और यह शर्त तुम पूरी नहीं करोगे तो मैं नाराजी, तो फिर इस ईश्वर और हमारे बीच भी लेन-देन हो गया।

जीसस की एक कहानी इस अर्थ में बड़ी महत्वपूर्ण है। और इसीलिए ईसाइयत अब तक उस कहानी को नहीं समझ पाई। और समझ नहीं पाएगी; क्योंकि लाओत्से के बिना उस कहानी को समझना एकदम असंभव है। कुछ ऐसा मजा है कि महावीर को समझना हो तो बहुत दफे महावीर को सीधा समझने वाला नहीं समझ पाता; कभी कोई सूत्र लाओत्से से मिलेगा, जो महावीर को खोलता है; कभी कोई सूत्र जीसस से मिलेगा, जो महावीर को खोलता है। कभी महावीर में कोई सूत्र मिलेगा, जो जीसस की कहानी को एकदम प्रकाशित कर देता है।

असल में जीसस, मोहम्मद, कृष्ण, क्राइस्ट या लाओत्से, इस तरह के लोग उस परमात्मा की एक झलक देते हैं; वह झलक हमेशा अधूरी होगी। क्योंकि परमात्मा विराट है। लाओत्से जैसा व्यक्ति भी उसकी झलक देगा तो वह एक झलक ही होगी। वह झलक अधूरी होगी। कभी किसी दूसरे की झलक उसको पूरा कर जाती है; कभी किसी दूसरे की झलक में उसका अधूरापन पहली दफा पूरा होकर दिखाई पड़ने लगता है।

जीसस की कहानी है, जो ईसाइयों के लिए कठिनाई का कारण रही है और जो अब तक भी उसको सुलझा नहीं पाए। और बिना इस सूत्र के कभी सुलझा भी न पाएंगे। लेकिन धार्मिक लोग, धर्मों से बंधे लोग, एक-दूसरे की तरफ से कुछ भी सहायता लेने को तैयार नहीं होते। जीसस को मानने वाला यह तो मानने को तैयार होगा ही नहीं कि लाओत्से से जीसस साफ होंगे। वह यह मानने की कोशिश जरूर करेगा कि लाओत्से और जीसस में दुश्मनी है। दोस्ती तो मानने को तैयार नहीं हो सकता है। क्योंकि दुश्मनी पर संप्रदाय खड़े होते हैं; दोस्ती पर तो संप्रदाय गिर जाएंगे। दुश्मनी पर चर्च खड़े होते हैं; दोस्ती पर चर्चों का कोई उपाय न रहेगा। एक चर्च का दरवाजा दूसरे मंदिर में खुल जाएगा। बहुत कठिनाई हो जाएगी।

जीसस ने कहानी कही है कि एक धनपति ने अपने अंगूर के बगीचे में काम करने मजदूरों को बुलाया। सुबह बहुत मजदूर आए; लेकिन मजदूर कम थे, धनपति ने और लोगों को बाजार भेजा। और दोपहर भी मजदूर आए; लेकिन फिर भी मजदूर कम थे, धनपति ने और लोगों को बाजार भेजा। कुछ लोग सांझ ढलते-ढलते आए। लेकिन तब सूरज ढलने के करीब आ गया। कुछ तो अभी-अभी आए थे; उन्होंने हाथ में सामान भी न लिया था काम करने का। और कुछ सुबह जब सूरज उग रहा था, तब आए थे, और दिन भर पसीने से तरबतर हो गए थे और थक गए थे। फिर धनपति ने सभी को इकट्ठा किया और सभी को बराबर पुरस्कार दे दिया। जो सुबह आए थे, वे चिल्लाने लगे कि यह अन्याय है! हम सुबह से मेहनत कर रहे हैं, हमें भी उतना! उतना ही? जो दोपहर आए थे, आधे दिन जिन्होंने काम किया, उन्हें भी उतना ही? और जो अभी-अभी आए हैं, जिन्होंने कोई काम नहीं किया, उन्हें भी उतना ही?

उस धनपति ने कहा, दूसरी तरह से सोचो। तुमने जितना काम किया, उतना तुम्हें मिल गया या नहीं? तुमने जितना काम किया, उससे तुम्हें ज्यादा मिल गया है। तुम दूसरों की चिंता छोड़ो। उन्हें मैं उनके काम के कारण नहीं देता; मेरे पास बहुत है, इसलिए देता हूं।

मगर यह अनजस्टीफाइड है; यह बात न्याययुक्त नहीं है। फिर भी सुबह के मजदूर दुखी लौटे; हालांकि उन्हें काफी दिया था। और अगर ये दो वर्ग के मजदूर न आए होते दिन में तो वे बड़े खुश लौटते। उन्हें बहुत मिला था। लेकिन अब तुलना खड़ी हो गई थी। अब जो मिला था, उसका सवाल नहीं था; दूसरों को भी जो मिल गया था, वह कठिनाई में डाल रहा था।

थोड़ा सोचें कि संत भी खड़े हों परमात्मा के सामने और शराबी भी वहीं पहुंच गए हों और परमात्मा दोनों को बराबर बांट दे! संतों की कैसी गति होगी? प्राण निकल जाएंगे। मर गए! लुट गए! अगर संतों को पता चले कि पापी भी स्वर्ग में प्रवेश पा रहे हैं, उसी मौज से स्वर्ग का द्वार उनके लिए भी खुलता है, बैंड-बाजे बजते हैं, जैसा इनके लिए—स्वर्ग बिलकुल नरक हो जाएगा। यह कहानी बड़ी खतरनाक है।

लेकिन अगर कहीं कोई परमात्मा है तो मैं आपसे कहता हूं कि द्वार सभी के लिए एक जैसा खुलता है। और जब पापी भी आता है तो परमात्मा प्रसन्न होता है कि आ गए!

जीसस ने एक और कहानी कही है। जीसस ने कहा है, एक बाप के दो बेटे थे। बड़ा बेटा आज्ञाकारी था; छोटा बेटा आज्ञाकारी नहीं था। बाप बूढ़ा हो गया। दोनों बेटों में कलह थी और दोनों को अलग करने की मजबूरी आ गई। संपत्ति बांट दी गई।

छोटा बेटा सारी संपत्ति को लेकर शहर चला गया। क्योंकि गांव में संपत्ति हो भी तो उसका कोई उपयोग नहीं है। गांव में अमीर आदमी भी गरीब है। शहर में गरीब आदमी भी अमीर हो जाता है; कुछ कर सकता है। छोटा लड़का शहर चला गया। पांच-सात साल उसकी कोई खबर न आई। फिर अचानक खबर आई कि उसने सब बर्बाद कर दिया और वह भिखारी हो गया और सड़कों पर भीख मांग रहा है।

बड़े बेटे ने इन पांच-सात वर्षों में, जितनी संपत्ति उसे मिली थी, उससे पांच-सात गुनी कर दी। बड़ी मेहनत उठाई, व्यवसाय किया, खेती-बाड़ी की, बगीचे लगाए। धन बढ़ता चला गया।

लेकिन बाप को जब खबर मिली कि उसका बेटा भिखारी हो गया, तो उसने संदेशवाहक भेजे कि अभी मैं जिंदा हूं, भिखारी होने की कोई जरूरत नहीं है, तुम वापस आ जाओ। फिर एक दिन सांझ खबर आई कि बेटा वापस लौट रहा है। तो बाप के पास जो सबसे तगड़ी भेड़ें थीं, उसने कहा कि आज वे काटी जाएं और भोज की तैयारी हो। और जो सबसे पुरानी शराब थी तहखाने में, वह निकाली जाए और आज भोज की तैयारी हो। मेरा छोटा बेटा वापस लौट रहा है! गांव भर को उत्सव में बुला लिया जाए, गांव भर को भोज का निमंत्रण दे दिया जाए। आज की रात उत्सव की रात होगी!

गांव भर में खबर फैल गई, उत्सव का निमंत्रण पहुंच गया। बड़ा बेटा सांझ को खेत से थका-मांदा लौट रहा था, पसीने की धारें उसके मुंह पर सूख गई थीं। तब गांव में उत्सव होते देखा, उसने लोगों से पूछा कि क्या बात है? तो उन्होंने कहा, अरे, तुम्हें पता नहीं! तुम्हारा छोटा भाई वापस लौट रहा है और तुम्हारे पिता ने उसके स्वागत का भोज का आयोजन किया है। उसकी छाती पर पत्थर पड़ गया। उसने कहा कि मैं सात साल से अपने को जला रहा हूं, इस बुड्ढे की सेवा कर रहा हूं, धन इकट्ठा कर रहा हूं। और वह पुत्र—सुपुत्र—सब बर्बाद करके, भिखमंगा होकर वापस लौट रहा है, उसके स्वागत की तैयारी!

बड़ा बेटा नाराज घर लौटा। उसने अपने बाप को कहा कि यह अन्याय है! ऐसा मेरा कभी स्वागत नहीं हुआ।

बाप ने कहा, तुम मेरे पास थे सदा। और जब एक गड़रिया सांझ को घर लौटने लगता है अपनी भेड़ों को लेकर, उसके पास सौ भेड़ें हों और एक भेड़ खो जाए, तो निन्यानबे को वहीं अंधेरे में छोड़ कर वह खोई एक भेड़ को खोजने जंगल में चला जाता है; और जो भेड़ खो गई है, उसे कंधे पर रख कर लौटता है। क्या तुम कहोगे निन्यानबे भेड़ें आवाज उठाएं कि अन्याय हो रहा है! हम सदा तुम्हारे साथ, हमें कभी कंधे पर न ढोया! और हम सदा तुम्हारे साथ और तुम कभी इतनी चिंता और व्यग्रता से न भरे और हमें खोजने न आए! और खोई हुई भेड़ को, आवारा भेड़ को, भाग गई भेड़ को...!

क्योंकि भेड़ भागती ही तब है, जब आवारा हो, नहीं तो भेड़ भागती नहीं। भेड़ तो भीड़ में चलती है। शरारती भेड़ हो, बगावती भेड़ हो, तो ही भागती है, तो ही भटकती है। नहीं तो भटकने का कोई सवाल नहीं है।

उस बाप ने कहा कि वह लौट रहा है। वह आवारा भेड़ है, भटक गई भेड़ है। उसे मैं कंधे पर लेकर लौटूं, इससे तुम दुखी मत होओ। तुम्हारे लिए मेरा सब है। लेकिन बाप का हृदय बड़ा है, और तुम पर चुक नहीं जाता। और जो मेरे पास अतिरिक्त है, वह उसे भी देने दो।

ये अन्यायपूर्ण बातें हैं; लेकिन परम न्याय के अनुकूल हैं। लाओत्से कहता है कि तुम जो भी करो, यह प्रकृति प्रसन्न है। इसके आनंद में रत्ती भर कमी नहीं पड़ेगी। तुम चाहो ताओ से एकात्म हो जाओ तो प्रकृति प्रसन्न है; तुम चाहो आचार से एकात्म हो जाओ तो प्रकृति प्रसन्न है; तुम चाहो विपरीत चले जाओ धर्म के तो प्रकृति प्रसन्न है।

लेकिन एक बात खयाल रखना, यह सूत्र अधूरा है। और लाओत्से ने आधी बात नहीं कही है इस सूत्र में—जान कर कि जो उसे समझ लेंगे, वे उसे भी समझ लेंगे। वह स्वल्पभाषी है। दूसरी बात मैं आपको कह दूं; क्योंकि पक्का नहीं है कि आप समझ पाएंगे।

अगर आप ताओ के साथ एकात्म हो जाएं, तो ताओ प्रसन्न है, आप भी प्रसन्न होंगे। अगर आप आचार-सूत्रों के साथ एक हो जाएं, आचार-सूत्र प्रसन्न हैं, आप उतने प्रसन्न नहीं होंगे। और अगर आप ताओ के विपरीत चले जाएं, तो ताओ की विपरीतता में भी ताओ का अभाव प्रसन्न है, लेकिन आप दुखी हो जाएंगे। वह दूसरा हिस्सा है। उससे कोई ताओ का लेना-देना नहीं है; आपसे लेना-देना है। और अपने दुख को आप ताओ के ऊपर मत ढालना। ताओ तो आपके नरक में जाने से भी प्रसन्न है; लेकिन आप प्रसन्न न हो सकोगे। ताओ तो, आप शराब पीकर नाली में पड़ गए हो, तो भी प्रसन्न है; लेकिन आप प्रसन्न न हो सकोगे। ताओ तो, आप अपनी हत्या कर रहे हो, तो भी प्रसन्न है; लेकिन आप प्रसन्न न हो सकोगे।

आपकी प्रसन्नता तो एक ही स्थिति में पूर्ण हो सकती है कि आप ताओ के साथ एकात्म हो जाओ। और इसलिए जो ताओ के साथ एकात्म हो गया है, उसको आप अप्रसन्न नहीं कर सकते। आप कुछ भी करो, वह प्रसन्न है। आप कुछ भी करो, वह प्रसन्न है। आप उसके विपरीत चले जाओ तो प्रसन्न है; आप उसके अनुकूल आ जाओ तो प्रसन्न है। लेकिन आप उसके प्रतिकूल जाकर प्रसन्न न हो सकोगे। आपकी सीमाएं हैं, आपकी शर्तें हैं।

इसलिए लाओत्से की यह बात खयाल में रख कर दूसरा हिस्सा भी खयाल में रख लेना।

'जो स्वयं में श्रद्धावान नहीं है, उसे दूसरों की श्रद्धा भी नहीं मिल सकेगी।'

लेकिन यह जो महायात्रा है ताओ के साथ एकात्म की, यह शुरू होती है स्वयं में श्रद्धा से।

'जो स्वयं में श्रद्धावान नहीं है, उसे दूसरों की श्रद्धा भी नहीं मिल सकेगी।'

हम सब श्रद्धा पाना चाहते हैं, आदर पाना चाहते हैं, बिना इसकी फिक्र किए कि हमारी खुद की स्वयं में कोई श्रद्धा नहीं है, हम खुद के प्रति भी आदरपूर्ण नहीं हैं। सच तो यह है कि हम जितने अनादरपूर्ण अपने प्रति होते हैं, किसी के प्रति नहीं होते। अगर हम अपने से ही पूछें कि अपने बाबत क्या खयाल हैं, तो वह खयाल अच्छे नहीं हैं।

यह महायात्रा शुरू होती है अपने में श्रद्धा से। क्योंकि जो अपने में श्रद्धा करता है, वही एक दिन अपने निज स्वभाव के साथ एक होने की हिम्मत जुटा पाएगा।

हम अपने में श्रद्धा नहीं करते, और इसलिए हमने एक तरकीब निकाल ली है। अपने में श्रद्धा के अभाव को खटकने न देने के लिए हम दूसरों में श्रद्धा करते हैं। कोई महावीर में, कोई बुद्ध में, कोई कृष्ण में श्रद्धा करता है। कृष्ण में जो इसलिए श्रद्धा करता है कि अपने में तो कोई श्रद्धा है नहीं, चलो उनमें श्रद्धा रख कर शायद कोई रास्ता बन जाए, वह दूसरे सूत्र पर पहुंच जाएगा—आचरण का अनुगमन करेगा। जो इस कारण कि अपने में ही जब श्रद्धा नहीं है तो किसी पर श्रद्धा नहीं रखेगा, क्योंकि जब अपने में ही नहीं तो किसी पर क्या रखनी, वह नास्तिक हो जाएगा—वह तीसरे सूत्र पर पहुंच जाएगा। जिसकी अपने में श्रद्धा है, वह कृष्ण से भी सीख लेगा, लाओत्से से भी सीख लेगा। लेकिन अपनी श्रद्धा उसकी सघन होगी इस शिक्षण से। इस सत्संग से उसकी स्व की श्रद्धा बढ़ती जाएगी। वह अगर कृष्ण के चरणों में भी झुकता है तो सिर्फ इसीलिए कि कृष्ण उसके भविष्य के प्रतीक हैं; कल वह भी कृष्ण जैसा हो पाएगा। वह जो कल हो सकता है, उसके चरणों में झुक रहा है।

बुद्ध से कोई पूछता है कि लोग आपके चरणों में झुकते हैं, आप रोकते क्यों नहीं?

बुद्ध कहते हैं, अगर वे मेरे चरणों में झुकें तो मैं उन्हें जरूर रोकता हूं। लेकिन वे अपने ही भविष्य के चरणों में झुकते हैं; मैं तो केवल बहाना हूं। मुझमें उन्हें अपना भविष्य दिखाई पड़ता है; कल वे भी बुद्ध हो सकते हैं। और इसीलिए झुकते हैं। इसलिए रोकने का कोई कारण नहीं है।

अपने में श्रद्धा अगर हो तो हम ताओ के साथ एकात्म हो सकते हैं। अपने में श्रद्धा न हो तो दो खतरे हैं—या तो हम दूसरे में श्रद्धा करके सब्स्टीट्यूट पा लेंगे, तब हम आचरण का अनुगमन करेंगे; या हम अपने में श्रद्धा नहीं है, इसलिए किसी में भी श्रद्धा नहीं करेंगे, तब हम ताओ के विपरीत चले जाएंगे।

ताओ हर हाल प्रसन्न है; आप हर हाल प्रसन्न नहीं हो सकेंगे। इसलिए अपने दुख को देखते रहना। जितना ज्यादा हो दुख आपका, समझना कि तीसरे सूत्र में पड़े हैं। दुख हो, बहुत ज्यादा न हो, संतोष के लायक हो, समझना कि दूसरे में पड़े हैं। दुख बिलकुल न हो, संतोष की भी जरूरत न हो, तो समझना कि पहले के निकट आ गए हैं।

आज इतना ही। पांच मिनट रुकें, कीर्तन करें।

पचासवां प्रवचन

न नया, न पुराना; सत्य सनातन है

प्रश्न-सार

ताओ की परिभाषा क्या है?

आप तो इतना बोलते हैं!

अस्तित्व में स्वतंत्रता का स्थान क्या है?

प्रकृति सदा प्रसन्न है तो मेरी प्रसन्नता में फर्क क्यों?

शैली और शब्द के अलावा अंतर क्या है?

बहुत से प्रश्न हैं।

एक मित्र ने पूछा है, ताओ की परिभाषा क्या है?

उसी की परिभाषा का हम प्रयास कर रहे हैं। और सारा प्रयास पूरा हो जाने पर भी परिभाषा उसकी समझ में आएगी नहीं। क्योंकि जब समझाने का सारा प्रयास भी पूरा हो जाता है, तब भी ताओ परिभाषा के बाहर छूट जाता है। वह तो जब आप उसका प्रयोग भी करेंगे, तभी समझ में आएगी।

जैसे प्रेम को समझाया जाए; कितना ही समझाया जाए, जब तक आप प्रेम में उतर न जाएंगे, तब तक उसे नहीं जान पाएंगे। प्रेम की कोई भी परिभाषा प्रेम को प्रकट न कर पाएगी; प्रेम का अनुभव ही उसे प्रकट करेगा। फिर भी प्रेम की परिभाषा करने की कोशिश की जाती है। इसलिए नहीं कि आप उससे प्रेम को जान लेंगे, बल्कि इसीलिए कि शायद प्रेम को जानने की प्यास उससे पैदा होगी।

तो अगर ताओ को समझने की कोशिश में आपको ताओ की परिभाषा समझ में न आए तो यह उचित ही है। लेकिन ताओ को समझने की प्यास जग जाए तो किसी दिन उसके अनुभव में उतरा जा सकता है। जिन्हें अनुभव हुआ है, वे भी परिभाषा कर सकेंगे, ऐसा नहीं है। जिन्हें अनुभव हुआ है, वे खुद तो जान लेंगे, लेकिन दूसरे को बताते समय वही कठिनाई खड़ी हो जाएगी। अनुभव कहे नहीं जा सकते। इशारे हो सकते हैं। लेकिन शब्दों में प्रकट करने का कोई उपाय नहीं है। और जितना बड़ा हो अनुभव, उतनी ही असमर्थता हो जाती है।

ताओ बड़े से बड़ा अनुभव है। उससे बड़ा कोई अनुभव नहीं है।

ताओ शब्द का अर्थ होता है धर्म। ताओ शब्द का अर्थ होता है वह परम नियम, जिसके आधार पर पूरा अस्तित्व चलता है। तो जब तक हम अस्तित्व में न डूबें और उस परम नियम के साथ एक न हो जाएं, तब तक हमारी समझ में आएगा नहीं। सागर के किनारे खड़े होकर लहरों को समझा जा सकता है। दूर की समझ परिचय ही होगी, ज्ञान नहीं। जिसे सागर को ही जानना हो, उसे सागर में डूबना होगा, डुबकी लगानी होगी। और वह डुबकी भी ऐसी नहीं कि आप सागर से अलग बने रहें। वह डुबकी ऐसी चाहिए जैसे नमक का पुतला सागर में कूद जाए, फिर लौट न सके, नमक उसका पिघल जाए, बह जाए, सागर के साथ एक हो जाए। तभी सागर को जाना जा सकेगा।

तो अगर शब्द की ही जानने की इच्छा हो तो ताओ का अनुवाद होगा धर्म, परम नियम, अस्तित्व का मूल आधार। जिसको वेदों ने ऋत कहा है, वही ताओ का अर्थ है। लेकिन यह शब्द का अर्थ हुआ। इसे जान लेने से कुछ जान लिया, ऐसा जो मानता है, वह भ्रांति में पड़ेगा। यह सिर्फ इशारा हुआ, यात्रा की तरफ जाने के लिए पहला। यात्रा पर निकलना जरूरी है।

फिर परिभाषा का क्या अर्थ होता है?

परिभाषा का अर्थ होता है किसी एक चीज को किसी दूसरी चीज के द्वारा बताना। किसी एक चीज को किसी दूसरी चीज के द्वारा बताना। जैसे कि अगर आपने नीलगाय नहीं देखी है जो हिमालय की तराइयों में होती है, तो हम कह सकते हैं, वह गाय जैसा एक जानवर है। तो थोड़ी सी समझ आई, थोड़ा सा खयाल आया। लेकिन ताओ या धर्म तो अकेला ही अनुभव है। उस जैसा कोई दूसरा अनुभव नहीं है, जिससे इशारा किया जा सके; कोई दूसरा अनुभव नहीं है जिससे हम कह सकें—उस जैसा।

फिर ताओ तो जटिल, गहनतम अनुभूति है। छोटे-मोटे जीवन के अनुभव भी परिभाष्य नहीं हैं, डिफाइनेबल नहीं हैं। अगर कोई आपसे पूछ ले कि पीला रंग क्या है तो आप क्या कहेंगे? क्योंकि पीले रंग जैसा कोई और रंग तो होता नहीं। और अगर पीले रंग जैसा कोई रंग होगा तो वह पीला ही होगा। पीले रंग की क्या परिभाषा करिएगा?

इस सदी के बहुत बड़े विचारक जी.ई.मूर ने, जिसने डेफिनीशन पर, परिभाषा पर सर्वाधिक काम किया है, दो, ढाई सौ पृष्ठों में चर्चा करने के बाद यह कहा है कि व्हाट इज़ यलो इज़ इनडिफाइनेबल, पीला क्या है उसकी परिभाषा नहीं हो सकती। पीला पीला है, यलो इज़ यलो।

मगर यह कोई बात हुई? इसको तर्कशास्त्री कहते हैं टोटोलाजी। इसका मतलब तो हुआ, जब आप कहते हैं यलो इज़ यलो, पीला पीला है, तो इसका मतलब हुआ कि आपने परिभाषा करने से इनकार कर दिया। पीला क्या है, हम यह पूछ रहे हैं। आप कहते है, पीला पीला है। यह तो कोई उत्तर न हुआ। यह तो बात वहीं के वहीं रह गई।

जी.ई.मूर ने कहा है कि जितना परिभाष्य है, वह सब जोड़ है।

जैसे कि कोई अगर पूछे, पानी क्या है? तो हम कह सकते हैं, हाइड्रोजन और आक्सीजन का जोड़ है—एच टू ओ। यह परिभाषा हो गई पानी की। क्योंकि पानी दो चीजों का जोड़ है, इसलिए दो को तोड़ कर हम बता सकते हैं कि पानी यह है। जितनी चीजें कई चीजों का जोड़ हैं, उनकी परिभाषा आसान है। लेकिन अब कोई पूछे, आक्सीजन क्या है? तो अड़चन होगी; क्योंकि आक्सीजन किसी चीज का जोड़ नहीं है। लेकिन फिर भी तोड़ा जा सकता है। अब हमने परमाणु को तोड़ लिया तो हम कह सकते हैं कि इतने इलेक्ट्रान, इतने न्यूट्रान, इनका जोड़ है। नीचे उतरते जाएं; जब एक ही चीज रह जाएगी, तो तोड़ा भी नहीं जा सकता।

ताओ आखिरी बिंदु है, जिसको तोड़ने का कोई उपाय नहीं है। धर्म आखिरी अनुभव है, आत्यंतिक, अल्टीमेट; उसकी कोई परिभाषा नहीं हो सकती। लेकिन उसका अनुभव हो सकता है। माना कि पीले की कोई परिभाषा नहीं हो सकती, लेकिन इसका यह मतलब नहीं है कि पीले का अनुभव नहीं हो सकता। आप पीले का अनुभव रोज करते हैं, कोई अड़चन नहीं है।

अगर आप जिद्द कर लें कि पहले परिभाषा, फिर अनुभव करूंगा, तो फिर अनुभव भी बंद हो जाएगा। आप पहले अनुभव करते हैं प्रेम का। कोई आदमी पूछे कि पहले मैं परिभाषा कर लूं, समझ लूं ठीक से, फिर उतरूंगा, क्योंकि अनजाने रास्ते पर नहीं उतरना है, तो वह प्रेम के रास्ते पर कभी भी नहीं उतरेगा। आप समय का उपयोग करते हैं रोज। लेकिन कोई आपसे पूछ ले समय की परिभाषा, तब आप कठिनाई में पड़ जाएंगे।

अगस्टीन ने कहा है कि मुझसे पूछो मत तो मैं जानता हूं, और मुझसे पूछा कि मैं मुश्किल में पड़ जाता हूं।

जानना कुछ ऐसी बात है, जिसके लिए परिभाषा जरूरी नहीं है। तो ताओ जानना होगा; और जान कर भी ताओ गूंगे का गुड़ ही रहेगा। कबीर ने कहा है कि पूछो मत मुझसे कि वह क्या है। रास्ता पूछ लो, कैसे उस तक मैं पहुंचा, वह मैं तुम्हें बता दूं। तुम भी पहुंच जाओ, तुम भी जान लो। मुझसे मत पूछो कि वह क्या है। क्योंकि वह मुझसे भी बड़ा है, उसे प्रकट करने का कोई उपाय नहीं है।

तो हम क्या कर रहे हैं? ताओ के संबंध में जो चर्चा कर रहे हैं, यह चर्चा ताओ के इर्द-गिर्द है, ताओ के आस-पास है। हम एक वर्तुल में घूम रहे हैं ताओ के आस-पास। कहीं कोई चीज आपके हृदय पर चोट कर जाए और आप भीतर केंद्र में प्रवेश कर जाएं! सारी चर्चा परिधि पर है, सर्कमफरेंस पर है—इस आशा में कि कोई परिधि का बिंदु आपके लिए द्वार बन जाएगा और आप भीतर प्रवेश कर जाएंगे और केंद्र पर पहुंच जाएंगे। लेकिन अगर आप परिधि पर ही केंद्र को चाहते हों तो वह असंभव है। आपको जाना पड़ेगा।

आदमी का मन ऐसा है कि वह एक कदम उठाने के पहले भी सब कुछ तय कर लेना चाहता है। सुरक्षा इसमें मालूम होती है कि सब साफ हो जाए—मैं कहां जा रहा हूं, क्यों जा रहा हूं, क्या रास्ता है, क्या परिणाम होगा, कितना लाभ है, कितनी हानि है—सब तय हो जाए तो आदमी कदम उठाता है। जो सब तय करके कदम उठाता है, वह कभी ताओ तक, धर्म तक नहीं पहुंचेगा। क्योंकि धर्म तक पहुंचते ही वे हैं जो कैलकुलेटिव नहीं हैं, जो हिसाब नहीं लगाते। हिसाबी तो संसार से जुड़े रहते हैं; गैर-हिसाबी धर्म में प्रवेश करते हैं।

कोई परिभाषा नहीं है। कोई परिभाषा कभी की नहीं गई है। कभी की भी नहीं जाएगी। लेकिन ध्यान रहे, इससे निराश हो जाने की कोई जरूरत नहीं है। यह केवल इस बात की सूचना है कि अनुभव, अनुभव से ही जाना जा सकता है।

शेख फरीद एक मुसलमान सूफी फकीर हुआ। कोई उसके पास गया है ईश्वर की परिभाषा पूछने।

ईश्वर हो, कि धर्म हो, कि आत्मा हो, कि सत्य हो, इससे कोई बहुत फर्क नहीं पड़ता। ये सब शब्द हैं उसके लिए, जिसको नहीं कहा जा सकता।

उस आदमी ने शेख फरीद से पूछा कि कुछ मुझे भी अपने अनुभव की बात बताओ।

शेख फरीद के पास एक डंडा पड़ा था। उसने डंडा उस आदमी के पैर पर मार दिया। पैर में चोट लगी, उस आदमी ने चीख मारी और कहा कि यह आप क्या करते हैं, मुझे बहुत दर्द हो रहा है।

शेख फरीद ने कहा, दर्द तुम्हें हो रहा है, थोड़ा मुझे बताओ कि क्या हो रहा है?

वह आदमी बड़ी मुश्किल में पड़ा। शेख फरीद ने कहा, मैं कैसे मानूं कि तुम्हें दर्द हो रहा है? और क्या है दर्द? वह आदमी बड़ी बेचैनी में पड़ा; कुछ बता नहीं सका।

शेख फरीद ने कहा, पागल, उठा डंडा और मार मुझे! डंडा पड़ा है, उठा और मार मुझे! बताने की फिक्र छोड़। मुझे भी दर्द होगा, मैं भी जान लूंगा।

यही रास्ता है। दर्द होगा तो जान सकेंगे। धर्म होगा तो जान सकेंगे।

एक मित्र ने पूछा कि कल आपने कहा संत अत्यंत अल्पभाषी होते हैं; लेकिन आप तो इतना अधिक बोलते हैं!

ठीक पूछा है; थोड़ा सोचना पड़े। मैं जो बोलता हूं, वह अल्प ही है; आपको ज्यादा मालूम पड़ता होगा। क्योंकि जो मैं बोलना चाहता हूं, उससे तौलता हूं तो अल्प है; जो आप समझ सकते हैं, उससे तौलूं तो बहुत ज्यादा है। कम और ज्यादा सापेक्ष शब्द हैं। उनमें सीधा कोई अर्थ नहीं होता, किसी तुलना में अर्थ होता है। जो मैं बोलना चाहता हूं, उस लिहाज से जो मैंने बोला है, वह कुछ भी नहीं है। जो आप समझ सकते हैं, उस लिहाज से जो मैंने बोला है, वह बहुत ज्यादा है। मेरी तरफ से वह अल्प ही है।

लाओत्से ने ऐसा नहीं कहा कि संत जो बोलते हैं, वह सुनने वालों की तरफ से अल्प होता है; वह संतों की तरफ से अल्प होता है। सुनने वालों को बहुत ज्यादा हो सकता है।

एक मित्र ने पूछा है, आप कहते हैं समस्त अस्तित्व इकट्ठा, संयुक्त, अद्वैत है, और उसमें जो भेद दिखता है वह अहंकार का खेल है। इस संदर्भ में मनुष्य की स्वतंत्रता, जिसकी कल आपने यहां चर्चा की, बहुत दुर्बल हो जाती है। यहां तो नियतिवाद ही अधिक संगत दिखता है। समस्त द्वारा संचालित व्यक्ति स्वतंत्र कैसे हो सकता है, इसे स्पष्ट करें।

हमारी सारी अड़चन शब्दों की है। जैसे, हम विपरीत शब्दों में सोचने के आदी हैं। हम सोचते हैं, या तो मनुष्य स्वतंत्र है या परतंत्र है। अगर स्वतंत्र है तो पृथक होना चाहिए और समस्त का उसके ऊपर कोई अधिकार नहीं होना चाहिए। अगर समस्त का अधिकार है उसके ऊपर, और समस्त ही का वह एक अंश मात्र है, तो परतंत्र हो गया, फिर स्वतंत्र कैसे होगा?

लेकिन स्वतंत्र हो या परतंत्र, इन दोनों के बीच एक बात हमने मान रखी है वह यह कि मनुष्य पृथक है—दोनों के बीच! जब हम कहते हैं कोई स्वतंत्र है, तो उसका मतलब हुआ कि पृथक है, लेकिन समस्त की शक्ति के बाहर है। जब हम कहते हैं परतंत्र है, तो उसका अर्थ हुआ कि पृथक है, लेकिन समस्त की शक्ति के भीतर है।

लाओत्से कहता है, पृथक है ही नहीं। इसलिए स्वतंत्रता और परतंत्रता का कोई अर्थ नहीं है। पृथक है ही नहीं। मनुष्य प्रकृति ही है, या मनुष्य परमात्मा ही है। जब हम दो मानें परमात्मा को और मनुष्य को, तो स्वतंत्रता का और परतंत्रता का सवाल उठता है। परमात्मा दूसरा हो तो हम उसके खिलाफ स्वतंत्र हो सकते हैं, या उसके अनुगत होकर परतंत्र हो सकते हैं। लेकिन अगर हम परमात्मा के साथ एक ही हैं तो स्वतंत्रता और परतंत्रता का हमारी भाषा में जो अर्थ होता है, वह खो गया।

अगर परमात्मा के साथ हम एक ही हैं और परमात्मा के अतिरिक्त कोई भी दूसरा नहीं है, तो परमात्मा स्वतंत्र है, ऐसा कहना ठीक नहीं; परमात्मा स्वतंत्रता है। इसमें फर्क है। स्वतंत्र तो हमें किसी के खिलाफ होना पड़ता है। स्वतंत्रता हमारा स्वभाव होता है। परमात्मा स्वतंत्र नहीं है; क्योंकि स्वतंत्र का तो मतलब हुआ कि कोई और है जिसके विपरीत वह स्वतंत्र है, जिससे वह स्वतंत्र है। परमात्मा अकेला है। कोई दूसरा नहीं है, जो उसे परतंत्र कर सके या स्वतंत्र कर सके। उसका स्वभाव ही स्वतंत्रता है। उसके अलावा कोई दूसरा है ही नहीं। गॉड इज़ नाट फ्री, गॉड इज़ फ्रीडम। और हम उसके साथ एक हैं; इसलिए हम भी स्वतंत्रता हैं। मनुष्य स्वतंत्र है, ऐसा नहीं, मनुष्य भी स्वतंत्रता है। कोई है नहीं जो उसे परतंत्र कर सके; कोई है नहीं जो उसे स्वतंत्र कर सके।

ध्यान रखें, जब कोई आपको स्वतंत्र करता है, तब भी आप परतंत्र ही होते हैं; क्योंकि किसी ने आपको स्वतंत्र किया। जो स्वतंत्रता दी जाती है, वह स्वतंत्रता नहीं है। वह परतंत्रता का ही एक उदार रूप है। स्वतंत्रता किसी पर निर्भर न होने का नाम है। लेकिन तब सवाल उठता है कि फिर तो आदमी नियतिवाद में घिर जाएगा। प्रकृति सब कुछ कर रही है! आदमी?

लेकिन हम एक बात माने चले ही जाते हैं कि आदमी अलग है। तो फिर नियति खड़ी हो जाएगी, भाग्य खड़ा हो जाएगा। आदमी कहेगा, मैं क्या कर सकता हूं, जो परमात्मा करता है वही। लेकिन लाओत्से कहता है कि तुम जिस दिन जानोगे, पाओगे तुम हो ही नहीं। तो यह सवाल ही नहीं उठता कि तुम क्या कर सकते हो। परमात्मा जो कर रहा है, वही तुम कर रहे हो। नियति इसमें नहीं है।

नियति में पुनः, डेस्टिनी में, भाग्य में पुनः हमने भेद स्वीकार कर लिया। हमने मान लिया कि मैं भी हूं, और परमात्मा मेरे भाग्य को निर्धारित कर रहा है। मैं अलग हूं, वह निर्धारक है। लाओत्से की बात को ठीक से समझें, अद्वैत की बात को ठीक से समझें, तो नियति का भी कोई सवाल नहीं है। क्योंकि कोई मेरा भाग्य-निर्माता नहीं है।

मुझसे पृथक कोई है नहीं। तो कौन मेरे भाग्य का निर्णय करे? मैं समस्त के साथ एक हूं। और इस समस्त के साथ ऐक्य का नाम ही मोक्ष है। इसलिए हमने स्वतंत्रता शब्द का भारत में उपयोग नहीं किया। क्योंकि स्वतंत्रता में भाव बना रहता है कि कोई स्वतंत्र करने वाला है। हमने शब्द उपयोग किया है—मोक्ष, मुक्ति। और हमने कहा है, मोक्ष जो है वह आत्मा का स्वभाव है।

नियति, परतंत्रता, स्वतंत्रता, सब शब्द व्यर्थ हो जाते हैं, अगर हम प्रकृति के साथ एक हैं। एक बूंद नदी के साथ बही जा रही है। अगर वह बूंद कहे कि मुझे नदी के साथ बहना पड़ रहा है तो परतंत्र हो गई। अगर वह बूंद कहे कि मैं अपनी इच्छा से नदी के साथ बह रही हूं तो स्वतंत्र हो गई। और अगर वह बूंद कहे कि मैं नदी हूं तो मुक्त हो गई। वह जो मुक्तता है, वह एकता का नाम है। अब नदी कोई और है ही नहीं, जिससे कोई संबंध बनाया जाए स्वतंत्रता का या परतंत्रता का। कोई दूसरा नहीं है, जिससे हमारा संबंध बने। संबंध खो गए, मैं ही हूं। अपने से ही कोई स्वतंत्र और परतंत्र कैसे होगा? अपने से ही कोई स्वतंत्र और परतंत्र कैसे होगा?

अगर आप इस पृथ्वी पर बिलकुल अकेले हों, इस अस्तित्व में बिलकुल अकेले हों, समझें कि सब खो गया, आप अकेले हैं अस्तित्व में, उस समय आप स्वतंत्र होंगे कि परतंत्र होंगे? उस समय आप क्या कहेंगे, आप स्वतंत्र हैं या परतंत्र हैं? दोनों बात व्यर्थ हो जाएंगी। आप मुक्त होंगे। यह मुक्तता आपकी निजता होगी, आपका अंतर-भाव होगा।

हमारी स्वतंत्रता तो परतंत्रता का ही एक रूप है। और हमारी परतंत्रता भी स्वतंत्रता का एक रूप है। उन दोनों में बहुत फासला नहीं है। एक आदमी घर में है तो हम कहते हैं स्वतंत्र है और जेल में है तो हम कहते हैं परतंत्र है। कहां स्वतंत्रता समाप्त होती है, कहां परतंत्रता शुरू होती है, कहना मुश्किल है। और जो घर में है, वह भी कितना स्वतंत्र है? क्योंकि बुद्ध घर से भाग गए, क्योंकि घर उन्हें परतंत्रता मालूम पड़ी। आप नहीं भागे हैं, परतंत्रता के आदी हो गए होंगे। जेल के भी लोग आदी हो जाते हैं।

फ्रेंच रिवोल्यूशन के वक्त बैस्तील के किले को तोड़ दिया क्रांतिकारियों ने; कैदी थे वहां बंद, उनको निकाल बाहर कर दिया। कोई चालीस साल, कोई पचास साल से कैदी था। आजन्म कैदियों का निवास था वहां। आधे कैदी सांझ वापस लौट आए। और उन्होंने कहा, बाहर हमें अच्छा नहीं लगता।

जो आदमी चालीस साल जेलखाने में रहा हो, बाहर की दुनिया खतम हो गई। चालीस साल! बाहर की दुनिया मर गई, वह बाहर की दुनिया के लिए मर गया। न उसका कोई पहचानने वाला है; न कोई मित्र है, न कोई शत्रु है। और बाहर सब अजीब सा लगने लगा। और बाहर जाकर रोटी भी कमानी पड़ेगी। वह परतंत्रता मालूम पड़ने लगी। जेलखाने में रोटी सुबह ठीक वक्त पर मिल जाती है। कोई चिंता नहीं है, कोई जिम्मेवारी नहीं है। बाहर जाकर उस आदमी को फिक्र करनी पड़ी कि छप्पर कहां है, जिसके नीचे मैं सोऊं। जेलखाने में छप्पर निर्मित था, उसे उसकी चिंता नहीं थी। जब वर्षा आती, तो जेलखाने के अधिकारी छप्पर को ठीक करते थे। कोई चिंता न थी। यह जेल बड़ी स्वतंत्रता थी। और फिर बड़ी तकलीफ हुई कि हाथ में जो बड़ी-बड़ी जंजीरें पड़ी थीं, पैर में जो बेड़ियां पड़ी थीं चालीस साल तक, उनके बिना कैदी सो न सके बाहर, नींद न आई। लगा कि कुछ-कुछ खाली है, कुछ खो रहा है। उन्होंने आकर कहा कि बिना जंजीरों के अब हम सो नहीं सकते। उनके बिना ऐसा लगता है हाथ नंगा हो गया है। आभूषण थे वे जंजीरें।

कौन जाने, आपके आभूषण जंजीरें हैं या क्या हैं! उनके बिना आप भी न सो सकेंगे। क्या है स्वतंत्रता और क्या है परतंत्रता? मात्राओं के भेद हैं। जिसके आप आदी हो गए हैं, उसको आप समझते हैं स्वतंत्रता। लेकिन हमारी स्वतंत्रता और परतंत्रता दोनों में हमारा अहंकार मौजूद है।

ताओ, धर्म, संन्यास, जो भी हम नाम दें, मुक्ति है—न स्वतंत्रता, न परतंत्रता।

इसे एक दूसरी तरफ से समझ लें तो खयाल में आ जाएगा। हम जीते हैं द्वंद्व में। या तो होते हैं दुख में, या सुख में। तो हम पूछते हैं, जब परमात्मा में हम होंगे तो सुख होगा कि दुख?

दोनों नहीं होंगे। हमारा सुख और दुख एक ही चीज के भेद हैं। इसलिए हमें एक नया शब्द गढ़ना पड़ाः आनंद। आनंद का अर्थ सुख नहीं है। आनंद का अर्थ हैः सुख-दुख दोनों का अभाव। हालांकि जब हम सुनते हैं आनंद, तो हमें सुख का ही खयाल आता है। और जब हम आनंद की तलाश करते हैं, तब भी हम सुख की ही खोज कर रहे होते हैं। हमारे मन में आनंद का अर्थ होता है महासुख। हमारे मन में आनंद का अर्थ होता है, जहां दुख बिलकुल नहीं है। हमारे मन में आनंद का अर्थ होता है, जहां सुख शाश्वत है। यह सब गलत है। ये सब गलत बातें हैं। जब तक सुख है, तब तक आनंद हो न सकेगा। क्योंकि सुख के साथ दुख जुड़ा ही रहेगा। आनंद है अभाव—सुख का भी, दुख का भी। इसलिए बुद्ध ने आनंद शब्द का भी उपयोग नहीं किया। क्योंकि यह भ्रामक है; इससे सुख की झलक मिलती है। इससे सुख की झलक मिलती है। तो बुद्ध ने शांति शब्द का प्रयोग किया। सब शांत हो गया है—सुख भी, दुख भी। सब उत्तेजना खो गई है।

लेकिन सभी शब्दों के साथ अड़चन खड़ी रहेगी। क्योंकि हमारे सब शब्द द्वैत में चलते हैं। शांति है तो अशांति है; उसके विपरीत हमारे मन में खयाल उठता है।

ठीक ऐसे ही स्वतंत्रता-परतंत्रता, दोनों जहां खो जाती हैं, वहां मुक्ति है, वहां मोक्ष है। मोक्ष स्वतंत्रता नहीं है, परतंत्रता भी नहीं है; दोनों के पार उठ जाना है, दोनों का अतिक्रमण है। और जब व्यक्ति एक हो जाता है अस्तित्व के साथ, तो अकेला ही हो जाता है, अकेला ही बच रहता है। तब वह कह पाता हैः अहं ब्रह्मास्मि, मैं ही ब्रह्म हूं। अब कोई दूसरा न रहा। इसलिए द्वैत के सब शब्द व्यर्थ हो जाते हैं।

एक मित्र ने पूछा है कि मैं प्रकृति के साथ अंतरतम तादात्म्य के साथ चलूं, बाह्यतम तादात्म्य के साथ चलूं या प्रतिकूल चलूं, तीनों परिस्थितियों में प्रकृति समान रूप से प्रसन्न है; कोई भी एक परिस्थिति का चुनाव करने को मैं संपूर्ण रूप से स्वतंत्र हूं; फिर तीनों चुनाव में मेरी प्रसन्नता में फर्क क्यों पड़ेगा?

फर्क पड़ेगा, क्योंकि तीनों के अलग-अलग अनुभव हैं। ऐसा समझें, जमीन में गुरुत्वाकर्षण है; आप रास्ते पर चलते हैं; आप सीधे चलते हैं, नहीं गिरते हैं। स्वतंत्र हैं आप; आप चाहें आड़े-तिरछे चलें और गिर जाएं। गुरुत्वाकर्षण नहीं कहेगा कि आड़े-तिरछे मत चलो। आड़े-तिरछे चलें, गिर जाएं, टांग टूट जाए, दर्द हो, तकलीफ हो। जब आप आड़े होकर गिरते हैं जमीन पर, तब भी वही गुरुत्वाकर्षण काम करता है, जब आप खड़े चल रहे थे, तब काम करता था। कोई फर्क नहीं है। वही नियम काम कर रहा है। नियम निरपेक्ष भाव से काम कर रहा है। आपने गलती की चलने में, या गलत का चुनाव किया, चोट खाएंगे। ठीक का चुनाव किया, चोट नहीं खाएंगे।

सुख का अर्थ ही क्या है? सुख का अर्थ हैः नियम के अनुकूल। दुख का अर्थ हैः नियम के प्रतिकूल। नियम निष्पक्ष है। आपने जहर पी लिया; प्रकृति आपको मार डालेगी। आप बीमार हैं; जहर की एक मात्रा ली; बीमारी मर जाएगी, आप स्वस्थ हो जाएंगे। पानी भी आप ज्यादा पी लें तो जहर हो जाएगा। तो पानी पीने में भी संयम रखना पड़ता है; शराब पीने में ही नहीं। पानी भी ज्यादा पी लें तो मौत आ जाएगी। पानी निष्पक्ष है। कोई पानी आपसे कहता नहीं कितना पीएं। वह स्वतंत्रता आपकी है। लेकिन पानी की एक प्रकृति है। अगर आप नियम के अनुकूल पीएंगे, सुखदायी हो जाएगा; नियम के बाहर जाएंगे, दुखदायी हो जाएगा।

नियम के अनुकूल सुख है; नियम के प्रतिकूल दुख है। तो जब भी आप दुख पाते हैं, जान लेना कि कहीं नियम के प्रतिकूल पड़ गए हैं। और किसी कारण कोई दुख नहीं पाता। विज्ञान इसीलिए कहता है कि हम आदमी के लिए ज्यादा सुख जुटा लेंगे; क्योंकि हम उन नियमों की खोज करते चले जाते हैं जिनको जान लेने पर तुम प्रतिकूल व्यवहार नहीं करोगे। और तो कोई विज्ञान की खोज नहीं है; इतनी ही खोज है कि हम नियम को खोजते चले जाते हैं, तुम्हें बताते चले जाते हैं कि यह है नियम, अब तुम अनुकूल चलोगे तो सुख होगा, अनुकूल नहीं चलोगे तो दुख हो जाएगा। नहीं जानने से नियम, हम कई बार प्रतिकूल चल जाते हैं। लेकिन एक बात पक्की है, जानते हों नियम या न जानते हों, दुख बता देगा कि हम प्रतिकूल चले हैं, सुख बता देगा कि हम अनुकूल चले हैं।

तो लाओत्से कहता है कि चाहे ताओ के अनुकूल, चाहे बाह्य सूत्रों के अनुकूल और चाहे प्रतिकूल, प्रकृति हर हाल प्रसन्न है। जब आप गिरते हैं और आपकी टांग टूट जाती है, तो गुरुत्वाकर्षण कोई दुखी नहीं होता, आप दुखी होते हैं। कोई ग्रेविटेशन को कोई पीड़ा नहीं होती। जब आप जहर पीकर मर जाते हैं, तो जहर कोई दुखी नहीं होता। न कोई प्रकृति आंसू बहाती है। कोई प्रयोजन नहीं है। आप स्वतंत्र थे। आपने जो चाहा, वह किया। फिर जो परिणाम होगा, वह होगा। इसे समझ लें ठीक से। आप कर्म करने को स्वतंत्र हैं, परिणाम में स्वतंत्र नहीं हैं। परिणाम तो आपने किया कर्म और आप बंध गए।

मोहम्मद से अली ने पूछा है कि हमारी स्वतंत्रता कितनी है? तो मोहम्मद ने कहा, तू एक पैर ऊपर उठा कर खड़ा हो जा! तो वह बांया पैर ऊपर उठा कर खड़ा हो गया। मोहम्मद ने कहा, अब तू दायां भी ऊपर उठा ले। अली ने कहा, आप भी क्या मजाक करते हैं! दायां मैं कैसे उठा सकता हूं? मैं तो बायां उठा कर बंध गया; अब दायां नहीं उठ सकता। तो मोहम्मद ने कहा, अगर तू पहले दायां उठाता तो उठा सकता था? उसने कहा, बिलकुल उठा सकता था। क्योंकि तब तक मैं बंधा नहीं था; कोई मैंने कर्म नहीं किया था। दायां उठाता तो बंध जाता, फिर बायां नहीं उठा सकता। तो मोहम्मद ने कहा, करने को तुम स्वतंत्र हो; लेकिन हर कर्म बंधन दे जाएगा—हर कर्म!

इसलिए हम अपने मुल्क में कर्म को बंधन कहे हैं और अकर्म को मुक्ति कहे हैं। क्योंकि जब भी मैं कुछ करूंगा तो बंध ही जाऊंगा; किया कि बंधा। क्योंकि जो मैंने किया है उसके परिणाम होंगे। और वे परिणाम नियम के अनुसार होंगे, मेरे अनुसार नहीं। मैं झाड़ से कूदने को स्वतंत्र हूं, लेकिन टांग टूटेगी। उसके लिए स्वतंत्र नहीं हूं कि नहीं टूटेगी कि टूटेगी। आप हवाई जहाज से कूदें, आपकी मर्जी! कोई रोकेगा नहीं इस संसार में। लेकिन फिर पैर टूट जाएं, हड्डी-हड्डी चूर-चूर हो जाए, तो फिर इसके लिए किसी को दोष मत देना। क्योंकि वह आपके ही कर्म का फल है, वह आपकी ही स्वतंत्रता का चुनाव है। जहर पीने को मैं स्वतंत्र हूं, लेकिन फिर मैं यह नहीं कह सकता कि अब मैं मरूंगा भी नहीं।

कर्म के लिए व्यक्ति स्वतंत्र है। स्वतंत्रता का अर्थ ही कर्म की स्वतंत्रता है, परिणाम की स्वतंत्रता नहीं। अगर परिणाम की भी स्वतंत्रता हो तो जगत एक अराजकता होगा, अनार्की। कासमास नहीं रह जाएगा। क्योंकि मैं पीऊं जहर और अमृत का परिणाम पाऊं; गिरूं आकाश से और जमीन पर मजे से चलने लगूं; दुख के उपाय करूं और सुख पाऊं; तब तो जगत एक अराजकता होगा। तब तो जगत में फिर कुछ भी तय करना मुश्किल हो जाएगा। कुछ भी तय करना मुश्किल हो जाएगा। लेकिन जगत अराजकता नहीं है, नियम है। ताओ का यही अर्थ है, जगत एक नियम है, जगत ताओ है। उस नियम के दो पहलू हैं। एक पहलू है, आप स्वतंत्र हैं सदा चुनने को, क्या करना चाहते हैं। लेकिन करते ही आप नियम के अंतर्गत आ गए। और करते ही परिणाम सुनिश्चित हो गया।

इसलिए बुद्ध ने, महावीर ने, लाओत्से ने, सभी ने यह कहा है कि जब तक कर्म जारी है, तब तक पूर्ण मुक्ति नहीं हो सकती। पूर्ण मुक्ति का अर्थ होगा पूर्ण अकर्म। इस अकर्म को साधने के कई उपाय हैं।

लाओत्से का उपाय यह है कि तुम प्रकृति के साथ अपना फासला छोड़ दो। तुम यह भूल ही जाओ कि तुम कर्म करते हो। कहो परमात्मा को कि तू ही करता है, तू ही भोगता है; हम नहीं हैं मौजूद। तुम स्वतंत्र हो गए। तब न तुम चुनते हो करते वक्त; और न तुम भोगते वक्त। दोनों हालत में परमात्मा चुनता है, परमात्मा भोगता है। या हम कहें: समस्त सृष्टि चुनती है, समस्त सृष्टि भोगती है। मैं बाहर हो गया। मैं मौजूद न रहा। यह मुक्ति हो गई।

लेकिन जैसे ही मैं चुनता हूं, वैसे ही चुनाव का अनिवार्य परिणाम होगा। उस परिणाम को मुझे भोगना पड़ेगा। मैंने चुना, इसलिए मुझे भोगना पड़ेगा। अपना-अपना कर्म भोगना ही पड़ेगा। उससे अनभोगे निकल जाने का कोई उपाय नहीं है। कोई उपाय नहीं है।

बुद्ध की मृत्यु हुई विषाक्त भोजन से। तो आनंद ने उनसे पूछा कि इस आदमी ने बहुत बुरा किया, अज्ञान में ही सही, लेकिन आपको विषाक्त भोजन करा दिया! भूल से ही हुआ था, जान कर नहीं हुआ था। फूड पायजन से बुद्ध की मृत्यु हुई। अनजाने हो गया था। गरीब आदमी था, कुकुरमुत्ते इकट्ठे करके सुखाए थे; उनमें जहर था। उनकी सब्जी बनाई थी। बुद्ध की उस सब्जी के खाने से मृत्यु हुई।

बुद्ध ने क्या कहा? बुद्ध ने कहा, आनंद, उसकी भूल वह जाने! लेकिन यह जहर से मेरी मृत्यु का होना मेरे ही किन्हीं कर्मों का फल है। उससे कुछ इसका लेना-देना नहीं है। वह संयोग मात्र है। मैंने कुछ किया होगा, उससे मैं बंधा हूं। उससे छुटकारा हुआ, आनंद! शायद अब मेरे किए हुए का मुझ पर कोई बोझ नहीं है। अब मैं बिलकुल अनकिया हो गया; अब सब समाप्त हो गया। शायद इसी के लिए अब तक मैं जिंदा भी था। यह मेरी मृत्यु नहीं है, यह मेरा विसर्जन है। अब सब लेना-देना समाप्त हो गया। जो मैंने किया था, वह सब पूरा हो गया। और तुम इस आदमी के प्रति कोई दुर्भाव मत लेना; क्योंकि वह दुर्भाव तुम्हारा कर्म हो जाएगा। और उस कर्म का फल तुम्हें भोगना पड़ेगा, इस आदमी को नहीं।

तो आनंद ने पूछा, हम क्या करें? क्योंकि आदमी बिना किए नहीं रह सकता। कुछ तो करें! अगर दुर्भाव न करें, इसकी खिलाफत न करें, जाकर इसकी निंदा न करें, तो हम क्या करें?

तो बुद्ध ने कहा, तुम एक घंटा हाथ में लेकर गांव में डुंडी पीटो और कहो कि यह आदमी धन्यभागी है; क्योंकि बुद्ध को अंतिम भोजन देने का सौभाग्य इसे मिला। तुम जाओ, गांव में शोरगुल मचाओ कि यह आदमी धन्यभागी है कि बुद्ध को अंतिम भोजन देने का सौभाग्य इसे मिला। यह उतना ही धन्यभागी है, जितनी बुद्ध की मां थी; क्योंकि उसे प्रथम भोजन देने का सौभाग्य मिला था। तुम जाओ!

आनंद ने कहा, लेकिन यह भी कर्म होगा।

तो बुद्ध ने कहा, यह भी कर्म है, लेकिन तुम कर्म से बच नहीं सकते। अगर तुम पहला कर्म करोगे, उस आदमी की निंदा करोगे, अपमान करोगे, तो दुख पाओगे। वह नियम के प्रतिकूल है। और अगर तुम उस आदमी की इस घड़ी में भी प्रशंसा करोगे तो तुम नियम के अनुकूल हो, तुम सुख पाओगे। दोनों ही कर्म हैं। आनंद तो दोनों से न मिलेगा। अगर तुम कुछ भी न करो, बिलकुल शांत रह जाओ, तो तुम मुक्त हो जाओगे, तो तुम आनंद को पा सकते हो।

जब भी हम चुनते हैं, तो या तो हम विधायक चुनते हैं या नकारात्मक चुनते हैं। या तो हम किसी की निंदा करते हैं, या किसी की प्रशंसा करते हैं। या तो हम किसी को सुख देने जाते हैं, या किसी को दुख देने जाते हैं। जब भी हम कोई कर्म करते हैं तो हमने चुनाव कर लिया। उस चुनाव से सुख या दुख फलित होंगे। अगर दुख फलित हो तो समझना कि नियम के प्रतिकूल चुना। अगर सुख फलित हो तो समझना कि नियम के अनुकूल चुना। अगर आपको दुख ही दुख होते हों तो समझना कि आपकी जिंदगी नियम के प्रतिकूल चुनने में चल रही है।

लोग कहते हैं कि दुख ही दुख हैं। एक सज्जन आए थे कुछ दिन हुए कि मैं दुख ही दुख में पड़ा हूं। आपसे एक ही बात पूछने आया हूं कि ज्योतिषी कहते हैं कि मेरे पीछे शनि देवता लगे हैं; उनसे कब मेरा छुटकारा होगा?

किसी के पीछे कोई शनि देवता नहीं लगे हैं। अगर शनि देवता आपको दुख देने का काम कर रहे हैं तो शनि देवता की क्या गति होगी? उन्हें किस नरक में डालिएगा! इतने लोगों को दुख देने का धंधा जो कर रहे हैं, उनका क्या होगा? कोई आपके पीछे नहीं लगा है; आप ही अपने पीछे लगे हैं। और शनि देवता का अर्थ है कि आप नियम के प्रतिकूल चुनते चले जा रहे हैं; दुख भोगते रहे हैं, दुख भोग रहे हैं।

आपका दुख आपकी जिम्मेवारी है, आपका सुख आपकी जिम्मेवारी है। अगर बहुत दुख होता है तो समझ लेना कि आपके सोचने, चुनने, जीने के ढंग गलत हैं। वे नियम के प्रतिकूल हैं। दुख सिर्फ सूचन है। और दुख बड़ा अच्छा सूचन है। प्रकृति ने इंतजाम किया है, दुख से आपको सूचना मिलती है कि आप कहीं नियम के बाहर चले गए हैं। लेकिन हम बड़े पागल हैं, हम दुख को मिटाने की कोशिश करते हैं, नियम के भीतर लौटने की कोशिश नहीं करते। और अक्सर ऐसा होता है कि दुख को मिटाने की कोशिश हम ही करते हैं जो नियम के प्रतिकूल चले गए हैं। हम दुख को मिटाने की कोशिश में और नियम के प्रतिकूल चले जाते हैं। तब हम एक दुख से दस दुख पैदा कर लेते हैं। और हम इसी कोशिश में लगे रहते हैं कि हर दुख को मिटाने को...हम कभी वापस लौट कर नहीं देखते कि दुख सूचक है कि मैं नियम के प्रतिकूल जी रहा हूं, इसलिए नियम के अनुकूल हो जाऊं, दुख विलीन हो जाएगा। हम दुख को विलीन करने की कोशिश करते हैं, नियम के अनुकूल होने की नहीं। तब दुख तो विलीन नहीं होता; एक दुख के दस दुख हो जाते हैं, दस के हजार हो जाते हैं।

सब आदमी दुख-शून्य पैदा होते हैं और दुख से भरे हुए मरते हैं। लेकिन वे ही अपने हाथ से फैलाए चले जाते हैं। वह जो फैलाव है, वह जो विस्तार है, वह इसी गणित को न जानने का परिणाम है। जब भी दुख हो, तब दुख की फिक्र छोड़ना, तत्काल अपने पूरे जीवन का निरीक्षण करना, पूरे जीवन पर एक पुनरावलोकन कि कहां मैं नियम के प्रतिकूल चला गया हूं। यह बड़े मजे की बात है और मनुष्य के अधिकतम दुखों का कारण यही है।

एक मित्र हैं, शराब पीते हैं। बीस साल से पत्नी उनके पीछे पड़ी है, कि शराब मत पीयो। यही कलह का सूत्र हो गया। बीस साल जिंदगी के इसी उपद्रव में उलझ गए। पत्नी भी कहती है कि पति अच्छे हैं, सब तरह अच्छे हैं, भले हैं; बस यह एक शराब, यही कष्ट का कारण है। इस एक शराब के कारण सब खराब हो गया। पति नहीं छोड़ पाते हैं। तो मैंने पत्नी को कहा कि एक काम कर! बीस साल तुझे कहते हो गए, कुछ छूटा नहीं। अब तू तीन महीने के लिए कहना छोड़ दे। बाद में, तीन महीने बाद तेरे पति से मैं बात करूं।

पांच-सात दिन बाद पत्नी ने मुझे आकर कहा कि बड़ा मुश्किल है; जैसे उनकी शराब पीने की आदत है, वैसे ही मुझे उन्हें छेड़ने और रोकने की। बिना रोके मैं नहीं रह सकती।

अब यह बड़ा मजा है। कौन शराब पी रहा है, तय करना मुश्किल है। अब मैं सोचता हूं कि अगर पति हिम्मत करे और शराब छोड़ दे तो पत्नी मुश्किल में पड़ जाएगी। पहली दफे जिंदगी में दुख आएगा। अभी तक दुख रहा, अब एक नया दुख शुरू होगा। अब पत्नी दुख उठा रही है—बहुत दुख उठा रही है—लेकिन इस दुख उठाने का कारण वह समझती है कि पति शराब पीते हैं इसलिए मैं दुख उठा रही हूं। उसे पता नहीं है कि यह कारण नहीं है। यह कारण नहीं है। क्योंकि पति अगर शराब बंद भी कर दें तो भी वह दुख उठाएगी। यह कारण नहीं है। और अगर पति शराब न पीते तो भी वह दुख उठाती। क्योंकि दुख उठाने का कारण कुछ दूसरा है। वह नियम की प्रतिकूलता है।

जब भी एक व्यक्ति दूसरे पर किसी तरह की मालकियत करता है, तब प्रकृति के नियम के प्रतिकूल जा रहा है। वह दुख उठाएगा। जब भी एक व्यक्ति दूसरे व्यक्ति को डॉमिनेट करता है, तब वह दुख उठाएगा। क्योंकि प्रत्येक

व्यक्ति स्वतंत्रता है। और जब भी कोई व्यक्ति किसी को परतंत्र करने की कोशिश करता है, तो नियम के प्रतिकूल जा रहा है। वह दुख उठाएगा। और जो लोग भले कामों में अधिकार करने की कोशिश करते हैं, वे और ज्यादा दुख उठाएंगे। क्योंकि उनको दिखाई ही नहीं पड़ेगा कि हम कुछ गलत कर रहे हैं। अब पत्नी को दिखाई पड़ना मुश्किल है कि मैं कुछ गलत कर रही हूं। साफ है कि वह ठीक कर रही है कि पति की शराब छुड़वा रही है। बीमारी हो सकती है, दुख-दर्द आ सकता है, सब कुछ हो सकता है शराब के कारण, इसलिए अच्छा काम कर रही है।

लेकिन ध्यान रखना, अच्छे काम से दुख होता नहीं। एक ही कसौटी है: आप अच्छा काम अगर कर रहे हैं तो उसका परिणाम सुख होगा। लेकिन बीस साल अच्छा काम करने का परिणाम अगर दुख ही दुख है तो अच्छे सिर्फ शब्द हैं, असली चीज भीतर कुछ और है। यह शराब सिर्फ बहाना है।

मैंने सुना है एक स्त्री को कहते हुए कि मेरे पति में कोई दुर्गुण नहीं है, और इस वजह से मैं, इस वजह से मैं दुखी हूं।

अगर आपको बिलकुल संत पति मिल जाए, तो दुख का अंत न रहेगा। क्योंकि उसको काबू में रखने का कोई उपाय न रहा। उसको कहां से डराओ, कहां से धमकाओ, कहां से कब्जा करो, कहां से गर्दन दबाओ; कुछ भी न रहा। इसलिए एक मजे की घटना है कि संत पतियों को आज तक पत्नियों ने कभी बरदाश्त नहीं किया। चोर, बेईमान, बदमाश पति भी चलेगा; क्योंकि उसमें एक रस है। बेईमान, शराबी, चोर, कुछ भी हो, चलेगा। क्योंकि पत्नी ऊपर है, अपर हैंड है। पति डरा हुआ घर में प्रवेश करता है; तैयार है कि कुछ उपदेश मिलेगा। लेकिन दुख कौन उठा रहा है?

और बड़े मजे की बात है कि जब एक पत्नी चेष्टा में लगी है कि पति अच्छा हो जाए तो शायद वही जिम्मेवार बन जाए उसके बुरा होने का। क्यों? क्योंकि पति को यह अपनी स्वतंत्रता पर हमला है। यह सवाल शराब का नहीं रह गया। यह सवाल रह गया कि कौन किसकी मानता है! यह पत्नी अगर कहना छोड़ दे—बिलकुल छोड़ दे—तो शायद पति को भी जितना मजा शराब पीने में आ रहा है, उतना न आए। क्योंकि शराब पीकर वे पत्नी को ठिकाने लगा रहे हैं, उसको रास्ते पर लगा रहे हैं। वे बता रहे हैं कि मालिक कौन है! चिल्लाते रहो, लेकिन मालिक कौन है!

यह शराब मालकियत के बीच उपद्रव का केंद्र बन गई है। पत्नी कहे चली जाएगी; क्योंकि यही मालकियत का ढंग है। पति पीए चला जाएगा; क्योंकि उसको भी अपनी मालकियत सिद्ध करनी है। पति भी दुख पाएगा; पति भी दुख पा रहा है बीस साल से। दुख पाएगा ही; क्योंकि वह भी शराब के द्वारा मालकियत सिद्ध करने की कोशिश कर रहा है। और पत्नी से ज्यादा दुख पाएगा; क्योंकि पत्नी एक ही नियम का उल्लंघन कर रही है, पति दो नियमों का उल्लंघन कर रहा है। पत्नी एक नियम का उल्लंघन कर रही है कि स्वतंत्रता पर बाधा डाल रही है। पति दो नियमों का उल्लंघन कर रहा है। एक तो स्वतंत्रता को शराब पीकर सिद्ध करने की कोशिश कर रहा है; आत्मघात, स्युसाइड कर रहा है। क्योंकि जहर पीकर कोई अपनी स्वतंत्रता सिद्ध कर रहा हो तो वह दोहरे उपद्रव कर रहा है। यह शराब पीकर जो दुष्परिणाम होंगे, वे भी उसे भोगने पड़ेंगे। लेकिन इन दुष्परिणामों को भी वह भोगेगा, और कभी यह नहीं सोचेगा, उसके मन में यही रहेगा, सदा यही रहेगा कि यह स्त्री एक उपद्रव है; कोई दूसरी स्त्री होती तो शायद सब ठीक हो जाता।

नहीं, इससे कोई फर्क नहीं पड़ने वाला था। स्त्री मात्र यही करेगी। क्योंकि पुरुष और स्त्री के बीच जो कलह का मौलिक कारण है, वह यही है कि वे एक-दूसरे पर अधिकार जमाने की कोशिश कर रहे हैं। और जहां अधिकार की चेष्टा है, वहां प्रेम की हत्या हो जाती है। और तब दुख घना हो जाता है।

हम सब जो दुख भोगते हैं, अगर थोड़ी खोज करेंगे तो कहीं न कहीं हम पाएंगे कि कोई कारण है। और वह कारण सदा किसी गहरे नियम के विपरीत जाने से हो रहा है। लेकिन हम दुख मिटाने की कोशिश करते हैं। आदमी

अपनी पत्नी बदल सकता है। पत्नी अपना पति बदल सकती है। यह सब हो सकता है। लेकिन इससे दुख का कोई अंत नहीं होगा। क्योंकि हम वही के वही बने रहेंगे। वह शनि हमारा पीछा करेगा; क्योंकि वह शनि हम ही हैं। वह कोई दूसरा होता तो उससे छुटकारे का उपाय था। कोई पूजा-पाठ करवा लेते, कोई मंत्र-तंत्र करवा लेते, और छुटकारा हो जाता। इतना आसान छुटकारा नहीं है। आप ही हैं अपना नरक, आप ही हैं अपना स्वर्ग।

लेकिन इस बात को हम बचाने की कोशिश करते हैं। हम किसी और पर डालना चाहते हैं। जब एक ज्योतिषी आपको बता देता है कि शनि आपके पीछे पड़ा है, आपके सिर से बोझ उतर जाता है। यह कोई और दुष्ट पीछे पड़ा है, उसको ठीक करना है। उसको रास्ते पर लगाने का कोई उपाय करना है—पूजा से करें, समझा-बुझा कर करें, मंत्र-तंत्र से करें। मगर एक बात पक्की हो गई कि आप जिम्मेवार नहीं हैं। ज्योतिषियों को हाथ दिखाने से जो आपको सुख मिलता है, उसका और कोई कारण नहीं है। आप जिम्मेवार नहीं हैं। भाग्य, हाथ की रेखाएं, विधि की रेखाएं, कोई और जिम्मेवार है। कहीं भी मेरी जिम्मेवारी मुझसे उतर जाए तो हलकापन लगता है।

लेकिन वह हलकापन आपको सुख नहीं देगा; वह और गहरे दुखों में ले जाएगा; क्योंकि आप ही जिम्मेवार हैं। और यह हलकेपन का अनुभव होते से ही आप नया बोझ रखने के लिए स्वतंत्र हो गए। अब आप फिर वही करते जाएंगे, जो आप कर रहे थे।

स्वतंत्र है आदमी कर्म करने को, फल भोगने को नहीं।

श्रीकृष्ण ने कहा है, कर्म तू कर और फल मुझ पर छोड़ दे। तू अगर फल भी खुद पकड़ता है तो तू मुसीबत में पड़ेगा; क्योंकि फल तेरे हाथ में नहीं है। फल की आकांक्षा मत कर, तू कर्म कर। फल की आकांक्षा मत कर। क्योंकि फल की आकांक्षा तुझे गलत दिशा में ले जाएगी। फल तेरे हाथ में नहीं है। कर्म तेरे हाथ में है। और अगर कर्म का फल दुखद आता है तो तुझे जानना चाहिए कि तुझे कर्म बदलना है, फल नहीं। अगर कर्म का फल सुखद आता है तो तुझे जानना चाहिए कि तू इस कर्म की दिशा में जा सकता है।

लेकिन एक घटना घटती है। जो आदमी दुख में पड़ा है, वह सुख की तरफ जाना चाहता है—स्वभावतः। लेकिन जो सुख में पड़ जाता है, वह सुख से भी ऊपर उठना चाहता है—स्वभावतः। दुखी आदमी सुख की तरफ जाना चाहता है; इसलिए उसे नियम की प्रतिकूलता छोड़ कर अनुकूलता पकड़नी चाहिए। सुखी आदमी सुख से भी फिर ऊब जाता है। सुखी आदमी को सुख भी फिर बासा मालूम पड़ने लगता है। सुखी आदमी को फिर सुख में भी स्वाद नहीं आता। रोज-रोज मीठा-मीठा खाते-खाते मीठा भी कड़वा मालूम पड़ने लगता है। सुख से जब आदमी ऊब जाता है, तब वह तीसरे आयाम में प्रवेश करता है। तब न नियम की अनुकूलता, न प्रतिकूलता; क्योंकि अनुकूलता-प्रतिकूलता दोनों में मैं मौजूद हूं। तब वह अपने को ही नियम में विसर्जित कर देता है। तब वह न नियम के अनुकूल होता है, न प्रतिकूल; नियम के साथ एक हो जाता है। और यह नियम के साथ एक हो जाना ताओ है। तब वह कहता है कि अब तक मैं कर्म चुनता था, अब मैं कर्म भी नहीं चुनता।

तो कृष्ण कहते हैं कि तू फल की आकांक्षा छोड़, कर्म किए जा; दुख तुझे नहीं होगा। लाओत्से कहता है, तू कर्म भी छोड़ और विश्व के साथ एक हो जा; फिर तुझे सुख भी नहीं होगा। दुख भी नहीं होगा; सुख भी नहीं होगा। फिर ये द्वंद्व के सारे अनुभव खो जाएंगे, और अद्वैत के आनंद का प्रारंभ।

उस एक को संत पकड़ लेते हैं, लाओत्से कहता है। वे दो को छोड़ देते हैं और एक को पकड़ लेते हैं।

एक मित्र ने प्रश्न नहीं पूछा है, जैसे मैंने उनसे कुछ पूछा हो, उन्होंने जवाब दिया है। संक्षेप में लाओत्से ने बहुत अच्छी बातें कही हैं...।

लाओत्से ने अच्छी बातें नहीं कही हैं; बड़ी खतरनाक बातें कही हैं। अच्छी बातें उन्हें कहते हैं, जिनसे सांत्वना मिले। खतरनाक बातें उन्हें कहते हैं, जिनसे आपको मिटना पड़े, मरना पड़े, टूटना पड़े, और नया होना पड़े। लाओत्से ने अच्छी बातें नहीं कही हैं; बहुत खतरनाक, बहुत डेंजरस बातें कही हैं। लाओत्से ने आपको सुलाने के लिए कोई लोरी नहीं गाई है। लाओत्से ने आपको जगाने की चेष्टा की है। और जगाने की चेष्टा हमेशा दुखद होती है। लेकिन आप कहते हैं, लाओत्से ने अच्छी बातें कही हैं; यह आप अपने को समझा रहे हैं। जिन बातों को आप अच्छा समझते होंगे, उनको आपने लाओत्से में सुन लिया होगा। आगे पता चलता है।

परंतु शैली और शब्दों के अंतर के अलावा ऐसी कौन सी नई बात लाओत्से ने कही है, जो वेदों और उपनिषदों में ही क्यों, गीता में भी न कही गई हो?

जानकार हैं बड़े। वेद भी जानते हैं, गीता भी जानते हैं, उपनिषद भी जानते हैं। इतना जान कर यहां कैसे आ गए? इतना सब जान लेने के बाद कुछ जानने को बचता नहीं है। कुछ अर्थ नहीं है अब और जानने का आपके लिए।

शैली और शब्दों का भेद उन्हें दिखाई पड़ रहा है। बहुत गहरे भेद हैं! और बड़ा भेद तो यही है कि लाओत्से समस्त ज्ञान के विपरीत है, वह चाहे वेद का ज्ञान हो, चाहे गीता का, चाहे उपनिषद का। सपस्त पांडित्य के विपरीत है। आपके विपरीत है। आप जो गीता, उपनिषद और वेद को बीच में ले आए हैं, उसके कारण आप लाओत्से को समझ ही न सके होंगे। मैं इधर लाओत्से की बात बोलता होऊंगा, वहां आपके भीतर वेद की ऋचाएं उठती रही होंगी। उस धुएं में सब गड़बड़ हो गया होगा, कनफ्यूज हो गया होगा। पंडितजन अति कनफ्यूज्ड होते हैं। क्योंकि वे कभी किसी बात को सीधा नहीं सुन पाते। उनके पास ज्ञान तो पहले से ही होता है। यह नई बात भी जाकर उसी ज्ञान के ढेर में गिरती है। उस ढेर में जो आवाजें होती हैं, वही उनको सुनाई पड़ती हैं; यह बात सुनाई नहीं पड़ती। तो स्वभावतः उनको फिर दिखाई पड़ेगा कि ठीक है, शब्दों का ही भेद है। और क्या है?

यह अपने को समझा लेने की कोशिश है। अगर आप गीता को, उपनिषद को और वेद को समझ ही गए होते, तब तो ठीक था। तब तो शब्दों का भी भेद नहीं है। तब तो शब्दों का भी भेद न दिखाई पड़ता; शैली का भी भेद न दिखाई पड़ता। तब तो भेद ही न दिखाई पड़ता। लेकिन अभी भेद दिखाई पड़ रहा है; शब्दों का दिखाई पड़ रहा है, शैली का दिखाई पड़ रहा है। भीतर के अर्थ का कोई पता है? क्या है अर्थ भीतर?

शब्द और शैली का भेद है। संसार का कोई भी आदमी कभी भी कोई मौलिक बात, कोई नई बात कह सका है क्या?

फिर ध्यान रखना, वेद भी मौलिक बात न कह सकेंगे, गीता भी न कह सकेगी, उपनिषद भी न कह सकेंगे। फिर तो कोई बात मौलिक रहेगी ही नहीं।

इसे थोड़ा समझें। धर्म बड़ी जटिल बात है। धर्म के संबंध में दोनों बातें कही जा सकती हैं। कभी धर्म के संबंध में कोई मौलिक बात नहीं कही जा सकती—एक। और धर्म के संबंध में सदा ही मौलिक बातें कही जाती हैं—दो। धर्म के संबंध में कोई मौलिक बात नहीं कही जा सकती; क्योंकि वह जिस अनुभव से आती है, वह अनुभव शाश्वत, सनातन का है। चाहे कोई बुद्ध, चाहे कोई कृष्ण, चाहे कोई लाओत्से, जब भी कोई उस अनुभव को पहुंचता है, तो वह अनुभव एक है। और पहुंचने वाला उस तक पहुंचते-पहुंचते मिट जाता है, जिससे भेद पैदा

होता है। वह पहुंचते-पहुंचते मिट जाता है, समाप्त हो जाता है। इसलिए धर्म के संबंध में कभी कोई मौलिक बात नहीं कही जा सकती।

लेकिन ध्यान रखना, यह बात उनके लिए है, अगर कृष्ण लाओत्से को सुनें, या लाओत्से बुद्ध को सुने, तो लाओत्से समझेगा कि कोई मौलिक बात नहीं कही जा सकती। लेकिन आप ऐसा समझ लें तो मुश्किल में पड़ेंगे। आपके लिए तो हर बात धर्म की मौलिक है। क्योंकि आपको तो उसका कोई अनुभव नहीं है।

इसलिए दूसरी बात भी सत्य है, पहले जैसी ही, कि धर्म के संबंध में सदा ही मौलिक बात कही जाती है। क्योंकि जब कोई बुद्ध बोलता है, तो यह बिलकुल नई बात है। नई किस अर्थ में? नई इस अर्थ में कि जिन्हें वेद कंठस्थ हैं, उन्हें इसका कोई भी पता नहीं है; जिन्हें गीता कंठस्थ है, उन्हें इसका कोई भी पता नहीं है। यह बात बिलकुल मौलिक है। कृष्ण के लिए मौलिक नहीं है। लेकिन कृष्ण बुद्ध को सुनने भी नहीं आते हैं।

बुद्ध और महावीर एक ही गांव में कई बार ठहरे; मिलना नहीं हुआ। एक बार तो एक ही धर्मशाला में, एक कमरे में बुद्ध और एक में महावीर ठहरे। आधी धर्मशाला में बुद्ध का डेरा, आधी धर्मशाला में महावीर का डेरा। लेकिन मिलना नहीं हुआ। बड़े विचार की बात रही है। कई को लगता है कि यह तो बड़ी बुरी बात है, दो भले आदमियों को मिलना चाहिए। भले आदमी वे थे नहीं—जिनको हम भले आदमी कहते हैं—बड़े खतरनाक आदमी थे। और मिलने का कोई कारण नहीं था; क्योंकि दोनों उसी जगह खड़े थे। दोनों तो मिट गए थे; एक ही जगह खड़े थे। मिलता कौन? मिलने का भी क्या उपाय है? और क्या अर्थ है?

तो अगर कृष्ण सुनने जाएं लाओत्से को तो कोई मौलिक बात नहीं है। लेकिन कृष्ण सुनने नहीं जाते। और कृष्ण अगर सुनने जाएं तो उसका मतलब है कि अभी भी खोज जारी है। अभी कृष्ण को पता नहीं चला होगा; अभी भी पता लगा रहे हैं। लेकिन आपके लिए तो सब बातें मौलिक हैं। क्योंकि जो आपके पास होती हैं, वे बासी होती हैं, आपके अनुभव की नहीं होती हैं। इसलिए जब भी कोई धर्म का पुरुष पैदा होता है, तब वह जो भी कहता है, वह मौलिक होता है। और यही तो मजा है। इसलिए एक दुर्घटना घटती है कि पुराने धर्म को मानने वाले लोग, जब भी कोई धर्म की ज्योति पैदा होती है, उसके तत्काल खिलाफ हो जाते हैं।

जीसस ने कोई नई बात नहीं कही थी। यहूदी शास्त्रों में सब लिखा हुआ था, जो जीसस ने कहा। यहूदी पैगंबर पहले जान चुके थे, कह चुके थे, जो जीसस ने कहा। और जीसस ने खुद ने भी कहा है कि मैं किसी का खंडन करने नहीं आया हूं। मैं वही कहने आया हूं, जो सदा कहा गया है। और जीसस ने खुद कहा—यहूदियों का बड़े से बड़ा पैगंबर था अब्राहम—तो जीसस ने कहा है, अब्राहम बोला, उसके पहले भी मैं था। मैं कोई नया नहीं हूं। लेकिन फिर भी यहूदी जीसस को सूली दिए; क्योंकि यहूदियों को जीसस की बातें बड़ी नई मालूम पड़ीं। क्या मामला है? जीसस कहते हैं, मैं कोई नई बात नहीं कह रहा हूं। लेकिन यहूदियों को जीसस की बातें नई क्यों मालूम पड़ती हैं? और यहूदियों को शास्त्रों का ठीक अध्ययन है। उनके पास पंडित हैं, पुरोहित हैं, बड़े ज्ञानी हैं। वे सब जानते हैं। उन्होंने कहा कि नहीं, ये बातें आदमी गड़बड़ कह रहा है। क्या मामला है? और यह आदमी खुद कहता है कि मैं वही कह रहा हूं। और ये जानकार हैं, जो कह रहे हैं। और जीसस से ज्यादा जानकार हैं। जीसस बहुत पढ़े-लिखे आदमी नहीं हैं। वे जो पंडित, जिन्होंने जीसस को सूली दी, जीसस से बहुत ज्यादा कुशल और योग्य थे—जानकारी में। जीसस उनसे जीत नहीं सकते थे। उन्हें रत्ती-रत्ती ज्ञान कंठस्थ था। एक-एक बात उन्हें याद थी। फिर क्या बात हो गई?

उनके पास सब बासा था, कंठस्थ था, शब्द थे, अनुभव कोई भी न था। जिनके पास शब्द हैं, उनके लिए अनुभव सदा मौलिक है। सदा मौलिक है। जिनके पास शास्त्र ही हैं सिर्फ, उनके लिए अनुभव सदा मौलिक है। लेकिन जिनके पास अनुभव है; उनके लिए तो पुराने और नए का फासला गिर जाता है।

इस आखिरी बात को समझ लें। असल में, सब द्वंद्व, जैसा मैंने कहा, सुख और दुख का; जैसा मैंने कहा, शांति और अशांति का, स्वतंत्रता और परतंत्रता का; वैसे ही इस द्वंद्व को भी समझ लें, नए और पुराने का। सत्य न तो नया है और न पुराना। क्योंकि नई चीज वही होती है, जो कभी पुरानी हो सके। और पुराने का मतलब ही यह होता है कि कभी नया रहा होगा। आज जो नया है, कल पुराना हो जाएगा। आज जो पुराना है, कल नया था। सत्य न तो नया है और न पुराना। क्योंकि सत्य न तो पुराना हो सकता है और न नया हो सकता है। इसलिए सत्य को हम कहते हैं सनातन; उसको हम कहते हैं शाश्वत; उसको हम कहते हैं, जो सदा है।

तो सत्य के संबंध में कोई मौलिक नहीं हो सकता। लेकिन सत्य के संबंध में कोई प्राचीन भी नहीं हो सकता। सत्य का अनुभव समय के बाहर है। नया और पुराना समय के भीतर घटते हैं। सत्य कोई कपड़े जैसा नहीं है; कल नया था, आज पुराना हो गया। सत्य आपकी आत्मा है।

कभी आपने खयाल किया कि आपकी आत्मा कब पुरानी हो जाती है? कभी आंख बंद करके सोचा कि आपकी आत्मा की उम्र कितनी है? कितनी पुरानी, कितनी नई? एकदम भीतर जाकर खाली हो जाएंगे। शरीर की उम्र मालूम होती है; शरीर में नया-पुराना मालूम होता है। भीतर तो कुछ नया नहीं है, कोई पुराना नहीं है। भीतर तो कुछ है, बस है—न नया, न पुराना। या कहें कि रोज नया और रोज पुराना।

सत्य का अनुभव न तो नया है, न पुराना। और ध्यान रखना, अनुभव की बात कह रहा हूं। शब्द तो पुराने पड़ जाते हैं; शब्द नए होते हैं। कृष्ण के शब्द पुराने पड़ गए। महावीर के शब्द पुराने पड़ गए। जिस दिन महावीर ने कहे थे, उस दिन नए थे। उस दिन वेद के शब्द पुराने थे। जिस दिन बुद्ध बोले, उस दिन शब्द नए थे, आज तो पुराने पड़ गए। जिस दिन बुद्ध बोले, वेद के शब्द पुराने थे, बुद्ध के नए थे। शब्द पुराने और नए हो जाते हैं, सत्य तो पुराना और नया नहीं होता। और इसीलिए उपद्रव पैदा होता है। जिनके पास शब्दों की भीड़ होती है, उनके पास सब पुराना होता है। और जब किसी का सत्य का अनुभव प्रकट होता है तो वह बिलकुल नया होता है। और इस कारण संघर्ष हो जाता है।

इस जगत में धार्मिक आदमी का संघर्ष अधार्मिक आदमी से नहीं है। इस जगत में वास्तविक संघर्ष धार्मिक आदमी का धार्मिक पंडित-पुरोहित से है। अधार्मिक से कोई झगड़ा नहीं है। अधार्मिक तो कहता है, हम बाहर हैं, इसमें हम लेन-देन में नहीं हैं। धर्म के दो वर्ग हैं। एक, जिनके पास शब्दों की शृंखला है, बासे शब्दों का संग्रह है। और एक, जिनके पास अनुभव की ताजी किरण है। इनके बीच, इनके बीच सारा संघर्ष है।

अगर आपको समझना हो लाओत्से को तो कृष्ण को, महावीर को, बुद्ध को विदा दे दें। विदा दे देने का मतलब कोई दुश्मन हो जाना नहीं है। विदा दे देने का मतलब है, फिलहाल उनको कहें कि भीतर शोरगुल न मचाएं, उनको अलग करें। आप सीधे लाओत्से को समझें। और अगर आपको कृष्ण को समझना हो किसी दिन तो लाओत्से को विदा दे दें। उसे हट जाने दें, उसे बीच में मत आने दें। क्योंकि वे बड़े अनूठे लोग हैं। उनके सबके शब्द अपने, अनूठे हैं, निज हैं। उनकी पहुंच, उनकी यात्रा का पथ, उनकी आंखें बड़ी भिन्न-भिन्न हैं। उनका अनुभव एक है; लेकिन अनुभव तो आपको उस दिन समझ में आएगा, जब आपको अनुभव होगा, उसके पहले नहीं। उससे पहले एक के शब्द को दूसरे के बीच में मत आने दें।

नहीं तो दो उपाय हैं। दो उपाय हैं, एक तो उपाय यह है कि जब आप लाओत्से को सुनें, तो आपको लगे कि वेद गलत, कृष्ण गलत, बुद्ध गलत। पकड़ो लाओत्से को, छोड़ो इनको। एक तो उपाय यह है। हिम्मतवर कोई आदमी हो, साहसी हो, एडवेंचरस हो, यह करेगा। यह गलत है। इतनी जल्दी नहीं। समझें। और लाओत्से क्या कहता है, उसको प्रयोग करें। कृष्ण को गलत कहने से प्रयोग नहीं होगा। महावीर को छोड़ देने से प्रयोग नहीं हो

जाएगा। लाओत्से क्या कहता है, उसका प्रयोग करें। जिस दिन प्रयोग पूरा होगा, उस दिन आप पाएंगे कि लाओत्से के सही होने में कृष्ण, महावीर, बुद्ध सब सही हो गए। एक सही हो जाए अनुभव से, सब सही हो जाते हैं।

लेकिन हम होशियार लोग हैं। अनुभव की झंझट में नहीं पड़ते। ऊपर ही हेर-फेर कर लेते हैं, लेबल बदल देते हैं—हटाओ यह लेबल, अब दूसरा लगा लो। भीतर का कंटेंट वही का वही बना रहता है। उसमें कभी कोई फर्क नहीं होते। कभी लाओत्से का लेबल जंचा तो वह लगा लिया; कभी नहीं जंचा तो हटा दिया। बड़ी जल्दी करते हैं।

एक मित्र मेरे पास आए। दो-चार दिन से ध्यान शुरू किया था। जिस दिन लाओत्से का सूत्र आया कि ध्यान की भी कोई जरूरत नहीं है क्योंकि ध्यान भी क्रिया है, वे मेरे पास आए और उन्होंने कहा कि बड़ा अच्छा हुआ, हम दो-चार दिन से ही शुरू किए थे, छोड़ दिया।

एक मित्र संन्यास लेने आने वाले थे। एक दिन पहले कह कर गए थे कि कल सुबह आकर मैं संन्यास में प्रवेश करता हूं। लेकिन उसी दिन शाम को लाओत्से का सूत्र था, जिसमें मैंने कहा कि लाओत्से ने कभी संन्यास नहीं लिया। वे फिर दूसरे दिन आए ही नहीं। वे समझ गए, बात ठीक हो गई।

आदमी बहुत चालाक है। जिन मित्र ने ध्यान छोड़ दिया चार दिन करके, मैंने उनसे पूछा, लाओत्से को समझ कर और क्या छोड़ दिया? उन्होंने कहा, और तो कुछ नहीं, ध्यान से ही शुरू करता हूं।

ध्यान को अभी पकड़ा भी नहीं था, पाया भी नहीं था; छोड़ना तो बहुत मुश्किल है। जो तुम्हारे पास हो, वही छोड़ा जा सकता है। मैंने उनसे पूछा, ध्यान तुम्हें मिल गया? उन्होंने कहा, अभी तीन-चार दिन से ही शुरू किया है। जो है ही नहीं, उसे छोड़ दिया। छोड़ना चाहते होंगे, लाओत्से बहाना बन गया। हम बड़े होशियार लोग हैं। संन्यास लेने में डर लग रहा होगा, लाओत्से ने हिम्मत दे दी कि ठीक, संन्यास की क्या जरूरत है! अपने डर को लाओत्से के ज्ञान से जोड़ लिया। यह ज्ञान नहीं है। यह डर ही है, भय ही है। इस सब बेईमानी को ध्यान में रखना जरूरी है।

तो मैं कहता हूं कि छोड़ दें कृष्ण को, बुद्ध को, महावीर को; जब लाओत्से को समझ रहे हैं तो लाओत्से को समझ लें। और अगर लाओत्से ठीक लगता हो तो समग्रता से उसके प्रयोग में उतर जाएं। एक दिन आप पाएंगे, बुद्ध छूटे नहीं, कृष्ण छूटे नहीं, सब पा लिए। कृष्ण ठीक लगते हों, कृष्ण को चल पड़ें। लेकिन चलें।

अक्सर हम ऐसे लोग हैं, रास्ते के किनारे बैठे हैं और वहीं बैठ कर बदलते रहते हैं—कौन अच्छा लगता है, कौन बुरा लगता है। चलते नहीं हैं। और हमारी बदलाहट भी हम तभी करते हैं, जब हमें ऐसा डर लगता है कि अब कोई हमें चला ही देगा। उस वक्त हम बदल लेते हैं कि अब दूसरे को पकड़ लेना ठीक है, जो अभी आश्वासन देता हो कि बैठे रहो।

आदमी आत्मवंचक है। और इस जगत में हम दूसरे को कोई धोखा नहीं दे पाते, अपने को जीवन भर देते हैं, जन्मों-जन्मों देते हैं। और हम इतने कुशल हैं कि अपने मतलब का अर्थ निकाल लेते हैं।

मैंने सुना है कि एक आदमी शराब पीता था। कुरान का बड़ा भक्त था। उससे किसी फकीर ने पूछा कि तुम कुरान के इतने भक्त हो और शराब पीते हो? उस आदमी ने कुरान खोली और कहा कि देखो, कुरान में क्या लिखा है! कुरान में लिखा है, शराब पीने से प्रारंभ करो और तुम्हारा अंत नरक में होगा। उसने कहा, यह वाक्य देखो! उस फकीर ने कहा, यह वाक्य दिखाई पड़ रहा है, लेकिन तुम्हारे खिलाफ है। उसने कहा, लेकिन मैं अभी आधे वाक्य तक ही पहुंचा हूं। शराब पीना शुरू करो, यह कुरान का आदेश है। और मेरा अभी पूरा वाक्य मानने का सामर्थ्य नहीं है। लेकिन जितना बने, उतना तो मानना ही चाहिए। कोशिश करते-करते दूसरे आधे हिस्से तक भी कभी, आप लोगों की कृपा रही, पहुंच जाऊंगा।

हम सब बहुत होशियार हैं। हम चुन लेते हैं, क्या हमारे मतलब का है। और तब हम धोखा खा जाते हैं।

लाओत्से को समझना है तो मन को साफ कर लें सब जानकारी से; कृष्ण को समझना है तो मन को साफ कर लें सब जानकारी से। उनको समझ लें; और समझ लें करने के लिए।

पंडित समझता है तुलना करने के लिए, करने के लिए नहीं। वह समझता है कि ठीक, अच्छा लाओत्से ने यह कहा, कृष्ण ने क्या कहा, बुद्ध ने क्या कहा। किसने क्या कहा, वह इसका हिसाब लगाता है।

बुद्ध कहते थे कि मेरे गांव में एक आदमी था जो रास्ते के किनारे बैठ कर रोज सुबह जंगल जाती हुई गाय-भैंसों को गिनता था, सांझ आती गाय-भैंसों को गिनता था। मैंने उससे पूछा कि तू बड़ा हिसाब लगाता है, बात क्या है? उसने कहा कि इतनी गाएं सुबह गईं, इतनी सांझ लौटीं। बुद्ध ने पूछा, इसमें तेरी कितनी हैं? उसने कहा, मेरी तो एक भी नहीं। ये तो गांव की हैं, मैं तो ऐसे बैठ कर गिनती करता रहता हूं। तो बुद्ध ने कहा कि वह आदमी मुझे कई बार जिंदगी में मिलता है, बहुत-बहुत रूपों में।

कुछ लोग हिसाब लगाते रहते हैं—वेद ने क्या कहा, कुरान ने क्या कहा, बाइबिल ने क्या कहा। आपकी गाएं कितनी हैं? आपका अनुभव कितना है? ऐसा किसने क्या कहा, और किसने किसके विपरीत कहा और अनुकूल कहा, और कौन किसके साथ एक है, और किसकी शैली भिन्न है, और किसके शब्द भिन्न हैं, इस सब गोरखधंधे से क्या मिलने वाला है?

आज इतना ही। अब पांच मिनट कीर्तन करें।

इकयावनवां प्रवचन

सद्गुण के तलछट और फोड़े

Chapter 24

THE DREGS AND TUMOURS OF VIRTUE

He who stands on tiptoe does not stand (firm);
He who strains his strides does not walk (well);
He who reveals himself is not luminous;
He who justifies himself is not far-famed;
He who boasts of himself is not given credit;
He who prides himself is not chief among men.
These in the eyes of Tao
Are called 'the dregs and tumours of Virtue,'
Which are things of disgust.
Therefore the man of Tao spurns them.

अध्याय 24

सद्गुण के तलछट और फोड़े

जो अपने पंजों के बल खड़ा होता है, वह दृढ़ता से खड़ा नहीं होता,
जो अपने कदमों को तानता है, वह ठीक से नहीं चलता,
जो अपने को दिखाता फिरता है, वह वस्तुतः दीप्तिवान नहीं है,
जो स्वयं अपना औचित्य बताता है, वह विख्यात नहीं है,
जो अपनी डींग हांकता है, वह श्रेय से वंचित रह जाता है,
जो घमंड करता है, वह लोगों का अग्रणी नहीं होता।
ताओ की दृष्टि में
उन्हें सद्गुणों के तलछट और फोड़े कहते हैं।
वे जुगुप्सा पैदा करने वाली चीजें हैं।
इसलिए ताओ का प्रेमी उनसे दूर ही रहता है।

अमृत भी सदा अमृत नहीं होता। कुछ लोग उसे पीकर भी मर जाते हैं। कुछ लोग अमृत का भी उपयोग जहर की भांति करते हैं। जो समझदार हैं, वे जहर का उपयोग भी औषधि की तरह कर लेते हैं।

न तो अमृत अपने में अमृत है, और न जहर अपने में जहर। निर्भर है आदमी पर और उसके उपयोग पर। कुछ लोगों को धर्म भी बीमारी की तरह मिलता है। कुछ लोग धर्म को भी अपना कारागृह बना लेते हैं। कुछ लोग प्रकाश के साथ भी वैसा व्यवहार करते हैं, जैसा अंधकार के साथ। जीवन सभी के लिए आनंद नहीं है। मृत्यु भी सभी के लिए दुख नहीं है। कुछ लोग जीवन में सिवाय मरने के और कुछ भी नहीं करते। और कुछ लोग मृत्यु में भी परम जीवन का अनुभव करते हैं। वस्तुएं अपने में नहीं हैं कुछ भी; व्यक्ति पर निर्भर है। सभी कुछ व्यक्ति पर निर्भर है।

यह सूत्र इस महत धारणा से संबंधित है। लाओत्से कहता है, कुछ लोगों के लिए धर्म फोड़े की भांति है, दुखता है। उससे उन्हें आनंद नहीं मिलता। बीमारी की तरह उन्हें ग्रस लेता है। उससे वे खिलते नहीं, और सिकुड़ जाते हैं। उससे उनकी कली फूल नहीं बनती, और मुर्दा हो जाती है।

इस महत सूत्र की गहराई में उतरना जरूरी है। और गहन है यह बात। क्योंकि हम सब ऐसा ही सोचते हैं कि वस्तुएं तय हैं। जहर जहर है, अमृत अमृत है। धर्म धर्म है, अधर्म अधर्म है। हम सोचते हैं, वस्तुएं तय हैं। वस्तुएं तय जरा भी नहीं हैं। व्यक्ति कैसा उपयोग करता है, इससे सब कुछ तय होता है।

धर्म को भी लोग फोड़ा कैसे बना लेते होंगे, और धर्म भी जीवन को खिलाने के बजाए संकुचित करने का कारण कैसे बन जाता होगा, उसे समझना हो तो दूर जाने की जरूरत नहीं है, धार्मिक आदमी को कहीं भी देखा जा सकता है। इसीलिए तो एक आश्चर्यजनक घटना पृथ्वी पर घटी है कि सभी लोग अपने को धार्मिक मानते हुए मालूम पड़ते हैं और जीवन में आनंद कहीं भी नहीं है। कोई हिंदू है, कोई मुसलमान है, कोई ईसाई है, कोई कुछ न कुछ है; कोई मंदिर, मस्जिद, गुरुद्वारा, कहीं जुड़ा है। कहीं न कहीं से सभी ने परमात्मा की तरफ अपनी आंखें उठाई हैं, ऐसा मालूम पड़ता है। लेकिन जमीन बिलकुल अधार्मिक है। और आदमी की आत्मा एक फोड़े से ज्यादा नहीं है, जो सिर्फ दुखती है।

यह कैसे संभव हुआ होगा? और यह हम सबके जीवन में रोज हो रहा है। जरूर कहीं कोई एक तरकीब है आदमी के हाथ में, जिससे वह अमृत को जहर बना लेता है। कोई विधि है उसे मालूम, जिससे जो भी सुखद हो सकता है, दुखद हो जाता है, और जिससे मुक्ति संभव है, वही कारागृह बन जाता है। जिन पंखों से आकाश में उड़ा जा सकता है, हम उन्हीं को जंजीरें बनाने में कुशल हैं।

उस विधि का ही उल्लेख है इस सूत्र में; इस सूत्र को हम पढ़ें।

'जो अपने पंजों के बल खड़ा होता है, वह दृढ़ता से खड़ा नहीं होता; जो अपने कदमों को तानता है, तनाव देता है, वह ठीक से नहीं चलता।'

जहां भी जीवन में कुछ करने में हमने तनाव लाया, वहीं सब विकृत हो जाता है। अगर हम प्रेम करने में भी तनाव ले आएं तो प्रेम दुख का जन्मदाता है। उससे बढ़ा फिर दुख का जन्मदाता पाना, खोजना मुश्किल है। अगर प्रार्थना भी हमारी तनाव बन जाए तो वह भी एक बोझ है, पत्थर की तरह छाती पर रखा हुआ। उससे हम और डूबेंगे अंधकार में, प्रकाश की तरफ उड़ेंगे नहीं। लेकिन हम हर चीज को तनाव बना लेने में कुशल हैं। हम किसी चीज को बिना तनाव के करना ही भूल गए हैं।

निसर्ग तनावरहित है। जब एक कली फूल बनती है तो कोई भी प्रयास नहीं होता; बस कली फूल बन जाती है। यह कली का स्वभाव है फूल बन जाना; इसके लिए कोई चेष्टा नहीं करनी पड़ती। और नदी जब सागर की तरफ बहती है तो हमें लगता है कि बह रही है; नदी का होना ही उसका बहना है। बहने के लिए कोई अतिरिक्त प्रयास नहीं करना होता। इसलिए नदी कहीं भी थकी हुई नहीं दिखाई पड़ेगी। कली खिलने में थकेगी नहीं। अगर कली खिलने में थक जाए तो फूल नहीं बन पाएगा फिर। क्योंकि थकान से कहीं फूल का कोई जन्म है? कली तो जब खिलती है तो थकती नहीं, खिलती है, और ताजी होती है, और नई हो जाती है। और नदी जब सागर में गिरती है तो थकी हुई नहीं होती इतनी लंबी यात्रा के बाद; पूर्ण प्रफुल्लित होती है।

आदमी थकता है हर चीज में। वह जो भी करता है, उसमें ही थक जाता है। लेकिन कभी आपने खयाल किया इस थकान के सूत्र को? आप थके हुए मालूम होते हैं कोई भी काम करते क्षण में। लेकिन अचानक कभी ऐसी घटना घटती है कि सब थकान तिरोहित हो जाती है।

विनसेंट वानगॉग एक डच पेंटर हुआ, और इन पिछले डेढ़ सौ वर्षों में कुछ थोड़े से कीमती आदमियों में से एक। कुरूप था, इसलिए कोई स्त्री कभी उसके प्रेम में नहीं गिरी। उसकी जिंदगी एक थकान थी, एक लंबी ऊब। वानगॉग ने लिखा है कि सुबह उठने का मुझे कोई कारण नहीं मालूम पड़ता, क्यों उठूं? उठना पड़ता है, मजबूरी है, उठ आता हूं। सांझ सोने का कोई कारण नहीं मालूम पड़ता। आंख भी खोलूं, इसकी कोई वजह नहीं है; क्योंकि कोई भविष्य नहीं है। वानगॉग चलेगा भी तो उसके पैर लड़खड़ाते हुए होंगे। वह काम भी करेगा तो उसके काम में एक उदासी छायी होगी। वह जिस दुकान पर काम करता है—एक चित्र बेचने वाली, पेंटिंग्स बेचने वाली दुकान पर काम करता है—उसके मालिक ने कभी नहीं देखा कि उसने कभी किसी ग्राहक में कोई रस लिया हो। ग्राहक को आता देख कर उसे लगता है कि एक मुसीबत आ रही है। उठ आता है, चित्र दिखा भी देता है, लेकिन जैसे कोई आटोमेटा, कोई यंत्र सब कर रहा हो।

लेकिन अचानक एक दिन देखा उसके मालिक ने कि वानगॉग गीत गुनगुनाता हुआ सीढ़ियां चढ़ रहा है। यह पहला मौका था कि उसे किसी ने गीत गुनगुनाते देखा। जब वह पास आया तो उसके मालिक ने देखा कि न केवल वह गीत गुनगुना रहा है, आज मालूम पड़ता है उसने स्नान भी किया है। स्नान वह रोज भी करता था, लेकिन वह सिर्फ पानी ढाल लेना था। पानी ढाल लेने में और स्नान करने में बड़ा फर्क है। जब कोई अपने लिए ही ढाल लेता है, तो पानी ढालना होता है। और जब किसी और के लिए ढालता है, तब स्नान हो जाता है। और दोनों में बुनियादी फर्क है। कपड़े उसके वही थे, लेकिन आज उनकी तर्ज बदल गई। आदमी वही था, लेकिन चाल बदल गई। उसके मालिक ने पूछा, वानगॉग, क्या हुआ? वानगॉग ने कहा कि आज मेरी जिंदगी में एक स्त्री आ गई—प्रेम की एक घटना।

उस दिन ग्राहकों में उसका रस और है। उस दिन ग्राहक को आता देख कर वह आनंदित है। उस दिन उसके काम में अंतर पड़ गया। जिंदगी में कोई अर्थ आ गया।

वानगॉग ने उस दिन रात अपनी डायरी में लिखा है कि पहली दफा एक ऐसा दिन बीता, जिससे मैं थका नहीं; नहीं तो मैं सुबह थका हुआ ही उठता हूं। सांझ थका हुआ तो सोता ही हूं, सुबह थका हुआ ही उठता हूं। उस दिन मैं सांझ भी ताजा था, थका हुआ नहीं था। और काम मैंने हर दिन से ज्यादा किया था।

क्या फर्क पड़ गया? जो कल तक तनाव था, आज वह तनाव नहीं रहा। जिस काम को करने में तनाव है, वह आपको थका जाएगा। और जिस काम को करने में तनाव नहीं है, सहजता है, वह आपको और भी ताजा कर जाएगा। न तो काम थकाता है, न ताजा करता है। आदमी पर निर्भर है।

हम पूरे जीवन को काम बना लेते हैं, तनाव बना लेते हैं। मैं सुनता हूं, लोग मेरे पास आते हैं, वे कहते हैं कि पिता बीमार हैं, उनकी सेवा कर रहे हैं, कर्तव्य है, ड्यूटी है। ड्यूटी होती है पुलिसमैन की, कर्तव्य होता है एक नौकर का। बेटे का कर्तव्य नहीं होता। कर्तव्य का मतलब है : करना चाहिए इसलिए कर रहे हैं। लेकिन अगर पिता की सेवा करना कर्तव्य है तो फिर सेवा एक पत्थर की तरह छाती पर पड़ जाएगी। और भीतर मन के किसी कोने में यह भाव अगर आना शुरू हो जाए तो यह मत समझना कि यह भाव कहां से आ रहा है कि यह पिता समाप्त हो जाए तो अच्छा। हालांकि आप कहेंगे कि यह बुरा विचार कहां से आ रहा है, यह नहीं आना चाहिए। आप इसको प्रकट भी न करेंगे। लेकिन जिस दिन आपने सेवा को कर्तव्य माना, उसी दिन इस विचार का बीज भी आपने बो लिया अपने भीतर। यह कोई और नहीं ला रहा है। क्योंकि जहां कर्तव्य है, वहां से छुटकारे का मन होगा!

लेकिन पिता की सेवा अगर कर्तव्य न हो तो बोझ नहीं होगी। और तब सच तो यह है कि पिता की सेवा करते वक्त पहली दफा आपके जीवन में वह फूल खिलेगा, जिसका अर्थ पुत्र होना होता है। नहीं हो, तो वह फूल कभी नहीं खिलेगा। पिता आपको जन्म देकर पिता नहीं हो जाता, और आप किसी से जन्म पाकर पुत्र नहीं हो जाते। पुत्र आप उस दिन होते हैं जिस दिन पिता की सेवा आनंद होती है। और पिता भी आप उस दिन होते हैं जिस दिन बेटे के प्रति जो प्रेम है, वह आनंद होता है, काम और कर्तव्य नहीं।

जीवन में जो भी श्रेष्ठ है, वह निसर्ग से खिलता है। और जीवन में जो भी कचरा, जिसको लाओत्से कह रहा है तलछट, कचरा, फोड़े की भांति घाव जो बन जाता है, वह सब तनाव से पैदा होता है। और हम जो भी करते हैं, वह सब तनाव है। हमारा पूरा जीवन एक लंबी यात्रा है, एक तनाव से दूसरे तनाव पर।

इसलिए मौत हमारे जीवन की पूर्णता नहीं है, केवल समाप्ति है। अन्यथा अगर एक आदमी का जीवन विकसित हुआ हो तो सांझ जब सूर्य डूबता है तो सुबह के सूर्य से कम सुंदर नहीं होता। सांझ के डूबते हुए सूर्य का सौंदर्य भी वैसा ही अनूठा होता है, जैसा उगते सूर्य का। लेकिन आदमी का उगता हुआ सौंदर्य अलग होता है, डूबता हुआ सब कुरूप हो जाता है। आदमी के जीवन का सूर्यास्त क्यों सुंदर नहीं है? जिंदगी एक तनाव की यात्रा है। तो हम समाप्त होते हैं मृत्यु में, पूर्ण नहीं होते। धार्मिक व्यक्ति के लिए मृत्यु पूर्णता है। अधार्मिक व्यक्ति के लिए सिर्फ अंत, सिर्फ समाप्ति। यह जो, यह जो घटना घटती है, यह घटना प्रत्येक काम को तनाव बनाने से घटती है।

लाओत्से कहता है, 'जो अपने पंजों के बल खड़ा होता है, वह दृढ़ता से खड़ा नहीं होता।'

आप कभी अपने पंजों के बल खड़े होकर देखें। वैसे तो सभी लोग पंजों के बल जीवन में खड़े हैं, लेकिन ऐसे कभी पंजों के बल खड़े होकर देखें। जल्दी ही थक जाएंगे। और पंजों के बल आप कितने ही सध कर खड़े रहें, आप कंपित होते रहेंगे भीतर, और खड़ा होना प्रतिपल एक श्रम होगा।

लेकिन हम सब पंजों के बल खड़े हैं। हमारा खड़ा होना सहज खड़ा होना नहीं है। कोई आदमी पंजों के बल क्यों खड़ा होता है? ऊंचा दिखना चाहता है, बड़ा दिखना चाहता है; दूसरों की आंखों में कुछ दिखना चाहता है। दूसरों की आंखें बहुत मूल्यवान हैं; अपनी सहजता स्वीकार नहीं है। वह लंबा होना चाहता है।

पश्चिम में स्त्रियों ने बड़ी एड़ी के जूते ईजाद किए हैं—वह सिर्फ पुरुष के साथ प्रतिस्पर्धा में। पुरुष थोड़ा लंबा है। उन लंबी एड़ी के जूतों पर चलना सुखद नहीं है; क्योंकि प्रकृति के बिलकुल प्रतिकूल है। असल में, लंबी एड़ी के जूते पहनने का मतलब है कि पंजे के बल आप खड़े होना चाह रहे हैं, सहारा चाहिए, तो लंबी एड़ी का सहारा मिल जाता है। स्त्री को भी पुरुष जैसा लंबा होने की तृष्णा है; स्वीकृति नहीं है। दूसरे से कुछ तुलना है, और दूसरे के मुकाबले होने का कोई भाव है। फिर यह एड़ी की ऊंचाई तक ही बात नहीं टिकेगी, यह तो फिर पूरे जीवन में फैल जाएगी। यह तो दृष्टि और आधार हुआ। जिस दिन पश्चिम में आज से कोई तीन सौ साल पहले स्त्रियों ने लंबी एड़ी के जूते खोजे, उसी दिन कहा जा सकता था कि आज नहीं कल, जो भी स्त्रियां आज पश्चिम में कर रही हैं, वह करेंगी। जो भी आज वे कर रही हैं, वह उस एड़ी के जूते से ही तय हो गया। एक भाव है भीतर।

लेकिन लंबी एड़ी के जूते पर खड़े होने में सुखद नहीं हो सकता। खड़ा होना भी एक दुख हो जाएगा। चलना एक कष्ट हो जाएगा। चलना एक आनंद हो सकता है। चलना आनंदपूर्ण है। लेकिन जिनकी भी आदत पंजों पर खड़े होने की पड़ गई है, वे फिर चल नहीं सकते। सारे शरीर को घसीटना पड़ेगा।

और यह जो लाओत्से कहता है कि पंजों के बल जो खड़ा है, वह दृढ़ता से खड़ा नहीं हो सकता। वह कंपित भी रहेगा। क्योंकि जो भी सहारे उसने लिए हैं, सब झूठे हैं और कृत्रिम हैं। वह अपना पैर नहीं है लंबा, वह जूते की एड़ी है। वह जिन सहारों पर भी लंबा हो गया है, वे सब झूठे हैं।

एक राजनीतिज्ञ अपनी कुर्सी पर बड़ा हो गया है; वह कुर्सी उतनी ही झूठी है। इसलिए राजनीतिज्ञ अपनी कुर्सी पर बैठ कर कभी शांति से बैठ नहीं सकता। कुर्सी पर होना और शांति से होना बड़ा मुश्किल है। क्योंकि वह कुर्सी जिस चीज के लिए काम में लाई जा रही है—दूसरों से ऊपर दिखाई पड़ने के—यह जो चेष्टा है, यह चेष्टा ही कुर्सी पर शांति से नहीं बैठने दे सकती। इसलिए सम्राटों की रातें अगर कष्टपूर्ण हैं, और अगर सम्राटों ने कभी-कभी भिखारियों से भी ईर्ष्या की है अपने मन में, तो उसका कारण है।

अगर एक व्यक्ति ने धन का ढेर लगा लिया है और उस पर ऊपर होने की कोशिश में लगा है, तो यह ढेर वह कितना ही सोचता हो कि वह ढेर के ऊपर खड़ा है, वह समझे या न समझे, उसे पता नहीं, असलियत में यह ढेर उसके सिर पर बैठ जाएगा। वह दब जाएगा। वह इस ढेर से ऊपर नहीं उठने वाला है।

लाओत्से कहता है, अगर दृढ़ता से खड़ा होना हो तो ऐसे खड़ा होना चाहिए कि खड़े होने में कोई तनाव न हो। पंजों के बल खड़ा नहीं हुआ जा सकता। और जब आप पंजों के बल खड़े होते हैं, तभी पता चलता है कि आप खड़े हैं। जब आप पूरे पैर के बल खड़े होते हैं, तब आपको पता भी नहीं चलता कि आप खड़े हैं। लेकिन हमारी आदत संतुलन की नहीं है।

इसलिए लाओत्से की परंपरा में एक प्रक्रिया है। लाओत्से अपने शिष्यों को कहता था कि खड़े हो जाओ, फिर आंख बंद कर लो, फिर ध्यान करो कि तुम पैर के किसी हिस्से पर जोर तो नहीं दे रहे हो। पूरे दोनों पैरों पर संतुलन बराबर बांट दो। पर हमें तो पता ही नहीं चलेगा। तो पता चलने के लिए लाओत्से कहता था कि खड़े हो जाओ; फिर एक पैर पर जोर दो; बाएं पैर पर पूरा जोर दे दो; बाएं पर ही खड़े हो, भीतर शिफ्ट कर दो, भीतर पूरा बल बाएं पर शिफ्ट कर दो। तब तुम्हें पता चलेगा कि दायां नपुंसक हो गया पैर, उसमें प्राण न रहे। फिर दाएं पर पूरा का पूरा जोर हटा दो। तब तुम पाओगे कि बायां रिक्त और खाली हो गया। तब दोनों पर बराबर जोर बांटो।

और लाओत्से कहता था, जिस दिन तुम्हारा संतुलन बिलकुल बराबर हो जाएगा, तुम्हें बाएं और दाएं पैर का पता नहीं चलेगा—कौन सा पैर बायां है और कौन सा पैर दायां है। और जिस दिन संतुलन बराबर हो जाएगा, उस दिन तुम कितनी ही देर खड़े रहो, तुम थकोगे नहीं।

यह पैर के बाबत ही सही नहीं है, पूरे शरीर के बाबत सही है। अगर हमारा प्राण पूरे शरीर पर समान रूप से वितरित हो, तो जिस भांति हम थकते और परेशान होते हैं, वैसे थकने और परेशान होने का कोई कारण न रह जाए। कभी लोगों को देखें। खुद को देखना तो मुश्किल होता है, दूसरों को देखें तो आसानी होगी। किसी परीक्षा भवन में चले जाएं और विद्यार्थियों को लिखते देखें। तो आप हैरान हो जाएंगे। लिखा तो जाता है हाथ से, लेकिन उनके पैर तक तने हुए हैं। पैरों से लिखने का कोई भी संबंध नहीं है। अगर कुशल लेखक हो तो कलम अंगुलियां जितनी पकड़ती हैं, उतना ही बल हाथ पर देने की जरूरत है, उससे ज्यादा की जरूरत नहीं है। लेकिन सारा शरीर तन जाता है, सिर से लेकर पैर तक एक-एक नस खिंच जाती है।

एक आदमी को साइकिल चलाते देखें। तो सिर्फ पैर के पंजे काफी हैं साइकिल को चलाने के लिए, लेकिन उसका पूरा शरीर संलग्न है। यह जो पूरे शरीर की संलग्नता है, यह अकारण थकावट है। और यह अगर आदत बन गई हो तो हमारा पूरा जीवन व्यर्थ के तनाव में टूटता है।

इंग्लैंड में मैथ्यू अलेक्जेंडर करके एक बहुत बड़ा शिक्षक था। वह शिक्षक ही इस बात का था कि लोगों को सिखाए कि कैसे खड़े हों, कैसे बैठें, कैसे लेटें, कैसे चलें। और आप हैरान होंगे यह जान कर कि अलेक्जेंडर ने हजारों लोगों की हजारों बीमारियां सिर्फ उनको ठीक खड़ा होना, ठीक लेट जाना, ठीक बैठ जाना सिखा कर दूर कीं। वह शिक्षक था केवल मनुष्य की गतिविधियों का, लेकिन वह चिकित्सक सिद्ध हुआ। और अलेक्जेंडर ने अपने संस्मरण में लिखा है कि मैंने अब तक ऐसा एक आदमी नहीं पाया, जो शरीर के साथ सदव्यवहार कर रहा हो। लेकिन उसका उसे कोई पता ही नहीं है।

अलेक्जेंडर ने लाओत्से का स्मरण किया है और उसने कहा कि इस आदमी को राज पता था। वह कहता है कि अगर अपने पंजों के बल कोई खड़ा होगा तो दृढ़ता से खड़ा नहीं हो सकेगा। उसकी पूरी जिंदगी एक कमजोरी बन जाएगी। उसकी पूरी जिंदगी में एक भय का कंपन भीतर प्रवेश कर जाएगा। वह जो भी करेगा, कंपित रहेगा, डरा हुआ रहेगा, घबड़ाया हुआ रहेगा। और इसका कारण? इसका कारण नहीं है यह कि वह कमजोर है। इसका कारण सिर्फ यह है कि दूसरों के सामने वह शक्तिशाली दिखाई पड़ने की कोशिश कर रहा है। जब भी आपको लगे कि भीतर कमजोरी पकड़ रही है, समझ लेना कि आप दूसरों के सामने शक्तिशाली दिखाई पड़ने की व्यर्थ चेष्टा में लगे हैं। जब आपको लगे कि आपके भीतर डर पैदा हो रहा है कि कहीं मैं बुद्धिहीन तो नहीं हूं, तब आप समझ लेना कि आप पंजों के बल खड़े होकर लोगों को दिखला रहे हैं कि मैं बुद्धिमान हूं। जीवन बड़ा विपरीत है।

अमरीका में एक मनोविद है, अब्राहम मैसलो। एक मरीज उसके पास आया है। वह एक बहुत बड़ी बैंक का डायरेक्टर है और उसका सारा काम उसके लिखने पर निर्भर है। और आज तक उसकी प्रतिष्ठा और प्रशंसा उसकी बहुत ही सुघड़ और सुडौल लिखावट की रही है। लेकिन इधर कुछ दिनों से उसका हाथ कंपने लगा है और उसकी लिखावट खराब होने लगी है। वह जितनी कोशिश करता है अपनी लिखावट को बचाने की, उतनी लिखावट और खराब होती चली जाती है। और अब उसे डर पैदा हो रहा है कि या तो वह यह काम छोड़ दे, क्योंकि उसकी जीवन भर की प्रतिष्ठा नष्ट हुई जा रही है। उसने न मालूम कितने लोगों से सलाह ली है। लेकिन सब सलाहें खतरनाक साबित हुईं। और सब सलाहों का परिणाम यह हुआ कि उसका हाथ और खराब हो गया है। वह मैसलो से पूछता है।

तो मैसलो उससे कहता है, तुम एक काम करो। जब तुम्हारी लिखावट अच्छी थी, तब तुम्हें खयाल है कि तुमने लिखावट को अच्छा रखने का कोई प्रयास किया हो? उसने कहा, मुझे कोई खयाल नहीं है। तो मैसलो ने कहा, तुम अब एक काम करो, जान कर जितना खराब लिख सकते हो लिखो—चेष्टा से। जितना बिगाड़ सको अपनी लिखावट को बिगाड़ो। और जो वर्ष से उसकी चिंता थी, वह विदा हो गई। क्योंकि जितनी उसने चेष्टा की

बिगाड़ने की, उतना उसने पाया कि वह बिगड़ती नहीं, सुडौल हो गई। चेष्टा से हम जो भी करते हैं, वह बिगड़ जाता है। चेष्टा से अगर बिगाड़ना चाहें लिखावट को तो यह श्रम भी व्यर्थ हो जाएगा; सुधर जाएगी लिखावट। अगर चेष्टा से सुधारना चाहें, यह श्रम भी व्यर्थ हो जाएगा; लिखावट बिगड़ जाएगी।

इसको जर्मन मनोवैज्ञानिक फ्रैंकल ने लॉ ऑफ रिवर्स इफेक्ट कहा है—विपरीत का नियम। जो भी हम करते हैं चेष्टा से, उससे विपरीत परिणाम आता है। एक आदमी सब के साथ भला होने की कोशिश करता है, और फिर एक दिन छाती पीट कर कहता है कि मैं सब के साथ भला होने की कोशिश कर रहा हूं और सारे लोग मेरे प्रति बुरे हो गए हैं। लोग निरंतर कहते सुने जाते हैं कि हम नेकी करते हैं और लोग हमारे साथ बदी करते हैं; मैंने उस व्यक्ति की इतनी सहायता की और वक्त पर उस व्यक्ति ने बिलकुल मेरी तरफ पीठ कर ली।

यह आपकी चेष्टा का परिणाम है; नियमानुसार हो रहा है। कोई आदमी बुरा नहीं कर रहा है आपके साथ। जब भी कोई भला करने की कोशिश करता है किसी के साथ, तो बुरा हो जाता है। कोशिश में ही बुराई आ जाती है। किसी पर दया करने की कोशिश करें, और वह आदमी आपको कभी माफ नहीं कर पाएगा। वह आपसे कभी न कभी बदला लेगा आपकी दया का। क्योंकि दया करने की जो कोशिश है, उसमें दया क्रूरता हो गई, उसमें दया हिंसा हो गई। जब किसी के साथ अच्छा करने की आप कोशिश करते हैं तो आप यह दिखा रहे हैं कि आप अच्छे हैं। वह दिखाना ही बीज हो गया जहर का।

इसलिए तथाकथित अच्छे लोगों को कोई कभी माफ नहीं कर पाता। खुद के मां-बाप तक को माफ करना मुश्किल होता है। क्योंकि मां-बाप इतना अच्छा करने की कोशिश करते हैं कि दुश्मन मालूम पड़ने लगते हैं।

यह इस सीमा तक पहुंच सकती है बात कि इंग्लैंड के एक विचारक आर.डी.लेंग ने अपनी एक किताब इस वाक्य से शुरू की है कि मां का बच्चे के प्रति पहला चुंबन ही इस जगत में उपद्रव की शुरुआत है। चुंबन! मां का पहला चुंबन इस जगत में उपद्रव की शुरुआत है! बच्चे के साथ हिंसा शुरू हो गई। लेंग ने लिखा है कि बच्चे के साथ हिंसा शुरू हो गई।

यह कुछ दूर तक सच है। लेकिन उतनी ही दूर तक, जहां तक यह चुंबन चेष्टा से निकला हो। अगर चेष्टा से न निकला हो तो चुंबन की याद भी नहीं रह जाती। लेकिन माताएं बाद में बड़ा याद करती हैं। इसलिए लगता है कि चेष्टा से निकली हुई चीजें हैं। माताएं बाद में कहती हैं कि मैंने तुम्हारे लिए क्या-क्या किया! रात-रात भर तुम्हारी बीमारी में जागी हूं! कैसे-कैसे कष्ट उठाए, माताएं पूरा हिसाब रखती हैं। यह हिसाब रखना माताओं जैसा है ही नहीं; यह किसी संस्था के सेक्रेटरी को शोभा देता है।

अगर यह चेष्टा से निकला हो तो इसकी स्मृति बनती है; अगर यह सहज निकला हो तो इसकी कोई स्मृति नहीं बनती। अगर यह सहज निकला हो तो इसका फल उसी समय मिल गया, इसके किसी और फल की आशा नहीं बंधती। अगर यह चेष्टा से निकला हो तो यह इनवेस्टमेंट है, भविष्य में इसके फल लेने की आकांक्षा होगी। फिर बूढ़ी मां अपने बेटे से कहेगी कि मैंने तुम्हारे लिए क्या किया और तुम मेरे लिए क्या कर रहे हो? इसका मतलब यह है कि मां ने जो किया था, उसका आनंद करने में नहीं मिल पाया। आनंद बच गया है। काम हो गया है, फल शेष रह गया है। लेकिन अगर मां का चुंबन आनंद था तो उसे आनंद मिल गया है; अब उसके बदले में कुछ और पाने का सवाल कहां है? और अगर याद है तो वह बताती है याद कि वह पूंजी लगाई थी भविष्य के लिए—लाभ की आशा से। लाभ तत्क्षण नहीं मिला है; आगे मिलेगा, उसका हिसाब रखना पड़ेगा। उसकी स्मृति बनी रहती है।

लाओत्से कहता है कि जो भी हम तनाव से करेंगे, वह हमारे जीवन को भीतर से कुरूप कर जाता है और क्रिपिल्ड कर जाता है, जकड़ जाता है, पंगु कर जाता है। खड़े होकर देखें और खड़ा होना कष्ट हो जाएगा।

'जो अपने कदमों को तानता है, वह ठीक से नहीं चलता।'

जीवन में हमें चारों तरफ ऐसी घटनाएं रोज अनुभव में आती हैं, हम खयाल में लें, न लें। हम सभी बोलते हैं। सौ में निन्यानबे लोग अच्छी तरह बोलते हैं, बातचीत में कुशल होते हैं। उन्हें यहां मंच पर लाकर खड़ा कर दिया जाए, और बोलना मुश्किल हो जाता है। क्या हो गया? उनकी जबान में कोई खराबी नहीं, उनका कंठ ठीक है, सब ठीक है, रोज बात करते हैं—बात ही करते हैं दिन भर, और क्या करते हैं! अचानक इस माइक के सामने खड़े होकर उनका कंठ अवरुद्ध क्यों हो जाता है? हाथ-पैर कंपने क्यों लगते हैं? ये बोलने में इतने कुशल! इन्हें चुप होना मुश्किल होता है, मौन कठिन मालूम पड़ता है! अचानक इनका मौन क्यों सध जाता है? मंच पर खड़े होकर इनसे बोला क्यों नहीं जाता? बोलना प्रयास है अब। अब यह पंजे के बल खड़ा होना हो गया। अब प्रयास है बोलना। जो रोज दिन भर बोलते थे, वह अप्रयास था। उसमें कोई चेष्टा न थी, उसमें खयाल ही नहीं था कि हम बोल रहे हैं। बोलना हो रहा था। अब खयाल है कि हम बोल रहे हैं। और खयाल क्यों है? खयाल इसलिए है कि कहीं कुछ ऐसा न बोल जाएं कि लोगों के सामने प्रतिष्ठा गिर जाए; कुछ ऐसा बोलें कि प्रतिष्ठा बढ़ जाए। लोगों पर दृष्टि है।

ऐसा समझें कि ये सब लोग कोई भी नहीं हैं यहां, माइक पर आप अकेले खड़े हैं; फिर आप मजे से बोल सकते हैं, बड़े आनंद से बोल सकते हैं। अपनी ही आवाज सुनना बहुत आनंदपूर्ण होता है। लेकिन लोग बैठे हैं, तब अड़चन होती है। आप तनाव से भर गए।

मनसविद कहते हैं—आपको अनुभव हुआ होगा—गोली गटकनी मुश्किल होती है दवा की; खाना आप रोज गटक जाते हैं। कभी खयाल भी नहीं आता कि खाने का कोई कौर अटक गया हो और आपको चेष्टा करके लीलना पड़ा हो। लेकिन दवा की गोली जीभ पर रखें—पानी अंदर चला जाता है, गोली जीभ पर रह जाती है। इस गोली में क्या खूबी है? जब आप खाना ले जा रहे हैं, तब कोई चेष्टा नहीं है। गोली को गटकना है। यह प्रयास है। वह प्रयास ही अटकाव बन जाता है।

जीवन के सब तलों पर विपरीत का नियम काम करता रहता है। जितनी आप चेष्टा करेंगे, उतने ही आप विफल हो जाएंगे। सफलता का एक ही सूत्र है: चेष्टा ही न करें। इसका यह मतलब नहीं है कि कुछ करें ही नहीं। यह मतलब नहीं है। इसका मतलब है, ऐसे करें, जैसे करना आपसे निकलता हो। उस पर कोई बोझ न हो, उस पर कोई भार न हो, उस पर कोई जबरदस्ती न हो, अपने को खींचना न पड़ता हो। नदी की तरह बहना होता हो, कली की तरह खिलना होता हो, पक्षी की तरह गीत होता हो!

'जो अपने कदमों को तानता है, वह ठीक से नहीं चलता; जो अपने को दिखाता फिरता है, वह वस्तुतः दीप्तिवान नहीं है।'

दूसरे मुझे देखें, दूसरे मुझे जानें, दूसरे मुझे पहचानें—आखिर दूसरों के मन में मेरी अच्छी धारणा बने, इसकी इतनी कामना क्यों होती है? इसका इतना मन में रस क्यों होता है?

अपने पर कोई भरोसा मुझे नहीं है, इसलिए। अपनी कोई प्रतिमा भी मेरे पास नहीं है, इसलिए। अपना कोई तादात्म्य भी नहीं है, कोई आइडेंटिटी नहीं है। मैं कौन हूं, इसका मुझे कुछ पता नहीं है। दूसरे मुझे क्या मानते हैं, वही मुझे पता है। उसका ही जोड़ मेरी आत्मा है। अ कुछ कहता है, ब कुछ कहता है, स कुछ कहता है। मेरे बाबत लोग जो कहते हैं, उनको ही जोड़ कर मैं अपनी आत्मा बना लेता हूं। लोग कहते हैं मैं अच्छा हूं, तो मुझे लगता है मैं अच्छा हूं। और लोग कहने लगें मैं बुरा हूं, तो मेरे भवन की आधारशिलाएं डगमगा जाती हैं।

इसलिए जब कोई आदमी आपको बुरा कहता है, तो आपको जो क्रोध आता है, वह इसलिए नहीं आता कि उसने गलत कहा। अगर गलत कहा है, तब तो क्रोध आने की कोई जरूरत ही नहीं है। गलती उसकी है, आप क्यों

परेशान होते हैं। डर यह है कि कहीं उसने सही ही न कहा हो। उससे क्रोध आता है। और अगर उसने सही कहा है तो हमने जो अपनी प्रतिमा बना रखी है, वह मोम की तरह पिघलने लगेगी। एक आदमी मेरे प्राण खींच ले सकता है। एक आदमी कह दे कि बुरे हो, तो सारा अस्तित्व डगमगा जाता है। मैंने अस्तित्व बनाया ही दूसरों के विचारों से है; उनके ओपीनियन इकट्ठे कर लिए हैं, उनकी फाइल बना ली है। वही मेरी आत्मा है। उसमें एक पन्ना उड़ता है तो मेरे प्राण उड़ते हैं।

कभी आपने सोचा है कि लोग आपके बाबत क्या कहते हैं, अगर वह सब आप हटा दें, तो आपके पास सिफर, शून्य के सिवाय क्या बच रहेगा? तब आपको कैसे पता चलेगा कि आप अच्छे हैं या बुरे हैं, सुंदर हैं कि कुरूप हैं, बुद्धिमान हैं कि बुद्धिहीन हैं, कैसे पता चलेगा? दूसरे क्या कहते हैं, वही हमारा आत्मज्ञान है। इसलिए हम दिखाते फिरते हैं। इसलिए बड़ी झंझटें खड़ी होती हैं, और जीवन बड़े उलझन में पड़ जाता है।

एक व्यक्ति किसी के प्रेम में पड़ जाता है। दोनों एक-दूसरे को दिखाते हैं। प्रेमी ऐसा दिखाई पड़ता है कि ऐसा प्रेमी जगत में कभी हुआ ही नहीं होगा। प्रेयसी ऐसी मालूम पड़ती है कि अभी, सद्यः, अभी-अभी स्वर्ग से उतरी है। दोनों एक-दूसरे को दिखा रहे हैं। लेकिन यह पंजों के बल खड़ा होना है। ज्यादा देर नहीं रहा जा सकता इसके बल खड़ा। जब बीच पर मिले घड़ी भर को तो पंजों के बल खड़े रह सकते हैं। पूर्णिमा के चांद में चोरी-छिपे मिले तो पंजों के बल खड़े रह सकते हैं। फिर ये भूल से विवाह कर लें तो पंजों के बल कितनी देर खड़े रहेंगे? फिर जमीन पर उतरना पड़ेगा। फिर वह जो दिखाने की चेष्टा थी, वह समाप्त हो जाएगी। तब अचानक लगता है कि एक साधारण सी स्त्री, जिसको मैं अप्सरा समझा था! एक साधारण सा पुरुष, जिसको समझा था देवता उतर आया है! धोखा हो गया। तब भी हम यही सोचते हैं कि दूसरे ने धोखा दे दिया। दोनों ही यही सोचते हैं। कोई भी यह नहीं सोचता कि हम दोनों पंजों के बल खड़े होकर एक-दूसरे को दिखाने की कोशिश कर रहे थे। वह कोशिश ज्यादा देर नहीं चल सकती, वह स्थायी नहीं हो सकती। तीन दिन काफी हैं, सब प्रेम उखड़ जाता है।

अगर पुराने दिनों में नहीं उखड़ता था तो उसका कारण था कि तीन दिन भी इकट्ठे साथ नहीं मिलते थे। बहुत कठिन मामला था। बहुत कठिन मामला था। पुराने लोग जरूर होशियार थे, बुद्धिमान थे। अपनी पत्नी को भी देखना एक चोरी का काम था। अपनी पत्नी से मिलना भी एक बड़े संयुक्त परिवार में बड़ी मुश्किल बात थी। लंबा चल पाता था धोखा।

अब हमने पति-पत्नियों को आमने-सामने बिठा दिया है। उनकी हालत वैसी हो गई है, जैसा सार्त्र ने अपने एक उपन्यास में कल्पना की है: कि एक आदमी मरता है। वह सदा से डरा हुआ है; उसको पाप, अपराध का डर है। और उसको डर है कि वह नर्क जाएगा। लेकिन जब मर कर उसकी आंख खुलती है तो वह पाता है कि एक अच्छे कमरे में बैठा हुआ है, सब साज-सामान लगा हुआ है। बड़ा हैरान होता है कि क्या मैं स्वर्ग में आ गया! सब सुंदर है, सब व्यवस्थित है। जो व्यक्ति उसे उस कमरे में ले आया है, वह उससे पूछता है, क्या यह स्वर्ग है? वह व्यक्ति उससे कहता है कि क्षमा करें, आप नरक में आ गए हैं। और तब दो व्यक्ति और कमरे में लाए जाते हैं—एक महिला है बूढ़ी, एक जवान लड़की है। वह पूछता है, लेकिन यह नरक कैसा है, यहां सब सुविधा है! वह आदमी कहता है, सभी को ऐसी तकलीफ होती है; थोड़ी देर में आपकी समझ में आ जाएगा।

और थोड़ी देर में समझ में आना शुरू हो जाता है। उस कमरे के बाहर जाने का कोई उपाय नहीं है। उसमें दरवाजा भीतर की तरफ खुलता है, बाहर की तरफ खुलता ही नहीं। उसमें कोई बाहर से भीतर आ सकता है, भीतर से बाहर नहीं जा सकता। लेकिन उस आदमी को अच्छा लगता है—जवान है लड़की, सुंदर है; एक संगी-साथी है इस कमरे में, कोई डर नहीं। लेकिन चौबीस घंटे वे अपनी-अपनी कुर्सियों पर वहां बैठे हैं उस कमरे के भीतर। एक घंटा,

दो घंटा, रात, दिन—चौबीस घंटे—वहां से बाहर जाने का कोई उपाय नहीं है। अगर आंख बंद करके सोओ भी तो पता है कि दो लोग वहां मौजूद हैं; वे देख रहे होंगे। नर्क में और कोई तकलीफ नहीं है, उन तीनों को एक ही कमरे में रहना पड़ता है। और तीन दिन के भीतर उसको लगता है कि इससे वह जो पुराना नर्क था, आग में जलाए जाने वाला, वही ज्यादा बेहतर था। यह नया इनवेंशन तो खतरनाक मालूम होता है। कम से कम थोड़ा एक्साइटमेंट तो होता, आग में जलाए जाते, फेंके जाते, कुछ होता! यहां कुछ होता ही नहीं है। बस ये तीनों बैठे हुए हैं एक कमरे में। पूछताछ भी समाप्त हो गई। जैसे कि ट्रेन में मिलते हैं लोग, समाप्त हो जाती है; वेटिंग रूम में मिलते हैं, कहां जा रहे हैं, क्या है, बात खतम हो जाती है; फिर लोग अपने टाइम-टेबल को दुबारा पढ़ने लगते हैं, तिबारा पढ़ने लगते हैं। सब खतम हो गई बातचीत, हो गई जानकारी, पहचान हो गई, अब कोई उपाय नहीं रहा। तीन दिन में उसे पता चलता है कि यह तो महा नर्क है, और किसी बहुत ही शैतान की ईजाद है। पुराना शैतान इतना आविष्कारक नहीं था।

वे दो प्रेमी जब एक ही कमरे में बंद कर दिए जाते हैं, तीन दिन में प्रेम नर्क हो जाता है। हो जाने वाला है। उसका कारण प्रेम का कोई कसूर नहीं है। उसका कारण पंजों के बल खड़े होने की चेष्टा है। इस जगत में तब तक विवाह सफल नहीं हो सकता, जब तक लोग दिखाने की कोशिश नहीं छोड़ते। तब तक विवाह असफलता रहेगी। जब तक लोग दिखाने की कोशिश नहीं छोड़ते, तब तक इस दुनिया में परिवार स्वर्ग नहीं हो सकता, तब तक मित्रता में जहर रहेगा, तब तक सब संबंध रोग पैदा करेंगे। क्योंकि जो भी हम दिखाने की कोशिश करते हैं, वह ज्यादा देर नहीं चल सकता। मैं जो हूं, वह मैं सदा हो सकता हूं। जो मैं दिखाने की कोशिश करता हूं, वह मैं कभी-कभी हो सकता हूं। वह मैं कभी-कभी हो सकता हूं। और वह होना कष्टपूर्ण होगा। उस होने में मुझे चेष्टा करनी पड़ेगी। चेष्टा श्रम लाएगी। और जिसके लिए मुझे चेष्टा करनी पड़ेगी, उसके प्रति मेरा सदभाव नष्ट हो जाएगा।

आदमी जैसा है, वैसे की स्वीकृति ताओ है। और उस स्वीकृति से भी जीवन में गति आती है। यह मत सोचना कि उससे गति बंद हो जाती है। उससे भी गति आती है। लेकिन गति में कोई तनाव नहीं होता। तब आदमी जैसा है, उसमें से ही बहाव निकलता है। अभी हमें खींचना पड़ता है अपने को। इस खींचने के लिए दो तरकीबें काम में लाई जाती हैं—या तो पीछे से हमें धक्का दिया जाए, या आगे से हमें रस्सियां बांध कर खींचा जाए। हमारी सब गतियां ऐसी हैं। या तो पीछे से कोई हमें धक्का दे रहा हो।

मां-बाप बेटे को धक्का देते रहते हैं कि पढ़ो-लिखो, पढ़ोगे-लिखोगे तो बनोगे नवाब। नवाब की क्या हालत है, यह किसी को प्रयोजन ही नहीं है। वे अभी भी कहे चले जा रहे हैं कि पढ़ोगे-लिखोगे तो बनोगे नवाब। महत्वाकांक्षा! कुछ बन पाओगे—धक्का पीछे से दिया जा रहा है। और जब आदमी खुद योग्य हो गया अपने को धक्का देने में, तो पीछे से खुद को तो धक्का नहीं दिया जा सकता, दूसरे दे सकते हैं, खुद को धक्का देना हो तो महत्वाकांक्षा भविष्य में रखनी पड़ती है। कि अगर आज इतनी मेहनत करता हूं तो कल मुझे यह मिलेगा; एक तारा आकाश में, वहां पहुंच जाऊंगा कभी, अगर मेहनत की तो। तो आदमी फिर दौड़ता है। आगे का तारा खींचता है। दो ही उपाय हैं—या तो पीछे से कोई धक्का दे, या आगे के लिए हम खुद दौड़ें।

लेकिन ये दोनों ही कृत्रिम व्यवस्थाएं हैं। एक और गति है। न कोई पीछे से धक्का दे रहा है, न कोई आगे से खींच रहा है; बल्कि मेरे प्राणों की जो ऊर्जा है, वही बह रही है। मेरे प्राणों की जो ऊर्जा है, वही बह रही है।

हम कहते हैं कि नदी सागर की तरफ बह रही है। यह ठीक नहीं है कहना, नदी के साथ न्याय नहीं है। हमें लगता है, क्योंकि हम नदी की सब अवस्थाएं देखते हैं। लेकिन नदी को सागर का क्या पता है? नदी सिर्फ बह रही है। बहने का नाम नदी है। बहते-बहते सागर में पहुंच जाती है, यह दूसरी बात है। बहते-बहते सागर मिल जाता है, यह दूसरी बात है। लेकिन नदी सागर के लिए बह नहीं रही है।

अगर किसी नदी को हम तैयार कर सकें, प्रशिक्षित कर सकें सागर की तरफ बहने के लिए, तो संभावना कम है कि नदी सागर तक पहुंच पाए। क्योंकि जैसे ही कोई नदी इस कोशिश में पड़ जाएगी कि मुझे सागर पहुंचना है, बहना भूल जाएगी। वह जो सागर पहुंचना है, वह बहने का भूलना हो जाएगा। सागर पहुंचना ज्यादा महत्वपूर्ण हो गया, बहना कम महत्वपूर्ण हो गया। नदी अपने बहने में आनंदित है। यह आनंद उसे एक दिन सागर पहुंचा देता है।

कली फूल नहीं बनना चाहती, बन जाती है। कली तो जो है है, इस होने से फूल निकल आता है।

जीवन में, मनुष्य के जीवन में भी जो श्रेष्ठतम फूल खिलते हैं—बुद्ध के, कृष्ण के या लाओत्से के—वे बड़े सहज फूल हैं। हम जो बिना खिले रह जाते हैं, उसका कारण यह है कि हम बड़े होशियार हैं। हम बुद्ध से ज्यादा बुद्धिमान हैं, हम लाओत्से से ज्यादा होशियार हैं, वाइज। क्योंकि हम पहले से ही योजना बांधते हैं—कहां पहुंचना है, क्या होना है। मंजिल हम पहले तय करते हैं। अक्सर हम मंजिल तय करने में ही समाप्त हो जाते हैं। मंजिल तो आदमी के भीतर है। अगर कली फूल बनना चाहे तो उसका मतलब हुआ कि फूल कहीं बाहर है, जो कली बनना चाहती है। लेकिन कली तो कली ही हो जाए पूरी तरह तो फूल बन जाएगी। क्योंकि कली के भीतर छिपा है फूल।

इस बात को ठीक से समझ लें। जो भी हम हो सकते हैं, वह हमारे भीतर छिपा है। वह कहीं कोई भविष्य की मंजिल नहीं है, वह अभी और यहीं मौजूद है। इसलिए अगर हम अभी और यहीं अपनी परिपूर्णता में हो जाएं तो हम उसको रस दे रहे हैं जो हमारे भीतर छिपा है। उसको हम सींच रहे हैं, उसको हम पानी दे रहे हैं। अगर मैं अभी और यहीं अपनी परिपूर्णता में हो जाऊं तो मेरे भीतर जो बीज छिपा है, वह प्राण पा रहा है मेरे इस होने से, आनंद पा रहा है, बढ़ रहा है। एक दिन वह खिल जाएगा।

लेकिन हमारे लिए मंजिल कोई बाहरी चीज है। हम सोचते हैं, कुछ होना है। जो मैं हूं नहीं, वह होना है।

लाओत्से कहता है, जो तुम नहीं हो, वह तुम कभी नहीं हो सकोगे। और जो तुम हो, केवल वही तुम हो सकते हो।

लेकिन एक बात और जोड़ देने जैसी है: जो तुम हो, जरूरी नहीं है कि हो पाओ; चूक भी सकते हो। जो तुम नहीं हो, कभी नहीं हो सकोगे; जो तुम हो, वही हो सकते हो; लेकिन जो तुम हो, उस होने की कोई अनिवार्यता नहीं है, चूक भी सकते हो। कली कली भी रह सकती है; जरूरी नहीं है कि फूल हो। बीज बीज भी रह सकता है; जरूरी नहीं है कि वृक्ष हो। लेकिन गुलाब की कली कोई भी उपाय करे तो कमल का फूल नहीं हो सकती। खतरा यह है कि कमल के फूल होने की चेष्टा में गुलाब की कली कहीं गुलाब होने से भी वंचित न रह जाए। अक्सर वैसा होता है।

आदमी योजना से पीड़ित है। योजना क्या है? और जो मंजिल हम चुनते हैं, वह भी किस लिए चुनते हैं? वह भी हम दिखाते फिरते हैं किसी और को। हमारे आदर्श भी हमारे आभूषण हैं। और हमारे आदर्श भी हमारे शृंगार से ज्यादा नहीं हैं। दूसरों को हम दिखाते फिरते हैं कि हम क्या हैं, क्या होना चाहते हैं, क्या होने की योजना है।

'जो अपने को दिखाता फिरता है, वह वस्तुतः दीप्तिवान नहीं है।'

अगर दीप्ति है तो लोग देख लेंगे। और लोग न देखें तो दीप्ति के होने में अंतर कहां पड़ता है! अगर आपके घर में दीया जला है तो आपके मकान की खिड़कियों से रोशनी बाहर जाएगी। कोई राहगीर निकलेगा तो देख लेगा। और राहगीर अंधा हो, निकले, अपने में व्यस्त हो, अंधा भी न हो, न देखे, तो दीए के होने में क्या फर्क पड़ता है? और अगर एक राहगीर खड़ा होकर प्रशंसा भी कर जाएगा कि दीया जला है और रोशनी हो रही है, तो इससे दीए को कोई तेल नहीं मिल जाने वाला है। और न यह प्रशंसा दीए की ज्योति को बढ़ा देगी।

हां, हम जरूर ऐसे दीए हैं कि भभक कर जल उठेंगे, अगर कोई कह जाए। उसमें हमारा और तेल, जो थोड़ा-बहुत होगा, चुक जाएगा। और अगर कोई न निकले तो हम अपनी उदासी में डूब कर बुझ जाएंगे। हमें पूरे

समय दूसरे का उकसावा चाहिए। हम अपने से नहीं जीते, कोई हमें जिलाने को चाहिए; कोई हमें धक्का देता रहे, कोई हमें सहारा देता रहे, कोई हमें कहता रहे। आप ऐसा मत सोचना कि यह किसी और के संबंध में बात हो रही है। यह आपके ही संबंध में बात हो रही है। जब कोई आपसे कह देता है कि कितने सुंदर हैं, तो भीतर कोई चीज भभक उठती है। जब कोई आपकी तरफ से मुंह फेर लेता है और उसकी आंखें कह जाती हैं कि देखने योग्य कुछ भी नहीं है, तब भीतर कोई ज्योति बुझ जाती है। यह ज्योति आपकी नहीं है, इतना पक्का आप समझ लेना। यह कोई और जलाता है, कोई और बुझाता है। आप लोगों के हाथ के खिलौने हैं। इसको अगर हम धर्म की भाषा में कहें तो कहना होगा, आपके पास अपनी कोई आत्मा नहीं है। आप उधार हैं। आप दूसरों की पूंजी से चल रहे हैं।

इसलिए एक मजे की घटना घटती है, राजनेता जब तक ताकत में होते हैं, आमतौर से मरते नहीं। ऐसा नहीं कि मरते ही नहीं हैं, मरना तो पड़ता ही है, लेकिन आमतौर से मरते नहीं। और राजनैतिक नेता आमतौर से जब तक ताकत में होते हैं, बड़े स्वस्थ होते हैं। लेकिन कोई धक्का लगे उनकी प्रतिष्ठा को, और वे बीमार होना शुरू हो जाते हैं। और उनकी प्रतिष्ठा धूमिल हो जाए, और उनकी मृत्यु करीब आ जाती है। वह जो चमक और दीप्ति दिखाई पड़ती है, वह उधार है। इसलिए जब भी कोई राजनेता अपने जीवन में जल्दी शिखर छू लेता है, तो मुश्किल में पड़ जाता है। क्योंकि उसके बाद उतरने के सिवाय कोई उपाय नहीं रहता। और हर उतार उसके जीवन को क्षीण कर जाता है। फिर जीने का कोई उपाय ही नहीं रह जाता।

मनसविद कहते हैं कि लोग अपने कामों से निवृत्त होकर, रिटायर होकर दस साल पहले मर जाते हैं; कम से कम दस साल उनकी उम्र कम हो जाती है—भला वे कुछ भी रहे हों, एक स्कूल में हेड मास्टर ही क्यों न रहे हों। हेड मास्टर ही सही, लेकिन दो-चार सौ बच्चों में तो अकड़ होती ही है। बच्चों के लिए तो हेड मास्टर करीब-करीब परमात्मा ही होता है। और अगर बच्चों से पूछें भी कि परमात्मा कैसा है? तो उनको जो तस्वीर खयाल में आएगी, वह हेड मास्टर की। और कोई आ नहीं सकती। हेड मास्टर रिटायर हो जाता है, अब कोई बच्चे रास्ते पर नमस्कार नहीं करते। किन्हीं मास्टरों को भी धमका नहीं सकता है, चपरासियों पर रोब नहीं गांठ सकता है। आदत! जीवन-ऊर्जा एकदम फीकी पड़ जाती है। लगता है, बेकार है, अब होने का कोई अर्थ नहीं है।

औरंगजेब ने अपने बाप को बंद कर दिया था जेलखाने में। तो शाहजहां ने खबर भिजवाई कि मेरी आदतों को देखते हुए तू इतना तो कम से कम कर कि तीस बच्चे मुझे दे दे तो मैं उनको पढ़ाने का काम करूं। शाहजहां ने खबर भिजवाई कि मुझे तीस बच्चे दे दे तो मैं एक छोटा मदरसा चलाऊं।

औरंगजेब ने अपने संस्मरणों में लिखवाया है कि शाहजहां को सब कुछ होने का, सॉवरिन होने का ऐसा शौक था कि जेलखाने में भी उसको अकेले होने में चैन न पड़ी। तीस बच्चे भिजवाने पड़े। और तब तीस बच्चों के बीच में कुर्सी पर बैठ कर वह फिर दरबार में बैठ गया। तीस बच्चों को पढ़ाने लगा, सिखाने लगा, डांटने-डपटने लगा। फिर सम्राट हो गया।

छोटी क्लास में एक शिक्षक भी सम्राट ही है। क्लासें हैं; छोटी हैं, बड़ी हैं, कोई बहुत फर्क तो पड़ता नहीं। आप चालीस करोड़ की क्लास में बैठे हैं, कि चालीस की क्लास में बैठते हैं, क्या फर्क पड़ता है? जितने हैं, उनके ऊपर आप हैं, बस काफी है। दीवार के बाहर बड़ा जगत है, उससे क्या लेना-देना है! उससे क्या प्रयोजन है!

शाहजहां बीमार था, जेलखाने में स्वस्थ हो गया। प्रसन्न हो गया, काम में उसे मजा आने लगा। ये तीस बच्चों की आंखें फिर दीए में ज्योति डालने लगीं। ज्योति अपनी बिलकुल नहीं है।

यह जो उधार जीवन है, यह अधार्मिक जीवन है। और इस उधार जीवन का सूत्र क्या है? जो अपने को दिखाता फिरता है, वह समझ ले ठीक से कि उसमें कोई दीप्ति नहीं है। और यह भी समझ ले कि उधार दीप्ति सिर्फ

धोखा है। अच्छा हो कि अपनी दीप्ति को खोजने में लगे, बजाय दूसरों की आंखों से दीप्ति चुराए और धोखा पैदा करे। अच्छा हो कि अपना दीया जलाए, बजाय दूसरों के दीए के सामने अपने आईने को करके उसमें दीयों को देखे। हम देख सकते हैं। जरूरी नहीं है कि मेरे मकान की खिड़की में भी दीया जले तो प्रकाश निकले। आपके मकान में निकल रहा हो, मैं अपने मकान की खिड़की पर आईना लगा सकता हूं। और तब यह भी हो सकता है कि राहगीर मेरी खिड़की से ज्यादा प्रकाश को निकलता देखें, बजाए आपकी खिड़की के।

लेकिन आईना सिर्फ धोखा है। हम सब आईने के मकान में रहते हैं। हम अपने चारों तरफ व्यक्तित्व में आईने लगा लेते हैं। उनमें दूसरों की छाया को हम इकट्ठी करते रहते हैं।

इसलिए कोई भी आदमी अपने से श्रेष्ठतर लोगों के पास रहना पसंद नहीं करता। सभी लोग अपने से निकृष्ट लोगों के पास रहना पसंद करते हैं। अपने से नीचे आदमी को खोजना हमेशा अच्छा लगता है। क्योंकि वह जब पास होता है, तो हमारे आईने में अकड़ आ जाती है। श्रेष्ठतर व्यक्ति के पास हम खड़े हों तो हम छोटे पड़ जाते हैं।

जिस व्यक्ति ने यह तय कर लिया कि अब मैं अपने से श्रेष्ठतर व्यक्ति के पास रहूंगा, उसको धर्म की भाषा में शिष्य कहते हैं—डिसाइपल। लेकिन हम गुरुओं से डरते हैं। गुरु के पास होना भी खतरनाक है। इसलिए अगर कोई गुरु हमें समझाए कि गुरु की कोई भी जरूरत नहीं, हमारा चित्त बड़ा प्रसन्न होता है कि बिलकुल ठीक। अपने से श्रेष्ठतर के पास होने में हम छोटे मालूम पड़ते हैं। हमारा दीया बुझने लगता है। अपने से निकृष्ट के पास हम श्रेष्ठ मालूम पड़ते हैं।

कोई पति अपने से लंबी पत्नी से शादी करना पसंद नहीं करेगा। कोई पसंद नहीं करेगा। यह हो सकता है, इसी कारण से स्त्रियों की लंबाई लाखों वर्षों में कम हो गई। क्योंकि कोई पुरुष लंबी स्त्री से शादी करना पसंद नहीं करेगा। यह अयोग्यता हो जाएगी। पुरुष अपने से ज्यादा बुद्धिमान स्त्री से भी शादी करना पसंद नहीं करते, अपने से ज्यादा पढ़ी-लिखी स्त्री से भी शादी करना पसंद नहीं करते। क्यों? वह जो पुरुष का अहंकार है, दिन भर बाजार में कुटा-पिटा घर लौटता है, वहां भी पिटाई उसकी हो जाए, असह्य हो जाएगा जीवन। इतनी सुविधा बनाने को उसे हम आज्ञा दे देते हैं, इसीलिए कि दिन भर न मालूम कहां-कहां पिटता है, कितना कांपिटीशन है, कितनी स्पर्धा है, जगह-जगह अपने से पहाड़ मिल जाते हैं; वहां से लौटता है, घर आकर पत्नी को देख कर बड़ी तृप्ति होती है।

यह जो आदमी का मन है, यह सदा अपने से छोटे लोगों को अपने पास खोजने में लगा रहता है। उधार जिनकी ज्योति है, उनके लिए यही सूत्र है।

जिन्हें अपनी ज्योति खोजनी है, उन्हें निरंतर शिखर की तलाश करनी चाहिए। जिन्हें अपनी ज्योति खोजनी है, उन्हें अपने सब दर्पण तोड़ देने चाहिए। उन्हें नग्न, वे जैसे हैं वैसे ही, अपने को स्वीकार कर लेना चाहिए। सारे वस्त्र हटा कर अपनी नग्नता को जानना उसकी तथ्यता में, फैक्टिसिटी में, जीवन-क्रांति की तरफ पहला कदम है।

'जो स्वयं अपना औचित्य बताता है, वह विख्यात नहीं है।'

जो स्वयं कोशिश करता है समझाने की कि मैं विख्यात हूं, जो स्वयं कोशिश करता है समझाने की कि मैं सही हूं, उसे खुद भी शक है। असल में, हमारे अपने ही शक हमें परेशान करते हैं। दूसरे के शकों से क्या प्रयोजन है? एक आदमी आकर आपको कह जाता है कि आप चरित्रहीन हैं; अगर आपको खुद भी शक है तो इस आदमी की बात घाव पर पड़ जाएगी। अगर आपको खुद शक नहीं है तो आप इस आदमी पर हंस सकते हैं।

बंगाली के प्रसिद्ध कथाकार हुए शरतचंद्र। एक सदगृहिणी ने जो शरतचंद्र के उपन्यासों से बड़ी प्रभावित थी, एक बहुत कुलीन परिवार की महिला, उसने एक दिन शरतचंद्र को जाकर निमंत्रण दे आई भोजन के लिए। लेकिन शरतचंद्र ने एक किताब लिखी थीः चरित्रहीन। और ऐसे भी शरतचंद्र का चरित्र ऐसा चरित्र नहीं था कि साधारण

बुद्धि के लोग उन्हें चरित्रवान कह सकें। उन्हें चरित्रवान कहने के लिए बड़ी असाधारण समझ चाहिए। जिनको हम सब चरित्रवान कह पाते हैं उसका मतलब तो यही है कि जो हमारी समझ से भी चरित्रवान हैं, वे कोई बहुत, कोई बहुत गहरे चरित्रवान नहीं हो सकते। हमारे मापदंड में भी जो चरित्रवान उतर जाते हैं।

तो शरतचंद्र को तो लोग चरित्रहीन ही समझते थे। जैसे ही घर में पता चला कि गृहिणी निमंत्रण कर आई है तो नौकरानी ने उसकी सास को कहा कि यह चरित्रहीन चटर्जी को निमंत्रण कर आई; ऐसे आदमी को घर में घुसने भी नहीं देना चाहिए। तो सास ने तो कहा कि इसी वक्त जाकर और इनकार कर आओ; कहना कि मेरी सास की तबीयत खराब हो गई। उसने बहुत समझाया कि यह पागल है; और फिर एक दफा भोजन ही की बात है, आधा घंटा—चरित्रहीन ही सही—भोजन करके चले जाएंगे; निमंत्रण दिया है, अब जाकर मना करूं, बहुत अशोभन है। फिर उसके मन में बहुत आदर भी था। लेकिन कोई तरह सास राजी न हुई तो उसे जाना पड़ा। लेकिन आदर इतना था शरत बाबू के प्रति कि उसने झूठ बोलना ठीक न समझा। उसने सारी घटना ऐसी ही बता दी कि नौकरानी ने खबर दे दी है कि आप चरित्रहीन हैं और मेरी सास छाती पीट रही है, रो रही है। और अब असंभव है आपको ले जाना।

शरतचंद्र खूब हंसे। और उन्होंने कहा कि बिलकुल बेफिक्र रह। और तो और है, पत्नी को भीतर से बुलाया और कहा कि इससे मैंने विधिवत विवाह किया है, फिर भी लोग कहते हैं मेरी रखैल है। इससे मैंने विधिवत विवाह किया है, फिर भी लोग कहते हैं मेरी रखैल है। तो उस महिला ने कहा कि आप इसका प्रतिवाद क्यों नहीं करते? तो शरतचंद्र ने कहा, अगर मुझे शक होता तो प्रतिवाद करता। अब मैंने विधिवत विवाह किया है, अब इसमें और क्या प्रतिवाद करना है? और जिनको मेरी विधि और मेरा विवाह जिनको आश्वस्त नहीं कर पाया, मेरा औचित्य उन्हें आश्वस्त कर पाएगा, इस वंचना में पड़ने का कारण क्या है? शरतचंद्र ने कहा कि हम जो मानना चाहते हैं, वह हम मान ही लेंगे। किसी का औचित्य बहुत फर्क नहीं कर पाता।

सुना है मैंने कि मुल्ला नसरुद्दीन जब भी अपने घर लौटता था तो पत्नी उसके कपड़ों पर बाल खोजती थी। अक्सर मिल जाते थे। मुल्ला शौकीन आदमी था। तो कलह निरंतर होती थी। आखिर मुल्ला ने सोचा इतनी सी ही बात से तो चरित्र का सब तय होता है, तो एक दिन घर आने के पहले एक लांड्री में जाकर उसने सारे कपड़ों पर ब्रश करवा कर सब तरह से सफाई करवा दी, और फिर घर लौटा। उसने सोचा, आज तो पक्का है कि कोई कलह का कारण नहीं है। उसकी पत्नी ने उसके सारे कपड़े देखे, छाती पीट कर रोना शुरू कर दिया और कहा कि अब तुमने गंजे सिर की स्त्रियों से भी प्रेम करना शुरू कर दिया! किसी बात की हद होती है, उसकी पत्नी ने कहा।

आदमी जो मानना चाहता है, मानता ही रहता है। कोई तर्क बहुत फर्क नहीं कर पाते। हां, उचित सिद्ध करने की चेष्टा में व्यक्ति अपने संदेहों को प्रकट कर देता है।

तो लाओत्से कहता है, 'जो स्वयं अपना औचित्य बताता है, वह विख्यात नहीं है। जो अपनी डींग हांकता है, वह श्रेय से वंचित रह जाता है। जो घमंड करता है, वह लोगों में कभी अग्रणी नहीं हो पाता। ताओ की दृष्टि में उन्हें सदगुणों के तलछट और फोड़े कहते हैं।'

किन चीजों को? जो चीजें लाओत्से ने ऊपर गिनाई हैं। तनाव से भरा हुआ व्यक्ति, जो अपने को दिखाता फिरे ऐसा व्यक्ति, जो अपना औचित्य सिद्ध करे ऐसा व्यक्ति, जो डींग हांके, जो घमंड करे ऐसा व्यक्ति, इसे लाओत्से कहता है, ये सदगुणों के तलछट और फोड़े हैं। ऐसा व्यक्ति सदगुणी नहीं है।

लेकिन हम तो जिनको भी सदगुणी मानते हैं, वे इसी तरह के व्यक्ति होते हैं। आपको अपने त्याग का भी प्रचार करना पड़ता है, तो लोग आपको त्यागी मानते हैं। जरूरी नहीं है कि आपने त्याग किया ही हो, ठीक प्रचार जरूरी है। अगर आप अपने सदगुणों की खुद ही चर्चा नहीं करते हैं तो कोई आपके सदगुणों की चर्चा करने वाला

नहीं है। लोगों को अपने सदगुणों की चर्चा से फुर्सत मिले तो आपके सदगुणों की भी चर्चा करें। और जहां सब अपने में उत्सुक हैं, किसको फिक्र है कि आप में सदगुण भी हैं! तो हर आदमी को अपना ही प्रचार करना पड़ता है। प्रचार ठीक से आप करें, यही जरूरी मालूम पड़ता है—जैसे समाज में हम जीते हैं, जहां हम जीते हैं। अगर लोग नहीं मान पाते हैं तो उसका मतलब ही है कि प्रचार में कोई त्रुटि रह गई। अगर फिर भी लोग पता लगा लेते हैं तो उसका मतलब सिर्फ इतना ही है कि आपके प्रचार की जो संरचना है, वह भूल भरी है। ठीक प्रचार करने पर लोग मानेंगे ही। लोग मानते ही उसी बात को हैं, जिसको उनके मस्तिष्क पर ठोंका जाता है और प्रचार किया जाता है। हमारे सदगुणी, हमारे महात्मा, हमारे साधु, हमारे चरित्रवान, हमारे नीतिनिष्ठ व्यक्ति, हम अपने प्रचार को हटा लें, फिर कहां खड़े रह जाएंगे? बहुत अजीब है, हम प्रचार से जीते हैं।

मैंने सुना, गुजरात के एक बड़े समाजसेवी, ठक्कर बापा, एक ट्रेन से यात्रा कर रहे थे। गांधीजी के अनुयायी थे, इसलिए थर्ड क्लास में चलते थे। बड़ी भीड़-भाड़ थी, बामुश्किल तो अंदर हो पाए। बंबई की तरफ आते थे। एक मोटा आदमी पूरी सीट पर कब्जा किए लेटा हुआ था। बीसों लोग खड़े हैं, स्त्रियां, बच्चे खड़े हैं। बड़ी भीड़, बड़ी गर्मी! और वह आदमी पूरी सीट रोके हुए अपना अखबार पढ़ रहा है। ठक्कर बापा ने उसे कहा कि मैं बूढ़ा आदमी हूं, अगर थोड़ी जगह दे दें। उसने कहा, चुप रह बूढ़े, फिजूल गड़बड़ मत कर। अखबार पढ़ कर वह अपने बगल वाले आदमी से कहता है कि कल बंबई में ठक्कर बापा का व्याख्यान है; सुनना है मुझे भी।

और ठक्कर बापा उसके पास खड़े हैं! आदमी को मानिए कि अखबार को मानिए? अखबार बड़ी चीज है।

एक जैन बहुत क्रांतिकारी विचारक व्यक्ति थे महात्मा भगवानदीन। वे मेरे एक मित्र के घर नागपुर में मेहमान थे। उन मित्र ने मुझे घटना बताई। आए थे कुछ चंदा करने। कोई एक आश्रम, वृद्ध और विधवाओं का आश्रम चलाते थे। उसके लिए चंदा करने आए थे। तो मित्र से कहा कि मैं चंदा करने आया हूं; और चंदा करने निकल गए। दिन भर मेहनत करके कोई पांच-सात रुपए लेकर लौटे। तो मित्र ने कहा, यह भी हद हो गई, पांच-सात रुपए! तो आपको मालूम नहीं चंदा कैसे किया जाए। कल हम निकलेंगे।

उसके पहले अखबारों में ठीक से खबर निकाली कि महात्मा भगवानदीन कौन हैं, क्या हैं। फिर दस-पांच लोगों की भीड़-भाड़ लेकर लोगों के घर पहुंचे। और फिर एक झूठी फेहरिस्त लेकर पहुंचे, जिसमें दो-चार बड़े आदमियों के नाम थे जिनके नाम के सामने हजार रुपया, किसी के सामने पांच सौ रुपया—वे सब झूठे थे। और जिसकी दुकान पर गए, उसने चार नाम देखे, महात्मा भगवानदीन! उठ कर खड़े हुए, पैर छुए। कई दूकानें तो वे थीं, कल जिन पर वे जाकर चार आने लेकर लौट आए थे। उन्होंने एक सौ एक रुपया, किसी ने दो सौ एक रुपया दिए।

कल जो आदमी आया था, वह महात्मा भगवानदीन नहीं था। आज जो आदमी आया है, बड़ा महात्मा है। और हम आदमी को थोड़े ही देते हैं, हम प्रचार को देते हैं। हम सबको लगता ही है ऐसा कि हम आदमियों से संबंधित हैं; हम प्रचार से संबंधित हैं।

मैं एक विश्वविद्यालय में विद्यार्थी था। तो पहला ही वर्ष था मेरा और बुद्ध-जयंती आई। तो उस विश्वविद्यालय के वाइस चांसलर ने व्याख्यान दिया और उन्होंने कहा कि मेरे मन में एक पीड़ा हमेशा बनी रहती है। जब भी बुद्ध का नाम आता है, तब मुझे ऐसा लगता है कि काश, हम उनके जमाने में होते तो उनके चरणों में बैठ कर कुछ सीखते! मैं उठ कर खड़ा हो गया और मैंने उनसे कहा कि आप इस पर फिर से सोचें। जहां तक मैं समझता हूं, आप बुद्ध के जमाने में होते तो आप आखिरी आदमी होते उनके चरणों में जाने वाले। उन्होंने कहा, क्या मतलब? तो मैंने कहा, आपको कम से कम ढाई हजार साल का प्रचार चाहिए पहले—कि बुद्ध! ढाई हजार साल का प्रचार है, तब आपको ऐसा खयाल उठ रहा है।

मैंने उनसे पूछा कि इस जमाने में किस जाग्रत व्यक्ति के चरणों में जाकर आप बैठे हैं? या तो आप यह कहिए कि कोई जाग्रत व्यक्ति है ही नहीं। छोड़िए जाग्रत व्यक्ति को। आपसे भी कोई श्रेष्ठ व्यक्ति इस जमीन पर इस समय है? वे थोड़ा बेचैन हुए। मैंने कहा, आप ढाई हजार साल बाद फिर पैदा होकर इसी तरह सिर पीटेंगे कि काश, उस वक्त हम होते तो चरणों में जाकर बैठते। चरणों में बैठने की आपकी वृत्ति नहीं है। लेकिन ढाई हजार साल का लंबा प्रचार है। तो बुद्ध, बुद्ध से आपकी कोई पहचान नहीं हो सकती, प्रचार से संबंध है।

जिन्होंने जीसस को सूली लगाई, उन्हें जरा भी नहीं लगा कि कोई खास आदमी को सूली लगा रहे हैं। और अब वे पैदा हो जाएं तो वे सोचेंगे कि काश, जीसस के वक्त में होते तो चरणों में बैठ कर अमृत मिल जाता। और यही उनको सूली लगाने वाले थे! एक लाख आदमी इकट्ठा था जीसस को सूली लगाते वक्त, एक को नहीं लगा कि किसी आदमी को हम मार रहे हैं जिसके चरणों में बैठ कर—लोग कभी तड़पेंगे जिसके चरणों में बैठने को। लेकिन चरणों से हमें मतलब नहीं, चरणों का प्रचार चाहिए।

केंडी में, श्रीलंका में केंडी के मंदिर में एक दांत रखा हुआ है। उसको लोग हजारों साल से सिर झुका रहे हैं। खयाल है कि वह बुद्ध का दांत है। और यह सिर्फ प्रचार है। क्योंकि उसकी खोज-बीन हुई तो पता चला कि वह आदमी का भी दांत नहीं है; बुद्ध का तो हो ही नहीं सकता। वह दांत किसी जानवर का है। लेकिन वे जो लाखों लोग सिर झुका रहे हैं, उनको दांत से थोड़े ही मतलब है, प्रचार से मतलब है। हम जीते हैं प्रचार से।

और लाओत्से कहता है, यह जो, यह जो वृत्ति है सतह पर नीति, आचरण, साधुता, सबको तौल लेने की, इसका धर्म से कोई संबंध नहीं है। यह तो सदगुणों का तलछट है। यह तो सदगुण तो कहीं दूर हैं बहुत, यह तो कचरा-कूड़ा है, जो बचा हुआ है। इसका कोई संबंध नहीं है सदगुणों से। और न केवल यह कचरा है, बल्कि ये फोड़े हैं। तो जिनको आप पूजते हैं जिस सदगुण के कारण, उस सदगुण के कारण उस आदमी को कोई आनंद नहीं मिल रहा है और आप पूजा कर रहे हैं। ये फोड़े होने का यह मतलब है, उनको दुख रहा है।

मैं ऐसे बहुत साधुओं को जानता हूं, जिनके हजारों भक्त हैं। और उन साधुओं से जब मैं मिला हूं तो अकेले में वे मुझसे कहते हैं कि अभी हमें ध्यान नहीं हुआ, कोई रास्ता बताएं। और हजारों हैं जो सोच रहे हैं, इनके चरणों में बैठ कर उनको ध्यान हो जाने वाला है।

यहां बंबई में कोई दस वर्ष पहले एक बड़े साधु के साथ मैं बोल रहा था। उन्होंने आत्मज्ञान पर बड़ी अदभुत बातें कहीं। जानते थे सभी कुछ, जिसको जानने में कोई अड़चन नहीं है। पीछे मैं बोला। और जब वे जाने लगे तो मैंने उनसे बहुत धीरे से कहा कि आपने जो भी कहा है, उसका आपको पता नहीं है। पता होता तो कोई झगड़ा ही नहीं था; लेकिन उनको भी पता तो था ही कि पता नहीं है।

चोट लग गई, नाराज दिखाई पड़े और कहा कि आपने ऐसा कैसे कह दिया? मैंने कहा कि अब आप सोचना। मैंने कह दिया, अब आप सोचना। रात भर सो नहीं सके। उनको बेचैनी रही। पर आदमी ईमानदार थे। दूसरे दिन सुबह उन्होंने मुझे बुलवाया।

यह देख कर कि मैं जा रहा हूं, दस-बीस उनके भक्त इकट्ठे हो गए। पर उन्होंने कहा, मैं तो अकेले में ही मिलना चाहता हूं। सो दरवाजे बंद कर लिए। और तब वे मुझसे बोले कि साठ साल का मैं हो गया, मुझसे कभी किसी ने यह कहा ही नहीं कि आपको पता नहीं है। सब मानते हैं कि मुझे पता है। और धीरे-धीरे मैं भी भूल गया था कि मुझे पता नहीं है। कल अचानक चौंका दिया आपने। इसलिए पहले तो क्रोध आया, फिर रात मैंने सोचा कि क्रोध का क्या प्रयोजन है, पता तो मुझे नहीं है। फिर मैंने कहा कि अगर ठीक सच में ही समझ में आ गया तो दरवाजा खोल दें और वे जो बीस-पच्चीस आदमी बाहर बैठे हैं, उनको भी भीतर बुला लें।

उन्होंने कहा, क्या कहते हैं आप, सब प्रतिष्ठा पानी में मिल जाएगी! वे मानते हैं कि मुझे पता है, इसीलिए तो सारी प्रतिष्ठा है। पर मुझे कोई रास्ता बता दें।

लेकिन यह भी वे चोरी में ही पूछते हैं! मैंने कहा कि रास्ते की शुरुआत हो जाएगी, उन लोगों को बुला लें, उनके सामने ही पूछें। इतनी भी हिम्मत नहीं थी कि उनको सामने बुला कर पूछ लें।

जो साधु समझाते हैं लोगों को ब्रह्मचर्य पर, एकांत में मुझे मिलते हैं, वे पूछते हैं, ब्रह्मचर्य कैसे सधे, सधता तो नहीं। और जितना कम सधता है, उतना व्याख्यान में ज्यादा जोर लगाते हैं कि ब्रह्मचर्य साधो! वे आपको कम समझा रहे हैं, खुद को ज्यादा समझा रहे हैं। चौबीस घंटे ब्रह्मचर्य की बात करते रहेंगे। लेकिन भीतर फोड़ा है वह उनका। आप समझ रहे हैं वे उपदेश कर रहे हैं; वह उनका फोड़ा है। यह मवाद बह रही है फोड़े से। यह उनका दुख है भीतर। आदमी अपने को धोखा देने में अति कुशल है। वह यह भी मानने को राजी नहीं होता कि मैं बीमार हूं। इसमें भी तकलीफ होती है मानने में कि मैं बीमार हूं। वह कहता है, हूं तो मैं स्वस्थ, लेकिन दवा दे दें—अगर कोई दवा हो। लेकिन स्वस्थ की कोई दवा होती है? बीमारी स्वीकार करना आवश्यक है।

आपने कभी खयाल किया, इसको सूत्र समझ लें, कि जो सदगुण आपको आनंद न देता हो वह सदगुण आपके लिए फोड़ा है। लोग मेरे पास आकर कहते हैं कि हम ईमानदार हैं, लेकिन कष्ट भोग रहे हैं। ईमानदार हैं तो कष्ट कैसा? वे कहते हैं, बेईमान बड़ा मजा कर रहे हैं। ईमानदार कष्ट भोग रहे हैं, बेईमान बड़ा मजा कर रहे हैं।

मत भोगें ऐसा कष्ट, बेईमान हो जाएं। यह ईमानदारी झूठी है, यह तलछट है; यह सदगुण नहीं है, यह फोड़ा है। इससे कुछ मिलता नहीं है। मजा यह है कि यह फोड़ा ऐसा है कि इससे बेईमान भी ज्यादा लाभ में है, यह मालूम पड़ता है। यह आश्चर्य की बात है!

एक आदमी कहता है कि हम सत्य बोलते हैं और दुख पाते हैं, और झूठ बोलने वाले आगे बढ़े जा रहे हैं!

अगर सत्य बोलना काफी नहीं है आनंद के लिए तो यह सत्य फोड़ा है। तब इसका मतलब केवल इतना ही है कि आप में झूठ बोलने की भी हिम्मत नहीं है, इसलिए झूठ भी नहीं बोलते। लेकिन झूठ बोलने से जो मिलता है, उसका लोभ आपको सता रहा है। वह आप चाहते हैं। बड़े बेईमान हैं, बेईमान से भी ज्यादा बेईमान हैं।

बेईमान बेईमानी करता है और बेईमानी से जो मिलता है वह पाता है। आप बेईमानी भी नहीं कर सकते, उतनी भी हिम्मत नहीं, ईमानदार होने का ढोंग भी जारी रखते हैं और बेईमानी से जो मिलता है वह भी पाना चाहते हैं। आपकी चालाकी ज्यादा है, आप ज्यादा कनिंग हैं। बेईमान का हिसाब साफ है। बेईमान मुझे कभी कहता नहीं मिलता कि हम इतनी बेईमानी कर रहे हैं, फिर भी सुख नहीं पा रहे और फलां ईमानदार आदमी सुख पा रहा है। बेईमान कहता ही नहीं है यह। बेईमान कभी नहीं कहता कि हम इतनी बेईमानी करके भी सुख नहीं पा रहे हैं और फलां ईमानदार आदमी सुख पा रहा है, बिना ही बेईमानी किए।

असल में, ईमानदार आदमी सुखी दिखाई नहीं पड़ता। बेईमान को लगता है कि वह हम से भी ज्यादा दुख पा रहा है। कोई ईमानदार आदमी सुखी दिखाई नहीं पड़ता। और जिस आदमी की ईमानदारी सुख नहीं है, उसकी ईमानदारी फोड़ा है। जो आदमी सच में सदगुण में जीता है, उसके लिए इस जगत में कोई तुलना नहीं है फिर किसी से। फिर उसके सामने कोई स्वर्ग को लाकर रख दे और कह दे कि तू सच बोलना छोड़ दे और स्वर्ग ले ले। तो वह कहेगा, अपना स्वर्ग ले जाओ अपने साथ, क्योंकि मेरे लिए सत्य बोलना ही स्वर्ग है। और अगर सत्य बोलना स्वर्ग नहीं है तो कोई स्वर्ग स्वर्ग सिद्ध नहीं हो सकता।

लेकिन हमसे कोई स्वर्ग तो बहुत दूर की बात है, नए ढंग का नरक भी बता दे तो हम झूठ बोलने को तैयार हैं। कम से कम नए ढंग का नरक तो है; पुराने से छुटकारा हुआ, इसको ग्रहण करें, थोड़ी राहत तो मिलेगी।

लाओत्से इसको फोड़ा कहता है, सदगुण को फोड़ा—जैसे सदगुण हम जानते हैं। लेकिन फोड़ा कहने का प्रयोजन इतना ही है कि आपके भीतर, फोड़े का क्या मतलब होता है कि आपके व्यक्तित्व की, आपके प्राणों की जो व्यवस्था है, उसमें कोई फारेन एलीमेंट, कोई विजातीय तत्व खटकता है। स्वास्थ्य का अर्थ है, कोई विजातीय तत्व खटकता नहीं है; आप एक गहरी संगीत की व्यवस्था में हैं, एक लयबद्ध; कोई चीज खटकती नहीं।

लेकिन ऐसा तभी हो सकता है, जब व्यक्ति के सदगुण दूसरों को दिखाने के निमित्त नहीं, अपने आनंद से निष्पन्न हुए हों। और ऐसे सदगुण तभी फलित हो सकते हैं, जब उन्हें पूरा करने के लिए हमने अपने ऊपर जबरदस्ती दबाव न डाला हो, बल्कि अपनी सहजता के प्रवाह में उन्हें उपलब्ध किया हो। अगर कोई आदमी सहज बहे और एक दफा जिंदगी में बेईमानी भी आ जाए, तो हर्जा नहीं है; क्योंकि सहज बहने वाला बेईमानी में ज्यादा देर नहीं रह सकता। क्योंकि बेईमानी इतनी असहज है। कभी आपने झूठ बोला? एकाध दफे बोला हो तो ही खयाल में आएगा; रोज बोला हो तो फिर बिलकुल खयाल में नहीं आएगा। अगर आपने एकाध दफे झूठ बोला हो तो आपको पता चलेगा कि आपको उस झूठ के लिए अब जिंदगी भर झूठ बोलना पड़ेगा। वह इतना असहज है! और अब आप किससे क्या कहते हैं, वह खयाल रखना पड़ेगा। क्योंकि वह एक झूठ, जो आप बोल दिए हैं, अब उसके हिसाब से आपको सब बोलना पड़ेगा। आपकी सारी जिंदगी झूठ हो जाएगी। झूठ इतना असहज है, झूठ को याद रखना पड़ता है।

इसलिए ध्यान रखें, जिनकी स्मृति कमजोर है, उनको झूठ नहीं बोलना चाहिए। झूठ बोलने के लिए बड़ी गहरी स्मृति चाहिए। इसलिए अक्सर स्मृति जिनकी कमजोर है, वे ईमानदार रहते हैं। उसका कारण यह नहीं है; झूठ बोलने में झंझट है, उसमें बड़ा हिसाब रखना पड़ता है। वह शतरंज का खेल है, उसमें कई चालें आगे की भी याद रखनी पड़ती हैं। सच बोल कर भूला जा सकता है; सच को याद रखने की कोई भी जरूरत नहीं है। इसलिए सच का कोई बोझ नहीं पड़ता। इसलिए जितना सच्चा आदमी होता है, उसके मन पर उतना कम बोझ होता है। जितना झूठा आदमी होता है, उसके मन पर बोझ बढ़ता चला जाता है। पहाड़ खड़े हो जाते हैं। हजारों झूठों का बोझ उसको पूरा तना हुआ रखता है। फोड़ा बन जाता है।

अगर कोई सच को सहजता से बोल रहा है तो उसके जीवन में फोड़े नहीं होंगे। अगर ईमानदारी को कोई सहजता से जी रहा है तो उसके जीवन में फोड़े नहीं होंगे।

एक अमरीकी मनसविद, फ्रेडरिक पर्ल्स ने अपनी मृत्यु के पहले—अभी उसकी मृत्यु हुई—एक छोटा सा कम्यून बनाया था। उस कम्यून में जितने परिवार थे, दस-पांच मित्रों के परिवार थे, उस कम्यून का एक मोटो बनाया था। वह आदमी मर गया। पता नहीं, वह कम्यून चल सकेगा, नहीं चल सकेगा। लेकिन वह मोटो मुझे बहुत पसंद पड़ा। इतना ही सहज हो तो जीवन में प्रेम का फूल खिल सकता है। मोटो यह था, पर्ल्स ने अपने कम्यून के दरवाजे पर लिख रखा थाः आई एम आई; यू आर यू। इफ आई कैन लव यू, इट इज़ ब्यूटीफुल; इफ यू कैन लव मी, इट इज़ ब्यूटीफुल; इफ आई कैननाट लव यू, आई एम हेल्पलेस; इफ यू कैननाट लव मी, यू आर हेल्पलेस। मैं मैं हूं, तुम तुम हो; यदि मैं तुम्हें प्रेम कर पाऊं, सुखद है; यदि तुम मुझे प्रेम कर पाओ, सुखद है; यदि मैं तुम्हें प्रेम न कर पाऊं तो असहाय हूं; यदि तुम मुझे प्रेम न कर पाओ तो असहाय हो। और कुछ भी नहीं किया जा सकता।

यह परिवारों के लिए सूत्र। लेकिन इतनी सरलता से अगर आप किसी को प्रेम करें तो आपका प्रेम घाव नहीं बनेगा। कर पाएं तो सुंदर है; न कर पाएं तो आदमी असहाय है। खिल जाए प्रेम, सुखद है; न खिल पाए तो चेष्टा से खिलाने का कोई उपाय नहीं है। यह मतलब है असहाय होने का—आई एम हेल्पलेस। अगर मैं आपको प्रेम कर पाऊं तो ठीक है; न कर पाऊं तो चेष्टा से करने का कोई उपाय नहीं है। और अगर चेष्टा से करूंगा तो सब जहर हो जाएगा। फिर मैं खड़ा हो गया अपने पंजों के बल।

और जिस जीवन में प्रेम भी सहज नहीं है, उस जीवन में कुछ भी सहज नहीं हो सकता, ध्यान रखना। जिसके जीवन में प्रेम सहज नहीं है, पैसा कैसे सहज होगा? पैसा तो अनिवार्य रूप से असहज चीज है। प्रेम अनिवार्य रूप से सहज चीज है। जिनका प्रेम तक तनाव है, उनका सब तनावग्रस्त हो जाएगा।

लाओत्से कहता है, 'ये हैं सदगुण के तलछट और फोड़े। वे जुगुप्सा पैदा करने वाली चीजें हैं।'

घृणा पैदा करने वाली चीजें हैं। बड़ी हैरानी की बात लाओत्से कहता है। वह कहता है, जब सदगुण फोड़ा होता है, तो उससे ज्यादा जुगुप्सा, उससे ज्यादा घृणा-उत्पादक और कोई चीज नहीं होती। यह होगा भी। क्योंकि चीजें विपरीत से जुड़ी होती हैं। प्रेम से ज्यादा सुंदर इस जगत में कोई भी चीज नहीं है; लेकिन प्रेम जहां अभिनय है, प्रेम जहां असत्य है, वहां प्रेम से ज्यादा कुरूप चीज भी खोजनी असंभव है। वे जुगुप्सा पैदा करती हैं। जहां सदगुण फोड़े की तरह मवाद से भरे होते हैं, और जहां साधु सिर्फ छिपे हुए असाधु होते हैं, और जहां वस्त्रों के सिवाय सफाई भीतर कहीं भी नहीं होती, और जहां आत्मा भी अपनी नहीं, उधार होती है, दूसरों से मांग कर भिक्षा-पात्र में जहां आत्मा इकट्ठी करनी पड़ती है, उससे ज्यादा जुगुप्सा पैदा करने वाली और कोई चीजें नहीं होंगी।

इसका मतलब यह हुआ कि एक बार एक अपराधी भी सुंदर हो सकता है, लेकिन झूठा साधु सुंदर नहीं हो सकता। एक बार क्रोध में भी एक त्वरा और चमक हो सकती है, लेकिन झूठे, चेष्टित प्रेम में उतनी चमक भी नहीं होती। एक बार क्रोध भी ताजा हो सकता है, लेकिन चेष्टा से दिखाया गया प्रेम सदा बासा होता है। और प्रेम जब बासा होता है तो जितनी दुर्गंध देता है, उतना ताजा क्रोध भी नहीं देता। ताजगी क्रोध की भी भली है, और बासापन प्रेम का भी बुरा है। जब प्रेम ताजा होता है, तब की बात ही करनी उचित नहीं है। जब प्रेम ताजा होता है, तब की बात ही करनी उचित नहीं है। और जब क्रोध भी बासा होता है, तब आदमी बिलकुल मुर्दा है। कब्र है, आदमी नहीं है।

जीसस ने कहा है, तुम सफेदी से पोते गए ताबूत हो; कब्रें हो सफेदी से पोती गई। तुम्हारी सफेदी ऊपर है, भीतर सब सड़ रहा है।

हमारे सदगुण ऊपर से पोती गई सफेदी हैं अगर, तो लाओत्से कहता है, इससे ज्यादा जुगुप्सा पैदा करने वाली और कोई चीज नहीं।

'इसलिए ताओ का प्रेमी उनसे दूर ही रहता है।'

ताओ का प्रेमी ऐसे सदगुणों से दूर रहता है। क्योंकि ताओ का प्रेमी उस सदगुण के लिए ही आतुर होता है, जो सहज विकसित होता है और खिलता है; जो एक बहाव है, जो लाया नहीं जाता; जिसको खींच कर लाने का कोई मार्ग नहीं है; जिसके लिए सिर्फ हृदय के द्वार खोल देने पड़ते हैं, और जो आता है। आप उसे आने दे सकते हैं, ला नहीं सकते।

करीब-करीब ऐसा जैसे सूरज बाहर निकला हो, मैं अपना द्वार खोल दूं और उसकी किरणें भीतर आ जाएं। मैं आने दे सकता हूं। मैं अपना द्वार बंद कर दूं, सूरज बाहर रहा आए, उसकी किरणें द्वार से टकराएं और वापस लौट जाएं। मैं सूरज को आने से रोक भी सकता हूं। लेकिन मैं सूरज को ला नहीं सकता। रोक सकता हूं, आने दे सकता हूं, लेकिन ला नहीं सकता। कोई सूरज की किरणों को पोटली में बांध कर लाने का उपाय नहीं है। और अगर आपने बांधा भी, पोटली भीतर आ जाएगी, किरणें बाहर ही रह जाएंगी। और तब उस खाली पोटली को आप अगर रखे बैठे रहें तो इससे ज्यादा जुगुप्सा पैदा करने वाली और कोई स्थिति नहीं है।

आज इतना ही। रुकें पांच मिनट, कीर्तन करें, और फिर जाएं।

बावनवां प्रवचन

वर्तुलाकार अस्तित्व में यात्रा प्रतियात्रा भी है

Chapter 25 : Part 1

THE FOUR ETERNAL MODELS

Before the Heaven and Earth existed
There was something nebulous:
Silent, isolated,
Standing alone, changing not,
Eternally revolving without fail,
Worthy to be the Mother of all things.
I do not know its name,
And address it as Tao.
If forced to give it a name, I shall call it 'Great'.
Being great implies reaching out in space,
Reaching out in space implies far-reaching,
Far-reaching implies reversion to the original point.

अध्याय 25 : खंड 1

चार शाश्वत आदर्श

स्वर्ग और पृथ्वी के अस्तित्व में आने के पूर्व
सब कुछ कोहरे से भरा था :
मौन, पृथक,
एकाकी खड़ा और अपरिवर्तित,
नित्य व निरंतर घूमता हुआ,
सभी चीजों की जननी बनने योग्य।
मैं उसका नाम नहीं जानता हूं,
और उसे ताओ कह कर पुकारता हूं।
यदि मुझे नाम देना ही पड़े तो मैं उसे महान कहूंगा।
महान होने का अर्थ है अंतरिक्ष में फैलाव की क्षमता,
और अंतरिक्ष में फैलाव की क्षमता है दूरगामी,
यही दूरगामिता मूल बिंदु की ओर प्रतिगामिता भी है।

लाओत्से, जीवन का जो परम रहस्य है, उसे नाम देने के पक्ष में नहीं। नाम देते ही हम उससे वंचित होना शुरू हो जाते हैं। नाम देना उससे बचने का उपाय है, उसे जानने का नहीं। लेकिन हम सब यही सोचते हैं कि नाम दे दिया उसे तो जान लिया। इसके कारणों को समझना जरूरी है।

हम अपने पूरे जीवन में नाम देने को ही ज्ञान मानते हैं। एक बच्चा पूछता है सामने खड़े पशु को देख कर, क्या है? और हम कहते हैं, गाय है। या हम कहते हैं कुत्ता, या हम कहते हैं घोड़ा। और बच्चा नाम सीख लेता है। इस सीखने को ही वह जानना मानेगा। जो हमारा ज्ञान है, वह इसी तरह सीखे गए नाम हैं। न हम गाय को जानते हैं, न हम घोड़े को जानते हैं। हम नाम जानते हैं, हम लेबल लगाना जानते हैं। और जो आदमी जितने ज्यादा लेबल पहचानता है, उतना बड़ा ज्ञानी समझा जाता है।

यह नाम जान लेना भी बड़े मजे की बात है। क्योंकि न तो गाय कहती है कि उसका नाम गाय है, और न घोड़ा कहता है कि उसका नाम घोड़ा है। हमने ही दिए हैं नाम और फिर हम ही उन नामों से परिचित होकर ज्ञानी हो जाते हैं। वह जो अस्तित्व है, अपरिचित ही रह जाता है, अनजाना रह जाता है।

अब्राहम मैसलो ने एक संस्मरण लिखा है। उसने लिखा है कि मैं जिस विश्वविद्यालय में पढ़ता था, उस विश्वविद्यालय में एक बहुत बड़े ज्ञानी प्रोफेसर थे। और उनको चीजों को नाम देने की और हर चीज को व्यवस्थित करने की ऐसी विक्षिप्त आदत थी कि अखबार भी पुराने वे तारीखें-नाम लगा कर फाइल करते जाते थे। दाढ़ी बनाने का ब्लेड भी जब खराब हो जाए, तो किस तारीख को शुरू किया और किस तारीख को खराब हुआ, वे लेबल लगा कर सम्हाल कर रख देते थे। मैसलो ने लिखा है कि एक दिन वह उनके घर गया तो उसने पियानो का ढक्कन उठा कर देखा, तो उसमें नीचे बड़े अक्षरों में लिखा था—पियानो।

यह प्रोफेसर हमें पागल मालूम पड़ेगा। लेकिन अगर यह पागल है तो हम भी थोड़ी मात्रा में पागल हैं। वह अंतिम सीमा तक चला गया। कुर्सी पर लिखा हुआ है कुर्सी, दरवाजे पर लिखा हुआ है दरवाजा; यह हमें पागल मालूम पड़ता है। लेकिन हमारा ज्ञान भी और क्या है? हमारा सारा ज्ञान नामकरण है, लेबलिंग। और हमने—मजा यह है कि उस प्रोफेसर ने तो पियानो पर लिखा कि पियानो, दरवाजे पर लिखा दरवाजा, कुर्सी पर लिखा कुर्सी—हमने ईश्वर पर भी लिख छोड़ा है ईश्वर। आत्मा, मोक्ष, स्वर्ग, नरक। नाम देने से ऐसा भ्रम पैदा होता है कि हम जानते हैं।

जब मैं कहता हूं मोक्ष, तो आपके भीतर थोड़ी सी गुदगुदी पैदा होती है, आपको लगता है जानते हैं। क्योंकि नाम आपका सुना हुआ है। जब मैं कहता हूं ईश्वर, तो आपके भीतर में धड़कन होती है और आपको लगता है जानते हैं। क्योंकि यह नाम सुना हुआ है। लेकिन क्या जानते हैं आप ईश्वर को? क्या जानते हैं मोक्ष को? क्या जानते हैं

गाय को? क्या जानते हैं घोड़े को? नाम जानते हैं। और आदमी भाषा को तत्वज्ञान समझ लेता है। नामों के संग्रह को आदमी संपदा समझ लेता है ज्ञान की।

इसलिए लाओत्से सख्त खिलाफ है नामकरण के। कहीं भी वह नाम नहीं देता। वह कहता है, जिसे नाम दिया जा सके, वह सत्य न होगा। जिस पर हम लेबल लगा सकें, वह सत्य न होगा।

असल में, हम लेबल लगाते ही इसलिए हैं ताकि हम जानने की झंझट और यात्रा से बच जाएं। लेबल लगाने पर हम निश्चिंत हो जाते हैं। फिर हमें कोई चिंता नहीं रह जाती। एक आदमी से हम पूछ लेते हैं: क्या है तुम्हारा नाम? क्या है तुम्हारी जाति? क्या है तुम्हारा धर्म? किस गांव से आते हो? किस देश के नागरिक हो? और ये सब बातें जान कर हम निश्चिंत हो जाते हैं, वह आदमी जान लिया गया।

एक आदमी इतनी बड़ी घटना है! और हमने इन चार नामों को इकट्ठा कर लिया, हिंदू है, राम उसका नाम है, हिंदुस्तान का नागरिक है, जानकारी पूरी हो गई। और आदमी इतनी बड़ी घटना है! इतना बड़ा सागर! छोर उसके खोजने मुश्किल हैं। हमारा सारा परिचय नाम देने के धोखे से निर्मित होता है।

इसलिए लाओत्से कहता है, मैं उस परम सत्य को कोई नाम नहीं देता हूं। उसे ईश्वर नहीं कहता हूं, उसे मोक्ष नहीं कहता हूं। क्योंकि जैसे ही मैं उसे नाम दूंगा, तुम समझोगे कि तुम जानते हो।

और बड़ी से बड़ी कठिनाई लाओत्से, कृष्ण या बुद्ध जैसे व्यक्तियों के सामने यही है कि वे कैसे आपको समझाएं कि आपको कुछ भी पता नहीं है। आप आश्वस्त हो अपने ज्ञान में। आपको अपने ज्ञान का बिलकुल पक्का भरोसा है। और लाओत्से जैसे व्यक्ति के लिए यही सबसे पहली जरूरत है कि वह आपको आपके ज्ञान से छुटकारा दिलाए और आपको बताए कि आपको कुछ भी पता नहीं है। जो भी पता करने योग्य है, अभी वह अनजाना पड़ा है। और जो भी आप जानते हो, वह कचरा है। वह पियानो पर लिख दिया कि पियानो, दरवाजे पर लिख दिया कि दरवाजा! बस वे हमारे दिए हुए नाम हैं। और उन्हीं लेबलों को इकट्ठा करके हम ज्ञानी बन जाते हैं। जो जितने ज्यादा लेबल जानता है, उतना बड़ा ज्ञानी हो जाता है।

सदगुरु के समक्ष पहला काम यही है कि वह व्यक्ति को अज्ञान के प्रति सचेत कर दे। तो लाओत्से ने सबसे सुगम तरकीब खोजी है कि वह आपसे नाम छीन ले। वह आपको यह बता दे कि जो भी आप समझते हैं कि जानते हैं, वह आप जानते नहीं हैं, वह धोखा है। अगर आपके सब नाम छीन लिए जाएं, आपकी जानकारी छीन ली जाए, तब आपको पता चलेगा कि आपका जीवन बिना जाने बीता जा रहा है। किसी ने गीता पढ़ ली है, किसी ने कुरान पढ़ लिया है, किसी ने रामायण पढ़ ली है, किसी ने उपनिषद पढ़ लिए हैं। वह उनका जानना बन गया। आपने किया क्या है? कुछ शब्द सीख लिए हैं। और बार-बार शब्दों को दोहराने से यह भ्रम आपको पैदा हो गया कि अब इन शब्दों से जो इशारा किया गया है, वह भी आप जानते हैं। वह आप बिलकुल नहीं जानते हैं।

अंधा भी प्रकाश शब्द को बहुत बार सुनता है। यह शब्द उसे भी मालूम हो जाता है। अंधों की ब्रेल लिपि होती है, इसमें वह अपने हाथ को फेर कर इसको पढ़ भी लेता है कि प्रकाश। प्रकाश की परिभाषा भी पढ़ सकता है। प्रकाश के संबंध में जो भी आदमी ने खोजा है, वह भी सब पढ़ सकता है। और तब अंधे को भी यह वहम पैदा हो सकता है कि वह जानता है कि प्रकाश क्या है। और उसकी सारी जानकारी व्यर्थ है; क्योंकि उसकी आंखों पर कभी प्रकाश का कोई संस्पर्श नहीं हुआ। और उसकी सारी जानकारी व्यर्थ है; क्योंकि उसके हृदय तक प्रकाश की कोई किरण नहीं पहुंची। उसकी सारी जानकारी न केवल व्यर्थ है, बल्कि खतरनाक भी है। क्योंकि यह भी हो सकता है कि अंधा धीरे-धीरे यह सोचने लगे कि जब मैं प्रकाश के संबंध में सब जानता हूं तो मैं अंधा नहीं हूं। क्योंकि अंधे प्रकाश के संबंध में जान ही कैसे सकते हैं!

हम सब की भी तकलीफ यही है। हम सब परम सत्य के संबंध में बिलकुल अंधे हैं। लेकिन शब्द हमें कंठस्थ हो गए हैं। और भारत जैसे मुल्क का तो और भी बड़ा दुर्भाग्य है। क्योंकि जितनी पुरानी हो संस्कृति, उतने शब्दों का बोझ होता है ज्यादा। जितनी लंबी यात्रा हो किसी जाति की, उतना ही ज्ञान उसके पास संगृहीत हो जाता है; जो उसकी मौत बन जाती है, उसकी गर्दन पर फांसी लग जाती है।

पुरानी कौम अपने ज्ञान से दब कर मरती है। नई कौमें अपने अज्ञान से परेशान होती हैं; पुरानी कौमें अपने ज्ञान से परेशान हो जाती हैं। बच्चे भटकते हैं अज्ञान के कारण, बूढ़े भटकते हैं ज्ञान के कारण। बच्चों की सारी तकलीफ यह है कि उन्हें रास्तों का कोई पता नहीं है, इसलिए भटक जाते हैं। बूढ़ों की तकलीफ यह है कि उन्हें सभी रास्तों का पता है बिना किसी रास्ते पर चले, इसलिए भटक जाते हैं। बच्चे क्षमा किए जा सकते हैं; बूढ़ों को क्षमा करने का कोई उपाय नहीं है। अज्ञान क्षमा किया जा सकता है; लेकिन झूठा ज्ञान क्षमा नहीं किया जा सकता। इस जगत में जो बड़े से बड़ा अपराध आदमी अपने साथ कर सकता है, वह अज्ञानी रहते हुए ज्ञान के भ्रम का अपराध है।

हमने इस मुल्क में कुछ इस संबंध में दूर तक चिंतन किया है। हमारे पास तीन शब्द हैं। एक को हम कहते हैं ज्ञान, एक को हम कहते हैं अज्ञान। लेकिन अज्ञान के साथ एक शब्द और है, जिसका हम प्रयोग करते हैं, वह है अविद्या। लेकिन बड़े मजे की बात है कि जिसको हमने अविद्या कहा है, उसको ही आमतौर से हम ज्ञान समझते हैं। अविद्या का मतलब अज्ञान नहीं है। अविद्या का मतलब है ऐसी विद्या जो विद्या नहीं है, ऐसा ज्ञान जो ज्ञान नहीं है, जो सिर्फ ज्ञान का धोखा है। जिससे भ्रम तो पैदा होता है...।

जैसे हम छोटे बच्चे को मुंह में कुछ चूसने को लकड़ी का टुकड़ा दे देते हैं। उसे भ्रम तो होता है कि शायद वह मां का स्तन चूस रहा है, लेकिन उससे कुछ पोषण नहीं मिलता। हालांकि उसका रोना बंद हो जाएगा और अपनी भूख को भी वह झुठला लेगा; क्योंकि जब बच्चा देखता है कि मुंह में स्तन है और वह दूध पी रहा है, चूस रहा है, तो वह अपनी भूख को झुठला देता है; आंख बंद करके, विश्राम करके सो जाता है। करीब-करीब हम ऐसी हालत में हैं। जो हम नहीं जानते हैं, उसे हम समझते हैं वह हमारा जाना हुआ। फिर वह हमारी जो भूख है सत्य के लिए, वह मर जाती है। या छिप जाती है, दब जाती है। और हम छोटे बच्चों की तरह झूठे ज्ञान को पोषण समझ कर सोए रहते हैं।

इसलिए लाओत्से की पहली और गहरी चोट है नाम के विरोध में। वह कहता है, नाम सत्य का कोई भी नहीं।

लेकिन तब एक अड़चन खड़ी हो जाती है। क्योंकि उसकी अगर चर्चा करनी हो, उसकी तरफ इशारा करना हो, तो कोई नाम तो देना ही पड़ेगा। अन्यथा किसकी चर्चा? किसकी बात? किसकी तरफ इशारा? यह भी कहना तो मुश्किल है कि हम उसे नाम न देंगे। पूछा जा सकता है: किसे? किसे नाम न देंगे आप?

तो लाओत्से चीनी भाषा का एक शब्द चुनता है, जो कि कम से कम नाम है, वह है ताओ। ताओ के लिए अगर हम अपनी भाषा में अनुवादित करने चलें तो वेद में एक शब्द है ऋत, बस उससे ही वह अनुवादित हो सकता है। या बुद्ध ने जिस अर्थ में धम्म शब्द का प्रयोग किया है, वह उसका अनुवाद हो सकता है। लेकिन धम्म या धर्म कहते ही हमारे मन में कुछ और खयाल उठता है, हमारे मन में खयाल उठता है: ईसाई धर्म, हिंदू धर्म, मुसलमान धर्म, जैन धर्म। बुद्ध ने धम्म या धर्म का प्रयोग किया है परम नियम के अर्थों में—दि इटरनल लॉ—जिस अर्थ में वेद ने ऋत का प्रयोग किया है। ऋत का अर्थ है वह नियम, जिससे सब संचालित है।

लाओत्से कहता है, मैं उसे ताओ कहता हूं। इस जगत का जो स्वभाव है, इस जगत के भीतर छिपा हुआ जो सारभूत, इसेंस है, वह मैं उसे कहता हूं।

लेकिन यह मजबूरी में दिया गया नाम है। इस नाम को समझ कर कोई यह न समझे कि उसने ताओ को समझ लिया। ताओ शब्द को कोई समझ कर यह न समझे कि उसने ताओ को समझ लिया। धम्म को समझ कर कोई यह न

समझे कि उसने धर्म को समझ लिया। ऋत शब्द को कंठस्थ करके कोई यह न समझे कि वह उस परम नियम को जान लिया, जिसके लिए इशारा किया गया था।

इशारे छोड़ने के लिए हैं, पकड़ने के लिए नहीं। इशारे कहीं पहुंचाने के लिए हैं, रोकने के लिए नहीं। इशारे से दूर हटना चाहिए, इशारे को जकड़ नहीं जाना चाहिए। वह मील का पत्थर लगा है रास्ते पर, तीर का इशारा करता है कि मंजिल आगे है। वह मील के पत्थर पर रुकना नहीं है। वह मील का पत्थर लगाया ही इसीलिए है कि कोई वहां मंजिल समझ कर रुक न जाए। वह तीर आगे के लिए है। सब शब्द मील के पत्थर हैं। और सब शब्दों का तीर सत्य की तरफ है। लेकिन तीर हमें बिलकुल भूल गए हैं। और हम सब शब्दों को पकड़ कर बैठ जाते हैं, और उनके निकट विश्राम करते हैं। और जो मील का पत्थर था, वह मंजिल मालूम होने लगता है।

इसके कारण हैं, अपने को धोखा देने के कारण हैं। यात्रा कष्टपूर्ण है। मान कर सपना देखना आसान है। मील के पत्थर को ही मंजिल मान कर बड़ी चैन मिलती है। और अगर मील के पत्थर को मान कर यात्रा करनी पड़े तो श्रम उठाना पड़ता है। और हम हजारों-हजारों साल तक झूठे शब्दों को सत्य मान कर इस भांति के भ्रम में पड़ जाते हैं कि याद भी नहीं आता कि सत्य इससे भिन्न कुछ हो सकता है। इस सूत्र को समझें।

'स्वर्ग और पृथ्वी के अस्तित्व में आने के पूर्व सब कुछ कोहरे से भरा थाः मौन, पृथक, एकाकी, अपरिवर्तित, नित्य, निरंतर घूमता हुआ, सभी चीजों की जननी बनने योग्य!'

जो लोग आधुनिक विज्ञान से परिचित हैं, उन्हें तत्काल इस सूत्र में प्रतिध्वनि मिलेगी। तब यह सूत्र आम धर्मों से बहुत गहरा हो जाता है। ईसाइयत कहती है कि ईश्वर ने एक विशेष दिन सारे जगत को निर्मित किया। इसलाम भी करीब-करीब ऐसा मानता है। फिजिक्स की आधुनिकतम खोजें कहती हैं कि जगत का निर्माण कभी भी नहीं हुआ; ज्यादा से ज्यादा हम इतना कह सकते हैं कि जब पृथ्वी नहीं थी, तो सारा जगत एक कोहरे से भरा था। इस सारे जगत का निर्माण नेबुलस से हुआ, गहन कोहरे से हुआ।

इस कोहरे शब्द का प्रयोग करने वाला लाओत्से संभवतः मनुष्य-जाति में पहला आदमी है। जिसको आज विज्ञान कहता है कि ऐसा कुछ संभव हुआ है कि पृथ्वी एक कोहरा थी, जैसे कि बादल वर्षा होने के पहले आकाश में घिरा हो। फिर पानी गिरे और फिर पानी जमे और बर्फ बन जाए। ऐसा ही सारा पदार्थ एक दिन कोहरा था।

विज्ञान कहता है कि प्रत्येक पदार्थ की तीन अवस्थाएं हैं: ठोस, सालिड; लिक्विड, तरल; और गैसीय, वाष्पीय। हर पदार्थ की तीन अवस्थाएं हैं। पत्थर भी तरल हो सकता है एक विशेष तापमान पर। और पत्थर भी एक विशेष तापमान पर गैस बन जाएगा, भाप बन जाएगा। हम सिर्फ पानी के बादल ही जानते हैं, लेकिन हर चीज के बादल हो सकते हैं। पत्थर के बादल हो सकते हैं। क्योंकि प्रत्येक वस्तु की तीन अवस्थाएं हैं। लेकिन पत्थर का बादल होने के लिए बहुत बड़े तापमान की जरूरत है, जैसा तापमान सूरज पर है। अगर हम पृथ्वी को सूरज के करीब ले जाएं, करीब ले जाएं, जैसे-जैसे पृथ्वी करीब पहुंचेगी, वैसे-वैसे पृथ्वी के तत्व वाष्पीभूत होने लगेंगे। सूरज के बिलकुल करीब जाकर पृथ्वी एक कोहरे का गोला भर रह जाएगी। उसके सारे तत्व अपनी दृढ़ता खो देंगे, ठोसपन खो देंगे और वाष्पीय हो जाएंगे।

लाओत्से कहता है कि इस सारी सृष्टि के पहले सभी कुछ कोहरे से भरा था।

विज्ञान की जो आधुनिकतम खोज है, उसका बोध लाओत्से को जरूर था। और अगर आज कोई विज्ञान के करीब से करीब आदमी पड़ेगा, पुराने जगत से खोजने पर, तो लाओत्से के वचन हैं।

लाओत्से कहता है, 'देयर वाज समथिंग नेबुलस।'

कुछ था कोहरे जैसा। उस कोहरे का कभी जन्म नहीं हुआ और उस कोहरे का कभी अंत नहीं होगा। जब

कोहरा सघन हो जाता है तो पृथ्वियां निर्मित होती हैं। और जब कोहरा फिर कोहरा हो जाता है तो पृथ्वियां विलीन हो जाती हैं। लेकिन वह मूल कोहरा न कभी निर्मित हुआ है और न कभी नष्ट होता है। इसलिए जिसको हम सृजन और विनाश कहते हैं, वह सृजन और विनाश नहीं, केवल रूपांतरण हैं। जब पानी की बूंद आग पर पड़ कर भाप बन जाती है, तो हम सोचते हैं विनष्ट हो गई! वह जरा भी विनष्ट नहीं होती, सिर्फ भाप बन जाती है। और आज नहीं कल फिर पुनः पानी बन जाएगी। भाप बन जाना नष्ट हो जाना नहीं है, सिर्फ रूपांतरण है।

लाओत्से के हिसाब से जगत का होना और जगत का न होना पानी की बूंद के भाप बनने जैसा है। जो मौलिक है दोनों के बीच, वह कभी नष्ट नहीं होता। बूंद दिखाई पड़ती है तो हम सोचते हैं है। फिर आग की लपट में भाप बन कर उड़ जाती है, हम सोचते हैं नहीं है। ठीक यह जगत भी कभी ठोस होता है तो हमें मालूम पड़ता है कि है; उसे हम सृष्टि कहते हैं। और जब तरल होकर वाष्पीभूत हो जाता है तो उसे हम प्रलय कहते हैं। लेकिन जगत कभी नष्ट नहीं होता और कभी निर्मित नहीं होता।

विज्ञान भी इससे सहमति भरता है। विज्ञान कहता है कि हम एक छोटे से रेत के कण को भी नष्ट नहीं कर सकते। पदार्थ अविनाशी है—इनडिस्ट्रक्टिबल है। और हम एक रेत के छोटे से कण को निर्मित भी नहीं कर सकते। जब विज्ञान कहता है हम निर्मित नहीं कर सकते तो उसका मतलब यह है कि शून्य के बाहर निर्मित नहीं कर सकते; किन्हीं चीजों को मिला कर बना सकते हैं; लेकिन वे चीजें पहले से मौजूद थीं। जब विज्ञान कहता है हम नष्ट नहीं कर सकते तो उसका मतलब यह नहीं कि हम मिटा नहीं सकते; हम मिटा सकते हैं। रेत मिट जाएगी; लेकिन फिर कुछ और शेष रह जाएगा। बिलकुल नहीं मिटा सकते, किसी चीज को हम शून्य में नहीं बदल सकते। और किसी चीज को हम शून्य के बाहर पैदा नहीं कर सकते। जो भी है, वह किसी रूप में पहले था। और जो भी है, वह किसी रूप में आगे भी रहेगा। इस जगत में सभी कुछ अविनाशी है। विनाश असंभव है। और तब सृजन भी असंभव है।

इसलिए लाओत्से किसी स्रष्टा को, किसी क्रिएटर को नहीं मानता। लाओत्से नहीं कहता कि कोई ईश्वर है, जो सब बनाता है। बनाने की धारणा ही बचकानी है। और इस बनाने की धारणा की वजह से आस्तिक बड़ी तकलीफ में रहे हैं। क्योंकि नास्तिक उनकी इस बात को अंगुलियों पर तोड़ देते हैं। इसमें कुछ जान नहीं है। आस्तिकों की यह दलील कि हम ईश्वर को इसलिए मानते हैं, क्योंकि बनाने वाला कोई चाहिए, नास्तिकों को हंसी योग्य मालूम होती रही है। और हंसी योग्य है भी। अगर कोई इसीलिए आस्तिक है और सोचता है कि उसके पास प्रमाण है, क्योंकि हर चीज को बनाने वाला चाहिए, इसलिए इस जगत को भी बनाने वाला कोई होगा, तो वह बड़ी दुविधाओं में पड़ जाएगा। अगर सोचे न, तब तो ठीक है; सोचेगा तो मुसीबतें खड़ी हो जाएंगी।

पहली मुसीबत तो यह खड़ी होगी कि ईश्वर भी शून्य के बाहर नहीं बना सकता। शून्य से निर्माण असंभव है। अगर ईश्वर भी बनाए तो ज्यादा से ज्यादा अरेंजमेंट कर सकता है, क्रिएशन नहीं कर सकता। चीजें होनी ही चाहिए। हम कहते हैं, कुम्हार घड़ा बनाता है। घड़ा बनाता है; क्योंकि घड़ा कोई सृजन नहीं है, केवल मिट्टी का आकार बदलना है। मिट्टी मौजूद है। जो लोग कहते हैं कि कुम्हार की तरह ईश्वर जगत को निर्मित करता है, उनके लिए ईश्वर बनाने वाला नहीं है, सिर्फ संयोजन करता है, एक रूप देता है, एक मूर्तिकार है। लेकिन पत्थर पहले से चाहिए। अगर ईश्वर शून्य के बाहर बना सके तो ही सृजन की बात निर्मित हो सकती है। लेकिन शून्य के बाहर बनाने की धारणा भी असंभव है। शून्य से कुछ पैदा करने की धारणा भी असंभव है।

शून्य के बाहर तो सिर्फ स्वप्न ही निर्मित हो सकते हैं। और इसलिए शंकर की बात ठीक है; अगर ईश्वर बनाने वाला है, तो जगत माया है, सत्य नहीं है। इसे थोड़ा समझ लें। अगर ईश्वर बनाने वाला है, तो जो घड़ा उसने बनाया है, वह वास्तविक घड़ा नहीं है, स्वप्न का घड़ा है।

हां, शून्य से स्वप्न पैदा हो सकते हैं। रात आप सपने में कुछ निर्मित कर सकते हैं। उसके लिए किसी वस्तु की जरूरत नहीं होती। इसलिए जो लोग मानते हैं कि ईश्वर जगत का बनाने वाला है, उनके पास शंकर को मानने के अतिरिक्त कोई उपाय नहीं है। जगत झूठा है।

लेकिन तब बड़ी कठिनाइयां खड़ी होती हैं। क्योंकि अगर हम जगत को झूठा मान लें तो उसके बनाने वाले को सच मानने में बड़ी कठिनाई होगी। क्योंकि सारा तर्क इस बात पर निर्भर है कि जगत है और जगत को बनाने वाला कोई चाहिए। तो हमने माना कि ईश्वर है। अब ईश्वर को मान कर तकलीफ खड़ी होती है कि जगत झूठा होना चाहिए, स्वप्नवत होना चाहिए। क्योंकि शून्य से स्वप्न ही निर्मित हो सकता है। तो जगत माया है। लेकिन अगर इस झूठे जगत के कारण ही हम मानते हैं कि कोई बनाने वाला है, तो बनाने वाला भी झूठा हो जाता है, मायिक हो जाता है।

इसलिए शंकर को दूसरा कदम भी उठाना पड़ा। शंकर इस जगत में बहुत हिम्मतवर विचारकों में से एक हैं। दूसरा इससे भी...। एक तो कदम यह उठाना पड़ा शंकर को कि जगत माया है, झूठ है, इल्यूजरी है, मिथ्या है। लेकिन तब शंकर जैसे प्रतिभाशाली व्यक्ति को तत्काल दिखाई पड़ गया कि ईश्वर, इसका बनाने वाला, सच नहीं हो सकता। इसलिए शंकर ने कहा कि ईश्वर भी माया है, ईश्वर भी माया का हिस्सा है। और जब कोई ईश्वर के भी पार जाता है, तब ब्रह्म की उपलब्धि है। संसार के पार तो जाए ही, ईश्वर के भी पार जाए, तब ब्रह्म की उपलब्धि है।

लाओत्से कहेगा कि जिनके पार ही जाना है, उन्हें व्यर्थ उठाने की कोई जरूरत नहीं है। उस ऊहापोह में कोई सार नहीं है। लाओत्से कहता है, जगत शाश्वत है। इसलिए स्रष्टा को बीच में नहीं लाता। यह जो शाश्वत जगत है, यह अपने नियम से ही गतिमान है। उस नियम का नाम ताओ है।

हमें बहुत कठिनाई होती है। कठिनाई हमें होती है, क्योंकि जहां भी...। हम मनुष्य की भाषा सब जगह थोपते हैं। लेकिन विज्ञान मनुष्य से छुटकारा करवाता है चीजों का। और धीरे-धीरे मनुष्य से छूट कर चीजें नियमों के अंतर्गत चली जाती हैं।

समझ लें, एक छोटा बच्चा गिर पड़ता है तो वह फौरन गाली देता है जमीन को, कुर्सी से टकरा जाता है तो वह कहता है नॉटी, कुर्सी शैतान है। और अगर उसकी मां कुर्सी को दो चपत लगा दे तो वह प्रसन्न हो जाता है, खुश हो जाता है। निबटारा हो गया। कुर्सी ने शरारत की उसके साथ, उसको जवाब दे दिया गया। बच्चा यह सोच ही नहीं सकता कि कुर्सी बिना शैतानी करने के इरादे के उसे गिराती होगी। कुर्सी में कोई इरादा नहीं होगा, कोई व्यक्ति नहीं होगा, यह बच्चा नहीं सोच सकता। और अगर जमीन गिरा कर उसके पैर में चोट लगा देती है तो वह यह नहीं मान सकता कि न्यूटन कहता है कि गुरुत्वाकर्षण के कारण तुम गिर गए। बच्चा मानेगा कि गुरुत्वाकर्षण? तो मतलब कौन छिपा है उसके भीतर जो मुझे गिरा रहा है? बच्चे को कोई न कोई व्यक्ति चाहिए; तब निश्चिंतता हो जाती है। मुझे गिराने वाला कोई चाहिए, कोई दुश्मन वहां बैठा है जो मुझे गिरा रहा है।

बच्चों की भाषा में जो लोग सोचते हैं, उनके नियम को समझना उन्हें बड़ा कठिन पड़ेगा। लेकिन विज्ञान चाहे धर्म का हो, चाहे पदार्थ का, व्यक्तियों की भाषा में नहीं सोचता, इम्पर्सनल लॉज, निर्वैयक्तिक नियमों की भाषा में सोचता है। जमीन आपको गिराना नहीं चाहती। जमीन का कोई इरादा नहीं है। आप गलत चलते हैं, गिर जाते हैं। जमीन तो सिर्फ एक नियम है, एक कशिश है, एक आकर्षण का नियम है। आप ठीक नियम मान कर चलते हैं, जमीन आपको कभी गिराएगी नहीं। आप नियम के विपरीत चलते हैं, आप गिर जाते हैं। जमीन का कोई इरादा आपको गिराने का नहीं है। और जमीन को आपका पता भी नहीं है कि आप कब गिरे, क्यों गिरे। और जमीन की आप कितनी ही प्रार्थना और पूजा करें, अगर आप गलत चलेंगे तो कशिश आपके प्रति कोई दया-भाव नहीं कर सकती। आप गिरेंगे।

धर्म के दो रूप हैं। एक धर्म का बचकाना रूप है। जिनकी बच्चों जैसी बुद्धि है, वे ईश्वर को व्यक्ति मान कर चलते हैं कि वहां आकाश में बैठा हुआ देख रहा है कि आप रात में पानी पी रहे हैं कि नहीं पी रहे हैं, कि आप किसी से झूठ बोले कि नहीं बोले। हिसाब लगा रहा है, बही-खाते लिए बैठा होगा।

अब तक पागल हो जाता, अगर कोई परमात्मा आपके सब कारनामों का हिसाब रखता होता। एक-एक आदमी अपने कारनामों से पागल हो जाता है। उसकी क्या गति होती, ईश्वर अगर यह सब हिसाब लगाता रहता? ईश्वर कोई व्यक्ति नहीं है। लेकिन हम उसे व्यक्ति मान कर चलते हैं तो हम हाथ जोड़ कर प्रार्थना करते हैं उससे कि मुझ पर जरा दया रखना! मेरा जरा खयाल रखना! किससे आप बात कर रहे हैं? क्यों यह बात कर रहे हैं?

यह वही आपका तर्क है जो बच्चे का। कुर्सी से चोट लग जाए तो बच्चा समझता है, कुर्सी कोई शरारत कर रही है, शैतान कुर्सी है, अच्छी कुर्सी नहीं है। दूसरी कुर्सी जिस पर से वह कभी नहीं गिरा, उसे मानता है, साधु कुर्सी है, कभी गिराती नहीं। जिस दरवाजे से उसको खरोंच लग जाती है, वह समझता है, यह दरवाजा शरारती है। यह बच्चे की भाषा है। यह बच्चे की भाषा हम जब जगत पर लगा देते हैं तो हमारे बचकाने धर्मों का जन्म हो जाता है। फिर अगर ईश्वर हमें नौकरी लगवा देता है तो हम प्रसन्न होते हैं और अगर नहीं लगवाता तो हम नाराज होते हैं।

एक आदमी ने मुझे आकर कहा कि तीन दिन का समय दिया था। पत्नी बीमार थी और मैंने तीन दिन का समय जाकर मंदिर में भगवान को दे दिया और कहा कि अब सब दांव पर लगा दिया है। अगर तीन दिन में पत्नी ठीक नहीं होगी तो समझ लूंगा कि कोई ईश्वर नहीं है, और अगर ठीक हो गई तो सदा के लिए तुम्हारा भक्त हो जाऊंगा। पत्नी ठीक हो गई। वे सदा के लिए भक्त हो गए हैं। मैंने उनसे कहा कि अब दुबारा ऐसा मत करना। संयोग सदा काम नहीं करेगा। एक दफा परीक्षा ले ली, बहुत है। अब अपनी आस्तिकता को बचाना। अब दुबारा यह भूल मत करना। नहीं तो आस्तिकता मिट्टी में मिल जाएगी।

पर आदमी का मन ऐसा है कि उसकी पत्नी बीमार है, इसके लिए भी ईश्वर, ईश्वर को कुछ करना चाहिए। और वह यह भी सोचता है कि अगर मैं कहता हूं कि मैं तुम्हें मानना छोड़ दूंगा तो धमकी भी दे रहा है। और वह खुशामद भी कर रहा है कि मैं तुम्हारी पूजा करूंगा, फूल चढ़ाऊंगा। जैसे कि सारे फूल उस पर चढ़े हुए ही नहीं हैं। वह एक सलाह दे रहा है बुद्धिमानी की कि थोड़ी समझ से काम करना, नहीं तो एक आदमी को चूकोगे, खो जाओगे। जैसे ईश्वर का होना कोई लोकतांत्रिक मतों पर निर्भर है; कि एक मत, एक वोट हाथ से जाता है। वह आदमी यह कह रहा है कि पार्टी बदल लूंगा। तीन दिन के भीतर!

मगर हमारी सारी आस्तिकता ऐसी ही है, सशर्त है। इसलिए ध्यान रखें, जो आस्तिकता शर्त से बंधी है, वह अभी बचकानी है, अभी प्रौढ़ नहीं हो पाई। अभी समझ पैदा नहीं हुई; अभी हम बच्चों की तरह जगत के साथ व्यवहार कर रहे हैं।

लाओत्से एक प्रौढ़ धर्म की बात कर रहा है। वहां ईश्वर व्यक्ति नहीं है, नियम है। फर्क इसलिए समझ लेना जरूरी है कि जब ईश्वर नियम हो जाता है, तो प्रार्थना नहीं, आचरण मूल्यवान हो जाता है। और जब ईश्वर व्यक्ति होता है, तो आचरण नहीं, प्रार्थना मूल्यवान होती है। जब व्यक्ति ईश्वर होता है, तो हम जो कर रहे हैं उसके आस-पास, उसे हम एक आदमी मान कर करते हैं। फुसला भी सकते हैं; नाराज भी कर सकते हैं; प्रसन्न भी कर सकते हैं। लेकिन जब ईश्वर एक नियम है, तो ये सारी बातें व्यर्थ हो गईं। न फुसलाया जा सकता; न राजी किया जा सकता; न धमकी दी जा सकती; न भयभीत किया जा सकता। कुछ भी नहीं किया जा सकता।

फर्क समझ लें। जब तक ईश्वर एक व्यक्ति है, तब तक हमारी कोशिश होती है ईश्वर को बदलने की। जब एक आदमी जाकर कहता है: मेरी पत्नी बीमार है, उसे ठीक करो। यह वह यह कह रहा है कि अपना निर्णय बदलो,

मेरी पत्नी को बीमार रखने की तुमने जो कोशिश की है, उसे बदलो। एक आदमी कह रहा है कि मैं मर रहा हूं, मुझे बचाओ; एक आदमी कह रहा है, मैं गरीब हूं, मुझे अमीर करो; कुछ भी कह रहा है, कुछ मांग रहा है। वह यह कह रहा है कि ईश्वर, तुम अपने को बदलो; तुम्हारे निर्णय से मैं राजी नहीं हूं; तुम्हारे निर्णय में कोई भूल है; तुमने जो भी निर्णय लिया है, अभी वह योग्य नहीं है; उसे बदलो। जब तक कोई व्यक्ति ईश्वर को व्यक्ति मानता है, तब तक ईश्वर को बदलने की कोशिश चलती है। हमारी प्रार्थनाएं, हमारी पूजाएं, हमारी उपासनाएं, उपवास, सब ईश्वर को बदलने की कोशिश हैं।

लेकिन ध्यान रखना, ईश्वर को बदलने का कोई उपाय नहीं है। और जो ईश्वर आदमियों से बदला जा सके, उस ईश्वर का फिर कोई भरोसा करने की जरूरत भी नहीं है।

जिस दिन ईश्वर नियम हो जाता है, उस दिन सारी चीज उलटी हो जाती है। तब हमें अपने को बदलने के सिवाय कोई रास्ता नहीं रहता। अगर ईश्वर नियम है, तो मुझे अपने को बदलना पड़ेगा। क्योंकि नियम न किसी को क्षमा करता, न किसी का पक्षपात करता। नियम निर्वैयक्तिक है, इम्पर्सनल है। कितनी ही करूं प्रार्थना, कोई परिणाम न होगा। आचरण का ही परिणाम हो सकता है। कितनी ही उपासना, कितने ही उपवास, कुछ परिणाम न होगा। कितनी ही मांग करूं, कितनी ही कातरता से चिल्लाऊं, इससे कोई हल न होगा। नियम सुनता नहीं; नियम शब्दों को नहीं मानता। नियम तो आचरण को, भीतर जो बदलाहट होती है व्यक्तित्व की, उसको मानता है। मैं कितना ही पृथ्वी से कहूं कि मैं इरछा-तिरछा दौडूं, मेरी टांग मत तोड़ देना, उससे कोई फर्क न होगा। मैं गिरूं तो मुझे चोट मत देना; उससे कोई फर्क न होगा। मुझे अपने को ही बदलना पड़ेगा।

हां, मैं अपने को इतना बदल सकता हूं कि पृथ्वी का सारा गुरुत्वाकर्षण भी मुझे जरा सी चोट न पहुंचा पाए। क्योंकि गुरुत्वाकर्षण चोट पहुंचाने को नहीं है। गुरुत्वाकर्षण किसी को गिराने को नहीं है, न किसी को उठाने को है। गुरुत्वाकर्षण एक निर्वैयक्तिक नियम है। उस निर्वैयक्तिक नियम के बीच अगर मैं अपने को बदल लेता हूं—बदलने का मतलब है कि अगर मैं उस नियम और अपने बीच तालमेल, हार्मनी निर्मित कर लेता हूं; अगर उस नियम और मेरे बीच एक छंदबद्धता आ जाती है; उस नियम के और मेरे बीच कोई शत्रुता और कोई विरोध नहीं रह जाता; उस नियम और मेरे बीच एक अविरोध निर्मित हो जाता है; वह नियम और मैं एक हो जाते हैं; उस नियम से मेरी कोई अलग सत्ता नहीं रह जाती; उस नियम की मुझसे अलग कोई सत्ता नहीं रह जाती; हम मिल जाते हैं और एक हो जाते हैं—तो फिर उस नियम से मुझे दुख नहीं पहुंचता; उस नियम से मुझे आनंद मिलने लगता है।

जगत से हमें दुख पहुंचता है, क्योंकि हम नियम के प्रतिकूल हैं। जीवन हमारा नरक बन जाता है, क्योंकि हम नियम के प्रतिकूल हैं। जीवन स्वर्ग हो जाता है, जब हम नियम के अनुकूल हैं। और जीवन हो जाता है मोक्ष, जब हम नियम से एक हैं। इस फर्क को थोड़ा समझ लें। जब हम प्रतिकूल हैं, तब जीवन नरक हो जाता है। हम अपने ही हाथों दुख में उतरते चले जाते हैं। हम जो भी करते हैं, उससे हम कष्ट पाते हैं; क्योंकि वह नियम के अनुकूल नहीं है। हम कितना ही उपाय करें, हम सफल न हो सकेंगे। नियम की विपरीतता में कोई सफलता नहीं है।

लोग सोचते हैं, विज्ञान ने कितनी सफलता पाई! लेकिन क्या आपको पता है, विज्ञान की सारी सफलता इस बात पर निर्भर है कि उसने प्रकृति के नियमों के अनुकूल चलना सीख लिया! और तो कोई सफलता नहीं है। अगर विज्ञान के इतने शिखर उठ गए हैं आज सफलता के तो वह प्रकृति पर विजय के कारण नहीं। यह बिलकुल भ्रांत है धारणा। वह प्रकृति के नियम को समझ कर उसके अनुकूल चलने के कारण। जो विजय है विज्ञान की, वह समझ की दिशा में है; प्रकृति के ऊपर नहीं। बिना समझे अनुकूल चलना मुश्किल है; समझ कर अनुकूल चलना आसान हो जाता है। विज्ञान की सारी खोज प्रकृति के नियम को समझ लेने की खोज है।

धर्म की सारी खोज, वह जो परम नियम है—प्रकृति का ही नहीं, मनुष्य की चेतना के अंतसतम का भी—उसकी खोज है; उसके अनुकूल चलने की। उसका नाम है ऋत, उसका नाम है ताओ। उसके जो प्रतिकूल चलता है, वह दुख पाता है। इसलिए जब भी आप दुख पाएं, न तो किसी ईश्वर को दोषी ठहराना, न किसी और को दोषी ठहराना; क्योंकि वे सब भ्रांतियां हैं। तब एक ही बात समझना। न अपने को ही दोषी ठहराना। क्योंकि खुद को दोषी ठहरा लेने से भी कुछ हल नहीं होता। कुछ लोग तो खुद को दोषी ठहराने में भी मजा लेने लगते हैं। कुछ लोगों को खुद के अपराधी होने की चर्चा करने में भी आनंद होने लगता है। किसी को दोषी मत ठहराना।

इसलिए हमने इस मुल्क में ठीक उस तरह नहीं सोचा है, जैसे ईसाइयत ने सोचा है। ईसाइयत बोलती है जो भाषा, उसमें पाप, अपराध बड़े महत्वपूर्ण हैं। ईसाइयत कहती है कि तुम जो गलती कर रहे हो, वह तुम्हारा पाप है। हिंदू चिंतन कहता है, वह तुम्हारा अज्ञान है, पाप नहीं। यह बड़े मजे का फर्क है, और गहरा फर्क है। हिंदू चिंतन कहता है, वह अज्ञान है, पाप नहीं। क्योंकि पाप में तो अपराध का भाव हो जाता है। अज्ञान का केवल इतना ही मतलब है कि तुम्हें पता नहीं कि तुम क्या कर रहे हो, इसलिए दुख पा रहे हो। पाप का तो मतलब है, तुम्हें पता है कि तुम क्या कर रहे हो और फिर भी तुम कर रहे हो। पापी ज्ञानी हो सकता है। अज्ञानी को पापी कहना ठीक नहीं है। अज्ञान में क्या पाप है? उसे पता ही नहीं। मुझे पता नहीं है रास्ता कौन सा है और मैं भटक जाता हूं, तो मैं पापी नहीं हूं, कोई अपराध नहीं कर रहा हूं। कोई उपाय ही नहीं है, मैं भटकूंगा ही। पापी तो मैं उसी दिन होता हूं, जिस दिन मुझे पता था कि रास्ता क्या है, और मैं जान कर हटा।

लेकिन हिंदू चिंतन कहता है, जान कर दुनिया में कोई पाप नहीं कर सकता। जान कर आदमी वैसे ही पाप नहीं कर सकता, जैसे कि आग में जान कर कोई हाथ नहीं डाल सकता। छोटा बच्चा डाल देता है, क्योंकि उसे पता नहीं है। लेकिन छोटा बच्चा पापी नहीं है। इसका यह मतलब नहीं है कि पापी नहीं है तो आग में हाथ डाल देगा तो आग जलाएगी नहीं। इसका यह मतलब भी नहीं है कि आग में हाथ डालेंगे आप अज्ञान में तो कष्ट न पाएंगे। कष्ट तो पाएंगे ही। लेकिन वह कष्ट अज्ञान का कष्ट है।

इसलिए जब आपके जीवन में दुख हो तो न तो ईश्वर को दोषी ठहराना, न भाग्य को, न दूसरों को, न अपने को; सिर्फ इतना ही समझना कि नियम के कहीं प्रतिकूल चले गए हैं। नियम को भी दोषी ठहराने का कोई कारण नहीं है। क्योंकि नियम आपसे कहता नहीं कि प्रतिकूल चले जाएं। और अपने को भी दोषी ठहराने का कोई कारण नहीं है; क्योंकि पता नहीं है, इसलिए प्रतिकूल चले गए हैं।

लेकिन हम दोषी ठहरा कर बड़ी मुश्किल में पड़ जाते हैं; मूल बात चूक जाती है। मूल बात इतनी है कि नियम से जितनी प्रतिकूलता होती है, उतना सघन दुख हो जाता है—उसी मात्रा में। अगर दुख बढ़ता ही चला जाए तो आप समझना कि आप नियम के प्रतिकूल चले ही जा रहे हैं, दूर हटते जा रहे हैं नियम से। जब कभी जीवन में आपको सुख की झलक मिले तो यह मत सोचना कि परमात्मा की कृपा है; यह भी मत सोचना कि आप बड़े पुण्यशाली हैं; इतना ही सोचना कि आप जाने-अनजाने नियम के करीब, अनुकूल पड़ गए हैं। सुख की जो हलकी हवा आ गई है, एक झोंका सुख का आकर आपको घेर गया है...।

इसलिए एक बड़ी मजे की घटना घटती है कि जब भी आदमी को पता चलता है कि वह सुख में है, तभी दुख शुरू हो जाता है। जैसे ही उसे पता चलता है कि सब सुख में है, वैसे ही दुख शुरू हो जाता है। क्यों हो जाता है?

जैसे ही उसे पता चलता है कि सुख में है, वह यह नहीं समझ पाता कि नियम के करीब है और खोज करे कि कहां से नियम के करीब है; वह सोचने लगता है कि मैं बड़ा सौभाग्यशाली हूं, मुझसे सौभाग्यशाली और कोई भी नहीं। वह कुछ गलत दिशा में यात्रा शुरू हो गई। वह सोचता है, मैं बहुत बुद्धिमान हूं, इसलिए यह सुख मुझे मिल

रहा है। या वह यह सोचने लगता है कि यह सुख मैंने पा लिया, इसलिए अब मैं जब भी चाहूंगा, यह सुख पा लूंगा। तब मुसीबतें खड़ी हो जाएंगी। करीब-करीब ऐसी हालत है कि जैसे हम अंधे भाग रहे हों और अचानक दरवाजे पर हाथ पड़ जाए और हवा का एक झोंका लग जाए। नियम के करीब हम जब पड़ जाते हैं, जाने-अनजाने, तो सुख का अनुभव होता है। अगर आपका सुख बढ़ता चला जाए तो समझना कि आप नियम के करीब पहुंच रहे हैं।

लेकिन करीब भी एक तरह की दूरी है। इसलिए सुख में भी दुख का एक मिश्रण है। जब तक हम नियम से एक न हो जाएं, तब तक आनंद का अनुभव नहीं होता। कितने ही निकट हों, फिर भी एक दूरी है। और इसलिए सभी सुख थोड़े दिनों बाद दुख हो जाते हैं। उनके हम आदी हो जाते हैं। जब पहली दफा हवा का झोंका लगता है तो लगता था कि एक ताजगी बरस गई, स्नान हो गया, किसी एक परम अनुभव में उतरना हो गया। फिर जब आदमी खिड़की पर ही खड़ा रहता है, आदी हो जाता है; फिर भूल जाता है। सुख भी शीघ्र ही दुख हो जाता है। सिर्फ आनंद कभी बदलता नहीं है। क्योंकि दूरी इतनी भी नहीं रह जाती कि हम कहें कि निकटता है। एकता ही हो जाती है। मोक्ष, निर्वाण, ताओ, उस एकता के नाम हैं।

लाओत्से कहता है, जब कुछ भी न था, अर्थात जब कुछ भी प्रकट न था, जब कुछ भी अभिव्यक्त न हुआ था, सब कोहरे से भरा था—मौन। क्योंकि शब्द भी एक अभिव्यक्ति है। शब्द भी आकार है। शब्द भी ठोस है।

इसे थोड़ा हम समझ लें। जब मैंने कहा कि सभी चीजों की तीन अवस्थाएं होती हैं, तो शब्द की भी तीन अवस्थाएं होती हैं। एक अवस्था है शब्द की, जब हम बोलते हैं। लेकिन बोलने में भी कभी खयाल किया होगा, कुछ शब्द तरल होते हैं। जब हमें लगता है किसी शब्द में बड़ी मिठास है, लगता है किसी शब्द में बड़ा काव्य है, लगता है किसी शब्द में सौंदर्य के फूल खिल गए, तब शब्द तरल होता है।

काव्य एक तरलता है। प्रोज और पोएट्री में वही फर्क है—ठोस और तरल होने का। गद्य ठोस है, जैसे बर्फ जमी हुई। पद्य तरल है, जैसे बर्फ पिघल गई और बहने लगी। इसलिए विज्ञान कविता की भाषा में नहीं लिखा जा सकता। विज्ञान सीमा मांगता है—ठोस, स्पष्ट परिभाषा। प्रेम-पत्र कविता में लिखे जा सकते हैं; गणित कविता में नहीं किया जा सकता। गणित ठोस शब्द मांगता है। काव्य है तरल बात।

कोई पूछता था दांते से, दांते ने एक गीत लिखा है। किसी को प्रीतिकर लगा और वह दांते से पूछने गया कि इसका अर्थ क्या है? तो दांते ने कहा, जब मैंने लिखा था तो दो आदमियों को इसका अर्थ पता था—मुझे और परमात्मा को। अब सिर्फ परमात्मा को ही पता है; अब मुझे अर्थ पता नहीं है।

कवि को भी, वह जो लिखता है, उसका पूरा अर्थ पता नहीं होता। और अगर पता हो तो वह कवि बहुत छोटा है। उसका मतलब है, कविता कम है, तुकबंदी ज्यादा है। अगर काव्य सचमुच जन्म ले तो बिलकुल तरल होता है, उसकी कोई सीमाएं नहीं होतीं। उसके अनेक अर्थ हो सकते हैं; अर्थ पर कोई पाबंदी नहीं होती।

इसीलिए वेद हैं, उपनिषद हैं, उनके हम इतने अर्थ कर पाए। फिर भी अर्थ चुक नहीं सकते; क्योंकि वे सब काव्य हैं, तरल हैं। गीता पर हजारों टीकाएं हो सकती हैं, हुईं, होती रहेंगी। और कभी ऐसा दिन नहीं आएगा कि हमें कहना पड़े कि बस अब गीता पर और किसी टीका की कोई भी जरूरत न रही। क्योंकि गीता एक काव्य है, गणित का ग्रंथ नहीं। तरल है, कोई सीमा नहीं है। इसलिए परिभाषाओं में कुछ बंधता नहीं है।

पुरानी सब भाषाएं काव्य-भाषाएं हैं—अरबी है, ग्रीक है, संस्कृत है। इसलिए अरबी, ग्रीक या संस्कृत में एक-एक शब्द के दस-दस, बारह-बारह, पंद्रह-पंद्रह अर्थ हैं। इससे खेलने की बड़ी सुविधा है। इसलिए वेद की एक कड़ी के पचास अर्थ किए जा सकते हैं। कोई गलत और कोई सही नहीं। वहीं भ्रांति शुरू होती है, जब कोई कहता है कि दूसरे ने जो अर्थ किया, वह गलत है। वह काव्य-कड़ी है, तरल है।

इसलिए अरविंद उसमें से चाहें तो वह अर्थ निकाल सकते हैं, जो आइंस्टीन का है। आइंस्टीन के पहले वह अर्थ उसमें से नहीं निकाला जा सकता था। अब निकाला जा सकता है। अब जैसे वेद कहते हैं कि सूर्य के सात घोड़े हैं, अश्व। अब अश्व के संस्कृत में कई अर्थ होते हैं। उसका अर्थ किरण भी होता है; उसका अर्थ घोड़ा भी होता है। तो सूरज के सात घोड़े हैं। सूरज के रथ में चित्रकारों ने सात घोड़े जोते हैं। लेकिन हम चाहें तो अब कह सकते हैं कि नहीं, वे घोड़े नहीं हैं, सात रंग हैं; सूरज की किरण में सात रंग हैं। वह अभी फिजिक्स की नवीनतम खोज है; हम उसका दर्शन कर सकते हैं। कोई अड़चन नहीं है। क्योंकि अश्व के दोनों ही अर्थ होते हैं, किरण भी और घोड़ा भी।

पुरानी सब भाषाएं काव्य-भाषाएं हैं। नई भाषाएं गद्य-भाषाएं हैं, ज्यादा ठोस हैं। इसलिए अगर संस्कृत में विज्ञान लिखना हो तो बड़ी मुश्किल बात है। और अगर एस्प्रैंटो में कविता लिखनी हो तो मुश्किल बात है। क्योंकि एस्प्रैंटो नवीनतम आदमी की बनाई हुई भाषा है। वह बिलकुल गणित जैसी है। उसमें जो कहा गया है, वही अर्थ होता है। जो कहा जाए, अगर वही अर्थ हो, तो कविता का जन्म मुश्किल है। जो कहा जाए, उससे बहुत अर्थ हो सके ज्यादा, तो ही कविता पैदा हो सकती है।

प्रेम में जब हम बोलते हैं, तो शब्द तरल होते हैं। इसलिए कभी आपने खयाल किया कि दो जवान व्यक्ति भी अगर प्रेम में पड़ जाएं तो फिर से बच्चों की भाषा बोलने लगते हैं, बेबी-लैंग्वेज शुरू हो जाती है। दो प्रेमी जो भाषा बोलते हैं आपस में, वह बच्चों जैसी बोलते हैं। बच्चों की भाषा ज्यादा तरल है। और प्रेम को तरल भाषा की जरूरत है। इसलिए प्रेमी अगर अपनी प्रेयसी को बेबी कहने लगता है तो कोई ऐसे अकारण नहीं। कारण है। वे दोनों बच्चे हो गए हैं।

लेकिन भाषा की एक तीसरी, शब्द की एक तीसरी अवस्था भी है, जहां गद्य-पद्य दोनों खो जाते हैं। वह है वायवीय अवस्था, जहां गैस बन जाता है शब्द। उसका नाम ही मौन है। मौन भी शब्द की ही अवस्था है।

ठोस बोला जा सकता है। जब आप किसी को क्रोध में बोलते हैं, तो शब्द ठोसतम होते हैं। गाली वजनी होती है, उसमें वजन होता है, वेट होता है। इसलिए हम कहते हैं कि बड़ी वजनी गाली दी। ठोस होती है। इसलिए छिद जाती है, पत्थर की तरह चोट करती है। प्रेम में बोले गए शब्द तरल होते हैं। उनकी चोट पत्थर की तरह नहीं होती है, उनकी चोट ऐसी होती है, जैसे ऊपर फूल की वर्षा हो जाए।

मौन शब्द की तीसरी अवस्था है, जहां शब्द भाप बन जाते हैं, कोहरे में खो जाते हैं।

तो लाओत्से कहता है, वह जो कोहरा था, मौन था; पृथक, एकाकी खड़ा। कोई दूसरा न था, अकेला था। अपरिवर्तित, कोई परिवर्तन न था; नित्य, निरंतर घूमता हुआ; सभी चीजों की जननी बनने योग्य!

इस फर्क को थोड़ा खयाल में लेंगे।

जो लोग मानते हैं ईश्वर ने जगत को बनाया, वे हमेशा गॉड दि फादर, ईश्वर पिता है, इस भाषा में सोचेंगे। लेकिन लाओत्से कहता है, मां! पिता नहीं। वह जो कोहरा था, सारे जगत की जननी बनने योग्य, मां बनने योग्य!

ईश्वर को पिता की तरह सोचना कई बातों की तरफ सूचना देता है। पहली बात, पिता का बच्चे के जन्म में न के बराबर संबंध होता है—न के बराबर। पिता बच्चे को जन्म दूर से देता है, अपने भीतर से नहीं। बच्चे के विकास, उसकी ग्रोथ, उसके निर्माण में उसका कोई हाथ नहीं होता। प्रारंभ में उसका हाथ होता है। जैसे आपके कार में बैटरी है स्टार्टर, बस वह स्टार्टर भर है। और जैसे ही इंजन शुरू हो गया, उसका कोई उपयोग नहीं है।

तो अगर ईश्वर पिता है तो जगत को बना कर वह दूर हट जाएगा। लेकिन ईश्वर अगर मां है तो जगत उसका गर्भ है। अगर ईश्वर पिता है तो बनाना एक कृत्य है—एटामिक, आणविक। लेकिन अगर ईश्वर मां है तो सृजन एक शाश्वतता है—इटरनल।

इसलिए लाओत्से कहता है कि वह जो कोहरा था मौन, अकेला, अपरिवर्तित, स्वयं में घूमता हुआ, वह सबकी जननी बनने योग्य। सब उससे पैदा हो सकता है। सबकी संभावना है उससे पैदा होने की।

इसलिए कई बार, कई बार इन दोनों के बीच आंदोलन होता रहा है। कुछ लोगों ने परम सत्ता को मां की तरह सोचा है; कुछ लोगों ने परम सत्ता को पिता की तरह सोचा है। लेकिन जो लोग भी गहरे गए हैं, उन्होंने उसे सदा मां की तरह सोचा है।

मां के लिए बच्चे का जन्म बड़ी और बात है। उसके ही खून, उसके हड्डी-मांस, बच्चा उसका हिस्सा है। उसकी ही सांसें उसमें प्रविष्ट हो जाती हैं। उसकी ही आकांक्षाएं, उसके ही स्वप्न उसके खून में गतिमान हो जाते हैं। उसकी ही धड़कनें उसमें धड़कती हैं। मां और उस बच्चे का संबंध ज्यादा आंतरिक है, गहन है।

पिता एक धूमकेतु की तरह जीवन में आता और अलग हो जाता। पिता के बिना चल सकता है; मां के बिना नहीं चल सकता है। शायद भविष्य में विज्ञान थोड़ा विकसित हो तो पिता व्यर्थ भी हो जाए। क्योंकि ऐसे बायोलाजिकली जो वह करता है, वह एक इंजेक्शन से भी हो सकता है। कोई पिता का होना कोई बहुत गहन अर्थ नहीं रखता है। इसलिए पिता एक सामाजिक संस्था है, नैसर्गिक नहीं। मां एक नैसर्गिक है, वह संस्था नहीं है। पिता एक संस्था है, इंस्टीटयूशन है; हमने बनाई है। मां हमने बनाई नहीं है, वह है।

लाओत्से कहता है, 'जननी बनने योग्य!'

उसके एक-एक शब्द बहुत विचारणीय हैं। क्योंकि वह शब्दों के मामले में बहुत कृपण है। शब्दों के मामले में वह बहुत कृपण है; वह बामुश्किल बोलता है—टेलीग्राफिक है। अगर एक शब्द काट सके तो वह जरूर काट देगा। जितना कम बन सके, उतना ही कहने की उसकी मर्जी है। तो वह ऐसे ही उपयोग नहीं कर लेता है; जब वह कहता है जननी बनने योग्य तो वह बहुत सी बातें कहता है। वह कहता है, यह जगत का अस्तित्व और जगत की अभिव्यक्ति एक ही चीज हैं, दो नहीं। परमात्मा कहीं दूर बैठा हुआ नहीं है; वह परम सत्य, वह परम नियम जगत में अनुस्यूत है। वह आपके भीतर, आपकी हड्डी में, जैसे आपकी मां आपकी हड्डी में, आपके खून में, आपकी चर्बी में अनुस्यूत है, ऐसे ही वह परम नियम आपके रोएं-रोएं में अनुस्यूत है। वह आपके पिता की तरह दूर खड़ा नहीं हो गया।

और पिता के संबंध में सदा संदेह हो सकता है; मां भर असंदिग्ध है। इसलिए पिताओं को सदा संदेह बना ही रहता है कि वे सच में अपने बेटे के पिता हैं या नहीं हैं। और इसलिए उन्होंने बड़ा इंतजाम किया है इसको व्यवस्थित करने का कि संदेह न हो। इतनी जो ईर्ष्या, इतना जो नियम, इतना जो परिवार, इतना जो बंधन, स्त्री पर इतना जो जाल, इस सारे जाल का मौलिक कारण कुल इतना है कि पिता संदिग्ध है। उसे पक्का भरोसा कभी नहीं आता कि जो बेटा है, वह उसका ही है। इतना सब इंतजाम करके वह भरोसे में हो पाता है।

इसलिए विवाह करे तो कुंआरी लड़की से; वह भरोसे के लिए। पूरा पक्का भरोसा रखना चाहता है। इसलिए हम कुंआरे लड़के की फिक्र नहीं करते कि विवाह के वक्त लड़का कुंआरा था कि नहीं। अगर लड़का थोड़ा भी लड़का है तो कुंआरा होना बहुत मुश्किल है। लेकिन लड़की कुंआरी होनी चाहिए। फिर हम फिक्र नहीं करते, तो हम कहते हैं कि पुरुष तो पुरुष हैं। अगर वे कुछ यहां-वहां भटकते हैं तो हम कहते हैं कि पुरुष तो पुरुष हैं। लेकिन स्त्री पर हमारा सख्त...। उसका कारण है। उसका कारण है कि पुरुष कभी भी निश्चित नहीं हो पाता; भीतर एक संदेह और एक शक का बीज उसमें बना ही रहता है।

सिर्फ मां असंदिग्ध है। मां भर जानती है कि बेटा उसका है। उस मामले में कोई संदेह का उपाय नहीं है।

जिन लोगों ने परमात्मा को पिता की तरह माना है, उन्होंने बड़ी दूरी खड़ी कर दी। पिता की तरह परमात्मा भी एक संस्था हो गया—दूर। मां की तरह परमात्मा एक संस्था नहीं है, एक नैसर्गिक व्यवस्था है—निकट।

लाओत्से कहता है, जननी बनने योग्य वह कुहासा था।

सब उससे पैदा हो सकता है। स्रष्टा नहीं है वह, जननी है। सब उससे निकल सकता है, जैसे मां से बेटा निकल सकता है। वह कोई कुम्हार की तरह घड़ा बनाने वाला नहीं है। मां की तरह है, उसके ही गर्भ से सब पैदा हो सकता है; सब संभावित है।

'मैं उसका नाम नहीं जानता हूं।'

लाओत्से कहता है, मैं उसका नाम नहीं जानता हूं। यही नहीं कहता कि उसका नाम कहा नहीं जा सकता है; वह यह कहता है कि मैं उसका नाम जानता ही नहीं हूं। यह तो बहुत लोगों ने कहा है कि उसका नाम कहा नहीं जा सकता। लेकिन उसमें यह भी लग सकता है कि उनको तो पता है; कह नहीं सकते, कहने में तकलीफ है। जैसा हम निरंतर कहते हैं, गूंगे का गुड़। हम कहते हैं, गूंगा कह नहीं सकता कि गुड़ मीठा है, लेकिन गूंगे को पता तो है कि मीठा है। इसमें कोई शक नहीं है कि गूंगे को पता नहीं है, गूंगे को पता है, कह नहीं पाता। तो हमने कहा है कि संतों को पता है, कह नहीं पाते। क्योंकि भाषा असमर्थ है।

लाओत्से बहुत हिम्मत से कहता है, वह कहता है, मैं उसका नाम नहीं जानता हूं। मुझे उसका नाम पता ही नहीं है। क्योंकि उसका नाम है ही नहीं। यह सिर्फ अभिव्यक्ति की कठिनाई नहीं है; अस्तित्व अनाम है।

बोधिधर्म चीन गया। लाओत्से जैसा ही अनूठा आदमी था। भारत ने जो दस-पांच अनूठे आदमी पैदा किए, उनमें बोधिधर्म एक है। वह चौदह सौ साल पहले चीन गया। सम्राट ने उसका स्वागत किया। और सम्राट ने बड़ी आशाएं बांध कर रखी थीं। इतना महान मनीषी आता था तो सम्राट के मन में बड़े लोभ थे, बहुत कुछ हो सकेगा। सम्राट ने आते ही उससे पूछा, बोधिधर्म से, कि मैंने इतने-इतने मंदिर और विहार बनवाए, इनका क्या लाभ होगा? बोधिधर्म ने कहा, कुछ भी नहीं, नथिंग।

सम्राट थोड़ा चौंका। क्योंकि संन्यासी आमतौर से ऐसी भाषा नहीं बोलते। ऐसी भाषा बोलें तो संन्यासी जी नहीं सकते। संन्यासी समझाते हैं, इतना पुण्य करो, इससे हजार गुना मिलेगा। पुण्य तो संन्यासियों को मिलता है, हजार गुना मौत के बाद का सवाल है। उसके बाबत अब तक कुछ तय नहीं हुआ कि कितना गुना मिलता है, कि नहीं मिलता, कि पाप लगता है, कि क्या होता है। कुछ पता नहीं है। पुरोहित अगर ऐसी भाषा बोलें, बोधिधर्म जैसी, तो सारा धंधा टूट जाए। पुरोहित का धंधा आपके लोभ के शोषण पर निर्भर है। वह आपको कहता है, एक पैसा छोड़ो गंगा जी में, करोड़ मिलेंगे वहां, करोड़ गुना पाओगे। करोड़ गुना के लोभ में आदमी एक पैसा छोड़ता है। यह एक पैसा पुरोहित को मिल जाता है। बाकी करोड़ इसको मिलते हैं या नहीं मिलते, यह यह आदमी जाने।

बोधिधर्म के पहले और भी बौद्ध भिक्षु आए थे चीन में। उन्होंने सम्राट को समझाया था, विहार बनवाओ, मंदिर बनवाओ, बुद्ध की प्रतिमाएं बनवाओ। बड़ा पुण्य होगा। स्वर्ग तुम्हारा होगा। और बोधिधर्म कहता है, कुछ भी नहीं। तो सम्राट ने दुबारा—सोचा, शायद बोधिधर्म समझा नहीं—तो उसने कहा कि मैंने इतने पवित्र कृत्य किए, उनका पुण्य क्या? बोधिधर्म ने कहा, कोई कृत्य पवित्र नहीं है। सम्राट ने पूछा, धर्म क्या है? सोचा उसने, छोड़ो पुण्य की बात। बोधिधर्म ने कहा, पूछो और उत्तर मिल जाए, ऐसा धर्म नहीं है। जीओ, पा सकते हो।

तब सम्राट ने सोचा, यह हद हो गई। और सम्राट था, साधारण आदमी न था। उसके अहंकार को भारी चोट लग रही है बार-बार। हजारों लोग इकट्ठे थे। वे सुन कर बोधिधर्म का उत्तर मुस्कुराते। और सम्राट को दीनता मालूम होने लगी। तो सम्राट ने कहा, ये सब बातें छोड़ो; इसका भी पता नहीं, उसका भी पता नहीं। तुम कौन हो? हू आर यू? बोधिधर्म ने कहा, आई डोंट नो, मुझे पता नहीं, मुझे बिलकुल पता नहीं। हम सोचेंगे शायद बोधिधर्म को कहना था, मैं आत्मा हूं, मैं ब्रह्म हूं। उसने कहा कि आई डोंट नो, मुझे पता ही नहीं है।

सम्राट ने कहा, जब तुम्हें कुछ ही पता नहीं है तो तुम हमें क्या बताओगे? सम्राट वापस लौट गया।

बोधिधर्म के शिष्यों ने कहा, आपने यह क्या किया? आपने ऐसे उत्तर दिए कि वह हताश हो गया।

बोधिधर्म ने कहा, मैंने तो सोच कर कि सम्राट है, श्रेष्ठतम उत्तर दिए थे। अंतिम उत्तर दिए थे, सोच कर कि बुद्धिमान होगा। अशिक्षित निकला। मैंने तो अंतिम उत्तर दिए थे। मुझे क्या पता कि अशिक्षित गंवार है! नहीं तो मैं कह देता कि मेरा नाम बोधिधर्म है। इसमें क्या अड़चन थी? सोच कर कि सम्राट है, सुसंस्कृत है, मैंने अंतिम उत्तर दिए थे—अल्टीमेट। यह आखिरी उत्तर है।

लाओत्से कहता है, 'मैं उसका नाम नहीं जानता हूं, और उसे ताओ कह कर पुकारता हूं।'

यह उसका नाम नहीं है, यह मेरा दिया हुआ नाम है।

जैसे आपके घर में एक बच्चा पैदा होता है, उसको कोई नाम नहीं है। आप उसे नाम देते हैं। अगर समझ हो तो कहना चाहिए कि मैं उसे मुन्ना कह कर पुकारता हूं। यह उसका नाम नहीं है। हमें उसका नाम पता नहीं है। लेकिन बिना नाम के कैसे पुकारें, इसलिए हमने उसे यह नाम दे दिया है—अ, ब, स। यह उस बच्चे को भी समझाया जाना चाहिए कि यह उसका नाम नहीं है, केवल एक इंतजाम है पुकारने का। एक कामचलाऊ इंतजाम है। अज्ञान है गहन और हमें नाम का कोई पता नहीं है। इसलिए हम यह नाम रख लिए हैं। यह बच्चे को भी पता होना चाहिए।

लेकिन मां-बाप भी भूल जाते हैं कि यह नाम सिर्फ पुकारने के लिए है। फिर बेटा भी सुनते-सुनते भूल जाता है कि नाम पुकारने के लिए था। जब कोई आपके नाम को गाली देता है तो आपको लगता है गाली आपको दी गई है। अगर आपको पता होता यह नाम सिर्फ पुकारने के लिए है तो आप कहते कि मेरे नाम को गाली दी गई है, मेरा इससे कुछ लेना-देना नहीं। जब आपके नाम को कोई जयजयकार करता तो आप कहते, मेरे नाम का जयजयकार किया जा रहा है, मेरा इससे कोई संबंध नहीं है। मैं तो अनाम हूं, यह कामचलाऊ है। अगर कोई व्यक्ति अपने नाम के संबंध में इतना स्मरण रख सके तो यह स्मरण भी ध्यान बन जाता है।

लेकिन बड़ा मुश्किल है। एक क्षण भी याद रखना मुश्किल है; चूक जाएगा। जरा...।

हुई हाई अपने गुरु के पास गया था। और उसके गुरु ने हुई हाई को समझाया कि पहला सूत्र तुझे देता हूं कि तू तेरा नाम नहीं है, इसको स्मरण रख। उसने कहा कि आपकी आज्ञा शिरोधार्य है, स्मरण रखूंगा। और तभी जोर से उसके गुरु ने कहा, हुई हाई! और उसने कहा, जी! उसके गुरु ने कहा, कैसे तू स्मरण रखेगा? जरा तो संयम रखता जी कहने में!

ऐसे ही हमारा विस्मरण हो जाएगा। कितना ही हम मन में समझाते रहें कि यह जो गाली दी जा रही है, मेरे नाम को दी जा रही है; लेकिन गाली भीतर लगती ही चली जाएगी। छेद हृदय में हो जाएगा, नाम में नहीं। तीर वहां भीतर घुस जाएगा, नाम में नहीं।

लाओत्से कहता है, 'मुझे उसका नाम पता नहीं, मैं उसे ताओ कह कर पुकारता हूं। यदि मुझे नाम देना ही पड़े, अगर तुम मानो ही न बिना नाम के, तो मैं उसे महत कहूंगा। इफ फोर्स्ड टु गिव इट ए नेम, आई शैल काल इट ग्रेट; अगर कहना ही पड़े कुछ नाम तो मैं उसे महत कहूंगा।'

महत का उपयोग सांख्य ने भारत में किया है। महत का मतलब होता है, जो इतना महान है कि उसकी हम सीमा न बना सकें। महान का मतलब है, जो फैलता ही चला गया है, जिसकी कोई सीमा नहीं है।

'महान होने का अर्थ है अंतरिक्ष में फैलाव की क्षमता।'

इससे भी विज्ञान का बड़ा संबंध है। आज तो विज्ञान कहता है कि यह जो हमारा यूनिवर्स है, ऐसा मत सोचें कि यह ठहरा हुआ है, यह एक्सपैंडिंग है। इस विचार ने फिजिक्स की सारी आधारशिलाएं हिला दीं और बड़ी

कठिनाई खड़ी हो गई। क्योंकि यह तो हमारी समझ में आता है कि यह जगत कितना ही बड़ा हो, हमारी बुद्धि इसको कितना ही बड़ा सोचे, फिर भी ऐसा लगता है, कहीं तो सीमा होगी—कितनी ही दूर हो वह सीमा। लेकिन यह हमारी बुद्धि के लिए ग्रहण करना असंभव है कि कहीं भी सीमा न होगी। हमारा मन कहेगा, और आगे सही, और आगे सही, और आगे सही—कहीं तो होगी। यह भी हो सकता है, हम न पहुंच सकें वहां तक; लेकिन फिर भी तो होगी।

मन असीम को नहीं सोच सकता। मन की सोचने की क्षमता सदा सीमा के भीतर है।

महान का अर्थ है, जो मन से सोचा न जा सके। इसलिए जब आप कहते हैं फलां व्यक्ति बहुत महान है, तो आपको पता नहीं आप क्या कह रहे हैं। महान का मतलब है, जो आपकी पकड़ में न आए, जिसको आप कितना ही खोजें और जिसकी सीमा न खोज पाएं। लेकिन उसको आप महान नहीं कहते, आप तो महान उसको कहते हैं जो आपके तराजू में तुल जाए। आप कहें कि बिलकुल ठीक है। जितने कपड़े पहनना चाहिए, उतने ही कपड़े पहने हुए है; लंगोटी लगानी चाहिए, लंगोटी लगाए हुए है; एक दफा खाना खाना चाहिए, एक दफा खाना खाता है; पैदल चलना चाहिए, पैदल चलता है; आंख नीचे रखनी चाहिए, नीचे रखता है; हिंसा नहीं करता; बुरे वचन नहीं बोलता; महान है। आपकी तराजू पर जो तुल गया, वह महान है।

आपकी तराजू पर जो तुल जाए, वह क्षुद्र भी नहीं है, महान होना तो बहुत दूर है। आपके तराजू की औकात कितनी? महान का अर्थ है : जिसको आप तौल न पाएं, अमाप, जिसकी कोई सीमा न बना पाएं, जिसको आप तय न कर पाएं, जिसको आप यह भी न कह सकें कि महान है—तब! जिसको आप इतना ही कह पाएं कि बेबूझ है, समझ के परे है; हम चुक जाते हैं, वह नहीं चुकता।

यह जो जगत है, यह दोहरे अर्थों में बेबूझ है। एक तो यह बेबूझ है कि यह असीम है। पहली तो यह बेबूझ बात है। दूसरी बेबूझता यह है कि न केवल यह असीम है, बल्कि यह असीमता एक्सपैंडिंग है। यह जो असीमता है, यह बढ़ती चली जा रही है। यह और कठिन मामला है। क्योंकि हम समझ सकते हैं सीमित चीज बढ़ती जा रही हो। लेकिन असीम चीज बढ़ रही हो तो उसका मतलब पहला तो यह है कि वह असीम नहीं होगी, जब बढ़ रही है; कोई सीमा होगी, उससे आगे बढ़ती जा रही है।

जब आइंस्टीन ने पहली दफे कहा कि यह जगत फैल रहा है, तो सवाल उठा कि यह कहां फैल रहा है? स्थान चाहिए फैलने को, स्पेस चाहिए। और अगर स्पेस आगे है तो स्पेस जगत का हिस्सा है। तो आइंस्टीन कहता है कि स्पेस भी फैल रही है, आकाश भी फैल रहा है। इधर पिछले तीस-चालीस वर्षों में फिजिक्स मेटाफिजिक्स हो गई है। वह जो भौतिक शास्त्र है, वह अध्यात्म हो गया है। उसकी बातें ठीक अध्यात्म जैसी बेबूझ हो गई हैं। और आने वाले भविष्य में अगर वैज्ञानिक लाओत्से जैसी भाषा बोलें तो बहुत हैरानी नहीं होगी।

इसलिए लाओत्से के संबंध में पश्चिमी वैज्ञानिक को बड़ी उत्सुकता बढ़ गई है। अभी एक बहुत अदभुत किताब, दि ताओ ऑफ साइंस, लिखी गई है—ताओ और विज्ञान के बीच कहां तालमेल है इस पर।

लाओत्से कहता है, महान होने का अर्थ है अंतरिक्ष में फैलते चले जाना।

ब्रह्म का भी यही अर्थ है। ब्रह्म शब्द का अर्थ होता है विस्तार। लेकिन सिर्फ मृत विस्तार नहीं, जीवित विस्तार। अर्थात विस्तीर्ण होता विस्तार, फैलता जाता फैलाव। इसलिए हम इसको ब्रह्मांड कहते हैं; यह फैलता हुआ विस्तार है। यह कहीं रुक नहीं जाता। जैसे एक सागर फैलता ही जा रहा हो, जिस पर कोई सीमा न हो कहीं; जहां कोई दीवार न हो, जो रोकती हो फैलाव को।

लेकिन अगला हिस्सा बहुत कठिन है : 'और अंतरिक्ष में फैलाव की क्षमता है दूरगामी।'

इसे थोड़ा ठीक से समझ लें। क्योंकि यह साधना के लिए भी बहुत कीमती है।

'और अंतरिक्ष में फैलाव की क्षमता है दूरगामी।'

यह जो फैलाव है, यह इतना दूरगामी है, इतना दूरगामी है, अनंत तक दूर चला जाता है। यह तो कठिन है समझना, आखिरी कड़ी समझना असंभव है।

'यही दूरगामिता मूल बिंदु की ओर प्रतिगामिता भी है। दिस फार रीचिंग इंप्लाइज रिवर्सन टु दि ओरिजिनल प्वाइंट।'

यह जो लोग फिजिक्स समझते हैं गहरे में, वे ही समझ पाएं।

लाओत्से कहता है, यह जो दूर चले जाना है, यह इतने दूर चला जाता है, यह इतने दूर चला जाता है—कि फिर वर्तुल बन जाता है, और यह दूर जाना पास आना हो जाता है। इतने दूर, इतने दूर, इतने दूर—फिर वर्तुलाकार हो जाता है और यह दूर चले जाना फिर पास आना हो जाता है। और जो अपने से सर्वाधिक दूर चला जाता है, वह अचानक पाता है कि अपने बिलकुल पास आ गया है।

आइंस्टीन ने कहा है कि यह जो स्पेस है, सरकुलर है, वर्तुलाकार है। यह और भी कठिन मामला है। आइंस्टीन कहता है, यह जो आकाश है, यह वर्तुलाकार है। यह फैलता जा रहा है, लेकिन इससे यह मत समझना कि यह दूर ही चला जा रहा है। एक सीमा के बाद इसका फैलाव लौट पड़ता है अपनी ही तरफ, घर की तरफ, और मूल बिंदु पर आ जाता है। वापस लौट आता है।

जैसे एक आदमी, आप अपने घर से निकलें यात्रा पर और अपनी नाक की सीध में चल पड़ें। आप अपने घर से प्रतिपल दूर होते जा रहे हैं। लेकिन चूंकि पृथ्वी गोल है, आपका हर कदम आपको घर की तरफ भी ला रहा है। अपने घर से आप निकल पड़े, दस कदम दूर हो गए घर से, बारह कदम दूर हो गए घर से; लेकिन चूंकि पृथ्वी गोल है, अगर आप नाक की सीध में चलते ही गए तो एक दिन अपने घर वापस लौट आएंगे। तो हर कदम जो आपको दूर ले जा रहा है, वह आपको पास भी ला रहा है—दूसरी दिशा से, दूसरे आयाम से।

आकाश को आइंस्टीन कहता है, वर्तुलाकार है, सरकुलर है। तो जितनी दूर फैलता जा रहा है यह ब्रह्मांड, उतना ही पास भी आता जा रहा है। यह बड़ी हैरानी की बात है कि लाओत्से को यह खयाल आज से पच्चीस सौ साल पहले। लाओत्से कहता है, यही दूरगामिता का बिंदु प्रतिगामिता भी है, रिवर्सन टु दि ओरिजनल प्वाइंट। वापस लौटना भी है।

इसका मतलब यह हुआ कि सिर्फ वे ही लोग भटक जाते हैं, जो बीच में अटक जाते हैं। या तो दूर जाएं ही मत, और या फिर इतने दूर चले जाएं कि वापस अपने पास आ जाएं। या तो घर छोड़ें ही मत, और या फिर घर छोड़ दें तो फिर रुकें ही मत। तो किसी दिन वापस घर लौट आएं।

इसको ऐसा हम समझें। एक बच्चा पैदा हुआ, चला जिंदगी में। जीवन भी वर्तुलाकार है।

ध्यान रखें, इस जगत में सभी गतियां वर्तुलाकार हैं। गति का अर्थ ही वर्तुल है, सरकुलर है। कोई भी गति हो—चाहे तारे घूमते हों, और चाहे पृथ्वी घूमती हो, चाहे सूरज घूमता हो, चाहे स्पेस घूमती हो, चाहे ब्रह्मांड घूमता हो—सब घूमना वर्तुलाकार है। और चाहे जीवन घूमता हो, सब घूमना वर्तुलाकार है।

एक बच्चा पैदा हुआ। यह बच्चा चल पड़ा जीवन में। अब यह जन्म से दूर होता जा रहा है। मौत करीब आएगी, जन्म दूर होता जा रहा है। लेकिन यह उन्हीं की दृष्टि है, जिन्हें अगले जन्म का कोई पता नहीं है। अन्यथा यह फिर जन्म के करीब होता जा रहा है। इस जन्म से शुरू हुआ, मौत की तरफ जाता हुआ दिखाई पड़ रहा है; लेकिन हर मौत नए जन्म की शुरुआत है। मरते वक्त व्यक्ति ठीक वहीं पहुंचता है, उसी बिंदु पर, जहां जन्मते वक्त होता है। एक वर्तुल पूरा हो जाता है। हम पहले बिंदु पर वापस लौट आते हैं।

इसलिए जो लोग मृत्यु को समझ लें, वे जन्म को भी समझ लेते हैं। जन्म को समझना मुश्किल है, क्योंकि आपको पता ही नहीं है क्या हो रहा है। लेकिन मृत्यु को आप समझ सकते हैं। और जो व्यक्ति मृत्यु को समझ ले, मृत्यु के बिंदु को ठीक से समझ ले, उसको जन्म का रहस्य भी समझ में आ गया। जिसने जान ली मृत्यु, उसने जीवन भी जान लिया। लेकिन मृत्यु से हम डरते हैं। इसलिए हम जीवन जानने से भी वंचित रह जाते हैं। मृत्यु और जन्म, एक ही बिंदु पर मिलते हैं।

हमारी सारी की सारी जीवन की गतिविधियां वर्तुलाकार हैं। और हम कहीं भी चले जाएं, हम अपने मूल बिंदु पर वापस लौट आते हैं। लाओत्से यह क्यों कह रहा है? लाओत्से यह कह रहा है कि तुम कितना ही कुछ करो, तुम अपने स्वभाव से दूर न जा सकोगे। तुम कितने ही दूर चले जाओ, तुम्हारा दूर जाना भी पास आने का ही रास्ता बनेगा। लाओत्से यह कह रहा है, अपने से दूर जाने का कोई भी उपाय नहीं है। तुम भटक सकते हो, धोखा दे सकते हो, सपने देख सकते हो; लेकिन तुम अपने से दूर नहीं जा सकते। और कितने ही दूर चले जाओ, तुम्हारा सब दूर जाना तुम्हारा अपने ही पास आने का उपाय है।

इसलिए कभी-कभी ऐसा होता है कि जो बहुत गहरे संसार में चला जाता है, वह अचानक अध्यात्म में आ जाता है। बीच में जो मीडियाकर्स हैं, वे हमेशा मुश्किल में होते हैं। इसलिए कभी कोई बाल्मीकि अचानक धार्मिक हो जाता है। हैरानी होती है, कोई अंगुलीमाल एकदम हत्या की दुनिया से बदलता है और बुद्ध उससे कहते हैं कि तुझसे ज्यादा शुद्ध ब्राह्मण खोजना मुश्किल है अंगुलीमाल! यह हत्यारा अचानक शुद्ध ब्राह्मण हो जाता है। क्या हुआ? यह इतनी दूर चला गया हत्या में कि वर्तुलाकार हो गई यात्रा।

इसलिए अक्सर ऐसा होता है कि पापी और अपराधी तो संत बन जाते हैं, तथाकथित साधु नहीं बन पाते। जिंदगी जटिल है। और उसके रास्ते इतने सीधे-सादे नहीं हैं जैसे हमें दिखाई पड़ते हैं। बहुत उलझे हैं।

यह लाओत्से का सूत्र बड़ा कीमती है, साधक के लिए बहुत कीमती है। तीन बातें स्मरण रख लेने जैसी हैं।

एक, लाख करो उपाय अपने से दूर नहीं जाया जा सकता। सब तरफ भटक कर, सब तरफ की यात्रा आखिर में अपने पर ले आती है। क्योंकि वह हमारा मूल बिंदु है।

दूसरी बात, जीवन की सब गतियां वर्तुल में हैं। इसलिए ऐसा, ऐसा सोचने की कोई भी जरूरत नहीं है कि कोई भी इतने पाप में पड़ गया है कि पुण्य को उपलब्ध न हो सकेगा। ऐसा सोचने की कोई भी जरूरत नहीं है कि कोई इतने संसार में गिर गया है कि मोक्ष का अधिकारी न हो सकेगा। सब यात्रा वर्तुल है। किसी भी बिंदु से लौटना हो सकता है। और किसी भी बिंदु से वापसी शुरू हो जाती है। और सच तो यह है कि अगर कोई जिद्द किए ही चला जाए नाक की सीध में तो हर यात्रा अपने पर ले आती है। इसलिए जिद्दी अक्सर पहुंच जाते हैं। उसको हम जिद्द नहीं कहते, उसको हम हठयोग कहते हैं। उसको हम दृढ़ता कहते हैं, उसको हम संकल्प कहते हैं।

तनका अपने गुरु के पास था। वह ध्यान की साधना कर रहा है। महीनों बीत गए हैं। गुरु उसके पास गया। और उसने तनका को बैठे हुआ देखा—बुद्ध की मुद्रा में, आंखें बंद किए, पत्थर की तरह। उसके गुरु ने, एक ईंट पड़ी थी दरवाजे पर, उसको उठा कर पत्थर पर घिसना शुरू कर दिया। ईंट की करर-करर आवाज, दांत किसमिसाने लगे तनका के। आखिर उसने आंख खोली और उसने कहा, यह क्या कर रहे हैं? और अपने गुरु को देखा तो बहुत हैरान हुआ। उसने सोचा, कोई बच्चा, या कोई शैतान आकर आस-पास कुछ कर रहा है। उसका गुरु पत्थर घिस रहा है। तनका ने पूछा, आप यह क्या कर रहे हैं? उसके गुरु ने कहा कि इस ईंट को घिस-घिस कर मैं दर्पण बनाना चाहता हूं।

गुरु तनका को कहना चाहता था कि जैसे यह ईंट घिस-घिस कर दर्पण नहीं बन सकती, ऐसे ही तू यह जो बैठा है आंखें बंद किए, कितना ही बैठा रहे, इससे ध्यान नहीं मिल सकता।

लेकिन तनका हंसा और उसने कहा कि अगर आप आखिरी तक घिसते ही गए तो दर्पण बन जाएगी। आंख बंद कर लीं। और आंख बंद किए-किए बैठे-बैठे तनका ज्ञान को उपलब्ध हुआ।

जब वह ज्ञान को उपलब्ध हुआ, तो उसके गुरु ने कहा कि मैं तो यह सोच कर तेरे सामने ईंट घिस रहा था कि तू पूछेगा कि आप पागल तो नहीं हो गए हैं! ईंट कितना ही घिसो, कहीं दर्पण बनेगी? तो मन को कितना ही घिसो, ध्यान कैसे हो जाएगा मन—यह मैं तुझे कहने आया था। और अगर तू यह सवाल मुझसे पूछ लेता कि कितना ही ईंट को घिसो, दर्पण कैसे बनेगी? तो पक्का था कि तू कितना ही मन को घिसता, ध्यान नहीं बन सकता था। लेकिन तूने यह पूछा ही नहीं और आंख बंद कर ली। मैं तुझसे पूछता हूं, तेरे मन को क्या हुआ? तो तनका ने कहा कि मेरे मन को हुआ कि अगर कोई घिसता ही चला जाए तो कभी न कभी दर्पण बन ही जाएगी। और मैं घिसता ही चला गया।

सीमा है। अगर कोई जिद्द किए ही चला जाए, सीधा चलता ही चला जाए, तो ईंट भी घिसी जाए तो दर्पण बन सकती है। और नरक की तरफ मुंह करके चलने वाला आदमी भी एक दिन स्वर्ग में पहुंच सकता है। और संसार की तरफ चलने वाला आदमी भी एक दिन निर्वाण के द्वार पर खड़ा हो सकता है।

झेन फकीरों ने कहा है : संसार और निर्वाण में जरा भी, रत्ती भर का फर्क नहीं। जो ठहर जाते हैं बीच-बीच में, वे संसार में रह जाते हैं; जो चलते ही चले जाते हैं, वे निर्वाण में पहुंच जाते हैं।

आज इतना ही। रुकें पांच मिनट और कीर्तन करें।

तिरपनवां प्रवचन

स्वभाव की उपलब्धि अयात्रा में है

Chapter 25 : Part 2

THE FOUR ETERNAL MODELS

Therefore: Tao is Great,
The Heaven is great,
The Earth is great,
The King is also great.
These are the Great Four in the universe,
And the King is one of them.
Man models himself after the Earth;
The Earth models itself after Heaven;
The Heaven models itself after Tao;
Tao models itself after Nature.

अध्याय 25 : खंड 2

चार शाश्वत आदर्श

इसलिए : ताओ महान है,
स्वर्ग महान है,
पृथ्वी महान है,
सम्राट भी महान है।
ब्रह्मांड के ये चार महान हैं,
और सम्राट उनमें से एक है।
मनुष्य अपने को पृथ्वी के अनुरूप बनाता है;
पृथ्वी अपने को स्वर्ग के अनुरूप बनाती है;
स्वर्ग अपने को ताओ के अनुरूप बनाता है;
और ताओ अपने को स्वभाव के अनुरूप बनाता है।

लाओत्से ने चार आदर्श बताए हैं।

'ताओ महान है, स्वर्ग महान है, पृथ्वी महान है और सम्राट भी।'

पहले इन चारों का लाओत्से का अर्थ समझ लें।

ताओ परम आदर्श है। उसके पार फिर कुछ भी नहीं। ताओ का अर्थ है जीवन के आत्यंतिक नियम के अनुसार हो जाना, कोई विरोध न रह जाए अस्तित्व में और स्वयं में।

हमारा जीवन जैसा है, प्रतिपल विरोध है। हम जीते कम, जीवन से लड़ते ज्यादा हैं। जीवन हमारे लिए एक संघर्ष है, एक स्ट्रगल है, एक छीना-झपटी है। एक प्रसाद नहीं, एक अनुकंपा नहीं, एक द्वंद्व है। जो भी हमें पाना है, वह हमें छीनना है, झपटना है। अगर हम न झपटें, न छीनें, तो खो जाएगा। और हमें लगता है ऐसा कि जो जितना छीन लेते हैं, उतना ज्यादा पा जाते हैं। और जो खड़े रह जाते हैं, छीनते नहीं, संघर्ष नहीं करते, युद्ध में नहीं उतरते, वे हार जाते हैं।

लाओत्से की दृष्टि बिलकुल विपरीत है। लाओत्से कहता है, जो छीनेगा, झपटेगा, वह और कुछ भला पा ले, जीवन से वंचित रह जाएगा। धन पा ले, यश पा ले, पद पा ले, लेकिन जीवन से वंचित रह जाएगा। और जब कोई जीवन को चुका कर पद पा लेता है तो उससे दयनीय कोई भी नहीं होता। और जब जीवन की कीमत पर कोई धन कमा लेता है तो उससे ज्यादा दरिद्र कोई नहीं होता। और जो जीवन को बेच कर यश कमाता है, आखिर में पाता है, हाथ में राख के सिवाय कुछ भी नहीं है। अंततः जीवन के मूल्य पर कुछ भी पाया गया, पाया गया सिद्ध नहीं होता, खोया गया सिद्ध होता है। लाओत्से कहता है, जीवन को पाना हो तो छीना-झपटी उसका उपाय नहीं है।

फिर क्या उपाय है? उपाय है ताओ के अनुकूल होते चले जाना; उपाय है जीवन की वह जो सरिता है, जो धारा है, उसमें तैरना नहीं बल्कि बहना, उससे लड़ना नहीं, उसके साथ एक हो जाना, और वह सरिता जहां ले जाए वहीं चले जाना। क्योंकि जिनका जीवन पर भरोसा नहीं है, उनका फिर किसी चीज पर भरोसा नहीं हो सकता। जीवन आपको जन्म देता है, जीवन आपकी श्वास है, जीवन आपके हृदय की धड़कन है। अगर आपका जीवन पर भी भरोसा नहीं है, जिससे आपका हृदय धड़कता है और जो आपके खून में बहता है और जो आपकी श्वास में सरकता है, अगर उस पर भी भरोसा नहीं है, तो फिर आपका किसी पर भरोसा नहीं हो सकता। अगर लाओत्से को हम समझें तो लाओत्से के लिए श्रद्धा का यही अर्थ है। यह अर्थ बड़ा गहरा है—जीवन के प्रति भरोसा, ट्रस्ट इन लाइफ।

लाओत्से नहीं कहता ईश्वर में विश्वास करो। ईश्वर का हमें कोई पता भी नहीं है। और जिसका पता ही नहीं है, उसमें विश्वास कैसे होगा? और होगा भी तो झूठा होगा।

इसलिए जगत में दो तरह के लोग हैं: अविश्वासी और झूठे विश्वासी। तीसरे तरह का आदमी खोजना मुश्किल है। और अविश्वासी ज्यादा ईमानदार हैं झूठे विश्वासियों से। क्योंकि अविश्वासी आज नहीं कल विश्वास

पर पहुंच भी सकता है; लेकिन झूठे विश्वासी कभी विश्वास पर नहीं पहुंच सकते। क्योंकि झूठे विश्वासियों को तो यह खयाल है कि उनमें श्रद्धा है ही। जिस ईश्वर को आप जानते नहीं, उसमें श्रद्धा हो नहीं सकती। कितना ही झुठलाएं और कितना ही समझाएं अपने को, कितना ही अपने ऊपर सिद्धांतों का आवरण ओढ़ें और कितना ही अपने हृदय को दबाएं और कितनी ही अपनी बुद्धि को कहें कि संदेह मत उठा, लेकिन जिसे आप जानते नहीं हैं उस पर आपकी श्रद्धा हो नहीं सकती। श्रद्धा आप कर सकते हैं, लेकिन श्रद्धा हो नहीं सकती। गहरे में अश्रद्धा मौजूद ही रहेगी। केंद्र पर अश्रद्धा मौजूद ही रहेगी।

और परिधि की श्रद्धा का कोई भी मूल्य नहीं। जब तक कि आत्मगत न हो, जब तक कि भीतर तक उसका तीर प्रवेश न कर जाए, जब तक आपके भीतर ऐसी कोई जगह न रह जाए जहां तक श्रद्धा प्रविष्ट न हुई हो, सब कुछ श्रद्धा से भर जाए, रोआं-रोआं प्राणों का, संदेह की एक जरा सी सुविधा न रह जाए, तब तक श्रद्धा का कोई मूल्य नहीं। हम श्रद्धा के वस्त्र ओढ़े हुए होते हैं, आत्मा हमारी अश्रद्धा की होती है।

इसलिए आस्तिक से आस्तिक आदमी को थोड़ा खरोंचें तो अश्रद्धा निकल आएगी। जिंदगी में खरोंच कभी-कभी अपने आप लग जाती है और अश्रद्धा निकल आती है। दुख आता है और आदमी कहने लगता है, ईश्वर का भरोसा डगमगा गया। खरोंच लगी—पराजय हो गई, हानि हो गई, सफलता न मिली—खरोंच लगी, श्रद्धा डगमगा जाती है। और इसी कारण, जिनको हम श्रद्धालु कहते हैं, वे श्रद्धा के संबंध में बात करने से भी भयभीत होते हैं। नास्तिक से चर्चा करने में भी उनकी आत्मा थर्राती है। क्या डर हो सकता है नास्तिक से आस्तिक को?

यह बड़े मजे की बात है कि नास्तिक आस्तिकों से चर्चा करने में नहीं घबड़ाते, आस्तिक नास्तिकों से चर्चा करने में घबड़ाते हैं। निश्चित ही, नास्तिक की अश्रद्धा आस्तिक की श्रद्धा से ज्यादा मजबूत मालूम होती है। नास्तिक का संदेह ज्यादा प्रामाणिक मालूम होता है आस्तिक के विश्वास से। और कोई छोटा सा नास्तिक भी आपकी आस्तिकता को हिला दे सकता है। सच यह है कि आप आस्तिक हैं नहीं। आस्था इतनी सस्ती नहीं। मां के साथ दूध पीने में नहीं मिलती, न मां के खून से आती है, न समाज के शिक्षण से मिलती है, न धर्मशास्त्रों से मिलती है। आस्था इतनी सस्ती बात नहीं। और हम एक ऐसा असंभव कृत्य करने में लगे हैं हजारों वर्ष से : उस पर श्रद्धा करना चाहते हैं जिसे हम जानते ही नहीं। और तर्क हमारा बड़ा मजेदार है। जिसे हम जानते नहीं, उस पर हम श्रद्धा इसलिए करना चाहते हैं ताकि हम उसे जान सकें। आस्तिक लोगों को समझाते हुए सुनाई पड़ते हैं कि अगर श्रद्धा करोगे तो ही जान पाओगे। और मजा यह है कि श्रद्धा बिना जाने हो नहीं सकती है। यह सारा भवन ही बेबुनियाद है। जान कर ही श्रद्धा हो सकती है। न जाने तो संदेह बना ही रहेगा। संदेह का मतलब ही इतना है, अगर हम गहरे में खोज करें तो संदेह का मतलब ही इतना है कि आपको पता नहीं है इसलिए संदेह है। संदेह अज्ञान है।

इसलिए अज्ञान में श्रद्धा तो हो ही नहीं सकती। और अगर अज्ञान में भी श्रद्धा हो जाए तो इसका मतलब हुआ कि फिर ज्ञान में भी संदेह हो सकता है। अज्ञान में अगर श्रद्धा हो सकती है तो फिर ज्ञान में क्या होगा? फिर ज्ञान के लिए कुछ बचा ही नहीं। अज्ञान के साथ होता है संदेह। अज्ञान टूट जाए तो संदेह टूट जाता है। ज्ञान के साथ आती है श्रद्धा। ज्ञान का आगमन हो तो श्रद्धा छाया की तरह प्रवेश करती है।

इसे हम ऐसा समझें कि संदेह भीतर के अज्ञान का सिर्फ संकेत है, सूचक है। श्रद्धा भीतर के ज्ञान की सूचक है। ज्ञान और अज्ञान तो होते हैं भीतर, सूचनाएं बाहर तक आती हैं। संदेह सूचना है। श्रद्धा भी एक सूचना है। जो ऊपर की सूचनाओं को बदल लेता है, वह अपने को धोखा दे रहा है। भीतर तो है अज्ञान, संदेह की खबर आ रही है; और आप अपने ऊपर, अपने वस्त्रों में श्रद्धा-श्रद्धा राम-नाम लिख कर चदरिया ओढ़ लेते हैं। वह भीतर से संदेह आता ही चला जाएगा। आपके चादर पर लिखा राम-नाम उस संदेह को मिटा नहीं पाएगा। वह संदेह आथेंटिक है,

प्रामाणिक है। वह आपसे उठ रहा है। और यह चदरिया आप बाजार से खरीद लाए हैं, इसे ऊपर से आपने ढांक लिया। इससे दूसरे को धोखा हो सकता है। लेकिन सच तो यह है, दूसरे को भी धोखा होने की कोई जरूरत नहीं है। क्योंकि जिसके भीतर से राम उठ रहा हो, चादर महत्वपूर्ण न रह जाएगी। और अगर ओढ़ने वाले को चादर बहुत महत्वपूर्ण है तो दूसरे को भी धोखे में पड़ने की कोई जरूरत नहीं है। यह अपने ही संदेह को ढांकने की व्यवस्था है।

लेकिन दूसरा धोखे में पड़ भी जाए, मजा तो यह है कि हम खुद भी धोखे में पड़ जाते हैं। अपने ही ऊपर ओढ़ी हुई चादर को देख कर कहते हैं कि श्रद्धा से भरे हुए हैं हम। सब तथाकथित श्रद्धाओं के भीतर संदेह का कीड़ा होता है। और जब तक वह मिट न जाए, तब तक श्रद्धा का कोई आगमन नहीं है।

इसलिए हमने सारी दुनिया को सिखा-सिखा कर कि ईश्वर पर भरोसा करो, ईश्वर पर भरोसा करो, धर्म को हम नहीं ला पाए; केवल लोगों को बेईमान बना पाए हैं। जिस पर भरोसा किया कैसे जा सके, जिसे हम जानते न हों; उस पर भरोसे की शिक्षण दे-दे कर हमने लोगों को झूठे धार्मिक बनाने में सफलता पा ली है। इसलिए सारी जमीन धार्मिक—और एक धार्मिक आदमी नहीं। सब धार्मिकता ओढ़ी हुई।

लेकिन धार्मिक आदमी अभी भी चिल्लाए चले जाते हैं, वे कहते हैं, हर बच्चे को दूध के साथ धर्म पिला दो। उनको डर लगा रहता है पूरे वक्त कि जरा बच्चे में अपनी बुद्धि आई कि फिर चदरिया ओढ़ाना बहुत मुश्किल हो जाएगा। वह बुद्धि भीतर से सवाल उठाने लगेगी। तो इसके पहले कि बुद्धि जगे, तुम जहर डाल दो, तुम्हें जो पिलाना हो पिला दो, उसको इतने गहरे में पड़ जाने दो कि कल उसकी बुद्धि भी सवाल उठाए तो भी उसे ऐसा लगे कि भीतर से नहीं आ रहा है। और उसकी झूठी श्रद्धा, जो बाहर से डाली गई है, वह इतने गहरे में जड़ जमा ले कि उसे धोखा होने लगे कि भीतर से आ रही है। इसलिए हम छोटे-छोटे अबोध बच्चों के साथ जो बड़े से बड़ा अपराध कर सकते हैं, वह करते हैं। हम उन्हें ज्ञान के मार्ग पर नहीं ले जाते, हम उन्हें विश्वास के मार्ग पर ले जाते हैं। विश्वास धोखा है ज्ञान का। विश्वास श्रद्धा नहीं है। विश्वास अंधापन है। श्रद्धा आंख का नाम है। इस जगत में जो गहरी से गहरी आंख हो सकती है, वह श्रद्धा है।

लाओत्से ईश्वर की बात नहीं करता। और लाओत्से की चिंतना बहुत वैज्ञानिक है। और अगर कभी इस जमीन पर कोई धर्म आता हो तो उसे कहीं लाओत्से की सीढ़ियों से आना पड़ेगा। बाकी सीढ़ियां असफल साबित हुई हैं।

लाओत्से कहता है, ईश्वर से तो क्या संबंध होगा आपका? इतना दूर है मामला। निकट से शुरू करो। दूर की बात मत करो, निकट से शुरू करो। कल दूर भी पहुंच सकते हो, लेकिन यात्रा निकट से शुरू करो।

जीवन निकटतम है। और अगर मेरा जीवन पर ही भरोसा नहीं है, उससे भी मैं छीना-झपटी कर रहा हूं, तो फिर मेरा कोई भरोसा किसी पर नहीं हो सकता। जीवन तो हमारे रग-रग में समाया हुआ है। जीवन तो हम हैं; जीवन के कारण हम हैं। जीवन का होना ही हमारा होना है। हमारे होने में जीवन छिपा है। इस पर भी हमारा भरोसा नहीं है। ऐसा जो गैर-भरोसा है, वह तोड़ा जा सकता है। क्योंकि जीवन से परिचय कोई दूर की बात नहीं है, किसी आकाश में बैठे ईश्वर की बात नहीं है। यहां रग-रग में दौड़ते हुए जीवन की बात है। इससे संबंध बन सकता है।

लाओत्से चार आदर्शों की बात करता है। और एक-एक क्रम से वे आदर्श हम समझें, तो अंततः हम जो निकटतम है और दूरतम मालूम पड़ता है, उस तक पहुंच सकते हैं।

कहता है, 'ताओ महान है, स्वर्ग महान है, पृथ्वी महान है, सम्राट महान है।'

ये सीढ़ियां हैं। ताओ है श्रेष्ठतम, अंतिम। लेकिन ताओ हमारी पकड़ के बहुत दूर है। हमारे हाथ वहां तक पहुंच नहीं पाएंगे। यद्यपि वह हमारे हाथों के भीतर भी छिपा है, लेकिन यह उस दिन की बात है जब हमारी पहचान हो जाएगी उससे। अभी तो ताओ बहुत दूर है।

दूसरी सीढ़ी पर लाओत्से रखता है स्वर्ग। स्वर्ग का अर्थ है आनंद का सूत्र। स्वर्ग का अर्थ है महासुख। ताओ तो हमारे लिए दूर है, लेकिन सुख, आनंद, उतना दूर नहीं है। उसकी थोड़ी सी भनक कभी हमारे कान में पड़ी है, कभी अचानक सुबह आंख खुली है और आकाश में आखिरी तारा डूबता हुआ देखा है—और कोई चीज हृदय के भीतर कंपित हो गई है। वह स्वर्ग है। कभी काले बादल आकाश में घिरे हैं और झील के किनारे उनकी छाया झील में बन गई है—और आपके भीतर भी कोई प्रतिबिंबित हो उठा है एक क्षण को। कि अंधेरी रात में, अमावस में, रात की सांय-सांय आपके हृदय को स्पर्श कर गई है—कोई वीणा भीतर किसी तार पर चोट पड़ गई क्षण भर को। ऐसे क्षण शायद जीवन में दस-पांच हों। उन क्षणों में हमें स्वर्ग की जरा सी झलक मिलती है। किसी के प्रेम में क्षण भर को सब भूल गया है जगत और वह प्रेम का क्षण ही शाश्वत होकर ठहर गया है। घड़ी बंद हो गई, समय रुक गया, और लगा, सब खो गया है। बस प्रेम की एक...। शायद उस क्षण के लिए हम सब दान कर सकते हैं, सब खोने को तैयार हो सकते हैं। ऐसे कुछ क्षण में आकस्मिक हमें स्वर्ग की झलक मिलती है।

झलक कह रहा हूं, स्वर्ग का हमें पता नहीं है। स्वर्ग भी हमसे बहुत दूर है। स्वर्ग से लाओत्से का अर्थ है आनंद का सूत्र। ऐसा आदमी खोजना मुश्किल है जो ताओ की खोज कर रहा हो, सत्य की खोज कर रहा हो; लेकिन ऐसा आदमी भी खोजना मुश्किल है जो आनंद की खोज न कर रहा हो। ताओ बहुत दूर है। कभी कोई बुद्ध, कभी कोई महावीर सत्य में उत्सुक होता है। लेकिन बुद्ध के पास जो लोग आते हैं और बुद्ध के अनुगमन में जो चलते हैं, वे भी सत्य में उत्सुक नहीं होते; वे बुद्ध के आनंद में उत्सुक होते हैं। वह नंबर दो की सीढ़ी है।

बुद्ध के पास सारिपुत्त आया है। तो सारिपुत्त कहता है, भगवान, कैसे ऐसा ही आनंद मुझे मिले?

बुद्ध जब तलाश कर रहे थे गुरु की, तब वे अनेक गुरुओं के पास गए हैं। लेकिन वे पूछते हैं कि सत्य क्या है? एक योगी ने उन्हें कहा, आनंद को खोजो।

बुद्ध ने कहा, अगर सत्य को पाकर आनंद मिलता हो तो ठीक; सत्य को पाकर आनंद खोता हो तो भी ठीक। क्योंकि झूठे आनंद में समय को व्यर्थ करने की मेरी इच्छा नहीं है। अगर असत्य के साथ आनंद मिलता हो तो मैं लेने को राजी नहीं हूं। क्योंकि असत्य आनंद का क्या अर्थ? वह एक स्वप्न होगा। आनंद अगर सत्य हो तो ही सार्थक है। इसलिए आनंद की बात छोड़ देता हूं; सत्य की ही बात काफी है। सत्य क्या है?

लेकिन सारिपुत्त बुद्ध के पास आया है तो वह पूछता है, आपको जो आनंद मिला, वह आनंद हमें कैसे मिल जाए?

आनंद हमारी समझ में आ सकता है। वह भी काफी दूर है। और जब भी हम आनंद की बात करते हैं, तो हमारा मतलब सुख होता है, आनंद नहीं होता। हमारे भाषाकोश में भी आनंद का अर्थ सुख लिखा होता है। सुख सिर्फ आनंद की झलक है, आनंद नहीं। जैसे आकाश में चांद हो और झील में हमने चांद को देख लिया हो; तो वह जो झील का चांद है वह सुख है और आकाश का जो चांद है वह आनंद है।

लेकिन झील के चांद का क्या है? जरा सा एक कंकड़ पड़ जाए झील में, छार-छार हो जाएगा। वह चांद टुकड़े-टुकड़े होकर बिखर जाएगा। एक छोटा सा कंकड़ उस चांद को मिटा देगा। एक मछली की छलांग, और झील का दर्पण कंप जाएगा, वह चांद खंड-खंड हो जाएगा।

हमारा सुख ऐसा ही है। जरा सा कंकड़, सब छार-छार हो जाता है। जरा सी एक मछली की छलांग, सब टूट जाता है। और हम छाती पीटते रह जाते हैं कि सब सुख खो गया। सुख हमारा आनंद की झलक है, प्रतिबिंब है।

लेकिन जब भी हम, जिस आदमी ने देखा ही न हो चांद, जब भी देखा हो झील में ही देखा हो, तो हम चांद की बात करें तो वह अपनी झील का चांद समझे, इसमें कुछ अनहोना नहीं है। लेकिन फिर भी, झील का चांद ही

सही, चांद से किसी तरह जुड़ा है। इसीलिए आनंद की बात हमें थोड़ी सी समझ में आ सकती है। हम सुख से जुड़े हैं। पर आनंद भी बहुत दूर है। और दूर इस कारण भी है कि आनंद की पहली शर्त है जो, बहुत कठिन है। और वह यह है कि जब तक हम सुख का त्याग न करें। स्वभावतः जो आदमी झील के चांद को छोड़ने को राजी न हो, उसकी आंखें आकाश के चांद की तरफ उठेंगी भी कैसे? झील के चांद को ही जो चांद समझ रहा हो और वहां से आंखें हटाने को राजी न हो, वह आकाश के चांद की तरफ देखेगा कैसे? माना कि झील का चांद आकाश के चांद से जुड़ा है, लेकिन विपरीत है। सब प्रतिबिंब विपरीत होते हैं। रिफ्लेक्शन है, उलटा है।

इसलिए अगर हम इस झील के चांद की तलाश में लगे रहें तो एक बात पक्की है कि आकाश का चांद हमें कभी भी नहीं मिलेगा। हमें इसके विपरीत चलना होगा। इसके हम जितने उलटे यात्रा करेंगे, उतना हम आकाश के चांद के पास पहुंचेंगे। तप का यही अर्थ है। सुख की विपरीत यात्रा है वह। चांद की खोज है, झील के चांद का त्याग है। तो यद्यपि हमें समझ में आता है आनंद, लेकिन जिसके कारण समझ में आता है, वही बाधा भी है। सुख ही समझने का कारण है; सुख ही हमारी बाधा है, अड़चन है। आनंद को पाना हो तो सुख छोड़ना पड़े।

दुख को हम सब छोड़ना चाहते हैं। बड़े मजे की बात है, दुख को हम छोड़ना चाहते हैं और दुख हमें कभी नहीं छोड़ता। सुख को हम पकड़ना चाहते हैं और सुख को हम कभी पकड़ नहीं पाते। लेकिन कितनी बार यह अनुभव होता है, पर इस अनुभव से हम कोई निष्कर्ष नहीं निकालते। दुख को हम छोड़ना चाहते हैं और छोड़ नहीं पाते; सुख को हम पकड़ना चाहते हैं और पकड़ नहीं पाते।

तप इससे उलटा प्रयोग है। तप इस बात का प्रयोग है कि अब तक सुख को पकड़ने की कोशिश की और नहीं पकड़ पाए, अब सुख को छोड़ेंगे; अब तक दुख से छूटने की कोशिश की और दुख को नहीं छोड़ पाए, अब दुख को पकड़ेंगे। और बड़े मजे की बात है कि जैसे सुख को पकड़ने से सुख नहीं पकड़ में आता, दुख पकड़ने से दुख पकड़ में नहीं आता। और जैसे दुख को छोड़ने से दुख नहीं छूटता, वैसे ही सुख को छोड़ने से सुख नहीं छूटता। असल में, जिसे हम पकड़ना चाहते हैं, वही छूट जाता है। और जिसे हम छोड़ देते हैं, वह हमारे पकड़ के भीतर आ जाता है।

लेकिन यह उलटा नियम अनेक-अनेक बार अनुभव में आने पर भी हम कभी इसका विज्ञान नहीं बना पाते। वही विज्ञान धर्म है। सामान्य आदमी के अनुभव में और वैज्ञानिक के अनुभव में इतना ही फर्क है। आपको अनुभव होते हैं, अनुभव आणविक रह जाते हैं—एक अनुभव, दो अनुभव, तीन अनुभव। वैज्ञानिक बुद्धि तीन अनुभव के बीच जो सार-सूत्र है, उसको खोज लेती है; अनुभव को छोड़ देती है। जिंदगी में मुझे हजार अनुभव हों, लेकिन उनकी राशि इकट्ठी करता चला जाऊं, आणविक राशि हो, सब पर लगा दूं एक, दो, हजार अनुभव हुए; लेकिन हजार अनुभव जिस नियम के कारण हो रहे हैं, उसका अगर पता न लगा पाऊं, तो मैं खोजी नहीं हूं। वैज्ञानिक बुद्धि का इतना ही अर्थ है कि हजार जो अनुभव हुए, उनका सार-सूत्र हम खोज लें।

न्यूटन के पहले भी वृक्ष से फल जमीन पर गिरता था। और सेब का फल! बड़ा पुराना इतिहास है उसका, अदम को भी ईव ने जो पहला फल तोड़ कर दिया था, वह सेब का फल था। तो अदम के जमाने से लेकर सदा सेब का फल जमीन पर गिरता रहा। लेकिन गुरुत्वाकर्षण का नियम न्यूटन निकाल पाया। फल रोज गिरते थे। हजारों लोगों ने फलों को गिरता देखा। यह अनुभव नियम नहीं बन पाया। लेकिन न्यूटन ने पहली दफे पूछा कि यह फल नीचे ही क्यों गिरता है?

यह पागलपन का सवाल है। वैज्ञानिक हमेशा पागलपन का सवाल पूछते हैं। सामान्य आदमी नहीं पूछते; इसलिए सामान्य आदमी सामान्य आदमी रह जाते हैं। यह बिलकुल पागलपन का सवाल है न्यूटन का यह पूछना कि फल नीचे ही क्यों गिरता है? हम बुद्धिमान लोग कहते कि तुम्हारी बुद्धि तो ठीक है? फल नीचे गिरता ही है,

बात खतम हो गई। इसमें और क्या पूछने का है? लेकिन न्यूटन ने कहा कि सभी फल नीचे गिरते हैं; जरूर नीचे गिरने में कोई राज होना चाहिए। जमीन खींचती है, नहीं तो फल नीचे नहीं गिर सकते हैं। तो जमीन के खींचने का नियम—फिर सब फल बेकार हो गए; गिरे हों, न गिरे हों; पत्थर गिरे हों, न गिरे हों; सब खतम हो गए—सब गिरने के सब अनुभवों में से एक सार ग्रेविटेशन का, गुरुत्वाकर्षण का हाथ में आ गया।

धर्म भी एक विज्ञान है, अंतस जीवन का। जितना सुख को पकड़ो, पकड़ में नहीं आता; जितना दुख से भागो, भाग नहीं पाते; दुख को छोड़ो, छूटता नहीं; सुख को पकड़ो, पकड़ में नहीं आता। कितने-कितने जन्मों का आदमी का अनुभव है, लेकिन वही हम कभी पूछते नहीं कि इसके पीछे कारण क्या होगा? क्या बात है कि जिसे पकड़ते हैं वह पकड़ में नहीं आता और जिसे छोड़ते हैं वह छूटता नहीं? छोड़ने की कोशिश निमंत्रण मालूम पड़ती है, छोड़ने की कोशिश बुलावा है। पकड़ने की कोशिश, मालूम होता है, जिसे हम पकड़ना चाहते हैं उसे रिपेल करती है, उसे हटाती है।

इसे जीवन में जरा चेष्टा करके देखें। किसी को भुलाना चाहते हैं मन से, जितना भुलाएंगे उतना मुश्किल हो जाएगा, जितना भुलाएंगे उतनी याद आएगी। भुलाने की कोशिश भी एक ढंग की याद है। बैठे हैं आंख बंद करके, भुला रहे हैं। मगर भुलाना भी याद करना है। तो जिसे भुलाना चाहते हैं, वह भूलता नहीं है। और कभी इससे उलटा करके देखें, प्रयासपूर्वक किसी की याद करके देखें। और आप पाएंगे, याद हाथ से छूट गई। आंख बंद कर लें, जिस चेहरे को आप खूब प्रेम करते हैं, उसे पूरी तरह याद करें, पूरा एकाग्र करें, सारी ताकत लगा दें कि वह चेहरा कैसा है। पहली दफे आपको पता चलेगा, आपके खुद के प्रेमी या प्रेयसी का चेहरा आपकी याद में नहीं पकड़ता। आप चकित हो जाएंगे कि जो चेहरा इतना निकट है, जो सपनों में छाया रहता है, वह इस भांति क्यों खो गया है? अपनी मां का चेहरा भी याद करना आसान नहीं है कोशिश से। कोशिश करके देखेंगे, तब आपको पता चलेगा कि खो गया चेहरा। रेखाएं डगमगा जाएंगी, धुंधला हो जाएगा; चेहरा खो जाएगा।

जिसकी चेष्टा से याद करेंगे, वह खो क्यों जाता है? शायद आपकी चेष्टा विकर्षण बन जाती है। जिसको चेष्टा से आप भुलाना चाहते हैं, वह याद क्यों आ जाता है? कोई विपरीत नियम काम कर रहा है, लॉ ऑफ रिवर्स इफेक्ट काम कर रहा है। विपरीत परिणाम आ जाते हैं।

इसको जो समझ लेगा, वह फिर दुख को हटाना न चाहेगा, वह फिर सुख को बुलाना न चाहेगा। और जो दुख को हटाता नहीं और सुख को बुलाता नहीं, वह आनंद में प्रवेश कर जाता है।

आनंद का मतलब ही यह है, अब दुख आते नहीं, सुख जाता नहीं। आनंद का मतलब ही इतना है कि अब दुख आते नहीं, सुख जाता नहीं। लेकिन यह एक बहुत कीमिया है, एक अल्केमी है, एक भीतरी रसायन है।

हम अपने ही हाथों नियम के विपरीत चल कर दुख निर्मित करते हैं। और हम अपने ही हाथों नियम के विपरीत चल कर सुख को नष्ट करते हैं। अगर हम आदमियों को देखें और उनकी जिंदगी में झांकें, तो हर आदमी अपने लिए दुख के गड्ढे खोद रहा है। हर आदमी! उसको जरा भी पता नहीं है कि वह क्या कर रहा है। वह गड्ढे खोद रहा है। जब वह गड्ढे में गिरता है, तब उसको पता चलता है। और तब वह चिल्लाता है कि न मालूम किस दुष्ट ने यह गड्ढा खोद दिया! हर आदमी दुख को बुला रहा है और हर आदमी सुख को तोड़ रहा है। और जब उसका सुख खंड-खंड होकर बिखर जाता है, तब वह छाती पीटता है कि कौन दुश्मन मेरे पीछे पड़ा है! प्रकृति निर्दय मालूम होती है! परमात्मा कठोर है! लेकिन आप इस गहरे नियम को समझ लें तो आप जो गड्ढे अपने लिए खोदते हैं वे बंद हो जाएंगे और अपने हाथ जो आप सुख की प्रतिमा खंडित करते हैं वह बंद हो जाएगी।

दूर है लेकिन आनंद भी। जो सुख और दुख दोनों के पार है, वह भी दूर है।

तीसरा सूत्र लाओत्से कहता है, और आपके पास लाता है, 'दि अर्थ इज़ ग्रेट, पृथ्वी महान है।'

आनंद भी बहुत दूर है। पृथ्वी से अर्थ सुख का है। आनंद बहुत दूर है; उस तक भी हम नहीं जा सकते। पृथ्वी बहुत ग्रॉस, पृथ्वी का मतलब है बहुत स्थूल। सूक्ष्म है आनंद तो, ताओ सूक्ष्मतम है। पृथ्वी है पदार्थ; ठोस है। सुख को हम पकड़ पाते हैं। सुख स्थूल है, और हमारी आंखों में आ जाता है, हमारे हाथों में आ जाता है, हमारे जाल में पड़ जाता है। लेकिन सच में क्या सुख भी हमारे हाथ में पड़ पाता है? थोड़ा गौर से देखें, तो पड़ता हुआ मालूम पड़ता है, कभी पड़ नहीं पाता। बस करीब-करीब होता है, कभी हम पा नहीं पाते उसे भी। सुख भी हमारी आशा है, अनुभव नहीं।

कठिन होगी बात। हम सबको यह तो खयाल होता ही है, इसमें भी बड़ा भरोसा रहता है कि कम से कम सुख का तो अनुभव है, न सही आनंद का। सुख का भी हमें अनुभव नहीं है, सिर्फ आशा है। सुख हमेशा कल मिलने वाला होता है, आज कभी नहीं मिलता। करीब-करीब होता है, पहुंचे-पहुंचे, ऐसा लगता है बस क्षण भर की देरी और है कि पहुंचे जाते हैं। लेकिन कभी आपने खयाल किया कि जब भी आप पहुंचते हैं, हताशा हाथ लगती है, निराशा हाथ लगती है। जिसे चाहा था, जिसे सोचा था, जिसे खोजा था, वह हमेशा डिसअपाइंटिंग, हमेशा अपेक्षा तोड़ने वाला सिद्ध होता है। सब सुख डिसइल्यूजनमेंट सिद्ध होते हैं। जाकर भ्रम टूट जाता है।

कितनी आशा की थी कि मित्र घर आ रहा है, पता नहीं कितना सुख होगा! और फिर मित्र आ जाता है, और कहीं कुछ नहीं होता। फिर घड़ी, दो घड़ी व्यर्थ की बातें करके—कि कैसे हो, कैसे नहीं हो—घड़ी, दो घड़ी के बाद पता लगता है, इस आदमी के लिए इतनी रास्ता देखी थी! सब खतम हो गया, राख हाथ लगी! मित्र घर आ गया, कुछ और नहीं आया। दिन, दो दिन के बाद लगता है, कब यह आदमी चला जाए। और ऐसा नहीं है कि यह कोई नया अनुभव है। दो महीने बाद इसी आदमी की फिर हम ऐसे ही रास्ता देखेंगे। और दो महीने पहले भी ऐसे ही देख चुके हैं। आदमी अनुभव से कुछ निष्कर्ष नहीं लेता।

सुख हमारी आशाओं में है। उनका लगता है कि बस अब मिला ही जाता है। इंद्रधनुष जैसे हैं, दूर-दूर तो बनते हैं, पास जाओ खो जाते हैं। निकट पहुंचो पकड़ने को इंद्रधनुष को, कुछ पकड़ नहीं आता। पकड़ भी आए तो थोड़ी सी शायद पानी की बूंदें हाथ को छू जाएं और सब समाप्त हो जाए। वे रंग जो इस शान से आकाश में तने थे, उनकी छाप भी, हलकी सी छाप भी हाथ पर नहीं पड़ती। करीब-करीब सुख इंद्रधनुष जैसा है। वह भी हमारा अनुभव नहीं, हमारी आशा है। सोचते हैं कि मिलेगा; मिलता नहीं है। और आदमी इतना होशियार है कि कभी-कभी ऐसा भी सोचने लगता है बाद में कि मिला था।

इसे थोड़ा समझ लें। मिलता कभी नहीं है। या तो सोचता है मिलेगा—भविष्य। और या फिर कभी-कभी पीछे लौट कर सोचता है कि मिला था—अतीत। लेकिन वर्तमान में सुख का कोई संस्पर्श नहीं होता। कभी आपको ऐसा कोई आदमी मिला है जिसने आपसे कहा हो मैं सुखी हूं? हां, ऐसे आदमी आपको मिलेंगे, वे कहेंगे मैं सुखी था। ऐसे आदमी आपको मिलेंगे कि ज्यादा देर नहीं है, मैं सुखी हो जाने वाला हूं। ऐसा आदमी आपको नहीं मिल सकता जो कहे, अभी, यहीं मैं सुखी हूं, इसी क्षण मैं सुखी हूं। और अगर इसी क्षण सुखी नहीं है कोई तो वह अपने को धोखा दे रहा है। लेकिन धोखे जरूरी हैं। क्योंकि जहां सुख भी न हो और सुख की आशा भी न हो तो आदमी जीए कैसे? धोखे बड़े आवश्यक हैं। माना कि झूठे हैं, लेकिन जीने के लिए सहारे हैं।

बूढ़ा आदमी कहता है, बचपन स्वर्ग था। बच्चे से पूछो, तब पता चलेगा। बच्चे से पूछो, तब सब बूढ़े झूठे मालूम पड़ेंगे। क्योंकि एक बच्चा नहीं कहता कि यह बचपन स्वर्ग है। सब बच्चे जल्दी में हैं कि कैसे जवान हो जाएं। स्वर्ग जवानी में मालूम पड़ता है। बच्चे कमजोर मालूम पड़ते हैं। बच्चों से पूछो।

आप अपने बचपन की याद मत करना, वह झूठी है; आपने खड़ी कर ली है। वह कल्टीवेटेड है, वह आपकी संयोजित है। आप याद नहीं कर सकते अपने बचपन की। आप अपने बचपन की जब याद करते हैं तो आपने जो कविताएं वगैरह पढ़ी हैं बचपन के संबंध में, वे आप समझते हैं आपके बचपन के बाबत हैं।

सच तो यह है कि मनसविद कहते हैं कि आदमी चार साल की उम्र के पहले का स्मरण नहीं कर पाता। और उसका कारण यह है कि चार साल का जीवन बच्चे का इतना दुखद है कि उस स्मृति को रखना मनुष्य के लिए हितकर नहीं है। इसलिए आदमी भूल जाता है। आपको याद आती है पीछे लौट कर तो ज्यादा से ज्यादा चार साल। बहुत बुद्धिमान हुए तो तीन साल तक आपको स्मरण आएगा। लेकिन वे तीन साल बिलकुल ब्लैंक हो जाते हैं, भूल जाते हैं। क्या हो गया? मनसविद कहते हैं कि जब अति दुख होता है मन में तो उसकी स्मृति रखनी उचित नहीं है; इसलिए मन उसकी स्मृति को पोंछ डालता है। खतरनाक है, वह स्मृति पत्थर की तरह छाती पर बैठ जाएगी। इसलिए मन की आयोजना है कि अति दुख हो, उसे भुला देते हैं हम। वह अचेतन में डूब जाता है।

हां, बच्चे को बेहोश किया जाए, हिप्नोटाइज किया जाए, सम्मोहित किया जाए, तो याद आ जाती है। लेकिन सम्मोहन में कोई बच्चा नहीं कहता कि मैं स्वर्ग में था। और सब बूढ़े कहते हैं कि हम स्वर्ग में थे, बचपन बड़ा सुखद था। असल में, आपको बचपन का अब कोई खयाल नहीं रह गया। यह बचपन आपने निर्मित किया हुआ है।

पहले आदमी भविष्य में सुख को रखता है, जब तक उम्र शेष रहती है। और जब मौत करीब आने लगती है तो भविष्य तो समाप्त हो जाता है, भविष्य में तो सिर्फ मौत दिखाई पड़ती है; इसलिए आदमी पीछे अपने सुख को रखने लगता है। एक बात पक्की है कि जहां आदमी है, वहां सुख नहीं होता। फिर पीछे रख लेता है। फिर वह सोचता है, कैसा आनंद था! ऐसा लगता है, बचपन में सभी कुछ आनंद था।

अगर बचपन इतना आनंदपूर्ण हो तो बच्चे बचपन छोड़ने से इनकार कर दें। लेकिन बच्चे जल्दी बड़े होना चाहते हैं। यहां तक कि बच्चे जितने बड़े होते हैं, उससे भी ज्यादा अपने को बड़ा बताना चाहते हैं। क्योंकि बड़ों के पास ताकत मालूम पड़ती है, स्वर्ग मालूम पड़ता है, सुख मालूम पड़ता है; नियंत्रण, मालकियत, सब उनके पास मालूम पड़ती है। बच्चा तो एकदम दीन-हीन, कमजोर मालूम पड़ता है। उसको लगता है कैसे जल्दी, जल्दी-जल्दी बड़ा हो जाए। इसलिए बच्चे बड़ों की आदतें सीख लेते हैं।

अगर छोटे बच्चे सिगरेट पीते हैं तो इसका कारण यह नहीं कि बच्चों को सिगरेट में कोई भी सुख मिलता है। जरा भी नहीं मिलता। बच्चों को बड़ी तकलीफ मिलती है। क्योंकि सिगरेट और बच्चे को कोई तरह का सुख नहीं दे सकती। सिगरेट से सुख लेने के लिए जरा ज्यादा उम्र की मूढ़ता चाहिए। बच्चा इतना मूढ़ नहीं होता। अभी इतनी ताजी कली है उसके मन की कि सिगरेट का धुआं सिर्फ दुख ही दे सकता है। लेकिन बच्चा उस दुख को झेल लेता है, कोई फिक्र नहीं; क्योंकि सिगरेट पीते ही पावरफुल मालूम होता है। वे जितने लोग सिगरेट पी रहे हैं, फिल्म अभिनेता हैं, राजनेता हैं, सड़कों पर ताकतवर लोग हैं, अपनी गाड़ी में बैठे हुए सिगरेट पी रहे हैं। वह बच्चा जब सिगरेट अपने मुंह पर रख लेता है, बचपन खो गया। अब वह बड़ों की दुनिया का भागीदार हो गया, हिस्सेदार हो गया। बच्चे सिगरेट पीना सीखते हैं, क्योंकि सिगरेट जो है, वह पावर-सिंबल है।

अनेक बच्चे हैं, मनसविद उनके बाबत जानकारी रखते हैं, जो जाकर जल्दी दाढ़ी-मूंछ बढ़ाना चाहते हैं। पिता घर न हों तो उनके रेजर का उपयोग करके जल्दी किसी तरह दाढ़ी-मूंछ आ जाए। कोई बच्चा बच्चा रहने को राजी नहीं है। भागना चाहता है बचपन से। स्कूल कारागृह से ज्यादा नहीं मालूम होता। शिक्षक समाज में सबसे बड़े चुने हुए दुष्ट मालूम पड़ते हैं। और यह खयाल बच्चों का कुछ दूर तक सही भी हो सकता है। क्योंकि मनोवैज्ञानिक कहते हैं कि शिक्षक होने की जिनमें वृत्ति होती है, वे असल में डॉमिनेट करना चाहते हैं, वे लोगों पर रुआब बांधना चाहते

हैं। इसलिए कम तनख्वाह में भी शिक्षक राजी रहता है। क्योंकि जो रस मिल रहा है, वह बहुत दूसरा है। वह किसी हिटलर, किसी नेपोलियन से कम नहीं है अपनी क्लास में। सारी दुनिया का सम्राट मालूम होता है।

बच्चों से अगर उनके दुख कभी पूछे जाएं तो बूढ़ों को यह भ्रम छोड़ देना पड़ेगा कि बचपन एक स्वर्ग था। जहां चौबीस घंटे परतंत्रता अनुभव होती है—यह मत करो, यह मत करो, यह मत करो। जहां मां-बाप 'मत करो' में इतना रस लेते मालूम पड़ते हैं कि कई बार तो माताएं यह भी फिक्र नहीं करतीं कि बच्चा क्या कर रहा है, उसके पहले ही कहती हैं: मत करो! सबके मन में अहंकार की तृप्ति अधूरी रह जाती है, वासना अधूरी रह जाती है। सब अपने अहंकार को तृप्त करने के लिए चारों तरफ उपाय खोजते हैं। बच्चों से ज्यादा सुगम उपाय और सस्ता उपाय दूसरा नहीं है। एक स्त्री के पास चार-आठ बच्चे हैं तो फिर समझो कि उसके अहंकार को अब इससे ज्यादा और पुष्टि का कोई दूसरा उपाय नहीं है। पुष्ट हो जाएगा उसका अहंकार। हर चीज में आखिरी वचन उसका है।

यह जो पीछे से खयाल आता है कि सुख था, यह धोखा है। न तो सुख पीछे हुआ है, और न आगे है; सुख होता है सदा अभी। और जो उसकी कला जानता है, वह अभी सुखी होता है।

वानगॉग से कोई पूछ रहा है कि तुम्हारा सबसे श्रेष्ठ चित्र कौन सा है? तो वानगॉग ने कहा, यह जो मैं अभी पेंट कर रहा हूं। वह जो पेंट कर रहा था, यही। वह आदमी पंद्रह दिन बाद वापस आया देखने कि अब यह क्या कहता है। तब वानगॉग दूसरा चित्र पेंट कर रहा था। और उस आदमी ने पूछा कि तुम्हारा श्रेष्ठतम चित्र? उसने कहा, यही। वानगॉग का यह उत्तर सुन कर उस आदमी ने कहा, लेकिन पंद्रह दिन पहले वह दूसरा चित्र जो पूरा हो गया, तुमने उसके बाबत कहा था। वानगॉग ने कहा, वह गए जमाने की बात हो गई, उससे क्या लेना-देना? मैं अभी सुखी हूं।

जो अभी सुखी होता है, अतीत बेमानी हो जाता है। आपके लिए अतीत में जो मूल्य मालूम पड़ता है, वह वर्तमान के दुख के कारण। आप इतने दुखी हैं कि अब और कोई उपाय नहीं है। पीछे सुख को बना लेते हैं, आगे सुख को बना लेते हैं। ऐसे जिंदगी आगे-पीछे में डोलती चली जाती है। एक झूठा ब्रिज, सेतु बना लेते हैं; उस पर यात्रा होती चली जाती है। और प्रतिपल जो वास्तविक जगत है, वह चूकता चला जाता है।

जो आदमी सुखी है, वह अभी सुखी है। और जो आदमी सुखी है, इसी क्षण जगत के शिखर पर सुखी है। लेकिन आप यह मत समझना कि अगले क्षण वह दुखी हो जाएगा। उसके शिखर कभी छोटे नहीं होते। हर क्षण उसका शिखर है, पीक है। और उसकी कोई तुलना नहीं है आगे-पीछे से। जब भी अतीत आपको याद आए, समझना वर्तमान दुखी है। जब भी भविष्य आपको खींचे, समझना वर्तमान दुखी है। जब वर्तमान सुखी होता है, अतीत खो जाता है, भविष्य मिट जाता है। जब सुख होता है, तो क्षण शाश्वत हो जाता है।

लाओत्से कहता है, तीसरा महान तत्व है पृथ्वी, सुख। लेकिन वह भी हमारी आशा है, वह भी हमें कामना है मिले, वासना है मिले।

चौथी निकटतम जो हमारे बात है, लाओत्से कहता है, 'सम्राट भी महान है।'

सम्राट लाओत्से के लिए अहंकार का प्रतीक है, ईगो का। ताओ बहुत दूर, आनंद भी काफी दूर, सुख भी मिला-मिला मालूम पड़ता है, मिलता नहीं; लेकिन हर आदमी अपने को सम्राट तो मानता ही है। यह मिला हुआ है। हर आदमी सम्राट तो है ही, चाहे प्रजा कोई भी न हो। इससे कोई बहुत फर्क नहीं पड़ता। राजा होने के लिए राज्य का होना जरूरी नहीं है। लेकिन हर आदमी अपने भीतर राजा तो है ही। और हर आदमी छोटी-मोटी किंगडम भी बना ही लेता है। सड़क पर जो भिखारी है, उसका भी अपना राज्य है, उसकी भी टेरीटरी है। उसकी टेरीटरी में दूसरा भिखारी नहीं प्रवेश कर सकता। उसकी अपनी सीमाएं हैं, दंगा-फसाद हो जाएगा। वह भिखारी नहीं है एकदम, उसकी भी अपनी सीमाएं, राज्य। नंगे से नंगा खड़ा आदमी भी किसी छोटे-मोटे राज्य का राजा है।

हमारे निकटतम जो बात है, वह है अहंकार। यह हमें मिला हुआ है। इसमें हम जीते हैं। इसमें ही हम जीए चले जाते हैं। अहंकार का मतलब क्या है? सम्राट का मतलब क्या है?

अहंकार का मतलब है, मैं केंद्र हूं सारे अस्तित्व का। चांद-तारे मेरे लिए घूमते हैं, हवाएं मेरे लिए बहती हैं, नदियां मेरे लिए दौड़ती हैं, पशु-पक्षी मेरे लिए गीत गाते हैं। जो कुछ भी हो रहा है कहीं, मैं केंद्र हूं। मेरे लिए हो रहा है। जिस दिन मैं नहीं, उस दिन सब बिखर जाएगा। जिस दिन मैं नहीं था, उस दिन कुछ भी नहीं था। जिस दिन मैं मरूंगा, मैं नहीं मरूंगा, अस्तित्व समाप्त हो जाएगा, प्रलय हो जाएगी। यह तो बड़ा अच्छा है कि कब्र से लौटने का मौका लोगों को नहीं मिलता। उनको ऐसा सदमा पहुंचे कि मौत से भी बड़ी दुर्घटना घटे। कोई राजनेता अगर लौट कर देख ले कि मेरे बिना भी दुनिया चल रही है! और जब मैं मरा था तो इन्हीं लोगों नें कहा था कि अब यह क्षति कभी पूरी नहीं होगी—अपूर्णीय! और कहीं कोई चर्चा ही नहीं है कि मेरी खाली जगह का क्या हुआ?

इस जगत में जगह खाली होती ही नहीं; आदमी पहले से तैयार होते हैं। इधर राजनेता मरता है, उसके पहले सीढ़ियां लगाए हुए लोग तैयार होते हैं उसकी कुर्सी पर बैठ जाने को। ये वे ही लोग हैं, जो दूसरे दिन सुबह कहते हैं कि अपूर्णीय क्षति हो गई। ये वे ही लोग हैं, ये ही पूर्ति कर देंगे। इस जगत में किसी भी आदमी के हटने से कोई जगह खाली नहीं होती। अहंकार मानता है कि मेरे हटते ही से जो छिद्र हो जाएगा इस जगत में, वह कभी नहीं भरा जा सकेगा। अहंकार मानता है कि मैं इस जगत में अपरिहार्य हूं, अनिवार्य हूं, मेरे बिना कुछ भी नहीं हो सकता।

कभी सोचें मन में कि आप नहीं होंगे, तब भी पूर्णिमा का चांद निकलेगा; कैसी उदासी छा जाती है! आप नहीं होंगे, तब भी यह सागर ऐसी ही गर्जन करेगा! और आप नहीं होंगे, और सुबह पक्षी गीत गाएंगे! कैसी उदासी छा जाती है। यह खयाल आ जाएगा तो पक्षी का गीत भी सुन कर बड़ी पीड़ा होगी; चांद को आकाश में देख कर हृदय पर सदमा पहुंचेगा कि मैं नहीं होऊंगा और फिर भी सब ऐसे ही होता रहेगा। इसका मतलब यह है कि मेरे होने न होने से कोई भी फर्क नहीं पड़ता। मैं था या नहीं था, कोई फर्क नहीं पड़ता।

लेकिन अहंकार यह मानने को राजी नहीं है। अहंकार का मतलब यह है कि मैं इस अस्तित्व में कुछ हूं, जिसका मूल्य है, वजन है। और मेरे बिना यह अस्तित्व रीता-रीता, खाली-खाली हो जाएगा। मैं ही इस जगत का नमक हूं, मेरे बिना सब रोना-रोना हो जाएगा। यह हमारे निकटतम है। यह हमारी भावदशा है।

अहंकार हमारी स्थिति है; ताओ हमारी मंजिल है। अहंकार में हम खड़े हैं; ताओ तक हमें पहुंचना है। लेकिन अहंकार झूठी स्थिति है।

लाओत्से कहता है, 'ब्रह्मांड के ये चार महान हैं।' साथ कहता है, 'और सम्राट भी उनमें एक है।'

इसे भी गिना देना जरूरी है, क्योंकि इसके बिना फिर हम यात्रा शुरू न कर पाएंगे। इसलिए कहता है, सम्राट भी उनमें एक है। हम यहीं खड़े हैं। यह हमारी स्थिति है।

लेकिन महान कहना अहंकार को जरा हैरानी की बात मालूम पड़ेगी। ताओ को महान कहना समझ में आ सकता है, अहंकार को महान कहना? लेकिन इसे थोड़ा समझ लें। अहंकार भी महान है इस अर्थों में कि उसकी भी कोई सीमा नहीं है। और कितना ही बड़ा हो जाए, कोई तृप्ति नहीं है। और कुछ भी पा ले, कभी आप्तकाम नहीं होता, भरता नहीं है। दुष्पूर है। इस अर्थ में महान है। ऐसा एबिस, ऐसी खाई है कि जिसमें कितना ही डालते चले जाएं, कोई अंतर नहीं पड़ता। अहंकार निगेटिव अर्थ में महान है, नकारात्मक अर्थ में महान है। झूठ है, इसलिए असीम है। सत्य इसलिए असीम है कि असीम होना उसका स्वभाव है। झूठ इसलिए असीम होता है कि वह है ही नहीं। जो है ही नहीं, उसकी सीमा कैसे होगी? जो नहीं है, वह असीम होता है। जो है, वह भी असीम होता है। लेकिन जो है, उसकी असीमता विधायक होती है; जो नहीं है, उसकी असीमता नकारात्मक होती है।

इसलिए नहीं गिनना चाहता है लाओत्से, फिर भी गिनता है; कहता है, और सम्राट भी उनमें से एक है। ये चार हैं महान तत्व, और यह अहंकार भी उनमें से एक है।

आज तक किसी का अहंकार भर नहीं पाया। कभी भरेगा भी नहीं। कोई उसके भरने का उपाय भी नहीं है। आप उसको जितना दें, उतनी उसकी मांग बढ़ जाती है। मांगना उसका स्वभाव है। जितना आप उसको देते हैं, उतना उसका स्वभाव और मांगता चला जाता है। मजे की बात है, अहंकार को जो मिल जाता है वह व्यर्थ हो जाता है, और जो नहीं मिलता वही सार्थक होता है। अहंकार जहां पहुंच जाता है, अंधा हो जाता है; और जहां नहीं पहुंचता, वहां उसकी आंखें टंगी रहती हैं।

आप भी कहीं पहुंच गए हैं। सभी कहीं पहुंच गए हैं। लेकिन जो जहां है, वहां तृप्त नहीं है। अगर आप डिप्टी मिनिस्टर हैं तो परेशान। जब नहीं थे, तब भी परेशान थे। तब सिर्फ एम.एल.ए. थे। जब एम.एल.ए. नहीं थे, तब भी परेशान थे। तब एक साधारण नागरिक थे। साधारण नागरिक से बड़ी चेष्टा की, एम.एल.ए. हो गए। सोचा था सब भर जाएगा। जाकर पाया, एम.एल.ए. होना भी कोई होना है जब तक कि डिप्टी मिनिस्टर न हो जाएं! फिर डिप्टी मिनिस्टर—बड़ी दौड़-धूप, बड़ी मेहनत—डिप्टी मिनिस्टर हो गए हैं। अब डिप्टी मिनिस्टर हो गए हैं, उपमंत्री हो गए हैं, लेकिन अब मिनिस्टरशिप नहीं दिखाई पड़ती, सिर्फ डिप्टीशिप खटकती है। वह जो डिप्टी है वह अखरता है, मन को चोट देता है, कीले की तरह चुभता है कि डिप्टी होना भी कोई होना है, कम से कम मिनिस्टर तो चाहिए। मिनिस्टर होते ही चीफ मिनिस्टर अखरने और खलने लगता है। और यात्रा चलती चली जाती है।

जो आदमी जहां है, वहीं अतृप्त होता है। यह अहंकार का लक्षण है। और जहां नहीं है, वहां के लिए सोचता है, तृप्त हो सकूंगा। इन चार के बीच हमारी जीवन की व्यवस्था है।

लाओत्से कहता है, 'मनुष्य अपने को पृथ्वी के अनुरूप बनाता है।'

पृथ्वी—सुख। मनुष्य अपने को पृथ्वी के अनुरूप बनाता है। मनुष्य पूरे समय कोशिश कर रहा है, सुखी हो जाए। सारी कोशिश यही है। आप कुछ भी कर रहे हों, इससे फर्क नहीं पड़ता कि आप क्या कर रहे हैं; एक बात तय है, आप सुखी होने की कोशिश कर रहे हैं। यह पूछना जरूरी नहीं है कि आप क्या कर रहे हैं—चोरी कर रहे हैं, कि साधुता कर रहे हैं, कि ईमानदारी कर रहे हैं, कि बेईमानी कर रहे हैं—जो भी कर रहे हैं। यह बड़े मजे की बात है कि बेईमान और ईमानदार, साधु और असाधु, सबकी खोज एक है। सब सुख खोज रहे हैं। यह दूसरी बात है कि कोई बेईमानी से सोचता है कि मिल जाएगा, कोई ईमानदारी से सोचता है कि मिल जाएगा। यह उनकी समझ का फर्क है, लेकिन खोज में कोई अंतर नहीं है। मिलेगा, नहीं मिलेगा, यह भी दूसरी बात है। लेकिन खोज सुख के लिए है।

हर आदमी सुख खोज रहा है; और हर आदमी दुख पा रहा है। और हर आदमी तेजी से सुख की तरफ दौड़ रहा है, और हर आदमी तेजी से दुख के गर्त में गिरा जा रहा है।

'मनुष्य अपने को पृथ्वी के अनुरूप बनाता है।'

मनुष्य पूरे वक्त कोशिश कर रहा है कि मैं कैसे सुख के अनुरूप हो जाऊं। लेकिन क्या है अड़चन? यह सुख नाराज क्यों है मनुष्य पर? इतनी चेष्टा असफल क्यों हो जाती है? मनुष्य सुखी क्यों नहीं हो पाता? और दुर्घटना यह है कि मनुष्य जितना निकट पहुंचता मालूम पड़ता है, उतना दुखी होता जाता है। हम जितने पीछे लौटें, जितना अशिष्ट समाज हो, असभ्य समाज हो, प्रिमिटिव हो, सुख के साधन न हों, वह कम दुखी मालूम पड़ता है। होना उलटा चाहिए। हम ज्यादा सुखी होने चाहिए; आदिम लोग ज्यादा दुखी होने चाहिए। लेकिन उलटा मालूम पड़ता है, हम ज्यादा दुखी और वे ज्यादा सुखी मालूम पड़ते हैं। क्या हो गया है? हमारे दुख का इतना घनापन क्यों है? इतनी त्वरा क्यों है? हमारा दुख इतना बुखार की तरह हमारी छाती पर क्यों है?

हमारे पास सुख के बहुत साधन हो गए हैं। और इतने साधन के बाद हमें समझ में आता है, सुख बिलकुल भी नहीं मिल रहा है। इससे हमारी बेचैनी बढ़ गई है। एक गरीब आदमी है, भिखमंगा है, सड़क पर भीख मांग रहा है; सोचता है, महल मिल जाए तो सुख मिलेगा। महल सिर्फ उनके लिए होते हैं, जो महलों में नहीं होते। महल सिर्फ उनके लिए होते हैं, जो महलों में नहीं होते। उनके लिए महलों की जो महिमा है, उसका कोई अंत नहीं है।

फिर एक दिन यह भिखमंगा महल में पहुंच जाता है; तब इसे पहली दफे पता चलता है, महल तिरोहित हो गया। वह जो महिमावान महल था, जो रास्ते पर सोकर सपने में देखा था, जो सदा मन को घेरे रहा, आच्छादित किए रहा, जिसके लिए सब तरह की यात्राएं कीं और बामुश्किल इस महल में प्रवेश किया, वह महल यह नहीं है। वह महल कोई और था।

असली महल सपनों के महल को तोड़ देते हैं। असलियत सदा ही सपनों को तोड़ने वाली सिद्ध होती है। सपनों की नावें असलियत के तट से लग कर टुकड़े-टुकड़े हो जाती हैं। इसलिए हम इतने दुखी हैं! हमने सब महल पा लिए, जो गरीब आदमी पाना चाहता था।

इसलिए अगर अमरीका भारत से ज्यादा दुखी मालूम पड़े तो हैरानी की बात नहीं है। और अगर अमरीका के आदमी को लगता हो कि ध्यान कैसे पाऊं? और धर्म कैसे पाऊं? और कैसे ऋषिकेश पहुंचूं? और कैसे साधना करूं? तो हमको लगता है, पागल तो नहीं हो गए हैं ये लोग! वे जो ऋषिकेश में रहते हैं, उनको लगता है, जरूर इनका दिमाग फिर गया है। क्योंकि वे जिंदगी से वहां रह रहे हैं और उन्हें कुछ भी नहीं हुआ है। ये अमरीका से लोग भागे क्यों चले आ रहे हैं ऋषिकेश की तरफ? इनको वह महल मिल गया है, जो अभी ऋषिकेश के लोगों को मिलने की देरी है। इस महल को पाकर इनके सब सपने टूट गए हैं।

सुख जब उपस्थित हो जाता है, तब हमें पता चलता है कि वह मिला नहीं। यह बड़ी कठिन बात हो गई। जब मिलता नहीं, तब भी दुख देता है; जब मिल जाता है, तब भी दुख देता है। बुद्ध ने इसे देख कर इस जगत का स्वभाव कहा कि दुख है इस जगत का स्वभाव। जो मिल जाए वह दुख देता है; जो न मिले वह दुख देता है। जिस स्त्री को चाहो; न मिले, जिंदगी भर दुख होता है। मजनू से पूछो, दुखी है। पर उनको पता नहीं कि लैला मिल जाती तो कितना दुख होता। वह उनसे पूछो जिनको मिल जाती है। जिनको मिल जाती है, वे तलाक के दफ्तर में खड़े हुए हैं—तलाक कैसे हो! डाइवोर्स चाहिए! जिनको नहीं मिलती, वे कविताएं गा रहे हैं, आंसू बहा रहे हैं। पता नहीं इनमें दुखी कौन है?

एक बात तय है कि जो नहीं मिलता वह भी दुख देता है, जो मिल जाता है वह भी दुख देता है। और शायद इन दोनों दुखों में पहला बेहतर है। कम से कम आशा तो बनी रहती है। दूसरे में आशा भी टूट जाती है। लेकिन इसका राज क्या है? इतनी सुख की तलाश और सुख हाथ में क्यों नहीं? इसका राज?

लाओत्से बड़ी अदभुत बात कहता है। लाओत्से कहता है, 'मनुष्य अपने को पृथ्वी के अनुरूप बना रहा है; और पृथ्वी अपने को स्वर्ग के अनुरूप बना रही है।'

यह तकलीफ है। इसलिए मिलन कभी नहीं हो पाता। आप जिसके पीछे दौड़ रहे हैं, वह किसी और चीज के पीछे दौड़ रहा है। वह आपकी तरफ दौड़ ही नहीं रहा है। इसलिए आप तकलीफ में हैं। यह जरा सूक्ष्म है। मैं आपको पाना चाहता हूं और आप किसी और को पाना चाहते हैं। तो यह मिलन होगा कैसे? इस मिलन का एक ही रास्ता है कि मैं उसे पाने में लग जाऊं, जिसे आप पाना चाहते हैं। तो यह मिलन हो सकता है। नहीं तो यह मिलन नहीं हो सकता। और अगर मैं आपको पकड़ भी लूं तो आप छूट कर भागेंगे; क्योंकि आप मुझसे मिलने को उत्सुक नहीं हैं। आप कहीं और जाना चाहते हैं।

लाओत्से कहता है, 'मनुष्य अपने को पृथ्वी के अनुरूप बनाना चाहता है; पृथ्वी अपने को स्वर्ग के अनुरूप बनाना चाहती है; स्वर्ग अपने को ताओ के अनुरूप बनाना चाहता है; और ताओ अपने को स्वभाव के अनुरूप बनाना चाहता है।'

यह उपद्रव है। यहां जिसके पीछे हम भाग रहे हैं, वह कहीं और भाग रहा है। तो जब तक हम उसको न पकड़ लें जिसकी तरफ सब कुछ भाग रहा है, तब तक हम कुछ भी न पकड़ पाएंगे।

पृथ्वी अपने को स्वर्ग के अनुरूप बनाना चाहती है, इसका क्या अर्थ है? इसका अर्थ है कि जहां-जहां हमें सुख दिखाई पड़ता है, जहां-जहां हमें सुख की झलक मिलती है, जहां-जहां हमें लगता है सुख है, जिस बिंदु पर सुख हमें घनीभूत दिखाई पड़ता है, उस बिंदु के लिए सुख व्यर्थ हो गया। जो मिल जाता है, वह व्यर्थ हो जाता है। वह बिंदु आनंद की तरफ यात्रा कर रहा है। वह बिंदु आनंद होना चाहता है। कठिनाई है अब। वह बिंदु आनंद होना चाहता है। पृथ्वी स्वर्ग बनना चाहती है। अगर आप आनंद की तरफ यात्रा कर रहे हैं तो आपका सुख से मिलन हो जाएगा। क्योंकि तब आप दोनों के लक्ष्य एक हो जाते हैं।

इसलिए मजे की बात है, जो आनंद की तरफ जाता है वह सुख को पा लेता है, और जो सुख की तरफ जाता है वह सिर्फ दुख को पाता है। बुद्ध की आंखों में सुख की झलक है। महावीर के चलने में सुख की हवा है। महावीर बैठते हैं तो लगता है कोई सुख बैठा, उठते हैं तो लगता है कोई सुख उठा। उनके होने में एक भीनी सुगंध है सुख की। वह चारों तरफ बरस रही है। वही सुख तो हमें आकर्षित करता है, हमें खींचता है। तो हम सोचते हैं, हम भी महावीर जैसे हो जाएं, यह सुख हमें कैसे मिल जाए!

लेकिन महावीर को यह सुख मिल रहा है आनंदित होने से, आनंद की यात्रा पर निकल जाने से। वे प्रतिपल आनंद को पाने की कोशिश में लगे हों तो यह सुख मिल रहा है। अगर हम सुख पाने की कोशिश में लगे हैं, हमें दुख मिलेगा। इसलिए महावीर के पीछे चलने वाले साधु-संन्यासियों को देखो, दुखी बैठे हैं। यह बड़ी हैरानी की बात है, महावीर की प्रतिमा देखो और एकाध जैन मुनि को देखो उसके साथ रख कर। तब तुम्हें पता लगेगा कि दुश्मन हैं दोनों? क्या बात है? महावीर की प्रतिमा—इससे ज्यादा सुंदर काया खोजनी मुश्किल है। महावीर की काया ऐसी सुंदर है कि फिर दूसरी काया उसके साथ रखनी मुश्किल है। और काया इतनी सुंदर थी, इसीलिए तो महावीर नग्न खड़े हो सके। कुरूप आदमी नग्न कैसे खड़ा हो?

असल में, वस्त्र सौंदर्य को नहीं बढ़ाते, सिर्फ कुरूपता को ढांकते हैं। इसलिए ध्यान रखना, जब सौंदर्य बढ़ेगा, तो लोगों के शरीर उघड़ने लगेंगे। जहां सौंदर्य जितना ज्यादा होगा, शरीर उतने उघड़ जाएंगे। अगर पश्चिम की स्त्रियां शरीर को ज्यादा उघाड़ रही हैं और भारत की स्त्रियों को बेचैनी होती है तो सोच लें। उसमें कहीं ईर्ष्या काम कर रही है, और कोई मामला नहीं है। शरीर सुंदर होगा तो ढांकना कोई अर्थ नहीं रखता।

महावीर का शरीर तो अति सुंदर है। और उनकी काया तो ऐसी है जैसे मूर्ति बनाने के लिए ही बनी हो। मूर्ति बनाने वाले को भी दिक्कत होती होगी। मूर्ति सदा थोड़ी फीकी मालूम पड़ती होगी, क्योंकि इतनी जिंदा तो नहीं हो सकती। यह एक तरफ महावीर है, इसकी श्वास-श्वास में सुख है। और दूसरी तरफ उनके पीछे चलने वाला साधु है। वह जितना उपवास कर-कर के, शरीर को सुखा-सुखा कर पीला पड़ता जाता है, जितना वह पीला, पीतल जैसा लगने लगता है, वैसा उसके भक्त कहते हैं कि कैसे तप की आभा प्रकट हो रही है! तपे दुख वाला पीलापन स्वर्णिम मालूम पड़ता है। जैसे-जैसे शरीर सूखता जाता है और प्राण केवल आंखों में टंके रह जाते हैं, लोग समझते हैं, आंखें तो देखो! अब और कुछ बचा नहीं है देखने को। लोग कहते हैं, आंखें तो देखो, कैसा तेज प्रकट हो रहा है। यह तेज नहीं, यह आखिरी झलक है दीए के बुझने के पहले की।

महावीर के पास एक सुख है, एक छाया है; जैसे बरगद के नीचे छाया होती है, वैसे ही उस छाया के पास कोई आए, तो जैसे दूर की यात्रा की थकान मिट जाए, हजार-हजार लोग उनके पास बैठें तो शीतल हो जाएं। लेकिन उसका कारण है कि वे कुछ और खोजने में लगे हैं। सुख बाई-प्रोडक्ट है; वह खोज नहीं है उनकी। जो सुख को खोजने उनके पास आया, वह तपस्वी के दुख में पड़ जाएगा। क्योंकि तब वह महावीर की नकल करेगा; वह सोचेगा, जो-जो महावीर कर रहे हैं वह-वह मैं करूं, तो यह सुख मुझे मिल जाएगा। सुख इमीटेटिव है। आपको दिखता है कि किसी के हाथ में एक छल्ला दिखाई पड़ जाता है हीरे का। तो लगता है, पता नहीं कितना सुख मिल रहा है इसको। अब यह हीरे का छल्ला मेरे हाथ में हो जाए तो मुझे भी सुख मिल जाए। छल्ला हीरे का हो, या किसी और चीज का हो, मिलते ही सिर्फ बोझ का अनुभव होता है, बंधन हो जाता है। महावीर कुछ और खोज रहे हैं।

जहां-जहां हमें झलक दिखाई पड़ती है...। अगर आपको रात के सन्नाटे में सुख की झलक दिखाई पड़ती है, तो उसका अर्थ है रात किसी अपने से बड़े सूत्र के साथ एक हो गई है। अगर आपको चांद से झलक मिलती है किसी शीतलता की तो उसका अर्थ है यह पूर्णिमा का चांद किसी बड़े सूत्र के साथ एक हो गया है। अगर आप जंगल में जाते हैं और हरियाली आपको मोह लेती है और मन नाचने लगता है तो उसका अर्थ है यह जंगल किसी आनंद के सूत्र में डूबा हुआ है। इसके उस डूबने से यह सुख पैदा हो रहा है।

'यह पृथ्वी अपने को स्वर्ग के अनुरूप बनाती है।'

पृथ्वी, चारों तरफ जो है, पदार्थ, वह सब अपने को स्वर्ग बनाने में लगा हुआ है। एक छोटा सा बीज भी अंकुरित होकर फूल बनना चाहता है। एक छोटा सा बीज भी पृथ्वी से स्वर्ग बनना चाहता है। चारों तरफ चेष्टा चल रही है। आदमी पृथ्वी के अनुरूप बनाने की कोशिश में ही भटकता है।

लेकिन पृथ्वी भी स्वर्ग को उपलब्ध हो नहीं पाती। फूल खिलते हैं और मुरझाते हैं। चांद पूरा हो जाता है और फिर घटने लगता है। यहां कोई चीज शाश्वत नहीं हो पाती। पृथ्वी भी अपने को स्वर्ग बना नहीं पाती। क्योंकि स्वर्ग अपने को ताओ के अनुरूप बना रहा है। स्वर्ग भी किसी और की तलाश में है।

हमें स्वर्ग का कोई पता नहीं है, इसलिए मुश्किल होगा। पृथ्वी तक समझ आसान है कि पृथ्वी भी स्वर्ग बनना चाहती है। इसलिए कहीं-कहीं, कश्मीर में हम कहते हैं, पृथ्वी का स्वर्ग। कुछ खिल गया है। झीलें, आकाश, पहाड़, पर्वत, वृक्ष, सबमें कोई चीज खिल गई है—कुछ जो पृथ्वी के दूसरे हिस्सों में मुर्झायी है—तो लगता है कि यहां स्वर्ग है। वह झलक है एक। लेकिन स्वर्ग का हमें कोई पता नहीं है। पृथ्वी भी स्वर्ग को उपलब्ध हो नहीं पाती, सिर्फ कोशिश करती रहती है पाने की। क्योंकि स्वर्ग ताओ के अनुरूप होना चाह रहा है।

समझने के लिए ऐसा खयाल कर लें कि जिसे हम जानते हैं, यह अस्तित्व का अंत नहीं है। जिस पृथ्वी को हम जानते हैं, यह जीवन की समाप्ति नहीं है। और पृथ्वियां हैं, और तारे हैं, और ग्रह हैं, और उपग्रह हैं। वैज्ञानिक कहते हैं कि कोई पचास हजार पृथ्वियों पर जीवन की संभावना है। कोई तीन अरब महासूर्य हैं। यह हमारा तो एक छोटा सा सूरज का परिवार है। इस तरह के तीन अरब सूर्य-परिवार हैं। और हमारा सूरज तो बहुत मीडियाकर, मध्यस्थ, मध्यमवर्गीय सूरज है। इससे साठ-साठ हजार गुने बड़े सूर्य हैं। बड़ा विस्तार है।

महावीर ने, बुद्ध ने, लाओत्से ने, कृष्ण ने इस पृथ्वी से ज्यादा सुख के तल अनुभव करने वाले ग्रहों-उपग्रहों की चर्चा की है—उनका नाम स्वर्ग है—इससे भी जहां जीवन श्रेष्ठतर हो गया है, इससे भी जहां जीवन ज्यादा खिल गया है! ऐसा समझें हम, एक कली अधखिली रह गई हो, एक कली खिल गई हो, एक कली फूल बन गई हो! अगर बहुत पृथ्वियां हैं, तो कोई पृथ्वी अभी सिकुड़ी पड़ी होगी, कोई पृथ्वी खिल रही होगी, कोई बहुत खिल गई होगी, कहीं चेतना ने नए आयाम पा लिए होंगे। स्वर्ग का मतलब इतना है—ऐसी पृथ्वियां, ऐसे जीवन के तल इस

ब्रह्मांड में, जहां सुख उपलब्ध हो गया है, जहां सुख स्थिति बन गई है। यहां दुख स्थिति है, सुख आशा है। वहां सुख स्थिति बन गई है।

लेकिन वहां भी जहां सुख स्थिति बन गई है, जहां आनंद बरस गया है, वहां भी अभी थोड़ी सी यात्रा शेष है। क्योंकि जब तक हम कहते हैं, मैं आनंदित हूं, तब तक भी मैं और आनंद में थोड़ा सा फासला बना रहता है। उतना फासला भी कष्टपूर्ण है, उतने फासले में भी बेचैनी है, उतनी दूरी भी अखरती है।

लाओत्से कहता है, 'स्वर्ग अपने को ताओ के अनुरूप बना रहे हैं।'

वे स्वर्ग भी दौड़ रहे हैं; वे उस परम नियति में प्रवेश कर जाना चाहते हैं, उस नियम के साथ एक हो जाना चाहते हैं, जो सभी नियमों का आधार है। लेकिन उनकी दौड़ भी तब तक पूरी न हो पाएगी। क्योंकि ताओ भी—यह थोड़ा अंतिम, कठिन बात है—

'ताओ भी अपने को स्वभाव के अनुरूप बनाने में लगा है।'

जिस ताओ की हम बात कर सकते हैं, वह ताओ वास्तविक नहीं, सिद्धांत हो जाता है। जिस ताओ की हम कल्पना कर सकते हैं, जो कंसीवेबल है, जिसकी हम धारणा बना सकते हैं, वह भी हमारी धारणा हो जाता है। वैसी धारणा का ताओ भी अंतिम नहीं है। अंतिम तो वह ताओ है, जहां सब धारणाएं गिर जाती हैं और सिर्फ स्वभाव, होना मात्र, जस्ट एक्झिस्टेंस शेष रह जाता है। ताओ भी सिर्फ रह जाए होने मात्र में, होना मात्र ही जहां अंत हो जाए!

इसे थोड़ा समझ लें।

एक अंग्रेजी में शब्द है बिकमिंग, होनें की दौड़। और एक शब्द है बीइंग, होना मात्र। जब तक दौड़ है, तब तक दुख है। अगर ताओ भी स्वभाव के अनुकूल होना चाह रहा है तो दुख शेष रहेगा। क्योंकि होना तो सदा भविष्य में होगा, अभी तो नहीं हो सकता। समय लगेगा। कुछ यात्रा करनी पड़ेगी। बीइंग, अस्तित्व, सत्य अभी है।

मिलारेपा, तिब्बत का एक फकीर, अपने गुरु मारपा के पास गया। मारपा आंख बंद किए बैठा था। मिलारेपा ने कहा कि क्या आप भीतर प्रवेश कर रहे हैं? एक भीतरी यात्रा पर हैं?

मारपा ने आंख खोली और उसने कहा, यात्राएं सब समाप्त हो गईं। नहीं, मैं भीतर प्रवेश नहीं कर रहा हूं, मैं भीतर हूं। प्रवेश तो वह करता है जो बाहर हो। मारपा ने कहा, मैं कुछ भी नहीं कर रहा हूं, मैं केवल हूं।

यह जो होना मात्र है, इसका नाम स्वभाव है। स्वभाव में फिर कोई यात्रा नहीं है, कोई भविष्य नहीं है, कहीं जाना नहीं है। इसका यह मतलब नहीं है कि जाना नहीं होगा। इसका यह मतलब भी नहीं है कि भविष्य नहीं होगा। इसका केवल इतना मतलब है कि यात्रा नहीं होगी, दौड़ नहीं होगी, पहुंचने की कोई वासना नहीं होगी, कामना नहीं होगी। जहां सब कामनाएं गिर जाती हैं, जहां सब होने के स्वप्न बिखर जाते हैं, जहां होने से तथाता हो जाती है, एकता हो जाती है।

लाओत्से कहता है, इसका अर्थ हुआ कि चाहे कोई कहीं भी यात्रा कर रहा हो, किसी भी दिशा में, अंतिम यात्रा स्वभाव की दिशा में हो रही है। इसलिए जो व्यक्ति इस सूत्र को समझ ले और सीधा स्वभाव की यात्रा में लग जाए, वह जीवन में जो भी पाने योग्य है, उसे पा लेगा। और जीवन में जो भी पाने योग्य नहीं है, वह अपने आप गिर जाएगा, तिरोहित हो जाएगा। जो व्यक्ति बीच की यात्राएं चुनेंगे, वे कष्ट में रहेंगे। क्योंकि जिससे मिलने वे जा रहे हैं, वह खुद यात्रा पर है।

ऐसा समझो कि आप बंबई से दिल्ली की यात्रा पर निकलते हैं। दिल्ली पहुंच जाते हैं आप, क्योंकि दिल्ली की स्टेशन एक जगह ठहरी है। अगर दिल्ली की स्टेशन भी यात्रा पर हो तो फिर बहुत मुश्किल है। फिर आप पहुंच नहीं पाएंगे। वह तो दिल्ली ठहरी है, इसलिए आप दिल्ली पहुंच जाते हैं।

लेकिन जीवन में सब यात्रा पर हैं; वहां कोई ठहरा हुआ नहीं है। सिर्फ स्वभाव ठहरा हुआ है। तो जो स्वभाव की तरफ जाता है, वही केवल पहुंचता है। बाकी लोग भटकते हैं। उनके पीछे दौड़ते हैं, जो खुद ही दौड़ रहे हैं।

आखिरी बात।

लाओत्से ने ताओ परंपरा में सदगुरु की परिभाषा की है। और कहा, सदगुरु वह है जो कहीं जा नहीं रहा है। अगर कहीं जा रहा है तो वह गुरु नहीं है। अगर उसे कुछ पाने को शेष है तो वह गुरु नहीं है। अगर कुछ होने को शेष है तो वह गुरु नहीं है। और जो ऐसे गुरु के पीछे चल पड़े जो कहीं जा रहा है, मुश्किल में पड़ेगा। मुश्किल में पड़ना अनिवार्य है। क्योंकि आपने जो मंजिल चुनी है, वह मंजिल नहीं है। मंजिल का अर्थ है वह बिंदु इस अस्तित्व के बीच, जो सदा शाश्वत रूप से वहीं है। सब चीजें उसकी तरह जा रही हैं, वह किसी की तरफ नहीं जा रहा है।

इसका अर्थ हुआ कि अगर हम स्वभाव की तरफ जा रहे हैं, उस सबको छोड़ रहे हैं जो कृत्रिम है, उस सबको छोड़ रहे हैं जो चेष्टित है, उस सबको छोड़ रहे हैं जो प्रयास से है, उस सबको छोड़ रहे हैं जो दूर है, वरन उसमें डूब रहे हैं जो हमारे भीतर ही मौजूद है। स्वभाव भीतर ही मौजूद है। सुख को बाहर खोजना पड़ता है। आनंद को भी बाहर खोजना पड़ता है। सत्य की खोज में भी लोग न मालूम कहां-कहां जाते हैं। सिर्फ स्वभाव भीतर है। स्वभाव का अर्थ : जो आप अभी हैं, इसी क्षण हैं। अगर दौड़ें न, रुक जाएं, तो उससे मिलन हो जाए। अगर दौड़ते रहें, तो उससे चूकते चले जाएं।

तीन शब्दों में लाओत्से को हम संक्षिप्त में रख लें। लाओत्से कहता है, जो खोजेगा वह खो देगा। अगर पाना है तो पाने की कोशिश मत करो। क्योंकि जो दूर है, उसे पाने के लिए चलना पड़ता है। और जो भीतर ही है, उसे पाने के लिए रुक जाने के सिवाय और कोई उपाय नहीं है।

आज इतना ही। रुकें, कीर्तन करें, फिर जाएं।

चौवनवां प्रवचन

अद्वैत की अनूठी दृष्टि लाओत्से की

Chapter 26

HEAVINESS AND LIGHTNESS

The Solid is the root of the Light;
The Quiescent is the master of the Hasty.
Therefore the Sage travels all day,
Yet never leaves his provision-cart.
In the midst of honour and glory,
He lives leisurely undisturbed.
How can the ruler of a great country
Make light of his body in the empire?
In light frivolity, the centre is lost;
In hasty action, self-mastery is lost.

अध्याय 26

गुरुता और लघुता

जो हलका है, उसका आधार ठोस है, गंभीर है;
और निश्चल चलायमान का स्वामी है।
इसलिए संत दिन भर यात्रा करता है,
लेकिन जीवन-ऊर्जा के स्रोत से जुड़ा रहता है।
सम्मान व गौरव के बीच भी
वह विश्रामपूर्ण व अविचल जीता है।
एक महान देश का सम्राट कैसे अपने राज्य में
अपने शरीर को उछालता फिर सकता है?
हलके छिछोरेपन में केंद्र खो जाता है,
जल्दबाजी के काम में स्वामित्व, स्वयं की मालकियत नष्ट हो जाती है।

मन सोचता है सदा द्वंद्व में। निर्द्वंद्व की उसे कोई झलक भी नहीं है। विचार बांट लेता है अस्तित्व को दो में। एक का उसे कोई अनुभव नहीं है।

जो अद्वैत की बात भी करते हैं, वे भी द्वैत में ही ग्रस्त होते हैं। जो एक की चर्चा भी करते हैं, उनकी चर्चा में भी दो ही समाया रहता है। जो कहते हैं कि एक ही है, वे भी संसार और मोक्ष में फर्क करते हैं। जो कहते हैं सब अद्वैत है, वे भी कहते हैं ब्रह्म और माया अलग-अलग हैं। जो कहते हैं कि एक का ही विस्तार है, वे भी सुख और दुख में भेद मानते हैं। शुभ और अशुभ में तो निश्चय ही भेद मानते हैं।

लाओत्से अद्वैत का इस जगत में अब तक हुए मनीषियों में सबसे बड़ा प्रतिपादक है। यह थोड़ी हैरानी की बात लगेगी। क्योंकि हमने शंकर को पैदा किया है; और ऐसा लगता है कि शंकर से बड़ा अद्वैतवादी खोजना मुश्किल है। लेकिन शंकर के अद्वैत में भी द्वैत की चर्चा जारी ही रहती है। बहुत चेष्टा शंकर करते हैं दो को मिटाने की; लेकिन जिसको मिटाने की हम चेष्टा करते हैं, उसे हमने स्वीकार कर ही लिया। जिसे हम इनकार करने की कोशिश करते हैं, कहीं गहरे तल पर हमने उसे मान लिया है। शंकर अथक चेष्टा करते हैं कि माया नहीं है; लेकिन पूरे जीवन शंकर, माया नहीं है, यह सिद्ध करने में लगे रहते हैं। जो नहीं है उसकी इतनी चिंता भी क्या? जो नहीं है उसे नहीं है, ऐसा सिद्ध करने का प्रयोजन भी क्या? शंकर को भी उसका होना कहीं खटकता है।

सपना ही सही, लेकिन सपना भी होता है। और कितना ही इनकार करो, कितना ही कहो झूठ है, फिर भी नहीं तो नहीं हो जाता। होता तो है ही। और रात सपने के बाद सुबह जाग कर भी जब पता भी चल जाता है कि सपना था, तब भी उसके परिणाम तो जारी रहते हैं। जिसने रात एक सुखद सपना देखा है, सुबह जाग कर भी उसके चेहरे पर उसकी खुशी होती है। और जिसने रात एक दुख-स्वप्न से घिरा रहा है, सुबह उठ कर भी उसका मन उदास और म्लान बना रहता है। जाग कर भी! तो सपना भी एकदम सपना तो नहीं है। और जब हम कहते हैं कि सपना सपना ही है, तब हम सिर्फ इतना ही कह रहे हैं कि वह ठोस जाग्रत के जगत जैसा नहीं है। लेकिन फिर भी है तो।

लाओत्से अद्वैत को दार्शनिक की तरह नहीं, एक अनुभोक्ता की तरह प्रतिपादित करता है; एक सिद्धांत की तरह नहीं, क्योंकि यहीं कठिनाई है। और यह कठिनाई थोड़ी जटिल है। जब भी हम सिद्धांत बनाते हैं, तभी विचार का उपयोग करना पड़ता है। और विचार द्वैत के पार नहीं जा सकता। वह उसकी मजबूरी है। इसलिए जब हम विचार से द्वैत के पार जाने की कोशिश करते हैं, तो हम अद्वैत की चर्चा भला करते रहें, लेकिन द्वैत उस चर्चा के भीतर भी तलहटी में मौजूद रहता है। विचार दो के पार जा ही नहीं सकता। तो या तो अद्वैत के संबंध में कुछ कहना हो तो चुप रह जाना उपाय है; और या फिर एक उपाय है जो लाओत्से ने अख्तियार किया। यह उपाय शंकर से बहुत बुनियादी रूप से भिन्न है। इसे हम थोड़ा समझें।

लाओत्से कहता है कि विरोध दिखाई पड़ता है, विरोध है नहीं। विरोध केवल भासमान है। संसार और मोक्ष में जो विरोध है, वह भी दिखाई पड़ता है। क्योंकि हम पूरा नहीं देख पाते, हम अधूरा देखते हैं।

हमारे देखने की एक सीमा है। आप मुझे देख रहे हैं; तो मेरा चेहरा दिखाई पड़ता है, लेकिन मेरी पीठ दिखाई नहीं पड़ती। आप मेरी पीठ देखें तो मेरा चेहरा दिखाई पड़ना बंद हो जाता है। आप मुझे पूरा नहीं देख सकते। जब भी देखेंगे, आधा ही देखेंगे। शेष आधा अनुमानित है। मेरी पीठ भी होगी, यह आपका अनुमान है; क्योंकि देख तो आप मेरा चेहरा ही रहे हैं। कभी आपने मेरी पीठ भी देखी है। इन दोनों को आप जोड़ लेते हैं और एक का निर्माण करते हैं। लेकिन एक को आपने कभी देखा नहीं। देखते आप दो को हैं।

यह बड़े मजे की बात है। एक छोटा सा कंकड़ भी आप पूरा नहीं देख सकते हैं। उसका भी एक हिस्सा अनदेखा ही रह जाता है। एक रेत का छोटा सा टुकड़ा भी आप पूरा नहीं देख सकते हैं। छोटे होने से कोई फर्क नहीं पड़ता, आधा ही देखते हैं। आधा-आधा दो बार देखते हैं, दोनों को विचार में जोड़ कर पूरा बना लेते हैं। इसलिए जिस रेत के टुकड़े को आप कल्पना में देखते हैं, वह आपके अनुमान से निर्मित है—हाइपोथेटिकल है, परिकल्पित है। वह आपका अनुभव नहीं है। अनुभव तो आधे का है। दो आधे आपने देखे हैं और दोनों को जोड़ कर विचार में एक का निर्माण किया है।

विचार की सीमा है। वह आधे को ही देख पाता है; पार्ट को, हिस्से को देख पाता है। इस देखने की वजह से हमें विरोध दिखाई पड़ता है—अंधेरा अलग और प्रकाश अलग। और उन दोनों को हम जोड़ नहीं पाते, क्योंकि वे बड़ी घटनाएं हैं। हम जोड़ नहीं पाते कि अंधेरा और प्रकाश एक ही चीज के दो पहलू हैं। अगर प्रकाश चेहरा है, तो अंधेरा पीठ है। लेकिन प्रकाश और अंधेरे को हम जोड़ नहीं पाते। वे बहुत बड़ी घटनाएं हैं, विराट घटनाएं हैं।

लेकिन विज्ञान कहता है कि अंधेरे का अर्थ इतना ही होता है, जितना कम प्रकाश कहने से हो। और प्रकाश का अर्थ इतना ही होता है जितना कम अंधेरा कहने से हो। आप प्रकाश को अंधेरे के बिना सोच भी नहीं सकते। अंधेरे को प्रकाश के बिना कल्पना करने का कोई उपाय नहीं है। अगर अंधेरा मिट जाए तो आप ऐसा मत सोचना कि प्रकाश ही प्रकाश शेष रह जाएगा। अंधेरा मिट जाए तो प्रकाश बिलकुल शेष नहीं रह जाएगा। आप यह मत सोचना कि प्रकाश नष्ट हो जाए तो जगत अंधकार ही अंधकार में डूब जाएगा। प्रकाश के नष्ट होते ही अंधेरा भी नष्ट हो जाएगा। वे दोनों एक ही चीज के दो पहलू हैं। उनमें जो अंतर है, वह विरोध का नहीं है। विरोध हमारे आंशिक देखने के कारण पैदा होता है। यह बात बहुत मौलिक है लाओत्से की, यह समझ लेनी चाहिए।

सुख और दुख में हम विरोध देखते हैं। लाओत्से कहता है, वे विरोधी नहीं हैं। इसलिए जो आदमी सोचता है कि ऐसा कोई क्षण आ जाए जब दुख बिलकुल न रहे, तो उसे पता नहीं है, उस क्षण सुख भी बिलकुल न रह जाएगा। अगर आप सुख चाहते हैं तो दुख को चाहना ही पड़ेगा। अगर आप सुख चाहते हैं तो दुख को बनाए ही रखेंगे। दुख आपकी सुख की चाह से ही निर्मित हो रहा है। क्योंकि वे दोनों एक हैं। आपने जाना है कि दो हैं, आपके जानने से अस्तित्व में कोई फर्क नहीं पड़ता। यह आपका जानना भ्रांत है।

थोड़ा सोचें कि आपके घर कोई मित्र आए और आपको खुशी हो; तो आपके घर कोई शत्रु आएगा तो दुख होगा। आप सोचते हों, कुछ ऐसा कर लें कि शत्रु आए तो दुख न हो। जिस दिन आप ऐसा इंतजाम कर लेंगे, उस दिन मित्र भी आएगा और सुख न होगा। आप सोचते हों कि यश मिले और सुख न हो; तो अपयश मिलेगा, दुख न होगा। वे संयुक्त घटनाएं हैं। उन घटनाओं को हम तोड़ कर देख लें, लेकिन अस्तित्व में तोड़ नहीं सकते।

लाओत्से कहता है कि विरोध केवल दिखाई पड़ते हैं; विरोध हैं नहीं। विरोध एक ही अस्तित्व के दो छोर हैं। लेकिन इतना विस्तार है अस्तित्व का कि जब हम देखते हैं तो एक छोर को देख पाते हैं; जब तक हम दूसरे छोर तक

जाते हैं, एक छोर हमारे लिए ओझल हो जाता है। और इन दोनों को हम अब तक नहीं जोड़ पाए। जो जोड़ लेते हैं, वे परम संत हैं। इन दोनों छोरों को जो जोड़ लेते हैं, देख लेते हैं जुड़ा हुआ, वे परम संत हैं। जो नहीं जोड़ पाते, उन्हें हम अज्ञानी कहते हैं। इतना ही अज्ञान है कि अस्तित्व हमारे लिए सदा दो में बंटा हुआ दिखाई पड़ता है—मित्र में, शत्रु में; प्रेम में, घृणा में; प्रकाश में, अंधकार में; शुभ में, अशुभ में; स्वर्ग में, नरक में—हमें बंटा हुआ दिखाई पड़ता है।

स्वर्ग और नरक एक ही चीज के दो छोर हैं। और इसलिए स्वर्ग से नरक जाने में, नरक से स्वर्ग आने में अड़चन नहीं होती। यात्रा सुगम है। सुख से दुख में जाने में कितनी देर लगती है? कभी आपने खयाल किया कि जब आप सुख से दुख में प्रवेश करते हैं, तो कौन सा क्षण है जहां सुख दुख बन जाता है? किस जगह आकर सुख समाप्त होता है और दुख शुरू होता है?

अगर आप इतनी खोज करें तो आपको पता चलेगा, वह क्षण आता ही नहीं कभी। जितना आप खोजेंगे उतना आप पाएंगे कि दुख और सुख के बीच में कोई अंतराल नहीं है, कोई खाई नहीं है। सुख और दुख के बीच में कोई गैप नहीं है। जितना आप खोजेंगे, उतना ही आप पाएंगे कि सुख दुख का ही एक छोर है। दुख कभी शुरू नहीं होता। जब आप सुख में थे, तब भी मौजूद था। सिर्फ आप आधे को देख रहे थे। धीरे-धीरे जब पूरा आपकी झलक में आता है, दूसरा छोर दिखाई पड़ता है, तो दुख हो जाता है। सब दुख सुख बन सकते हैं, सब सुख दुख बन सकते हैं। इंटरचेंजेबल हैं, उनमें कहीं कोई अवरोध नहीं है। कहीं कोई झटका भी नहीं लगता जब आप सुख से दुख में जाते हैं। इतना भी नहीं जितना कि गियर बदलने में गाड़ी में लगता है। इतना भी नहीं। कोई बदलाहट ही नहीं होती; आप एक ही पटरी पर होते हैं।

इसलिए एक बहुत मजे की बात है और वह यह है कि जहां-जहां आपको विरोध दिखाई पड़ता हो, वहां-वहां विरोध नहीं है, अविरोध है। यह जो अविरोध है, यह सिर्फ अविरोध ही नहीं है। लाओत्से दूसरी बात भी कहता है। वह कहता है, न केवल यह अविरोध है, बल्कि यह परिपूरक है, यह कांप्लीमेंटरी है। इतना ही नहीं है कि सुख और दुख में विरोध नहीं है, बल्कि इतना भी कि सुख का आधार दुख है और दुख का आधार सुख है। इतना ही नहीं कि शुभ और अशुभ दुश्मन नहीं हैं, बल्कि मित्र हैं, और एक-दूसरे के सहयोगी हैं।

ऐसी कोई दुनिया की कल्पना करें जहां कोई असाधु न हो, साधुओं की एकदम मृत्यु हो जाएगी। जहां कोई अज्ञानी न हो, वहां ज्ञानी एकदम व्यर्थ हो जाएंगे। उनका पता ही नहीं चलेगा। एक के साथ दूसरा जुड़ा है। और एक के सहारे दूसरा खड़ा है।

यह साधक के लिए बहुत कीमत की बात है। क्योंकि साधक पूरी जिंदगी इसी उपद्रव में पड़ा होता है। संसारी भी इसी उपद्रव में पड़ा होता है और साधक भी। फर्क उनके विषयों के चुनाव का होता है। संसारी इसमें पड़ा होता है कि सुख बचे और दुख हट जाए। और साधक इसमें पड़ा होता है कि शुभ बचे और अशुभ हट जाए। लेकिन दोनों की भूल एक ही है। जिसको आप संन्यासी कहते हैं, वह भी उसी भूल में होता है जिसमें संसारी होता है। उनके चुनाव अलग हैं। संसारी कहता है, मैं सुख बचा लूंगा, दुख को काट डालूंगा। आज नहीं कल श्रम से, पुरुषार्थ से दुख को मिटा दूंगा, सुख को बचा लूंगा। संन्यासी कहता है कि सुख-दुख में मुझे रस नहीं है, मैं शुभ को बचाऊंगा, अशुभ को मिटा दूंगा। जो बुरा है उसे हटा दूंगा और जो भला है उसे बचा लूंगा।

ऊपर से दोनों बड़े विपरीत दिखाई पड़ते हैं, लेकिन लाओत्से के हिसाब से दोनों की दृष्टि एक सी भ्रांत है। शुभ और अशुभ भी एक ही चीज के दो छोर हैं। कहां शुभ अशुभ बन जाता है, कहना मुश्किल। कहां अशुभ शुभ बन जाता है, कहना मुश्किल। और जिंदगी इतना बड़ा विस्तार है कि अगर हम पूरे को देख पाएं तो हम यह द्वैत की भाषा ही छोड़ दें।

अच्छा करने वालों ने अच्छा किया है जगत में या बुरा करने वालों ने बुरा किया है, अगर हम विस्तीर्ण इतिहास देखें तो बड़ी कठिनाई हो जाती है। बड़ी कठिनाई हो जाती है। एक सीमा पर जाकर बुराई अच्छी बन जाती है।

अब जैसे उदाहरण के लिए, जिन्होंने अणु-बम खोजा और जिन्होंने नागासाकी और हिरोशिमा पर अणु-बम गिराया, शायद मनुष्य-जाति के इतिहास में इससे बुरा कृत्य दूसरा नहीं है। इस मामले में निश्चित हुआ जा सकता है। गिराने वाले भी निश्चित हैं कि इससे बुरा कृत्य दूसरा नहीं है। लेकिन संभावना यह है कि अणु-बम के कारण ही दुनिया में युद्ध समाप्त हो जाएं। नागासाकी और हिरोशिमा के कारण ही दुनिया में अब तीसरा महायुद्ध हो नहीं सकता। तब बड़ी मुश्किल है। यह हो सकता है कि आने वाला भविष्य अब महायुद्धों का नहीं होगा। तब नागासाकी-हिरोशिमा पर गिराए गए बम शुभ थे या अशुभ? लंबे विस्तार में तय करना मुश्किल हो जाता है। अगर एक-एक घटना को हम अकेला-अकेला सोचें तो तय करना आसान है—शुभ है, अशुभ है। लंबे विस्तार में देखें तो शुभ अशुभ में बदलता दिखाई पड़ता है।

अब जैसे महावीर और बुद्ध, दोनों ने भारत को अहिंसा की शिक्षा दी। इस शिक्षा को कोई भी अशुभ नहीं कह सकता। लेकिन इस शिक्षा का हाथ है भारत की ढाई हजार साल की दीनता में, गुलामी में। इस शिक्षा को कोई अशुभ नहीं कह सकता। इससे ज्यादा शुभ कोई बात नहीं हो सकती। लेकिन जब भी किसी मुल्क को आप अहिंसा सिखा देंगे, तो उसकी क्षमता संघर्ष की क्षीण हो जाएगी, प्रतिकार की क्षमता टूट जाएगी। उसके परिणाम होंगे।

आपने अहिंसा सीख ली, इसलिए आपका पड़ोसी भी सीख लेगा, यह जरूरी तो नहीं है। बल्कि हो सकता है, आपकी अहिंसा पड़ोसी को हिंसक होने के लिए मौका दे। यह भी हो सकता है कि आपकी अहिंसा के कारण ही आपका पड़ोसी हिंसक हो जाता हो। उसकी हिंसा की भी जिम्मेवारी आपकी होगी। क्योंकि कमजोर दूसरों को निमंत्रण देता है कि मेरा शोषण करो। जब कोई आपके गाल पर एक चांटा मारता है, तो सिर्फ उसके हाथ का ही हाथ नहीं होता, आपके गाल का भी हाथ होता है। आपका गाल बुलाता है कि मारो। यह बुलावा ऐसा ही है जैसे कि पानी बहता है और गड्ढा बुलाता है, और गड्ढे में समा जाता है।

जीवन में भी गड्ढे हैं। जब आप लड़ने की क्षमता खो देते हैं, तो आप गड्ढा बन जाते हैं। तो किसी की लड़ाई की वृत्ति आप में प्रवाहित हो जाती है; कोई चांटा आपके चेहरे पर पड़ जाता है। इसमें अकेला एक जिम्मेवार नहीं है, आप भी जिम्मेवार हैं। इस जिंदगी में जिम्मेवारी बंटी हुई नहीं है, संयुक्त है।

महावीर और बुद्ध की शिक्षा तो श्रेष्ठतम है। लेकिन अगर लंबे विस्तार में देखें तो परिणाम क्या हुआ? महावीर खुद तो एक क्षत्रिय हैं, लेकिन उनका मानने वाला पूरा वणिक वर्ग खड़ा हो गया। बनियों की एक जमात खड़ी हो गई। यह जरा हैरानी की बात है कि एक बहादुर क्षत्रिय के—उनको हमने नाम दिया महावीर का सिर्फ इसीलिए कि उन जैसा वीर खोजना मुश्किल है—लेकिन उनके पीछे कमजोरों और कायरों की एक जमात क्यों खड़ी हो गई? अहिंसा कायरता क्यों बन जाती है लंबे अर्से में? बहादुरी अच्छी चीज है। लंबे अर्से में हिंसा क्यों बन जाती है?

सभी चीजें बदल जाती हैं अपने से विपरीत में। विपरीत विपरीत नहीं है, दूसरा छोर है। सिर्फ समय की जरूरत है और आप दूसरे छोर में बदल जाएंगे। बच्चे ही तो बूढ़े हो जाते हैं। जन्म ही तो मृत्यु बनता है। कब बच्चा बूढ़ा होता है, आप बता सकते हैं? कब जन्म मौत बन जाता है, आप बता सकते हैं? साथ ही साथ चलते हैं। साथ-साथ चलते हैं, यह कहना भी भाषा की भूल है। एक ही चीज के दो छोर हैं। एक ही चीज है—जन्म यानी मौत, बचपन यानी बुढ़ापा।

और मजा यह है, दूसरा जो सूत्र है लाओत्से का वह यह कि ये परिपूरक हैं। अगर हम बुढ़ापे को मिटा दें तो दुनिया से बचपन मिट जाएगा। यह मुश्किल पड़ता है समझना, क्योंकि हम सोच सकते हैं कि यह हो सकता है

बुढ़ापा न हो। ईजाद हो जाएं दवाइयां, स्वास्थ्य-व्यवस्था ठीक हो जाए, तो यह हो सकता है कि आदमी बूढ़ा न हो। लेकिन जिस दिन हम यह कर पाएंगे कि आदमी बूढ़ा न हो, उस दिन बचपन तिरोहित हो जाएगा। क्योंकि वह जो बचपन है, वह बुढ़ापे का छोर है। वह उसके साथ ही जी सकता है। उसके अलग नहीं जी सकता। कांप्लीमेंटरीनेस है, दोनों जुड़े हैं और एक-दूसरे के आधार हैं।

इस सूत्र को हम समझें।

'जो हलका है, उसका आधार ठोस है, उसका आधार गंभीर है; जो निश्चल है, वह चलायमान का स्वामी है।'

गाड़ी का चाक चलता है एक कील पर। वह कील ठहरी रहती है और चाक घूमता रहता है। गर्मी के दिनों में अंधड़ उठता है, हवा के बवंडर खड़े होते हैं, धूल उठती है। गोल वर्तुलाकार घूमती है, आकाश की तरफ उठती है। कभी जाकर जमीन पर उसका छोड़ा हुआ चिह्न देखें तो आप बहुत चकित हो जाएंगे। वह हवा का बवंडर नीचे की रेत पर अपना चिह्न छोड़ जाता है; लेकिन बीच में एक बिंदु होता है जो बिलकुल शांत होता है, जिसमें जरा भी चिह्न नहीं होता। वह जो बवंडर है, उसके बीच में एक केंद्र बिलकुल शांत और थिर होता है।

गति स्थिर के ऊपर चलती है। स्थिर को तोड़ दें, गति टूट जाएगी। गति को तोड़ दें, स्थिर समाप्त हो जाएगा। वह जो हलका है, वह ठोस पर खड़ा है। वह जो गंभीर है, वह गैर-गंभीर पर निर्मित है।

ऐसा समझें, जिस दिन आदमी हंसना बंद कर देगा, उस दिन आदमी का रोना भी खो जाएगा। जानवर न तो हंसते हैं, न रोते हैं। जब तक जानवर हंस न सकें, तब तक रो भी न सकेंगे। जिस जानवर को हम रोना सिखा सकते हैं, उसको हम हंसना भी सिखा लेंगे। अकेला आदमी ऐसा जानवर है जो हंसता है। अनिवार्य रूप से, अकेला वही है जो रोता है।

किसी जानवर को आप ऊब से भरा हुआ न पाएंगे, बोरियत से, बोर्डम से भरा हुआ नहीं पाएंगे। देखें एक भैंस को, घास चर रही है; एक गधे को, वृक्ष के नीचे खड़ा चिंतन कर रहा है। कोई ऊब नहीं है। ऊब का कोई पता ही नहीं है। बोर्डम है ही नहीं। ऊबते ही नहीं हैं। रोज वही घास है, रोज वही वृक्ष है। और गधा कुछ नया-नया सोचता होगा, इसकी भी संभावना नहीं है। सोचता होगा, इसकी भी संभावना नहीं है। लेकिन कोई ऊब नहीं है।

सिर्फ आदमी ऊबता है। इसलिए आदमी को मनोरंजन के साधन खोजने पड़ते हैं। ऊब के साथ मनोरंजन। गरीब आदमी कम ऊबता है। इसलिए कम मनोरंजन के साधन खोजता है। अमीर आदमी ज्यादा ऊबता है तो ज्यादा मनोरंजन के साधन खोजता है। सम्राट हुए जो चौबीस घंटे मनोरंजन में पड़े रहते थे; क्योंकि बिलकुल ऊबे हुए थे, जिंदगी में कोई रस ही न था। दूसरा छोर तत्काल निर्मित हो जाता है।

आदमी को छोड़ कर किसी पशु-पक्षी को सौंदर्य का बोध नहीं मालूम होता; क्योंकि कुरूपता की कोई पहचान नहीं है। आदमी हट जाए जमीन से तो सुंदर और कुरूप दोनों शब्द व्यर्थ हो जाते हैं। आदमी के साथ, विचार के साथ द्वंद्व निर्मित होता है। चीजें बंट जाती हैं। एक चीज सुंदर हो जाती है; एक कुरूप हो जाती है। हमारा मन चाहेगा कि ऐसी घड़ी आ जाए, जब कुरूप बिलकुल न रहे, सुंदर ही सुंदर रह जाए।

ऐसी घड़ी आ सकती है। लेकिन तब सुंदर को सुंदर कहने में कोई अर्थ न रह जाएगा। वह सदा कुरूप के विपरीत ही सार्थक है। हमारी सारी भाषा ही द्वंद्व में सार्थक है।

लाओत्से कहता है, जो निश्चल है, वह चलायमान का स्वामी है।

जहां-जहां गति है, वहां-वहां खोजना, बीच में एक केंद्र होगा जहां कोई गति न होगी। मगर हमारी अड़चन यह है कि हम एक को पकड़ लेते हैं। अगर हम गति को पकड़ते हैं तो हम केंद्र को भूल जाते हैं। अगर हम केंद्र को पकड़ते हैं तो हम गति को भूल जाते हैं। दुनिया ने दो तरह के लोग पैदा किए, वे दोनों ही अधूरे हैं।

एक आदमी है जो गति को इतना पकड़ता है, बाजार में, दुकान में, व्यापार में, राजनीति में गतिमान रहता है, वह यह भूल ही जाता है कि मेरे भीतर एक केंद्र भी है, उसी केंद्र के ऊपर यह सारी गति है। और वह केंद्र चलता नहीं, चलायमान नहीं है, थिर है। वह भूल ही जाता है। यही भूल उसका दुख बन जाती है।

फिर इस भूल से एक दूसरी भूल पैदा होती है। फिर वह सोचता है—जब थक जाता है, ऊब जाता है इस दौड़-धूप से, इस आपा-धापी से बेचैन हो उठता है, तब वह सोचता है—छोड़ो सब गति, अब तो थिर हो जाओ, ठहर जाओ, हटाओ सब यह भाग-दौड़, अब तो उस केंद्र को पा लो जो चलता ही नहीं है। तब वह सारी गति के विपरीत केंद्र को खोजने लगता है। तब वह सारी गति छोड़ कर, आंख बंद करके, प्रतिमा बन कर सोचता है कि केंद्र को पा लूं। तब वह दूसरी भूल कर रहा है। पहले उसने एक भूल की थी कि केंद्र को छोड़ कर गति को पा लूं। अब वह एक दूसरी भूल कर रहा है कि गति को छोड़ कर केंद्र को पा लूं। चुनाव कर रहा है अधूरे का।

अधूरा इस जगत में नहीं है। गति में ही जो केंद्र को पा ले, वही केंद्र को पा सकता है। केंद्र के साथ भी जो गति में रह ले, उसी ने केंद्र को पाया ऐसा जानना। जो अपनी सारी भाग-दौड़ में भी थिर हो, वही साधु है। और जो अपनी थिरता में भी भाग सके, दौड़ सके, वही साधु है।

जगत में दो तरह के असाधु हैं। असाधु का मतलब अंश को चुनने वाले लोग। एक, वे कहते हैं कि हम संसारी हैं, हम ध्यान कैसे करें? क्योंकि ध्यान तो उस बिंदु को खोजने की विधि है, जहां गति नहीं है। वे कहते हैं, हम संसारी हैं, हम ध्यान कैसे करें? वे कहते हैं, हम संसारी हैं, हम संन्यासी कैसे हो जाएं? जब संसार छोड़ेंगे, तब संन्यासी हो जाएंगे। और जब छोड़ेंगे सब दौड़-धूप, तब ध्यान कर लेंगे। इसलिए कुशल, होशियार, चालाक लोगों ने बना रखा है कि जब मरने के करीब होंगे—जब गति छोड़ना भी न पड़ेगी, अपने आप छूटने लगेगी, जब दौड़ना भी चाहेंगे तो पैर जवाब दे देंगे—तब हम ध्यान कर लेंगे। वह मौका अच्छा है।

इसलिए हमने संन्यास को बूढ़े के साथ जोड़ रखा है। उसका कोई संबंध बूढ़े से नहीं है। मगर हमारी द्वैत की सोचने की व्यवस्था में यही उचित मालूम पड़ता है। वह तो हमारा बस नहीं है, नहीं तो हम मरने के बाद, क्योंकि तब फिर कोई उपद्रव ही नहीं रह जाएगा, न दुकान, न बाजार; मर ही गए, फिर कब्र में ध्यान साधते रहेंगे। लेकिन वह उपाय नहीं मालूम पड़ता, इसलिए बिलकुल मरते-मरते, मरते-मरते...। आदमी मर रहा है और लोग उसको गंगाजल पिला रहे हैं और राम-नाम पिला रहे हैं। इनको जिंदगी भर फुर्सत न मिली गंगाजल पीने की। बहुत काम था, व्यस्त थे। और जल्दी भी क्या थी? आखिरी क्षण पी लेंगे।

ये जो...मेरे पास लोग आते हैं, वे कहते हैं कि हम संसारी हैं, हम ध्यान कैसे कर सकते हैं? वे क्या कह रहे हैं? वे यही कह रहे हैं कि अभी हम गति में हैं तो हम ठहर कैसे सकते हैं? उनको हम जरा और तरफ से समझें।

आप किसी से जाकर कहें कि मैं तो दिन भर काम में लगा रहता हूं, इसलिए विश्राम कैसे कर सकता हूं? विश्राम तो विपरीत है। किसी से आप कहें कि मेरा तो काम जागने का है, मैं सो कैसे सकता हूं?

लेकिन दिन भर आप जागते हैं और रात आप सो जाते हैं। न केवल इतना, बल्कि जितना ठीक से जागते हैं, उतना ठीक से सो जाते हैं। सोना और जागना विपरीत आपको दिखाई पड़ते हों, विपरीत नहीं हैं, परिपूरक हैं। जो आदमी दिन में ठीक से जागा है, रात गहरी नींद सो जाता है। जो आदमी दिन में ऊंघता रहा है, वह रात सो नहीं पाता। जो दिन भर खाली बिस्तर पर पड़ा रहा है, वह रात कैसे सो पाएगा? अगर हमारा तर्क सही होता तो जिसने दिन भर ऊंघने का अभ्यास किया, उसको गहरी नींद आनी चाहिए; क्योंकि दिन भर का अभ्यासी है। और अभ्यास का तो फल मिलना चाहिए। यह क्या उलटा हो रहा है? और जो आदमी दिन भर गड्ढा खोदता रहा, लकड़ियां काटता रहा, पत्थर तोड़ता रहा, इसको तो रात नींद आनी ही नहीं चाहिए। दिन भर का अभ्यास जागने का!

लेकिन जो दिन भर लकड़ी काटा है, वह बिस्तर पर गिरता भी नहीं है और नींद आ जाती है। उसे पता भी नहीं चलता कि कब उसके शरीर ने बिस्तर को छुआ, उसके पहले उसके प्राण निद्रा को छू लेते हैं। और वह जो आदमी दिन भर ऊंघता रहा है, अपनी आरामकुर्सी पर बैठा रहा है, बिस्तर पर लेटा रहा है, वह रात करवटें बदलता है।

आपको पता है, ये करवटें परिपूरक हैं। जो दिन में नहीं कर पाया, वह उसे रात में करना पड़ता है। उतना श्रम तो करना जरूरी है। हजार, पांच सौ करवटें बदल कर थोड़ा-बहुत सुबह-सुबह सो पाता है। ये करवटें, जिसने लकड़ी फाड़ी है, दिन में ही बदल लीं उसने। और अच्छी तरह बदल लीं, बिस्तर भी कोई जगह है व्यायाम करने के लिए? लेकिन अधिक लोग, जो दिन में व्यायाम नहीं कर रहे, रात बिस्तर में व्यायाम करेंगे ही। उनकी जिंदगी बड़ी अस्तव्यस्त हो जाएगी। जब व्यायाम करना था, तब वे ऊंघते रहे; जब सोना था, तब वे व्यायाम करते रहे। उनका सब जीवन विपरीत जालों में उलझ जाएगा—अपने ही कारण।

नींद विपरीत नहीं है जागने के। और लाओत्से कहता है, गति विपरीत नहीं है थिरता के, परिपूरक है।

तब एक नया आयाम खुलता है सोचने का। इसका मतलब यह हुआ कि दौड़ते हुए भी ऐसा हुआ जा सकता है कि भीतर कोई न दौड़े। और जब तक ऐसा सूत्र न मिल जाए कि दौड़ते हुए भी आप जानें कि आप नहीं दौड़ रहे हैं, तब तक आपको जिंदगी के रहस्य का द्वार नहीं मिलेगा। तब काम करते हुए भी कोई विश्राम में बना रह सकता है। और तब, तब जीवन के सब द्वंद्वों के बीच में एक सूत्र मिल जाता है। तब रात सोए हुए भी भीतर कोई जागा रह सकता है। और तब दिन के सारे श्रम के बीच भी भीतर कोई विश्राम में बैठा रह सकता है। और तब चाहे जीवन में कितनी ही धूप हो, भीतर एक छाया बनी रहती है। और चाहे कितनी ही बेचैनी के बवंडर उठें, एक केंद्र पर सब शांत और मौन रहता है। और मजा यह है कि जितनी तीव्रता होती है इन बवंडरों की, उतनी ही गहरी वह शांति अनुभव होती है। वह इससे नष्ट नहीं होती। क्योंकि ये परिपूरक हैं। इसलिए जीवन में जितना तूफान होता है, उतनी ही गहन शांति का अनुभव होता है। और जीवन में चारों तरफ कितने ही दुखों की वर्षा होती रहे, एक भीतर सुख की वीणा बजती रहती है। जितने जोर से दुखों की होती है वर्षा, उतने ही जोर से उस वीणा का स्वर गतिमान हो जाता है। क्योंकि परिपूरक है, विपरीत नहीं है। एक-दूसरे का दुश्मन नहीं है, साथी है।

अद्वैत की यह अनूठी बात है। लाओत्से अद्वैत की दिशा में यह अनूठा कदम उठा रहा है। वह यह कह रहा है कि जहां-जहां तुम्हें विपरीत दिखाई पड़े, तुम विपरीत मान लेते हो, वहीं भूल हो जाती है। विपरीत मानना ही मत। और जहां तुम्हें विपरीत दिखाई पड़े, वहां तुम विपरीत को साधना, एक को छोड़ कर नहीं, दोनों को साध कर, साथ ही साध कर। इसका मतलब हुआ कि संन्यास अगर वास्तविक हो तो संसार में ही हो सकता है।

इसलिए जब मुझसे कोई आकर कहता है कि हम संसारी हैं, हम संन्यासी कैसे हो जाएं? लोग मुझसे आकर कहते हैं कि आप यह क्या उपद्रव कर रहे हैं? संसारियों को संन्यास दे रहे हैं! संन्यास तो तभी हो सकता है, जब कोई घर-द्वार छोड़ कर, सब छोड़ कर भाग जाए। पलायन में ही संन्यास हो सकता है, त्याग में ही संन्यास हो सकता है। उनका कसूर नहीं है। द्वंद्व की भाषा में सोचने की आदत।

मेरी दृष्टि में तो संन्यास हो ही केवल संसार में सकता है। और जिसका संन्यास संसार में नहीं हो सकता, उसका संन्यास कभी नहीं हो सकता।

लाओत्से कहता है, इसलिए संत दिन भर यात्रा करता है, और फिर भी यात्रा नहीं करता।

बुद्ध चालीस वर्ष तक चलते रहे ज्ञान के बाद। ज्ञान के बाद ही वे बुद्ध हुए। चालीस वर्ष तक चलते रहे, एक गांव से दूसरे गांव, दूसरे गांव से तीसरे गांव। अनथक यात्रा चलती रही। एक शिष्य उनका, मोग्गलायन, एक दिन बुद्ध को पूछता है, आप इतना चलते हैं, थकते नहीं? बुद्ध ने कहा, जो चलता हो, वह थकेगा ही; मैं चलता ही नहीं

हूं। मोग्गलायन ने कहा, मजाक करते हैं आप। आपको अपनी आंखों से चलते देखता हूं। बुद्ध ने कहा, मैं तुम्हारी आंखों का भरोसा करूं या अपनी आंखों का? मैं भीतर देखता हूं, वहां कोई चलता ही नहीं है। तुम मुझे बाहर से देखते हो, वहां कोई चलता है। जो चलता है, वह मेरी छाया है; जो नहीं चलता, वह मेरी आत्मा है। और छाया के चलने से कोई थकता है?

लेकिन आप थकेंगे, क्योंकि आपकी छाया नहीं चलती, आपने छाया से अपने को एक ही मान रखा है।

हमारे मन में सवाल उठते हैं कि जब बुद्ध को ज्ञान हो गया, तो अब बोलते क्यों हैं? जब ज्ञान हो गया, तो अब चलते क्यों हैं? जब ज्ञान हो गया, तो अब क्या उन्हें प्रयोजन है? हमें लगता है कि जब ज्ञान हो गया, तो अब सब गति बंद हो जानी चाहिए।

गति बंद नहीं होती ज्ञान से। सिर्फ गति में जो ज्वर होता है, फीवर होता है, वह बंद हो जाता है। गति तो जारी रहती है। बल्कि सच पूछें तो गति पहली दफे निखर कर स्वच्छ हो जाती है। नदी तो अब भी बहती है, लेकिन उसमें कूड़ा-करकट नहीं बहता, अब उसमें गंदगी नहीं बहती। अब नदी शुद्ध धार हो जाती है। ऐसा समझ लें कि पानी भी न रह जाए और सिर्फ गति रह जाए नदी में, इतनी शुद्ध हो जाती है।

लाओत्से कहता है, 'इसलिए संत दिन भर यात्रा करता है, देयरफोर दि सेज ट्रैवेल्स आल डे, यट नेवर लीव्स हिज प्रोवीजन कार्ट।'

और वह जो भीतर जीवन-ऊर्जा है, वह जो भीतर जीवन का मूल स्रोत है, प्रोवीजन कार्ट, जहां जीवन की सारी शक्ति संरक्षित है, जहां उसके जीवन का भोजन छिपा है, उसे कभी नहीं छोड़ता। यात्रा करता है दिन भर, चलता है दिन भर, और भीतर कोई भी नहीं चलता। भीतर वह अपने मूल केंद्र में थिर बना रहता है। परिधि चलती है, केंद्र ठहरा रहता है। चाक चलता है, कील रुकी रहती है। बोलता भी है और नहीं भी बोलता; क्योंकि मौन से बोलता है।

बुद्ध बोलते हैं। उस बोलने में और आपके बोलने में फर्क है। आप जब बोलते हैं, तब शब्दों से बोलते हैं। बुद्ध भी शब्दों का उपयोग करते हैं। लेकिन शब्दों से नहीं बोलते, मौन से बोलते हैं। आप जब बोलते हैं, तो आपके भीतर शब्दों का इतना उपद्रव मच जाता है कि उसे आप पर किसी को उलीचना पड़ता है। बुद्ध जब बोलते हैं, तो शब्दों के उपद्रव से नहीं बोलते। भीतर मौन इतना घना है, उस मौन से ही जो दृष्टि दिखती है, उस मौन से ही जो रिस्पांस, जो प्रतिसंवेदन होता है, उससे बोलते हैं।

आप जब बोलते हैं, तो आप कभी खयाल करना, आप जब बोलते हैं, तो जिससे आप बोलते हैं, उससे आपका प्रयोजन नहीं होता। आपका बोलना एक बुखार है; वह आपके भीतर परेशान कर रहा होता है। किसी न किसी से बोलना पड़ता है। निकल जाता है, थोड़ी राहत मिलती है। आपने अपना कचरा दूसरे को सम्हाल दिया; वह किसी को सम्हाले, वह जाने! अब आपका कोई प्रयोजन नहीं है। अब आप निश्चिंत सो सकते हैं। आप खयाल करना कि जब आप बोलते हैं, तो आपका दूसरे से प्रयोजन है? आपका दूसरे से कोई प्रयोजन नहीं है। इसलिए कोई न मिले तो आदमी अकेले में अपने से भी बात कर लेता है। ताश बिछा कर दोनों तरफ से चाल चल लेता है।

आदमी विक्षिप्तता से बोलता है। बुद्ध शून्य से बोलते हैं। इसलिए बुद्ध के बोलने में आप प्रयोजन हैं। इसलिए बुद्ध, जब कोई उनसे कुछ पूछता है, तो लोग एक से सवाल भी पूछते हैं, लेकिन बुद्ध सभी को अलग-अलग जवाब देते हैं। बुद्ध के भिक्षु अनेक बार मुश्किल में पड़ जाते हैं और वे बुद्ध से कहते हैं कि सवाल तो एक ही था और आपने जवाब अलग-अलग लोगों को अलग-अलग दिए!

बुद्ध ने कहा, सवाल महत्वपूर्ण नहीं है, पूछने वाला महत्वपूर्ण है। और जवाब मैं सवाल को नहीं देता, पूछने वाले को देता हूं। पूछने वाले अलग-अलग थे।

उनके सवाल एक से दिखाई पड़ते हैं। लेकिन अगर हम पूछने वाले की पूरी-पूरी व्यवस्था को समझें तो हर सवाल का मतलब अलग हो जाएगा। वह जब आपके भीतर से आता है, तो आपका रंग, आपका खून, आपकी मज्जा उसमें सम्मिलित हो जाती है।

एक आदमी आकर पूछता है, ईश्वर है? यह सवाल नहीं है सिर्फ, यह आकाश शून्य से पैदा नहीं हुआ है, एक आदमी से पैदा हुआ है। एक दूसरा आदमी आकर पूछता है, ईश्वर है? ये दोनों सवाल शब्दों में एक से हैं, लेकिन ये दो आदमी अलग-अलग हैं। एक आदमी नास्तिक हो सकता है, और पूछता हो, ईश्वर है? उसका मतलब हो कि है तो नहीं, आपसे भी पूछना चाहता हूं कि है? लेकिन वह जानता है, नहीं है। दूसरा आदमी आस्तिक हो। वह भी आपसे पूछना चाहता है, वह भी आपकी सलाह लेना चाहता है, लेकिन भीतर जानता है कि है। उन दोनों के सवाल एक से नहीं हैं; उनके भीतर का आदमी अलग-अलग है। भीतर की छाया उनके सवालों को बदल देगी।

इसलिए सिर्फ बुद्धू एक से जवाब देंगे। बुद्ध तो अलग-अलग जवाब देंगे। क्योंकि बुद्धुओं को सवाल सुनाई पड़ते हैं, बुद्धों को पूछने वाला सुनाई पड़ता है। और जब पूछने वाला महत्वपूर्ण होता है, तो जो उत्तर आते हैं, वे देने वाले के बोझ के कारण नहीं आते, देने वाले के शून्य से उनकी प्रतिध्वनि होती है।

बुद्ध मौन से बोलते हैं। यह हमें कठिन लगेगा। हम कहेंगे, जब मौन ही हो गए, तो बोलना क्या? हमारा सब तरफ द्वंद्व चलता है सोचने में कि जब मौन हो गए तो बोलना क्या? और जब बोलते हैं तो मौन कैसे हो सकते हैं?

जो बोल सकता है, वह मौन हो सकता है। जो मौन हो गया, वह बोल सकता है। क्वालिटी बदल जाती है, गुण बदल जाता है। जब बोलने वाला मौन हो जाता है, तो उसके बोलने में मौन के स्वर समाविष्ट हो जाते हैं। जब बोलने वाला मौन हो जाता है, तो उसका बोलना एक बीमारी नहीं रह जाती, एक संवाद हो जाता है। और जब बोलने वाला मौन हो जाता है, तो उस मौन से सत्य का जन्म होता है। और जब बोलने वाला मौन नहीं होता, तो शब्द शब्दों को पैदा करते रहते हैं, शब्द शब्दों को जन्माते रहते हैं। शब्दों की शृंखला चलती रहती है। और जब मौन कोई हो जाता है, तब बोलता है...।

महावीर बारह वर्ष तक मौन रहे। तब लाख लोगों ने कहा, लाख लोगों ने सवाल पूछे, लेकिन वे न बोले। आप समझते हैं कारण क्या था? कारण केवल इतना था कि महावीर के भीतर अभी भी शब्द मौजूद थे। इसलिए महावीर अभी जानते थे कि यह उत्तर जो मेरा आएगा, मौन से नहीं आएगा, मेरे शब्दों से आएगा। तो अभी उत्तर देने का कोई अर्थ नहीं है। इन उत्तरों से मैं खुद ही परेशान हूं, दूसरे को देकर और क्या परेशानी में डालना है? जिन शब्दों से मुझे राहत न मिली, उन शब्दों से किसे राहत मिल जाएगी?

इसलिए महावीर चुप हैं। बारह वर्ष वे चुप रहे। शब्द खो गए, तब महावीर ने बोलना शुरू कर दिया। यह मजे की बात है, हम शब्दों से बोलते हैं, महावीर जैसे लोग मौन से बोलते हैं। बारह वर्ष जंगल में रहे, और जब बिलकुल मौन हो गए तो शहर में वापस लौट आए। अब उनके पास भीतर एक मौन शून्य था। अब कोई भी उत्तर पूछे तो यह शून्य उत्तर दे सकता था। अब महावीर को बीच में आने की कोई भी जरूरत न थी। अब महावीर खो गए। अब यह आत्मा ही जवाब देती। महावीर का मतलब है शिक्षा, संस्कार, वे सब खो गए। अब ये उत्तर शिक्षा और संस्कार से नहीं आएंगे। अब ये उत्तर उस गहन खाई से आएंगे, उस अतल शून्य से आएंगे, जिसको हम अस्तित्व कह सकते हैं।

महावीर भाग गए संसार से; फिर लौट क्यों आए? यह बड़े मजे की बात है कि महावीर के अनुयायी उनके भागने की तो चर्चा करते हैं, लौटने की चर्चा नहीं करते। लेकिन इस जगत में जो भी भागा है, वह लौट आया है। महावीर हट गए; फिर लौट क्यों आए? लौटने का मतलब कि उन्होंने कोई आकर शादी कर ली हो, ऐसा नहीं।

लौटने का मतलब है कि जिन सबको छोड़ कर वे चले गए थे, वापस आ गए उनके बीच। जो संबंध छोड़ दिए थे, वे पुनर्निर्मित किए। इससे क्या फर्क पड़ता है कि वे संबंध अब गुरु और शिष्य के थे; जब भागे थे तब वे संबंध भाई और भाई के थे; जब भागे थे तब वे संबंध पति और पत्नी के थे। इससे क्या फर्क पड़ता है? संसार का अर्थ है संबंधों का जगत। बारह वर्ष बाद जब महावीर लौट आए, फिर संबंधों में लौट आए।

लेकिन अब महावीर तो हैं ही नहीं, इसीलिए वे लौट पाए। वह महावीर तो समाप्त हो गए बारह वर्ष में। अब तो एक मौन शून्य बचा, एक दर्पण बचा, जो लौटा। अब इस दर्पण में कोई भी देखे तो दर्पण को अब दिखाने का कोई सवाल नहीं रह गया। अब तो जो शक्ल देखेगी, वही शक्ल दिखाई पड़ जाएगी। एक दर्पण वापस लौट आया। और दर्पण गांव-गांव घूमने लगा। इसमें जो प्रतिबिंब बने, वे आपके अपने थे। इसमें जो बीमारियां दिखाई पड़ीं, वे आपकी अपनी थीं। इसमें से जो उत्तर आए, वे प्रतिध्वनियां थीं।

लाओत्से कहता है, संत दिन भर यात्रा करता, लेकिन जीवन-ऊर्जा के स्रोत से जुड़ा रहता है। सम्मान और गौरव के बीच भी विश्रामपूर्ण और अविचल।

यह थोड़ा सोचने जैसा है। कहना चाहिए थाः अपमान, असम्मान, अगौरव, दुख, अपयश के बीच भी विश्रामपूर्ण और अविचल! लेकिन लाओत्से उलटा कह रहा है। वह कह रहा है, सम्मान और गौरव के बीच भी।

जरा कठिन है। दुख में तो हम विचलित हो ही जाते हैं; लेकिन अगर थोड़ी चेष्टा करें तो दुख में अविचलित होना ज्यादा कठिन नहीं है।

लेकिन सुख में अविचलित होना बिलकुल स्वाभाविक है। और सुख में अविचलित रह जाना बड़ा मुश्किल है। दुख में तो आदमी दुख के कारण ही अपने को थिर कर लेता है। दुख सहना हो तो थिर करना जरूरी है। जितना आप थिर होंगे, उतनी आसानी से दुख को झेल लेंगे। तो थिर होना तो झेलने की व्यवस्था हो सकती है। लेकिन सुख में तो आप खुद ही नाचना चाहते हैं। और अगर सुख में आप थिर होंगे, तो जैसे दुख कम हो जाता है थिर होने से, वैसे ही सुख भी कम हो जाएगा थिर होने से। सुख का मतलब ही है कि आप कंपित हो जाएं, डोल जाएं, नाच उठें, रोआं-रोआं पुलकित हो जाए। अगर सुख में आप अविचलित रह जाएं तो सुख व्यर्थ हो जाएगा।

लाओत्से कहता है, सम्मान और गौरव के बीच भी! जब उन पर फूल बरसते हैं, तब भी। और जब चारों तरफ देवी-देवता उनके आस-पास मोहर लेकर झूलने लगते हैं, तब भी। तब भी अविचलित और तब भी विश्रामपूर्ण!

यह बड़ी मजे की बात है। क्योंकि हम कहेंगे, सुख में, गौरव में तो विश्राम होगा ही। गलती है आपका खयाल। सुख जितना विश्राम तोड़ता है, उतना दुख नहीं तोड़ता। सुखी होकर देखें। यह बात मुश्किल है कि सुखी होने का मौका कम लोगों को मिलता है, इसलिए पता नहीं चलता। सुखी आदमी भी रात में सो नहीं सकता। सुख भी एक तरह की परेशानी है। माना कि आप पसंद करते हैं; यह दूसरी बात। लेकिन सुख भी एक तरह की परेशानी है। लाटरी मिल गई है आपको। कितने दिन से सोचा था—मिल जाए, मिल जाए, मिल जाए। फिर मिल गई। अब रात सोइएगा? कैसे सोइएगा? अब बहुत मुश्किल है। अब एक क्षण भी चैन मुश्किल है। लाटरी न मिली थी तो जितनी बेचैनी थी, यह बेचैनी उससे ज्यादा है।

जिस दिन कोई सुख में भी शांत हो जाता, संत हो जाता।

दुख में शांत बने रहना तो व्यवस्था की बात है। आदमी को झेलने में सुविधा होती है। सुरक्षा बना लेता है चारों तरफ। कड़ा कर लेता है मन को, समझा लेता। सुख में जब समझाए, तब पता चले। सुख में, हम कहेंगे, पागल होगा जो अपने को समझाए। मुश्किल से तो सुख मिला है, अब समझा कर क्या सुख को नष्ट करना है?

दुख आ जाए, तो हम कहते हैं, चला जाएगा; कोई ज्यादा देर थोड़े ही रुकने वाला है। संसार में सब चीजें अनित्य हैं। जब सुख आता है, तब कहिए अपने से, चला जाएगा, कोई घबड़ाने की जरूरत नहीं है। संसार में सब चीजें अनित्य हैं। जब घर में कोई मर जाए, तो हम कहते हैं, आत्मा अमर है; मृत्यु तो सब भासमान है। जब घर में बच्चा पैदा हो जाए, तब कहिए कि आत्मा तो अमर है, जन्म वगैरह सब भासमान हैं, कुछ भी नहीं हुआ।

इसलिए लाओत्से जान कर कहता है कि सम्मान और गौरव के बीच भी वह विश्रामपूर्ण और अविचल जीता है। एक महान देश का सम्राट कैसे अपने राज्य में अपने शरीर को उछालता फिर सकता है?

संत को अनेक जगह लाओत्से उस आंतरिक साम्राज्य का मालिक मानता है।

हम अपने को उछालते फिरते हैं चारों तरफ अनेक तरह से। हमारे उछालने की व्यवस्थाएं आदतन हो गई हैं, इसलिए पता नहीं चलता। लोग कपड़े पहनते हैं। हम सोचते हैं ढांकने को पहनते होंगे। गलत! बहुत कम ही लोग हैं जो शरीर ढांकने को कपड़े पहनते हों। शरीर दिखाने को कपड़े पहनते हैं; शरीर उछल कर दिखाई पड़े, इसलिए कपड़े पहनते हैं। शरीर ढांकने को जब कोई कपड़े पहनने लगता है, तब साधु हो गया। शरीर दिखाने को कपड़े पहने जाते हैं। बड़ा उलटा मालूम पड़ता है। लेकिन जितने ढंग से शरीर को कपड़ों से दिखाया जा सकता है, नग्न शरीर को उतने ढंग से नहीं दिखाया जा सकता।

और बड़े मजे की बात है कि कपड़े ढंके शरीर को देखने की जितनी इच्छा पैदा होती है, उतने नग्न शरीर को देखने की इच्छा पैदा नहीं होती। एक आदमी नग्न खड़ा हो, सुंदरतम स्त्री भी नग्न खड़ी हो, कितनी देर देखिएगा? थोड़ी देर में मन यहां-वहां भागने लगेगा। नग्न स्त्री, सुंदरतम स्त्री पर भी एकाग्र होना मन के बस की बात नहीं है। मन यहां-वहां भागने लगेगा। लेकिन ढंकी स्त्री हो—ढंकी ऐसी, ढंकी ढंग से, ढंकी व्यवस्था से, ढंकी इस ढंग से कि आपकी कल्पना को गति दे, सामने न उघड़ी हो, आपका मन उघाड़ने लगे—तो फिर आप बड़े एकाग्रचित्त हो सकते हैं। तो फिर आप घंटों लीन हो सकते हैं। कपड़े नग्नता से ज्यादा अश्लील हो सकते हैं।

लेकिन कठिन है थोड़ा। क्योंकि कपड़े बड़ी तरकीब है, लंबी तरकीब है सभ्यता की। और हम भूल ही गए हैं कि कपड़ों का हम क्या-क्या उपयोग करते हैं। जो शरीर में नहीं है, जैसा शरीर नहीं है, कपड़े वैसा वहम भी दे सकते हैं। देते हैं। मगर हम आदी हैं, हमें खयाल भी नहीं है।

हमें खयाल भी नहीं है कि एक आदमी अपने कोट के दोनों कंधों में रुई भरे हुए है। उसे खयाल भी नहीं है। सभी के कोट में रुई भरी हुई है। लेकिन क्यों वह रुई भरे हुए है, उसे कुछ खयाल नहीं है। असल में, पुरुष के कंधे अगर उठे हुए न हों और छाती अगर फैली हुई न हो, तो स्त्रियों के लिए आकर्षक नहीं है। इसलिए रुई भर कर भी धोखा चलता है। लेकिन हम आदी हैं। जब कोट बना कर दर्जी दे जाता है, तो हम यह नहीं सोचते कि यह कोई हमें अश्लील बनाने की कोशिश कर रहा है, कि यह हमारे शरीर को उछालने की कोशिश कर रहा है। कंधे ढले-ढले, तो भीतर से प्राण निकल जाते हैं। चाहे रुई से ही उठे हों, तो भी पैरों में तेजी आ जाती है।

हम अपने को उछालते फिर रहे हैं—शरीर की दृष्टि से, मन की दृष्टि से। कोई आदमी कुछ कहता है, फिर आपसे रुका नहीं जाता। आप अपना ज्ञान फिर रोक नहीं पाते। ज्ञान को रोकना बड़ा दूभर है। निकल ही पड़ता है, ज्ञान उछलता फिरता है। आप तरकीब में रहते हैं कि कोई फंस भर जाए, एक सवाल भर पूछ ले। ऐसे इतना ही पूछ ले कि कैसे हैं! काफी है। फिर आप छोड़ नहीं सकते। फिर आप उछाल देंगे, जो भीतर उबल रहा है। शरीर को उछाल रहे हैं दूसरों पर, मन को उछाल रहे हैं दूसरों पर।

लाओत्से कहता है, लेकिन संत ऐसा है जैसे कोई सम्राट अपने ही राज्य में घूमता हो। उछालने का कोई कारण भी नहीं है। उछाल कर भी अब वह सम्राट से ज्यादा और क्या हो सकता है? उछाल कर भी अब सम्राट से ज्यादा

क्या हो सकता है? इसलिए एक बड़े मजे की घटना घटती है। सम्राट सादगी से जी सकते हैं; आसान है। दरिद्र सादगी से नहीं जी सकते; बहुत कठिन है। सम्राट सादगी से जी सकते हैं।

मैंने सुना, रॉकफेलर इंग्लैंड आया और उसने एयरपोर्ट पर जाकर पूछताछ की कि सबसे सस्ती होटल लंदन में कौन सी है। उसके चेहरे को कौन नहीं पहचानता था? वह आदमी जो सूचना देने वाला था, वह पहचान गया। उसने कहा कि आप? आपका चेहरा तो रॉकफेलर जैसा मालूम पड़ता है। वह भी डरा, क्योंकि छोटी, सस्ती होटल! तो उसने कहा, आपका चेहरा तो रॉकफेलर जैसा मालूम होता है। रॉकफेलर ने कहा, जैसे का क्या सवाल, मैं रॉकफेलर हूं। तो उसने कहा, आप और सस्ती होटल पूछते हैं? आपके लड़के आते हैं तो वे तो पूछते हैं कि सबसे बढ़िया होटल कौन सी है। और फिर भी उनको तृप्ति नहीं मिलती। और आप यह कोट कैसा पहने हुए हैं? फटा कोट पहने हुए हैं! रॉकफेलर ने कहा, क्या फर्क पड़ता है? मैं कोट कोई भी पहनूं, रॉकफेलर मैं हूं ही। अभी लड़के जरा नए-नए हैं, उछालते फिरते हैं। इससे क्या फर्क पड़ता है मैं छोटे, सस्ते होटल में ठहरूं? इससे कोई फर्क नहीं पड़ता। रॉकफेलर ने कहा कि अगर मैं सस्ते होटल में ठहरता हूं तो होटल सम्मानित होता है; और कोई फर्क नहीं पड़ता। हम अपमानित नहीं होते; मैं रॉकफेलर हूं ही।

गरीब आदमी जब सस्ते होटल में ठहरता है, तो अपमानित होता है। खुद पर भरोसा नहीं है। और रॉकफेलर ने कहा, कोट कोई भी हो, इससे क्या रॉकफेलर को फर्क पड़ता है! वह तो गरीब आदमी...।

इसलिए जब कोई नया-नया अमीर होता है, तब देखें, कैसा उछालता फिरता है। कभी-कभी ताकत के बाहर कूद जाता है, हाथ-पैर तोड़ लेता है। नए अमीर अक्सर हाथ-पैर तोड़ लेते हैं। जब किसी के घर में घुसें और दिखाई पड़े कि धन उछल रहा है, तो समझना, अभी यह आदमी गरीब ही है। अभी अमीर हुआ नहीं, अभी आश्वस्त नहीं हुआ। वह जो उछालने की वृत्ति है, दीनता का हिस्सा है।

जो सच में सुंदर होता है, वह अपने सौंदर्य के प्रति विनम्र होता है। वह इतना विनम्र होता है कि उसे बोध भी नहीं होता कि वह सुंदर है। जो कुरूप होता है, वह इतना विनम्र नहीं हो सकता। कुरूप अपने को सुंदर बनाए रखता है। और पूरे वक्त सचेष्ट रहता है कि कहीं कोई ऐसा तो नहीं है जो उसके सौंदर्य को न मान रहा हो।

जो सच में बुद्धिमान है, वह दूसरों को विवाद करके हराने में उत्सुक नहीं होता। जो बुद्धिहीन है, वह किसी को भी हराने में उत्सुक होता है। शास्त्रार्थ बुद्धिहीनों के कृत्य हैं। क्योंकि दूसरे को हरा कर ही उसको भरोसा मिल सकता है कि मैं भी जानता हूं। मैं जानता हूं, इसके प्रति जो आश्वस्त है, वह दूसरे को हराने के लिए क्या...? दूसरे को हरा कर भी क्या अर्थ हो सकता है? कोई अंतर नहीं पड़ता है।

लाओत्से कहता है, संतजन, जैसे एक महान देश का सम्राट अपने ही राज्य में घूमता हो, ऐसे इस पूरे अस्तित्व में जीते हैं।

इस सारे अस्तित्व में जो गहनतम है, जो केंद्रीय है, उसका उन्हें अनुभव है। अब उछालने का कोई भी सवाल नहीं है। अब किसी को दिखाने का भी कोई सवाल नहीं है। अब कोई देखे, कोई माने, यह बात भी व्यर्थ हो गई। किसी को कनवर्ट किया जाए, किसी को राजी किया जाए, किसी को बदला जाए, यह बात भी अर्थहीन हो गई।

यह जो परम आश्वासन है स्वयं के प्रति, यह इस जगत में सबसे बड़ा सौंदर्य है। स्वयं के प्रति जो परम आश्वासन है, यह सबसे बड़ा सौंदर्य है। इतना आश्वस्त है व्यक्ति अपने प्रति कि अब कोई और आश्वासन का सहारा खोजने की जरूरत नहीं है। यही कारण है कि बुद्ध और महावीर सड़क पर निःसंकोच भिक्षा मांग सके। आपको मांगने में कठिनाई पड़ेगी। आप भिक्षा मांगने जाएंगे तो अड़चन मालूम पड़ेगी। लेकिन बुद्ध और महावीर भिक्षा मांग सके सड़क पर। इससे केवल वे इतना ही जाहिर करते हैं कि वे अपने सम्राट होने के प्रति पूरे आश्वस्त

थे। भिक्षा का पात्र कोई फर्क नहीं ला सकता। बुद्ध के हाथ में भिक्षा का पात्र गौरवान्वित हो जाता है; बुद्ध भिक्षु नहीं बनते हैं। उनके हाथ में भिक्षा का पात्र गौरवान्वित हो जाता है।

बड़े मजे की बात है कि बुद्ध की भिक्षा मांगने के कारण भिक्षु शब्द आदृत हो गया। भिक्षु शब्द आदृत हो गया। भिक्षु भिखारी नहीं है। भिक्षु का मतलब भिखारी नहीं है। बुद्ध तो अपने संन्यासियों के आगे भिक्खु, भिक्षु, लगाते ही थे। बड़े मजे की बात है, उन्होंने कहा...स्वामी हटा दिया बुद्ध ने। अपने संन्यासियों के सामने स्वामी लगाना बंद कर दिया, भिक्षु लगा दिया। यह थोड़ा सोचने जैसा मामला है कि क्यों ऐसा हुआ।

ब्राह्मण अपने संन्यासी के सामने सदा स्वामी लगाते थे। ब्राह्मण भिखारी थे। स्वामी होने में थोड़ा रस था। सदा के भिखारी थे, और तो कोई उपाय नहीं था स्वामी होने का। संन्यासी होकर जो पहला खयाल ब्राह्मण को आएगा, वह यह कि अब मैं मालिक हुआ। यह बिलकुल ठीक है।

ये बुद्ध सदा के सम्राट थे। सम्राट होने की हवा में ही बड़े हुए थे। ये अपने आगे अगर स्वामी लगाते तो फीका ही लगता। उसमें कोई मतलब न था बहुत। अगर स्वामी ही लगाना था तो सम्राट बने रहने में क्या बुराई थी? बुद्ध को जो पहला शब्द सूझा, वह सूझा भिक्षु।

ये शब्द भी अकारण पैदा नहीं हो जाते। इनके पीछे लंबी यात्राएं होती हैं; अनेक अर्थ होते हैं। ब्राह्मणों ने स्वामी रखा तो सिर्फ स्वामी होने की वजह से नहीं। खयाल था कि भीतर की मालकियत मिली। लेकिन मालकियत महत्वपूर्ण मालूम पड़ी। बुद्ध को तो सारी मालकियत व्यर्थ हो गई। अब उस मालकियत वाले शब्द का उपयोग करना भी ठीक न मालूम पड़ा। बुद्ध अपने संन्यासियों को भिक्षु कह सके। और उनके कहने के कारण भिक्षु शब्द ऐसा समादृत हुआ कि सम्राट होना फीका पड़ गया, भिक्षु होना महत्वपूर्ण हो गया। और बुद्ध जब भिक्षा का पात्र लेकर सड़कों पर निकले होंगे, तो वही दृश्य थोड़ा खयाल में लें तो लाओत्से की बात समझ में आ जाए।

'एक महान देश का सम्राट कैसे अपने राज्य में अपने शरीर को उछालता फिर सकता है?'

दिखाने की कोई जरूरत ही न रही। राज्य ही मेरा है, अस्तित्व ही पूरा मेरा है।

'हलके छिछोरेपन में केंद्र खो जाता है; जल्दबाजी के काम में स्वामित्व, स्वयं की मालकियत नष्ट हो जाती है।'

इस आखिरी सूत्र को थोड़ा समझना पड़े। मैंने आपसे कहा, गति में केंद्र के खोने की कोई भी जरूरत नहीं है। सच तो यह है कि गति में ही स्थिर को जाना जा सकता है। लेकिन गति दो तरह की है। एक छिछोरेपन की गति है। छिछोरापन ज्वरग्रस्त गति का नाम है—फीवरिश, बुखार से भरी।

एक आदमी सन्निपात में है, और दौड़ रहा है। यह दौड़ और आप सुबह जाकर बीच पर दौड़ रहे हैं, दोनों दौड़ें हैं, लेकिन इन दौड़ों में बड़ा फर्क है। आप दौड़ रहे हैं, आप मालिक हैं अपने दौड़ के। सन्निपात से ग्रस्त जो दौड़ रहा है, वह दौड़ाया जा रहा है। वह मालिक नहीं है। यह दौड़ उसके ऊपर सवार है; पजेस्ड है। आप मालिक हैं। आप चाहें तो इसी वक्त दौड़ रुक सकती है। भीतर आप नहीं दौड़ रहे हैं, इसलिए कंट्रोल है, नियंत्रण है। आप दौड़ ही नहीं हो गए हैं। आप चाहें तो इसी वक्त दौड़ रुक जाएगी; चाहें तो तेज हो जाएगी। सन्निपात में जो भाग रहा है, इसके चाहने का कोई सवाल ही नहीं है। यह दौड़ ही हो गए हैं। इनका केंद्र खो गया है, धूमिल हो गया है। हलके छिछोरेपन का अर्थ है ऐसी गति जिसमें आप बीमार की तरह दौड़ते हैं।

अक्सर मुझे लंबी यात्राओं में ऐसे लोग मिल जाते थे, क्योंकि लंबी यात्राओं में एक आदमी ट्रेन में बैठा हुआ है। थर्ड क्लास का डिब्बा इस लिहाज से बहुत बेहतर है; वहां संसार मौजूद रहता है। वहां ज्यादा दिक्कत नहीं आती। हर स्टेशन पर इतने उपद्रव होते हैं कि रुचि कायम रहती है। और अपनी जगह इतनी असुरक्षित रहती है कि जीवन का संघर्ष चलता रहता है। थर्ड क्लास में यात्रा करना एक लिहाज से बहुत अच्छा है। क्योंकि संसार की जो हमारी आदत

है, बाजार की, उसमें कोई, उसमें कोई गतिरोध खड़ा नहीं होता, कोई बाधा नहीं पड़ती। लेकिन अगर आप फर्स्ट क्लास में सफर कर रहे हैं तो बड़ी मुश्किल खड़ी हो जाती है—क्या करें?

तो कई बार मुझे, अगर मैं बीस या तीस घंटे एक ही डिब्बे में एक आदमी के साथ हूं, तो उसे देखने का बड़ा आनंद है। जिस अखबार को वह सुबह से कई दफे पढ़ चुका, उसको फिर पढ़ रहा है। चिटकनी खोलेगा, खिड़की खोलेगा, फिर दो मिनट बाद बंद कर देगा। फिर थोड़ी देर बैठेगा, फिर पंखा चलाएगा। और अगर एक आदमी चुपचाप बैठा देख रहा है तो उसकी गति और फीवरिश होने लगती है। अब वह और बेचैन है कि अब क्या करे, क्या न करे! सूटकेस खोलेगा, कोई सामान निकालेगा, फिर वापस रख देगा। उसकी सारी गतिविधि फीवरिश है। इस गतिविधि से वह कुछ करना नहीं चाह रहा है। क्योंकि जिस अखबार को छह दफे पढ़ चुका, अब सातवें दफे पढ़ने का कोई प्रयोजन नहीं। और अगर सातवें दफे भी पढ़ने का प्रयोजन है तो सत्तर दफे भी पढ़ने से कोई हल नहीं होगा। अगर छह दफे में भी समझ में नहीं आया कि अखबार में क्या लिखा है, तो सातवीं दफे भी कैसे समझ में आने वाला है? नहीं, लेकिन पढ़ने से प्रयोजन नहीं है। वह आदमी बिना कुछ किए नहीं रह सकता, उसकी तकलीफ यह है। आक्युपेशन चाहिए, व्यस्तता चाहिए। खाली नहीं रह सकता। खाली में बेचैनी होती है कि क्या कर रहे हो? कुछ तो करो! अखबार ही पढ़ो, खिड़कियां खोलो, सूटकेस बंद करो, कुछ करो!

क्यों यह कुछ करना, इसके आप मालिक हैं? अगर आप मालिक हैं तो अखबार सात बार नहीं पढ़ सकते हैं। यह आदमी चाहे भी कि मैं अखबार पढ़ना रोक दूं तो नहीं रोक सकता। यह सन्निपात है। और हम सब सन्निपात में हैं। मात्रा थोड़ी कम है, इसलिए हास्पिटलाइज करने की कोई जरूरत नहीं है। और फिर आस-पास सभी लोग इस अवस्था में हैं, इसलिए नार्मल सन्निपात है। इसमें कोई ऐसी बात नहीं है कि कोई परेशान हो। इसमें कोई परेशानी की बात नहीं है। पत्नी जानती है कि पति तीसरी दफे अखबार पढ़ रहा है। पति जानता है कि यह पत्नी क्यों बर्तन बार-बार पटक रही है। सबको पता है, सबको पता है। हम अपनी गति के मालिक नहीं हैं। मालिक वही हो सकता है, जिसको अपनी अगति के केंद्र का पता हो।

लाओत्से कहता है, हलके छिछोरेपन में केंद्र खो जाता है। यह हलका छिछोरापन है। जल्दबाजी में स्वामित्व खो जाता है।

आपको पता होगा, सबको अनुभव में आता है, जल्दबाजी में क्या होता है। जल्दबाजी में, जो आप बिना जल्दबाजी के कर लेते, वह नहीं हो पाता। आप जल्दी में हैं ट्रेन पकड़ने की और बटन लगा रहे हैं। जो बटन रोज लग जाती थी, वह आज नहीं लग रही है, या उलटे काज में लग जाती है। आप रोज लगाते थे इस बटन को, इस बटन ने कभी बगावत नहीं की। यह बटन भली, सज्जन, सदा ठीक लग जाती थी। और आज इसको न मालूम क्या हो रहा है कि अंगुलियों की पकड़ में नहीं आ रही, छूट-छूट जा रही है। और लगती भी है तो गलत काज में प्रवेश कर जाती है। और एक बटन गलत काज में चली जाए तो फिर आगे की बटनें कभी ठीक काज में नहीं जा सकतीं। यह सब लंबा सिलसिला है। फिर कर्म का फल भोगना ही पड़ता है, जब तक कि पहली बटन न बदली जाए। और जितनी जल्दी करिए, उतना सब गड़बड़ हो जाता है। होता क्यों है ऐसा? क्या मामला है?

जल्दबाजी में स्वामित्व खो जाता है। आप मालिक नहीं रह जाते; छिछोरापन हो जाता है। आश्वस्त हैं तो आप मालिक हैं। अंगुली आपकी मालकियत से चलती है। यह बटन गड़बड़ नहीं कर रही है, बटन को कोई मतलब ही नहीं है। आपकी अंगुली गड़बड़ा रही है। अंगुली भी क्यों गड़बड़ाएगी, यह आपका मन गड़बड़ा रहा है। मन भी क्यों गड़बड़ाएगा, आपकी आत्मा कंपित हो गई है। सब भीतर तक, यह छोटी सी बटन जो हिल रही है, यह भीतर की आत्मा के हिल जाने का परिणाम है।

बड़े से बड़ा सर्जन भी अपनी पत्नी का आपरेशन नहीं कर पाता; नहीं कर सकता। यह दूसरी बात है कि डाइवोर्स की हालत आ गई हो और फिर आपरेशन कर दे। वह दूसरी बात है। लेकिन अगर पत्नी से थोड़ा भी प्रेम हो जारी—जो कि बड़ी कठिन बात है—अगर थोड़ा भी प्रेम चल रहा हो, घिसट रहा हो, तो भी आपरेशन करना मुश्किल है। हाथ कंप जाएंगे। यही सर्जन पत्थर की मूर्ति की तरह किसी का भी आपरेशन कर देता है। परमात्मा को भी लाकर लिटा दो इसकी आपरेशन टेबल पर तो यह फिक्र न करेंगे। एपेंडिक्स न निकालनी हो तो भी निकाल देंगे। मगर अपनी पत्नी के साथ इनको क्या अड़चन आ रही है? क्या मुश्किल हो रही है? हाथ क्यों कंपता है?

हाथ नहीं कंपता, आत्मा भीतर कंप जाती है। और प्रेम से ज्यादा आत्मा को कंपाने वाली और कोई चीज नहीं है। मोह बहुत जोर से कंपा देता है। भीतर जब आत्मा कंपती है, तो मालकियत खो जाती है। और जब भी हम जल्दी में होते हैं, तब यह कठिनाई हो जाती है।

लेकिन अब तो ऐसा है कि हम चौबीस घंटे जल्दी में हैं। अब कोई ऐसा नहीं है कि कभी-कभी हम जल्दी में होते हैं। वह पुराने जमाने की बात होगी, जब लोग कभी-कभी जल्दी में होते थे। फिर भी ऐसी कोई जल्दी नहीं होती थी। बैलगाड़ी पकड़ने की कोई जल्दी तो होती नहीं। बैलगाड़ी ही पकड़नी है तो कभी भी पकड़ सकते हैं। दिक्कत तो रेलगाड़ी के साथ शुरू होती है। हवाई जहाज के साथ और मुश्किल हो जाती है। लेकिन अभी भारत में इतनी मुश्किल नहीं है। क्योंकि कोई गाड़ी, कोई हवाई जहाज टाइम पर नहीं चलता। लेकिन बिलकुल टाइम पर चलने लगे तो मुसीबत बढ़ती चली जाती है।

स्विटजरलैंड में वे कहते हैं कि वे सूचना ही नहीं करते कि अब गाड़ी छूटने वाली है। जब छूटती है, तब छूटती ही है। वह टाइम टेबल में लिखा हुआ है। उसके अतिरिक्त और कोई सूचना करने की जरूरत नहीं है। सूचना ही तब करते हैं, जब कभी वर्ष, छह महीने में कोई गाड़ी लेट होती है। तो ही सूचना करते हैं। यहां हमारे मुल्क में तो हालत ऐसी है कि यही समझ में नहीं आता कि टाइम टेबल क्यों छापते हैं! सिर्फ एक ही कारण मालूम पड़ता है कि टाइम टेबल से पता चल जाता है कि गाड़ी कितनी लेट है। और तो कोई कारण नहीं समझ में आता।

लेकिन जैसे जीवन की त्वरा बढ़ती है, गति बढ़ती है, वैसे जल्दबाजी बढ़ती है। लेकिन इसका अर्थ आप यह मत समझना कि यह जल्दबाजी जीवन की त्वरा के कारण बढ़ती है। न, यह जीवन की त्वरा के कारण प्रकट होती है। आपमें मौजूद है, चाहे आप बैलगाड़ी में चलते हों और चाहे हवाई जहाज में। बैलगाड़ी में प्रकट नहीं हो पाती, हवाई जहाज प्रकट कर देता है।

इसलिए सभ्यता आदमी को बीमार नहीं करती, बीमार आदमियों को जाहिर कर देती है। पुरानी सभ्यताओं में सब आदमी ऐसे ही बीमार थे, लेकिन जाहिर होने का मौका नहीं था। तो मैं तो मानता हूं, अच्छा हुआ है। बीमारी जाहिर हो तो इलाज भी हो सकता है। बीमारी जाहिर न हो तो इलाज का भी कोई उपाय नहीं है।

'हलके छिछोरेपन में केंद्र खो जाता है; जल्दबाज़ी में स्वामित्व, स्वयं की मालकियत नष्ट हो जाती है।'

आज इतना ही। रुकें, कीर्तन करके जाएं। रुकें पांच मिनट।

पचपनवां प्रवचन

प्रकाश का चुराना ज्ञानोपलब्धि है

Chapter 27 : Part 1

ON STEALING THE LIGHT

A good runner leaves no track.
A good speech leaves no flaws for attack.
A good reckoner makes use of no counters.
A well-shut door makes use of no bolts,
And yet cannot be opened.
A well-tied knot makes use of no rope,
And yet cannot be untied.
Therefore the Sage is good at helping men;
For that reason there is no rejected (useless) person.
He is good at saving things;
For that reason there is nothing rejected.
— This is called Stealing the Light.

अध्याय 27 : खंड 1

प्रकाशोपलब्धि

एक कुशल धावक पदचिह्न नहीं छोड़ता है।
एक बढ़िया वक्तव्य प्रतिवाद के लिए दोषरहित होता है।
एक कुशल गणक को गणित्र की जरूरत नहीं होती।
ठीक से बंद हुए द्वार में
और किसी प्रकार का बोल्ट लगाना अनावश्यक है,
फिर भी उसे खोला नहीं जा सकता।
ठीक से बंधी गांठ के लिए रस्सी की कोई जरूरत नहीं है,
फिर भी उसे अनबंधा नहीं किया जा सकता।
संत लोगों का कल्याण करने में सक्षम हैं;
इसी कारण उनके लिए कोई परित्यक्त नहीं है।
संत सभी चीजों की परख रखते हैं;
इसी कारण उनके लिए कुछ भी त्याज्य नहीं है।
— इसे ही प्रकाश का चुराना या ज्ञानोपलब्धि कहते हैं।

लाओत्से ने ज्ञानोपलब्धि को प्रकाश का चुराना कहा है। दो शब्द चोरी के संबंध में समझ लें।

चोरी एक कला है। और अगर हम नैतिक चिंतना में न जाएं, तो बड़ी कठिन कला है। चोरी का अर्थ है, इस भांति कुछ करना कि संसार में कहीं भी किसी को पता न चले। पता चल जाए तो चोर कुशल नहीं है। आपके घर में भी चोर प्रवेश करता है। दिन के उजाले में भी जिन चीजों को खोजना आपको मुश्किल पड़ता है, रात के अंधेरे में भी अपरिचित घर में जरा सी आवाज किए बिना चोर वही सब खोज लेता है। आपको पता भी नहीं चल पाता। अगर चोर अपने चिह्न पीछे छोड़ जाए तो उसका अर्थ हुआ कि चोर अभी कुशल नहीं है; अभी सीखता ही होगा। अभी चोर नहीं हो पाया है।

लाओत्से सत्य की, प्रकाश की उपलब्धि को भी कहता है एक चोरी—इसी कारण। अगर किसी को पता चल जाए कि आप सत्य खोज रहे हैं तो वह पता चलना भी बाधा बन जाएगी।

जीसस ने कहा है कि तुम्हारा दायां हाथ क्या करता है, तुम्हारे बाएं हाथ को पता न चले। तुम्हारी प्रार्थना इतनी मौन हो कि सिवाय परमात्मा के और किसी को सुनाई न पड़े।

लेकिन हमारी प्रार्थनाएं परमात्मा को सुनाई पड़ती हों या न पड़ती हों, लेकिन पास-पड़ोस मुहल्ले में सभी को सुनाई पड़ जाती हैं। शायद परमात्मा से हमें इतना प्रयोजन भी नहीं है; पड़ोसी सुन लें, यह ज्यादा जरूरी है, तात्कालिक उपयोगी है। तो आदमी धर्म ऐसे करता है, डुंडी पीट कर। बड़े मजे की बात है, अधर्म हम चोरी-चोरी, छिपे-छिपे करते हैं और धर्म हम बड़े प्रकट होकर करते हैं।

लाओत्से, जीसस या बुद्ध ऐसे लोग हैं, वे कहते हैं, जैसे पाप को चोरी-चोरी, छिपे-छिपे करते हो, वैसे ही पुण्य को करना। बड़े उलटे लोग हैं। वे कहते हैं, पाप ही करना हो तो प्रकट होकर करना और पुण्य करना हो तो चोरी-छिपे कर लेना। क्योंकि पाप अगर कोई प्रकट होकर करे तो नहीं कर पाता है।

इसे थोड़ा समझ लें। पाप अगर कोई प्रकट होकर करे तो नहीं कर पाता है। पाप को छिपाना जरूरी है; क्योंकि पाप अहंकार के विपरीत है। और पुण्य अगर कोई प्रकट होकर करे तो भी नहीं कर पाता है; क्योंकि पुण्य प्रकट होकर अहंकार का भोजन बन जाता है। पुण्य तो चोरी-छिपे ही किया जा सकता है, पाप भी चोरी-छिपे ही किया जा सकता है। जो न करना हो, उसे प्रकट होकर करना चाहिए। और जो करना हो, उसे चोरी-छिपे कर लेना चाहिए। अगर पाप न करना हो तो प्रकट होकर करना; फिर पाप नहीं हो पाएगा। और अगर पुण्य न करना हो, सिर्फ धोखा देना हो करने का, तो प्रकट होकर करना। तो पुण्य न हो पाएगा। लेकिन लोग जानते हैं कि उन्हें पाप तो करना ही है, इसलिए चोरी-छिपे कर लेते हैं। और लोग जानते हैं कि पुण्य का तो प्रचार भर हो जाए कि किया तो काफी है; करना किसी को भी नहीं है। इसलिए लोग पुण्य को प्रकट होकर करते हैं।

लाओत्से कहता है, जिन्हें परमात्मा के मंदिर में प्रवेश करना है, उन्हें चोर के कदमों की चाल सीखनी चाहिए। आवाज न हो, निशान ा छूटे, कहीं कोई पता भी न हो। बैंड-बाजे बजा कर, स्वागत-समारोह से, जलसों में, शोभायात्रा निकाल कर उस मंदिर में कोई प्रवेश नहीं है। कोई कितनी ही प्रदक्षिणाएं करता रहे उस मंदिर की शोभायात्राओं में, उस मंदिर में प्रवेश नहीं है। उसमें तो कोई कभी चोरी-छिपे प्रवेश पाता है। कोई कभी जब जगत में एक पत्ते को भी खबर नहीं होती, कोई उस मौन क्षण में, निबिड़ क्षण में, प्रविष्ट हो जाता है। यह जरा कठिन है। दूसरे को खबर न हो इतना ही नहीं, उस परमात्मा के मंदिर में प्रवेश जब होता है, तो खुद को भी खबर नहीं होती, इतनी भी आवाज नहीं होती। हो जाता है प्रवेश, तभी पता चलता है कि प्रवेश हो गया। अगर खुद को भी पता चल रहा हो कि प्रवेश हो रहा है तो समझना कि कल्पना चल रही है। मन धोखा दे रहा होगा। परमात्मा में डूब कर ही पता चलता है कि डूब गए। डूबते क्षण में भी पता नहीं चलता, क्योंकि उतना भी पता चल जाए तो रुकावट हो जाएगी। पता पड़ना बाधा है। क्योंकि आपका चेतन मन और आपका अहंकार खड़ा हो गया, जैसे ही पता चला।

इसे थोड़ा ऐसा देखें। कोई क्षण है और आपको लग रहा है बड़े आनंदित हैं। जैसे ही चेतन हो जाते हैं आप कि आनंदित हूं, आनंद खो जाएगा। ध्यान कर रहे हैं और अचानक आपको पता चला कि ध्यान हुआ, कि आप पाएंगे ध्यान खो गया। किसी के गहरे प्रेम में हैं और आपको पता चला कि मैं प्रेम में हूं, और आप पाएंगे कि वह बात खो गई, वह सुगंध विलीन हो गई। जीवन का जो गहनतम है, वह चुपचाप मौन में घटित होता है। शब्द बनते ही तिरोहित हो जाता है। फिर हमारे हाथ में शब्द रह जाते हैं—परमात्मा, प्रेम, प्रार्थना, ध्यान, आनंद—शब्द रह जाते हैं। वह जो अनुभव था, वह खो जाता है।

लाओत्से तो कहता है कि जब भी कोई चीज पूर्णता के निकट पहुंचती है, तो चुप हो जाती है।

इसे हम एक-दो ताओइस्ट कहानियों से समझें। एक कहानी मुझे बहुत प्रीतिकर रही है।

एक सम्राट ने अपने दरबार के सब से बड़े धनुर्विद को कहा कि अब तुझसे बड़ा धनुर्विद कोई भी नहीं है। तो तू घोषणा कर दे राज्य में और अगर कोई प्रतिवादी न उठे तो मैं तुझे राज्य का सबसे बड़ा धनुर्धर घोषित कर दूं। द्वार पर जो द्वारपाल खड़ा था, वह हंसा। क्योंकि धनुर्विद ने कहा कि घोषणा का क्या सवाल है, घोषणा कल की जा सकती है। कोई धनुर्विद नहीं है, जो मेरी प्रतियोगिता में उतर सके। द्वारपाल हंसा तो धनुर्विद को हैरानी हुई। लौटते में उस बूढ़े द्वारपाल से उसने पूछा, तुम हंसे क्यों? उसने कहा कि मैं इसलिए हंसा कि तुम्हें अभी धनुर्विद्या का आता ही क्या है? एक आदमी को मैं जानता हूं। तुम पहले उससे मिल लो, फिर पीछे घोषणा करना।

पर उस धनुर्विद ने कहा कि ऐसा आदमी हो कैसे सकता है जिसका मुझे पता न हो? मैं इतना बड़ा धनुर्विद!

उस द्वारपाल ने कहा कि जो तुमसे भी बड़ा धनुर्विद है, उसका किसी को भी पता नहीं होगा। यह पता करने और कराने की जो चेष्टा है, यह सब छोटे मन के खेल हैं। तुम रुको। जल्दी मत करना, मुसीबत में पड़ जाओगे। मैं उस आदमी का पता तुम्हें दे देता हूं। तुम वहां चले जाओ।

वह धनुर्विद उस आदमी का पता लगाते गया, एक जंगल की तलहटी में वह आदमी रहता था। तीन दिन उसके पास रहा, तब उसे पता चला कि अभी तो यात्रा धनुर्विद्या की शुरू भी नहीं हुई। तीन साल उस आदमी के चरणों में बैठ कर उसने धनुर्विद्या सीखी। लेकिन तब मन ही मन में उसे डर भी लगने लगा। अब पुराना आश्वासन न रहा कि मुझसे बड़ा धनुर्विद कोई नहीं है। यह साधारण सा आदमी लकड़ियां बेचता था गांव में, यह इतना बड़ा धनुर्विद था। और इसके बाबत किसी को खबर भी नहीं है। पता नहीं कितने और छिपे हुए लोग हों!

लेकिन तीन वर्ष उसके पास रह कर उसका आश्वासन लौट आया। वह आदमी अदभुत था। उसके हाथ में कोई भी चीज जाकर तीर बन जाती थी। वह लकड़ी का टुकड़ा भी फेंक दे तो तीर हो जाता था। वह इतना कुशल था

कि लड़की के एक छोटे से टुकड़े को फेंक कर किसी के प्राण ले सकता था। वह चोट ऐसी बारीक और ऐसी सूक्ष्म जगह पर पड़ती थी कि उतनी चोट काफी थी। खून की एक बूंद न गिरे और आदमी मर जाए। तीन वर्ष में उसने सब सीख लिया। तब उसे लगा कि अब मैं घोषणा कर सकता हूं। लेकिन अब उसे एक ही कठिनाई थी कि यह जो गुरु है उसका, इसके रहते मैं चाहे घोषणा भी कर दूं—और यह गुरु ऐसा नहीं है कि प्रतिवाद करने आएगा—लेकिन इसकी मौजूदगी मेरे मन में तो बनी रहेगी कि मैं नंबर दो हूं। तो उसने सोचा कि इसको खतम करके ही चलूं।

सुबह लकड़ी काट कर गुरु लौट रहा था। एक वृक्ष की आड़ में छिप कर उसने तीर मारा—उसके शिष्य ने। गुरु तो चुपचाप लकड़ियां काट कर लौट रहा था, उसके हाथ में तो कुछ था भी नहीं। तीर उसने आते देखा तो उसने लकड़ी के बंडल से एक छोटी सी लकड़ी निकाल कर फेंकी। वह लकड़ी का टुकड़ा तीर से टकराया और तीर वापस लौट पड़ा और जाकर शिष्य की छाती में छिद गया। भागा हुआ गुरु आया, उसने तीर निकाला और उसने कहा कि यह एक बात भर तुझे सिखाने से मैंने रोक रखी थी, क्योंकि शिष्य से गुरु को सावधान होना ही चाहिए। क्योंकि अंतिम खतरा उसी से हो सकता है। लेकिन अब मैंने वह भी तुझे बता दिया। और अब तुझे मुझे मारने की जरूरत नहीं। तू समझ कि मैं मर गया। तू अब जा सकता है। मैं एक लकड़हारा हूं और अब धनुर्विद्या मैंने छोड़ दी आज से। लेकिन जाने के पहले एक ध्यान रखना, मेरा गुरु अभी जीवित है। और मेरे पास तो तीन साल में सीख लेना काफी है, उसके पास तीस जन्म भी कम होंगे। घोषणा करे, उसके पहले दर्शन कम से कम उसके कर लेना।

उसके प्राणों पर तो निराशा छा गई। ऐसा लगा कि इस जगत में प्रथम धनुर्विद होना असंभव मालूम होता है। कहां है तुम्हारा गुरु और उसकी खूबी क्या है? क्योंकि तुम्हें देखने के बाद अब कल्पना में भी नहीं आता कि और ज्यादा खूबी क्या हो सकती है।

उसके गुरु ने कहा कि अभी भी मुझे लकड़ी का एक टुकड़ा तो फेंकना ही पड़ा। इतनी भी आवाज, इतनी भी चेष्टा, इतनी भी वस्तु का उपयोग मेरी धनुर्विद्या की कमी है। मेरे उस गुरु की आंख भी तीर को लौटा दे सकती थी, उसका भाव भी तीर को लौटा दे सकता था। तू पर्वत पर जा। मैं ठिकाना बताए देता हूं। वहां तू खोजना।

वह आदमी पर्वत की यात्रा किया। उसकी सारी महत्वाकांक्षाएं धूल-धूसरित हो गई हैं। उस पर्वत पर सिवाय एक बूढ़े आदमी के कोई भी नहीं था जिसकी कमर झुक गई थी। उसने उस बूढ़े आदमी से पूछा कि मैंने सुना है कि यहां कोई एक बहुत प्रख्यात धनुर्विद रहता है। मैं उसके दर्शन करने आया हूं। उस बूढ़े आदमी ने इस युवक की तरफ देखा और कहा कि जिसकी तुम खोज करने आए हो, वह मैं ही हूं। लेकिन अगर तुम धनुर्विद्या सीखना चाहते हो तो गले में धनुष क्यों टांग रखा है?

उस आदमी ने कहा, धनुष क्यों टांग रखा है! धनुर्विद्या धनुष के बिना सीखी कैसी जा सकेगी?

तो उस बूढ़े ने कहा, जब धनुर्विद्या आ जाती है, तो धनुष की कोई भी जरूरत नहीं रहती। यह तो जरूरत तभी तक है, जब तक विद्या नहीं आती। और जब संगीत पूरा हो जाता है, तो संगीतज्ञ वीणा को तोड़ देता है। क्योंकि वीणा तब बाधा बन जाती है। अगर अभी भी वीणा की जरूरत हो तो उसका मतलब है, संगीतज्ञ का भरोसा अपने पर अभी नहीं आया। अभी संगीत आत्मा से नहीं उठता। अभी किसी इंस्ट्रूमेंट, किसी साधन की जरूरत है। जब साध्य पूरा हो जाता है, साधन तोड़ दिए जाते हैं। फिर भी तू आ गया है तो ठीक। तू सोचता है, तेरे निशाने अचूक हैं?

उस युवक ने कहा कि बिलकुल अचूक हैं। सौ में सौ निशाने मेरे लगते हैं। अब इससे ज्यादा और क्या हो सकता है? सीमा आ गई, अगर सौ प्रतिशत निशाने लगते हों और एक निशाना न चूकता हो।

वह बूढ़ा हंसा। और उसने कहा कि यह तो सब बच्चों का खेल है। प्रतिशत का हिसाब बच्चों का खेल है। तू मेरे साथ आ। और वह बूढ़ा उसे पर्वत के किनार पर ले गया, जहां नीचे भयंकर मीलों गहरा गड्ढ है और एक

शिलाखंड गड्ढ के ऊपर फैलता हुआ चला गया है। वह बूढ़ा सरक कर, चल कर—जिसकी आधी कमर झुकी हुई है—जाकर उस पत्थर के किनारे खड़ा हो गया। उसका आधा पैर का पंजा खड्ड में झुक गया, सिर्फ आधे पैर के बल वह उस खड्ड पर खड़ा है, जहां एक सांस चूक जाए तो वह सदा के लिए खो जाए। उसने इस युवक को कहा कि अब तू भी आ करीब और ठीक ऐसे ही मेरे पास खड़ा हो जा!

उस युवक ने कहा कि मेरी हिम्मत नहीं पड़ती, हाथ-पैर कंपते हैं।

उस बूढ़े ने कहा, जब हाथ-पैर कंपते हैं, तो निशाना सधा हुआ हो कैसे सकता है? अगर हाथ कंपता है, तो तीर तो हाथ से ही छूटेगा, कंप जाएगा। तेरे निशाने लग जाते होंगे; क्योंकि जो आब्जेक्ट तू चुनता है, काफी बड़े हैं। एक तोते को तूने चुन लिया। तोता काफी बड़ी चीज है। अगर तेरा हाथ थोड़ा कंप भी रहा हो तो भी तोता मर जाएगा। लेकिन तू अगर घबड़ाता है और कंपता है और तेरा हाथ कंपता है, तो ध्यान रख, तेरे भीतर आत्मा भी कंपती होगी। वह कंपन कितना ही सूक्ष्म हो, वह कंपन जब खो जाता है, तब कोई धनुर्विद होता है। और जब वह कंपन खो जाता है, तब धनुष-बाण की कोई भी जरूरत नहीं रह जाती।

उस बूढ़े ने आंखें ऊपर उठाईं। एक पक्षियों की, तीस पक्षियों की कतार जाती थी। उसकी आंख के ऊपर और नीचे गिरते ही तीसों पक्षी नीचे आकर गिर गए। उस बूढ़े ने कहा कि यह खयाल—जब आत्मा कंपती न हो—कि नीचे गिर जाओ, काफी है। यह भाव तीर बन जाते हैं।

यह एक लाओत्सियन पुर[illegible] है। इस सूत्र को समझने में आसानी होगी।

कहता है लाओत्से, 'एक कुशल धावक पदचिह्न नहीं छोड़ता है।'

जो दौड़ने में कुशल है, अगर उसके पदचिह्न बन जाते हों तो कुशलता की कमी है। जमीन पर हम चलते हैं तो पदचिह्न बनते ही हैं। लेकिन पक्षी आकाश में उड़ते हैं तो कोई पदचिह्न नहीं बनता। कुशलता जितनी गहरी होती जाती है, उतनी आकाश जैसी होती जाती है। कुशलता जितनी गहरी होती जाती है, उतनी सूक्ष्म हो जाती है, स्थूल नहीं रह जाती। स्थूल में पदचिह्न बनते हैं, सूक्ष्म में कोई पदचिह्न नहीं बनते। और जितना सूक्ष्म हो जाता है अस्तित्व, उतना ही पीछे कोई [illegible]शान नहीं छूट जाता। अगर आप जमीन पर दौड़ेंगे तो पदचिह्न बनेंगे। लेकिन दौड़ने का एक ऐसा ढंग भी है कि दौड़ भी हो जाए और कहीं कोई पदचिह्न भी न छूटे।

च्वांगत्से ने, लाओत्से के शिष्य ने कहा है कि जब तुम पानी से गुजरो और तुम्हारे पैर को पानी न छुए, तभी तुम समझना कि तुम संत हुए, उसके पहले नहीं। और ऐसा मत करना कि किनारे बैठे रहो और पैर सूखे रहें तो तुम सोचो कि संत हो गए हो, क्योंकि पैर पर पानी नहीं है। पानी से गुजरना और पैर को पानी न छुए, तो ही जानना कि संत हो गए हो।

जटिल है बात थोड़ी। एक आदमी संसार छोड़ कर भाग जाता है—पानी छोड़ कर भाग जाता है, किनारे बैठ जाता है। फिर पैर सूखे रहते हैं। इसमें कुछ गुण नहीं है, पैर सूखे रहेंगे ही। लेकिन यही आदमी बीच बाजार में खड़ा है, घर में खड़ा है, पत्नी-बच्चों के साथ खड़ा है, धन-दौलत के बीच खड़ा है; जहां सब उपद्रव चल रहा है, वहां खड़ा है, और इसके पैर नहीं भीगते हैं; तभी जानना की संतत्व फलित हुआ है।

संत की परीक्षा संसार है। संसार के बाहर संतत्व तो बिलकुल आसान चीज है। लेकिन वह संतत्व नपुंसक है, इंपोटेंट है। जहां कोई गाली नहीं देने आता, वहां क्रोध के न उठने का क्या अर्थ है? या जहां जो भी आता है, प्रशंसा करता आता है, वहां क्रोध के न उठने का क्या अर्थ है? जहां उत्तेजनाएं नहीं हैं, टेंपटेशंस नहीं हैं, जहां वासनाओं को भीतर से बाहर खींच लेने की कोई सुविधा नहीं है, वहां अगर वासनाएं थिर मालूम पड़ती हों तो आश्चर्य क्या है? लेकिन जहां सारी सुविधाएं हों, सारी उत्तेजनाएं हों, जहां प्रतिपल आघात पड़ता हो प्राणों पर, जहां सोई हुई वासना को

खींच लेने के सब उपाय बाहर काम कर रहे हों और भीतर से कोई वासना न आती हो, तभी—जब पानी से गुजरो और पैर न छुए पानी को, पानी न छुए पैर को, तभी—तभी जानना कि संतत्व।

तो पानी और पैर के बीच में जो अंतराल है, वहीं संतत्व है।

कमल का पत्ता है। वह खिला रहता है पानी में। पानी की बूंद भी उस पर पड़ जाएं तो भी छूती नहीं। एक अंतराल है, पत्ते और बूंद के बीच में एक फासला है। बूंद लाख उपाय करे, तो भी उस अंतराल को पार नहीं कर पाती। वह अंतराल ही संतत्व है। बूंद गिर जाती है, पत्ते को पता ही नहीं चलता। बूंद आती है, चली जाती है, पत्ते को पता ही नहीं चलता। बूंद खुद वजनी हो जाती है, पत्ता झुक जाता है और बूंद नीचे गिर जाती है। बूंद हलकी होती है, बनी रहती है; बूंद भारी हो जाती है, गिर जाती है। यह बूंद का अपना ही काम है; पत्ते का इससे कुछ लेना-देना नहीं है। लेकिन कमल का पत्ता अगर कहे कि मैं सरोवर को छोडूंगा, क्योंकि पानी यहां मुझे बहुत छूता है, गीला कर जाता है, तो फिर जानना कि वह पत्ता कमल का नहीं है। कमल के पत्ते को अंतर ही नहीं पड़ता वह बाहर है या भीतर, वह पानी में है या पानी के बाहर। क्योंकि पानी के भीतर होकर भी पानी के बाहर होने का उपाय उसे पता है। इसलिए बाहर भागने का कोई अर्थ नहीं है, कोई संगति नहीं है।

लाओत्से कहता है, 'एक कुशल धावक पदचिह्न नहीं छोड़ता।'

इसे थोड़ा समझें। जितनी तेजी से आप दौड़ेंगे, उतना ही कम स्पर्श होगा जमीन का। इसको अंतिम, चरम की अवस्था पर ले जाएं। अगर तेजी आपकी बढ़ती ही चली जाए तो जमीन से स्पर्श कम होता जाएगा। जब आप धीमे चलते हैं, पैर पूरा जमीन पर बैठता है—छूता है, उठता है, फिर जमीन को छूता है। जब आप तेजी से दौड़ते हैं, जमीन को कम छूता है। अगर तेजी और बढ़ती चली जाए...।

अभी वैज्ञानिक ऐसी गाड़ियां, ऐसी कारें ईजाद किए हैं, जो एक विशेष गति पकड़ने पर जमीन से ऊपर उठ जाएंगी। क्योंकि उतनी गति पर जमीन को छूना असंभव हो जाएगा। तो जल्दी ही, जल्दी ही, जैसे कि हवाई जहाज एक विशेष गति पर टेक ऑफ लेता है, एक विशेष गति को पकड़ने के बाद जमीन छोड़ देता है, ठीक वैसे ही कारें भी एक खास गति लेने के बाद जमीन से एक फीट ऊपर उठ जाएंगी। फिर रास्तों की खराबी निष्प्रयोजन हो जाएगी, उससे कोई फर्क नहीं पड़ेगा। रास्ते कैसे भी हों, गाड़ी को कोई अंतर नहीं पड़ेगा। रास्ता न भी हो तो भी गाड़ी को कोई अंतर नहीं पड़ेगा। एक फीट का फासला उस गति पर बना ही रहेगा। तो सिर्फ फासला पकड़ने के लिए रन-ओवर की जरूरत होगी; उतरने के लिए। लेकिन बीच की यात्रा बिना कठिनाई के, बिना रास्तों के की जा सकती है। लेकिन तब कार आपके घर के सामने से निकल गई हो, तो भी चिह्न नहीं छोड़ेगी।

यह उदाहरण के लिए कहता हूं। ठीक ऐसे ही अंतस-चेतना में भी गतियां हैं। कुशल धावक जब चेतना में इतनी गति ले आता है, तो फिर कोई चिह्न नहीं छूटते। कोई चिह्न नहीं छूटते। आप पर चिह्न छूटते हैं, उसका कारण संसार नहीं है, आपकी गति बहुत कम है। एक आदमी शराब पीता है। शराब के चिह्न छूटेंगे। स्वभावतः हम सोचते है, शराब में खराबी है। इतना आसान मामला नहीं है। शराब के चिह्न छूटते हैं, शराब की बेहोशी छूटती है; क्योंकि शराब की गति और इस आदमी की चेतना की गति में जो अंतर है, वही कारण है। इस आदमी की चेतना की गति शराब से ज्यादा नहीं है; शराब से नीची है। शराब ओवरपावर कर लेती है, आच्छादित कर लेती है।

तंत्र ने बहुत प्रयोग किए हैं नशों के ऊपर। और तंत्र ने चेतना की गति को बढ़ाने के अनूठे-अनूठे उपाय खोजे हैं। इसलिए किसी तांत्रिक को कितनी ही शराब पिला दो, कोई भी बेहोशी नहीं आएगी। क्योंकि चेतना की गति शराब की गति से सदा ऊपर है। शराब ऊपर जाकर स्पर्श नहीं कर सकती, केवल नीचे उतर कर स्पर्श कर सकती है। जब आपकी चेतना की गति धीमी होती है, शराब की तीव्र होती है, तब आपको स्पर्श करती है।

तंत्र ने संभोग के लिए अनेक-अनेक विधियां निकाली हैं। और तांत्रिक संभोग करते हुए भी काम से दूर बना रह सकता है। यह जटिल बात है। क्योंकि जब कामवासना आपको पकड़ती है, तो आपकी आत्मा की गति बिलकुल खो जाती है, कामवासना की ही गति रह जाती है। इसलिए आप उससे आंदोलित होते हैं। अगर आपकी चेतना की गति ज्यादा हो तो कामवासना नीचे पड़ जाएगी।

हमारी हालत ऐसी है, हमेशा हमने आकाश में बादल देखे हैं—अपने से ऊपर। जब कभी आप हवाई जहाज में उड़ रहे हों, तब आपको पहली दफे पता चलता है कि बादल नीचे भी हो सकते हैं। जब बादल आपके ऊपर होते हैं, तो उनकी वर्षा आपके ऊपर गिरेगी। और जब बादल आपके नीचे होते हैं, तो आप अछूते रह सकते हैं। उनकी वर्षा से कोई अंतर नहीं पड़ता है।

यह थोड़ी जटिल बात है कि चेतना की गति क्या है? उसकी गति है। इसे हम थोड़े से खयाल लें तो हमारी समझ में आ जाए। आप भी चेतना की बहुत गतियों से परिचित हैं, लेकिन आपने कभी निरीक्षण नहीं किया है। आपने यह बात सुनी होगी कि अगर कोई आदमी पानी में डूबता है, तो एक क्षण में पूरे जीवन की कहानी उसके सामने गुजर जाती है। यह सिर्फ खयाल नहीं है, वैज्ञानिक है। लेकिन एक आदमी सत्तर साल जीया और जिस जिंदगी को जीने में सत्तर साल लगे, एक क्षण में, एक डुबकी के क्षण में, जब कि मौत करीब होती है, सत्तर साल एकदम से कैसे घूम जाते होंगे?

सत्तर साल लगे इसलिए कि जीवन-चेतना की गति बहुत धीमी थी। बैलगाड़ी की रफ्तार से आप चल रहे थे। लेकिन मौत के क्षण में, वह जो शिथिलता है, वह जो तमस है, वह जो बोझ था आलस्य का, वह सब टूट गया। मौत ने सब तोड़ दिया। साधारणतः भी मौत आती है, लेकिन ऐसा नहीं होता; क्योंकि मौत का आपको पता नहीं होता। अपनी खाट पर मरता है आदमी आमतौर से। तो खाट पर मरने वाले को कोई पता नहीं होता कि वह मर रहा है। इसलिए चेतना में त्वरा नहीं आती। नदी में डूब कर जो आदमी मर रहा है, वह जानता है कि मर रहा हूं, क्षण भर की देर है और मैं गया। यह बोध उसकी चेतना को त्वरा दे देता है, गति दे देता है। वह जो बैलगाड़ी की रफ्तार से चलने वाली चेतना थी, पहली दफा उसको पंख लग जाते हैं, हवाई जहाज की गति से चलती है। इसलिए जो सत्तर साल जीने में लगा, वह एक क्षण में देखने में आ जाता है। एक क्षण में सब देख लिया जाता है।

छोड़ें! क्योंकि पानी में मरने का आपको कोई अनुभव नहीं है। लेकिन कभी आपने खयाल किया है कि टेबल पर बैठे-बैठे झुक गए और एक झपकी आ गई; और झपकी में आपने एक स्वप्न देखा। स्वप्न लंबा हो सकता है कि आप किसी के प्रेम में पड़ गए, विवाह हो गया, बच्चे हो गए। बच्चों का विवाह कर रहे थे, तब जोर की शहनाई बज गई और नींद खुल गई। घड़ी में देखते हैं तो लगता है कि एक मिनट बीता है। पर एक मिनट में इतनी घटना का घट जाना कैसे संभव है? अगर आप, जो-जो आपने सपने में देखा, उसका विवरण भी बताएं, तो भी एक मिनट से ज्यादा वक्त लगेगा। और सपने में आपको ऐसा नहीं लगा कि चीजें बड़ी जल्दी घट रही हैं; व्यवस्था से, समय से घट रही हैं। इस एक मिनट में आपने कोई तीस साल—प्रेम, विवाह, बच्चे, उनका विवाह—कोई तीस साल का फासला पूरा किया है। और आपको एक क्षण को भी सपने में ऐसा नहीं लगा कि चीजें कुछ जल्दी घट रही हैं, कि कैलेंडर को कोई जल्दी-जल्दी फाड़े जा रहा है, जैसा कि फिल्म में दिखाना पड़ता है उनको—कैलेंडर उड़ा जा रहा है, तारीख एकदम बदली जा रही है। ऐसा भी कोई भाव स्वप्न में नहीं होता। चीजें अपनी गति से घट रही हैं। लेकिन एक मिनट में यह कैसे घट जाता है?

वैज्ञानिक बहुत चिंतित रहे हैं। क्योंकि यह टाइम, समय का इस भांति घट जाना बड़ी मुश्किलें खड़ी करता है। इसके मतलब दो ही हो सकते हैं। इसका मतलब एक तो यह हो सकता है कि जब हम जागते हैं तो हम दूसरे समय

में होते हैं जिसकी रफ्तार अलग है, और जब हम सोते हैं तो हम दूसरे समय में होते हैं जिसकी रफ्तार अलग है। लेकिन दो समय को मानने में बड़ी अड़चनें हैं, वैज्ञानिक चिंतन की अड़चनें हैं। और अभी तक वैज्ञानिक साफ नहीं कर पाए कि यह मामला क्या होगा।

इसे हम दूसरी तरफ से देखें, योग की तरफ से, तो यह मामला इतना जटिल नहीं है। समय तो एक ही है, लेकिन समय में घूमने वाली चेतना की रफ्तार बदलने से फर्क पड़ता है। जागते में भी वही समय है, सोते में भी वही समय है। लेकिन जागते में आपकी चेतना बैलगाड़ी की रफ्तार से चलती है। क्यों? क्योंकि जागते में सारा संसार अवरोध है। अगर जागते में मुझे आपके घर आना है तो तीन मील का फासला मुझे पार करना ही पड़ेगा। लेकिन स्वप्न में कोई अवरोध नहीं है। इधर मैंने चाहा, उधर मैं आपके घर पहुंच गया। वह तीन मील का जो फासला था स्थूल, वह बाधा नहीं डालता। जाग्रत में सारा जगत बाधा है। हर तरफ बाधाएं हैं—दीवार बाधा है, रास्ते बाधा हैं, लोग बाधा हैं—सब तरह की बाधाएं हैं। स्वप्न में निर्बाध हैं आप। आप अकेले हैं, सब खो गया। जगत है कोरा और आप अकेले हैं; कहीं कोई रेसिस्टेंस नहीं है। इसलिए आपकी चेतना तीर की रफ्तार से चल पाती है।

यह जो चेतना की रफ्तार है, इसकी वजह से, जो तीस साल में घटता, वह एक मिनट में घट जाता है। चेतना की रफ्तार के कारण बड़ी चीजें संभव हो जाती हैं। आदमी सत्तर साल जीता है। कुछ पशु हैं जो दस साल जीते हैं। कोई पशु हैं जो पांच साल जीते हैं। कुछ कीड़े-पतिंगे हैं जो घड़ी भर जीते हैं। कुछ और छोटे जीवाणु हैं जो क्षण भर जीते हैं। कुछ और छोटे जीवाणु हैं कि आप अपनी सांस लेते हैं और छोड़ते हैं, उतने में उनका जन्म, प्रेम, संतान, मृत्यु, सब हो जाता है। लेकिन यह कैसे होता होगा? इतने छोटे, अल्प काल में यह सब कैसे होता होगा?

चेतना की रफ्तार का सवाल है। जितनी चेतना की रफ्तार होगी, उतने कम समय की जरूरत होगी। जितनी कम चेतना की रफ्तार होगी, उतने ज्यादा समय की जरूरत होगी। और चेतना की रफ्तार पर अब तक वैज्ञानिक अर्थों में कुछ नहीं हो सका। लेकिन योगियों ने बहुत कुछ किया है।

लाओत्से का यह कहना कि कुशल धावक पदचिह्न नहीं छोड़ता, सिर्फ इसी बात को कहने का दूसरा ढंग है कि चेतना जब त्वरा में दौड़ती है, तीव्रता में दौड़ती है, जब उसकी गति तेज हो जाती है, तो उसके कोई चिह्न आस-पास नहीं छूटते। जितना धीमे सरकने वाली चेतना हो, उतने चिह्न छोड़ती है। इसका मतलब यह होगा कि जिनको हम इतिहास में पढ़ते हैं, ये आमतौर से धीमे सरकने वाली चेतनाएं हैं। चंगीज, तैमूर, हिटलर, नेपोलियन, स्टैलिन, बहुत धीमी सरकने वाली चेतनाएं हैं। यह भी हो सकता है—हुआ ही है—कि जो हमारे बीच बहुत प्रकाश की गति से चलने वाली चेतनाएं थीं, उनका हमें कोई पता ही नहीं है। क्योंकि उनका पता हमें नहीं हो सकता।

यहां हम बैठे हैं। मैं आपसे बोल रहा हूं तो मेरी आवाज आपको सुनाई पड़ती है। लेकिन आप यह मत सोचना कि यही एक आवाज यहां है। यहां बड़ी तेज आवाजें भी आपके पास से गुजर रही हैं। लेकिन वे इतनी तेज हैं कि आपके कान उन्हें पकड़ नहीं पाते। और जीवन के लिए जरूरी भी है कि अगर आप उनको पकड़ पाएं तो आप पागल हो जाएंगे। क्योंकि फिर उनको ऑन-ऑफ करने का कोई उपाय आपके शरीर में नहीं है। यहां से अनंत आवाजें आपके पास से गुजर रही हैं। लेकिन आपको उनका कोई पता नहीं है। जब रात में आप कहते हैं कि बिलकुल सन्नाटा है, तब आपके लिए सन्नाटा है; अस्तित्व में अनंत आवाजें—भयंकर, प्रचंड आवाजें—आपके पास से गुजर रही हैं। आपके कान समर्थ नहीं हैं। आपके कान की एक सीमा है, एक खास वेवलेंथ में आपके कान आवाज को पकड़ते हैं। उसके पार आपको कुछ पता नहीं है।

हम देखते हैं; तो प्रकाश की भी एक विशेष सीमा हम देखते हैं। उसके पार बड़े-बड़े प्रकाश के प्रचंड झंझावात हमारे पास से गुजर रहे हैं, वे हमें दिखाई नहीं पड़ते। अभी-अभी विज्ञान को खयाल में आना शुरू हुआ कि

जो हम देखते हैं, वह सब नहीं है, बहुत थोड़ा है। जो अनदिखा रह जाता है, वह बहुत ज्यादा है। जो हम सुनते हैं, वह सब नहीं है। जो हम सुनते हैं, वह अत्यल्प है। जो अनसुना रह जाता है, वह महान है। लेकिन क्यों हमारी सुनाई में नहीं आता? क्योंकि उसकी गति तीव्र है। उसकी गति इतनी तीव्र है कि हम पर उसका कोई चिह्न नहीं छूटता। हम अछूते ही खड़े रह जाते हैं।

ऐसा समझें, एक बिजली का पंखा घूम रहा है। जब वह धीमा घूमता है, तब आपको तीन पंखुड़ियां दिखाई पड़ती हैं। जब वह और तेजी से घूमने लगता है तो आपको पंखुड़ियां नहीं दिखाई पड़तीं। यह भी हो सकता है, एक ही पंखुड़ी घूम रही हो; यह भी हो सकता है, दो घूम रही हों; यह भी हो सकता है, तीन घूम रही हों। अब आप पंखुड़ी का अंदाज नहीं कर सकते। अगर वह और तेजी से घूमे तो धीरे-धीरे धुंधला होता जाएगा। जितना तेज घूमेगा, उतना धुंधला होता जाएगा। अगर वह इतनी तेजी से घूमे जितनी तेजी से प्रकाश की किरण चलती है तो आपको दिखाई नहीं पड़ेगा। लेकिन—यह तो हम समझ सकते हैं कि शायद दिखाई न पड़े—लेकिन अगर वह इतनी तेजी से घूमे और आप अपना हाथ उसमें डाल दें तो? इतनी तेजी से घूमे कि हमें दिखाई न पड़े और हम अपना हाथ उसमें डाल दें तो क्या होगा? हाथ तो कट जाएगा, लेकिन हमें कारण बिलकुल दिखाई नहीं पड़ेगा कि कारण क्या था कट जाने का।

हमारे जीवन में ऐसी बहुत सी घटनाएं घट रही हैं जब अदृश्य कारण हमें काटते हैं। हमें दिखाई नहीं पड़ता, तो हम समझ नहीं पाते कि क्या हो रहा है। या जो हम समझते हैं, वह गलत होता है। हम कुछ और कारण सोच लेते हैं कि इससे हो रहा है, उससे हो रहा है। त्वरा से शक्तियां हमारे चारों तरफ घूमती हैं। उनका चिह्न तभी हम पर छूटता है, जब हम उनके आड़े पड़ जाते हैं। अन्यथा उनका हमें कोई स्पर्श भी नहीं होता।

लाओत्से कहता है, 'कुशल धावक पदचिह्न नहीं छोड़ता।'

अगर छोड़ता है तो समझना कि अभी दौड़ बहुत धीमी है।

'एक बढ़िया वक्तव्य प्रतिवाद के लिए दोषरहित होता है।'

जब किसी वक्तव्य में दोष खोजा जा सके, तो समझना चाहिए कि वक्तव्य अधूरा है, पूरा नहीं है। लेकिन बड़ी कठिनाई है। अगर वक्तव्य पूरा हो तो आपकी समझ में न आएगा। अगर वक्तव्य आपकी समझ में आए तो अधूरा होगा। और अधूरे में दोष खोजे जा सकते हैं। क्योंकि वक्तव्य अगर पूरा होगा तो आपकी समझ पर भी कोई चिह्न नहीं छूटेगा। इसलिए अक्सर लोग कहते हैं कि—अगर कोई ऊंची बात कही जाए तो वे कहते हैं—सिर के ऊपर से गुजर गई। वह सिर के ऊपर से इसलिए गुजर जाती है कि आप पर उसका कोई चिह्न छूटता मालूम नहीं पड़ता। आपकी बुद्धि उसे कहीं से भी पकड़ नहीं पाती, कहीं से भी कोई संबंध नहीं जुड़ता। सुनते हैं, और जैसे नहीं सुना। आया और गया, और जैसे आया ही न हो। या जैसे किसी स्वप्न में सुना हो, जिसकी प्रतिध्वनि रह गई, जो बिलकुल समझ के बाहर है।

इसलिए वक्तव्य अगर पूरा हो तो उसमें दोष नहीं खोजा जा सकता। लेकिन वक्तव्य अगर पूरा हो तो समझना ही मुश्किल हो जाता है। जैसे महावीर के वक्तव्य बहुत कम समझे जा सके हैं; क्योंकि वक्तव्य पूरे होने के करीब-करीब हैं। करीब-करीब इतने हैं कि महावीर के संबंध में जो कथा है, वह बड़ी मधुर है। वह यह है कि महावीर बोलते नहीं थे, चुप बैठे रहते थे, लोग सुनते थे। यह कथा बहुत मीठी है। और कथा ही नहीं है।

अगर वक्तव्य को पूर्ण करना हो तो वाणी का उपयोग नहीं किया जा सकता। क्योंकि वाणी तो आदमी की ईजाद है, और अधूरी है। शब्दों का उपयोग नहीं किया जा सकता। क्योंकि सब शब्द, कितने ही उचित हों, फिर भी दोषपूर्ण हैं। असल में, जो चीज भी आघात से उत्पन्न होती है, उसमें दोष होगा। और शब्द एक आघात है—ओंठ का, कंठ का। संघर्ष है। और जो भी चीज संघर्ष से पैदा हो, वह दोषपूर्ण होगी। वह पूर्ण नहीं हो सकती।

एक ऐसा नाद भी है मौन का, जिसे हम कहते हैं अनाहत। अनाहत का अर्थ है जो आघात से उत्पन्न न हुआ हो, आहत न हो, जो किसी चीज के टकराने से पैदा न हुआ हो। जो किसी की टक्कर से पैदा होगा, उसमें दोष होगा। लेकिन शब्द तो टक्कर से ही पैदा होते हैं। तो एक ऐसा स्वर भी है मौन का जो अनाहत है, जो आहत नहीं है, जो किसी चीज की चोट से पैदा नहीं होता।

तो महावीर के संबंध में कहा जाता है, वे चुप रहे और चुप्पी से बोले, मौन रहे और मौन से बोले। लेकिन तब बड़ी कठिनाई हो जाती है। समझेगा कौन उन्हें? इसलिए कहते हैं कि महावीर के ग्यारह गणधर थे, उनके ग्यारह निकटतम शिष्य थे, वे उन्हें समझे। फिर उन्होंने लोगों को वाणी से कहा। अब इसमें बड़े उपद्रव हैं। क्योंकि जो समझने वाले ग्यारह गणधर थे, उनमें कोई भी महावीर की हैसियत का व्यक्ति न था। इसलिए महावीर ने जितना मौन से कहा, उसका एक अंश उन्होंने समझा। फिर जो अंश उन्होंने समझा, उसका एक अंश ही वे लोगों से शब्दों में कह पाए। और जो एक अंश लोगों ने सुना, उसका भी एक अंश उनकी बुद्धि पकड़ पाई।

लेकिन ऐसा महावीर के साथ ही हुआ हो, ऐसा नहीं है। ऐसा प्रत्येक मनीषी जब बोलता है, तो यही होता है। इस घटना में हमें विभाजन करना आसान होता है। लेकिन जब किसी को भी—लाओत्से को, बुद्ध को, महावीर को—किसी को भी सत्य का अनुभव होता है, तो वह पूर्ण होता है। वह वक्तव्य पूरा है। वहां कोई दोष नहीं होता। लेकिन इस वक्तव्य को, इस घटना को, इस तथ्य को, जो अनुभव में आता है, जैसे ही महावीर खुद भी अपने भीतर शब्द देना शुरू करते हैं, गणधर के हाथ में बात पहुंच गई। मन अब उसको शब्द देगा। तो जो आत्मा ने जाना, उसका एक अंश मन को समझ में आएगा। अब यह मन उसे प्रकट करेगा वाणी से बाहर। तो मन जितना समझ पाता है, उतना भी शब्द नहीं बोल पाते। फिर ये शब्द आपके पास पहुंचते हैं। फिर इन शब्दों में से जितना आप समझ पाते हैं, उतना आप पकड़ लेते हैं। सत्य जो जाना गया था, और सत्य जो संवादित हुआ, इसमें जमीन-आसमान का फर्क हो जाता है।

इसलिए सत्य बोलने वालों को सदा ही अड़चन होती है। और वह यह कि जो बोला जा सकता है, वह सत्य होता नहीं। और जो बोलना चाहते हैं, वह बोला नहीं जा सकता। इन दोनों के बीच कहीं समझौता करना पड़ता है। सभी शास्त्र इसी समझौते के परिणाम हैं। इसलिए शास्त्र सहयोगी भी हैं और खतरनाक भी। अगर कोई इसको समझ कर चले कि शास्त्रों में बहुत अल्प ध्वनि आ पाई है वक्तव्य की, तो सहयोगी हैं। और अगर कोई समझे कि शास्त्र सत्य है, तो खतरनाक हैं।

लाओत्से कहता है, वक्तव्य जब पूर्ण होता है, तो उसमें प्रतिवाद के लिए कोई उपाय नहीं।

लेकिन आपने कोई ऐसा वक्तव्य सुना है, जिसका प्रतिवाद न किया जा सके? किसी ने कहा, ईश्वर है। क्या अड़चन है? आप कह सकते हैं, ईश्वर नहीं है। किसी ने कहा, आत्मा है; आप कह सकते हैं, नहीं है। किसी ने कहा कि मैं आनंद में हूं; आप कह सकते हैं, हमें शक है। आपने ऐसा कोई वक्तव्य सुना है कभी, जिसका प्रतिवाद न किया जा सके? नहीं सुना है। क्या ऐसा कोई वक्तव्य कभी दिया ही नहीं गया है, जिसका प्रतिवाद न किया जा सके? नहीं, ऐसे बहुत वक्तव्य दिए गए हैं। अड़चन है थोड़ी। ऐसे बहुत वक्तव्य दिए गए हैं, जिनका प्रतिवाद नहीं किया जा सकता। लेकिन आपने अब तक ऐसा कोई वक्तव्य नहीं सुना है, जिसका प्रतिवाद न किया जा सके।

इसका क्या मतलब हुआ? यह तो बड़ी विरोधाभासी बात हो गई। इसका मतलब यह है कि अगर आप प्रतिवाद कर पाते हैं तो उसका कुल कारण इतना है कि जो वक्तव्य दिया गया, उसको आप समझ नहीं पाते; और जो आप समझते हैं, उसका प्रतिवाद करते हैं। जो वक्तव्य दिया गया है, उसे आप समझ नहीं पाते। समझ पाएं तो ऐसे वक्तव्य दिए गए हैं जिनका प्रतिवाद नहीं किया जा सकता। लेकिन जो आप समझ पाते हैं, उसका प्रतिवाद किया जा सकता है। आप अपनी ही समझ का प्रतिवाद करते रह सकते हैं।

लाओत्से कहता है, ऐसे वक्तव्य हैं, जो पूर्ण हैं।

लेकिन वक्तव्य पूर्ण कब होता है? क्या शब्दों की कुशलता से, व्याकरण की व्यवस्था से वक्तव्य पूर्ण होता है? क्या जिसमें कोई व्याकरण की भूल-चूक न हो, शब्द-शास्त्र पूर्ण हो, वह वक्तव्य पूर्ण होता है? लाओत्से के हिसाब से नहीं। लाओत्से के हिसाब से वह वक्तव्य पूर्ण है—चाहे उसमें व्याकरण की भूलें हो, शब्द गलत हों—वह वक्तव्य पूर्ण है जो अनुभव से निःसृत होता है।

दो तरह के वक्तव्य हैं। एक, जो वक्तव्यों से निःसृत होते हैं; और दूसरे, जो अनुभवों से। आप कहते हैं, ईश्वर है। यह आपके अनुभव से नहीं आता। यह किसी ने आपको कहा है, उसके वक्तव्य से आपके भीतर निर्मित होता है। यह वक्तव्यों की प्रतिध्वनि है, आपके अनुभव का निर्झर नहीं। आपके अनुभव से इसका जन्म नहीं है। सुने हुए शब्दों का संकलन है। सुना है आपने, उसे आप दोहरा देते हैं। यह स्मृति है, ज्ञान नहीं।

आपके अनुभव से जब कोई वक्तव्य आता है, सीधा, प्रत्यक्ष, आपके भीतर से जन्मता है, तब पूर्ण होता है। और तब हो सकता है व्याकरण सहायता न दे; तब हो सकता है भाषा टूटी-फूटी हो। अक्सर होगा। क्योंकि वक्तव्य इतना बड़ा होता है कि भाषा का जो भवन है, छोटा पड़ जाता है। उस वक्तव्य को भीतर ढालते हैं तो भवन खंडहर हो जाता है। वक्तव्य इतना बड़ा होता है कि सब शब्दों को तोड़-मरोड़ डालता है।

गुरजिएफ ऐसी भाषा बोलता था, जिसमें कोई व्याकरण ही न था। उसकी अंग्रेजी समझनी तो बड़ी मुश्किल बात थी। वे ही लोग समझ सकते थे, जो वर्षों से उसे सुन रहे थे और हिसाब रखते थे कि उसका क्या मतलब होगा। लेकिन फिर भी पश्चिम के श्रेष्ठतम ज्ञानी उसके चरणों में बैठे। पावेल ने लिखा है कि उसके शब्द सुन कर ऐसी कठिनाई होती थी कि कोई हथौड़े मार रहा है। लेकिन फिर भी उसके पास जाने का मोह नहीं छूटता था। वह जो कह रहा था, वह तो बिलकुल ही अजीब था; लेकिन वह जो कहने वाला भीतर था, वह खींचता था, वह पकड़ता था।

उसकी पहली किताब जो उसने वर्षों लिखी और लिखवाई, इस सदी की श्रेष्ठतम किताबों में एक है: आल एंड एवरीथिंग। मगर इससे ज्यादा बेबूझ किताब कभी नहीं लिखी गई। एक मित्र को उसने अमरीका में कहा था कि कुछ मित्रों को बुलाना और किताब पढ़ी जाएगी। क्योंकि वर्षों तक उसने किताब छापी नहीं, वह छापने योग्य थी भी नहीं। भाषा गोल-गोल है। और कभी-कभी तो एक पूरे पृष्ठ पर एक ही वाक्य फैलता चला जाता है। और पीछे लौट कर दुबारा वाक्य पढ़ना पड़ता है कि इसने वाक्य के शुरू में क्या कहा था और वाक्य के बाद में क्या कहता है। फिर कोई तालमेल नहीं मालूम पड़ता। और ऐसा लगता है कि अगर उसको एक मतलब की बात कहनी हो तो कम से कम हजार बेमतलब की बातें पहले कहता है और फिर वह एक मतलब की बात कहता है। वर्षों तक उसके मित्र इकट्ठे होते, किताब का एक पन्ना पढ़ा जाता, और फिर वह कहता, कैसा लगा? कुछ समझ में न आता।

अमरीका में किसी मित्र को उसने कहा था कि दस-पांच लोगों को बुला लेना; किताब पढ़ी जाएगी। चूंकि किताब छपी नहीं थी, बहुत लोग उत्सुक थे। तो अमरीका का एक बहुत बड़ा बिहेवियरिस्ट मनोवैज्ञानिक वाटसन भी उस बैठक में मौजूद था। वह बहुत विचारशील आदमी था। और इस सदी के मनोविज्ञान में एक अलग परंपरा को, फ्रायड से बिलकुल अलग चलाने वाले जन्मदाताओं में से एक था। उसका मानना है कि आदमी सिर्फ एक यंत्र है, कोई आत्मा वगैरह नहीं है। और उसने बड़े गहरे काम किए इस दिशा में। वाटसन भी था। उसको तो बड़ी मुश्किल हो गई। और भी पांच-सात लोग थे। लेकिन और किसी की तो हिम्मत न पड़ी; लेकिन जो आदमी कहता है आत्मा ही नहीं है, उसकी हिम्मत तो पड़ ही सकती है। उसने खड़े होकर कहा कि महाशय गुरजिएफ, या तो आप हमारे साथ कोई मजाक कर रहे हैं! यह जो पढ़ा जा रहा है, यह क्या है? या तो आप जान-बूझ कर कोई मजाक कर रहे हैं, और या फिर हम किसी पागलखाने में बैठे हैं। कृपा करके यह किताब बंद की जाए और कुछ बातचीत हो, जिसमें कुछ अर्थ हो।

गुरजिएफ बहुत हंसा और उसने कहा कि बातचीत भी मेरी ही होगी और यह किताब भी मेरी ही है। और जिस ढंग से तुम अर्थ खोजने के आदी हो, उस ढंग से मेरी बातचीत में कोई भी अर्थ नहीं है। मैं किसी ऐसी जगह से बोल रहा हूं, जहां मुझे पता है कि मैं क्या बोल रहा हूं; लेकिन शब्द छोटे पड़ जाते हैं। और जब मैं उनको शब्दों में रखता हूं, तब मुझे लगता है सब फीका हो गया।

और ये इतने जो बेबूझ शब्द हैं, इतनी जो लंबी किताब है...एक हजार पृष्ठ की किताब है। और जब पहली दफे गुरजिएफ ने छापी, तो उसके नौ सौ पन्ने जुड़े हुए थे, कटवाए नहीं थे। सिर्फ सौ पन्ने की भूमिका कटी हुई थी और खुली थी। और एक वक्तव्य था भूमिका के साथ कि अगर आप सौ पन्ने पढ़ कर भी सोचें कि आगे पढ़ेंगे, आगे पढ़ने वाले हैं, तो पन्ने काटें, अन्यथा किताब को दूकानदार को वापस कर दें।

लेकिन सौ पन्ने के आगे जाना बहुत मुश्किल है। और मैं समझता हूं कि जमीन पर दस-बारह आदमी खोजने मुश्किल हैं, जिन्होंने गुरजिएफ की पूरी किताब ईमानदारी से पढ़ी हो। बहुत मुश्किल मामला है। क्योंकि पांच सौ पन्ने पढ़ जाएं, जब कहीं एकाध वाक्य ऐसा लगता है कि इसमें कुछ मतलब है। मतलब तो सब में है, लेकिन मतलब इतना ज्यादा है कि शब्द छोटे पड़ जाते हैं। वह ऐसे ही जैसे कि एक बड़े आदमी को छोटे बच्चे के कपड़े पहना दिए हैं, और वह एक मजाक मालूम पड़े। शरीर उसका कहीं से भी निकल-निकल पड़ता हो कपड़ों से। और कपड़े कपड़े न मालूम पड़ें, बल्कि जंजीरें मालूम पड़ें।

भाषा, व्याकरण वक्तव्य को पूर्ण नहीं बनाती। सुडौल बनाती है, सुरुचिपूर्ण बनाती है, स्वादिष्ट भी बनाती है; लेकिन पूर्ण नहीं बनाती। वक्तव्य तो पूर्ण होता है उस भीतर के प्रकाश से, जो शब्दों की कंदील के बाहर निकलता है। अगर कंदील थोड़ी भी गंदी हो, थोड़ी भी अस्पष्ट हो, तो वह प्रकाश भी अस्पष्ट हो जाता है। लेकिन कंदील कितनी ही स्वच्छ हो तो भी वह प्रकाश पूरा प्रकट नहीं हो पाता। क्योंकि कांच कितना ही स्वच्छ और ट्रांसपैरेंट क्यों न हो, फिर भी एक बाधा है।

'एक बढ़िया वक्तव्य प्रतिवाद के लिए दोषरहित होता है। एक कुशल गणक को गणित्र की जरूरत नहीं रहती।'

आप जोड़ते हैं दो और दो, तो आपको ऐसा जोड़ना नहीं पड़ता अंगुलियों पर कि एक, दो, तीन, चार; एक छोटे बच्चे को जोड़ना पड़ता है। छोटे बच्चे की अंगुलियां जोर से पकड़ लो, वे जोड़ न पाएंगे। क्योंकि जब तक अंगुलियों को गति न मिले, उनको कठिनाई हो जाएगी।

आदिम कौमें हैं, जिनके पास दस से ज्यादा की संख्या नहीं है। दस के बाद उनको फिर एक, दो से शुरू करना पड़ता है। और अगर सौ, दो सौ की संख्या में कोई चीज पड़ी हो तो फिर वे संख्या गिनते ही नहीं। फिर वे कहते हैं: ढेर, असंख्य। फिर उसमें कोई संख्या नहीं रह जाती। क्योंकि गिनने का जो गणित्र है उनका, वे अंगुलियां हैं। ऐसे तो हमारा सारा गणित ही अंगुलियों पर ही खड़ा है। इसलिए हमारे दस के आंकड़े बुनियाद में हैं। क्योंकि दस अंगुलियां हैं आदमी को, और कोई कारण नहीं है। दस डिजिट—एक से लेकर दस तक। और फिर इसके बाद ग्यारह पुनरुक्ति है। फिर इक्कीस पुनरुक्ति है। असल में, आदमी पहले अंगुलियों पर ही गिनता रहा है। तो दस तक तो गिन लेता था, फिर से शुरू करना पड़ेगा एक से। ग्यारह भी फिर से शुरू करना है। इक्कीस फिर से शुरू करना है। दस में हमारी भी संख्या पूरी हो जाती है। अंगुलियों की वजह से हमारा गणित दस के डिजिट और आंकड़ों पर खड़ा है।

लेकिन जब आप गणित में कुशल हो जाते हैं, तो आपको ऐसा गिनना नहीं पड़ता कि दो और दो चार। दो और दो किसी ने कहे कि आपको भीतर चार हो जाते हैं। लेकिन दो-दो में तो आसान है, कोई बड़ी लंबी संख्या बोल दे, दस-बारह आंकड़ों की संख्या बोल दे और कह दे कि गुणा करो इसमें दस-बारह आंकड़ों की संख्या से। तब आपको गणित्र का उपयोग करना पड़े। कोई न कोई विधि का उपयोग करना पड़े।

लेकिन रामानुजम था, वह इसमें भी उपयोग नहीं करेगा। जब रामानुजम पहली दफा आक्सफोर्ड ले जाया गया और आक्सफोर्ड के प्रोफेसर हार्डी ने, जो वहां गणित के बड़े से बड़े ज्ञानी व्यक्ति थे, ऐसे सवाल रामानुजम को दिए जिनको बड़े से बड़ा गणितज्ञ भी पांच घंटे से पहले में हल नहीं कर सकता—उनको हल करने की विधि ही उतना वक्त लेगी, इतने बड़े आंकड़े थे—और हार्डी लिख भी नहीं पाया तख्ते पर और रामानुजम ने उत्तर बोला। तो हार्डी ने कहा कि पहली दफा मुझे गणितज्ञ दिखाई पड़ा। अब तक जो थे, वे सब बच्चे थे, अंगुलियों पर गिन रहे थे—अंगुलियां कितनी ही बड़ी हो जाएं! हार्डी ने कहा, मैं भी बच्चा मालूम पड़ा जो कि आंकड़े गिनता है अंगुलियों पर—अंगुलियां कितनी ही बड़ी हो जाएं! हार्डी इधर सवाल बोलें, उधर उत्तर आ जाए। यह क्या हो रहा था? यह ज्यादा पढ़ा-लिखा लड़का नहीं था। मैट्रिक फेल था। यह पश्चिम के गणित के लिए एक बड़ा भारी प्रश्नचिह्न बन गया कि यह हो क्या रहा है? इसका मस्तिष्क क्या कर रहा है? इसके मस्तिष्क की गति कैसी है?

रामानुजम बीमार था। टी.बी. से मरा। हार्डी उसे देखने आए थे हास्पिटल में। गाड़ी बाहर खड़ी करके भीतर आए। रामानुजम ने ऐसा बाहर देखा, गाड़ी पर जो नंबर था, रामानुजम ने कहा कि हार्डी, यह नंबर सबसे कठिन नंबर है गणित के लिए। और उस नंबर के संबंध में उसने कुछ बातें कहीं। हार्डी, रामानुजम के मरने के बाद सात साल मेहनत करता रहा, कि उसने जो मरते वक्त नंबर देख कर कहा था, वह कहां तक सही है। सात साल में नतीजे निकाल पाया कि उसने जो कहा था, वह सही है। सात साल की लंबी मेहनत? और हार्डी कोई छोटा-मोटा गणितज्ञ नहीं है। इस सदी के श्रेष्ठतम गणितज्ञों में एक है।

लाओत्से कहता है, लेकिन अगर कुशल हो गणक, अगर गणित की प्रतिभा हो, तो फिर सहारों की जरूरत नहीं पड़ती। ये सब सहारे हैं। तब क्या बिना सहारों के हल हो जाता है सवाल?

हमारे लिए कठिन है, क्योंकि यह बात इंटयूटिव है। हम तो जो भी करते हैं वह बुद्धि से करते हैं। बुद्धि को सहारा चाहिए। लेकिन बुद्धि के पीछे एक प्रज्ञा भी है, जो बिना सहारे के करती है। बुद्धि तो चलती है चींटी की चाल और प्रज्ञा छलांग लेती है। प्रज्ञा में विधि नहीं होती, मेथड नहीं होता। बुद्धि में मेथड होता है, विधि होती है। बुद्धि को कुछ भी करना है तो वह एक-एक कदम चल कर, पूरी विधि करेगी, तो ही नतीजे पर पहुंच पाएगी। बुद्धि के लिए नतीजा एक लंबी प्रोसेस, एक लंबी प्रक्रिया है। उसके पीछे एक प्रज्ञा है, जिसको बर्गसन ने इंटयूशन कहा है। वह प्रज्ञा किसी विधि से नहीं चलती, सिर्फ छलांग लेती है। प्रथम से अंतिम पर सीधी पहुंच जाती है; बीच की विधि होती ही नहीं।

अब तो वैज्ञानिक भी कहते हैं कि जो श्रेष्ठतम खोजें हैं, वे बुद्धि के द्वारा नहीं होतीं, वे प्रज्ञा के द्वारा होती हैं। क्योंकि जिसका हमें पता ही नहीं है, उसकी विधि हम कर कैसे सकते हैं? विधि बाद में हो सकती है। जिसका हमें पता ही नहीं है, उसकी विधि हम कर कैसे सकते हैं? इसलिए इस जगत में जो भी बड़ी से बड़ी विज्ञान की खोजें हुई हैं, वे सब छलांगें हैं।

मैडम क्यूरी को नोबल प्राइज मिली एक छलांग पर। वह एक गणित हल कर रही थी, जो हल नहीं होता था। वह परेशान हो गई थी, वह हताश हो गई थी। और उस जगह आ गई थी, जहां उसने एक दिन सांझ को—कई रातें और कई दिन खराब करने के बाद—सब कागज-पत्र बंद करके टेबल के भीतर डाल दिए और उसने कहा, इस झंझट को ही छोड़ देना है। रात वह सो गई।

सुबह उठ कर वह बहुत हैरान हुई, टेबल पर जो लेटरपैड पड़ा था, उस पर उत्तर लिखा हुआ था, जिसकी वह तलाश में थी। कठिनाई और बढ़ गई, क्योंकि अक्षर उसी के थे। और तब उसने विचारा तो उसे खयाल आया एक स्वप्न का—कि रात उसे स्वप्न आया था कि वह उठी है और कुछ टेबल पर लिख रही है।

वह स्वप्न नहीं था; वह वस्तुतः उठी थी और टेबल पर लिख गई थी। विधि तो बुद्धि ने पूरी कर ली थी महीनों तक, और हल नहीं आता था। यह हल कहां से आया? और यही हल उसकी नोबल प्राइज का कारण बना। फिर बुद्धि ने प्रोसेस कर ली पीछे। जब हल हाथ में लग गया—सवाल हाथ में था ही, उत्तर भी हाथ लग गया—तो फिर बुद्धि ने बीच की कड़ी पूरी कर लीं। और वे कड़ी सही साबित हुईं।

इसको बर्गसन कहता है इंटयूशन। वह कहता है, इंटयूशन एक छलांग है—चींटी की तरह नहीं, मेंढक की तरह। चींटी सरकती है और चलती है, और मेंढक छलांग लेता है। बुद्धि चलती है और सरकती है, प्रज्ञा छलांग लेती है।

जब लाओत्से कहता है कि कुशलता पूरी, तो उसका अर्थ प्रज्ञा से होता है। आपने एक सवाल लाओत्से से पूछा। अगर आप बर्ट्रेंड रसेल से पूछेंगे तो वह सोचेगा। लाओत्से सोचेगा नहीं, सिर्फ उत्तर देगा। वह एक छलांग है। उसमें कोई प्रोसेस नहीं है। अगर प्रोसेस भी करनी है तो पीछे की जा सकती है। बुद्धि के लिए प्रोसेस पहले है, प्रक्रिया, प्रज्ञा के लिए प्रक्रिया बाद में है।

लेकिन यह बात बर्गसन की, लाओत्से की और अनंत-अनंत अंतःप्रज्ञावादियों की अब तक वैज्ञानिक नहीं हो सकी थी, क्योंकि वैज्ञानिक कहते हैं कि छलांग भी एक प्रोसेस है। मेंढक छलांग लेता है तो भी बीच का रास्ता छोड़ थोड़े ही देता है। तेजी से निकलता है, बस इतनी ही बात है। हवा में से निकलता है, मगर निकलता तो है ही। बीच की विधि से निकलता तो है ही। चींटी भी निकलती है, वह जमीन से निकलती है। यह मेंढक कितनी ही तेजी से छलांग ले ले, लेकिन बीच के हिस्से में होता तो है। और इसके भी स्टेप्स तो हैं ही। यह विज्ञान को अड़चन थी कि प्रज्ञा भी अगर छलांग लेती है तो उसका मतलब इतना ही है कि कुछ तेजी से कोई घटना घट जाती है। लेकिन घटती तो है ही। प्रक्रिया होती है।

लेकिन अभी नवीनतम फिजिक्स की खोजों ने विज्ञान के इस सवाल को, इस संदेह को मिटा दिया। इस सदी की जो सबसे बड़ी चमत्कारपूर्ण घटना घटी है फिजिक्स में, वह यह है कि जैसे ही हम अणु का विस्फोट करते हैं और इलेक्ट्रांस पर पहुंचते हैं, तो एक बहुत अनूठी घटना घटती है, जो कि संभवतः आने वाली सदी में नए विज्ञान का आधार बनेगी। वह घटना यह है कि प्रत्येक अणु के बीच में एक तो न्यूक्लियस है, एक बीच का केंद्र है, और उसके आस-पास घूमते हुए इलेक्ट्रान हैं। वह जो परिधि है, वह सबसे बड़ा चमत्कार है। इलेक्ट्रान अ नाम के स्थान पर है, फिर ब नाम के स्थान पर है, फिर स नाम के स्थान पर है। लेकिन बीच में नहीं पाया जाता; अ और ब के बीच में होता ही नहीं। अ पर मिलता है, फिर थोड़ी दूर चल कर ब पर मिलता है, फिर थोड़ी दूर चल कर स पर मिलता है; लेकिन अ, ब और स के बीच में जो खाली जगह है, वहां होता ही नहीं। तो विज्ञान कहता है, वह अ से ब पर पहुंचता कैसे है? क्योंकि बीच में होता ही नहीं। मेंढक तो बीच में भी होता है, अ से ब पर कूदता है, बीच में होता है। लेकिन यह इलेक्ट्रान अ से जब ब पर जाता है, तो बीच में होता ही नहीं। अ पर होता है, देन इट डिसएपीयर्स, तब वह खो जाता है, फिर अगेन इट एपीयर्स, वह ब पर फिर प्रकट होता है।

इससे एक बहुत अनूठी कल्पना—अभी तो कल्पना है, लेकिन सभी कल्पनाएं पीछे सत्य हो जाती हैं—एक अनूठी कल्पना हाथ में आई है। और वह यह कि अगर हमें आदमी को दूर की यात्रा पर भेजना है, तो चांद तक पहुंचना तो बहुत अड़चन की बात नहीं थी। बहुत अड़चन की थी, लेकिन फिर भी बहुत अड़चन की न थी; क्योंकि चांद बहुत फासले पर नहीं है। अगर हम अपने निकटतम तारे पर भी पहुंचना चाहें तो एक आदमी की जिंदगी कम है। वह बीच में ही मर जाएगा। तो इसका मतलब यह हुआ कि हम कुछ भी उपाय कर लें...। और अभी हमारे जो साधन हैं पहुंचने के, वे इतने तीव्र भी नहीं हैं। लेकिन कितने ही तीव्र हो जाएं, क्योंकि अधिकतम तीव्रता जो गति की

है वह प्रकाश की है, उससे बड़ी कोई गति अभी तक नहीं है। वैज्ञानिक कहते हैं, प्रकाश की गति के यान बन जाएं, एक लाख छियासी हजार मील प्रति सेकेंड की रफ्तार से चलें, तो भी जो निकटतम तारा है वह हमसे चालीस प्रकाश वर्ष दूर है। मतलब अगर इतनी रफ्तार से आदमी जाए तो चालीस साल में पहुंचेगा और चालीस साल में वापस आएगा। अस्सी साल में आशा नहीं है उसकी कि वह बचे। और अगर वह बच भी जाए तो जिन्होंने भेजा था उनसे उसकी मुलाकात न होगी। और जिनसे उनकी मुलाकात होगी—हिप्पी और इन सबसे—वे उसको कुछ समझेंगे नहीं कि काहे के लिए आए हैं? क्या प्रयोजन है? कहां गए थे?

इस घटना से एक कल्पना पैदा हुई। और वह कल्पना यह है कि अगर हमें कभी भी इतने दूर की यात्रा करनी तो उसका उपाय यान नहीं है, कोई माध्यम नहीं है, प्रोसेस नहीं है—छलांग! बड़ा मुश्किल मामला है। वैज्ञानिक कहते हैं आज नहीं कल—अभी कल्पना है—हम एक ऐसा यंत्र खोज लेंगे कि एक आदमी को उस यंत्र में रख दें, एंड ही डिसएपीयर्स फ्रॉम हियर, वह यहां से विलीन हो गया, एंड देन ही एपीयर्स ऑन ए प्लैनेट, ऑन ए स्टार। और बीच की प्रोसेस गोल, बीच में कोई उपाय नहीं। यहां से अप्रकट हो जाता है, शून्य हो जाता है, और वहां प्रकट हो जाता है। जब तक हम ऐसा कोई उपाय न खोज लें, तब तक तारों तक नहीं पहुंचा जा सकता।

लेकिन आदमी पहुंच कर रहेगा। कोई उपाय खोजा जा सकता है। और अगर इलेक्ट्रान एक जगह से विलीन हो जाता है और दूसरी जगह प्रकट हो जाता है, तो आदमी भी इलेक्ट्रान का जोड़ है, इसलिए अड़चन नहीं है। गणित में अड़चन नहीं है। यह हो सकता है। क्योंकि अगर इलेक्ट्रान कर ही रहे हैं सदा से यह, तो आज नहीं कल आदमी भी क्यों न कर सके? तब हमें पहली दफे छलांग का पता चलेगा कि छलांग क्या है।

लेकिन प्रज्ञावादी सदा से कहते रहे हैं कि जो पूर्णता है, वह प्रज्ञा की है। बुद्धि तो हिसाब लगाती है। हिसाब में भूल-चूक हो सकती है। जहां हिसाब ही नहीं है और निष्कर्ष सीधा है, वहीं, वहीं पूर्णता संभव है।

'ठीक से बंद हुए द्वार में और किसी प्रकार का बोल्ट लगाना अनावश्यक है; फिर भी उसे खोला नहीं जा सकता।'

लेकिन हम जीवन में हमेशा एक के ऊपर एक ताले लगाए चले जाते हैं। उसका कारण है, भीतर हम असुरक्षित हैं। कितने ही ताले लगाएं, कोई अंतर नहीं पड़ता। तालों पर ताले लगाए चले जाते हैं, कोई अंतर नहीं पड़ता। असुरक्षा भीतर है।

लाओत्से कहता है, जो ठीक से सुरक्षित है, कुछ भी हो जाए जगत में, वह असुरक्षित नहीं होता।

और ठीक से सुरक्षा क्या है? ठीक से सुरक्षित वही है—वह नहीं जिसने सब सुरक्षा के इंतजाम कर लिए, वह नहीं। आपने दरवाजे पर ताला लगा लिया, खिड़कियों पर ताले लगा दिए, सब कर लिया, फिर भी आप सुरक्षित नहीं हैं। सब ताले तोड़े जा सकते हैं। क्योंकि जिस बुद्धि से ताले लगते हैं, वही बुद्धि बाहर भी है। और ध्यान रहे, लगाने वालों से खोलने वालों के पास सदा ज्यादा बुद्धि होती है। कम बुद्धि वाले लगाने का काम करते हैं, क्योंकि डरे रहते हैं। ज्यादा बुद्धि वाले खोलने का काम करते हैं। इसलिए कितने ही ताले लगाओ, कोई खोल लेगा।

हुडनी ने पश्चिम में सब तरह के ताले खोल कर बताए। ऐसा कोई ताला नहीं था, जो हुडनी नहीं खोल लेगा। और बिना चाबी के। और हुडनी कोई साईंबाबा नहीं था। और हुडनी कहता था कि मेरे हाथ में कोई मंत्र नहीं है, कोई सिद्धि नहीं है। मैं सिर्फ कुशल हूं। हुडनी बहुत ईमानदार आदमी था। इतने ईमानदार आदमी भारत के चमत्कारी साधुओं में भी खोजना मुश्किल हैं। हुडनी ने कहा कि मैं सिर्फ कुशल हूं; बस। ट्रिक्स हैं।

हुडनी पर सब तरह के तालों का प्रयोग किया गया। सिर्फ एक बार वह असफल हुआ; और वह इसलिए हुआ कि दरवाजा खुला था और ताला डाला नहीं गया था। और इसलिए वह नहीं निकल पाया। एक बार झंझट में

पड़ गया। ऐसे तो हजारों जेलखानों में, पश्चिम के सारे बड़े जेलखानों में उस पर प्रयोग किए गए। पुलिस के पास जितने उपाय थे, सब उपाय किए गए। और इतना कम समय उसको दिया गया खोलने का कि चाबी भी हो तो भी नहीं खोल सकते। चाबी भी तो समय लेगी न ताले को खोलने में! आखिर ताले में चाबी को जाना; और फिर ताला अगर उलझा हुआ हो और होशियारी से बनाया गया हो और गणित का उसमें हिसाब हो, तो बहुत मुश्किल है। समय तो लगेगा। उसको बांध कर डाल दिया है पानी के भीतर, अब जितनी देर वह पानी के भीतर सांस ले सकता है, उतना ही समय है। जितनी देर सांस रोक सकता है, कुछ सेकेंड। और हर ताले को वह पानी के भीतर से खोल कर बाहर आ जाएगा। हर हथकड़ी को उसने खोल कर बता दिया। हर जेलखाने के बाहर आकर खड़ा हो गया। और उसने कहा कि मैं कोई चमत्कारी नहीं हूं, मेरे पास कोई चमत्कार नहीं, कोई सिद्धि नहीं। मैं सिर्फ कुशल हूं।

सिर्फ एक बार दिक्कत में पड़ गया; मजाक हो गई। जब सब ताले वह खोल चुका, तो स्काटलैंड यार्ड ने एक मजाक किया। दरवाजे के भीतर उसको जेल में बंद किया और दरवाजा अटकाया, ताला लगाया नहीं। वह मुश्किल में पड़ गया। वह बेचारा लगा कर अपना मन ताला खोलने की सोचता रहा होगा। ताला था नहीं; खोलने का कोई उपाय नहीं था। अटक गया, पहली दफा, एक ही दफा।

आप कितना ही इंतजाम कर लें बाहर, सब इंतजाम तोड़ा जा सकता है। और आप भी जानते हैं कि जो इंतज़ाम किया जा सकता है, वह तोड़ा जा सकता है। इसलिए भय बना ही रहता है, असुरक्षा बनी ही रहती है। फिर जितना आप इंतजाम कर लेते हैं, उतनी असुरक्षा बढ़ जाती है। होता यह है कि किस पर करिए भरोसा? एक पहरेदार दरवाजे पर खड़ा कर दिया। अब पहरेदार पर एक पहरेदार खड़ा करना पड़े; उस पर एक पहरेदार खड़ा करना पड़े। कहां किस पर करिए भरोसा? और आखिरी आदमी तो खतरनाक रहेगा ही। एक कड़ी तो आपको असुरक्षित रखनी ही पड़ेगी।

इसलिए लाओत्से कहता है कि ये सारे जो इंतजाम पर इंतजाम हैं, सुरक्षा पर सुरक्षा है, यह बेमानी है। एक ही सुरक्षा है। और वह सुरक्षा है: पूरी तरह असुरक्षा को स्वीकार कर लेना। पूरी तरह असुरक्षा को स्वीकार कर लेना। जिसने मान ही लिया कि असुरक्षित हूं, अब कोई भय न रहा। यह उस हालत में आ गया, जिसमें हुडनी आ गया। दरवाजा खुला ही था और खोल न पाया। जो आदमी असुरक्षित है, उसकी इस जगत में कोई असुरक्षा नहीं है। असुरक्षा का भय ही समाप्त हो गया।

ऐसा नहीं है कि उसकी मौत नहीं होगी। और ऐसा भी नहीं है कि कोई उसको छुरा मार दे तो वह नहीं मरेगा। मौत भी होगी, मरेगा भी; लेकिन असुरक्षा का कोई भय नहीं है। मौत भी उसे प्रियतम का मिलन होगी और छुरा भी उसी की भेंट। इससे कोई अंतर नहीं पड़ेगा। जो असुरक्षित होने को राजी है. उसकी सुरक्षा पूर्ण है। जो सुरक्षा की चेष्टा में लगा रहेगा, उसकी असुरक्षा बढ़ती चली जाती है।

'ठीक से बंधी गांठ के लिए रस्सी की कोई जरूरत नहीं है; फिर भी उसे अनबंधा नहीं किया जा सकता। संत लोगों का कल्याण करने में सक्षम हैं; इसी कारण उनके लिए कोई परित्यक्त नहीं है।'

यह थोड़ी सी सूक्ष्म बात है। लाओत्से कहता है कि संतों के लिए कोई आदमी इतना बुरा नहीं है कि संत न हो सके।

'देयरफोर दि सेज इज़ गुड एट हेल्पिंग मैन, फॉर दैट रीजन देयर इज़ नो वन रिजेक्टेड एज यूजलेस।'

अगर कोई संत आपसे कहे कि तुम पापी हो और तुम्हें मैं स्वीकार नहीं कर सकता, तो समझना कि वह संत नहीं है। यह तो ऐसा ही हुआ कि एक डाक्टर किसी मरीज को कहे कि तुम मरीज हो, तुम्हें मैं कैसे स्वीकार कर सकता हूं? मरीज के लिए ही उसका होना है। संत का होना ही उसके लिए है, जो कि जीवन में भटक गया, खो गया। लेकिन अगर संत कहे कि तुम अपात्र हो तो जानना कि संत स्वयं अपात्र है। अपात्रता की भाषा संत की भाषा नहीं है। अपात्रता

की भाषा उन कमजोर साधुओं की भाषा है, जो लोगों को बदलने की कीमिया जिनके पास नहीं है। तो वे उनको ही चुनते हैं, जो पात्र हैं। पात्र का मतलब यह कि जिनको बदलने के लिए उनको कुछ भी न करना पड़ेगा।

एक गांव में बुद्ध आए हैं। और रास्ते में जब वे आ रहे थे, तो गांव की वेश्या दूसरे गांव जा रही थी। और उसने बुद्ध को कहा कि आप गांव जा रहे हैं; वर्षों से मैं प्रतीक्षा करती थी। और आज मजबूरी है कि मुझे दूसरे गांव जाना पड़ रहा है। लेकिन सांझ होते-होते हर हालत में लौट आऊंगी। तो जब तक मैं न लौट आऊं, बोलना मत।

सारा गांव इकट्ठा हो गया। पंडित, पुजारी, ज्ञानी, सब आकर बैठ गए। और बुद्ध बार-बार देखने लगे—वह वेश्या अब तक नहीं आई है। आखिर एक आदमी ने कहा, आप शुरू क्यों नहीं करते, सब तो आ चुके हैं। गांव में जो भी आने योग्य थे, सब आ चुके हैं। अब किसकी प्रतीक्षा है? बुद्ध ने कहा कि किसी की प्रतीक्षा है। जिसके लिए बोलने मैं आया हूं, वह अभी मौजूद नहीं। लोगों ने चारों तरफ देखा, कोई ऐसा आदमी गांव में नहीं था जो धार्मिक हो और मौजूद न हो। कोई प्रतिष्ठित आदमी ऐसा न था जो गांव में हो और मौजूद न हो। किसकी प्रतीक्षा है?

और तब अचानक वेश्या आई और बुद्ध ने बोलना शुरू किया। गांव बड़ा चिंतित हो गया। बोलने के बाद गांव के लोगों ने बुद्ध से कहा, क्या आप इस वेश्या की प्रतीक्षा कर रहे थे? इस अपात्र की? बुद्ध ने कहा, जो पात्र हैं, वे मेरे बिना भी तर जाएंगे। जो अपात्र हैं, उनके लिए ही मैं रुका हूं। लेकिन ध्यान रहे, जो अपने को पात्र मानता है, समझता है, उससे बड़ा अपात्र नहीं होता। और जो मानता है कि मैं अपात्र हूं, यह मानना ही उसकी पात्रता बन जाती है। यह विनम्रता उसके लिए द्वार बन जाती है।

संत किसी के लिए परित्यक्त नहीं करते। कोई भी निरुपयोगी नहीं है।

इससे भी गहरी बात दूसरे सूत्र में है, 'संत सभी चीजों की परख रखते हैं; इसी कारण उनके लिए कुछ भी त्याज्य नहीं है।'

यह और भी कठिन है।

'ही इज़ गुड एट सेविंग थिंग्स; फॉर दैट रीजन देयर इज़ नथिंग रिजेक्टेड।'

जीवन में ऐसा कुछ भी नहीं है, जिसका संत उपयोग करना नहीं जानते। उन्हें जहर दे दें, वे उसकी औषधि बना लेंगे। उन्हें जहर दे दें, वे उसकी औषधि बना लेंगे। उनके पास क्रोध हो, वे उसमें से दया का फूल खिला लेंगे। उनके पास कामवासना हो, उसी में ब्रह्मचर्य की सुगंध उठेगी। उनके पास ऐसा कुछ भी नहीं है, जिसे वे त्यागते हैं। रूपांतरित करते हैं, ट्रांसफार्म करते हैं।

दो तरह के लोग हैं इस जगत में। एक वे, जो अपने को काट-काट कर सोचते हैं कि आत्मा को पा लेंगे। तो जो-जो उन्हें गलत लगता है, उसे काटते चले जाते हैं। लेकिन उन्हें पता नहीं, जो उन्हें गलत लगता है, उसे काट कर वे अपनी ही ऊर्जा को काट रहे हैं। और सब काटने के बाद—अपना क्रोध काट दें, अपना सेक्स काट दें, अपना लोभ काट दें—सब काट दें, और तब आपको पता चलेगा आप बचे ही नहीं।

काटने का ढंग आत्मघाती है, स्युसाइडल है। रूपांतरण वास्तविक धर्म है। संत रूपांतरित करते हैं, जो भी उनके पास है। इस विराट अस्तित्व ने उन्हें जो भी दिया है, उसे वे सौभाग्य मान कर स्वीकार करते हैं। और उसमें जो छिपा है, उसे प्रकट करने की कोशिश करते हैं।

ऐसा किया जा सकता है अब कि आदमी को हम सेक्स से बिलकुल मुक्त कर सकते हैं वैज्ञानिक विधि से। अब कोई कठिनाई नहीं है। हम आदमी को बिलकुल क्रोधहीन कर सकते हैं वैज्ञानिक विधि से। क्योंकि क्रोध को पैदा होने के लिए कुछ रासायनिक तत्व जरूरी हैं। वे रासायनिक तत्व बहुत थोड़े से हैं। खून में उनको बाहर निकाला जा सकता है। आप क्रोध नहीं कर पाएंगे फिर।

पावलव कुत्तों पर काम कर रहा था। उसने कुत्तों के भीतर जिन-जिन केमिकल्स से क्रोध जन्मता है, उनको अलग निकाल लिया। फिर कुत्ते को आप कितना ही मारें, कल तक जो शेर की तरह हमलावर था, वह आज बैठा रहेगा, पूंछ हिलाता रहेगा। लेकिन उस कुत्ते के चेहरे से सब रौनक भी खो जाती है। उसकी आंखें धूमिल हो जाती हैं। वह एक मशीन की भांति हो जाता है। जो क्रोध भी नहीं कर सकता, उसमें सब निस्तेज हो जाता है।

संत क्रोध को तेज बना लेते हैं। वह ऊर्जा है। इस जगत में सभी ऊर्जाएं हैं। उनका हम क्या उपयोग करते हैं, इस पर निर्भर करता है। इस जगत की कोई ऊर्जा बुरी नहीं, कोई ऊर्जा भली नहीं; कोई शुभ नहीं, कोई अशुभ नहीं। इसलिए यह मत कहना कि कामवासना पाप है, यह मत कहना कि क्रोध पाप है, यह मत कहना कि लोभ पाप है। इतना ही कहना कि लोभ ऊर्जा है, कामवासना ऊर्जा है, क्रोध ऊर्जा है, शक्ति है। इस शक्ति का उपयोग पाप हो सकता है, इस शक्ति का उपयोग पुण्य हो सकता है। शक्ति निष्पक्ष है। उपयोग आपकी चेतना पर निर्भर है। जो नासमझ हैं, वे शक्तियों से लड़ते हैं। जो समझदार हैं, वे चेतना को रूपांतरित करते हैं। और चेतना के प्रति रूपांतरण के साथ शक्तियां ऊपर उठती चली जाती हैं। और जिनको कल हमने नरक की लपटें समझा था, वे ही एक दिन स्वर्ग के फूल बन जाती हैं।

लाओत्से कहता है, 'इसे ही प्रकाश का चुराना—इस ट्रांसफार्मेशन को, यह जो अंतर-रूपांतरण है—इसको ही प्रकाश का चुराना कहते हैं। दिस इज़ काल्ड स्टीलिंग दि लाइट।'

आज इतना ही। कीर्तन करें, फिर जाएं।

छप्पनवां प्रवचन

शिष्य होना बड़ी बात है

Chapter 27 : Part 2

ON STEALING THE LIGHT

Therefore the good man is the Teacher of the bad.
And the bad man is the lesson of the good.
He who neither values his teacher
Nor loves the lesson
Is one gone far astray,
Though he be learned.
Such is the subtle secret.

अध्याय 27 : खंड 2

प्रकाशोपलब्धि

इसलिए सज्जन दुर्जन का गुरु है;
और दुर्जन सज्जन के लिए सबक है।
जो न अपने गुरु को मूल्य देता है,
और न जिसे अपना सबक पसंद है,
वह वही है जो दूर भटक गया है,
यद्यपि वह विद्वान हो सकता है।
यही सूक्ष्म व गुह्य रहस्य है।

जीवन में ऐसा कुछ भी नहीं है जो उपयोगी न हो—वह चाहे अच्छा हो या बुरा। अच्छा और बुरा हमारी परिभाषाओं के कारण है। लेकिन अस्तित्व में उसकी अपनी अपरिहार्य जगह है। इसलिए जो जानते हैं, वे बुरे का भी उपयोग कर लेते हैं। और जो नहीं जानते, उनके लिए भला भी बाधा बन जाता है। उपयोग समझ पर निर्भर है, वस्तुओं पर नहीं। नासमझ को मोक्ष में भी रख दिया जाए तो वह नरक का रास्ता खोज लेगा। समझदार को नरक भी मोक्ष का ही रास्ता बनने वाला है।

किसी ने पश्चिम के एक बहुत विचारशील आदमी एडमंड बर्क को एक बार पूछा कि तुम स्वर्ग जाना पसंद करोगे या नरक?

तो बर्क ने कहा, मैं जानना चाहूंगा, सुकरात कहां हैं? बुद्ध कहां हैं? जीसस कहां हैं? अगर वे नरक में हैं तो मैं नरक ही जाना पसंद करूंगा। अगर वे स्वर्ग में नहीं हैं तो स्वर्ग मेरे लिए नहीं है।

जिसन पूछा था, वह हैरान हुआ। उसने कहा, हम तो सोचते थे तुम बेशर्त स्वर्ग जाना चाहोगे। सभी बेशर्त स्वर्ग जाना चाहते हैं। लेकिन सुकरात, जीसस या बुद्ध नरक में हों तो तुम नरक भी जाना चाहते हो, कारण क्या है?

बर्क ने कहा, जीसस, बुद्ध और सुकरात जहां भी होंगे, वहां स्वर्ग अब तक बन चुका होगा। और जीसस और बुद्ध और सुकरात जहां नहीं होंगे, वह स्वर्ग कभी का उजड़ चुका होगा। वहां जाने का अब कोई अर्थ नहीं है।

व्यक्ति पर निर्भर करता है, स्थितियों पर नहीं। लोग अक्सर रोते हैं कि जीवन दुख है। और इसका उन्हें पता ही नहीं कि वे ही उस दुखपूर्ण जीवन के कारण हैं। परिस्थितियों में नहीं है स्वर्ग और नरक, व्यक्तियों के भीतर छिपा है। परिस्थितियां केवल पर्दे बन जाती हैं; उन पर्दों पर, जो भीतर छिपा है, उसकी तस्वीरें चलने लगती हैं। लेकिन जो भी हम देखते हैं परिस्थिति में, वह हमारा ही प्रक्षेपण है। हम ही परिस्थितियों में फैल कर दिखाई पड़ते हैं। परिस्थितियां दर्पण से ज्यादा नहीं हैं। फिर हम परिस्थितियों को दोष दिए जाते हैं। और परिस्थितियों को दोष देने से कभी कोई आदमी बदलता नहीं। बल्कि परिस्थितियों को दोष देने के कारण बदलने की कोई जरूरत ही नहीं रह जाती।

लाओत्से कहता है कि संतजन कुछ भी अस्वीकार नहीं करते। जीवन उन्हें जो भी देता है, वे उसे बदलने की कीमिया जानते हैं। अस्वीकार तो वे करते हैं, जो उसे बदलने की कीमिया नहीं जानते। जिनको हमने बुरा कहा है, अशुभ कहा है, पाप कहा है, संत उन्हें भी अस्वीकार नहीं करते। क्योंकि उनके पास वह पारस है, जो उन्हें पुण्य बना देगा। उसके स्पर्श मात्र से, वह जो जहर है, वह अमृत हो जाएगा।

हमें इसका खयाल ही नहीं है, फिर भी हम अमृत की तलाश करते हैं। हमें इसका खयाल ही नहीं है कि हमारे हाथ में अमृत हो तो जहर के अतिरिक्त और कुछ हमें मिलने वाला नहीं है। हमारे हाथ में वह कला है कि जहर अमृत हो जाए। या हमारे हाथ में वह कला है कि अमृत जहर हो जाए। हमें अपने हाथों का कुछ भी पता नहीं है।

इन हाथों का पता चल जाना ही धर्म की सारभूत रहस्यमय प्रक्रिया है। इस आधे सूत्र को हम समझें।

लाओत्से कहता है, 'इसलिए सज्जन दुर्जन का गुरु है।'

इसमें हमें बहुत अड़चन न होगी। इसमें हमें बहुत कठिनाई न होगी कि जो शुभ है, वह उसका गुरु हो जो अशुभ है। जो ज्ञानी है, वह उसका गुरु हो जो अज्ञानी है। जो भटक गया है रास्ते से, वह उसे गुरु माने जो रास्ते पर है। जो प्रकाश है, वह अंधेरे में भटके लोगों के लिए गुरु हो, यह हमारी समझ में आ सकता है।

दूसरा हिस्सा : 'और दुर्जन सज्जन के लिए सबक है। देयरफोर दि गुड मैन इज़ दि टीचर ऑफ दि बैड, एंड दि बैड मैन इज़ दि लेसन ऑफ दि गुड।'

लेकिन यह अधूरी है बात कि अच्छा आदमी बुरे का गुरु है। पूरी बात तो तभी होगी जब अच्छा आदमी यह भी समझ ले कि बुरा उसके लिए सबक है। इसका मतलब यह हुआ कि बुरा भी किसी गहरे अर्थ में अच्छे का गुरु हो गया। लाओत्से जीवन के समस्त द्वंद्वों के बीच अद्वैत को खोजता है। तो यह कहना उचित न होगा—केवल यह कहना उचित न होगा—कि बुरे लोगों ने बुद्ध को अपना गुरु माना। यह भी स्मरण रखना जरूरी है कि बुरे लोग अगर न होते तो बुद्ध अच्छे नहीं हो सकते थे। उन बुरे लोगों की मौजूदगी बुद्ध के लिए सबक बनी। उन बुरे लोगों का दुख, उन बुरे लोगों का नरक बुद्ध के लिए आनंद की तलाश बनी। अब यह बड़े मजे की बात है कि बुद्ध तो भले होकर बुरे लोगों के गुरु बने; लेकिन बुद्ध जब बुद्ध नहीं थे, तब भी बुरे लोग उनके गुरु थे। बुरे लोगों से सीखा जाता है। और ध्यान रखें, जो बुरे आदमियों से नहीं सीख सकेगा, वह खुद आदमी बुरा हो जाएगा।

लेकिन बुरे आदमियों से सीखने के दो ढंग हैं। एक तो बुरे आदमी का अनुकरण करना। तब हमने अमृत को जहर बना लिया। और एक—बुरे आदमी को अनुभव करना, और बुरे की पीड़ा, उसका दुख, उसका संताप अनुभव करना। और यह सबक बन जाए और बुरे होने की संभावना लीन हो जाए। तो हमने जहर को अमृत बना लिया।

लेकिन हम भी बुरे आदमियों से सीखते हैं। सच तो यह है कि हम बुरे आदमियों से ही सीखते हैं। अच्छे आदमियों से हम कभी नहीं सीखते। हम बुरे का ही अनुकरण करते हैं, अच्छे का अनुकरण हम कभी नहीं करते। लेकिन बुरे से हम जो सीखते हैं, वह उसकी बुराई है; वह उसका नरक नहीं, वह उसका पाप है। वह उस पाप के गर्त में पड़ी हुई जो पीड़ा है, वह हमें दिखाई नहीं पड़ती।

मेरे पास रोज लोग आते हैं। वे कहते हैं, फलां आदमी बेईमान है और इतना बड़ा मकान उसने खड़ा कर लिया! वह मकान उन्हें दिखाई पड़ता है। उस आदमी की बेईमानी का कोई नरक भी होगा, वह उन्हें दिखाई नहीं पड़ता। यह आदमी ज्यादा दिन तक बेईमानी से नहीं बच सकता है, जो आदमी कह रहा है कि फलां आदमी बेईमान है, और देखते हैं, उसने कितना बड़ा मकान बना लिया! यह आदमी ज्यादा दिन बेईमानी से नहीं बच सकता। इसने बेईमान आदमी से सीखना शुरू कर दिया।

लोग कहते हैं, फलां आदमी पापी है और फिर भी प्रतिष्ठित है।

इस आदमी ने पाप कर लिया, यह कह कर ही पाप कर लिया। क्योंकि पाप में जो प्रतिष्ठा देखता है, वह ज्यादा दिन तक पाप से नहीं बच सकता।

लेकिन पाप में कोई नरक भी आपने देखा है कभी? कभी आपने देखा है कि पापी आदमी भला प्रतिष्ठित हो, लेकिन उसके हृदय में एक नासूर भी होता है? वह आपको दिखाई नहीं पड़ता। बेईमान कितना ही सफल हो जाए, उसके भीतर सिवाय असफलता के कुछ भी नहीं होता। और बेईमान कितने ही बड़े महल बना ले, उनके भीतर शांति से रहने की कोई संभावना उसे मिलती नहीं। लेकिन वह आपको नहीं दिखाई पड़ता है। आपको सदा दिखाई पड़ता है कि बुरा आदमी फायदा उठा रहा है। यह किस बात की खबर है?

आप भी सीखेंगे। आप सीखेंगे यह कि बुराई सफल होती है। आप सीखेंगे यह कि भलाई असफल होती है। आप सीखेंगे यह कि पाप की प्रतिष्ठा है, पुण्य की कोई प्रतिष्ठा नहीं है। आप यह सीखेंगे कि बुरे को स्वर्ग मिलता है और भला नरक में पड़ा रहता है। निश्चित ही इस शिक्षा का परिणाम होगा। आपका जीवन एक अनुकरण बनेगा।

लाओत्से भी कहता है, लेकिन वह कहता है बुरा आदमी अच्छे आदमी के लिए सबक है, पाठ है।

लेकिन वह पाठ तभी हो सकता है, जब हम बुरे आदमी के अंतस को समझना शुरू करें। एक बात तय है, जो आदमी बुराई करता है, बुरा करता है, वह भी मूल्य चुका रहा है। दुख का मूल्य चुका रहा है, ग्लानि का मूल्य चुका रहा है, आत्मदंश, पीड़ा का मूल्य चुका रहा है। उसे भी कुछ मिलना चाहिए। अगर वह एक बड़ा मकान बना ले, तो यह कोई सस्ता सौदा नहीं है। यह सौदा महंगा है। उसने जो खोया है, अगर हमें दिखाई पड़ जाए, तो जो उसने पाया है, वह बहुत महंगा सौदा मालूम पड़ेगा। लेकिन जो उसने खोया है, वह हमें दिखाई नहीं पड़ता। जो उसने पाया है, वह हमें दिखाई पड़ता है।

ठीक इससे ही जुड़ी हुई भूल हम दूसरी भी करते हैं। महावीर ने त्याग किया; बुद्ध ने घर छोड़ा। वहां भी हम देखते हैं, उन्होंने क्या छोड़ा। वहां भी हमको नहीं दिखाई पड़ता, उन्होंने क्या पाया। तो जैन अपने शास्त्रों में लिखते हैं कि महावीर के घर इतने रथ थे, इतने हाथी थे, इतने घोड़े थे—एक-एक हिसाब उन्होंने रखा हुआ है—इतने हीरे, इतने माणिक, इतने मोती, इतनी अरबों-अरबों की राशि थी, वह सब छोड़ दी। इसको गिनने में भी उनको मजा आ जाता होगा। इतना सब था!

कहीं मन के कोने में जरूर कोई उनसे कहता होगा कि यह महावीर भी नासमझ रहा। थोड़ी देर सोचें कि आप महावीर की जगह हो जाते, तो यह भूल आप करने वाले नहीं थे, जो महावीर ने की। लेकिन महावीर ने क्या पाया, वह हमें दिखाई नहीं पड़ता। इसीलिए तो हम कहते हैं, महावीर महात्यागी हैं। अन्यथा हम कहते कि महावीर से परम भोगी जगत में दूसरे नहीं हुए। हमें वही दिखाई पड़ता है जो उन्होंने छोड़ा, इसलिए त्याग। जो उन्होंने पाया, वह हमें दिखाई नहीं पड़ता। नहीं तो हम कहते, परम भोग। और तब हम कहते, यह सौदा सस्ता हुआ। और महावीर होशियार हैं, चालाक हैं; हम नासमझ हैं। क्योंकि महावीर ने जो खोया, वह कुछ भी नहीं है। और जो पाया, उसका कोई हिसाब लगाना मुश्किल है। इतने सस्ते में पाया! संसार खोकर अगर मोक्ष मिलता हो तो यह मुफ्त का सौदा है। और अगर वस्तुएं खोकर आत्मा मिलती हो तो यह भी कोई त्याग है!

लेकिन हम कहते हैं, महात्यागी। उसका कारण यह नहीं कि महावीर महात्यागी हैं। उसका कारण कि हमें दिखाई पड़ता है वह जो उन्होंने छोड़ा। और वह दिखाई नहीं पड़ता जो उन्होंने पाया। यह बड़े मजे की बात है।

लेकिन जब कोई बेईमान आदमी मकान बना लेता है, तो हमें दिखाई पड़ता है जो उसने पाया। और हमें दिखाई नहीं पड़ता वह जो उसने खोया। ये एक ही तर्क के दो हिस्से हैं। यह होगा ही। जिस दिन हमें बेईमान का नरक दिखाई पड़ेगा, उसी दिन हमें महावीर का स्वर्ग दिखाई पड़ सकता है। उसके पहले नहीं दिखाई पड़ सकता।

हम भी सीखते हैं। हम भी सीखते हैं। बेईमान से हम सीखते हैं कि वह सफल हो रहा है। और महावीर से हम सीखते हैं कि कितना कष्ट उठा रहे हैं! कितनी पीड़ा झेल रहे हैं! हम उनके चरणों में जो सिर झुकाते हैं, वह इसलिए नहीं कि उन्होंने कुछ पाया; बल्कि इसलिए कि वे कितना कष्ट उठा रहे हैं! कितना दुख उठा रहे हैं! हम बेईमान को भी नमस्कार करते हैं, महावीर से ज्यादा करते हैं। महावीर को तो कभी-कभी करते हैं। औपचारिक है। बेईमान को रोज करते हैं। वह भी हम बेईमान को नमस्कार इसीलिए कर रहे हैं कि हमें दिखाई पड़ रहा है उसने क्या पाया। वह सब राशि हमें दिखाई पड़ रही है। यह हमारा सीखने का ढंग है।

लाओत्से इस सीखने के लिए नहीं कह रहा है। वह कह रहा है कि जो गलत है, जो बुरा है, वह सज्जन के

लिए सबक है। लेकिन यह सबक कठिन है। यह तो तभी हो सकता है, जब हम जीवन के अंतस-नियम के पर्तों में उतर जाएं। उस नियम को हम समझें तो शायद यह उतरना भी आसान हो जाए।

एक बात इस जगत में इस भांति तय है कि अब तक उसमें कोई परिवर्तन नहीं हो सका और कभी कोई परिवर्तन नहीं हो सकेगा। अगर हम पूरब की पूरी मनीषा की जो आत्यंतिक खोज है, उसको एक शब्द में रखना चाहें, तो वह खोज यह है कि जो बुरा करता है, वह सुख पा नहीं सकता। इसलिए नहीं कि कोई भगवान उसको दंड देता है। इसलिए भी नहीं कि जब उसने बुरा किया है, तो एक न्याय की व्यवस्था है जगत में, जो उसे फल देगी। इसलिए भी नहीं। और इसलिए भी नहीं कि जो आज बुरा कर रहा है, वह कल कभी न कभी फल पाएगा। इसलिए भी नहीं।

ये सब हमारे मन के समझावे हैं। देखते तो हम यह हैं कि बुरा आदमी सफल होता है, धनी होता है, पद पर होता है, यश पा जाता है। तब हमारे मन को बड़ी बेचैनी होती है। दिखाई तो यह पड़ता है, करता बुरा है और पाता अच्छा है। तो फिर हम सोचते हैं—हमारे मन के कंसोलेशन के लिए, सांत्वना के लिए—कि कभी, आज नहीं तो कभी, किसी जन्म में फल भुगतना पड़ेगा।

अगर आपको आज नहीं दिखाई पड़ रहा है कि उसके बुरे का फल उसे मिल गया है, तो आप जो बातें कर रहे हैं, वे झूठी हैं और सांत्वना की हैं, उनका कोई जीवन के सत्य से संबंध नहीं है। अगर आपको ऐसा लगता है कि बुरा आज किया जाएगा और फल जन्मों-जन्मों में भुगता जाएगा, तो आप सिर्फ अपने को समझा रहे हैं।

असल में, आप ईर्ष्या से भरे हैं। आप जानते हैं कि इस आदमी को बड़ा मकान मिल गया। मिलना नहीं चाहिए था। और इस आदमी ने इतना धन इकट्ठा कर लिया। और धन इतना इकट्ठा नहीं होना चाहिए था। यह धन तो आपको मिलना चाहिए था। यह मकान तो आपको मिलना चाहिए था। इस आदमी को मिल गया। तो अब इस गणित को कैसे व्यवस्थित करें? या तो आपको सारे धर्म को तिलांजलि देनी पड़े और कहना पड़े कि बुरा सफल होता है; और जिसे सफल होना है, उसे बुरा होना चाहिए। लेकिन तब आपकी पूरी चिंतना की आधारशिला डगमगा जाएगी। चिंतना तो यह कहती रही है, सुना हमने यही है कि बुरा जो करेगा, बुरा पाएगा। तब हम क्या करें?

तब एक ही उपाय है: आज नहीं तो कल। तो हम कहते हैं कि प्रभु के राज्य में देर हो सकती है, अंधेर नहीं।

लेकिन देर भी क्यों होगी? देर से बड़ा अंधेर और क्या हो सकता है? वह हमारे मन को हम समझा रहे हैं कि कोई फिक्र नहीं, आज नहीं कल नरक में सड़ोगे। उससे हमको राहत मिलती है। पलड़ा बराबर हो जाता है। कि आज तुमने मकान बना लिया, कोई फिक्र नहीं; स्वर्ग में हमको मकान मिलेगा। नर्क में तुम सड़ोगे। इसलिए जब भी कोई साधु पापियों के लिए नरक में सड़ने की व्यवस्थाएं देता है, तो समझना कि अभी भी ईर्ष्या छूटी नहीं, जेलसी अभी काम कर रही है।

लेकिन यह नियम तो आत्यंतिक है कि बुरा बुरा फल पाता है। पाएगा नहीं, पाता है। करने में ही पा जाता है। इसे हम थोड़ा ठीक से समझ लें तो हम सबक सीख सकेंगे।

जब आप आग में हाथ डालते हैं तो हाथ जल जाता है; कोई अगले जन्म तक रास्ता नहीं देखना पड़ता। आग तत्काल हाथ जला देती है। और जहर अभी खाते हैं तो इसी जन्म में मरते हैं; अगले जन्म में नहीं मरेंगे। नियम तो तत्काल परिणाम ले आते हैं। जब आप क्रोध करते हैं तो किसी नरक में जलने की जरूरत नहीं है; क्रोध में ही आप जलते हैं। वही नरक है। जब एक आदमी बेईमानी करता है, तो मकान जिस भांति ऊंचा होता जाता है, उसी भांति उसकी आंतरिक आत्मा नीची होती चली जाती है, दीनता उसको पकड़ती चली जाती है। चोरी की सजा कोई अदालत नहीं दे सकती। और चोरी का दंड भी कोई परमात्मा के देने की जरूरत नहीं है। वह तो चोर होने की जो चेतना है, उसमें ही मिल जाता है।

हम एक कदम भी नहीं उठा सकते बिना परिणाम भुगते। और यह परिणाम कोई भविष्य की बात नहीं है। यह कदम के साथ ही जुड़ा हुआ है। यह उसी क्षण घटित हो रहा है। इस जगत में कोई हिसाब रखने वाला नहीं है। और इसलिए ध्यान रखना, चूंकि कोई हिसाब रखने वाला नहीं है, इसलिए रिश्वत काम नहीं पड़ सकती, प्रार्थनाएं काम नहीं पड़ सकतीं। इसलिए भगवान को कितना ही फुसलाओ, समझाओ, बुझाओ, कुछ काम नहीं पड़ सकता। इस जगत में चूंकि कोई भी नियम निलंबित नहीं है, प्रतिपल काम कर रहा है, तो जो हम कर रहे हैं, हम उसी क्षण भोग रहे हैं। करने और भोगने में अंतराल नहीं है। कर्म और भोग साथ-साथ हैं।

जब आप किसी पर दया करते हैं, तो उस दया के क्षण में जो प्राणों में एक सुगंध भीतर मालूम पड़ती है, वह उसका फल है। रास्ता मत देखिए किसी स्वर्ग का। जब आप एक भूखे को रोटी दे देते हैं, या पानी पिला देते हैं, या बीमार के सिर पर हाथ फेर देते हैं, तो बीमार को ही राहत नहीं मिलती। यह बड़े मजे की बात है कि बीमार को राहत अभी मिले और आपको राहत स्वर्ग में मिले। बीमार को भी राहत मिलती है; आपको भी राहत मिलती है। वह राहत आपका पुण्य है। वह इसी वक्त पूरा हो गया।

इसके गहरे अर्थ हैं। इसकी निष्पत्ति है। पहली तो बात यह कि अगर हम कर्म में ही फल को देख सकें तो हम बुरे आदमी से सबक ले सकते हैं। तब चाहे कितना ही बड़ा मकान हो, हम मकान के धोखे में नहीं आएंगे। चाहे कितने ही धन की राशि चारों तरफ इकट्ठी हो, वह झुठला न पाएगी। हम बुरे आदमी के अंतस में झांक लेंगे। क्योंकि फल भविष्य में होने वाला नहीं है। फल अभी हो गया है। इसी क्षण हो गया है।

हिटलर इतने लोगों की हत्या किया। लेकिन हिटलर कितने कष्ट से गुजरा, इसकी कोई बात नहीं होती। हिटलर सो नहीं सकता है। क्योंकि सोते ही उसे दुख-स्वप्न घेर लेते हैं। इतने लोगों की हत्या! वे सब प्रेत-आत्माएं, वे सब नर-कंकाल, उसे घेर लेते हैं। उसके स्वप्न नरक हैं। वह सोने से डरने लगा है। सो नहीं सकता। इतना भयभीत है। क्योंकि जिसने हिंसा की हो, वह भयभीत हो ही जाएगा। एक भी मित्र नहीं है हिटलर का। जो उसके निकटतम हैं, उनको भी वह शत्रु के ही भाव से देखता है। क्योंकि जिसने हिंसा की है, लोगों को धोखा दिया है, परेशान किया है, मारा है, उसे पूरे क्षण डर है। कहीं से भी बदला आ सकता है। वह पूरे समय भयभीत है। हिटलर की आत्मा भय से कंप रही है प्रतिपल। कोई एक मित्र नहीं है जिसका, वह आदमी नरक में होगा ही। नरक में और जाने की जरूरत नहीं है। शादी नहीं की उसने इसी भय से कि पत्नी इतने निकट होगी। और इतने निकट वह किसी को भी बरदाश्त नहीं कर सकता। एक ही कमरे में सोएगी; क्या भरोसा रात उसका गला न दबा दे! जिसने हजारों लोगों के गले दबाए हों, वह यह नहीं मान सकता कि हजारों लोग उसके गले दबाने के लिए तैयारी में नहीं हैं। यह कैसे मान सकता है? एक आदमी की हत्या करें, तो फिर जिंदगी भर उस आदमी की छाया आपका पीछा कर रही है।

हिटलर घिरा है अपनी हत्याओं से। और आखिरी क्षण बिलकुल पागल होकर मरा है। उसके सामने, जहां वह छिपा है, उसके सामने बमबारी हो रही है। जर्मनी परास्त हो गया है। दुश्मन बर्लिन में खड़े हैं। उसकी खिड़कियों में आकर गोलियां लग रही हैं। और जब उसका सेनापति उसे आकर खबर देता है, तो वह आज्ञा देता है अपने पहरेदार को कि सेनापति को गिरफ्तार कर लिया जाए। मालूम होता है, यह दुश्मनों से मिल गया है। हमारी सेनाएं तो जीतती चली जा रही हैं मास्को में। हिटलर आखिरी क्षण तक यही सोच रहा है कि हम जीत रहे हैं, लंदन और मास्को पर कब्जा हुआ जा रहा है। और जो उसे ठीक खबर देता है, उसको दुश्मन मान कर वह गोली मरवा देता है। आखिरी क्षण में भी, जब उसके दरवाजे पर गोलियां लग रही हैं, तब भी वह मानने को तैयार नहीं है। वह बिलकुल विक्षिप्त हो गया है। तब भी वह रेडियो से बोल रहा है कि हमारी फौजें जीत रही हैं और शीघ्र ही सारी दुनिया में जर्मन साम्राज्य स्थापित हो जाएगा। वह बिलकुल पागल हो गया है।

हिटलर के निजी डाक्टर के वक्तव्य अब प्रकाशित हुए हैं, जिसमें उसने कहा है कि हिटलर पूरे समय पागल था। और पच्चीस तरह की बीमारियों से ग्रसित था। बीमारियां कभी-कभी इतनी ज्यादा हो जाती थीं कि वह बोलने में असमर्थ हो जाता था, बाहर निकलने में असमर्थ हो जाता था। और फिर उसकी एक प्रतिमा थी। तो कमजोर हालत में बाहर नहीं निकल सकता था। तो उसके डाक्टर ने संस्मरणों में लिखा है कि हिटलर ने एक आदमी, डबल, हिटलर की शक्ल का रख छोड़ा था। अक्सर तो वही सलामी लेता था फौजों की। हिटलर तो नहीं जा पाता था; क्योंकि उसकी हालत तो बहुत खराब थी। रात सो नहीं सकता था; दिन बैठ नहीं सकता था। एक क्षण कुर्सी पर एक करवट नहीं बैठ सकता था, इतना सब बेचैन हो गया था भीतर। दिन-रात दवाइयां डाल कर उसे किसी तरह जिंदा रखा जा रहा था। और उसका डबल सलामियां ले रहा था!

यह बड़े मजे की बात है। इन्हीं सलामियों के लिए यह सब कुछ किया गया था—इन्हीं सलामियों के लिए! अखबार में जिसके फोटो छप रहे थे, वे उसके डबल के फोटो थे। रेडियो पर जो बोल रहा था, टेलीविजन पर जो दिखाई दे रहा था, वह उसका डबल था। स्टैलिन भी ठीक अपना डबल रखे हुए था—एक आदमी जो नाटक करने वाला है, जो हिटलर का नाटक कर रहा है। यह बड़ी हैरानी की बात है कि यह सारा आयोजन किसलिए था? यह सारा आयोजन इसलिए था। लेकिन यह सारा आयोजन व्यर्थ हो गया। और यह आदमी नरक में सड़ रहा है। इसका रोआं-रोआं जल रहा है।

नहीं, कोई आगे भविष्य में नर्क नहीं है। हम जो करते हैं, वहीं, उसी क्षण हमें सब कुछ मिल जाता है। भविष्य में नरक रख कर हमने अपने को सांत्वना भी दी है और हमने अपने लिए सुविधा भी बनाई है। उससे हमको ऐसा लगता है कि अभी अगर हम बुरा कर रहे हैं तो अभी तो फल मिलने वाला नहीं है; देखेंगे। फिर हमने ये भी तरकीबें निकाली हैं कि अगर बुरा किया है, तो उसके वजन का कुछ भला कर दो तो कट जाएगा।

जिंदगी में कुछ भी कटता नहीं है। इस दूसरी बात को ठीक से समझ लें। आप सोचते हों कि दो पैसे का बुरा किया तो दो पैसे का भला कर देंगे तो पुराना बुरा किया हुआ कट जाएगा, तो आप गलती में हैं। दो पैसे का बुरा करेंगे तो उतना बुरा आपको भोगना पड़ेगा। दो का भला करेंगे, उतना भला आपको भोगना पड़ेगा। जिंदगी में कटता कुछ भी नहीं है। क्योंकि जिंदगी में दो क्षण का कोई मिलन नहीं होता।

यह थोड़ा कठिन है। अभी मैं बुरा करता हूं तो बुरा मुझे अभी भोग लेना पड़ता है। और कल मैं भला करूंगा तो कल मैं भला भोग लूंगा। लेकिन आज और कल का कहीं मिलन नहीं होता। जो बुरे का क्षण था, वह बीत गया। उसको अब काटा नहीं जा सकता। जो किया है, उसे अनकिया नहीं किया जा सकता।

लेकिन इसने हमको तरकीब दे दी। भविष्य में मिलेगा फल; कर्म अभी, फल दूर; बीच में समय का मौका मिलता है। उस समय में हम एडजस्टमेंट कर सकते हैं। उसमें हम कुछ इंतजाम कर सकते हैं। ऐसा जैसा मैंने आग में हाथ डाला, अगर छह घंटे बाद हाथ जलने वाला हो तो इस बीच में बर्फ पर रख कर ठंडा कर ले सकते हैं। बीच में अगर समय मिल जाए तो जो किया है उसको हम अनकिया कर सकते हैं। इसलिए भी हम कर्म को भविष्य के साथ जोड़ते हैं।

कर्म है प्रतिपल फलदायी। तब बड़ी मुश्किल होगी। तब कोई छुटकारा नहीं है। और तब कोई बचा नहीं सकता। और बचने की कोई विधि भी नहीं बनाई जा सकती। यहीं और अभी, हम जो करते हैं, वह हम भोग लेते हैं। इसलिए हम सब जमीन पर भला रहते हों, हम में से कुछ लोग नरक में रहते हैं, कुछ लोग स्वर्ग में रहते हैं, कुछ लोग यहीं मुक्त भी होते हैं, मोक्ष में रहते हैं।

यह भी गणना ठीक नहीं है। एक ही आदमी सुबह स्वर्ग में होता है; दोपहर नरक में हो जाता है; सांझ मोक्ष में

हो सकता है। और ऐसा जरूरी नहीं है कि दोपहर स्वर्ग में था, इसलिए सांझ फिर नरक में नहीं हो जाएगा। एक-एक क्षण हम थर्मामीटर के पारे की तरह स्वर्ग, नरक और मोक्ष में डोलते रहते हैं। जिंदगी गतिमान है, डायनामिक है।

अगर यह हमें खयाल में आ जाए तो फिर हम बुरे आदमी से बहुत कुछ सीख सकते हैं। वह सबक बन सकता है। हिटलर का जीवन पढ़ें, वह सबक बन सकता है।

लेकिन बड़ी दुर्भाग्य की बात है कि हम जिनको सफल कहते हैं, उनके सच्चे जीवन हमें उपलब्ध नहीं होते। दुनिया में जिनको हमने सफल कहा है, बड़े राजनीतिज्ञ हैं, बड़े धनपति हैं, यशस्वी लोग हैं, उनका अगर हमें सच्चा जीवन मिल सके, एक्सरेड—उसमें जरा भी बेईमानी न हो, सीधी एक्सरे की तरह पूरी तस्वीर हो—तो इस दुनिया में बेईमान होना मुश्किल हो जाए, बुरा होना मुश्किल हो जाए। लेकिन जब एक आदमी चढ़ते-चढ़ते सीढ़ियां प्रधानमंत्री हो जाता है, तो उसकी जिंदगी के भीतरी दुख, पीड़ाएं, चिंताएं, सब तिरोहित हो जाती हैं। वह जो स्कूल के बच्चों के सामने मुस्कुराता हुआ तस्वीर उतरवाता है, वही हमारे सामने होती है। उसका भीतरी नरक हमें बिलकुल दिखाई पड़ना बंद हो जाता है। उसकी सफलता की जो महिमा है—कागजी सही, लेकिन काफी रंगीन—वह हमें घेर लेती है, आच्छादित कर लेती है। और हमारे प्राणों के कोनों में भी कहीं एक वासना उठती है कि हम व्यर्थ ही हो गए, हम भी ये सीढ़ियां चढ़ सकते थे। और चढ़ सकते हैं अभी भी, कुछ तो कोशिश करें।

एच.जी.वेल्स कहा करता था—और ठीक कहा करता था—कि अखबारों में एडवरटाइजमेंट को छोड़ कर, और कोई चीज सच्ची नहीं होती। और हम जानते हैं कि एडवरटाइजमेंट कितना सच्चा होता है। लेकिन वह ठीक कहता है। बाकी सब झूठ होता है। हमारा इतिहास, हमारी किताबें, हमारी गाथाएं, सब झूठ होती हैं। और वे सब हमारे भीतर एक भ्रम पैदा करती हैं। हम बुरे आदमी के पीछे चलने लगते हैं; उससे सबक नहीं ले पाते।

मनुष्य-जाति का बड़ा कल्याण होगा उस दिन, जिस दिन हम बुरे आदमी की जिंदगी को पूरा खोल कर सामने रख सकेंगे। एक बुरे आदमी की जिंदगी बड़ा सबक हो सकती है।

एक भले आदमी की जिंदगी भी बड़ा सबक हो सकती है। लेकिन हम बुरे की जिंदगी ही नहीं खोल पाते, तो भले की जिंदगी खोलनी तो बहुत कठिन है। क्योंकि बुरा तो जीता है छिछला, ऊपर-ऊपर। उसकी जिंदगी तक छिपी रह जाती है। तो भला तो जीता है बहुत गहराइयों में, अतल गहराइयों में, सागर के बहुत नीचे। उसका तो हमसे कोई संबंध ही नहीं हो पाता।

ध्यान रखें, अगर बुरे को सबक बनाना है तो बुरे की जिंदगी को उघाड़े। कैसे उघाड़ पाएंगे? दूसरे की जिंदगी को उघाड़ना बहुत बुरा है। लेकिन आप में क्या बुराई कुछ कम है? वहीं से शुरू करें। अपनी ही बुराई उघाड़ें। और अपनी ही बुराई के साथ जो छाया की तरह दुख और नरक चलता है, उसे खोजें। हम सभी कुछ न कुछ बुरा कर रहे हैं। उस बुरे में थोड़ा झांकें और खोजें कि क्या मिला? दुख के अतिरिक्त बुरे से कभी कुछ नहीं मिलता है।

लेकिन हम क्षण में रुकते नहीं, हम आगे बढ़ जाते हैं। हम कभी खोज नहीं करते कि हमें क्या मिला। हमने जो किया, उस करने में क्या हुआ, उसका हम पूरा निरीक्षण नहीं करते।

आपने क्रोध किया। कभी आपने निरीक्षण किया है द्वार बंद करके, क्रोध पर ध्यान किया हो कि क्या हुआ? किसी को गाली दी, किसी का अपमान किया। कभी द्वार बंद करके निरीक्षण किया है कि क्या किया?

नहीं, हम बहुत होशियार हैं। जब भी हम क्रोध करते हैं, तो हम दूसरे पर ध्यान करते हैं कि उसने क्या कहा था जिसकी वजह से क्रोध किया—उसने क्या कहा था? हमने क्या किया, उसका हम निरीक्षण नहीं करते। दूसरे ने क्या किया, उसका हम निरीक्षण करते हैं। और मजा यह है कि वह दूसरा भी, आपने क्या किया, इसका निरीक्षण अपने घर पर कर रहा होगा। आप दोनों अपने से चूक जाएंगे।

आत्म-निरीक्षण का अर्थ है : मैंने क्या किया। आपने गाली दी, यह आपका काम था। इसका निरीक्षण करना मेरा जिम्मा नहीं है। इससे मेरा कोई संबंध नहीं है। इसका मैं निरीक्षण करना भी चाहूं तो कैसे करूंगा? यह एक छोटी सी गाली जो आपसे आई है, यह आपके पूरे जीवन का हिस्सा है। यह आपकी पूरी जिंदगी की कथा है। उस पूरी जिंदगी के वृक्ष में यह गाली लगी है एक कांटे की तरह। यह आज अचानक नहीं लग गई है। यह पूरा वृक्ष इसमें अंतर्निहित है। मैं इसका निरीक्षण कैसे कर पाऊंगा? मैं निरीक्षण इतना ही कर सकता हूं कि इस गाली ने मेरे भीतर क्या किया? इस गाली के प्रतिकार में मेरे भीतर क्या हुआ? इस गाली ने मुझे क्यों बदल डाला? इस एक गाली ने मेरी मुस्कुराहट को राख क्यों कर दिया? इस एक गाली ने मेरे भीतर खिले हुए सब फूल क्यों जला डाले? इस एक गाली ने मेरा सारा रुख क्यों बदल दिया? इस एक गाली के कारण, मैं जो भला आदमी था, अचानक शैतान क्यों बन गया हूं? और फिर इस गाली से मेरे भीतर क्या हो रहा है—जो क्रोध उठ रहा है, जो आग उठ रही है, जो जलन मेरे रोएं-रोएं में फैलती जा रही है, जो हिंसा मेरे भीतर भभक रही है—वह क्या है?

अगर आप द्वार बंद कर लें जब आपको कोई गाली दे और उस आदमी को भूल जाएं और जो आपके भीतर हो रहा है उसका निरीक्षण कर लें, तो आप बुरे आदमी के भीतर प्रवेश करने की कला समझ जाएंगे। बुरा आदमी दूसरा नहीं है, बुरे आदमी आप ही हैं। और जिस दिन आप अपने क्रोध को और उसकी पीड़ा को जान लेंगे, अपने पाप को और उसके दंश को जान लेंगे, उस दिन आप इस भूल में कभी न पड़ेंगे कि कोई दूसरा आदमी क्रोध करके और जीवन में आनंद पा सकता है। इस भूल में फिर आप न पड़ेंगे। फिर आप यह न सोच सकेंगे कि कोई आदमी दूसरों को दुख पहुंचा कर, पीड़ा पहुंचा कर सुख पा सकता है। इस भ्रांति का फिर कोई उपाय नहीं है। इस आत्म-निरीक्षण से हम बुरे आदमी के भीतर भी देखने में समर्थ हो जाते हैं।

बुद्ध का चचेरा भाई है एक। दोनों साथ खेले और बड़े हुए हैं। तो जिनके साथ हम खेले और बड़े हुए हैं, वे कभी हम से बड़े हो सकते हैं, यह मानने के लिए अहंकार कभी राजी नहीं होता। देवदत्त बुद्ध के साथ बड़ा हुआ। कभी खेल में बुद्ध को गिराया भी, छाती पर भी सवार हुआ। कभी बुद्ध से हारा भी, कभी जीता भी।

फिर अचानक बुद्ध का शिखर ऊपर उठता चला गया। लाखों लोग बुद्ध के चरणों में सिर रखने लगे। देवदत्त की पीड़ा हम समझ सकते हैं। देवदत्त ने बुद्ध की हत्या के बड़े उपाय किए हैं। बुद्ध एक शिला पर बैठ कर ध्यान करते हैं; देवदत्त एक बड़ी चट्टान पहाड़ से सरकवा देता है। वह चट्टान सरकती हुई जब बुद्ध के पास से गुजरती है, बाल-बाल चूक जाते हैं, तो बुद्ध का एक शिष्य बुद्ध से कहता है, यह दुष्ट देवदत्त!

बुद्ध कहते हैं, रुको! रुको! तुम भी अपने भीतर उसके खिलाफ चट्टान सरकाने लगे। दुष्ट क्यों? जो उससे हो सकता है, वह कर रहा है। यह धार्मिक आदमी की स्वीकृति है : जो उससे हो सकता है, वह कर रहा है। और जो उससे नहीं हो सकता, उसकी अपेक्षा करने का कारण भी क्या है? बुद्ध उस भिक्षु से कहते हैं कि भिक्षु, तू भी अगर मेरे साथ खेला और बड़ा हुआ होता, तो शायद ऐसा ही कुछ करता। देवदत्त की पीड़ा का तुझे पता नहीं है। क्योंकि बहुत पीड़ा में होगा, तभी कोई आदमी ऐसी चट्टान सरकाने का श्रम लेता है।

इस आदमी को ध्यानी कह सकते हैं हम। क्योंकि यह आदमी, देवदत्त क्या कर रहा है, इस पर फिक्र नहीं करता; इसके भीतर क्या हो रहा है, इसकी ही फिक्र है।

बुद्ध आंख बंद कर लेते हैं। वह चट्टान सरकती नीचे के खड्डों में चली जाती है शोर करती। और बुद्ध आंख बंद किए रहते हैं। घड़ी भर बाद वह भिक्षु फिर पूछता है, आप क्या सोच रहे हैं?

बुद्ध कहते हैं, मैं अपने भीतर देख रहा हूं कि देवदत्त ने जो किया, उससे मेरे भीतर क्या होता है। अगर कुछ भी होता है मेरे भीतर तो चट्टान से मैं बच नहीं पाया, चोट लग गई। अगर जरा सी भी खरोंच मेरे भीतर आती है तो

देवदत्त सफल हो गया। यही वह चाहता है। अगर मैं भी एक चट्टान लेकर उस पर दौड़ पड़ूं और उसके ऊपर चट्टान फेंक दूं तो उसकी सारी पीड़ा मिट जाए। यही वह चाहता है। समझ जाए कि ठीक है, कोई गड़बड़ नहीं है। उसकी फिर कोई ईर्ष्या न रह जाए। उसकी ईर्ष्या यही है, उसकी तकलीफ यही है।

बुद्ध के रास्ते पर से, बुद्ध जहां से गुजर रहे हैं, देवदत्त एक पागल हाथी छोड़ देता है। अब तो यह बात कथा जैसी लगती है। लेकिन कथा नहीं है; और आज नहीं कल, विज्ञान इसकी गहराइयों में उतर जाएगा, और यह कथा नहीं रह जाएगी। पागल हाथी बुद्ध के पास आता है और चरणों में सिर झुका कर खड़ा हो जाता है। वह पागल था। लगता है, कहानी है। क्योंकि पागल हाथी क्या फिक्र करेगा बुद्ध की? और पागल हाथी को क्या अंतर पड़ता है कि कौन कौन है? पागल हाथी तो पागल ही होगा।

इसमें थोड़े से फर्क हैं। पागल आदमी अगर होता तो शायद बुद्ध की फिक्र न भी करता। क्योंकि आदमी से ज्यादा पागल होने वाला जानवर जमीन पर दूसरा नहीं है। पागल हाथी कितना ही पागल हो, फिर भी पागल आदमी जैसा पागल नहीं होता। और जानवरों के पास एक अंतःप्रज्ञा होती है। बुद्धि तो उनकी नहीं काम करती, लेकिन उनका हृदय संस्पर्शित होता है।

अब वैज्ञानिक, विशेषकर जो साइकिक रिसर्च पर काम कर रहे हैं पश्चिम में, उनका कहना है कि जब कोई आदमी बिलकुल शांत होता है तो उससे एक खास तरह की तरंगें उसके चारों तरफ फैलनी शुरू हो जाती हैं। आपसे भी तरंगें फैल रही हैं। सभी से तरंगें फैल रही हैं। हर आदमी तरंगों में जी रहा है। और हर आदमी प्रतिपल एक झील है गहरी, जिसमें तरंगें उठ रही हैं। जब आपके भीतर क्रोध उठता है तो आपके बाहर क्रोध की तरंगें फैलनी शुरू हो जाती हैं। जरूरी नहीं है कि आप नाराज हों और चिल्लाएं और चीखें, तब तरंगें फैलें। जब आप नहीं भी चीखते, नहीं भी चिल्लाते, बाहर कुछ प्रकट नहीं होता, तब भी आपके भीतर से तरंगें बाहर फैलनी शुरू हो जाती हैं। जिस आदमी ने क्रोध प्रकट न किया हो, उसके आस-पास भी क्रोध की हवा पैदा हो जाती है। जो आदमी कामातुर हो गया हो, और कहीं प्रकट न कर रहा हो कि कामवासना भीतर भर गई है, तो भी तरंगें चारों तरफ कामातुर हो जाती हैं।

अब तो वैज्ञानिकों के पास उपाय हैं जांचने के। क्योंकि यंत्र हैं, जिन पर ये तरंगें अंकित हो जाती हैं कि आदमी इस वक्त कैसी हालत में है। और न केवल इतना, बल्कि अभी एक बहुत अनूठा प्रयोग हुआ है जो कि भविष्य की धार्मिक साधना के लिए बड़े काम का होगा। वह है एक छोटे से यंत्र की ईजाद, जिसमें बटन दबाते से आप अपने मस्तिष्क में कैसी तरंगें चल रही हैं, उनका ग्राफ देख सकते हैं। वह ग्राफ आपको सामने पर्दे पर दिखाई पड़ने लगता है। आपके मस्तिष्क से एक इलेक्ट्रोड, एक बिजली का तार जुड़ा होता है यंत्र में। आपने ऑन किया यंत्र, आपके मस्तिष्क में कैसी तरंगें चल रही हैं, वह बताना शुरू कर देता है। यंत्र पर निशान लगे हुए हैं कि अगर इतनी तरंगें चल रही हैं तो आपका मन अशांत है, इतनी चल रही हैं तो कम अशांत है, इतनी चल रही हैं तो शांत है, इतनी चल रही हैं तो बिलकुल शांत है, इतनी चल रही हैं तो आप बिलकुल शून्य हो गए हैं।

जब आप देखते हैं कि बहुत अशांत किरणें चल रही हैं, तो बड़े मजे की बात यह है कि देखते से ही किरणें नीचे गिरनी शुरू हो जाती हैं। क्योंकि जैसे ही आदमी सजग होता है कि अशांत है, वह शांत होना चाहता है। वह खयाल ही कि हमें शांत होना चाहिए, तत्काल किरणों को नीचे गिरा देता है। उस ग्राफ को वे कहते हैं फीड बैक। क्योंकि आपको देखने से तत्काल खयाल आता है कि यह तो ठीक नहीं हो रहा। उसका परिणाम होना शुरू हो जाता है।

ध्यान के लिए इस यंत्र का बड़ा परिणाम होगा। क्योंकि तब आप सामने ही देख सकते हैं कि क्या हो रहा है। और न केवल देख सकते हैं, जो आप देखेंगे, तत्काल उस पर आपकी प्रतिक्रिया होगी और उसका परिणाम होगा।

जैसे ही कोई आदमी बिलकुल शांति के करीब पहुंचता है और ग्राफ खबर देता है कि मन बिलकुल शांत हो

गया, वह एकदम से कहता है कि मन बिलकुल शांत हो गया—अशांति शुरू हो जाती है। क्योंकि यह भी अशांत खयाल है। यह भी एक तरंग हो गई। तत्काल मन की शांति खो जाती है। तरंगें उठनी शुरू हो जाती हैं।

ये तरंगें पशु हमसे ज्यादा सक्षम हैं पकड़ने में। आदमी बहुत संवेदनहीन हो गया है। पशु ज्यादा संवेदनशील हैं। वैज्ञानिक बहुत चिंतित रहे हैं सदा से। कुत्ते हैं, बिल्लियां हैं। ऐसी बिल्लियां हैं जिनको कि हवाई जहाज से ले जाकर दूर जंगलों में छोड़ दिया गया। रास्ते का उन्हें कोई पता नहीं कि उनका घर कहां है। और वे सीधी घर की तरफ चल पड़ती हैं। सीधी! ऐसा भी नहीं कि उनको रास्ता खोजना पड़ता हो। उनको छोड़ा है बोरिए के बाहर, उनकी आंख की पट्टी खोली और वह चल पड़ीं—स्ट्रेट। इस जगह उन्हें कभी नहीं लाया गया। इस जगह हवाई जहाज से लाया गया है। आंख पर पट्टी बंधी हुई हैं। कोई रास्ते का उन्हें पता नहीं है। लेकिन फिर यह घर की तरफ चलना कैसे हो जाता है? अब वैज्ञानिक कहते हैं कि बिल्लियों को जरूर ही कुछ संवेदनाएं हैं, कुछ तरंगों का अनुभव है, जो हमें नहीं है। जिनके आधार पर वह चलनी शुरू हो जाती हैं।

एक वैज्ञानिक के घर में सरकार उसके खिलाफ कुछ जासूसी कर रही थी। शक था उस मुल्क की सरकार को कि वह वैज्ञानिक किन्हीं दूसरे मुल्कों से जुड़ा हुआ है। तो उसके घर में चोरी से एक टेप रिकार्डर छिपा दिया गया था। एक जरा सा यंत्र एक कोने में, दीवार में छिपा हुआ था।

वैज्ञानिक घर आया, उसके कुत्ते ने आते से ही उस कोने की तरफ मुंह करके और भौंकना शुरू कर दिया। वैज्ञानिक बहुत परेशान हुआ, कुत्ते को डांटा-डपटा; लेकिन वह मानने को राजी नहीं हुआ। वह छलांग लगाए और कोने में जाए और शोरगुल करे। खोज की गई तो पाया गया कि वहां कोई यंत्र छिपाया गया है। वह वैज्ञानिक ध्वनि पर काम कर रहा था। वह बड़ा हैरान हुआ।

खोज करने से पता चला कि जैसे यह माइक है, मैं इससे बोल रहा हूं, तो यह माइक मेरी आवाज को खींच रहा है। तो माइक के पास छोटा सा वैक्यूम निर्मित हो जाता है, क्योंकि वह आवाज को खींचता है, सक करता है। उस कुत्ते को उस वैक्यूम का अनुभव हुआ, इसलिए वह भौंका। फिर तो उस कुत्ते पर बहुत प्रयोग किए। सूक्ष्मतम भी तरंगों का वैक्यूम पैदा हो तो वह कुत्ते को पता चल जाएगा।

अब तो जो साइकिक रिसर्च करते हैं, वे लोग कहते हैं...। जैसा कि हिंदुस्तान के गांवों में ग्रामीण लोग कहते हैं। लेकिन वे ग्रामीण हैं, अंधविश्वासी हैं, उनकी कोई मानने को राजी नहीं—कि कुत्ते जब रात अचानक भौंकने लगें, तो किसी की मृत्यु हो गई, या मृत्यु होने के करीब है। अब वैज्ञानिक आधारों पर भी ऐसा मालूम पड़ता है कि जब कोई शरीर से आत्मा छूटती है, तो तरंगों का जो आघात चारों तरफ पैदा होता है, कुत्ते उसके लिए संवेदनशील हैं। और उनको लगता है कि कुछ हो रहा है जो बेचैनी का है, उनको बेचैनी का है।

तो कुछ हैरानी नहीं कि पागल हाथी बुद्ध के पास आकर अचानक उनकी तरंगों की छाया में शांत हो गया हो। देवदत्त बहुत परेशान हुआ; क्योंकि पागल हाथी से यह आशा न थी। पत्थर चूक गया, यह संयोग था। पागल हाथी, और जाकर चरणों में सिर रख दिया! तब तो उसकी बेचैनी और बढ़ गई।

बुद्ध ने कहा है कि हाथी को भी समझ आ गई जो पागल था, लेकिन देवदत्त को कब समझ आएगी!

आदमी सीखता ही नहीं। और सीखता है तो गलत सीखता है। देवदत्त इतना ही समझा कि हमने गलत समझा कि हाथी पागल था। हाथी पागल नहीं था। हमारी भ्रांति थी कि हमने समझा हाथी पागल था। हाथी पागल नहीं था। इतना सीखा। दूसरे पागल हाथी की तलाश उसने जारी की। हम ऐसे ही सीखते हैं।

लाओत्से कहता है, 'सज्जन दुर्जन का गुरु है; दुर्जन सज्जन के लिए सबक है। जो न अपने गुरु को मूल्य देता है और न जिसे अपना सबक पसंद है, वह वही है जो दूर भटक गया है, यद्यपि वह विद्वान हो सकता है।'

'जो न अपने गुरु को मूल्य देता है और न जिसे अपना सबक पसंद है।'

ध्यान रखना, जब एक बुरे आदमी से आप कुछ सीखते हैं, तो आपको अनुगृहीत होना चाहिए। जिससे आपने कुछ सीखा है, उससे अनुगृहीत होना चाहिए। बुरे आदमी से भी।

लेकिन बुरे आदमी से अनुगृहीत होने की तो बात दूर है, हम जब भले आदमी से भी कुछ सीखते हैं तो अनुग्रह नहीं होता। असल में, हमें यह खयाल ही दुख देता है कि हमने और सीखा! हम और सीखें! सीखना अहंकार के लिए बड़ी चोट है। इस जगत में शिष्य होने से बड़ी कठिन और शायद कोई ही चीज हो।

हम कहेंगे, क्या है? शिष्य होने में क्या तकलीफ है? लेकिन जरूर बड़ी कठिन है। क्योंकि उसका अर्थ ही यह है, यह मानना कि मैं नहीं जानता हूं, शुरुआत है। और ऐसा कोई आदमी मानने को तैयार नहीं कि मैं नहीं जानता हूं। हम सभी जानते हैं। अगर हम कभी किसी से अनुग्रह भी प्रकट करते हैं तो हमारे शब्द बड़े मजेदार होते हैं।

मेरे पास बहुत लोग आते हैं; उनकी बातें बड़ी मजेदार होती हैं। एक सज्जन आकर अक्सर कहते हैं कि आपने जो कहा, वह बिलकुल मेरा ही खयाल है। सिर्फ यह है कि मैं उसे कहने में कुशल नहीं हूं, और आपने कहा। एक सज्जन आते हैं, वे अक्सर कहते हैं कि आपकी बातों से, जो मैं पहले से ही मानता हूं, उसे इतनी पुष्टि मिलती है जिसका कोई हिसाब नहीं। ऊपर से देखने पर लगेगा कि इसमें कुछ भी भूल-चूक नहीं है। वस्तुतः ये मित्र यह कह रहे हैं कि सीखने को कहीं कुछ भी नहीं है। जो भी सीखने को है, उनके पास है।

और यह जो, यह जो वृत्ति है, यह व्यक्तियों तक ही नहीं, समूह में फैल जाती है, जातियों में फैल जाती है। हमारे मुल्क में बहुत गहन है। हमारे मुल्क में इतनी जड़ता की तरह फैल गई है यह कि अगर पश्चिम में कोई भी विज्ञान की नई ईजाद होती है तो हमारा मुल्क कभी यह नहीं कह पाता कि यह कोई नई खोज है। हम नहीं कह पाते। हम फौरन अपनी किताबें उलटने लगते हैं और खोजने लगते हैं कि कहीं से कोई भी तोड़-मरोड़ कर भी हम कह सकें कि हमारी किताब में तो पहले से मौजूद है। और बड़ा मजा यह है कि इस किताब को इसके पहले हमने कभी नहीं खोला। और इसके पहले हम कभी नहीं बता सके कि उसमें क्या मौजूद है। हम इसमें इतने कुशल हो गए हैं कि दुनिया में कहीं कुछ हो ही नहीं सकता जो हमारे वेद में मौजूद न हो। कुछ भी कर ले दुनिया, हम फौरन बता देंगे कि यह देखो! हम मतलब बदल लेंगे। हम शब्दों को तोड़ लेंगे। हम शब्दों पर जबरदस्ती कलमें बिठा देंगे अर्थों की। और हम तोड़-मरोड़ कर सिद्ध कर देंगे कि यह तो हमारे इसमें पहले से लिखा हुआ है।

क्या कारण है? हमको वहम हो गया है कि हम जगतगुरु हैं। अब जो जगतगुरु हैं, वे शिष्य तो हो ही नहीं सकते, जगत में कुछ सीख तो सकते ही नहीं। और यह अगर कौम को ही हो गया हो, ऐसा नहीं है। हमारी कौम जगतगुरुओं की कौम है, इसमें हर आदमी जगतगुरु है।

सीखने की क्षमता हमने खो दी; वही हमारा पाप है। हम अगर पांच हजार साल में इंच भर आगे नहीं सरके तो उसका कारण है कि हमने सीखने की क्षमता खो दी। सीखने की क्षमता इस विनम्रता से शुरू होती है कि हमें पता नहीं है। लेकिन हम इतने बेईमान हैं कि हमें पता नहीं है इसकी कोई फिक्र नहीं, जब किसी को पता होगा तो हम कहेंगे यह तो हमें पहले से पता था।

अच्छा यह बड़े मजे की बात है कि हम, विज्ञान अभी सौ साल में आगे क्या होगा, उसकी एक-आध खोज करके अपने शास्त्रों से कभी बताएं। वह हम कभी नहीं बता पाते। साइकिल बनाना हमारे शास्त्र से मुश्किल है, लेकिन हवाई जहाज हमारे शास्त्र में है। वह वृत्ति! हवाई जहाज था या नहीं, यह बहुत मूल्य की बात नहीं है। लेकिन वृत्ति! और यह वृत्ति सामूहिक हिस्सा बन गई हमारी चेतना का। कोई आदमी सीखने को राजी नहीं है।

सीखने का भाव पैदा ही तब होता है, जब कोई यह स्वीकार करता है कि मुझे पता नहीं है। और तब तो बुरे

आदमी से भी जो सबक मिलता है, उसका भी अनुग्रह मन में रह जाता है। तब तो जिन्हें गड्ढे में गिरे देख कर हम गड्ढे में गिरने से बच गए, वे भी हमारे गुरु हैं।

'जो न अपने गुरु को मूल्य देता है और न जिसे अपना सबक पसंद है, वह वही है जो दूर भटक गया है।'

क्यों दूर भटक गया है? क्योंकि जिसकी सीखने की क्षमता ही खो गई है, उसके अब पहुंचने का कोई उपाय नहीं है। जिसने सीखना ही छोड़ दिया है, अब उसके भटकन का क्या हिसाब लगाएं? भटकन कम हो सकती है, अगर सीखने की क्षमता मौजूद हो। लाख कोस दूर भटक गया होऊं, लेकिन सीखने की क्षमता मौजूद है तो वापस लौट सकता हूं। लेकिन इंच भर दूर हूं मंजिल के, और सीखने की क्षमता नहीं है, तो भी वापस नहीं लौट सकता। लौटना, यात्रा, तो सीखने पर निर्भर होगी।

तो जरूरी नहीं है, जो आदमी सीख सकता है...जैसी मेरी समझ है कि पश्चिम हमसे ज्यादा धार्मिक हो सकता है। उसकी सीखने की क्षमता निश्छल है, ताजी है, निर्दोष है। हम बड़ी अड़चन में हैं। पश्चिम का बड़े से बड़ा विचारक सीखना चाहता हो, तो गंवार से गंवार आदमी के पास भी बैठ जाएगा सीखने के लिए। इसकी फिक्र छोड़ देगा कि मैं किससे सीख रहा हूं। लेकिन हम बहुत मजेदार हैं। पश्चिम से लोग आते हैं। पश्चिम से इधर पिछले पचास वर्षों में वहां के कुछ विचारशील लोग भी पूरब की तरफ आए। और कई बार ऐसा हुआ है कि जाने-अनजाने वे ऐसे लोगों के चरणों में भी बैठ गए हैं, जिनको खुद भी कुछ पता नहीं है। खोज है, इसलिए कई बार जरूरी नहीं है कि आप ठीक आदमी के पास पहुंच जाएं। लेकिन उनका श्रेष्ठतम विचारक भी हमारे गंवार से गंवार साधु के चरणों में बैठ जाएगा—सीखना है—और इस भांति सीखेगा कि अपनी सारी जानकारी, अपनी सारी समझ एक तरफ रख देगा। क्योंकि उसे बाधा नहीं बनानी है। लेकिन हमारा नासमझ से नासमझ आदमी भी सीखने की क्षमता खो दिया है। क्या हुआ है? क्या कारण गहन हो गया है भीतर हमारे?

दो बातें हुई हैं। एक तो जीवन के सत्यों के संबंध में जो शब्द हैं, वे हमें कंठाग्र हो गए हैं। शब्द ही बीच में आ जाता है और पता लगता है कि हमें मालूम है। फिर और भीतर जाने की कोई जरूरत नहीं रह जाती। और दूसरी बात, इस पांच हजार वर्षों में हम इतने दीन-हीन हो गए हैं कि अगर हम अब यह भी मानें कि हमें ज्ञान भी नहीं है अध्यात्म का तो फिर हमारे अहंकार के लिए कोई सहारा ही नहीं रह जाता। एक ही सहारा बचा है। बाकी तो सब सहारे टूट गए हैं। सब सहारे टूट गए हैं। हमारे पास और तो कोई बल नहीं है, जिसको हम कह सकें। मगर एक तो हम बात चलाए ही रख सकते हैं कि हम आध्यात्मिक हैं। सारी ग्लानि को भुलाने के लिए हमें एक ही सहारा बचा है कि हम अपने को आध्यात्मिक कहे चले जाएं।

लेकिन मजा यह है कि उसके कारण हम भीतरी रूप से भी दीन होते चले जा रहे हैं; क्योंकि वह खोज भी नहीं कर पाते। जब मालूम है, खोज का कोई उपाय न रहा। जब हम पहुंच ही गए हैं, तो चलने की कोई बात ही नहीं है।

लाओत्से कहता है, 'जो न अपने गुरु को मूल्य देता है और न जिसे अपना सबक पसंद है, वह वही है जो दूर भटक गया है, यद्यपि वह विद्वान हो सकता है।'

विद्वान होना एक बात है। उतनी कठिन नहीं, जितना शिष्य होना कठिन है। सीखना जितना कठिन है, उतना विद्वान होना नहीं। पर विद्वान का क्या मतलब? क्योंकि हम तो सोचते हैं, जो आदमी सीखता है, वह विद्वान होता है। नहीं, जो आदमी सीखने से बचने की तरकीबें करता है, वह विद्वान हो जाता है। जो आदमी बिना सीखे सीखने की आयोजना कर लेता है, वह आदमी विद्वान हो जाता है। जो आदमी सत्य को बिना जाने शब्दों का संग्रह कर लेता है, वह आदमी विद्वान हो जाता है। जो आदमी गुरु से डरता है, लेकिन शास्त्र को पचा जाता है, वह आदमी विद्वान हो जाता है। शास्त्र बाजार में मिल जाते हैं। शास्त्र पर कोई अनुग्रह की जरूरत भी नहीं है।

यह एक मजेदार मामला है। लाओत्से की किताब पढ़ना आसान है, लाओत्से के पास क्षण भर बैठना मुश्किल हो जाए। बुद्ध की किताब बांचने में क्या अड़चन है? पढ़ी और एक कोने में फेंक दी। इतना आसान बुद्ध के पास जाना नहीं होगा। और बुद्ध के पास जाकर बुद्ध को फिर कोने में कभी नहीं फेंका जा सकता। बुद्ध की किताब पढ़ो, कुछ करना नहीं पड़ता। शब्द सीधे भीतर चले जाते हैं और खून में मिल जाते हैं। बुद्ध के पास जाओ, पूरी जिंदगी बदलनी पड़ेगी। बुद्ध तोड़ देंगे पूरा। पुराना सारा ढांचा तोड़ेंगे। एक-एक अंग-अंग, पसली-पसली अलग कर देंगे। फिर नया आदमी निर्मित करेंगे। वह जरा जटिल और कठिन मामला है।

लेकिन बुद्ध के जो शब्द हैं, वे उन्हीं के काम के हैं, जो उतना टूटने, मरने और नया जीवन पाने के लिए तैयार हों। वे शब्द उन्हीं के काम के हैं। इसलिए कभी-कभी ऐसा लगता है—धम्मपद पढ़ो, बुद्ध के वचन पढ़ो—कभी तो हैरानी होती है कि इन्हीं वचनों के कारण यह आदमी इतना बड़ा था! ये वचन तो साधारण हैं।

इन वचनों के कारण यह बड़ा आदमी नहीं था। ये वचन तो सिर्फ रास्ते पर छूट गया कचरा है। जिस रास्ते से यह आदमी गुजरा था, उस रास्ते पर छूट गई थोड़ी सी खबरें हैं। ये इतने ही शब्द इतने क्रांतिकारी रहे होंगे? वह क्रांति है व्यक्ति के बदलने में, शब्दों में नहीं। और जब व्यक्ति बदलता है और शब्द अनुभव बनता है, तब पता चलता है।

इसलिए इस मुल्क में हमने बहुत जोर दिया था गुरु पर। अतिशय जोर दिया था गुरु पर। यह थोड़ा समझ लेने जैसा है। हमारा जोर इतना था गुरु पर कि संभवतः पृथ्वी पर किसी कौम का कभी भी नहीं रहा। लेकिन थोड़ी भूल हो गई। गुरु पर जोर सिर्फ इसलिए था, ताकि आप शिष्य हो सकें। गुरु पर जोर इसलिए था। हमने गुरु को आसमान पर बिठाया था। उसे हमने सारी भगवत्ता दे दी थी।

कबीर ने यहां तक कहा कि गुरु गोविंद दोई खड़े, काके लागूं पांय। दोनों खड़े है सामने, गुरु भी और गोविंद भी, किसके पैर लगूं? बलिहारी गुरु आपकी गोविंद दियो बताय। फिर गुरु के ही पैर लग गया; क्योंकि उसके ही कारण गोविंद का पता चला।

हैरानी की बात है! गोविंद, खुद भगवान खड़ा हो और गुरु खड़ा हो, तो कबीर कहते हैं, गुरु के ही पैर में गिरा। क्योंकि गुरु के बिना वह भगवान नहीं बताया जा सकता था। इसलिए भगवान नंबर दो है।

इतना हमने गुरु को ऊपर रखा था। उसका प्रयोजन था, ताकि आप शिष्य हो सकें। लेकिन हम बड़े होशियार लोग हैं। हमने सोचा, जब गुरु इतने ऊपर है, तो हम गुरु ही क्यों न हो जाएं? इसलिए मुल्क में गुरु ही गुरु हो गए।

मैंने सुना है, एक गांव में कुछ लोग दान मांगने गए। एक मकान को सदा दान मांगने वाले छोड़ देते थे। वह गांव के सबसे बड़े धनपति का मकान था। पर अति कृपण था वह। और कभी वहां से किसी को दान नहीं मिला था। लेकिन हालत बुरी थी, अकाल था। और लोगों ने सोचा, शायद ऐसे क्षण में उसको दया आ जाए। और अस्थिपंजर गांव में पड़े थे। और लोगों को भोजन नहीं था। शायद उसको दया आ जाए! सोचा कि वर्षों से गए भी नहीं, एक कोशिश करें। फिर आदमी बदल भी जाता है। और ज्यादा से ज्यादा इनकार ही होगा; इससे ज्यादा क्या हो सकता है? तो वे भीतर गए। उन्होंने बहुत समझाई सारी हालत। उनकी हालत अकाल की सुन कर उन्हें ऐसा लगने लगा कि कृपण पिघल रहा है। और उन्हें ऐसा लगा कि कृपण की आंखों में रौनक आ रही है। और उन्हें लगा कि आज तो कुछ न कुछ जरूर मिलेगा। आखिर कृपण इतना प्रसन्न हो गया और उसने कहा कि मैं काफी प्रभावित हो गया हूं तुम्हारी बातों से। तो उन्होंने कहा कि फिर? तो उसने कहा, फिर क्या? मैं भी चलता हूं तुम्हारे साथ दान मांगने। फिर क्या? जब ऐसी हालत है तो हम घर में न बैठे रहेंगे।

ऐसा ही हुआ इस मुल्क में। गुरु की इतनी महिमा—सारा मुल्क गुरु हो गया। शिष्य के लिए थी वह सारी शिक्षा। वह इसलिए थी कि तब यह खयाल में आए कि अगर गुरु की इतनी महिमा है तो गुरु को पा लेना मार्ग है।

लेकिन गुरु को पाने का उपाय एक ही है कि कोई पूरे हृदय से शिष्य हो जाए। और तो कोई उपाय नहीं है। शिष्य तो खोते चले गए। नानक ने पांच सौ साल पहले फिर से कोशिश की, और गुरु की बड़ी महिमा...। इसलिए अपने अनुयायियों को शिष्य नाम दिया। उनको पता नहीं था कि वे सिक्ख हो जाएंगे। शिष्य नाम दिया, उनको पता नहीं था कि वे सिक्ख हो जाएंगे। पंजाबी में शिष्य का रूप है सिक्ख। सिक्ख एक नई जमात हो गई, एक नया संप्रदाय हो गया। शिष्यत्व की तो बात ही खो गई; एक नई जमात खड़ी हो गई।

हम चूकने में कुशल हैं। कुछ भी हमें दिया जाए, हम अपने बचाव निकाल लेते हैं।

गुरुओं की इस महिमा का इतना नुकसान हुआ, तो इधर कृष्णमूर्ति ने गुरु के खिलाफ एक आंदोलन खड़ा किया सारे जगत में—कोई गुरु नहीं है। लेकिन जो भूल सदा होती है, वही भूल होने वाली है। इस सदी में यह खबर कि कोई गुरु नहीं है किसी का, प्रत्येक को स्वयं पाना है, हमारे अहंकार को बड़ी तृप्तिदायी मालूम पड़ी। कृष्णमूर्ति के पास अहंकारियों की जमात इकट्ठी हो गई। उन अहंकारियों ने कहा कि ठीक है, कोई गुरु नहीं है, यह तो बिलकुल ठीक बात है। कोई गुरु हो भी क्यों? प्रत्येक व्यक्ति पहुंच सकता है। तो ऐसे लोग हैं, जो चालीस साल से कृष्णमूर्ति को सुनते हैं; जो भी उनकी बुद्धि में है, सब कृष्णमूर्ति से सुना हुआ है; उनके शब्द-शब्द उधार हैं; फिर भी उनमें इतना भी अनुग्रह नहीं आ पाया कि वे कह सकें कि कृष्णमूर्ति से हमने सीखा है। बल्कि वे कृष्णमूर्ति की ही साथ में उक्ति बताएंगे कि सीखने का सवाल ही कहां है? कृष्णमूर्ति खुद ही कहते हैं, कोई गुरु नहीं है।

हमने एक बार इस मुल्क में मेहनत की थी गुरु की महिमा बता कर, ताकि लोग शिष्य हो जाएं; तब भी वे शिष्य न हुए, गुरु हो गए। अभी कृष्णमूर्ति ने दूसरा प्रयोग किया गुरु को खंडित करके, कि उसकी कोई महिमा नहीं है, ताकि लोग शिष्य हो जाएं, छोड़ें गुरु होना। मगर लोगों ने कहा, जब गुरु कोई है ही नहीं तो शिष्य होने का कोई सवाल ही नहीं है। जब गुरु की महिमा हमने सुनी, हम गुरु हो गए। जब हमने सुना कि गुरु है ही नहीं, हमने कहा, अब शिष्य होने का कोई सवाल ही न रहा।

चाहें बुद्ध हों, चाहे कबीर हों, चाहे कृष्णमूर्ति हों, हमको रास्ते से हटा नहीं सकते। हम बड़े मजबूत हैं। वे हमें कैसा ही धक्का दें, हम उसकी जो परिभाषा करेंगे, वह हमें और मजबूत कर जाती है। इस दशा को ठीक से समझ लें तो यह सूत्र समझ में आ जाएगा।

और लाओत्से कहता है, 'यही सूक्ष्म व गुह्य रहस्य है। सच इज़ दि सटल सीक्रेट।'

आदमी अज्ञान में है। आदमी को पता नहीं, कौन है। यह भी पता नहीं, किस यात्रा पर है। यह भी पता नहीं, इस जीवन की नियति क्या है। इस जीवन के बीज से कौन सा फूल खिलेगा? इस जीवन के अंधेरे में कौन सी सुबह होगी? कौन सा सूरज निकलेगा? कुछ भी पता नहीं है। यह जीवन की नाव किस किनारे लगेगी? कोई किनारा भी है या नहीं है, कुछ भी पता नहीं है। इस गहन अज्ञान में अगर सीखने की विनम्रता न हो, तो भटकाव का कोई अंत नहीं हो सकता। सीखने की विनम्रता इतनी होनी चाहिए कि जहां से भी सीखने को मिल जाए, सीख लिया जाए। वह बुरा आदमी हो, चोर हो, बेईमान हो, डाकू हो, हत्यारा हो, जिससे भी सीखने को मिल जाए, सीख लिया जाए।

गुरु का यह अर्थ नहीं है कि इसी एक गुरु के पैर पकड़ कर और रुक रहा जाए। इस फर्क को थोड़ा ठीक से समझ लें। वह भी अड़चन खड़ी हुई है, क्योंकि गुरु लोगों को समझाते हैं...। एक महिला मेरे पास आई। उसने मुझे कहा कि आपको सुनने आना चाहती हूं, लेकिन मेरे गुरु कहते हैं: एक पति, एक गुरु! गुरु बदलेगी?

बड़े मजेदार लोग हैं। मगर वक्त गया एक पति वाला भी; एक गुरु का तो अब कोई सवाल ही नहीं है। और पति तो हैं मूढ़; एक की बात चल सकती है, समझ में आती है। लेकिन गुरुओं में ऐसी मूढ़ता हो, तब तो हद हो गई। लेकिन गुरु भी पकड़ते हैं। वहां भी डर है कि उनके घेरे से कोई बाहर न हो जाए।

शिष्य का मतलब गुरु को पकड़ना नहीं है। शिष्य का मतलब सीखने की अनंत क्षमता को जन्म देना है। फिर जहां भी सीखने को मिल जाए और जिससे भी सीखने को मिल जाए। फिर मस्जिद हो, मंदिर हो, गुरुद्वारा हो; फिर हिंदू हो, मुसलमान हो, ईसाई हो; फिर जहां सीखने को मिल जाए, वहां सीखते चले जाना है। और सीखने की कोई सीमा नहीं है। और सीखने का कोई पड़ाव नहीं है, जहां रुक जाना पड़ता है। सीखना एक धारा है, एक बहाव है। और जो जितना बहता है, उतना सीखता है। सब से सीखें।

और ऐसा जरूरी नहीं है कि जो किसी अर्थ में आपसे अज्ञानी हो, वह किसी अर्थ में ज्ञानी न हो। ऐसा भी नहीं है। एक छोटा बच्चा भी किसी अर्थ में आपका गुरु हो सकता है। और किसी अर्थ में आपका गुरु भी आपसे सीख सकता है। सीखना एक बहुत जटिल और सूक्ष्म बात है। सीखने की वृत्ति चाहिए। यह वृत्ति हो, तो वह जो गुह्य रहस्य है जीवन का, वह सूक्ष्म रहस्य हमारे हाथ आ जाता है। जो सीखना सीख लेता है, सत्य उसके निकट है।

लेकिन इसे हम थोड़ा और तरह से समझ लें। यह कहना भी शायद ठीक नहीं है कि जो सीखना सीख लेता है, सत्य उसके निकट है। अगर वह सच में ही पूरे शिष्यत्व के भाव में आ जाता है, सत्य उसके भीतर है। क्योंकि जो इतनी विनम्रता से अपने द्वार खोल देता है सारे जगत के लिए—कि जहां से भी आती हों हवाएं सत्य की, मेरे द्वार खुले हैं, मेरा कोई पक्षपात बाधा नहीं बनेगा, मेरी कोई पूर्व-धारणा बाधा नहीं बनेगी, मैं टूटने को, मिटने को तैयार हूं, मेरा अतीत मेरे भविष्य के लिए बाधा नहीं बनेगा, अगर सत्य की हवाएं आती हों और मेरा अतीत गलत सिद्ध होता है तो मैं उसे राख करने को तैयार हूं—इतनी जिसकी तैयारी है, वह पहुंच गया। वह इसी क्षण पहुंच गया। शायद उसे सीखने की जरूरत भी न पड़े। यह सीखने का भाव ही काफी हो जाए। शायद यह खुलापन ही उसकी मंजिल हो जाए।

लेकिन हम हैं बंद। अगर हम सीखते हैं तो भी डरे-डरे तौल-तौल कर। हम सत्य को भी अपने अनुकूल चाहते हैं। अगर सत्य प्रतिकूल पड़ता हो तो हम द्वार बंद कर लेते हैं कि यह सत्य अपने काम का नहीं है, यह अपने लिए नहीं है, यह अपना सत्य नहीं है। हम सत्य को भी अपने अनुकूल चाहते हैं। हम चाहते हैं, सत्य भी हमारा गवाह हो।

सत्य किसी का गवाह नहीं होता। जो अपने को खोने को तैयार हैं, सत्य उनका हो जाता है; लेकिन किन्हीं का गवाह नहीं होता। अगर आप सोचते हैं कि सत्य आपके अनुकूल हो—हिंदू हो, ईसाई हो, मुसलमान हो, ऐसा हो, वैसा हो, आपके कोई ढांचे-सांचे हों, उनमें ढले, तब आप स्वीकार करेंगे—तो आपके पास सत्य कभी नहीं पहुंच पाएगा। क्योंकि आपके ढांचे, सब ढांचे सत्य को असत्य कर देते हैं, मार डालते हैं, उसकी हत्या कर देते हैं, उसके अंग-भंग कर देते हैं। कुरूप हो जाता है। सत्य चाहिए तो सब ढांचे छोड़ कर खड़े हो जाने की तैयारी ही शिष्यत्व का अर्थ है।

इजिप्तियन सूत्र है: व्हेन दि डिसाइपल इज़ रेडी, दि टीचर एपीयर्स। जब शिष्य तैयार है, तो गुरु मौजूद हो जाता है। और यह सौ प्रतिशत सही है।

लेकिन हम बड़े मजेदार हैं। हम में से अनेक लोग गुरु खोजते फिरते हैं। पूछो, कहां जा रहे हो? वे कहते हैं, हम गुरु की खोज कर रहे हैं।

आप कैसे गुरु की खोज करिएगा? आपके पास कोई मापदंड, कोई कसौटी, कोई तराजू है? आप तौलिएगा कैसे कि कौन है गुरु आपका? और अगर आप इतने कुशल हो गए हैं कि गुरु की भी जांच कर लेते हैं, तो अब बचा क्या है? जिसकी हम जांच करते हैं, कर सकते हैं, उससे हम ऊपर हो जाते हैं। तो आप तो गुरु पहले हो गए। परीक्षा तो होनी है गुरु की। उतर जाएं, पास हो जाएं, उत्तीर्ण हो जाएं, तो ठीक। अनुत्तीर्ण हो जाएं?

तो शिष्य घूम-घूम कर गुरुओं को अनुत्तीर्ण करते रहते हैं; कहते हैं, फलां गुरु बेकार साबित हुआ। अब वे दूसरे गुरु की तलाश में जा रहे हैं।

गुरु को शिष्य नहीं खोज सकता। यह असंभव है। इसका कोई उपाय ही नहीं है। यह तो बात ही व्यर्थ है। हमेशा गुरु शिष्य को खोजता है। वह बात समझ में आती है; तर्कबद्ध है। तो गुरु शिष्य को खोजता है। तो जब भी आप शिष्य होने के लिए तैयार हो जाते हैं, गुरु प्रकट हो जाता है। वह आपको खोज लेगा। फिर आप बच नहीं सकते। वह आपको खोज लेगा। फिर आपके बचने का कोई उपाय नहीं। फिर आप भाग नहीं सकते।

इसलिए बड़ी चीज गुरु को खोजना नहीं है; बड़ी चीज शिष्य बनने की तैयारी है। आप गड्ढे बन जाएं; पानी बरसेगा और झील भर जाएगी आपकी। आप सीखने के गड्ढे बन जाएं; चारों तरफ से आपको खोजने वे सूत्र निकल पड़ेंगे, जो आपके गुरु बन जाएंगे। शिष्य का गड्ढा जहां भी होता है, वहां गुरु झील की तरह भर जाता है। लेकिन गड्ढे खोजने नहीं जा सकते। खोजने का कोई उपाय नहीं है।

दो-तीन आखिरी बातें। यह जरूरी नहीं है कि आप गुरु को जांच सकें; यह जरूरी है कि आप अपने शिष्य होने को जांचते रहें। जो आवश्यक है वह यह है कि आप यह जांचते रहें कि मेरे शिष्य होने की पात्रता, मेरे सीखने की क्षमता निखालिस है, शुद्ध है।

बायजीद अपने गुरु के पास था। बायजीद के गुरु ने बायजीद से कहा कि बायजीद, तू जो मुझसे सीखने आया है, उसके अलावा मैं क्या हूं, यह भी तू जानना चाहता है? बायजीद ने कहा कि उससे मुझे क्या प्रयोजन है? जो मैं सीखने आया हूं, वह आप हैं। इतना मेरे जानने के लिए काफी है।

फिर एक दिन बायजीद आया है और गुरु शराब की सुराही रखे बैठा है। प्याली में शराब ढालता है और चुस्कियां लेता जाता है, और बायजीद को समझाता जाता है। एक और शिष्य भी बैठा था। उसके बरदाश्त के बाहर हो गया कि हद हो गई! बरदाश्त की भी एक सीमा होती है और भरोसे का भी एक अंत है। आखिर विश्वास, कोई अंधविश्वासी तो नहीं हूं मैं! उसने कहा, यह क्या हो रहा है? यह अध्यात्म किस प्रकार का है?

गुरु ने उस शिष्य को कहा कि अगर तुम्हें नहीं सीखना है, तुम जा सकते हो। मतलब यह कि हमारा गुरु-शिष्य का संबंध टूट गया। लेकिन किस शर्त पर? मैंने तुमसे कब कहा था कि मैं शराब नहीं पीऊंगा?

बायजीद की तरफ गुरु ने देखा और बायजीद से कहा कि तुम्हें तो कुछ नहीं पूछना है?

बायजीद ने कहा कि कुछ भी नहीं पूछना है।

बारह वर्ष बायजीद था। इस बारह वर्ष में बारह हजार दफे ऐसे मौके गुरु लाया होगा जब कि कोई भी पूछ लेता कि यह क्या हो रहा है, यह नहीं होना चाहिए। बारह साल बाद जिस दिन बायजीद विदा हो रहा था, उसके गुरु ने कहा कि तुम्हें कुछ पूछना नहीं है मेरे और संबंधों में? मेरे बाबत?

बायजीद ने कहा कि अगर मैं पूछता दूसरी चीजों के संबंध में तो मैं वंचित ही रह जाता तुमसे। मैंने उनके संबंध में नहीं पूछा। मैं तो उस संबंध में ही डूबता चला गया, जिसके लिए आया था। और आज मैं जानता हूं कि वह सब जो किया था, वह कैसा नाटक था। मैंने पूछा नहीं, लेकिन आज मैं जानता हूं कि वह सब नाटक था। अगर मैं उस नाटक के बाबत पूछता तो मैं वह जो असली आदमी था यहां मौजूद, उससे वंचित रह जाता।

तिब्बत में शिष्यों के लिए सूत्र है कि गुरु अगर पाप भी कर रहा हो सामने तो उसकी शिकायत नहीं की जा सकती। बड़ा अजीब है और उचित नहीं मालूम पड़ता। अंधविश्वास पैदा करने वाला है। लेकिन जो सीखने आया है, उसे व्यर्थ की बातों में रस लेना खतरनाक है। और उसकी सीखने की क्षमता नष्ट होती है।

नारोपा एक भारतीय गुरु तिब्बत गया। मिलारेपा उसका पहला शिष्य था तिब्बत में। नारोपा बहुत ही अदभुत व्यक्ति था। और वह मिलारेपा को ऐसे-ऐसे काम करने को कहता है कि किसी की भी हिम्मत टूट जाए। वह मिलारेपा से कहता है कि यह पहाड़ से पत्थर काटो। मिलारेपा का मन होता है कि मैं सत्य की साधना करने आया।

पत्थर पहाड़ से काटना! लेकिन नारोपा ने कहा कि जिस दिन तुझे संदेह उठे, उसी दिन चले जाना; बताने मत आना कि संदेह उठा है। संदेह करने वालों के साथ मैं कोई मेहनत नहीं लेता।

लेकिन मिलारेपा भी नारोपा से कम अदभुत आदमी न था। उसने पत्थर काटे। फिर नारोपा ने कहा कि अब इसका एक छोटा मकान बनाओ। उसने मकान बनाया। जिस दिन मकान बन कर खड़ा हो गया, वह दौड़ा आया और उसने सोचा कि शायद आज मेरी शिक्षा शुरू होगी। यह परीक्षा हो गई। नारोपा के पास आकर चरणों में सिर रख कर कहा कि मकान बन कर तैयार है। नारोपा गया। और उसने कहा कि अब इसको गिराओ।

कहानी कहती है, ऐसे सात दफे नारोपा ने वह मकान गिरवाया। गिरवा कर वह पत्थर वापस फेंको खाई में। फिर चढ़ाओ, फिर मकान बनाओ। ऐसा सात साल तक चला। सात बार वह मकान बना। एक साल में वह बन कर खड़ा हो पाए; गिरवा दे। और सातवीं बार भी जब मकान गिर रहा था, तब भी मिलारेपा ने नहीं कहा कि क्यों?

और कहते हैं कि नारोपा ने कहा कि तेरी शिक्षा पूरी हो गई। जो मुझे तुझे देना था, मैंने दे दिया। और जो तू पा सकता था, वह तूने पा लिया है। बोल! मिलारेपा चरणों में गिर पड़ा।

मिलारेपा से बाद में उसके शिष्य पूछते थे कि हम कुछ समझे नहीं यह क्या हुआ। क्योंकि कोई और शिक्षा तो हुई नहीं। यह लगाना, यह गिराना, बस यही हुआ। मिलारेपा ने कहा कि पहले तो मैं भी समझा कि यह क्या हो रहा है! लेकिन फिर मैंने कहा कि जब एक दफा तय ही कर लिया, तो ज्यादा से ज्यादा एक जिंदगी ही जाएगी न! बहुत जिंदगी बिना गुरु के चली गईं, एक जिंदगी गुरु के साथ सही। ज्यादा से ज्यादा, उसने कहा, एक जिंदगी ही जाएगी न! तो ठीक है। बहुत जिंदगियां ऐसे बिना गुरु के भी गंवा दीं, अपनी बुद्धि से गंवा दीं; इस बार बुद्धि को गंवा कर, दूसरे के हिसाब से चल कर देख लें। जिस दिन, मिलारेपा ने कहा, मैंने यह तय कर लिया, उस दिन से मैं बिलकुल शांत होने लगा। वह पत्थर जमाना नहीं था, जन्मों-जन्मों का मेरा जो सब था, उसने जमवाया-उखड़वाया, जमवाया-उखड़वाया। वह सात बार जो मकान का बनाना और मिटाना था; तुम्हें मकान का दिख रहा हो, वह मेरा ही बनना और मिटना था। और जिस दिन सातवीं बार मैंने मकान गिराया, उस दिन मैं नहीं था। इसलिए उसने मुझसे कहा कि जो मुझे तुझे देना था, दे दिया; और जो तू पा सकता था, वह पा लिया। तुझे कुछ और चाहिए?

'लेकिन जो न अपने गुरु को मूल्य देता है और न जिसे अपना सबक पसंद है, वह वही है जो दूर भटक गया है, यद्यपि वह विद्वान हो सकता है।'

अक्सर—यद्यपि नहीं—अक्सर वह विद्वान होता है।

'यही सूक्ष्म व गुह्य रहस्य है।'

आज इतना ही। कीर्तन करें पांच मिनट; फिर जाएं।

सत्तावनवां प्रवचन

श्रद्धा, संस्कार, पुनर्जन्म, कीर्तन व भगवत्ता

प्रश्न-सार

श्रद्धा अंधविश्वास कैसे न बने?

कोई गरीब क्यों, कोई अमीर क्यों?

पुनर्जन्म का हिसाब कहां रहता है?

प्रवचन के बाद कीर्तन क्यों?

आप शिष्य किसके हैं?

आप अपने को भगवान क्यों कहते हैं?

बहुत से सवाल हैं।

एक मित्र ने पूछा है, श्रद्धा अंधविश्वास न बने, इसके लिए क्या करें?

पहली बात, श्रद्धा के परिणाम से निर्णीत होता है कि श्रद्धा श्रद्धा है या अंधविश्वास है। आप किसी पर श्रद्धा करते हैं। वह आदमी गलत भी हो सकता है। वह श्रद्धा का पात्र न भी हो, यह भी हो सकता है। अगर ऐसे आदमी पर आप श्रद्धा करते हैं, तो लोग कहेंगे यह अंधश्रद्धा है। आप अंधे हैं, आपको दिखाई नहीं पड़ता कि वह आदमी गलत है। अगर आप ऐसे किसी सिद्धांत पर श्रद्धा करते हैं जिसके लिए वैज्ञानिक कोई प्रमाण नहीं है, तो लोग कहेंगे यह अंधश्रद्धा है।

मेरी परिभाषा अलग है। कोई सिद्धांत वैज्ञानिक है या नहीं, यह बहुत महत्वपूर्ण नहीं है। अगर उस सिद्धांत पर श्रद्धा के कारण आपका जीवन वैज्ञानिक होता जाता हो, अगर उस श्रद्धा के कारण आप रूपांतरित होते हों, अगर वह श्रद्धा आपको शुभ और सत्य की दिशा में गतिमान करती हो, तो श्रद्धा है। और वह सिद्धांत कितना ही वैज्ञानिक हो, लेकिन उस पर भरोसा रखने से आपका जीवन और सड़ता हो, नीचे गिरता हो, तो अंधश्रद्धा है।

जिस व्यक्ति पर आप श्रद्धा करते हैं, वह ठीक हो या गलत हो, यह असंगत है, निष्प्रयोजन है, इररेलेवेंट है। वह गलत ही हो और उस पर श्रद्धा आपको ठीक बनाती हो, उस पर श्रद्धा आपके जीवन को आनंद से और संगीत से, सौंदर्य से भरती हो, तो मैं इसे श्रद्धा कहूंगा। और वह आदमी बिलकुल ठीक हो और आपकी श्रद्धा उस पर आपको नीचे गिराती हो दुख में, पीड़ा में, नरक में, या आपकी गति को अवरुद्ध करती हो, उस श्रद्धा के कारण आप बढ़ते न हों, रुक जाते हों, तो मैं कहूंगा अंधश्रद्धा है।

इसका अर्थ यह हुआ कि श्रद्धा कैसी है, यह श्रद्धा करने वाले पर निर्भर है। श्रद्धा आब्जेक्टिव, वस्तुगत नहीं है, विषयगत नहीं है; विषयीगत है, सब्जेक्टिव है।

एक पत्थर की मूर्ति में आप श्रद्धा करते हैं। अगर यह श्रद्धा आपके भीतर नए फूलों को खिलने में सहयोगी होती है, तो मैं कहूंगा सम्यक श्रद्धा है। और खुद भगवान ही आपके सामने खड़े हों और आप उनमें श्रद्धा रखते हों, लेकिन वह आपको अंधेरे की तरफ ले जाती हो, तो मैं कहूंगा वह अंधविश्वास है।

मेरा फर्क समझ लें। किस पर आपका विश्वास है, यह महत्वपूर्ण नहीं है, निर्णायक नहीं है। आपका विश्वास आपके लिए क्या करता है, यही महत्वपूर्ण है और निर्णायक है। तब हर आदमी तौल सकता है कि उसकी श्रद्धा श्रद्धा है या अंधविश्वास है। अगर आपके विश्वास आपको कहीं भी नहीं ले जाते और आप जहां थे वहीं सड़ते रहते हैं, तो वे अंधविश्वास हैं। क्योंकि श्रद्धा तो एक आग है। वह आपको जला देगी और बदल डालेगी।

आग में हम डालते हैं सोने को; तो जो कचरा है वह जल जाता है, सोना बच जाता है। आग सच्ची है या झूठी, इसका और क्या सवाल सोना पूछ सकता है? सोना यही देख ले कि उसके भीतर जो कचरा था वह जल गया, वह निखर कर स्वर्ण होकर बाहर आ गया, तो आग सच्ची थी। आग को जानने का सोने के लिए और उपाय भी क्या है? और अगर कचरा सब बचा हुआ साथ रह गया है तो आग झूठी थी।

आप इसकी फिक्र मत करना कि किस पर आपकी श्रद्धा है, आप इसकी फिक्र करना कि आपको जो श्रद्धा है वह आग है या नहीं, वह आपको बदलती है या नहीं बदलती है।

यह बड़े मजे की बात है। और इसलिए कई बार ऐसा होता है कि श्रद्धा जिस पर आपकी है, वह शायद पात्र न भी हो; लेकिन आप पात्र हो जाते हैं श्रद्धा के कारण। और रोज ऐसा होता है कि जिस पर आपकी श्रद्धा है, वह पूरा पात्र है; लेकिन आपकी जिंदगी में कोई अंतर नहीं पड़ता, कोई क्रांति घटित नहीं होती। आप अपात्र ही रह जाते हैं। मगर हम सब यही सोचते हैं कि जिसमें हमारी श्रद्धा है, वह ठीक है या नहीं। आप सोचें दूसरे छोर से, जिसकी श्रद्धा है, वह ठीक है या नहीं। आपकी श्रद्धा आपको भयभीत करती हो, अंधविश्वास है; आपकी श्रद्धा आपको अभय करती हो, श्रद्धा है। आपकी श्रद्धा आपको घृणा और क्रोध और वैमनस्य से भरती हो, अंधविश्वास है। आपकी श्रद्धा करुणा बन जाती हो, श्रद्धा है। अपने से तौलना। और कोई दूसरा उपाय नहीं है। जो दूसरे से तौलने चलेगा, उसे कभी भी कोई पात्र मिलने वाला नहीं है जिस पर वह श्रद्धा कर सके। कभी भी कोई पात्र मिलने वाला नहीं है जिस पर वह श्रद्धा कर सके। और जो अपने से सोचना शुरू करेगा, उसे चारों तरफ पात्र ही पात्र मिल जाएंगे जिन पर श्रद्धा की जा सके। श्रद्धा ही चुकाती है। किस पर की है, यह महत्वपूर्ण नहीं है; की है, इसलिए क्रांति घटित होती है।

सुना है मैंने, संत फ्रांसिस परम श्रद्धालु व्यक्ति थे और किसी पर भी भरोसा करते थे। उनका शिष्य था लियो। दोनों एक यात्रा पर थे। कोई भी साथ हो जाता फ्रांसिस के तो उसे साथ रख लेते। अक्सर तो कोई भी साथ होकर उनका सामान भी चुरा कर ले जाता। एक रात टिकता, रात उनका बिस्तर, उनकी झोली—जो कुछ थोड़ा-बहुत होता—लेकर चला जाता। लियो बहुत परेशान था, उनका शिष्य। वह कहता कि कम से कम जांच-परख तो कर लेनी चाहिए। हर किसी को साथ ले लेते हैं और फिर तकलीफ उठाते हैं। यह आदमी पर भरोसा छोड़ो। इतने आदमी धोखा दे गए हैं, फिर भी तुम्हारा आदमी पर भरोसा नहीं छूटता।

तो संत फ्रांसिस कहता, वे सब मेरी श्रद्धा की परीक्षा ले रहे हैं। दो उपाय हैं। एक आदमी रात रुका है और चोरी करके चला गया। तो एक तो उपाय यह है कि सामान तो गया ही जिसकी कोई कीमत नहीं है, साथ श्रद्धा भी चली जाए जिसकी बड़ी कीमत है। तो संत फ्रांसिस ने लियो से कहा कि लियो, तुझे वे लोग ज्यादा नुकसान पहुंचा रहे हैं। सामान की तो बड़ी कीमत नहीं है; लेकिन तेरी श्रद्धा भी नष्ट होती जा रही है।

और संत फ्रांसिस ने कहा कि अगर ऐसे लोग मेरे साथ ठहरें जो भले हैं, तो मेरी श्रद्धा के लिए कोई कसौटी भी न होगी। मैं आदमी पर भरोसा किए ही चला जाऊंगा। क्योंकि सवाल आदमी का नहीं, सवाल मेरे भरोसे का है। सवाल यह नहीं है कि आदमी पर मेरी श्रद्धा हो, सवाल यह है कि मेरी श्रद्धा हो। और अगर मैं आदमी पर भरोसा नहीं कर सकता तो फिर मैं किसी पर भी भरोसा नहीं कर सकूंगा।

इसको अगर इस तरह से देखेंगे तो सारी दृष्टि और। श्रद्धा मूल्यवान है। पत्थर पर है या परमात्मा पर, यह गौण है। पत्थर पर भी हो सकती है। और तब पत्थर भी परमात्मा का काम देने लगता है।

अंधविश्वास नपुंसक श्रद्धा है। उससे कुछ भी नहीं होता। उसे हम रखे रहते हैं मस्तिष्क के एक कोने में। वह किसी काम की नहीं है, उसका कोई उपयोग नहीं है। इतने लोग ईश्वर में भरोसा करते हैं। यह भरोसा झूठा होना चाहिए। क्योंकि अगर इतने लोग सच में ही ईश्वर में भरोसा करते हैं, तो यह जगत इतना कुरूप नहीं हो सकता,

जितना कुरूप है। अगर इतने लोग सच में ही ईश्वर में भरोसा करते हैं, तो इनकी जिंदगी में जो सुगंध, जो सुवास आनी चाहिए, उसका तो कहीं कोई पता नहीं चलता। सिर्फ दुर्गंध आती है। यह भरोसा झूठा है। यह भरोसा ऊपरी है। यह भरोसा दिखाऊ है। तो इसे मैं कहूंगा अंधविश्वास।

जो क्रांति ले आए आपके जीवन में, वह श्रद्धा है। और जो आपकी जिंदगी में एक स्थिरता लगा दे, स्टैगनेंसी पैदा कर दे, और आप एक ही जगह बंद तालाब की तरह सड़ते रहें, वह अंधविश्वास है। जो मुल्क अंधविश्वासी हैं, वे बंद डबरे में सड़ते रहते हैं। श्रद्धा तो एक बहाव है, एक तीव्र गति है। श्रद्धालु होना आसान नहीं है। क्योंकि श्रद्धा का अर्थ है: अपने को बदलने की तैयारी।

बुद्ध के पास अनेक लोग आते हैं। बुद्ध के पास आते हैं तो वह कहते हैं: बुद्धं शरणं गच्छामि! हम बुद्ध की शरण जाते हैं। एक युवक वैशाली में बुद्ध के पास आया। और उसने कहा कि मैं आपकी शरण आता हूं। तो बुद्ध ने पूछा, तुम मेरी शरण आते हो, यह अपना उत्तरदायित्व टालने के लिए तो नहीं? ऐसा तो नहीं है कि अब से तुम समझो। अब से तुम्हारी कृपा से कुछ हो तो ठीक है। अगर यह शरण में आना सिर्फ दायित्व टालना हो, तो तुम शरण नहीं आते, मेरे सिर पड़ते हो। और अगर यह शरण में आना सिर्फ एक आंतरिक क्रांति की शुरुआत हो, तो ही सार्थक है।

मेरे पास भी लोग आते हैं। वे आकर कहते हैं कि हम तो कमजोर हैं, हमसे तो कुछ हो नहीं सकता, अब आप सम्हालो। एक सज्जन अभी-अभी आए। वे दस वर्ष से मुझे जानते हैं। दस वर्ष से मैं भी उन्हें जानता हूं। बस इस जानने के अतिरिक्त और कोई संबंध नहीं है। अभी आए और वह मुझसे बोले कि दस वर्ष हो गए, और अभी तक कुछ हुआ नहीं है। मैंने पूछा कि मैं समझा नहीं। उन्होंने कहा, दस वर्ष से आपको जानता हूं, अभी तक कुछ हुआ नहीं है। कुछ करके दिखाइए!

अपराधी मैं हूं। और उन्होंने काफी काम किया कि दस वर्ष से मुझे जानते हैं। वे भी कह सकते हैं कि उनकी मुझ पर श्रद्धा है। वह श्रद्धा नहीं है, वह अंधविश्वास है। और वह अंधविश्वास आत्मघाती है। क्योंकि उसमें मेरा कोई नुकसान नहीं हो रहा है। अगर वे इस भरोसे बैठे हैं कि मैं कुछ करूं और होगा, तो कभी भी नहीं होगा। उन्हें ही कुछ करना पड़ेगा।

हां, कोई करने को तैयार हो तो यह सारा जगत उसको साथ देने को तैयार है। कोई बैठने को तैयार हो तो यह सारा जगत उसको बैठाने को भी तैयार है। अस्तित्व सहयोगी है। आप नरक जा रहे हैं तो अस्तित्व आपको नरक की तरफ ले जाता है। आप स्वर्ग जा रहे हैं तो अस्तित्व आपको स्वर्ग की तरफ ले जाता है। लेकिन जाते सदा आप हैं। निर्णय आपका, दायित्व आपका।

आपकी श्रद्धा आपको रूपांतरित करने की कीमिया बने, तो समझना कि सम्यक श्रद्धा है।

एक मित्र ने पूछा है कि—और एक ने नहीं, बहुत मित्रों ने, कोई बीस मित्रों ने वही सवाल पूछा है—पूछा है कि आपने कहा कि प्रत्येक कर्म का फल तत्काल मिल जाता है। अगर प्रत्येक कर्म का फल तत्काल मिल जाता है तो फिर एक आदमी अंधा और एक आदमी गरीब और एक आदमी अमीर क्यों पैदा होते हैं? अगर तत्काल फल मिल जाता है तो फिर जन्म-जन्म में भेद क्यों पड़ता है?

इस भेद का कारण समझ लें। फल तो तत्काल मिलता है, फिर भी भेद पड़ता है। और भेद इसलिए पड़ता है कि तत्काल मिले हुए फल का जो इकट्ठा जोड़ है, वह आप हैं। उसका जोड़ कहीं किसी ईश्वर के हाथ में नहीं है, वह जोड़ आप हैं। आप जो भी एक जिंदगी में करते हैं, उस सबका परिणाम हैं।

आपने एक जिंदगी में हजार बार क्रोध किया, तो आप वही आदमी नहीं हो सकते जिसने एक भी बार क्रोध नहीं किया। हजार बार क्रोध किया, हजार बार आपने फल पाया। जिस आदमी ने एक भी बार क्रोध नहीं किया, उसने एक भी बार फल नहीं पाया। आप पर हजार चोटें हैं क्रोध करने की और फल पाने की। आपका व्यक्तित्व हजार घावों से भर गया। माना कि वे घाव सूख गए; लेकिन उनके निशान रह जाएंगे। उन निशानों का नाम संस्कार है। कर्म करते हैं हम, फल तत्काल मिल जाता है। लेकिन संस्कार रह जाता है।

संस्कार को समझ लेना जरूरी है। थोड़ा सूक्ष्म है।

हम इस कमरे में एक पानी का गिलास लुढ़का दें; पानी बह जाएगा। सुबह धूप आएगी, पानी उड़ जाएगा। लेकिन एक सूखी रेखा कमरे में छूट जाएगी। वह सूखी रेखा पानी की है? पानी अब बिलकुल नहीं, इसलिए उसको पानी का कहना ठीक नहीं मालूम पड़ता। क्योंकि पानी की एक बूंद भी नहीं रह गई वहां, सब उड़ गई है। वह सूखी रेखा पानी की है, यह कहना उचित नहीं है। लेकिन फिर भी पानी की ही है। क्योंकि पानी के बहने से ही बन गई थी—इस कमरे की धूल पर। वह संस्कार है। सूख गया सब, पानी बिलकुल नहीं बचा; फिर भी रेखा रह गई। अब आप दुबारा पानी डालें, तो बहुत संभावना यह है कि सूखी रेखा को पकड़ कर वह पानी बहे। संस्कार का मतलब होता है टेंडेंसी। अब उस सूखी रेखा की यह वृत्ति होगी कि पानी मिले तो उससे बह जाए; क्योंकि लीस्ट रेसिस्टेंस के कारण। अगर और कहीं से पानी को बहना पड़े तो फिर से रास्ता बनाना पड़ेगा, धूल काटनी पड़ेगी। उतनी झंझट पानी भी नहीं लेना चाहता। जहां धूल कटी है और रास्ता बना है, उसी से बह जाता है।

जिस आदमी ने कल दिन भर क्रोध किया, आज सुबह वह उठेगा क्रोध की सूखी रेखा के साथ। वह सिर्फ टेंडेंसी है। फल तो उसे कल ही मिल गया; जब क्रोध किया, तभी फल मिल गया। लेकिन क्रोध उसने किया और फल मिला, तो उसके व्यक्तित्व में एक सूखी रेखा क्रोध की बन गई। आज सुबह जब वह उठेगा, तो वह जो सूखी रेखा है, वह तत्पर है। जरा सा भी मौका मिला, कोई भी वेग उठा, वह सूखी रेखा उसको बहा देगी अपने में से। क्रोध पुनः प्रकट हो जाएगा।

जब हम एक जन्म के बाद पैदा होते हैं, तो हम संस्कार लेकर पैदा होते हैं। वह जो हमने पिछले जन्म में किया है, और जन्मों-जन्मों में किया है, वही हमारा व्यक्तित्व है। वे सब सूखी रेखाएं लेकर हम पैदा होते हैं। इसलिए दो बच्चों में भेद होता है। इसलिए नहीं कि उनके पिछले जन्मों का कर्मों का फल उनको अभी भोगना है। फल तो वे भोग चुके। लेकिन फल भोगने के बाद भी जो वृत्तियां शेष रह गईं, जो वृत्तियों का प्रभाव शेष रह गया, जो-जो उन्होंने किया उसकी जो-जो पंक्तिबद्ध उनके ऊपर रेखाएं रह गईं, वे जो आदतें रह गईं, उनको लेकर बच्चा जन्म रहा है। इसलिए दो बच्चे अलग-अलग हैं।

जिन मित्रों ने भी सवाल पूछा है, उनके सवाल में यही ध्वनि है कि अगर ऐसा है, तब तो फिर कर्म-फल का सिद्धांत समाप्त हो गया। क्योंकि तत्काल हमें फल मिल जाता है, तो मरते वक्त सब लेखा-जोखा पूरा हो जाता है। तब तो सब व्यक्ति समान पैदा होने चाहिए, क्योंकि लेखा-जोखा पूरा हो गया।

लेखा-जोखा जरूर पूरा हो गया। लेकिन हर आदमी ने लेखा-जोखा अलग-अलग ढंग से पूरा किया है। और हर आदमी के लेखे-जोखे में अलग-अलग घटनाएं घटी हैं। और हर आदमी ने अलग-अलग संस्कार अर्जित कर लिए हैं। उन संस्कारों को लेकर वह पैदा होता है।

एक मित्र ने पूछा है, कोई आदमी अंधा पैदा हो जाता है, कोई आदमी गरीब पैदा हो जाता है। क्या कारण है कि कोई सोने की चम्मचें लेकर पैदा होता है!

थोड़ा जटिल है। और जटिल हो गया इस सदी के कारण। इतना जटिल नहीं था। इतना जटिल नहीं था, क्योंकि गरीबी-अमीरी बहुत सीधी-सीधी बातें थीं। और साफ था कि गरीब गरीब है अपने कर्मों के कारण, अमीर अमीर है अपने कर्मों के कारण। इसमें सचाई है।

इसमें सचाई है, क्योंकि हम गरीब होने का संस्कार भी अर्जित करते हैं। लेकिन गरीब होने का संस्कार बड़ी बात है। सिर्फ धन से उसका संबंध नहीं है, और बहुत सी चीजों से संबंध है। जटिलता इसलिए है कि अब तक जब भी हम गरीब आदमी के बाबत सोचते थे, तो अतीत में गरीब आदमी का मतलब था जिसके पास धन नहीं है। एक ही मतलब था। लेकिन अब जमीन पर विज्ञान ने बहुत धन पैदा कर लिया। सौ-पचास वर्षों में निर्धन आदमी जमीन पर कोई भी नहीं होगा। तब गरीब के नए अर्थ शुरू हो जाएंगे। गरीब नहीं मिटेगा, सिर्फ उससे धन का जो जोड़ था, वह मिट जाएगा। गरीब के नए अर्थ शुरू हो जाएंगे। कोई आदमी बुद्धि में गरीब होगा, कोई आदमी स्वास्थ्य में गरीब होगा, कोई आदमी सौंदर्य में गरीब होगा।

ध्यान रखें, धन तो मनुष्य-जाति का इतने दिनों का जो श्रम है, उसके परिणाम में सबको उपलब्ध हो जाएगा। लेकिन तब सूक्ष्मतम दरिद्रताएं प्रकट होनी शुरू हो जाएंगी। जब स्थूल दरिद्रताएं मिटती हैं, तो सूक्ष्म दरिद्रताएं शुरू हो जाती हैं। जब सबके पास धन बराबर होता है, तो धन की तो बात समाप्त हो गई। लेकिन तब बुद्धि, प्रतिभा, गुण, उनकी दीनता अखरने लगती है। दरिद्रता बड़ा शब्द है; उसकी अभिव्यक्तियां बहुत हो सकती हैं। अब तक जो बड़ी से बड़ी अभिव्यक्ति थी, वह धन की थी। भविष्य में जो बड़ी अभिव्यक्ति है, वह गुण की होगी। लेकिन यह जारी रहेगा; क्योंकि हम अलग-अलग कर्म से अलग-अलग संस्कार अर्जित करते हैं।

कुछ लोग दरिद्र होने की आदत लेकर पैदा होते हैं। कुछ लोग समृद्ध होने की आदत लेकर पैदा होते हैं। जो लोग समृद्ध होने की आदत लेकर पैदा होते हैं, उनको भिखारी भी बना कर रास्ते पर खड़ा कर दो, तो भी उनकी चाल में सम्राट की रौनक होगी। जो लोग दरिद्र होने की आदत लेकर पैदा होते हैं, देखो, बड़े-बड़े महलों में भी बैठ कर उनसे ज्यादा दरिद्र आदमी खोजना मुश्किल हो जाएगा। कंजूस आदमी वह है जो दरिद्र होने की आदत लेकर पैदा हुआ है। धन भी उसके पास आ जाए तो उसको खर्च नहीं कर पाता। धन तो मिल भी सकता है समाज की व्यवस्था से, लेकिन खर्च करने की जो आदत है, उस धन को भोग लेने की जो आदत है, वह बहुत गहरा संस्कार है।

तो एक आदमी को आप धनी बना दें, और आप अचानक पाएंगे कि इतना दरिद्र वह पहले नहीं था जितना अब हो गया। अक्सर ऐसा होता है कि गरीब आदमी कंजूस नहीं होते। क्योंकि जब बचाने को ही कुछ नहीं होता तो क्या बचाना! एक गरीब आदमी को थोड़े रुपए दे दें, और जिसको भारत में हम बहुत दिन से जानते हैं, हम कहते रहे हैं—निन्यानबे का चक्कर। एक आदमी को निन्यानबे रुपए दे दें। अब उसकी एक ही इच्छा होगी कि कैसे सौ हो जाएं। यह इच्छा बड़ी स्वाभाविक है। और उसको आज जो एक रुपया मिलेगा, वह आज भूखा सो जाना चाहेगा, सौ कर लेना चाहेगा। लेकिन जब एक दफा मन को निन्यानबे से सौ करने का रस लग जाता है, तो फिर सौ से एक सौ एक करने का, फिर एक से दो करने का—वह रस बढ़ता चला जाता है।

पुरानी कथा है पंचतंत्र में। एक सम्राट सदा अपने नाई से पूछता था कि तू इतना प्रसन्न कैसे है? तेरे पास कुछ भी नहीं है। वह नाई कहता कि मुझे जो आप दे देते हैं, उतना बहुत है। सांझ गुजर जाती है, दिन गुजर जाता है। दूसरे दिन फिर सुबह आपकी सेवा कर जाता हूं, मालिश कर जाता हूं, बाल बना जाता हूं; जो मिल जाता है, वह दिन भर के लिए काफी है।

फिर अचानक एक दिन सम्राट ने देखा कि नाई उदास है, और नाई बड़ा बेचैन है, और लगता है रात भर सोया नहीं है। तो सम्राट ने पूछा कि आज तेरे हाथों में ताकत नहीं मालूम पड़ती; और रात तू सोया नहीं, ऐसा लगता है;

तेरी आंखों में नींद है। कहीं तू भी निन्यानबे के चक्कर में तो नहीं पड़ गया? उस नाई ने पूछा, आपको कैसे पता चला? उसने कहा कि पागल, तू झंझट में मत पड़ना, यह मेरे वजीर की करतूत है। कल उससे मेरा विवाद हो गया। और मैंने कहा कि नाई बड़ा शांत, संयमी आदमी है। उसने कहा कि कुछ मामला नहीं है, सिर्फ निन्यानबे उसके पास नहीं हैं। तो उसने मुझसे कहा था, आज रात जाकर मैं निन्यानबे की एक थैली उसके घर में फेंक आऊंगा, सुबह देख लेना। तू पड़ गया झंझट में। तू रात भर क्या सोचता रहा? वह बोला कि मैं रात भर यही सोचता रहा कि सौ कैसे हो जाएं। रात तो मैं सो ही नहीं सका। पहली रात मैं नहीं सो सका। और कभी मेरे पास कुछ नहीं होता था, मैं मजे से सोता था। ये निन्यानबे ने ठीक सौ का खयाल दे दिया। यह वैसे ही है जैसे दांत टूट जाए और जीभ वहीं-वहीं जाने लगे। वह जो सौ है, वह खाली गड्ढा है, जीभ वहीं-वहीं जाने लगी। रात भर सो नहीं सका। सम्राट ने कहा, अगर तू समझ, तो वह निन्यानबे की थैली फेंक दे, नहीं तो मरेगा दुख में। हम मर ही रहे हैं पहले से। हमारी तरफ देख। सौ होने से कुछ भी न होगा। निन्यानबे होना खतरा है। सौ होने से कुछ भी न होगा। फिर एक दफा यात्रा शुरू हो गई तो तू मुश्किल में पड़ जाएगा। लेकिन उस नाई ने कहा, महाराज, एक दफे तो जीवन में मौका मिला। सौ तो कर लेने दें।

लेकिन उस दिन के बाद नाई कभी सुखी नहीं हो सका। कोई भी नहीं हो सकता।

होता क्या है? लोग आदत लेकर पैदा होते हैं। परिस्थिति मौका बनती है उस आदत के प्रकट होने का, या रुक जाने का। धन अब तक परिस्थिति में कम था, इसलिए कुछ लोग गरीब थे, कुछ लोग अमीर थे—धन के लिहाज से। और इस वजह से दूसरी गरीबियां दिखाई ही नहीं पड़ती थीं। अब दुनिया मुसीबत में पड़ेगी, क्योंकि धन की गरीबी परिस्थिति से मिटी जा रही है; मिट जाएगी। और तब आपको पहली दफे पता चलेगा कि और भी गरीबियां हैं, जो धन से बहुत गहरी हैं।

वैज्ञानिक कहते हैं कि पांच प्रतिशत लोग ही केवल प्रतिभाशाली होते हैं—केवल पांच प्रतिशत! और यह प्रयोग हजारों तरह से किया गया और यह प्रतिशत पांच से ज्यादा कभी नहीं होता। इसे थोड़ा आप समझें। यह केवल मनुष्यों तक सीमित नहीं है। जानवरों में भी पांच प्रतिशत जानवर कुशल होते हैं, शेष पंचानबे प्रतिशत से। जो कबूतर चिट्ठी-पत्री पहुंचा देते हैं, वे पांच प्रतिशत कबूतर हैं। पंचानबे प्रतिशत नहीं पहुंचा सकते। और अनेक-अनेक प्रयोग से यह बड़ी हैरानी की बात हुई कि ये पांच प्रतिशत, मालूम होता है, कोई वैज्ञानिक नियम है प्रकृति में। जैसे कि सौ डिग्री पर पानी गरम होता है, ऐसे पांच प्रतिशत प्रतिभा होती है।

पिछले वर्षों में चीन में उन्होंने माइंड-वाश के लिए, ब्रेन-वाश के लिए बहुत से प्रयोग किए—लोगों के मस्तिष्क बदल देने के लिए। कोरियाई युद्ध के बाद चीन के हाथ में जो अमरीकन सैनिक पड़ गए थे, उन्होंने लौट कर जो खबरें दीं, उसमें एक खबर यह भी है। उन्होंने ये खबरें दीं कि चीनियों ने सबसे पहले तो इसकी फिक्र की कि हममें प्रतिभाशाली कौन-कौन है। और तब उन्होंने पांच प्रतिशत लोगों को अलग कर लिया। अगर सौ कैदी पकड़े, तो उन्होंने पहले पांच प्रतिभाशाली लोगों को अलग कर लिया। और चीनियों का कहना है कि पांच प्रतिभाशाली लोगों को अलग कर लो, पंचानबे को बदलने में कोई दिक्कत ही नहीं होती। पांच को अलग कर लो, फिर पंचानबे कभी गड़बड़ नहीं करते; कोई उपद्रव, कोई बगावत, भागना, कुछ नहीं। पांच को अलग कर लो, पंचानबे के ऊपर पहरेदार रखने की भी कोई जरूरत नहीं है। वे पांच हैं असली उपद्रवी। अगर वे पांच वहां रहे तो झंझटें जारी रहेंगी। भागने की चेष्टा होगी, बगावत होगी, कुछ उपद्रव होगा। और अगर वे पांच मौजूद रहे, तो वे पांच जो हैं लीडर्स हैं, वह नेतृत्व है उनके पास, उनकी मौजूदगी में आप बाकी को भी नहीं बदल सकते। बाकी सदा उनके पीछे चलेंगे। उनके पांच प्रतिशत को अलग कर लो, वे पंचानबे प्रतिशत बिलकुल ही खाली हो जाते हैं। उनकी जगह किसी को भी रख दो, वे उनका नेतृत्व स्वीकार कर लेंगे।

यह केवल आदमियों में होता तो हम सोचते, शायद आदमी की समाज-व्यवस्था का परिणाम है। वैज्ञानिकों ने चूहों पर प्रयोग किए हैं, खरगोशों पर प्रयोग किए हैं, भेड़ों पर प्रयोग किए हैं; वे पांच प्रतिशत...। आपने सुना है न, भेड़ें कतार बांध कर चलती हैं। लेकिन किसी के तो पीछे चलती हैं। पांच प्रतिशत भेड़ें आगे भी चलती हैं। सभी भेड़ें पीछे नहीं चलतीं, पांच प्रतिशत भेड़ें आगे भी चलती हैं। वे पांच प्रतिशत भेड़ों को अलग कर लो, बाकी झुंड एकदम केआटिक हो जाता है। उसकी कुछ समझ में नहीं आता अब क्या होगा।

जो लोग जू में काम करते हैं, अजायबघरों में काम करते हैं, जहां बड़े-बड़े—लंदन या मास्को में—जहां बड़े-बड़े अजायबघर हैं, उन अजायबघरों में काम करने वाले लोगों को पता है कि जब भी नए बंदर आते हैं, तो उनमें से पांच प्रतिशत तत्काल अलग कर लेने होते हैं। वे लीडर्स हैं, पोलिटीशियंस हैं। उनको अलग कर लेना पड़ता है। वे उपद्रव मचा देंगे। उनको अलग कर लेने के बाद बाकी सब डोसाइल हैं, बिलकुल अनुशासन मान लेते हैं।

इससे भी बड़ी मजे की बात जो है, वह यह पता चली है कि जेलखानों में जो अपराधी हैं; राजधानियों में जो राजनीतिज्ञ हैं; मंदिरों में, चर्चों में, गिरजाघरों में जो पुरोहित हैं; युनिवर्सिटीज में, विश्वविद्यालयों में, कालेजों में जो पंडित हैं; ये पांच प्रतिशत हैं सब मिला कर।

यह जरा जटिल बात है। क्योंकि एक लंदन के जू में प्रयोग किया जा रहा था कि अगर बंदरों को ठीक से भोजन, ठीक से सुविधा, उनको कोई अड़चन न दी जाए, जगह दी जाए, तो वे जो पांच प्रतिशत प्रतिभाशाली लोग हैं, वे बाकी शेष बंदरों को अनुशासित रखने में सहयोगी होते हैं। उनको गड़बड़ नहीं करने देते। वे पांच प्रतिशत नेतृत्व ग्रहण कर लेते हैं। अगर तकलीफ दी जाए, भोजन कम हो, सुविधा कम हो, अड़चन हो, तो वे पांच प्रतिशत क्रिमिनल हो जाते हैं, अपराधी हो जाते हैं। और वे पांच प्रतिशत बाकी को उपद्रव करवा कर, हड़ताल या कुछ न कुछ, कुछ न कुछ करवाते हैं।

वैज्ञानिकों का यह कहना है कि अपराधी और राजनीतिज्ञ एक ही सिक्के के दो पहलू हैं। इसलिए आप कभी देखें, जब तक राजनीतिज्ञ ताकत में नहीं होता, तब तक वह हड़ताल करवाता है। जब वह ताकत में हो जाता है, तब वह हड़ताल तुड़वाता है। यह बड़े मजे की बात है। यह वही बंदर वाला नियम है, उसमें कुछ फर्क नहीं है। जब तक राजनीतिज्ञ ताकत के बाहर है, तब तक वह सब तरह के उपद्रव को क्रांति कहता है। जब वह ताकत में आ जाता है, सब तरह की क्रांति को वह उपद्रव कहता है। जब वह ताकत में होता है, तब वह कहता है कि लोग अपराधी हैं जो उपद्रव कर रहे हैं। जब वह ताकत के बाहर होता है, तब वह कहता है कि लोग बगावती हैं, विद्रोही हैं। उसकी भाषा बदल जाती है। ताकत में आते से ही वह अनुशासन की बात करता है; और वह कहता है, अगर अनुशासन रहेगा तो सुख-शांति सब आ जाएगी। ताकत के बाहर कर दो कि वह कहता है, बगावत चाहिए, क्रांति चाहिए, बिना क्रांति के कुछ भी नहीं हो सकता। क्रांति से ही सुख आएगा।

लेकिन चाहे अपराधी हों, चाहे राजनीतिज्ञ हों, यह पांच प्रतिशत ही है मनुष्य के पास।

आदमियों को छोड़ दें, पशुओं को छोड़ दें, जिन लोगों ने वनस्पति पर बहुत जीवन भर प्रयोग किए हैं, वे कहते हैं कि अफ्रीका के जंगल में भी जो वृक्ष सारी परेशानी और संघर्ष को पार करके जंगल के ऊपर उठ कर सूरज तक पहुंच जाते हैं, उनकी संख्या पांच प्रतिशत है। अगर एक पानी का सरोवर हो और उसमें मछलियां हों और आप जहर डाल दें, तो पांच प्रतिशत मछलियां ही हैं जो उस जहर से बचने की चेष्टा करती हैं, बाकी तो राजी हो जाती हैं।

आपके शरीर में जब कोई बीमारी प्रवेश करती है, तो आपके शरीर के सेल्स में भी पांच प्रतिशत ही हैं जो उसको रेसिस्ट करते हैं, उसको लड़ते हैं। अगर वे पांच प्रतिशत अलग कर दिए जाएं, आपके शरीर में फिर कोई रेसिस्टेंस, कोई अवरोधक शक्ति नहीं रह जाती। तब कोई भी बीमारी प्रवेश कर सकती है।

गरीबी मिटानी बड़ी मुश्किल बात है। वे पांच प्रतिशत किसी न किसी अर्थ में अमीर होंगे ही। अर्थ बदल सकते हैं। कभी उनकी अमीरी मकान की होगी, कभी उनकी अमीरी ताकत की होगी, कभी उनकी अमीरी ज्ञान की होगी, कभी उनकी अमीरी काव्य की, कला की होगी; लेकिन एक हिस्सा अमीर होगा, एक हिस्सा गरीब होगा।

गरीबी और अमीरी का यह संदर्भ अगर खयाल में रहे तो समाजवाद या साम्यवाद से संस्कार और कर्म के सिद्धांत में कोई अंतर नहीं पड़ता है। हम बदल सकते हैं, परिस्थिति बदल सकते हैं; लेकिन व्यक्ति के भीतर की जो क्षमताएं हैं, उन्हें बदलना आसान नहीं है। उन्हें व्यक्ति ही जब बदलना चाहे, तब बदल सकता है।

पूछा है कि जब हम पुनर्जन्म लेते हैं, तो हिसाब-किताब कहां रहता है? क्या रहता है?

आप हैं हिसाब-किताब। आपके अलावा कहीं हिसाब-किताब नहीं रहता। कोई जरूरत नहीं है। आप ही हैं करने वाले, आप ही हैं भोगने वाले, आप ही हैं हिसाब-किताब। आप खाता-बही हैं पूरा अपना। जो-जो आप कर रहे हैं, वह प्रतिपल आपको बदल रहा है। हर कृत्य आपकी बदलाहट है। और हर कृत्य आपका जन्म है। और हर कृत्य के साथ आप नया आदमी अपने भीतर निर्मित कर रहे हैं। वही है हिसाब-किताब। अलग रखने की कोई भी जरूरत नहीं है। कोई प्रयोजन भी नहीं है। आपको जान कर ही आपका पूरा हिसाब-किताब जाना जा सकता है। आपका एक-एक कृत्य बताता है कि आपकी आदतें क्या हैं, गहरे संस्कार क्या हैं।

अब जैसे मैंने संत फ्रांसिस की बात कही; यह आदमी कहता है कि मुझे कोई धोखा दे जाए तो भी मैं भरोसा ही करूंगा। यह इसके एक गहरे संस्कार की खबर है। इसने भरोसे का संस्कार बनाया है। तो कोई आदमी धोखा देकर इतनी आसानी से तोड़ नहीं सकता। बहुत मुश्किल है इसके संस्कार को तोड़ना। और जब इसका संस्कार टूटता नहीं धोखा देने से, तो और मजबूत हो जाता है। प्रत्येक चीज मजबूत होती है पुनरुक्ति से।

आपको कोई धोखा न भी दे, कोई आदमी आपके कमरे में ऐसे ही चला आए, तो ही जो पहला खयाल उठता है वह भरोसे का नहीं होता। अभी इसने कुछ किया नहीं है। न आपकी गर्दन दबाई, न कोई आपका सामान ले भागा; लेकिन जो पहला खयाल आपके भीतर उठता है वह यह उठता है कि पुलिस को आवाज दें, क्या करें। अभी इसने कुछ भी तो नहीं किया। अभी इसके संबंध में कोई भी निर्णय उचित नहीं है लेना। लेकिन आपने निर्णय गहरे में ले ही लिया। ऐसा है कुछ कि हमें, कोई आदमी बुरा है, इसके लिए प्रमाण की जरूरत नहीं होती। वह तो हमारे संस्कार से ही मिल जाती है खबर हमें। कोई आदमी भला है, तो हमें प्रमाण की जरूरत होती है। गैर-भरोसा हमारी आदत है। भरोसा हमारी मजबूरी है। कोई मानता ही नहीं और ऐसा व्यवहार किए जाता है कि हमें भरोसा करना पड़ता है। लेकिन गैर-भरोसा हमारी आदत है।

आपको लगता है कि आप कभी-कभी क्रोध करते हैं। गलती है आपकी। क्रोध आपकी आदत है; आप कभी-कभी ऐसा होता है जब क्रोध में नहीं होते। लेकिन इतना कम होता है यह कि आपको पता ही नहीं चलता। इसलिए आप सोचते हैं कि कभी-कभी आप क्रोध में होते हैं। बस आपका क्रोध ऐसा है कि कभी-कभी सौ डिग्री पर उबलता हुआ होता है, और कभी ल्यूकवार्म, कुनकुना। कुनकुना क्रोध आपको पता ही नहीं चलता; क्योंकि वह आपकी आदत है। वह आप जिंदगी से वैसे ही हैं। कभी-कभी जब यह कुनकुना क्रोध भी नहीं होता आप में, तब क्षण भर को आपको झलक मिलती है प्रेम की। अन्यथा नहीं मिलती। फिर कठिनाई यह है कि जितना आपका क्रोध का संस्कार है, उतना ज्यादा आप क्रोध करते हैं; जितना ज्यादा क्रोध करते हैं, उतना संस्कार मजबूत होता चला जाता है। हम अपने ही कारागृहों में बंद होते चले जाते हैं। इसे कहीं से तोड़ना पड़े।

दो बातें खयाल रखें। एक, अगर मैं कहता कि आपका कर्म का फल आप भोग रहे हैं, तब तो तोड़ने का कोई उपाय नहीं था। समझ लें फर्क। अगर मैंने कोई कर्म किया है और उसके कारण मैं आज क्रोधित हो रहा हूं तो मुझे होना ही पड़ेगा। कोई उपाय नहीं है। लेकिन मैं कहता हूं कर्म का फल तो तत्काल मिल जाता है, सिर्फ संस्कार रह जाते हैं। संस्कार का अर्थ है, केवल एक खास ढंग का काम करने की वृत्ति। मजबूरी नहीं। इसलिए आप चाहें तो तत्काल अपने को बदल सकते हैं। चाहें तो तत्काल बदल सकते हैं, क्योंकि यह सिर्फ केवल एक आदत है।

कभी आपने खयाल किया कि कुछ बातें आप केवल आदत के कारण किए चले जाते हैं? केवल आदत के कारण! कुछ और वजह नहीं होती। आदत को तोड़ना कठिन है, लेकिन असंभव नहीं है। और कभी-कभी जरा सी बात आदत को तुड़वा देती है। जरा सी बात।

अभी अमरीका के कुछ मनोवैज्ञानिक, जो रियल थैरेपी के प्रतिपादक हैं। वे कहते हैं, एक यथार्थ मनोचिकित्सा। वे बड़े अनूठे प्रयोग कर रहे हैं, और बड़े काम के प्रयोग हैं। वे कहते हैं, एक आदमी को जिंदगी भर समझाओ कि सिगरेट मत पीयो, मत पीयो। पच्चीस दफे छोड़ता है, फिर शुरू कर देता है। शराब पीता है, छोड़ता है, फिर शुरू कर देता है। कोई उपाय नहीं होता। वे कहते हैं, आपकी थैरेपी रियल नहीं है, यथार्थ नहीं है। क्योंकि शराब है वास्तविक चीज और आपका समझाना है केवल शब्द। शराब है एक यथार्थ और शब्द हैं सिर्फ सिद्धांत। ये नहीं तोड़ पाएंगे। तो वे कहते हैं, कुछ और किया जाना जरूरी है। वे क्या करते हैं?

अब उन्होंने एक इंजेक्शन ईजाद किया है। शराबी को वह इंजेक्शन रात में दे दिया जाता है। उसे पता भी नहीं चलता है। या उन्होंने गोलियां भी ईजाद की हैं। वे उसको खिला दी जाती हैं। उन गोलियों के बाद जब भी वह शराब पीता है, तो नासिया पैदा होता है; बड़ी बेचैनी पैदा होती है, वोमिट होती हैं और सारा शरीर झर-झर कंपने लगता है। और रोआं-रोआं इतनी पीड़ा से भर जाता है कि नरक उपस्थित हो गया। वह जो इंजेक्शन है, उसके और शराब के मिलने से यह परिणाम होता है। वह आदमी दुबारा हाथ में शराब नहीं ले सकता। जैसे ही वह शराब हाथ में लेता है, सब उसे याद आ जाता है जो हुआ। और हजारों साल समझाने से जो नहीं होता वह एक इंजेक्शन से क्यों हो जाता है? क्या हो गया? वह आदत थी सिर्फ एक। लेकिन अब आदत के विपरीत एक बड़ा दुख खड़ा हो गया। वह आदत इतनी बड़ी नहीं थी कि इस दुख के बावजूद भी...।

आमतौर से हम सोचते हैं कि लोग शराब दुख के बावजूद भी पीते हैं। हम गलत सोचते हैं। लोग कहते हैं कि एक आदमी शराब पी रहा है, उसकी पत्नी दुख में पड़ी है, उसके बच्चे दुख में पड़े हैं, फिर भी शराब पीए चला जा रहा है। इतना दुख हो रहा है, फिर भी! आप गलती में हैं। हो सकता है, यह दुख देना भी शराब पीने का एक हिस्सा हो। शायद वह और किसी तरह से दुख देने में समर्थ न हो, या उतना आक्रामक न हो, इस बारीक तरकीब से वह दुख भी दे लेता है। अपना दुख भी भुला लेता है, दूसरों को दुख भी दे लेता है। दोनों काम कर लेता है।

नहीं, इससे कोई अंतर नहीं पड़ेगा। बल्कि यह भी हो सकता है कि पत्नी दुखी दिखाई न पड़े और बच्चे बड़े प्रसन्न दिखाई पड़ें और सब कहें कि पिताजी, आप मजे से पीए चले जाओ, आप चौबीस घंटे पीओ, तो शायद वह चौंक कर खड़ा भी हो जाए कि मामला क्या है! कोई दुखी नहीं हो रहा और मैं शराब पीए चला जा रहा हूं! शायद शराब का रस ही चला जाए। जिंदगी बड़ी जटिल है।

लेकिन ये रियल थैरेपी के लोग कहते हैं कि अगर किसी भी आदत को तोड़ना है तो उस आदत को इतने बड़े दुख के साथ जोड़ देना जरूरी है कि वह जो पुरानी सिर्फ वृत्ति की वजह से आदमी बह जाता था, वह दुख बीच में खड़ा हो जाए और उसको चुन कर जाना पड़े कि अगर मैं जाता हूं आदत में तो यह दुख झेलना पड़ेगा। बड़ी हैरानी की बात है, आदतें आसानी से बदल जाती हैं।

पावलव, साल्टर, पश्चिम के, खास कर रूस के वैज्ञानिक तो कहते हैं कि सिर्फ रिकंडीशनिंग की जरूरत है, वे कहते हैं सिर्फ पुनर्संस्करण की जरूरत है। सिर्फ संस्कार बंधे हुए हैं, उनको नया संस्कार से जोड़ देने की जरूरत है, यात्रा बदल जाती है।

मैं मानता हूं, उनकी बात में थोड़ी सचाई है। कोई आदमी कर्मों का फल नहीं भोग रहा है, कर्मों के फलों के संस्कार से बंधा जी रहा है। संस्कार मजबूत है, अगर आप उसके साथ बहते हैं। कमजोर है, अगर आप निर्णय करते हैं और रुक जाते हैं। इसलिए ऐसा कोई भी कृत्य नहीं है, जिसे आप न रोक सकते हों। और अगर आप कर रहे हैं तो आप ही जिम्मेवार हैं। और अपने मन को ऐसा मत समझाना कि क्या करें, जन्मों-जन्मों का कर्मफल है, भोगना ही पड़ेगा। यह भी होशियारी है। यह भी जो आप करना चाहते हैं, उसको करते रहने की नीयत। और कुछ भी नहीं। यह भी जस्टीफिकेशन है, यह भी आप अपने को न्यायोचित ठहरा रहे हैं। बड़े मजे की बात है कि कर्म का सिद्धांत तो धर्म का अंग था और हमने कर्म के सिद्धांत से अपने सब अधर्म के लिए सहारा खोज लिया—क्या कर सकते हैं? हाथ के बाहर है बात। जो हो चुका, वह हो चुका; वह भोगना ही पड़ेगा।

जो हो चुका, वह आप भोग चुके हैं। अगर आप पुनः उसे दोहरा रहे हैं तो यह केवल एक बार-बार दोहराई गई आदत है, किसी कर्म का फल नहीं। हर बार दोहरा कर फल पाएंगे और हर बार आदत मजबूत होती चली जाएगी। धीरे-धीरे आदमी आदतों का एक पुंज ही रह जाता है।

हम सब आदतों के पुंज हैं। इन आदतों को बदलना हो तो संकल्प की जरूरत है। और संकल्प की शुरुआत इससे होती है कि आपको यह खयाल में आ जाए कि ये बदली जा सकती हैं। अगर आपको यह खयाल है कि ये बदली ही नहीं जा सकतीं तो आपका संकल्प बिलकुल मर जाएगा।

एक जर्मन यहूदी फ्रैंकल पिछले महायुद्ध के वक्त जर्मनी के एक बड़े कारागृह में बंद था। उसने लिखा है—बड़ी हैरानी की बातें लिखी हैं—उसने अपने संस्मरणों में लिखा है। क्योंकि वह एक मनसविद है, वह निरीक्षण करता रहा, क्या हो रहा है। दिसंबर करीब आ रहा था। त्योहार के दिन करीब आ रहे थे। और सभी कैदियों को यह आशा थी कि कम से कम क्रिसमस के करीब छुटकारा हो जाएगा। क्रिसमस के करीब हिटलर दया करेगा और लोग छोड़ दिए जाएंगे। फ्रैंकल ने लिखा है कि क्रिसमस तक कितनी ही तकलीफें दी गईं कैदियों को, कोई नहीं मरा। लोग बीमार रहे, लेकिन एक आशा थी—क्रिसमस करीब आ रहा है। उस आशा के साथ प्राण में बल था। उसने लिखा, जिस दिन क्रिसमस निकल गया, उसके पंद्रह दिनों में अनेक लोग मरे—क्रिसमस के बाद। और उसका कहना है, कुल कारण इतना था उस पंद्रह दिन में मरने वालों का कि सब आशा टूट गई। क्रिसमस पर भी छुटकारा नहीं मिला, अब कोई आशा नहीं है। जब आशा नहीं रह जाती, तो जीवन-ऊर्जा क्षीण हो जाती है।

जिस कारागृह में फ्रैंकल बंद था, उसमें एक एटामिक भट्ठी थी। जिसमें हजारों कैदियों को इकट्ठा रख कर क्षण भर में राख किया जा सकता था। रोज हजारों कैदी राख होते थे। रोज उस भट्ठी की चिमनी से धुआं निकलता था। फिर उनको कारागृह बदला गया। कोई पांच सौ कैदी फ्रैंकल के साथ दूसरे कारागृह में भेजे गए। दो दिन पैदल उन्हें चलाया गया। ठंडी रातें, नंगे पैर, बिना कपड़ों के, भूखे-प्यासे उन्हें चलाया गया। बिलकुल थके हुए, मुर्दा, मरे हुए वे किसी तरह पहुंचे। आधी रात में जब वे पहुंचे कारागृह में, तो उनकी जांच-पड़ताल होने में पूरी रात लग गई, एक-एक आदमी को अंदर करने में, जांच-पड़ताल करके अंदर किया गया।

फ्रैंकल ने लिखा है, इतनी यातना, इतनी यात्रा, इतनी थकान, भूख, परेशानी, और रात जब हम खड़े थे बारह बजे मैदान में क्यू लगा कर, तो ओले पड़ने लगे, बर्फ पड़ने लगी। लेकिन फिर भी सब गीत गा रहे थे, गुनगुना रहे थे, मजाक चल रही थी, लोग हंसी कर रहे थे। और कुल कारण इतना था कि उस जेलखाने में चिमनी नहीं दिखाई

पड़ रही थी। वह जो चिमनी थी पिछले जेलखाने में, वह नहीं थी। सब दुख भूल गया। यह दो दिन की यात्रा, यह वर्षों की तकलीफ, सब भूल गई। यह बर्फ पड़ रही है, यह भूल गया। लोग गीत गुनगुनाने लगे।

फ्रैंकल ने लिखा है, मैंने पहली दफा मेरे साथी कैदियों को गीत गुनगुनाते, पुरानी मजाकें दोहराते, एक-दूसरे से कहानियां कहते पहली दफा सुना, तो मैं बहुत हैरान हुआ कि बात क्या है! तब थोड़ी देर में पता चला कि वह चिमनी नहीं दिखाई पड़ रही वहां। आश्वस्त हैं, कितनी ही तकलीफ होगी, मौत अभी करीब नहीं है।

अगर ऐसा हो कि रात के अंधेरे में चिमनी न दिखाई पड़ रही हो और सुबह रोशनी हो और चिमनी दिखाई पड़ जाए, तो अनेक तो वहीं गिर पड़ेंगे। दो दिन की थकान, एकदम पैर जवाब दे देंगे।

आदमी अपने भरोसों से जीता है, अपनी आशाओं से जीता है, अपने अभिप्रायों से जीता है। अगर आपको खयाल है कि आप अपने को बदल सकते हैं, यह खयाल ही बदलाहट की पहली बुनियाद बन जाती है। आपको खयाल है कि बदलाहट हो नहीं सकती, हाथ-पैर ढीले पड़ जाते हैं, आप जमीन पर गिर जाते हैं। जिंदगी की ऊर्जा आपके खयालों से उठती और गिरती है।

मैं आपसे कहता हूं, संस्कार हैं आपके पास, लेकिन संस्कार पानी की सूखी रेखाओं की तरह हैं। अगर पानी को कुछ न किया गया तो वह उनसे बह जाएगा। लेकिन अगर जरा सी ही चेष्टा की गई तो पानी नई रेखा बना लेगा। पुरानी रेखा कोई नियति नहीं है कि पानी उसी से बहे। कुछ न किया गया, पैसिवली पानी छोड़ दिया गया, तो पुरानी रेखा से बहेगा। लेकिन अगर जरा सी भी चेष्टा की गई तो पुरानी रेखा मजबूर नहीं कर सकती पानी को बहने के लिए। बस इतना ही संस्कार है आदमी पर। अतीत से हम बंधे हैं, लेकिन भविष्य के प्रति हम मुक्त हैं।

इसे थोड़ा ठीक से समझ लें। अतीत से हम बंधे हैं, लेकिन बंधे हैं अपने ही भाव के कारण। भविष्य के प्रति हम मुक्त हैं। और हम चाहें तो एक झटके में अतीत की सारी रस्सियों को तोड़ दें। वे रस्सियां वास्तविक नहीं हैं, जली हुई रस्सियां हैं, राख की रस्सियां हैं। रस्सियों जैसी दिखाई पड़ती हैं। एक रस्सी को जलाएं; जल जाए, राख हो जाए, फिर भी बिलकुल रस्सी मालूम पड़ती है, रेशा-रेशा। और छूकर न देखें, तो यह भी हो सकता है कि हाथ में बंधी हो तो सोचें कि कैसे भाग सकते हैं। छूकर जरा देखें, जली हुई है। टूट सकती है, अभी गिर सकती है।

संस्कार का अर्थ है : जली हुई रस्सियां। लेकिन अगर आप उनको रस्सियां मान कर चलते हैं तो आप उनको प्राण देते हैं। मनुष्य अपने कर्म का फल भोगता है और प्रतिपल नए कर्म करने को मुक्त हो जाता है। सिर्फ आदत के कारण पुराने को दोहराए, बात दूसरी है। लेकिन पुराने को दोहराना अनिवार्य नहीं है। इसलिए कोई आदमी अगर ठीक संकल्प का आदमी हो तो एक क्षण में पूरी जिंदगी बदल ले सकता है—एक क्षण में! इस तरफ एक जिंदगी और दूसरी तरफ दूसरी जिंदगी शुरू हो सकती है।

इस बदलाहट को मैं संन्यास कहता हूं। इस संकल्प को मैं संन्यास कहता हूं, जब कोई आदमी तय करता है कि अब मैं पुराना नहीं रहूंगा, मैंने नए होने का तय कर लिया। एक क्षण में भी यह हो सकता है, और जन्मों-जन्मों में भी न हो, हम पर निर्भर है।

एक मित्र ने पूछा है कि इन प्रवचन के अंत में आप कीर्तन पर क्यों जोर देते हैं? कीर्तन के संबंध में थोड़ा सा समझाइए।

कीर्तन के संबंध में समझाना जरा मुश्किल है। क्योंकि समझ के जो परे है, उसी को कीर्तन कहते हैं। और जोर इसलिए देता हूं कि आपकी समझ बहुत थक गई होगी, अब थोड़ा नासमझी का काम पीछे कर लें। जो मैं बोल

रहा हूं, वह तो आपकी बुद्धि पर आघात करता है। अगर आप इस तरह सुन रहे हों कि बुद्धि को हटा दें, तो आपके हृदय तक जाता है। लेकिन ऐसा सुनना कठिन है। बुद्धि बीच में खड़ी रहती है, द्वार पर खड़ी रहती है। भीतर जाने देने के पहले वह जांच-परीक्षा करती है—कि अपने मत की बात है, अपने शास्त्र की बात है, अपने वेद में कही है कि नहीं कही है—तो भीतर जाने देती है।

वैज्ञानिक कहते हैं कि आपकी इंद्रियां और आपकी बुद्धि, जैसा हम आमतौर से सोचते हैं, बाहर की संवेदनाओं को भीतर ले जाने के उपाय हैं, यह थोड़ी ही दूर तक सच है। केवल दो प्रतिशत चीजों को भीतर जाने दिया जाता है, अट्ठानबे प्रतिशत चीजों को बाहर रोक दिया जाता है। यह जरूरी भी है। आप रास्ते से गुजर रहे हैं। अगर सौ प्रतिशत जो घट रहा है रास्ते पर, वह आपके भीतर चला जाए, तो आप घर न पहुंच सकेंगे। आप घर पहुंच जाते हैं इसलिए कि आपका मस्तिष्क पूरे समय चुनाव कर रहा है—किसको भीतर जाने देना है, किसको बाहर रोक देना है। अगर सभी चीजें, जो घट रही हैं, आपके मस्तिष्क में घुस जाएं, तो आप घर न पहुंच पाएंगे, या किसी दूसरे के घर पहुंच जाएंगे, या अपने भी घर पहुंच गए तो आप पहचान न पाएंगे कि यह आपका घर है। आप पागल हो जाएंगे। इस वजह से बुद्धि पूरे वक्त सुरक्षा करती है कि बिलकुल जांच-पड़ताल करके भीतर किसी चीज को प्रवेश करने दो।

आप सभी चीजें नहीं सुनते, सभी आवाजें नहीं सुनते आप। और आपके भीतर क्षमता है इस बात की कि आप जो सुनना चाहें सुनें, जो न सुनना चाहें न सुनें। कान पर आवाज पड़ जाए तो भी आपकी बुद्धि चूक सकती है। उसको लगे नहीं सुनना, तो कान सुन लेगा, बुद्धि अपना संबंध भीतर तोड़ लेगी।

अभी एक वैज्ञानिक, साल्टर, प्रयोग कर रहा था। एक छोटी सी बिल्ली पर प्रयोग कर रहा है। तो बिल्ली के कान के पास जोर से आवाज की जाती है। आवाज होते ही से बिल्ली चौंक जाती है—आवाज इतनी तेज है। उसके चौंकने का, उसके कान में आवाज गई, उसका ग्राफ यंत्र पर बन जाता है कि बहुत जोर का आघात हुआ और बिल्ली का पूरा मस्तिष्क-तंत्र झनझना गया। तब अचानक दूसरे कोने से एक चूहे को प्रवेश किया जाता है। बिल्ली चूहे को देखती है और उसकी सारी आत्मा उसकी आंखों से चूहे की तरफ लग जाती है। फिर आवाज की जाती है, बिल्ली को सुनाई नहीं पड़ती। वह ग्राफ भी नहीं बनता, जो पहले बना था। आवाज अब भी हो रही है, कान पर चोट पड़ रही है; लेकिन वह जो ग्राफ बनता था कि उसका मस्तिष्क का तंत्र झनझना गया, वह बिलकुल नहीं बनता। क्या हो गया? बिल्ली ने अपनी बुद्धि का और कान का संबंध तोड़ लिया। अब बुद्धि चूहे की तरफ दौड़ रही है।

हम पूरे वक्त सक्षम हैं भीतर अपने संबंध तोड़ने और जोड़ने में। चूंकि यह एक बचाव की अनिवार्य शर्त है आदमी की, इसलिए बुद्धि की आदत हो गई है बहुत चुन-चुन कर भीतर जाने देने की। तो जब आप मुझे सुन रहे हैं, तब भी बुद्धि उस आदत का उपयोग करती है।

जो उस आदत को छोड़ कर सुनता है, उसको ही हमने कल शिष्य कहा। वह जो सीखने के लिए इतना तैयार है कि बुद्धि के सब डिफेंस मेजर, सुरक्षा के उपाय अलग कर देता है, द्वार खुला छोड़ देता है।

यही श्रद्धा का अर्थ है। श्रद्धा का अर्थ है : जिस तरफ श्रद्धा है उस तरफ हम अपनी सुरक्षा के सब उपाय छोड़ देते हैं। तब तो आपके हृदय तक बात पहुंच जाएगी, तब तो आपके हृदय के तंतु भी झनझना जाएंगे। तब आपको कठिनाई नहीं होगी समझने में कि कीर्तन क्या है। आप खुद भी करना चाहेंगे। तब मैं जो बोल रहा हूं, वह आपकी बुद्धि का भोजन नहीं बनेगा, आपके हृदय का रस हो जाएगा। और वह रस प्रकट होना चाहेगा। और वह रस मग्न होना चाहेगा। और वह रस डूबना चाहेगा।

तो जो हृदय से सुन रहे हैं, उनके तो पैर थिरकने लगेंगे, उनका तो सिर डोलने लगेगा, उनके तो हाथों में कोई नाचने लगेगा। चाहे वे सम्हाल कर अपने को कुर्सी पर बैठे रहें भला, पास-पड़ोस के डर से, लेकिन कोई उनके

भीतर नाचने की तैयारी करने लगेगा। जो कहा है, अगर वह हृदय को छू जाए तो आप जरूर ही नाचना चाहेंगे। क्योंकि हृदय नाचना ही जानता है। हृदय पर जब कोई आघात गहरा हो जाता है और हृदय में जब कोई बीज गहरे में उतर जाता है, तो हृदय एक ही तरह से अपने को प्रकट करना जानता है कि सारा रोआं-रोआं नाच उठे। तो जिनको हृदय तक बात पहुंच जाती है, वे नाचना चाहते हैं। और उन्हें बिना नाचे सड़क पर छोड़ देना खतरे से खाली नहीं है। एक दस मिनट नाच कर वे हलके हो सकेंगे। वह जो भीतर घना हुआ, वह प्रकट हो जाएगा; जो बादल आकाश में आया, वह बरस लेगा। वे हलके होकर जाएंगे। और एक संबंध भी जोड़ कर जाएंगे कि बुद्धि और हृदय में विरोध नहीं है। विरोध हमारा खड़ा किया हुआ है।

लेकिन जिनकी समझ में नहीं आया, जिनकी समझ द्वार पर पहरा बन कर खड़ी हो गई और जिन्होंने हृदय तक नहीं पहुंचने दिया, उनको जरूर सवाल उठेगा कि यह कीर्तन की क्या जरूरत है? न केवल सवाल उठेगा, बल्कि ऐसा भी लगेगा कि यह तो बड़ा विपरीत है। जो मैं कहता हूं, उससे यह कीर्तन विपरीत मालूम पड़ता है। यह तो बड़ी नासमझों जैसी बात है, ग्राम्य, कि लोग नाचें-कूदें।

ध्यान रखें, मेरे लिए सभी विपरीत, जैसा लाओत्से ने कहा है, परिपूरक हैं। जब मैं एक घंटे, डेढ़ घंटे तक आपसे बुद्धि की बात करता हूं, तो आपका बैलेंस झुक जाता है एक तरफ। जरूरी है कि इससे विपरीत हम कुछ करके विदा हों। आप ज्यादा बैलेंस्ड, ज्यादा संतुलित होकर जाएंगे। कुछ हृदय का हम कर लें।

और भी कारण हैं। जो मैंने कहा है, वह आपके गहरे उतर जाएगा, अगर आप उसको सुन कर नाच कर लौटें। जो मैंने कहा है, अगर आप सोचते ही लौटे, आप उसको खराब कर लेंगे। मैंने कुछ कहा है, आपके ऊपर वह हावी है, सिर पर; आप उसको सोचते लौटेंगे। आप करेंगे क्या? आप सोच कर उसको विकृत कर देंगे। उचित है कि एक दस-पंद्रह मिनट के लिए खाली गैप मिल जाए, आपको मौका न मिले कुछ करने का, और वह जो आपके ऊपर है धीरे-धीरे रस-रस कर भीतर चला जाए। एक पंद्रह मिनट जरूरी है कि आपको मौका न मिले। आपको मौका मिला तो आप उसको अस्तव्यस्त कर देंगे। इसलिए अगर आप एक पंद्रह मिनट नाच कर, भूल कर बुद्धि को, हृदयपूर्वक जीकर लौट जाते हैं, तो जो मैंने आपसे कहा है आप उसको विकृत न कर पाएंगे, वह आपके विकृत करने के पहले आपके हृदय तक कोई थोड़ी सी धाराएं उसकी पहुंच गई होंगी। वे ही धाराएं वस्तुतः काम की हैं।

फिर जो भी मैं कह रहा हूं, वह कितना ही बौद्धिक मालूम पड़े, वह बौद्धिक नहीं है। कहना, अभिव्यक्ति, बौद्धिक है। और मैं उसे इस भांति समझाने की आपको कोशिश करता हूं कि आपके तर्क को भी समझ में आ जाए। लेकिन जो मैं कह रहा हूं, वह तार्किक नहीं है। तर्क केवल माध्यम है। शब्द केवल उपाय है। जो मैं कह रहा हूं, वह बिलकुल अतर्क्य है। और जो मैं कह रहा हूं, वह विचार के अतीत है। अगर मैं कहने पर ही आपको छोड़ दूं, तो आप बहुत जल्दी तोतों की तरह पंडित बन जाएंगे, या पंडितों की तरह तोते बन जाएंगे। आपको सब बातें कंठस्थ हो जाएंगी और आप भी दूसरों को कह सकेंगे। बस इतना ही होगा। इसका कोई बहुत अर्थ नहीं होने वाला। मेरा आपको कोई तोते बनाने का जरा भी प्रयोजन नहीं है।

आपको पता न होगा, अगर आप एक दस मिनट नाच लिए, गीत गा लिए, आनंदित हो लिए, तो आप तोते नहीं बन पाएंगे। आप हलके हो गए। आप पर जो भार पड़ा था, बुद्धि पर जो तनाव पड़ा था, वह हलका हो गया। और अब जो सारभूत है, वह आपके भीतर रह जाएगा; जो शब्द हैं, वे तिरोहित हो जाएंगे। यह कीर्तन इसलिए कि जो मैंने आपसे कहा है, उसके शब्द भूल जाएं और उसका सत्य आपके साथ रह जाए। यह कीर्तन इसलिए कि जो मैंने आपसे कहा है, उसका माध्यम न पकड़ जाए, कंटेनर न पकड़ जाए; कंटेंट, उसकी सार-वस्तु आप में रह जाए।

तो मैं नहीं कहता आपसे कि जो मैं कहता हूं उसे आप याद रखें। मैं कहता हूं, आप कृपा करके भूल जाएं,

आप उसे याद मत रखें। जो सार्थक है, वह भीतर रह जाएगा। वह आपकी जिंदगी में जगह-जगह से कभी-कभी प्रकट होगा। जो गैर-सार्थक है, उसे याद रखना पड़ता है।

इमर्सन ने कहीं शिक्षा की परिभाषा करते वक्त कहा है कि शिक्षा वह है जो स्कूल छोड़ने पर भूल जाती है, सब भूल जाती है; लेकिन फिर भी एक शिक्षित और अशिक्षित आदमी में एक फर्क रह जाता है।

वह फर्क क्या है? वह फर्क क्या है? वह जो सार्थक था, अगर डूब गया, तो वही फर्क है, वही सुसंस्कार है, वही संस्कृति है। शिक्षा तो भूल जाती है। आज कितनी आपको ज्यामिति की थ्योरम याद हैं?

अंग्रेज लेखक सामरसेट माम ने लिखा है कि मैं लाख उपाय करूं—और उसकी बात मुझे समझ में पड़ी, क्योंकि मैं भी उसी परेशानी में रहा हूं—लिखा है कि लाख उपाय करूं, ए से लेकर जेड तक पूरी वर्णमाला याद नहीं आती। मुझे भी नहीं आती, उसको फिर-फिर गिनना पड़ता है। डिक्शनरी देखो तो फिर से देखना पड़ता है कि एच किसके आगे है और किसके पीछे। सामरसेट माम ने लिखा है कि कितना ही उपाय करो, वर्णमाला याद नहीं आती। वर्णमाला याद आने के लिए है भी नहीं। भूल ही जानी चाहिए। क्योंकि जिनको वर्णमाला ही याद आती है, उनको फिर कुछ और याद नहीं आएगा। वर्णमाला याद रखने की चीज नहीं है, भूल जाने की चीज है। उसका काम रह जाता है, उसका उपयोग रह जाता है। वही उपयोग।

शास्त्रों के साथ कठिनाई है, सिद्धांतों के साथ कठिनाई है—शब्द याद रह जाते हैं, उपयोग बिलकुल याद नहीं रहता। तो मैं जो कहता हूं, वह आपके मस्तिष्क पर बोझ न बन जाए, आप उस बोझ से हलके होकर लौटें। भूल ही जाए, उतर ही जाए। तो जो सार है, जो बीज है, वह आपके भीतर पड़ा रह जाएगा। और किसी दिन अचानक आप पाएंगे कि उसमें अंकुर आ गए, उसमें फूल आ गए। वे फूल, जो मैंने कहा है, उसके सत्य की खबर देंगे। और जो मैंने कहा है, अगर वही आपको याद है, तो केवल शब्द आप में दोहरते रहेंगे, और सत्य से आप वंचित हो जाएंगे।

इसलिए भी! और इसलिए भी कि मेरा मानना है कि बुद्धि से कोई कभी परमात्मा तक नहीं पहुंचता है। सोच-सोच कर कोई कभी सत्य तक नहीं पहुंचता है। नाच कर तो कभी-कभी कुछ लोग पहुंच गए हैं, हिसाब करके कभी कोई नहीं पहुंचा है। कुछ पागल तो कभी-कभी पहुंच गए हैं, लेकिन होशियार लोग नहीं पहुंच पाते हैं। उनकी होशियारी ही बाधा बन जाती है।

लेकिन एक अड़चन है। जो लोग पागलपन की बात करते हैं, वे होशियारी की बात नहीं करते। इसलिए होशियार आदमी उनके पास फटकते ही नहीं। जो लोग होशियारी की बात करते हैं, वे पागलपन से बिलकुल दूर साफ-सुथरे रहते हैं। वे पागलपन को बिलकुल अछूत मानते हैं। उनके पास पागल नहीं फटकते।

लेकिन ध्यान रहे, समझ और पागलपन का एक गहरा तालमेल जब निर्मित होता है, तो जीवन में श्रेष्ठतम क्रांति घटित होती है। बुद्धिमानी अगर हंस न सके, तो थोड़ी कम बुद्धिमानी है। बुद्धिमान अगर नाच न सके, तो थोड़ा कम बुद्धिमान है। अगर बुद्धि हलकी होकर उड़ न सके, तो पत्थर है।

मेरी दृष्टि में, जीवन इन विरोधों का एक संगम है। सोचें खूब, लेकिन सोचने पर रुक न जाएं। कहीं एक क्षण सोचने को एक तरफ रख दें वस्त्रों की तरह, नग्न हो जाएं सोचने से; नाचें, कूदें, छोटे बच्चों की तरह हो जाएं। अगर आप छोटे बच्चे में और बुद्धिमान में, दोनों के बीच कोई सेतु बना लेते हैं, तो आपने वह गोल्डन ब्रिज, स्वर्ण-सेतु बना लिया जिस पर से होकर ही सभी को जाना पड़ता है। अगर आप वह नहीं बना पाते हैं, आप अधूरे रह जाएंगे। अगर आप सिर्फ नाच ही कूद सकते हैं, तो आप पागल हैं। अगर आप सिर्फ सोच ही सकते हैं, तो आप दूसरे ढंग के पागल हैं। अगर आप ये दोनों एक साथ आप में संभव हैं, तो इन दोनों का मिलन एक नए तत्व को जन्म दे जाता है, जिसको प्रज्ञा कहते हैं, जिसको विजडम कहते हैं। इसलिए भी!

एक और मित्र ने पूछा है कि हमने बहुत कीर्तन देखे, लेकिन कीर्तन में एक व्यवस्था होती है, ढंग होता है। यह यहां जो होता है बिलकुल बेढंगा है; इसमें कोई व्यवस्था नहीं है। कोई कैसा ही नाचता-कूदता है, कोई कैसा ही चिल्लाता है।

उनका खयाल ठीक ही है। जान कर ही यह अव्यवस्था है। ऐसा कहिए कि व्यवस्थित है—व्यवस्था से ही यह अव्यवस्था है। यह कोई अकारण नहीं हो रहा है। क्योंकि मेरा मानना है कि जब कोई व्यवस्था से नाचता है, तो नर्तक हो सकता है, कीर्तन नहीं। व्यवस्था एक बात है। जब कोई व्यवस्था से गाता है, तो गायक हो सकता है। वह दूसरी बात है। लेकिन जब कोई भाव से, हृदय की उमंग से, सहजता से नाचता और गाता है, तब कीर्तन का जन्म होता है। कीर्तन की कोई व्यवस्था नहीं हो सकती। नृत्य एक बात है, और कीर्तन में नाचना बिलकुल और बात है। स्पांटेनियस, सहज-स्फूर्त होना चाहिए। जो अंतर में उदित हो रहा हो, वही होना चाहिए। फिर हाथ-पैर जैसे भी मुद्राओं में होना चाहें, उन्हें होने की स्वतंत्रता होनी चाहिए।

आपको शायद पता नहीं कि जब हम शरीर को पूरी मुक्ति दे देते हैं, और भाव के साथ शरीर को भी पूरा छोड़ देते हैं, अगर यह छोड़ना पूरा हो जाए तो आपको समाधि की पहली झलक इससे ही मिलेगी। क्योंकि जब शरीर पर कोई बंधन नहीं होता...। क्योंकि नियम तो बंधन है, व्यवस्था एक बंधन है। और जब आप व्यवस्था रखते हैं, तो चेतन रहना पड़ता है, पूरे वक्त होश रखना पड़ता है कि कुछ गलती तो नहीं हो रही; कोई ताल में, पद में, कहीं कोई भूल तो नहीं हो रही। तो फिर बुद्धि काम जारी रखती है। व्यवस्था का अर्थ है: बुद्धि मौजूद है। हृदय को मौका नहीं मिला। यह हृदयपूर्वक है। तो आप अगर यहां, कौन कैसा भूल-चूक कर रहा है, यह देख रहे हैं, आप गलत जगह आ गए। आपको किसी नर्तकी को, किसी नर्तक को देखना चाहिए। वहां भूल-चूक नहीं होंगी। यहां आपको देखना चाहिए कि कौन कितना स्वाभाविक हो गया। और स्वाभाविक कोई हो गया है या नहीं हो गया, इसे बाहर से देखना बड़ा मुश्किल है। यह तो खुद ही हों तो ही समझ में आता है। तो बेहतर यह है कि खुद होकर देखिए। एक स्वाभाविकता भी है, तब हम कुछ भी नहीं रोकते; पैर जैसा नाचना चाहते हैं, नाचने देते हैं। कोई नियम, कोई अनुशासन नहीं है। मन जैसा उछलना चाहता है, उछलने देते हैं।

एक दस मिनट अपने इस शरीर, अपने इस मन को सहज छोड़ कर देखिए। उस सहज में डूबते ही आपको पहली दफे एक स्वतंत्रता अनुभव होगी, जो आप छोटे से बच्चे रहे होंगे, तब कभी शायद आपने उसकी झलक जानी हो। लेकिन अब तो बहुत समय हो गया उसे भूले हुए। जब कभी छोटे बच्चे, आप किसी फूल के पास किसी तितली को पकड़ने के लिए दौड़े होंगे, तब जैसी सहजता भीतर रही होगी, वैसी सहजता एक बार फिर से पकड़िए। उसके पकड़ते ही बीच की सारी की सारी बाधाएं गिर जाती हैं। और जब कोई फिर से अपनी बुद्धिमानी में बच्चों जैसा हो जाता है, तो स्वर्ग की चाबी उसके हाथ में है।

छोटे-छोटे दो-चार सवाल हैं।

एक मित्र ने पूछा है, डू यू क्लेम टु बी ए डिसाइपल ऑफ एनी गुरु? क्या आपका कोई दावा है कि आप किसी के शिष्य हैं?

शिष्य होने का भी दावा होता है? और शिष्य होना बताया जा सकता है, अगर कोई एकाध का शिष्य हो। पूरी जिंदगी ही गुरु है। और जिसकी आंखें खुली हैं, वह एक क्षण भी बिना सीखे नहीं रह सकता। रास्ते के पत्थरों से भी

सीख लेगा, फूलों से भी सीख लेगा, आकाश के तारों से भी सीख लेगा। जो गाली देंगे, उनसे भी सीख लेगा; जो फूल चढ़ाएंगे, उनसे भी सीख लेगा। अगर सीखने की कला आ गई हो तो आप शिष्य होते हैं, और यह सारा जगत गुरु होता है। सीखने की कला नहीं आती, इसलिए हम एकाध को गुरु बना लेते हैं।

ऐसा समझें कि आप अपने घर में छिपे हैं और एक छोटा सा छेद कर लेते हैं, उसमें से आकाश को देखते हैं। कोई आदमी आकाश के नीचे खड़ा है, घर ही छोड़ दिया। जब एक छोटे से छेद से इतना आकाश दिखता था, तो सोचा कि अब सब दीवारों को गिरा ही दो, बाहर ही खड़े हो जाओ। स्वभावतः, आप अपने घर के भीतर से पूछेंगे कि मैं इस नंबर एक के छेद से देख रहा हूं, आपने किस छेद से आकाश को देखा? और वह जो आदमी आकाश के नीचे खड़ा है, वह आपको क्या कहे? क्या दावा करे कि किस छेद से उसने आकाश को देखा? उसकी बड़ी मुसीबत होगी। वह कहेगा, छेद तो कहीं दिखाई नहीं पड़ता, आकाश ही आकाश है।

जब सीखने की क्षमता पूरी होती है, तो गुरु कहीं भी नहीं दिखाई पड़ता; क्योंकि गुरु ही गुरु है, आकाश ही आकाश है। तो मेरा कोई दावा नहीं है। और ध्यान रहे, शिष्य होने का कोई दावा नहीं होता। और गुरु होने का तो दावा हो ही नहीं सकता। क्योंकि जो आदमी दावा करता हो कि मैं गुरु हूं, अभी वह इतना भी नहीं सीख पाया, इतना भी नहीं सीख पाया कि गुरु होकर सत्य में कोई भी प्रवेश नहीं है।

इसलिए जो गुरु के दावेदार हैं कि हम गुरु हैं, जानना कि गुरु नहीं हो सकते। गुरु दावेदार नहीं होता। शिष्य दावा कर सकता है कि फलां व्यक्ति मेरा गुरु है। गुरु दावा नहीं कर सकता। और शिष्य भी तभी तक दावा कर सकता है, जब तक अभी पूरी तरह शिष्यत्व उसमें खिला नहीं। नहीं तो फिर सारा जगत गुरु हो जाए, सारी दिशाएं गुरु हो जाएंगी। शिष्यत्व का अर्थ है सीखने की क्षमता। गुरु को पकड़ने की आदत नहीं, सीखने की क्षमता।

एक नदी बहती है—कितने किनारों को छूती हुई! कितने पहाड़ों को पार करती हुई! उससे कोई पूछे कि किस घाट का तुम्हारा दावा है? तो नदी कहेगी, बहुत घाट थे, घाट ही घाट थे। अब उनका नाम लेना भी मुश्किल है।

अगर आप जीए हैं ठीक से, जाग कर जीए हैं, तो आपने सब से सीखा है। असंभव है यह कि आप किसी बात से सीखे बिना बच जाएं। लेकिन हम अंधे लोग हैं। इसलिए हम गुरु को भी बनाते हैं। गुरु बनाने का मतलब ही यह है कि आपको शिष्य होने की कला अभी नहीं आई। नहीं तो गुरु क्या बनाना है? शिष्य हो जाना है। गुरु नहीं बनाना है, शिष्य हो जाना है। लेकिन हम गुरु बनाते हैं। हम गुरु इसलिए बनाते हैं ताकि दूसरों से सीखने से बचें। हमारा डर यह है कि सबसे सीखेंगे तो डूबे; एक को पकड़ लें, सहारा पक्का, सब तरफ द्वार-दरवाजे बंद कर लें। हम ऐसे लोग हैं कि हम सोचते हैं कि हम तो एक खिड़की पर खड़े होकर श्वास ले लेंगे और बाकी सब खिड़कियों पर श्वास बंद रखेंगे। मर जाएंगे।

जगत चारों तरफ से दे रहा है। इसे लेने में इतनी कंजूसी क्या है? सब तरफ से श्वास लें, शिष्य हो जाएं, गुरु की फिक्र छोड़ें। और जब आप शिष्य हो जाएंगे, तो कदम-कदम पर गुरु उपलब्ध होने लगेगा। जब मैं यह कहता हूं कदम-कदम पर गुरु उपलब्ध होने लगेगा, तो इसका यह मतलब नहीं कि कोई एक बुद्ध आपको, या कोई एक महावीर आपको पकड़ जाएगा और फिर आपके साथ बना रहेगा। जिंदगी अनंत है।

बुद्ध का अंतिम दिन था। और आनंद छाती पीट कर रोने लगा और उसने कहा कि आपके रहते मुझे ज्ञान नहीं हुआ! और अब आप जा रहे हैं तो मेरा क्या होगा? तो बुद्ध ने कहा, आनंद, पागल मत बन। मुझसे पहले हजारों बुद्ध हुए हैं; मुझसे बाद हजारों बुद्ध होते रहेंगे। और अगर तू सीखने में कुशल है तो तुझे हर कदम पर बुद्ध मिल जाएंगे। और अगर तू सीखने में कुशल नहीं है तो चालीस साल से तू मेरे साथ ही था, इससे भी तूने क्या सीख लिया है? बड़े मजे की बात है कि चालीस साल तू मेरे साथ था और तू कहता है कि तुझे ज्ञान नहीं हुआ। और अब जब मैं

मर रहा हूं तो रो रहा है कि आप छूट जाएंगे तब ज्ञान कैसे होगा? मेरे साथ चालीस साल में नहीं हुआ, तो अब मेरे मरने से रोने की क्या जरूरत है? चालीस साल में नहीं हुआ, चालीस जन्मों में भी नहीं होगा।

बुद्ध ने आखिरी बात जो आनंद से कही, बड़ी महत्वपूर्ण है। बुद्ध ने कहा, शायद यह भी हो सकता है, मेरे कारण तू संकीर्ण हो गया; मुझे तूने पकड़ लिया, तेरी सीखने की क्षमता क्षीण हो गई। तूने समझा कि गुरु तो मिल गए, अब क्या सीखने की क्षमता की जरूरत है? एक दफा हो गए शिष्य, बात खतम हो गई। शिष्य हो जाना कोई खतम हो जाने वाली बात नहीं है। यह सिर्फ प्रारंभ होती है, खतम कभी नहीं होती। तो बुद्ध ने कहा, मैं मर जाऊंगा, तो शायद तेरे सीखने की क्षमता फिर उन्मुक्त हो जाए, फिर तू खुल जाए।

और ऐसा ही हुआ। आनंद बुद्ध के मरने के बाद ही ज्ञान को उपलब्ध हो सका।

एक मित्र ने कहा है कि व्हाई डू यू काल योरसेल्फ भगवान? और बड़े हिम्मतवर आदमी हैं, क्योंकि उन्होंने यह भी लिखा कि इफ यू आर रियली बोल्ड, यू मस्ट रिप्लाय माई क्वेश्चन।

पूछा, 'आप अपने को भगवान क्यों कहते हैं?'

मैंने तो कभी कहा नहीं। लेकिन अब आप कहते हैं तो मैं कहता हूं कि मैं भगवान हूं। और यह इसलिए कहता हूं कि भगवान के सिवाय और कुछ होने का उपाय ही नहीं है। आप भी भगवान हैं। भगवान के सिवाय इस जगत में और कुछ भी नहीं है। तो अगर कोई दावा करता हो कि मैं भगवान हूं और आप भगवान नहीं हैं, तब यह दावा अपराधपूर्ण है। मैंने कभी कोई दावा नहीं किया। मैंने कभी कहा भी नहीं। पर इससे उलटी बात भी मैं नहीं कह सकता हूं कि मैं भगवान नहीं हूं। क्योंकि वह तो सरासर असत्य होगा। इतना ही कह सकता हूं कि भगवान के सिवाय कुछ भी नहीं है। और अब मैं क्या कर सकता हूं, क्योंकि भगवान के सिवाय कुछ भी नहीं है।

आप भी भगवान हैं। इसका पता न हो, यह हो सकता है। इसका पता हो, यह हो सकता है। जिसको पता नहीं है, उसे पता करने की कोशिश करनी चाहिए। भगवान का अर्थ है: अस्तित्व, शुद्धतम अस्तित्व। वह जो हम हैं अपने मौलिक स्वभाव में, उसका नाम ही भगवत्ता है।

लेकिन हमारे मन में भगवान की न मालूम क्या-क्या धारणाएं हैं। उससे तकलीफ होती है। कोई सोचता है, भगवान वह जिसने दुनिया को बनाया।

तो स्वभावतः, मैंने दुनिया को नहीं बनाया। इसलिए यह झंझट तो मुझ पर नहीं है।

कोई सोचता है कि अगर भगवान हैं—मेरे पास पत्र आते हैं, वे कहते हैं कि अगर आप भगवान हैं—तो मैं गरीब हूं, मेरी गरीबी मिटा कर दिखाइए। अगर आप भगवान हैं, तो मेरी आंखें खराब हैं, आंखें ठीक करके बताइए।

नहीं, भगवान से वैसा भी मेरा कोई प्रयोजन नहीं है। आपकी आंखें खराब हैं, इसके लिए आपके भीतर का ही भगवान जिम्मेवार है। उसमें थोड़े फर्क करिए। आप गरीब हैं, आपके भीतर का भगवान ही जिम्मेवार है। उसमें कुछ थोड़े फर्क करिए। और किसी बाहर के भगवान की तरफ मत देखिए। क्योंकि जिसे भीतर का भगवान ही नहीं दिखाई पड़ रहा, उसे बाहर का भगवान दिखाई नहीं पड़ सकता है। नहीं, मैं कोई ताबीज प्रकट करने वाला भगवान भी नहीं हूं। कि कोई चमत्कार दिखाइए, अगर भगवान हैं। ऐसे तो मदारियों में भी भगवान होते हैं; लेकिन भगवान मदारी होने में बहुत रस लेते दिखाई नहीं पड़ते।

भगवान से मेरा अर्थ है कि वह जो आपकी शुद्धतम सत्ता है। जहां सब कचरा, जहां सब व्यर्थ, असार अलग करके आपने अपने को देख लिया है, तो आप भगवान हैं। कोई दुनिया बनाने की जरूरत नहीं है आपके भगवान होने

के लिए; नहीं तो फिर आप भगवान कभी हो न पाएंगे। पक्का समझ लेना। किसी की आंखें ठीक करना जरूरी नहीं है आपके भगवान होने के लिए; नहीं तो फिर आप भगवान कभी हो न पाएंगे। और या फिर कोई डाक्टर भगवान हो जाएगा। भगवान होने का अर्थ ही यह है कि वह जो हमारे भीतर छिपा स्वभाव है, जो ताओ है, वह जो हमारे भीतर का अस्तित्व है, उस अस्तित्व की प्रतीति, उस अस्तित्व में प्रवेश।

तो यह झंझट भी आपकी अलग कर दूं। नाहक आपको लगता है कि मैंने क्यों अपने को भगवान कहा। अभी तक कहा नहीं था; आज मैं आपको कह देता हूं: मैं भगवान हूं। उससे अड़चन मिटेगी, उससे सुविधा हो जाएगी। लेकिन इसका यह मतलब आप मत समझ लेना कि आप कुछ और हैं। आप भी वही हैं। देर-अबेर होगी आपको पहचानने में, लेकिन चेष्टा करें तो पहचान ले सकते हैं।

भगवान होना कोई दावा नहीं है, भगवान होना हमारा सहज स्वभाव है।

शेष प्रश्न तो पुनरुक्तियां हैं। दो बातें अंत में।

प्रश्न पूछ लेना कठिन नहीं है, जवाब देना भी कठिन नहीं है। जो प्रश्न भी पूछा जा सकता है, उसका जवाब भी दिया जा सकता है। लेकिन सच में ऐसे प्रश्न पूछना जो आपके काम पड़ें, बहुत कठिन है। और वैसे प्रश्नों का जवाब देना भी आसान नहीं है। लेकिन आप वैसे प्रश्न पूछते ही नहीं।

ऐसा लगता है कि ऐसा कोई प्रश्न ही नहीं है आपके पास जो आपकी जिंदगी में काम आने वाला हो। आपके प्रश्न व्यर्थ के प्रश्न मालूम पड़ते हैं। ऐसा लगता है कि बुद्धि में थोड़ी खुजली होती है उससे आपके प्रश्न निकलते हैं। कोई आत्मा में कोई प्यास, कि कोई पुकार, कि कोई खोज, ऐसा नहीं। खुजली! थोड़ा खुजा लिया। फिर खुजाने से खून निकल आए तो जिम्मा मेरा नहीं है। फिर पीछे तकलीफ हो तो जिम्मा मेरा नहीं है। अपने तरफ हमारा शायद ध्यान नहीं है। शायद हमें खयाल ही नहीं है कि हम कुछ और भी हो सकते हैं, जो हम हैं; जहां हम खड़े हैं, वहां से कहीं और पहुंचना भी हो सकता है। हमारा जीवन भी यात्रा बन सकता है, उसका हमें कोई खयाल नहीं है। हम पूछे चले जाते हैं, कुतूहलवश, बिना इसकी फिक्र किए कि अगर इसका उत्तर मिल जाएगा तो फिर क्या करना है।

अब जैसे एक मित्र ने पूछ लिया, आप अपने को भगवान क्यों कहलवाते हैं या कहते हैं। कोई भी उत्तर हो, इससे उस मित्र को क्या होगा? कोई भी उत्तर हो। मैं कह दूं मैं भगवान हूं, मैं कह दूं मैं भगवान नहीं हूं, इससे उस मित्र को क्या होगा? मेरे संबंध में दिया गया कोई भी वक्तव्य उस मित्र को क्या लाने वाला है?

खुजली है। थोड़ी खरोंच लग जाएगी, तकलीफ होगी। जिस मित्र ने पूछा है, वह परेशान घर लौटेगा। अगर जवाब न दूं तो वह समझेगा कि मैं हिम्मतवर नहीं हूं। और जवाब दूं तो उसकी खुजली में खून निकलेगा, वह भी मुझे पता है। अब वह परेशान लौटेगा। प्रश्न से उसे कोई हल नहीं होने वाला है, कोई राहत नहीं मिलने वाली है। फिर किसलिए पूछा है? हमें खयाल ही नहीं है हम क्यों पूछ रहे हैं। इसलिए हम बहुत से प्रश्न पूछते हैं, बहुत से उत्तर इकट्ठे कर लेते हैं और हम वैसे के वैसे ही रह जाते हैं जैसे थे।

आगे के लिए आपसे कहता हूं, थोड़ा सोच कर पूछें। और सोचने के लिए एक कसौटी रख लें कि इसका जो उत्तर मिलेगा, उससे मैं क्या कर सकता हूं?

एक गांव में मैं था। दो बूढ़े मेरे पास आए। एक जैन था, एक हिंदू था; दोनों पड़ोसी। उन्होंने दोनों ने मुझसे कहा कि हमारा पचास साल का विवाद है। दोनों साथ पढ़े, दोनों बड़े साथ हुए, धंधा साथ किया। यह हिंदू है, मैं जैन हूं। मैं जैन हूं, मैं मानता हूं कि किसी ईश्वर ने जगत को नहीं बनाया। यह हिंदू है, यह मानता है कि जगत को ईश्वर ने बनाया। इसमें कुछ निर्णय नहीं हो पाता, विवाद होता रहता है। अब तक कोई हल नहीं हुआ। आप आए हैं, आप

हल कर दें। मैंने उनसे कहा कि अगर मैं हल भी कर दूं तो फिर तुम क्या करोगे? अगर यह पक्का हो जाए कि जगत ईश्वर ने बनाया, फिर तुम्हारे क्या इरादे हैं? अगर यह पक्का हो जाए कि जगत ईश्वर ने नहीं बनाया, तो तुम्हारे क्या इरादे हैं? उन्होंने कहा, नहीं, इरादे का क्या सवाल है? नहीं, कुछ करना नहीं है, उन्होंने कहा, मगर तय तो हो जाए।

जिससे कुछ करना नहीं, उसको तय किसलिए करना है? ध्यान रहे, और जिस चीज से हमें कुछ करना नहीं है, हम उसे कभी तय न कर पाएंगे। क्योंकि तय ही हम तब करते हैं, जब हमें कुछ करना होता है। तय करने का मतलब यह होता है कि जिंदगी दांव पर है, इसलिए तय करके कुछ करना है। जिस चीज के तय होने से कुछ करना ही नहीं, वह कभी तय नहीं हो पाती।

इसलिए लोग जिंदगी भर विवाद करते रहते हैं, और जहां झूले ने उन्हें पाया था, कब्र इंच भर दूर नहीं पाती, वहीं पाती है। मत पूछें, ऐसे सवालों का कोई प्रयोजन नहीं है। ऐसा सवाल पूछें जो आपकी जिंदगी को बदलता हो, जिसका उत्तर आपको कुछ करने में ले जाए, जो सवाल आपके लिए क्रांति बने, जो सवाल रूपांतरण का इशारा बने।

आज इतना ही। रुकें, पांच मिनट कीर्तन करें, और फिर जाएं। और आज वे लोग भी कीर्तन करें, जो हिम्मत नहीं कर पाते। आ जाएं।

अट्ठावनवां प्रवचन

सनातन शक्ति, जो कभी भूल नहीं करती

Chapter 28 : Part 1

KEEPING TO THE FEMALE

He who is aware of the Male
But keeps to the Female
Becomes the ravine of the world.
Being the ravine of the world,
He has the original character which is not cut up,
And returns again to the (innocence of the) babe.
He who is conscious of the white (bright)
But keeps to the black (dark)
Becomes the model for the world.
Being the model for the world,
He has the eternal power which never errs,
And returns again to the Primordial Nothingness.

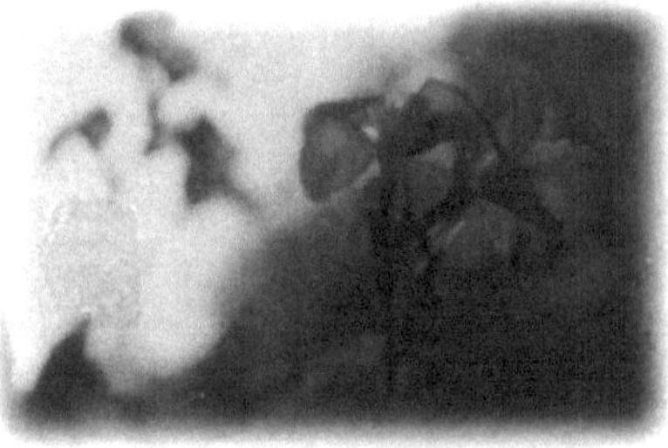

अध्याय 28 : खंड 1

स्त्रैण में वास

जो पुरुष को तो जानता है,
लेकिन स्त्रैण में वास करता है,
वह संसार के लिए घाटी बन जाता है।
और संसार की घाटी होकर,
वह उस मूल स्वरूप में स्थित रहता है, जो अखंड है।
और वह पुनः शिशुवत निर्दोषता को उपलब्ध हो जाता है।
जो शुक्ल (प्रकाश) के प्रति होशपूर्ण है,
लेकिन कृष्ण (अंधेरे) के साथ जीता है,
वह संसार के लिए आदर्श बन जाता है।
और संसार का आदर्श होकर,
उसको वह सनातन शक्ति प्राप्त हो जाती है, जो कभी भूल नहीं करती।
और वह पुनः अनादि अनस्तित्व में वापस लौट जाता है।

इस सूत्र में प्रवेश के पूर्व कुछ बुनियादी बातें समझ लेनी जरूरी हैं।

पहली बात। लाओत्से स्त्री को—स्त्रैण चित्त को—ज्यादा मौलिक, आधारभूत मानता है। पुरुष गौण है।

सारे जगत में पुरुष प्रमुख समझा जाता है, स्त्री गौण। पहले तो इस बात को ठीक से समझ लेना चाहिए; क्योंकि पूरे मनुष्य-जाति का इतिहास लाओत्से के विपरीत निर्मित हुआ है। सभी सभ्यताएं पुरुष को प्रमुख और स्त्री को गौण मान कर चलती रही हैं।

लाओत्से मानता है, स्त्री प्रमुख है, पुरुष गौण है।

और आज विज्ञान भी लाओत्से के समर्थन में है। क्योंकि विज्ञान भी मानता है कि सभी बच्चे मां के पेट में प्राथमिक रूप से स्त्रैण होते हैं। जो गर्भ का प्रारंभ है, मां के पेट में, सभी बच्चे स्त्री की तरह यात्रा शुरू करते हैं। फिर उनमें से कुछ बच्चे पुरुष की तरह विभिन्न यात्रा पर निकलते हैं। लेकिन प्रारंभ सभी बच्चों का स्त्रैण है।

दूसरी बात समझ लेने जैसी है, वह यह कि पुरुष भी स्त्री से ही जन्मता है। इसलिए गौण ही होगा, प्रमुख नहीं हो सकता। वह भी स्त्री का ही फैलाव है। वह भी स्त्री की ही यात्रा है।

तीसरी बात। जीव-शास्त्री कहते हैं कि पुरुष में एक तरह की तनाव-स्थिति है; स्त्री में वैसी तनाव-स्थिति नहीं है। जीव-वैज्ञानिकों के अनुसार जिस दो अणुओं के मिलन से, जीवाणुओं के मिलन से व्यक्ति का जन्म होता है। प्रत्येक जीवाणु में चौबीस कोष्ठ होते हैं। यदि चौबीस-चौबीस कोष्ठ के दो जीवाणु मिलते हैं तो स्त्री का जन्म होता है। कुछ कोष्ठ तेईस जीवाणुओं वाले होते हैं। अगर तेईस और चौबीस, ऐसे दो जीवाणुओं वाले कोष्ठ का मिलन होता है तो पुरुष का जन्म होता है। पुरुष में संतुलन थोड़ा कम है। एक तरफ चौबीस कोष्ठ हैं, एक तरफ तेईस कोष्ठ हैं। स्त्री संतुलित है। दोनों कोष्ठ चौबीस-चौबीस हैं। तो जीव-वैज्ञानिक कहते हैं कि स्त्री के सौंदर्य का कारण यही संतुलन है। ज्यादा संतुलित, ज्यादा बैलेंस्ड। यही कारण है कि स्त्री का धीरज, सहनशीलता पुरुष से ज्यादा है। और यही कारण भी है कि पुरुष स्त्री को दबाने में सफल हो पाया। क्योंकि बेचैनी उसका गुण है; वह जो तेईस और चौबीस का असंतुलन है, जो तनाव है, वही उसका आक्रमण बन जाता है। और पुरुष पूरे जीवन संतुलन की खोज कर रहा है।

इसलिए बहुत मजे की बात है: स्त्रियों ने बुद्ध, महावीर, कृष्ण, जीसस पैदा नहीं किए हैं। पुरुषों ने पैदा किए हैं। उसका बहुत मौलिक कारण यही है कि पुरुष की ही खोज है शांति के लिए; स्त्री की कोई खोज नहीं है। स्त्री स्वभाव से शांत है; अशांति विभाव है। उसे चेष्टा करके अशांत किया जा सकता है। पुरुष स्वभाव से अशांत है। चेष्टा करके उसे शांत किया जा सकता है। इसलिए बुद्ध पुरुषों में पैदा होंगे, स्त्री में पैदा नहीं होंगे।

पुरुष चेष्टा कर रहा है निरंतर कि कैसे शांत हो जाए। और आक्रामक होना उसका स्वभाव होगा, एग्रेशन उसका लक्षण होगा। इसीलिए पुरुष खोज करेगा; क्योंकि खोज आक्रमण है। पुरुष विज्ञान निर्मित करेगा; क्योंकि

विज्ञान आक्रमण है। पुरुष एवरेस्ट पर चढ़ेगा, चांद पर जाएगा, मंगल को जीतेगा; क्योंकि यह सारा अभियान आक्रमण का है! स्त्री आक्रामक नहीं है। पुरुष युद्ध करेगा; बिना युद्ध के जी नहीं सकेगा। कितनी ही शांति की बातें करे, लेकिन वैज्ञानिक कहते हैं कि पुरुष का जीवाणु-संगठन ऐसा है कि वह बिना युद्ध के जी नहीं सकता। युद्ध उसकी प्रवृत्ति का हिस्सा है। जब तक कि उसकी प्रवृत्ति न बदल जाए, या जब तक कि हम उसके जीवाणुओं का संगठन न बदल दें, तब तक युद्ध वह करेगा। यह हो सकता है, शांति के लिए युद्ध करे।

इसलिए बड़े मजे की बात है, जो शांतिवादी हैं, अगर उनका भी जुलूस देखें और उनके भी नारे सुनें, तो वे युद्धवादियों से कम युद्धवादी नहीं मालूम होते। वे शांति के लिए संघर्ष करते हैं, लेकिन करते संघर्ष ही हैं। वे शांति के लिए जान देने को, लेने को तैयार हैं। बहाना कोई भी हो, पुरुष की उत्सुकता लड़ने में है।

इसलिए जब युद्ध चलता है कहीं भी, तो पुरुषों की आंखों में चमक आ जाती है। जीवन में कुछ रस मालूम होता है—कुछ हो रहा है! वह जो उदासी है, टूट जाती है, एक रौनक छा जाती है। स्त्री और पुरुष के बीच जो मौलिक असंतुलन का भेद है, वही इसके पीछे कारण है।

हिंसा एक आंतरिक असंतुलन का परिणाम है और प्रेम एक आंतरिक संतुलन का। इसलिए स्त्री ने प्रेम किया है। लेकिन प्रेम से न तो चांद पर जाया जा सकता है, न एवरेस्ट चढ़े जा सकते हैं। सच तो यह है कि स्त्रियों की कभी समझ में नहीं आता कि एवरेस्ट चढ़ने की जरूरत क्या है? चांद पर जाने की जरूरत क्या है? स्त्री की उत्सुकता निकट में होती है, दूर में बिलकुल भी नहीं। विजय में बिलकुल नहीं होती, आक्रमण में बिलकुल नहीं होती। एक संतुलित, शांत, प्रेमपूर्ण जीवन में होती है—अभी और यहीं। इसलिए स्त्रियां दूर-दृष्टि की नहीं होतीं। उनको बहुत पास का दिखाई पड़ता है; दूर व्यर्थ हो जाता है। पुरुष को पास का बिलकुल दिखाई नहीं पड़ता। क्योंकि जो पास है, उसको जीतने में कोई मजा नहीं है। वह जीता ही हुआ है।

इसलिए बड़े मजे की घटना घटती है, पुरुष की उत्सुकता किसी भी स्त्री में तभी तक होती है, जब तक वह उसे जीत नहीं लेता। जीतते ही उसकी उत्सुकता समाप्त हो जाती है। जीतते ही फिर कोई रस नहीं रह जाता। नीत्शे ने कहा है कि पुरुष का गहरे से गहरा रस विजय है। कामवासना भी उतनी गहरी नहीं है। कामवासना भी विजय का एक क्षेत्र है। इसलिए पत्नी में उत्सुकता समाप्त हो जाती है, क्योंकि वह जीती ही जा चुकी। उसमें कोई अब जीतने को बाकी नहीं रहा है। इसलिए जो बुद्धिमान पत्नियां हैं, वे सदा इस भांति जीएंगी पति के साथ कि जीतने को कुछ बाकी बना रहे। नहीं तो पुरुष का कोई रस सीधे स्त्री में नहीं है। अगर कुछ अभी जीतने को बाकी है तो उसका रस होगा। अगर सब जीता जा चुका है तो उसका रस खो जाएगा। तब कभी-कभी ऐसा भी घटित होता है कि अपनी सुंदर पत्नी को छोड़ कर वह एक साधारण स्त्री में भी उत्सुक हो सकता है। और तब लोगों को बड़ी हैरानी होती है कि यह उत्सुकता पागलपन की है। इतनी सुंदर उसकी पत्नी है और वह नौकरानी के पीछे दीवाना हो! पर आप समझ नहीं पा रहे हैं। नौकरानी अभी जीती जा सकती है; पत्नी जीती जा चुकी। सुंदर और असुंदर बहुत मौलिक नहीं हैं। जितनी कठिनाई होगी जीत में, उतना पुरुष का रस गहन होगा।

और स्त्री की स्थिति बिलकुल और है। जितना पुरुष मिला हुआ हो, जितना उसे अपना मालूम पड़े, जितनी दूरी कम हो गई हो, उतनी ही वह ज्यादा लीन हो सकेगी। स्त्री इसलिए पत्नी होने में उत्सुक होती है; प्रेयसी होने में उत्सुक नहीं होती। पुरुष प्रेमी होने में उत्सुक होता है; पति होना उसकी मजबूरी है।

स्त्री का यह जो संतुलित भाव है—विजय की आकांक्षा नहीं है—यह ज्यादा मौलिक स्थिति है। क्योंकि असंतुलन हमेशा संतुलन के बाद की स्थिति है। संतुलन प्रकृति का स्वभाव है। इसलिए हमने पुरुष को पुरुष कहा है और स्त्री को प्रकृति कहा है। प्रकृति का मतलब है कि जैसी स्थिति होनी चाहिए स्वभावतः।

इसलिए बहुत मजे की घटना घटती है : जब कोई पुरुष शांत हो जाता है, तो उसमें स्त्रैण लक्षण प्रकट हो जाते हैं। बुद्ध के चेहरे को देख कर पुरुष का कम और स्त्री का खयाल ज्यादा आता है। हमने तो इसीलिए बुद्ध, महावीर, कृष्ण, राम को दाढ़ी-मूंछ भी नहीं दी। नहीं थी, ऐसा नहीं है। दाढ़ी-मूंछ निश्चित ही थी। लेकिन जिस अवस्था को वे उपलब्ध हुए, वह स्त्रैणवत हो गई। वे इतने शांत और संतुलित हो गए कि वह जो पुरुष की आक्रामकता थी, वह खो गई। इसलिए सिर्फ प्रतीक है यह। इसलिए हमने उनको दाढ़ी-मूंछ नहीं दी। जैनों के चौबीस तीर्थंकर हैं, एक को भी दाढ़ी-मूंछ नहीं है। बड़ा मुश्किल है चौबीस ऐसे आदमी खोजना, जिनमें एक को भी दाढ़ी-मूंछ न हो। एकाध तो कभी आदमी मिल सकता है, लेकिन चौबीस खोजना बड़ा मुश्किल है। बुद्ध को दाढ़ी-मूंछ नहीं है। कृष्ण को, राम को दाढ़ी-मूंछ नहीं है। आपने कोई चित्र नहीं देखा होगा राम का दाढ़ी-मूंछ के साथ। क्या कारण है?

दाढ़ी-मूंछ निश्चित रही होगी, क्योंकि दाढ़ी-मूंछ का न होने का मतलब है कि वे ठीक से पुरुष ही नहीं थे। बीमार थे, रुग्ण थे, कुछ हारमोन की कमी थी। नहीं, यह सिर्फ प्रतीक है। हमने यह बात उनमें अनुभव की कि वे स्त्री जैसे हो गए थे। इसलिए दाढ़ी-मूंछ को प्रतीक की तरह छोड़ दिया।

नीत्शे ने तो स्पष्ट रूप से बुद्ध और जीसस को स्त्रैण कहा है, फेमिनिन कहा है। निंदा के लिए कहा है, पर बात उसकी सच है। उसने तो निंदा में कहा है, उसने तो कहा है कि इन स्त्रैण पुरुषों की बातें मान कर अगर दुनिया चलेगी तो सारी दुनिया स्त्रैण हो जाएगी। उसने तो निंदा में कहा है, क्योंकि वह तो पुरुष का पक्षपाती है। वह तो कहता है, जगत में पौरुषिकता बढ़नी चाहिए। और ये बुद्ध और क्राइस्ट और महावीर, इनके खिलाफ है; क्योंकि ये स्त्रियों के पक्षधर हैं। ये जो भी अहिंसा, करुणा की बातें कर रहे हैं, वे सब स्त्रैण गुण हैं। नीत्शे कहता है, युद्ध, हिंसा, आक्रमण, रक्त, ये पुरुष का लक्षण है। तो वह कहता है कि ये दगाबाज पुरुष धोखा दे गए पुरुषों को और स्त्रैण प्रचार कर रहे हैं। लेकिन उसकी बात में थोड़ी सचाई है। बुद्ध और महावीर स्त्रैण हो गए हैं। बहुत गहरे तल पर संतुलन हो गया है। इसलिए वह जो पुरुष का आक्रमण है, हिंसा है, वह खो गई है।

लाओत्से के लिए स्त्री मूल है, आधार है। पुरुष उसकी एक शाखा है।

इसे हम एक और दिशा से भी समझ लें। पुरुष और स्त्री के व्यक्तित्व की बनावट भी, उनके शरीर का निर्माण भी, सूचक है। पुरुष के पास जो जनन-यंत्र है, वह भी आक्रामक है। स्त्री के पास जो जनन-यंत्र है, वह भी आक्रामक नहीं है, सिर्फ ग्राहक है। इसलिए स्त्री किसी पर व्यभिचार नहीं कर सकती। असंभव है। स्त्री किसी पर आक्रमण करके व्यभिचार नहीं कर सकती। वह असंभव है। और पुरुष के लिए व्यभिचार जितना संभव है, उतना प्रेम संभव नहीं है। इसलिए जिन स्थितियों में पुरुष सोचता है कि वह प्रेम कर रहा है, उन स्थितियों में भी सौ में से नब्बे मौकों पर वह व्यभिचार ही कर रहा होता है। यह थोड़ा कठिन है। लेकिन आज मनसविद कहते हैं कि यह सही है कि पुरुष अक्सर प्रेम में भी आक्रमण ही करता है। वहां भी एक तरह की जबरदस्ती है। और स्त्री केवल इस जबरदस्ती को स्वीकार करती है। और यह पता लगाना मुश्किल है कि उसकी स्वीकृति में उसका प्रेम था, या नहीं था। क्योंकि स्त्री के प्रेम की प्रक्रिया भी पैसिव है, निष्क्रिय है। इसे भी हम समझ लें तो सूत्र में प्रवेश बहुत आसान हो जाएगा।

पुरुष के प्रेम की प्रक्रिया सक्रिय है। वह प्रेम को प्रकट करता है। उसका प्रेम भी आक्रमण बनता है। स्त्री का प्रेम केवल समर्पण है। स्त्री यदि प्रेम में बहुत ज्यादा सक्रियता बरते तो पुरुष को बेचैनी होगी। वह सिर्फ स्वीकार करे, समर्पण करे, लीन हो जाए, प्रतिरोध न करे, अप्रतिरोध में हो, सहयोगी हो। और उसका सहयोग भी पैसिव हो, सिर्फ एक आमंत्रण हो, स्वीकृति हो, सहयोग हो, प्रफुल्लता हो। लेकिन प्रेम सक्रिय न बने। उतनी ही स्त्री पुरुष को ज्यादा प्रीतिकर होगी। उसका प्रेम स्वीकार है, बहुत गहन स्वीकार है। और इसलिए पता लगाना भी बहुत आसान नहीं है। पुरुष का प्रेम तत्काल पता चल सकता है, क्योंकि सक्रियता में प्रकट होता है।

निष्क्रियता का यह तत्व भी सोचने जैसा है। क्योंकि जो तत्व जितना निष्क्रिय होगा, उतना शांत होगा, उतना मौन होगा, उतना गहन, उतना गहरा होगा। जो तत्व जितना सक्रिय होगा, उतनी सतह पर होगा, उथला होगा। लहरें तो सतह पर होती हैं; बड़ा शोरगुल होता है। सागर की गहराई में तो मौन होता है। वहां कोई लहरें भी नहीं होतीं, कोई शोरगुल भी नहीं होता। पुरुष एक तरह की सतह है, जहां बड़ी सक्रियता है, बड़े तूफान, बड़ी आंधियां हैं। स्त्री एक तरह की गहन गहराई है, जहां सब मौन और शांत है। लेकिन ध्यान रहे, वह जो पुरुष की सक्रियता है, वह उसी गहराई के ऊपर टिकी है। वह उसी गहराई का ऊपरी हिस्सा है। स्त्री केंद्र पर है, पुरुष परिधि पर है। इसलिए जब भी कोई पुरुष केंद्र में प्रवेश करता है, स्त्रियों जैसा हो जाता है। और जब भी कोई स्त्री सक्रिय होने की कोशिश करती है, सतह पर आ जाती है और पुरुष जैसी हो जाती है।

पश्चिम में आज स्त्री की बड़ी दौड़ है—पुरुष जैसे हो जाने की। इधर लाओत्से पुरुषों को समझा रहा है कि वे स्त्रियों जैसे हो जाएं। वहां पश्चिम में एक दौड़ है कि स्त्रियां पुरुष जैसी हो जाएं। कारण है उसका। क्योंकि पश्चिम की पूरी संस्कृति पुरुष के द्वारा निर्मित हुई है—आक्रामक, हिंसक। उसने स्त्री को पोंछ डाला, दबा डाला, मिटा डाला। यह सीमा के बाहर चला गया आक्रमण। और इस पुरुष ने सब तरह की जो शिक्षा स्त्री को दी, वह स्त्री भी उस शिक्षा में पुरुष की आकांक्षाओं, महत्वाकांक्षाओं से भर गई। आज दुनिया में जो भी शिक्षा है, वह स्त्रियों के लिए कोई भी नहीं है। वह सब पुरुषों के लिए निर्मित हुई शिक्षा है। स्त्रियां उसमें प्रवेश कर गई हैं। मौलिक ढांचा पुरुष के लिए है उस शिक्षा का, स्त्री के लिए नहीं है। जिनको हम स्त्रियों की संस्थाएं कहते हैं, उनकी भी शिक्षा का ढांचा पुरुष का है। क्या पढ़ाते हैं, इससे सवाल नहीं पड़ता। कैसे पढ़ाते हैं और किसलिए पढ़ाते हैं? और क्या है लक्ष्य? सारा ढांचा पुरुष का है—महत्वाकांक्षा, एंबीशन, विजय, दौड़, प्रतिस्पर्धा, वह उसका सूत्र है, शिक्षा का। उसमें ही स्त्री को ढाला गया है पश्चिम में। अब स्त्री पुरुष जैसा होना चाहती है।

यह बड़ी ही गहरी कठिनाई पैदा करने वाली बात है। क्योंकि स्त्री अगर पुरुष जैसे होने की कोशिश करे तो इस जगत में जो भी मूल्यवान है, जो भी कीमती है, जो भी सारभूत है, वह सब खो जाएगा। इधर पूरब में लाओत्से जैसे मनुष्यों ने दूसरी कोशिश की है कि पुरुष स्त्री जैसा होने की कोशिश करे, ताकि जो गहन है, मूल्यवान है, वह और भी थिर हो जाए, और भी प्रकट हो जाए, और भी मनुष्य की अंतरात्मा में प्रविष्ट हो जाए।

स्त्रियां जब पुरुष जैसी होती हैं, तो सब उथला हो जाता है। स्त्री तो उथली हो ही जाती है। स्त्री सबसे ज्यादा चीज अगर कुछ खो सकती है, तो वह पुरुष जैसे होने की दौड़ में खो सकती है—अपनी आत्मा खो सकती है। हो तो नहीं पाएगी पुरुष जैसी, लेकिन आवरण ले सकती है। और जो स्त्री पुरुष जैसा आवरण ले लेगी, उससे ज्यादा असंतुष्ट पुरुष भी खोजना मुश्किल हो जाएगा। क्योंकि पुरुष के लिए अशांति स्वाभाविक है, स्त्री के लिए अशांति आरोपित होगी। पुरुष के लिए दौड़ नैसर्गिक है, स्त्री के लिए दौड़ उसकी प्रकृति के प्रतिकूल होगी।

इसलिए आज अगर पश्चिम में स्त्री एकदम रुग्ण होती जाती है, और उसे कोई शांति नहीं है, तो उसका मौलिक कारण यही है। वह कभी शांत हो नहीं सकती। पुरुष भी पुरुष रह कर शांत नहीं हो पाता, तो स्त्री तो पुरुष होकर शांत कैसे हो सकेगी? पुरुष भी तभी शांत हुआ है, जब वह स्त्री जैसा गहन निष्क्रिय हो गया है, शून्य हो गया है, समर्पित हो गया है, अनाक्रामक हो गया है। तब शांत हुआ है। पुरुष भी स्त्री जैसा होकर शांत होता रहा हो तो स्त्री तो पुरुष जैसी होकर कभी शांत नहीं हो सकती। हां, पुरुष से ज्यादा अशांत हो जाएगी, विक्षिप्त हो जाएगी, पागल हो जाएगी।

उसके कारण हैं। क्योंकि पुरुष जब स्त्री जैसा होता है, तो वस्तुतः वह अपने ही केंद्र पर लौट रहा है। ऐसा हम समझें कि वह जिस मां से निकल कर जगत में भागा और दौड़ा था, उसमें वापस लौट रहा है। लेकिन स्त्री अगर

पुरुष जैसे होने की कोशिश कर रही है तो विक्षिप्तता के अतिरिक्त, पागलपन के अतिरिक्त, कोई और परिणाम नहीं हो सकता। और पुरुष जैसी किसी भी क्रिया में कोई हल, कोई सांत्वना नहीं मिल सकती। सिर्फ एक फीवरिश, एक रुग्ण बुखार पैदा हो सकता है।

लाओत्से मानता है कि निष्क्रियता प्राकृतिक है। सक्रियता तूफान है, आंधी है। और वापस गिर जाएगी, गिरना ही होगा। इसे हम समझें। कोई भी चीज सक्रिय नहीं रह सकती सदा; क्योंकि सक्रियता में शक्ति व्यय होती है। एक पत्थर पड़ा है। आप उसे उठाते हैं हाथ में और फेंकते हैं आकाश में। अभी तक निष्क्रिय पड़ा था। आपने अपने हाथ की ताकत उसे दी और सक्रिय कर दिया। आपने भी थोड़ी ताकत खोई। इसलिए आप भी अगर पत्थर उठा कर फेंकते रहेंगे तो दस-बीस पत्थर के बाद आप कहेंगे, अब मैं नहीं फेंक सकता। आपकी ताकत जा रही है पत्थर के साथ। आप अपनी शक्ति पत्थर को दे रहे हैं। तभी तो पत्थर हवा से टकराएगा, लड़ेगा और यात्रा करेगा। और जब तक सक्रिय रहेगा, तभी तक सक्रिय रहेगा, जब तक कि वह शक्ति को व्यय न कर देगा। व्यय होते ही पत्थर वापस जमीन पर गिर जाएगा। फिर निष्क्रिय हो जाएगा।

एक पत्थर जमीन पर पड़ा रह सकता है हजारों-लाखों साल तक निष्क्रिय। लेकिन फेंका गया पत्थर हजारों-लाखों साल तक यात्रा नहीं कर सकता। हम यह भी कल्पना कर सकते हैं कि पत्थर पड़ा रहे अनंत काल तक तो भी पड़ा रह सकता है। क्योंकि पड़े रहने में कोई शक्ति का अपव्यय नहीं है। लेकिन चल नहीं सकता अनंत काल तक, क्योंकि चलने में शक्ति का व्यय है। शक्ति चुकेगी और गिर जाएगा। सब सक्रियता शक्ति का व्यय है। निष्क्रियता शक्ति का संग्रह है; शक्ति व्यय नहीं होती।

इसलिए लाओत्से कहता है कि निष्क्रियता स्वभाव है। सक्रियता स्वभाव के बीच में घटी शक्ति को व्यय करने की इच्छा का परिणाम है।

स्त्री ज्यादा निष्क्रिय है। पुरुष ज्यादा सक्रिय है। इसलिए लाओत्से स्त्री को मूल में मानता है। लेकिन इससे स्त्रियां यह न सोच लें कि काम पूरा हुआ। इससे स्त्रियां यह न सोच लें कि अब कुछ करने को उनके लिए नहीं बचा।

तब दूसरी बात खयाल में ले लें। जो परम संतुलन है, वह दो विरोध के बीच संतुलन है। अगर स्त्री निष्क्रिय रह कर ही निष्क्रिय रह पाती हो तो परम संतुलित नहीं है। अगर सक्रिय होकर भी भीतर निष्क्रिय रह पाती हो तो परम संतुलन है। उलटा, अगर पुरुष सब कुछ काम छोड़ कर जंगल में भाग कर मौन बैठ जाए तभी शांत हो पाए, तभी स्त्रैण हो पाए, तो वह भी शांति परम शांति नहीं है। क्योंकि सक्रियता के विरोध में चुनी गई शांति भी एक तरह की सक्रियता है। जहां विरोध है, वहां क्रिया है। अगर किसी ने अपने को सक्रियता के विरोध में निष्क्रियता में डुबाने की कोशिश की तो वह कोशिश भी सक्रियता है।

इसलिए ताओ के मानने वाले, झेन को मानने वाले जो परम ज्ञानी हैं, वे कहते हैं, प्रयास से जो शांति मिल जाए, वह परम शांति नहीं है। क्योंकि प्रयास से जो मिली है, प्रयासजन्य जो है, उसमें तो सक्रियता जुड़ी ही हुई है। अप्रयास से जो मिल जाए, इफर्टलेसली जो मिल जाए, वही परम शांति है।

इसका क्या मतलब हुआ? इसका मतलब हुआ कि विरोध की भाषा में जब तक हम सोचते हैं, तब तक हम शांत न हो पाएंगे। जब विरोध की भाषा ही गिर जाए, तो हम शांत हो पाएंगे। स्त्री सक्रिय होकर भी अपनी निष्क्रियता में बनी रहे, पुरुष सक्रिय होकर भी निष्क्रियता में डूब जाए, करे भी और भीतर न किया हुआ भी बना रहे, बोले भी और भीतर शांति बनी रहे। मौन होकर न बोलने में कोई कठिनाई नहीं है, बोल कर मौन को खो देने में कोई कठिनाई नहीं है। शब्द हो बाहर, मौन हो भीतर, तब जो संतुलन स्थापित होता है, दो विरोध के बीच जो सेतु बन जाता है, वह परम है, वह आत्यंतिक है। फिर उसको विनष्ट नहीं किया जा सकता।

अब हम इस सूत्र में प्रवेश करें।

'जो पुरुष को तो जानता है, लेकिन स्त्रैण में करता है वास, वह संसार के लिए घाटी बन जाता है। और संसार की घाटी होकर वह उस मूल स्वरूप में स्थित रहता है, जो अखंड है।'

'ही हू इज़ अवेयर ऑफ दि मेल, बट कीप्स टु दि फीमेल, बिकम्स दि रैवाइन ऑफ दि वर्ल्ड। बीइंग दि रैवाइन ऑफ दि वर्ल्ड ही हैज दि ओरिजनल कैरेक्टर व्हिच इज़ नाट कट अप, एंड रिटर्न्स अगेन टु दि इनोसेंस ऑफ दि वे।'

जो पुरुष को जानता है, लेकिन स्त्रैण में वास करता है। जो क्रिया में जीता है, लेकिन निष्क्रियता जिसके भीतर बनी रहती है।

ऐसा करें: दौड़ रहे हैं रास्ते पर, तब बाहर तो दौड़ है, लेकिन भीतर कोई है, जो दौड़ नहीं रहा। जरा भीतर झांकें। उसे पकड़ लेना कठिन नहीं होगा, जो भीतर बैठा हुआ है, जो दौड़ नहीं रहा। शरीर दौड़ता है, चेतना तो दौड़ती नहीं। चेतना तो वहीं बैठी रहती है। चेतना तो कभी चली ही नहीं है। आप कितने ही चले हों, चेतना नहीं चली है।

चेतना करीब-करीब वैसी है, जैसे आप हवाई जहाज में बैठे हैं। हवाई जहाज दौड़ रहा है हजारों मील की रफ्तार से और आप बैठे हैं। शरीर भी आपका वाहन है। शरीर दौड़ रहा है, आप बैठे हैं। और हवाई जहाज में तो यह भी संभव है—अगर आपका दिमाग खराब हो—कि हवाई जहाज भी भाग रहा हो, आप उसमें भाग रहे हों अंदर, जल्दी पहुंच जाने के खयाल से। ठीक वैसा पागलपन आप भीतर भी कर सकते हैं। शरीर भाग रहा हो और आप भी भीतर भागने की कोशिश कर रहे हों। जल्दी नहीं पहुंच जाएंगे आप; क्योंकि भीतर कोई गति हो नहीं सकती। भीतर अगति है। भीतर कोई मूवमेंट, कोई हलन-चलन संभव नहीं है। शरीर हलन-चलन कर सकता है।

तो जो व्यक्ति दौड़ते हुए भीतर ध्यान रख सके उस पर जो दौड़ता नहीं है, तो वह पुरुष होकर स्त्रैण में वास कर रहा है। जो विचार करते समय भी गहरे तल पर निर्विचार में रह सके, तो वह पुरुष होते हुए स्त्रैण में वास कर रहा है। जो इस संसार में चलते हुए, जीते हुए भी, संन्यासी रह सके, तो वह पुरुष के साथ स्त्रैण में ठहरा हुआ है। संन्यास स्त्रैण है। सैनिक होना पुरुष, संन्यासी होना स्त्रैण है। लेकिन जो सैनिक रह कर संन्यासी रह सके, उसकी स्थिति परम है। या जो संन्यासी रह कर सैनिक रह सके, उसकी स्थिति भी परम है। क्योंकि दो विरोध जब मिल जाते हैं, तो एक-दूसरे को काट देते हैं। ऋण और धन जब मिलते हैं, तो एक-दूसरे को विलीन कर देते हैं। और उनके नीचे शून्य रह जाता है।

'जो पुरुष को जानता है, लेकिन स्त्रैण में वास करता है...।'

स्त्रैण से समझें निष्क्रियता, स्त्रैण से समझें त्याग, स्त्रैण से समझें समर्पण, स्त्रैण से समझें स्वीकार—स्त्रैण से इस तरह की बातें समझें। पुरुष से समझें आक्रमण, परिग्रह, संग्रह, दौड़, महत्वाकांक्षा, प्रतिस्पर्धा। ये शब्द प्रतीक हैं। अगर आपका मन दौड़ में जी रहा है सिर्फ और आपने उसको बिलकुल नहीं जाना जहां दौड़ नहीं है, तो आप आधे जी रहे हैं। इस संबंध में एक बात और नवीन खोज की खयाल में लेनी चाहिए।

कार्ल गुस्ताव जुंग ने इस सदी की महानतम खोजों में एक अनुदान किया है। और वह यह कि कोई पुरुष न तो पूरा पुरुष है और न कोई स्त्री पूरी स्त्री। प्रत्येक व्यक्ति द्विलिंगी है, बाई-सेक्सुअल है। मात्रा का फर्क है। आप साठ परसेंट पुरुष होंगे, चालीस परसेंट स्त्री होंगे। आपकी पत्नी साठ परसेंट स्त्री होगी, चालीस परसेंट पुरुष होगी। बस ऐसा फर्क है। सौ परसेंट पुरुष आप नहीं हैं। न सौ परसेंट कोई स्त्री है। हो नहीं सकता ऐसा। इसलिए नहीं हो सकता कि आपका जन्म स्त्री और पुरुष दोनों के मिलन से होता है। स्त्री में होता है; स्त्री से आप बाहर आते हैं। लेकिन पुरुष इसमें सहयोगी होता है। वह पुरुष आपके भीतर प्रवेश कर जाता है। क्योंकि जन्म सेक्सुअल है, पुरुष और स्त्री के मिलन से है, इसलिए दोनों ही मात्रा में मौजूद रहेंगे। यह हो सकता है कि एक व्यक्ति नब्बे परसेंट पुरुष हो और

दस परसेंट स्त्री हो; लेकिन स्त्रैण हिस्सा होगा। और कभी-कभी ऐसा होता है कि यह अनुपात इतना क्षीण होता है कि कभी-कभी कोई स्त्री बाद में पुरुष हो जाती है, कोई पुरुष बाद में स्त्री हो जाता है। लिंग-परिवर्तन हो जाता है। अगर इक्यावन परसेंट आप पुरुष हैं, तो खतरा है। एक ही परसेंट, दो परसेंट का मामला है। जरा सा भी केमिकल फर्क, जरा से हारमोन का फर्क—किसी बीमारी के कारण, किसी दवा के कारण—और आप तत्काल स्त्री हो सकते हैं। अगर आप सिर्फ एक-दो परसेंट के फासले पर हैं, मारजिन बहुत कम है, तो परिवर्तन हो सकता है।

और अब तो वैज्ञानिक कहते हैं कि परिवर्तन—मारजिन कितना ही बड़ा हो—किया जा सकता है। क्योंकि हारमोन का फर्क है। अगर थोड़े स्त्रैण हारमोन आप में डाल दिए जाएं तो आपकी मात्रा, भीतर का अनुपात बदल जाएगा, आप स्त्री होना शुरू हो जाएंगे।

इसका अर्थ यह हुआ कि पुरुष के भीतर स्त्री छिपी है, स्त्री के भीतर पुरुष भी छिपा है। इन दोनों के बीच भी अगर संतुलन न बन पाए तो आप असंतुलित रहेंगे। इन दोनों में भी भीतर तालमेल हो जाना चाहिए।

खयाल करें तो आपको अनुभव में आना शुरू होगा। सुबह आप बड़े शांत हैं। जरा सा किसी ने कुछ कहा, आप क्रोधित हो गए, आग जलने लगी। आपको पता नहीं है, भीतर जब आप शांत थे, तो स्त्रैण तत्व प्रमुख था। स्त्रैण ऊपर था, पुरुष नीचे दबा था। अब किसी ने आप में एक अंगारा फेंक दिया, एक गाली दे दी, किसी ने धक्का मार दिया, किसी ने कुछ कह दिया, जो चोट कर गया। स्त्री तत्काल पीछे हट गई। क्योंकि स्त्री चोट का जवाब नहीं दे सकती, स्त्री आक्रामक नहीं हो सकती। स्त्री तत्काल पीछे हट गई, पर्दे की ओट हो गई। पुरुष बाहर आ गया। आपकी आंखें खून से भर गईं। हाथ-पैर में जहर दौड़ गया। आप गरदन किसी की दबाने को, किसी को मार डालने को उत्सुक हो गए।

आप दिन में चौबीस घंटे में कई बार स्त्री हो जाते हैं, कई बार पुरुष हो जाते हैं। जो स्त्री आपको प्रेम करती है, और कभी आप सोच नहीं सकते कि आपकी गरदन दबा सकती है, वह भी कभी आपकी गरदन दबा सकती है। उसके भीतर भी वह गरदन दबाने वाला छिपा है। अगर वह देख ले आपको कि आप किसी और के प्रेम में पड़े जा रहे हैं, तो वह गरदन भी दबा सकती है। न भी दबाए तो विचार तो करेगी ही गरदन दबाने का। यह भी हो सकता है, आपकी न दबाए तो अपनी दबा ले। मगर दबा सकती है।

अक्सर यह होगा कि पुरुष जब क्रोधित होता है तो दूसरे को नष्ट करना चाहता है; स्त्री जब क्रोधित होती है तो खुद को नष्ट करना चाहती है। उतना उन दोनों में भेद है। क्योंकि दूसरे को नष्ट करने में ज्यादा आक्रामक होना पड़ता है, खुद को नष्ट होने में कम आक्रामक होना पड़ता है। इसलिए स्त्रियां ज्यादा आत्मघात करती हैं। करने का कारण कुल इतना है, वह भी हत्या करना चाहती हैं आपकी, लेकिन स्त्रैण होने की वजह से उन्होंने अपनी हत्या कर ली। पुरुष कम आत्मघात करते हैं। क्योंकि जब भी वे आत्मघात करना चाहते हैं, तब उनका मन किसी दूसरे की हत्या करने के लिए दौड़ पड़ता है। दूसरे की हत्या करना पुरुष को आंसान है; क्योंकि दूसरा दूर है। और स्त्री को अपनी हत्या करना आसान है; क्योंकि स्त्री अपने पास है। उसकी नजर पास पड़ती है, दूर नहीं पड़ती।

लेकिन दोनों एक-दूसरे के भीतर छिपे हैं। और इनमें से अगर एक को बिलकुल काट दिया जाए तो आप अपंग हो जाएंगे, जैसे बायां पैर किसी ने काट दिया। आप चल पाते हैं, क्योंकि दाएं और बाएं के बीच एक संतुलन बना रहता है; यद्यपि दोनों का काम विरोधी है। जब बायां पैर ऊपर उठता है, तो दायां जमीन को पकड़े रहता है। और जब बायां जमीन को पकड़ लेता है, तब दायां उठता है। दोनों एक-दूसरे के विरोध में होते हैं। एक जमीन पर होता है, एक जमीन को छोड़ देता है। लेकिन इन दोनों के बीच गति संभव हो पाती है। और इन दोनों के बीच जितना संतुलन हो, जितनी बराबर शक्ति हो दोनों में, उतनी ही गति व्यवस्थित हो पाती है।

आपके भीतर की स्त्री और आपके भीतर का पुरुष भी एक संतुलन मांगते हैं। जिस दिन यह संतुलन पूरा हो जाता है, उस दिन, लाओत्से कहता है, आप ताओ को उपलब्ध हो गए। क्योंकि लाओत्से कहता है, इस संतुलन का नाम ही निर्दोषता है, इनोसेंस है।

जो पुरुष को जानता और स्त्रैण में वास करता है। स्त्रैण हो नहीं जाता, स्त्रैण में वास करने लगता है। ठीक इससे विपरीत स्त्री के लिए : जो स्त्रैण को जानती है और पुरुष में वास करती है; पुरुष हो नहीं जाती। वह संसार के लिए घाटी बन जाता है।

घाटी का, वैली का, रैवाइन का लाओत्से के लिए प्रतीक अर्थ है। पहाड़ जाएं आप देखने, तो उठे हुए शिखर हैं पहाड़ के। और उन शिखरों के पास ही, निकट पड़ोस में घाटियां हैं, वैलीज हैं। आपने खयाल भी न किया होगा कि शिखर उठ ही इसलिए पाता है कि पास में घाटी बन जाती है। अगर घाटी न हो तो शिखर उठ नहीं पाएगा। शिखर घाटी से ही अपने सामान को खींचता है और उठता है। शिखर गौण है। शिखर बन नहीं सकता।

फिर शिखर आक्रामक है—जैसे अहंकार उठ गया हो आकाश में। घाटी निरहंकार, विनम्र है। शिखर को अपने को सम्हालना पड़ता है, क्योंकि गिरने का सदा डर है। जो ऊपर उठता है, उसे गिरने का डर होगा ही। घाटी अपने को सम्हालती नहीं; क्योंकि गिरने का कोई डर ही नहीं है। जो नीचे उतरता है, उसे गिरने का कोई डर नहीं रह जाता। घाटी निश्चिंत सोई रहती है; शिखर चिंता से भरा रहेगा। शिखर आज नहीं कल मिटेगा, क्योंकि शिखर होने में शक्ति व्यय होती है। जब शिखर अपने को सम्हाले हुए है, तो शक्ति व्यय हो रही है। घाटी में शक्ति व्यय होती ही नहीं; क्योंकि घाटी मात्र निष्क्रियता है, शून्यता है।

इसलिए लाओत्से घाटी का बड़ा उपयोग करता है। और लाओत्से यह कहता है, पुरुष शिखर की तरह है, स्त्री घाटी की तरह। यह प्रतीक भी ठीक है। और स्त्री के व्यक्तित्व, उसकी शरीर-रचना में भी यह बात सच है। पुरुष की शरीर-रचना शिखर की तरह है, स्त्री की शरीर-रचना घाटी की तरह। घाटी शांत है, शिखर सदा अशांत होगा। लेकिन जो व्यक्ति अपने भीतर दोनों का संतुलन कर लेता है, वह भी घाटी की तरह शांत हो जाता है।

'वह उस मूल रूप में स्थित रहता है, जो अखंड है।'

मूल रूप सदा अखंड है। गौण रूप सदा खंडित होते हैं। इसे हम ऐसा समझें, स्त्री और पुरुष दो खंड हैं एक ही मूल रूप के। इसीलिए स्त्री और पुरुष में इतना आकर्षण है। आकर्षण होता ही सदा उससे है जो हमारा ही खंड हो और दूर हो गया हो, जो अपना ही हो और बिछुड़ गया हो। इसे हम थोड़ा विज्ञान की यात्रा से भी समझें।

वैज्ञानिक कहते हैं कि जो जीवाणु मौलिक है जगत में, वह है अमीबा। अमीबा दोनों है, स्त्री-पुरुष साथ-साथ। अमीबा में जो जनन की प्रक्रिया है, वह बड़ी अदभुत है। अमीबा में स्त्री-पुरुष अलग-अलग नहीं हैं। इसलिए स्त्री और पुरुष के मिलन से बच्चे का जन्म नहीं हो सकता। अमीबा दोनों है एक साथ। वह स्त्री भी है और पुरुष भी है। तो अमीबा फिर जनन कैसे करता है?

उसका जनन बहुत अदभुत है। वह सिर्फ भोजन करता जाता है और बड़ा होता जाता है। जब एक सीमा के बाहर उसका शरीर हो जाता है, उसका शरीर दो टुकड़ों में टूट जाता है। ये दो टुकड़े भी स्त्री-पुरुष नहीं होते, स्त्री-पुरुष साथ-साथ होते हैं। ये दो टुकड़े प्रत्येक स्त्री-पुरुष एक साथ होते हैं। फिर ये भोजन करते जाते हैं। फिर यह शरीर बड़ा होकर एक सीमा के बाहर जाता है, शरीर दो हिस्सों में टूट जाता है। अमीबा को वैज्ञानिक कहते हैं कि यह पृथ्वी पर पैदा हुआ पहला जीवन है, पहला जीवाणु है।

अमीबा में कोई कामवासना नहीं है; परम ब्रह्मचारी है। कामवासना का कोई उपाय नहीं है; क्योंकि दूसरा कोई है नहीं, जिसके प्रति वासना हो सके। और दूसरे से मिलने की कोई इच्छा अमीबा में नहीं है।

यह बड़े मजे की बात है। अमीबा में मिलने की इच्छा बिलकुल नहीं है; टूटने की इच्छा है। तो अमीबा जब भोजन करता है, तो टूटना चाहता है। भारी हो जाता है, टूटना चाहता है। आपको ठीक भोजन मिले तो कामवासना पैदा होती है; आप मिलना चाहते हैं। इसे थोड़ा समझ लें।

अगर आपको ठीक भोजन न मिले तो कामवासना खो जाती है। इसलिए तथाकथित साधु उपवास कर-करके कामवासना को तोड़ने का उपाय करते हैं। तथाकथित कहता हूं; क्योंकि वस्तुतः मिटती नहीं है, केवल शक्ति के न होने से पता नहीं चलती। जैसे अमीबा को भोजन न दें तो फिर वह दो में नहीं टूटेगा; क्योंकि भोजन के बिना शरीर बड़ा नहीं होगा, टूटने का सवाल नहीं होगा। टूटना ही उसके जनन की प्रक्रिया है। जब आपको भोजन ठीक से मिलेगा, तो आप तत्काल दूसरे से मिलना चाहेंगे—पुरुष हैं तो स्त्री से, स्त्री हैं तो पुरुष से। क्यों? जैसे अमीबा टूट कर जन्म देता है, आप मिल कर जन्म देते हैं। और अमीबा टूट कर इसलिए जन्म दे सकता है कि उसमें स्त्री-पुरुष दोनों उसके भीतर ही मौजूद हैं। आप टूट कर जन्म नहीं दे सकते, आप मिल कर ही जन्म दे सकते हैं। क्योंकि जन्म का आधा हिस्सा आपके पास है और आधा हिस्सा स्त्री के पास है। बच्चा पैदा होगा दोनों के मिलने से। आधा आपके पास है बच्चा, आधा स्त्री के पास है। और जब तक वे दोनों न मिल जाएं, तो बच्चा पैदा नहीं होगा।

अमीबा टूटता है शक्ति बढ़ने से; आप शक्ति बढ़ने से मिलना चाहते हैं। इसलिए अगर आप भोजन न करें, कम भोजन करें, ऐसा भोजन करें जिससे आपकी शक्ति न बढ़े, तो कामवासना क्षीण हो जाएगी। मिट नहीं जाएगी। जिस दिन भोजन करेंगे, उस दिन फिर जाग जाएगी।

पुरुष-स्त्री के बीच जो मिलन का आकर्षण है, उसका कारण बायोलाजी, जीव-विज्ञान के हिसाब से यही है कि दोनों एक अखंड चीज के टुकड़े हैं और फिर से पूरा होना चाहते हैं। इसलिए संभोग में इतना सुख मालूम पड़ता है—एक क्षण के लिए पूरा हो जाने का सुख। वे जो टूटे हुए टुकड़े थे किसी एक अखंड के, वे एक क्षण के लिए इकट्ठे हो गए। वह इकट्ठे हो जाने में एक क्षण को, उन्हें जो सुख प्रतीत होता है, वह पूरा हो जाने का सुख है।

इसलिए संभोग में जो अपने को पूरा खो नहीं सकता, उसे संभोग में कोई भी सुख नहीं मिलेगा। और बहुत कम लोग हैं, जो संभोग में अपने को खो सकते हैं। क्योंकि नैतिक शिक्षाओं ने, धर्मगुरुओं ने इतना विषाक्त कर दिया है मन। उनके विषाक्त कर देने से आप संभोग से बचते नहीं; वह तो बच नहीं सकते आप। जब तक आदमी भोजन कर रहा है, तब तक धर्मगुरु जीत नहीं सकते। कोई उपाय नहीं है उनके जीतने का। जब तक आदमी स्वस्थ है, शक्तिशाली है, तब तक वे जीत नहीं सकते। वह तो आदमी को बिलकुल सिकोड़ कर, उसकी सारी शक्ति-ऊर्जा खींच कर, अगर अस्थि-कंकाल खड़े कर दिए जाएं सारे जगत में, तो ही साधु-संन्यासी जीत सकते हैं। वे जीत नहीं सकते। क्योंकि जो जैविक प्रक्रिया है, वह जिन क्रियाओं से घटित हो रही है, उनका उन्हें कोई बोध नहीं है।

लेकिन वे एक काम कर सकते हैं। वे आपके संभोग से तो आपको नहीं बचा सकते, लेकिन संभोग में आप पूरे न खो सकें, इसका उपाय कर देते हैं। उनकी बातें, उनके विचार, आपकी खोपड़ी में समा जाते हैं। फिर संभोग के क्षण में भी वह खोपड़ी आप अलग नहीं रख सकते उतार कर। वह आपके साथ होती है। संभोग भी करते हैं और पूरे लीन भी नहीं हो पाते। तब आपको अपने साधु-संन्यासियों की बातें ठीक मालूम पड़ती हैं कि वे लोग ठीक ही कहते हैं कि संभोग में कोई सुख नहीं है। यह एक विसियस सर्कल है, यह एक बड़ा दुष्ट-चक्र है। क्योंकि वे कहते हैं, इसलिए आपको सुख नहीं मालूम पड़ता; जब आप डूब ही नहीं पाते तो सुख मालूम नहीं पड़ता। डूब जाएं तो सुख मालूम पड़ेगा। यद्यपि सुख क्षणिक होगा, लेकिन मालूम पड़ेगा। क्षण भर ही सही, लेकिन वह सुख है।

सुख क्या है? सुख है दो आधे टुकड़ों का मिल कर एक हो जाना। एक क्षण को ही यह होगा, लेकिन एक क्षण में आप भी मिट जाएंगे स्त्री भी मिट जाएगी। संभोग का मतलब है: जहां स्त्री और पुरुष मिट जाते हैं; जहां स्त्री स्त्री

नहीं रह जाती, पुरुष पुरुष नहीं रह जाता; जहां दोनों खो जाते हैं, एकाकार हो जाते हैं। एक चैतन्य रह जाता है। क्षण भर को दो अहंकार नहीं रह जाते, दो शरीर नहीं रह जाते, दो मन नहीं रह जाते, दो आत्माएं नहीं रह जातीं। एक क्षण को द्वैत खो जाता है, अद्वैत हो जाता है। एक क्षण को ही होता है; एक क्षण के बाद वापस आप पुरुष हैं, स्त्री स्त्री है। इसलिए संभोग सुख भी देता है, दुख भी। सुख देता है क्षण भर को, चौबीस घंटे को दुख दे जाता है। क्योंकि मिलने में क्षण भर को सुख होता है, फिर बिछुड़न। वह अलग होना, वह अलग होना फिर दुख है। और आदमी इस सुख-दुख के बीच घूमता रहता है। क्षण भर का सुख, फिर दिनों का दुख, फिर क्षण भर का सुख, फिर दिनों का दुख।

अद्वैत एक क्षण को भी मिल जाए तो सुख मिलता है। इसलिए बुद्ध, महावीर, लाओत्से कहते हैं, यह अद्वैत अगर सदा को मिल जाए तो आनंद उपलब्ध होता है। और अद्वैत जब सदा को मिलता है, तो फिर दुख का कोई उपाय नहीं रह जाता। जब सुख क्षण भर को मिलता है, तभी दुख का उपाय होता है।

यह जो अद्वैत की तलाश है, इस तलाश का जो पहला अनुभव आदमी को हुआ है, वह संभोग से ही हुआ है। कोई और उपाय भी नहीं है। आदमी को समाधि की जो पहली झलक मिली है, वह संभोग से ही मिली है। कोई और उपाय नहीं है। पहले मनुष्य को जब खयाल आया होगा, जब पहले विचारशील मनुष्य ने सोचा होगा कि क्यों मिलता है सुख संभोग में, तब उसे लगा होगा कि मिट जाता हूं मैं, इसलिए। तो अगर मैं पूरा ही मिट जाऊं सदा के लिए उस परम चैतन्य में, परम अस्तित्व में, तो फिर दुख नहीं रह जाएगा।

संभोग के अनुभव से ही समाधि की धारणा और समाधि का दूरगामी लक्ष्य पैदा हुआ है। बड़ा फासला है दोनों में; लेकिन दोनों में एक जोड़, एक सेतु है। जब स्त्री-पुरुष संभोग में डूब जाते हैं, तब दोहरी घटना घटती है। वह दोहरी घटना भी समझ लेनी चाहिए। क्योंकि आप दोहरे हैं—स्त्री भी, पुरुष भी। और स्त्री भी दोहरी है—स्त्री और पुरुष भी। जब एक स्त्री और पुरुष एक जोड़े में लीन हो जाते हैं, तो आपके भीतर का पुरुष आपके बाहर की स्त्री से मिलता है और आपके भीतर की स्त्री भी आपके बाहर के पुरुष से मिलती है—यह एक रूप। और इस गहरे मिलन में आपके भीतर का पुरुष भी आपके भीतर की स्त्री से मिलता है और आपकी प्रेयसी के भीतर की स्त्री भी भीतर के पुरुष से मिलती है। तब एक वर्तुल निर्मित हो जाता है। एक क्षण को यह घटना घटती है कि आप टूटे नहीं होते, अखंड हो जाते हैं।

इस अखंडता को कामवासना के द्वारा स्थिर रूप से नहीं पाया जा सकता। इस अखंडता को केवल समाधि के द्वारा स्थिर रूप से पाया जा सकता है। लेकिन यह अखंडता की एक झलक, समाधि की एक झलक, संभोग में घटित होती है। और अगर आपको घटित नहीं होती, तो उसका मतलब ही यह है कि आपका मस्तिष्क संभोग होने ही नहीं देता। आप अपराध से भरे हुए ही संभोग में जाते हैं। आप जानते हैं कि पाप कर रहे हैं। आप जानते हैं कि गर्हित कृत्य कर रहे हैं। आप जानते हैं कि कुछ बुरा हो रहा है; मजबूरी है, इसलिए कर रहे हैं। आप यह सब जानते हुए जब संभोग में जाते हैं, तो घटना नहीं घटती। और जब घटना नहीं घटती, तब आपके समझाने वाले गुरुओं के वचन आपको बिलकुल ही ठीक मालूम पड़ते हैं कि ठीक कहा है उन्होंने कि यह सब व्यर्थ का है। और जब आप बाहर आते हैं, तो और दुख से भरे हुए लौटते हैं, और पश्चात्ताप से भरे लौटते हैं। सुख मिलता नहीं, सुख का क्षण आपका मस्तिष्क गंवा देता है, और पीछे का दुख मिलता है। तब स्वभावतः आपकी धारणा और मजबूत होती चली जाती है। यह मजबूत होती धारणा आपको संभोग से वंचित ही कर देती है।

और जिस व्यक्ति को संभोग का कोई अनुभव नहीं होता, वह अक्सर समाधि की तलाश में निकल जाता है। वह अक्सर सोचता है कि संभोग से कुछ नहीं मिलता, समाधि कैसे पाऊं? लेकिन उसके पास झलक भी नहीं है, जिससे वह समाधि की यात्रा पर निकल सके। स्त्री-पुरुष का मिलन एक गहरा मिलन है। और जो व्यक्ति उस छोटे

से मिलन को भी उपलब्ध नहीं होता, वह स्वयं के और अस्तित्व के मिलन को उपलब्ध नहीं हो सकेगा। स्वयं का और अस्तित्व का मिलन तो और बड़ा मिलन है, विराट मिलन है। यह तो बहुत छोटा सा मिलन है। लेकिन इस छोटे मिलन में भी अखंडता घटित होती है—छोटी मात्रा में। एक और विराट मिलन है, जहां अखंडता घटित होती है—स्वयं के और सर्व के मिलन से। वह एक बड़ा संभोग है, और शाश्वत संभोग है।

यह मिलन अगर घटित होता है, तो उस क्षण में व्यक्ति निर्दोष हो जाता है। मस्तिष्क खो जाता है; सोच-विचार विलीन हो जाता है; सिर्फ होना, मात्र होना रह जाता है, जस्ट बीइंग। सांस चलती है, हृदय धड़कता है, होश होता है; लेकिन कोई विचार नहीं होता। संभोग में एक क्षण को व्यक्ति निर्दोष हो जाता है।

लेकिन लाओत्से कहता है कि अगर इस गहन आंतरिक मिलन को व्यक्ति उपलब्ध हो जाए कि पुरुष को जाने, स्त्री में वास करे, तो संसार के लिए घाटी बन जाता है। और घाटी होकर स्वरूप में स्थित रहता है, अखंड हो जाता है। शिशुवत निर्दोषता उपलब्ध होती है।

अगर आपके भीतर की स्त्री और पुरुष के मिलने की कला आपको आ जाए, तो फिर बाहर की स्त्री से मिलने की जरूरत नहीं है। लेकिन बाहर की स्त्री से मिलना बहुत आसान, सस्ता; भीतर की स्त्री से मिलना बहुत कठिन और दुरूह। बाहर की स्त्री से मिलने का नाम भोग; भीतर की स्त्री से मिलने का नाम योग। वह भी मिलन है। योग का मतलब ही मिलन है।

यह बड़े मजे की बात है। लोग भोग का मतलब तो समझते हैं मिलन और योग का मतलब समझते हैं त्याग। भोग भी मिलन है, योग भी मिलन है। भोग बाहर जाकर मिलना होता है, योग भीतर मिलना होता है। दोनों मिलन हैं। और दोनों का सार संभोग है। भीतर, मेरे स्त्री और पुरुष जो मेरे भीतर हैं, अगर वे मिल जाएं मेरे भीतर, तो फिर मुझे बाहर की स्त्री और बाहर के पुरुष का कोई प्रयोजन न रहा।

और जिस व्यक्ति के भीतर की स्त्री और पुरुष का मिलन हो जाता है, वही ब्रह्मचर्य को उपलब्ध होता है। भोजन कम करने से कोई ब्रह्मचर्य को उपलब्ध नहीं होता; न स्त्री से, पुरुष से भाग कर कोई ब्रह्मचर्य को उपलब्ध होता है। न आंखें बंद कर लेने से, न सूरदास हो जाने से—आंखें फोड़ लेने से—कोई ब्रह्मचर्य को उपलब्ध होता है। ब्रह्मचर्य को उपलब्ध होने का एकमात्र उपाय है: भीतर की स्त्री और पुरुष का मिल जाना।

अब यह बड़े मजे की बात है कि बाहर की स्त्री से आप कितनी देर मिले रह सकते हैं? शरीर के तल पर क्षण भर मिल सकते हैं। क्योंकि वह मिलन बहुत महंगा है। आपको बहुत ऊर्जा खोनी पड़ती है, शक्ति खोनी पड़ती है। अब तो ऊर्जा नापी जा सकती है कि कितनी शक्ति आप एक संभोग में खोते हैं, कितनी शरीर की विद्युत विनष्ट होती है। इसलिए जब तक उतनी विद्युत आप फिर पैदा न कर लें, मिलन नहीं हो सकता। इसलिए अब रुकना पड़े—चौबीस घंटे, अड़तालीस घंटे, सप्ताह भर। जैसे उम्र बढ़ती जाएगी, उतना ज्यादा आपको रुकना पड़ेगा—महीना भर। क्योंकि जब तक उतनी विद्युत फिर पैदा न हो जाए, यह मिलन अब नहीं हो सकता। इसलिए यह मिलन स्थिर तो हो ही नहीं सकता—एक क्षण में इतनी विद्युत खो जाती है।

इसीलिए संभोग के बाद लोगों को शांति मालूम पड़ती है, विश्राम मालूम पड़ता है, नींद आ जाती है। फ्रायड ने संभोग को ही एकमात्र प्राकृतिक ट्रैंक्वेलाइजर कहा है। है भी। अमीर आदमी और तरह के भी ट्रैंक्वेलाइजर खोज लेता है; गरीब के लिए तो एक ही ट्रैंक्वेलाइजर है। और इसलिए गरीब ज्यादा बच्चे पैदा करते हैं। और कहीं कोई विश्राम नहीं, और कहीं कोई उपाय नहीं खो जाने का।

अमरीका की मैं एक घटना पढ़ रहा था। अमरीका के एक नगर में एक वर्ष तक टेलीविजन यांत्रिक कारणों से बंद करना पड़ा। कुछ खराबी थी और एक वर्ष तक टेलीविजन नहीं चला। बड़ी हैरानी की घटना घटी, जो किसी ने

सोची भी न थी। दूसरे साल दुगने बच्चे पैदा हुए उस गांव में। क्योंकि लोग टेलीविजन देख लेते थे, सो जाते थे चुपचाप देख-दाख कर। साल भर टेलीविजन बंद रहा, अमीर और गरीब बराबर हो गए। एक ही मनोरंजन बच गया। दुगने बच्चे! एक मनोवैज्ञानिक ने सुझाव दिया है कि टेलीविजन बर्थ-कंट्रोल की सबसे अच्छी व्यवस्था है। घर-घर में टेलीविजन पहुंचे, तो लोग...बर्थ-कंट्रोल की कम जरूरत पड़ेगी—अगर उस गांव का अनुभव सभी जगह काम आया तो। आना चाहिए, क्योंकि आदमी एक जैसा है। इसलिए गरीब ज्यादा बच्चे पैदा करते हैं। उनके पास कुछ और स्वयं को खोने का उपाय नहीं है। इसलिए अमीर आदमियों को अक्सर बच्चे गोद लेना पड़ते हैं।

अगर बाहर का मिलन है, शरीर के तल पर, तो क्षण भर को होगा। और मन के तल पर तो क्षण भर को भी नहीं हो पाता। इसे थोड़ा समझ लें। शरीर के तल पर तो क्षण भर को भी हो पाता है; मन के तल पर क्षण भर को भी नहीं हो पाता। इसलिए काम, यौन तो आसान है; प्रेम बहुत कठिन है। प्रेम का मतलब है मन के तल पर मिलन—किसी स्त्री-पुरुष का मन के तल पर ऐसा मिल जाना जैसे संभोग में शरीर के तल पर घटित होता है। कोई विरोध नहीं रह गया; कोई भेद नहीं रह गया; कोई अस्मिता, अहंकार नहीं रह गया; जब मन के तल पर ऐसा मिलन होता है तो प्रेम घटित होता है; जब शरीर के तल पर ऐसा मिलन होता है तो यौन घटित होता है। प्रेम बड़ा कठिन है। क्योंकि दो मन का ऐसे क्षण में आ जाना जहां कोई विरोध न हो, कोई अहंकार न हो, अति कठिन है।

शरीर के तल पर क्षण भर को, मन के तल पर क्षण भर को भी नहीं, इसलिए दुख मिलेगा।

अपने भीतर एक मिलन घटित हो सकता है स्वयं की स्त्री और स्वयं के पुरुष का—वह आत्मा के तल पर है। और वह जो मिलन है, उसमें कोई शक्ति व्यय नहीं होती। क्यों? आप अपने बाहर जाते ही नहीं। अगर विज्ञान की भाषा में कहें तो अमीबा जैसे शरीर के तल पर स्त्री और पुरुष एक है, ऐसे ही जो व्यक्ति अपने भीतर स्त्री और पुरुष को मिला लेता है, आत्मा के तल पर अमीबा की तरह एक हो जाता है। इस मिलन का नाम आनंद है। इसकी प्रक्रिया योग है। और ऐसी स्थिति में आया हुआ व्यक्ति बिलकुल बच्चे की तरह निर्दोष हो जाता है।

बच्चे की तरह कहने का कारण है। बच्चे से मतलब है, जब यौन की धारणा विकसित नहीं हुई। छोटा बच्चा न स्त्री है, न पुरुष। शरीर की दृष्टि से तो स्त्री-पुरुष है, पर अभी उसे अपने शरीर का पता ही नहीं है। आपको पता है। तो आपके लिए एक बच्चा स्त्री है, एक बच्चा पुरुष है। बच्चा पैदा हुआ। मां-बाप पता लगाना चाहते हैं—लड़का है, लड़की है। यह लड़का-लड़की मां-बाप के लिए है। अपने लिए? अपने लिए अभी कुछ भी नहीं है। अभी इसे शरीर का बोध ही नहीं है। अपने लिए तो अभी यह सिर्फ है। वक्त लगेगा। जब आप इसको सिखाएंगे, बड़ा होगा, तब यह समझेगा कि लड़का है या लड़की। फिर भी समझ कर भी इसकी समझ में न आएगा कि ऐसा बहुत फर्क क्या है लड़का और लड़की में। चौदह साल का होगा, तब इसकी ग्रंथियां शक्ति पैदा करना शुरू करेंगी, हारमोन विभाजित होंगे। तब इसे पहली दफा भीतर से अनुभव आएगा कि लड़का होने का क्या अर्थ है और लड़की होने का क्या अर्थ है। तब लड़के शिखर बनने लगेंगे, लड़कियां घाटियां बनने लगेंगी। तब उनकी मिलन की आकांक्षा पैदा होगी। तब वे एक-दूसरे से मिल कर पूरा होना चाहेंगे।

लाओत्से कहता है, जो व्यक्ति पुरुष होकर स्त्री में वास कर लेता है, वह भीतर एक निर्दोष बच्चे की भांति हो जाता है। फिर न वह स्त्री है, न पुरुष।

मैंने कहा आपको कि बुद्ध स्त्रैण मालूम होते हैं। अगर हम बाहर चंगीजखां को, हिटलर को, नेपोलियन को, सिकंदर को पुरुष मानते हैं, तो निश्चित ही बुद्ध स्त्रैण मालूम होते हैं। लेकिन बुद्ध के भीतर का अनुभव क्या है? भीतर का अनुभव यह है कि बुद्ध अब न स्त्री हैं, न पुरुष। बुद्ध अब केवल हैं। अब वे उस बच्चे की भांति हो गए जिसको पता ही नहीं कि शरीर में कोई भेद—जिसे यह भी पता नहीं कि शरीर है।

कभी आपको खयाल हो न हो, शरीर का आपको पता ही तब चलता है, जब आप बीमार होते हैं। नहीं तो पता नहीं चलता। अगर बच्चा स्वस्थ है तो बिलकुल पता नहीं चलता कि शरीर है। स्वस्थ बच्चे को शरीर का कोई पता नहीं होता। जब बीमारी आती है, भूख लगती है, ठंड लगती है, तब बच्चे को पता चलता है कि शरीर है। आप भी अगर पूरे स्वस्थ हों—जो कि बहुत कठिन है—तो आपको भी शरीर का पता नहीं चलेगा। बीमारी का पता चलता है। पैर में कांटा चुभता है तो पैर का पता चलता है। सिर में दर्द होता है तो सिर का पता चलता है। और अगर आपको सिर का पता चलता ही.रहता है तो समझना कि दर्द है। विचार बहुत चलते रहें, वे भी दर्द पैदा करते हैं। उनकी वजह से भी खोपड़ी का पता चलता है।

बच्चे को कोई पता नहीं शरीर का। बच्चे को किसी भेद का पता नहीं। बच्चे को किसी से मिलने की कोई आकांक्षा नहीं। बच्चा अपने में लीन है। फ्रायड ने जो शब्द उपयोग किया है, वह बहुत बढ़िया है। फ्रायड कहता है, बच्चा आटो-एरोटिक है, आत्म-कामी है। खुद काफी है; उसे कोई और जरूरत नहीं है। देखा, बच्चा अपना ही हाथ चूसता रहता है। आपको अगर हाथ चूसने में मजा लेना हो तो किसी और का चूसना पड़े। अपना हाथ बिलकुल मजा नहीं देगा। या कि आपको दे सकता है? अगर दे तो आपके घरवाले आपका इलाज करवाने चिकित्सक के पास ले जाएंगे। बच्चा आटो-एरोटिक है।

तीन तरह की संभावनाएं हैं, मनसविद कहते हैं। हेट्रो-सेक्सुअल, विपरीत लिंगी काम—पुरुष और स्त्री के बीच। होमो-सेक्सुअल, समलिंगी काम—पुरुष और पुरुष के बीच, स्त्री और स्त्री के बीच। आटो-सेक्सुअल, आत्म-लिंगी काम—खुद ही, किसी के प्रति नहीं। बच्चा आटो-सेक्सुअल है। उसे अभी दुनिया में किसी की जरूरत नहीं है। अभी वह अपने को ही प्रेम करता है।

नार्सीसस की कथा अगर आपने पढ़ी हो। यूनानी कथा है कि नार्सीसस इतना सुंदर था कि जब उसने पहली दफा पानी में अपनी छाया देखी, तो उसके प्रेम में पड़ गया। फिर वह अपने को ही प्रेम करता रहा। फिर वह किसी को प्रेम नहीं कर सका। बच्चे नार्सीसस हैं; वे खुद ही को प्रेम करते हैं। अभी दूसरा है ही नहीं।

लेकिन अभी दूसरा आएगा। जल्दी ही; शरीर तैयारी कर रहा है। प्रतीक्षा है, जल्दी ही दूसरा आ जाएगा। जल्दी ही बच्चे दूसरे में रस लेना शुरू कर देंगे। छिपे में अभी भी रस होता है—छिपे में, अभी बच्चे को साफ भी नहीं होता—अनकांशस, अचेतन में।

इसलिए लड़कियां पिता को ज्यादा प्रेम करती हैं; लड़के मां को ज्यादा प्रेम करते हैं। मां लड़कों को ज्यादा प्रेम करती है; बाप लड़कियों को ज्यादा प्रेम करता है। वह विपरीत अभी भी आकर्षक है। इसलिए बाप और बेटे में थोड़ी सी कलह रहती है। लड़की और मां में थोड़ी सी कलह रहती है। और अगर बाप लड़की को ज्यादा प्रेम करता है तो कलह और बढ़ जाती है। या अगर मां लड़के को ज्यादा प्रेम करती है तो कलह और बढ़ जाती है। वह विपरीत का आकर्षण अभी भी छिपा है। लेकिन अभी प्रकट नहीं है। प्रकट हो जाएगा।

लेकिन जब भीतर यह मिलन घटित हो जाता है, तो पुनः व्यक्ति बच्चे की तरह निर्दोष होता है। बच्चे की तरह! यह बात ठीक बच्चे की तरह नहीं है। और ही आयाम खुल जाता है। अब दूसरा कभी भी महत्वपूर्ण नहीं होगा। अब दूसरे का आकर्षण सदा के लिए खो गया। अब यह सारी बात ही समाप्त हो गई। अब यह भीतर आत्म-कामी है। यह अब अपने ही भीतर पूरे रस में लीन है। अब यह उस अद्वैत को उपलब्ध हो गया, जहां अब कहीं बाहर जाने की, प्रेमी को खोजने की अब कोई जरूरत न रही। अब प्रेमी भीतर मिल गया है। और तब स्वभावतः, सब तनाव खो जाए, सब अशांति खो जाए, सब दुख खो जाए, तो आश्चर्य नहीं है। क्योंकि ऐसा व्यक्ति सदा ही भीतर अमृत के झरने को अनुभव करता है।

जो झलक कभी संभोग में आपको दिखी हो, अगर आपका साधु-संन्यासियों ने मस्तिष्क खराब न किया हो, जो कि बहुत मुश्किल है ऐसा आदमी खोजना जो साधु-संन्यासियों से बच जाए। क्योंकि उनका जाल बहुत पुराना; उनका धंधा बहुत प्राचीन। और उनके हाथ सब जगह फैले हुए हैं। और हर बच्चे की गरदन पर उनके हाथ पहुंच जाते हैं। और इसके पहले कि बच्चा होश से भरे, उसके मस्तिष्क में कामवासना के संबंध में अत्यंत मूढ़तापूर्ण विचार डाल दिए जाते हैं, जो उसको कभी भी संभोग के क्षण में सुखी न होने देंगे।

अगर मनुष्य-जाति के साथ कोई सबसे बड़ा अनाचार हुआ है, तो वह यह है। क्योंकि जो सहज सुख था, वह असंभव कर दिया गया। और उसके असंभव हो जाने से धर्म कोई फैल गया हो, ऐसा नहीं। सिर्फ अधर्म फैला। क्योंकि वह सहज सुख की संभावना अगर बनी रहे तो आदमी समाधि की खोज में निश्चित ही निकल जाएगा। जिसे जरा सी भी झलक मिली हो, वह और को पाना चाहेगा। जिसे बिलकुल भी झलक न मिली हो, वह केवल हताश हो जाता है। कुछ और पाने का सवाल ही नहीं रह जाता है। अगर मैं आपके हाथ में झूठा हीरा भी दे दूं, तो भी असली हीरे की खोज शुरू हो जाएगी। लेकिन आपके हाथ में असली हीरा भी रखा हो और चारों तरफ समझाने वाले लोग हों कि यह पत्थर है, तो उसको भी आप फेंक देंगे। और असली की खोज तो असंभव हो जाएगी। झलक, और विराटतर सत्य की तरफ ले जाती है।

इसलिए कहता हूं, अगर आपको संभोग का कभी जरा सा भी क्षण भर को भी अनुभव हुआ हो, तो आप कल्पना कर सकते हैं उस योगी की, जिसको भीतर यह संभोग घटित होता है। तो फिर यह रस चौबीस घंटे झरता रहता है। कबीर कहते हैं, जागूं कि सोऊं, उठूं कि बैठूं, वह अमृत झरता ही रहता है। वह कौन सा अमृत है? वह एक भीतर मिलन का अमृत है। अब भीतर कबीर एक हो गए।

इस एक हो जाने का नाम ही आत्मा है। भीतर बंटे होने का नाम मन है और भीतर एक हो जाने का नाम आत्मा है। और जब तक आपके भीतर आत्मा नहीं है, तब तक आप व्यक्ति नहीं हैं, इंडिविजुअल नहीं हैं। आप सिर्फ एक भीड़ हैं, एक समूह; बहुत से लोगों का वास है। जब यह भीड़ खो जाती है, और एक ही बच रहता है। जब यह द्वैत खो जाता है, और एक ही बच रहता है।

लाओत्से कहता है, 'जो शुक्ल के प्रति होशपूर्ण, लेकिन कृष्ण के साथ जीता है; जो प्रकाश के प्रति होशपूर्ण, लेकिन अंधेरे के साथ जीता है; वह संसार के लिए आदर्श बन जाता है। और संसार का आदर्श होकर उसको वह सनातन शक्ति प्राप्त होती है, जो कभी भूल नहीं करती। और वह पुनः अनादि अस्तित्व में वापस लौट जाता है।'

प्रकाश के प्रति होशपूर्ण, लेकिन अंधेरे में जीता है। और भी कठिन बात है। क्योंकि हम प्रकाश को चाहते हैं अंधेरे के खिलाफ। हमारी सारी वासना किसी की चाह किसी के खिलाफ से बनी है। प्रकाश!

ऋषि ने गाया है, हे प्रभु मुझे प्रकाश की तरफ ले चल! अंधेरे से हटा, प्रकाश की तरफ ले चल! मृत्यु से हटा, अमृत की तरफ ले चल!

लाओत्से की बात उस ऋषि से ज्यादा गहरी है। क्योंकि वह ऋषि सामान्य मनुष्य की वासना को ही प्रकट कर रहा है। उस ऋषि ने जो भी कहा है, वह कोई असामान्य बात नहीं है। सामान्य आदमी की वासना है कि मुझे अंधेरे से प्रकाश की तरफ, मृत्यु से अमृत की तरफ, सुख की तरफ दुख से, वेदना से आनंद की तरफ ले चल! यह तो ठीक वासना सामान्य आदमी की है। इसमें ऋषि का कुछ बहुत है नहीं। कहें कि ऋषि ने सभी सामान्य मनुष्यों की वासना को अपने इस सूत्र में प्रकट कर दिया है।

लेकिन लाओत्से की बात सचमुच उसकी बात है जिसने जाना है। वह कह रहा है, जो शुक्ल के प्रति होशपूर्ण! जागे रहना प्रकाश की तरफ, लेकिन अंधेरे के खिलाफ प्रकाश को मत चुन लेना। डरना मत अंधेरे से। अंधेरे में जीना।

घबड़ाना भी मत। क्योंकि जो आदमी अंधेरे में जीने को राजी है बिना भय के, वही आदमी वस्तुतः प्रकाश को उपलब्ध हुआ है। जो अंधेरे से डरता है, वह प्रकाश को कभी वस्तुतः उपलब्ध नहीं हो सकता। क्योंकि अंधेरा प्रकाश का ही एक रूप है। अंधेरा प्रकाश का ही एक रूप है। भेद हमें दिखाई पड़ता है। अस्तित्व में भेद नहीं है।

और अगर हम गहरे उतरें तो इसका मतलब है कि जो नीति की तरफ होशपूर्ण, लेकिन अनीति से भयभीत नहीं; जो संन्यास के प्रति जागा हुआ, लेकिन संसार से भागा हुआ नहीं। इस सूत्र को पूरे जीवन के समस्त विरोधों में फैला देना जरूरी है। जहां-जहां विरोध हो, वहां-वहां जानना कि दोनों को एक साथ जोड़ लेना है। तब जो स्थिति घटित होगी, वही परम शांति की है।

अगर हम द्वंद्व में से चुनते हैं, तो शांति कभी घटित नहीं होगी। जो भय से भाग गया संसार से और संन्यास चुन लिया, वह संसार से पीड़ित रहेगा। जो भयभीत है जिससे, भय उसका पीछा कर रहा है। वह कहीं भी चला जाए, उसे शांति न मिलेगी। और डर लगा ही रहेगा संसार का। और संसार छाया की तरह पीछे जाएगा। और वह कितना ही बचे, जहां जाएगा वहीं संसार निर्मित हो जाएगा। लेकिन जो संसार के बीच संन्यस्त हो जाता है, अब इसे कोई भय न रहा। अब इसे कहीं जाने की जरूरत न रही। अब यह जहां भी है...।

कबीर मरने के करीब थे। तो कबीर जिंदगी भर काशी में रहे और मरते वक्त उन्होंने कहा, मुझे काशी के बाहर ले चलो। लोगों ने कहा, आप पागल हो गए हैं! लोग मरने के लिए काशी आते हैं। क्योंकि यहां जो मरता है, वह मोक्ष को उपलब्ध हो जाता है। कबीर ने कहा, इसीलिए मुझे काशी के बाहर ले चलो। इसीलिए मुझे काशी के बाहर ले चलो, क्योंकि मर कर मैं वहीं उपलब्ध होना चाहता हूं, जहां उपलब्ध हो सकता हूं। काशी का सहारा नहीं लेना चाहता। पर लोगों ने कहा, ऐसी जिद्द भी क्या? अगर काशी के सहारे भी मोक्ष मिलता हो तो ऐसी जिद्द भी क्या? तो कबीर ने कहा है कि जो मैंने भीतर पा लिया है, अब मुझे नरक में भी फेंक दिया जाए तो वहां भी मोक्ष है। अब कोई भेद नहीं पड़ता। क्या मुझे मिलता है, इससे कोई सवाल नहीं है। क्योंकि मैंने जो भीतर पा लिया है, वही मोक्ष है।

काशी मरने वही आते हैं मोक्ष के लिए, जिन्हें भीतर का मोक्ष नहीं मिला है। और जिन्हें भीतर का नहीं मिला, वे पागल हैं कि सोच रहे हैं कि बाहर का मिल जाएगा। काशी में कितने ही बार मरो, मोक्ष नहीं मिल सकता। अपने में एक बार भी मर जाओ, मोक्ष अभी और यहीं है।

अपने में मरने का सूत्र है : द्वंद्व में चुनाव मत करना, द्वंद्व को पूरा का पूरा आत्मसात कर लेना। बुरे और भले को, शुभ और अशुभ को, शुक्ल और कृष्ण को, सब को एक साथ आत्मसात कर लेना, ताकि दोनों एक-दूसरे को काट दें। उनके कटते ही व्यक्ति अनादि अस्तित्व में वापस लौट जाता है।

'और उसे वह सनातन शक्ति प्राप्त हो जाती है, जो कभी भूल नहीं करती।'

फिर उसे सोचना नहीं पड़ता कि मैं यह करूं और यह न करूं। फिर उसे सोचना नहीं पड़ता कि क्या ठीक है और क्या गलत है। फिर तो उससे जो होता है, वह ठीक होता है। और उससे जो नहीं होता, वह गलत है। फिर तो उसका होना ही उसका नियम है।

आज इतना ही। पांच मिनट रुकें, कीर्तन करें, और फिर जाएं।

उनसठवां प्रवचन

संस्कृति से गुजर कर निसर्ग में वापसी

Chapter 28 : Part 2

KEEPING TO THE FEMALE

He who is familiar with honour and glory
But keeps to obscurity
Becomes the valley of the world.
Being the valley of the world,
He has an eternal power which always suffices,
And returns again to the natural integrity of uncarved wood.
Break up this uncarved wood
And it is shaped into vessel.
In the hands of the Sage,
They become the officials and magistrates.
Therefore the great ruler does not cut up.

अध्याय 28 : खंड 2

स्त्रैंण में वास

जो सम्मान और गौरव से परिचित है,
लेकिन अज्ञात की तरह रहता है,
वह संसार के लिए घाटी बन जाता है।
और संसार की घाटी होकर,
उसको वह सनातन शक्ति प्राप्त हो जाती है,
जो स्वयं में पर्याप्त है।
और वह पुनः अनगढ़ लकड़ी की
नैसर्गिक समग्रता में वापस लौट जाता है।
इस अनगढ़ लकड़ी को खंडित करें या तराशें,
तो वही पात्र बन जाती है।
ज्ञानी के हाथों में पड़कर,
वे उस आभिजात्य को उपलब्ध होते हैं,
जो शासन करता है।
इसलिए महान शासक खंडन नहीं करता है।

स्त्रैण मनुष्य का एक और आयाम।

स्त्री और पुरुष के चित्त को समझ लेना साधना की अनिवार्य भूमिका है। जैसा मैंने कल कहा, स्त्री है अनाक्रामक; आमंत्रण है, आक्रमण नहीं है। पुरुष है आक्रामक, हमलावर। इसलिए पुरुष का चित्त सदा यात्रा पर है। दूसरे की सक्रिय खोज है। और आक्रामक है चित्त, इसलिए पुरुष चाहता है कि जाना जाए, पहचाना जाए; लोग जानें, प्रतिष्ठा हो, यश हो, सम्मान हो। यश की आकांक्षा आक्रमण का हिस्सा है। और जिस दिन यश की आकांक्षा नहीं होती किसी में, उस दिन ही आक्रमण शून्य हो जाता है।

आक्रमण के रूप अनेक हो सकते हैं। कोई तलवार लेकर आक्रमण पर निकलता है—दूसरे को जीतने। कोई यही काम त्याग से भी कर सकता है। कोई यही काम ज्ञान से भी कर सकता है। कोई चित्र बना सकता है; कोई संगीत सीख सकता है; कोई तलवार चला सकता है। लेकिन आकांक्षा एक है कि दूसरे मुझे जानें, मैं जाना जाऊं, पहचाना जाऊं, सम्मानित होऊं।

इसका अर्थ हुआ कि पुरुष का केंद्र है अहंकार। अहंकार अगर जाना न जाए तो निर्मित ही नहीं होता। जितने ज्यादा लोग मुझे जानें, उतना अहंकार निर्मित होता है। जितने ज्यादा लोगों तक मेरा प्रभाव हो, जितनी बड़ी सीमा हो उस प्रभाव की, उतना मेरा अहंकार सघन होता है। स्त्री है अनाक्रमण, अर्थात समर्पण।

इसे थोड़ा ठीक से समझ लें। अगर आक्रमण चाहता है कि जाना जाऊं, तो समर्पण चाहेगा कि जाना न जाऊं, पहचाना न जाऊं। करूं भी, तो भी यह पता न चले कि मैंने किया। समर्पण छिपना चाहता है; समर्पण अज्ञात रहना चाहता है। समर्पण अनाम की खोज करता है। समर्पण की गहरी से गहरी आकांक्षा आक्रमण के विपरीत है। अगर समर्पण भी जाना जाना चाहे, यश चाहे, खबर चाहे कि लोग जानें कि मैंने समर्पण किया, तो जानना कि समर्पण केवल शब्द ही है, भीतर आक्रमण ही है। दूसरे के चित्त पर मेरा प्रभाव हो, यह हिंसा है, आक्रमण है। किसी को मेरा पता भी न हो, ऐसे जीने का जो ढंग है, वही समर्पण है।

स्त्री का प्रेम, अगर वस्तुतः स्त्री का प्रेम है, तो अज्ञात होगा। इसीलिए कोई स्त्री पहल नहीं कर पाती। अगर उसका किसी से प्रेम भी हो, तो वह यह नहीं कह सकती कि मैं तुम्हें प्रेम करती हूं। प्रतीक्षा करेगी कि पुरुष ही उसे किसी दिन कहेगा कि मैं तुझे प्रेम करता हूं। पहल, इनीशिएटिव आक्रमण का ही हिस्सा है। स्त्री घोषणा नहीं करेगी। उसके सारे अस्तित्व से घोषणा के स्वर सुनाई पड़ेंगे। उसकी आंखों से, उसके ओंठों से, उसके होने से, उसकी श्वास-श्वास से घोषणा होगी; लेकिन वह घोषणा अप्रकट होगी। उसे वही समझ पाएगा जो उतने सूक्ष्म में, उतने प्रेम में लीन हुआ है। अन्यथा वह दिखाई भी नहीं पड़ेगी।

यह स्त्री-चित्त का आयाम खयाल में रख लें तो फिर इस सूत्र में प्रवेश आसान हो जाए।

'जो सम्मान और गौरव से परिचित है, लेकिन अज्ञात की तरह रहता है, वह संसार के लिए घाटी बन जाता है। और संसार की घाटी होकर उसको वह सनातन शक्ति प्राप्त होती है, जो स्वयं में पर्याप्त है।'

लाओत्से की दृष्टि बड़ी उलटी है। आमतौर से हम समझते हैं कि शक्ति होती है आक्रमण में। लाओत्से कहता है, शक्ति होती है समर्पण में। और आक्रमण की शक्ति को तो तोड़ा भी जा सकता है, काटा भी जा सकता है, क्योंकि आक्रमण से बड़ा भी आक्रमण हो सकता है। लेकिन समर्पण से बड़ा कोई समर्पण नहीं हो सकता। समर्पण का अर्थ ही आखिरी होता है। उससे बड़ा कुछ होता नहीं। तो आप ऐसा नहीं कह सकते कि यह समर्पण थोड़ा छोटा और यह समर्पण थोड़ा बड़ा। समर्पण का अर्थ ही पूरा है। जैसे कि आप यह नहीं कह सकते कि यह वर्तुल अधूरा, यह सर्कल अधूरा, और यह सर्कल पूरा। सर्कल का अर्थ ही होता है कि वह होगा तो पूरा होगा, नहीं तो नहीं होगा। कोई अधूरा वर्तुल नहीं होता, नहीं तो वह वर्तुल ही नहीं है। वर्तुल पूरा ही होगा।

ऐसे ही कोई प्रेम अधूरा नहीं होता। या तो होता है, या नहीं होता। कम-ज्यादा भी नहीं होता। या तो होता है, या नहीं होता। कोई मात्राएं नहीं होतीं।

समर्पण पूरा है। आप यह नहीं कह सकते किसी से कि मैं आधा समर्पण करता हूं। आधा समर्पण का क्या अर्थ होगा? आधे समर्पण का कोई अर्थ ही नहीं होता। असल में, आप समझ नहीं पा रहे हैं, आप समर्पण कर ही नहीं रहे हैं। इसलिए आप कहते हैं, आधा समर्पण करता हूं। आप अपने को पीछे बचा ले रहे हैं। वह जो बचा हुआ है, वही तो समर्पण में बाधा है। समर्पण का अर्थ है पूरा। समर्पण होता ही पूरा है।

इसलिए आक्रमण से बड़ा आक्रमण हो सकता है और आक्रमण पराजित किया जा सकता है। समर्पण से बड़ा कोई समर्पण नहीं होता, इसलिए समर्पण की कोई पराजय नहीं है। लेकिन हम सोचते हैं, आक्रमण में है शक्ति। पुरुष का चित्त ऐसा ही सोचता है।

लाओत्से कहता है, समर्पण में है शक्ति। और लाओत्से के कहने के बहुत कारण हैं।

पहला तो यह कि समर्पण से बड़ा कोई समर्पण नहीं हो सकता। दूसरा, शक्ति अगर वस्तुतः हो तो आक्रामक नहीं हो सकती। कमजोर ही आक्रमण करता है। असल में, कमजोरी ही शक्ति पर भरोसा रखती है। शक्तिशाली आक्रमण नहीं करता। महावीर ने कहा है, शक्तिशाली अहिंसक हो जाता है। कमजोर कभी अहिंसक नहीं हो सकता; कमजोर को तो सदा ही आक्रमण पर भरोसा रखना पड़ेगा।

मैक्यावेली, जो कि आक्रमण के विज्ञान में गहरा गया है, वह कहता है कि आक्रमण वस्तुतः सुरक्षा का उपाय है। वह ठीक कहता है। वह कहता है कि अगर अपनी सुरक्षा चाहिए हो, तो इसके पहले कि कोई आक्रमण करे, तुम आक्रमण कर देना। इसकी प्रतीक्षा मत करना कि जब कोई आक्रमण करेगा, तब हम सुरक्षा कर लेंगे। क्योंकि तब तुम पीछे पड़ गए, तुम एक कदम पीछे पड़ गए। और आक्रमण करने वाले की संभावना बढ़ जाएगी जीतने की। तो वह कहता है, सुरक्षा का एकमात्र उपाय है आक्रमण।

लेकिन सुरक्षा कौन चाहता है? कमजोर सुरक्षा चाहता है। और इसलिए कमजोर आक्रामक होता है। अगर हम अपनी जिंदगी में भी देखें, अगर आप अपने भीतर भी देखें, तो जिन क्षणों में आप कमजोर होते हैं, उन क्षणों में आप क्रोधी होते हैं। जिन क्षणों में आप कमजोर नहीं होते, आप क्रोधी नहीं होते। जिन क्षणों में आप भयभीत होते हैं, उन क्षणों में भय प्रकट न हो जाए, इसलिए आप बड़ी अकड़ दिखलाने की कोशिश करते हैं। वह अकड़ आपकी व्यवस्था है कि आपका भय प्रकट न हो जाए। जो भयभीत नहीं होता, वह अकड़ा हुआ भी नहीं होता। जो कमजोर नहीं होता, वह क्रोधी भी नहीं होता। शक्तिशाली मनुष्य कभी भी क्रोधी नहीं देखे गए हैं। जितना कमजोर आदमी होगा, उतना क्रोधी होता है।

लोग आमतौर से कहते हैं, फलां आदमी कमजोर है, क्योंकि क्रोध करता है। वे उलटी बात कह रहे हैं। क्रोध से कोई कमजोर नहीं होता, कमजोर की वजह ही लोग क्रोधी होते हैं। लेकिन स्वभावतः परिणाम होगा। जब क्रोध करेगा तो और कमजोर होता जाएगा, क्योंकि शक्ति व्यय हो रही है। और जितना कमजोर होता जाएगा, उतना ज्यादा क्रोध करता चला जाएगा। क्रोध जो है, वह प्याली में आ गया तूफान है। ताकत बिलकुल नहीं है। जितनी थोड़ी-बहुत है, उसको दिखाए बिना कोई उपाय नहीं है। उसे दिखा कर ही कोई रास्ता बन जाए, कोई भयभीत हो जाए, और हमारी शक्ति का वास्तविक कसौटी का मौका न आए, क्रोध उसका आयोजन है।

लाओत्से कहता है, समर्पण है शक्ति। वह कहता है, शक्ति जब होती है, तो दूसरे पर आक्रमण करके उसके सामने सिद्ध नहीं करना पड़ता। शक्ति स्वयंसिद्ध है। दूसरे को सिद्ध करने की आकांक्षा भी अपने में अविश्वास है।

आमतौर से यह होता है। आप किसी बात पर विचार, किसी धारणा में श्रद्धा रखते हैं; आपकी कोई मान्यता है। अगर कोई व्यक्ति उस मान्यता का खंडन करे, आप तत्क्षण क्रोधित हो जाते हैं। वह क्रोध बताता है कि आपको डर है कि कहीं मान्यता का खंडन, वस्तुतः आपके मन की जो धारणा है, उसे तोड़ न दे। उस डर से क्रोध आता है। अगर यह धारणा आपका अनुभव है तो क्रोध नहीं आएगा। क्योंकि आपको भरोसा ही है कि इसे तोड़ने का कोई उपाय नहीं है। यह आपका अनुभव है। जब भी आप अपने किसी विचार के लिए दूसरे को ताकत लगा कर समझाने लगते हैं, तो आप ध्यान रखना, आप दूसरे को नहीं समझा रहे हैं, आप दूसरे के बहाने अपने को ही समझा रहे हैं। आपको भय है, डर है। आपको खुद ही भरोसा नहीं है कि जो आप मानते हैं, वह ठीक है।

इसलिए तथाकथित विश्वासी लोग दूसरे की बात सुनने को राजी ही नहीं होते। उनके गुरुओं ने उनको समझाया है कि कान बंद कर लेना, अगर कोई विपरीत बात कहता हो। क्योंकि खुद भी भरोसा नहीं है। विपरीत बात भरोसे को उखाड़ दे सकती है। आप दूसरे को कनविंस करने की, दूसरे को राजी करने की जितनी तीव्रता से चेष्टा करते हैं, उतनी ही तीव्रता से खबर देते हैं कि आपको अपने पर भरोसा नहीं है।

जिसे अपने पर भरोसा है, वह दूसरे को प्रभावित करने के लिए उत्सुक नहीं होगा। और जिसको अपने पर भरोसा है, उससे दूसरे प्रभावित होते हैं। प्रभावित करना नहीं पड़ता, वे प्रभावित होते हैं। और जिसको अपने पर भरोसा नहीं है, उसे बहुत प्रभावित करने की चेष्टा करनी पड़ती है। फिर भी कोई उससे प्रभावित नहीं होता। आत्मश्रद्धा चुंबक है। अपना अनुभव, अगर गहरा और पूर्ण है, तो परम शक्तिशाली है। दूसरे उसकी तरफ खिंचे चले आते हैं। दूसरे को आकर्षित करने का प्रयास, भीतर कमजोरी का लक्षण है।

तो लाओत्से कहता है, समर्पण शक्ति है, आक्रमण कमजोरी है।

एक और कारण से भी कहता है। समर्पण वही कर सकता है, जिसे अपने पर भरोसा है। आक्रमण तो कोई भी कर सकता है। और सच तो यह है, आक्रमण वही करता है, जिसे अपने पर भरोसा नहीं है। समर्पण वही कर सकता है, जिसे अपने पर भरोसा है। पूरा अपने को दे देने का सवाल है। कौन अपने को पूरा दे सकता है? वही अपने को पूरा दे सकता है, जिसका अपने पर पूरा भरोसा है।

मेरे पास लोग आते हैं। वे कहते हैं, हम समर्पण करना चाहते हैं, लेकिन हमें अपने पर कोई भरोसा ही नहीं है। तब समर्पण कैसे होगा? जिसे अपने पर भरोसा नहीं है, उसे यह भी तो भरोसा नहीं है कि जो समर्पण उसने इस क्षण में किया है, वह दूसरे क्षण में भी टिकेगा। उसे कल का भी भरोसा नहीं है। अभी भी उसे पक्का नहीं है कि वह सच में करना चाहता है कि नहीं करना चाहता है।

समर्पण की घटना ही इस बात की खबर है कि व्यक्ति को अपने पर पूरी आस्था है; वह अपने को पूरा दे सकता है। पूरे का मालिक है।

आक्रमण तो अधूरे से भी हो जाता है। आपको पूरा होने की जरूरत नहीं है आक्रमण में। और अक्सर आक्रमण में आप पूरे नहीं होते। जब आप क्रोध कर रहे होते हैं, तब भी आपके भीतर कोई हिस्सा कह रहा होता है: क्या कर रहे हो! न किए होते तो अच्छा था। क्रोध करते ही आप पछताते हैं। वह हिस्सा जो क्रोध में साथ नहीं था, वही पछताता है कि क्या किया, नहीं करना था। आक्रमण में कभी भी आप पूरे नहीं होते।

यह बड़े मजे की बात है कि बड़े से बड़ा योद्धा भी भयभीत होता है—बड़े से बड़ा योद्धा भी! इंग्लैंड में कहा जाता है कि लार्ड नेल्सन ने कभी जीवन में भय नहीं जाना। बड़ा सेनापति था नेल्सन। नेपोलियन को हराया। कभी भय नहीं जाना। लेकिन एक मनसविद ने नेल्सन की मनोदशा का विश्लेषण करते हुए बड़ी कीमती बात लिखी है। उसने लिखा है कि यह असंभव है कि नेल्सन ने भय न जाना हो; क्योंकि बिना भय के तो आक्रामक आदमी हो ही नहीं सकता। जिसको भयभीत नहीं किया जा सकता, उसको क्रोधित भी नहीं किया जा सकता। जिसको भयभीत नहीं किया जा सकता, उसको लड़ने के लिए राजी भी नहीं किया जा सकता। जो भयभीत नहीं होता, वह दूसरे को भी भयभीत करने नहीं जाएगा। असल में, अपने भय से बचने के लिए हम दूसरे को भयभीत करते हैं। जब दूसरा भयभीत हो जाता है, तो हमें लगता है, हमारा भय समाप्त हुआ। अगर दूसरा भयभीत न हो तो हमारा भय बढ़ता है।

उस मनसविद ने यह भी लिखा है कि अगर यह बात सच है कि नेल्सन ने कभी भय नहीं जाना, तो नेल्सन के प्रति हमारी जो धारणा है उसके एक महान योद्धा होने की, वह भी समाप्त हो जाती है। क्योंकि जिसने भय जाना ही नहीं, उसके महान योद्धा होने का क्या अर्थ है? महान योद्धा होने का तो यही अर्थ है कि हमारे जैसा ही भयभीत आदमी नेल्सन भी था और युद्ध के मैदान पर ऐसे खड़ा रहा जैसे कि बिलकुल भय न हो। तभी तो कोई अर्थ है। एक आदमी सड़क पर खड़ा है और बस आ जाए और वह डरे नहीं और खड़ा रहे, उसे भय ही न हो, और बस के नीचे कुचल कर मर जाए, तो हम उसको कोई बहादुर आदमी नहीं कहेंगे, सिर्फ मूढ़ कहेंगे। बहादुरी तो भय के अनुपात में ही होती है। अगर भय ही नहीं है, तो बहादुरी समाप्त हो गई। तब तो आदमी मूढ़ हो जाएगा। और या परमज्ञानी हो जाएगा, जहां अभय है। लेकिन जो अभय को उपलब्ध हुआ है—कभी कोई महावीर, कोई बुद्ध—वह युद्ध में उसकी उत्सुकता नहीं रह गई। युद्ध का मतलब ही है कि दूसरे को भयभीत करने की चेष्टा। और जो खुद भय नहीं जानता, उसे दूसरे को भयभीत करने में कोई रस नहीं रह जाता। दूसरे को भयभीत करना अपने भय से ही बचने की व्यवस्था है।

जितना ज्यादा भय होता है, अक्सर आदमी उतना बाहर बहादुरी दिखाता है। वह बहादुरी भीतर के भय को संतुलित करती है। वह संतुलित करती है, वह आवरण है। वह उसका जिरह-बख्तर है। वह उसकी सुरक्षा है। भीतर भय है, इसलिए बाहर सुरक्षा है। भीतर भय नहीं है, तो बहादुरी दिखाने का कोई कारण भी नहीं है।

लाओत्से कहता है, समर्पण है शक्ति; क्योंकि दिखाने का वहां कोई इरादा नहीं है। आक्रमण है कमजोरी; क्योंकि आक्रमण दिखावे पर निर्भर है।

'जो सम्मान और गौरव से परिचित है...।'

ध्यान रहे, यह बात जाननी जरूरी है। एक छोटा बच्चा है, उसे सम्मान और गौरव का कोई अनुभव नहीं है। अगर अभी वह अज्ञात में रहा आए, तो इसमें कुछ गौरव नहीं है, इसमें कुछ गुण नहीं है। सम्मान और गौरव से जो परिचित है, वह अज्ञात में रहे—तो गुण है, तो गौरव है, तो गरिमा है।

अनुभव के बिना जो भी घटे, वह अज्ञान में घटता है। अनुभव के साथ जो घटे, वह ज्ञान में घटता है।

सम्मान और गौरव से जो परिचित और अज्ञात की तरह रहता है। जिसे पता है कि गौरव का रस क्या है; जिसे पता है कि गौरव का अनुभव क्या है; जिसे पता है कि लोग जानें, यश हो, प्रतिष्ठा हो, सम्मान हो, तो प्रतीति क्या है, उसका एहसास क्या है, इसका जिसे पता है; वह अज्ञात में रहे। इसे हम समझ लें दो कारणों से।

एक तो, जो बिना अनुभव के अज्ञात में रहे, उसका अज्ञात अज्ञात नहीं है। उसे अभी ज्ञात होने का पता ही नहीं है। इसलिए अज्ञात होने का कोई पता नहीं हो सकता। हमारे अनुभव द्वंद्व के हैं। जिसने सुख न जाना हो, उसे दुख का कोई अनुभव नहीं हो सकता। इसलिए बड़ी मजे की घटना घटती है। अक्सर, जिन्होंने सुख जाना है, वे सोचते हैं कि दूसरे लोग, जिनको वैसा सुख नहीं मिल रहा है, बहुत दुखी हैं। वह भ्रांति है। वह बिलकुल भ्रांति है।

आप अगर एक महल में रह रहे हैं, तो झोपड़े में रहने वाला आदमी बहुत दुख पा रहा है रह कर, ऐसा आपको लगेगा। आपका लगना ठीक है। अगर आपको झोपड़े में रहना पड़े तो आपको दुख होगा, यह भी सच है। लेकिन झोपड़े में जो रह रहा है, जो महल में नहीं रहा है, वह दुख पा रहा है महल में न रहने का, इस भ्रांति में आप मत पड़ें। वह नहीं पा सकता। दुख सुख के अनुभव के बाद ही पाया जा सकता है। जिस चीज का सुख अनुभव हो जाता है, फिर उसका अभाव दुख देता है। इसलिए दुनिया में दुख बढ़ता जा रहा है, क्योंकि चीजें और उनके अनुभव बढ़ते जा रहे हैं। आज से दस हजार साल पहले दुनिया में दुख कम था। यह मत सोचना आप कि लोग सुखी थे। क्योंकि अगर लोग सुखी होते तो दुख होता। दुख कम था, क्योंकि सुख कम था। सुख के अनुभव से ही दुख बढ़ता है।

अब कोई दस हजार साल पहले किसी आदमी को कार के न होने का दुख नहीं हो सकता था। या कि हो सकता था? आज होगा। कार के न होने का दुख आज एक वास्तविकता है। क्योंकि कार के होने का सुख एक वास्तविकता है। दस हजार साल पहले कार के न होने के दुख का कोई उपाय ही नहीं है। क्योंकि कार के होने के सुख का कोई उपाय नहीं है। सुख पहले आता है, दुख पीछे। दुख छाया है।

सम्मान, प्रतिष्ठा, यश, आदर, गौरव का अनुभव हो, तो ही अज्ञात के अनुभव में उतरा जा सकता है। अनेक लोग अनाम जीते हैं। इससे आप यह मत सोचना कि वे उस परम स्थिति को उपलब्ध हो गए हैं, जिसकी लाओत्से बात करता है। अनेक लोग अनाम जीते हैं। लेकिन ध्यान रहे, उनका अनाम होना सार्थक नहीं है, जब तक उन्हें नाम का अनुभव न हो। नाम के अनुभव के बाद जो बिना नाम के जीने को तैयार है, उसने द्वंद्व को जाना और उसने द्वंद्व को काटा। द्वंद्व जब कट जाता है, तो निर्द्वंद्व चित्त परम आनंद को उपलब्ध होता है। लेकिन द्वंद्व को काटने के लिए द्वंद्व से गुजरना जरूरी है।

इसलिए लाओत्से संसार के विरोध में नहीं है। और लाओत्से नाम के भी विरोध में नहीं है, सम्मान के भी विरोध में नहीं है। वह इतना ही कह रहा है कि सम्मान के अनुभव के साथ अनाम का अनुभव और अज्ञात का अनुभव भी जुड़ जाए, तो तुम संसार के पार, जिसे मोक्ष कहें, मुक्ति कहें, उसमें प्रवेश कर जाते हो।

दूसरी बात भी ध्यान रखने जैसी है। और वह यह कि जिसने ठीक से सम्मान का अनुभव जाना है, वह निश्चित ही अज्ञात के अनुभव के लिए उत्सुक हो जाएगा। और जिसने सम्मान का अनुभव नहीं जाना, वह कितना ही अज्ञात के अनुभव की चेष्टा करे, उसकी चेष्टा व्यर्थ जाएगी।

उसका कारण है। उसका कारण है। बहुत से लोग उन महलों का त्याग कर देते हैं जिनमें वे कभी रहे ही नहीं। बहुत से लोग उन पदों को लात मार देते हैं, जिन पर वे कभी पहुंचे ही नहीं। आप लात कैसे मारिएगा उस सिंहासन पर, जिस पर आप कभी बैठे नहीं? आप कुछ और नहीं कर रहे हैं—अंगूर खट्टे हैं! आपकी पहुंच के बाहर हैं! आप अपने को समझा रहे हैं, सांत्वना दे रहे हैं। और तब ऐसा आदमी इस सांत्वना को भी नाम बनाने का आधार बनाएगा। यह बड़े मजे की और जटिल बात है। ऐसा आदमी, जो कहेगा कि मुझे सम्मान की कोई जरूरत नहीं, नाम की कोई जरूरत नहीं, पद की कोई जरूरत नहीं, वह पद की, सम्मान की, प्रतिष्ठा की जरूरत नहीं, इसको भी प्रतिष्ठा का कारण बनाएगा। इसको भी! जिनको हम त्यागी कहते हैं, वे क्या कर रहे हैं? वे त्याग को भी धन की तरह उपयोग कर रहे हैं। त्याग भी उनके लिए प्रतिष्ठा का कारण है।

अब यह बड़े मजे की बात है कि त्याग का मतलब ही एक होता है कि प्रतिष्ठा छोड़ दी। लेकिन अगर त्याग की भी प्रतिष्ठा बनाई हो तो सब व्यर्थ हो गया। लेकिन हालत ऐसी है। मैं एक साधु के आश्रम में गया था। वे सब कुछ छोड़ कर चले गए हैं। सब कुछ का मतलब जो उनके पास था—बहुत ज्यादा नहीं था—मगर जो भी था, सब कुछ छोड़ कर चले गए हैं। उनके आश्रम में दीवारों पर मैंने जो वचन लिखे देखे, वे बड़े मजेदार थे। जिस कमरे में वे बैठे थे, उसकी दीवार पर लिखा हुआ था कि त्याग श्रेष्ठतम है, क्योंकि सम्राट भी त्यागी के चरणों में सिर झुकाता है। मैंने उनको पूछा कि इस सूत्र का क्या मतलब हुआ? त्याग की श्रेष्ठता भी इसीलिए हुई कि सम्राट भी सिर झुकाता है? इसका अर्थ हुआ कि त्याग करने योग्य है; क्योंकि सम्राट को भी जो प्रतिष्ठा नहीं मिलती, वह त्यागी को मिलती है।

अगर त्याग भी प्रतिष्ठा बन जाए तो त्याग नहीं रहा। त्याग का मतलब ही एक होता है कि प्रतिष्ठा का अब कोई अर्थ नहीं है। लेकिन आप त्यागी को देखें। वह प्रतिष्ठा में इतना रस लेता है जितना कि भोगी नहीं लेता। त्यागी का सारा काम चौबीस घंटे एक है कि प्रतिष्ठा। भोगी कभी-कभी प्रतिष्ठा में रस लेता है; और भी काम हैं उसे। त्यागी को दूसरा काम ही नहीं है। उसको सुबह से सांझ तक एक ही काम है—प्रतिष्ठा। और अगर वह त्याग भी करता है इस प्रतिष्ठा के लिए तो वह त्याग व्यर्थ हो गया।

असल बात यह है कि अगर सम्मान का अनुभव न हो तो सम्मान की पीड़ा का भी अनुभव नहीं होता। अगर सम्मान का अनुभव न हो तो सम्मान की व्यर्थता का भी अनुभव नहीं होता। अगर सम्मान का अनुभव न हो तो सम्मान की मूढ़ता का भी अनुभव नहीं होता। पूरे अनुभव के बाद जो व्यक्ति अज्ञात में डूब जाता है, वह फिर अज्ञात में डूबने को सम्मान का कारण नहीं बनाता। यह अज्ञात अब सम्मान से विपरीत आयाम हो जाता है।

हम अपने को धोखा दे सकते हैं। ऐसा समझें कि आपको धन का अनुभव न हो और आप त्यागी हो जाएं। तो छिपे अचेतन में धन की आकांक्षा काम करती रहेगी। बिलकुल काम करती रहेगी। उसमें कोई भेद नहीं पड़ेगा। और वह नए रास्ते निकालेगी और नए सिक्के गढ़ेगी। वे सिक्के बड़े धोखे के होंगे। संसार के सिक्के उतने धोखे के नहीं हैं, सीधे-साफ हैं। संसारी होना सीधा-साफ है। लेकिन संसार के बिना परिपक्व अनुभव के संन्यासी हो जाना बड़े उपद्रव की बात है। क्योंकि तब आदमी विकृत मार्गों से संसारी ही होता है। सिर्फ मार्ग बदल गए होते हैं, ज्यादा धोखे के और ज्यादा चालाकी के हो गए होते हैं। लेकिन संसार से कोई छुटकारा नहीं होता।

अगर आपको धन का अनुभव नहीं है तो आप निर्धन होने का मजा नहीं ले सकते। सिर्फ दुख पा सकते हैं निर्धन होने का। या निर्धन के नाम पर प्रतिष्ठा बना कर सुख पा सकते हैं। लेकिन तब आप निर्धनता का उपयोग धन की तरह कर रहे हैं। तो कुछ लोग धन का उपयोग कर रहे हैं प्रतिष्ठा के लिए, आप निर्धनता का उपयोग कर रहे हैं प्रतिष्ठा के लिए। आपके मार्ग अलग हो गए हों, लेकिन आपका लक्ष्य एक है।

धन के अनुभव के बाद जब कोई निर्धन होता है, तो इस निर्धनता का कोई भी उपयोग नहीं करता। यह निर्धनता सिर्फ उसका आंतरिक अनुभव होती है। बाहर के जगत से इसके कारण वह कोई प्रतिष्ठा इकट्ठी नहीं करता। यह उसके लिए फिर कभी धन नहीं बनती; क्योंकि धन उसके लिए व्यर्थ हो गया।

इसलिए लाओत्से कहता है, 'सम्मान और गौरव से जो परिचित है, लेकिन अज्ञात की तरह रहता है।'

सम्मान और गौरव से परिचित होना बुरा नहीं है। सम्मान और गौरव में यात्रा करना भी बुरा नहीं है। लेकिन वह मंजिल नहीं है, यह ध्यान रखना जरूरी है। और उस दिन की, उस क्षण की प्रतीक्षा करनी जरूरी है, जिस दिन वह व्यर्थ हो जाए। इसलिए मैं आपसे कहता हूं कि धन की यात्रा बुरी नहीं है; लेकिन उस दिन की प्रतीक्षा करनी, प्रार्थना करनी और साधना भी साथ करनी है, जिस दिन धन व्यर्थ हो जाए। छोड़ कर भाग जाएं, ऐसा आवश्यक नहीं है। व्यर्थ हो जाए, वह आपका आंतरिक अनुभव बन जाए।

हम उलटा कर रहे हैं।

मैं एक घर में ठहरा हुआ था। जिनके घर ठहरा था उनका लड़का थोड़ा उद्दंड था, जैसे कि लड़के होते हैं। अविनयी था। तो बाप को अच्छा मौका मिला कि मेरे सामने वह उसको लताड़ें, सताएं। अक्सर बाप दूसरों के सामने लड़कों को सताने में रस लेते हैं। तो मेरे सामने उनके पुत्र को हाजिर किया गया। पिता बोले कि ये सुपुत्र हैं! मतलब था—कुपुत्र हैं, विनय बिलकुल नहीं। फिर उन्होंने उपदेश दिया पुत्र को कि विनयवान को ही सम्मान मिलता है।

मैंने उनको पूछा, आप क्या कह रहे हैं? आप इस लड़के को पाखंडी बनाने की कोशिश कर रहे हैं। क्या कह रहे हैं? आप कह रहे हैं, विनयवान को सम्मान मिलता है। आप रस जगा रहे हैं सम्मान में और विनय को उपकरण बना रहे हैं सम्मान का। आप इसको हिपोक्रेट, पाखंडी बना रहे हैं। यह विनीत होगा और प्रतीक्षा करेगा सम्मान मिले। यह दिखाएगा कि मैं विनम्र हूं और आशा करेगा लोग मेरे पैर छुएं। यह कहेगा, नहीं-नहीं, मेरे पैर मत छुओ; और इसकी पूरी आत्मा से लार टपकेगी कि जल्दी छुओ। आप इसको क्या सिखा रहे हैं?

उन्होंने कहा कि आप क्या कह रहे हैं इसके ही सामने? यह वैसे ही उद्दंड है!

मैंने कहा, इसकी उद्दंडता फिर भी सीधी-साफ है। और आप जिस विनय की बात कर रहे हैं, वह ज्यादा चालाकी और कनिंगनेस की बात है। उद्दंड है तो उद्दंड रहने दें। उद्दंड का दुख मिलेगा। सहायता करें कि और उद्दंड हो जाए, ताकि अनुभव से गुजर जाए। और दुख उठाने दें उद्दंड का। क्योंकि दुनिया में कोई किसी को अनुभव नहीं दे सकता। शब्द दे सकता है, अनुभव नहीं दे सकता। इसको उद्दंड होने का दुख उठाने दें। यह सोचता है कि उद्दंड होने में सुख है। इसको सुख उठाने दें। और आप सोचते हैं कि उद्दंड होने में दुख पाएगा, दुख उठाने दें। इसके अनुभव से जिस दिन इसको दिखाई पड़ जाए कि उद्दंडता मूढ़ता है, उस दिन जो विनम्रता आएगी, वह आपकी विनम्रता नहीं होगी, कि सम्मान के लिए। और मैं समझता हूं कि आपने उद्दंड होने का दुख नहीं उठाया। इसलिए सम्मान की इच्छा पीछा कर रही है। और तब विनम्र होने में भी सम्मान की आकांक्षा है। और तब त्याग में भी सम्मान की आकांक्षा है। सम्मान की आकांक्षा भोग है तो त्याग में सम्मान की आकांक्षा क्या होगी? तब फिर निर्धन होने में भी धन ही कमाया जा रहा है।

आदमी ऐसा उपद्रव अपने साथ कर सकता है। उसी का नाम पाखंड है। और हमारे सारे जीवन पाखंड से भर गए हैं। भर गए हैं इसलिए कि लक्ष्य कुछ और, और साधन विपरीत। इच्छा यही है कि मेरा अहंकार भरे। और आवरण ऐसा है कि मैं तो निरहंकारी हूं। अगर कोई कह दे कि आपसे भी बड़ा निरहंकारी कोई है, तो दुख पहुंचता है। निरहंकारी को इस बात से कैसे दुख पहुंचेगा कि उससे बड़ा भी कोई निरहंकारी है? अहंकारी को पहुंचेगा।

अगर मेरे पास कोई आए और मैं कहूं कि मैं बिलकुल निरहंकारी हूं और वह कहे कि आप क्या निरहंकारी हैं, हमारे पड़ोस में एक आदमी रहता है जो आपसे भी ज्यादा निरहंकारी है, तो मुझे चोट पहुंचेगी। क्यों? हां, मैं अगर अहंकारी हूं और मुझसे ज्यादा कोई अहंकारी है तो चोट पहुंचनी चाहिए। निरहंकारी को भी चोट पहुंचती है कि उससे बड़ा कोई निरहंकारी है। त्यागी से कहिए कि आपका त्याग क्या, आपसे बड़ा त्यागी है! देखिए, चेहरे पर कालिमा छा जाती है। त्यागी को भी इसमें दुख होता है?

तो फिर कहीं धोखा हो रहा है। निरहंकारी तो आनंदित होगा कि बड़ी अच्छी बात है, मुझसे बड़ा कोई निरहंकारी है। यह तो बहुत ही आनंद की बात है। त्यागी को खुशी होगी कि मुझसे बड़ा कोई त्यागी है; तो बड़ी खुशी की बात है कि दुनिया में और बड़ा त्याग भी है। लेकिन त्यागी भी दुखी होगा। ज्ञानी भी दुखी होता है, उससे कहो कि आपसे बड़ा ज्ञानी कोई है। ज्ञानी भी दुखी होता है। अज्ञानी दुखी होता है, क्षम्य है। पर ज्ञानी दुखी होता है। तो फिर अज्ञानी और ज्ञानी में फर्क कहां है?

बड़े से जब तक आप दुखी होते हैं, तब तक जानना कि नाम कुछ भी हो, अहंकार भीतर है। आप बहाने कुछ भी खोज रहे हों अहंकार को भरने के लिए, भोजन कुछ भी दे रहे हों, दूध पर ही रखा हो, शुद्ध दूध पर अहंकार को, तो भी कोई फर्क नहीं पड़ता। मांसाहार करवाया हो, कि दूध दिया हो, कि साग-सब्जी खिलाई हो, खिला अहंकार को ही रहे हैं। त्याग खिलाया हो, कि प्रतिष्ठा खिलाई हो, अहंकारी कि निरहंकारी कौन सी यात्रा करवाई हो; लेकिन अहंकार ही यात्रा कर रहा है।

लाओत्से जीवन के प्रति बहुत सम्यक है। कहता है, अनुभव और अनुभव के साथ अज्ञात की तरह रहता है, वह संसार के लिए घाटी बन जाता है। और उस सनातन शक्ति को प्राप्त होता है, जो स्वयं में पर्याप्त है।

इसे थोड़ा समझ लें। कौन सी शक्ति स्वयं में पर्याप्त होती है?

ऐसा समझें कि अर्जुन बहुत बड़ा योद्धा है। लेकिन दुनिया में कोई भी न हो तो अर्जुन का सब योद्धापन खतम हो जाएगा। क्योंकि अर्जुन के योद्धा होने के लिए किसी का हारना जरूरी है, किसी का मरना जरूरी है, किसी की पराजय आवश्यक है। अर्जुन की विजय के लिए किसी की पराजय आवश्यक है। उसकी विजय भी किसी की पराजय पर निर्भर है।

यह बहुत मजे की बात है कि आपकी विजय भी किसी की पराजय पर निर्भर है। उसके बिना आप जीत भी नहीं सकते। उसके बिना आप जीत भी नहीं सकते। क्या विजय हुई यह? जो दूसरे पर निर्भर है वह विजय हुई? आपकी अमीरी गरीबी पर निर्भर है। अगर आस-पास गरीब न हों, अमीरी का मजा चला जाता है। आपको कोई सारी दुनिया का सम्राट बना दे, लेकिन दुनिया में कोई और न हो, आप अकेले ही हों। आप कहेंगे, भाड़ में जाए यह साम्राज्य, मजा ही चला गया। क्योंकि मजा दूसरे पर निर्भर था। आप कितने ही बड़े महल में रहें, जब तक पड़ोस में झोपड़ा न हो, तब तक महल का मजा नहीं आता। वह महल का मजा झोपड़े में निर्भर है। किसी पर है, उसका मजा इसी पर है कि किसी पर नहीं है।

यह बड़ी उलटी बात है। आपका सारा सुख दूसरे पर निर्भर है। आपका सारा व्यक्तित्व दूसरे पर निर्भर है। आप बड़े पंडित हैं। कुछ मूढ़ आपको चाहिए, नहीं तो आप पंडित नहीं हैं। मतलब पांडित्य मूढ़ता पर निर्भर है। दुनिया में मूढ़ न हों, पंडित व्यर्थ हो गए। अज्ञानी न हों, ज्ञानी दो कौड़ी के हो गए। कुरूप लोग न हों, सुंदर लोगों की कोई पूछ न रही। तो जो सौंदर्य कुरूपता पर टिका हो, वह कितना सुंदर होगा? और जो धन निर्धन की छाती पर खड़ा हो, वह कितना धन होगा? और जो पुण्य पापों के बीच निर्मित होता हो, उसमें कितनी पुण्यवत्ता हो सकती है?

इसका मतलब यह हुआ कि सुंदर जाने-अनजाने चाहता है कि दूसरे लोग कुरूप रहें। जाने या न जाने, दूसरी बात है। लेकिन जो चीज निर्भर दूसरों की कुरूपता पर है, वह चाहेगी ही कि दूसरे लोग कुरूप रहें। सौंदर्य अगर कुरूप को चाहता है, कितना सौंदर्य है उसमें?

लाओत्से कहता है कि जो व्यक्ति द्वंद्वों के बीच समता को उपलब्ध हो जाता है, चुनाव नहीं करता, डोलता नहीं, द्वंद्वों को जोड़ कर काट देता है और दोनों के बाहर हो जाता है, वह उस शक्ति को उपलब्ध होता है जो स्वयं में पर्याप्त है।

बुद्ध शांत हैं। उनकी शांति अशांत लोगों पर निर्भर नहीं। समझ लें। अगर दुनिया में एक भी आदमी अशांत न हो तो भी बुद्ध की शांति में कोई फर्क नहीं पड़ेगा। या पड़ेगा? बुद्ध अपने बोधिवृक्ष के नीचे शांत बैठे हैं। यह शांति अशांत लोगों की अशांति के कारण शांति है? अगर—बुद्ध तो आंख बंद किए बैठे हैं—यह सारी दुनिया विलीन हो जाए, बुद्ध आंख खोल कर देखें कि कोई अशांत यहां दिखाई नहीं पड़ रहा, तो उनको भीतर की शांति समाप्त हो जाएगी? नहीं, कोई कारण नहीं है। यह शांति किसी की अशांति पर निर्भर ही न थी।

अगर यह किसी की अशांति पर निर्भर थी तो बुद्ध को लोगों को अशांत होने के लिए समझाना चाहिए, शांत होने के लिए नहीं। क्योंकि लोग अगर शांत हो जाएंगे तो बुद्ध का क्या होगा? आत्महत्या में लगे हैं! लोगों को समझा रहे हैं, शांत हो जाओ! बुद्ध की शांति आत्मनिर्भर है। यह किसी को अशांत करके शांत होने का उपाय नहीं है। यह स्वयं को ही शांत करके शांत होने का उपाय है।

बुद्ध का ज्ञान अज्ञानी पर निर्भर है?

इसे कसौटी समझ लें। अगर आपका ज्ञान अज्ञानी पर निर्भर हो, तो वह जानकारी है, ज्ञान नहीं है। अगर आपका ज्ञान आप पर ही निर्भर हो, और दुनिया में एक भी अज्ञानी न रहे तो भी आपके ज्ञान में कोई फर्क न पड़े, तो ही समझना कि वह अनुभव है। अनुभव सदा ही स्वयं में पर्याप्त है। बुद्ध ने जो जाना है, उसका आपके न जानने से कोई संबंध नहीं है। कोई भी न हो इस पृथ्वी पर, तो भी वह जानना ऐसे ही घटित हो जाएगा।

लेकिन एक फिल्म अभिनेत्री है, वह सुंदर है। और कोई भी न हो इस पृथ्वी पर, वह सुंदर नहीं रह जाएगी। उसका सुंदर होना दूसरों की आंखों पर निर्भर था। एक राजनेता है। इस पृथ्वी पर कोई न हो, वह राजनेता नहीं रह जाएगा। उसका नेता होना अनुयायियों पर निर्भर था। एक बुद्ध बुद्ध ही होंगे। इससे कोई फर्क नहीं पड़ता कि पृथ्वी बचती है कि खो जाती है। यह सारा संसार खो जाए, यह कुछ भी न हो, तो भी रत्ती भर फर्क नहीं पड़ेगा।

वही स्थिति जो दूसरे पर निर्भर नहीं है, आत्म-स्थिति है। जो स्थिति दूसरे पर निर्भर है, वह पर-स्थिति है। वह आत्म-स्थिति नहीं है। ध्यान रखना, अपने भीतर खोज करते रहना कि आपके पास ऐसा भी कुछ है जो किसी पर निर्भर नहीं है? अगर है, तो समझना कि आपके पास आत्मा है। और अगर नहीं है, तो समझना कि आत्मा का आपको अभी कोई भी पता नहीं है। आत्मा का अर्थ ही यह है कि जो स्वयं में पर्याप्त हो।

यह सूत्र कीमती है। लाओत्से कहता है, 'उस व्यक्ति को वह सनातन शक्ति प्राप्त होती है, जो स्वयं में पर्याप्त है। और वह पुनः अनगढ़ लकड़ी की भांति नैसर्गिक समग्रता में वापस लौट जाता है।'

'अनगढ़ लकड़ी की भांति नैसर्गिक समग्रता में वापस लौट जाता है।'

हम सब गढ़ी हुई लकड़ियां हैं—कल्टीवेटेड, सुसंस्कृत। ऐसा समझें, एक बच्चा पैदा हुआ आपके घर में। वह अनगढ़ लकड़ी है। अभी वह बच्चा हिंदू नहीं है, ईसाई नहीं है, जैन नहीं है, बौद्ध नहीं है। अभी अनगढ़ लकड़ी आप गढ़ना शुरू कर दिए। अगर आप जैन हैं, तो आपने उस लड़के को तराशना शुरू कर दिया, जैन बनाने की कोशिश शुरू हो गई। बुला लाए किसी मुनि महाराज को आशीर्वाद दिलाने के लिए; कि ले गए चर्च में बपतिस्मा के लिए। आपने उस लड़के को काटना-छांटना शुरू कर दिया। यात्रा शुरू हो गई। लकड़ी अनगढ़ नहीं। अब फर्नीचर बनेगा। आप उसकी कुर्सी, टेबल, कुछ बनाएंगे। लकड़ी स्वीकृत नहीं है। अनगढ़, नैसर्गिक लकड़ी स्वीकृत नहीं है। आप कुछ बनाएंगे। तभी काम का; नहीं तो बेकाम का साबित हो जाएगा लड़का। आप काम का बना कर रहेंगे।

फिर यह लड़का पचास साल का हो गया। अब यह सोचता है, मैं हिंदू हूं, ईसाई हूं, जैन हूं। यह झूठ है। यह थोपा हुआ आरोपण है। यह बनावट है। यह ऊपर से दिया गया खयाल है। यह संस्कार है। यह जानता है, मैं इंजीनियर हूं, डाक्टर हूं, दूकानदार हूं, कि क्लर्क हूं, कि मास्टर हूं। ये भी संस्कार हैं। यह जानता है कि मेरा नाम राम है, कृष्ण है, कि मोहम्मद है। यह भी संस्कार है। यह जानता है कि मैं सफल हूं, असफल हूं। यह भी संस्कार है। ये सब दूसरों ने दिए हैं।

ध्यान रहे, संस्कार मिलते हैं दूसरों से, स्वभाव आता है स्वयं से। इसलिए संस्कार से मुक्त हो जाना ही मुक्ति है, स्वभाव में गिर जाना ही मुक्ति है। स्वभाव तो अनगढ़ है, अनबना है। संस्कार गढ़ा हुआ है। संस्कार ही बंधन है। हिंदू होना बंधन है; जैन होना बंधन है; मुसलमान होना बंधन है। राम होना, कृष्ण होना, बुद्ध होना बंधन है। नाम

बंधन है। धंधा, व्यवसाय, पद, उपाधि बंधन हैं। लेकिन वह सब जरूरी है। क्योंकि उसके बिना तो जीवन चल नहीं सकता। आवश्यक है। बुराई हो तो भी आवश्यक है। बच्चे को मां-बाप कुछ तो देंगे ही। अगर न देने की कोशिश करें तो उस कोशिश में भी कुछ देंगे। कोई उपाय नहीं है।

ऐसा हुआ, इजिप्त के एक सम्राट, एक फैरोह को खयाल आया कि जो भी हम बच्चों को भाषा सिखाते हैं, वह दी हुई है। तो उसने एक बच्चे को जन्म के बाद महल में रखवा दिया और उपाय किया कि उसको कोई भाषा सुनने का मौका न मिले, ताकि पता चल जाए कि मनुष्य की निसर्ग-भाषा क्या है।

वह बच्चा सिर्फ गूंगा साबित हुआ। वह बोला ही नहीं; क्योंकि कोई निसर्ग-भाषा नहीं है; सब भाषा संस्कार है। निसर्ग तो मौन है। ध्यान रहे, भाषा संस्कार है। उसको कोई भाषा ही नहीं दी गई तो वह गूंगा ही रह गया।

लेकिन ध्यान रहे, उसका गूंगापन महावीर का मौन नहीं है, क्योंकि उसने वाणी नहीं जानी। जिसने वाणी नहीं जानी, वह मौन से कैसे परिचित होगा? वह सिर्फ गूंगा है, सिर्फ गूंगा। गूंगा होना मौन नहीं है। वाणी जिसने जानी और वाणी को जान कर जिसने व्यर्थ पाया और चुप हो गया, तब मौन है। वह लड़का सिर्फ गूंगा रह गया। उसकी कोई भाषा नहीं थी। भाषा तो सिखानी पड़ेगी। हमें सभी कुछ सिखाना पड़ेगा।

लेकिन अगर साथ यह बात भी खयाल में बनी रहे कि जो भी सिखाया जा रहा है, वह बाहर से आ रहा है; जरूरी है, आत्यंतिक नहीं है। आवश्यक है, उपयोगी है; सत्य नहीं है। सत्य तो वह अनगढ़ स्वभाव है, अनछुआ, कुंआरा, अस्पर्शित—दूसरा जहां तक पहुंचा ही नहीं कभी—वही मेरी आत्मा है।

तो लाओत्से कहता है, ऐसा व्यक्ति जो द्वंद्व के बाहर हो गया, वह पुनः अनगढ़ लकड़ी की भांति नैसर्गिक समग्रता में वापस लौट जाता है।

वह फिर अनगढ़ लकड़ी हो जाता है। टेबल-कुर्सी नहीं रह जाता, हिंदू-मुसलमान नहीं रह जाता। डूब जाता है उस तल पर, जहां कोई संस्कार नहीं है। वह पुनः असंस्कृत, नैसर्गिक, स्वाभाविक हो जाता है। उस स्वभाव का नाम ताओ है। उस स्वभाव का नाम ताओ है। उस स्वभाव को वेद ने ऋत कहा है। उस स्वभाव को महावीर आत्मा कहते हैं। बुद्ध उस स्वभाव को निर्वाण कहते हैं। यह शब्दों का फासला है। लेकिन यह बात ठीक से समझ लें कि एक आपका रूप है, नाम है, ढांचा है, जो दिया गया है। और एक आप हैं, जो किसी ने आपको दिया नहीं, आप हैं; जो अनदिया है आपके भीतर।

इसीलिए महावीर और बुद्ध, जिन्होंने ज्ञान की परम स्थिति में प्रवेश किया, उन्होंने ईश्वर को इनकार कर दिया। और करने का कारण क्या था? करने का कारण यह था कि अगर ईश्वर बनाने वाला है, तब तो हमारे भीतर स्वभाव बचा ही नहीं। क्योंकि उसका तो मतलब यह हुआ कि कुछ ईश्वर बनाता है, कुछ मां-बाप बनाते हैं, कुछ स्कूल का शिक्षक बनाता है, कुछ समाज बनाता है—सभी बना हुआ है—तो फिर भीतर स्वभाव कहां? इसलिए महावीर ने कहा कि जगत का कोई स्रष्टा नहीं है।

यह बड़ी महत्व की बात है। यह साधारण नास्तिकता नहीं है, यह परम आस्तिकता है। क्योंकि महावीर की दृष्टि यह है कि अगर मेरा स्वभाव भी किसी ने बनाया तो वह भी मेरा स्वभाव नहीं रहा। इससे क्या फर्क पड़ता है कि बाप ने बनाया, कि बड़े बाप ने, जो आकाश में है, उसने बनाया। इससे क्या फर्क पड़ता है? किसी ने बनाया। तो फिर मैं हूं ही नहीं। झूठ ही झूठ है, फिर कोई सत्य नहीं है। फिर सभी बाहर से आया, तो भीतर क्या है? इसलिए महावीर ने कहा कि धर्म को स्रष्टा को अस्वीकार करना ही होगा। कोई स्रष्टा नहीं है।

लेकिन फिर भी, महावीर कहते हैं, व्यक्ति भगवान हो सकता है। और भगवान कोई नहीं है। तब बड़ी जटिलता हो जाती है। महावीर कहते हैं, भगवान कोई भी नहीं है स्रष्टा के अर्थ में, जिसने दुनिया बनाई हो, जिसने

आदमी बनाया हो, जिसने आत्मा बनाई हो। क्योंकि अगर आत्मा भी बनाई जाती है, तो चाहे कितने ही स्वर्गीय कारखाने में बनाई जाती हो, वह वस्तु हो गई, वह आत्मा नहीं रही। महावीर कहते हैं, जो बनाया ही नहीं जा सकता, अनबना है, और है, वही आत्मा है।

इसलिए लाओत्से भी ईश्वर की बात बिलकुल नहीं करता—स्रष्टा की तरह।

लेकिन महावीर कहते हैं, जिस दिन कोई इस अनबने को जान लेता है, वह भगवान हो जाता है। इसलिए महावीर के भगवान में और और लोगों के भगवान में बुनियादी अंतर है, बड़ा कीमती अंतर है। और लोगों का भगवान सिर्फ एक बड़ा संचालक है एक बड़े कारखाने का। और आप वस्तुओं की तरह बनाए और मिटाए जा रहे हैं। महावीर कहते हैं कि अगर कोई बनाने वाला भगवान है तो फिर जगत में धर्म का कोई उपाय ही न रहा; क्योंकि फिर आत्मा की कोई संभावना न रही। इसलिए महावीर की दृष्टि में स्रष्टा के रूप में भगवान का होना धर्म के लिए नष्ट कर देने का कारण है। फिर धर्म का कोई उपाय नहीं है। फिर सब व्यर्थ है। अगर मेरा कोई स्वभाव है—अनबना, बिना किसी का बनाया हुआ—तो ही इस जगत में स्वतंत्रता, मुक्ति सार्थक शब्द हैं; अन्यथा व्यर्थ हैं।

लाओत्से भी ईश्वर की बिलकुल बात नहीं करता। हालांकि वह जो बात कर रहा है, उससे आप ईश्वर हो जाएंगे। इसलिए एक और मजे की बात ध्यान रख लें। इसीलिए महावीर कहते हैं, जितनी आत्माएं हैं, उतने भगवान हो सकते हैं। क्योंकि हर आत्मा जिस दिन अपने स्वभाव को जान ले, उस दिन भगवत्ता को उपलब्ध हो जाती है।

भगवान होना आपके भीतर स्वभाव के अनुभव का नाम है। अनगढ़ लकड़ी की भांति आप तत्काल नीचे सरक जाते हैं, अपने निसर्ग में। वह निसर्ग आपके भीतर है मौजूद, अभी, इसी वक्त भी। पर आप जोर से पकड़े हुए हैं अपने ढांचे को। जैसे कोई आदमी नदी में हो और किनारे से लटकती एक जड़ को वृक्ष की पकड़े हो जोर से, ऐसे आप अपने नाम को, रूप को, पद को, प्रतिष्ठा को, धर्म को, जाति को जोर से पकड़े हुए हैं। और वही पकड़ आपको स्वभाव में नहीं गिरने देती।

और आश्चर्य तो यह है कि साधारण आदमी पकड़े हो तो भी ठीक। जिनको आप महात्मा कहते हैं, वे भी हिंदू हैं, वे भी जैन हैं, वे भी मुसलमान हैं, वे भी ईसाई हैं। जिनको आप महात्मा कहते हैं, उनकी भी जाति है, उनका भी ढांचा है, उनका भी संस्कार है। वे भी अभी संस्कार को पकड़े हुए हैं। तब इसका अर्थ यह हुआ कि हम भूल ही गए हैं स्वभाव में गिरने की प्रक्रिया। क्या है स्वभाव में गिरने की प्रक्रिया?

लाओत्से कहता है, द्वंद्व के बीच कोई चुनाव नहीं, दोनों को साथ-साथ स्वीकार। सम्मान मिले, तो न तो उसे पकड़ने की आकांक्षा, न उसे छोड़ देने की आकांक्षा। सम्मान मिले, तो पकड़-छोड़, दोनों की आकांक्षा नहीं। सम्मान मिलता रहे और भीतर व्यक्ति अज्ञात में खड़ा रहे, जैसे है ही नहीं; तो लाओत्से कहता है, तत्क्षण निसर्ग में गिर जाएगा। क्यों? क्योंकि ढांचे को पकड़ने की व्यवस्था द्वंद्व की है।

हम एक आदमी को कहते हैं कि सफल होओ, असफल रहे तो जीवन बेकार है। तो वह सफलता को पकड़ता है। फिर वह असफलता को छोड़ता है, सफलता को पकड़ता है। फिर ऐसे लोग भी हैं जगत में, जो असफलता को पकड़ते हैं। उसका भी कारण है। क्योंकि सफलता से उन्हें भय लगता है। और सफलता में झंझट है, संघर्ष है, उपद्रव है। और भी एक मजा है कि सफलता की कोशिश करने में असफल होने का भी डर है। इसलिए वे असफलता को ही पकड़ लेते हैं। वे कहते हैं कि तबीयत ही ठीक नहीं रहती, सफल क्या हों? वे कहते हैं, घर में ऐसे जनमे जहां कौड़ी नहीं है, सफल कैसे हों? वे कहते हैं, शिक्षा ही नहीं मिली ठीक से, सफल कैसे हों? वे कोई बहाने खोज लेते हैं, असफलता को पकड़ लेते हैं। फिर उनको आप सफल करने की भी कोशिश करें तो वे टस से मस नहीं होंगे। वे हटेंगे नहीं; क्योंकि यह उनका प्राण है। और डर क्या है? वे बातें इतनी असफलता की कर रहे हैं, लेकिन डर केवल

एक है—अगर सफल होने की चेष्टा की और असफल हो गए तो! इसलिए बहाने खोज कर यहीं खड़े रहना उचित है, कि यह अपने से हो नहीं सकता।

एक सज्जन मेरे पास आए। वे कहते हैं कि मैं सब जानता हूं, सब समझता हूं। ठीक सुशिक्षित हैं, लेकिन वह इंटरव्यू देने कहीं किसी नौकरी में जाने में उनको बेचैनी मालूम पड़ती है। तो कोई नौकरी नहीं लगती है; क्योंकि बिना इंटरव्यू नौकरी कैसे लगे? और वे कहते हैं कि सब मुझे मालूम है, जो भी पूछा जाता है। कोई ऐसी बात नहीं है जो मुझे मालूम नहीं। छह साल से वे भटक रहे हैं, लेकिन इंटरव्यू...। तो मैंने उनको पूछा कि तुमने असफलता को जोर से पकड़ लिया है; अब तुम्हें डर है। इंटरव्यू का डर क्या है? नौकरी नहीं मिलेगी। छह साल से नौकरी है ही नहीं। और क्या इससे बुरा होने वाला है?

लेकिन एक लाभ है इसमें कि अभी तक वे किसी इंटरव्यू में असफल नहीं हुए। दिया ही नहीं, असफल होने का कोई कारण ही नहीं। तो अभी एक अकड़ है। अब वह अकड़ उनको दिक्कत दे रही है कि अब दें और कहीं असफल हो जाएं! अब ऐसे वे जिंदगी भर असफलता को पकड़े रहेंगे।

बहुत लोग हैं जो असफलता को पकड़ लेते हैं। बहुत लोग हैं जो सफलता को पकड़ लेते हैं। ये द्वंद्व हैं। कुछ लोग नाम को पकड़ लेते हैं। कुछ लोग बदनामी को पकड़ लेते हैं। क्योंकि बदनाम भी हुए तो क्या, कुछ नाम तो होगा ही! इससे कोई फर्क नहीं पड़ता। अगर आप जेलखाने में जाएं और लोगों की बातें सुनें, तो वे एक-दूसरे को बताते हैं कि किसकी बदनामी ज्यादा है। तेरी क्या है? कुछ भी नहीं। वहां भी पुराने घाघ और नए घाघ और पुराने अपराधी और नए अपराधी। नए अपराधी की कोई इज्जत नहीं होती जेलखाने में। पहली दफे आए हो? कोई खास फिर पूछता नहीं। कितनी बार आ चुके हो?

आदमी द्वंद्व में से कुछ भी पकड़ लेता है। लेकिन बिना पकड़े कोई उपाय नहीं; नहीं तो नीचे डूब जाएगा।

लाओत्से कहता है, द्वंद्व में कुछ भी मत पकड़ना। द्वंद्व को ही मत पकड़ना; न नाम को पकड़ना, न अनाम को पकड़ना; न संसार को पकड़ना, न संन्यास को पकड़ना। पकड़ना मत; इसी का नाम संन्यास है। पकड़ना ही मत। और धीरे-धीरे द्वंद्व के बीच चुनाव छोड़ देना, च्वायसलेस हो जाना। विकल्प मत बनाना। यह मत कहना कि मैं बुरे को पकडूंगा कि भले को पकडूंगा, कि पुण्य पकडूंगा कि पाप पकडूंगा, कि भोग पकडूंगा कि त्याग पकडूंगा। सब द्वंद्व को समझ लेना, पकड़ना मत। तो तत्क्षण व्यक्ति स्वयं में गिर जाता है। और वह जो स्वयं में गिर जाना है, वही परम अनुभव है।

'अनगढ़ लकड़ी को खंडित करें या तराशें, तो वही पात्र बन जाती है।'

यह बड़े मजे की बात है। लाओत्से कहता है, जो परम अध्यात्म में प्रवेश करता है, वह बिलकुल अपात्र हो जाता है संसार के लिए। अपात्र! शब्द जरा अच्छा नहीं है। अपात्र सुन कर ही भीतर मन में भय लगता है कि अपात्र! कुछ न कुछ तो पात्रता कहीं न कहीं होनी चाहिए। लाओत्से कहता है कि वह अनगढ़ लकड़ी की भांति अपात्र होता है—वह जो परम में विलीन होता है। उसका कोई भी तो उपयोग नहीं है।

लाओत्से का क्या उपयोग करिएगा, बताइए? किसी काम के नहीं, कोई उपयोग नहीं। कोई उपयोग है? महावीर का कोई उपयोग है? क्या उपयोग करिएगा? किसी काम में न पड़ेंगे, बिलकुल बेकाम।

मगर यही उनका उपयोग है। क्योंकि यह जो बिलकुल ही उपयोग के बाहर खड़ा व्यक्ति है, यह परम शक्ति को उपलब्ध हो जाता है। यह फिर जाता नहीं आक्रमण करने उपयोग के लिए। इसके पास जो आ जाते हैं, इसके पास जो खिंच आते हैं चुंबक की भांति, उनको हजारों-हजारों उपयोग मिल जाते हैं। लेकिन यह अपनी तरफ से नहीं जाता। यह कुछ करता नहीं है। यह तो बिलकुल निष्क्रिय हो जाता है।

लेकिन इसकी निष्क्रियता में बड़ी क्रांतियां घटित होती हैं। इसके पास आकर न मालूम कितने चिराग जल जाते हैं। और यह उन्हें जलाता नहीं है। पर इसकी आग काफी है। चिराग पास भी आ जाएं तो लपट पकड़ जाती है। इसके पास आकर न मालूम कितने लोग अनंत सौंदर्य को उपलब्ध हो जाते हैं। लेकिन यह उन्हें तराशता नहीं है। यह उन्हें सुंदर बनाता नहीं है। इसकी सन्निधि, इसका संपर्क, इसकी हवा, बस इसका होना, इसका होना उन्हें बहुत कुछ दे जाता है।

लाओत्से गुजर रहा है एक पहाड़ से। और सारा जंगल काटा जा रहा है। यह बड़ी प्रीतिकर कथा है और बहुत बार मैंने कही है। सिर्फ एक वृक्ष नहीं काटा जा रहा है। तो लाओत्से अपने शिष्यों को कहता है कि जाओ, जरा पूछो इन काटने वालों से, इस वृक्ष को क्यों नहीं काटते हो?

तो वे गए, उन्होंने पूछा। उन्होंने कहा, यह वृक्ष बिलकुल बेकार है। इसकी सब शाखाएं टेढ़ी-मेढ़ी हैं। तो कुछ बन नहीं सकता। दरवाजे नहीं बन सकते, मेज नहीं बन सकती, कुर्सी नहीं बन सकती। और यह वृक्ष ऐसा है कि अगर इसे जलाओ तो धुआं ही धुआं होता है; आग जलती नहीं। इसके पत्ते किसी काम के नहीं; कोई जानवर खाने को राजी नहीं। इसलिए इसे कैसे काटें? तो सारा जंगल कट रहा है, यह भर बच रहा है।

लाओत्से के पास जब शिष्य आए तो लाओत्से ने कहा, इस वृक्ष की भांति हो जाता है ताओ को उपलब्ध व्यक्ति। देखो, यह वृक्ष कट नहीं सकता, क्योंकि वस्तुतः यह सम्मान पाने को उत्सुक नहीं है। एक लकड़ी सीधी नहीं है; सम्मान की आकांक्षा होती तो कुछ तो सीधा रखता। सब इरछा-तिरछा है। इस वृक्ष को दूसरों को प्रभावित करने की उत्सुकता नहीं है; नहीं तो धुआं ही धुआं छोड़ता? इस वृक्ष को जानवरों तक को अनुयायी बनाने का रस नहीं है; नहीं तो कम से कम पत्तों में कुछ तो स्वाद भरता। लेकिन देखो, यही भर नहीं कट रहा है; बाकी सब कट रहे हैं।

सीधा होने की कोशिश करोगे, काटे जाओगे, लाओत्से ने कहा। तुम्हारा फर्नीचर बनेगा। सिंहासन में लगते हो कि साधारण क्लर्क की कुर्सी में लगते हो, यह और बात है; लेकिन फर्नीचर तुम्हारा बनेगा। और जो तुम्हें फर्नीचर बनाने को उत्सुक हैं, वे तुमको समझाएंगे कि सीधे रहो, नहीं तो बेकार साबित हो जाओगे। अगर तुमने उनकी मानी, तो तुम कहीं ईंधन बन कर जलोगे।

सब ईंधन बन कर जल रहे हैं। लोगों से पूछो, क्या कर रहे हो? वे कह रहे हैं, हम बच्चों के लिए जी रहे हैं। उनके बाप उनके लिए जी रहे थे। उनके बच्चे उनके बच्चों के लिए जीएंगे। तुम ईंधन हो? तुम किसी और के लिए जल रहे हो?

लाओत्से ने कहा, छोड़ो फिकर। ईंधन मत बनना।

और लाओत्से ने कहा कि देखो, इस वृक्ष के नीचे एक हजार बैलगाड़ियां ठहर सकती हैं। यह वृक्ष किसी को बुलाता नहीं, लेकिन इसकी घनी छाया, हजारों लोग इसके नीचे रुकते हैं। बिलकुल बेकार है; पर हजारों थके हुए विश्राम पा लेते हैं। यह वृक्ष कोई उन्हें छाया देना चाहता है, ऐसा भी नहीं। इस वृक्ष ने तो एक ही नियम बना रखा है मालूम होता है कि जो नैसर्गिक है, उसमें ही रहूंगा, कुछ गड़बड़ नहीं करूंगा।

ताओ को उपलब्ध व्यक्ति ऐसा ही हो जाता है। हजारों लोग उसके नीचे छाया पाते हैं। वह छाया देता नहीं, छाया उसके नीचे होती है।

लकड़ी को काटें-छांटें तो पात्र बन जाती है। ज्ञानी के हाथों में पड़ कर लोग भी पात्र बन जाते हैं, आभिजात्य को उपलब्ध होते हैं, शासन करने वाले बन जाते हैं।

'इन दि हैंड्स ऑफ दि सेज, दे बिकम दि आफिशियल्स एंड दि मैजिस्ट्रेट्स।'

अगर आप ज्ञानियों के हाथ में पड़ जाएं, शिक्षकों के हाथ में पड़ जाएं, तो आपको डाक्टर, इंजीनियर,

मिनिस्टर, प्रधानमंत्री, राष्ट्रपति बन जाने का मौका मिलेगा। वे आपको पात्र बना देंगे। योग्य पात्र बना देंगे, जो किसी काम आ सके।

लेकिन लाओत्से कहता है, 'किंतु महान शासक खंडन नहीं करता। बट दि ग्रेट रूलर डज नाट कट अप।'

लेकिन महान शास्ता, महावीर, बुद्ध, कृष्ण जैसा महान शास्ता, वस्तुतः जो शासक है—राजा से मतलब नहीं है, शास्ता से मतलब है—वस्तुतः जिसकी छाया में शासन फलित हो जाता है, जो कुछ करता नहीं। जिसकी मौजूदगी शासन बन जाती है। जो आदेश नहीं देता, लेकिन जिसका होना, जिसका ढंग आदेश बन जाता है; जिसकी मुद्रा, जिसका हिलना-डुलना आदेश बन जाता है। ऐसा महान शास्ता किसी को काटता-पीटता नहीं, खंडित नहीं करता, तराशता नहीं। वस्तुतः ऐसा महान शास्ता आपके तराशेपन को छीन लेता है। आपके खंडन को अलग कर देता है और आपको अखंड में गिरने की सुविधा जुटा देता है।

अखंड का मतलब है गैर-तराशा हुआ, अनरिफाइंड। बड़ी उलटी बातें लगेंगी। लाओत्से रिफाइंड के खिलाफ, अनरिफाइंड के पक्ष में। तराशने के खिलाफ, अनगढ़ के पक्ष में। संस्कार के खिलाफ, संस्कार-शून्यता के पक्ष में।

लेकिन संस्कार-शून्यता तभी आती है, जब संस्कार घटित हो जाता है।

इसलिए इस दुनिया में दो तरह के शिक्षक हैं। हमने उनके लिए अलग-अलग नाम दिए हैं। एक को हम शिक्षक कहते हैं, दूसरे को हम गुरु कहते हैं। शिक्षक तराशता है, गुरु फिर अन-तराशे में भेज देता है। पश्चिम के पास दो शब्द नहीं हैं। क्योंकि पश्चिम के पास टीचर, शिक्षक, एक ही शब्द है। तराशना, सुसंस्कार करना, पात्र बनाना, बस यही शिक्षा है।

हमने पूरब में एक और शिक्षा भी जानी है, जो परम शिक्षा है। जो जब सब शिक्षकों का काम पूरा हो जाता है, तो परम शिक्षक का काम, गुरु का काम शुरू होता है। वह फिर अन-तराशता है। फिर जोड़ता है; टूटे को फिर इकट्ठा करता है। बनाए को फिर मिटाता है। पात्र को फिर अनगढ़ लकड़ी में ढाल देता है। और सारे संस्कार, सारे समाज को छीन कर वापस फिर निसर्ग में डुबा देता है।

उस निसर्ग में डूब जाना ही निर्वाण है।

आज इतना ही। पांच मिनट रुकें, कीर्तन करें।

सातवां प्रवचन

प्रकृति व स्वभाव के साथ अहस्तक्षेप

Chapter 29

WARNING AGAINST INTERFERENCE

There are those who will conquer the world,
And make of it (what they conceive or desire).
I see that they will not succeed.
(For) the world is God's own vessel
It cannot be made (by human interference).
He who makes it, spoils it.
He who holds it, loses it.
For: Some things go forward, some things follow behind;
Some blow hot, and some blow cold;
Some are strong, and some are weak;
Some may break, and some may fall.
Hence the Sage eschews excess,
eschews extravagance, eschews pride.

अध्याय 29

हस्तक्षेप से सावधान

वैसे लोग भी हैं, जो संसार को जीत लेंगे,
और उसे अपने मन के अनुरूप बनाना चाहेंगे।
लेकिन मैं देखता हूं कि वे सफल नहीं होंगे।
संसार परमात्मा का गढ़ा हुआ पात्र है,
इसे फिर से मानवीय हस्तक्षेप के द्वारा नहीं गढ़ा जा सकता।
जो ऐसा करता है, वह उसे बिगाड़ देता है।
और जो उसे पकड़ना चाहता है, वह उसे खो देता है।
क्योंकि : कुछ चीजें आगे जाती हैं, कुछ चीजें पीछे-पीछे चलती हैं।
एक ही क्रिया से विपरीत परिणाम आते हैं,
जैसे फूंकने से गरम हो जाती हैं चीजें, और फूंकने से ही ठंडी।
कोई बलवान है, और कोई दुर्बल; कोई टूट सकता है, तो कोई गिर सकता है।
इसलिए, संत अति से दूर रहता है, अपव्यय से बचता है, और अहंकार से भी।

यह सूत्र इस सदी के लिए बहुत ज्यादा महत्वपूर्ण है।

लाओत्से ने जो कहा है, कुछ लोग हैं, जो जगत को जीत लेना चाहेंगे और उसे अपने मन के अनुरूप गढ़ना भी चाहेंगे।

जिस दिन लाओत्से ने यह कहा था, उस दिन तो उन लोगों ने यात्रा शुरू ही की थी, जो जगत को अपने अनुरूप गढ़ना चाहते हैं। आज वे लोग जगत को जीतने में बहुत दूर तक सफल हो गए हैं। और जगत को गढ़ने की चेष्टा भी उन्होंने की है। पर बड़े मजे की बात है कि लाओत्से की भविष्यवाणी रोज-रोज सही होती चली जाती है।

लाओत्से कहता है, मैं देखता हूं कि वे सफल नहीं हो सकेंगे।

और वे सफल नहीं हो रहे हैं।

और वह यह भी कहता है कि मैं यह भी देखता हूं कि बनाने की बजाय वे जगत को बिगाड़ देंगे।

और यह भी वह सही कहता है। क्योंकि वे लोग जो जगत को गढ़ रहे हैं, बिगाड़ने में सफल हो रहे हैं। इसके प्रत्यक्ष प्रमाण आज उपलब्ध हैं। लाओत्से ने जब कही थी यह बात, तब तो यह भविष्यवाणी थी। आज यह भविष्यवाणी नहीं है। आज तो यह होकर, घट कर हमारे सामने खड़ी हुई स्थिति है।

इसे थोड़ा सा हम समझ लें फिर सूत्र में प्रवेश करें। यूरोप और अमरीका में एक आंदोलन चलता है—इकोलाजी का। यह आंदोलन रोज गति पकड़ रहा है। इस आंदोलन का कहना है कि प्रकृति का एक संगीत है, उसे नष्ट मत करें। और एक तरफ से हम नष्ट करते हैं संगीत को तो हम पूरी व्यवस्था को बिगाड़ देते हैं। और हमें पता नहीं कि हम क्या कर रहे हैं और उसके क्या परिणाम होंगे। क्योंकि जगत एक व्यवस्था है। केआस नहीं, एक अराजकता नहीं है; जगत एक व्यवस्था है। और इस जगत की व्यवस्था में छोटी से छोटी चीज बड़ी से बड़ी चीज से जुड़ी है। यहां कुछ भी विच्छिन्न नहीं है, अलग-अलग नहीं है। जब आप कुछ छोटा सा भी फर्क करते हैं तो आप पूरे जगत की व्यवस्था में फर्क ला रहे हैं। एक पत्थर का हटाया जाना भी पूरे जगत की व्यवस्था में परिवर्तन की शुरुआत है। और इसके क्या परिणाम होंगे, कितने व्यापक होंगे, उन्हें कहना मुश्किल है।

ऐसा हुआ कि बर्मा के एक बहुत छोटे, दूर देहात में प्लेग की बीमारी से बचने के लिए चूहों को मार डाला गया। चूहों के मर जाने पर गांव की बिल्लियां मरनी शुरू हो गईं; क्योंकि चूहे उनका भोजन थे। और गांव की बिल्लियों के मर जाने पर एक बीमारी गांव में फैल गई, जो उस गांव में कभी भी नहीं फैली थी। क्योंकि उन बिल्लियों की मौजूदगी की वजह से कुछ कीटाणु गांव में विकसित नहीं हो सकते थे, बिल्लियों के मर जाने की वजह से वे विकसित हो गए। और जिस मिशन ने गांव के चूहे नष्ट किए थे प्लेग को अलग करने के लिए, वह बड़ी मुश्किल में पड़ गया। गांव के मुखिया को बहुत समझा-बुझा कर राजी किया जा सका था चूहों को मारने के लिए।

उस गांव के मुखिया ने कहा कि अब हम क्या करें? बिल्लियां भी मर गईं, और यह नई बीमारी फैल गई। और इस नई बीमारी का अभी कोई इलाज नहीं था। यह बात कोई चालीस साल पहले की है। तो जिस मिशन ने यह सेवा की थी गांव की, उन्होंने कहा कि हम पता करते हैं। लेकिन उन बूढ़े गांव के पंचायत के लोगों ने कहा कि तुम कब तक पता कर पाओगे, यह बीमारी हमारे प्राण ले लेगी। फिर प्लेग के हम आदी हो चुके थे। और प्लेग के लिए हमने एक प्रतिरोधक शक्ति भी विकसित कर ली थी। हजारों वर्ष से प्लेग थी; हम उससे लड़ना भी सीख गए थे। इस नई बीमारी से लड़ना भी संभव नहीं है। हमारा शरीर भी प्लेग के लिए सक्षम हो गया था। यह नई बीमारी हमारे प्राण लिए ले रही है, तोड़े डाल रही है। इतनी जल्दी तो नई बीमारी दूर नहीं की जा सकती थी।

और गांव के बूढ़ों ने यह भी कहा कि अगर तुम यह नई बीमारी भी दूर कर दो, तो क्या भरोसा है कि तुम और दूसरी बीमारियां पैदा करने के कारण न बन जाओ? इसलिए उचित यही होगा कि पड़ोस के गांव से हम चूहे मांग लें। कोई उपाय नहीं था। पड़ोस के गांव से चूहे मांग लिए गए। चूहों के पीछे बिल्लियां चली आईं। और बिल्लियों के आते ही वह जो बीमारी फैली गई थी, वह विदा हो गई।

इकोलाजी का अर्थ है कि जिंदगी एक व्यवस्था है। उसमें जरा सा भी कहीं कोई फर्क, तत्काल पूरे पर फर्क पैदा करता है। और पूरे का हमें कोई बोध नहीं है। पूरे का हमें कोई पता नहीं है।

यह बड़े मजे की बात है कि आज जमीन पर सर्वाधिक दवाइयां हैं, और सर्वाधिक बीमारियां हैं। और आज जमीन पर आदमी को सुख पहुंचाने के सर्वाधिक उपाय हैं, और आज से ज्यादा दुखी आदमी जमीन पर कभी भी नहीं था। क्या कारण होगा? कारण एक ही मालूम पड़ता है कि हम एक का इंतजाम करते हैं और दस इंतजाम बिगाड़ लेते हैं। जब तक हम दस का इंतजाम करते हैं, तब तक हम हजार इंतजाम बिगाड़ लेते है।

अभी—ठीक यह तो बर्मा के गांव में घटी घटना—अभी लास एंजिल्स में, अमरीका में घटना घटी। क्योंकि लास एंजिल्स में कारों की अत्यधिकता के कारण, कारों के एक्झास्ट धुएं के कारण हवा इतनी विषाक्त हो गई है कि चमत्कार मालूम पड़ता है। वैज्ञानिक कहते हैं, जितना विष हवा में सहा जा सकता है, आदमी सह सकता है, उससे तीन गुना विष हवा में हो गया है; फिर भी आदमी जिंदा है। लेकिन जिंदा तो परेशानी में ही होगा। जब तीन गुनी मृत्यु को झेलना पड़ता हो जीवन को तो जीवन मुर्दा जैसा हो जाएगा, कुम्हला जाएगा। तो चेष्टा की गई कि कारें इस ढंग की बनाई जाएं कि उनमें कम एक्झास्ट निकले और पेट्रोल में भी ऐसे फर्क किए जाएं कि इतना विष हवा में न फैले।

वे फर्क किए गए। लेकिन तब हवा में दूसरी चीजें फैलीं, जो पहले से भी ज्यादा संघातक हैं। अब क्या किया जा सकता है? और आदमी इतने विष को झेल कर जिंदा रहे तो तनावग्रस्त होगा, बीमार होगा, परेशान होगा। जीएगा जरूर, लेकिन जीने की कोई रौनक और जीने की कोई लय उसके भीतर नहीं रह जाएगी।

हमने चांद पर आदमी भेजा। तो हमने पहली दफा, पृथ्वी को जो वायुमंडल घेरे हुए है, उसमें छेद किए—पहली दफा। पर किसी को खयाल नहीं था कि वायुमंडल में भी छेद का कोई अर्थ होता है। करने के बाद ही खयाल हुआ। स्वभावतः कुछ चीजें करने के बाद ही पता चलती हैं।

हम ऐसा समझें। जैसे कि अगर सागर है, तो सागर मछलियों के लिए वायुमंडल है। पानी उनके लिए वातावरण है। मछलियां पानी में जीती हैं, पानी के बाहर नहीं जी सकतीं। हम भी हवा में जीते हैं, हवा के बाहर नहीं जी सकते। जमीन को दो सौ मील तक हवा घेरे हुए है। ऐसा समझें कि हम दो सौ मील तक हवा के सागर में हैं। इसके पार होते ही हम जी नहीं सकते, जैसे मछली किनारे पर फेंक दी जाए और जी न सके।

आमतौर से हम सोचते हैं कि हम जमीन के ऊपर हैं। बेहतर होगा सोचना कि हम हवा के सागर की तलहटी में हैं। ज्यादा उचित होगा, ज्यादा वैज्ञानिक होगा। जैसे कि कोई जानवर सागर की तलहटी में रहता हो और उसके

ऊपर दो सौ मील तक पानी हो, ठीक आदमी हवा के सागर की तलहटी में रहता है, दो सौ मील तक उसमें हवा का सागर है। यह दो सौ मील तक हवा का जो सागर है, सारे ब्रह्मांड से आती हुई किरणों में छांटता है। और केवल वे ही किरणें हम तक पहुंच पाती हैं, जो जीवन के लिए घातक नहीं हैं। इसलिए हमारे चारों तरफ दो सौ मील तक एक सुरक्षा का वातावरण है। सभी किरणें, जो पृथ्वी की तरफ आती हैं, प्रवेश नहीं कर पातीं। यह वातावरण इनमें से नब्बे प्रतिशत किरणों को वापस लौटा देता है, आठ प्रतिशत किरणों को इस लायक बना देता है दो सौ मील में छान कर कि वे हमारे प्राण न ले पाएं। और दो प्रतिशत किरणें, जो हमारे प्राण के लिए जरूरी हैं, जीवन के लिए, वे वैसी की वैसी हम तक पहुंच जाती हैं। ऐसा समझें कि दो सौ मील तक हमारे चारों तरफ छनावट का इंतजाम है।

पहली दफा, जब हमने चांद की यात्रा की और हमने अंतरिक्ष में यात्री भेजे, हमने इस वातावरण को कई जगह से तोड़ा। जहां से यह वातावरण टूटा, वहां से पहली दफा उन किरणों का प्रवेश हुआ पृथ्वी पर, जो अरबों वर्षों से प्रवेश नहीं हुआ था। वैज्ञानिकों ने एक नया शब्द उपयोग किया: वातावरण में छेद हो गए। और उन छेदों को भरना मुश्किल है। उन छेदों से रेडिएशन किरणें भीतर आ रही हैं। उनके क्या परिणाम होंगे, कहना मुश्किल है। वे जीवन के लिए कितनी घातक होंगी, कहना मुश्किल है। किस तरह की बीमारियां फैलेंगी, कहना मुश्किल है।

पश्चिम में, जहां कि वातावरण को बदलने की, जिंदगी को बदलने की सर्वाधिक चेष्टा विज्ञान ने की है, वहां के जो चोटी के विचारक हैं, वे लाओत्से से राजी होने लगे हैं। वे कहते हैं, करके हमने यह देखा, आदमी सुखी नहीं हुआ, आदमी दुखी हुआ। जीवन अनेक तरह के कष्टों में पड़ गया, जिनका हमें खयाल नहीं था।

जैसे समझें, हम कोशिश करते हैं कि आदमी ज्यादा जीए। हम कोशिश करते हैं, जो बच्चा पैदा हो जाए, वह मरे नहीं। आज से हजार साल पहले दस बच्चे पैदा होते थे तो नौ बच्चे मर जाते थे, एक बच्चा बचता था। वह प्रकृति की व्यवस्था थी। बड़ी क्रूर मालूम पड़ती है—नौ बच्चे मर जाएं और एक बच्चा बचे। तो हमने चेष्टा की हजार साल में; आज दस बच्चे पैदा होते हैं तो नौ बचते हैं, एक मरता है। हमने बिलकुल उलटा दिया। लेकिन परिणाम क्या हुआ? परिणाम बहुत हैरानी का है। जो नौ बच्चे हजार साल पहले मर जाते, वे अब बच जाते हैं। वे नौ बच्चे जो हजार साल पहले मर जाते, मरते ही इसलिए कि उनमें जीवन की क्षमता कम थी। आज वे बच जाते हैं। उनमें जीवन की क्षमता कम है। वे जीते हैं, लेकिन बीमार जीते हैं। और वे अकेले ही नहीं जीते, वे बच्चे पैदा कर जाएंगे। और उनके बच्चों के बच्चे—और लाखों साल तक वे बीमारी के गढ़ बन जाएंगे।

अभी एक बहुत बड़े चिकित्साशास्त्री ने, कैनेथ वाकर ने कहा था कि हमने जो इंतजाम किया है चिकित्सा का और जो खोज की है, उसका परिणाम यह होगा कि हजार साल बाद स्वस्थ आदमी खोजना ही असंभव हो जाएगा।

हो ही जाएगा। क्योंकि वे जो नौ बच्चे बच रहे हैं, वे बच्चे पैदा कर रहे हैं। और धीरे-धीरे सारी मनुष्यता रुग्ण होती जा रही है। उन नौ बच्चों में वे बच्चे भी बच जाएंगे, जो बुद्धिहीन हैं, विक्षिप्त हैं, जिनमें कोई कमी है, अंधे हैं, लूले हैं, लंगड़े हैं। वे भी बच जाएंगे। और जिन्होंने बचाया है, वे मानवतावादी हैं। उनकी अभीप्सा पर संदेह करने का कोई कारण नहीं है। उनके विचार में दया है। लेकिन उतनी गहरी समझ नहीं है, जितनी लाओत्से बात कर रहा है। वे सब बच्चे जो बुद्धिहीन हैं, रुग्ण हैं, विक्षिप्त हैं, पागल हैं, वे सब बच जाएंगे। और वे बच्चे पैदा करते रहेंगे। कोई आश्चर्य नहीं कि पांच हजार साल के भीतर सारी मनुष्यता रोग, विक्षिप्तता और पागलपन से भर जाए। आज अगर अमरीका में वे कहते हैं कि हर चार आदमी में एक आदमी मानसिक रूप से रुग्ण है। तो यह ज्यादा देर तक रुकेगा नहीं एक पर मामला; धीरे-धीरे फैलेगा और चारों रुग्ण हो जाएंगे।

हमने उम्र बढ़ा ली। आज अमरीका में सौ के ऊपर हजारों लोग हैं। रूस में और भी बड़ी संख्या है। लेकिन बड़ी कठिनाई खड़ी हो गई। वह जो सौ के ऊपर जिंदा रह जाता है, उसके जीवन की सारी शक्ति तो क्षीण हो गई होती

है। वह जीवन के किसी उपयोग का भी नहीं रह जाता। जीवन से उसके कोई संबंध भी नहीं रह जाते। उसकी तीसरी-चौथी पीढ़ी काम में लग गई होती है, उससे उसका फासला इतना बड़ा हो जाता है कि कोई स्नेह नाता भी नहीं रह जाता। वह मुर्दे की भांति अस्पतालों में टंगा रहता है, या विश्रामगृहों में या वृद्धों के लिए बनाए गए विशेष स्थानों में टंगा रहता है। उसका जीवन एक है कि वह रोज दवाएं लेता रहे और बचा रहे। न कोई प्रेम है उसके आस-पास, न कोई परिवार है; न हो सकता है परिवार। वह मर भी नहीं सकता। आत्महत्या करना गैर-कानूनी है। डाक्टर अगर यह भी समझें कि इस आदमी के जिंदा रहने का कोई उपाय नहीं है, तो भी उसे मरने में सहयोगी नहीं हो सकते। क्योंकि डाक्टर का काम बचाना है, मारना नहीं।

पुराने दिन की डाक्टर की जो परिभाषा थी बचाना, वह अब भी है। लेकिन आदमी उम्र के इतने आगे चला गया है, जहां कि डाक्टर का काम उसे मरने में भी सहयोग देना होना चाहिए। क्योंकि एक आदमी अगर एक सौ बीस वर्ष का होकर सिर्फ खाट पर पड़ा रहे, फोसिल हो जाए, किसी मतलब का न हो—किसी और के न खुद के—और फिर भी जिंदा रखा जा सके क्योंकि जिंदा हम रख सकते हैं अब, और वह आदमी चिल्लाए कि मुझे मर जाने दो, तो भी हमारे कानून में कोई व्यवस्था नहीं है। अगर डाक्टर यह भी सोचे कि इसे दवा न दें—मारने के लिए दवा न दें, जिंदा रखने की दवा न दें—तो भी उसके अंतःकरण में उसे अपराध का भाव होगा कि जो आदमी अभी बच सकता था, उसे मैं मरने दे रहा हूं।

सारी दुनिया में चिकित्सकों के सम्मेलन रोज विचार करते हैं अथनासिया के लिए कि आदमी को मरने में सहयोग देना या नहीं देना, इसका क्या नैतिक—यह नैतिक होगा या अनैतिक होगा? अभी तो सौ की बात है, आज नहीं कल, हम दो सौ और तीन सौ साल तक आदमी को बचा लेंगे। इस आदमी का बचा कर क्या होगा? यह सब तरह से बोझ हो जाता है। क्योंकि इसकी आर्थिक उपादेयता न रही। पचपन साल में आप रिटायर कर देते हैं एक आदमी को। अगर वह एक सौ दस साल जी जाता है, तो बाकी पचपन साल समाज उसको खिलाता है, पिलाता है। और परेशान रहने, बीमार रहने, दुख उठाने के लिए जिंदा रखता है। उसके मित्र, उसके प्रियजन चाहते हैं वह विदा हो जाए, क्योंकि अब वह बोझ मालूम होता है। अगर उसको कोई सार्थकता देनी हो तो उसे काम में रखना चाहिए। अगर उसे काम में रखना है तो नए आने वाले बच्चों के लिए कोई काम नहीं है। वैसे ही नए बच्चों के लिए काम कम है, बच्चे ज्यादा हैं। बूढ़ों को हटाना पड़ेगा। तो उनको तो कचरेघर पर बिठा देना पड़ेगा।

और जब वे कचरेघर पर पड़े रहते हैं, तो उन्हें मरने का भी कोई हक नहीं है। जीने की कोई व्यवस्था नहीं है, मरने का कोई हक नहीं है। और ये बूढ़े सब के चित्त पर भारी होते चले जाएंगे। धीरे-धीरे बूढ़ों की संख्या बढ़ जाएगी। जैसे-जैसे विज्ञान का विकास होगा, औषधि की सुविधा होगी, बूढ़ों की संख्या बढ़ जाएगी। और अभी आप बच्चों की बगावत से परेशान हैं, आज नहीं कल, बूढ़ों के उपद्रव से परेशान होंगे।

आपको खयाल में नहीं है कि उपद्रव कैसे आते हैं। आज सारी दुनिया में युवकों से परेशानी है, विद्यार्थियों से परेशानी है। तोड़-फोड़ है, उपद्रव, क्रांति। क्या कारण है? ये बच्चे सदा थे दुनिया में, ये कोई आज पैदा नहीं हो गए। ये सदा थे दुनिया में। फिर क्या कारण हो गया आज इनके उपद्रव का?

आज इनके उपद्रव का कारण है। ये पहले भी थे, लेकिन कभी भी एक जगह संगृहीत नहीं थे। आज बड़े विश्वविद्यालय, कालेज, स्कूल, ये सब इकट्ठे हैं। एक-एक नगर में लाख-लाख विद्यार्थी इकट्ठे हैं। युवक कभी भी इतने इकट्ठे एक जगह न थे। जब एक लाख युवक इकट्ठे होंगे तो उपद्रव की शुरुआत होगी।

आज नहीं कल, बूढ़े भी लाखों की संख्या में एक जगह इकट्ठे होने लगेंगे। एक नए तरह के उपद्रव की शुरुआत होगी, जो कि लड़कों के उपद्रव से ज्यादा महंगा होगा। क्योंकि ज्यादा समझदार लोग उसे करेंगे। उसे

सम्हालना भी मुश्किल होगा। उससे अड़चनें नई तरह की होंगी। क्योंकि बूढ़े अगर जीते हैं तो जीवन की सार्थकता की मांग करेंगे। और किसी भी आदमी का जीवन सार्थक तभी होता है, जब वह कोई सार्थक काम कर रहा हो। अगर उसके पास कोई काम नहीं है सार्थक करने का तो उसकी आत्म-श्रद्धा खो जाती है। उसे लगता है मैं बेकाम हूं। ऐसा लगना कि मैं बेकाम हूं, बड़े से बड़ा कष्ट है। मैं किसी के भी काम का नहीं हूं, किसी काम का नहीं हूं, यह मन में भारी पत्थर की तरह प्रवेश कर जाता है। और एक आत्मग्लानि, स्वयं को नष्ट करने का भाव गहरा होने लगता है।

लेकिन हमने बचा लिया है। और अभी भी कोई यह नहीं कहेगा कि आदमी को लंबी उम्र मिले, इसमें कुछ बुराई है। हम भी चाहेंगे कि लंबी उम्र मिले। पर बड़े मजे की घटनाएं घटती हैं।

मैं पढ़ रहा था कि उन्नीस सौ अठारह में न्यूयार्क में घोड़ागाड़ी चलती थी। घोड़ागाड़ी की रफ्तार ग्यारह मील प्रति घंटा थी। आज न्यूयार्क में कार की रफ्तार प्रति घंटा साढ़े सात मील है। यह बहुत हैरानी की बात है। क्या हुआ? रफ्तार बढ़ाने के लिए कार थी। आज रफ्तार को कार ने बिलकुल कम कर दिया। क्योंकि वह सब जगह ट्रैफिक जाम कर रही है। अगर कार इसी तरह बढ़ती जाती है तो पैदल आदमी तेज चलेगा—बहुत जल्दी। कोई कारण नहीं है, सात मील अब भी चल सकता है तेज आदमी। जल्दी ही चार मील—चार मील तो कोई भी चल सकता है घंटे में।

हम जो करते हैं, उसके परिणाम क्या होंगे? परिणाम अनंत आयामी हैं, उनका कोई भी पता नहीं है। जब हम एक तार छूते हैं, तब हम पूरे जीवन को छू रहे हैं। और उसके क्या-क्या दूरगामी अर्थ होंगे, उनका हमें कुछ भी पता नहीं है। ऐसा नहीं है कि हम पहली दफा इन चीजों को कर रहे हैं। आदमी ने ये चीजें बहुत बार कर ली हैं। और यह जो लाओत्से कह रहा है, यह सिर्फ भविष्यवाणी नहीं है, अतीत का अनुभव भी है। इस सदी के आदमी को ऐसा खयाल है कि जो हम कर रहे हैं, यह हम पहली दफा कर रहे हैं। यह बात सही नहीं मालूम पड़ती। अगर हम इतिहास की गहन खोज में जाएं तो हमें पता चलेगा, जो-जो हम आज कर रहे हैं, आदमी बहुत बार कर चुका और छोड़ चुका। बहुत बार कर चुका और छोड़ चुका। छोड़ चुका इसलिए कि पाया व्यर्थ है।

अगर महाभारत पढ़ें, और महाभारत में जो युद्ध का विवरण है, पहली दफा जब हिरोशिमा और नागासाकी पर एटम बम गिरा तो जो दृश्य बना, उस दृश्य का विवरण पूरा का पूरा महाभारत में है। उसके पहले तो कल्पना थी, महाभारत में जो बात लिखी थी। तब तो यही सोचा था, कवि का खयाल है। लेकिन जब हिरोशिमा में एटम गिरा और धुएं का बादल उठा और वृक्ष की तरह आकाश में फैला; नीचे जैसे वृक्ष की पीड़ होती है, वैसे ही धुएं की धारा बनी और ऊपर जैसे आकाश में उठता गया धुआं वैसा फैलता गया, अंत में वृक्ष का आकार बन गया। महाभारत में उसका ठीक ऐसा ही वर्णन है। इसलिए अब वैज्ञानिक कहते हैं कि यह वर्णन कवि की कल्पना से तो आ ही नहीं सकता। इसका कोई उपाय नहीं है। क्योंकि एटम के विस्फोट में ही ऐसा होगा। एटम के बिना विस्फोट के और कोई विस्फोट नहीं है जिसमें इस तरह की घटना घटे।

जो महाभारत में वर्णन है, वह यह है कि वृक्ष के आकार में धुआं आकाश में फैल गया। सारा आकाश धुएं से भर गया। और उस धुएं के आकाश से रक्तवर्ण की किरणें जमीन पर गिरने लगीं। और उन किरणों का जहां-जहां गिरना हुआ, वहां-वहां सब चीजें विषाक्त हो गईं। भोजन रखा था, वह तत्क्षण जहर हो गया। वर्णन है महाभारत में कि जब वे रक्तवर्ण की किरणें नीचे गिरने लगीं, तो जो बच्चे मां के पेट में गर्भ में थे, वे वहीं मृत हो गए। जो बच्चे पैदा हुए, वे अपंग पैदा हुए। और जमीन पर जहां भी वे किरणें गिरीं, जिस चीज को उन किरणों ने छुआ, वे विषाक्त हो गईं। उनको खाते ही आदमी मरने लगा। कोई उपाय नहीं है कि कवि इसकी कल्पना कर सके। लेकिन उन्नीस सौ पैंतालीस के पहले इसके सिवा हमारे पास भी कोई उपाय नहीं था कि हम इसको कविता कहें। अब हम कह सकते हैं कि यह किसी अणु-विस्फोट का आंखों देखा हाल है।

महाभारत में कहा है कि इस तरह के अस्त्र-शस्त्रों का जो ज्ञान है, वह सभी को न बताया जाए।

अभी अमरीका में एक मुकदमा चला अमरीका के बड़े से बड़े अणुविद डाक्टर ओपेन हाइमर पर। और मुकदमा यह था कि ओपेन हाइमर को कुछ चीजें पता थीं जो अमरीका की सरकार को भी बताने को राजी नहीं था। और ओपेन हाइमर अमरीकी सरकार का आदमी है। तो ओपेन हाइमर पर एक विशेष कोर्ट में मुकदमा चला। उस कोर्ट ने यह कहा कि तुम जिस सरकार के नौकर हो और तुम जिस देश के नागरिक हो, उस सरकार को तुमसे सब चीजें जानने का हक है। लेकिन ओपेन हाइमर ने कहा कि उससे भी बड़ा मेरा निर्णायक मेरी अंतरात्मा है। कुछ बातें मैं जानता हूं जो मैं किसी राजनैतिक सरकार को बताने को राजी नहीं हूं। क्योंकि हम देख चुके हिरोशिमा में क्या हुआ। हमारी ही जानकारी लाखों लोगों की हत्या का कारण बनी।

निश्चित ही, महाभारत में जो कहा है कि कुछ बातें हैं जो सबको न बताई जाएं और ज्ञान के कुछ शिखर हैं जो खतरनाक सिद्ध हो सकते हैं, वह किसी अनुभव के कारण होगी। ओपेन हाइमर किसी अनुभव के कारण कह रहा है कि कुछ बातें जो मैं जानता हूं नहीं बताऊंगा।

जो इतिहास हम स्कूल-कालेज, युनिवर्सिटी में पढ़ते हैं, वह बहुत अधूरा है। आदमी इस इतिहास से बहुत पुराना है। और सभ्यताएं हमसे भी ऊंचे शिखर पर पहुंच कर समाप्त होती रही हैं। और हमसे भी पहले बहुत सी बातें जान ली गई हैं और छोड़ दी गई हैं; क्योंकि अहितकर सिद्ध हुई हैं। अभी इस संबंध में जितनी खोज चलती है, उतनी ही अड़चन होती है समझने में। उतनी ही कठिनाई होती है। ऐसा कोई भी सत्य विज्ञान आज नहीं कह रहा है जो किसी न किसी अर्थ में इसके पहले न जान लिया गया हो। परमाणु की बात भारत में वैशेषिक बहुत पुराने समय से कर रहे हैं। यूनान में हेराक्लतु, पारमेनेडीज बहुत पुराने समय से परमाणु की बात कर रहे हैं। और परमाणु के संबंध में वे जो कहते हैं, वह हमारी नई से नई खोज कहती है। हमने बहुत बार उन चीजों को जान लिया, जिनसे जिंदगी बदली जा सकती है। और फिर छोड़ दिया; क्योंकि पाया कि जिंदगी बदलती नहीं, सिर्फ विकृत हो जाती है।

तो लाओत्से का यह कहना—हस्तक्षेप से सावधान—बहुत विचारणीय है। लाओत्से मानता है कि निसर्ग ही नियम है। आदमी को जीने दो, जैसा वह निसर्ग से है। वह जो भी है, अच्छा और बुरा, वह जैसा भी है, सुख में और दुख में, उसे निसर्ग से जीने दो। क्योंकि निसर्ग से जीकर ही वह ब्रह्मांड के साथ एकसूत्रता में है। निसर्ग से हट कर ही ब्रह्मांड से उसकी एकसूत्रता टूटनी शुरू हो जाती है। और फिर उस टूटने का कोई अंत नहीं है। और टूटते-टूटते अंत में वह बिलकुल ही रिक्त, खाली और व्यर्थ हो जाता है।

अब हम इस सूत्र में प्रवेश करें।

'वैसे लोग भी हैं, जो संसार को जीत लेंगे; और उसे अपने मन के अनुरूप बनाना चाहेंगे। लेकिन मैं देखता हूं कि वे सफल नहीं होंगे।'

उमर खय्याम ने कहा है, कितनी बार होता है मन कि मेरे हाथ में हो ताकत मैं दुनिया को फिर से बना पाऊं, ताकि मैं अपने मन का बना लूं।

हर आदमी के मन में वह भाव है। और जो हम में बहुत ज्यादा महत्वाकांक्षी हैं, उस भाव को जीवन में लाने की, यथार्थ करने की चेष्टा भी करते हैं। वैज्ञानिक हैं, राजनीतिक हैं, समाज-नेता हैं, उन सारे लोगों की चेष्टा यह है कि आदमी को हम मन के अनुकूल बना लें। और जब भी मन के अनुकूल बनाने की घटना में कहीं हम सफल होते हैं, पाते हैं, हम बुरी तरह असफल हो गए। हमारी सब सफलताएं असफलताएं सिद्ध होती हैं।

अब जैसे उदाहरण के लिए, क्या हम न चाहेंगे कि ऐसा आदमी हो, जिसे क्रोध पैदा न होता हो, जिसमें घृणा न हो! दुनिया के आदर्शवादी निरंतर यही सोचते रहे हैं—सब यूटोपियंस—आदमी में क्रोध न हो, घृणा न हो,

वैमनस्य न हो, ईर्ष्या न हो। अब हमारे हाथ में ताकत आ गई कि हम ऐसा आदमी बना सकते हैं। और अब आदमी से पूछने की जरूरत नहीं; उसे समझाने की, शिक्षा देने की, और योग और साधना में उतारने की जरूरत नहीं। अब तो हम प्रयोगशाला में उसको क्रोधहीन बना सकते हैं।

अमरीका का बहुत बड़ा विचारक है, स्किनर। अब वह कहता है कि जिस बात को दुनिया के सारे महत्वाकांक्षी लोग सोचते रहे और सफल न हो पाए, अब हमारे हाथ में ताकत है और अब हम चाहें तो अभी कर सकते हैं। लेकिन अब कोई राजी नहीं है, विचारशील आदमी, कि यह किया जाए। क्योंकि अब हम समझते हैं कि हारमोन अलग किए जा सकते हैं, ग्रंथियां आदमी की अलग की जा सकती हैं जिनसे क्रोध का जहर पैदा होता है। उनको काट कर अलग किया जा सकता है। बच्चे को जन्म के साथ ही—कभी पता नहीं चलेगा—जैसे हम उसका टांसिल निकाल दें, वैसे उसकी ग्रंथि निकाल दे सकते हैं। वह कभी क्रोधी नहीं होगा।

लेकिन उसमें सारी गरिमा भी खो जाएगी। वह बिलकुल नपुंसक होगा। उसमें कोई तेज, कोई बल, कुछ भी नहीं होगा। रीढ़हीन, जैसे कोई उसकी रीढ़ ही न हो। उसे आप धक्का दे दें तो गिर जाएगा, उठ जाएगा और चलने लगेगा। उसको आप गाली दे दें तो उसे कुछ भी न होगा। क्योंकि गाली जिस ग्रंथि पर चोट करती है, वह वहां मौजूद नहीं है। क्या आप ऐसा आदमी पसंद करेंगे?

कुछ लोग पसंद करेंगे। स्टैलिन पसंद करेगा, हिटलर पसंद करेगा। सभी राजनेता पसंद करेंगे कि काश, हमको छोड़ कर सारे आदमी ऐसे हो जाएं! तो फिर कोई बगावत नहीं है, कोई विरोध नहीं है, कोई क्रोध नहीं है। तब आदमी एक घास-पात है। उसे काट भी दो तो विनम्रता से कट जाएगा। पर आदमी कहां होगा? आदमी कहीं भी नहीं होगा।

हम सफल हो जाते हैं और तब हमें पता लगता है कि यह तो बड़ी असफलता हो गई। आज हम कर सकते हैं यह, मगर शायद हम न करना चाहेंगे। शायद हमारी आत्मा राजी न होगी अब यह करने के लिए।

हम कितना नहीं चाहते कि सभी बच्चों के पास एक सा, समान प्रतिभा, समान स्वास्थ्य हो। समानता की हम कितनी आकांक्षा करते हैं! जल्दी ही हम उपाय कर लेंगे कि बच्चे समान हो सकें। क्योंकि पैदा हो जाने के बाद तो समानता लानी बहुत मुश्किल है, असंभव है। क्योंकि पैदा होने का मतलब है असमानता की यात्रा शुरू हो गई। लेकिन अब जीव-विज्ञानी कहते हैं कि अब दिक्कत नहीं है। हम पैदा होते के साथ ही, पैदा होने में ही समानता का आयोजन कर सकते हैं।

लेकिन वह भी बड़ा दुखद मालूम होता है। जैसे कि सरकारी बस्तियां हैं नई, एक से मकान, बेरौनक, उबाने वाली, वैसे ही आदमी हों एक से, बहुत बेरौनक, बहुत घबराने वाला होगा। शायद हम राजी न होंगे। शायद हम चाहेंगे कि नहीं, ऐसी समानता नहीं चाहिए। क्योंकि अगर आदमी इतना समान हो सकता है तो यंत्रवत हो जाएगा। यंत्र ही हो जाएगा। यंत्र ही केवल समान हो सकते हैं। आदमी के होने में ही असमानता का तत्व छिपा हुआ है।

लेकिन समाजवादी हैं, साम्यवादी हैं, वे कहते हैं, सब मनुष्यों को समान करना है और एक ऐसी स्थिति लानी है जहां कि बिलकुल कोई वर्ग न हो।

आपको खयाल नहीं है, गरीबी-अमीरी उतना बड़ा वर्ग नहीं है, और हजार वर्ग हैं। बुद्धिमान और बुद्धिहीन का वर्ग है, सुंदर और कुरूप का वर्ग है, स्वस्थ और अस्वस्थ का वर्ग है। वे वर्ग और गहरे हैं। और आखिरी कलह, और आखिरी संघर्ष तो बुद्धिमान और बुद्धिहीन का है। क्योंकि कुछ भी उपाय करो, बुद्धिमान बुद्धिहीन के ऊपर हावी हो जाता है। समानता टिक नहीं सकती—कुछ भी करो, कैसा ही इंतजाम करो। कौन करेगा इंतजाम? इंतजाम करने वाला और इंतजाम किए जाने वाले, दो वर्ग फिर निर्मित हो जाते हैं। वे अमीर और गरीब के न होंगे तो

सरकार और जनता के होंगे। इससे कोई फर्क नहीं पड़ता। लेकिन इंतजाम करने वाला वर्ग और जिनका इंतजाम करना है, ये दो वर्ग हमेशा निर्मित हो जाते हैं।

गहरे में देखें, तो वह जो बुद्धिमान है, वह हर हालत में हावी हो जाता है। कभी वह ब्राह्मण होकर हावी हो जाता है, कभी वह कमीसार होकर हावी हो जाता है। कभी वह कम्युनिस्ट सत्ता में कॉमिनटर्न का मेंबर होकर हावी हो जाता है, कभी वह ब्राह्मण की पंचायत में हावी हो जाता है। लेकिन वह आदमी वही है। आदमी में कोई फर्क नहीं है। कभी धन पर हावी होता है, तब वह सत्ता करता है। अगर धन पर भी हावी न हो, उस बुद्धिमान आदमी को निर्धन भी बना दिया जाए, तो वह फकीर होकर सत्ता शुरू कर देता है। लेकिन उससे सत्ता नहीं जाती। उससे सत्ता नहीं छीनी जा सकती। वह धन को लात मार सकता है, नंगा खड़ा हो सकता है। वह धन के द्वारा सिर झुकवाता था; वह नंगा खड़ा होकर सिर झुकवा लेता है। लेकिन कोई है जो सिर झुकवाता है, और कोई है जो सिर झुकाता है। और उन दोनों का फासला बना ही रहता है। उसमें कोई अंतर नहीं पड़ता, कोई भेद नहीं पड़ता।

अंतिम कलह और अंतिम वर्ग-संघर्ष तो बुद्धिमान और बुद्धिहीन का है। उसको मिटाना है तो ही समानता हो सकती है। और जिस दिन हम उसे मिटा लेंगे, उस दिन हम आदमी को मिटा देंगे। तब शायद असमानता निसर्ग है, और समानता केवल एक आकांक्षा है; जिसमें हम सफल न हों तो अच्छा, हम सफल हो जाएं तो बुरा।

यह सूत्र कहता है, 'वैसे लोग हैं, जो संसार को जीत लेंगे; उसे अपने मन के अनुरूप बनाना चाहेंगे।'

आदमी जीतना ही इसलिए चाहता है कि मन के अनुरूप बना ले। नहीं तो जीत का कोई मजा ही नहीं है। जीत का रस क्या है? इसे थोड़ा समझ लें, जीत का मजा क्या है?

जीत का मजा यह है कि फिर मैं मालिक हो गया—तोड़ूं, बनाऊं, मिटाऊं, अपने मन के अनुरूप ढालूं। इसलिए दुनिया में दो तरह के जीतने वाले लोग हैं। एक, जिनको हम राजनीतिज्ञ कहें। वे आदमी को पहले जीतते हैं, और फिर उसको तोड़ कर अपने अनुरूप बनाने की कोशिश करते हैं।

स्टैलिन ने एक करोड़ लोगों की हत्या की। बीस करोड़ के मुल्क में एक करोड़ की हत्या छोटा मामला नहीं है। हर बीस आदमी में एक आदमी मारा। और एक करोड़ एक आदमी के द्वारा हत्या का कोई उल्लेख नहीं है सारे इतिहास में। लेकिन स्टैलिन कर क्या रहा था? कोई हत्यारा नहीं था, आदर्शवादी था। और सभी आदर्शवादी हत्यारे हो जाते हैं। आदर्शवादी था, लोगों को अपने अनुरूप बनाने की कोशिश कर रहा था। जो बाधा डाल रहे थे, उनको साफ कर रहा था। आकांक्षा भली थी। और जब भली आकांक्षा वाले लोग ताकत में होते हैं, तो बड़े खतरनाक होते हैं। क्योंकि बुरी आकांक्षा के लोग ताकत से तृप्त हो जाते हैं; भली आकांक्षा के लोग ताकत का उपयोग करके आदर्श को लाना चाहते हैं, तब तक तृप्त नहीं होते। तो स्टैलिन ने जब तक मुल्क को बिलकुल सपाट नहीं कर दिया, जरा सा भी विरोध का स्वर समाप्त नहीं कर दिया, और जब तक मुल्क को ढांचे में ढाल नहीं डाला, तब तक वह काटता ही चला गया। एक करोड़ लोगों की हत्या, स्टैलिन के मन को पीड़ा नहीं हुई होगी?

नहीं होती आदर्शवादी को। क्योंकि वह किसी को मार नहीं रहा है। किसी महान लक्ष्य के लिए, जो लोग बाधा बन रहे हैं, वे अलग किए जा रहे हैं। इसलिए महान लक्ष्य अगर न हो तो बड़ी हत्याएं नहीं की जा सकतीं। छोटे-मोटे हत्यारे बिना लक्ष्य के होते हैं, बड़े हत्यारे लक्ष्य वाले होते हैं। तो स्टैलिन ने महान सेवा का काम किया—अपनी तरफ से। लेकिन मुल्क को रौंद डाला। चाहता था मन के अनुरूप एक समान समाज निर्मित कर लिया जाए।

ऐसा नहीं है कि स्टैलिन को यह खयाल पहली दफा आया था। सिकंदर को यह खयाल था कि मैं दुनिया इसलिए जीतना चाहता हूं ताकि दुनिया को एक बना सकूं। ये फासले देशों के टूट जाएं और सारी दुनिया एक हो। सारी दुनिया को एक बनाने के लिए वह जीत रहा था।

हिटलर अगर सारी दुनिया को रौंद डालना चाहता था, तो कारण था, लक्ष्य था। हिटलर कहता था कि मनुष्य में सभी जातियां बचने के योग्य नहीं हैं; सिर्फ एक नार्डिक, एक आर्य, शुद्ध आर्य जाति बचने के योग्य है। शुद्ध आर्य की वजह से तो सुभाष को भी हिटलर की बात में जान मालूम पड़ने लगी थी। सुभाष का मन भी नाजी की तरफ झुका हुआ मन था। इसलिए हिंदुस्तान से भाग कर वे जर्मनी पहुंच गए। और हिटलर ने जब सुभाष को पहली सलामी दिलवाई थी जर्मनी में तो उसने कहा था : मैं तो केवल चार करोड़ लोगों का फ्यूहरर हूं, यह आदमी सुभाषचंद्र चालीस करोड़ लोगों का फ्यूहरर है।

हिटलर मानता था कि शुद्ध आर्य ही केवल मनुष्य हैं, बाकी नीची जाति के लोग हैं। उनको ठीक-ठीक मनुष्य नहीं, सब-ह्यूमन, उप-मनुष्य कहा जा सकता है। उनको हटाना है। उनके ताकत में होने की वजह से ही सारी दुनिया में उपद्रव है। इसलिए उसने लाखों यहूदियों को काट डाला; क्योंकि वे नार्डिक नहीं थे। बड़े मजे से काट डाला; क्योंकि एक महान लक्ष्य—शुद्ध रक्त, शुद्ध मनुष्य, सुपर मैन, एक महा मानव को बनाना और बचाना है। सारी दुनिया को उपद्रव में डाल दिया। इतना बड़ा रक्तपात, इतना बड़ा युद्ध, इस महान आदर्श के आस-पास हुआ।

और अगर जर्मन जाति उसके साथ लड़ रही थी, तो पागल नहीं है। जर्मन जाति इस जमीन पर सबसे ज्यादा बुद्धिमान जाति कही जा सकती है। फिर इतने बुद्धिमानों को इस पागल आदमी ने कैसे प्रभावित कर लिया? महान लक्ष्य के कारण। यह बुद्धिमान जाति भी आंदोलित हो उठी। इसको लगा कि बात तो ठीक है, शुद्ध मनुष्य बचना चाहिए, तो दुनिया स्वर्ग हो जाएगी। उस शुद्ध मनुष्य के लिए कुछ भी किया जा सकता है। एक बार आदर्श आंख को अंधा कर दे, तो आदमी कुछ भी कर सकता है।

राजनीतिज्ञ पहले आदमी को अपनी ताकत में लाना चाहता है, फिर आदमी को बदलता है।

धार्मिक गुरुओं ने भी यह काम किया है। वे दूसरी तरफ से यात्रा शुरू करते हैं। वे आदमी को बदलना शुरू करते हैं। और जैसे-जैसे आदमी बदलने लगता है, उनकी ताकत बढ़ने लगती है। राजनीतिज्ञ पहले ताकत स्थापित करता है। वह कहता है, पहले पावर, फिर क्रांति। धर्मगुरु कहता है, पहले क्रांति, ताकत तो उसके पीछे चली आएगी। इसलिए धर्मगुरु के पास आप जाएं तो आपको बिना बदले नहीं मानता। कहता है, छोड़ो सिगरेट पीना! छोड़ो शराब पीना! यह मत खाओ, वह मत खाओ। अगर आप उसकी मानते हैं, तो उसने आप पर कब्जा करना शुरू कर दिया। जैसे आप मानते जाएंगे, वह आपको बदलने लगा। जिस दिन आप बदलने के लिए पूरी तरह राजी हो जाएंगे, उस दिन उसकी ताकत आपके ऊपर पूरी हो गई। धर्मगुरु राजनीतिज्ञ की तरह ही उलटी यात्रा कर रहा है।

इसलिए वास्तविक धार्मिक व्यक्ति आपको बदलना नहीं चाहता। इस फर्क को थोड़ा खयाल में रख लेना। क्योंकि जब मैं कह रहा हूं धर्मगुरु आपको बदलना चाहता है, तो मेरा मतलब यह नहीं है कि बुद्ध आपको बदलना चाहते हैं, या महावीर आपको बदलना चाहते हैं, या लाओत्से आपको बदलना चाहते हैं। न; लाओत्से, महावीर या बुद्ध या जीसस जैसे लोग आपको बदलना नहीं चाहते। क्योंकि आपके ऊपर कोई ताकत कायम करने की आकांक्षा नहीं है। उन्होंने अपने जीवन में कुछ जाना है, वह आपको भी दे देना चाहते हैं, दिखा देना चाहते हैं, उसमें आपको साझीदार बना लेना चाहते हैं। अगर उस साझेदारी में कोई बदलाहट आप में होने लगती है, उसके जिम्मेवार आप हैं। अगर उस साझेदारी में आप बदलने लगते हैं तो उसके मालिक आप हैं। आप बुद्ध को जिम्मेवार नहीं ठहरा सकते।

बुद्ध से आपकी तरफ जो संबंध है, वह आपको बदलने का कम, आपको कुछ देने का ज्यादा है। बदलने वाला तो आपसे कुछ लेता है, ताकत लेता है। बुद्ध को आपसे कोई ताकत नहीं लेनी है, बुद्ध को आपसे कुछ लेना ही नहीं है। आपके पास कुछ है भी नहीं जो आप बुद्ध को दे सकें। बुद्ध को आपकी तरफ से कुछ भी नहीं जाता। बुद्ध को कुछ मिला है। जैसे कि आप भटक रहे हों अंधेरे में और एक आदमी के पास दीया हो और दीया जलाने की

तरकीब हो और वह आपसे कहे कि क्यों भटकते हो, दीया जलाने की यह तरकीब रही। बस इतना ही संबंध है। जैसे आप रास्ते पर भटक रहे हों और किसी से आप पूछें कि नदी का रास्ता क्या है? और उसे मालूम हो और वह कह दे कि बाएं मुड़ जाओ, यह नदी का रास्ता है। बस इतना ही बुद्ध से आपका संबंध है।

धर्मगुरु अलग बात है। धर्मगुरु के लिए धर्म राजनीति ही है। पोप है; धर्म राजनीति है। धर्म भी एक तरह का साम्राज्य है। उसके भीतर फंसा हुआ आदमी भी पोप की ताकत बना रहा है।

लाओत्से कहता है, ऐसे लोग बदलना चाहेंगे; लेकिन मैं देखता हूं, वे सफल नहीं होंगे।

इसलिए नहीं कि उनकी ताकत कम है। ताकत तो उन पर बहुत है। इसलिए भी नहीं कि बदलने के नियम उन्हें पता नहीं चल गए हैं। नियम भी पता चल गए हैं। फिर भी वे सफल नहीं होंगे। सफल वे इसलिए नहीं होंगे कि—

'संसार परमात्मा का गढ़ा हुआ पात्र है; इसे फिर से मानवीय हस्तक्षेप के द्वारा नहीं गढ़ा जा सकता।'

सफल वे इसलिए नहीं होंगे कि विराट है यह जगत; अंतहीन, आदिहीन इसका फैलाव है। और आदमी की समझ बहुत संकीर्ण है। जैसे किसी आदमी ने आकाश को अपने घर की खिड़की से देखा हो; खिड़की भी बड़ी बात है, शायद एक छोटा छेद हो, उस छेद से देखा हो। विराट है जगत; आदमी की समझ संकीर्ण है। इस संकीर्ण समझ के कारण इस विराट को नहीं बदला जा सकेगा। और जब तक हम पूरे को ही न जान लें, तब तक हमारी सब बदलाहट आत्मघात होगी। क्योंकि पूरे को जाने बिना हम जो भी करेंगे, उसके परिणाम का हमें कोई भी पता नहीं है कि परिणाम क्या होगा। इसे हम जरा देखें; अपने चारों तरफ हमने जो किया है, किसी भी कोने से देखें।

एक मित्र हैं मेरे, बीस-तीस साल से आदिवासी बच्चों को शिक्षा देने का काम करते हैं। बड़े सेवक हैं। देश के बड़े नेता भी उनके चरणों में सिर रखते हैं। सभी कहते हैं कि महान सेवा का कार्य किया है। वे मुझे मिलने आए थे। मैंने उनसे पूछा कि अगर तुम बिलकुल ही सफल हो गए, और तुमने सब आदिवासियों को शिक्षित कर दिया, तो होगा क्या? ये बंबई में जो शिक्षित हो गए हैं, ये भी कभी आदिवासी थे। ये शिक्षित हो गए हैं। ये जो कर रहे हैं, तुम्हारे आदिवासी भी शिक्षित होकर यही करेंगे या कुछ और करेंगे? वे जो बनारस विश्वविद्यालय में लड़के पढ़ रहे हैं, तुम्हारे आदिवासी भी पढ़ कर अगर विश्वविद्यालय के स्नातक होकर निकलेंगे तो क्या करेंगे?

वे थोड़े बेचैन हुए, क्योंकि कभी किसी ने उनसे यह सवाल उठाया ही न होगा। जो भी कहता था, वह कहता था, आप महान कार्य कर रहे हैं; बोलें, मैं क्या सेवा कर सकता हूं? लोग उनको धन देते हैं, गाड़ियां देते हैं, व्यवस्था देते हैं कि जाओ, सेवा करो, बड़ा अच्छा कार्य कर रहे हैं। क्योंकि अशिक्षित को शिक्षित करना बड़ा अच्छा कार्य है, इसमें संदेह का कोई सवाल ही नहीं है। शिक्षितों को कोई देखता ही नहीं कि जो शिक्षित हो गए हैं उनकी क्या दशा है। अगर कोई शिक्षितों को ठीक से देखे तो शायद संदेह उठना शुरू हो कि अशिक्षित को शिक्षित करना सेवा है या नहीं। लेकिन संदेह उठता ही नहीं, क्योंकि हम सोचते ही नहीं।

आदिवासियों को हम शिक्षित करके क्या करेंगे? ज्यादा से ज्यादा, जो शिक्षित कर रहे हैं, उन जैसे ही उनको बना लेंगे। और क्या होने वाला है? लेकिन जो शिक्षित कर रहे हैं, वे कहां हैं? वे यह मान कर ही बैठे हैं कि जैसे वे मोक्ष में पहुंच गए हैं। वे कहां हैं?

और बड़ी हैरानी की बात है कि हम बिलकुल नहीं देखते कि आदिवासी को हम अपनी शिक्षा देकर उससे क्या छीने ले रहे हैं। वह हमें दिखाई नहीं पड़ता। वह हमें दिखाई नहीं पड़ता। और आदिवासी बेचारा इस स्थिति में नहीं है कि हमसे संघर्ष ले सके अशिक्षित रहने के लिए। वह शिकार है; वह कुछ कर नहीं सकता। हम जो करेंगे, उसको उसे झेलना ही पड़ेगा। और जब तक हम सफल न हो जाएंगे, तब तक हम उसका पीछा न छोड़ेंगे। और जिस दिन हम सफल हो जाएंगे, उस दिन हम चौंकेंगे कि यह क्या आदमी पैदा हुआ! यह हमारी सफलता का परिणाम हुआ।

आज अमरीका दुनिया में सबसे ज्यादा शिक्षित देश है। और अमरीका के विश्वविद्यालय में जो होता है, उससे ज्यादा अशिक्षित स्थिति खोजनी मुश्किल है। और जिन्होंने शिक्षित किया है उसको, तीन सौ, दो सौ वर्षों के सतत श्रम के बाद, वे भी अपना सिर ठोंक लेंगे कि हम इसीलिए इतनी मेहनत कर रहे थे! आज अमरीका में जब शिक्षा पूरी हो गई है, तो परिणाम क्या है?

परिणाम यह है कि वह पूरी तरह शिक्षित व्यक्ति आपकी शिक्षा के प्रति क्रोध से भरा है; आपके शिक्षकों के प्रति घृणा से भरा है; आपके पूरे आयोजन, व्यवस्था, समाज, सबके प्रति घृणा से भरा है। आपकी शिक्षा का यह फल है। मां-बाप के प्रति, परंपरा के प्रति, जिन्होंने उसको शिक्षित किया है, जिन्होंने उसे यहां तक खींच-खींच कर लाया और बड़ा त्याग किया है—वह बड़ा मजा लेते रहे मां-बाप उनके कि हम बड़ा त्याग करके बच्चों को शिक्षित कर रहे हैं—और अब बच्चे उन सबकी निंदा कर रहे हैं। बात क्या है?

आपकी सेवा में कहीं कोई बुनियादी भूल थी। क्योंकि हमें खयाल नहीं है, जीवन बड़ी जटिल रचना है। आप शिक्षा देते हैं, महत्वाकांक्षा बढ़ती है। असल में महत्वाकांक्षा के लिए ही आप शिक्षा देते हैं। आदिवासी को भी आप समझाते हैं कि अगर पढ़ोगे-लिखोगे तो होगे नवाब। फिर वह पढ़-लिख कर नवाब होना चाहता है, तो मुसीबत खड़ी होती है। फिर कितने लोग नवाब हों? फिर वह कहता है नवाब हुए बिना हम न मानेंगे। हर बच्चे को हम महत्वाकांक्षा दे रहे हैं। महत्वाकांक्षा के बल ही हम उसको खींच रहे हैं, धक्का दे रहे हैं कि पढ़ो, लिखो, लड़ो, प्रतिस्पर्धा करो; क्योंकि कल बड़ा सुख पाओगे। कोई नहीं पूछ रहा है कि कल वह सुख अगर इसको नहीं मिला, तो तुमने जो आशा बंधाई थी, अगर वह असफल हुई, तो इस बच्चे का जीवन सदा के लिए व्यर्थ हो जाएगा। क्योंकि आधा जीवन इसने शिक्षा में गंवाया, इस आशा में कि शिक्षा से सुख मिलेगा और फिर आधा जीवन रोकर गंवाएगा कि वह सुख नहीं मिला। लेकिन इसकी कोई फिक्र नहीं कर रहा है।

आज अमरीका में बच्चा वही अपने मां-बाप से पूछ रहा है। एक मित्र मुझे मिलने आए थे। वे प्रोफेसर हैं। वे कहने लगे, मेरा लड़का मुझसे यह पूछता है। वह भाग जाना चाहता है। हाईस्कूल में है अभी और हाईस्कूल छोड़ कर हिप्पी हो जाना चाहता है। और मैं उसको समझाता हूं तो वह यह पूछता है कि ज्यादा से ज्यादा, अगर मैं पढ़ा-लिखा, तो आप जैसा प्रोफेसर हो जाऊंगा। आपको क्या मिल गया है?

वह पिता ईमानदार हैं। इधर भारतीय पिता होता तो वह कहता कि मुझे सब मिल गया है। मगर वह पिता ईमानदार हैं। वह कहते हैं, मैं अपनी आत्मालोचना करता हूं तो मुझे लड़के का सवाल सही मालूम पड़ता है। और मैं झूठा जवाब नहीं दे सकता। मुझे कुछ भी नहीं मिला है। हालांकि मेरे बाप ने भी मुझे यही कहा था कि बहुत कुछ मिलेगा। उसी आशा पर तो मैंने यह सब दौड़-धूप की थी। अब मैं किस तरह कहूं इस बेटे को? और तब डरता भी हूं कि अगर यह छोड़ कर भाग गया हाईस्कूल, इसकी जिंदगी खराब हो जाएगी। मगर मैं यह भी नहीं कह सकता कि मेरी जिंदगी खराब नहीं हो गई है। यह कठिनाई है। मेरी जिंदगी भी खराब हो गई है।

तो जिंदगी खराब करने के दो ढंग हैं। एक व्यवस्थित लोगों का ढंग है; एक अव्यवस्थित लोगों का ढंग है। पर वह लड़का यह पूछता है, तो अव्यवस्था से जिंदगी खराब करने में क्या एतराज है? जब खराब ही करनी है तो अच्छी नौकरी पर रह कर खराब की कि सड़क पर भीख मांग कर खराव की, अंतर क्या है? और जब खराब ही होनी है जिंदगी तो कम से कम स्वतंत्रता से खराब करनी चाहिए। इतना तो कम से कम भरोसा रहेगा कि अपनी ही मर्जी से खराब की है। आपकी मर्जी से क्यों खराब करूं?

यह अशिक्षित बच्चे ने कभी बाप से नहीं पूछा था, यह खयाल में रखिए। अशिक्षित बच्चे ने कभी बाप से यह नहीं पूछा था। बाप के मूल्यों पर कभी शक नहीं उठाया था। अब यह बाप खुद परेशान है। लेकिन इसको पता नहीं

कि इसकी परेशानी का कारण यह लड़का नहीं है, इसकी परेशानी का कारण पिछले दो सौ वर्षों के बाप, जो सबको शिक्षित करने में लगे हैं, वे हैं। अब वे शिक्षित हो गए। अब शिक्षा का जो फल हो सकता था, वह सामने आ रहा है। अब वे पूछने लगे, अब वे तर्क करने लगे, अब वे विचार करने लगे। अब जिंदगी उनको बिना विचार के व्यर्थ मालूम होती है। अब वे कुछ भी करेंगे तो सोच कर करेंगे। अब वे हर कुछ मान नहीं सकते। तब मां-बाप और शिक्षक चिल्ला रहे हैं कि अनुशासनहीनता है।

शिक्षित आदमी अनुशासनबद्ध होना मुश्किल है। सिर्फ अशिक्षित आदमी अनुशासनबद्ध हो सकता है। या फिर एक बिलकुल और ढंग की शिक्षा चाहिए, जिसका हमें अभी कोई भी पता नहीं है। अभी तो हम जब भी शिक्षित करेंगे किसी को, वह अनुशासनहीन हो जाएगा। हां, एक मजे की बात है—वह अनुशासनहीन हो जाएगा और दूसरों पर अनुशासन करना चाहेगा। इसको आप देखें। विद्यार्थी को शिक्षक कहता है अनुशासनहीन। और वाइस चांसलर को पूछें, वह कहता है कि शिक्षक अनुशासनहीन। और राष्ट्रपति को पूछें, वे कहते हैं, वाइस चांसलर कोई हमारी सुनते नहीं, सब अनुशासनहीन। ऊपर वाला सदा नीचे वाले को कहता है अनुशासनहीन है। उसके ऊपर वाला उसको कहता है अनुशासनहीन है।

असल में शिक्षित आदमी अपने ऊपर किसी को पसंद नहीं करता; सबको अपने नीचे चाहता है। जो भी नीचे है, उसको अनुशासित करना चाहता है। लेकिन वह जो नीचे है, वह भी नीचे नहीं रहना चाहता। वह भी शिक्षित है। शिक्षा महत्वाकांक्षा को जगा देती है। हमने सार्वभौम शिक्षा फैला कर सार्वभौम महत्वाकांक्षा जगा दी। हमने हर आदमी का अहंकार जगा दिया। अब उस अहंकार को तृप्ति का कोई उपाय नहीं है। इसलिए आग की लपटें जल रही हैं। बहाने हैं सब।

अभी एक मित्र, एक विधान सभा के व्हिप हैं, वे मुझे मिलने आए थे। वे कहने लगे कि पहले एक सत्ता थी, एक पार्टी की हुकूमत थी हमारे राज्य में, उसको हम लोगों ने मेहनत करके बदल डाला। अब दूसरी पार्टी की हुकूमत आ गई। बड़ी आशाएं थीं, वे सब खतम हो गईं। अब हम लोग क्या करें? क्या हम इसको बदल कर अब तीसरी पार्टी को ले आएं? मैंने उनको कहा कि आप ला सकते हैं, लेकिन फिर भी आशाएं इसी तरह व्यर्थ होंगी। क्योंकि जो आप कर रहे हैं, उससे आशाओं के पूरे होने का कोई लेना-देना नहीं है। एक की जगह दूसरे को रखें, दूसरे की जगह तीसरे को रखें, थोड़ी देर के लिए राहत मिलती है। थोड़ी देर के लिए राहत मिलती है, क्योंकि थोड़ी देर के लिए लगता है कि अब दूसरे को मौका मिला, थोड़ा काम होने का समय दो। लेकिंन जैसे-जैसे समय निकलता है, पता चलता है—अरे, कुछ भी नहीं हो रहा, कुछ भी नहीं हो रहा। पुरानी कांग्रेस सत्ता से गई, नई कांग्रेस सत्ता में आई; आशा बंधी। अब ढीली होती जा रही है आशा कि कुछ नहीं हो रहा।

आदमी जो करता है, नहीं जानता कि उसके परिणाम क्या होंगे। और यह भी नहीं जानता कि क्यों कर रहा है। उसके भीतर अचेतन कारण क्या हैं, उसका भी उसे पता नहीं है। भविष्य के परिणाम क्या होंगे, इसका भी उसे पता नहीं है। लेकिन किए चला जाता है। और तब जाल में उलझता चला जाता है।

लाओत्से कहता है, ये लोग सफल नहीं होंगे। क्योंकि संसार विराट की कृति है, इसे मानवीय हस्तक्षेप से नहीं गढ़ा जा सकता।

लेकिन यह बड़ी कठिन बात है। क्योंकि आदमी हस्तक्षेप करना चाहता है। छोटी-छोटी बात में हस्तक्षेप करना चाहता है। जहां न किए भी चल जाता, वहां भी करना चाहता है। आपका बच्चा आपसे कह रहा है, जरा बाहर जाकर खेलूं? नहीं! खेल सकता था, कुछ दुनिया बिगड़ी नहीं जा रही थी। लेकिन हस्तक्षेप करने का मजा। नहीं तो बाप होने का कोई मजा ही नहीं है। अगर हां और हां ही कहते चले जाएं तो बाप किसलिए हुए? इतनी तकलीफ झेल रहे

हैं—इसको पैदा किया, इसको बड़ा कर रहे हैं—तो थोड़ा नहीं कहने का मजा... । मैं घरों में ठहरता हूं कभी-कभी, तो मैं सुनता हूं, हैरान होता हूं। अकारण 'नहीं' कहा जा रहा है। क्या रस होगा? क्या कारण होगा भीतर? हस्तक्षेप में एक मजा है। न कहने में इतना आनंद है किसी को, जिसका हिसाब नहीं।

आप खड़े हैं खिड़की पर, क्लर्क से कह रहे हैं कि यह कर दीजिए। वह कहता है, आज नहीं हो सकता। खाली भी बैठा हो तो भी वह कहता है, आज नहीं हो सकता। क्योंकि नहीं कहने से ताकत पता चलती है, हां कहने से ताकत पता नहीं चलती। नहीं किसी से भी कह दो, उसका मतलब है कि तुम नीचे हो गए, हम बड़े हो गए।

तो हस्तक्षेप अहंकार का लक्षण है। जितना नहीं कहने वाला आदमी होगा, समझना कि उतना अहंकारी है।

विचारशील व्यक्ति पहले हर कोशिश करेगा हां कहने की, असंभव ही हो हां कहना, तो ही नहीं कहेगा। और तब भी नहीं को इस ढंग से कहेगा कि वह भीतर जाकर छुरी की तरह काटती न हो। उसका रूप हां का ही होगा।

हमारे हां की भी जो शकल होती है, वह नहीं की होती है। और हम हां तभी कहते हैं, जब कोई और उपाय नहीं रह जाता। यह लड़का जो कह रहा है बाहर जाकर खेलूं, इसको भी थोड़ी देर में बाप हां कहेगा; लेकिन तब कहेगा जब कि हां का सारा मजा ही चला जाएगा। और हां विषाक्त हो जाएगा और नहीं के बराबर हो जाएगा। इसने नहीं कह दिया। लड़का भी जानता है; क्योंकि हस्तक्षेप कोई पसंद नहीं करता। बाहर नहीं जाने का बदला लेना शुरू करेगा कमरे के भीतर ही। शोर करेगा, चीजें पटकेगा, दौड़ेगा, भागेगा, जब तक यह हालत पैदा नहीं कर देगा कि बाप को कहना पड़े, बाहर चले जाओ! लेकिन तब बाहर चले जाओ हां जैसा लगता है, लेकिन उसका रूप तो न का हो गया। वह विषाक्त हो गया। और संबंध विकृत हो गए। और दोनों के अहंकार को अकारण बढ़ने का मौका मिला। अकारण बढ़ने का मौका मिला। क्योंकि जब भी मैं कहूं नहीं, तो मेरा अहंकार बोलता है। और जिससे भी मैं कहूंगा नहीं, उसका अहंकार संघर्ष करेगा। और जब तक वह मेरी नहीं को न तोड़ दे, तब तक संघर्ष करेगा। अगर बाप कह दे हां, तो खुद के भी अहंकार को मौका नहीं मिलता और बेटे के अहंकार को भी मौका नहीं मिलता कि वह हां कहलवाए।

हमारी हस्तक्षेप की बड़ी सहज वृत्ति है। चारों तरफ हम हस्तक्षेप करते रहते हैं। जितने दूर तक हम रुकावटें डाल सकते हैं, उतने दूर तक लगता है हमारा साम्राज्य है। लेकिन यह जो रुकावट डालने वाला मन है, यह रुकावट डालने वाला मन जीवन को दुख और नरक में उतार देता है—चाहे व्यक्तिगत रूप से, चाहे सामाजिक रूप से।

नरक निर्मित करना हो तो नहीं को जीवन की दृष्टि बनाएं। स्वर्ग निर्मित करना हो तो हां की जीवन की दृष्टि बनाएं—स्वीकार की, तथाता की। निसर्ग को जहां तक बन सके मत छेड़ें। और बड़े आश्चर्य की बात है, अगर कोई व्यक्ति तैयार हो तो अनंत तक बन सकता है। मैं कहता हूं, जहां तक बन सके मत छेड़ें। और अगर आप तैयार हों तो अनंत तक बन सकता है। छेड़ने का कोई सवाल ही नहीं है। और जो व्यक्ति निसर्ग को नहीं छेड़ता, उसके भीतर उस घनीभूत शांति का जन्म होता है, उस अतुल शांति का जन्म होता है, जिसकी हमें कोई खबर भी नहीं। क्योंकि उसे अशांत ही नहीं किया जा सकता। जो आदमी हस्तक्षेप नहीं करता, उसे अशांत ही नहीं किया जा सकता। जो चीजों को स्वीकार कर लेता है, उसे अशांत ही नहीं किया जा सकता। सच यह है कि उसे किसी संघर्ष में घसीटा नहीं जा सकता, उसे किसी कलह में नहीं खींचा जा सकता।

मनुष्य है क्या? एक छोटा जीवाणु। और जब वह विराट में हस्तक्षेप करता है, तो वह उस तिनके की भांति है जो नदी में बह रहा है और सोच रहा है कि नदी के विपरीत बहूं, उलटा बहूं, लडूं। बह नहीं पाएगा; लेकिन बहने की कोशिश में दुखी बहुत हो जाएगा, असफल बहुत हो जाएगा।

लाओत्से कहता है, उस तिनके की भांति हो रहो जो नदी से कोई कलह ही नहीं करता, जो नदी के साथ बहता है।

जो लड़ता है वह भी साथ ही बहेगा, ध्यान रखना, कोई उलटा तो बहने का तिनके के पास उपाय नहीं है। क्या तिनका नदी में उलटा बहेगा? वह भी नदी में ही बहेगा; लेकिन मजबूरी में, दुख में, पीड़ा में, लड़ता हुआ, हारता हुआ, पराजित होता हुआ, प्रतिपल उखड़ता हुआ बहेगा। विषादग्रस्त होगा। और जो तिनका नदी में दूसरा बह रहा है उसके पड़ोस में, बिना लड़े, वह भी बहेगा। दोनों बहेंगे तो नदी की धारा में ही—क्योंकि नदी है विराट, तिनका है क्षुद्र, कोई उपाय नहीं है विपरीत जाने का।

लेकिन जो जाने की कोशिश करेगा, वह दुख में गिर जाएगा और उसकी शक्ति व्यर्थ ही अपव्यय होगी। क्योंकि लड़ने में शक्ति लगेगी। वह भी पहुंचेगा सागर तक, लेकिन मुर्दा पहुंचेगा। और रास्ते का जो आनंद हो सकता था, रास्ते के किनारे जो वृक्ष मिलते और जो पक्षियों के गीत होते और आकाश में सूरज निकलता और रात तारों से भरा आकाश होता, वह उसे कुछ भी दिखाई नहीं पड़ेगा। उसका सारा काम तो लड़ने में लगा रहेगा। और वह जो तिनका नदी के साथ बह रहा है, उसे नदी से कोई दुश्मनी नहीं है; उसने नदी को वाहन बना लिया।

ध्यान रहे, क्षुद्र अगर विराट के साथ हो तो विराट भी क्षुद्र का वाहन हो जाता है। और क्षुद्र अगर विराट से लड़े तो अपना ही दुश्मन हो जाता है। विराट तो वाहन नहीं होता, सिर्फ अपना ही दुश्मन हो जाता है। ये दोनों तिनके सागर में पहुंचेंगे। लेकिन एक रोता और रुदन से भरा, हारा, थका, पराजित, क्रुद्ध, जलता हुआ, सारा जीवन व्यर्थ गया, ऐसे संताप में और रास्ते के अदभुत अनुभव से वंचित। दूसरा भी पहुंचेगा सागर में—आह्लाद से भरा, रास्ते के सारे नृत्य को अपने में समाए हुए। और रास्ते का सारा यात्रा-पथ उसके लिए तीर्थयात्रा हो जाएगी। सागर में गिरना उसके लिए महामिलन होगा। आदमी के बस दो ही तरीके हैं।

लाओत्से कहता है कि जो हस्तक्षेप करेगा, वह उसे और बिगाड़ देता है।

'जो ऐसा करता है, वह उसे बिगाड़ देता है। और जो उसे पकड़ना चाहता है, वह उसे खो देता है।'

इस निसर्ग को जो बदलना चाहता है, वह उसे बिगाड़ देता है। बस बिगाड़ ही सकता है, बदलने की कोशिश में बिगाड़ ही सकता है।

ध्यान रहे, यह केवल समाज के लिए ही सही नहीं है, यह व्यक्ति के स्वयं के लिए भी सही है। कुछ लोग दूसरे को बदलने की फिक्र में नहीं होते हैं तो खुद को ही बदलने की फिक्र में होते हैं। वे कहते हैं, यह गलत है, यह नहीं होना चाहिए मुझमें। यह ठीक है, यह ज्यादा होना चाहिए मुझमें। यह क्रोध को काट डालूं, यह काम को जला दूं, बस मेरे भीतर प्रेम ही प्रेम रह जाए, सत्य ही सत्य रह जाए, शुद्ध, पवित्र पुण्य ही रह जाए, सब पाप काट डालूं। तो लोग अपने को भी बदलने की कोशिश में लगते हैं और लड़ते हैं। हम इन्हें साधु कहते रहे हैं—इस तरह के लोगों को जो अपने भीतर काटते हैं और साधुता आरोपित करते हैं।

लाओत्से उनके भी पक्ष में नहीं है। लाओत्से तो उसे साधु कहता है, जो अपने को पूरा स्वीकार कर लेता है—जैसा हूं, ऐसा हूं। और बड़े आश्चर्य की घटना तो यह है कि ऐसा व्यक्ति साधु हो जाता है। पुण्य उस पर बरस जाते हैं; पाप उससे खो जाते हैं। क्रोध उसका विलीन हो जाता है; प्रेम उसका प्रगाढ़ हो जाता है। लेकिन वह यह करता नहीं है। यह स्वीकार का परिणाम है। यह सर्व-स्वीकार है।

अब ध्यान रखें, यह कैसे होता होगा? क्योंकि जो सब स्वीकार कर लेता है, वह क्रोध कैसे करेगा? इसे थोड़ा समझें, यह थोड़ा आंतरिक कीमिया की बात है। अगर मैं अपने क्रोध को भी स्वीकार करता हूं तो मैं क्रोध कर ही नहीं सकूंगा। इस स्वीकृति में ही क्रोध क्षीण हो जाता है। क्योंकि क्रोध का मतलब ही अस्वीकार है। कोई चीज मैं नहीं चाहता, उससे ही क्रोध आता है। पत्नी नहीं चाहती कि पति कहीं भी कपड़े उतार कर कमरे में डाल दे। और डालता है पति, तो क्रोध आ जाता है। लेकिन जो अपने भीतर क्रोध को तक स्वीकार करती हो, वह कहीं पड़े हुए कमरे में

कपड़ों को स्वीकार न कर पाएगी? वह कर पाएगी। पति सिगरेट पीता है, वह पत्नी स्वीकार नहीं कर पाती। लेकिन जिस पत्नी ने अपने क्रोध तक को स्वीकार कर लिया हो, वह पति की इस निर्दोष नासमझी को स्वीकार न कर पाएगी? कि धुआं भीतर करता है, बाहर करता है, तो करने दो। जैसे ही हम अपनी बुराइयों को स्वीकार कर लेते हैं, ध्यान रखना, हम दूसरों की बुराइयों के विरोध में नहीं रह जाते।

इसलिए जो लोग अपनी बुराई स्वीकार नहीं करते, वे दूसरे की बुराई के प्रति बड़े दुष्ट होते हैं, बड़े कठोर होते हैं। हम उन्हें महात्मा कहते हैं। महात्माओं का लक्षण यह है कि वे कठोर होते हैं—अपने प्रति भी, दूसरों के प्रति भी। जो गलत है, उसके प्रति सख्त कठोर होते हैं। उसको काट कर फेंक देना है।

लेकिन लाओत्से यह कहता है कि गलत और सही, इतनी बंटी हुई चीजें नहीं हैं। गलत और सही भीतर एक ही चीज के दो पहलू हैं। और तुम एक को काटो, दूसरा कट जाता है। तुम एक को बचाओ, दूसरा बच जाता है। जो आदमी क्रोध को क‍ट डालेगा बिलकुल, उसके भीतर प्रेम भी कट जाएगा। बचेगा नहीं। जो आदमी यह कहता है कि मेरा दुनिया में कोई शत्रु नहीं, ध्यान रखना, उसका कोई मित्र भी नहीं हो सकता। अगर आप चाहते हैं दुनिया में कोई शत्रु न हो तो मित्र बनाना ही मत। क्योंकि शत्रु बिना मित्र बनाए नहीं बनता कोई। पहले मित्र बनाना पड़ता है, तब कोई शत्रु बनता है। पहले कदम पर रुक जाना। तो जो शत्रु से डरता है, वह मित्र भी नहीं बनाएगा।

हम विरोध में काट नहीं सकते। विरोध एक ही सिक्के के दो पहलू, एक ही चीज के दो छोर का नाम है।

लाओत्से कहता है, अपने भीतर भी बदलने की चेष्टा, काटने की चेष्टा, बनाने की चेष्टा, व्यर्थ है। और अभी मनोवैज्ञानिक कहते हैं कि आदमी कितनी ही चेष्टा करे, जैसे होता है वैसा ही रहता है, कुछ बदलता नहीं। यह बड़ी कठिन बात है। और कम से कम धर्मगुरु इसे कभी मानने को राजी नहीं होंगे। क्योंकि धर्मगुरु का तो सारा व्यवसाय इस बात पर निर्भर है कि लोग बदले जा सकते हैं। अगर मैं आपसे कहूं कि आप जैसे हैं वैसे ही रहेंगे, आपमें कभी कोई बदलाहट नहीं हो सकती; आप दुबारा मेरे पास नहीं आएंगे। धंधा खतम ही हो गया। क्योंकि मेरे पास आप इस आशा में आते हैं कि यह आदमी कुछ करेगा, बदलेगा, अच्छा बना देगा; हम भी महात्मा हो जाएंगे। और मैं आपसे कह दूं कि तुम जैसे हो इसमें रत्ती भर कुछ होने वाला नहीं है, तुम तुम ही रहोगे, तब स्वभावतः यह आदमी गुरु होने के योग्य न रहा। गुरु तो वही है, जो बदल दे।

मेरे पास लोग आते हैं, वे कहते हैं कि हम तो अपने को नहीं बदल पाते, आपकी कृपा से बदल दीजिए। और आप कृपा करेंगे तो बदलाहट हो जाएगी। अब मैं उनको कहूं कि बदलाहट तो हो ही नहीं सकती; परमात्मा ने तुमको बनाया, इससे बड़ी कृपा अब और कौन करेगा? और मैं इसमें हेर-फेर करने वाला कौन? परमात्मा ने तुमको ऐसा बनाया, बहुत सोच-समझ कर बनाया। अब तुम कुछ न करो, तुम काफी हो, परमात्मा की कृति हो, काफी सुंदर, अच्छे, जैसे हो ठीक हो, तो दुबारा वह आदमी आने वाला नहीं है। इसलिए धर्मगुरु सत्य कह ही नहीं पाते। क्योंकि असत्य पर तो सारा व्यवसाय है।

आप जरा सोचें, पचास साल की उम्र है आपकी, आप रत्ती भर बदले हैं? लौटें पचास साल में, सोचें, क्या बदले हैं आप?

आइजनहावर साठ वर्ष के थे जब वे अमरीका के प्रेसीडेंट हुए। तो उन्होंने अमरीका की अर्थनीति में कुछ फर्क किए। उनके बड़े भाई, एडगर, या कुछ नाम है, उनके बड़े भाई जो उनसे दो या तीन साल बड़े होंगे। पत्रकारों ने उनसे जाकर पूछा कि आइजनहावर की अर्थनीति के संबंध में आपका क्या खयाल है? उनके बड़े भाई ने कहा कि बिलकुल बेकार है, उसमें कुछ सार नहीं है उसकी अर्थनीति में। बरबाद कर देगा मुल्क को। पत्रकार वापस आइजनहावर के पास गए; उन्होंने कहा, आपके बड़े भाई ने ऐसा कहा है। आइजनहावर ने कहा कि जब मैं पांच साल का था, तब से

वे ऐसा मुझसे कह रहे हैं। कोई नई बात नहीं है। पांच साल का था, तब से वे मेरी आलोचना कर रहे हैं इसी तरह। यह कोई अर्थनीति का सवाल नहीं है। जो भी मैं करता हूं, उसको वे गलत कहते हैं। पत्रकार, जिसने यह सुना, वह वापस गया। उसने बड़े भाई से कहा कि वह आइजनहावर ऐसा कह रहे थे। बड़े भाई ने कहा कि अभी भी मैं उसको धूल चटा सकता हूं। बड़े भाई ने कहा कि अभी भी एक धक्का दूं तो धूल चटा सकता हूं। वह आदमी वापस लौटा। उसने आइजनहावर से कहा कि हद हो गई, आपके बड़े भाई कहते हैं कि एक धक्के में आपको चारों खाने चित्त कर देंगे। आइजनहावर ने कहा, हद हो गई, यह बात भी वे मुझसे जब मैं पांच साल का था, तब से कह रहे हैं। और मैं आपसे कहता हूं कि मुझे धूल नहीं चटा सकते। यह मैं भी तब से कह रहा हूं।

अगर आप लौटें अपने पीछे, आप बदले नहीं हैं। आप आदमी वही हैं। आपके कपड़े बड़े हो गए, शरीर बड़ा हो गया; थोड़ा भीतर खोज-बीन करें, आपका अणु वही का वही है। ढंग बदल गए होंगे, रास्ते बदल गए होंगे; लेकिन भीतर की गहरी सच्चाइयां नहीं बदलतीं। और कभी नहीं बदलतीं।

इससे निराश मत हो जाना कि तब तो इसका मतलब यह हुआ कि कुछ हो ही नहीं सकता!

नहीं, आप करना चाहें तो कुछ भी नहीं हो सकता। आप स्वीकार कर लें तो बहुत कुछ होता है। लेकिन वह किए से नहीं होता। जिस दिन आप अपने को स्वीकार कर लेते हैं और कह देते हैं मैं ऐसा हूं, बुरा या भला, क्रोधी, ईर्ष्यालु, जैसा भी हूं, ऐसा हूं—यह सत्य का पहला स्वीकार है कि मैं ऐसा हूं—इसमें कोई एतराज नहीं मुझे, परमात्मा ने मुझे ऐसा बनाया है, इस स्वीकृति के साथ ही पहली दफे आपकी क्षुद्रता समाप्त हो जाती है और आप विराट के अंग हो जाते हैं। और जिसने आपको बनाया है वह आपके भीतर आपको फिर से बनाने में संलग्न हो जाता है। सच बात यह है कि जब तक आप अपने को बनाने की कोशिश करते हैं, परमात्मा के हाथ रुके रहते हैं, विराट के हाथ रुके रहते हैं। जिस दिन आप अपने को छोड़ देते हैं, उसी दिन उसके हाथ फिर आपको बनाने लगते हैं। लेकिन वह बनावट बड़ी और.है।

लाओत्से उसी को कहता है कि जो ऐसा करेगा, वह और बिगाड़ देता है। जो उसे पकड़ना चाहता है, वह उसे खो देता है। निसर्ग पकड़ में नहीं आता। लेकिन जो अपने को निसर्ग में छोड़ देता है, और निसर्ग के साथ बहने लगता है, निसर्ग उसकी पकड़ में तो नहीं आता, लेकिन निसर्ग उसके लिए साथी, सहयोगी और उसकी आत्मा बन जाता है।

'क्योंकि कुछ चीजें आगे जाती हैं और कुछ चीजें पीछे-पीछे चलती हैं।'

हमें खयाल नहीं है कि कुछ चीजें आगे जाती हैं और कुछ पीछे-पीछे चलती हैं। जैसे मैंने कहा, स्वीकार आगे जाता है और क्रांति पीछे-पीछे चलती है। तथाता आगे जाती है—मान लेना कि मैं ऐसा हूं और जरा भी इसमें मुझे एतराज नहीं है, क्योंकि यह एतराज परमात्मा के प्रति ही एतराज है।

अब लोग मजेदार हैं। लोग कहे जाते हैं कि परमात्मा ने आदमी को बनाया। और आदमी को कोई स्वीकार नहीं करता। लोग कहते हैं कि भीतर आत्मा है। लेकिन उसको कोई स्वीकार आप भी नहीं करते। आप कहते हैं कि मैं प्रभु की कृति हूं। लेकिन इसमें भी आप सुधार करना चाहते हैं, तरमीम करना चाहते हैं। आप इसमें भी कुछ हेर-फेर करना चाहते हैं। अगर परमात्मा आपसे सलाह लेता, तो आप कभी बनने वाले नहीं थे; क्योंकि आप इतनी योजनाएं बदलते।

मैंने एक मजाक सुना है। मैंने सुना है, एक बेटा अपने बाप से पूछ रहा था कि परमात्मा ने आदमी को बनाया, फिर अदम की हड्डी निकाल कर ईव को, स्त्री को बनाया। तो उस बेटे ने पूछा कि परमात्मा ने पहले आदमी को क्यों बनाया, पहले स्त्री को क्यों नहीं बनाया? तो उसके बाप ने कहा, तू जब बड़ा होगा तो समझ जाएगा। अगर परमात्मा

स्त्री को पहले बनाता तो आदमी बन ही नहीं पाता। स्त्री इतने सुझाव, इतनी सलाह देती कि फिर आदमी नहीं बन सकता था। वह कहती—ऐसा बनाओ, ऐसा बनाओ, वैसा बनाओ, यह न करे, वह न करे। वह कभी बना ही नहीं पाता। इसलिए उसने पहले आदमी बनाया, ताकि झंझट बिलकुल न हो। फिर स्त्री बनाई।

अभी भी स्त्री सलाह दिए चली जाती है आदमी को। अगर आप अपनी पत्नी के साथ कार चला रहे हैं, तो आप सिर्फ आदेश का पालन कर रहे हैं, कार तो पत्नी चलाती है। एक्सीडेंट वगैरह हो तो आप जिम्मेवार होंगे; सकुशल घर पहुंच जाएं, पत्नी ने गाड़ी चलाई।

आदमी जब अपने को बदलने की बात करता है, तभी वह परमात्मा का अस्वीकार कर देता है।

लाओत्से कहता है, कुछ चीजें आगे जाती हैं, कुछ चीजें पीछे-पीछे चलती हैं। और जो पीछे चलती हैं, उनको आगे लाने की कोशिश मत करना; नहीं तो भूल हो जाएगी।

गेहूं बो दें, घास-भूसा पीछे अपने आप हो जाता है। गेहूं के साथ भूसा पैदा हो जाता है। भूसे को बो दें, फिर कोई गेहूं पैदा नहीं होता; फिर भूसा भी पैदा नहीं होता। पास भी जो भूसा था, वह भी खराब हो जाता है। जो परिणाम है, उसको बीज नहीं बनाया जा सकता। और हम सब उसको बीज बनाने की कोशिश करते हैं।

लोग चाहते हैं कि शांत हो जाएं; लोग चाहते हैं कि आनंदित हो जाएं; लेकिन यह परिणाम है, यह बीज नहीं है। आप आनंद को सीधा पकड़ नहीं सकते; आनंद परिणाम है। आप कुछ और करें, जो बीज है, तो आनंद आ जाएगा। जैसे मैं कहता हूं : स्वीकार।

लाओत्से का जो कीमती से कीमती सूत्र है, वह है स्वीकार। लाओत्से कहता है, दुख को भी स्वीकार कर लो और तुम आनंदित हो जाओगे। और सुख को भी स्वीकार मत करो तो तुम दुखी रहे आओगे। दुख को भी कोई स्वीकार कर ले तो आनंदित हो जाता है। क्योंकि स्वीकार दुख जानता ही नहीं। स्वीकार को दुख का कोई पता ही नहीं है। इसलिए पुराने ऋषियों ने स्वीकृति को, संतोष को बहुत गहन प्रतिष्ठा दी थी। क्योंकि उसकी स्वीकार और संतोष के साथ ही परिणाम आने शुरू हो जाते हैं।

हम भी कोशिश करते हैं, लेकिन हम परिणाम को पहले लाना चाहते हैं। जैसे मैं अगर आपको कहूं कि मुझे कबड्डी खेलने में, या ताश खेलने में बहुत आनंद आता है। तो आप कहेंगे, आनंद तो मुझे भी चाहिए, मैं भी कबड्डी खेलने आता हूं। आपको नहीं आएगा, क्योंकि आनंद को आप बीज बना रहे हैं। और कबड्डी खेलते वक्त, पूरे वक्त आप तू-तू, तू-तू करते रहेंगे, लेकिन भीतर यही खयाल रहेगा—अभी तक आनंद नहीं आया, नाहक तू-तू कर रहे हैं, अभी तक कुछ आनंद नहीं आया। यह आदमी झूठ कह रहा था कि आनंद आता है; अभी तक नहीं आया। आप पूरे वक्त तू-तू करके घर लौट आएंगे; बिलकुल आनंद नहीं आएगा। थक जाएंगे सिर्फ। क्या हुआ क्या?

कबड्डी में जो डूब जाता है और जिसे इतना भी खयाल नहीं रहता कि आनंद आ रहा है कि नहीं आ रहा, जो इतना लीन हो जाता है खेलने में कि खेलने वाला बचता ही नहीं, उसे आनंद आ जाता है। वह परिणाम है। आप परिणाम को बीज की तरह पकड़े बैठे हुए हैं कि अब आए आनंद, अब आए आनंद! वह नहीं आता।

इसलिए दुनिया में आनंद की जितनी विधियां बताई गई हैं, आप सब को असफल कर देते हैं। आपकी कुशलता अनंत है। जितनी विधियां बताई हैं ऋषियों ने, आप सब को असफल कर देते हैं। क्योंकि विधियां, अगर आप उसमें पूरी तरह डूब जाएं तो आनंद आता है। आनंद लेने के लिए ही जो वहां जाता है, वह डूबता ही नहीं; वह डूब सकता नहीं। वह पूरे वक्त सचेतन है कि आनंद कहां है? वह सचेतना बाधा बन जाती है। आनंद कहीं भी मिल सकता है, लेकिन आता है किसी के पीछे छाया की तरह। उसे कोई सीधा पकड़ता नहीं; जो पकड़ता है, वह खो देता है।

'एक ही क्रिया से विपरीत परिणाम आते हैं।'

अगर मुझे खेलने से आनंद मिल रहा है, तो जरूरी नहीं है कि आपको भी खेलने से आनंद मिले, दुख भी मिल सकता है। क्रियाओं पर कुछ निर्भर नहीं होता। क्रियाओं के पीछे करने वाले पर सब कुछ निर्भर होता है।

इसलिए अगर आप हनुमान से पूछें, तो वह कहेगा, बस काफी है; राम-राम, राम-राम कर लिया, काफी है, और परम आनंद आता है। वह हनुमान को आता है; आपको नहीं आएगा। आप कितना ही राम-राम कहें, कुछ भी नहीं होगा। थोड़ी देर बाद आप कहेंगे, छोड़ो भी, अखबार ही पढ़ो, उसमें ही ज्यादा आनंद आता है। यह कहां हनुमान की बातों में पड़ गए! और हनुमान कहां से मिल गए! छोड़ो, यह सब झंझट है। यह आदमी धोखे में मालूम पड़ता है, इसको भी कोई आनंद वगैरह आया नहीं होगा। आखिर बंदर ही ठहरे, कुछ आनंद इनको आया न होगा। हम क्यों इस नासमझी में पड़ें?

पर हनुमान को आया है।

अब कई स्त्रियां सीता बनने की कोशिश करती हैं। वे मुश्किल में पड़ेंगी। वह सीता को बहुत आनंद आया है। लेकिन सीता को आया है। आपको आएगा, मुश्किल है। क्योंकि सीता कोई बन नहीं सकता; या होता है या नहीं होता। तो सीता को जंगल भी फेंक दिया राम ने तो भी आनंदित है, अनुगृहीत है। और सीता के हृदय को समझना मुश्किल है, उसके अनुग्रह को समझना मुश्किल है। और बहुत सी किताबें लिखी जाती हैं, जिनमें स्त्री-जाति के पक्षपाती—जो सोचते हैं कि स्त्री-जाति के पक्षपाती हैं—वे लिखते हैं कि यह अन्याय हो गया। राम ने सीता को निकाल कर फेंक दिया घर के बाहर, यह अन्याय हो गया। लेकिन सीता गहन में यह जानती है, दूर जाने की पीड़ा है, अलग रहने का राम से दुख है, लेकिन गहन में सीता जानती है कि राम का भरोसा उस पर इतना है कि जरूरत पड़े तो उसे जंगल में फेंका जा सकता है—बिना पूछे। और यह भरोसा इतना गहरा है और यह प्रेम इतना गहरा है कि डरने का कोई कारण नहीं है कि सीता सोचेगी कि मुझे छोड़ दिया। इसका कोई कारण नहीं है। इसलिए राम सरलता से सीता को भेज पाए। प्रेम में जरा भी कमी होती तो हजार बार सोचते कि सीता क्या सोचेगी।

इसलिए आप देखते हैं, पत्नियां धीरे-धीरे समझ जाती हैं। जिस दिन पति घर कोई सामान लेकर आता है, घड़ी ले आता है, कुछ गहना ले आता है, स्त्री समझ जाती है—कुछ प्रेम में गड़बड़ है। यह काहे के लिए ला रहे हैं? यह सब्स्टीटयूट है। और पति भी लाता ही उस दिन है, जिस दिन कुछ डरा होता है, कुछ भयभीत होता है। जिस दिन पति भयभीत होता है, उस दिन आइसक्रीम लिए चला आ रहा है, कुछ लेकर चला आ रहा है।

राम सहजता से सीता को फेंक सके, इतना भारी भरोसा था। पर वह सीता पर ही हो सकता था। फिर सीता बनने की बहुत सी स्त्रियां कोशिश कर रही हैं। कोई बन नहीं सकता वैसा।

बनना हो सकता है, पर वह बनने की प्रक्रिया से नहीं होता। जो जैसा है, उसे वैसा पूरा स्वीकार कर ले, अस्वीकार को छोड़ ही दे, खयाल से ही उतार दे, और जीवन जो लाए उसमें आह्लादित हो—दुख लाए तो, सुख लाए तो; यश तो, अपयश तो—जीवन जो भी दे जाए, उसमें हृदय प्रफुल्लित हो; तो कोई भी सीता हो सकता है।

'क्योंकि कुछ चीजें आगे जाती हैं और कुछ चीजें पीछे-पीछे चलती हैं। एक ही क्रिया से विपरीत परिणाम आते हैं। जैसे चीजें फूंकने से गरम हो जाती हैं और फूंकने से ही ठंडी हो जाती हैं।'

मुल्ला नसरुद्दीन के संबंध में कथा है। वह गुरु की तलाश में था। और किसी ने उससे कहा कि फलां गांव में एक बड़ा फकीर है, उसके पास जाओ, शायद उससे तुम्हें ज्ञान मिल जाए। मुल्ला गया। सुबह ही सुबह पहुंचा। जांच-पड़ताल करनी जरूरी थी। जिसके प्रति समर्पण करना हो, उसकी पूरी जांच होनी चाहिए। चारों तरफ घूम-घाम कर उसने मकान के देखा, फिर अंदर गया। सर्द थी बहुत सुबह, और गुरु अपने कंबल में दुबका हुआ हाथ रगड़ रहा

था। तो मुल्ला ने कहा, आप यह क्या कर रहे हैं? उसने कहा कि मेरे हाथ ठंडे हैं, उन्हें गरम कर रहा हूं। रगड़ता रहा और मुंह से भी फूंकने लगा। तो उसने कहा, अब यह क्या कर रहे हैं? उसने कहा, मैं गरम ही कर रहा हूं। फूंक रहा हूं सांस कि हाथ गरम हो जाएं। मुल्ला ने कहा, ठीक है।

थोड़ी देर बाद उसकी पत्नी चाय लेकर आई। गुरु चाय पीने लगा, उसको भी फूंकने लगा। तो मुल्ला ने कहा, अब आप यह क्या कर रहे हैं? उसने कहा कि मैं चाय ठंडी कर रहा हूं। मुल्ला ने कहा, नमस्कार! ऐसे असंगत आदमी के पास मैं एक क्षण नहीं रुक सकता। अभी कहते थे फूंक कर गरम कर रहे हैं हाथ। अब कहते हैं फूंक कर चाय ठंडी कर रहे हैं! धोखे की भी कोई सीमा होती है! और आदमी बदले तो भी वक्त लगना चाहिए। अभी मैं मौजूद हूं यहीं के यहीं; इतनी जल्दी इतनी असंगति!

लाओत्से कहता है, फूंकने से चीजें गरम भी हो जाती हैं और ठंडी भी। इसलिए फूंकने से क्या हो रहा है, जल्दी मत करना समझने की। विपरीत घटनाएं एक ही क्रिया से घट सकती हैं।

'कोई बलवान है, और कोई दुर्बल; और कोई टूट सकता है, और कोई गिर सकता है। इसलिए संत अति से दूर रहता है, अपव्यय से बचता है, और अहंकार से भी।'

कोई बलवान है और कोई दुर्बल! लेकिन कोई अपनी दुर्बलता को स्वीकार नहीं करता। दुर्बल आदमी भी बलवान बनने की कोशिश में लगा है। वह और दुर्बल हो जाएगा। जो थोड़ी-बहुत ताकत थी, वह बलवान बनने में खतम हो रही है। वह और दुर्बल हो जाएगा। और बलवान भी, आप यह मत सोचना कि आश्वस्त है। उससे भी बड़े बलवान हैं, जिनसे वह दुर्बल है। और आज बलवान है, अगर कल दुर्बल हो जाए। बुढ़ापा आएगा। शक्ति आज है, कल हाथ नहीं होगी। वह भी चिंतित और भयातुर है। दुर्बल भी डरे हुए हैं, बलवान भी डरे हुए हैं। और बलवान और बलवान बनना चाहता है, दुर्बल भी बलवान बनना चाहता है। लेकिन कोई अपने को स्वीकार नहीं करता।

लाओत्से यह कहता है, अगर तुम दुर्बल हो तो इस सत्य को पहचान लो, और दुर्बल रहो। रहने का मतलब सिर्फ इतना है कि अब इससे लड़ो मत। इससे बड़ी हैरानी की बात है।

जो लोग पशुओं का अध्ययन किए हैं गहरा, जैसे कोंड्रेड लारेंज ने बड़ा गहरा पशुओं का अध्ययन किया है; तो वह कहता है, आदमी को छोड़ कर कोई पशु, जब भी कोई पशु दुर्बलता को स्वीकार कर लेता है, तो उस पर हमला नहीं करता। एक कुत्ता एक कुत्ते से लड़ रहा है। जैसे ही कुत्ता अपनी पूंछ नीची कर लेता है, दूसरा कुत्ता लड़ना फौरन बंद कर देता है। बात खतम हो गई। एक तथ्य की स्वीकृति हो गई। इसका यह मतलब नहीं है कि दूसरा कुत्ता खड़े होकर अब इस पर हंसता है, या जाकर खबर करता है कि यह दुर्बल है। नहीं, बात ही खतम हो गई। इससे कोई दूसरा, जो पूंछ नीची झुका कर खड़ा हो गया है, वह अपमानित नहीं होता। और न ही जो जीत गया है, वह कोई सम्मानित होता है। सिर्फ एक तथ्य की स्वीकृति है कि एक सबल है, एक दुर्बल है। बात खतम हो गई। न तो सबल होने का कोई गुण है और न निर्बल होने का कोई दुर्गुण है। दुर्बल दुर्बल है, सबल सबल है।

एक पत्थर छोटा है, एक पत्थर बड़ा है। इसमें बड़े पत्थर के कोई सम्मान का कारण नहीं है। और एक झाड़ छोटा और एक झाड़ बड़ा है। इसमें बड़े झाड़ को कोई सम्मान का कारण नहीं है। छोटे झाड़ को अपमान का कोई कारण नहीं है।

पर आदमी के साथ बड़ी कठिनाई है। दुर्बल पहले तो स्वीकार नहीं करना चाहता कि दुर्बल है। और अगर स्वीकार कर ले, तो सबल उसको सताना शुरू करता है, अपमानित करता है, निंदित करता है। पशुओं में कभी भी कलह के कारण हत्या नहीं होती। हत्या के पहले ही बात रुक जाती है। सिर्फ, वैज्ञानिक कहते हैं कि आदमी और चूहे, दो अपनी ही जाति में हत्या करते हैं। और कोई नहीं; सिर्फ आदमी और चूहे! चूहे चूहे पर हमला करके मार

डालते हैं। और आदमी। इन दो को छोड़ कर पूरी पृथ्वी पर अनंत-अनंत जीवन और प्राणी हैं, कोई किसी को मारता नहीं। लड़ाई होती है उस सीमा तक, जब तक कि तथ्य स्वीकृत नहीं हो जाता कि कौन बलवान, कौन कमजोर। स्वीकृत होते ही बात खतम हो जाती है।

इसलिए चूहे और आदमी में जरूर कोई गहरा आत्मिक संबंध है। जरूर कोई संबंध है। या तो आदमियों के साथ रह-रह कर चूहे बिगड़ गए हैं, या चूहों के साथ रह-रह कर आदमी बिगड़ गया। क्योंकि एक और मजे की बात है, सिर्फ आदमी और चूहे ही ऐसे हैं जो दुनिया की हर तरह की आबोहवा में रहते हैं। और ऐसी कोई जगह नहीं है दुनिया में जहां आदमी हो, वहां चूहा न हो। है ही नहीं। आदमी-चूहे बड़े संगी-साथी हैं। कोई जानवर हिंदुस्तान में होता है, कोई तिब्बत में नहीं होता। लेकिन चूहे के मामले में यह बात नहीं है। जहां आदमी होता है, चूहा उसके साथ होता है। बहुत साथ है। शायद किसी ने एक-दूसरे को संक्रामक बीमारी पकड़ा दी है।

लेकिन जानवर एक-दूसरे की हत्या नहीं करते; अपनी ही जाति में कभी हत्या नहीं करते। क्योंकि हत्या के पहले ही जैसे ही निर्बल को पता चलता है, नाप-तौल हो जाती है—दोनों गुर्राएंगे, पास आएंगे, रौब दिखाएंगे और दोनों एक-दूसरे को माप लेंगे—दुर्बल स्वीकार कर लेगा मैं दुर्बल हूं, सबल स्वीकृत हो गया कि सबल है। बात खतम हो गई। इस बात को आगे नहीं खींचा जाता।

क्यों? क्योंकि इसमें क्या गुण है कि आप सबल हैं? इसमें क्या दुर्गुण है कि कोई निर्बल है? उसका क्या कसूर है कि वह दुर्बल है? एक आदमी कमजोर है और आपके पास मजबूत हड्डियां हैं, इसमें कौन सा गुण है और कौन सा दुर्गुण है? माना कि आप उसे पटक सकते हैं और उसकी छाती पर बैठ सकते हैं, लेकिन इसमें क्या खूबी की बात है? इसमें कोई खूबी की बात नहीं है। बात वैसी ही है, जैसे तराजू पर हम एक बड़ा पत्थर रखें और एक छोटा, बड़ा पत्थर नीचे पहुंच जाए, छोटा ऊपर अटका रह जाए। लेकिन इसमें छोटा अपमानित कहां हो रहा है?

लाओत्से कहता है, इस कारण कि दुर्बल सबल होना चाहता है, कमजोर ताकतवर होना चाहता है, कुरूप सुंदर होना चाहता है, उपद्रव पैदा हो गया है। लाओत्से कहता है, तुम जो हो, उससे राजी हो जाओ। तथ्य से बाहर जाने का कोई उपाय नहीं है। तथ्य ही सत्य है। उसके विपरीत जाने का कोई उपाय नहीं है।

इसका क्या मतलब हुआ? इससे हमें बहुत हैरानी लगेगी कि इसका तो मतलब यह हुआ कि फिर आदमी कोई उन्नति ही न करे। मेरे पास लोग आते हैं, वे कहते हैं, आप यह क्या कहते हैं? इसका मतलब हुआ, उन्नति मत करो। सफल कैसे होंगे? फिर तो ऐसा मान कर बैठ जाएंगे तो बस जड़ हो जाएंगे।

नहीं, कभी कोई जड़ नहीं हुआ है। ऐसा मानने वाला अपनी व्यर्थ ताकत नहीं खोता। और वह जो व्यर्थ ताकत खोती है रोज, वही और कमजोर करती चली जाती है। ऐसा जान लेने वाला कि मैं क्या हूं, अपनी सीमा, अपनी समझ, अपनी सामर्थ्य, अपनी शक्ति जान लेने वाला व्यक्ति अपनी मर्यादा के भीतर शक्ति को नहीं खोता। शक्ति संगृहीत होती है। और वही संगृहीत शक्ति उसके जीवन में गति बन जाती है। लेकिन यह गति आती है भीतर से, बाहर की प्रतिस्पर्धा से नहीं।

अभी हम सब बाहर की प्रतिस्पर्धा में लगे रहते हैं। कोई आदमी बुद्धिमान है, आप कोशिश में लगे हैं बुद्धिमान होने की। कोई आदमी ताकतवर है, आप दंड-बैठक लगा रहे हैं। दूसरों को देख-देख कर लगे हुए हैं। मुसीबत में पड़ जाएंगे। चारों तरफ हजार तरह के लोग हैं। सब में से कुछ-कुछ सीखा! किसी की बुद्धि लेनी है आपको, बुद्धिमान होना है आपको आइंस्टीन जैसा, ताकतवर होना है कोई गामा जैसा। अब पड़े मुश्किल में आप; अब मुसीबत में पड़ जाएंगे; अब झंझट खड़ी होगी। आप अपने को इतना बांट देंगे इन आकांक्षाओं में कि टूट जाएंगे और कुछ भी न हो पाएंगे।

आप सिर्फ एक ही व्यक्ति हो सकते हैं दुनिया में, और वह व्यक्ति अभी तक पैदा नहीं हुआ कि उसकी आप नकल करें। वह आप ही हैं। अद्वितीय है प्रत्येक व्यक्ति। वह दूसरे जैसा नहीं हो सकता, वह सिर्फ अपने ही जैसा हो सकता है। फिर वह जो है, उससे राजी होकर उसे वही हो जाने की तथाता में प्रवेश कर जाना चाहिए।

'कोई टूट सकता है, कोई गिर सकता है।'

ध्यान रखें, कमजोर गिर जाता है, ताकतवर टूट जाता है। बड़े वृक्ष, तूफान आता है, टूट जाते हैं। छोटे-छोटे पौधे हैं, गिर जाते हैं। तूफान चला जाता है, फिर उठ जाते हैं। अगर तूफान से पूछो तो तूफान कहेगा कि छोटे मुझसे जीत गए, बड़े मुझसे हार गए। ताकतवर टूटता है, कमजोर झुकता है। लेकिन यह देखने पर निर्भर करता है। इस झुकने को हम ताकत भी कह सकते हैं, फ्लेक्सिबिलिटी कह सकते हैं। इस झुकने को हम ताकत भी कह सकते हैं। यह तो हमारे देखने पर निर्भर है कि हमारे क्या सोचने के मापदंड हैं। अगर दुनिया ज्यादा समझदार होगी तो इसमें क्या कठिनाई है? झुकना भी एक ताकत है। जो नहीं झुक सका, वह टूट जाएगा।

मैंने सुना है कि मुल्ला नसरुद्दीन अपने लड़के को सिखा रहा था, दंड-बैठक करवा रहा था। पड़ोस के किसी आदमी ने पूछा कि यह क्या कर रहे हो नसरुद्दीन, यह दस साल के बच्चे के लिए? उसने कहा कि मैं इसको ताकतवर बना रहा हूं कि कोई लड़का इसको दबा न सके, कोई इसको परेशान न कर सके। तो इसको मैंने नौ तरकीबें सिखा दी हैं कि यह किसी को भी ठिकाने पर लगा देगा। पर उस पड़ोसी ने कहा कि नसरुद्दीन, क्या तुम सोचते हो इससे ताकतवर लड़के नहीं हैं? नसरुद्दीन ने कहा, वे भी हैं; उनके लिए मैं इसको दसवीं तरकीब भी सिखा दिया हूं। वह क्या है? नसरुद्दीन ने कहा, समय के पहले भाग खड़े होना। वह दसवीं तरकीब है, जैसे ही पता चले कि मामला गड़बड़ है और अपनी नौ तरकीबें काम नहीं आएंगी, दसवीं भी सिखा दी है। नौ का तभी तक उपयोग करना, जब तक देखे कि हां, अपने हाथ के भीतर बात है। और जब दिखाई पड़े कि अपने हाथ के बाहर है, तो दसवीं काम में लाना।

दो ही उपाय हैं संघर्ष में: लड़ना या भाग जाना—फाइट आर फ्लाइट। आदमी सोचता है कि भाग जाना बुरी बात है। नहीं, कम से कम हम अपने मुल्क में नहीं सोचते। हमने कृष्ण का एक नाम दिया है रणछोड़दास। जो युद्ध से भाग खड़े हुए—रणछोड़दासजी! उनको भी हम जी कहते हैं। समझदार लोग थे जिन्होंने यह नाम दिया। नहीं तो रणछोड़दासजी किसी को कोई कहेगा नहीं। अगर किसी से कहिए तो झगड़ा हो जाएगा कि आप रणछोड़दासजी हैं, आप युद्ध का मैदान छोड़ कर भाग गए थे। लेकिन बुद्धिमान आदमी अति पर नहीं जाता; जो उचित हो, जो संतुलित हो, वही करता है। इसलिए कृष्ण भाग भी सके और हमने उनका अपमान भी नहीं किया। बड़ी हैरानी की बात है। कोई कारण भी नहीं है। क्योंकि कभी भगाना सार्थक हो सकता है, कभी लड़ना सार्थक हो सकता है।

'कोई टूटता है, कोई गिर सकता है। संत अति से दूर रहता है।'

वह सिद्धांत बना कर नहीं जीता कि मैं ऐसा ही जीऊंगा। वह जीवन को बहने देता है और जीवन के साथ बहता है। कभी इस किनारे भी, कभी उस किनारे भी। कभी हार में भी, कभी जीत में भी। कभी गिरता भी है, कभी नहीं भी गिरता। कभी कमजोर भी होता है, कभी ताकतवर भी। किसी के सामने बुद्धिमान होता है, किसी के सामने बुद्धिहीन भी होता है। किसी के सामने सुंदर और किसी के सामने कुरूप होता है। लेकिन लक्ष्य नहीं चुनता। दोनों के बीच डोलता रहता है।

'संत अति से दूर रहता है, अपव्यय से बचता है।'

अपव्यय से बचता है। हम बहुत अपव्यय करते हैं। दूसरे की नकल अपव्यय है; वह आप कभी न हो सकेंगे। जो शक्ति खो गई, वह व्यर्थ खो जाएगी।

'और अहंकार से भी।'

क्योंकि अहंकार के कारण ही हम दूसरे जैसे होना चाहते हैं। अगर हमको लगता है कि सम्मान है कृष्ण का, तो हम कृष्ण जैसे होना चाहते हैं। और अगर हमें लगता है कि सम्मान है आइंस्टीन का, तो हम आइंस्टीन जैसे होना चाहते हैं। और हमें लगता है कि सम्मान है किसी अभिनेता का, तो हम अभिनेता होना चाहते हैं। लेकिन कारण क्या है? जिसका सम्मान है, वैसे हम हों, यह हमारे अहंकार की मांग हो जाती है।

लेकिन संत अहंकार से बचता है, अपव्यय से और अति से। जो इन तीन से बच जाता है—तीन क्या, एक अर्थ में एक ही बात है—जो इससे बच जाता है, वह परम शांति को, निसर्ग को, ताओ को उपलब्ध हो जाता है। वह स्वभाव में गिर जाता है।

हस्तक्षेप से बचें—दूसरों के प्रति भी और स्वयं के प्रति भी।

आज इतना ही। पांच मिनट रुकें, कीर्तन करें।

इकसठवां प्रवचन

खेदपूर्ण आवश्यकता से अधिक हिंसा का निषेध

Chapter 30

WARNING AGAINST THE USE OF FORCE

He who by Tao purposes to help the ruler of men
Will oppose all conquest by force of arms.
For such things are wont to rebound.
Where armies are, thorns and brambles grow.
The raising of a great host is followed by a year of dearth.
Therefore a good general effects his purpose and stops.
He dares not rely upon the strength of arms;
Effects his purpose and does not glory in it;
Effects his purpose and does not boast of it;
Effects his purpose and does not take pride in it;
Effects his purpose as a regrettable necessity;
Effects his purpose but does not love violence.
(For) things age after reaching their prime.
That (violence) would be against the Tao.
And he who is against the Tao perishes young.

अध्याय 30

बल-प्रयोग से बचें!

जो ताओ के अनुसार राजा को मंत्रणा देता हैं, वह शस्त्र-बल से विजय का विरोध करेगा।
क्योंकि ऐसी विजय विजयी के लिए भी बहुत दुष्परिणाम लाती हैं।
जहां सेनाएं होती हैं, वहां कांटों की झाड़ियां लग जाती हैं।
और जब सेनाएं खड़ी की जाती हैं, उसके अगले वर्ष में ही अकाल की कालिमा छा जाती हैं।
इसलिए एक अच्छा सेनापति अपना प्रयोजन पूरा कर रुक जाता हैं।
वह शस्त्र-बल का भरोसा कदापि नहीं करता हैं।
वह अपना कर्तव्य भर निभाता हैं, पर उस पर गर्व नहीं करता हैं।
वह अपना कर्तव्य भर निभाता हैं, पर शेखी नहीं बघारता।
वह अपना कर्तव्य भर निभाता हैं, पर उसके लिए घमंड नहीं करता हैं।
वह एक खेदपूर्ण आवश्यकता के रूप में युद्ध करता हैं।
वह युद्ध करता हैं, लेकिन हिंसा से प्रेम नहीं करता।
क्योंकि, चीजें अपना शिखर छूकर फिर गिरावट को उपलब्ध हो जाती हैं।
हिंसा ताओ के विपरीत हैं। और जो ताओ के विपरीत हैं, वह शीघ्र नष्ट हो जाता हैं।

ला

ओत्से समस्त बल-प्रयोग के विरोध में है। जो भी निसर्ग के पक्ष में होगा, वह बल का विरोधी भी होगा। जबरदस्ती, किसी भी भांति की, निसर्ग के विपरीत है। इस बात को ठीक से समझ लें तो फिर इस सूत्र को समझना आसान हो जाएगा।

निसर्ग को देखें, आदमी को छोड़ कर। वृक्ष बड़े हो रहे हैं, नदियां बह रही हैं, चांद-तारे घूम रहे हैं; इतना विराट आयोजन चल रहा है। पर कहीं भी कोई जबरदस्ती नहीं मालूम पड़ती, जैसे सब सहज हो रहा है, जैसे इस सब होने में कोई बल का प्रयोग नहीं है, कोई धक्का नहीं दे रहा। नदी अपने से ही बही जा रही है, वृक्ष अपने से बड़े हो रहे हैं, तारे अपने से घूम रहे हैं। आदमी न हो, तो जगत बहुत मौन है। आदमी न हो, तो जगत में कोई द्वंद्व नहीं है, कोई संघर्ष नहीं है। एक सहजता, एक स्पांटेनिटी है।

लाओत्से मानता है, जब तक आदमी भी अपने भीतर और अपने बाहर इतना ही सहज न हो जाए, तब तक धर्म को उपलब्ध नहीं होता। क्योंकि धर्म का एक ही अर्थ हो सकता है : सहजता। और जब कोई सहज होगा, तभी आनंद को भी उपलब्ध होगा। जहां संघर्ष है, जहां द्वंद्व है। जहां जबरदस्ती है, जोर है, बल है, वहां दुख होगा।

इसके कई आयाम हैं। पहला : जैसे ही हम जबरदस्ती शुरू करते हैं, वैसे ही हमने अपनी मान्यता को जगत पर आरोपित करना शुरू कर दिया। जैसे ही मैं जबरदस्ती शुरू करता हूं, मैंने यह कहना शुरू कर दिया कि इस जगत के विपरीत हूं मैं। और जिस पर मैं जबरदस्ती करता हूं, मैंने उसकी आत्मा की हत्या शुरू कर दी। मैं उसकी स्वतंत्रता छीन रहा हूं, मैं उसका निसर्ग छीन रहा हूं। उसे मैं अपने अनुसार नहीं चलने दे रहा, मेरे अनुसार चलाने की कोशिश कर रहा हूं। चाहे फिर वह पिता हो, चाहे मां, चाहे गुरु, चाहे राजा, वह कोई भी हो, जो किसी दूसरे को अपनी मर्जी के अनुसार चलाने के लिए बल का प्रयोग कर रहा है, वह हिंसा कर रहा है। क्योंकि हिंसा का एक ही अर्थ होगा कि हम किसी मनुष्य का साधन की तरह उपयोग कर रहे हैं, साध्य की तरह नहीं।

जर्मन चिंतक इमेनुअल कांट ने नीति की परिभाषा में इस सूत्र को जोड़ा है। कांट ने कहा है कि एक ही नीति मैं जानता हूं कि किसी मनुष्य के साथ उसे साधन मान कर व्यवहार मत करना। प्रत्येक मनुष्य साध्य है। कोई मनुष्य किसी का साधन नहीं है। क्योंकि जब हम किसी मनुष्य का साधन की तरह उपयोग करते हैं, तभी हमने उस मनुष्य को वस्तु बना दिया। वह मनुष्य नहीं रहा। हमने उसकी आत्मा को इनकार कर दिया।

पुरुष न मालूम कितनी सदियों से स्त्री को अपनी संपत्ति मानते रहे हैं। वह अनीति है। क्योंकि कोई आत्मा किसी की संपत्ति नहीं हो सकती। संपत्ति मानते रहे हैं, इसीलिए युधिष्ठिर द्रौपदी को दांव पर लगा सके। संपत्ति ही दांव पर लगाई जा सकती है, कोई मनुष्य दांव पर नहीं लगाया जा सकता। किसी मनुष्य को वस्तु मानना ही पाप है। और जब हम जबरदस्ती करते हैं, तब हमने वस्तु माननी शुरू कर दी।

दूसरी बात : जैसे ही मैं जबरदस्ती करता हूं, बल का प्रयोग करता हूं, मैं अपनी शक्ति खो रहा हूं, मैं दीन हो रहा हूं, मैं कमजोर हो रहा हूं। और मेरी दीनता के कारण कोई दूसरा भी समृद्ध नहीं हो रहा। क्योंकि मेरी जबरदस्ती दूसरे को भी पीड़ा में डालती है, उसे भी जबरदस्ती करने को मजबूर करती है। वह भी अपनी शक्ति को व्यर्थ व्यय करेगा। जितनी ज्यादा हिंसा होगी, उतना जीवन का अवसर खोता है व्यर्थ। जितनी कम हिंसा होगी, उतनी जीवन की शक्ति बचती है। और बची हुई शक्ति ही अंतर्यात्रा के काम में आ सकती है।

ध्यान रहे, हिंसक व्यक्ति सदा बाहर की तरफ यात्रा करता है। क्योंकि हिंसक को तो सदा दूसरे का ही ध्यान रखना पड़ता है। और जो हिंसा करता है, वह हिंसा से भयभीत भी होगा। और जो हिंसा करने को तत्पर है, वह दूसरे की हिंसा से डरेगा भी। वह सदा ही दूसरे में उलझा रहेगा। वह हारे या जीते, लेकिन नजर उसकी दूसरे पर रहेगी। और जिन सीढ़ियों से हम यात्रा करते हैं, उन्हीं सीढ़ियों से दूसरे भी यात्रा करते हैं। और जब मैं हिंसा करके किसी की छाती पर बैठ जाता हूं, तो फिर मुझे भयभीत रहना पड़ेगा। यह तो हो भी सकता है कि जिसकी छाती पर मैं बैठा हूं, वह विश्राम को उपलब्ध हो जाए; लेकिन यह नहीं हो सकता कि मैं विश्राम को उपलब्ध हो जाऊं। मुझे तो भयभीत रहना ही पड़ेगा कि जिन उपायों से मैंने उसे नीचे दबा रखा है, वे ही उपाय किसी भी क्षण मेरे खिलाफ काम लाए जा सकते हैं। और शिथिलता का कोई भी क्षण, और मैं नीचे हो सकता हूं और दुश्मन ऊपर हो सकता है। जो हिंसक है, वह दूसरे पर ही उसका ध्यान अटका रहेगा। और जो हिंसक है, वह कभी अभय को उपलब्ध नहीं हो सकता। भीतर की कोई यात्रा संभव नहीं है, जिसका मन दूसरे में उलझा हो।

शक्ति का अपव्यय है; दूसरे में उलझाव है। अपने जीवन के अवसर का अपव्यय है। व्यर्थ ही, उससे कुछ सृजन नहीं होगा। सिर्फ मैं खोऊंगा, रिक्त और समाप्त हो जाऊंगा। जो दूसरे को समाप्त करने की कोशिश करता है, वह स्वयं भी समाप्त हो रहा है उस कोशिश में। दूसरा समाप्त हो पाएगा या नहीं, नहीं कहा जा सकता, लेकिन दूसरे को समाप्त करने में मैं समाप्त हो रहा हूं, यह सुनिश्चित है।

फिर तीसरी बात और खयाल में ले लें कि हिंसक की दृष्टि विध्वंस की होती है, मिटाने की होती है। हिंसा का मतलब ही है मिटाने की आतुरता। और जो मिटाने में बहुत उत्सुक हो जाता है, वह बनाने की कला भूल जाता है। उसका सृजनात्मक व्यक्तित्व पंगु हो जाता है; विध्वंसात्मक व्यक्तित्व ही रह जाता है। यह बड़ी हैरानी की बात है कि इस दुनिया में जो लोग बहुत हिंसात्मक हैं, वे बहुत सृजनात्मक हो सकते थे, इसीलिए हिंसात्मक हैं। इस दुनिया में जो बहुत बड़े अहिंसक लोग पैदा हुए हैं, वे भी बहुत बड़े हिंसक हो सकते थे, इसीलिए अहिंसक हैं।

मनसविद हिटलर के जीवन का गहन अध्ययन किए हैं। जरूरी भी है अध्ययन; क्योंकि हिटलर जैसे लोग जमीन पर होते रहें तो आदमी का होना ज्यादा देर तक संभव नहीं रहेगा। हिटलर एक चित्रकार बनना चाहता था; नहीं बन पाया। मूर्तियां गढ़ना चाहता था, सुंदर चित्र बनाना चाहता था; नहीं बना पाया। और मनसविद कहते हैं कि उसकी यह सृजन की आकांक्षा विध्वंस बन गई। फिर आदमी को तोड़ने, मिटाने और नष्ट करने में उसकी सारी शक्ति लग गई। शक्ति एक ही है, चाहे उससे मिटाएं, और चाहे उससे बनाएं। जो नहीं बना पाएगा, वह मिटाने में लग जाएगा। जो मिटाने में लग जाएगा, उसे बनाने का खयाल ही नहीं आएगा।

साथ ही यह भी खयाल रखें कि जब कोई दूसरे को मिटाने में लगता है, तो वह अपने को भी मिटा रहा है। समय खो रहा है, शक्ति खो रही है, जीवन चुक रहा है। और जो दूसरे के मिटाने में संलग्न है, वह मिटाना ही सीख जाता है। वह अपने लिए भी आत्मघाती हो जाता है।

हिटलर ने इतने लोगों की हत्या की और अंत में अपनी आत्महत्या की। वह बिलकुल तार्किक है घटना; ठीक यही अंत होगा। क्योंकि मिटाने वाले को एक ही तर्क आता है, मिटाने का। जब तक वह दूसरे के खिलाफ है, दूसरे

को मिटा रहा है। जिस दिन वह पाएगा दूसरा मिटाने को नहीं बचा—वह एक ही बात जानता है, मिटाना—वह अपने को मिटाएगा। इसलिए हिंसक अंततः आत्मघाती हो जाता है।

सृजन दूसरी ही यात्रा है।

लाओत्से परम अहिंसा में भरोसा करता है। लेकिन उसकी अहिंसा के कारण बड़े अलग हैं। वह यह नहीं कहता कि दूसरे को मत सताओ, क्योंकि दूसरे को दुख होगा। वह यह नहीं कहता। वह कहता है, दूसरे को मिटाने में तुम मिट रहे हो, दूसरे को समाप्त करने में तुम समाप्त हो रहे हो। और जिस जीवन में फूल खिल सकते थे आनंद के, वह तुम्हारा जीवन सिर्फ कांटों से भरा रह जाएगा।

इसमें थोड़ी सी विचारणीय है एक बात। आमतौर से अहिंसावादी यही कहते हैं कि दूसरे को दुख मत दो, क्योंकि दूसरे को दुख देना बुरा है। लाओत्से यह नहीं कहता। लाओत्से कहता है, दूसरे को दुख मत दो, क्योंकि इस तरह तुम अपने सुख का, अपने आनंद का अवसर खो रहे हो। लाओत्से बिलकुल स्वार्थी मालूम पड़ेगा।

लेकिन ध्यान रहे, लाओत्से कहता है कि अगर कोई व्यक्ति ठीक-ठीक स्वार्थी हो जाए तो उससे कोई बुरा काम हो ही नहीं सकता। यह बड़ी उलटी बात मालूम पड़ेगी। हम तो सिखाते हैं लोगों को परार्थी होने के लिए, परोपकार के लिए। छोड़ो स्वार्थ को और परार्थ को पकड़ो। लेकिन लाओत्से कहता है, जिसे स्वार्थ का ही पता नहीं, उसे परार्थ का तो कोई पता नहीं होगा। और जो अभी अपने स्वयं का हित भी साधने में समर्थ नहीं है, वह दूसरे का हित साध सकेगा, इस पागलपन में मत पड़ना। सच तो यह है कि जो अपना हित साध लेता है, उस साधने में ही दूसरे का हित सध जाता है। क्योंकि जो अपने आनंद को पकड़ लेता है, वह किसी को दुख देने में इसलिए असमर्थ हो जाता है कि उससे स्वयं का आनंद नष्ट होता है।

धर्म परम स्वार्थ है; लेकिन उससे परम परार्थ घटित होता है। नीति परार्थ की बातें करती है, कुछ घटित नहीं होता। न परार्थ घटित होता है, न स्वार्थ घटित होता है।

लाओत्से कहता है कि अगर व्यक्ति अपने निज का पूरा खयाल रख ले तो उससे इस जगत में बुरा होगा ही नहीं कुछ। उस खयाल में ही जीवन के प्रति उसका सदभाव और करुणा गहन हो जाएगी। असल में, दूसरे पर दया वही करता है, जिसे अपने पर दया करना आ गया है। और दूसरे पर दया करना जो नहीं जानता, उसका मतलब ही यह है कि उसे अभी अपने पर दया करने का कोई भी पता नहीं है।

बुद्ध को किसी ने पत्थर फेंक कर मार दिया है। आनंद, उनका शिष्य, क्रोधित हो गया है। और उसने कहा कि मुझे आज्ञा दें तो इस आदमी को मैं रास्ते पर लगाऊं। बुद्ध ने कहा, भूल उसने की है, सजा तू अपने को देगा? आनंद से बुद्ध ने कहा, बहुत समय पहले यह सूत्र मेरी समझ में आ गया कि हम दूसरे की नासमझियों के लिए अपने को दंड देते हैं। यह पत्थर उसने फेंका है, यह उसका काम हुआ। अगर इस पत्थर के सिलसिले में हम भी कुछ करने जाते हैं, तो वह आदमी जीत गया और उसने हमें एक वर्तुल में फंसा लिया। वह हमारा मालिक हो गया। उसने पत्थर मारा और हमारे भीतर उसने क्रिया को जन्म दे दिया; वह हमारा मालिक हो गया। वह जीत गया, हम हार गए। और अब अगर मैं क्रोधित होता हूं, तो उसका पत्थर मारना सफल हो गया। नहीं, बुद्ध ने कहा कि मैं परम स्वार्थी हूं, मैं अपने सुख को बचाता हूं। वह पत्थर मारे तो भी मेरे सुख को मैं नहीं टूटने देता; मैं अपने आनंद को बचाता हूं।

और एक बार कोई आदमी अपने आनंद को बचाना सीख जाए तो इस दुनिया में उस आदमी से कुछ भी बुरा दूसरे के लिए नहीं हो सकेगा। क्योंकि दूसरे के लिए बुरा करना गहरे में अपने लिए ही गड्ढा खोदना सिद्ध होता है। किसी नीति-शास्त्र के वचन के अनुसार नहीं, निरंतर मनुष्य के अपने ही अनुभव के अनुसार। व्यक्ति के लिए भी और समाज के लिए भी लाओत्से की यही दृष्टि है। यह सूत्र समाज की तरफ इशारा है।

लाओत्से कहता है, 'जो ताओ के अनुसार राजा को मंत्रणा देता है, वह शस्त्र-बल से विजय का विरोध करेगा।'

ताओ के अनुसार जो राजा को मंत्रणा देता है, वह शस्त्र-बल का विरोध करेगा। वस्तुतः वह बल का ही विरोध करेगा। वह चाहेगा कि काम बिना बल के हो जाए। और जितना कुशल होगा व्यक्ति, उतने बिना बल के काम करा लेता है। अकुशल अपनी अकुशलता की पूर्ति बल से करता है।

कभी आप किसी कुशल व्यक्ति को देखें—किसी भी काम में—आप पाएंगे, वह बल-प्रयोग न के बराबर करता है। एक कुशल व्यक्ति को कार चलाते देखें, तो आप पाएंगे, वह बल का बिलकुल प्रयोग नहीं कर रहा, वह ताकत लगा ही नहीं रहा। एक सिक्खड़ को कार चलाते देखें; उसकी सारी शक्ति व्यय हुई जा रही है, पसीना-पसीना हुआ जा रहा है। क्या फर्क है दोनों में? कार कोई बल से नहीं चलती, कुशलता से चलती है। लेकिन कुशलता की कमी हो तो आदमी बल से उसे पूरी करना चाहता है। बल हम लगाते ही हैं वहां, जहां हमारी कुशलता क्षीण पड़ती है, कम पड़ती है।

आप खयाल करना, इसलिए नया काम करने में आप थक जाते हैं और पुराना काम करने में आप नहीं थकते। पुराना काम कुशल हो गया है। नया काम, आप ताकत लगाते हैं। छोटे बच्चों को लिखते देखें, तो उनका पूरा शरीर अकड़ा हुआ है कलम पकड़ने में। अभी वे कुशल नहीं हैं, अभी सारी ताकत लगा कर वे कुशलता पूरी कर रहे हैं। बच्चे कागज को फाड़ देते हैं, इतना ताकत लगा कर लिखते हैं। ताकत लगाने की कोई जरूरत नहीं है। कई तो बूढ़े भी ऐसे लिखते हैं, पूरी ताकत लगा देते हैं। ताकत का लिखने से कोई लेना-देना नहीं है। लेकिन भीतर कुशलता की कमी है।

एक झेन फकीर हुआ, लिंची। वह अपने शिष्यों को चित्रकला सिखाता था। वह कहता था कि अगर तुम्हें जरा भी श्रम मालूम पड़े, तो समझना कि अभी तुम कलाकार नहीं हुए। अगर तुम्हें जरा भी श्रम मालूम पड़े कुछ बनाते वक्त, तो समझना अभी कमी है। और जब श्रम बिलकुल ही न पड़े, जब तुम्हें लगे ही नहीं, कि जैसे तुमने कुछ भी नहीं किया, ऐसे ही तुमने कैनवस पर पेंटिंग बना दी, तो ही जानना कि तुम कुशल हुए हो।

कुशलता बल नहीं मांगती, जीवन का कोई आयाम हो। अकुशलता बल मांगती है। ताओ के अनुसार सलाह देने वाला शस्त्र-बल का विरोध करेगा। क्योंकि वह बताता है कुशलता की कमी है।

'क्योंकि ऐसी विजय, विजयी के लिए भी दुष्परिणाम लाती है।'

और फिर विजय, जो हारता है, उसके लिए तो दुष्परिणाम लाती ही है; जो जीतता है, उसके लिए भी दुष्परिणाम लाती है।

नेपोलियन ने अनेक युद्धों के अनुभव के बाद एक पत्र में लिखा है कि जो हारता है वह तो रोता ही है, लेकिन जो जीतता है वह भी रोता है। क्योंकि चारों तरफ विध्वंस फैल जाता है और हाथ कुछ भी नहीं लगता। सब टूट जाता है, विकृत हो जाता है, और हाथ कुछ भी नहीं लगता।

और जिसे हरा कर हम जीत जाते हैं, ध्यान रहे, जिंदगी बड़ी जटिलता है। आप जब तक उसे हराए नहीं थे, तब तक आपका दुश्मन भी आपको बल देता था। यह थोड़ा कठिन है, लेकिन समझने की कोशिश करें। जिस दिन आप दुश्मन को हरा देते हैं, उस दिन दुश्मन आपको बल नहीं देता, आप भी टूट गए होते हैं।

खयाल करें, आपका एक दुश्मन आज मर जाए, तो आपकी जिंदगी में उतनी ही कमी हो जाएगी, जितनी किसी मित्र के मरने से होती। इसलिए समझदारों ने तो कहा है कि अच्छा दुश्मन चुन लेना, अच्छा दुश्मन पा जाना बड़ा सौभाग्य है। क्योंकि अच्छे दुश्मन से जो आपका तनाव बना रहता है, सेतु बना रहता है, जो खिंचाव बना रहता है। वह सृजनात्मक हो सकता है। दुश्मन के टूटते ही...।

इसको ऐसा समझें कि आज अमरीका हार जाए; तो आप सोचते हैं, रूस की गति का क्या होगा? रूस के विकास का क्या होगा? सब शून्य हो जाएगा। या आज रूस हार जाए तो अमरीका के सारे विकास का क्या होगा? शून्य हो जाएगा। वह सारा विकास एक सतत द्वंद्व के बीच तनाव में है। और आज मैं समझता हूं कि रूस और अमरीका इस बात को भलीभांति समझते हैं कि लड़ना उनके हित में नहीं है, लड़ने का पोज बनाए रखना उनके हित में है। लड़ना जरा भी हित में नहीं है, लेकिन एक लड़ने की मुद्रा बनाए रखना हित में है। उसकी शिथिलता खतरनाक हो सकती है।

दुश्मन को मिटा कर आप भी मिट जाते हैं; क्योंकि उस दुश्मन के साथ स्पर्धा में जो-जो निर्मित हुआ था, वह सब गिर जाता है और क्षीण हो जाता है। हारा हुआ तो हारता है, दुख पाता है; जीते हुए को भी दुष्परिणाम हाथ लगते हैं।

'जहां सेनाएं होती हैं, वहां कांटों की झाड़ियां लग जाती हैं। और जब सेनाएं खड़ी की जाती हैं, तो उसके अगले वर्ष ही अकाल की कालिमा छा जाती है। इसलिए एक अच्छा सेनापति अपना प्रयोजन पूरा कर रुक जाता है।'

लाओत्से यह कह रहा है कि मजबूरी हो सकती है कभी राज्य के लिए, समाज के लिए; व्यक्ति के लिए कभी भी नहीं। इसे भी थोड़ा खयाल में ले लें। व्यक्ति के लिए मजबूरी कभी भी नहीं है; लेकिन समाज और राष्ट्र के लिए मजबूरी हो सकती है। क्योंकि एक व्यक्ति का सवाल नहीं है, करोड़ों लोगों का सवाल है। तो राष्ट्र को कभी लड़ने पर भी उतरना पड़ सकता है। तो पहले तो ताओ को मानने वाला युद्ध की सलाह नहीं देगा, सैन्य-शक्ति की सलाह नहीं देगा। और अगर मजबूरी ही हो, तो भी सेनापति अगर होशियार है तो धमकी देकर रुक जाएगा। युद्ध में उतर जाना नासमझ सेनापतियों का काम है। समझदार उस सीमा तक रुक जाएगा, जहां सिर्फ बल का दिखावा होता है, लेकिन बल का संघर्ष नहीं होता।

कल मैं आपसे कह रहा था, पशुओं में सिर्फ बल का दिखावा होता है, संघर्ष नहीं होता। ज्यादा होशियार मालूम पड़ते हैं। निसर्ग शायद उन्हें ज्यादा एक अंतर्दृष्टि दिए हुए है। बल का प्रयोग काफी होता है दिखावे के लिए, लेकिन कभी उसका ठीक प्रयोग नहीं होता। इसके पहले कि खतरा हो, पशु रुक जाते हैं। जैसे ही साफ हो गई बात कि कौन कमजोर है, कौन ताकतवर है, रुकावट आ जाती है।

'सेनापति अपना प्रयोजन पूरा कर रुक जाता है। वह शस्त्र-बल का भरोसा कदापि नहीं करता।'

आमतौर से हम सोचते हैं कि सेनापति शस्त्र-बल का भरोसा करता है; राज्य तो शस्त्र-बल के भरोसे पर ही निर्भर होता है। लेकिन लाओत्से की सलाह, ताओ के अनुसार अगर कभी कोई समाज चलता हो, तो उसके लिए यह है कि भरोसा शस्त्र-बल पर नहीं होना चाहिए। वह अंतिम मजबूरी है, एक आवश्यक बुराई है। न टाली जा सके, ऐसी बीमारी हो सकती है, लेकिन उसका भरोसा नहीं होना चाहिए। जिसका उसे भरोसा है, वह पहले ही मौके पर उसका उपयोग कर लेगा। और जो समझदार नहीं है, वह जरूरत जब पूरी हो जाएगी तब भी नहीं रुकेगा।

पिछले महायुद्ध में ऐसा हुआ। जापान पर एटम बम गिराने की कोई भी जरूरत न थी। जर्मनी घुटने टेक रहा था; जापान के पैर टूटे जा रहे थे। दो-चार दिन, सात दिन ज्यादा से ज्यादा, और जापान विलीन हो जाता। लेकिन अमरीका को शस्त्र-बल का भरोसा था। एटम हाथ में आ गया था पहली दफा आदमी के, वे उसका उपयोग करना चाहते थे। जरूरत बिलकुल भी न थी। कोई हिरोशिमा-नागासाकी में एक-एक लाख लोगों के मर जाने की जरा भी जरूरत न थी। लेकिन हाथ में ताकत हो तो नासमझ उसका उपयोग करना चाहेगा।

इसलिए अमरीका का अपराध क्षमा नहीं किया जा सकता। युद्ध की कोई जरूरत न रह गई थी। जापान हार ही रहा था। और हारते हुए के ऊपर एटम का फेंकना मजबूरी नहीं थी, विलास था। अनावश्यक था। अमरीका के

सेनापति भी कहते हैं कि सात दिन से ज्यादा युद्ध आगे जा नहीं सकता था; बात खतम हो गई थी। हां, इससे उलटी हालत हो सकती थी कि जापान जीत रहा होता और न्यूयार्क में अमरीकी फौजें घुटने टेक रही होतीं और उन्हें एटम बम फेंकना पड़ता। वह मजबूरी होती, शस्त्र का भरोसा न होता। लेकिन अमरीका जरा भी खतरे में न था। अमरीकी फौजें जापान की छाती में प्रवेश कर गई थीं। जापान टूट चुका था, उजड़ चुका था। लेकिन इतनी बड़ी ताकत उजड़ने में भी एक सप्ताह का वक्त लेती है। इतनी जल्दी कोई भी आवश्यक नहीं थी। एटम बिलकुल अनावश्यक था।

और इसीलिए जो बुद्धिमान आदमी हैं, वे इस पाप को गहन पाप मानते हैं। क्योंकि यह उस शत्रु की छाती में छुरा भोंकने जैसा था, जो जमीन पर गिर चुका था और जो हाथ जोड़े पड़ा था और माफी मांग रहा था। उसकी छाती में छुरा भोंकने जैसा था। यह क्षम्य नहीं है। लेकिन यह हुआ क्यों?

यह हो जाने का कारण है। कारण अमरीका की कोई सभ्यता, कोई संस्कृति पुरानी नहीं है, केवल तीन सौ वर्ष! नए से नया, कोई समाज अगर बचकाना हो सकता है, तो वह अमरीका है। तीन सौ वर्ष कोई उम्र होती है जातियों के लिए? जिनका इतिहास तीन सौ वर्ष का हो, उनकी समझ बहुत गहरी नहीं हो सकती। जानकारी बहुत हो सकती है, समझ बहुत नहीं हो सकती। विज़डम की कमी होगी। तो आज अमरीका के पास जानकारी तो बहुत है, इसीलिए तो एटम भी बन सका। लेकिन समझ नहीं है। समझ न होने के कारण उसका उपयोग हो गया।

लाओत्से कहता है, सेनापति, जो ताओ का भरोसा करता है, जो धार्मिक है, जो राज्य धार्मिक है, वह शस्त्र-बल का भरोसा कदापि नहीं करता। अपना कर्तव्य भर निभाता है, उस पर गर्व नहीं करता। अपना कर्तव्य भर निभाता है, उसकी शेखी नहीं बघारता। अपना कर्तव्य भर निभाता है, उसके लिए घमंड नहीं करता। वह एक खेदपूर्ण आवश्यकता के रूप में युद्ध करता है। इफेक्ट्स हिज परपज एज ए रिग्रेटेबल नेसेसिटी। एक खेदपूर्ण आवश्यकता की भांति—एक मजबूरी, एक बुराई, जो करनी पड़ेगी, जिससे बचना मुश्किल है। लेकिन हिंसा से प्रेम नहीं करता।

'चीजें अपना शिखर छूकर फिर गिरावट को उपलब्ध हो जाती हैं।'

हिंसा से प्रेम एक बात है, और हिंसा मजबूरी में, बिलकुल दूसरी बात है। और इस भेद को जो नहीं जानते, वे बड़ी मुश्किलों में समाजों को उलझा देते हैं। इस पर हम थोड़ा ध्यान दे लें। एक तरफ वे लोग हैं, जो हिंसा के लिए दीवाने हैं, मौके की तलाश में हैं। मौका मिल जाए, वे हिंसा करेंगे। फिर वे यह न देखेंगे कि कहां तक जाना जरूरी था। फिर वे वहां तक जाएंगे, जहां तक जा सकते थे। जरूरत का कोई सवाल नहीं है। हिंसा उन्हें खेल हो जाएगी, हिंसा उनके लिए शिकार हो जाएगी। दूसरे वे लोग हैं, जो दूसरी अति पर चले जाएंगे, जो अहिंसा के लिए पागल हो जाएंगे, और जो हिंसा खेदपूर्ण आवश्यकता है, उसको भी करने में शिथिल हो जाएंगे।

ऐसा हमने इस मुल्क में किया। हमने दूसरी अति छुई। हमने जो खेदपूर्ण हिंसा थी, उसको भी नहीं करेंगे, ऐसा दूसरी अति पर चले गए। लेकिन जब आप खेदपूर्ण हिंसा नहीं करेंगे, तो दूसरा भी नहीं करेगा, इसको मानने का कोई भी कारण नहीं है। सच तो यह है कि आपका न करना दूसरे के लिए निमंत्रण बन जाएगा करने का।

इसलिए जैनों और बौद्धों के प्रभाव के बाद भारत का पतन शुरू हो गया। क्योंकि अहिंसा की अति—कि किसी भी स्थिति में हिंसा नहीं करेंगे—स्वभावतः चारों तरफ से निमंत्रण बन गई हमलावरों के लिए। कि जो लोग भी हमला करना चाहें, उनके लिए भारत से ज्यादा सुविधापूर्ण कोई जगह न रही। इसलिए बहुत क्षुद्र शक्तियों ने भारत को पराजित किया। भारत की कहानी बड़ी अनूठी है। असल में, अध्यात्म के अतिशयपूर्ण प्रयोग की कहानी है। भारत की कहानी अनूठी है। अनूठी कई लिहाज से है।

पहला तो यह कि इतना बड़ा देश—गौरव-सभ्यता के शिखर पर! विज्ञान के संबंध में उस समय पृथ्वी पर कोई भी इतना विकसित नहीं, जितना भारत! आज जो विज्ञान के संबंध में बहुत विकसित हैं, वे उस समय बिलकुल

जंगली, जिनके पास कुछ समझ नहीं। गणित की, ज्योतिष की, धर्म की ऊंचाइयां स्पर्श कीं। संगीत की, कला की साहित्य की ऊंचाइयां स्पर्श कीं। एक शिखर स्वर्ण का! और अचानक भूमिसात हो गया। और जिन्होंने हराया, वे बहुत क्षुद्र थे। उनका कोई नाम जानने वाला भी न था। भारत को नहीं जीता था उन्होंने तो इतिहास में उनका कभी कोई उल्लेख न होता। क्या हुआ? अतिशय कभी-कभी बड़े खतरे हो जाते हैं। भारत एकदम दूसरी अति पर उतर गया।

एक अति है : जहां जरूरी न हो वहां हिंसा करना, हिंसा को खेल समझ लेना, रक्तपात को रस बना लेना। एक दूसरी अति है : इतने भयभीत हो जाना, इतने डर जाना कि जहां जरूरत हो जाए, वहां से भी हट जाना।

ध्यान रहे, भारत ने सर्जरी की सबसे पहली खोज की। सुश्रुत ने, जो आज की नवीनतम सर्जरी है उसके सूत्र स्पष्ट लिखे हैं। प्लास्टिक सर्जरी के बाबत भी। लेकिन फिर क्या हुआ? बौद्धों और जैनों के प्रभाव में सर्जरी भी हिंसा मालूम पड़ी। वह भी नहीं करनी चाहिए। किसी की हड्डी काटनी, हाथ काटना, पेट काटना, यह नहीं किया जा सकता। और फिर आदमी को काटना हो, उसकी शरीर की रचना, उसका अस्थिपंजर, वह सब जानना हो, तो मुर्दे भी काटना पड़ेंगे। फिर कुछ पशुओं को भी काट कर जानकारी लेनी पड़ेगी। वह सब नहीं हो सकता। तो बीमारी सही जा सकती है, भयंकर बीमारियां सही जा सकती हैं, लेकिन सर्जरी नहीं की जा सकती। सुश्रुत ने जो खोजा था, अगर सुश्रुत के बाद तीन हजार साल हम उस सूत्र पर चलते, तो पश्चिम की सर्जरी आज बचकानी होती। लेकिन चलने का कोई उपाय न रहा; क्योंकि सर्जरी में, शल्य-क्रिया में हिंसा मालूम पड़ने लगी। वह नहीं की जा सकती।

जैनों ने तो अति कर दी, उन्होंने खेती-बाड़ी बंद कर दी। क्योंकि उसमें हिंसा! इसलिए कोई जैन खेती-बाड़ी नहीं करता। क्योंकि वृक्ष उखाड़ने पड़ेंगे, पौधे उखाड़ने पड़ेंगे, काटने पड़ेंगे। तो पौधे में प्राण हैं।

इसे थोड़ा समझ लें। पौधे को काटना खेदपूर्ण हिंसा है। कोई चाहता नहीं। अगर हम जी सकें बिना पौधे को काटे, तो कोई काटने की जरूरत नहीं है। और फिर अगर मैं न भी काटूं, तो कोई दूसरा मेरे लिए काटेगा। फर्क कहां पड़ता है? जैन गेहूं तो खाएंगे ही। कोई और बनाएगा, कोई और काटेगा। तो इतना ही हुआ कि हिंसा हम दूसरे से करवा रहे हैं, अपने दलालों से करवा रहे हैं। बाकी जब मैं भोजन ले रहा हूं, जब तक मैं भोजन ले रहा हूं, तो भोजन लेने में जो भी हिंसा होगी, उसका जिम्मा तो मेरा होगा।

तो जैनों ने बंद कर दी। जैन हट गए। जैन इसीलिए सब दुकानदार हो गए, क्योंकि कोई उपाय न रहा। क्षत्रिय थे मूलतः वे; क्योंकि महावीर और जैनों के चौबीस तीर्थंकर क्षत्रिय थे। तलवार उनके हाथ में ही थी, ऐसे वे पैदा हुए थे। निश्चित ही जब उनके चौबीस तीर्थंकर क्षत्रिय थे, तो उनके मानने वाले अधिक लोग क्षत्रिय होंगे। क्षत्रिय रहने का कोई उपाय न रहा, क्योंकि हिंसा तो की नहीं जा सकती। ब्राह्मण होने का कोई दरवाजा नहीं था; क्योंकि जन्म से कोई ब्राह्मण होता है। शूद्र कोई होना नहीं चाहता था। इसलिए वणिक होने के सिवाय कोई उपाय नहीं रह गया। खेती-बाड़ी की जा नहीं सकती, शूद्र कोई हो नहीं सकता; तो सिर्फ दुकान चलाने के सिवाय कोई उपाय नहीं रह गया।

यह जो अति पैदा हो जाती है, यह अति खतरे में ले जाती है—एक से दूसरे खतरे में। कुएं से बचते हैं, खाई में गिर जाते हैं। तो एक शिखर छूकर भारत एकदम नीचे गिर गया। इसलिए भारत के मन में अभी भी हरा है वह घाव। और हमारे मन में ऐसा लगता है कि कोई एक स्वर्ण-शिखर था अतीत में, जिसे हम छूकर हट गए। इसलिए हमारा मन बार-बार पीछे लौट जाता है। उसमें थोड़ी सचाई है। एक शिखर हमने छुआ था। लेकिन होता खतरा तभी है, जब कोई शिखर छू लेता है। उदाहरण दूं तो खयाल में आ जाए।

जब हम सभ्यता के इतने शिखर पर थे और विलास की सुविधा थी, इस विलास की भी कि हम चाहें तो अहिंसा की अति में चले जाएं। यह भी सिर्फ तभी संभव हो सकता है, जब लोग बहुत खुशहाल हों। तब इतना सोच सकें, इतनी बारीक, सूक्ष्म अहिंसा की बात सोच सकें। तो हम हट गए।

आज अमरीका भी ठीक वैसी हालत में है। आज अमरीका समृद्ध है, संपन्न है। आज उसके बच्चे युद्ध से हटना चाहते हैं। आज अमरीका में जितना, वियतनाम में युद्ध न हो, इसका विरोध है, ऐसा कभी किसी मुल्क में नहीं हुआ कि उसका मुल्क लड़ रहा हो और मुल्क के भीतर इतना भयंकर विरोध हो।

आप थोड़ा सोचें भारत में कि भारत पाकिस्तान से लड़ रहा हो और भारत के सारे युनिवर्सिटी और कालेजों में और सारे युवा-समाज में इसका विरोध हो—कि नहीं, यह लड़ाई गलत है। ऐसा कभी दुनिया में हुआ नहीं; क्योंकि जब मुल्क लड़ता है, तो पूरा मुल्क दीवाना और पागल हो जाता है। और जो दीवाना और पागल नहीं होगा, वह गद्दार और देशद्रोही मालूम पड़ेगा।

अमरीका में यह पहली दफा हो रहा है। होने का कारण है। अति संपन्नता में ही दूसरी अति पर जाने की सुविधा होती है। यह भारत में हुआ। बुद्ध और महावीर के वक्त हम एक शिखर पर पहुंचे। एक ऊंचाई थी। और तब हमने कहा कि हम नहीं लड़ेंगे—मिट जाएंगे, लड़ेंगे नहीं। तब दूसरे को मौका मिल गया। अगर आज अमरीका अपने लड़कों की बात मान ले, तो अमरीका वैसा ही गिरेगा, जैसा भारत कभी गिरा। और हो सकता है लड़के मनवा दें। क्योंकि आज नहीं कल ताकत उनके हाथ में आएगी; आज नहीं कल वे सत्ता में होंगे। और एक अति से दूसरी अति पर मन का जाना बहुत आसान है।

लाओत्से दूसरी अति पर जाने को नहीं कह रहा है। लाओत्से कहता है, एक खेदपूर्ण आवश्यकता के रूप में युद्ध करता है एक सच्चा सेनापति। युद्ध करता है, लेकिन हिंसा से प्रेम नहीं करता।

बड़ा कठिन है, युद्ध करना और हिंसा से प्रेम नहीं करना। लेकिन ताओ को मानने वाले लोगों ने चीन में और जापान में इस तरह का सैनिक निर्मित करने का महान प्रयोग किया, जो युद्ध करता है, लेकिन हिंसा से प्रेम नहीं करता। अगर आपने समुराई नाम सुना हो, तो जापान में समुराइयों की एक बड़ी जमात पैदा हुई, यह एक खास तरह के सैनिक का नाम समुराई है। उस सैनिक का नाम समुराई है, जो युद्ध तो करता है, लेकिन हिंसा से प्रेम नहीं करता। तब इस समुराई की सारी शिक्षा-पद्धति बड़ी अनूठी है। इसे तलवार सिखाने के पहले ध्यान सिखाया जाता है। और इसे युद्ध पर भेजने के पहले स्वयं के भीतर जाना होता है। और यह दूसरे को काटने जाए, उसके पहले इसे उस अनुभव से गुजरना होता है, जहां यह जानता है कि आत्मा काटी नहीं जा सकती।

यह बड़ी कठिन बात है। क्योंकि संन्यासी होना एक बात है, आसान है। सैनिक होना भी आसान है। लेकिन संन्यासी और सैनिक एक साथ होना बहुत कठिन है। समुराई संन्यासी और सैनिक एक साथ है।

कृष्ण ने भी अर्जुन को समुराई बनाने की कोशिश गीता में की है। वह समुराई बनाने की कोशिश है—सैनिक और संन्यासी एक साथ। वे कहते हैं, तू लड़! क्योंकि अगर न लड़े, वह अति होगी। वे यह भी नहीं कहते कि लड़ने को तू जीवन का कोई अंत समझे; वह भी अति होगी। अर्जुन को आसान था, कृष्ण कह देते, काट! कोई आत्मा नहीं है, कोई परमात्मा नहीं है, आदमी सिर्फ शरीर है। गीता में आगे जाने की जरूरत न थी। अर्जुन को इतना पक्का हो जाता कि आदमी सिर्फ शरीर है, काटने-पीटने में कोई हर्ज नहीं है, वह लोगों को वृक्षों की पंक्ति की भांति काट डालता। अगर उसे कोई भरोसा दिला देता भौतिकवाद का, तो कोई अड़चन न थी, वह सैनिक हो जाता। शुद्ध सैनिक वह था। या अगर कोई उसे भरोसा दिला देता कि हर स्थिति में हिंसा पाप है, तू भाग जा, तो वह बिलकुल तैयार था भाग जाने को। वह संन्यासी हो जाता।

उसे एक बहुत ही अजीब आदमी से मुलाकात हो गई। वह जो सारथी बना कर बैठा था, उससे ज्यादा अजीब आदमी खोजना मुश्किल है। उसने दोनों बातें कहीं। वह बातें तो महावीर जैसी करने लगा सारथी; आत्मा अमर है, और जीवन का परम लक्ष्य परमात्मा को पाना है, और मुक्ति—यह बात करने लगा।

वह मार्क्स जैसी बात करते कृष्ण, अर्जुन की समझ में आ जाती; अर्जुन काट देता वैसे ही मजे से, जैसे स्टैलिन ने एक करोड़ लोग काट डाले। कोई अड़चन ही न रही। यह बात अगर पक्की खयाल में आ जाए कि दूसरी तरफ कोई आत्मा है ही नहीं, सिर्फ शरीर, एक यंत्र है, तो यंत्र को तोड़ने में क्या अड़चन आती है? कोई अंतर-ग्लानि भी नहीं होती, कोई अंतःकरण को पीड़ा भी नहीं होती। अगर मार्क्स मिल जाता तो भी अर्जुन को शांति मिल जाती, वह युद्ध में उतर जाता। या महावीर मिल जाते तो वह तलवार छोड़ कर जंगल चला जाता।

मगर यह जो आदमी मिल गया कृष्ण, इसने दिक्कत में डाल दिया। इसने कहा, व्यवहार तो तू ऐसे कर, जैसे दुनिया में कोई आत्मा नहीं है—काट! और भलीभांति जान कि जिसे तू काट रहा है, उसे काटा नहीं जा सकता। यह दो अतियों के बीच में जो बात थी, बीच में खड़ा हो जा संतुलित, यह अर्जुन को मुश्किल पड़ी। और पता नहीं अर्जुन कैसे इस मुसीबत के बीच अपने संतुलन को उपलब्ध कर पाया।

भारत तो अभी तक नहीं कर पाया। यह कृष्ण की बात बहुत चलती है, गीता इतने लोग पढ़ते हैं; लेकिन भारत से गीता का कोई भी संबंध नहीं है। भारत में या तो अति वाले लोग हैं जो अहिंसा को मानते हैं, और या दूसरी अति वाले लोग हैं जो हिंसा को मानते हैं। लेकिन भारत में अर्जुन जैसा व्यक्तित्व पैदा नहीं हो सका। गीता बिलकुल ही भारत के सिर पर से चली गई है। उसने कभी हृदय को भारत के छुआ नहीं। हालांकि यह बात उलटी मालूम पड़ेगी; क्योंकि घर-घर गीता पढ़ी जाती है। गीता जितनी पढ़ी जाती है, और कुछ पढ़ा नहीं जाता। गीता लोगों को कंठस्थ है, लेकिन छू नहीं सकी। छू नहीं सकती, क्योंकि बहुत कठिन बात है। सैनिक और संन्यासी एक साथ, इससे ज्यादा कोई कठिन बात दुनिया में संभव नहीं है। यह सर्वाधिक नाजुक मार्ग है।

लाओत्से भी ठीक कृष्ण से सहमत है। लाओत्से कहता है, 'वह युद्ध करता है, लेकिन हिंसा से प्रेम नहीं करता।'

और फिर एक बात कहता है, जो बड़े मतलब की है, 'चीजें अपना शिखर छूकर फिर गिरावट को उपलब्ध हो जाती हैं।'

लाओत्से कहता है, विजय अगर तुमने पा ली, तो जल्दी ही तुम हारोगे। इसलिए विजय पाना मत, विजय को शिखर तक मत ले जाना। किसी चीज को इतना मत खींचना कि ऊपर जाने का फिर उपाय ही न रह जाए। फिर नीचे ही गिरना रह जाता है। लाओत्से कहता है, सदा बीच में रुक जाना।

अतिवादी कभी बीच में नहीं रुकता, खींचता जाता है। और एक जगह आती है, जहां से फिर नीचे उतरने के सिवाय कोई रास्ता नहीं रह जाता। आखिर हर शिखर से उतराव होगा ही। लेकिन लाओत्से की बात किसी ने भी नहीं सुनी है कभी। सभी सभ्यताएं अति कर जाती हैं; एक शिखर पा लेती हैं, और गिर जाती हैं। कितनी सभ्यताएं शिखर छूकर गिर चुकी हैं! फिर भी वह दौड़ नहीं रुकती। बेबीलोन, असीरिया, मिस्र अब कहां हैं? एक बड़ा शिखर छुआ, फिर नीचे गिर गए।

अभी भी वैज्ञानिक कहते हैं कि इजिप्त के जो पिरामिड्स हैं, उतने बड़े पत्थर किस भांति चढ़ाए गए, यह अभी भी नहीं समझा जा सकता। कुछ पत्थर गिजेह के पिरामिड में इतने बड़े हैं कि हमारे पास जो बड़ी से बड़ी क्रेन है, वह भी उन्हें उठा कर ऊपर नहीं चढ़ा सकती। बड़ी हैरानी की बात मालूम पड़ती है! तो फिर इजिप्त उनको आज से कोई छह हजार साल पहले, सात हजार साल पहले, कैसे चढ़ा सका? अब तक यही समझा जाता था कि आदमियों के सहारे। लेकिन उस पत्थर को चढ़ाने के लिए तेईस हजार आदमियों की एक साथ जरूरत पड़ेगी। तो उनके हाथ ही नहीं पहुंच सकते पत्थर तक। तेईस हजार आदमी एक पत्थर को उठाएंगे कैसे? क्या राज रहा होगा? वे पत्थर कैसे चढ़ाए गए?

इजिप्त की पुरानी किताबें कहती हैं कि इजिप्त ने ध्वनि की कीमिया खोज ली थी। और एक विशेष ध्वनि करते ही पत्थर ग्रेविटेशन खो देते थे; उनका जो वजन है, वह खो जाता था। आज कहना मुश्किल है कि यह कहां तक सही है। लेकिन और कोई उपाय भी नहीं है सिवाय यह मानने के कि उन्होंने कुछ मंत्र का, कुछ ध्वनि का उपाय खोज लिया था। चारों तरफ एक विशेष ध्वनि करने से एंटी-ग्रेविटेशन, जो गुरुत्वाकर्षण है, उसकी विपरीत स्थिति पैदा हो जाती थी, और पत्थर उठाया जा सकता था।

यहां पूना के पास, कोई पचास मील दूर, सिरपुर में एक पत्थर है। एक मस्जिद के पास पड़ा हुआ है। जिस दरवेश की, जिस फकीर की वह मजार है, नौ आदमी, ग्यारह आदमी अपनी छिगलियां उस पत्थर में लगा दें और फकीर का नाम लें जोर से, तो अंगुलियों के सहारे वह बड़ा पत्थर उठ आता है सिर के ऊपर तक। बिना नाम लिए ग्यारह आदमी कितनी ही कोशिश करें, वह पत्थर हिलता भी नहीं। पर एक क्षण को वह पत्थर ग्रेविटेशन खो देता है। वैज्ञानिक उसका अध्ययन करते रहे, लेकिन अब तक उसकी कोई बात साफ नहीं हो सकी कि मामला क्या है। उस फकीर के नाम में कोई ध्वनि, आस-पास पत्थर के, निर्मित हो जाती है और पत्थर उठ जाता है।

पर जिन्होंने ध्वनि के सहारे इतने बड़े पत्थर पिरामिड पर चढ़ाए होंगे, वे आज कहां हैं? वे खो गए। एक शिखर छुआ। आज पिरामिड खड़े रह गए हैं, लेकिन उनको बनाने वालों का कुछ भी पता नहीं रहा। असीरिया, बेबीलोन, सब खो गए, जहां सभ्यता जनमी।

प्लेटो ने अपने संस्मरणों में लिखा है कि इजिप्त से यात्रा करके लौटे हुए एक व्यक्ति ने बताया कि इजिप्त के मंदिर के बड़े पुजारी ने, सोलन ने, उसे बताया है कि कभी एक महाद्वीप परम सभ्यता को उपलब्ध हो गया था। अटलांटिस उस महाद्वीप का नाम था; फिर वह पूरी सभ्यता के साथ समुद्र में खो गया। क्यों खो गया, इसका कोई कारण आज तक नहीं खोजा जा सका। लेकिन जो भी मनुष्य जान सकता है, वह अटलांटिस की सभ्यता ने जान लिया था। खो जाने का क्या कारण होगा, इस पर लोग चिंतन करते हैं। हजारों किताबें लिखी गई हैं अटलांटिस पर। और अधिक लोगों का यही निष्कर्ष है कि अटलांटिस ने इतनी विज्ञान की क्षमता पा ली कि अपने ही विज्ञान के शिखर से गिरने के सिवाय कोई उपाय नहीं रह गया। वह अपनी ही जानकारी के भार से डूब गया। या तो कोई विस्फोट उसने कर लिया अपनी ही जानकारी से, जैसा आज हम कर सकते हैं।

आज कोई पचास हजार उदजन बम अमरीका और रूस के तहखानों में इकट्ठे हैं। अगर जरा सी भी भूल हो जाए और इनका विस्फोट हो जाए, तो अटलांटिस नहीं, पूरी पृथ्वी बिखर जाएगी। इसलिए आज जहां-जहां एटम बम इकट्ठे हैं, उनकी तीन-तीन चाबियां—क्योंकि एक आदमी का दिमाग जरा खराब हो जाए, गुस्सा आ जाए, किसी का पत्नी से झगड़ा हो जाए और वह सोचे कि खतम करो इस दुनिया को—तो तीन-तीन चाबियां रखी हुई हैं कि जब तक तीन आदमी राजी न हों, तब तक कुछ भी नहीं किया जा सकता। लेकिन तीन आदमी भी राजी हो सकते हैं। तीन आदमी राजी हो सकते हैं, सारी पृथ्वी मिटाई जा सकती है।

अटलांटिस पूरा डूब गया शिखर को पाकर। खयाल यह है कि उसका ज्ञान ही उसकी मृत्यु का कारण बना।

अभी इस तरह के पत्थर मिलने शुरू हुए हैं सारी दुनिया में। अब तक उन पत्थरों पर खुदी हुई तस्वीरों का कुछ अंदाज नहीं लगता था। लेकिन अब लगता है। अभी आपके जो चांद से यात्री आकर लौटे हैं, वे जिस तरह का नकाब पहनते हैं और जिस तरह के वस्त्र पहनते हैं, उस तरह के वस्त्र और नकाब पहने हुए दुनिया के कोने-कोने में पत्थरों पर मूर्तियां हैं और चित्र हैं।

अब तक हम जानते भी नहीं थे कि ये क्या हैं। लेकिन अब बड़ी कठिनाई है। जिन लोगों ने ये चित्र खोदे हैं पत्थरों पर, उन्होंने अगर अंतरिक्ष यात्री न देखे हों, तो ये चित्र खोदे नहीं जा सकते। और अगर ये दस-दस हजार

साल पुराने चित्र पत्थरों पर जो खुदे हैं, अगर इन्होंने भी अंतरिक्ष यात्री देखे हैं, तो सभ्यताएं हमसे भी पहले काफी यात्राएं कर चुकी हैं, शिखर छू चुकी हैं।

मैक्सिको में कोई बीस मील के बड़े पहाड़ पर चित्र खुदे हुए हैं। वे चित्र ऐसे हैं कि नीचे से तो देखे ही नहीं जा सकते; क्योंकि उनका विस्तार बहुत बड़ा है। बीस मील की सीमा में वे चित्र खुदे हुए हैं, और एक-एक चित्र मीलों तक फैला है। तो नीचे से तो उनको देखने का ही उपाय नहीं है; उनको देखने के लिए सिवाय हवाई जहाज के कोई उपाय नहीं है। और वे चित्र कोई पंद्रह हजार वर्ष पुराने हैं।

तो अब बड़ी कठिनाई है यह कि या तो जिन्होंने चित्र खोदे थे, उन्होंने हवाई जहाज के यात्रियों को देखने के लिए खोदे थे। और अगर हवाई जहाज नहीं था पंद्रह हजार साल पहले, तो इन चित्रों को खोदना भी मुश्किल है। इनके खोदने का कोई प्रयोजन भी नहीं है। क्योंकि इनको कोई देख ही नहीं सकेगा जमीन पर। इतनी दूरी से ही वे चित्र दिखाई पड़ सकते हैं! तो वैज्ञानिक कठिनाई में हैं कि अगर हम यह मानें कि पंद्रह हजार साल पहले हवाई जहाज था, तो हमें यह भ्रांति छोड़ देनी पड़ेगी कि हमने ही पहली दफा हवाई जहाज निर्मित कर लिया है। अगर पंद्रह हजार साल पहले हवाई जहाज था, तो सभ्यताएं हमसे पहले भी शिखर पा चुकी हैं।

वे सभ्यताएं कहां हैं आज? आज उनका कोई नामलेवा भी नहीं है। आज उनका कुछ निशान भी नहीं छूट गया है। ये भी अनुमान हैं हमारे। इनके बाबत भी कुछ निश्चित नहीं कहा जा सकता।

लाओत्से कहता है, सभी चीजें शिखर पर जाकर नीचे गिर जाती हैं। सभी चीजें! विजय भी शिखर पर जाकर गिर जाती है। सफलता भी शिखर पर जाकर गिर जाती है। यश भी शिखर पर जाकर गिर जाता है।

लाओत्से कहता है, इसलिए बुद्धिमान आदमी कभी किसी चीज को शिखर तक नहीं खींचता। वह गिरने का उपाय है। वह अपने हाथ नीचे उतर आने की व्यवस्था है।

'हिंसा ताओ के विपरीत है। और जो ताओ के विपरीत है, वह शीघ्र नष्ट हो जाता है।'

हिंसा अति है; विध्वंसात्मक अति है। और जो अति पर जाएगा, वह नष्ट हो जाएगा। लेकिन लाओत्से यह कहता है कि ताओ के विपरीत है हिंसा, प्रकृति के विपरीत है हिंसा। इसे हम समझने की कोशिश करें।

अगर कोई आपकी हिंसा करे तो अच्छा नहीं लगता। किसको अच्छा नहीं लगता? आपके निसर्ग को, आपकी प्रकृति को। जब आप किसी के साथ हिंसा करते हैं, उसे भी अच्छा नहीं लगता। किसको अच्छा नहीं लगता? उसकी प्रकृति को, उसके निसर्ग को। इस दुनिया में हिंसा किसी को भी प्रिय नहीं है। कोई की भी प्रकृति नहीं चाहती कि हिंसा हो। फिर भी हम हिंसा करते हैं। जो हम दूसरे के साथ कर रहे हैं, वह हम अपने साथ नहीं चाहते कि कोई करे। दूसरा भी नहीं चाहता। और जब सभी के भीतर का निसर्ग नहीं चाहता कि हिंसा हो, तो एक बात तय है कि हिंसा प्रकृति के प्रतिकूल है। और जो प्रकृति के प्रतिकूल है, लाओत्से कहता है, वह नष्ट हो जाता है।

हो ही जाएगा। क्योंकि प्रकृति के प्रतिकूल होने का कोई उपाय नहीं है। हम चेष्टा कर सकते हैं, लेकिन प्रकृति के प्रतिकूल हम हो नहीं सकते। होने में हम टूटेंगे और नष्ट हो जाएंगे। क्यों? क्योंकि हमारा होना प्रकृति का अंग है। यह मेरा हाथ है, यह मेरे खिलाफ कैसे हो सकता है? अगर यह मेरा अंग है, तो यह मेरे खिलाफ कैसे हो सकता है? एक ही रास्ता है इसके खिलाफ होने का कि इसको लकवा लग जाए, रुग्ण हो जाए। मैं कहूं कि उठो, और यह न उठ सके। यह बीमार हो जाए इतना तो ही मेरे खिलाफ जा सकता है। यह स्वस्थ हो तो मेरे खिलाफ नहीं जा सकता। लेकिन बीमार होकर यह मेरे खिलाफ ही नहीं जा रहा है, यह अपना भी विनाश कर रहा है।

इसलिए जब भी कोई आदमी स्वस्थ होता है तो प्रकृति के प्रतिकूल नहीं होता। हो नहीं सकता। और जब कोई आदमी रुग्ण होता है तो प्रकृति के प्रतिकूल होता है। हम इसे उलटा भी कह सकते हैं कि प्रकृति के प्रतिकूल जो होता

है, वह रुग्ण हो जाता है। इसलिए जब कोई प्रकृति के प्रतिकूल चलता है तो अपने हाथ से क्षीण होता है, टूटता है, नष्ट होता है। किसी भी दिशा में प्रकृति के प्रतिकूल होने का कोई उपाय नहीं है। अनुकूल होकर ही स्वास्थ्य और जीवन है, और अनुकूल होकर ही आनंद और शांति है। और जो परम अनुकूल हो जाता है, वह मोक्ष को उपलब्ध हो जाता है। परम अनुकूलता का अर्थ हम समझ लें तो प्रतिकूलता भी खयाल में आ जाए।

परम अनुकूलता का अर्थ है कि जिसको यह खयाल ही नहीं रहता कि मैं हूं। प्रकृति ही है। जब तक मुझे खयाल है कि मैं हूं, तब तक थोड़ा-बहुत विरोध रहेगा। मैं का भाव बिना विरोध के हो नहीं सकता; थोड़ा-बहुत विरोध रहेगा। तब तक मैं कुछ न कुछ करता रहूंगा। लेकिन जब मैं हूं ही नहीं, प्रकृति ही है मेरे भीतर और बाहर, तो सब विरोध शांत हो गया।

बुद्ध के संबंध में कहा जाता है : वे ऐसे आते हैं जैसे हवा आए, वे ऐसे चले जाते हैं जैसे हवा चली जाए; न दिखाई पड़ता उनका आना, न दिखाई पड़ता उनका जाना। इसलिए बुद्ध का एक नाम है तथागत। जो आया और गया, लेकिन जिसके आने-जाने की कोई चोट नहीं पड़ती। तथागत का मतलब होता है : जो ऐसे आए कि पता भी न चले, जो ऐसे चला जाए कि पता भी न चले। बुद्ध के प्यारे से प्यारे नाम में तथागत है। हजारों नाम बुद्ध को दिए गए हैं, लेकिन तथागत की खूबी ही और है। आया, गया, और हमें पता भी न चले।

जब कोई इतना एक हो जाता है प्रकृति के साथ कि जैसे प्रकृति ही उसमें उठती है और प्रकृति ही बैठती है और प्रकृति ही सोती है और प्रकृति ही चलती है, तब परम मुक्ति। इसलिए अहंकार का इतना विरोध है; क्योंकि अहंकार ही आपकी मुक्ति में बाधा है। जितना आपको लगता है मैं हूं, उतना ही आपका आनंद दूर है। और जितना आपको लगे मैं नहीं हूं, उतना ही आनंद निकट है। जिस दिन लगे मैं हूं ही नहीं...।

इसलिए बुद्ध कहते हैं, जो बुझ जाता है, जैसे दीया बुझ जाए, ऐसा जिसका अहंकार बुझ जाता है, जो मिट जाता है, जैसे बूंद सागर में खो जाए, ऐसा जो खो जाता है, वही मुक्त है।

इसलिए बुद्ध से कभी लोग जाकर पूछते हैं कि मेरी मुक्ति कैसे होगी? तो बुद्ध कहते हैं, तुम्हारी मुक्ति का कोई उपाय नहीं है। तुमसे मुक्ति हो सकती है, तुम्हारी मुक्ति नहीं हो सकती। कीमती बात है। बुद्ध कहते हैं, तुमसे मुक्ति हो सकती है, तुम्हारी मुक्ति नहीं हो सकती। तो यह मत पूछो कि मैं कैसे मुक्त हो जाऊं, यह पूछो कि मैं मुझसे कैसे मुक्त हो जाऊं।

सारा उपद्रव मेरे मैं का है; क्योंकि मेरा मैं मुझे अलग करता है। अगर मैं अनुकूल हूं तो मेरी कोई हिंसा नहीं रह जाती। फिर जो भी होता है, मैं राजी हूं।

महावीर के कान में कोई खूंटियां ठोंक गया है, लहूलुहान उनका कान हो रहा है। बड़ी मीठी कहानी है। इंद्र ने महावीर को आकर प्रार्थना की है कि मैं आपकी रक्षा का इंतजाम करूं? यह तो बहुत अशोभन है, और हमें पीड़ा होती है कि कोई आपके कान में खीलियां ठोक जाए। तो महावीर ने कहा कि मैं राजी हूं; जो हो जाए, उसके लिए राजी हूं। क्योंकि अगर मैं राजी नहीं हूं, तो मैं हिंसा करूं या न करूं, मन में हिंसा हो ही जाएगी। अगर मैं राजी नहीं हूं तो हिंसा हो गई; न राजी होना ही हिंसा है। तो मैं राजी हूं। और जो मेरे कानों में खीलियां ठोंक गया है, उसकी बड़ी कृपा है। क्योंकि उसने मुझे एक मौका दिया, जिसका मुझे पहले कोई अनुभव नहीं था। उसने मुझे एक मौका दिया कि जब मेरे कानों में कोई खीलियां ठोंक रहा हो, तब भी मैं राजी होता हूं या नहीं होता हूं। तब भी मैं राजी था। और उसने मुझे मुक्ति का एक अदभुत स्वाद दे दिया, कानों में खीलियां ठोंक कर। अब कोई मेरे कानों में खीलियां ठोंक कर भी मुझे दुखी नहीं कर सकता, इस सत्य को मैं जान गया हूं। अब मुझे कोई दुखी ही नहीं कर सकता, इस सत्य को मैं जान गया हूं। अब मेरी कोई हत्या भी कर दे तो मुझे दुखी नहीं कर सकता। मैं मुक्त हो गया हूं, मैं दूसरों से मुक्त हो गया हूं।

लेकिन दूसरों से कोई तभी मुक्त होता है, जब अपने से मुक्त हो जाए। वह जो अपने से बंधा है, दूसरों से बंधा रहेगा। असल में, दूसरों से हम इसीलिए बंधे हैं कि अपने से बंधे हैं।

मेरे पास लोग आते हैं। वे कहते हैं, कैसे मुक्ति होगी! पत्नी है, बच्चा है, घर है, दुकान है। वे यह कह रहे हैं कि जब तक इसको छोड़ कर न भाग जाएं—पत्नी को, बच्चों को, दुकान को—तब तक मुक्ति नहीं हो सकती। वे ऐसा बता रहे हैं कि जैसे ये सब उन्हें बांधे हुए हैं।

कौन किसको बांधे हुए है? जब कोई मेरे पास ऐसा आता है, तो मैं उससे पूछता हूं, मानो तुम अभी मर गए तो ये लोग तुम्हें रोक पाएंगे? नहीं, फिर नहीं रोक पाएंगे। तो मैंने कहा, जब ये फिर नहीं रोक पाएंगे, जब ये मृत्यु में नहीं रोक पाएंगे, तो मुक्ति में कैसे रोक पा सकते हैं? इनका बल कितना है?

इनका कोई बल नहीं है। तुम्हीं बहाने कर रहे हो, तुम्हीं कह रहे हो कि यह पत्नी की वजह से मैं अटका हुआ हूं। और पत्नी सोच रही है कि पति की वजह से अटकी हुई है। दोनों किसी की वजह से नहीं अटके हुए हैं, अपनी वजह से अटके हुए हैं। यह आदमी पत्नी के बिना नहीं रह सकता, इसलिए अटका हुआ है। लेकिन यह कह रहा है कि पत्नी मुझे अटकाए हुए है। और यह सच है कि यह आदमी अगर भाग कर कहीं और चला जाए तो कहीं और पत्नी खोज लेगा; बच नहीं सकता। और तब यह फिर कहेगा कि फिर जाल खड़ा हो गया।

वह जाल कोई खड़ा नहीं कर रहा है, वह जाल इसके भीतर है। वह जाल मैं के साथ होता ही है। तो यह अगर आज दुकान छोड़ दे तो कोई फर्क नहीं पड़ता; कल एक मंदिर का पुजारी हो जाएगा, या एक आश्रम का मालिक हो जाएगा, तब वही जाल शुरू हो जाएगा।

एक मित्र को मैं जानता हूं; उनको दो हालत में मैंने देखा। एक बार उनके गांव गया था तो वे अपना मकान बना रहे थे। संयोग की बात थी, उनके घर के सामने से निकल गया तो मैं रुक गया। वे छाता लगाए हुए, धूप थी तेज, मकान बनवा रहे थे। कहने लगे, बड़ी मुसीबत है; लेकिन क्या करें, बच्चे हैं, उनके लिए करना पड़ रहा है। और बन जाए एक दफा मकान तो मैं इस झंझट से छूट जाऊं। ये बच्चे-पत्नी इसमें रहें, और मेरा मन तो त्याग की तरफ झुकता जा रहा है। सुना मैंने; क्योंकि कुछ कहने की बात भी नहीं थी।

दस वर्ष बाद उन्होंने घर छोड़ दिया; वे संन्यासी हो गए। फिर मैं उस गांव से निकला, जहां वे आश्रम बना रहे थे। वही आदमी छाता लिए खड़ा था; आश्रम बन रहा था। वे कहने लगे, क्या करूं—उन्हें खयाल भी नहीं रहा कि दस साल पहले यही बात उन्होंने मुझसे तब भी कही थी—क्या करूं, अब ये शिष्य, और यह सब समूह इकट्ठा हो गया है; इनके पीछे यह उपद्रव करना पड़ रहा है। यह आश्रम बन जाए तो छुटकारा हो जाए।

मैंने उनसे कहा कि दस साल पहले घर बना रहे थे, तब सोचते थे यह बन जाए तो छुटकारा हो जाए; अब आश्रम बना रहे, हो सोचते हो यह बन जाए तो छुटकारा हो जाए। आगे क्या बनाने का इरादा है? बनाओगे तुम जरूर, और यही छाता लिए तुम खड़े रहोगे धूप में। और फर्क क्या पड़ गया कि मकान बन रहा था बच्चों के लिए, और आश्रम बन रहा है शिष्यों के लिए; फर्क क्या पड़ गया? और मुक्त होना था तो मकान बना कर भी हो सकते थे। और मुक्त नहीं होना है तो आश्रम बना कर भी नहीं हो सकते।

आदमी सोचता है दूसरे बांधे हुए हैं, कोई और पकड़े हुए है। नहीं, कोई और पकड़े हुए नहीं है। हम ही अपने को पकड़े हुए हैं। और अपने को बचाने के लिए औरों को पकड़े हुए हैं। क्योंकि उनकी कतार हमारे चारों तरफ हो, तो हम सुरक्षित मालूम होते हैं। लगता है कि कोई भय नहीं है; कोई साथी है, संगी है, मित्र हैं, प्रियजन हैं। लेकिन आदमी बचा अपने को रहा है।

'हिंसा ताओ के विपरीत है।'

लेकिन हिंसा पैदा ही क्यों होती है?

मैं अपने को बचाने की कोशिश करता हूं, उसी में हिंसा पैदा होती है। जिस दिन कोई आदमी अपने को बचाने का खयाल ही छोड़ देता है। कौन छोड़ सकता है अपने को बचाने का खयाल? सिर्फ वही छोड़ सकता है, जिसे यह पता चल जाए कि मैं बचा ही हुआ हूं; मुझे कोई काट भी डालेगा तो मुझे नहीं काट पाएगा; मुझे कोई मिटा भी देगा तो नहीं मिटा पाएगा; मुझे कोई जला देगा तो अग्नि मुझे नहीं जला पाएगी। शस्त्र मुझे नहीं छेद सकेंगे, कृष्ण कहते हैं, आग मुझे नहीं जला पाएगी। ऐसी जिसकी प्रतीति सघन हो जाए, फिर वह भयरहित हो गया। जो भयरहित हो जाता है, वह हिंसारहित हो जाता है। जो भयभीत है, वह हिंसारहित नहीं हो सकता।

इसीलिए मैंने कहा, व्यक्ति अहिंसक हो सकता है पूर्णरूपेण, समाज और राष्ट्र पूर्णरूपेण अहिंसक नहीं हो सकते। क्योंकि राष्ट्र का मतलब ही संपत्ति है, राष्ट्र का मतलब ही सुरक्षा का उपाय है, राष्ट्र का मतलब ही सीमा है, पहरा है। व्यक्ति मुक्त हो सकता है, राष्ट्र नहीं हो सकते; तब तक, जब तक कि इतने व्यक्ति मुक्त न हो जाएं कि राष्ट्रों की कोई जरूरत न रह जाए। राज्य तो हिंसक होगा ही। इसलिए जो लोग सोचते हैं हम राज्य को अहिंसक बना लेंगे, वे गलत सोचते हैं। व्यक्ति अहिंसक हो सकता है। राज्य हिंसा को मजबूरी मानने लगे, इतना काफी है।

इसे थोड़ा ठीक से समझ लें। राज्य हिंसा से प्रेम न करे, मजबूरी मानने लगे, इतना काफी है। लेकिन बड़ा मुश्किल है। अभी हमने बंगला देश में अपनी फौजें भेजीं; फिर लौट कर हम पद्म-श्री और पद्म-भूषण और महावीर-चक्र बांट रहे हैं। जिन्होंने जितनी ज्यादा हिंसा की है, उनके ऊपर उतने बड़े तगमे लगा रहे हैं। यह सिर्फ मजबूरी नहीं मालूम होती; इसमें रस मालूम होता है।

यह मजबूरी होती तो हम कहते कि चलो, जिन्होंने जितनी ज्यादा हिंसा की है, वे तीर्थयात्रा करके अपने पाप का प्रक्षालन कर आएं। अगर मजबूरी होती तो हम कहते कि अब तुम जाओ, काशीवास करो कुछ दिन, ध्यान करो, और अपना जो पाप हो गया, उसके लिए परमात्मा से प्रार्थना करो कि मजबूरी में हुआ, हमारा कोई रस न था। तो माणेक शा को हमें छुट्टी दे देनी थी कुछ दिन के लिए, तीर्थ जाने के लिए; केदार, बद्री, कहीं जाकर बैठ जाओ, और जो हो गई है बात, मजबूरी थी, करनी पड़ी है, उसका प्रायश्चित्त कर लो। लेकिन हम चक्र और पदवियां बांट रहे हैं। इसमें रस मालूम पड़ता है। यह हिंसा मजबूरी नहीं मालूम पड़ती, यह आवश्यक बुराई नहीं मालूम पड़ती; इसमें कुछ गौरव मालूम पड़ता है।

राज्य इतना ही कर ले कि हिंसा को मजबूरी मान ले तो बड़ी बात है। व्यक्ति अहिंसक हो सकता है, राज्य हिंसक रहेगा। लेकिन मजबूरी में हिंसक हो जाए, तो लाओत्से कहता है, वह राज्य धार्मिक हो गया।

ध्यान रहे, बड़ी चर्चा चलती है कि राज्य को धार्मिक होने का क्या अर्थ। कोई राज्य मुसलमान है, तो वह सोचता है धार्मिक है; कोई राज्य ईसाई है, तो वह सोचता है ईसाई है। हमारा जैसा मुल्क का राज्य है, जो सोचता है सेक्यूलर है, धर्म-निरपेक्ष है, तो वह सोचता है धर्म से हमारा कोई लेना-देना नहीं। न तो ईसाई, न हिंदू, न मुसलमान राज्य धार्मिक होते हैं। धार्मिक राज्य का एक ही अर्थ है: हिंसा जिस राज्य के लिए मजबूरी है। फिर वह चाहे हिंदू हो, चाहे मुसलमान, चाहे ईसाई, कोई फर्क नहीं पड़ता।

लेकिन जिस राज्य के लिए हिंसा में मजा है और जो प्रतीक्षा कर रहा है हिंसा करने की, मौका मिले तो हिंसा करेगा—आक्रमण के नाम से, सुरक्षा के नाम से। और इतिहास बड़ा अनूठा है। दुनिया में जब भी दो लोग लड़ते हैं, दोनों ही मानते हैं कि वे सुरक्षा कर रहे हैं। आक्रमण मानने को कोई कभी राजी होता नहीं। अब तक मनुष्य-जाति के इतिहास में किसी ने यह नहीं कहा कि हमने आक्रमण किया है। इसलिए सभी मुल्कों का जो सुरक्षा मंत्रालय है, वह डिफेंस कहलाता है। बड़े मजे की बात है, किसी मुल्क में कोई सेना है ही नहीं। सभी डिफेंस डिपार्टमेंट हैं, वे सब

सुरक्षा ही करते हैं। तो फिर आक्रमण कौन करता है? कोई आक्रमण करता ही नहीं, सभी सुरक्षा करते हैं। युद्ध कैसे होता है? हालत उलटी मालूम पड़ती है। मालूम पड़ता है कि दोनों आक्रमण करते हैं। और कहीं दुनिया में किसी राज्य के पास सुरक्षा का मंत्रालय नहीं है, सभी के पास आक्रमण के मंत्रालय हैं। लेकिन बेईमानी है। और बेईमानी अपने को छिपाती है।

लाओत्से के हिसाब से, अगर राज्य हिंसा को मजबूरी समझता हो, गौरव न लेता हो; निंदा मानता हो, ग्लानि अनुभव करता हो, पश्चात्ताप करता हो; करना पड़े, मजबूरी हो जाए, कोई रास्ता न निकले, तो जाता हो; लेकिन वहीं रुक जाता हो जहां प्रयोजन पूरा हो जाए; और प्रयोजन भी पूरा हो जाए तो भी अनुभव करता हो कि एक बुरा काम करना पड़ा, ऐसी प्रतीति होती हो, तो वह राज्य धार्मिक है। अन्यथा सभी राज्य अधार्मिक हैं।

'और जो ताओ के विपरीत है, वह शीघ्र नष्ट हो जाता है।'

विनाश का अर्थ ही, असल में, धर्म के विपरीत होना है। जो धर्म के विपरीत है, वह विनष्ट हो जाता है। लेकिन कैसे? आपको खयाल में भी नहीं आएगा। हालतें तो उलटी दिखती हैं। जो धर्म के विपरीत हैं, वे काफी विकसित होते मालूम पड़ते हैं। जो धर्म के विपरीत है, वह काफी फलता-फूलता मालूम पड़ता है। और धार्मिक को देखें तो दीन-हीन, पिटा-कुटा मालूम पड़ता है। लाओत्से और सारे शास्त्र कहते हैं दुनिया के कि जो धर्म के विपरीत है वह नष्ट हो जाता है, और जो धर्म के अनुकूल है वह बढ़ता चला जाता है। पर दिखाई तो उलटा पड़ता है।

लोग रोज मुझे कभी न कभी आकर कह जाते हैं कि फलां आदमी बेईमान, झूठ, सब तरह से भ्रष्ट, और सफल हो रहा है। और वे यह भी कह जाते हैं कि मैं ईमानदारी से चल रहा हूं, सचाई से चल रहा हूं, और असफल हो रहा हूं। कहां है न्याय?

समझाने वाले भी हैं उनको। वे कहते हैं कि परमात्मा के राज्य में देर है, अंधेर नहीं है; जरा रुको।

कब तक रुकें वे? और पक्का अंधेर दिखाई पड़ता है। और देर है अगर तो इतनी लंबी है कि इस जन्म में तो कोई रास्ता नहीं दिखाई पड़ता। अगले जन्म का कोई पक्का नहीं है। और जब अभी जो चल रहा है, वह पहले भी चल रहा था, और भी पहले चल रहा था। क्योंकि यह शिकायत पुरानी है। हजारों-हजारों साल से यह शिकायत है आदमी की कि जो बुरा आदमी है वह सफल हो रहा है, नष्ट हो रहा है भला आदमी। और ये सब लाओत्से और कृष्ण और महावीर और बुद्ध कहते हैं कि वह जो धार्मिक है वह नष्ट नहीं होता, वह जो अधार्मिक है वह नष्ट होता है। तब जरा सोचना पड़े। या तो ये गलत कहते हैं, या हमारे विश्लेषण में कहीं भूल है।

हम जिसको धार्मिक कहते हैं, वह भी धार्मिक नहीं है—एक बात। और वह जो कहता है कि मैं सच बोल रहा हूं, ईमानदार हूं, वह भी ईमानदार नहीं है और सच नहीं बोल रहा है। हो सकता है, बोल रहा हो। जहां तक तथ्य की बात है, हो सकता है आप सच बोल रहे हों। लेकिन सच बोलने के कारण और अभिप्राय पर सब निर्भर करता है। इसलिए आप सच बोल रहे हों कि आप इतने भयभीत आदमी हैं कि झूठ बोले तो फंसने का डर है। अगर डर न हो तो आप झूठ बोलें। अगर आपको पक्का आश्वासन दिला दिया जाए कि कोई अदालत आपको पकड़ेगी नहीं, कोई कानून आपको सजा नहीं देगा, परमात्मा की अदालत में भी आपका बड़ा स्वागत-सत्कार होगा, आप झूठ बोल सकते हैं। फिर आप सच बोलेंगे?

फिर भी जो आदमी सच बोलेगा, वही सच बोल रहा है। और अगर यह भी कहा जाए कि सच बोलने वाला नरक में सड़ेगा और आग में जलाया जाएगा, और जहां भी सच बोलोगे, कष्ट पाओगे, फिर भी जो आदमी सच बोल रहा है, वही सच बोल रहा है। जो प्रयोजन से बोल रहा है, ये जो आदमी आते हैं जो कहते हैं कि मैं सच बोल रहा हूं और अभी तक सफलता नहीं मिली, इनको रस सफलता में है, सत्य में बिलकुल नहीं है। इसीलिए ये परेशान

हैं, ये देखते हैं कि आदमी झूठ बोल रहा है और सफल हो रहा है! सफलता में इनका भी रस है, लेकिन डरपोक हैं, भयभीत हैं, झूठ बोल भी नहीं सकते; और सफलता भी वैसी चाहते हैं, जैसा झूठ बोलने वाला पा रहा है।

लेकिन झूठ बोलने वाला क्यों सफलता पा रहा है? समझ लें यह भी कि जो आदमी सच बोल रहा है, उसकी सचाई में ईमानदारी नहीं है। मान लें कि उसका जो ह्रास हो रहा है, वह उसके ही कारण हो रहा है। यह झूठ बोलने वाला आदमी क्यों सफल हो रहा है?

चीजें जटिल हैं। और कोई चीज एक कारण से नहीं होती, अनेक कारण से होती है। जो आदमी झूठ बोल कर सफल हो रहा है, उसमें और भी कुछ होगा—साहस होगा। साहस गुण है। झूठ दुर्गुण है, लेकिन साहस गुण है। और साहस इतना बड़ा गुण है कि झूठ भी हो तो भी साहस सफल हो जाता है। और साहसहीनता इतना बड़ा दुर्गुण है कि सच भी हो तो उसको भी डुबा लेता है। अगर हम गौर से आदमी का विश्लेषण करें, तो जो आदमी भी सफल होता दिखाई पड़ रहा हो, कुछ न कुछ पता चलेगा कि गुण है, जो उसे सहारा दे रहा है। और जो आदमी असफल होता दिखाई पड़ रहा है, कितना ही ईमानदार दिखाई पड़े, कुछ न कुछ दुर्गुण मिलेगा, जो उसे डुबा रहा है।

धर्म समस्त सदगुणों का जोड़ है। अधर्म समस्त दुर्गुणों का जोड़ है। मात्रा पर निर्भर करता है। लेकिन एक बात तय है कि अधर्म हारता है, टूटता है, बिखरता है; क्योंकि वह प्रकृति के प्रतिकूल है।

कई बार बुरा आदमी हंसते हुए मिल जाता है और अच्छा आदमी रोता हुआ ही मिलता है। ऐसी अच्छाई भी क्या अच्छाई है जिसमें से रोना ही निकलता है! और ऐसी बुराई में भी कुछ खूबी है जिसमें से हंसना तो निकल आता है! जब अच्छा आदमी हंसता हुआ मिले—चाहे हार गया हो, तो हार में भी आनंदित हो—तभी जानना कि कोई धार्मिक आदमी है। धार्मिक आदमी हारना जानता ही नहीं; क्योंकि हार में भी जीत ही उसे दिखाई पड़ती है। धार्मिक आदमी असफलता को पहचानता ही नहीं; क्योंकि सभी असफलताएं उसके द्वार आते-आते सफलताएं दिखाई पड़ने लगती हैं। धार्मिक आदमी असंतोष से परिचित ही नहीं है; क्योंकि उसके पास वह कला है कि जो भी चीज उसे छुएगी, वह संतोष बन जाती है।

और इससे विपरीत अधार्मिक आदमी है। वह कितना ही सफल हो, जिस दिन सफलता उसके घर आती है, असफलता हो जाती है। जिस दिन वह पा लेता है झूठ से, बेईमानी से कुछ, उसी दिन व्यर्थ हो जाता है। वह कितना ही बड़ा महल बना ले, वह उस महल में सो नहीं पाता। वह कितना ही बड़ा महल बना ले, वह महल उसका नहीं होता। जिस महल में सो न पाता हो आदमी, वह उसका अपना है? और कितना ही धन इकट्ठा कर ले, उसके भीतर की निर्धनता में कोई कमी नहीं आती। वह मांगे ही चला जाता है, वह चोरी किए ही चला जाता है, वह दुख उठाए ही चला जाता है।

मेरे हिसाब में धार्मिक आदमी सफल होता है; क्योंकि असफलता उसके पास आते ही सफलता हो जाती है। उसके देखने के ढंग में, उसके जीने के ढंग में, वह कीमिया, वह कला है कि वह जो भी छूता है वह स्वर्ण हो जाता है। अधार्मिक आदमी के जीने के ढंग में ही वह भूल है कि वह सोने को भी इकट्ठा कर लेता है तो मिट्टी हो जाती है। उसकी सब सफलताएं भी, आखिर में उसे मालूम पड़ती हैं, उसे कुछ भी नहीं दे गईं। वह रिक्त ही जीता है और रिक्त ही मरता है। तो इसका मतलब यह हुआ कि आप जरा और ढंग से सोचें। अगर आप शांत हों, आनंदित हों, और आपको लगता हो कि जीवन एक प्रफुल्लता है, तो समझना कि आप धार्मिक आदमी हैं। अगर इसके विपरीत हों, तो समझना कि धर्म के नाम पर आप अपने को धोखा दे रहे हैं। अगर आप दुखी हों, परेशान हों, पीड़ित हों, उदास हों, जीवन एक संताप हो, तो समझना कि आप अधार्मिक आदमी हैं। भला आप मंदिर नियमित जाते हों, गीता रोज पढ़ते हों, कुरान पर सिर टेकते हों, तो भी आप अधार्मिक आदमी हैं। हम उलटा लें तो आसानी हो जाएगी।

मैं एक गुरुकुल में गया। तो गुरुकुल के सारे अध्यापक इकट्ठे हुए और उन्होंने मुझसे कहा कि आप हमें कुछ समझाएं; अनुशासन टूटता जा रहा है, और गुरुओं को कोई सम्मान नहीं देता, अब क्या किया जाए? तो मैंने उनसे कहा कि मेरी परिभाषा पहले आप समझ लें। मैं उसे गुरु कहता हूं, जिसे लोग सम्मान देते ही हैं। और अगर किसी गुरु को सम्मान नहीं देते तो उसे समझ लेना चाहिए वह गुरु नहीं है। और जो सम्मान पाने की चेष्टा करता है वह तो गुरु है ही नहीं; क्योंकि गुरुता उसे ही उपलब्ध होती है जिसे सम्मान से कोई संबंध नहीं रह जाता। तो उन्होंने कहा, लेकिन शास्त्रों में तो कहा है कि गुरु को सम्मान देना चाहिए। मैंने कहा, आपने शास्त्र ठीक से नहीं पढ़े। शास्त्र कहते हैं, सम्मान जिसको दिया जाता है वही गुरु है।

तो धार्मिक आदमी नष्ट नहीं होता। इसको आप थोड़ा उलटा करके समझेंगे तो बहुत आसानी हो जाएगी। जो नष्ट नहीं होता, वह धार्मिक आदमी है। और जो नष्ट हो रहा है, होता रहता है, वह अधार्मिक है। अगर आप नष्ट हो रहे हैं, तो आप समझना कि अधार्मिक हैं। अगर नहीं हो रहे हैं और आपको लगता है कुछ नष्ट नहीं हो रहा है, सृजन हो रहा है, निर्मित हो रहा है, जन्म रहा है, विकसित हो रहा है मेरे भीतर, तो समझना कि आप धार्मिक आदमी हैं।

इस तरह अगर सोचेंगे तो बड़ी आसानी हो जाएगी, और अपनी जिंदगी की परख और कसौटी हाथ में आ जाएगी। और एक बार निकष हाथ में आ जाए जिंदगी को जांचने का तो वहुत शीघ्र आदमी को पता चल जाता है कि जहां मैं निसर्ग के प्रतिकूल जाता हूं, वहीं दुख में पड़ता हूं; और जहां निसर्ग के अनुकूल जाता हूं, वहीं मेरा आनंद फलित हो जाता है।

निसर्ग के साथ होना आनंद है, और निसर्ग के विपरीत होना दुख है। निसर्ग में डूब जाना स्वर्ग है, और निसर्ग की तरफ पीठ करके भाग खड़े होना नरक है।

आज इतना ही। कीर्तन करें, फिर जाएं।

बासठवां प्रवचन

युद्ध अनिवार्य हो तो शांत प्रतिरोध ही नीति है

Chapter 31 : Part 1

WEAPONS OF EVIL

Of all things, soldiers are instruments of evil,
Hated by men.
Therefore the religious man (Possessed of Tao) avoids them.
The gentleman favours the left in civilian life,
But on military occasions favours the right.
Soldiers are weapons of evil.
They are not the weapons of the gentleman.
When the use of soldiers cannot be helped,
The best policy is calm restraint.

अध्याय 31 : खंड 1

अनिष्ट के शस्त्रास्त्र

सैनिक, सबसे बढ़ कर, अनिष्ट के औजार होते हैं,
और लोग उनसे घृणा करते हैं।
इसलिए, ताओ से युक्त धार्मिक पुरुष उनसे बचता है।
सज्जन असैनिक जीवन में वामपक्ष अर्थात
शुभ के लक्षण की ओर झुकता है;
लेकिन युद्ध के मौकों पर वह दक्षिणपक्ष अर्थात
अशुभ के लक्षण की ओर मुड़ जाता है।
सैनिक अनिष्ट के शस्त्र-अस्त्र होते हैं,
वे सज्जनों के लिए शस्त्र नहीं हो सकते।
जब सैनिकों का उपयोग अनिवार्य हो जाए,
तब शांत प्रतिरोध ही सर्वश्रेष्ठ नीति है।

इस सूत्र को समझने के लिए कुछ प्रारंभिक बातें समझ लेनी जरूरी हैं।

पहली बात: वैज्ञानिक कहते हैं कि आदमी का सारा विकास अस्त्र-शस्त्रों के द्वारा हुआ है; मनुष्य की सारी प्रगति हिंसा के कारण हुई है। और मनुष्य अगर सारे पशुओं में जीत पाया है, तो बुद्धिमानी के कारण नहीं, ज्यादा हिंसा करने की क्षमता के कारण। ऐसे वैज्ञानिक भी हैं, जो कहते हैं, मनुष्य की बुद्धि हिंसा करने के कारण ही विकसित हुई है।

इसे थोड़ा हम समझ लें, क्योंकि लाओत्से की बात इसके बिलकुल विपरीत है। तभी इसके ठीक आमने-सामने लाओत्से की बात समझना आसान भी होगा, उचित भी।

शायद आपको पता न हो, डार्विन से लेकर जे.बी.एस.हाल्डेन तक जिन लोगों ने विकास के संबंध में गहन अध्ययन किया है, वे एक बहुत अजीब नतीजे पर पहुंचे हैं। और वह नतीजा यह है कि आदमी का सारा विकास उसके अंगूठे के कारण हुआ। सुन कर थोड़ी हैरानी होगी, लेकिन बात में सचाई है। अकेला आदमी ही ऐसा पशु है, जिसका अंगूठा उसकी अंगुलियों के विपरीत काम कर सकता है। जैसे आपका पैर का अंगूठा है, वह अंगुलियों के विपरीत काम नहीं कर सकता; इसलिए पैर से आप कोई चीज पकड़ नहीं सकते। और जब पकड़ ही नहीं सकते, तो फेंक नहीं सकते। आदमी के हाथ का अंगूठा अंगुलियों के विपरीत काम करता है—अंगुलियां एक दिशा से और अंगूठा दूसरी दिशा से। इस विरोध के कारण आप हाथ में कोई चीज पकड़ सकते हैं। और इस विरोध के कारण ही आप किसी चीज को फेंक सकते हैं। फेंकने की ताकत ही अस्त्र-शस्त्र का निर्माण बनती है।

कोई जानवर शस्त्रों का उपयोग नहीं कर सकता; क्योंकि पकड़ ही नहीं सकता। और जब पकड़ ही नहीं सकता, तो फेंक भी नहीं सकता। जो जानवर उपयोग कर सकते हैं अंगूठे का, जैसे बंदर, चिम्पांजी, बबून—बंदरों की जातियां हैं। इसलिए वैज्ञानिक कहते हैं कि आदमी और बंदर सजातीय हैं। क्योंकि उनके पास भी अंगूठा है, जो अंगुलियों के विपरीत थोड़ा सा काम कर सकता है। ज्यादा नहीं। आदमी के मुकाबले गतिमान नहीं है, लेकिन थोड़ी-बहुत चीजें वे पकड़ सकते हैं; थोड़ी दूर तक चीजें फेंक भी सकते हैं।

आदमी का अंगूठा उसकी हिंसा का आधार है। वैसे आदमी कमजोर है। यह भी हम ठीक से समझ लें कि आदमी को इतने हिंसक होने की क्या जरूरत पड़ गई होगी। क्योंकि आदमी से ज्यादा हिंसक कोई पशु नहीं है। कोई पशु खेल में हिंसा नहीं करता; सिर्फ आदमी शिकार करता है और खेल में हिंसा करता है। कोई पशु अपनी ही जाति में हिंसा नहीं करता; आदमी आदमी को मारने में बड़ा रस लेता है। कोई पशु अकारण हिंसा नहीं करता; आदमी अकारण हिंसा करता है, और पीछे कारण खोज लेता है। पशुओं में कोई बड़े युद्ध नहीं होते, कोई विश्वयुद्ध नहीं होते। होने की कोई संभावना नहीं है।

क्या कारण है आदमी के इतने हिंसक हो जाने का? और क्या कारण है आदमी के अस्त्र-शस्त्र की खोज का?

कारण बड़ा अजीब है—वह भी खयाल में नहीं आता—क्योंकि आदमी कमजोर है। सारे पशुओं में आदमी कमजोर से कमजोर पशु है। अगर निहत्थे आप एक कुत्ते से भी लड़ें तो नहीं लड़ सकते। न तो आपके पास उतने मजबूत दांत हैं और न उतने नुकीले नाखून। जानवरों के पास दांत और नाखून उनके अस्त्र-शस्त्र हैं, उनके औजार हैं। आदमी बिलकुल कमजोर है। निहत्था आदमी किसी जानवर से जीत नहीं सकता। यही कमजोरी हिंसा की खोज बन गई। क्योंकि आदमी के पास नाखून न थे, इसलिए उसे छुरी-तलवारें बनानी पड़ीं। वे नाखून की पूरक हैं। आदमी के पास इतने बड़े दांत न थे जितने पशुओं के पास थे, तो उसे औजार के दांत बनाने पड़े, जो पशुओं की छाती में घुस जाएं, उनका कलेजा बाहर खींच लें।

आदमी कमजोर है, इसलिए हिंसक हो गया। यह बड़े मजे की बात है। इसका मतलब यह होगा कि जब तक आदमी की भीतरी कमजोरी न मिट जाए, तब तक वह अहिंसक नहीं हो सकता। और तब इसका मतलब भी यह हुआ कि जितना बड़ा हिंसक आदमी हो, समझना कि उतना भीतर कमजोर है। और इसका यह भी मतलब हुआ कि जितना शक्तिशाली मनुष्य होगा, उतना अहिंसक हो जाएगा।

भय के कारण हिंसा पैदा हुई। आदमी भयभीत है, तो उसने हिंसा खोजी। और उसके पास हाथ थे, अंगूठा था, कमजोर मनोदशा थी—उसने चीजें फेंक कर मारनी शुरू कर दीं। उसके अस्त्र-शस्त्रों की खोज शुरू हो गई। फिर आदमी ने पत्थर के औजार से लेकर एटम बम तक की यात्रा की।

यह भी थोड़ा समझने जैसा है कि जैसे-जैसे आदमी के पास ताकतवर अस्त्र-शस्त्र बनते चले गए, वैसा-वैसा आदमी और कमजोर होता चला गया। आज से दस हजार साल पहले की कब्रों में अगर हम आदमी को देखें, तो वह शरीर की दृष्टि से हमसे बहुत मजबूत था। हमारे पास एटम बम हैं। अगर हम दस हजार साल के पहले के आदमी से युद्ध करें, तो वह हमसे जीत नहीं सकेगा। बाकी वह हमसे शरीर में मजबूत था। अगर हम अस्त्र-शस्त्रों को अलग कर दें और निहत्था लड़ें, तो हम पीछे के आदमियों से जीत नहीं सकते। आज भी जो जंगल में आदिवासी रह रहा है, उससे हम जीत नहीं सकते। शारीरिक रूप से वह ताकतवर है। क्यों?

एक दुष्ट-चक्र है। कमजोर आदमी कमजोरी के कारण हिंसा के अस्त्र खोजता है। फिर हिंसा के अस्त्र जितने मिल जाते हैं, उतनी ही ताकत की जरूरत कम होती चली जाती है, तो वह कमजोर होता चला जाता है। जिस दिन हमारे पास सब तरह के स्वचालित यंत्र होंगे, उस दिन आदमी बिलकुल कमजोर होगा।

जो लोग पैदल चलते थे, उनके मुकाबले हमारे पैर कमजोर हैं। होंगे ही। क्योंकि हम पैदल तो चलने का कोई काम ही नहीं कर रहे हैं। पैर का कोई उपयोग नहीं है। जिन चीजों का उपयोग खोता चला जाता है, वे कमजोर होती चली जाती हैं। अब हमने कंप्यूटर खोज लिया है। जल्दी ही आदमी के मस्तिष्क की ज्यादा जरूरत नहीं रह जाएगी, और आदमी का मस्तिष्क भी कमजोर होता चला जाएगा। जिस चीज का हम यंत्र बना लेते हैं, उसकी फिर हमारे शरीर में कोई जरूरत नहीं रह जाती।

कमजोरी के कारण आदमी हिंसक हुआ। हिंसक होने के कारण और कमजोर होता चला गया। एक तरफ बड़ी ताकत है हमारे हाथ में कि हम लाखों लोगों को एक सेकेंड में मिटा दें; और दूसरी तरफ हम इतने निहत्थे हैं कि एक छोटा सा जानवर भी हम पर हमला कर दे तो हम सीधा उससे जीत नहीं सकते। हमारा बड़े से बड़ा सेनापति भी निहत्था जीत नहीं सकता एक साधारण जंगली पशु से।

ये तथ्य खयाल में ले लेने जरूरी हैं। सब हिंसा परिपूरक है कमजोरी की।

पश्चिम के एक बहुत बड़े विचारक एडलर ने इस सदी में बहुत महत्वपूर्ण विचार प्रस्तावित किया था। और

वह था कि जिंदगी निरंतर परिपूरक की खोज करती है। इसलिए जिन लोगों में कोई कमी होती है, वे उस कमी की पूर्ति के लिए कुछ ईजाद करते हैं। अक्सर यह होता है—अक्सर—कि जो लोग किसी दृष्टि से हीन अनुभव करते हैं अपने को, वे किसी दूसरी दिशा में श्रेष्ठ होने की कोशिश करके पूर्ति कर लेते हैं। कुरूप आदमी हो, तो वह किसी दूसरी दिशा में अपनी कुरूपता की पूर्ति खोजता है—वह बड़ा कवि हो जाए, कि बड़ा चित्रकार हो जाए, कि बड़ा संगीतज्ञ हो जाए, कि बड़ा नेता हो जाए—वह कुछ हो जाए, ताकि उसको ऐसा न लगे कि मैं हीन हूं।

दुनिया के राजनीतिज्ञों का जीवन अगर हम खोजें तो बड़ी आश्चर्य की बात मालूम पड़ेगी। वे किसी न किसी रूप में बहुत हीनता से पीड़ित थे। लेनिन के पैर, कुर्सी पर बैठता था, तो जमीन तक नहीं पहुंचते थे। पैर उसके छोटे थे, ऊपर का हिस्सा बड़ा था। और बचपन से लोग उससे कहते रहे थे कि तुम क्या करोगे जिंदगी में, तुम साधारण सी कुर्सी पर भी बैठ नहीं सकते हो! तो उसने सोवियत रूस के सिंहासन पर बैठ कर दिखला दिया कि साधारण कुर्सी तो कुछ भी नहीं है, मैं बड़े से बड़े सिंहासन पर बैठ सकता हूं।

मनसविद कहते हैं कि वह जो पैर जमीन को नहीं छूते थे, वह जो हीनता थी, लेनिन सदा पैर छिपा कर बैठता था। जब वह सिंहासन पर बैठ गया—तब भी—तब भी वह किसी के सामने कुर्सी पर एकदम से नहीं बैठ सकता था; क्योंकि पैर उसके ऊपर उठ जाते थे। वह उसके लिए दीनता की बात थी। वह उसके लिए कठिनाई हो गई।

हिटलर के संबंध में अब वैज्ञानिकों ने जो खोज-बीन की हैं, वे बहुत सी बातें बताती हैं। वह अनेक तरह की बीमारियों से परेशान था और उन सारी बीमारियों की परेशानी और हीनता उसे पागल बना दी। वह किसी दूसरी दिशा में सिद्ध करके बता देगा कि वह हीन नहीं है।

जो भी इनफीरियारिटी से, हीनता से पीड़ित होते हैं, वे किसी दिशा में सुपीरियर, श्रेष्ठ सिद्ध करने की चेष्टा करते हैं। इस लिहाज से मनुष्य सबसे ज्यादा हीन पशु है—भौतिक शक्ति में। और उसने सब पशुओं से श्रेष्ठ होने की कोशिश करके अपने को सिद्ध भी कर दिया है कि वह श्रेष्ठ है। और जिन-जिन चीजों की कमी थी, उसने परिपूर्ति कर ली है। हाथ कमजोर थे, तो उसने अस्त्र बना लिए। शरीर कमजोर था, तो उसने मकान बना लिए, किले बना लिए। उसने सब तरह से अपनी सुरक्षा की है। वैज्ञानिक कहते हैं कि इसी हिंसा के बल पर, आदमी जो है आज तक, वह बन पाया है। पर इसके अब खतरे भी हैं। यह बात सच है कि आदमी जो भी बन पाया है, वह हिंसा के कारण ही बन पाया है। अगर लाओत्से या महावीर या बुद्ध ने आज से बीस हजार साल पहले आदमी को अहिंसा समझा दी होती और आदमी मान लिया होता, तो आदमी आज कहीं होता ही नहीं। अगर जंगल के आदमी को अहिंसा समझाने वाले लोग मिल गए होते, तो जंगली जानवर उसे कभी का साफ कर चुके होते।

इसलिए आज से बीस हजार साल पहले कोई महावीर पैदा नहीं हुआ। हो भी नहीं सकता था। ध्यान रहे, महावीर के पैदा होने के लिए वह स्थिति जरूरी है, जब हिंसा जरूरी न रह गई हो। तभी अहिंसा की बात की जा सकती है। इसलिए महावीर के इसके पहले पैदा होने का कोई उपाय नहीं। न लाओत्से का। खयाल करें, लाओत्से, महावीर, बुद्ध, सुकरात, अरस्तू, प्लेटो, सभी का समय एक है। सारी जमीन पर यह आज से पच्चीस सौ साल पहले ये लोग पैदा हुए। इनको और पीछे नहीं हटाया जा सकता है। क्योंकि पीछे तो अहिंसा की बात ही करने का कोई अर्थ नहीं हो सकता था; पीछे तो हिंसा जीवन की अनिवार्यता थी।

लेकिन जो अनिवार्यता थी कल, वही बाद में कठिनाई बन जाएगी।

आज वैज्ञानिक कहते हैं कि आदमी ने कोई दस लाख साल में हिंसा से अपने को विजेता घोषित किया; पशुओं को हरा डाला और वह एकछत्र मालिक हो गया। दस लाख साल में उसके जीवाणुओं की आदत हिंसा की हो गई। अब हिंसा की कोई जरूरत नहीं है; लेकिन उसकी आदत हिंसा की है। यही आज की तकलीफ है।

आज की सारी बड़ी से बड़ी पीड़ा यही है कि आपकी बनावट जिस रास्ते से हुई है, वह रास्ता समाप्त हो गया। अब न तो आप जंगली जानवरों से लड़ रहे हैं; न आप अंधेरी रात में किसी गुहा में बैठे हुए हैं। न आज आपके दांत और नाखून की कोई जरूरत है। और उनके विस्तार का तो कोई काम नहीं है। लेकिन आदमी के सेल्स, उसके शरीर के जीवाणुओं में बिल्ट-इन, बना हुआ प्रोग्राम है। दस लाख साल में आपके जीवाणुओं ने जो सीखा है, वे आपकी जिंदगी में भूल नहीं सकते। उनको दस लाख साल लगेंगे भूलने में।

तो जो लोग विज्ञान की तरह से सोचते हैं, जैसे स्किनर और दूसरे विचारक, वे कहते हैं, आदमी को अहिंसक बनाने का तब तक कोई उपाय नहीं, जब तक हम उसके जेनेटिक, उसके जीवाणुओं के मूल आधार को न बदल दें। तब तक आदमी को अहिंसक बनाने का कोई उपाय नहीं है। क्योंकि आदमी पैदा ही होता है, हिंसा का प्रोग्राम उसमें छिपा हुआ है, ब्लू-प्रिंट उसके भीतर है। जंगल नहीं रहा, संघर्ष नहीं रहा, हिंसा का उपयोग नहीं रहा; लेकिन आदमी की बनावट, उसके शरीर का ढांचा हिंसा के लिए है, उसकी ग्रंथियां हिंसा के लिए हैं। उसकी सारी संरचना हिंसक की है। और इसीलिए जिंदगी में बड़ी तकलीफ है।

वह तकलीफ यह है कि आप हिंसा करना चाहते हैं और कर नहीं पाते। तब आप भीतर उबलते हैं, परेशान होते हैं, जैसे एक ज्वालामुखी भीतर जल रहा हो। फिर यह ज्वालामुखी आपकी पूरी जिंदगी को विषाक्त कर देता है। क्योंकि यह जहां नहीं जरूरत थी, वहां भी आग गिर जाती है आपके हाथ से। न भी गिराएं तो भीतर जलती है।

दो बातें घटित होती हैं। एक तो आप जलते हुए लावा बन जाते हैं। इसलिए आप ऐसा मत सोचना कि आप कभी-कभी क्रोध करते हैं। सचाई उलटी है; आप सदा ही क्रोध में होते हैं, कभी-कभी ज्यादा प्रकट हो जाता है, कभी-कभी छिपाए रखते हैं। शांत होना मुश्किल है आपके लिए, आप अशांत ही होते हैं। लेकिन जब बहुत अशांत हो जाते हैं, तब आपको पता चलता है। असल में, बुखार में रहने की आपकी आदत है।

अगर आप गौर करें तो आप पाएंगे कि आप चौबीस घंटे क्रोध में हैं, और तलाश में हैं कि कहां से क्रोध बाहर निकल जाए। चौबीस घंटे आपके भीतर हिंसा का रस है—छोटे बच्चे से लेकर बूढ़े तक। छोटा बच्चा भी, एक चींटा चल रहा हो, उसको तोड़-मरोड़ कर नष्ट कर देगा। स्कूल चला जा रहा है, कुत्ते को पत्थर मार देगा। उसे हो क्या रहा है उसके भीतर?

यह बच्चा जंगल में पैदा होना चाहिए था। इसके भीतर के सेल को कोई खबर नहीं है कि अब जंगल में नहीं है। इसका भीतर का सेल बिलकुल आपकी शिक्षा, संस्कृति से अपरिचित है। वह अपना काम पूरा कर रहा है। उसे कोई प्रयोजन नहीं है कि दुनिया बदल गई है चारों तरफ। उसी हिंसा के कारण बदल गई है; लेकिन वह हिंसा गहरी बैठ गई है। स्किनर कहता है, कोई आशा नहीं है, जब तक हम आदमी की जनन-प्रक्रिया को न बदल दें और उसके मूल सेल में प्रवेश करके हिंसा के तत्वों को अलग न कर दें।

लेकिन वह अभी शायद जल्दी आसान नहीं होगा। अभी हमने एटम में प्रवेश किया है; वह मृत अणु है। और जीवित अणु में प्रवेश करने में अभी बहुत समय लगेगा। क्योंकि जीवित अणु को तोड़ते ही वह मृत हो जाता है। जब तक हम ऐसी कला न खोज लें वैज्ञानिक कि जीवित अणु टूट कर भी मृत न हो, तब तक हम उसे बदल न सकेंगे।

लेकिन ज्यादा देर नहीं लगेगी। सौ साल ज्यादा से ज्यादा, और बीस साल कम से कम। इस सदी के पूरे होते-होते आसार हैं कि हम आदमी के जीवाणु को तोड़ लेंगे, जैसे हमने अणु को तोड़ लिया।

लेकिन इतने से बात हल नहीं होती। तब बड़े खतरे हैं। अगर हम जीवाणु को बदल सकते हैं तो हम आदमी को ही नष्ट कर देंगे। क्योंकि जीवाणु को बदलने का मतलब यह हुआ कि हम जैसे आदमी चाहेंगे वैसे आदमी पैदा करेंगे। कौन चाहेगा? कौन निर्णय करेगा कैसे आदमी हों?

निश्चित ही, राजनीतिज्ञ निर्णय करेंगे; ताकत उनके हाथ में है। राजनीतिज्ञ पसंद नहीं करेंगे कि बुद्धिमान लोग पैदा हों। क्योंकि समाज जितना बुद्धिहीन हो, राजनीतिज्ञ उतना ही बड़ा मालूम पड़ता है। राजनीतिज्ञ नहीं चाहेगा कि बहुत स्वतंत्र विचार के लोग पैदा हों। क्योंकि स्वतंत्र विचार विद्रोह का जन्मदाता है। राजनीतिज्ञ चाहेगा आज्ञाकारी, अनुशासनबद्ध गुलाम पैदा हों। और अगर आदमी के जेनेटिक सेल को बदला जा सके, तो राजनीतिज्ञ अपने अनुयायियों की एक जमात पैदा कर लेगा, जिसमें गुलाम आदमी होंगे जिनके पास कोई आत्मा नहीं होगी। ज्यादा कुशल होंगे, लेकिन आदमी होने की बात विलीन हो गई होगी। यंत्रवत होंगे।

शायद हम इसके लिए राजी भी न हों कि यह किया जाए। तब क्या उपाय है?

लाओत्से, महावीर और बुद्ध जो कहते हैं अहिंसा की बात, उनकी बात में सार तो है। क्योंकि मनुष्य हिंसा के द्वारा पशु से ऊपर उठा और मनुष्य हुआ। अब हिंसा के ही द्वारा और ऊपर उठने का कोई उपाय नहीं है। पशुओं का युद्ध ही समाप्त हो चुका है। आदमी और पशु के बीच अब कोई संघर्ष नहीं है। अब तो संघर्ष आदमी और आदमी के बीच है। इसीलिए आदमी आदमी के साथ हिंसा कर रहा है। क्योंकि हिंसा उसे करनी है। पशुओं से कोई संघर्ष नहीं रहा, और संघर्ष करने की वृत्ति उसके भीतर है, तो आदमी आदमी से लड़ता है। बहाने करता है—कभी हिंदू-मुसलमान से, कभी ईसाई-मुसलमान से, कभी कम्युनिस्ट-गैर-कम्युनिस्ट से, कभी हिंदुस्तान-पाकिस्तान से, कभी अमरीका-वियतनाम से—ये सब बहाने हैं। वैज्ञानिक दृष्टि से तो आदमी लड़ना चाहता है। क्योंकि लड़े बिना उसे राहत नहीं मिलती। वह बेचैन है भीतर। और किससे लड़ने जाए? या तो पशुओं से लड़ता रहे।

इसलिए एक आप मजे की बात देखेंगे। पशुओं के शिकारी आमतौर से भले आदमी होते हैं। अगर आपकी शिकारी से दोस्ती है, तो आप पाएंगे, वह बहुत मिलनसार और अच्छा आदमी है। क्योंकि सारी हिंसा वह पशुओं के साथ निकाल लेता है; आदमियों के साथ हिंसा निकालने की कोई जरूरत नहीं रह जाती। जिनको हम सज्जन कहते हैं, जो चींटी भी न दबाएंगे, वे भले आदमी नहीं मालूम होते। उनके साथ रहना दुखद मालूम होगा। उनके साथ घंटे भर रहना बोर्डम, ऊब पैदा करेगा। अगर उनके साथ महीने भर रहना पड़े तो आप आत्महत्या का विचार करने लगेंगे। सज्जनों से दूर ही रहना अच्छा मालूम पड़ता है। वे भारी पड़ते हैं; वे भारी पड़ते हैं। क्यों?

उबलती हुई हिंसा उनके भीतर भरी है। वही उनका बोझ है। और वे तरकीबों से उसे निकालते रहते हैं। वे आपको न मारेंगे लकड़ी उठा कर, लेकिन विचारों से आप पर हमला करते रहेंगे। वे आपकी छाती में छुरा नहीं भोंकेंगे, लेकिन ऐसे शब्द भोंक देंगे जो छुरे से भी गहरे चले जाते हैं। वे आपको गाली न देंगे, लेकिन तरकीब से बता देंगे कि आप आदमी, अभी आदमी नहीं हो।

सभी साधु—तथाकथित—यही समझा रहे हैं लोगों को कि तुम पतित हो, पापी हो, अपराधी हो। उनका सारा खेल ही एक है कि दूसरा अपराधी सिद्ध हो जाए। दूसरे को नीचा दिखाने में उनकी हिंसा निकल रही है। हिंसा बहुत रूपों में निकल सकती है। दूसरे को चोट पहुंचाना अनेक तरह से हो सकता है। एक नजर निंदा की, और हिंसा हो जाती है। एक साधु-महात्मा के पास आप सिगरेट पीते चले जाएं, तब उनकी नजर देखें। तब वह नजर बता देगी कि तलवार इतनी बुरी तरह नहीं काटती।

मैंने सुना है कि पुरी के शंकराचार्य से एक आदमी मिलने गया। पुरी के शंकराचार्य की प्रशंसा में लिखे गए एक लेख में मैंने पढ़ा। जिसने लिखा है, उसने जरा भी नहीं सोचा कि क्या लिख रहा है। बीस-पच्चीस लोग, उनके भक्त, पास बैठे थे। उस आदमी ने शंकराचार्य से पूछा कि ब्रह्म को कैसे पाया जाए, कुछ रास्ता बताएं। शंकराचार्य ने उसे नीचे से ऊपर तक देखा। वह आदमी फुल पैंट, शर्ट पहने हुए था। वह अपराध की बात थी। उसके उत्तर में शंकराचार्य ने कहा कि जनेऊ, यज्ञोपवीत पहने हुए हो?

वह आदमी डर गया; नहीं पहने हुए था। तो शंकराचार्य ने कहा, तो तुम समझते हो कि ऋषि-मुनि हमारे नासमझ थे? बिना यज्ञोपवीत के और ब्रह्मज्ञान की खोज शुरू कर दी!

वे बीस-पच्चीस जो नासमझ वहां इकट्ठे होंगे, वे बड़े प्रसन्न हुए होंगे; क्योंकि वे यज्ञोपवीत पहने हुए थे। और वह आदमी अचानक निंदित...। उस आदमी को लगा होगा, जमीन फट जाए तो मैं समा जाऊं। यह कहां फंस गया! यह प्रश्न मैंने कहां से पूछा!

लेकिन अभी तो यह शुरुआत थी। शंकराचार्य ने कहा, मैं यह भी पूछना चाहता हूं कि पेशाब खड़े होकर करते हो कि बैठ कर? क्योंकि फुल पैंट पहने हुए हो, बैठ कर करना बहुत मुश्किल पड़ेगा। खड़े होकर पेशाब करते हो और ब्रह्मज्ञान की कोशिश कर रहे हो?

इसको क्या कहिएगा? इससे बड़ी हिंसा और कुछ हो सकती है? इस आदमी के साथ जो दुर्व्यवहार हुआ है, वह सिर्फ सज्जन ही कर सकते हैं ऐसा दुर्व्यवहार! लेकिन हमें पता नहीं चलता कि दूसरे को बुरा दिखाने की चेष्टा में जो रस है, वही हिंसा है। दूसरे को नीचा दिखाने की चेष्टा में जो रस है, वही हिंसा है।

आदमी हिंसा से पशुओं से जीता। और हिंसा अगर बनी रही तो आदमी अपने से ही हार जाएगा। आज जो खतरा है, वह हिंसा के कारण ही है। क्योंकि हमारे पास इतने साधन हो गए हैं कि अगर हिंसा की हमारी वृत्ति जारी रहती है तो आदमी इस जमीन पर ज्यादा देर नहीं रहेगा। हम अपना आखिरी अध्याय लिख रहे हैं। इतिहास आखिरी किनारे खड़ा है। हिंसा से ही हम जीत कर आए हैं, लेकिन अब हिंसा ही हमारी मौत बनेगी। क्योंकि वह जो आदत हमने सीख ली है, उसके दो परिणाम हो रहे हैं।

एक तो हमें रोज हिंसा चाहिए। खयाल करें, हर पंद्रह वर्ष में हमें एक बड़ा युद्ध चाहिए। दस-पंद्रह साल में हम इतनी हिंसा इकट्ठी कर लेते हैं कि बड़ा युद्ध न हो तो निकास नहीं होता। और एक-एक आदमी को दो, चार, आठ दिन में क्रोध और हिंसा का उपाय चाहिए। नहीं तो आग जलने लगती है और आदमी बुखार से ग्रस्त हो जाता है। निकास चाहिए! तो हम निकालते रहते हैं। यह जो इकट्ठी होती हिंसा है, यह कितने रूपों में आज निकल रही है, उसे देखें। नाम, बहाने; विद्यार्थी शिक्षकों पर निकाल रहे हैं; बेटे बाप पर निकाल रहे हैं। पुरुष सदा से स्त्रियों पर निकालते रहे हैं; अब पश्चिम में स्त्रियां पुरुषों पर निकाल रही हैं। ऐसा समझ में पड़ता है कि कारण न भी हो...।

अभी मैं एक हिप्पी-विचारक की एक किताब पढ़ रहा हूं। किताब का नाम है: डू इट। किताब में लेखक ने सुझाव दिया है कि जो भी कानून हो, उसे तोड़ो। इसकी फिक्र मत करो कि क्यों तोड़ रहे हो। तोड़ना ही लक्ष्य है। जिसको भी मना किया जाता हो, वह काम करो; इसकी फिक्र मत करो कि उसका क्या फल होगा। उसे तोड़ना ही लक्ष्य है। लेखक ने सुझाव दिया है: किताबें जला दो, बाइबिल जला दो, चर्चों में आग लगा दो, यूनिवर्सिटीज को फूंक डालो! क्यों? तो वह कहता है, क्यों का सवाल नहीं है। आग क्रांति है। और हमें सब जला डालना है, ताकि हम सब फिर से शुरू कर सकें।

उसने एक बड़ी मजे की बात कही है। उसने यह कहा है कि हमें कुछ चीज शुरू करने का मौका ही नहीं बचने दिया लोगों ने। पुराने लोग सभी कुछ कर गए हैं। हमें कुछ करने का मौका नहीं है। सब जला दो! ताकि हम फिर से शुरुआत कर सकें।

यह जो युवक कह रहा है, यह कोई एक युवक की बात नहीं है। आज यूरोप और अमरीका में लाखों युवक इस बात से राजी हैं। बड़ी अजीब बातें!

अभी मैं एक छोटी पुस्तिका देख रहा था, जिसमें सुझाव दिया गया है कि तुम्हें जो पहली साध्वी मिले, उसके साथ व्यभिचार करो। जो पहली नन, साध्वी मिल जाए, उसके साथ तत्काल व्यभिचार करो। क्यों?

उस लेखक ने कहा है कि दुनिया ने गरीबों की क्रांतियां देखी हैं अब तक। तो गरीब कुछ पाने के लिए क्रांति करता है, स्वभावतः। अमरीका उस क्रांति को देखेगा, जो अमीरों के लड़कों की क्रांति है। वे कुछ पाने को क्रांति नहीं करते; कुछ मिटाने को, कुछ खोने को, नष्ट करने को क्रांति करते हैं।

तो अभी कैलिफोर्निया यूनिवर्सिटी के कैंपस में उन्होंने एक राल्स रायस गाड़ी नई खरीद कर आग लगाई, होली जलाई। खरीद कर नई गाड़ी। और जब पत्रकारों ने पूछा कि तुम क्या कर रहे हो? तो उन्होंने कहा, हम सिर्फ तुम्हारे सिंबल को, तुम्हारे प्रतीक को, राल्स रायस को आग लगा रहे हैं। न्यूयार्क एक्सचेंज में जाकर लड़कों ने डालर के नोटों में आग लगाई और डालर लुटाए। लोगों ने पूछा कि यह तुम क्या कर रहे हो? तो उन्होंने कहा कि हम तुम्हारे प्रतीक को नष्ट कर रहे हैं। किसलिए नष्ट कर रहे हो? क्रोधित हैं, हम सिर्फ क्रुद्ध हैं।

हमारी समझ में नहीं आ सकती यह बात; लेकिन जल्दी आ जाएगी समझ में। क्योंकि अगर क्रोध बौखला जाए और कारण न मिले तो क्या करेगा? बच्चे स्कूल तोड़ रहे हैं, फर्नीचर मिटा रहे हैं, कांच तोड़ रहे हैं। हम सोचते हैं, शायद कोई वजह है। कोई वजह नहीं है। आदमी हिंसक है। और आदमी को हिंसा के अब उपाय नहीं हैं।

मनसविद कहते हैं कि जो लोग लकड़ी काटते हैं जंगल में, पत्थर तोड़ते हैं, उनकी हिंसा पत्थर तोड़ने, लकड़ी काटने में निकल जाती है। जब सांझ को आठ घंटे लकड़ी काट कर कोई लौटता है, तो पत्नी से प्रेम से मिलता है, बच्चों के साथ गपशप करता है। उसकी हिंसा वह जंगल में निकाल आया है। लेकिन एक आदमी आठ घंटे दफ्तर में बैठ कर घर चला आ रहा है। हिंसा कहीं निकली नहीं, भरा हुआ आ रहा है। यह घर निकालेगा। यह रास्ते खोजेगा घर जाते ही से कि इसकी हिंसा निकल जानी चाहिए। जो आदमी पत्थर तोड़ रहा है, उसकी हिंसा निकल रही है। पत्थर तोड़ने वाला आदमी अचानक पत्थर नहीं तोड़े तो कुछ और तोड़ेगा। तोड़े बिना उसे मजा नहीं आएगा।

एक तो परिणाम यह हो रहा है कि हिंसा उबल कर व्यर्थ, अकारण टूटती है। और दूसरा परिणाम यह हो रहा है कि यह जो अकारण टूटती हिंसा है, इसकी मौजूदगी के कारण भीतर के सब रस-स्रोत विषाक्त हो जाते हैं। आदमी प्रेम भी करता है तो उसमें भी हिंसा समाविष्ट हो जाती है। आदमी किसी को गले भी लगाता है तो उसमें भी दूसरे को मरोड़ डालने का, तोड़ डालने का भाव समाविष्ट हो जाता है। क्योंकि जो भीतर छिपा है, वह सब तरफ छा जाएगा।

इसलिए अगर दो प्रेमियों को प्रेम करते देखें, और अगर वे थोड़े ईमानदार हों और अपने को समझते हों, तो वे भी समझ पाएंगे कि उनके प्रेम में भी थोड़ी हिंसा है। दो प्रेमी चुंबन लेते-लेते एक-दूसरे को काटने भी लगेंगे, दांत भी गड़ा देंगे। वात्स्यायन ने तो, दांत गड़ाया नहीं जिसने, उसने प्रेम किया ही नहीं, ऐसा लिखा है। जब तक दांत के निशान न छूट जाएं प्रेयसी पर या प्रेमी पर, तब तक भी कोई प्रेम है! वात्स्यायन ने तो लिखा है कि नाखून कैसे बना कर रखना चाहिए प्रेमी को कि जब वह मांस में गड़ा दे, तो निशान छूट जाएं, रक्त प्रकट हो जाए। नख-दंश प्रेम की प्रक्रियाओं में एक बात उसने बताई।

अभी वात्स्यायन की किताब पश्चिम में काफी पढ़ी जा रही है। पूरब में तो अब कोई पढ़ता नहीं है। उसका कारण है। पूरब में यह किताब तब लिखी गई थी, जब हम भी समृद्ध थे। और हमारी भी हिंसा कहीं मौका नहीं पाती थी, तो हमने प्रेम में भी निकाली थी हिंसा। आज वात्स्यायन और पंडित कोक की किताबें सारी दुनिया की भाषाओं में अनुवादित होकर प्रचारित हो रही हैं। और पश्चिम के लोग आह्लादित होते हैं पढ़ कर वात्स्यायन को कि गजब के लोग थे हिंदू भी! क्या-क्या प्रेम की तरकीबें उन्होंने हजारों साल पहले निकाल दी थीं!

लेकिन नाखून का गड़ाना किस अर्थ में प्रेम हो सकता है? इसी अर्थ में हो सकता है कि प्रेम के बहाने थोड़ी सी हिंसा बह गई। तो फिर आदमी होशियार है। फ्रांस में हुआ मार्क्विस दि सादे, तो उसने सोचा जब नाखून गड़ाने से इतना प्रेम होता है, तो फिर उसने तैयार कर लिए लोहे के नाखून! और वह अपने पास एक छोटी सी थैली रखता था,

जिसमें कोड़ा, लोहे के नाखून और और औजार रखता था—प्रेम के औजार। और बड़ा मजा तो यह है कि प्रेयसियां उसकी बहुत थीं; मार्क्विस था। और उसकी प्रेयसियों का कहना है कि जिसने मार्क्विस दि सादे का प्रेम पा लिया, फिर दूसरे का प्रेम फीका मालूम पड़ेगा। पड़ेगा ही। क्योंकि वह नग्न करके कोड़े मारता और लोहे के नाखून शरीर में गड़ाता। और स्त्रियों ने कहा है कि पहले तो यह बहुत घबड़ाने वाली बात मालूम पड़ती, लेकिन पीछे इसमें रस आने लगता। और उसकी इस हिंसा से, उसके कोड़े के मारने से, उसके लोहे के नाखून गड़ाने से पैशन जागता, वासना जाग कर उद्दाम हो जाती।

यह मार्क्विस दि सादे विक्षिप्त है, पागल है। लेकिन सभी लोग थोड़ी-बहुत मात्रा में वैसे ही हैं। कोई लोहे के नाखून खोज लाता है, यह सिर्फ आविष्कारक बुद्धि है। कोई अपने ही नाखून से काम चलाता है, यह जरा गैर-आविष्कारक बुद्धि है। और अगर इस हिंसा को लोग प्रेम में रोक लेते हैं तो फिर यह दूसरे मार्गों से निकलती है। इसलिए पति-पत्नी दिन-रात लड़ते रहते हैं। मां-बाप, बेटे-मां, बेटे-पिता दिन-रात लड़ते रहते हैं। यह संघर्ष भी इसी कारण है कि वह जो हिंसा भीतर भरी है, उसे निकास का कोई भी उपाय नहीं है, वह कहीं भी बह रही है। अब झरना कहीं भी फूट कर बह रहा है।

मनुष्य तब तक मनुष्य नहीं हो पाएगा, जब तक वह इस भीतर की हिंसा से मुक्त न हो जाए। दो उपाय हैं। एक तो स्किनर और दूसरे वैज्ञानिक जो कहते हैं कि हम आदमी के सेल को बदल दें। वह तो कुछ हितकर मालूम नहीं पड़ता। हो भी सके तो भी करने योग्य नहीं है; क्योंकि उसके साथ ही आदमी मर जाएगा।

आदमी के भीतर जो सर्वाधिक महत्वपूर्ण घटना घटती है, वह स्वेच्छा से घटती है। और जब स्वेच्छा का कोई उपाय न हो, तो जो भी घटता है, उसका कोई भी मूल्य नहीं है। अगर आप क्रोध को स्वेच्छा से छोड़ देते हैं, तो आप में करुणा पैदा होती है। और अगर क्रोध के सेल और हारमोन अलग कर दिए जाएं और ग्रंथियां काट दी जाएं, तो आपमें करुणा पैदा नहीं होती, सिर्फ आप क्रोध की दृष्टि से नपुंसक हो जाते हैं।

इस फर्क को ठीक से समझ लें। अगर क्रोध के ऊपर कोई स्वेच्छा से उठता है तो क्रोध की शक्ति ही करुणा बनती है। अगर क्रोध को कोई काट ही डालता है सिर्फ शरीर के तल पर तो भीतर चित्त और आत्मा के तल पर तो क्रोध की ग्रंथि मौजूद ही रहेगी। शरीर के तल पर कट जाने से सिर्फ आप वैसी हालत में हो जाएंगे कि एक आदमी हमला करना चाहे, उसके हमने दोनों हाथ काट दिए हों, तो हमला न कर सके। आपकी हालत वैसी हो जाएगी, जैसे एक व्यक्ति को हम ब्रह्मचारी कहें, क्योंकि हमने उसके वीर्य का सारा संस्थान काट डाला। वह ब्रह्मचारी नहीं है। उसके ब्रह्मचर्य का कोई अर्थ ही नहीं है। और वह ब्रह्मचारी होना भी चाहे तो अब बहुत मुश्किल है होना। क्योंकि अब वह जगह ही न रही, जिसके ऊपर उठ कर वह स्वेच्छा की घोषणा कर सकता था।

इसलिए बुद्ध, महावीर और लाओत्से कहते हैं कि इसकी संभावना है कि आदमी स्वेच्छा से ऊपर उठ सके। और जिस दिन आदमी स्वेच्छा से अपनी हिंसा के ऊपर उठता है, उसी दिन वस्तुतः आदमी का जन्म होता है। जब तक हम हिंसा से भरे हैं, हम एक तरह के पशु हैं, जो पशुओं से लड़ता रहा है। जिस दिन हम हिंसा से शून्य होते हैं, मुक्त होते हैं, उस दिन हम पशुओं के बाहर निकल जाते हैं। उस दिन हम पशु नहीं रह जाते।

इसलिए अब हम लाओत्से के सूत्र को समझने की कोशिश करें।

लाओत्से कहता है, 'सैनिक, सबसे बढ़ कर, अनिष्ट के औजार हैं।'

क्यों सैनिक को अनिष्ट का औजार कहा जाए? इसीलिए कि हिंसा पशुता है। अगर हिंसा पशुता है, तो ही सैनिक अनिष्ट का औजार है। अगर हिंसा पशुता नहीं है, तो फिर सैनिक अनिष्ट का औजार नहीं, बल्कि श्रेष्ठ का साधन है।

नीत्शे ने कहा है; क्योंकि नीत्शे बिलकुल उलटा सोचता है। नीत्शे सोचता है, सैनिक मनुष्य के जीवन का सर्वश्रेष्ठ फूल है। तो नीत्शे कहता है कि सैनिक को देख कर मेरी आत्मा विस्तीर्ण हो जाती है, फैल जाती है; साधु को देख कर सिकुड़ जाती है। नीत्शे कहता है कि मैंने इस जगत में जो सबसे श्रेष्ठ संगीत सुना है, वह वही है जब सैनिक अपनी नंगी तलवारों को लेकर धूप में अपने पैरों की लयबद्ध आवाज करते हुए गुजरते हैं। उनके पैरों की जो लयबद्ध आवाज है, वही श्रेष्ठतम संगीत है। क्योंकि उसके साथ ही जगता है पुरुष, उसके साथ ही जगता है पौरुष, उसके साथ ही जगती है शक्ति की आकांक्षा। नीत्शे कहता है, शक्ति को पाने की आकांक्षा ही मनुष्य की आत्मा है।

अगर हम नीत्शे के व्यक्तित्व में भी उतरें तो भी बड़ी हैरानी होगी। नीत्शे कमजोर आदमी था, और दर्शन उसने लिखा है शक्ति का। नीत्शे बिलकुल कमजोर आदमी था, लेकिन बात करता है वह : विल टु पावर। वह कहता है, शक्ति पा लेना ही एकमात्र लक्ष्य है जीवन का। और आदमी वह कमजोर था; जिंदगी के अधिक दिन बीमार था।

एडलर ठीक कहता है कि लोग अपनी हीनता की परिपूर्ति कर लेते हैं। नीत्शे कमजोर है, और शक्ति की बात करता है। और हमने महावीर और बुद्ध और लाओत्से से ज्यादा शक्तिशाली आदमी नहीं देखे, और वे अहिंसा की बात कर रहे हैं। असल में, शक्तिशाली शक्ति की बात ही क्यों करेगा; कमजोर ही शक्ति की बात करता है। जो हमारे पास नहीं है, वही हम चाहते हैं। जो हमारे पास नहीं है, उसे ही हम मांगते हैं।

नीत्शे की दृष्टि में सैनिक श्रेष्ठतम है। और नीत्शे की फिलासफी का परिणाम हुआ कि हिटलर पैदा हो सका और सारी दुनिया दूसरे महायुद्ध से गुजरी। उस युद्ध का असली श्रेय या अपयश, नाम या बदनामी, हिटलर की नहीं है; उसकी असली जड़ नीत्शे में है। हिटलर अपने तकिए के पास नीत्शे की किताब सदा रखे रहता था। किताब का नाम है : विल टु पावर। और हिटलर ने कहा है कि जब भी मन मेरा डरने लगता है, या डांवाडोल होने लगता है, तत्काल मैं नीत्शे की किताब उठा कर एक कोई भी पन्ना पढ़ लेता हूं, प्राण फिर भर जाते हैं भीतर, ओज फिर लौट आता है, बल फिर साथ खड़ा हो जाता है।

नीत्शे कहता है, सैनिक है श्रेष्ठतम फूल, और हिंसा है मनुष्य का कर्तव्य। जो हिंसा से विमुख है, वह मनुष्य ही न रहा। इसलिए जीसस को, बुद्ध को, नीत्शे कहता है, ये स्त्रैण हैं। ये भी कोई पुरुष हैं जो प्रेम की और करुणा की बात कर रहे हैं! ये कमजोर लोग हैं, नीत्शे कहता है। और ये अपनी कमजोरी के लिए दर्शन-शास्त्र रच रहे हैं। ये स्वीकार नहीं करना चाहते।

नीत्शे कहता है, जीसस कहते हैं कि जो तुम्हारे एक गाल पर चांटे मारे, दूसरा उसके सामने कर दो। नीत्शे कहता है, यह सिर्फ तरकीब है अपनी कमजोरी को छिपाने की। दूसरा तो तुम्हें करना ही पड़ेगा; तुम इतने कमजोर हो। न करोगे तो तुम्हारा दुश्मन तुम्हारा दूसरा सामने कर लेगा। तो नीत्शे कहता है, कमजोर भी अपनी फिलासफी, अपना तत्वदर्शन निर्मित करता है। और वह यह अपने को समझाना चाहता है कि तुमने मुझे मारा नहीं, मैंने ही तुम्हें मारने का मौका दिया है; मैं खुद ही अपना मुंह तुम्हारे सामने किए दे रहा हूं। इस भांति वह सांत्वना खोजता है।

तो नीत्शे के लिए यह सूत्र तो बहुत हैरानी का होता। अगर उसने ताओ तेह किंग पढ़ा होता, तो वह फाड़ कर फेंक देता किताब, आग लगा देता। क्योंकि लाओत्से कहता है, सैनिक सबसे [illegible]र अनिष्ट के औजार होते हैं। क्योंकि सैनिक का मतलब यह है कि जिसे हमने हिंसा के लिए तैयार किया है—व्यवसायी हिंसक, प्रोफेशनल। हमने एक धंधे के लिए ही उसको तैयार किया है, एक खास काम के लिए तैयार किया है कि वह हिंसा करे।

सैनिक को हम तैयार इस तरह करते हैं कि उसमें कोई मानवीय गुण न रह जाए। सैनिक का सारा प्रशिक्षण ऐसा है कि उसके भीतर मस्तिष्क न रह जाए, हृदय न रह जाए; वह यंत्र हो जाए। इसलिए हम सालों तक उससे कोई और काम नहीं लेते। हम क्या करवाते हैं? हम उसको लेफ्ट-राइट परेड करवाते रहते हैं। घंटों—बाएं घूमो, दाएं

घूमो; बाएं घूमो, दाएं घूमो; बायां पैर ऊंचा करो, दायां नीचा करो! हम क्या करवा रहे हैं उससे? वर्षों तक हम उससे यह क्यों करवा रहे हैं?

इसके पीछे एक पूरा मनोविज्ञान है। क्योंकि जो आदमी वर्षों तक बाएं घूमो, दाएं घूमो करता रहेगा, वह धीरे-धीरे कंडीशंड हो जाएगा। आज्ञा, और उसके भीतर कोई विचार नहीं उठेगा, कृत्य। आज्ञा और कृत्य के भीतर विचार नहीं होगा। बाएं घूमो! तो सैनिक सोचता नहीं कि मैं घूमूं या न घूमूं? या कि घूमने का कोई लाभ है? या क्यों व्यर्थ घुमा रहे हो? न, इस सबकी सुविधा उसे नहीं है। उसे सिर्फ घूमना है। तो जब उससे कहा जाता है: गोली चलाओ! तो वह चलाता है। तब वह सोच नहीं सकता कि मैं क्यों चलाऊं? या सामने जिसे मैं मार रहा हूं, उसे मारना जायज है? या मैं कौन हूं जो उसे मारूं? और मैं क्या पा रहा हूं मार कर?

कोई सौ रुपए, दो सौ रुपए की महीने की नौकरी पा रहा है एक सैनिक। अपनी रोटी के लिए वह हत्या का धंधा कर रहा है। वह हजार लोगों को काट सकता है। जिस आदमी ने हिरोशिमा पर एटम गिराया, उससे बाद में जब पूछा गया, तो उसने कहा कि मैंने तो सिर्फ आज्ञा का पालन किया, मेरा और कोई जिम्मा नहीं है। जब उस आदमी से पूछा गया कि तुम रात सो सके हिरोशिमा पर एटम गिरा कर? तो उसने कहा, मैं बिलकुल आनंद से सोया, क्योंकि मैं अपना काम पूरा कर आया था। ड्यूटी पूरी हो गई थी, फिर मैं सो गया।

वहां एक लाख बीस हजार आदमी जल कर राख हो गए—इस आदमी के गिराने से। अगर यह आदमी सोचे कि मैं पा क्या रहा हूं—तीन सौ रुपए महीना, कि पांच सौ रुपए महीना—कि मैं रोटी ही तो कमा रहा हूं, रोटी तो भिखमंगे भी सड़क पर भीख मांग कर कमा लेते हैं, तो मैं एक लाख बीस हजार आदमियों की हत्या करने का रोटी कमाने के लिए कारण बनूं? तो शायद यह आदमी कहे कि नहीं, यह आज्ञा मानने से मैं इनकार करता हूं। लेकिन यह मौका नहीं आएगा। अगर हम किसी आदमी को सीधा एटम बम गिराने भेज दें तो आएगा। इसलिए वर्षों हम इसको लेफ्ट-राइट कराते हैं, इसके सोचने की क्षमता को मारते हैं, इसके भीतर बुद्धि को क्षीण करते हैं। यह यंत्रवत हो जाता है।

विलियम जेम्स मजाक में कहा करता था कि एक दिन ऐसा हुआ कि वह एक होटल में बैठ कर अपने मित्रों से कुछ बात कर रहा था। बड़ा मनोवैज्ञानिक था अमरीका का और वह कह रहा था कि आदमी कैसे संस्कारित, कंडीशंड हो जाता है। और तभी एक रिटायर्ड सैनिक सड़क से गुजर रहा था अंडे अपने सिर पर लिए। और विलियम जेम्स ने एक जिंदा उदाहरण देने के लिए चिल्ला कर कहा, अटेंशन! सावधान!

वह आदमी, जो कि रिटायर्ड था कोई दस साल से, उसकी अंडे की टोकरी नीचे गिर गई और वह अटेंशन खड़ा हो गया। जब वह खड़ा हो गया, तब उसे समझ में आया कि अरे! बहुत नाराज हुआ और उसने कहा, क्या मजाक करते हैं, सब अंडे फूट गए।

पर विलियम जेम्स ने कहा कि तुम्हें हक था, तुम अटेंशन न करते। पर उसने कहा कि वह हक तो हम खो चुके। दस साल हो गए छोड़े हुए नौकरी, लेकिन यंत्रवत। तुमने कहा तो सोचने का मौका ही नहीं रहा कि...। नहीं करने का सवाल ही नहीं उठता। और हमने किया, यह कहना ठीक नहीं है; अटेंशन हो गया—यंत्रवत।

तो सैनिक की तैयारी है यंत्रवत।

मनुष्य का जो सर्वाधिक पतन हो सकता है, वह यंत्र है। पशु मनुष्य का पतन नहीं है, बड़ा पतन नहीं है। आदमी दो सीढ़ियां नीचे गिर सकता है; आदमी चाहे तो पशु हो सकता है। लेकिन पशु की भी एक गरिमा है। क्योंकि पशु भी सोचता तो है थोड़ा; पशु भी अनुभव तो करता है थोड़ा; पशु भी निर्णय तो लेता है कभी। आपका कुत्ता है; उसे भूख भी लगी हो, लेकिन आप बेमन से दुतकार कर रोटी डाल दें, तो वह भी रोटी खाने को तैयार नहीं होगा।

वह जो दुतकारा है, वह दीवार बन गया। वह तैयार नहीं होगा। वह भी कुछ अनुभव करता है, कुछ सोचता है, कुछ निर्णय लेता है। उससे भी बड़ा पतन है यंत्रवत हो जाना। तब कोई निर्णय का सवाल ही नहीं रहता।

इसलिए लाओत्से कहता है, सैनिक अनिष्ट का साधन है। क्योंकि वह मनुष्य की अधिकतम पतन की अवस्था है। यह तो बड़ी बुरी बात लाओत्से कह रहा है। क्योंकि फिर क्या होगा हमारे सेनापतियों का? हमारे नेपोलियन, हमारे सिकंदर, हमारा सारा इतिहास तो सैनिकों का इतिहास है। इतिहास में जो चमकदार नाम हैं, वे सैनिकों के नाम हैं।

लेकिन हमारा सारा इतिहास हिंसा का इतिहास है। और हमारा सारा इतिहास आदमियत का नहीं है; हमारा सारा इतिहास, आदमी अभी भी पशु है, इस बात का इतिहास है। स्वभावतः, उसमें सैनिक श्रेष्ठ मालूम पड़ता है। उसमें सैनिक के तगमे चमकते हैं। उसकी बांहों पर लगी रंगीन पट्टियां इंद्रधनुष बन जाती हैं—पूरे इतिहास पर।

लाओत्से कहता है, सैनिक अनिष्ट के औजार हैं; क्योंकि व्यवसायी हिंसक हैं वे। इससे तो गैर-व्यवसायी हिंसक भी ठीक हैं। अगर कोई आदमी आपका अपमान करे और आप क्रोध से भर जाएं, तो इस क्रोध में भी एक गरिमा है। लेकिन व्यवसायी हिंसक क्रोध से भी नहीं भरता और हत्या करता है। सैनिक को क्रोध का कोई कारण नहीं है। वह सिर्फ धंधे में है, वह अपना काम कर रहा है।

सैनिक और वेश्या में बड़ी निकटता है। वेश्या शरीर को दे देती है बिना किसी भाव के। कोई प्रेम नहीं है, कोई घृणा नहीं है; बड़ी तटस्थता है। इसीलिए तो पैसे पर शरीर को बेचा जा सकता है। वेश्या को हम सब पापी कहते हैं। लेकिन वेश्या का कसूर क्या है? कि वह अपने शरीर को पैसे पर बेच रही है, यही कसूर है न! सैनिक क्या कर रहा है? वह भी अपने शरीर को पैसे पर बेच रहा है। और अगर दोनों में चुनना हो तो वेश्या बेहतर है। क्योंकि वेश्या सिर्फ अपने शरीर को बेच रही है, किसी दूसरे के शरीर की हत्या नहीं कर रही। सैनिक अपने शरीर को बेच रहा है दूसरे की हत्या करने के लिए। लेकिन वेश्या अपमानित है और सैनिक सम्मानित है। वेश्या से किसी को क्या बड़ा नुकसान पहुंचा है?

विचारशील लोग कहते हैं कि वेश्याओं के कारण बहुत से परिवार बचे हैं; नुकसान तो किसी को पहुंचा नहीं। असल में, वेश्याएं न हों, तो सतियों का होना बहुत मुश्किल हो जाए। वहां वेश्या है, तो घर में पत्नी सती बनी रहती है। और पत्नी भी बहुत डरती नहीं पुरुष के वेश्या के पास जाने से; पत्नी डरती है पड़ोसिन के पास जाने से। क्यों? क्योंकि वेश्या से कोई खतरा नहीं है; क्योंकि कोई लगाव नहीं है, कोई इनवाल्वमेंट नहीं है। पुरुष जाएगा और आ जाएगा। वेश्या के पास जाना एक बिलकुल तटस्थ प्रक्रिया है। वह पैसे का ही संबंध है। लेकिन पड़ोसिन के पास अगर पुरुष चला जाएगा तो लौटना फिर आसान नहीं है। क्योंकि पैसे का संबंध नहीं है; भाव का संबंध बन जाएगा।

इसलिए वेश्याओं से किसी को कोई चिंता नहीं है। पुराने राजा-महाराजाओं की औरतें पास में बैठ कर, और वेश्याओं को राजा नचाता रहता, और वे भी देखती रहतीं। उससे कोई अड़चन न थी। क्योंकि उससे सती होने में कोई बाधा नहीं पड़ती। बल्कि जो लोग समाज की गहराई में खोज करते हैं, वे कहते हैं, उससे सुविधा बनती है। सुविधा यह बनती है कि समाज व्यवस्थित चलता जाता है। कुछ स्त्रियों के शरीर बिकते रहते हैं; समाज का घाव सब तरफ नहीं फूटता, कुछ स्त्रियां उस घाव को अपने ऊपर ले लेती हैं। वह जो बीमारी सब तरफ फैल जाती, वह सब तरफ नहीं फैलती; उसकी धाराएं बन जाती हैं।

जैसे हमारे घर का गंदा पानी नालियों से बह जाता है। तो नालियां आपके घर की सफाई के लिए जरूरी हैं; नहीं तो पूरी सड़कों पर पानी फैल जाएगा। वे वेश्याएं नालियों का काम कर जाती हैं। और जो गंदगी घर-घर में इकट्ठी होती है, वह वहां से बह जाती है। जब तक घर में गंदगी होती है, तब तक वेश्या रहेगी। जिस दिन घर का

संबंध ही पति और पत्नी का प्रेम का गहन संबंध हो जाएगा, कोई गंदगी पैदा न होगी, तभी वेश्या मिटेगी। नहीं तो वेश्या मिटाई नहीं जा सकती। क्योंकि वह जरूरत है।

लेकिन वेश्या को हम पापी कहते हैं। और वेश्या आ जाए तो हमारे मन में तत्क्षण निंदा आ जाती है। लेकिन सैनिक को...सैनिक क्या कर रहा है? सैनिक भी शरीर बेच रहा है रोटी के लिए, और साथ में दूसरे के शरीरों की भी हत्या कर रहा है।

लाओत्से कहता है, 'सैनिक अनिष्ट के औजार होते हैं। और लोग उनसे घृणा करते हैं।'

लेकिन इसे थोड़ा हम समझ लें, कि लोग साधारणतः सैनिक से घृणा करते हैं; साधारणतः पुलिसवाले को कोई अच्छी नजर से नहीं देखता। जब तक आप सुरक्षित हैं और शांत हैं और जिंदगी में कोई तकलीफ नहीं, तो पुलिस को और सैनिक को कोई अच्छी नजर से नहीं देखता। लेकिन जैसे ही तकलीफ होती है, वैसे ही पुलिस ही आपका रक्षक हो जाता है। जैसे ही बेचैनी फैलती है, युद्ध की आशंका होती है, सैनिक ही आपका सब कुछ हो जाता है। इसलिए सैनिक सदा उत्सुक रहते हैं कि युद्ध चलता रहे। और पुलिसवाला भी सदा उत्सुक रहता है कि कुछ उपद्रव होता रहे। क्योंकि जब उपद्रव होता है, तभी वह सम्मानित है। जैसे ही उपद्रव खोया, वह खो जाता है।

अभी आपने देखा, हिंदुस्तान-पाकिस्तान का थोड़े दिन युद्ध हुआ, तो सेनापतियों के नाम अखबारों में सुर्खियां बन गए। धीरे-धीरे अब कम होते जा रहे हैं वे नाम, लेकिन अभी भी चल रहे हैं। साल, छह महीने कोई उपद्रव न हुआ, आप भूल जाएंगे कि कौन है सेनापति।

सैनिक की प्रतिष्ठा तभी है, जब उपद्रव चल रहा हो; अन्यथा लोग घृणा करते हैं। क्योंकि लोग भी भीतर अनुभव तो करते हैं कि यह हिंसा का व्यवसाय, यह हत्या का धंधा, सब तरह से गलत है। फिर भी कभी-कभी हम इसे ठीक मानते हैं। अगर एक आदमी किसी की हत्या कर दे तो वह अपराधी है और फांसी की सजा होती है। और एक आदमी युद्ध में हजारों की हत्या कर दे तो सम्मानित होता है। मरने की बात तो एक ही है; मारने की बात तो एक ही है। लेकिन कभी वही अपराध है, और कभी वही सम्मान बन जाता है। तो गहरे में तो हम जानते हैं कि सैनिक कोई शुभ लक्षण नहीं है।

इसलिए लाओत्से कहता है, 'और लोग उनसे घृणा करते हैं। ताओ से युक्त धार्मिक पुरुष उनसे बचता है।'

हमने सुना है कि धार्मिक पुरुष वेश्या से बचता है। लेकिन कभी आपने यह भी सुना कि धार्मिक पुरुष सैनिक से बचता है? नहीं, आपके खयाल में नहीं होगा। लेकिन लाओत्से ठीक कह रहा है। वेश्या से भी ज्यादा सैनिक से बचना जरूरी है धार्मिक पुरुष का। क्योंकि सैनिक का प्रयोजन ही एक है कि आदमी अभी आदमी नहीं हुआ, इसलिए उसकी जरूरत है। वह सबूत है हमारे पशु होने का।

आपके लिए जेल की जरूरत है, सिपाही की जरूरत है, अदालत की जरूरत है, मजिस्ट्रेट की जरूरत है। ये सब प्रतीक हैं हमारे चोर-बेईमान होने के। मजिस्ट्रेट अकड़ कर अपनी कुर्सियों पर बैठे हुए हैं; वे हमारी बेईमानी के प्रतीक हैं। उनकी कोई जरूरत नहीं है, जिस दिन हम बेईमान नहीं हैं। सैनिक खड़ा है चौरस्ते पर; वह आपके चोर होने का, धोखेबाज होने का, नियमहीन होने का सबूत है। अगर वह चौरस्ते पर नहीं है तो आप फिर फिक्र करने वाले नहीं हैं कि आप कार कैसी चला रहे हैं—बाएं जा रहे हैं, कि दाएं जा रहे हैं, कि क्या कर रहे हैं। वह वहां खड़ा है; वह आपके भीतर जो गलत है, उसका प्रतीक है। जिस दिन आदमी बेहतर होगा, उस दिन पुलिसवाले की चौरस्ते पर कोई जरूरत नहीं होनी चाहिए। जिस दिन आदमी सच में ही आदमी होगा, उस दिन अदालतें खो जानी चाहिए।

मगर हम देखते हैं, हमारे राज्यों में अदालत का जो मकान होता है, वह सबसे शानदार होता है। हाईकोर्ट जाकर देखते हैं! पीछे आने वाला आदमी इतिहास में लिखेगा कि कैसे अपराधी लोग रहे होंगे कि अदालतों के

इतने-इतने बड़े मकान बनाते थे! अदालतों के इतने-इतने बड़े मकान बनाने की जरूरत क्या है? अदालत कोई गौरव है? कि अदालत कोई कलात्मक कृति है? कि अदालत कोई संस्कृति का प्रतीक है? अदालत तो हमारे भीतर वह जो पशु छिपा है, उसकी जरूरत है।

लेकिन कोई आदमी अगर जस्टिस हो जाए, चीफ जस्टिस हो जाए, तो हम समझते हैं और क्या होने जैसा बचता है! फलां आदमी चीफ जस्टिस हो गया! उसे पता नहीं कि वह दूसरा छोर है हमारे चोरों, अपराधियों, हत्यारों का; और उनके ऊपर ही खड़ा है। जिस दिन वे खो जाएंगे, वह भी खो जाएगा।

कानून बताता है कि लोग अच्छे नहीं हैं। जितना ज्यादा कानून, उतना बुरा समाज! जितनी ज्यादा कानून की जरूरत, उतना बेहूदा समाज! कानून बढ़ते जाते हैं हमारे रोज, तो उससे डर लगता है कि कहीं आदमी और बुरा तो नहीं होता जाता है! क्योंकि कल दस कानून थे तो आज बीस हैं, कल तीस हो जाते हैं। कानून रोज बढ़ते जाते हैं। बढ़ता हुआ कानून बताता है कि आदमी बिगड़ते चले जाते हैं।

लाओत्से कहता है, ताओ से युक्त धार्मिक पुरुष सैनिक से भी बचता है। क्योंकि सैनिक, आदमी के पीछे, अतीत की घटना है; पशुओं से संघर्ष की घटना है। सैनिक, आदमी का भविष्य नहीं है, अतीत है। और भविष्य में सैनिक नहीं होना चाहिए।

'सज्जन असैनिक जीवन में वामपक्ष अर्थात शुभ के लक्षण की ओर झुकता है।'

चीन में वामपक्ष को शुभ का लक्षण, प्रतीक माना जाता है।

'सज्जन असैनिक जीवन में वामपक्ष, शुभ के लक्षण की ओर झुकता है; लेकिन युद्ध के मौकों पर वह दक्षिणपक्ष अर्थात अशुभ के लक्षण की ओर झुक जाता है।'

आप साधारणतः हत्या पसंद नहीं करते, लेकिन युद्ध के समय में पसंद करते हैं। पसंद ही नहीं करते, जो जितनी ज्यादा हत्या कर आए उसे उतना सम्मानित करते हैं। हत्यारा आदृत हो जाता है। साधारण जीवन में आप हत्या के विरोधी हैं; युद्ध के समय आपका सारा रुख बदल जाता है। आप और ही तरह के आदमी हो जाते हैं।

तो लाओत्से कहता है कि शांत जीवन में सज्जन आदमी शुभ की तरफ होता है, अशांत और युद्ध के क्षणों में वह भी अशुभ की ओर झुक जाता है। अशुभ तो अशुभ रहते ही हैं, युद्ध के समय में जो सज्जन थे वे भी अशुभ की ओर झुक जाते हैं।

इसलिए युद्ध का समय मनुष्य के जीवन में, समाज के जीवन में, धर्म की दृष्टि से पतन का समय है। युद्ध के समय में बहुत सी बुराइयां सहज स्वीकृत हो जाती हैं, जिनका हम कभी वैसे खयाल भी नहीं करते। पिछले महायुद्ध में ऐसा हुआ कि जब हजारों सैनिक अपने घरों को छोड़ कर युद्ध पर गए। तो जैसा भारत में हुआ कि स्टेशन-स्टेशन पर हम सैनिक का स्वागत करने लगे, फूलमालाएं पहनाने लगे, मिठाइयां भेंट करने लगे, कि स्वेटर और कपड़े और ऊनी कपड़े भेंट करने लगे—कुछ हम भेंट करने गए। लेकिन आपको शायद पता न हो कि पिछले महायुद्ध में स्त्रियों ने, लड़कियों ने सैनिकों को जाकर स्टेशनों पर अपने शरीर भी भेंट किए। एक लिहाज से तो अगर भेंट ही करना हो, तो क्या स्वेटर भेंट कर रहे हैं! स्त्रियों ने अपने शरीर भी भेंट किए; क्योंकि जो मरने-मारने जा रहा है, उसे सब कुछ दिया जाए। जो स्त्रियां कभी सोच भी नहीं सकती थीं—क्योंकि वे साधारण स्त्रियां थीं, कोई वेश्याएं नहीं थीं—जो सोच भी नहीं सकती थीं किसी पुरुष का संसर्ग, उन्होंने अनजान, अपरिचित लोगों को शरीर दिए। क्या हुआ?

युद्ध सारे मूल्यों को उलटा देता है। जो मूल्य कल तक प्रतिष्ठित थे वे नीचे गिर जाते हैं, और जो अप्रतिष्ठित थे वे ऊपर आ जाते हैं। युद्ध एक उत्पात की स्थिति है। इसलिए जितने ज्यादा युद्ध होते हैं, समाज की गति धर्म की ओर उतनी ही कम हो जाती है।

पिछले पांच हजार साल में पंद्रह हजार युद्ध हुए। हिसाब लगा कर देखा जाए तो ऐसा दिन खोजना मुश्किल है, जब जमीन पर कहीं न कहीं युद्ध न हो रहा हो। युद्ध हो ही रहा है, युद्ध चल ही रहा है। कहीं न कहीं हम आदमी को मार रहे हैं, और मर रहे हैं। आदमी मरने और मारने के लिए है?

फिर हम बड़े-बड़े लक्ष्य खड़े करते हैं। और उन लक्ष्यों के कारण ही सज्जन पुरुष भी युद्ध में सैनिक की तरफ झुक जाता है। तब हिंसा छिप जाती है। इसे थोड़ा ठीक से समझ लें। क्योंकि हमारे जीवन की व्यवस्था का बहुत नाजुक पहलू है कि जब भी हमें बुराई करनी होती है, तो हम बहुत अच्छे, रंगीन पर्दों की ओट में उसे छिपा देते हैं। क्योंकि बुराई को सीधा करना मुश्किल है। और अगर हम बड़े नारे लगाएं और बड़ी आदर्शों की बात करें, तो फिर बुराई करना आसान हो जाती है। इसलिए कोई भी युद्ध बिना आदर्श के नहीं होता। यह कहा जा सकता है कि जब तक दुनिया में आदर्श हैं, युद्ध से बचना मुश्किल है। आदर्श बदल जाते हैं, लेकिन युद्ध नहीं बदलता, युद्ध जारी रहता है। आदर्श की आड़ में बुरा करना कितना आसान है, इसे थोड़ा खयाल करें।

अगर आप एक मस्जिद जला रहे हैं, और यह धार्मिक कृत्य समझ में आए; या एक मंदिर तोड़ रहे हैं, और यह जेहाद हो; तो फिर मंदिर को तोड़ने में, आग लगाने में, निर्दोष पुजारी को काट डालने में आपके मन में जरा भी ग्लानि न होगी। क्यों? क्योंकि जो आप कर रहे हैं, वह दिखाई ही नहीं पड़ता; आदर्श दिखाई पड़ता है। मुसलमानों ने इतने मंदिर जला डाले, इतनी मूर्तियां तोड़ डालीं, इतने निर्दोष लोगों की हत्या कर दी—जेहाद! उनका धर्मगुरु उनसे कह रहा है कि यह धर्मयुद्ध है! अगर जीते, तो यहीं सुख पाओगे। अगर मर गए युद्ध में, तो स्वर्ग में, बहिश्त में परमात्मा का आशीर्वाद मिलेगा। तो फिर आसान है मामला। अगर कुरान हाथ में हो, बाइबिल हाथ में हो, या गीता हाथ में हो, तो छुरा भोंकना बहुत आसान है। क्यों? क्योंकि छुरा फिर छोटी चीज हो जाती है; बड़ी चीज कुरान, बड़ी चीज बाइबिल। अब कोई डर नहीं है। अब किया जा सकता है।

अभी हमारे मुल्क में आजादी के बाद लाखों लोग काटे गए। हिंदुओं ने काटे, मुसलमानों ने काटे। जिन्होंने काटे, वह हम ही लोग थे। कभी सोच भी नहीं सकते थे कि यह आदमी, जो दुकान करता है, स्कूल में मास्टरी करता है, या पढ़ता है, या लकड़ी काटता है, या घास बेचता है, यह आदमी कभी हत्या करेगा! इसको कभी कोई सोच भी नहीं सकता था। इसी ने हत्या की। और यह कैसे कर सका? क्योंकि इसकी हमने कभी कल्पना भी न की थी कि यह आदमी किसी को काट भी सकता है। इसने काटा। क्या हुआ?

बड़ा आदर्श! फिर आदमी के पागल होने में कठिनाई नहीं होती। युद्ध आदर्शों की आड़ में चलते हैं।

दूसरा महायुद्ध चला। हिटलर लड़ा रहा था अपने लोगों को, क्योंकि सारी दुनिया में श्रेष्ठ मनुष्य पैदा करना है, सुपर मैन, महामानव पैदा करना है। तो जर्मन खून में उसने लहर भर दी। जर्मन खून इस आदर्श के पीछे दीवाना हो गया कि ठीक, सारी पृथ्वी को स्वर्ग बना देंगे, नार्डिक जाति को बचा लेंगे, जो श्रेष्ठतम है उसी को बचने देंगे, निकृष्ट को विदा कर देंगे। एक सर्जिकल आपरेशन था, एक गलत को हटा देना है, ठीक को स्थापित करना है। यह बड़ा ऊंचा लक्ष्य था। इसके लिए कोई मरे-मारे, सब उचित था। तो जर्मन लड़ रहे थे।

इंग्लैंड, अमरीका और रूस इसलिए लड़ रहे थे कि दुनिया को फासिज्म से बचाना है, नाजिज्म से बचाना है। यह फासिज्म हत्या है लोकतंत्र की, फासिज्म हत्या है समाजवाद की, फासिज्म हत्या है स्वतंत्रता की; इससे बचाना है। तो इंग्लैंड का जवान लड़ रहा था, अमरीका का जवान लड़ रहा था, रूस का जवान लड़ रहा था—कि दुनिया एक गर्त में जा रही है पाप के, उससे उसे बचाना है।

बड़े आदर्श! आदमी फिर कुछ भी कर सकता है। आदर्श न हो, नग्न सत्य सामने हो, तो युद्ध आदमी कर नहीं सकता। इसलिए कोई युद्ध सीधा नहीं होता। सिद्धांत, शास्त्र, आइडियोलाजी जरूरी है बीच में।

इसलिए जब तक दुनिया में आदमी सिद्धांतों में बटे हैं, तब तक कोई न कोई युद्ध कभी भी करवाया जा सकता है। और जब तक दुनिया में लोग कहते हैं कि मेरा विचार ठीक और तुम्हारा गलत, तब तक कभी भी तलवार निकाली जा सकती है। क्योंकि आखिरी निर्णय कैसे हो कि किसका विचार ठीक? तर्क निर्णय नहीं कर पाता। वर्षों लग जाते हैं और तर्क से कुछ सिद्ध नहीं होता। तलवार जल्दी सिद्ध कर देती है। जो हार जाता है उसका सिद्धांत गलत, और जो जीत जाता है उसका सिद्धांत सही।

यह हैरानी की बात है। आपने सूत्र सुना होगा, हम तो अपने राष्ट्र का प्रतीक बना रखे हैं उस सूत्र को: सत्यमेव जयते, सत्य सदा जीतता है। लेकिन हालत उलटी दिखती है। जो जीत जाता है, वह सत्य मालूम पड़ता है; जो हार जाता है, वह असत्य मालूम पड़ता है। सत्य सदा जीतता है, इसका तो कुछ पक्का पता नहीं चलता। लेकिन जो जीत जाता है, उसको आप असत्य नहीं कह सकते, इतना पक्का है। वह सत्य हो जाता है।

थोड़ा सोचें। अगर हिटलर जीत जाता दूसरे महायुद्ध में, तो चर्चिल, स्टैलिन, रूजवेल्ट कहां होते आज? उनकी गिनती पागलों में होती। स्टैलिन, रूजवेल्ट, चर्चिल जीत गए, हिटलर हार गया, तो हिटलर की गिनती पागलों में है। हालांकि दोनों ही पागल हैं। जो जीत जाए, वह लगता है ठीक, जो हार जाए, वह पागल। असल में, बिना पागल हुए राजनीतिज्ञ होना मुश्किल है। थोड़े नट-बोल्ट भीतर ढीले होने ही चाहिए, तो ही आदमी को राजनीति का बुखार चढ़ता है। फिर उसमें जो बड़े पागल होते हैं, वे जीत जाते हैं; जो छोटे रहते हैं, वे हार जाते हैं। पर जो हार जाते हैं, वे इतिहास नहीं बनाते; जो जीत जाते हैं, वे इतिहास बनाते हैं।

इसलिए सब इतिहास झूठा है। क्योंकि हारा हुआ आदमी तो बना ही नहीं पाता। थोड़ा सोचें कि रावण जीत जाता और राम हार गए होते। रामायण होती आपके पास? कभी नहीं हो सकती थी। क्योंकि रावण ने कोई वाल्मीकि खोजा होता, कोई तुलसीदास रावण को मिले होते, सारी कथा और होती! सारी कथा और होती; क्योंकि जो जीत जाता है, उसके इर्द-गिर्द चापलूस इकट्ठे होते हैं, कवि इकट्ठे होते हैं, खुशामदखोर इकट्ठे होते हैं, वे इतिहास रचते हैं। जो हार जाता है, उसकी तरफ तो कोई हाथ उठाने को भी राजी नहीं रह जाता। तो इसलिए इतिहास सब झूठा है। इतिहास सच हो नहीं सकता; क्योंकि कौन बनाता है, इस पर निर्भर करता है।

स्टैलिन ने सारे रूस को निर्मित किया। और स्टैलिन के मरते ही ख्रुश्चेव ने स्टैलिन के नाम को इतिहास से मिटा दिया। रूस की इतिहास की किताबों में स्टैलिन का नाम नहीं है अब। फोटो नहीं है। जिन जगह पर स्टैलिन की फोटो लेनिन के साथ थी, वहां-वहां लेनिन की बची है फोटो, स्टैलिन की काट दी गई। आपको पता हो, न हो, लेनिन की कब्र—कब्र नहीं कहना चाहिए—लेनिन की जहां समाधि है, जहां उसकी लाश रखी है अभी भी, क्रेमलिन के चौराहे पर, उसके बगल में ही स्टैलिन की लाश भी रखी गई थी। फिर जब ख्रुश्चेव ताकत में आया, तो वह लाश वहां से हटवा दी गई। इतिहास से नाम काट दिया गया। रूस के बच्चे स्कूल में, रूस के बच्चों को पता ही नहीं कि स्टैलिन भी हुआ है।

अब बड़ा कठिन है। यही काम स्टैलिन ने किया था। जब स्टैलिन ताकत में आया, तो जहां-जहां ट्राटस्की के चित्र थे, वे हटा दिए गए। क्योंकि लेनिन के बाद नंबर दो की ताकत का आदमी ट्राटस्की था। तो जगह-जगह उसके चित्र थे, किताबों में उल्लेख था, अखबारों में उल्लेख था, इतिहास में उल्लेख था। वह सब जगह से पोंछ दिया गया। जो स्टैलिन ने ट्राटस्की के लिए किया था, वह ख्रुश्चेव ने स्टैलिन के लिए किया। और अब जो हैं, वे ख्रुश्चेव के साथ वही कर रहे हैं। इतिहास का तय करना बहुत मुश्किल है। हजार साल बाद जिनके हाथ में किताबें लगेंगी, जिनमें स्टैलिन का नाम भी न होगा, वे कैसे समझेंगे कि स्टैलिन ने क्या किया था? या जो किताबें होंगी, उनमें लिखा होगा कि स्टैलिन पागल था, विक्षिप्त था, हत्यारा था। तो वे यही समझेंगे।

अंग्रेजों ने शिवाजी के लिए लिखा है कि वह लुटेरा था। अगर अंग्रेज हिंदुस्तान में बने रहते तो शिवाजी लुटेरे रहते; कोई और उपाय नहीं था। अंग्रेज चले गए तो शिवाजी अब लुटेरे नहीं हैं; अब शिवाजी की हम जगह-जगह मूर्तियां खड़ी कर रहे हैं। अब शिवाजी महाराष्ट्र-नायक हैं।

पर बड़ी कठिनाई है, कौन सच कह रहा है? कौन इतिहास बना रहा है? जो जीतता चला जाता है, वह इतिहास बनाता चला जाता है। हार सब पोंछ देती है।

लाओत्से कहता है कि सज्जन आदमी भी युद्ध के क्षण में असत्य की तरफ झुक जाता है, गलत की तरफ झुक जाता है। क्योंकि प्रचार, हवा, आदर्श, सज्जन को भी उलझा देते हैं। जिनको हम अच्छे आदमी कहते हैं, वे भी प्रार्थनाएं करने लगते हैं। और कभी तो बड़ी मजेदार प्रार्थनाएं हो जाती हैं। क्योंकि दूसरे महायुद्ध में दोनों तरफ ईसाई थे, इसलिए पोप बड़ी मुश्किल में पड़ा कि प्रार्थना किसके लिए करे। और तब जर्मनी का चर्च टूट गया और जर्मनी के प्रधान पुरोहित ने जर्मनी के लिए प्रार्थना की कि परमात्मा हिटलर को जिताए। और इंग्लैंड के चर्च ने इंग्लैंड के लिए प्रार्थना की कि परमात्मा इंग्लैंड को जिताए। और परमात्मा इंग्लैंड को ही जिताएगा, क्योंकि इंग्लैंड सत्य के पक्ष में है। और वही जर्मन पुरोहित भी कह रहा था कि हिटलर ही जीतेगा; क्योंकि हिटलर जो है, वह वस्तुतः ईश्वर का संदेशवाहक है।

अब अगर दो ईश्वर हों, तब भी चल जाए। यह तो एक ही ईश्वर से प्रार्थना हो रही है। और वह भी हिंदू-मुसलमान का ईश्वर हो, तो भी समझें; ईसाइयों के एक ही ईश्वर से प्रार्थना चल रही है। लेकिन भला आदमी भी...। अब यह पुरोहित कोई बुरा आदमी नहीं है; यह कोई किसी की हत्या करने वाला आदमी भी नहीं है। यह कोई किसी को चोट भी नहीं पहुंचाएगा; जरा किसी के पैर में कांटा गड़ जाए, तो उसे निकालने की, सेवा करने की इसकी तत्परता है। यह भी भला आदमी है। लेकिन यह भी उलझ जाता है। यह भी उलझ जाता है।

यहां हिंदुस्तान में कोई युद्ध की हवा चलती है, तो जिनको हम अहिंसक कहें, वे भी जोश में आ जाते हैं। फिर उनकी अहिंसा वगैरह सब विलीन हो जाती है। फिर उनको भी पता नहीं रहता कि खून बुद्धि से ज्यादा जोर मार रहा है, और बुद्धि एक तरफ रह गई और खून छलांग मार रहा है। और वे बातें करने लगते हैं युद्ध की।

लाओत्से कहता है, युद्ध इसलिए बहुत बुरा है कि भला भी उसमें बुरा जैसा हो जाता है। सारे मूल्य उलटे हो जाते हैं।

'सैनिक अनिष्ट के शस्त्र-अस्त्र हैं, वे सज्जनों के शस्त्र नहीं हो सकते। जब सैनिकों का उपयोग अनिवार्य हो जाए, तब शांत प्रतिरोध ही सर्वश्रेष्ठ नीति है।'

'सैनिक अनिष्ट के शस्त्र-अस्त्र हैं।'

यह थोड़ा सोचने जैसा है। क्योंकि हम ऐसा कभी नहीं सोचते। हमारा सोचना कुछ और है।

एक गांव में मैं था। वहां कुछ दंगा-फसाद की हवा थी; हिंदू-मुसलमानों में तनाव था। तो हिंदू मेरे पास आए; उन्होंने कहा, आप अपने वक्तव्य में कहें कि आततायियों को तो नष्ट करने के लिए भगवान ने भी कृष्ण ने आज्ञा दी है कि आततायी को तो नष्ट कर देना चाहिए।

मैंने कहा कि मुझे पक्का पता नहीं कि आततायी कौन है। आततायी को नष्ट कर देना चाहिए, यह कृष्ण ने कहा है। लेकिन तुम्हारे पास कोई कसौटी है कि तुम जानो कि आततायी कौन है? उन्होंने कहा, यह भी कोई पूछने की बात है; मुसलमान आततायी हैं।

अगर यह सिद्ध ही है कि मुसलमान आततायी हैं, तब तो ठीक है। लेकिन यह सिद्ध कौन कर रहा है? यह हिंदू सिद्ध कर रहे हैं।

मैंने उनसे पूछा, मुसलमानों से पूछा? उन्होंने कहा, उनसे क्या पूछना है! तो मैंने उनको कहा, अगर मुसलमान मेरे पास आएं, क्योंकि न मैं हिंदू हूं, न मैं मुसलमान हूं, अगर वे मेरे पास आएं और वे कहें कि काफिरों को तो नष्ट करने की आज्ञा कुरान में दी हुई है। तो मैं उनसे पूछूंगा कि काफिर कौन है? अगर सिद्ध है कि हिंदू काफिर हैं, तब तो कोई मामला ही नहीं है। मगर हिंदुओं से पूछा? वे भी राजी नहीं होंगे पूछने, कि काफिरों से क्या पूछना है! हम मान कर ही बैठे हैं। तो फिर ठीक है, मुसलमान समझते हैं कि तुम गलत हो, हिंदू समझते हैं कि मुसलमान गलत हैं। कौन तय करे?

एक बात पक्की है, जो आदमी सदा देखता है कि दूसरा गलत है और मैं ठीक हूं, वह गलत होगा। यह गलत आदमी का लक्षण है असल में। सही आदमी बहुत विचार करता है, इसके पहले कि दूसरे को गलत कहे, अपने गलत होने की सारी संभावनाओं को सोच लेता है कि कहीं मैं गलत तो नहीं हूं। बुरा आदमी इस झंझट में नहीं पड़ता। वह मान कर चलता है कि दूसरा गलत है। मुसलमान गलत होते हैं, ऐसा नहीं है; मुसलमान गलत होते ही हैं, इसमें कुछ और सोच-विचार की जरूरत नहीं है। उनका मुसलमान होना उनके गलत होने के लिए काफी है। ऐसे ही हिंदू का हिंदू होना काफिर होने के लिए काफी है।

फिर जब मुसलमान हिंसा करता है, तो वह नहीं मानेगा कि हिंसा हर हालत में अनिष्ट का साधन है। वह कहेगा कि हिंदू जब हिंसा करते हैं, तब अनिष्ट का साधन है। और जब हम कर रहे हैं, तो काफिर का नाश करना, यह कहीं अनिष्ट है? यह तो इष्ट है।

इसलिए सभी युद्धखोर अपनी हिंसा को इष्ट मानते हैं, दूसरे की हिंसा को अनिष्ट मानते हैं।

लाओत्से कहता है, सैनिक हर हालत में, हिंसा हर हालत में अनिष्ट का साधन है। कौन उपयोग करता है, इससे सवाल नहीं है; हर हालत में अनिष्ट का साधन है। अच्छा आदमी भी उपयोग करे, तो भी उससे अनिष्ट ही होता है; बुरा आदमी करे, तो भी अनिष्ट होता है। साधन ही अनिष्ट का है। तब फिर अच्छा आदमी क्या करे?

हिंसा उसका शस्त्र नहीं हो सकती। सैनिक सज्जन के लिए शस्त्र नहीं हो सकते। इसलिए जब तक कोई राष्ट्र वस्तुतः समस्त सैन्य शक्ति का विसर्जन नहीं करता, तब तक सुसंस्कृत कहने का अधिकारी नहीं है। कोई राष्ट्र जब तक सैनिक को रखता है, तब तक वह सुसंस्कृत कहलाने का अधिकारी नहीं है।

लेकिन कोई राष्ट्र यह हिम्मत नहीं जुटा सकता कि सैनिक को विदा कर दे। मजबूरियां हैं। क्योंकि चारों तरफ जो लोग इकट्ठे हैं, वे तत्काल दौड़ पड़ेंगे, वे तत्काल मुल्क को पी जाएंगे। यह भय है। तो सज्जन भी क्या कर सकता है? सैनिक को अपना साधन न भी माने, लेकिन अगर असज्जन उस पर हमला करे, तो वह क्या कर सकता है? हमले का प्रतिरोध तो करना पड़ेगा। क्योंकि अगर प्रतिरोध न किया जाए तो यह भी असज्जन को सहयोग है, यह भी बुराई को साथ देना है।

समझें कि जीसस ने कहा है कि दूसरा गाल सामने कर दें। लेकिन सामने अगर आदमी बुरा है, तो मैं उसके लिए सहयोगी हो रहा हूं। और यह भी हो सकता है, मैं उसकी आदत बिगाड़ रहा हूं। और कल वह किसी और को भी चांटा मारेगा इसी आशा में कि दूसरा गाल भी आता ही होगा।

सुना है मैंने कि मुल्ला नसरुद्दीन एक काफी हाउस के सामने बैठ कर रोज गपशप किया करता था। एक छोटा बच्चा, शरारती बच्चा रोज की आदत बना लिया कि वह आता और मुल्ला की पगड़ी में हाथ मार कर भाग जाता। पगड़ी नीचे गिर जाती, मुल्ला अपनी पगड़ी फिर ऊपर रख लेता। अनेक बार लोगों ने कहा कि मुल्ला, एक दफे इस लड़के को डांट दो। यह भी क्या बेतुकी बात है! और इस लड़के की कोई ताकत है? एक दफा जोर से इसको चांटा लगा दो, दुबारा नहीं लौटेगा। मुल्ला ने कहा, ठहरो, हमारे भी अपने रास्ते हैं।

फिर एक दिन ऐसा हुआ—यह वर्षों की आदत हो गई, यह रोज का नियम हो गया कि वह लड़का मुल्ला की पगड़ी गिरा जाता—एक दिन ऐसा हुआ कि एक पठान सैनिक उधर बैठा हुआ था, उस जगह, शाम का वक्त, जहां मुल्ला शाम को रोज बैठते थे। मुल्ला आकर दूसरी जगह बैठ कर देख रहा था। वह लड़का आया, उसने पगड़ी पर एक हाथ मारा। पठान ने तलवार निकाल कर उसकी गर्दन काट दी। मुल्ला ने कहा, देखा! हम रास्ता देख रहे थे। इसका अभ्यास पक्का हो गया था; अब यह होने ही वाला था कभी।

इस हत्या में पठान से ज्यादा मुल्ला का हाथ है। पठान दिखेगा अपराधी, मगर वह बेचारा केवल एक लंबी शृंखला की आखिरी कड़ी है। उनका कोई इसमें ज्यादा हाथ नहीं है। ज्यादा हाथ तो उस आदमी का है, जो साल भर पगड़ी गिरवा रहा था, और अभ्यास करवा रहा था।

तो यह भी हो सकता है—जिंदगी जटिल है और वहां जड़ नियम काम नहीं करते—कि एक गाल पर आप चांटा मारें, दूसरा आपके सामने कर दूं, जरूरी नहीं है कि यह हितकर ही हो। मैं आपकी आदत भी बिगाड़ रहा हूं। और इसमें किसी दिन आपकी गर्दन भी कट सकती है। और जिम्मा मेरा भी होगा।

तो सज्जन क्या करे? अगर वह सैनिक पर भरोसा करे और तलवार का भरोसा करे, तो अनिष्ट का सहयोगी होता है। अगर वह न कुछ करे, तो भी अनिष्ट का सहयोगी होता है।

तो लाओत्से कहता है उसके पास एक ही उपाय है। इस बुरी दुनिया में उसके पास एक ही उपाय है।

'दि बेस्ट पालिसी इज़ काम रेस्ट्रेंट।'

शांत प्रतिरोध, शांत, संयमित प्रतिरोध ही उसके पास एकमात्र उपाय है। वह विरोध तो करे ही, अगर जरूरत पड़े तो वह तलवार भी लेकर विरोध करे और हिंसा का भी उपाय करे और जरूरत पड़े तो सैनिक को लेकर भी विरोध करे; लेकिन शांत रहे। यह शर्त है। तलवार तो बुरे आदमी के हाथ में भी होती है, अच्छे आदमी के हाथ में भी होती है। तलवार का कोई फर्क नहीं है। लेकिन बुरा आदमी भीतर शांत नहीं होता; अच्छा आदमी भीतर शांत होगा। और अगर वह शांत नहीं है, तो सिद्धांतों की बकवास न करे, समझे कि मैं भी बुरा आदमी हूं।

एक कहानी, और मैं आज की बात पूरी करूं।

मुसलमान खलीफा हुआ, उमर। बड़ी मीठी घटना है उसकी जिंदगी में। दस साल तक एक दुश्मन से युद्ध चलता रहा। दस साल में न मालूम कितनी हत्या, न मालूम कितने गांव जलाए गए! और न मालूम कितने लोग मरे, कितनी धन-जन की हानि हुई! फिर दस साल बाद एक मुकाबले में आमने-सामने उमर अपने दुश्मन के पड़ गया। और एक ही दांव में उमर ने दुश्मन के घोड़े को काट दिया। दुश्मन नीचे गिर पड़ा। उमर छलांग लगा कर उसकी छाती पर बैठ गया और उसने अपना भाला निकाला उसकी छाती में भोंक देने को। दुश्मन नीचे पड़ा था, असहाय; एक क्षण, और मौत घट जाएगी! दुश्मन ने आखिरी मौका नहीं चूका; इसके पहले कि भाला उसकी छाती में जाए, उसने उमर के मुंह पर थूक दिया। उमर ने भाला वापस लौटा लिया, उठ कर खड़ा हो गया।

उसके दुश्मन ने कहा, मैं समझा नहीं। क्या बात है? ऐसा मौका मैं नहीं छोड़ सकता था।

उमर ने कहा, बात खतम हो गई। मुझे क्रोध आ गया, तुम्हारे थूकने से मुझे क्रोध आ गया। और कसम है मेरी कि शांत ही लड़ूं तो ही लड़ूंगा। अशांत हो गया आज। कल सुबह फिर लड़ेंगे।

यह तो खतम हो गया। क्योंकि वह दुश्मन पैर पर गिर पड़ा। उसने कहा, मैं सोच भी नहीं सकता, यह मौका छोड़ा ही नहीं जा सकता। दस साल से जिस दुश्मन के पीछे तुम थे और जिसके पीछे मैं था; दस साल का लंबा उपद्रव और आज फैसला हुआ जाता था। यह भी तुम क्या बात कर रहे हो उमर कि क्रोध हो गया? क्या यह युद्ध बिना क्रोध के चल रहा था?

उमर ने कहा, मेरा कोई क्रोध न था, एक शांत प्रतिरोध था। तुम पागल थे लड़ने को, कोई और उपाय नहीं था, तो मैं लड़ रहा था। लेकिन लड़ने में कोई रस नहीं था। आज व्यक्तिगत रस हो गया लड़ने में। तुमने जब थूका, तो क्षण भर को मुझे लगा कि भोंक दो! लेकिन तब मैं भोंक रहा था—उमर। दस साल सब विलीन हो गए। तुम बुरे आदमी हो, इसलिए मारना; तुम नुकसान कर रहे हो लोगों का, इसलिए मारना; यह सब सवाल न रहा। तुमने मेरे मुंह पर थूका, सारी बात इस पर अटक गई, इस छोटे से थूक के दाग पर। तो फिर रुक जाना जरूरी हो गया। क्योंकि कसम है मेरी कि शांत लड़ सकूं तो ही लडूंगा। क्योंकि अगर अशांत होकर लड़ रहा हूं तो फायदा ही क्या है? दो बुरे आदमियों के लड़ने से हल भी क्या है? कोई जीतेगा, हर हालत में बुराई जीतेगी। फिर मेरी उत्सुकता नहीं है।

लाओत्से कहता है, 'शांत प्रतिरोध ही सर्वश्रेष्ठ नीति है।'

अगर ऐसी स्थिति आ जाए कि युद्ध में उतरना पड़े, सैनिक बनना पड़े, तलवार उठानी पड़े, तो भी वह जो धर्मिष्ठ व्यक्ति है, वह निरंतर अव्यक्तिगत, निरंतर शांत, निरंतर शून्य, निरंतर अपनी तरफ से अलिप्त, लड़ने में बिना रस लिए, युद्ध में उतरेगा।

यही कोशिश कृष्ण की अर्जुन के लिए है कि वह ऐसा हो जाए—संन्यासी, सैनिक एक साथ। तो ही सैनिक का जो विष है, जो जहर है, वह विलीन हो जाता है।

संन्यासी का अमृत अगर सैनिक पर गिर जाए, उसका जहर विलीन हो जाता है।

आज इतना ही। कीर्तन करें; और फिर जाएं।

तिरसठवां प्रवचन

विजयोत्सव ऐसे मना जैसे कि वह अंत्येष्टि हो

Chapter 31 : Part 2

WEAPONS OF EVIL

Even in victory, there is no beauty,
And who calls it beautiful
Is one who delights in slaughter.
He who delights in slaughter
Will not succeed in his ambition to rule the world.
(The things of good omen favour the left.
The things of ill omen favour the right.
The lieutenant-general stands on the left,
The general stands on the right.
That is to say, it is celebrated as a Funeral Rite.)
The slaying of multitudes should be mourned with sorrow.
A victory should be celebrated with the Funeral Rite.

अध्याय 31 : खंड 2

अनिष्ट के शस्त्रास्त्र

विजय में भी कोई सौंदर्य नहीं है।
और जो इसमें सौंदर्य देखता है,
वह वही है, जो रक्तपात में रस लेता है।
और जिसे हत्या में रस है,
वह संसार पर शासन करने की अपनी महत्वाकांक्षा में सफल नहीं होगा।
(शुभ लक्षण की चीजें वामपक्ष को चाहती हैं,
अशुभ लक्षण की चीजें दक्षिणपक्ष को।
उप-सेनापति वामपक्ष में खड़ा होता है,
और सेनापति दक्षिणपक्ष में।
अर्थात, अंत्येष्टि क्रिया की भांति यह मनाया जाता है।)
हजारों की हत्या के लिए शोकानुभूति जरूरी है,
और विजय का उत्सव अंत्येष्टि क्रिया की भांति मनाया जाना चाहिए।

हिंसा में कौन उत्सुक है? हत्या में किसका रस है? और विध्वंस किसकी अभीप्सा बन जाती है? इसे हम थोड़ा समझ लें; फिर इस सूत्र पर विचार आसान होगा।

सिगमंड फ्रायड ने इस सदी में मनुष्य के मन में गहरा से गहरा प्रवेश किया है। इस सदी का पतंजलि कहें उसे। सिगमंड फ्रायड की गहनतम खोज मनुष्य की दो आकांक्षाओं के संबंध में है। उन दो को सिगमंड फ्रायड ने कहा है--एक को जीवेषणा और दूसरे को मृत्यु-एषणा। आदमी जीना भी चाहता है, इसकी भी वासना है, और आदमी के भीतर मरने की भी वासना है।

दूसरा सूत्र समझना कठिन है। लेकिन अनेक कारणों से दूसरा सूत्र उतना ही अपरिहार्य है, जितना पहला। हर आदमी जीना चाहता, इसमें तो कोई शक नहीं है। जीने की आकांक्षा सभी को जन्म के साथ मिली है। लेकिन दूसरी आकांक्षा, जो जीने के विपरीत है, मरने की आकांक्षा, वह भी हर आदमी के भीतर छिपी है। इसीलिए कोई आत्मघात कर पाता है; अन्यथा आत्मघात असंभव हो जाए। इसीलिए कोई अपने को नष्ट कर पाता है। अगर भीतर मरने की कोई आकांक्षा ही न हो तो आदमी अपने को नष्ट ही न कर सके।

जैसे-जैसे उम्र व्यतीत होती है, वैसे-वैसे जीवन का ज्वार कम हो जाता है और मृत्यु की आकांक्षा प्रबल होने लगती है। बूढ़े व्यक्ति निरंतर कहते हुए सुने जाते हैं, अब परमात्मा उठा ले। बूढ़ा आदमी सच में ही चाहता है अब विदा हो जाए। क्योंकि अब होने का कोई अर्थ भी नहीं है।

मरने का कहीं कोई गहरा खयाल जवान के भीतर भी है। ऐसा जवान आदमी भी खोजना मुश्किल है, जिसे कभी न कभी मरने का खयाल न आ जाता हो कि मैं मर जाऊं, समाप्त कर लूं। या इस सब में क्या अर्थ है? इस जीवन में क्या प्रयोजन है?

आज ही एक युवती मेरे पास थी। वह कह रही थी कि हर महीने यह बात बार-बार लौट आती है कि जीवन में कोई अर्थ नहीं है, मर जाना चाहिए। अभी तो उसने जीवन देखा भी नहीं है।

छोटे बच्चों तक के मन में मरने का खयाल आ जाता है।

तो अगर मृत्यु की कोई आकांक्षा भीतर न हो तो ये मरने के खयाल कहां से अंकुरित होते हैं? मृत्यु की आकांक्षा भी भीतर है। और जब हम पाते हैं कि जीवन संभव नहीं रहा, तो मृत्यु की आकांक्षा हमें पकड़ लेती है।

यह बात इसलिए भी जरूरी है कि जगत में हर चीजें द्वंद्व में होती हैं। प्रकाश है, तो अंधेरा है; अकेला प्रकाश नहीं हो सकता। और जीवन है, तो मृत्यु है; अकेला जीवन नहीं हो सकता। तो अगर भीतर जीवेषणा है, तो मृत्यु-एषणा भी होनी ही चाहिए। यह सारा जगत द्वंद्व पर खड़ा है। यहां हर चीज अपने विपरीत के साथ बंधी है। विपरीत न हो, यह संभव नहीं मालूम होता।

अब तो वैज्ञानिक भी इस बात को स्वीकार करने लगे हैं कि जीवन के सब नियम विपरीत पर खड़े हैं, और ऐसा कोई नियम नहीं है जिसका विपरीत नियम न हो। विपरीत न हो तो वह हो ही नहीं सकता। करीब-करीब हालत ऐसी है, जैसे एक मकान को बनाने वाला राजगीर उलटी ईंटें लगा देता है दरवाजे पर, गोल दरवाजा बन जाता है। विपरीत ईंटें एक-दूसरे को सम्हाल लेती हैं। जिंदगी विपरीत ईंटों से बनी है। यहां हर चीज का विरोध है, और विरोध के तनाव में ही संतुलन है। जैसे एक लकड़ी के दो छोर होंगे, एक छोर नहीं हो सकता, ऐसे ही जीवन की सब चीजों का दूसरा छोर भी है--कितना ही अज्ञात हो।

तो फ्रायड चालीस वर्ष निरंतर लोगों का मनोविश्लेषण करके इस नतीजे पर पहुंचा कि लोगों को पता नहीं है, उनके भीतर मृत्यु की आकांक्षा भी है। पर हालत ऐसी है, जैसे एक सिक्का होता है, उसके दो पहलू होते हैं। एक पहलू ऊपर होता है तो दूसरा नीचे दबा होता है, जब दूसरा ऊपर आता है तो एक पहला नीचे चला जाता है। जवान आदमी में जीने की आकांक्षा प्रबल होती है, मृत्यु की आकांक्षा नीचे दबी रहती है। कभी-कभी किसी बेचैनी में, किसी उपद्रव में, किसी अशांति में सिक्का उलट जाता है; जिंदगी की आकांक्षा नीचे और मौत की ऊपर आ जाती है। बूढ़े आदमी में मृत्यु की आकांक्षा ऊपर आ जाती है, जीवन की आकांक्षा नीचे दब जाती है। कभी-कभी किसी वासना के उद्दाम प्रवाह में सिक्का उलट जाता है और बूढ़ा भी जीना चाहता है। लेकिन एक ही वासना का आपको पता चलेगा, दोनों एक साथ आपको दिखाई नहीं पड़ सकतीं; क्योंकि एक ही पहलू आप देख सकते हैं। इसीलिए यह भ्रांति पैदा होती है कि हमारे भीतर एक ही आकांक्षा है--जीवन की। दूसरी भीतर छिपी है।

ये जो दो आकांक्षाएं हैं आदमी के भीतर, इन्हें थोड़ा हम ठीक से समझें, तो हिंसा और अहिंसा के विचार में बहुत गहन गति हो पाएगी। जब आपकी जीवन की वासना ऊपर होती है, तो आपके स्वयं के मरने की वासना नीचे दबी होती है। और जो आदमी जीना चाहता है प्रबलता से, वह आदमी मरना नहीं चाहता। लेकिन उसके जीवन की गति में कोई बाधा बने तो उसे मारना चाहता है। जिसकी जीवन की वासना प्रबल है, वह दूसरे के जीवन को नष्ट करके भी अपने जीवन की वासना को पूरा करना चाहता है। हिंसा इसी से पैदा होती है।

हिंसा, अपने ही भीतर जो मृत्यु की वासना है, उसका प्रोजेक्शन है दूसरे के ऊपर, उसका प्रक्षेपण है दूसरे के ऊपर। मेरे भीतर जो मृत्यु छिपी है, उसे मैं दूसरे पर थोपना चाहता हूं। हिंसा का मनोवैज्ञानिक अर्थ यही है: मैं नहीं मरना चाहता। मैं अपने जीने के लिए, चाहे सबको मारना पड़े, तो उसकी भी मेरी तैयारी है; लेकिन मैं नहीं मरना चाहता। हर हालत में, सारा जगत भी नष्ट करना पड़े, तो मैं तैयार हूं; लेकिन मैं जीना चाहता हूं। आदमी के भीतर दोनों संभावनाएं हैं। जब आदमी जीवन को पकड़ लेता है, तो उसकी मरने की वासना का क्या हो? वह भी उसके भीतर है। उसे प्रोजेक्ट करना पड़ता है, उसे दूसरे पर थोपना पड़ता है। नहीं तो बेचैनी होगी, कठिनाई होगी। दोनों की मांग है पूरा होने की। आप एक को पकड़े हैं तो दूसरे का क्या करिएगा? उसे आपको दूसरे पर आरोपित करना होता है।

इसलिए जितना जीवेषणा से भरा हुआ व्यक्ति होगा, उतनी ही हिंसा से भरा हुआ व्यक्ति भी होगा।

अगर बुद्ध या महावीर अहिंसक हो सके, तो उसका पहला सूत्र यह है कि उन्होंने जीने की वासना छोड़ दी। नहीं तो वे अहिंसक नहीं हो सकते। उन्होंने जीने की कामना ही छोड़ दी। बुद्ध ने तो कहा है कि अगर जरा सी भी वासना जीने की है, तो आदमी दूसरे को मिटाने को हमेशा तैयार होगा।

आप लड़ते ही कब हैं? जब आपको डर होता है कि कोई आपके जीवन को छीनने आ रहा है—चाहे झूठ ही हो यह डर। आप भयभीत कब होते हैं? जब आपको लगता है आपका जीवन छिन जाएगा, तो भयभीत होते हैं। भय का एक ही अर्थ है कि मेरा जीवन न छिन जाए। तो हम सुरक्षा करते हैं। उस सुरक्षा में अगर हमें दूसरे का जीवन छीनना पड़े, तो हम छीनेंगे।

शवीत्जर ने, एक बहुत विचारशील व्यक्ति ने, भारत को मृत्युवादी कहा है। उसकी बात में थोड़ी सचाई है, थोड़ी। जिस अर्थ में वह कहना चाहता है, वह तो ठीक नहीं है; लेकिन थोड़ी सचाई है। क्योंकि भारत के जो भी बड़े मनीषी हैं, वे जीवेषणा से भरे हुए नहीं हैं। वे कहते हैं, जीवेषणा हिंसा पैदा करती है।

जब मैं बहुत जोर से जीना चाहता हूं, तो मैं दूसरे की मृत्यु का कारण बन जाता हूं। और दूसरे भी इतने ही जोर से जीना चाहते हैं, वे मेरी मृत्यु का कारण बन जाते हैं। जी कोई भी नहीं पाता; हम एक-दूसरे की मृत्यु के कारण बन जाते हैं। हम एक-दूसरे के जीवन को काटते हैं; जी कोई भी नहीं पाता।

तो बुद्ध या महावीर कहते हैं, ऐसी जीवेषणा का क्या मूल्य, जो दूसरे के जीवन का घात बनती हो! अगर यही जीवन है, जिसमें दूसरे की हिंसा अनिवार्य है, तो इस जीवन को छोड़ देने जैसा है।

भारत की आकांक्षा रही है: ऐसे जीवन की तलाश, जो दूसरे के जीवन के विरोध में न हो। उसको हमने परम जीवन कहा है। एक ऐसे सत्व की खोज, एक ऐसी स्थिति की खोज, जहां मेरा होना किसी के होने में बाधा न बनता हो। और अगर मेरा होना किसी के होने में बाधा बनता है, तो भारत इस होने को दो कौड़ी का मानता रहा है। फिर इसका कोई मूल्य नहीं है। फिर ऐसे होने को करके भी, लेकर भी क्या करेंगे? ऐसे जीवन को क्या करेंगे, जो लाश पर ही खड़ा होता हो दूसरे की? जो दूसरे को मिटा कर ही बनता हो, ऐसी बनावट के भारत पक्ष में नहीं है।

तो शवीत्जर ठीक कहता है, उसकी आलोचना में सचाई है कि भारत मृत्युवादी है। सचाई इतनी ही है कि भारत जीवेषणावादी नहीं है। लेकिन शब्द अनुचित है, मृत्युवादी कहना ठीक नहीं। क्योंकि जो जीवन को ही नहीं मानता, वह मृत्यु को क्या मानेगा? जिसका जीवन में ही रस नहीं है, उसका मृत्यु में रस कैसे हो सकता है?

तो भारत वस्तुतः न तो जीवेषणावादी है और न मृत्यु-एषणावादी है। भारत तो मानता है, ये दोनों एषणाएं साथ-साथ हैं; इनमें से एक का त्याग नहीं हो सकता। एक सिक्के का मैं एक पहलू त्यागना चाहूं, यह कैसे हो सकता है? पूरा सिक्का फेंक सकता हूं, या पूरा सिक्का बचा सकता हूं। लेकिन सोचूं कि एक पहलू बच जाए और एक फेंक दूं, तो मैं पागल हूं। तो भारत कहता है, या तो दोनों बचते हैं, जीवन की आकांक्षा के साथ दूसरे की मृत्यु की आकांक्षा भी बच जाती है, अपनी मृत्यु की आकांक्षा भी बच जाती है। और अगर फेंकना है जीवेषणा, तो मृत्यु-एषणा भी फिंक जाती है; वह उसी का दूसरा पहलू है।

इसलिए भारत मुक्तिवादी है, मृत्युवादी नहीं। मुक्ति का अर्थ है: जीवन और मृत्यु दोनों के पार। जीवन का अर्थ है मृत्यु के विरोध में, मृत्यु का अर्थ है जीवन के विरोध में; मुक्ति का अर्थ है दोनों के पार। किसी के विरोध में नहीं, किसी के पक्ष में नहीं; दोनों से अलग। इसलिए भारत का सारा चिंतन मोक्ष के इर्द-गिर्द घूमता रहा है। यह मोक्ष क्या है? यह मोक्ष ऐसे होने की अवस्था है, जहां मेरा होना किसी के होने का शोषण नहीं है।

इसे थोड़ा ठीक से समझ लें। जहां मैं होता हूं, इससे कोई मिटता नहीं, कोई भी नहीं मिटता; मेरे होने से किसी की हिंसा नहीं होती; मेरा होना शुद्धतम, निर्दोष और पवित्र हो जाता है; उसमें कोई रेखा हिंसा की नहीं रह जाती। अगर ऐसा कोई जीवन है, तो भारत कहता है, ऐसा जीवन ही पाने योग्य है। इस पृथ्वी पर तो हम जो जीवन देखते हैं, वह जीवन किसी न किसी रूप में हिंसा पर खड़ा है। इसलिए भारत को इस पृथ्वी की आकांक्षा ही न रही। हमने जो श्रेष्ठतम मनीषी पैदा किए, वे पृथ्वी के पार जाने की उद्दाम अभीप्सा से भरे हुए लोग हैं। वे कहते हैं, अगर यही जीवन है तो जीवन जीने योग्य नहीं है। एक और जीवन हो सकता है क्या?

शरीर के रहते तो उस जीवन की संभावना मुश्किल मालूम पड़ती है। क्योंकि शरीर का होना तो हिंसा पर निर्भर है; चाहे भोजन करें हम, चाहे श्वास लें, चाहे पानी पीएं, चाहे एक कदम रखें, लेटें, उठें, बैठें, हिंसा चलती है। शरीर हिंसा ही के आधार पर है। लेकिन चेतना, भीतर शरीर के जो होश, जो जागरूकता है, जो बोध है, उसके

लिए किसी की हिंसा की कोई जरूरत नहीं है। इसलिए हम इस बात की भी तलाश करते रहे हैं कि कैसे शरीर के पार के तत्व का पता चल जाए। और शरीर को हमने एक आवश्यक बुराई की तरह स्वीकार किया है। उसका इतना ही उपयोग है कि उसके रहते हमें उसका पता चल जाए जो शरीर नहीं है। जैसे ही उसका पता चल जाए जो शरीर नहीं है, फिर शरीर में आने का, लौटने का कोई कारण नहीं रह जाता।

जीवेषणा खुद की हो, तो मृत्यु-एषणा दूसरे पर टिक जाती है। आज नहीं कल, खुद पर वापस लौट सकती है। वह हमारी ही वासना है, कभी भी वापस लौट सकती है।

एक आदमी के मकान में आग लग गई। अभी क्षण भर पहले तक वह जीवेषणा से भरा था। बड़े सपने थे दुनिया में रहने के, होने के। अचानक वह कूद पड़ना चाहता है आग में कि मैं मर जाऊं। क्या हो गया? क्षण भर पहले यह आदमी जीना चाहता था। जीने की बड़ी योजना थी; लंबे स्वप्न थे, जो पूरे करने थे; समय कम था। अब अचानक यह आदमी कहता है, मैं मर जाना चाहता हूं, मुझे छोड़ दो, मैं कूद जाऊं, इस मकान के साथ जल जाऊं। क्या हुआ? जीवेषणा मृत्यु-एषणा कैसे बन गई? वह जो जीना चाहता था, मरना क्यों चाहता है?

सब जीने की शर्त होती है। ध्यान रखना, आप भी जी रहे हैं, उसमें शर्तें हैं—पता हों, न हों। इस आदमी के जीने की शर्त थी—इसको पता नहीं था अब तक—कि यह महल रहेगा तो ही जीऊंगा। आज महल जल रहा है तो जीना व्यर्थ हो गया। कोई आदमी किसी को प्रेम करता है; उसकी पत्नी मर जाए, बच्चा मर जाए, पति मर जाए—मरना चाहता है।

हमारे मुल्क में हजारों स्त्रियां सती होती रहीं। सती होने का क्या मतलब है? उसका मतलब है, जीवन की एक शर्त थी कि वह पति के साथ ही...। वह शर्त टूट गई, तो जीवेषणा मृत्यु-एषणा बन गई। अब वह पति के साथ ही मर जाना चाहती है स्त्री। उसका मतलब यह हुआ कि एक शर्त थी सुनिश्चित, उसके बिना जीवन स्वीकार नहीं, उसके बिना मृत्यु स्वीकार है।

एक मित्र को मैं जानता हूं; वे एक राज्य के मुख्य मंत्री थे। बूढ़े हो गए थे। उनके घर मैं मेहमान था। ऐसे ही बात चलती थी; बातचीत में वे भूल से कह गए, फिर पछताए भी और कहा कि किसी और को मत कहना। लेकिन अब वे नहीं हैं, इसलिए कोई अड़चन नहीं है। वे ऐसे ही बातचीत में, रात गपशप चलती थी, वे मुझसे कह गए कि मेरी एक इच्छा है कि मुख्य मंत्री रहते ही मर जाऊं; क्योंकि बिना मुख्य मंत्री के फिर मैं एक मिनट न जी सकूंगा। जब से भारत आजाद हुआ, तब से वे मुख्य मंत्री थे उस राज्य के। बस एक ही इच्छा है कि मुख्य मंत्री रहते मर जाऊं। मुख्य मंत्री नहीं रहा तो फिर न जी सकूंगा।

ऐसे वे एक स्कूल के मास्टर थे आजादी के पहले। लेकिन अब वापस, मुख्य मंत्री का महल छोड़ कर अब वापस उनकी हिम्मत न थी पुरानी स्थिति में लौट जाने की। उनकी स्थिति दयनीय थी। और मैं मानता हूं कि अगर वे मुख्य मंत्री रहते न मरते, तो वे आत्महत्या कर लेते; वे इतने ही बेचैन और परेशान आदमी थे।

शर्तें हैं हमारी जीने की। जीवन सशर्त है। तो शर्त टूट जाए तो हम मरने को राजी हो जाते हैं। आप अपनी हत्या करें या दूसरे की, कारण सदा एक होता है। दूसरे की भी आप हत्या इसीलिए करते हैं कि वह आपके जीवन में बाधा बन रहा था। और अपनी भी आप हत्या इसीलिए कर लेते हैं कि अब आपका स्वयं का जीवन भी आपके सशर्त जीवन की आकांक्षा में बाधा बन रहा था। उसे मिटा डालते हैं।

यह जो हिंसा की वृत्ति है, यह इसी मृत्यु की—इसको फ्रायड ने थानाटोस कहा है—यह मृत्यु-एषणा का हिस्सा है। अगर, जैसा फ्रायड कहता है, उतनी ही बात हो, तो फिर आदमी को इससे मुक्त कैसे किया जा सकता है? इसलिए फ्रायड कहता है कि ज्यादा से ज्यादा आदमी को हम कम से कम हिंसा के लिए नियोजित कर सकते हैं;

लेकिन पूर्ण अहिंसा के लिए नहीं। आदमी तो हिंसक रहेगा ही। इसलिए हम उसकी हिंसा को सब्लीमेट कर सकते हैं, उसकी हिंसा को हम थोड़ा सा ऊर्ध्वगामी कर सकते हैं। कई तरह के ऊर्ध्वगमन हैं हिंसा के, वह भी खयाल में ले लें, तो आपको पता चले कि वहां भी आप हिंसा ही कर रहे हैं।

दो पहलवान कुश्ती लड़ रहे हैं; आप देखने चले जा रहे हैं। हजारों, लाखों लोग इकट्ठे होते हैं पहलवान को कुश्ती लड़ते देखने। आप क्या देखने जा रहे हैं? आपको क्या रस मिल रहा होगा? एक आदमी पिटेगा, कुटेगा, गिरेगा; एक गिराएगा, दूसरा उसकी छाती पर सवार होगा; आपको क्या पुलक होती है? स्टुपिड, बिलकुल मूढ़तापूर्ण है। आप किसलिए पहुंच गए हैं देखने?

मगर लोगों को देखें, जब कुश्ती हो रही हो, तो वे अपनी कुर्सी पर बैठ नहीं सकते; इतनी शक्ति से भर जाते हैं कि उठ-उठ आते हैं। सांस उनकी तेज चलने लगती है, रीढ़ सीधी हो जाती है; जैसे उनके प्राण अटके हैं किसी बड़ी घटना में। हो क्या रहा है? आपके भीतर जो हिंसा की वृत्ति है, उसकी केथार्सिस हो रही है, वह बाहर निकल रही है। आप मजा ले रहे हैं। असल में, अब आप इतने बलशाली भी नहीं हैं कि खुद ही हिंसा कर लें, वह आप नौकरों से करवा रहे हैं। वे किराए के आदमी कर रहे हैं वह काम।

अब हम किसी भी काम को करने में खुद समर्थ नहीं हैं। अगर आपको प्रेम करना है तो आप खुद नहीं कर सकते। तो नाटक या फिल्म में दूसरों को प्रेम करते देखते हैं। आपके नौकर प्रेम कर रहे हैं, आप देख रहे हैं। बड़ा हलकापन लगता है; तीन घंटे नासमझियां देख कर जब आप लौटते हैं, तो मन हलका हो जाता है। क्यों?

यह सब आप करना चाहते थे। आपके भीतर ये वेग हैं। जब फिल्म के पर्दे पर पुलिस डाकू का पीछा कर रही हो, और सनसनीखेज हो जाए स्थिति, और रोआं-रोआं कंपने लगे, पहाड़ी रास्ते हों, भागती हुई कारें हों और ऐसा लगे कि अब दुर्घटना, अब दुर्घटना, तब आप इस हालत में हो जाते हैं जैसे कार के भीतर हैं। वह तो अच्छा है कि फिल्म के हाल में अंधेरा रहता है, कोई किसी को देख नहीं सकता। एकदम से उजाला हो जाए, तो आप शर्मिंदा हो जाएंगे कि क्या कर रहे थे! इतने जोश में आप क्यों आ गए थे?

आपके भीतर भी कुछ हो रहा था। वह आप हलके हो रहे थे। आप कुश्ती देख रहे हैं, दंगा-फसाद देख रहे हैं, युद्ध देख रहे हैं; आपके भीतर कुछ हलका हो रहा है। नौकरों से काम लिया जा रहा है; आप जो नहीं कर सकते हैं, वह अब धंधेबाज लोग उस काम को कर रहे हैं। आप नाच नहीं सकते, कोई नाच रहा है; आप गा नहीं सकते, कोई गा रहा है; आप दौड़ नहीं सकते, कोई दौड़ की प्रतियोगिता कर रहा है; आप लड़ नहीं सकते, कोई लड़ रहा है। हमने अपनी हिंसा को निकास के रास्ते बना रखे हैं।

और सारी दुनिया में इस तरह के उपाय समाजों ने छोड़े हैं—छुट्टी के दिन। जैसे होली; वह छुट्टी का दिन है। उस दिन जो-जो नालायकी आपको करनी हो, वह आप मजे से कर सकते हैं। उसको कोई एतराज नहीं लेगा। लेकिन आप कर रहे हैं वह, यह आपने कभी सोचा कि क्यों कर रहे हैं? आप साल भर ही करना चाहते, लेकिन छुट्टी नहीं थी। यह तो दिल आपका था साल ही भर करने का—गाली देने का, गंदगी फेंकने का, दूसरे को परेशान करने का—यह तो आपका मन सदा से था। समझदार समाज आपको साल में कभी-कभी छुट्टी देता है, ताकि आपका कचरा निकल जाए, थोड़ी राहत मिले, थोड़ी राहत मिले।

सारी दुनिया में सभी समाज, विशेषकर सभ्य समाज। असभ्य समाज नहीं करते ऐसी व्यवस्था; क्योंकि कोई जरूरत नहीं है। साल भर ही वे यह करते हैं। इसलिए कोई उनको होली की जरूरत नहीं है; साल भर होली है। जितना सभ्य समाज होगा, उतना उसे रास्ता बनाना पड़ेगा निकास का। फिर हम उसको हलके मन से लेंगे; फिर आप उसमें एतराज नहीं उठाएंगे। क्योंकि, आपने कभी सोचा ही नहीं कि आपकी यह जरूरत है; मानसिक जरूरत है।

सारी दुनिया में खेल है, प्रतियोगिता है, ओलंपिक्स हैं। हमारी सब हिंसा का उपाय है कि कहीं से वह बह जाए, निकल जाए। यह सब्लिमेशन है, यह ऊर्ध्वगमन है—मनोविज्ञान की भाषा में। कुछ बहुत ऊर्ध्वगमन नहीं है, लेकिन सीधी हिंसा नहीं है। और किसी को कोई बहुत नुकसान नहीं होता। पर आपके भीतर हिंसा है और वह मांग करती रहती है निकलने की, इसे आपको समझ रखना चाहिए।

इसलिए जब युद्ध होता है, तो लोगों के चेहरे पर रौनक आ जाती है। आनी नहीं चाहिए, उदासी छा जानी चाहिए। लेकिन होता उलटा है। युद्ध जब होता है, तो लोग रौनक से भर जाते हैं, पैरों में गति आ जाती है, जिंदगी में पुलक मालूम होती है—कुछ हो रहा है! ऐसे ही जिंदगी बेकार नहीं जा रही, चारों तरफ कुछ हो रहा है। हवा गरम है; उसमें आप भी गरमा जाते हैं। आप कितनी ही निंदा करते हों युद्धों की, लेकिन अपने भीतर देखेंगे, तो आपको रस आता है। हां, आपके घर पर ही युद्ध न आ जाए; तब आपको चिंता होती है। वह कहीं दूर होता रहे—वियतनाम में, बंगलादेश में, इजराइल में—आप बिलकुल प्रसन्न हैं। होता रहे। सुन कर भी, टेलीविजन पर देख कर, रेडियो पर सुन कर भी, आपको हलकापन आता है।

आदमी क्या हिंसा से मुक्त कभी भी नहीं हो सकेगा?

मनोविज्ञान के पास तो कोई उपाय नहीं है और निराशा है। मनोविज्ञान कहता है, इतना ही हो सकता है कि हम आदमी की हिंसा को समुचित मार्गों पर गतिमान कर दें। ठीक है, ओलंपिक देखो, पहलवानों को लड़ाओ, फिल्म देखो, यह ठीक है। सीधी मत करो। इस तरह अपने मन को निकाल लो, हलका कर लो। बस इतना ही हो सकता है।

या फिर हम आदमी को बदलें। मनोविज्ञान को आशा नहीं मालूम होती। लेकिन लाओत्से, बुद्ध को आशा है; वे मानते हैं, आदमी बदला जा सकता है। आदमी के बदलने का एक ही उपाय है कि आदमी पहले अपनी वस्तुस्थिति से पूरी तरह परिचित हो जाए। पहले तो वह जान ले कि उसके भीतर हिंसा छिपी पड़ी है। इसे स्वीकार करना अहिंसा की दिशा में पहला कदम है।

लेकिन हम इसे स्वीकार नहीं करते। हम तो अपने को अहिंसक मानते हैं। क्योंकि कोई रात में पानी नहीं पीता, वह अहिंसक है; कोई पानी छान कर पी लेता है, वह अहिंसक है; कोई मांस नहीं खाता, वह अहिंसक है। हमने अहिंसा की बड़ी सस्ती तरकीबें खोज निकाली हैं।

लेकिन जो मांस नहीं खाता उसके व्यवहार में और जो मांस खाता है उसके व्यवहार में, कभी आपने फर्क देखा है कि कोई हिंसा का फर्क हो? कोई फर्क नहीं है। जो आदमी पानी छान कर पीता है और जो बिना छाने पीता है, क्या उनका दोनों का व्यवहार देख कर कोई भी बता सकता है कि इनमें कौन पानी छान कर पीता है? कोई भी नहीं बता सकता। तो अहिंसा क्या हुई? उन दोनों का व्यवहार एक जैसा है।

अगर एक जैन दूकानदार है, जो सब तरह से अहिंसा को ऊपर से साध रहा है, और एक मुसलमान दूकानदार है, जो मांसाहारी है और किसी तरह की ऊपरी हिंसा को छोड़ नहीं रहा है। क्या ग्राहक के संबंध में उन दोनों का जो व्यवहार है, उसमें रत्ती भर भी फर्क होता है? कोई फर्क नहीं होता। डर तो यह है कि जो सब तरफ से हिंसा से रोक रहा है अपने को, वह ग्राहक की गर्दन ज्यादा दबाएगा। क्योंकि उसे दबाने का और कहीं मौका नहीं है, फैलाव नहीं है। तो उसकी गर्दन दबाने की वृत्ति ज्यादा तीव्र हो जाए, इसकी संभावना है। क्योंकि हिंसा अगर बहुत सी चीजों में फैल जाए तो उसकी मात्रा कम हो जाती है, डाइल्यूट हो जाती है। सब तरफ से सिकोड़ ली जाए तो फिर उसकी मात्रा घनी हो जाती है; फिर वह सीधी ही पकड़ती है।

इसलिए अक्सर यह होता है और इसमें आश्चर्य होता है हमें। भारत कई अर्थों में अहिंसक है—ऊपरी अर्थों में। पश्चिम के मुल्क ऊपरी अर्थों में हिंसक हैं। लेकिन अगर आदमियत, ईमानदारी, सचाई, वचन का भरोसा करना

हो, तो भारत के आदमी का नहीं किया जा सकता। क्या मामला है? होना नहीं चाहिए। अगर यह अहिंसा इतनी साधी जा रही है, तो भारत का आदमी अलग ही तरह का आदमी होना चाहिए। लेकिन आज हम देखते हैं कि मनुष्यता की दृष्टि से पश्चिम का हिंसक आदमी भी हम से बेहतर साबित हो रहा है। क्या कारण होगा? कारण एक है, और वह यह है कि हम जो छोटी-मोटी अहिंसा साधते हैं, उससे हम अपनी हिंसा के निकास का उपाय भी नहीं छोड़ते। फिर वह एक ही तरफ, एक दिशा में हमारी हिंसा यात्रा करने लगती है; बहुत सघन हो जाती है।

इससे क्या नतीजा लिया जा सकता है? नतीजा एक लिया जा सकता है कि ऊपर से जो जबरदस्ती, ठोंक-पीट कर छोटी-मोटी हिंसा से बचेगा और छोटी-मोटी दिखाऊ अहिंसा साधेगा, वह एक तथ्य से वंचित हुआ जा रहा है जानने के कि उसके भीतर गहरी हिंसा भरी है। वह अपने आचरण में थोड़ा-बहुत उपाय करके भुला लेगा। और वह भुलाना बहुत खतरनाक है। आपके ऊपरी आचरण के अंतर से कोई बहुत फर्क नहीं पड़ता। आपके भीतर हिंसा है, उसे देखने से बहुत फर्क पड़ेगा, उसे पहचानने से बहुत फर्क पड़ेगा। उसकी जितनी गहरी समझ हो जाएगी, उतना ही उससे मुक्त होना आसान हो जाएगा।

और जब तक आपके भीतर हिंसा का पहलू है, तब तक आपके जीवन में सौंदर्य नहीं हो सकता। यह दूसरी बात हम खयाल में ले लें, फिर सूत्र में प्रवेश करें। एक ही प्रकार का सौंदर्य है जगत में, और वह सौंदर्य है भीतर से सब तरह की हिंसा, विध्वंस की वृत्ति का विसर्जन हो जाना। जब भीतर किसी तरह की हिंसा की वृत्ति और विध्वंस का भाव नहीं रह जाता, तो भीतर की चेतना कमल के फूल की तरह खिल जाती है।

हमने बुद्ध में, महावीर में वही सौंदर्य देखा है। एक सौंदर्य है शरीर का; वह केवल धारणा की बात है। वह कुछ है नहीं। बुद्ध कहीं भी जाएं, कैसे भी आदमी के पास से गुजरें, कहानी तो कहती है कि पशु के पास से भी गुजरें, तो भी उनके सौंदर्य से.आंदोलित हो जाएगा।

एक सौंदर्य शरीर का है; वह मान्यता की बात है। कहीं लंबी नाक सुंदर है, कहीं नहीं है। कहीं सफेद चमड़ी सुंदर है, कहीं नहीं है। अभी मैं एक अमरीकन विचारक की किताब पढ़ रहा था। उसने लिखा है कि सफेद चमड़ी जो है, एक तरह की बीमारी है। वह खुद ही सफेद चमड़ी का आदमी है; लेकिन बड़ी हिम्मत की बात लिखी है। उसने लिखा है कि सफेद चमड़ी जो है, वह एक तरह की बीमारी है। क्योंकि सफेद चमड़ी के आदमी में कुछ पिगमेंट कम हैं, जो काली चमड़ी के आदमी में हैं। और वे जो पिगमेंट हैं, जो काली चमड़ी के आदमी में हैं, जीवन की सुरक्षा के लिए बड़े जरूरी हैं। वह डाक्टर है आदमी और उसका कहना है कि सफेद चमड़ी जो है, वह एक तरह की बीमारी है। सफेद चमड़ी कोई सौंदर्य नहीं है।

अगर आप अमेजान के किनारे बसे हुए जंगली आदमियों से पूछें, तो वे सफेद चेहरे को सफेद कहते ही नहीं, वे पेल फेस कहते हैं, पीला चेहरा। और वे कहते हैं कि यह रुग्ण आदमी है।

सफेदी कोई सौंदर्य नहीं है; मान्यता की बात है। इसलिए हमने कृष्ण को, राम को गोरा नहीं बनाया; क्योंकि उन दिनों हम गोरे को कोई सुंदर नहीं मानते थे। पता नहीं, राम और कृष्ण सांवले थे कि नहीं; यह दूसरी बात है। लेकिन एक बात पक्की है कि उस दिन जिन चित्रकारों ने उनके चित्र बनाए और मूर्तियां गढ़ीं, उनकी मान्यता यह थी कि सांवले का मुकाबला नहीं है, सांवला ही सुंदर है। इसलिए कृष्ण को हमने नीलवर्ण, श्याम नाम ही दे दिया, सांवला। उन दिनों भारत की धारणा ऐसी थी कि सफेदी में एक तरह का उथलापन है; सांवले में एक तरह का गहरापन है। जब नदी गहरी हो जाती है, तो सांवली हो जाती है; जब आकाश से बादल हट जाते हैं, तो आकाश सांवला हो जाता है; जितना गहन और गहरा होता है, उतनी नीलिमा छा जाती है। तो उन दिनों भारत की कल्पना थी सौंदर्य की सांवले की। सफेद को हम कभी सुंदर नहीं माने हैं।

लेकिन यह मान्यता की बात है। मान्यता बदलती चली जाती है। और शरीर का सौंदर्य बिलकुल ही धारणा पर निर्भर है। जो आज सुंदर है, कल असुंदर हो जाएगा। जो कल असुंदर था, वह आज सुंदर हो सकता है।

एक और सौंदर्य है, जो धारणा की बात नहीं है; जो आंतरिक अवस्था की, अस्तित्वगत बात है। बुद्ध किसी भी युग से गुजरें और कैसी ही धारणा के लोग हों, बुद्ध का सौंदर्य छुएगा। वह सौंदर्य शरीर का नहीं है, वह चुंबक भीतर का है। यह चुंबक उस आदमी में ही गहन हो जाता है, जिस आदमी में भीतर की हिंसा क्षीण हो जाती है।

क्यों? वह हमें क्यों आकर्षित करता है?

सुंदर का मतलब है जो खींचे, आकर्षित करे। इसलिए हमने कृष्ण को नाम ही कृष्ण दे दिया। कृष्ण का मतलब है जो खींचे, आकर्षित करे। आकृष्ट करे वह कृष्ण, खींच ले जो, कशिश हो जिसके भीतर।

इसे हम ऐसा समझें कि जब भी कोई आदमी आपके प्रति क्रोध से भरता है, तो उस आदमी का सारा आकर्षण आपके लिए समाप्त हो जाता है, विकर्षण पैदा हो जाता है। अगर कोई आदमी आपके प्रति हिंसा से भरा है, आपको पता भी न हो, तो भी उस आदमी के पास आपको बेचैनी मालूम होगी; वह आदमी से आप रिपेल्ड अनुभव करेंगे, हटते हुए, बच जाएं—दूर हो जाए, यह आदमी हट जाए। कभी ऐसा लगता है कि कोई आदमी, बिलकुल अपरिचित, अनजान, आपको पहली दफा दिखता है और आप हट जाना चाहते हैं। क्या बात होगी?

जो भी आपके प्रति हिंसा से भरता है, उससे आपका विकर्षण पैदा होता है। अगर आप भी हिंसा से भरे है किसी के प्रति तो विकर्षण पैदा होगा। और अगर आप हिंसा से भरे ही हैं, किसी के प्रति का कोई सवाल नहीं, तो जो भी आपके पास आएगा, वह दूर हटना चाहेगा। कभी आपने अनुभव किया है कि लोग आपके पास आना नहीं चाहते, या आते हैं तो दूर हट जाते हैं, या आप उनको खींचते हैं तो वे भागते हैं। अगर ऐसा अनुभव भी होगा, तो आप समझेंगे वे लोग ही गलत हैं। लेकिन थोड़ा विचार करना, अगर भीतर हिंसा है, तो हिंसा विकर्षक है; वह उलटा मैग्नेटिज्म है उसमें, दूर हटाती है। स्वाभाविक भी है। क्योंकि जहां हिंसा हो, वहां आपके जीवन को खतरा है; इसलिए दूर हट जाना उचित है।

जब हिंसा विसर्जित हो जाती है, तो इससे उलटी घटना घटती है। जिसके भीतर से हिंसा विसर्जित हो जाती है, आप अचानक जैसे उसमें गिर जाना चाहते हैं, उससे एक हो जाना चाहते हैं, उसके पास होना चाहते हैं, उसके निकट होना चाहते हैं। एक अदम्य आकर्षण आपको उसकी तरफ खींचने लगता है।

अगर बुद्ध और महावीर के पास सैकड़ों लोग आकर्षित होकर डूब गए, तो उसका कारण, वह जो कह रहे थे, वह नहीं था। क्योंकि उन्होंने जो कहा है, वह किताबों में रखा है। और आप किताब पढ़ लें, आप कुछ दीवाने हो नहीं जाएंगे। गीता कितनी दफे आपने पढ़ ली! लेकिन जो अर्जुन ने जाना है, वह आप नहीं जान पाएंगे।

क्या, फर्क क्या है? वहां वह आदमी मौजूद था, जिसके होने में आकर्षण था। गीता आपको कनविन्स नहीं कर पाएगी, कितना ही पढ़ें। कृष्ण के होने में कनविक्शन है। वह जो राजी हो जाना है आपका, वह कृष्ण के वचन से नहीं है, वह कृष्ण की वाणी से नहीं है, वह कृष्ण के अस्तित्व से है।

एक सौंदर्य है, एक आकर्षण है, जो भीतर की हिंसा के विसर्जित हो जाने से उपलब्ध होता है। और एक ही सौंदर्य है वस्तुतः, जो उसे पा लेता है, वह सुंदर है। जो उसे नहीं पाता, वह कितने ही आभूषण लगाए और कितनी ही सजावट करे और कितना ही बाहर से सजाए-संवारे, वह सिर्फ अपनी कुरूपता छिपा रहा है; सुंदर नहीं हो पाता। कुरूपता छिपाना एक बात है; सुंदर हो जाना बिलकुल दूसरी बात है।

इसीलिए महावीर जैसा व्यक्ति नग्न भी हो सका; क्योंकि अब छिपाने को कुछ बचा ही नहीं। जिसे छिपाते थे, वह कुरूपता न बची। सौंदर्य नग्न हो सकता है, कुरूपता नग्न नहीं हो सकती। सिर्फ सौंदर्य ही नग्न हो सकता है।

इसका मतलब यह आप मत समझना कि जो भी नग्न हो जाते हैं, वे सुंदर हैं। उलटा नहीं कह रहा हूं कि जो भी नग्न हैं, वे सुंदर हैं। लेकिन सौंदर्य नग्न हो सकता है, प्रकट हो सकता है; क्योंकि अब कुछ छिपाने को नहीं है, कुछ भय नहीं है किसी का। कुरूपता भयभीत है, छिपना चाहती है, ढंकना चाहती है, आवृत होना चाहती है।

अब हम सूत्र में प्रवेश करें।

'विजय में भी कोई सौंदर्य नहीं है। और जो इसमें सौंदर्य देखता है, वह वही है, जो रक्तपात में रस लेता है।'

विजय में भी कोई सौंदर्य नहीं है; क्योंकि विजय निर्भर ही हिंसा पर होती है, विजय आधृत ही मृत्यु पर है। कौन जीतता है? जो मारने में ज्यादा कुशल है, जो मृत्यु का दूत आपसे ज्यादा है। जीतने में न तो पता चलता कि सत्य जीत रहा है, न पता चलता कि शिव जीत रहा है, न पता चलता कि सुंदर जीत रहा है; एक बात भर पता चलती है कि जो शक्तिशाली है वह जीत रहा है। ब्रूट फोर्स, पाशविक शक्ति जीतती है।

जीसस को सूली पर लटका दिया। जिन्होंने सूली दी, उनके पास सिर्फ पाशविक शक्ति थी; जीसस के पास परमात्मा था। लेकिन वे सूली देने वाले सूली देने में जीत गए। मंसूर को जिन्होंने काटा, उनके पास तलवारें थीं; मंसूर के पास आत्मा थी। लेकिन तलवार से काटने वाले लोग शरीर काटने में जीत गए।

एक बात खयाल में ले लें: जितना श्रेष्ठतर हो भीतर का अंश, उतना ही पशुता के सामने—बाहरी अर्थों में—जीत नहीं पाएगा। आपके भीतर आइंस्टीन की बुद्धि हो, तो भी क्या फर्क पड़ता है; एक जोर से मारा हुआ पत्थर आपकी खोपड़ी को तोड़ देगा। और आपके पास कितनी ही बड़ी आत्मा हो, तलवार आपकी गर्दन को काट देगी। बाहरी अर्थों में, पशुता जीत जाएगी।

एक और मजे की बात है कि बाहरी अर्थों में सिर्फ पशुता ही जीतना चाहती है। बाहरी अर्थों में सिर्फ पशुता ही जीतना चाहती है; बाहरी अर्थों में, वह जो दिव्यता है, जीतना भी नहीं चाहती। क्योंकि जीतने की आकांक्षा ही पशुता का हिस्सा है; दूसरे को जीतने का भाव ही हिंसा है। क्यों जीतना चाहते हैं दूसरे को? डॉमिनेट करना है? मालकियत दिखानी है? उसको वस्तु बना कर अपने घेरे में, फंदे में, अपने कारागृह में डालना है? दूसरे को हम जीतना क्यों चाहते हैं?

दूसरे को जीतने का अर्थ है उसकी स्वतंत्रता को नष्ट करना; वस्तुतः दूसरे को जीतने का अर्थ है उसको नष्ट करना। अगर वह बाधा डालेगा हमारे जीतने में तो हम नष्ट कर देंगे। या तो राजी हो हार कर जीने को तो हम जीने देंगे, और या फिर मरने को राजी हो। असल में, क्या? दूसरे को जीतने में हम क्या चाहते हैं? दूसरे को जीतने में हम दूसरे को मिटाना चाहते हैं। और क्यों? क्या अस्तित्वगत कारण है इसका?

इसका कारण छोटी सी कहानी से कहूं; वह सबकी सुनी हुई कहानी है।

अकबर ने एक दिन एक लकीर खींच दी है बोर्ड पर, और लोगों से कहा है, अपने दरबारियों से, कि इसे बिना छुए छोटा कर दो। बड़ी मुश्किल में पड़ गए हैं दरबारी; वे नहीं कर पाए। और फिर बीरबल ने एक लकीर बड़ी उसके नीचे खींच दी है। बड़ी लकीर खिंचते ही वह लकीर छोटी हो गई; कुछ छुआ भी नहीं उसे।

ठीक यही हम कर रहे हैं हिंसा में—उलटे तरह से। हम भीतर बहुत छोटे हैं। एक रास्ता तो है कि इसे हम बड़ा करें। लेकिन तब इसे छूना पड़ेगा, इस भीतर के अस्तित्व को बदलना पड़ेगा। तब इस भीतर के अस्तित्व में संघर्ष और साधना आएगी। तब यह भीतर का अस्तित्व एक लंबी यात्रा होगी क्रांति की, रूपांतरण की। वह झंझट का काम है। इसे हम छूना भी नहीं चाहते, फिर भी हम बड़े होना चाहते हैं; फिर भी अहंकार चाहता है मैं बड़ा हूं। तो एक सीधा उपाय है, दूसरे को छोटा कर दो। इसको छुओ ही मत, इस भीतर की बात ही छोड़ो, इस आत्मा वगैरह की झंझट में मत पड़ो; दूसरे को छोटा कर दो। दूसरा छोटा होते ही आप बड़े मालूम पड़ते हैं।

सारी हिंसा का रस दूसरे को छोटा करके खुद को बड़ा अनुभव करने का रस है। आप बड़े होते नहीं। वह बीरबल ने भी अकबर को धोखा दिया; आप भी धोखे में पड़ मत जाना। वह लकीर उतनी की उतनी ही रही, जरा भी छोटी-बड़ी नहीं हुई; लेकिन नीचे एक बड़ी लकीर खींच देने से वह छोटी दिखाई पड़ने लगी। छोटी हुई नहीं; एपियरेंस, सिर्फ भास हुआ। वह छोटी हुई नहीं, क्योंकि वह उतनी ही है। और उस लकीर को कोई पता भी नहीं है कि वह छोटी हो गई। कैसे पता होगा? वह तो आप जो बड़ी लकीर नीचे देख रहे हैं...। इसको, जो लोग दृष्टि और प्रकाश के संबंध में खोज करते हैं, वे दृष्टि-भ्रम कहते हैं। बीरबल ने धोखा दिया। यह दृष्टि-भ्रम है। लकीर उतनी की उतनी है; अकबर धोखे में आ गया। वह धोखा क्यों पैदा हुआ? एक बड़ी लकीर दिखाई पड़ने लगी; तुलना पैदा हो गई। वह छोटी लकीर छोटी दिखाई पड़ने लगी—बड़ी की तुलना में। लकीर उतनी ही है।

अकबर धोखे में भला आ गया हो, आप धोखे में मत आ जाना। क्योंकि जब आप दूसरे को छोटा करते हैं, आप बड़े नहीं हो रहे, आप उतने के उतने हैं। और डर तो यह है कि दूसरे को आप छोटा कर सके, इसलिए आप और छोटे हो गए हैं। क्योंकि दूसरे को छोटा करने में बिना छोटा हुए कोई उपाय नहीं है।

इसलिए जिस आदमी के पास जाकर आपको लगे कि वह आपको छोटा कर रहा है, वह आदमी बड़ा आदमी नहीं होता। आइंस्टीन के संबंध में सी.पी.स्नो ने लिखा है कि मैं दुनिया के बहुत बड़े-बड़े लोगों से मिला, लेकिन आइंस्टीन की जो बड़ाई थी, जो बड़प्पन था, वह और ही है। क्योंकि उसके पास जाकर ऐसा लगता था कि हम बड़े हो गए हैं। उसके पास होने में यह बात ही भूल जाती थी कि दूसरी तरफ आइंस्टीन है। वह इसका मौका ही नहीं देता था कि पता भी चले कि दूसरी तरफ आइंस्टीन है।

और आइंस्टीन बुद्धि के हिसाब से तो बेजोड़ था ही। एक बहुत बड़े विचारक ने, जोरेफ ने सुझाव दिया है कि अब हमें दुनिया का जो कैलेंडर है, वह आइंस्टीन के हिसाब से चलाना चाहिए—बिफोर आइंस्टीन, आफ्टर आइंस्टीन। आइंस्टीन के पहले की घटना और आइंस्टीन के बाद की घटना अब आइंस्टीन से ही नापी जानी चाहिए—वह लकीर बन जानी चाहिए बीच की। उसके सुझाव में जान है। आदमी इतनी बुद्धि का कभी हुआ नहीं।

लेकिन स्नो कहता है कि उसके पास बैठ कर पता ही नहीं चलता था कि आइंस्टीन के पास बैठे हैं। यह तो जब उसके घर से लौटने लगते थे, तब खयाल आता था—किससे मिल कर लौट रहे हैं। और उसने खयाल भी न होने दिया। और उसके पास होकर लगा कि हम बड़े हो गए हैं।

जब आप दूसरे को छोटा करते हैं, तब आप बड़े तो हो ही नहीं सकते, छोटे जरूर हो जाते हैं। लेकिन भ्रम पैदा होता है, दृष्टि-भ्रम पैदा होता है।

तो हिंसा का मजा एक है : दूसरा छोटा किया जा सके, हराया जा सके। आप बड़े होते हैं; लगता है कि होते हैं। अगर दूसरा बाधा डाले तो मिटा दिया जाए। तब आपको लगता है कि आपके पास परम शक्ति है, आप मिटा भी सकते हैं। ध्यान रहे, एक दूसरा भ्रम पैदा होता है। जो लोग भी मिटा सकते हैं, वे सोचते हैं कि शायद वे बना भी सकते हैं; जब मिटा सकते हैं, तो बना भी सकते हैं। वह भी भ्रम है। आपकी मिटाने की ताकत आपके बनाने की ताकत नहीं है। मिटाना आसान है। मिटाने का काम बच्चे भी कर सकते हैं, मूढ़ भी कर सकते हैं, पागल भी कर सकते हैं। बनाना बड़ी और बात है।

हिंसक मिटाने में सोचता है कि कुछ बना लिया उसने, कुछ करके दिखा दिया। क्या करके दिखाया? मिटाया है। मिटाना कोई कृत्य नहीं है। बनाना! लेकिन भ्रम पैदा होता है कि जब मैं मिटा सकता हूं, तो मैं बना भी सकता हूं।

मनसविद कहते हैं कि दूसरे को मार डालने में आदमी को एक भरोसा आता है कि मैं मार सकता हूं तो मुझे कोई नहीं मार सकेगा। एक आदमी अगर लाखों लोगों की हत्या कर दे तो उसे ऐसा लगता है कि अब मुझे कौन मारने

वाला है! लेकिन वह मौत आते वक्त यह नहीं पूछती कि आपने कितने लोगों को मारा था? उससे कोई अंतर ही नहीं पड़ता। आपका मरणधर्मा-स्वरूप मरणधर्मा ही है।

हिंसा पर खड़ा है विजय का सारा आधार। हिंसा कुरूपता है।

इसलिए लाओत्से कहता है, 'विजय में भी कोई सौंदर्य नहीं है। और जो इसमें सौंदर्य देखता है, वह वही है, जो रक्तपात में रस लेता है।'

लेकिन आदमी है बेईमान। और आदमी की सबसे बड़े बेईमानी है उसकी रेशनलाइजेशन करने की क्षमता; वह हर चीज को बुद्धियुक्त कर लेता है। इसे थोड़ा समझ लें; क्योंकि आदमी की बुनियादी बेईमानी है। और हम सब उसमें कुशल हैं। हम जो करना चाहते हैं, उसके आस-पास हम बुद्धि का जाल खड़ा कर लेते हैं। अब तक ऐसा ही आदमी सोचता रहा है कि वह जो भी करता है, बुद्धियुक्त ढंग से करता है। लेकिन यह झूठ है। वह करता पहले है। करने के कारण बुद्धि में नहीं होते; करने के कारण अचेतन मन में होते हैं। लेकिन आदमी यह भी मानने को तैयार नहीं है कि मैं बिना बुद्धि के कोई काम करता हूं। इसलिए करता है किन्हीं और कारणों से, दिखाता है कोई और कारण।

इसे हम जरा समझें। आप घर में बैठे हुए हैं। आपको देख कर ही कोई कह सकता है कि आप किसी न किसी पर टूटने की तैयारी कर रहे हैं। आप हालांकि आरामकुर्सी पर बैठे हैं; लेकिन कुर्सी आराम कर रही है, आप नहीं कर रहे हैं। आपके ढंग से दिखता है कि आप तलाश में हैं, आप शिकार की खोज कर रहे हैं। कोई भी आपका निरीक्षण कर रहा हो तो पहचान सकता है कि आप तैयारी में हैं; हालांकि आपको यह बिलकुल खयाल नहीं है खुद भी। लेकिन आपके भीतर भाप इकट्ठी हो रही है; जल्दी ही आपकी भाप फूटेगी।

आपका बच्चा स्कूल से चला आ रहा है दिन भर की मुसीबत झेल कर। क्योंकि शिक्षक से बड़ी मुसीबत और क्या हो सकती है! अपना बस्ता टांगे हुए, जैसे सारा संसार का बोझ उठा रहा है—अकारण, उसकी कुछ समझ में भी नहीं आ रहा कि क्यों। वह चला आ रहा है। आपको दिखाई पड़ता है : कपड़े पर दाग लगे हैं, स्याही डाल ली है; या शर्ट फट गया है, या पैंट पर कीचड़ पड़ी है। आप टूट पड़े।

आप यही कहेंगे कि बच्चे का सुधार करना जरूरी है। यह रेशनलाइजेशन! क्योंकि कल भी बच्चा ऐसे ही आया था। बच्चा ही है। और कल तो और एक दिन छोटा था। परसों भी ऐसे ही आया था—स्याही भी डाल कर लाया था, कपड़े भी फटे थे, रास्ते में कीचड़ से भी खेल लिया था। परसों भी ऐसे ही आया था, लेकिन तब, तब आप भीतर क्रोध से भरे नहीं थे। आज, आज क्रोध तैयार है।

कल भी इसी पत्नी ने भोजन बनाया था। और जैसा वह सदा जलाती है, वैसा कल भी जलाया था। आज, आज भोजन बिलकुल जला हुआ है। आज आप थाली फेंक देंगे और आप यह कहेंगे कि यह भोजन मैं कब तक खाऊं? अगर यही भोजन खाना है, तो जीना बेकार है।

लेकिन कल भी आपने यही खाया था, परसों भी खाया था। और जिस दिन पहले दिन यह पत्नी आई थी, उस दिन तो आपने कहा था, स्वर्ग है तेरे हाथों में! और जो तू छू देती है, अमृत हो जाता है। और उस दिन भी ऐसा ही जला हुआ था। अब तो अभ्यास भी अच्छा हो गया इसका; तब और भी जला हुआ था। लेकिन आज आप टूट पड़ेंगे। आप हालांकि यही कहेंगे कि कब तक कोई ऐसा भोजन कर सकता है! आखिर भोजन तो आदमी को ठीक मिलना चाहिए! लेकिन आप भीतर देखें, तो यह रेशनलाइजेशन है। आप युक्तिपूर्ण बना रहे हैं एक घटना को, जिसका युक्ति से कोई भी संबंध नहीं है, कोई संबंध नहीं है।

एक स्त्री आपको दिखाई पड़ती है और आप प्रेम में पड़ जाते हैं। फिर पीछे आप कहते हैं कि उसकी नाक ऐसी है कि मुझे बहुत प्यारी है, कि उसकी आंखें ऐसी हैं कि मुझे बहुत प्यारी हैं। लेकिन यह सब रेशनलाइजेशन है।

क्योंकि जब आप प्रेम में पड़े, तो न तो आंख का आपने विचार किया था और न नाक का आपने विचार किया था। ये तो पीछे से सोची गई बातें हैं। आप कहते हैं, वह सुंदर है, इसलिए मैं प्रेम में पड़ गया। लेकिन मनसविद कहते हैं कि आप प्रेम में पड़ गए, इसलिए वह सुंदर दिखाई पड़ रही है। क्योंकि वही स्त्री किसी और को सुंदर नहीं दिखाई पड़ रही है। और किन्हीं को वही स्त्री कुरूप भी दिखाई पड़ रही है। और कोई सोचेंगे अपने मन में कि तुम भी किस पागलपन में पड़े हो! इस स्त्री को सुंदर देख रहे हो! तुम्हारी बुद्धि मारी गई है! पर आपको सुंदर दिखाई पड़ रही है।

इसलिए कभी भी जब किसी को कोई सुंदर दिखाई पड़े तो आप आलोचना मत करना। यह आलोचना का काम ही नहीं है। आप चुप रह जाना; आपको न भी दिखाई पड़े तो समझना कि अपनी भूल है। आप शांत रहना। उसमें बीच में बोलना मत; क्योंकि सुंदर का कोई वस्तु से संबंध नहीं है। सुंदर दिखाई पड़ने लगता है कोई भी व्यक्ति, अगर प्रेम हो जाए।

और प्रेम क्यों हो गया? तब बड़ी अड़चन है, कि प्रेम क्यों हो गया? तो लोग उसके भी रास्ते खोजते हैं। कोई सोचता है कि शायद पिछले जन्म में कुछ संबंध रहा होगा, इसलिए प्रेम हो गया। पर यह कोई हल नहीं होता। क्योंकि पिछले जन्म में क्यों प्रेम हो गया था? कहां तक पीछे ले जाइएगा? कहीं तो शुरुआत करनी पड़ेगी। पीछे हटाने से क्या होगा?

आपको पता नहीं है, प्रेम की घटना अचेतन है। मनोवैज्ञानिक कहते हैं, अनकांशस है। आपको पता नहीं कि क्यों हो गया। और आपका मन खोला जाए, तो जो बातें आप बता रहे हैं कि इसकी नाक ऐसी है, और आंख ऐसी है, और शरीर ऐसा है, ये सब बातें कुछ भी नहीं पाई जातीं; कुछ और ही पाया जाता है। अचेतन में आपके उतरा जाए तो कुछ और ही पाया जाता है। उसको मनोवैज्ञानिक कहते हैं कि आपके भीतर अचेतन में बचपन से ही स्त्री की जो छापें पड़ रही हैं, जैसे कि एक बच्चे ने आंख खोली, नर्स दिखाई पड़ी; वह पहली स्त्री है। या मां दिखाई पड़ी, या नौकरानी दिखाई पड़ी, या कोई दिखाई पड़ा; वह पहली स्त्री है। पहली स्त्री का बिंब उसके भीतर अचेतन में उतर गया। अब इस बिंब पर बिंब जुड़ते चले जाएंगे। और बच्चा कोई एक वर्ष तक अचेतन में बिंब इकट्ठे करता रहता है। जितनी स्त्रियों से संबंध होगा, वे बिंब इकट्ठे हो जाएंगे। और इन सब बिंबों से मिल कर अचेतन में एक प्रतिमा बन जाएगी; वह जिंदगी भर इसी प्रतिमा की तलाश करेगा। जब किसी स्त्री से यह प्रतिमा मेल खा जाएगी, वह तत्काल कहेगा, प्रेम हो गया। लेकिन इसका आपकी बुद्धि और विचार से कुछ लेना-देना नहीं है। इसको वे कहते हैं कि यह तो एक्सपोजर पर निर्भर है। और इसलिए बहुत सी बातें घटती हैं, जो आपके खयाल में नहीं हैं।

सभी पुरुष स्त्रियों के स्तन में बहुत उत्सुक होते हैं। वह एक्सपोजर है; क्योंकि मां का स्तन उनका पहला अनुभव है। और उसी स्तन से उन्होंने दूध पाया, भोजन पाया, पहला स्पर्श पाया। उस स्तन में उन्होंने प्रेम भी अनुभव किया। उस स्तन के साथ उनके पहले संबंध जुड़े। इसलिए स्तन के प्रति उनका एक एक्सपोजर है। इसलिए आप ऐसी स्त्री के प्रेम में न पड़ पाएंगे, जिसके स्तन न हों। बिलकुल न पड़ जाएंगे। बिलकुल न पड़ पाएंगे। क्योंकि बिना स्तन की स्त्री के प्रेम में पड़ने का मतलब यह होगा कि या तो आपको बचपन से पुरुष के पास बड़ा किया गया हो और आपके मन में कोई स्तन की प्रतिमा न बनी हो, नहीं तो मुश्किल हो जाएगा।

इसलिए स्त्रियां भी जाने-अनजाने स्तन को उभार कर दिखाने की कोशिश में लगी रहती हैं। झूठे स्तन भी बाजार में बिकते हैं।

अमरीका में एक मुकदमा उन्नीस सौ बीस में चला। एक अभिनेत्री, नाटक की अभिनेत्री—बड़ी प्रसिद्ध अभिनेत्री थी, उसकी बड़ी ख्याति थी—नाटक के एक दृश्य में अभिनेता और उसमें छीन-झपट होती है। उस छीन-झपट में उसका झूठा स्तन बाहर आ गया। तो उसने अदालत में लाखों डालर का मुकदमा किया; क्योंकि उसकी

प्रतिष्ठा ही नष्ट हो गई सारी। उसके बाद फिर कोई यह मान नहीं सकता कि वह स्तन सच्चा है, फिर तो वह कुछ भी लाख उपाय करे। उसका सारा का सारा इमेज खो गया।

क्यों स्त्रियां उत्सुक होती होंगी? क्यों पुरुष उत्सुक है। कोई आप कारण मत खोजें बुद्धिगत। बुद्धिगत कारण नहीं है; इंप्रिंट! सिर्फ एक संस्कार है, बचपन से बच्चे के ऊपर पड़ा है। वह संस्कार की तलाश कर रहा है। मां का मतलब स्तन; वह उसकी पहली पहचान है इस जगत से। इसलिए स्तन प्रीतिकर मालूम पड़ते रहेंगे।

बूढ़े आदमी को भी कठिनाई होती है। मुझसे एक बूढ़े सज्जन पूछ रहे थे कि यह क्या मामला है? आखिर स्त्री के स्तन में अब भी इतना रस क्यों है?

तो मैंने उनको कहा कि इसमें आप कुछ घबराएं न, और कसूर न समझें कुछ। और न कुछ पाप-अपराध हो रहा है। आप भी बच्चे थे, बस इसकी खबर है। और कुछ मामला नहीं है। कभी आप भी बच्चे थे, बस इसकी खबर है। इसमें आप परेशान न हों ज्यादा। सहजता से इसे स्वीकार कर लें। क्योंकि कभी आप भी स्तन से दूध लिए।

लेकिन आदमी आस-पास तर्क, बुद्धि का जाल खड़ा कर लेता है। उसका नाम है रेशनलाइजेशन, तर्कीकरण। यह तर्कीकरण से, कोई आदमी रक्तपात में रस लेता हो तो वह कहेगा, विजय में बड़ा सौंदर्य है, विजय की बड़ी गरिमा है, विजय महान है, विजय बड़ी श्रेष्ठ है, और विजयी का बड़ा गौरव है। हम भी, आप भी क्यों आखिर, अगर दो आदमी लड़ते हों और एक गिर जाए जमीन पर और दूसरा छाती पर बैठ जाए, तो आप छाती पर बैठने वाले को गौरवान्वित क्यों मानते हैं? समझ के बिलकुल बाहर बात है कि इसमें क्या गौरवान्वित होने की बात है? आप छाती पर बैठ गए, वह आदमी नीचे लेट गया, इसमें गौरवान्वित होने की क्या बात है? वह जो नीचे लेट गया, वह भी पीड़ा अनुभव करता है कि मैं ना-कुछ। जो छाती पर बैठ गया, वह अनुभव करता है मैं सब कुछ। देखने वालों के मन में भी, जो जीत गया, वह गौरव पाता है। क्यों? आखिर जीतना ऐसा गौरव क्यों है?

नहीं आपने सोचा होगा। आप भी जीतना चाहते हैं, दूसरे की छाती पर आप भी बैठना चाहते हैं। इसलिए जब भी कोई दूसरे की छाती पर बैठ जाता है, तब आप उसको गौरवान्वित समझते हैं। क्योंकि यही आपकी भी मनोकांक्षा है, यही आप भी चाहते हैं। और जब नीचे कोई छाती के नीचे गिर जाता है, किसी के पैरों के नीचे दब जाता है, तो आप उसको गौरवान्वित नहीं कह सकते। हां, सहानुभूति दिखा सकते हैं उसके साथ।

इसलिए सहानुभूति से कोई सुखी नहीं होता, ध्यान रखना। भूल कर किसी को सहानुभूति मत बताना। क्योंकि उसका मतलब ही यह है कि आपने भी मान लिया कि गिर गए, सहानुभूति के योग्य हो गए। सहानुभूति के योग्य होने का मतलब ही यह है कि गौरव छिन गया। जीते के साथ कोई सहानुभूति नहीं दिखाता। कभी आप कहते हैं किसी से कि बड़ी सहानुभूति है आपके प्रति, क्योंकि आप जीत गए? कोई नहीं कहता। सिर्फ हारे हुए के साथ सहानुभूति। वह भी क्यों? आप जीतना चाहते हैं, इसलिए जीते को गौरवान्वित कहते हैं। और आप भी डरते हैं कि कहीं हार गए, तो कम से कम सहानुभूति तो मिलनी चाहिए। वे दोनों आपके अचेतन में दबे हुए भाव हैं। उनका फैलाव है।

अगर कोई मनुष्य सच में ही आध्यात्मिक साधना में उतरना चाहता हो तो उसे अपने हर भाव के पीछे अचेतन दशा को खोजना चाहिए। बुद्धि और तर्क से कुछ समझाने की कोशिश नहीं करना चाहिए, कि हम कुछ समझा-बुझा कर अपना जाल खड़ा कर लें और कहें कि इस वजह से।

आप साधारणतः यही कहना चाहेंगे कि विजय श्रेष्ठ है, इसलिए जो जीत गया, उसका गौरव है। लेकिन क्यों है विजय श्रेष्ठ? और हार बुरी क्यों है? और वह हार गया, वह अपमानित क्यों है? इसके क्या कारण हैं भीतर?

इसके कारण आपकी आकांक्षा और वासना में हैं। हारने और जीतने की बाहर जो घटना घट रही है, वह तो केवल बहाना है; आपके भीतर की वासना उस बहाने का उपयोग कर रही है।

लाओत्से कहता है, 'वह वही है, जो रक्तपात में रस लेता है; वही सौंदर्य देखता है विजय में। और जिसे हत्या में रस है, वह संसार पर शासन करने की अपनी महत्वाकांक्षा में सफल नहीं होगा।'

क्यों नहीं होगा महत्वाकांक्षा में सफल? क्योंकि जो हिंसा से जीतता है, वह हिंसा से भयभीत रहता है। जो हिंसा से जीतता है, वह कभी भय के बाहर नहीं जा सकता। इसलिए बड़े हिंसक बड़े भयभीत रहते हैं। हिटलर या स्टैलिन से ज्यादा भयभीत आदमी खोजने मुश्किल हैं। जो थर-थर कंपते रहते हैं। स्टैलिन की लड़की श्वेतलाना ने अपने संस्मरणों में लिखा है कि मेरे पिता से ज्यादा भयभीत आदमी खोजना मुश्किल है। इतनी हिंसा की है, तो इतने लोगों को हिंसा करने के लिए उत्सुक भी कर दिया। जितने लोगों को दबाया है, उनको भी उत्सुक कर दिया है कि वे बदला लें, प्रतिकार लें, और तुम्हें दबा दें।

और जिसको हम दबाते हैं, वह हमसे भयभीत भला हो जाए, वह कभी मानता नहीं कि हम जीत गए हैं और वह हार गया। वह सदा इतना ही मानता है कि एक टेंपरेरी फेज, एक अस्थायी बात है कि तुम अभी ऊपर आ गए; थोड़ा मौका दो, थोड़ा समय आए, हम भी ऊपर आ जाएंगे। हारा हुआ कभी नहीं मानता कि मेरी हार शाश्वत हो गई। वह मानता है, क्षण की बात है, संयोग की बात है। जीता हुआ भी मान नहीं सकता कि मेरी जीत शाश्वत हो गई। क्योंकि वह भी जानता है, जो नीचे है, वह कल ऊपर आ सकता है।

एक बात विचारणीय है: भय से कोई भी कभी विजित नहीं होता, कोई कभी भय से हराया नहीं जा सकता। लेकिन हम सब भय पर भरोसा करते हैं। बड़े युद्धखोर करते हैं, ऐसा नहीं, हम भी। हम भी मानते हैं ऐसा।

उन्नीस सौ चालीस में रूजवेल्ट ने एक वक्तव्य में कहा कि मेरा देश, मैं चाहता हूं, उस स्थिति में पहुंचे, जहां कोई भी व्यक्ति भयभीत न हो, किसी को भी भय की परतंत्रता न रहे, सब स्वतंत्र हों अभय होने को। और दूसरी बात कही कि सभी स्वतंत्र हों पूजा करने को, प्रार्थना करने को।

एक व्यक्ति ने, एक बहुत विचारशील व्यक्ति ने, रूजवेल्ट को एक पत्र लिखा और उस पत्र में लिखा कि दोनों बातें विरोधी हैं; आप जरा फिर से सोचें। क्योंकि ईसाई प्रार्थना में वचन ही यही आता है कि हे प्रभु, ऐसा कभी दिन न आए जब मैं तुझसे भयभीत न होऊं; तेरे प्रति मेरा प्रेम बना रहे और तुझसे मैं सदा डरता रहूं।

उस आदमी ने ठीक पत्र लिखा। रूजवेल्ट को मुश्किल पड़ गई। उसने ठीक लिखा कि प्रार्थना में तो भय की ही प्रार्थना है। और अगर आप चाहते हैं लोग भय से मुक्त हो जाएं, तो लोग प्रार्थना से मुक्त हो जाएंगे; जरा खयाल कर लें। और अगर आप चाहते हैं लोग प्रार्थना को स्वतंत्र हों, तो फिर उनको भयभीत रहने ही देना पड़ेगा। इसमें थोड़ी सचाई है। अंग्रेजी में गॉड-फियरिंग धार्मिक आदमी को कहते हैं; ईश्वर-भीरु हम भी कहते हैं।

तुलसीदास ने कहा है, भय बिन होई न प्रीति, बिना भय के प्रीति नहीं हो सकती।

यह थोड़ी दूर तक सही बात मालूम पड़ती है; क्योंकि हमारा सब प्रेम भय पर ही खड़ा होता है। बाप बेटे को डराता है, तो बेटा बाप को प्रेम करता है। और जब बेटा बाप को डराने लगता है—मौका तो आ ही जाएगा, थोड़े ज्यादा दिन नहीं चलेंगे—तब बाप कहता है कि अब तू मुझे प्रेम नहीं करता। वह पहले भी प्रेम नहीं करता था। आप सिर्फ डरा रहे थे, इसलिए प्रेम मालूम पड़ रहा था। अब वह आपको डराने लगा, तो अब कैसे प्रेम मालूम पड़े?

इसलिए हर बाप को अनुभव होता है कि अब बेटा प्रेम नहीं करता। वह कब करता था, यह तो बताइए। जब डंडा आपके हाथ में था, तब आपको लगता था वह प्रेम करता है। ज्यादा देर डंडा आपके हाथ में नहीं रहेगा। जिंदगी सभी को मौका देती है; डंडा उसके हाथ में आएगा। तब फिर वह बूढ़े बाप को डंडा बताएगा; अब वह चाहता है कि आप उससे प्रेम करो। पहले वह आपसे प्रेम करता था, अब आप उससे प्रेम करो। आखिर वही कब तक करे, आप भी तो करो।

जो भयभीत कर रहा है, वह भला सोचता हो कि मैंने प्रेम पैदा कर लिया, वह दूसरे में प्रेम पैदा नहीं कर रहा है, सिर्फ घृणा पैदा कर रहा है। लेकिन तुलसीदास ठीक कहते हैं, निन्यानबे आदमियों के बाबत यही बात है कि वे भय को ही प्रेम समझते हैं। तो जितना डराते हैं, उतना सोचते हैं...।

एक नेता है बड़ा। भीड़ लग जाती है, लोग जयजयकार करते हैं, फूलमालाएं पहनाते हैं। और कल वह ताकत में नहीं रहता, फिर उसका पता ही नहीं चलता, वह कब आता है, कब जाता है। फिर आपको आखिरी खबर तभी मिलेगी जब वह मरेगा, अखबार खबर छापेंगे। क्यों? अगर इतना प्रेम था, तो इतनी जल्दी खो कैसे जाता है? वह प्रेम वगैरह नहीं था, सत्ता का भय था, ताकत की पूजा है। तो खो जाती है।

अगर पति बहुत धन कमाता है, तो पत्नी बहुत प्रेम करती मालूम पड़ती है। फिर धन नहीं कमाता, या गंवा बैठता है धन को, सब प्रेम समाप्त हो जाता है। वह प्रेम कहां गया? वह प्रेम कभी था नहीं, वह धन का भय था। प्रतिष्ठा, धन की शक्ति, उसका भय था। उससे सब प्रेम था। इसलिए पुरुषों ने स्त्रियों को सदा भयभीत रखा है। क्योंकि वे सोचते हैं, भयभीत स्त्री प्रेम करेगी।

भयभीत स्त्री भीतर से घृणा ही करेगी; प्रेम नहीं कर सकती। लेकिन सस्ता है यह काम, दूसरे को भयभीत करना सस्ता काम है। दूसरे के मन में अपने लिए प्रेम करना बहुत कठिन काम है, अति कठिन काम है। शायद इस पृथ्वी पर इससे बड़ा कोई कठिन काम ही नहीं है। प्रेम से बड़ी कोई कला नहीं है। इसलिए सस्ता काम है कि डरा दो, तो भय पैदा हो जाए।

तो पुराने धर्म भी भय पर खड़े हैं। वे कहते हैं, ईश्वर से डरो। लेकिन जो आदमी ईश्वर से डरेगा, वह ईश्वर को प्रेम कैसे करेगा? डर कहीं प्रेम पैदा करता है? तब तो दिल में तो यही रहेगा कि कोई दिन मौका मिल जाए तो ईश्वर की छाती में छुरा भोंक दें। मन में तो यही रहेगा। ऊपर से हाथ जोड़े खड़े हैं, जी-हुजूरी कर रहे हैं: कि हम पापी हैं, आप पतितपावन हो। मगर भीतर सोच रहे हैं कि कब मौका मिले कि हम सिंहासन पर बैठें और तुम वहां आगे आकर कहो कि आप पतितपावन हो, हम पापी हैं! भय तो सदा ही यह प्रतीक्षा करेगा, चाहे भयभीत आदमी को पता भी न हो। यही मैं कह रहा हूं। खुद भयभीत आदमी को पता न हो कि उसकी अचेतन आकांक्षा क्या है; लेकिन डरा हुआ आदमी अचेतन में घृणा ही करेगा और बदला लेना चाहेगा।

लाओत्से कहता है कि घृणा से, हिंसा से कभी कोई शासन करने में सफल नहीं हो पाएगा। क्योंकि शासित स्वीकार ही नहीं करता आपको। उसके हृदय में आपकी विजय कभी स्थापित नहीं होती। सिर्फ एक ही उपाय है कि किसी के हृदय में विजय स्थापित हो जाए; वह उपाय प्रेम का है, हिंसा का नहीं है।

मगर उसकी बड़ी कठिन शर्त है। और वह शर्त यह है कि जब तक आप दूसरे को विजित करना चाहते हैं, तब तक आपमें प्रेम ही नहीं है। यह जरा जटिल मामला है। जब आप में प्रेम होता है, तो दूसरा हार जाता है; लेकिन जब तक आप हराना चाहते हैं, तब तक आप में प्रेम ही नहीं होता। जीत होती है दुनिया में, लेकिन उसकी ही होती है जो जीतना चाहता ही नहीं। और कई बार तो ऐसा होता है कि जो हारने को तैयार होता है, वही जीत जाता है, पहले वही जीत जाता है।

जीसस ने कहा है, जो आखिरी खड़े होने को राजी हैं, वे मेरे राज्य में प्रथम खड़े हो जाएंगे। और जो हारने को राजी हैं, उनकी जीत निश्चित है। जो खोने को राजी हैं, उन्हें कोई पाने से नहीं रोक सकेगा। जो बचाना चाहेंगे, उनसे छिन जाएगा।

यह ठीक कहा है, ये उलटे सूत्र बड़े ठीक हैं। लेकिन ये सूत्र प्रेम के हैं। अगर मैं आपको जीतना चाहता हूं, तो एक बात निश्चित है, मैं कभी नहीं जीत पाऊंगा। क्योंकि मेरी जीतने की आकांक्षा ही आपको मेरा दुश्मन बना रही है।

अगर मैं जीतना ही नहीं चाहता, तो मैंने मित्रता के हाथ फैला दिए। और अगर मैं इतने प्रेम से भरा हूं कि आपको आनंद मिलता हो मुझे जीत लेने में तो मैं हारने को तत्काल राजी हूं, तो मैंने जीत लिया। हिंसा के जगत में हराए बिना कोई जीत नहीं है; अहिंसा के जगत में हारने की कला ही जीतने की कला है।

ऐसे व्यक्ति की महत्वाकांक्षा कभी पूरी न होगी, जो सोचता है कि हिंसा से, रक्तपात से जगत का शासन कर ले। एक व्यक्ति का नहीं किया जा सकता, जगत तो बहुत बड़ी बात है। आप जरा सोचें, एक अपने छोटे से बच्चे को आप शासन में नहीं रख सकते, उसका भी प्रेम पाने में आप असफल हो जाएंगे अगर आपने हिंसा का उपाय किया। और सभी मां-बाप कर रहे हैं, इसलिए असफल हो जाते हैं। डरा रहे हैं, भयभीत कर रहे हैं, धमकी दे रहे हैं। बच्चा कमजोर है, आप धमकी दे सकते हैं। बच्चे से कमजोर और क्या होगा? लेकिन यह धमकी क्या परिणाम लाएगी?

यह बच्चा आपके प्रति घृणा इकट्ठी कर रहा है। आप ही जिम्मेवार हैं। कल यह घृणा फूटेगी और बहेगी। और तब? तब आप सिर्फ रोएंगे-पीटेंगे और चिल्लाएंगे, और कहेंगे कि सब बच्चे बिगड़ गए हैं। और कभी खयाल न करेंगे कि बिगड़ कैसे गए हैं। क्योंकि कोई बच्चा नहीं बिगड़ सकता, अगर बाप पहले ही बिगड़ न गया हो। कोई उपाय नहीं है बिगड़ने का। वृक्ष फलों से पहचाने जाते हैं; बाप उनके बेटों से पहचाने जाते हैं। और कोई उपाय भी नहीं है। अगर फल सड़ा है तो जड़ें ही सड़ी होंगी; भला जड़ें कितना ही शोरगुल मचाएं कि फल बिगड़ गया। लेकिन फल बिगड़ता कैसे है? बिगाड़ने की लंबी प्रक्रिया है। और बिगाड़ने की लंबी प्रक्रिया हिंसा से शुरू होती है।

मगर हमें खयाल में नहीं है; हम सोचते हैं, शासन आसान है हिंसा से। एक व्यक्ति पर भी संभव नहीं है; इस विराट जगत पर तो कभी भी संभव नहीं हो सकेगा।

'शुभ लक्षण की चीजें वामपक्ष को चाहती हैं, अशुभ लक्षण की चीजें दक्षिणपक्ष को। उप-सेनापति वामपक्ष में खड़ा होता है, और सेनापति दक्षिणपक्ष में। अर्थात अंत्येष्टि क्रिया की भांति विजय का पर्व मनाया जाता है।'

यह व्यंग्य कर रहा है लाओत्से। जैसे कि कोई अरथी ले जा रहा हो, और जैसे लाश रखी गई हो अंत्येष्टि के लिए, और एक तरफ सेनापति खड़ा है और एक तरफ उप-सेनापति खड़ा है, और आग जलाई जा रही है, और लाश जलाई जा रही है। विजय को, विजय की यात्रा को, लाओत्से कहता है, समझना कि यह मरघट पर हो रही अंतिम क्रिया है।

'हजारों की हत्या के लिए शोकानुभूति जरूरी है।'

और तुम यह क्या कर रहे हो? विजय का उत्सव मना रहे हो? हजारों की हत्या करके तुम विजय का उत्सव मना रहे हो? लेकिन थोड़ा इसे समझें। जब भी कोई मुल्क जीतता है युद्ध में, तो विजय का उत्सव मनाता है। क्यों? अगर थोड़ी भी समझ हो, तो यह भी हो सकता है कि मजबूरी थी, लड़ना पड़ा, लेकिन इसमें इतना उत्सव मनाने की क्या बात है?

इसके बहुत गहरे, गहन मनोवैज्ञानिक कारण हैं। जब भी आप कोई अपराध करते हैं, तो एक ही उपाय है अपराध को भूलने का कि आप उत्सव में लीन हो जाएं। जब भीतर पश्चात्ताप का क्षण आ रहा हो, तो उससे बचने का एक ही उपाय है कि बाहर के शोरगुल में, धूमधाम में उस क्षण को भुला दें। जब भी आप कोई बड़ा उत्सव मनाते हैं, तो आप भीतर किसी अपराध को छिपाने की कोशिश कर रहे हैं। यह बड़ी कठिन बात है, यह बड़ी कठिन बात है।

लेकिन आदमी बड़ा कुशल है छिपाने में। तो जब भी युद्ध में कोई जीतता है, तो उत्सव मनाता है। उस उत्सव के शोरगुल में, बैंड-बाजों में, झंडे-पताकाओं में, रंग-बिरंगे गुब्बारों में, नारेबाजी में, नेताओं की नासमझी की बातों में एक हवा पैदा होती है, जिसमें हम यह भूल ही जाते हैं कि हमने क्या किया! हम किस बात का उत्सव मना रहे हैं? हमने लाशें बिछा दीं; उनके ऊपर हम यह उत्सव मना रहे हैं? इस उत्सव के उपद्रव में आदमी फिर वापस, जहां युद्ध

के पहले था, उस काम-काज की दुनिया में संलग्न हो जाता है। इस उत्सव को मना लेने में, पश्चात्ताप के क्षण से बचाव है, पलायन है।

लेकिन लाओत्से कहता है, इसे तो ऐसे मनाना, विजय का उत्सव अंत्येष्टि क्रिया की भांति मनाना; जैसे कि कोई मर गया हो, ऐसा दुख और शोक में डूब जाना।

लेकिन बड़ी कठिनाई है। अगर हम विजय के क्षणों में शोक में डूबने लगें, तो फिर हम लोगों को हिंसा करने के लिए राजी न कर पाएंगे। जैसा मैंने परसों कहा कि अगर हम अपने सेनापतियों को युद्ध के बाद पश्चात्ताप के लिए तीर्थयात्रा पर भेज दें, या उनको कहें कि अब तुम महीने भर का उपवास करो, प्रभु-कीर्तन करो, या उनको कहें कि तुमने बहुत पाप किया, इतने लोग मार डाले, अब तुम सब त्याग करके संन्यासी हो जाओ, तो फिर हम किसी आदमी को राजी न कर पाएंगे इतना पाप करने के लिए! वह कहेगा, फिर पहले ही, इतना जब हमें आखिर में पश्चात्ताप करना हो, तो फिर युद्ध पर जाने की जरूरत क्या है? तो फिर हम नहीं जाते।

सैनिक को अगर हमें युद्ध पर भेजना है तो हमें विजय की यात्रा मनानी ही पड़ेगी। क्योंकि सैनिक उसी विजय की आकांक्षा में, उसी शोभा की आकांक्षा में तो मरने और मारने जा रहा है। तो कल जब वह जीत कर आएगा, हत्या करके आएगा, तो उस हत्यारे का हमें स्वागत करना पड़ेगा। इस स्वागत के नशे में ही तो वह भूल पाएगा कि उसने पाप किया है। तो हमें उसे पद्म-विभूषण और भारत-रत्न और महावीर-चक्र देने पड़ेंगे, ताकि इस शोरगुल में उसे लगे कि वह कोई महान कार्य करके लौटा है, और हम उसे दुबारा फिर इस मूढ़ता पर भेज सकें। नहीं तो फिर दुबारा वह जाएगा नहीं। सैनिक को हमें सम्मान देना पड़ेगा; क्योंकि हमने उससे एक पाप करवाया है। और उस पाप के बदले में हमें उसे गौरव देना पड़ेगा, ताकि उसको पाप का खयाल न रहे। इसलिए विजय की यात्रा और विजय का उत्सव और विजय का पीछे का शोरगुल, सब हमारी आत्मा को अंधा करने और बहरा करने का उपाय है।

अगर लाओत्से की बात मान ली जाए, तो दुनिया में युद्ध बंद हो जाएंगे। अगर विजय जिसने की है, वह अगर शोक में डूब जाए, तो दुनिया में फिर विजय की आकांक्षा भी न रह जाएगी। अभी तो हारा हुआ शोक में डूबता है; जो जीतता है, वह खुशी मानता है। अगर लाओत्से की बात मान ली जाए और जीतने वाला भी दुख में डूब जाए, तो इसके दोहरे परिणाम होंगे। इसका एक परिणाम तो यह होगा कि जो हार गया है, वह दुख में नहीं डूबेगा। अगर जीतने वाला दुख में डूब जाए, तो हार जो गया है, वह दुख में नहीं डूबेगा। और अगर जीतने वाला दुख में डूबने लगे, तो जीत की आकांक्षा क्षीण हो जाएगी, और हम लोगों को राजी न कर सकेंगे हिंसा के लिए। और किसी दिन ऐसा वक्त आ सकता है कि विजय एक पाप हो जाए, और विजय एक अपराध हो जाए। हम ऐसा मनुष्य भी निर्मित कर सकते हैं जिसके हृदय में विजय की आकांक्षा ही अपराध हो। शायद उसी दिन हम दुनिया को युद्ध से मुक्त कर पाएं। उसके पहले दुनिया युद्ध से मुक्त नहीं होगी।

हम कितना ही कहें कि युद्ध नहीं होने चाहिए, लेकिन युद्ध के जो मूल कारण हैं उनमें तो हम सम्मिलित ही होते हैं; उनमें हम कभी भी दूर खड़े नहीं होते। हम कितना ही कहें कि युद्ध बुरा है, लेकिन जीतने वाला अच्छा है यह तो हम भी मानते हैं। वह जीतने वाला चाहे स्कूल से कक्षा में प्रथम होने की प्राइज लेकर घर आया हो, वह भी उनतीस लड़कों को हरा कर चला आ रहा है। एक बच्चा जब घर में प्रथम होकर आता है अपनी क्लास में, तो हम उसका स्वागत करते हैं; हम युद्ध को निमंत्रण दे रहे हैं। वह उनतीस को हरा कर आ रहा है, उनको नीचे गिरा कर आ रहा है, तो हम कहते हैं कि तू प्रथम आया। बाप बड़ा आनंदित होता है; वह नहीं आ पाया था, कम से कम उसका लड़का आया। लड़के के द्वारा उनकी महत्वाकांक्षा पूरी हो रही है। वह अकड़ कर चलेंगे आज, क्योंकि उनका लड़का प्रथम आ गया।

लेकिन उनतीस को हरा आया। वे उनतीस घर दुख में लौटे हैं। उनके बाप दुखी हो रहे होंगे, वे नाराज हो रहे होंगे; वे उनको अपमानित कर रहे होंगे; वे कह रहे होंगे कि लानत है तुम पर, तुम्हारे होने से न होना अच्छा था; बरबाद कर दिया, कुल का नाश हो गया। वे जो उनतीस हार कर घर चले गए हैं, वहां शोक होगा। यह जो एक जीत कर घर आया है, यहां सम्मान होगा। आपने युद्ध के बीज बो दिए। जिंदगी अब इसी पटरी पर सदा चलेगी। जो जीतेगा, वह सम्मानित; जो हारेगा, वह अपमानित। फिर छोटे युद्ध हैं और बड़े युद्ध हैं। और सारी जिंदगी रक्तपात से भर जाती है।

ध्यान रहे लेकिन, हिंसा में कोई भी सौंदर्य नहीं है और विजय में कोई गौरव नहीं है। विजय की आकांक्षा क्षुद्र मन का फैलाव है। और हिंसा में, विजय में, हत्या में गौरव देखना आदमी के रुग्ण मन की खबर है, बीमार चित्त की खबर है।

स्वस्थ आदमी जीतने में रोग देखेगा, हिंसा में पाप देखेगा, दूसरे को नीचा करने में, हीन करने में अधर्म देखेगा। और एक ही सौंदर्य को जानता है—जो व्यक्ति सच में विचारशील है, वह एक ही सौंदर्य को जानता है—और वह सौंदर्य है परम अहिंसा का, प्रेम का।

और उस प्रेम से भी एक विजय फलित होती है। वही वास्तविक विजय है। और उस प्रेम से जीवन में एक संगीत का जन्म होता है, जो संगीत बिना किसी को हराए जीतता चला जाता है।

आज इतना ही। कीर्तन करें, और फिर जाएं।

चौंसठवां प्रवचन

मार्ग है बोधपूर्वक निसर्ग के अनुकूल जीना

प्रश्न-सार

मृतकों को भोजनादि देने का क्या अर्थ है?

कैसे जानें कि प्रकृति के हम अनुकूल हैं?

प्रकृति के अनुकूल चलें तो समाज का क्या होगा?

निसर्ग के अनुकूल होने से पशु जैसे तो नहीं हो जाएंगे?

हठी कुपुत्र को सुधारने के लिए क्या करें?

बहुत से प्रश्न हैं।

एक मित्र ने पूछा है कि इजिप्त के पिरामिड के संबंध में आपने कहा कि उनकी सभ्यता, संस्कृति ऊंचाई के एक शिखर पर थी। लेकिन उन लोगों ने पिरामिडों के भीतर मनुष्यों के मृत शरीर रखे हैं, ममीज रखी हैं; और उनमें खाना-पीना, कपड़े, जवाहरात, इस तरह का सामान भी रखा है, ताकि उनको मरने के बाद के सफर में काम आए। तो यह समझाएं कि जो इतनी ऊंचाई पर पहुंचे हुए सभ्य लोग थे, क्या उन्हें यह भी पता नहीं था कि मरने के बाद यह कुछ भी काम नहीं आता है?

इस संबंध में दो बातें समझ लेनी चाहिए। एक तो जब कोई व्यक्ति मर जाता है, तो जो हम करते हैं, उसका संबंध हमसे है, उस व्यक्ति से नहीं है। आपकी मां मर गई है, या पिता मर गए हैं, ऐसे ही घर के बाहर फेंक दे सकते हैं; दफनाने की कोई भी जरूरत नहीं है, मरघट तक ले जाने का भी कष्ट उठाना फिजूल है। क्योंकि लाश का अब क्या मरघट तक ले जाना? शरीर को ही ले जा रहे हैं न, आत्मा तो उड़ चुकी है। अब इस शरीर को आप बैंड-बाजे से ले जाएं तो पागलपन है। मरघट पर जाकर आप इस मरे हुए शरीर पर आंसू गिराएं, पागलपन है। ध्यान रहे, जो आप कर रहे हैं, वह मरे हुए पिता या मां के लिए नहीं है, वह आपके लिए है।

जिन्होंने इजिप्त के ममीज में कपड़े रखे हैं, रोटी रखी है, और सामान रखा है, उन्होंने केवल इतनी खबर दी है, यह जानते हुए भी कि मरे हुए आदमी के यह कुछ भी काम नहीं आएगा, उनका प्रेम नहीं मानता है, उनका प्रेम चाहता है कि वे जो कुछ कर सकें मरे हुए आदमी के लिए, वह भी करें।

इस फर्क को ठीक से समझ लें। मरा हुआ आदमी कहां है, आपको पता नहीं; उसके लिए क्या उपयोगी है, यह भी पता नहीं। प्रार्थना, पूजा, उसकी आत्मा की शांति का प्रयास, यह सब अब आप उसके लिए कर सकते हैं; उस तक पहुंचेगा, यह भी आपको पता नहीं। लेकिन आप कर रहे हैं। अगर ठीक से समझें तो यह आप अपने लिए कर रहे हैं। यह आपके प्रेम का प्रदर्शन है। और इससे आपको राहत मिलेगी, मरे हुए आदमी को नहीं।

आपके पिता मर गए हैं और पितृपक्ष में आप कुछ कर रहे हैं। इससे कोई आपके पिता को कुछ हो जाने वाला है, ऐसी भूल में मत पड़ जाना। पर कुछ आप कर रहे हैं, यह आपके लिए, यह आपके हृदय के लिए, आपके प्रेम के लिए है। यह आपकी अपनी सांत्वना है।

किसी का पति मर गया है। और अगर उसने उसके साथ भोजन का सामान रख दिया है, तो यह पति मरा हुआ भोजन करेगा, ऐसा नहीं है। लेकिन जिसने जीवन भर इस पति के लिए भोजन बनाया था, वह मृत्यु के क्षण में भी इस भोजन को साथ रख देना चाहेगी।

अगर इस तरह देखेंगे तो खयाल आएगा कि सभ्यता का अर्थ ही क्या होता है? सभ्यता का अर्थ ही होता है, प्रेम का गहन और विस्तीर्ण हो जाना।

निश्चित ही वे लोग सभ्य थे और उनका हृदय भी सभ्य था। और केवल मस्तिष्क की सभ्यता होती तो आप जो कह रहे हैं, वही उन्होंने भी सोचा होता कि क्या फायदा है? क्या फायदा है? सच तो यह है कि बाप की हड्डी-पसली निकाल कर बेच देना चाहिए। कुछ पैसे मिल सकते हैं, वह फायदे की बात है। शरीर को व्यर्थ जला आते हैं, उसका कोई मतलब भी तो नहीं है। सब बेचा जा सकता है सामान। लेकिन वह आप न कर पाएंगे; यह जानते हुए भी कि बाप की आत्मा को अब इससे कुछ नुकसान होने वाला नहीं है। जो शरीर छूट गया, वह छूट गया। अब इसको जला दे रहे हैं, इससे तो बेहतर है बाजार में बेच दें। अगर बुद्धि ही पास में होगी तो यही उत्तर ठीक मालूम पड़ेगा। लेकिन फिर भी आप बेचना न चाहेंगे। भीतर हृदय में कहीं चोट लगेगी।

यह शरीर ही बचा है अब, और मिट्टी है, यह बात साफ है। और इस मिट्टी के साथ अब कुछ पैसे और हीरे-जवाहरात रख देना असभ्यता का लक्षण नहीं है; हृदय भी एक ऊंचाई पर रहा होगा, इसकी खबर है।

पर बड़ी कठिनाई होती है; क्योंकि जो सभ्यताएं खो जाती हैं, उनके बाबत हम कुछ भी सोचते हैं, वह हमारा ही विचार होता है। पश्चिम के जिन लोगों ने इन ममीज को खोदा है और इनमें सामान पाया है, उन्होंने यही सोचा कि मरा हुआ आदमी इनका उपयोग कर सकेगा, इसलिए ये चीजें रखी गई हैं।

ये चीजें इसलिए नहीं रखी गई हैं। प्रेम मरे हुए को भी मरा हुआ नहीं मान पाता है। और जहां प्रेम नहीं है, वहां जिंदा आदमी भी मरा हुआ ही है। एक छोटी सी घटना कहूं, उससे खयाल में आ सके।

रामकृष्ण की मृत्यु हुई। तो नियमानुसार उनकी पत्नी शारदा को चूड़ियां तोड़ लेनी चाहिए। पास-पड़ोस के लोग इकट्ठे हो गए और उन्होंने कहा, चूड़ियां तोड़ डालो। और शारदा चूड़ियां तोड़ने जाती ही थी कि तभी वह खिलखिला कर हंसने लगी। लोग समझे कि वह पागल हो गई है। और उसने चूड़ियां तोड़ने से इनकार कर दिया। उसने कहा कि जैसे ही मैं चूड़ियां तोड़ने जा रही थी, मुझे रामकृष्ण का वचन याद आया। उन्होंने कहा है, मैं तो कभी भी नहीं मरूंगा। तो उनका शरीर भला छूट गया हो, लेकिन वे मरे नहीं हैं; इसलिए मैं विधवा नहीं हो सकती। यह भारत में पहला ही मौका है, पूरे इतिहास में, जब किसी विधवा ने पति के मरने पर विधवा होने से इनकार कर दिया। अगर उनकी आत्मा है, तो मैं विधवा नहीं हूं; इसलिए ये चूड़ियां मैं पहने रहूंगी।

और शारदा फिर सधवा के वस्त्र ही पहने रही। रोज जितने समय वह रामकृष्ण की बैठक में जाती थी, उनसे कहने कि चलें, भोजन तैयार है। अब वहां कोई भी नहीं था; लेकिन शारदा रोज जाती थी। लोग वहां बैठ कर शारदा की बात सुन कर रोते थे। और शारदा उस जगह जाती जहां रामकृष्ण बैठते थे और उनसे कहती, कि परमहंस देव, चलें, भोजन तैयार हो गया। वह भोजन तैयार करती, वह थाली लगाती, वह इस भांति लौटती जैसे रामकृष्ण उसके साथ वापस लौट रहे हों, वह उन्हें बिठाती, वह पंखा झलती। यह वर्षों चलता रहा। इसमें कभी भूल-चूक न हुई। फिर वह उन्हें लिटा देती, फिर वह उन्हें सुला देती, फिर वह मसहरी डाल देती। यह पूरी जिंदगी चलता रहा।

हम निश्चित कहेंगे, यह औरत पागल है। और हमारे हिसाब में यह बात कहीं भी न आएगी। लेकिन थोड़ा हृदय से सोचें, तो यह भी संभावना है कि शारदा के लिए रामकृष्ण कभी मरे ही नहीं। और शारदा के हृदय ने कभी स्वीकार ही नहीं किया, किसी तल पर, कि उनकी मृत्यु हो गई है। हमारे लिए तो वह पागल है, लेकिन अगर थोड़ा सहानुभूति से सोचें, तो हो सकता है कि हम ही नासमझ हों और वह पागल न हो।

फिर एक बात तय है कि शारदा कभी दुखी नहीं हुई, वह सदा आनंदित रही। अगर पागलपन में इतना आनंद है, तो आपकी बुद्धिमत्ता छोड़ देने जैसी है। क्योंकि आपकी बुद्धिमत्ता सिवाय दुख के आपको कुछ नहीं दे रही।

आपका पति भी जिंदा है, तब भी आपको आंसू के सिवाय कुछ नहीं है; पत्नी भी जिंदा है, तब भी आंसू के सिवाय कुछ नहीं है। और रामकृष्ण के मरने के बाद भी शारदा की आंख में आंसू न आया, वह हंसती ही रही। और जितने दिन जिंदा रही, रामकृष्ण को जीवित—उसके लिए रामकृष्ण जीवित ही रहे।

जिन्होंने ममीज में सम्हाल कर रखे हैं सामान, उन्होंने बड़े प्रेम से रखे हैं।

तुतुम खानम की समाधि जब पहली दफा तोड़ी गई इजिप्त में, तो वह है कोई छह हजार वर्ष पुरानी लाश। तुतुम खानम की समाधि में तीन हिस्से थे, तीन पर्तें थीं। पहली पर्त पर भी तुतुम खानम का चेहरा सोने का और पूरा जैसे लाश वही हो, और हीरे-जवाहरात और सब सामान रखा हुए था। खोदने पर पता चला कि उसके नीचे फिर ठीक वैसा ही चेहरा सोने का और उतना ही सामान रखा हुआ था। और लाश तो तीसरे तल पर थी। यह धोखा था ऊपर। क्योंकि सोने की वजह से, हीरे-जवाहरात की वजह से चोर कब्रों को खोद लेते थे। इसलिए दो धोखे दिए थे ऊपर कि पहली कब्र खोद कर कोई ले जाए तो कोई चिंता नहीं, दूसरी भी कब्र खोद कर कोई ले जाए तो भी चिंता नहीं; लेकिन तीसरी कब्र पर कोई चोट न पहुंचे।

जिन्होंने मरे हुए तुतुम खानम के लिए इतने प्रेम से ये कब्रें बनाई होंगी, उनके हृदय को समझने की कोशिश करनी चाहिए। मृतक के संबंध में जितने भी संस्कार हैं, वे जीवित के प्रेम के सबूत हैं। मृतक के संबंध में उनसे कोई लेना-देना नहीं है। इसलिए अगर हम बहुत वैज्ञानिक हो जाएं तो फिर मृतक के साथ कुछ भी करने की जरूरत नहीं। बात खतम हो गई।

लेकिन थोड़ा सोचें कि शारदा जैसे होना पसंद करेंगे, या एकदम बुद्धि और गणित से चलेंगे? बुद्धि और गणित कितना ही सही हो, आनंद उससे फलित नहीं होता। और हृदय कितना ही गलत हो, वही आनंद का द्वार है।

एक दूसरे मित्र ने पूछा है, हम प्रकृति के अनुकूल हैं या प्रतिकूल, यह कैसे जानें?

इसे जानने में कठिनाई नहीं होगी। जब आप बीमार होते हैं तो कैसे जानते हैं कि बीमार हैं? और जब आप स्वस्थ होते हैं तो कैसे जानते हैं कि स्वस्थ हैं? क्या उपाय है आपके पास जानने का?

जब आप बीमार होते हैं तो पीड़ा में होते हैं, जब आप स्वस्थ होते हैं तो प्रफुल्लित होते हैं। ठीक आत्मिक तल पर भी बीमारी और स्वास्थ्य घटित होते हैं। जब आप भीतर अशांत, उद्विग्न, परेशान, क्षुब्ध होते हैं, संतप्त होते हैं, तब जानना कि प्रकृति के प्रतिकूल हैं। और जब आप भीतर आनंद में खिले होते हैं, और आनंद की धुन आपके भीतर बजती होती है, और रोआं-रोआं उसमें कंपित होता है, और यह सारा जगत आपको स्वर्ग मालूम पड़ने लगता है, तब आप समझना कि आप प्रकृति के अनुकूल हैं। किसी दूसरे से पूछने जाने की जरूरत नहीं है। जब भी दुख है, तब वह प्रतिकूल होने से ही घटित होता है। और जब भी आनंद घटित होता है, वह अनुकूल होने से घटित होता है। आनंद कसौटी है।

लेकिन हम सब इतने दुख में जीते हैं कि हम दुख को ही जीवन मान लेते हैं; इसलिए हमें पता ही नहीं चलता कि आनंद भी है। मेरे पास लोग आते हैं। उन्हें खुद कोई आनंद का अनुभव नहीं हुआ है, वे दूसरे के आनंद पर भी विश्वास नहीं कर सकते। एक बहन ने परसों मुझे आकर कहा कि यह भरोसे योग्य नहीं है कि कीर्तन में दो मिनट में लोग इतने आनंदित होकर नाचने लगते हैं; यह भरोसा नहीं होता।

स्वभावतः, जो कभी भी नाचा न हो आनंद में, उसे भरोसा कैसे होगा? जो नाच ही न सकता हो, जिसके भीतर आनंद की कोई पुलक ही पैदा न होती हो, उसे भरोसा कैसे होगा?

निश्चित ही, उसको लगेगा कि यह कोई तैयार किया हुआ खेल, कोई नाटक है। ये लोग शायद आयोजित हैं, जो बस नाचना शुरू कर देते हैं। ऐसा कहीं हो सकता है! जो आदमी चालीस-पचास साल में कभी आनंदित न हुआ हो, वह कैसे मान ले कि दो मिनट में कोई आनंद से भर सकता है?

आनंद का मिनट और वर्षों से कोई संबंध है? अगर दो मिनट में नहीं भर सकते, दो वर्ष में कैसे भर जाइएगा? और अगर दो वर्ष में भर सकते हैं तो दो मिनट में बाधा क्या है? समय का क्या संबंध है आनंद से?

कोई भी संबंध नहीं है। लेकिन अनुभव ही न हो...।

तो मैंने उस बहन को पूछा कि तूने कभी आकर कीर्तन करके, नाच कर देखा? उसने कहा कि नहीं। मैंने उससे कहा कि नाच कर देख, आकर देख। शायद तुझे भी हो जाए तो तुझे पता चले।

हम आनंद से भी भयभीत हैं। क्योंकि हमारे चारों तरफ दुखी लोगों का समाज है; उसमें आनंदित होना मैल-एडजस्ट कर देता है, उसमें दुखी होना ही ठीक है। हमारे चारों तरफ जो भीड़ है, वह दुखी लोगों की है। उसमें आप भी दुखी हैं तो बिलकुल ठीक हैं। अगर आप आनंदित हैं तो लोगों को शक होने लगेगा कि कुछ दिमाग तो खराब नहीं है। इस भांति हंस रहे हैं, यह भी कोई...! इस भांति प्रसन्न हो रहे हैं! बीमारों की जहां भीड़ हो, दुखी लोगों का जहां समूह हो, वहां आपका भी दुख में होना उनके साथ एक संगति बनाए रखता है।

इसलिए बच्चों को हम बड़े जल्दी गंभीर करने की कोशिश में लग जाते हैं। बच्चे प्रफुल्लित हैं, आनंदित हैं, नाच रहे हैं, कूद रहे हैं, खेल रहे हैं। हमें बड़ी बेचैनी होती है उनके नाच से, कूद से। आप अखबार पढ़ रहे हैं। आप अपने बच्चे को कहते हैं, बंद कर यह शोरगुल, नाचना-कूदना; मैं अखबार पढ़ रहा हूं!

जैसे अखबार पढ़ना नाचने-कूदने से बड़ी बात है। जैसे अखबार पढ़ना कोई ऐसा मामला है जो नाचने-कूदने से ज्यादा कीमती हो। बच्चे कमजोर हैं, इसलिए आपसे नहीं कह सकते कि बंद करो यह अखबार पढ़ना और नाचो-कूदो! और जब तक वे ताकतवर होंगे, तब तक आप उनको बिगाड़ चुके होंगे। वे भी अखबार पढ़ रहे होंगे और अपने बच्चों को डांट रहे होंगे।

सभी मनुष्य प्रकृति के अनुकूल पैदा होते हैं, और अधिकतर मनुष्य प्रकृति के प्रतिकूल मरते हैं। हम सभी जन्म से प्रकृति के अनुकूल पैदा होते हैं; लेकिन समाज, चारों तरफ का ढांचा हमें मरोड़ कर गंभीर बना देता है। और जो आदमी गंभीर नहीं रहता, उसको हम बड़े हो जाने पर भी कहते हैं कि तुम अभी बचकाने हो, चाइल्डिश हो; यह बचकानापन छोड़ो, गंभीर बनो। हम उदास शक्लें चाहते हैं।

अगर आप किसी साधु-संत के पास जाएं और उसे खिलखिला कर हंसते देख लें, आप दुबारा न जाएंगे। आप गंभीर, रुग्ण चेहरे चाहते हैं। महात्मा और हंस रहा है, जरूर कोई गड़बड़ है! बुरा आदमी हंस सकता है, भला आदमी हंस नहीं सकता; भले आदमी का नैसर्गिक गुण रोना है। इसलिए आप अपने संतों, महात्माओं की शक्लें देखें, रोते हुए लोगों की भीड़ है। और जो जितना जोर से रो सकता है, उतना बड़ा महात्मा। उनके रोएं-रोएं से उदासी टपक रही है, संसार के प्रति दुश्मनी टपक रही है। उनके चारों तरफ फूल खिले हुए नहीं दिखाई पड़ते।

लेकिन तभी आप आश्वस्त होते हैं। इसलिए जो संन्यासी, जो साधु जितना ज्यादा परेशान दिखेगा, उतना आपको त्यागी मालूम पड़ता है। नंगा खड़ा हो, धूप में खड़ा हो, भूखा मर रहा हो, उपवास कर रहा हो, शरीर हड्डी हो गया हो, उतना बड़ा आपको मालूम होता है।

बड़े अजीब हैं! आपके मन में कहीं न कहीं कोई दुखी लोगों को देखने में कुछ मजा आता है। इसलिए आप खयाल करें, अगर महात्मा झोपड़े में रहता हो, तो आप उसके आसानी से पैर पड़ सकते हैं; महात्मा महल में रहता हो, अड़चन की बात है। क्यों? महात्मा अगर स्वस्थ मालूम पड़ता हो तो आपको लगेगा कि कुछ गड़बड़ है, गृहस्थ

जैसा स्वस्थ मालूम पड़ रहा है। उसे हड्डी-हड्डी होना चाहिए; तब आपको लगेगा कि कोई त्याग है। महात्मा कहीं भी सुख लेता हुआ मालूम पड़े तो आपको अड़चन होगी। इसलिए जहां-जहां सुख है, वहां-वहां से आप अपने महात्मा को तोड़ते हैं। भोजन वह ठीक नहीं कर सकता। सुंदर स्त्री उसके पास दिखाई पड़ जाए तो आपको बहुत बेचैनी हो जाएगी। क्यों? आपका जहां-जहां सुख है, वहां से महात्मा दूर होना चाहिए। भोजन ठीक न कर सके; सुंदर स्त्री उसके पास न दिखाई पड़ सके।

इसलिए महात्माओं को होमो-सेक्सुअल समाज खड़े करने पड़े, एक ही लैंगिक समाज खड़े करने पड़े। कैथलिक महात्मा है, तो वह पुरुष अलग रहते हैं एक मोनेस्ट्री में, स्त्रियां अलग रहती हैं दूसरी मोनेस्ट्री में। जैनों का महात्मा चलता है तो साधु एक तरफ चलते हैं अलग, साध्वियां एक तरफ चलती हैं अलग। उनको आप साथ भी नहीं ठहरने दे सकते हैं। आपको अपने महात्मा पर इतना भी भरोसा नहीं है? इतना डर क्या है?

जैन साध्वी अकेली नहीं चल सकती; पांच को चलना चाहिए साथ। निश्चित, जैन शास्त्र निर्माण करने वाले लोग भलीभांति समझ गए होंगे कि पांच औरतें जहां साथ हैं, चार एक के ऊपर पहरा हैं। वे चार जो हैं, वे किसी को भी सुख न लेने देंगी, वे नजर रखेंगी। एक आंतरिक, बिल्ट-इन, इंतजाम कर दिया आपने भीतरी। पांच औरतों को साथ चला रहे हैं, वे किसी को सुखी न होने देंगी। और एक-दूसरे पर नजर रखेंगी कि कोई सुखी तो नहीं हो रहा।

और स्त्री-पुरुष पास हों तो ज्यादा सुखी हो सकते हैं, यह डर समाया हुआ है। क्योंकि आपका अनुभव क्या है सुख का? दो ही अनुभव हैं आपके सुख के: भोजन का, स्त्री का, या पुरुष का। दो ही सुख हैं। तो दो सुख से महात्मा को बिलकुल तोड़ देना चाहिए। तब फिर वह लगता है कि ठीक, अब ठीक है!

तो जितना मरा हुआ हो, उतना ठीक है। जिंदा हो, तो डर है। क्योंकि जिंदगी के साथ डर है। हंस कैसे सकता है महात्मा? हंसने का मतलब? हंसने का मतलब अभी भी उसे जगत में, या होने में रस है। हंसने का मतलब होता है कि रस है। विरस होना चाहिए। उसकी सारी हंसी सूख जानी चाहिए।

तो हम एक रुग्ण समाज में जी रहे हैं। और हमारे रुग्ण समाज की रुग्ण धारणाएं हैं। और उन रुग्ण धारणाओं को हम एक-दूसरे पर थोपते हैं।

बाप भी नहीं चाहता कि बेटा सुखी हो; कहे कितना ही। कहता बहुत है कि तेरे सुख के लिए सब कर रहा हूं; लेकिन सुखी चाहता नहीं कि बेटा सुखी हो। यह जरा कठिन लगेगा। क्योंकि बाप सोचेगा, ऐसा तो कभी नहीं, मैं तो चाहता हूं मेरा बेटा सुखी हो। आप कहते हैं; आप समझते भी हैं कि आप चाहते हैं; लेकिन जो आप करते हैं, उससे बेटा दुखी होगा। आप कर भी वही सकते हैं जो आपके बाप ने आपके साथ किया है। नया सोचना बड़ी कठिन बात है। इसलिए हर बाप अपने बेटे के साथ वही करता है जो उसके बाप ने उसके साथ किया है। और ढांचा है; उस ढांचे को आप थोप देते हैं।

थोड़ा सोचिए, आप सुखी हैं? अगर आप सुखी नहीं हैं, तो एक बात तो पक्की समझ लीजिए कि आपका ढांचा किसी को भी सुखी नहीं कर सकता। लेकिन यह कोई नहीं सोचता। बाप यह नहीं सोचता कि मैं सुखी नहीं हूं तो मेरी धारणाओं के अनुसार चला हुआ मेरा लड़का कैसे सुखी हो जाएगा? अगर मैं सुखी नहीं हूं तो एक बात तो तय है कि मेरा ढांचा इसे न दूं; और कुछ भी हो। कम से कम दूसरे में कोई संभावना तो होगी कि शायद सुखी हो जाए। लेकिन मेरे ढांचे में तो कोई संभावना नहीं है।

लेकिन कोई सोचता नहीं है। आपको मजा ढांचा देने में आता है; लड़के को सुख मिलेगा या नहीं, यह सवाल नहीं है। आप लड़के को अपने अनुसार ढाल रहे हैं, इसमें आपको मजा आ रहा है। बड़ी अजीब बात है। आप दुखी हैं और अपने ढांचे में ढाल रहे हैं।

मेरे पास लोग आते हैं, वे मुझे तक सलाह देने आ जाते हैं। वे कहते हैं, आप ऐसा करिए तो बहुत अच्छा होगा। मैं उनसे पूछता हूं कि तुम्हारी सलाह से कम से कम तुम तो चले ही होओगे, और अगर तुम्हारे जीवन में आनंद आ गया हो, तो ही मुझे सलाह दो। वे कहते हैं, नहीं, हमारे जीवन में तो कुछ नहीं आया; उसके लिए तो हम आपके पास आए हुए हैं। तो मैं उनसे कहता हूं कि तुम्हारी सलाह सम्हाल कर रखो, और किसी को देना मत! क्योंकि तुम्हारी सलाह के तुम भी उदाहरण नहीं हो।

मुझे याद आता है, हेनरी फोर्ड एक दुकान में गया, एक किताब खरीदी। जब वह किताब देख रहा था, तो किताब थी: हाउ टु ग्रो रिच, कैसे अमीर हो जाएं। हेनरी फोर्ड तो अमीर हो चुका था, फिर भी उसने सोचा कि शायद कोई और बातें इसमें हों। और तभी दुकानदार ने कहा कि फोर्ड महोदय, आप बड़े आनंदित होंगे, इस किताब का लेखक भी दुकान में भीतर है। वह कुछ काम से आया हुआ है, हम आपको उससे मिला देते हैं।

उससे सारी बात बिगड़ गई। वह लेखक बाहर आया। हेनरी फोर्ड ने उसे नीचे से ऊपर तक देखा और कहा कि यह किताब वापस ले लो, यह मुझे खरीदनी नहीं है। वह दुकानदार हैरान हुआ कि आप क्या कह रहे हैं! इस किताब की लाखों कापियां बिक चुकी हैं।

वह कितनी ही बिक चुकी हों, लेकिन लेखक को देख लिया, अब किताब को क्या करें! कोट फटा था; हाउ टु ग्रो रिच किताब लिखी है उन्होंने! हेनरी फोर्ड ने पूछा कि अपनी ही कार से आए हो कि बस में आए हो? लेखक ने कहा, आया तो बस में ही हूं। तो हेनरी फोर्ड ने कहा कि मैं फोर्ड हूं, और कभी कार की जरूरत पड़े तो मेरे पास आना, सस्ते में निबटा दूंगा। लेकिन अभी ये किताबें मत लिखो। क्योंकि जिस सलाह से तुम नहीं कुछ पा सके, उससे कोई और क्या पा सकेगा?

जिंदगी बड़ी जटिल है। अगर आपको न मिला हो आनंद तो अपने बेटे को अपना ढांचा मत देना। अगर आपको न मिला हो आनंद तो अपनी सलाह किसी को मत देना। वह जहर है। उसी सलाह के आप परिणाम हैं। दूसरों ने आपके साथ ज्यादती की कि आपको ढांचा दे दिया; अब आप दूसरों के साथ ज्यादती मत करना कि उनको अपना ढांचा दे जाएं।

इसीलिए हमें पता नहीं चलता कि क्या है प्रकृति की अनुकूलता। क्योंकि प्रतिकूलता में ही हम बड़े होते हैं। मनुष्य का सारा का सारा संस्थान प्रतिकूल है। इसलिए लाओत्से कहता है कि निसर्ग के जितने अनुकूल हो सकें, उतने अनुकूल हो जाना। क्यों हो गया है प्रतिकूल आखिर? इसको हम थोड़ा समझ लें। इसका पूरा शास्त्र है कि आखिर क्या कारण है कि आदमी प्रतिकूल हो गया है।

कारण है। हर व्यक्ति अनुकूल पैदा होता है। प्रकृति से ही पैदा होता है, इसलिए अनुकूल होगा ही। लेकिन हम किसी व्यक्ति को उसकी निसर्गता में स्वीकार नहीं करते। हम उस पर आदर्श ढालते हैं। हम लोगों से कहते हैं कि महावीर बन जाओ, बुद्ध बन जाओ, कुछ न बने तो कम से कम विवेकानंद बन जाओ! लेकिन आपको पता है कि महावीर दुबारा पैदा नहीं होते? अभी पच्चीस सौ साल में तो नहीं पैदा हुए; हालांकि कई लोगों ने समझाया अपने बेटों को कि महावीर बन जाओ। कोई आदमी इस जमीन पर दुबारा पैदा हुआ है, ऐसी आपको खबर है? कोई राम, कोई कृष्ण, कोई बुद्ध—कोई कभी दुबारा पैदा हुआ है?

हर आदमी अनूठा पैदा होता है। और हम आदर्श देते हैं उसको कुछ होने के कि तू यह हो जा! कठिनाई है मां-बाप की, क्योंकि उनको भी पता नहीं कि घर में जो पैदा हुआ है, वह क्या हो सकता है। किसी को भी पता नहीं। अभी तो वह जो पैदा हुआ है, उसको भी पता नहीं कि वह क्या हो सकता है। सारा जीवन अज्ञात में विकास है। तो मां-बाप की बेचैनी यह है कि कोई ढांचा क्या दें वे?

तो जो पहले लोग हो चुके हैं चमकदार, उनका ढांचा देते हैं कि तुम ऐसे हो जाओ। वह ढांचा फांसी बन जाता है। और वह ढांचा ही प्रकृति के प्रतिकूल ले जाने का कारण हो जाता है।

फिर हम ढांचे में ढाल कर व्यक्तियों को खड़ा कर देते हैं। वे फंसे हुए लोग हैं, जिनके चारों तरफ लोहे की जंजीरें हैं सख्त। उनमें से निकलना मुश्किल है। जब तक मनुष्यता यह स्वीकार न कर ले कि प्रत्येक व्यक्ति अनूठा है, और किसी की कापी न है और न हो सकता है। दो व्यक्ति समान नहीं हैं; हो भी नहीं सकते; होना भी नहीं चाहिए। अगर आप कोशिश करके राम हो भी जाएं, तो आप एक बेहूदा दृश्य होंगे, और कुछ भी नहीं। राम का होना तो एक बात है, आपका होना सिर्फ नकल होगा। झूठे होंगे आप। सच्चे राम होने का कोई उपाय नहीं। कारण? क्योंकि सच्चे राम होने के लिए बड़ी कठिनाई है। कठिनाई क्या है? यह नहीं कि राम होना बड़ा कठिन है। राम बिना कोशिश किए हो गए, इसलिए बहुत कठिन तो मालूम नहीं होता। या कि बुद्ध होना बहुत कठिन है? बुद्ध बिना कोशिश किए हो गए; कोई बहुत कठिन नहीं है। कठिनाई दूसरी है।

एक-एक व्यक्ति इतिहास, समय और स्थान के ऐसे अनूठे बिंदु पर पैदा होता है, उस बिंदु को दुबारा नहीं दोहराया जा सकता। वह बिंदु एक दफा आ चुका, और अब कभी नहीं आएगा। इसलिए कोई आदमी दोहर नहीं सकता। इसलिए सब आदर्श खतरनाक हैं।

फिर हम किसी व्यक्ति को स्वीकार नहीं करते हैं। हम सब का अहंकार है भीतर; वह सिर्फ अपने को स्वीकार करता है और अपने अनुसार सबको चलाना चाहता है। इस दुनिया में सबसे खतरनाक और अपराधी लोग वे ही हैं, जो अपने अनुसार सारी दुनिया को चलाना चाहते हैं। इनसे महान अपराधी खोजने कठिन हैं; भला आप उनको महात्मा कहते हों। आपके कहने से कोई फर्क नहीं पड़ता।

जब भी मैं कोशिश करता हूं कि किसी को मेरे अनुसार चलाऊं, तभी मैं उसकी हत्या कर रहा हूं। मेरे अहंकार को तृप्ति मिल सकती है कि मेरे अनुसार इतने लोग चलते हैं; लेकिन मैं उन लोगों को मिटा रहा हूं।

इसलिए वास्तविक धार्मिक गुरु आपको आपके निसर्ग की दिशा बताता है; आपको अपने अनुसार नहीं चलाना चाहता। आपको कहता है कि आप अपने अनुसार ही हो जाएं, और इस होने के लिए जो भी त्यागना पड़े और जो भी मुसीबत झेलनी पड़े, वह झेल लें। क्योंकि सब मुसीबतें छोटी हैं, अगर उस आनंद का पता मिल जाए, जो स्वयं के अनुसार होने से मिलता है। सब मुसीबतें छोटी हैं; उसकी कोई कीमत नहीं है। सब मुसीबतें आसान हैं।

और आप दूसरे के अनुसार बनने की कोशिश करते रहें, तो आप दुखी, और दुखी, और दुखी होते चले जाएंगे। कभी आपको आनंद की कोई झलक न मिलेगी।

आनंद की झलक का मतलब ही है कि मेरी प्रकृति और विराट की प्रकृति के बीच कोई तालमेल खड़ा हो गया, कोई हार्मनी आ गई। अब दोनों एक लय में बद्ध होकर नाच रहे हैं। मेरा हृदय विराट के हृदय के साथ लयबद्ध हो गया; मेरा स्वर और विराट का स्वर मिल गया; अब दोनों में जरा भी फासला नहीं है।

तो मुझे अपने ही अनुसार, अपने ही जैसा होना चाहिए। इसके लिए कोई मुझे सहायता नहीं देगा। सब इसमें बाधा डालेंगे; क्योंकि सब चाहेंगे कि उनके अनुसार हो जाऊं।

मां-बाप चाहते हैं; फिर स्कूल में शिक्षक हैं, वे चाहते हैं; फिर नेता हैं, फिर महात्मा हैं, फिर पोप हैं, शंकराचार्य हैं, वे चाहते हैं कि मेरे अनुसार हो जाओ। इस दुनिया में आपको चारों तरफ, जैसे बहुत से गिद्ध आप पर टूट पड़े हों, वे सब आपको अपना भोजन बनाना चाहते हैं। इसमें आप भूल ही जाते हैं कि आप सिर्फ अपने जैसे होने को पैदा हुए थे। पर एक बात तो पक्की है कि आप दुखी होते रहते हैं। उस दुख को ही पहचानें। अगर आप दुखी हैं, तो समझ लें कि यह पक्की है बात, आप निसर्ग के प्रतिकूल चल रहे हैं। दुख काफी सबूत है।

और जब आप दुखी होते हैं तो पता है, आप क्या करते हैं? आप जब दुखी होते हैं, तब आप वही भूल दोहराते हैं जिसके कारण आप दुखी हैं। तब आप किसी से पूछने जाते हैं कि कोई रास्ता बताइए, जिस पर मैं चलूं और मेरा दुख मिट जाए। वह आपको रास्ता बताएगा कोई न कोई। वह रास्ता उसका होगा। और हो सकता है, उस पर चलने से उस आदमी का दुख भी मिट गया हो। मगर वह रास्ता उसका होगा। और दूसरे का रास्ता आपका रास्ता नहीं हो सकता। आपको अपना रास्ता खोजना पड़ेगा।

आप दूसरों के रास्तों से परिचित हो लें, इससे सहयोग मिल सकता है। आप दूसरे के रास्तों को पहचान लें, इससे अपने रास्ते की खोज में सहारा मिल सकता है। लेकिन किसी दूसरे के रास्ते पर अंधे की तरह चले अगर आप, तो आपको अपना रास्ता कभी भी नहीं मिलेगा। कितने लोग महावीर के पीछे चले हैं, और एक भी महावीर नहीं हो सका। और कितने लोग बुद्ध के पीछे चले हैं, और एक भी बुद्ध नहीं हो सका। क्या कारण है? इतना अपव्यय हुआ है शक्ति का, कारण क्या है?

कारण एक है: आपका रास्ता किसी दूसरे का रास्ता नहीं है, और किसी दूसरे का रास्ता आपका रास्ता नहीं है। आत्माएं अद्वितीय हैं, और हर आत्मा का अपना रास्ता है।

तो क्या करें? अपने दुख को समझें, अपने दुख के कारण को खोजें कि मेरे दुख का कारण क्या है। उस कारण से हटने की कोशिश करें। रास्ते मत खोजें, दूसरों से जाकर मत पूछें। क्या है दुख का कारण आपका?

मेरे पास न मालूम कितने लोग आते हैं। उनके दुख का कारण इतना साफ है कि हैरानी होती है कि उनको दिखाई क्यों नहीं पड़ता! ऐसा लगता है कि वे देखना ही नहीं चाहते। और अगर उन्हें कोई रास्ता भी बताया जाए, तो उस रास्ते पर चल कर भी वे दुख का कारण तो साथ ही ले जाते हैं।

अधिक लोगों के दुख का कारण अहंकार है। इतना साफ है, लेकिन वह दिखाई नहीं पड़ता।

मेरे पास लोग आते हैं। उनको मैं कहता हूं कि यह अहंकार ही दुख दे रहा है। वे कहते हैं, छूटने का कोई रास्ता बताइए। उनको कोई रास्ता बता दूं; वे उस रास्ते पर चलेंगे, मगर वह जो बीमारी थी, उसको साथ ही ले आएंगे। मैं उनको कहता हूं, चलो, एक संन्यास में छलांग लगा लो। वे संन्यास में भी छलांग लगा लेते हैं। लेकिन तब संन्यासी का अहंकार उनको पकड़ लेता है। तब वे मानते हैं कि जिन्होंने संन्यास नहीं लिया, वे उनसे छोटे हैं; और जिन्होंने ले लिया, वे कुछ बड़ी ऊंचाई पर पहुंच गए हैं। वे गैर-संन्यासी को ऐसा देखते हैं जैसा कि सहानुभूति से किसी दुखी, पीड़ित आदमी को देखा जाता है कि ठीक है, भटको जब तक भटकना है! हम पहुंच गए; तुम भटको।

यह उनकी बीमारी थी; इससे छोड़ने को कहा था एक छलांग लगा लो। ये बीमारी को साथ ले आए। फिर दस-पचास संन्यासी इकट्ठे हो जाते हैं, तो छोटे-बड़े का सवाल शुरू हो जाता है। फिर उनमें कलह शुरू हो जाती है, फिर पालिटिक्स शुरू हो जाती है। फिर वे दल बना लेते हैं; फिर एक-दूसरे की काट-पीट शुरू कर देते हैं। उन्होंने एक संसार बना लिया—आल्टरनेटिव, छोटा सा। ये सौ आदमी के भीतर सारी राजनीति आ जाती है, जो दिल्ली में चलती हो, वाशिंगटन में चलती हो, कोई फर्क नहीं पड़ता। कौन कहां बैठा है; कौन कौन सा काम कर रहा है; कौन को कितनी प्रतिष्ठा मिल रही है—वह सारी बीमारी साथ खड़ी है।

यह कठिनाई है। बीमारी हम देखना नहीं चाहते। या फिर मामला ऐसा है जैसा कि खाज किसी को हो जाती है। तो वह जानता भी है कि खुजलाने से दुख होता है, लेकिन खुजलाने में रस भी आता है। अकेला दुख होता तो खाज को कोई भी न खुजलाता। खाज में दोहरा उपद्रव है, मजा भी आता है खुजलाने में। तो जिस दुख में मजा आता है, उससे बचना मुश्किल हो जाता है।

आपको अहंकार में मजा भी आता है; वह खाज है। फिर दुख भी होता है। जब दुख होता है, तब आप हाथ

जोड़ कर आ जाते हैं कि कोई रास्ता बताइए। जब चमड़ी बिलकुल उखड़ जाती है, और लहूलुहान हो जाता है और खून बहने लगता है, तब आप कहते हैं, कोई रास्ता बताइए, बहुत दुख पा रहे हैं। लेकिन थोड़ी देर में चमड़ी फिर ठीक हो जाएगी, खून बंद हो जाएगा; फिर आपके भीतर सरसराहट शुरू होगी कि थोड़ा खुजा कर देखो, बड़ा मजा आता है।

खाज है अहंकार। अकेला ५७ नहीं है, शुद्ध दुख नहीं है; उसमें थोड़ा रस भी मिश्रित है। वही रस पीछा करता है। इसलिए जहां भी आप जाते हो, वह रस पीछा करता है।

अगर आप दुख पा रहे हो, तो समझना कि अहंकार वहां है। अगर आप दुख पा रहे हो, तो समझना कि आप प्रकृति के प्रतिकूल चल रहे हो। और प्रतिकूल चलने के दो ढंग हैं। शरीर को भोजन चाहिए। आप दो ढंग से शरीर को नुकसान पहुंचा सकते हैं। इतना खाना खा लें कि शरीर के लिए झेलना मुश्किल हो जाए; दुख शुरू हो जाएगा। यह प्रतिकूल चले गए। या भूखे रह जाएं, बिलकुल न खाएं, तो भी दुख शुरू हो जाएगा।

तो ध्यान रखना, प्रतिकूल होने के दो उपाय हैं। अनुकूल होने का एक उपाय है, और प्रतिकूल होने के दो उपाय हैं। और आदमी का मन ऐसा है कि एक प्रतिकूलता से दूसरी पर चले जाने में उसे सुविधा होती है; क्योंकि वह भी प्रतिकूल है। इसलिए ज्यादा भोजन करने वाले लोग अक्सर उपवास करने को राजी हो जाते हैं। असल में, जिस आदमी ने सम्यक भोजन किया है, वह उपवास की मूढ़ता में पड़ेगा ही नहीं। क्यों उपवास करेगा? जिसने ठीक भोजन किया है, उतना ही भोजन किया है जितना शरीर को जरूरत थी, वह उपवास करने का कोई सवाल नहीं उठता। सिर्फ अति भोजन किया है, तो फिर अनाहार में उतरना पड़ेगा। और जो अति भोजन करता है, वह तत्काल अनाहार के लिए राजी हो जाता है।

इसको आप समझ लें। अति भोजन करने वाले को अगर कहें कि कम भोजन करो, तो वह कहेगा, यह जरा कठिन है; बिलकुल न करो, यह हो सकता है। अगर एक आदमी सिगरेट पीता है, उससे आप कहें, दस की जगह पांच पीओ। वह कहेगा, यह जरा कठिन है; बिलकुल न पीऊं, यह हो सकता है। क्यों? क्योंकि अति की आदत है; या तो पीऊंगा दिन भर, या बिलकुल नहीं पीऊंगा। इन दोनों में से चुनाव आसान है। लेकिन मध्य में रुकना कठिन है। मध्य में रुकना कठिन है। मध्य में रुकने का मतलब है कि आप प्रकृति के अनुकूल होना शुरू हो गए। प्रकृति है मध्य, संतुलन, संयम।

ध्यान रखना, हमने संयम का अर्थ ही खराब कर दिया है। संयम का हमारा मतलब होता है दूसरी अति। अगर एक आदमी उपवास करता है, हम कहते हैं, बड़ा संयमी है। असंयमी है वह आदमी उतना ही, जितना ज्यादा खाने वाला असंयमी है। संयम का मतलब क्या है? संयम का मतलब है संतुलित, बैलेंस्ड, बीच में; न इस तरफ, न उस तरफ। झुकता ही नहीं अति पर, बिलकुल मध्य में है। मध्य में जो है, वह संयम में है। और संयम सूत्र है निसर्ग के अनुकूल हो जाने का। लेकिन आपका संयम नहीं; आपका संयम तो असंयम का ही एक नाम है—दूसरी अति पर।

अहंकार है, अति है, और भीतर जिन चीजों से आप छूटना चाहते हैं, उनमें ही रस भी है। इसे पहचानना पड़ेगा। आपके हर दुख में आपका हाथ है और रस है। रस को आप नहीं देखते, आप सिर्फ दुख को देखते हैं; तो आप कभी नहीं छूटेंगे। रस को भी देखें। रस से ही छूटेंगे तो दुख से छूटेंगे। जिस आदमी को खाज खुजलाने में रस है, उससे कितना ही कहो कि दुख है, वह भी मानता है कि बहुत दुख है, वह भी दुख झेल चुका है। पहले उसको समझाओ कि रस भी है! और रस को समझ लो ठीक से, और रस लेना चाहते हो तो यह दुख की कीमत चुकानी पड़ेगी। फिर दुख से बचने की बात मत पूछो।

लोग मुझसे आकर कहते हैं, बड़ी अशांति है। उन्हें मैं कारण बताता हूं। वे कहते हैं, वह कारण तो छोड़ना मुश्किल है। आप तो अशांति हटाने का उपाय बता दें। इसलिए लोग झूठी तरकीबों में पड़ जाते हैं।

एक आदमी है, वह धन के पीछे पागल है। वह कहता है कि जब तक करोड़ों न हो जाएं, उसे चैन नहीं मिलने वाली। और करोड़ों की इस दौड़ में उसका मन अशांत हो जाता है। वह मेरे पास आता है, वह कहता है कि बड़ी अशांति है, कोई मंत्र बता दें, कोई माला दे दें तो मैं माला फेर कर शांत हो जाऊं। मैं उससे पूछता हूं कि माला न फेरने से तुम अशांत हुए हो? तो माला फेरने से शांत हो जाओगे। तुम्हारी अशांति का क्या संबंध है माला से? माला का हाथ ही कहां है? उसको मैं कहता हूं कि यह जो तुम धन की पागल दौड़ में पड़े हो, यह तुम्हारी अशांति है। वह कहता है, इसको तो छोड़ना मुश्किल है; आप तो कोई दूसरी विधि बता दें।

वह विधि चाहता है। उसका मतलब यह है कि वह जो खाज के खुजलाने का रस है, वह तो बचा रहे; और खाज के खुजलाने में से जो दुख होता है, वह न हो। आप कोई माला बता दें कि खुजला कर माला फेरने लगूं, ताकि वह जो दुख है, वह न हो। वह दुख कैसे नहीं होगा? उस दुख का कारण है। और मंत्रों से वह कारण मिटने वाला नहीं है। कोई मंत्र आपके कारण नहीं मिटा सकता।

इसलिए मंत्र तो दुनिया में बहुत हैं और मंत्र देने वाले बहुत हैं, और आपके दुख का कोई अंत नहीं है। फिर मंत्र देने वाले भी समझ जाते हैं कि आप खाज को खुजलाना चाहते हैं, तो वे दोहरी बातें कहते हैं। महेश योगी अपने साधकों को कहते हैं कि इस मंत्र से तुम्हें आध्यात्मिक शांति तो मिलेगी ही, भौतिक संपन्नता भी मिलेगी। यह वे यह कह रहे हैं कि इससे दुख भी मिटेगा और खुजलाने का मजा भी रहेगा। पश्चिम में महेश योगी के विचार के प्रभाव का बुनियादी कारण यह है। क्योंकि वे कहते हैं कि इससे भौतिक संपन्नता भी मिलेगी, इससे धन-समृद्धि भी मिलेगी।

स्वभावतः धन तो आप चाहते हैं, और शांति भी चाहते हैं। अगर कोई कहता है, धन की दौड़ में शांति नहीं मिलेगी; तो आप कहेंगे, फिर शांति रहने दो; अभी धन की दौड़ कर लें, फिर धन पास होगा तो शांति भी खरीद लेंगे। जिसकी बुद्धि धन पर टिकी होती है वह सोचता है, हर चीज धन से खरीदी जा सकती है; शांति भी खरीद लेंगे।

कुछ चीजें हैं जो धन से नहीं खरीदी जा सकतीं। और कुछ चीजें हैं जो धन की दौड़ में कभी फलित ही नहीं हो सकती हैं। कुछ चीजें हैं जिनसे यश नहीं खरीदा जा सकता। और कुछ चीजें हैं जो यश चाहने वाले को कभी नहीं मिल सकती हैं। क्योंकि उसी चाह में उनका विरोध है।

एक मेरे मित्र हैं। एक राज्य के मंत्री थे। अब फिर मंत्री हो गए। जब वे मंत्री नहीं रहते, तब मेरे पास आते हैं। जब वे मंत्री हो जाते हैं, तब मुझे भूल जाते हैं। जब वे मंत्री नहीं रहते, तब वे मेरे पास आते हैं कि शांति का कोई उपाय बताइए। मैं उनसे पूछता हूं, अशांति क्या है? यही न कि अभी मंत्री आप नहीं हैं? तो इसके लिए मैं क्या उपाय बताऊं? और मेरा उपाय ऐसा है कि फिर आप कभी मंत्री नहीं हो पाएंगे। तो मैं उनसे कहता हूं, आप तय कर लें। अगर शांत ही होना है, तो राजनीति छोड़ देनी पड़े। क्योंकि वह खाज है और उसमें खुजलाना जारी रखना पड़ेगा। और राजनीति ऐसी खाज है कि आप भी न खुजलाओ तो दूसरे आपकी खाज को खुजलाते हैं। बड़ी कठिनाई है। आप चैन से ही बैठे हो तो आपके उपद्रवी, जिनको आप ने इकट्ठा कर लिया है, जो आपको मंत्री बनाते हैं, वे चैन से न बैठने देंगे। वे खुजलाएंगे। तो वहां तो खाज के रोगियों का ही समूह है, वहां बहुत मुश्किल है। वहां अपनी भी खुजलाते हैं लोग, दूसरों की भी खुजलाते हैं। आप वहां से हट आओ। वे कहते हैं, आप बात तो ठीक कहते हैं, और मैं हटना भी चाहता हूं—जब वे नहीं होते, तब वे कहते हैं, हटना भी चाहता हूं—मगर अभी जरा मुश्किल है, उलझाव है। तो फिर, मैं उनसे कहता हूं, अशांत ही रहो। फिर क्यों...?

हमारी बेईमानी क्या है? अशांति से जो मिलता है वह भी हम लेना चाहते हैं, और अशांति भी नहीं लेना चाहते। इस जगत में इसका कोई उपाय नहीं है। आदमी को सीधा-साफ होना चाहिए। अगर राजनीति का रस लेना है तो अशांति होगी; उसको मजे से झेलो, उसे समझो कि वह हिस्सा है। लेकिन बुद्ध की शांति देख कर वह भी

महत्वाकांक्षा मन में जगती है कि बुद्ध जैसी शांति भी हो जाए। मगर बुद्ध किसी राज्य के मंत्री होने की कोशिश नहीं कर रहे थे, इसका खयाल नहीं आता। बल्कि राज्य था हाथ में, उससे हट गए थे।

तो बुद्ध की शांति आकर्षित करती है; मंत्री का बंगला आकर्षित करता है। मन विरोधी वासनाओं से भर जाता है। और तब हम चाहते हैं, दोनों बातें एक साथ हो जाएं। वे दोनों बातें एक साथ नहीं हो पाती हैं। जिस व्यक्ति को निसर्ग के अनुकूल चलना है, उसे यह ठीक से समझ लेना चाहिए कि प्रतिकूल क्यों चल रहा है।

एक मित्र ने पूछा है कि अगर हम प्रकृति के अनुकूल चलने लगें तो समाज का क्या होगा?

आप पर समाज टिका हुआ है, ठहरा हुआ है? नाहक हर आदमी सोचता है कि वही सम्हाले हुए है इस जगत को। कोई पंडित जवाहरलाल नेहरू से ही लोग नहीं पूछते कि आपके बाद क्या होगा, आप भी अपने मन में सोचते रहते हैं—मेरे बाद क्या होगा? कुछ भी नहीं होगा, 'लोग बड़े मजे में होंगे। कोई कहीं तकलीफ नहीं हो जाने वाली है। आपकी जगह खाली हो, इसके लिए कई लोग तैयार हैं कि जल्दी वह हो।

आप प्रकृति के अनुकूल हो जाएंगे तो समाज का क्या होगा?

क्या होगा समाज का! कम से कम एक समाज का टुकड़ा अच्छा हो जाएगा तो समाज थोड़ा अच्छा होगा। नहीं, आपको समाज की फिक्र नहीं है। आपको पता नहीं है कि आप जो पूछ रहे हैं, उसका मतलब क्या है। आप असल में यह पूछ रहे हैं कि अगर मैं प्रकृति के अनुकूल होने लगूं, तो जिन बीमार समाज से मेरे संबंध हैं और जहां मैं अभी जमा हुआ हूं, वहां मैं उखड़ जाऊंगा। समाज का क्या होगा, यह सवाल नहीं है। आपका क्या होगा?

आप उखड़े हुए अनुभव करेंगे। अगर आप दौड़ नहीं रहे हैं दौड़ने वालों में, तो आप रास्ते के किनारे हटा दिए जाएंगे। दौड़ने वाले तो बड़े मजे में दौड़ेंगे, जगह थोड़ी ज्यादा हो जाएगी। आपका स्थान बचेगा; उनको कोई तकलीफ न होगी। आप दिक्कत में पड़ते हैं। आपको लगता है, मैं हटा दिया जाऊंगा। अगर मैं खड़ा हुआ, नहीं दौड़ा, तो लोग रास्ते के किनारे कर देंगे कि हट जाओ! अगर नहीं दौड़ना है, तो बीच में मत आओ! जो दौड़ रहे हैं उनको दौड़ने दो। उससे मन में दुख होता है कि रास्ते से हट जाऊंगा। रस तो उसी रास्ते में बना है, कि आगे कहीं कोई यश का इंद्रधनुष दिखाई पड़ रहा है, वह हाथ में मुट्ठी बना लूंगा। दौड़े जा रहे हैं लोग। लगता है, सारी दुनिया दौड़ रही है, अगर हम न दौड़े, कहीं सबको मिल गया आनंद और हम बच गए, तो क्या होगा?

ये दौड़ने वालों की शक्लें देखें। उनमें से किसी को आनंद मिलने वाला नहीं है। मिला नहीं है; मिलने की कोई आशा भी नहीं है। दौड़े जा रहे हैं, क्योंकि बाकी भीड़ भी दौड़ रही है। और इसमें खड़ा होना मुश्किल है; खड़ा होगा जो, वह मैल-एडजस्ट हो जाएगा।

इसलिए कठिनाई, समाज का क्या होगा, यह नहीं है। आपकी कठिनाई है कि आपका क्या होगा? तो आप अपने लिए निर्णय कर लें। अभी आपको क्या हो रहा है? अभी आप कौन से स्वर्ग में हैं? एक मजे की बात है, आदमी कभी नहीं सोचता कि वह क्या है अभी। और आपका क्या खो जाएगा? आपके पास कुछ हो, तो खो सकता है। आपके पास कुछ है ही नहीं। आप नाहक ही उस नंगे आदमी की तरह हैं, जो रात भर जागा हुआ है कि कोई कपड़े न चुरा कर ले जाए। कपड़े उनके पास हैं ही नहीं, मगर चोर से डरे हुए हैं कि कोई चुरा कर...।

आपके पास क्या है जो खो जाएगा? और जो आपके पास है, वह खोने ही वाला है। उसको आप बचा नहीं पाएंगे। क्योंकि जो भी आपके पास है, वह बाहर का है। मकान है, धन है, वह सब खो जाएगा। मौत उसे छीन लेगी। वह खोया ही हुआ है। भीतर क्या है आपके पास जो मौत में भी आपके साथ बच रहेगा?

एक कसौटी खयाल रखनी चाहिए कि मौत में मेरे साथ क्या बच रहेगा? जिन मित्र ने पूछा है कि पिरामिड की ममीज में मुर्दों के पास हीरे-जवाहरात, रोटी, खाने का सामान रख दिया है, वह उनके साथ तो जाएगा नहीं! आपने अपने चारों तरफ क्या इकट्ठा किया है? वह आपके साथ जाएगा? मुर्दों के साथ नहीं जाएगा, छोड़ दीजिए; आपके साथ जाएगा? आपने क्या इकट्ठा किया है अपने चारों तरफ?

नहीं आपसे कह रहा हूं कि उसे छोड़ दें; सिर्फ यही कह रहा हूं कि आप यह समझ लें कि वह आपके साथ जाने वाला नहीं है। उसकी भी तलाश कर लें जो साथ जा सकता हो। और अगर ऐसी हालत हो कि साथ जो जा सकता हो, और जो साथ नहीं जा सकता, उसके कुछ छोड़ने से उसकी उपलब्धि होती हो, तो सौदा कर लेने जैसा है। सौदा छोड़ देने जैसा नहीं है।

लेकिन भय बड़े अजीब हैं। और आपको पता ही नहीं है कि जो आप कर रहे हैं, वह आप कर रहे हैं या दूसरे आपसे करवा रहे हैं। आपका पड़ोसी एक कार खरीद कर आ जाता है। कल तक आपको इस कार को खरीदने का कोई खयाल नहीं था। अब यह पड़ोसी कार खरीद लाया, अब आपको भी यह कार खरीदनी ही है। क्यों? कार की शायद जरूरत नहीं थी; नहीं तो कल भी आप सोचते कि खरीदनी है। लेकिन पड़ोसी ले आया; अब पड़ोसी से अहंकार की टक्कर है। और हो सकता है, पड़ोसी किसी और अपने दफ्तर में किसी आदमी की कार देख कर झंझट में पड़ा हो। अब आप यह कार लेकर रहेंगे। इसके लिए आप शांति खो सकते हैं, स्वास्थ्य खो सकते हैं, नींद खो सकते हैं, प्रेम खो सकते हैं, सब खो सकते हैं। यह कार चाहिए। और कार पाकर आपको क्या मिलेगा?

जो आपने खो दिया है, उसे दुबारा पाना मुश्किल हो जाएगा। और जो आपने पा लिया है, वह कुछ भी नहीं है। पड़ोसी के सामने अकड़! लेकिन पड़ोसी भी मिट जाने वाला है और आप भी मिट जाने वाले हैं। ये कारें खड़ी रह जाएंगी और आप खो जाएंगे। और जो आपने इनके लिए खोया था, उसे लौटाना मुश्किल होता चला जाएगा।

बहुत आश्चर्य की बात आदमी के साथ यही है कि उसे ठीक-ठीक यह भी पता नहीं है कि वह जो कर रहा है, वह खुद कर रहा है या दूसरे उससे करवा रहे हैं। चारों तरफ की भीड़ आपसे करवा रही है। जो कपड़े आप पहने हुए हैं, वे किसी ने आपको पहना दिए हैं। जिस मकान में आप रह रहे हैं, वह किसी ने आपको लिवा दिया है। जो आप वाणी बोल रहे हैं, वह किसी ने आपको सिखा दी है। आप बिलकुल उधार हैं। यह जो उधार व्यक्तित्व है, यह आपकी आत्मा नहीं है।

लाओत्से, निसर्ग के अनुकूल होने का यही प्रयोजन है उसका कि आप अपनी आत्मा की तलाश कर लें, अपने स्वभाव की तलाश कर लें। आप उसकी फिक्र में लग जाएं, जो आपका है।

एक मित्र ने पूछा है कि लाओत्से कहता है कि हम निसर्ग के अनुकूल हो जाएं; तो हम पशु जैसे न हो जाएंगे?

अभी आप क्या हैं? पशु जैसे नहीं हैं? क्या है जो पशु से आप में भिन्न है? क्या है आप में जो पशु से भिन्न है? क्रोध वही है, मोह वही है, घृणा वही है, काम वही है, लोभ वही है। क्या है जो पशु से भिन्न है?

हां, एक बात है कि पशुओं के पास कारें नहीं हैं, बंगले नहीं हैं, तिजोड़ी नहीं हैं, बैंक-बैलेंस नहीं हैं। ये आपके पास ज्यादा है। लेकिन अगर आप यह देखें कि पशु आपसे गहरे सो पाते हैं, ज्यादा प्रसन्न मालूम होते हैं, जिंदगी ज्यादा निर्भार मालूम होती है, तो ये कारें और मकान महंगा सौदा मालूम पड़ता है। पशु कम से कम सो तो सकते हैं। माना कि उनके पास बिस्तर आप जैसे नहीं हैं—हैं ही नहीं। मगर बिस्तर को क्या करिएगा, अगर बिस्तर मिले और नींद खो जाए? पशु आकाश के नीचे सो रहे हैं। आपके पास मकान है पत्थर की दीवारों का। मगर क्या

करिएगा उस मकान का, अगर उसके भीतर भी प्राण भय से थरथराते रहें? पशु खुले आकाश के नीचे भी शांति से सोया है। सुबह उसकी आंख में जो ताजगी है, वह सुबह आपकी आंख में नहीं होती।

ऐसा क्या है आपके पास जो कि आप सोचते हैं पशु होने का डर लगता है कि कहीं पशु न हो जाएं? पशु ही हैं। और ध्यान रखें, निसर्ग के अनुकूल आप ही हो सकते हैं, पशु नहीं हो सकता। क्योंकि पशु को प्रतिकूल होने का कोई उपाय नहीं है। सिर्फ मनुष्य ही निसर्ग के अनुकूल हो सकता है। पशु तो निसर्ग के अनुकूल है—अचेतन। उसके होने में कोई गरिमा नहीं है, कोई उपलब्धि नहीं है।

इसे ऐसा समझिए कि एक आदमी भिखारी है। और फिर एक बुद्ध, राजा के घर में पैदा हुआ, और भिखारी हो जाता है। ये दोनों सड़क पर भी भीख मांग रहे हैं। ये दोनों एक से भिखारी नहीं हैं। बुद्ध के भिखारीपन का मजा ही और है। भिखारी का दुख बुद्ध का आनंद है। दोनों भिखारी हैं, दोनों भिक्षापात्र लिए खड़े हैं। लेकिन बुद्ध एक सम्राट भिखारी हैं। बुद्ध का भिखारीपन स्वेच्छा से लिया गया है, वरण किया गया है। यह बुद्ध की इच्छा का, बुद्ध के अपने संकल्प का परिणाम है। बुद्ध ने छोड़ा है धन; बुद्ध का भिखारी होना सम्राट के बाद की अवस्था है। वह जो भिखारी खड़ा है, उसने धन छोड़ा नहीं है; धन मांगा है, लेकिन मिला नहीं है। अभाव है। वह सम्राट के पहले की अवस्था है। वह जो भिखारी है, वह सम्राट होना चाहता है; बुद्ध सम्राट थे, नहीं हो गए हैं। बुद्ध के भिखारीपन में एक समृद्धि है। उस भिखारी का भिखारीपन सिर्फ भिखारीपन है। वहां सिर्फ रिक्तता है। बुद्ध के भीतर एक भराव है। बुद्ध की गरिमा को वह भिखारी नहीं पा सकता।

पशु निसर्ग के साथ हैं, उन्होंने प्रतिकूल होना जाना ही नहीं। वे भिखारी की तरह हैं। आदमी ने प्रतिकूल होना जाना; वह बुद्ध की तरह है। अब अगर वह अनुकूल हो जाए, तो जिस रहस्य को वह पा लेगा, उसे पशु नहीं पा सकते। पशु परमात्मा में लीन हैं, लेकिन अचेतन। मनुष्य परमात्मा से दूर हट आया है, लेकिन चेतन। मनुष्य अगर चेतन रूप से परमात्मा में लीन हो जाए, तो वह स्वयं परमात्मा हो जाता है।

पशु है पीछे मनुष्य के, परमात्मा है आगे, बीच में है मनुष्य। इसलिए मनुष्य तकलीफ में है।

दो रास्ते हैं उसके शांति के। या तो वह बिलकुल गिर कर पशु हो जाए। पशु होने का अर्थ है, वह अचेतन हो जाए। इसलिए शराब पीकर कभी मन अचेतन हो जाता है, तो आप भी बड़े प्रसन्न मालूम पड़ते हैं। जब शराब का दौर चलता है, दस-पांच मित्र शराब पीते हैं, तो थोड़ी देर में सभ्यता विसर्जित हो जाती है। फिर उनकी आंखें देखें; धीरे-धीरे उनके चेहरे और उनकी आंखों से एक बोझ उतर जाता है। फिर उनके हाथ-पैर में पुलक और गति आ जाती है; फिर उनकी वाणी में ओज आ जाता है। फिर वे बातें हृदयपूर्वक करने लगते हैं। फिर वे जोर-जोर से बातें करने लगते हैं। फिर वे नाच सकते हैं और गीत गा सकते हैं।

लेकिन अब वे होश में नहीं हैं। यह बड़े मजे की बात है! जब वे होश में थे, तो नाच नहीं सकते थे; अब वे होश में नहीं हैं, तो नाच सकते हैं। यह पशु जैसा हो जाना है; वापस नीचे गिर जाना है। बेहोशी का अर्थ है, नीचे गिर जाना; होश का अर्थ है, वापस नीचे गिरना नहीं, ऊपर उठ जाना।

इसलिए संत की आंखों में भी पशु जैसी सरलता दिखाई पड़ेगी, वैसा ही निर्दोष भाव दिखाई पड़ेगा। लेकिन संत पशु नहीं है। संत पशु जैसा ही सरल हो गया, लेकिन होशपूर्वक। शराबी बेहोश। किसी ने एल एस डी ले लिया हो, किसी ने मारिजुआना ले लिया हो, उसकी आंखों में भी एक निर्दोषता, सरलता आ जाती है। लेकिन वह पशु की सरलता, निर्दोषता है। वह बेहोश हो गया; वह नीचे गिर गया; उसने अपनी आदमियत का त्याग कर दिया।

आदमियत का त्याग दो तरह से हो सकता है: पीछे गिर कर भी, आगे जाकर भी। पीछे गिरना पशुता है। लाओत्से पीछे गिरने को नहीं कह रहा है।

लाओत्से आगे जाने को कह रहा है। वह कह रहा है, होशपूर्वक निसर्ग के अनुकूल हो जाओ। होशपूर्वक शांत हो जाओ, मौन हो जाओ। होशपूर्वक सारी विकृति, सारा उपद्रव, सारी कलह छोड़ दो। होशपूर्वक अहंकार को विदा कर दो। होशपूर्वक कलह के बीज मत बोओ। द्वंद्व मत पकड़ो, निर्द्वंद्व हो जाओ—अवेयरनेस में, होश में।

तो निश्चित ही, लाओत्से पशु जैसा ही लगेगा। और लाओत्से को एक गाय के पास बिठा देंगे, दोनों की आंखों में फर्क करना मुश्किल हो जाएगा। उतना ही शांत होगा। लेकिन गाय को उसका पता नहीं, जिसका लाओत्से को पता है। लाओत्से जान रहा है अब; इस निसर्ग में डूबने का जो रस है, इसे पी रहा है।

तो जिन मित्र ने पूछा है कि कहीं निसर्ग के साथ एक होने से मनुष्य पशु जैसा तो नहीं हो जाएगा, वे ध्यान रखें, मनुष्य पशु जैसा हो सकता है, उपाय है बेहोश होना। जितना बेहोश आदमी होता है, उतना पशु जैसा होता है। इसलिए जो काम आप बेहोशी में करते हैं, वे पशु जैसे होते हैं। और जो काम आप होश में कर ही नहीं सकते, उनको मत करना; क्योंकि उस वक्त आप पशु हो जाते हैं। और जिन कामों को आप बेहोशी में ही कर सकते हैं, उनको भी होश में करने की कोशिश करना, तो आप पाएंगे, आप उनको कर ही नहीं सकते।

किसी पर क्रोध है आपको; जब आप करते हैं, तो बेहोश हो जाते हैं। बेहोशी में ही कर पाते हैं। आपकी ग्रंथियों से जहर छूट जाता है खून में; शराब ऊपर से नहीं पीते आप, भीतर से पी लेते हैं। अब तो उसकी जांच हो सकती है कि कितनी शराब आपके खून में आपके क्रोध से पहुंच गई।

आपकी ग्रंथियां हैं, जो पायजन इकट्ठा करती हैं, जरूरत के लिए; क्योंकि क्रोध बिना बेहोशी के नहीं हो सकेगा। जब क्रोध का क्षण होता है, तत्काल आपका चेहरा लाल हो जाता है, आंखें सुर्खी से भर जाती हैं, हाथ-पैर कस जाते हैं, दांत बंधने लगते हैं—खून जहर से भर गया। अभी आपका जहर नापा जा सकता है कि कितना जहर आपके भीतर है। इस जहर के प्रभाव में आप किसी की गर्दन दबा देते हैं, किसी का सिर खोल देते हैं।

घड़ी भर बाद जब जहर चुक गया और ऊर्जा क्रोध में बाहर जाकर खो गई, तब आप पछताते हैं और कहते हैं: यह मैंने कैसे किया? यह तो मैं कभी करना नहीं चाहता था! यह मुझसे हो कैसे गया? तब आप सोचते हैं, ऐसा लगता है कि जैसे किसी भूत-प्रेत ने मुझे पजेस कर लिया हो।

किसी ने आपको पजेस नहीं किया था, आप बेहोश हो गए थे; और ग्रंथि जो जहर छोड़ रही हैं, उनमें आप डूब गए थे। आपको लगता है, यह मैंने नहीं किया! और एक लिहाज से ठीक लगता है; क्योंकि आप थे ही नहीं, आप बेहोश थे।

क्रोध को होशपूर्वक करें, पूरे होश से भर कर करें, और आप पाएंगे कि क्रोध नहीं कर सकते हैं। जो होशपूर्वक न किया जा सके, समझना वह पाप है। और जो होशपूर्वक ही किया जा सके, समझना वह पुण्य है। और कोई परिभाषा नहीं है पाप और पुण्य की। जिसे आप होशपूर्वक ही कर सकें, वह पुण्य है। जो बेहोशी में हो ही न सके!

अब इसका बड़ा मजा हुआ। इसका मतलब यह हुआ कि अगर आप दान भी कर रहे हैं और बेहोशी में कर रहे हैं, तो वह पाप है। आपने कभी होशपूर्वक दान किया है? मुश्किल है। कब करते हैं आप दान? जब आप किसी के कारण बेहोश हो जाते हैं। चार लोग आते हैं और कहते हैं, आप जैसा दानी इस गांव में नहीं है!

छाती फूलने लगी आपकी। सोचते तो आप भी थे, लेकिन अभी तक किसी ने कहा नहीं था। और वे लोग कहते हैं कि आपके बिना यह काम नहीं हो पाएगा; आपका हाथ मिला, तो काम की सफलता है। वे आपको चढ़ा रहे हैं, वे आपको जहर दे रहे हैं। अब आपकी ग्रंथियां छोड़ने लगेंगी जहर; आप दान कर जाएंगे—इस बातचीत में, इस प्रभाव में, इस प्रशंसा में, इस दंभ में।

पीछे पछताएंगे, जैसा क्रोध में पछताते हैं। लेकिन फिर कुछ करने का उपाय नहीं। रात भर सो नहीं पाएंगे कि लाख रुपया दे दिया, किस क्षण में फंस गए! लेकिन कल अखबार में नाम छपे, फोटो छपे, तो थोड़ी राहत मिलेगी कि कोई बात नहीं। मकान पर पत्थर लग जाए, आपका नाम लग जाए, तो राहत मिलेगी कि कोई हर्जा नहीं, कोई धोखा नहीं हुआ, ठीक है।

लेकिन दान भी आप अगर बेहोशी में करते हैं, कोई आपसे करवा लेता है—जैसे कोई आपसे क्रोध करवा लेता है—तो समझना कि पाप है। और क्रोध भी अगर आप होश में करते हैं, कोई करवाता नहीं, आप पूरे होशपूर्वक करते हैं, तो समझना कि पुण्य है। क्योंकि जो क्रोध होशपूर्वक किया जाए, उससे कभी अहित किसी का नहीं होगा। वह हित के लिए ही हो सकता है। और जो दान बेहोशी में किया जाए, उससे आपका भी अहित हो रहा है, दूसरे का भी अहित हो रहा है।

वे जो दूसरे आपसे दान ले गए हैं, वे सोचते हैं, खूब बुद्धू बनाया। वे लौट कर यही सोचते जाते हैं, आप कुछ और मत सोचना कि वे कुछ और सोचते जाते हैं। उनकी तो छोड़ दें, रास्ते पर एक भिखारी आपसे चार आने निकलवा लेता है, वह भी हंसता है पीठ पीछे। जिससे नहीं निकलवा लेता, उसको मानता है कि आदमी मजबूत है।

इसलिए भिखारी भी, जब चार आदमी होते हैं, वहीं आपको पकड़ लेता है। अकेले में पकड़ ले तो आप उसको दान देने वाले नहीं हैं। क्योंकि अकेले में कहेंगे कि हट, क्या लगा रखा है! अभी तेरी उम्र इतनी है कि काम कर! लेकिन चार आदमियों के सामने पकड़ लेता है आपका पैर। अब आपको लगता है, चार आने के पीछे चार आदमियों के सामने इज्जत जाती है; दो चार आने। आप चार आदमियों को चार आने दे रहे हैं, उस भिखारी को नहीं। उसने आपको उस स्थिति में डाल दिया, जहां आपसे वह करवाए ले रहा है।

आदमी जो भी बेहोशी में करता है, वही पाप है।

अगर आप निसर्ग के अनुकूल हो जाते हैं होशपूर्वक, तो आप पशु नहीं होते, आप परमात्मा की तरफ जा रहे हैं।

दो-तीन छोटे-छोटे प्रश्न और हैं।

एक मित्र ने पूछा है कि आपने कुपुत्र के बारे में बताया कि उसको अनुभवों में से गुजरने देना चाहिए, तो वह खुद सीख जाएगा। लेकिन अनुभव लेने के बाद भी वह वही पसंद करता है—कोई अपने कुपुत्र के संबंध में पूछ रहे हैं—चाहे कितना ही दुख झेलना पड़े, चाहे मौत भी क्यों न आ जाए, फिर भी वह वही करता है। बार-बार ठोकर खाकर भी वही दोहराता है। उसका क्या उपाय किया जाए? उसको सुधारने का क्या तरीका है?

आप न सुधार पाएंगे। जिसको जिंदगी नहीं सुधार पा रही, मौत नहीं सुधार पा रही, उसको आप क्या सुधार पाएंगे? अगर आपकी बात सच है कि बार-बार दुख पाकर भी वह वही करता है, मौत भी आ जाए तो भी वही करता है, और सुधरता नहीं, तो आप हाथ अलग कर लें। आपसे नहीं सुधर पाएगा। आप मौत से ज्यादा मजबूत नहीं हो सकते। और जो दुख से नहीं सीख पा रहा है, वह आपसे क्या सीख पाएगा? कुपुत्र मत कहिए उसको। आपको कोई जड़भरत मिल गया है। क्योंकि जिसको दुख नहीं सुधारते, मौत नहीं सुधारती, वे तो बड़े पहुंचे हुए महात्मा हैं, वे तो परम अवस्था में हैं। उनको आप सुधारने की कोशिश ही मत करिए।

और आप सुधारने को इतने उत्सुक क्यों हैं? अपने को ही सुधार लेना काफी है। लेकिन दूसरे को सुधारने में बड़ा मजा आता है। अपनी फिक्र कर लें। और बेटे की तो उम्र अभी ज्यादा होगी; आपकी कम बची होगी। उनको

छोड़ें, आप अपनी फिक्र कर लें। यह बेटे को सुधार कर आप अगर सुधार कर भी छोड़ गए, तो भी इससे आप नहीं सुधर जाएंगे। अपने को सुधार लें।

और यह भी हो सकता है कि आप बेटे को सुधारना बंद कर दें तो शायद वह सुधर जाए; क्योंकि बहुत से बाप बेटों को सुधारने के कारण ही सुधरने नहीं देते। क्योंकि आपकी सुधारने की जिद्द दूसरे को न सुधरने के लिए मजबूत करती है। जिंदगी जटिल है। जब एक बाप कोशिश में लगा रहता है कि सुधार कर रहूंगा, तो बेटा भी कहता है कि ठीक है, तो अब देखें कौन जीतता है : तुम सुधारते हो कि हम ऐसे हैं वैसे ही बने रहते हैं? अक्सर तो बेटे बाप से जिद्द में पड़ जाते हैं। और अहंकारी बाप अहंकारी बेटे पैदा करता है। यह भी अहंकार है कि मैं सुधार कर रहूंगा। यह अहंकार—आपका ही बेटा है, खयाल रखना, आपके ही ढंग का होगा। आप कहते हैं, मैं सुधार कर रहूंगा। वह कहता है कि ठीक है, तो देख लेंगे कौन मुझे सुधारता है! हो सकता है, आपके सुधारने की वजह से इतने दुख झेल रहा हो और फिर भी न सुधर रहा हो।

कृपा करके उससे कहें कि क्षमा कर, तू जान तेरा काम जाने; अब हम अपने को सुधारने में लगते हैं। तो उसको शायद बुद्धि आए कि अब बात ही खतम हो गई, अब वह जिद्द का कारण ही न रहा।

ध्यान रखें, दुनिया में कोई किसी को सुधार नहीं सकता। सुधारना इतना आसान मामला नहीं है। और जिन लोगों ने लोगों को सुधारा है, वे वे ही लोग थे, जिन्होंने सुधारने की कोशिश नहीं की है। उनके पास सुधरना हो जाता है। अगर आपका बेटा आपके पास रह कर नहीं सुधरता, तो आप समझना कि बात समाप्त हो गई, अब और कुछ किया नहीं जा सकता। आपके पास रह कर कोई सुधर जाए बस, तो समझना कि ठीक है। अपने को बदलें कि आपके पास एक हवा पैदा हो जाए कि आपका बेटा, या आपकी बेटी, या आपके मित्र, या आपका परिवार उस हवा को छुए।

लेकिन जो भी सुधारने वाले लोग होते हैं, ये बोझिल हो जाते हैं। इनको कोई पसंद नहीं करता। ये दुष्ट होते हैं। और घर भर अनुभव करता है कि यह दुष्ट से कैसे छुटकारा हो! और आप ऐसी बारीक, नाजुक नसें पकड़ते हैं लोगों की कि वे आपको कह भी नहीं सकते कि आप गलत हैं। और आप बोझिल हो जाते हैं। और आप कठिन मालूम होने लगते हैं। आपको सहना मुश्किल होने लगता है।

आदमी की हिंसा गहरी है। और आदमी अनेक तरह से हिंसा करता है। यह भी हिंसा है! आप क्यों सुधारने के लिए इतने दीवाने हैं? और अगर नहीं सुधरना है, तो आप कुछ भी न कर पाएंगे। इस दुनिया में किसी को जबरदस्ती ठीक करने का कोई उपाय नहीं है। है ही नहीं उपाय। हां, जबरदस्ती ठीक करने की कोशिश उसको और जड़ कर सकती है। कई बार तो बहुत अच्छे बाप भी बहुत बुरे बेटों के कारण हो जाते हैं।

महात्मा गांधी के लड़के ने गांधी के सुधारने का बदला लिया। अब महात्मा गांधी से अच्छा बाप पाना मुश्किल है, बहुत कठिन है। अच्छे बाप का जो भी अर्थ हो सकता है, वह महात्मा गांधी में पूरा है। लेकिन हरिदास के लिए बुरे बाप सिद्ध हुए। क्या कठिनाई हुई?

यह बड़ी मनोवैज्ञानिक घटना है। और इस सदी के लिए विचारणीय है। और हर बाप के लिए विचारणीय है। क्योंकि गांधीजी कहते थे, हिंदू-मुसलमान सब मुझे एक हैं। लेकिन हरिदास अनुभव करता था कि यह बात झूठ है। यह बात है; फर्क तो है। क्योंकि गांधी गीता को कहते हैं माता; कुरान को नहीं कहते। और गांधी गीता और कुरान को भी एक बताते हैं, तो गीता में जो कहा है, अगर वही कुरान में कहा है, तब तो ठीक; और जो कुरान में कहा है और गीता में नहीं कहा, उसको बिलकुल छोड़ जाते हैं, उसकी बात ही नहीं करते। तो कुरान में भी गीता को ही ढूंढ़ लेते हैं, तभी कहते हैं ठीक है; नहीं तो नहीं कहते हैं।

हरिदास मुसलमान हो गया; हरिदास गांधी से वह हो गया अब्दुल्ला गांधी। गांधी को बड़ा सदमा पहुंचा। और उन्होंने कहा अपने मित्रों को कि मुझे बहुत दुख हुआ। जब हरिदास को पता लगा तो उसने कहा, इसमें दुख की क्या बात है? हिंदू-मुसलमान सब एक हैं!

यह आप देखते हैं? यह बाप ने ही धक्का दे दिया अनजाने। और हरिदास ने कहा, जब दोनों एक हैं, तो फिर क्या दुख की बात है? हिंदू हुए कि मुसलमान, अल्ला-ईश्वर तेरे नाम, सब बराबर, तो हरिदास गांधी कि अब्दुल्ला गांधी, इसमें पीड़ा क्या है?

मगर पीड़ा गांधी को हुई।

गांधी स्वतंत्रता की बात करते हैं, लेकिन अपने बेटों पर बहुत सख्त थे, और सब तरह की परतंत्रता बना रखी थी। तो जो-जो चीजें गांधी ने रोकी थीं, वह-वह हरिदास ने कीं। मांस खाया, शराब पी, वह-वह किया। क्योंकि अगर स्वतंत्रता है तो फिर इसका मतलब क्या होता है स्वतंत्रता का? यह मत करो, यह मत करो, यह मत करो—और स्वतंत्रता है?

तो यह तो बात वैसी ही हो गई, जैसे हेनरी फोर्ड कहा करता था। हेनरी फोर्ड के पास पहले काले रंग की ही गाड़ियां थीं, कारें थीं। और कोई नहीं थीं। पर वह अपने ग्राहकों से कहता था, यू कैन चूज एनी कलर, प्रोवाइडेड इट इज़ ब्लैक। कोई भी रंग चुनो, काला होना चाहिए बस।

क्या मतलब हुआ? स्वतंत्रता है पूरी और सब तरह की परतंत्रता नियम की बांध दी—इतने बजे उठो, और इतने बजे सोओ, और इतने वक्त प्रार्थना करो, और इतने वक्त...। और यह खाओ और यह मत पीयो। सब तरफ से जाल कस दिया, और स्वतंत्रता है पूरी! तो हरिदास ने, जो-जो गांधी ने रोका था, वह-वह किया।

अगर कहीं कोई अदालत है, तो उसमें हरिदास अकेला नहीं फंसेगा। कैसे अकेला फंसेगा? क्योंकि उसमें जिम्मेवार गांधी भी हैं, बाप भी है।

ध्यान रखना, अगर बेटा आपका फंसा, तो आप बच न सकोगे। इतना ही कर लो कि बेटा ही अकेला फंसे, तुम बच जाओ, तो भी बहुत है। हटा लो हाथ अपने दूर और बेटे को कह दो, जो तुझे लगे, जो तुझे ठीक लगे! अगर तुझे दुख भोगना ही ठीक लगता है, तो ठीक है, दुख भोग! अगर तुझे पीड़ा ही उठाना तेरा चुनाव है, तो तुझे स्वतंत्रता है, तू पीड़ा ही उठा! हमें पीड़ा होगी तुझे पीड़ा में देख कर, लेकिन वह हमारी तकलीफ है। उससे तुझे क्या लेना-देना है! वह हमारा मोह है, उसका फल हम भोगेंगे; उससे तेरा कोई संबंध नहीं है।

अगर मुझे दुख होता है कि मेरा बेटा शराब पीता है, तो यह मेरा मोह है कि मैं उसे मेरा बेटा मानता हूं, इसलिए दुख पाता हूं। इसमें उसका क्या कसूर है? मेरा बेटा जेल चला जाता है तो मुझे दुख होता है; क्योंकि मेरे बेटे के जेल जाने से मेरे अहंकार को चोट लगती है। लेकिन यह मेरा कसूर है, इसमें उसका क्या कसूर है? उससे कह दें कि हम दुखी होंगे, हो लेंगे। वह हमारी भूल है, वह हमारा मोह है; लेकिन तू स्वतंत्र है।

और आप अपने को बदलने में लगें। जिस दिन आप बदलेंगे, उस दिन आपका बेटा ही नहीं, दूसरों के बेटे भी आपके पास आकर बदल सकते हैं।

बहुत से प्रश्न और हैं। फिर दोबारा जब बैठक होगी, तब उन्हें ले लेंगे। अब कीर्तन करें।

आज इतना ही।

ओशो—एक परिचय

बुद्धत्व की प्रवाहमान धारा में ओशो एक नया प्रारंभ हैं, वे अतीत की किसी भी धार्मिक परंपरा या शृंखला की कड़ी नहीं हैं। ओशो से एक नये युग का शुभारंभ होता है और उनके साथ ही समय दो सुस्पष्ट खंडों में विभाजित होता है : ओशो पूर्व तथा ओशो पश्चात।

ओशो के आगमन से एक नये मनुष्य का, एक नये जगत का, एक नये युग का सूत्रपात हुआ है, जिसकी आधारशिला अतीत के किसी धर्म में नहीं है, किसी दार्शनिक विचार-पद्धति में नहीं है। ओशो सद्यःस्नात धार्मिकता के प्रथम पुरुष हैं, सर्वथा अनूठे संबुद्ध रहस्यदर्शी हैं।

मध्यप्रदेश के कुचवाड़ा गांव में 11 दिसंबर 1931 को जन्मे ओशो का बचपन का नाम रजनीश चन्द्रमोहन था। उन्होंने जीवन के प्रारंभिक काल में ही एक निर्भीक स्वतंत्र आत्मा का परिचय दिया। खतरों से खेलना उन्हें प्रीतिकर था। 100 फीट ऊंचे पुल से कूद कर बरसात में उफनती नदी को तैर कर पार करना उनके लिए साधारण खेल था। युवा ओशो ने अपनी अलौकिक बुद्धि तथा दृढ़ता से पंडित-पुरोहितों, मुल्ला-पादरियों, संत-महात्माओं—जो स्वानुभव के बिना ही भीड़ के अगुवा बने बैठे थे—की मूढ़ताओं और पाखंडों का पर्दाफाश किया।

21 मार्च 1953 को इक्कीस वर्ष की आयु में ओशो संबोधि (परम जागरण) को उपलब्ध हुए। संबोधि के संबंध में वे कहते हैं : 'अब मैं किसी भी प्रकार की खोज में नहीं हूं। अस्तित्व ने अपने समस्त द्वार मेरे लिए खोल दिये हैं।'

उन दिनों वे जबलपुर के एक कालेज में दर्शनशास्त्र के विद्यार्थी थे। संबोधि घटित होने के पश्चात भी उन्होंने अपनी शिक्षा जारी रखी और सन 1957 में सागर विश्वविद्यालय से दर्शनशास्त्र में प्रथम श्रेणी में प्रथम (गोल्डमेडलिस्ट) रह कर एम.ए. की उपाधि प्राप्त की। इसके पश्चात वे जबलपुर विश्वविद्यालय में दर्शनशास्त्र के प्राध्यापक पद पर कार्य करने लगे। विद्यार्थियों के बीच वे 'आचार्य रजनीश' के नाम से अतिशय लोकप्रिय थे।

विश्वविद्यालय के अपने नौ सालों के अध्यापन-काल के दौरान वे पूरे भारत में भ्रमण भी करते रहे। प्रायः 60-70 हजार की संख्या में श्रोता उनकी सभाओं में उपस्थित होते। वे आध्यात्मिक जन-जागरण की एक लहर फैला रहे थे। उनकी वाणी में और उनकी उपस्थिति में वह जादू था, वह सुगंध थी, जो किसी पार के लोक से आती है।

सन 1966 में ओशो ने विश्वविद्यालय के प्राध्यापक पद से त्यागपत्र दे दिया ताकि अस्तित्व ने जिस परम भगवत्ता का खजाना उन पर लुटाया है उसे वे पूरी मानवता को बांट सकें और एक नये मनुष्य को जन्म देने की प्रक्रिया में समग्रतः लग सकें।

ओशो का यह नया मनुष्य 'ज़ोरबा दि बुद्धा' एक ऐसा मनुष्य है जो ज़ोरबा की भांति भौतिक जीवन का पूरा आनंद मनाना जानता है और जो गौतम बुद्ध की भांति मौन होकर ध्यान में उतरने में भी सक्षम है—ऐसा मनुष्य जो भौतिक और आध्यात्मिक, दोनों तरह से समृद्ध है। 'ज़ोरबा दि बुद्धा' एक समग्र व अविभाजित मनुष्य है। इस नये मनुष्य के बिना पृथ्वी का कोई भविष्य शेष नहीं है।

सन 1970 में ओशो बंबई में रहने के लिए आ गये। अब पश्चिम से सत्य के खोजी भी जो अकेली भौतिक

समृद्धि से ऊब चुके थे और जीवन के किन्हीं और गहरे रहस्यों को जानने और समझने के लिए उत्सुक थे, उन तक पहुंचने लगे। ओशो ने उन्हें देशना दी कि अगला कदम ध्यान है। ध्यान ही जीवन में सार्थकता के फूलों के खिलने में सहयोगी सिद्ध होगा।

इसी वर्ष सितंबर में, मनाली (हिमालय) में आयोजित अपने एक शिविर में ओशो ने नव-संन्यास में दीक्षा देना प्रारंभ किया। इसी समय के आसपास वे आचार्य रजनीश से भगवान श्री रजनीश के रूप में जाने जाने लगे।

सन 1974 में वे अपने बहुत से संन्यासियों के साथ पूना आ गये जहां 'श्री रजनीश आश्रम' की स्थापना हुई। पूना आने के बाद उनके प्रभाव का दायरा विश्वव्यापी होने लगा।

श्री रजनीश आश्रम पूना में प्रतिदिन अपने प्रवचनों में ओशो ने मानव-चेतना के विकास के हर पहलू को उजागर किया। बुद्ध, महावीर, कृष्ण, शिव, शांडिल्य, नारद, जीसस के साथ ही साथ भारतीय अध्यात्म-आकाश के अनेक नक्षत्रों—आदिशंकराचार्य, गोरख, कबीर, नानक, मलूकदास, रैदास, दरियादास, मीरा आदि पर उनके हजारों प्रवचन उपलब्ध हैं। जीवन का ऐसा कोई भी आयाम नहीं है जो उनके प्रवचनों से अस्पर्शित रहा हो। योग, तंत्र, ताओ, झेन, हसीद, सूफी जैसी विभिन्न साधना-परंपराओं के गूढ़ रहस्यों पर उन्होंने सविस्तार प्रकाश डाला है। साथ ही राजनीति, कला, विज्ञान, मनोविज्ञान, दर्शन, शिक्षा, परिवार, समाज, गरीबी, जनसंख्या-विस्फोट, पर्यावरण तथा संभावित परमाणु युद्ध के व उससे भी बढ़कर एड्स महामारी के विश्व-संकट जैसे अनेक विषयों पर भी उनकी क्रांतिकारी जीवन-दृष्टि उपलब्ध है।

शिष्यों और साधकों के बीच दिए गए उनके ये प्रवचन छह सौ पचास से भी अधिक पुस्तकों के रूप में प्रकाशित हो चुके हैं और तीस से अधिक भाषाओं में अनुवादित हो चुके हैं। वे कहते हैं, "मेरा संदेश कोई सिद्धांत, कोई चिंतन नहीं है। मेरा संदेश तो रूपांतरण की एक कीमिया, एक विज्ञान है।"

ओशो अपने आवास से दिन में केवल दो बार बाहर आते—प्रातः प्रवचन देने के लिए और संध्या समय सत्य की यात्रा पर निकले हुए साधकों को मार्गदर्शन एवं नये प्रेमियों को संन्यास-दीक्षा देने के लिए।

सन 1980 में कट्टरपंथी हिंदू समुदाय के एक सदस्य द्वारा उनकी हत्या का प्रयास भी उनके एक प्रवचन के दौरान किया गया।

अचानक शारीरिक रूप से बीमार हो जाने से 1981 की वसंत ऋतु में वे मौन में चले गये। चिकित्सकों के परामर्श पर उसी वर्ष जून में उन्हें अमरीका ले जाया गया। उनके अमरीकी शिष्यों ने ओरेगॉन राज्य के मध्य भाग में 64,000 एकड़ जमीन खरीदी थी जहां उन्होंने ओशो को रहने के लिए आमंत्रित किया। धीरे-धीरे यह अर्ध-रेगिस्तानी जगह एक फूलते-फलते कम्यून में परिवर्तित होती गई। वहां लगभग 5,000 प्रेमी मित्र मिल-जुल कर अपने सद्‌गुरु के सान्निध्य में आनंद और उत्सव के वातावरण में एक अनूठे नगर के सृजन को यथार्थ रूप दे रहे थे। शीघ्र ही यह नगर रजनीशपुरम नाम से संयुक्त राज्य अमरीका का एक निगमीकृत (इन्कार्पोरेटेड) शहर बन गया। किंतु कट्टरपंथी ईसाई धर्माधीशों के दबाव में व राजनीतिज्ञों के निहित स्वार्थवश प्रारंभ से ही कम्यून के इस प्रयोग को नष्ट करने के लिए अमरीका की संघीय, राज्य और स्थानीय सरकारें हर संभव प्रयास कर रही थीं।

जैसे अचानक एक दिन ओशो मौन हो गये थे वैसे ही अचानक अक्तूबर 1984 में उन्होंने पुनः प्रवचन देना प्रारंभ कर दिया। जीवन-सत्यों के इतने स्पष्टवादी व मुखर विवेचनों से निहित स्वार्थों की जड़ें और भी चरमराने लगीं।

अक्तूबर 1985 में अमरीकी सरकार ने ओशो पर आप्रवास-नियमों के उल्लंघन के 35 मनगढ़ंत आरोप लगाए। बिना किसी गिरफ्तारी-वारंट के ओशो को बंदूकों की नोक पर हिरासत में ले लिया गया। 12 दिनों तक

उनकी जमानत स्वीकार नहीं की गयी और उनके हाथ-पैर में हथकड़ी व बेड़ियां डाल कर उन्हें एक जेल से दूसरी जेल में घुमाते हुए पोर्टलैंड (ओरेगॅन) ले जाया गया। इस प्रकार, जो यात्रा कुल पांच घंटे की है वह आठ दिन में पूरी की गयी। जेल में उनके शरीर के साथ बहुत दुर्व्यवहार किया गया और यहीं संघीय सरकार के अधिकारियों ने उन्हें 'थेलियम' नामक धीमे असर वाला जहर दिया।

14 नवंबर 1985 को अमरीका छोड़ कर ओशो भारत लौट आये। यहां की तत्कालीन सरकार ने भी उन्हें समूचे विश्व से अलग-थलग कर देने का पूरा प्रयास किया। तब ओशो नेपाल चले गये। नेपाल में भी उन्हें अधिक समय तक रुकने की अनुमति नहीं दी गयी।

फरवरी 1986 में ओशो विश्व-भ्रमण के लिए निकले जिसकी शुरुआत उन्होंने ग्रीस से की, लेकिन अमरीका के दबाव के अंतर्गत 21 देशों ने या तो उन्हें देश से निष्कासित किया या फिर देश में प्रवेश की अनुमति ही नहीं दी। इन तथाकथित स्वतंत्र व लोकतांत्रिक देशों में ग्रीस, इटली, स्विट्जरलैंड, स्वीडन, ग्रेट ब्रिटेन, पश्चिम जर्मनी, हालैंड, कनाडा, जमाइका और स्पेन प्रमुख थे।

ओशो जुलाई 1986 में बम्बई और जनवरी 1987 में पूना के अपने आश्रम में लौट आए, जो अब ओशो कम्यून इंटरनेशनल के नाम से जाना जाता है। यहां वे पुनः अपनी क्रांतिकारी शैली में अपने प्रवचनों से पंडित-पुरोहितों और राजनेताओं के पाखंडों व मानवता के प्रति उनके षड्यंत्रों का पर्दाफाश करने लगे।

इसी बीच भारत सहित सारी दुनिया के बुद्धिजीवी वर्ग व समाचार माध्यमों ने ओशो के प्रति गैर-पक्षपातपूर्ण व विधायक चिंतन का रुख अपनाया। छोटे-बड़े सभी प्रकार के समाचारपत्रों व पत्रिकाओं में अक्सर उनके अमृत-वचन अथवा उनके संबंध में लेख व समाचार प्रकाशित होने लगे। देश के अधिकांश प्रतिष्ठित संगीतज्ञ, नर्तक, साहित्यकार, कवि व शायर ओशो कम्यून इंटरनेशनल में अक्सर आने लगे। मनुष्य की चिर-आकांक्षित उटोपिया का सपना साकार देख कर उन्हें अपनी ही आंखों पर विश्वास न होता।

26 दिसंबर 1988 को ओशो ने अपने नाम के आगे से 'भगवान' संबोधन हटा दिया। 27 फरवरी 1989 को ओशो कम्यून इंटरनेशनल के बुद्ध सभागार में सांध्य-प्रवचन के समय उनके 10,000 शिष्यों व प्रेमियों ने एकमत से अपने प्यारे सद्गुरु को 'ओशो' नाम से पुकारने का निर्णय लिया।

अक्तूबर 1985 में जेल में अमरीका की रीगन सरकार द्वारा ओशो को थेलियम नामक धीमा असर करने वाला जहर दिये जाने एवं उनके शरीर को प्राणघातक रेडिएशन से गुजारे जाने के कारण उनका शरीर तब से निरंतर अस्वस्थ रहने लगा था और भीतर से क्षीण होता चला गया। इसके बावजूद वे ओशो कम्यून इंटरनेशनल, पूना के गौतम दि बुद्धा आडिटोरियम में 10 अप्रैल 1989 तक प्रतिदिन संध्या दस हजार शिष्यों, खोजियों और प्रेमियों की सभा में प्रवचन देते रहे और उन्हें ध्यान में डुबाते रहे। इसके बाद के अगले कई महीने उनका शारीरिक कष्ट बढ़ गया।

17 सितंबर 1989 से पुनः गौतम दि बुद्धा आडिटोरियम में हर शाम केवल आधे घंटे के लिए आकर ओशो मौन दर्शन-सत्संग के संगीत और मौन में सबको डुबाते रहे। इस बैठक को उन्होंने "ओशो व्हाइट रोब ब्रदरहुड" नाम दिया। ओशो 16 जनवरी 1990 तक प्रतिदिन संध्या सात बजे "ओशो व्हाइट रोब ब्रदरहुड" की सभा में आधे घंटे के लिये उपस्थित होते रहे।

17 जनवरी को वे सभा में केवल नमस्कार करके वापस चले गए। 18 जनवरी को "ओशो व्हाइट रोब ब्रदरहुड" की सांध्य-सभा में उनके निजी चिकित्सक स्वामी प्रेम अमृतो ने सूचना दी कि ओशो के शरीर का दर्द इतना बढ़ गया है कि वे हमारे बीच नहीं आ सकते, लेकिन वे अपने कमरे में ही सात बजे से हमारे साथ ध्यान में बैठेंगे। दूसरे दिन 19 जनवरी 1990 को सायं पांच बजे ओशो शरीर छोड़ कर महाप्रयाण कर गये। इसकी घोषणा

सांध्य-सभा में की गयी। ओशो की इच्छा के अनुरूप, उसी सांध्य-सभा में उनका शरीर गौतम दि बुद्धा आडिटोरियम में दस मिनट के लिए लाकर रखा गया। दस हजार शिष्यों और प्रेमियों ने उनकी आखिरी विदाई का उत्सव संगीत-नृत्य, भावातिरेक और मौन में मनाया। फिर उनका शरीर दाहक्रिया के लिए ले जाया गया।

21 जनवरी 1990 के पूर्वाह्न में उनके अस्थि-फूल का कलश महोत्सवपूर्वक कम्यून में लाकर च्वांग्त्सू हॉल में निर्मित संगमरमर के समाधि भवन में स्थापित किया गया।

ओशो की समाधि पर स्वर्ण अक्षरों में अंकित है :

OSHO

Never Born

Never Died

Only Visited this

Planet Earth between

Dec 11 1931 – Jan 19 1990

ध्यान और सृजन का यह अनूठा नव-संन्यास उपवन, ओशो कम्यून, ओशो की विदेह-उपस्थिति में आज पूरी दुनिया के लिए एक ऐसा प्रबल चुंबकीय आकर्षण-केंद्र बना हुआ है कि यहां निरंतर नए-नए लोग आत्म-रूपांतरण के लिए आ रहे हैं तथा ओशो की सघन-जीवंत उपस्थिति में अवगाहन कर रहे हैं।

ओशो का हिन्दी साहित्य

उपनिषद
सर्वसार उपनिषद
कैवल्य उपनिषद
अध्यात्म उपनिषद
कठोपनिषद
ईशावास्य उपनिषद
निर्वाण उपनिषद
आत्म-पूजा उपनिषद
केनोपनिषद
मेरा स्वर्णिम भारत (विविध उपनिषद-सूत्र)

कृष्ण
गीता-दर्शन (आठ भागों में अठारह अध्याय)
कृष्ण-स्मृति

महावीर
महावीर-वाणी (दो भागों में)
महावीर-वाणी (पुस्तिका)
जिन-सूत्र (दो भागों में)
महावीर या महाविनाश
महावीर: मेरी दृष्टि में
ज्यों की त्यों धरि दीन्हीं चदरिया

बुद्ध
एस धम्मो सनंतनो (बारह भागों में)

अष्टावक्र
महागीता (छह भागों में)

कबीर
सुनो भई साधो
कहै कबीर दीवाना
कहै कबीर मैं पूरा पाया
मगन भया रसि लागा
घूंघट के पट खोल
न कानों सुना न आंखों देखा (कबीर व फरीद)

मीरा
पद घुंघरू बांध
झुक आई बदरिया सावन की

पलटू
अजहूं चेत गंवार
सपना यह संसार
काहे होत अधीर

दादू
सबै सयाने एक मत
पिव पिव लागी प्यास

जगजीवन
नाम सुमिर मन बावरे
अरी, मैं तो नाम के रंग छकी

दरिया
कानों सुनी सो झूठ सब
अमी झरत बिगसत कंवल

सुंदरदास
हरि बोलौ हरि बोल
ज्योति से ज्योति जले

धरमदास
जस पनिहार धरे सिर गागर
का सोवै दिन रैन

मलूकदास
कन थोरे कांकर घने
रामदुवारे जो मरे

लाओत्से
ताओ उपनिषद (छह भागों में)

शांडिल्य
अथातो भक्ति जिज्ञासा (दो भागों में)

झेन, सूफी और उपनिषद की कहानियां
बिन बाती बिन तेल
सहज समाधि भली
दीया तले अंधेरा

अन्य रहस्यदर्शी
भक्ति-सूत्र (नारद)
शिव-सूत्र (शिव)
भजगोविन्दम् मूढ़मते (आदिशंकराचार्य)
एक ओंकार सतनाम (नानक)
जगत तरैया भोर की (दयाबाई)
बिन घन परत फुहार (सहजोबाई)
नहीं सांझ नहीं भोर (चरणदास)
संतो, मगन भया मन मेरा (रज्जब)
कहै वाजिद पुकार (वाजिद)
मरौ हे जोगी मरौ (गोरख)
सहज-योग (सरहपा-तिलोपा)
बिरहिनी मंदिर दियना बार (यारी)
दरिया कहै सब्द निरबाना (दरियादास बिहारवाले)
प्रेम-रंग-रस ओढ़ चदरिया (दूलन)
हंसा तो मोती चुगैं (लाल)
गुरु-परताप साध की संगति (भीखा)
मन ही पूजा मन ही धूप (रैदास)
झरत दसहुं दिस मोती (गुलाल)
जरथुस्त्र : नाचता-गाता मसीहा (जरथुस्त्र)

प्रश्नोत्तर
नहिं राम बिन ठांव
प्रेम-पंथ ऐसो कठिन
उत्सव आमार जाति, आनंद आमार गोत्र
मृत्योर्मा अमृतं गमय
प्रीतम छवि नैनन बसी
रहिमन धागा प्रेम का
उड़ियो पंख पसार
सुमिरन मेरा हरि करैं
पिय को खोजन मैं चली
साहेब मिल साहेब भये
जो बोलैं तो हरिकथा
बहुरि न ऐसा दांव
ज्यूं था त्यूं ठहराया
ज्यूं मछली बिन नीर
दीपक बारा नाम का
अनहद में बिसराम
लगन महूरत झूठ सब
सहज आसिकी नाहिं
पीवत रामरस लगी खुमारी
रामनाम जान्यो नहीं
सांच सांच सो सांच
आपुई गई हिराय
बहुतेरे हैं घाट
कोंपलें फिर फूट आईं
फिर पत्तों की पांजेब बजी

फिर अमरित की बूंद पड़ी
चेति सकै तो चेति
क्या सोवै तू बावरी
एक एक कदम
चल हंसा उस देस
कहा कहूं उस देस की
पंथ प्रेम को अटपटो
मूलभूत मानवीय अधिकार
नया मनुष्यः भविष्य की एकमात्र आशा
सत्यम् शिवम् सुंदरम्
रसो वै सः
सच्चिदानंद
पंडित-पुरोहित और राजनेताः मानव आत्मा के शोषक
ॐ मणि पद्मे हुम्
ॐ शांतिः शांतिः शांतिः
हरि ॐ तत्सत्
एक महान चुनौतीः मनुष्य का स्वर्णिम भविष्य
मैं धार्मिकता सिखाता हूं, धर्म नहीं

तंत्र
संभोग से समाधि की ओर
तंत्र-सूत्र (पांच भागों में)

विचार-पत्र
क्रांति-बीज
पथ के प्रदीप

पत्र-संकलन
अंतर्वीणा
प्रेम की झील में अनुग्रह के फूल

बोध-कथा
मिट्टी के दीये

ध्यान, साधना, योग
ध्यानयोगः प्रथम और अंतिम मुक्ति
रजनीश ध्यान योग
हसिबा, खेलिबा, धरिबा ध्यानम्
नेति-नेति
मैं कहता आंखन देखी
पतंजलिः योग-सूत्र (तीन भागों में)

साधना-शिविर
साधना-पथ
ध्यान-सूत्र
जीवन ही है प्रभु
माटी कहै कुम्हार सूं
मैं मृत्यु सिखाता हूं
जिन खोजा तिन पाइयां
समाधि के सप्त द्वार (ब्लावट्स्की)
साधना-सूत्र (मेबिल कॉलिन्स)

राष्ट्रीय और सामाजिक समस्याएं
देख कबीरा रोया
स्वर्ण पाखी था जो कभी और अब है भिखारी जगत का
शिक्षा में क्रांति
नये समाज की खोज

ओशो के संबंध में
भगवान श्री रजनीशः ईसा मसीह के पश्चात
सर्वाधिक विद्रोही व्यक्ति